中华人民共和国

行政复议法

释义与典型案例

项国　翟继光 ◎ 主编

中国民主法制出版社

全国百佳图书出版单位

图书在版编目（CIP）数据

《中华人民共和国行政复议法》释义与典型案例/
项国，翟继光主编 . — 北京：中国民主法制出版社，
2023.11

ISBN 978-7-5162-3438-9

Ⅰ . ①中… Ⅱ . ①项… ②翟… Ⅲ . ①行政复议—行
政法—法律解释—中国 ②行政复议—行政法—案例—中国
Ⅳ . ① D922.112.5

中国国家版本馆 CIP 数据核字（2023）第 214718 号

图书出品人：刘海涛
责 任 编 辑：许泽荣 莫义亮

书　　名 /《中华人民共和国行政复议法》释义与典型案例
作　　者 / 项　国　　翟继光　主编

出版·发行 / 中国民主法制出版社
地址 / 北京市丰台区右安门外玉林里 7 号（100069）
电话 /（010）63055259（总编室）　　63057714（发行部）
传真 /（010）63056975　　63056983
http:// www.npcpub.com
E-mail: mzfz@npcpub.com
经销 / 新华书店
开本 /16 开　787 毫米 × 1092 毫米
印张 /61.5　**字数** / 1274 千字
版本 / 2023 年 12 月第 1 版　2023 年 12 月第 1 次印刷
印刷 / 三河市中晟雅豪印务有限公司

书号 / ISBN 978-7-5162-3438-9
定价 /398.00 元

（如有缺页或倒装，本社负责退换）

前　言

　　1999年4月29日第九届全国人民代表大会常务委员会第九次会议通过了《中华人民共和国行政复议法》，2009年8月27日第十一届全国人民代表大会常务委员会第十次会议《关于修改部分法律的决定》对该法进行了第一次修正，2017年9月1日第十二届全国人民代表大会常务委员会第二十九次会议《关于修改〈中华人民共和国法官法〉等八部法律的决定》对该法进行了第二次修正，2023年9月1日第十四届全国人民代表大会常务委员会第五次会议对该法进行了修订，自2024年1月1日起施行。

　　2023年修订后的《中华人民共和国行政复议法》进一步完善了行政复议范围、行政复议申请便民举措、行政复议管辖制度方面的法律规定，内容上更加完备，举措上更加具有可操作性，制度设计更加科学，职责更加明确，程序更加严谨。

　　本书分为两编。第一编为行政复议法释义，按照《中华人民共和国行政复议法》的体例，分为七章。第一章为总则。第二章为行政复议范围，包括四节：第一节为行政复议范围；第二节为行政复议参加人；第三节为申请的提出；第四节为行政复议管辖。第三章为行政复议受理。第四章为行政复议审理，包括五节：第一节为一般规定；第二节为行政复议证据；第三节为普通程序；第四节为简易程序；第五节为行政复议附带审查。第五章为行政复议决定。第六章为法律责任。第七章为附则。第二编为行政复议相关法律法规，收录了四十余部与行政复议相关的国家法律、地方性法规和部门规章。

　　本书具有以下三个特点：第一，逐条释义，对《中华人民共和国行政复议法》的每一个条款都进行了详细解释，个别疑难问题还通过举例和列举等方式予以解释；第二，列举相关法律法规和规章，便于读者查找相关法律依据以及类似法律规定；第三，配套典型案例，对绝大多数条款均配套了典型案例，典型案例均为最近几年发生的行政复议和行政诉讼的真实案例文书。

本书适宜作为新《中华人民共和国行政复议法》的普法教材，适宜作为广大政府机关和企事业单位学习、掌握行政复议基本制度的辅导书，也适宜作为高等院校法律、行政管理等相关课程的参考书。由于《中华人民共和国行政复议法》配套的实施条例和部门规章尚未修订，本书配套的是在 2023 年 12 月 31 日之前有效的实施条例和部门规章。

项 国 翟继光

2023 年 9 月 18 日

目 录

第一编　行政复议法释义

第二编 行政复议相关法律法规

第一编

行政复议法释义

第一章 总　　则

『 2023 年版本 』

第一条　为了防止和纠正违法的或者不当的行政行为，保护公民、法人和其他组织的合法权益，监督和保障行政机关依法行使职权，发挥行政复议化解行政争议的主渠道作用，推进法治政府建设，根据宪法，制定本法。

『 1999、2009、2017 年版本 』

第一条　为了防止和纠正违法的或者不当的具体行政行为，保护公民、法人和其他组织的合法权益，保障和监督行政机关依法行使职权，根据宪法，制定本法。

『 条文释义 』

本条规定了《中华人民共和国行政复议法》（以下简称《行政复议法》）的立法目的和立法依据。1999 年版本、2009 年版本和 2017 年版本的表述是相同的，2023 年版本增加了"发挥行政复议化解行政争议的主渠道作用，推进法治政府建设"的内容。

我国立法的第一条大多规定该法的立法目的和立法依据。《行政复议法》的立法目主要包括以下三点：

第一，防止和纠正违法的或者不当的行政行为。《行政复议法》的首要立法目的就是防止和纠正错误的行政行为，是一种内部纠错机制。由于制度与体制的问题，2024 年之前的行政复议制度原则上只纠正具体行政行为，不纠正抽象行政行为。具体行政行为的错误情形很多，行政复议制度主要纠正出现较严重错误的具体行政行为，即违法的和不当的具体行政行为。对于行政机关自由裁量权范围内的偏轻或者偏重的具体行政行为，只要没有违法和不当情形，原则上不进行纠正。2023 年修正后的《行政复议法》将具体行政行为扩大为"行政行为"，但仍主要集中于具体行政行为，大部分抽象行政行为，如行政立法行为都不在纠正之列。

第二，保护公民、法人和其他组织的合法权益。《行政复议法》通过防止和纠正错误的具体行政行为，实际上起到了保护公民、法人和其他组织的合法权益的目的。行政复议制度保护的主体范围比较广，大多数法律主体均在该制度的保护范围内。这里规定的"公民"并不限于中国公民，在中国的外国人也可以依法申请行政复议。

第三，监督和保障行政机关依法行使职权。《行政复议法》在防止和纠正错误的具体行政行为的同时，还具有保障和监督作用。复议决定一旦维持具体行政行为实际上就是对行政机关依法行使职权的一种肯定和保障。

第四，发挥行政复议化解行政争议的主渠道作用，推进法治政府建设。行政复议和行政诉讼都是化解行政争议的渠道，但行政复议应当起到主渠道的作用，因为行政复议的效率更高。为此，各级行政复议机关应当把降低复议之后的起诉率作为一个重要的指标，争取在行政复议阶段化解大部分行政争议。

《行政复议法》的立法依据是《中华人民共和国宪法》（以下简称《宪法》）。《宪法》是中国的根本法，是所有法律的立法依据，《行政复议法》也不例外。

『 相关法律 』

中华人民共和国行政诉讼法（1989 年 4 月 4 日第七届全国人民代表大会第二次会议通过，根据 2014 年 11 月 1 日第十二届全国人民代表大会常务委员会第十一次会议《关于修改〈中华人民共和国行政诉讼法〉的决定》第一次修正，根据 2017 年 6 月 27 日第十二届全国人民代表大会常务委员会第二十八次会议《关于修改〈中华人民共和国民事诉讼法〉和〈中华人民共和国行政诉讼法〉的决定》第二次修正，下同）

第一条　为保证人民法院公正、及时审理行政案件，解决行政争议，保护公民、法人和其他组织的合法权益，监督行政机关依法行使职权，根据宪法，制定本法。

『 相关法规 』

中华人民共和国行政复议法实施条例（国务院令第 499 号，下同）

第一条　为了进一步发挥行政复议制度在解决行政争议、建设法治政府、构建社会主义和谐社会中的作用，根据《中华人民共和国行政复议法》（以下简称行政复议法），制定本条例。

『 相关规章 』

税务行政复议规则（2010 年 2 月 10 日国家税务总局令第 21 号公布，根据 2015 年 12 月 28 日《国家税务总局关于修改〈税务行政复议规则〉的决定》和 2018 年 6 月 15 日《国家税务总局关于修改部分税务部门规章的决定》修正，下同）

第一条　为了进一步发挥行政复议解决税务行政争议的作用，保护公民、法人和其他组织的合法权益，监督和保障税务机关依法行使职权，根据《中华人民共和国行政复议法》（以下简称行政复议法）、《中华人民共和国税收征收管理法》和《中华人民共和国行政复议法实施条例》（以下简称行政复议法实施条例），结合税收工作实际，制定本规则。

国家国际发展合作署行政复议实施办法（国家国际发展合作署令2020年第3号，下同）

第一条 为防止、纠正违法或者不当的具体行政行为，保护公民、法人和其他组织的合法权益，根据《中华人民共和国行政复议法》及其实施条例，制定本办法。

自然资源行政复议规定（2019年7月16日自然资源部第2次部务会议通过，自然资源部令第3号，下同）

第一条 为规范自然资源行政复议工作，及时高效化解自然资源行政争议，保护公民、法人和其他组织的合法权益，推进自然资源法治建设，根据《中华人民共和国行政复议法》和《中华人民共和国行政复议法实施条例》，制定本规定。

水利部行政复议工作暂行规定（1999年10月18日水利部水政法〔1999〕552号公布 根据2017年12月22日《水利部关于废止和修改部分规章的决定》修正，自公布之日起施行，下同）

第一条 为防止和纠正违法的或者不当的具体行政行为，保护公民、法人和其他组织的合法权益，保障和监督有关水行政主管部门、流域管理机构依法行使职权，根据《中华人民共和国行政复议法》（以下简称《行政复议法》）及有关水法规的规定，制定本规定。

第二条 水利部及其所属的长江、黄河、海河、淮河、珠江、松辽水利委员会和太湖流域管理局等流域管理机构（以下简称流域机构）的行政复议工作，适用本规定。

工业和信息化部行政复议实施办法（2017年7月3日中华人民共和国工业和信息化部令第41号公布，自2017年9月1日起施行，下同）

第一条 为了规范工业和信息化部的行政复议工作，防止和纠正违法的或者不当的具体行政行为，维护公民、法人和其他组织的合法权益，根据《中华人民共和国行政复议法》等法律、行政法规，制定本办法。

交通运输行政复议规定（2000年6月27日交通部发布，根据2015年9月9日《交通运输部关于修改〈交通行政复议规定〉的决定》修正，下同）

第一条 为防止和纠正违法或者不当的具体行政行为，保护公民、法人和其他组织的合法权益，保障和监督交通运输行政机关依法行使职权，根据《中华人民共和国行政复议法》（以下简称《行政复议法》），制定本规定。

住房城乡建设行政复议办法（2015年9月7日中华人民共和国住房和城乡建设部令第25号公布，自2015年11月1日起施行，下同）

第一条　为规范住房城乡建设行政复议工作，防止和纠正违法或者不当的行政行为，保护公民、法人和其他组织的合法权益，根据《中华人民共和国行政复议法》和《中华人民共和国行政复议法实施条例》等相关规定，制定本办法。

中华人民共和国海关行政复议办法（2007年9月25日海关总署令第166号发布，根据2014年3月13日海关总署令第218号公布，自公布之日起施行的《海关总署关于修改部分规章的决定》修正，下同）

第一条　为了规范海关行政复议，发挥行政复议制度在解决行政争议、建设法治海关、构建社会主义和谐社会中的作用，根据《中华人民共和国行政复议法》（以下简称行政复议法）、《中华人民共和国海关法》（以下简称海关法）和《中华人民共和国行政复议法实施条例》（以下简称行政复议法实施条例）的规定，制定本办法。

国家知识产权局行政复议规程（国家知识产权局令第66号，下同）

第一条　为了防止和纠正违法或者不当的具体行政行为，保护公民、法人和其他组织的合法权益，保障和监督国家知识产权局依法行使职权，根据《中华人民共和国行政复议法》和《中华人民共和国行政复议法实施条例》，制定本规程。

中国证券监督管理委员会行政复议办法（2002年11月25日证监会令第13号公布，2010年5月4日证监会令第67号修订，下同）

第一条　为了保护公民、法人或者其他组织的合法权益，保障和监督中国证券监督管理委员会（以下简称中国证监会）依法行使监管职权，进一步发挥行政复议制度在解决证券期货行政争议中的作用，不断提高证券期货监督管理机构的依法行政水平，根据《中华人民共和国行政复议法》（以下简称《行政复议法》）、《中华人民共和国证券法》、《中华人民共和国行政复议法实施条例》（以下简称《行政复议法实施条例》）等法律、行政法规，制定本办法。

人力资源社会保障行政复议办法（人力资源和社会保障部令第6号，下同）

第一条　为了规范人力资源社会保障行政复议工作，根据《中华人民共和国行政复议法》（以下简称行政复议法）和《中华人民共和国行政复议法实施条例》（以下简称行政复议法实施条例），制定本办法。

第五十五条　本办法所称人力资源社会保障部门包括人力资源社会保障行政部门、社会保险经办机构、公共就业服务机构等具有行政职能的机构。

环境行政复议办法（环境保护部令第4号，下同）

第一条　为规范环境保护行政主管部门的行政复议工作，进一步发挥行政复议制度在解决行政争议、构建社会主义和谐社会中的作用，保护公民、法人和其他组织的合法权益，依据《中华人民共和国行政复议法》《中华人民共和国行政复议法实施条例》等法律法规制定本办法。

国家发展和改革委员会行政复议实施办法（国家发展和改革委员会令第46号，下同）

第一条　为防止和纠正违法的或者不当的具体行政行为，保护公民、法人和其它组织的合法权益，保障和监督发展改革机关依法行使职权，根据《中华人民共和国行政复议法》，制定本办法。

商务部行政复议实施办法（商务部令2004年第7号，下同）

第一条　为防止和纠正违法的或者不当的具体行政行为，保护公民、法人和其它组织的合法权益，保障和监督国内外贸易和国际经济合作管理机关依法行使职权，根据《中华人民共和国行政复议法》（以下简称《行政复议法》），制定本办法。

公安机关办理行政复议案件程序规定（公安部令2002年第65号，下同）

第一条　为了规范公安机关行政复议案件的办理程序，防止和纠正违法的或者不当的具体行政行为，保护公民、法人和其他组织的合法权益，保障和监督公安机关依法行使职权，根据《中华人民共和国行政复议法》（以下简称行政复议法）以及其他有关法律、法规，结合公安工作实际，制定本规定。

第二条　本规定所称公安行政复议机关，是指县级以上地方各级人民政府公安机关，新疆生产建设兵团公安机关，公安交通管理机构、公安边防部门、出入境边防检查总站。

铁路、交通、民航、森林公安机关办理行政复议案件，适用本规定。

第三条　本规定所称公安行政复议机构，是指公安行政复议机关负责法制工作的机构。

公安行政复议机构具体办理行政复议案件，公安机关业务部门内设的法制机构不办理行政复议案件。

司法行政机关行政复议应诉工作规定（2001年6月12日司法部第8次部长办公会议通过2001年6月22日司法部令第65号公布，下同）

第一条　为了规范司法行政机关行政复议和行政应诉工作，保障和监督司法行政机关依法行使职权，根据《中华人民共和国行政诉讼法》和《中华人民共和国行政复议法》，制定本规定。

中国人民银行行政复议办法（中国人民银行令2001年第4号，下同）

第一条　为保障中国人民银行依法行使职责，保护金融机构、其他单位和个人的合法权益，根据《中华人民共和国行政复议法》和《中华人民共和国中国人民银行法》，制定本办法。

『典型案例』

长兴县人民政府行政复议决定书

湖长政复〔2021〕40号

申请人：陈某林。

被申请人：长兴县人民政府太湖街道办事处。

申请人不服被申请人作出的《停工通知书》，于2021年11月16日向本机关提起行政复议申请，本机关于2021年11月19日依法受理。被申请人在法定期限内进行了答复。本案现已审理终结。

申请人称：一、被申请人主体不符。根据《浙江省城乡规划条例》①以及《浙江省违法建筑处置规定》，被申请人无权作出《停工通知书》。二、被申请人作出《停工通知书》依据的《浙江省人民政府办公厅关于印发浙江省"三改一拆"行动违法建筑处理实施意见的通知》已经于2021年1月15日废止，适用法律依据不当。三、申请人的房屋不属于太湖街道办事处以及综合执法局的处罚范围。四、申请人的房屋防渗漏处理已经业主代表三分之二以上表决通过，且翻修方案已经相关业主及长兴县太湖街道新溪社区金宇丽苑小区业主委员会同意，申请人已经取得装修施工进场许可证，进场装修施工合法。五、申请人所在小区住宅普遍存在渗水问题，经业主表决通过金宇丽苑防渗漏处理，小区内现已有百分之八十以上住房翻修整改完毕，在申请人之前没有任何业主收到处罚，现被申请人单独对申请人进行处罚不当。六、由于被申请人的乱作为，现已经造成申请人装修工人误工费、在外延期租金等损失近3万元，现因装修停工所造成的损失仍在扩大，侵害了申请人的合法权益，请求撤销被申请人作出的《停工通知书》。

为证明上述事实，申请人提供了申请人身份证、《停工通知书》、房屋产权证、金宇丽苑小区房屋防渗漏处理业主表决、翻修方案确认书、装修施工进场许可证等证据。

被申请人称：一、被申请人主体适格。申请人所涉房屋位于长兴县太湖街道辖区范围，被申请人对于位于其行政区域内的违法建筑有相关巡查、进行调查并认定为违法建筑以及组织或协同实施违法建筑拆除工作等职权。二、被申请人程序合法。2021年11月10日，被申请人接到投诉举报电话称长兴县太湖街道金宇丽苑18-3户南侧三楼平台有搭建情况。当天被申请人组织工作人员前往查看，经被申请人及相关执法人员调查、现场检查勘验、拍照取证后，确认申请人所涉房屋存在违建，且该建设尚未完工，属于正在建设中的城镇违法建筑，被申请人于2021年11月11日向申请人发出《停工通知书》，后续被申请人将根据申请人陈述及反映的情况，

---

① 本书案例中引用的法律、法规、规章和其他规范性文件，均为案例发生时有效的文件。

确定该违法建设是属于尚可采取改正措施消除影响的，还是无法采取改正措施需要限期拆除的，进而移交有关部门进行查处。该《停工通知书》仅系最终行政处理决定的前置程序，并非具体行政行为，不属于行政复议受案范围。三、申请人所涉房屋违法事实客观存在。申请人所涉房屋南侧二楼和三楼平台存在违法搭建情况，搭建系由所涉房屋业主即申请人出资搭建，该搭建未经依法审批。四、申请人陈述的理由不符合相关法律规定。根据《浙江省人民政府办公厅关于继续暂时保留和决定修改部分省政府及政府办公厅行政规范性文件的通知》的规定，《浙江省人民政府办公厅关于印发浙江省"三改一拆"行动违法建筑处理实施意见的通知》属于决定修改的文件，修改后继续有效。被申请人的停工通知并非针对申请人的翻修行为，其装修施工进场许可证与其违法搭建21.19平方米建筑所需的建设工程规划许可证并非同一事项。

为证明上述事实，被申请人提供了现场视频、照片、《长兴县人民政府关于长兴县部分行政区划调整的通知》等证据。

经审理查明：申请人陈某林单独所有的房屋坐落于雉城镇金宇丽苑18幢03，2012年长兴县部分行政区划调整，撤销雉城镇建制，其行政区域改由县政府直辖，在此行政区域内设立雉城、画溪、太湖三个街道办事处，本案所涉房屋所在新溪社区属于太湖街道办事处管辖。2021年11月10日，被申请人太湖街道接到关于金宇丽苑18-3户南侧三楼平台有搭建行为的投诉举报，被申请人调查后认为陈某林户未经依法批准建筑的行为违反《中华人民共和国城乡规划法》《中华人民共和国土地管理法》《浙江省人民政府办公厅关于印发浙江省"三改一拆"行动违法建筑处理实施意见的通知》等相关法律法规规定，应立即停止违法建筑行为，于2021年11月11日，向申请人作出《停工通知书》。申请人不服，于2021年11月16日向本机关提起行政复议申请。

另查明，2004年9月29日原长兴县国土资源局与签订《国有土地使用权出让合同》，将办案所涉金宇丽苑所在的雉城镇104国道东侧E幅地块出让给浙江省金宇实业股份有限公司，2008年6月4日颁发该地块国有土地使用证。2012年9月27日，长兴县十五届人大常委会第6次会议决定同意《长兴县中心城区空间协调规划》，并于2012年10月8日印发。本案涉及房屋所在小区金宇丽苑位于长兴县中心城区空间协调规划范围内。

上述事实有房屋产权证、《停工通知书》、申请人身份证、国有土地使用权出让合同、国有土地使用证、长兴县中心城区空间协调规划图、长兴县人大常委会关于同意《长兴县中心城区空间协调规划》的决议、现场视频等证据证明。

本机关认为：本案争议焦点：一是被申请人作出的《停工通知书》是否属于行政复议的受案范围；二是被申请人作出《停工通知书》主体是否适格。

《中华人民共和国行政复议法》第六条规定，"有下列情形之一的，公民、法人或者其他组织可以依照本法申请行政复议：……（十一）认为行政机关的其他具体行政行为侵犯其合法权益的。"第八条规定，"不服行政机关作出的行政处分或者其他人事处理决定的，依照有关法律、行政法规的规定提出申诉。不服行政机关对民事纠纷作出的调解或者其他处理，依法申请仲裁或者向人民法院提起诉讼。"根据上述法律规定，除了第八条规定的两种情形外，公民、法人或者其他组织认为行政机关的行政行为侵犯其合法权益的，可以依法申请行政复议。本案中，太湖街道对陈某林作出《停工通知书》，其中要求"……现通知你户立即停止进行违法建设行为"。由此可以看出，被申请人作出的责令停止行为，包含认定申请人存在违法建筑的事实和其必须遵守上述命令的事实，设定了申请人必须遵守的法定义务，则对申请人的权利义务产生实际影响。无论该行政行为是否合法，若申请人不执行该《停工通知书》，就可能受到行政处罚或者其他形式的不利后果，故该《停工通知书》是行政执法过程中的一种独立的行政行为。如果行政相对人实施的合法行为被行政主体错误的责令停止，就会导致行政相对人合法权益受到侵害。因此，为保障行政相对人的合法权益，应当赋予行政相对人法律救济的途径。因此，本案申请人不服《停工通知书》向本机关提起行政复议，属于行政复议的受案范围。

城乡规划，包括城镇体系规划、城市规划、镇规划、乡规划和村庄规划。根据《城市规划编制办法》（中华人民共和国建设部令第 146 号）第四十五条和《浙江省城乡规划条例》第十二条第二款，县人民政府所在地镇（或者中心城区）的总体规划参照城市规划编制，本案所涉房屋所在的社区新溪社区位于中心城区范围，属于城市规划范围。

《中华人民共和国城乡规划法》第四十条规定："在城市、镇规划区内进行建筑物、构筑物、道路、管线和其他工程建设的，建设单位或者个人应当向城市、县人民政府城乡规划主管部门或者省、自治区、直辖市人民政府确定的镇人民政府申请办理建设工程规划许可证。"第六十四条规定："未取得建设工程规划许可证或者未按照建设工程规划许可证的规定进行建设的，由县级以上地方人民政府城乡规划主管部门责令停止建设……"，县级城乡规划主管部门应为责令长兴中心城区内违法建筑停止建设的具体实施单位，被申请人太湖街道办事处并无相关法律法规明确授权。因此，太湖街道向申请人陈某林作出《停工通知书》的行为，属超越职权，依法应予撤销。

综上，根据《中华人民共和国行政复议法》第二十八条第一款第（三）项之规定，本机关决定如下：

撤销被申请人长兴县人民政府太湖街道办事处对申请人陈某林作出的《停工通知书》。

申请人如不服本决定，可以自收到行政复议决定书之日起 15 日内，依法向长兴县人民法院或湖州市吴兴区人民法院提起行政诉讼。

2022 年 1 月 17 日

『2023 年版本』

第二条 公民、法人或者其他组织认为行政机关的行政行为侵犯其合法权益，向行政复议机关提出行政复议申请，行政复议机关办理行政复议案件，适用本法。

前款所称行政行为，包括法律、法规、规章授权的组织的行政行为。

『 1999、2009、2017 年版本 』

第二条 公民、法人或者其他组织认为具体行政行为侵犯其合法权益，向行政机关提出行政复议申请，行政机关受理行政复议申请、作出行政复议决定，适用本法。

『 条文释义 』

本条规定了《行政复议法》的适用范围。1999 年版本、2009 年版本和 2017 年版本的表述是相同的，2023 年版本略有变化，同时增加了一款："前款所称行政行为，包括法律、法规、规章授权的组织的行政行为"。

行政复议是一种法律救济与纠纷解决制度，与民事诉讼、行政诉讼、行政仲裁、行政调解等其他法律救济与纠纷解决制度相比，其有特定的适用范围。

行政复议与行政诉讼类似，都是"民告官"的制度，即作为行政相对人的公民、法人或者其他组织认为行政机关的行政行为侵犯其合法权益，请求相关主体予以监督的制度。目前，《行政复议法》既能对具体行政行为申请复议，也能对抽象行政行为申请复议。行政行为，包括法律、法规、规章授权的组织的行政行为，如高等教育法授权高等学校颁发学位证以及对学生进行相关管理的权力，高等学校依据该授权作出的行政行为，也允许申请行政复议。

行政相对人仅限于对"侵犯其合法权益"的行政行为申请复议，如果行政行为违法或者不当，但并未"侵犯其合法权益"，行政相对人无权对这类行政行为申请复议。有些国家允许公民对与己无关的违法行为提起诉讼进行监督，中国法律允许公民对与己无关的违法行为通过举报、投诉等方式予以监督，但尚不允许申请复议或者提起诉讼。

《行政复议法》规定了行政机关受理行政复议申请、作出行政复议决定的规则。如果行政相对人向人民法院提起行政诉讼，则适用《行政诉讼法》的规定，而不适用《行政复议法》。同样，行政机关行政复议机关办理行政复议案件，如受理行政复议申请、作出行政复议决定也不适用《行政诉讼法》，只能适用《行政复议法》。

『 相关法律 』

中华人民共和国行政诉讼法

第二条 公民、法人或者其他组织认为行政机关和行政机关工作人员的行政行为侵犯其合法权益，有权依照本法向人民法院提起诉讼。

前款所称行政行为，包括法律、法规、规章授权的组织作出的行政行为。

第六条　人民法院审理行政案件，对行政行为是否合法进行审查。

中华人民共和国高等教育法（1998 年 8 月 29 日第九届全国人民代表大会常务委员会第四次会议通过，根据 2015 年 12 月 27 日第十二届全国人民代表大会常务委员会第十八次会议《关于修改〈中华人民共和国高等教育法〉的决定》第一次修正，根据 2018 年 12 月 29 日第十三届全国人民代表大会常务委员会第七次会议《关于修改〈中华人民共和国电力法〉等四部法律的决定》第二次修正，下同）

第二十条　接受高等学历教育的学生，由所在高等学校或者经批准承担研究生教育任务的科学研究机构根据其修业年限、学业成绩等，按照国家有关规定，发给相应的学历证书或者其他学业证书。

接受非学历高等教育的学生，由所在高等学校或者其他高等教育机构发给相应的结业证书。结业证书应当载明修业年限和学业内容。

第二十二条　国家实行学位制度。学位分为学士、硕士和博士。

公民通过接受高等教育或者自学，其学业水平达到国家规定的学位标准，可以向学位授予单位申请授予相应的学位。

第六十八条　本法所称高等学校是指大学、独立设置的学院和高等专科学校，其中包括高等职业学校和成人高等学校。

本法所称其他高等教育机构是指除高等学校和经批准承担研究生教育任务的科学研究机构以外的从事高等教育活动的组织。

本法有关高等学校的规定适用于其他高等教育机构和经批准承担研究生教育任务的科学研究机构，但是对高等学校专门适用的规定除外。

『 相关规章 』

税务行政复议规则

第二条　公民、法人和其他组织（以下简称申请人）认为税务机关的具体行政行为侵犯其合法权益，向税务行政复议机关申请行政复议，税务行政复议机关办理行政复议事项，适用本规则。

国家国际发展合作署行政复议实施办法

第二条　公民、法人或者其他组织认为国家国际发展合作署（以下简称国际发展合作署）的具体行政行为侵犯其合法权益，向国际发展合作署提出行政复议申请，国际发展合作署受理行政复议申请、作出行政复议决定，适用本办法。

工业和信息化部行政复议实施办法

第二条　公民、法人或者其他组织向工业和信息化部提出行政复议申请，工业和信息化部受理行政复议申请、作出行政复议决定，适用本办法。

交通运输行政复议规定

第二条 公民、法人或者其他组织认为具体行政行为侵犯其合法权益，向交通运输行政机关申请交通运输行政复议，交通运输行政机关受理交通运输行政复议申请、作出交通运输行政复议决定，适用《行政复议法》和本规定。

住房城乡建设行政复议办法

第二条 公民、法人和其他组织（以下统称申请人）依法向住房城乡建设行政复议机关申请行政复议，住房城乡建设行政复议机关（以下简称行政复议机关）开展行政复议工作，适用本办法。

中华人民共和国海关行政复议办法

第二条 公民、法人或者其他组织认为海关具体行政行为侵犯其合法权益向海关提出行政复议申请，海关办理行政复议事项，适用本办法。

国家知识产权局行政复议规程

第二条 公民、法人或者其他组织认为国家知识产权局的具体行政行为侵犯其合法权益的，可以依照本规程向国家知识产权局申请行政复议。

中国证券监督管理委员会行政复议办法

第二条 公民、法人或者其他组织认为中国证监会或其派出机构、授权组织的具体行政行为侵犯其合法权益的，依照《行政复议法》《行政复议法实施条例》和本办法的规定向中国证监会申请行政复议。

中国证监会作为行政复议机关，受理行政复议申请，对被申请行政复议的具体行政行为进行审查并作出决定。

对中国证监会具体行政行为不服申请原级行政复议的，原承办具体行政行为有关事项的部门或者机构（以下简称原承办部门）负责向行政复议机构作出答复。

对中国证监会派出机构或者授权组织的具体行政行为不服申请行政复议的，由派出机构或者授权组织负责向行政复议机构作出答复。

人力资源社会保障行政复议办法

第二条 公民、法人或者其他组织认为人力资源社会保障部门作出的具体行政行为侵犯其合法权益，向人力资源社会保障行政部门申请行政复议，人力资源社会保障行政部门及其法制工作机构开展行政复议相关工作，适用本办法。

国家发展和改革委员会行政复议实施办法

第二条 公民、法人或者其他组织认为发展改革机关的具体行政行为侵犯其合法权益，向国家发展和改革委员会（以下简称国家发展改革委）提出行政复议申请，国家发展改革委受理行政复议申请、做出行政复议决定，适用本办法。

　　第三条　本办法中的发展改革机关是指国家发展改革委和省、自治区、直辖市的发展改革机关。省、自治区、直辖市的发展改革机关具体包括：省级发展改革委、经贸委或经委、物价局等与国家发展改革委职能对口的省级人民政府有关机构。

司法行政机关行政复议应诉工作规定
　　第二条　公民、法人或者其他组织认为司法行政机关的具体行政行为侵犯其合法权益，向司法行政机关提出行政复议申请，或者向人民法院提起行政诉讼，司法行政机关受理行政复议申请、作出行政复议决定或者应诉，适用本规定。

中国人民银行行政复议办法
　　第二条　金融机构、其他单位和个人认为中国人民银行及其依法授权的金融机构的具体行政行为侵犯其合法权益，向有管辖权的中国人民银行提出行政复议申请，中国人民银行受理行政复议申请、作出行政复议决定，适用本办法。

　　第三条　本办法所称行政复议机关，包括中国人民银行总行、营业管理部、分行、分行营业管理部、中心支行、支行。

　　本办法所称申请行政复议的金融机构，是指经中国人民银行批准，在中华人民共和国境内设立，经营金融业务的商业银行、政策性银行，信用合作社、财务公司、信托投资公司、金融租赁公司、邮政储蓄机构、金融资产管理公司以及中国人民银行批准的其他从事金融业务的机构。

『2023 年版本 』

　　第三条　行政复议工作坚持中国共产党的领导。

　　行政复议机关履行行政复议职责，应当遵循合法、公正、公开、高效、便民、为民的原则，坚持有错必纠，保障法律、法规的正确实施。

『1999、2009、2017 年版本 』

　　第四条　行政复议机关履行行政复议职责，应当遵循合法、公正、公开、及时、便民的原则，坚持有错必纠，保障法律、法规的正确实施。

『 条文释义 』

　　本条规定了党对行政复议工作的领导以及行政复议机关履行职责的原则、指导思想及其目的。1999 年版本、2009 年版本和 2017 年版本的规定是相同的，2023 年版本增加了"行政复议工作坚持中国共产党的领导",将"及时"原则上升为"高效"原则,增加了"为民"原则。

行政复议工作首先应当坚持中国共产党的领导。中国共产党是中国工人阶级的先锋队,同时是中国人民和中华民族的先锋队,是中国特色社会主义事业的领导核心,代表中国先进生产力的发展要求,代表中国先进文化的前进方向,代表中国最广大人民的根本利益。中国共产党领导人民发展社会主义民主政治。坚持党的领导、人民当家作主、依法治国有机统一,走中国特色社会主义政治发展道路、中国特色社会主义法治道路,扩大社会主义民主,建设中国特色社会主义法治体系,建设社会主义法治国家,巩固人民民主专政,建设社会主义政治文明。坚持和完善人民代表大会制度、中国共产党领导的多党合作和政治协商制度、民族区域自治制度以及基层群众自治制度。发展更加广泛、更加充分、更加健全的全过程人民民主,推进协商民主广泛多层制度化发展,切实保障人民管理国家事务和社会事务、管理经济和文化事业的权利。尊重和保障人权。广开言路,建立健全民主选举、民主协商、民主决策、民主管理、民主监督的制度和程序。完善中国特色社会主义法律体系,加强法律实施工作,实现国家各项工作法治化。

行政复议机关履行行政复议职责的原则,也就是行政复议的原则,包括合法、公正、公开、高效、便民、为民六个原则。合法原则强调行政复议的办理应当依据《行政复议法》以及其他相关法律、法规和司法解释的规定。公正原则强调行政复议的办理应当不偏不倚,既不能因为行政复议机关是被申请人的上级机关而偏袒被申请人,也不能因怕申请人闹事而迁就申请人。公开原则强调行政复议办理的整个过程应当对申请人和被申请人公开,也应当对社会公众和新闻媒体公开,允许社会公众和新闻媒体监督。高效原则强调行政复议的办理应当在法律规定的期限范围内及时办理,尽快解决相关争议,尽可能维持法律秩序的稳定。便民原则强调行政复议的办理应当方便申请人,尽可能为申请人办理行政复议事项提供便利。为民原则强调行政复议各项工作的最终目的是为人民服务,各级行政复议机关应当把为人民服务放在首位。

行政复议的指导思想是坚持有错必纠,这既是设置行政复议制度的初衷,也是法治国家法治建设的公认原则。这里讲的"错"主要是指具体行政行为的违法和不适当,对于文字表述的不适当以及错别字、笔误等文字错误,不是行政复议纠正的重点。行政复议机关在审查过程中如果发现类似文字错误,原则上也可以予以纠正。

行政复议作为一种纠错机制,行政复议机关依法履行行政复议职责的目的是保障法律、法规的正确实施。保障法律、法规的正确实施就不能出现具体行政行为违法或者不适当的现象,一旦出现,就需要通过行政复议等纠错机制予以纠正。保障法律、法规的正确实施实质上就保障了行政相对人的合法权益,同时也维持了行政法律秩序的稳定。

『 相关法律 』

中华人民共和国行政诉讼法

第三条 人民法院应当保障公民、法人和其他组织的起诉权利，对应当受理的行政案件依法受理。

行政机关及其工作人员不得干预、阻碍人民法院受理行政案件。

被诉行政机关负责人应当出庭应诉。不能出庭的，应当委托行政机关相应的工作人员出庭。

第四条 人民法院依法对行政案件独立行使审判权，不受行政机关、社会团体和个人的干涉。

人民法院设行政审判庭，审理行政案件。

第五条 人民法院审理行政案件，以事实为根据，以法律为准绳。

『 相关规章 』

税务行政复议规则

第四条 行政复议应当遵循合法、公正、公开、及时和便民的原则。

行政复议机关应当树立依法行政观念，强化责任意识和服务意识，认真履行行政复议职责，坚持有错必纠，确保法律正确实施。

第五条 行政复议机关在申请人的行政复议请求范围内，不得作出对申请人更为不利的行政复议决定。

自然资源行政复议规定

第三十一条 行政复议机关应当将行政复议申请受理情况等信息在本机关门户网站、官方微信等媒体上向社会公开。

推行行政复议决定书网上公开，加强社会对行政复议决定履行情况的监督。

水利部行政复议工作暂行规定

第四条 行政复议工作应当遵循合法、公正、公开、及时、便民的原则。坚持有错必纠，保障水法规的正确实施。

工业和信息化部行政复议实施办法

第四条 工业和信息化部履行行政复议职责，遵循合法、公正、公开、及时、便民的原则，坚持有错必纠，保障法律、法规和规章的正确实施。

住房城乡建设行政复议办法

第三条 行政复议机关应当认真履行行政复议职责，遵循合法、公正、公开、及时、便民的原则，坚持有错必纠，保障法律、法规和规章的正确实施。

行政复议机关应当依照有关规定配备专职行政复议人员，为行政复议工作提供必要的物质和经费保障。

中华人民共和国海关行政复议办法

第七条　海关行政复议机关履行行政复议职责，应当遵循合法、公正、公开、及时、便民的原则，坚持依法行政、有错必纠，保障法律、行政法规和海关规章的正确实施。

第八条　海关行政复议机关应当通过宣传栏、公告栏、海关门户网站等方便查阅的形式，公布本海关管辖的行政复议案件受案范围、受理条件、行政复议申请书样式、行政复议案件审理程序和行政复议决定执行程序等事项。

海关行政复议机关应当建立和公布行政复议案件办理情况查询机制，方便申请人、第三人及时了解与其行政复议权利、义务相关的信息。

海关行政复议机构应当对申请人、第三人就有关行政复议受理条件、审理方式和期限、作出行政复议处理决定的理由和依据、行政复议决定的执行等行政复议事项提出的疑问予以解释说明。

中国证券监督管理委员会行政复议办法

第六条　中国证监会通过适当的形式，公布中国证监会管辖的行政复议案件受理范围、受理条件、行政复议申请书样式、行政复议案件审理程序，以及接受行政复议申请书的地址、传真号码等事项。

人力资源社会保障行政复议办法

第三条　各级人力资源社会保障行政部门是人力资源社会保障行政复议机关（以下简称行政复议机关），应当认真履行行政复议职责，遵循合法、公正、公开、及时、便民的原则，坚持有错必纠，保障法律、法规和人力资源社会保障规章的正确实施。

行政复议机关应当依照有关规定配备专职行政复议人员，为行政复议工作提供财政保障。

公安机关办理行政复议案件程序规定

第六条　公安行政复议机关办理行政复议案件，应当遵循合法、公正、公开、及时、便民的原则，坚持有错必纠，确保国家法律、法规的正确实施。

司法行政机关行政复议应诉工作规定

第四条　司法行政机关行政复议、应诉工作遵循合法、公正、公开、及时、便民的原则。

中国人民银行行政复议办法

　　第五条　行政复议机关履行行政复议职责，应当遵循公正、公开、及时的原则，保障金融法律、行政法规和规章的正确实施。

『2023 年版本』

　　第四条　县级以上各级人民政府以及其他依照本法履行行政复议职责的行政机关是行政复议机关。

　　行政复议机关办理行政复议事项的机构是行政复议机构。行政复议机构同时组织办理行政复议机关的行政应诉事项。

　　行政复议机关应当加强行政复议工作，支持和保障行政复议机构依法履行职责。上级行政复议机构对下级行政复议机构的行政复议工作进行指导、监督。

　　国务院行政复议机构可以发布行政复议指导性案例。

『2017 年版本』

　　第三条　依照本法履行行政复议职责的行政机关是行政复议机关。行政复议机关负责法制工作的机构具体办理行政复议事项，履行下列职责：

　　（一）受理行政复议申请；

　　（二）向有关组织和人员调查取证，查阅文件和资料；

　　（三）审查申请行政复议的具体行政行为是否合法与适当，拟订行政复议决定；

　　（四）处理或者转送对本法第七条所列有关规定的审查申请；

　　（五）对行政机关违反本法规定的行为依照规定的权限和程序提出处理建议；

　　（六）办理因不服行政复议决定提起行政诉讼的应诉事项；

　　（七）法律、法规规定的其他职责。

　　行政机关中初次从事行政复议的人员，应当通过国家统一法律职业资格考试取得法律职业资格。

『1999、2009 年版本』

　　第三条　依照本法履行行政复议职责的行政机关是行政复议机关。行政复议机关负责法制工作的机构具体办理行政复议事项，履行下列职责：

　　（一）受理行政复议申请；

　　（二）向有关组织和人员调查取证，查阅文件和资料；

　　（三）审查申请行政复议的具体行政行为是否合法与适当，拟订行政复议决定；

　　（四）处理或者转送对本法第七条所列有关规定的审查申请；

　　（五）对行政机关违反本法规定的行为依照规定的权限和程序提出处理建议；

（六）办理因不服行政复议决定提起行政诉讼的应诉事项；

（七）法律、法规规定的其他职责。

『 条文释义 』

本条规定了各级行政复议机关、行政复议机构及其主要职责。1999年版本、2009年版本和2017年版本的规定相差不大，2023年版本作了较大幅度的修改。

县级以上各级人民政府以及其他依照《行政复议法》履行行政复议职责的行政机关是行政复议机关。行政复议机关是《行政复议法》中的监督主体，主要履行行政复议的受理、审理、决定等职责。

行政复议机关主要是上一级行政机关，其职责众多，行政复议仅仅是其职责之一，因此，行政复议机关应当设置具体机构来办理行政复议事项，该机构为负责法制工作的机构。行政复议机构同时组织办理行政复议机关的行政应诉事项。

行政复议机关应当加强行政复议工作，支持和保障行政复议机构依法履行职责。这里主要是指本级政府及其工作部门对其行政复议工作的支持与保障，如甲县人民政府应当支持和保障甲县司法局依法履行行政复议的职责，国家税务总局应该支持和保障政策法规司依法履行行政复议的职责。

上级行政复议机构对下级行政复议机构的行政复议工作进行指导、监督。上下级行政复议机构之间并非直接领导关系，但具有指导与监督的关系。例如，教育部政策法规司作为上级行政复议机构对作为下级行政复议机构的北京市教育委员会政策研究与法制工作处在行政复议工作中具有指导与监督的关系。

国务院行政复议机构可以发布行政复议指导性案例。司法部是国务院行政复议机构，其具有发布行政复议指导性案例的权力和职责。

负责法制工作的机构具体办理行政复议事项，履行下列职责：

（1）受理行政复议申请。行政相对人应当向行政复议机关提出复议申请，具体负责受理申请的机构即为负责法制工作的机构，一般为各级人民政府设置的司法厅、司法局，各地行政机关设置的政策法规处、法制科等机构。

（2）向有关组织和人员调查取证，查阅文件和资料。如果行政复议机关认为相关案件的事实尚未查清，相关证据尚不充足，可以向有关组织和人员调查取证，可以查阅相关文件和资料。这些具体事项均由负责法制工作的机构来办理。

（3）审查申请行政复议的具体行政行为是否合法与适当，拟订行政复议决定。行政复议监督的对象就是具体行政行为的合法性与适当性，因此，负责法制工作的机构应当对具体行政行为是否合法与适当进行审查，根据审查结果拟订行政复议决定，拟订的行政复议决定要经过行政复议机关的相关审批程序才能成为正式的行政复议决定。

（4）处理或者转送对《行政复议法》所列有关规定的审查申请。行政相对人认为行政机关的具体行政行为所依据的规定不合法，在对具体行政行为申请行政复议时，可以一并向行政复议机关提出对该规定的审查申请。上述规定包括国务院部门的规定，县级以上地方各级人民政府及其工作部门的规定，乡、镇人民政府的规定。负责法制工作的机构对于本级和下级政府及其工作部门的规定有权直接进行合法性审查，并有权作出相应的处理；对于上级政府及其工作部门的规定无权进行合法性审查，只能转送上级政府及其工作部门进行处理。

（5）对行政机关违反《行政复议法》规定的行为依照规定的权限和程序提出处理建议。在办理行政复议的过程中，个别行政机关可能有违反《行政复议法》规定的行为，比如个别行政机关拒绝受理行政复议申请，或者受理之后违法不作出行政复议决定等，负责法制工作的机构可以向违法行政机关的上一级行政机关或者其所属的同级人民政府提出处理建议，由相关行政机关或人民政府对违法的行政机关依照相关法律予以处理。

（6）办理因不服行政复议决定提起行政诉讼的应诉事项。行政相对人对行政复议机关作出的行政复议决定仍然可能不服，通常情况下，行政相对人还有权向人民法院提起行政诉讼。此时，负责法制工作的机构就要办理该行政诉讼的应诉事项，包括提交答辩状、出庭参与人民法院的审理活动以及执行人民法院的判决等。

（7）法律、法规规定的其他职责。除《行政复议法》以外，其他的法律和法规也可以对行政复议机关规定与行政复议相关的其他职责和任务，该职责和任务均由负责法制工作的机构承担。

『 相关法规 』

中华人民共和国行政复议法实施条例

第三条　行政复议机构除应当依照行政复议法第三条的规定履行职责外，还应当履行下列职责：

（一）依照行政复议法第十八条的规定转送有关行政复议申请；

（二）办理行政复议法第二十九条规定的行政赔偿等事项；

（三）按照职责权限，督促行政复议申请的受理和行政复议决定的履行；

（四）办理行政复议、行政应诉案件统计和重大行政复议决定备案事项；

（五）办理或者组织办理未经行政复议直接提起行政诉讼的行政应诉事项；

（六）研究行政复议工作中发现的问题，及时向有关机关提出改进建议，重大问题及时向行政复议机关报告。

第五十三条　行政复议机关应当加强对行政复议工作的领导。

行政复议机构在本级行政复议机关的领导下，按照职责权限对行政复议工作进行督促、指导。

第五十四条　县级以上各级人民政府应当加强对所属工作部门和下级人民政府履行行政复议职责的监督。

行政复议机关应当加强对其行政复议机构履行行政复议职责的监督。

第五十五条　县级以上地方各级人民政府应当建立健全行政复议工作责任制，将行政复议工作纳入本级政府目标责任制。

第五十六条 县级以上地方各级人民政府应当按照职责权限，通过定期组织检查、抽查等方式，对所属工作部门和下级人民政府行政复议工作进行检查，并及时向有关方面反馈检查结果。

第五十八条 县级以上各级人民政府行政复议机构应当定期向本级人民政府提交行政复议工作状况分析报告。

第五十九条 下级行政复议机关应当及时将重大行政复议决定报上级行政复议机关备案。

『 相关规章 』

税务行政复议规则

第三条 本规则所称税务行政复议机关（以下简称行政复议机关），指依法受理行政复议申请、对具体行政行为进行审查并作出行政复议决定的税务机关。

第八条 各级税务机关行政首长是行政复议工作第一责任人，应当切实履行职责，加强对行政复议工作的组织领导。

第九条 行政复议机关应当为申请人、第三人查阅案卷资料、接受询问、调解、听证等提供专门场所和其他必要条件。

第十一条 各级行政复议机关负责法制工作的机构（以下简称行政复议机构）依法办理行政复议事项，履行下列职责：

（一）受理行政复议申请。

（二）向有关组织和人员调查取证，查阅文件和资料。

（三）审查申请行政复议的具体行政行为是否合法和适当，起草行政复议决定。

（四）处理或者转送对本规则第十五条所列有关规定的审查申请。

（五）对被申请人违反行政复议法及其实施条例和本规则规定的行为，依照规定的权限和程序向相关部门提出处理建议。

（六）研究行政复议工作中发现的问题，及时向有关机关或者部门提出改进建议，重大问题及时向行政复议机关报告。

（七）指导和监督下级税务机关的行政复议工作。

（八）办理或者组织办理行政诉讼案件应诉事项。

（九）办理行政复议案件的赔偿事项。

（十）办理行政复议、诉讼、赔偿等案件的统计、报告、归档工作和重大行政复议决定备案事项。

（十一）其他与行政复议工作有关的事项。

第九十三条 各级税务复议机关应当加强对履行行政复议职责的监督。行政复议机构负责对行政复议工作进行系统督促、指导。

第九十四条 各级税务机关应当建立健全行政复议工作责任制，将行政复议工作纳入本单位目标责任制。

第九十五条 各级税务机关应当按照职责权限，通过定期组织检查、抽查等方式，检查下级税务机关的行政复议工作，并及时向有关方面反馈检查结果。

第九十七条　省以下各级税务机关应当定期向上一级税务机关提交行政复议、应诉、赔偿统计表和分析报告，及时将重大行政复议决定报上一级行政复议机关备案。

第九十八条　行政复议机构应当按照规定将行政复议案件资料立卷归档。

行政复议案卷应当按照行政复议申请分别装订立卷，一案一卷，统一编号，做到目录清晰、资料齐全、分类规范、装订整齐。

自然资源行政复议规定

第二条　县级以上自然资源主管部门依法办理行政复议案件，履行行政复议决定，指导和监督行政复议工作，适用本规定。

第三条　自然资源部对全国自然资源行政复议工作进行指导和监督。

上级自然资源主管部门对下级自然资源主管部门的行政复议工作进行指导和监督。

第四条　本规定所称行政复议机关，是指依据法律法规规定履行行政复议职责的自然资源主管部门。

本规定所称行政复议机构，是指自然资源主管部门的法治工作机构。

行政复议机关可以委托所属事业单位承担有关行政复议的事务性工作。

第八条　行政复议机关应当定期对行政复议工作情况、行政复议决定履行情况以及典型案例等进行统计、分析、通报，并将有关情况向上一级自然资源主管部门报告。

行政复议机关应当建立行政复议信息管理系统，提高案件办理、卷宗管理、统计分析、便民服务的信息化水平。

第九条　县级以上自然资源主管部门应当将行政复议工作情况纳入本部门考核内容，考核结果作为评价领导班子、评先表彰、干部使用的重要依据。

第十条　行政复议机构统一受理行政复议申请。

行政复议机关的其他机构收到行政复议申请的，应当自收到之日起1个工作日内将申请材料转送行政复议机构。

行政复议机构应当对收到的行政复议申请进行登记。

第十一条　行政复议机构收到申请人提出的批评、意见、建议、控告、检举、投诉等信访请求的，应当将相关材料转交信访纪检等工作机构处理，告知申请人并做好记录。

水利部行政复议工作暂行规定

第三条　水利部负责行政复议工作的机构是政策法规司。流域机构负责行政复议工作的机构是负责法制工作的机构。

水利部政策法规司、流域机构负责法制工作的机构（以下简称复议工作机构）负责办理有关的行政复议事项，履行行政复议受理、调查取证、审查、提出处理建议和行政应诉等职责；各司局和有关单位、流域机构各有关业务主管局（处、室）（以下统称主管单位）协同办理与本单位主管业务有关的行政复议的受理、举证、审查等工作。

工业和信息化部行政复议实施办法

第三条 工业和信息化部法制工作机构具体办理行政复议事项，履行下列职责：

（一）受理行政复议申请；

（二）向有关组织和人员调查取证，组织听证；

（三）审查被复议的具体行政行为是否合法、适当；

（四）依法决定行政复议中止、终止；

（五）拟订行政复议决定，督促行政复议决定的履行；

（六）提出行政复议意见书或者建议书；

（七）指导下级部门行政复议相关工作，组织行政复议人员培训；

（八）法律、行政法规和规章规定的其他职责。

第二十七条 工业和信息化部法制工作机构在行政复议期间发现法律、法规、规章实施中带有普遍性问题的，可以制作行政复议建议书，向有关机关提出完善制度和改进执法的建议。

第二十八条 工业和信息化部建立行政复议工作通报制度。工业和信息化部法制工作机构应当每年将复议案件办理情况上报工业和信息化部负责人并进行通报。

工业和信息化部法制工作机构协助考核机构，将行政复议工作情况纳入年度考核。

交通运输行政复议规定

第三条 依照《行政复议法》和本规定履行交通运输行政复议职责的交通运输行政机关是交通运输行政复议机关，交通运输行政复议机关设置的法制工作机构，具体办理交通运输行政复议事项，履行《行政复议法》第三条规定的职责。

住房城乡建设行政复议办法

第四条 行政复议机关负责法制工作的机构作为行政复议机构，办理行政复议有关事项，履行下列职责：

（一）受理行政复议申请；

（二）向有关组织和人员调查取证，查阅文件和资料，组织行政复议听证；

（三）通知第三人参加行政复议；

（四）主持行政复议调解，审查行政复议和解协议；

（五）审查申请行政复议的行政行为是否合法与适当，提出处理建议，拟订行政复议决定；

（六）法律、法规、规章规定的其他职责。

第七条　国务院住房城乡建设主管部门对全国住房城乡建设行政复议工作进行指导。

县级以上地方人民政府住房城乡建设主管部门对本行政区域内的住房城乡建设行政复议工作进行指导。

中华人民共和国海关行政复议办法

第三条　各级海关行政复议机关应当认真履行行政复议职责，领导并且支持本海关负责法制工作的机构（以下简称海关行政复议机构）依法办理行政复议事项，依照有关规定配备、充实、调剂专职行政复议人员，为行政复议工作提供财政保障，保证海关行政复议机构的办案能力与工作任务相适应。

第四条　海关行政复议机构履行下列职责：

（一）受理行政复议申请；

（二）向有关组织和人员调查取证，查阅文件和资料，组织行政复议听证；

（三）审查被申请行政复议的具体行政行为是否合法与适当，拟定行政复议决定，主持行政复议调解，审查和准许行政复议和解；

（四）办理海关行政赔偿事项；

（五）依照行政复议法第三十三条的规定，办理海关行政复议决定的依法强制执行或者申请人民法院强制执行事项；

（六）处理或者转送申请人依照本办法第三十一条提出的对有关规定的审查申请；

（七）指导、监督下级海关的行政复议工作，依照规定提出复议意见；

（八）对下级海关及其部门和工作人员违反行政复议法、行政复议法实施条例和本办法规定的行为依照规定的权限和程序提出处理建议；

（九）办理或者组织办理不服海关具体行政行为提起行政诉讼的应诉事项；

（十）办理行政复议、行政应诉、行政赔偿案件统计和备案事项；

（十一）研究行政复议过程中发现的问题，及时向有关机关和部门提出建议，重大问题及时向行政复议机关报告；

（十二）其他与行政复议工作有关的事项。

第九十七条　海关行政复议机关应当加强对行政复议工作的领导。

海关行政复议机构按照职责权限对行政复议工作进行督促、指导。

第九十八条　上级海关应当加强对下级海关履行行政复议职责的监督，通过定期检查、抽查等方式，对下级海关的行政复议工作进行检查，并且及时反馈检查结果。

海关发现本海关或者下级海关作出的行政复议决定有错误的，应当予以纠正。

第一百条　海关行政复议机构在行政复议期间发现法律、行政法规、规章的实施中带有普遍性的问题，可以向有关机关提出完善立法的建议。

海关行政复议机构在行政复议期间发现海关执法中存在的普遍性问题，可以制作《行政复议建议书》，向本海关有关业务部门提出改进执法的建议；对于可能对本海关行政决策产生重大影响的问题，海关行政复议机构应当将《行政复议建议书》报送本级海关行政首长；属于上一级海关处理权限的问题，海关行政复议机关可以向上一级海关提出完善制度和改进执法的建议。

第一百零二条 海关行政复议机构在办理行政复议案件的过程中，应当及时将制发的有关法律文书在海关行政复议信息系统中备案。

第一百零三条 海关行政复议机构应当每半年向本海关和上一级海关行政复议机构提交行政复议工作状况分析报告。

第一百一十三条 海关行政复议机关办理行政复议案件、海关作为被申请人参加行政复议活动，该海关行政复议机构应当对有关案件材料进行整理，按照规定立卷归档。

国家知识产权局行政复议规程

第三条 国家知识产权局负责法制工作的机构（以下称"行政复议机构"）具体办理行政复议事项，履行下列职责：

（一）受理行政复议申请；

（二）向有关部门及人员调查取证，调阅有关文档和资料；

（三）审查具体行政行为是否合法与适当；

（四）办理一并请求的行政赔偿事项；

（五）拟订、制作和发送行政复议法律文书；

（六）办理因不服行政复议决定提起行政诉讼的应诉事项；

（七）督促行政复议决定的履行；

（八）办理行政复议、行政应诉案件统计和重大行政复议决定备案事项；

（九）研究行政复议工作中发现的问题，及时向有关部门提出行政复议意见或者建议。

中国证券监督管理委员会行政复议办法

第三条 中国证监会负责法制工作的机构作为行政复议机构具体办理行政复议事项，除应当依照《行政复议法》第三条、《行政复议法实施条例》第三条的规定履行职责外，还应当履行下列职责：

（一）组织行政复议听证；

（二）根据需要提请召开行政复议委员会工作会议；

（三）提出审查意见；

（四）办理行政复议和解、组织行政复议调解等事项；

（五）指导派出机构的行政应诉工作；

（六）法律、行政法规规定的其他职责。

第四十条　行政复议机构在行政复议期间发现法律、行政法规、规章的实施中带有普遍性的问题，可以向有关立法机关或其他有关行政机关提出完善立法的建议。

行政复议建议书应包括法律、行政法规、规章等存在的问题，相关事实、理由和依据、工作建议等。

第四十一条　中国证监会应当建立行政复议统计报告制度，定期对行政复议、行政应诉案件情况进行分析、研究，总结工作中的经验及不足，提出改进意见。

人力资源社会保障行政复议办法

第四条　行政复议机关负责法制工作的机构（以下简称行政复议机构）具体办理行政复议事项，履行下列职责：

（一）处理行政复议申请；

（二）向有关组织和人员调查取证，查阅文件和资料，组织行政复议听证；

（三）依照行政复议法实施条例第九条的规定，办理第三人参加行政复议事项；

（四）依照行政复议法实施条例第四十一条的规定，决定行政复议中止、恢复行政复议审理事项；

（五）依照行政复议法实施条例第四十二条的规定，拟订行政复议终止决定；

（六）审查申请行政复议的具体行政行为是否合法与适当，提出处理建议，拟订行政复议决定，主持行政复议调解，审查和准许行政复议和解协议；

（七）处理或者转送对行政复议法第七条所列有关规定的审查申请；

（八）依照行政复议法第二十九条的规定，办理行政赔偿等事项；

（九）依照行政复议法实施条例第三十七条的规定，办理鉴定事项；

（十）按照职责权限，督促行政复议申请的受理和行政复议决定的履行；

（十一）对人力资源社会保障部门及其工作人员违反行政复议法、行政复议法实施条例和本办法规定的行为依照规定的权限和程序提出处理建议；

（十二）研究行政复议过程中发现的问题，及时向有关机关和部门提出建议，重大问题及时向行政复议机关报告；

（十三）办理因不服行政复议决定提起行政诉讼的行政应诉事项；

（十四）办理或者组织办理未经行政复议直接提起行政诉讼的行政应诉事项；

（十五）办理行政复议、行政应诉案件统计和重大行政复议决定备案事项；

（十六）组织培训；

（十七）法律、法规规定的其他职责。

环境行政复议办法

第四条　依法履行行政复议职责的环境保护行政主管部门为环境行政复议机关。环境行政复议机关负责法制工作的机构（以下简称环境行政复议机构），具体办理行政复议事项，履行下列职责：

（一）受理行政复议申请；

（二）向有关组织和人员调查取证，查阅文件和资料；

（三）审查被申请行政复议的具体行政行为是否合法与适当，拟定行政复议决定；

（四）按照职责权限，督促行政复议申请的受理和行政复议决定的履行；

（五）处理或者转送本办法第二十九条规定的审查申请；

（六）办理行政复议法第二十九条规定的行政赔偿等事项；

（七）办理或者组织办理本部门的行政应诉事项；

（八）办理行政复议、行政应诉案件统计和重大行政复议决定备案事项；

（九）研究行政复议工作中发现的问题，及时向有关机关提出改进建议，重大问题及时向环境行政复议机关报告；

（十）法律、法规和规章规定的其他职责。

第三十九条 环境行政复议机关应当建立行政复议案件和行政应诉案件统计制度，并依照国务院环境保护行政主管部门有关环境统计的规定向上级环境保护行政主管部门报送本行政区的行政复议和行政应诉情况。

下级环境行政复议机关应当及时将重大行政复议决定报上级行政复议机关备案。

国家发展和改革委员会行政复议实施办法

第四条 国家发展改革委依据《行政复议法》及本办法履行行政复议职责。国家发展改革委法制工作机构具体办理国家发展改革委的行政复议事项，并履行下列职责：

（一）受理行政复议申请；

（二）向有关组织和人员调查取证，查阅文件和资料；

（三）依据法律法规和规章审查申请行政复议的具体行政行为是否合法与适当，拟订行政复议决定；

（四）处理或者转送对本办法第十六条所列有关规定的审查申请；

（五）对发展改革机关违反《行政复议法》和本办法的行为依照规定的权限和程序提出处理建议；

（六）办理因受理行政复议引发的有关行政应诉事项；

（七）法律、法规和规章规定的其他职责。

商务部行政复议实施办法

第二条 商务部依据《行政复议法》及本办法的规定履行行政复议职责。商务部法制工作机构（条约法律司）具体办理商务部的行政复议事项，并履行《行政复议法》第三条规定的职责。

司法行政机关行政复议应诉工作规定

第三条　司法行政机关法制工作机构或者承担法制工作的机构具体负责办理司法行政机关行政复议和行政应诉事项，履行下列职责：

（一）受理行政复议申请；

（二）向有关组织和人员调查取证，查阅文件和资料；

（三）审查申请行政复议的具体行政行为是否合法与适当，拟定行政复议决定；

（四）处理或者转送对司法行政机关具体行政行为所依据的有关规定的审查申请；

（五）对司法行政机关违反《中华人民共和国行政复议法》和本规定的行为依照规定的权限和程序提出处理建议；

（六）组织办理因不服行政复议决定提起行政诉讼的应诉事项；

（七）指导下级司法行政机关的行政复议和行政应诉工作；

（八）培训行政复议、应诉工作人员，组织交流行政复议、应诉工作经验；

（九）法律、法规、规章规定的其他职责。

中国人民银行行政复议办法

第四条　行政复议机关的法律事务工作部门具体办理行政复议事项，履行下列职责：

（一）受理行政复议申请；

（二）向有关组织和人员调查取证，查阅文件和资料；

（三）审查申请行政复议的具体行政行为是否合法与适当，拟定行政复议决定；

（四）处理或者转送对本办法第八条规定的审查申请；

（五）对中国人民银行下级分支机构违反本办法规定的行为依照规定的权限和程序提出处理意见；

（六）办理因不服行政复议决定提起行政诉讼的应诉事项；

（七）法律、行政法规规定的其他职责。

『相关行政解释』

公安部关于公安机关贯彻实施《中华人民共和国行政复议法》若干问题的意见（1999 年 10 月 1 日）

四、公安机关负责法制工作的机构

15. 根据行政复议法第三条的规定，公安机关负责法制工作的机构是指：

（1）公安部法制局；

（2）省、自治区、直辖市公安厅、局的法制处、室；

（3）市（地、州）、县（市）、市辖区的公安局、公安分局的法制处、科、股；

（4）出入境边防检查总站负责法制工作的机构。

公安部关于《中华人民共和国行政复议法》实施后出入境边防检查行政复议工作有关问题的通知（1999 年 10 月 26 日）

二、负责边防检查行政复议的法制机构

根据行政复议法和《通知》规定，有关省、自治区、直辖市公安厅、局法制处、室负责办理涉及现役制边防检查站的行政复议事项。关于在出入境边防检查总站设立法制机构的问题，尚在审议之中，法制机构未正式设立之前，各出入境边防检查总站可先在总站办公室设立临时法制机构，办理涉及所属边防检查站的行政复议事项。

负责法制工作的机构在承办行政复议案件时，要主动加强与业务部门的联系，业务部门要配合法制部门办理好行政复议案件。

『2023 年版本』

第五条 行政复议机关办理行政复议案件，可以进行调解。

调解应当遵循合法、自愿的原则，不得损害国家利益、社会公共利益和他人合法权益，不得违反法律、法规的强制性规定。

『条文释义』

本条规定了行政复议调解制度。本条是 2023 年版本新增加的内容，1999 年版本、2009 年版本和 2017 年版本没有该内容，但《行政复议法实施条例》有相关规定。

原则上，所有的争议都可以调解，行政争议也不例外。行政复议处理的是行政争议与纠纷，当然也允许调解。但行政争议不同于民事争议，原则上所有的民事争议都能调解，但行政行为强调法定，只有少数行政争议可以通过调解来解决，如行政救助行为、行政履责行为、行政自由裁量权行为等。因此，行政调解所受到的约束比较多，应当遵循合法、自愿的原则，不得损害国家利益、社会公共利益和他人合法权益，不得违反法律、法规的强制性规定。

『相关法规』

中华人民共和国行政复议法实施条例

第五十条 有下列情形之一的，行政复议机关可以按照自愿、合法的原则进行调解：

（一）公民、法人或者其他组织对行政机关行使法律、法规规定的自由裁量权作出的具体行政行为不服申请行政复议的；

（二）当事人之间的行政赔偿或者行政补偿纠纷。

当事人经调解达成协议的，行政复议机关应当制作行政复议调解书。调解书应当载明行政复议请求、事实、理由和调解结果，并加盖行政复议机关印章。行政复议调解书经双方当事人签字，即具有法律效力。

调解未达成协议或者调解书生效前一方反悔的，行政复议机关应当及时作出行政复议决定。

『 相关规章 』

中华人民共和国海关行政复议办法

第八十三条　公民、法人或者其他组织对海关行使法律、行政法规或者海关规章规定的自由裁量权作出的具体行政行为不服申请行政复议，在海关行政复议机关作出行政复议决定之前，申请人和被申请人可以在自愿、合法基础上达成和解。

第八十四条　申请人和被申请人达成和解的，应当向海关行政复议机构提交书面和解协议。和解协议应当载明行政复议请求、事实、理由和达成和解的结果，并且由申请人和被申请人签字或者盖章。

第八十五条　海关行政复议机构应当对申请人和被申请人提交的和解协议进行审查，和解确属申请人和被申请人的真实意思表示，和解内容不违反法律、行政法规或者海关规章的强制性规定，不损害国家利益、社会公共利益和他人合法权益的，应当准许和解，并且终止行政复议案件的审理。

准许和解并且终止行政复议的，应当在《行政复议终止决定书》中载明和解的内容。

第八十六条　经海关行政复议机关准许和解的，申请人和被申请人应当履行和解协议。

第八十七条　经海关行政复议机关准许和解并且终止行政复议的，申请人以同一事实和理由再次申请行政复议的，不予受理。但是，申请人提出证据证明和解违反自愿原则或者和解内容违反法律、行政法规或者海关规章的强制性规定的除外。

第八十八条　有下列情形之一的，海关行政复议机关可以按照自愿、合法的原则进行调解：

（一）公民、法人或者其他组织对海关行使法律、行政法规或者海关规章规定的自由裁量权作出的具体行政行为不服申请行政复议的；

（二）行政赔偿、查验赔偿或者行政补偿纠纷。

第八十九条　海关行政复议机关主持调解应当符合以下要求：

（一）调解应当在查明案件事实的基础上进行；

（二）海关行政复议机关应当充分尊重申请人和被申请人的意愿；

（三）组织调解应当遵循公正、合理原则；

（四）调解结果应当符合有关法律、行政法规和海关规章的规定，不得违背法律精神和原则；

（五）调解结果不得损害国家利益、社会公共利益或者他人合法权益。

第九十条 海关行政复议机关主持调解应当按照下列程序进行：

（一）征求申请人和被申请人是否同意进行调解的意愿；

（二）经申请人和被申请人同意后开始调解；

（三）听取申请人和被申请人的意见；

（四）提出调解方案；

（五）达成调解协议。

调解期间申请人或者被申请人明确提出不进行调解的，应当终止调解。终止调解后，申请人、被申请人再次请求海关行政复议机关主持调解的，应当准许。

第九十一条 申请人和被申请人经调解达成协议的，海关行政复议机关应当制作《行政复议调解书》。《行政复议调解书》应当载明下列内容：

（一）申请人姓名、性别、年龄、职业、住址（法人或者其他组织的名称、地址、法定代表人或者主要负责人的姓名、职务）；

（二）被申请人名称、地址、法定代表人姓名；

（三）申请人申请行政复议的请求、事实和理由；

（四）被申请人答复的事实、理由、证据和依据；

（五）行政复议认定的事实和相应的证据；

（六）进行调解的基本情况；

（七）调解结果；

（八）申请人、被申请人履行调解书的义务；

（九）日期。

《行政复议调解书》应当加盖海关行政复议机关的印章。《行政复议调解书》经申请人、被申请人签字或者盖章，即具有法律效力。

第九十二条 申请人和被申请人提交书面和解协议，并且要求海关行政复议机关按照和解协议内容制作《行政复议调解书》的，行政复议机关应当进行审查，申请人和被申请人达成的和解协议符合本办法第八十九条第（四）项、第（五）项规定的，海关行政复议机关可以根据和解协议的内容按照本办法第九十一条的规定制作《行政复议调解书》。

第九十三条 调解未达成协议或者行政复议调解书生效前一方反悔的，海关行政复议机关应当及时作出行政复议决定。

第一百零一条 各级海关行政复议机关办理的行政复议案件中，申请人与被申请人达成和解协议后海关行政复议机关终止行政复议，或者申请人与被申请人经调解达成协议，海关行政复议机关制作行政复议调解书的，应当向海关总署行政复议机构报告，并且将有关法律文书报该部门备案。

人力资源社会保障行政复议办法

第四十五条 有下列情形之一的，行政复议机关可以按照自愿、合法的原则进行调解：

（一）公民、法人或者其他组织对人力资源社会保障部门行使法律、法规规定的自由裁量权作出的具体行政行为不服申请行政复议的；

（二）当事人之间的行政赔偿或者行政补偿纠纷；

（三）其他适于调解的。

『典型案例』

池州市人民政府行政复议调解书

池行复调〔2023〕1号

申请人：刘某某，男，1961年8月24日出生，住安徽省池州市贵池区。

被申请人：池州市公安局贵池分局池口派出所；住所地池州市贵池区翠柏北路。

法定代表人：胡永超，所长。

申请人不服被申请人于2023年3月20日作出的《行政处罚决定书》〔池贵公（池）行罚决字〔2023〕251号〕，向本机关提出行政复议申请。经审查，本机关决定依法受理。本案现已审理终结。

申请人请求：确认被申请人于2023年3月20日作出的《行政处罚决定书》〔池贵公（池）行罚决字〔2023〕251号〕违法。

申请人称：2023年2月20日下午1点多钟，申请人因本小区住户余某妻子柯某的邀请，在她的门面房内开设的麻将场参与打麻将，另三位都是本小区居民，平时没有往来，出资是以扑克牌（3张花牌10张小牌，事后经被申请人第一次询问申请人才知道，打之前不知道是谁已分好，打之前本人也没看有几张牌，但不是同桌4人当场分的，申请人只知道开牌一次筹码分为10元、20元、30元）。当天下午4点20分左右派出所来人检查（前后门已被检查人员封住），该赌场12人（分3桌，其中包括提供麻将场所地的柯某）。申请人同桌4人当时由于惊慌，其中一位姓柯的当场将申请人的扑克牌与他的扑克牌混在一起，最后不知道谁输谁赢。当天下午派出所带队民警经调查：认为申请人参与赌博违反《治安管理处罚法》第70条的规定，属违法行为。（当天在现场申请人没有看到该带队民警，据后来了解当天只有他一人属正式民警，其他人均无执法资格）请调出派出所带队民警2月20日下午（随身携带的执法仪）带队进入柯某提供场所的现场录音像。后告知申请人违法事实和依据，收缴赌资 400 元，罚款 500 元。对此处罚决定本人不服，特申请复议。一、所谓赌资 400 元，证据来源非法，不能作为定案依据。理由：（1）当天派出所到场检查人员，申请人一再要求出示执法证件，但无人出示。来到申请人面前的是派出所出车司机（后来到派出所见到他一问才知道是聘请开车的，无执法资格）拿出手机野蛮拍照现场"参赌"人员、所谓赌资（拍照扑克牌时申请人已离开现场）。当时申请人家里事发突然来电话，申请人对该司机（事后才知道他的身份）说后就走了。（2）执法机关工作人员现场收缴所谓赌资应邀请第三方（或管辖居委会派员参与），当天无第三方人员参与，违反有关法律规定。二、2 月 22 日晚上申请人接到派出所民警电话通知，讲好第二天上午 9:30 分之前到派出所接受调查，申请人 23 日上午 9 点就到了，等到 10 点 15 分左右在询问室接受询问，到 11:40 分和 12:30 分左右（请调出当时监控录像）两次分别提出下午申请人再来接受询问，询问民警都不同意，在此期间在申请人一再请求下，询问民警用自己手机通知申请人家人申请人在派出所接受调查，中午不能回去吃饭。直到下午 2:40 左右才结束。申请人患有高血压、心脏病，眩晕症等多种疾病，当场都告知询问民警。为了配合好，中午没让申请人吃饭和休息，申请人一直克制自己，没有失去理智，这是一种变相刑讯逼供行为。因此此份笔录部分内容失真。三、3 月 19 日晚上 8 点多钟派出所民警通知申请人到派出所拿"处罚告知书"。申请人到后让他把处罚申请人的有关法条拿给申请人看，并指出处罚告知书有关"赌资问题"与事实不符。申请人为了配合，在处罚告知书上被迫签字。四、3 月 22 日上午 10:30 分左右又接到办案民警打来电话，通知拿"处罚决定书"。看了"处罚决定书"内容后，申请人提出第二天上缴罚款，办案民警讲超过一天，就要缴一天的滞纳金，申请人被迫当时缴了 900 元（微信支付）。办案民警还说：现在只有你一个人可能申请复议，现在调取的材料都是经过贵池公安分局法制科审核的，要复议是法制科派人参加（该办案民警随身佩带执法仪当场有录音）。申请人认为这是威胁不让申请复议，也是不负责的表现。五、与申请人同一桌玩麻将的另 3 人，办案民警询问期间，疑有不同程度的刑讯逼供行为（请调当时的监控录音录像），因此此 3 人的谈话记录部分内容也不能作为定案的依据。六、以上由于派出所在执法现场程序违法，证据不足，应确认派出所作出的池贵公（池）行罚决字〔2023〕251 号违法。

被申请人答复称：一、我单位作出的池贵公（池）行罚决字〔2023〕251 号行政处罚决定，事实清楚、证据充分、程序合法、法律适用正确、处罚决定适当。2023 年 2 月 20 日 13 时许，我单位接 110 指令，举报人匿名报警称贵池区新城明珠商业街某店有人聚众赌博。我单位民警出警赶到现场。现场查获柯某等 12 名赌博违法嫌疑人，其中在一楼车库外间查获申请人、柯某、钱某青、钱某月等四人、赌具麻将 2 副、扑克牌筹码 52 张。申请人、柯某、钱某青、钱某月四人使用扑克牌作为筹码以每局输赢 10 元、20 元、30 元不等打池州麻将"辣子"的方式进行赌博，事先约定每人分得扑克牌筹码 13 张（其中花牌 3 张，每张花扑克牌代表 100 元；任意数字牌 10 张，每张任意数字牌代表 10 元），折合赌资为人民币 400 元，至 16 时 30 分许被公安机关当场查获。现场查获申请人持有扑克牌筹码 22 张，柯某持有扑克牌筹码 7 张，钱某青持有扑克牌筹码 11 张，钱某月持有扑克牌筹码 12 张，四人到案后对自己赌博的违法事实均供认不讳。2023 年 3 月 20 日，我单位根据《中华人民共和国治安管理处罚法》第七十条、第十七条第一款、第十一条第一款的规定，对申请人处行政罚款 500 元，收缴申请人赌资 400 元，收缴申请人持有扑克牌筹码 22 张，该行政处罚已执行完毕。以上事实有违法嫌疑人的陈述和申辩、检查笔录、现场查获的赌具和扑克牌筹码等证据证实，案件事实清楚、证据充分、程序合法、法律适用正确、处罚决定适当。二、申请人提起行政复议的事实、理由均不成立。（一）申请人称"所谓赌资 400 元，证据来源非法，不能作为定案依据"的事实、理由不成立。2023 年 2 月 20 日 13 时许，我单位接 110 指令，我单位民警着制式警服、携带执法记录仪和单警装备规范处置了该起警情，当场查获 12 名赌博违法嫌疑人，赌具和扑克牌筹码若干。检查现场我单位处置民警全程录音录像，并邀见证人现场见证。取证过程中，民、辅警无"野蛮拍照"等行为，现场申请人未要求出示执法证件；取证完毕，我单位处置民警对现场查获的赌具、扑克牌筹码等依法进行证据保全（扣押），现场未实施收缴赌资的执法活动。以上事实由现场执法记录仪视频、现场检查笔录、物证（赌具、扑克牌筹码）、违法嫌疑人的陈述和申辩等证据证实。申请人称"要求检查人员出示执法证件无人出示""现场收缴赌资"等无事实依据。（二）申请人称"其在询问过程中提出离开、下午再来接受询问，民警不允许，存在变相刑讯逼供行为，笔录部分内容失真""对其他 3 名共同违法嫌疑人疑有刑讯逼供行为"的事实、理由不成立。2023 年 2 月 22 日 11 时 18 分，我单位民警在执法办案区询问室对申请人依法进行询问，期间申请人并未提出患有心脏病、眩晕症等疾病，申请人称其患有高血压，但不影响接受询问。询问过程中，民警依法行使调查取证职责，主动询问申请人是否需要喝水，并为其倒水。询问结束后，《询问笔录》交由申请人阅看，申请人对询问笔录进行了 12 处修改后签字确认。我单位对同案其他 3 名违法嫌疑人柯某、钱某青、钱某月分别于 2023 年 3 月 1 日、2 日、6 日在执法办案区询问室进行询问，全程录音录像，并无刑讯逼供行为。以上事实由询问视音频全程记录，申请人所述内容无事实依据。（三）申请人称"签署《行政处罚告知笔录》《行政处罚决定书》时遭遇胁迫和威胁"的事实、理由不成立。2023 年 3 月 19 日 20 时许，我单位办案民警通知申请人到所，对其释析法律规定、定性处理等法律问题后，依法对其履行行政处罚前告知程序，申请人自愿在《行政处罚告知笔录》上签署"对以上告知事项，本人不提出陈述和申辩"的内容。2023 年 3 月 22 日 9 时 40 分许，我单位办案民警在派出所接待室送达《行政处罚决定书》给申请人，申请人自愿接受并在《行政处罚决定书》"被处罚人"处签收确认。同日，我单位办案民警联系警保部门开具罚款单据，由申请人通过微信二维码缴款方式缴至罚没款银行专户。申请人所称"迟纳金"的事实，系我单位办案民警根据《中华人民共和国行政处罚法》第12条关于罚款缴纳规定对被处罚人的告知，该告知内容在《行政处罚决定书》中也已注明。以上事实由相关执法活动执法记录仪全程记录，申请人所述内容无事实依据。综合以上，申请人与他人以扑克牌为筹码通过"事先约定事后交割"打麻将的方式参与赌博赌资较大的行为已构成赌博违法行为，结合案情，我单位对申请人作出的池贵公（池）行罚决字〔2023〕251号行政处罚决定，事实清楚、证据充分、程序合法、法律适用正确、处罚决定适当。

经查：2023年2月20日，被申请人接110指令，举报人匿名报警称贵池区新城明珠商业街某店有人聚众赌博。当日16时24分左右，民警到达现场后，发现申请人在内的12人在贵池区新城明珠商业街某店内打麻将，每人面前有扑克牌若干。同日，被申请人对申请人等12人涉嫌赌博的违法行为予以受案调查〔受案登记表文号：池贵公（池）受案字〔2023〕577号〕，并进行取证和证据保全。

2023年3月6日，被申请人对申请人进行传唤〔传唤证：池贵公（池）行传字〔2023〕130号〕，出具《行政案件权利义务告知书》并经申请人签字确认；同日，对申请人开展询问，制作询问笔录。

2023年3月19日，被申请人制作《行政处罚告知笔录》。

2023年3月20日，被申请人根据《中华人民共和国治安管理处罚法》第七十条、第十七条、第十一条之规定，分别对申请人、柯某、钱某青、钱某月等四人作出《行政处罚决定书》，对申请人给予行政罚款500元的处罚，收缴扑克牌若干和以扑克牌折合的赌资400元；对柯某、钱某青、钱某月等3人分别给予行政罚款400元，收缴扑克牌若干和以扑克牌折合的赌资400元。

根据《中华人民共和国行政复议法实施条例》第五十条规定，本机关按照自愿、合法的原则进行调解，当事人达成如下协议：

一、被申请人鉴于申请人初次违法、违法行为轻微，综合违法情节及危害后果等因素，从有利于化解行政争议、实现执法效果和社会效果有机统一的角度出发，将对申请人行政罚款500元的处罚变更为行政罚款400元。二、申请人接受以上调解内容。

上述调解结果，符合有关法律规定，本机关予以确认。

本调解书经当事人签字，即具有法律效力。

申请人： 被申请人：

　年　月　日 　年　月　日

2023年7月13日

『2023 年版本』

第六条　国家建立专业化、职业化行政复议人员队伍。

行政复议机构中初次从事行政复议工作的人员，应当通过国家统一法律职业资格考试取得法律职业资格，并参加统一职前培训。

国务院行政复议机构应当会同有关部门制定行政复议人员工作规范，加强对行政复议人员的业务考核和管理。

『2017 年版本』

第三条　依照本法履行行政复议职责的行政机关是行政复议机关。行政复议机关负责法制工作的机构具体办理行政复议事项，履行下列职责：

（一）受理行政复议申请；

（二）向有关组织和人员调查取证，查阅文件和资料；

（三）审查申请行政复议的具体行政行为是否合法与适当，拟订行政复议决定；

（四）处理或者转送对本法第七条所列有关规定的审查申请；

（五）对行政机关违反本法规定的行为依照规定的权限和程序提出处理建议；

（六）办理因不服行政复议决定提起行政诉讼的应诉事项；

（七）法律、法规规定的其他职责。

行政机关中初次从事行政复议的人员，应当通过国家统一法律职业资格考试取得法律职业资格。

『条文释义』

本条规定了行政复议人员队伍建设。1999 年版本和 2009 年版本没有相关规定，2017 年版本增加了从业资格考试的规定，2023 年版本将其提升为行政复议人员队伍建设的相关内容。

行政机关中从事行政复议的人员需要具备一定的法律专业知识和技能才能胜任行政复议工作，因此，原则上应当通过国家统一法律职业资格考试取得法律职业资格。考虑到行政复议工作的连续性且 1999 年版本和 2009 年版本的《行政复议法》并未提出这一要求，2017 年版本的《行政复议法》仅要求"初次从事行政复议的人员"应当通过国家统一法律职业资格考试取得法律职业资格，对于行政机关中已经从事行政复议的人员没有提出具体要求。从提高工作水平和行政复议质量的角度出发，建议行政机关中已经从事行政复议的人员也能逐步通过国家统一法律职业资格考试取得法律职业资格。

2023 年版本的《行政复议法》提出了国家建立专业化、职业化行政复议人员队伍的目标，专业化强调的是其专业技术能力，职业化强调的是其岗位的稳定性。国务院行政复议机构应当会同有关部门制定行政复议人员工作规范，这里的"有关部门"主要是指人力资源和社会保障部。各级行政复议机构应当加强对行政复议人员的业务考核和管理，对其中的优秀人员还应予以适当表彰。

『 相关法规 』

中华人民共和国行政复议法实施条例

第二条　各级行政复议机关应当认真履行行政复议职责，领导并支持本机关负责法制工作的机构（以下简称行政复议机构）依法办理行政复议事项，并依照有关规定配备、充实、调剂专职行政复议人员，保证行政复议机构的办案能力与工作任务相适应。

第四条　专职行政复议人员应当具备与履行行政复议职责相适应的品行、专业知识和业务能力，并取得相应资格。具体办法由国务院法制机构会同国务院有关部门规定。

第六十条　各级行政复议机构应当定期组织对行政复议人员进行业务培训，提高行政复议人员的专业素质。

『 相关规章 』

税务行政复议规则

第十三条　行政复议工作人员应当具备与履行行政复议职责相适应的品行、专业知识和业务能力。

税务机关中初次从事行政复议的人员，应当通过国家统一法律职业资格考试取得法律职业资格。

自然资源行政复议规定

第六条　行政复议工作人员应当具备与履行职责相适应的政治素质、法治素养和业务能力，忠于宪法和法律，清正廉洁，恪尽职守。

初次从事行政复议的人员，应当通过国家统一法律职业资格考试取得法律职业资格。

第七条　行政复议机关应当依照有关规定配备专职行政复议人员，并定期组织培训，保障其每年参加专业培训的时间不少于三十六个学时。

行政复议机关应当保障行政复议工作经费、装备和其他必要的工作条件。

住房城乡建设行政复议办法

第六条　专职行政复议人员应当具备与履行行政复议职责相适应的品行、专业知识和业务能力，定期参加业务培训。

中华人民共和国海关行政复议办法

第五条 专职从事海关行政复议工作的人员（以下简称行政复议人员）应当具备下列条件：

（一）具有国家公务员身份；

（二）有良好的政治、业务素质；

（三）高等院校法律专业毕业或者高等院校非法律专业毕业具有法律专业知识；

（四）从事海关工作2年以上；

（五）经考试考核合格取得海关总署颁发的调查证。

各级海关行政复议机关应当支持并且鼓励行政复议人员参加国家司法考试；取得律师资格或者法律职业资格的海关工作人员可以优先成为行政复议人员。

第六条 行政复议人员享有下列权利：

（一）依法履行行政复议职责的行为受法律保护；

（二）获得履行职责应当具有的工作条件；

（三）对行政复议工作提出建议；

（四）参加培训；

（五）法律、行政法规和海关规章规定的其他权利。

行政复议人员应当履行下列义务：

（一）严格遵守宪法和法律；

（二）以事实为根据，以法律为准绳审理行政复议案件；

（三）忠于职守，尽职尽责，清正廉洁，秉公执法；

（四）依法保障行政复议参加人的合法权益；

（五）保守国家秘密、商业秘密、海关工作秘密和个人隐私；

（六）维护国家利益、社会公共利益，维护公民、法人或者其他组织的合法权益；

（七）法律、行政法规和海关规章规定的其他义务。

中国证券监督管理委员会行政复议办法

第四条 专职行政复议人员应当具备以下条件：

（一）正直诚实，品行良好；

（二）受过法律专业教育；

（三）从事证券期货业工作2年以上或者取得法律、会计等专业资格；

（四）法律、行政法规规定的其他条件。

人力资源社会保障行政复议办法

第五条 专职行政复议人员应当具备与履行行政复议职责相适应的品行、专业知识和业务能力，并取得相应资格。各级人力资源社会保障部门应当保障行政复议人员参加培训的权利，应当为行政复议人员参加法律类资格考试提供必要的帮助。

第六条 行政复议人员享有下列权利：

（一）依法履行行政复议职责的行为受法律保护；

（二）获得履行行政复议职责相应的物质条件；

（三）对行政复议工作提出建议；

（四）参加培训；

（五）法律、法规和规章规定的其他权利。

行政复议人员应当履行下列义务：

（一）严格遵守宪法和法律；

（二）以事实为根据，以法律为准绳审理行政复议案件；

（三）忠于职守，尽职尽责，清正廉洁，秉公执法；

（四）依法保障行政复议参加人的合法权益；

（五）保守国家秘密、商业秘密和个人隐私；

（六）维护国家利益、社会公共利益，维护公民、法人或者其他组织的合法权益；

（七）法律、法规和规章规定的其他义务。

『2023 年版本』

第七条 行政复议机关应当确保行政复议机构的人员配备与所承担的工作任务相适应，提高行政复议人员专业素质，根据工作需要保障办案场所、装备等设施。县级以上各级人民政府应当将行政复议工作经费列入本级预算。

『1999、2009、2017 年版本』

第三十九条 行政复议机关受理行政复议申请，不得向申请人收取任何费用。行政复议活动所需经费，应当列入本机关的行政经费，由本级财政予以保障。

『条文释义』

本条规定了行政复议的工作保障与经费保障。1999 年版本、2009 年版本和2017 年版本的规定相同，仅规定了行政复议经费的保障，2023 年版本增加了人员配备、场所装备的保障。

为确保行政复议机关能顺利完成行政复议的任务，必须有人、财、物等各个方面的保障，因此，本条规定各级行政复议机关应当确保行政复议机构的人员配备与所承担的工作任务相适应，对于行政复议任务比较重的单位，应当增加行政复议机构的人员配备。各级行政复议机关还应当根据行政复议工作的需要保障行政复议机构的办案场所、装备等设施，如应当有专门的行政复议场所，便于行政复议机构召集申请人和被申请人了解情况，应当有录音、录像等专业设备，便于对行政复议的相关活动进行取证。

为防止行政复议机关因缺少经费而怠于履行行政复议职责，法律规定，行政复议活动所需经费，应当列入本机关的行政经费，由本级财政予以保障。

『相关法规』

中华人民共和国行政复议法实施条例

第九十九条　行政复议机构应当定期组织行政复议工作人员业务培训和工作交流，提高行政复议工作人员的专业素质。

『相关规章』

税务行政复议规则

第十条　各级税务机关应当加大对行政复议工作的基础投入，推进行政复议工作信息化建设，配备调查取证所需的照相、录音、录像和办案所需的电脑、扫描、投影、传真、复印等设备，保障办案交通工具和相应经费。

水利部行政复议工作暂行规定

第十三条　水利部或者流域机构受理行政复议申请，不得向申请人收取任何费用。

水利部、流域机构应当保证行政复议工作经费，以确保行政复议工作按期、高效完成。

工业和信息化部行政复议实施办法

第二十九条　工业和信息化部法制工作机构应当定期组织行政复议人员业务培训，提高行政复议人员的专业素质。

第三十一条　工业和信息化部受理行政复议申请不得向申请人收取任何费用。行政复议所需经费，列入工业和信息化部行政经费予以保障。

交通运输行政复议规定

第二十三条　交通运输行政复议机关受理交通运输行政复议申请，不得向申请人收取任何费用。

交通运输行政复议活动所需经费应当在本机关的行政经费中单独列支，不得挪作他用。

中华人民共和国海关行政复议办法
第一百零四条 海关总署行政复议机构应当每半年组织一次对行政复议人员的业务培训，提高行政复议人员的专业素质。

其他海关行政复议机构可以根据工作需要定期组织对本海关行政复议人员的培训。

第一百一十条 海关行政复议机关受理行政复议申请，不得向申请人收取任何费用。

海关行政复议活动所需经费、办公用房以及交通、通讯、监控等设备由各级海关予以保障。

人力资源社会保障行政复议办法
第五十六条 人力资源社会保障行政复议活动所需经费、办公用房以及交通、通讯、摄像、录音等设备由各级人力资源社会保障部门予以保障。

环境行政复议办法
第四十一条 环境行政复议机关受理行政复议申请，不得向申请人收取任何费用。行政复议活动所需经费，应当列入本机关的行政经费，由本级财政予以保障。

公安机关办理行政复议案件程序规定
第五条 公安行政复议机构办理行政复议案件所需经费应当在本级公安业务费中列支；办理公安行政复议事项必需的设备、工作条件，公安行政复议机关应当予以保障。

司法行政机关行政复议应诉工作规定
第三十一条 司法行政机关行政复议（含行政诉讼）活动所需经费列入本机关的经费预算。行政复议活动经费应当用于：
（一）办案经费；
（二）执法情况检查；
（三）总结工作等。

中国证券监督管理委员会行政复议办法
第四十二条 行政复议人员应当每年参加至少2次行政复议机构或者中国证监会业务部门组织的监管业务培训，提高行政复议人员的专业素质。

业务培训包括以下内容：

（一）行政复议及行政应诉业务培训；

（二）证券期货案件调查、审理等业务培训；

（三）证券期货日常监管及创新业务培训；

（四）涉及证券期货市场监管的政治、经济理论培训等。

『2023 年版本』

第八条 行政复议机关应当加强信息化建设，运用现代信息技术，方便公民、法人或者其他组织申请、参加行政复议，提高工作质量和效率。

『条文释义』

本条规定了行政复议机关的信息化建设。1999 年版本、2009 年版本、2017 年版本均无相关规定，本条是 2023 年版本新增加的内容。

现代信息技术在各个领域都有了充分的运用，行政复议工作也不例外。行政复议机关加强信息化建设，主要目的是方便公民、法人或者其他组织申请、参加行政复议，提高工作质量和效率。例如行政复议的申请可以通过电子邮件或者直接在网站填写相关信息，经实名认证后即可，行政复议中的调查和了解相关情况，也可以通过远程会议、视频会议等方式进行。行政复议决定书的送达可以将电子版决定书通过邮箱、微信等方式发送给申请人和被申请人等。

『相关规章』

住房城乡建设行政复议办法

第四十三条 行政复议机关应当推进信息化建设，研究开发行政复议信息系统，逐步实现行政复议办公自动化和行政复议档案电子化。

『2023 年版本』

第九条 对在行政复议工作中做出显著成绩的单位和个人，按照国家有关规定给予表彰和奖励。

『条文释义』

本条规定了对行政复议人员及其相关单位的表彰与奖励。1999年版本、2009年版本、2017年版本均无相关规定，本条是2023年版本新增加的内容。《行政复议法实施条例》以及相关部门的规章有关于表彰与奖励的规定。

目前我国在很多重要的领域都有表彰和奖励的相关规定，行政复议也是国家的一项重要工作领域，也应当有专门的表彰与奖励规定。有了本条的依据，各级行政复议机关都可以定期组织对本级和下级行政复议人员、机构和机关的相关评比和表彰活动。

『相关法规』

中华人民共和国行政复议法实施条例

第六十一条 各级行政复议机关应当定期总结行政复议工作，对在行政复议工作中做出显著成绩的单位和个人，依照有关规定给予表彰和奖励。

『相关规章』

税务行政复议规则

第一百条 行政复议机关应当定期总结行政复议工作。对行政复议工作中做出显著成绩的单位和个人，依照有关规定表彰和奖励。

工业和信息化部行政复议实施办法

第三十条 工业和信息化部对在行政复议工作中做出显著成绩的机构和个人，根据实际情况给予表彰或者奖励。

住房城乡建设行政复议办法

第八条 各级行政复议机关应当定期总结行政复议工作，对在行政复议工作中做出显著成绩的单位和个人，依照有关规定给予表彰和奖励。

中华人民共和国海关行政复议办法

第一百零五条 海关行政复议机关对于在办理行政复议案件中依法保障国家利益、维护公民、法人或者其他组织的合法权益、促进海关依法行政和社会和谐、成绩显著的单位和人员，应当依照《海关系统奖励规定》给予表彰和奖励。

海关行政复议机关应当定期总结行政复议工作，对在行政复议工作中做出显著成绩的单位和个人，应当依照《海关系统奖励规定》给予表彰和奖励。

中国证券监督管理委员会行政复议办法

第四十三条 行政复议机构对于在办理行政复议、行政应诉案件过程中成绩显著的单位和个人，可以提请中国证监会依照有关规定给予表彰和奖励。

环境行政复议办法

第四十条 环境行政复议机关应当定期总结行政复议及行政应诉工作，对在行政复议及行政应诉工作中做出显著成绩的单位和个人，依照有关规定给予表彰和奖励。

『2023 年版本』

第十条 公民、法人或者其他组织对行政复议决定不服的，可以依照《中华人民共和国行政诉讼法》的规定向人民法院提起行政诉讼，但是法律规定行政复议决定为最终裁决的除外。

『1999、2009、2017 年版本』

第五条 公民、法人或者其他组织对行政复议决定不服的，可以依照行政诉讼法的规定向人民法院提起行政诉讼，但是法律规定行政复议决定为最终裁决的除外。

『条文释义』

本条规定了行政复议原则上不终局的原则。1999 年版本、2009 年版本和2017 年版本的规定是相同的，2023 年版本没有实质性变化，只是对行政诉讼法使用了全称。

法律规定的各类纠纷解决机制，有的是终局解决机制，有的不是终局解决机制。如民商事仲裁采取一裁终局的原则，对裁判决定原则上不能再次通过其他纠纷解决机制予以重复解决。行政复议并非纠纷的终局解决机制，因此，如果行政相对人对行政复议决定不服，仍然可以根据《行政诉讼法》的相关规定提起行政诉讼，且可以通过一审程序和二审程序由两级人民法院进行审理。

需要注意的是，作出具体行政行为的被申请人无权对行政复议决定提起行政诉讼，只有作为申请人的公民、法人或者其他组织才有资格提起行政诉讼。另外，如果法律规定行政复议决定为最终裁决的，对该行政复议决定不能提起行政复议。

『相关法律』

中华人民共和国行政诉讼法

第二条　公民、法人或者其他组织认为行政机关和行政机关工作人员的行政行为侵犯其合法权益，有权依照本法向人民法院提起诉讼。

前款所称行政行为，包括法律、法规、规章授权的组织作出的行政行为。

『相关规章』

税务行政复议规则

第六条　申请人对行政复议决定不服的，可以依法向人民法院提起行政诉讼。

『典型案例』

中华人民共和国最高人民法院

行　政　裁　定　书

（2021）最高法行申 229 号

再审申请人（一审原告、二审上诉人）：魏传宾，男，1963 年 2 月 3 日出生，汉族，住山东省济南市。

被申请人（一审被告、二审被上诉人）：山东省人民政府。住所地：山东省济南市历下区省府前街 1 号。

法定代表人：李干杰，该省省长。

原审第三人：魏书宁，男，1988 年 6 月 9 日出生，汉族，住山东省济南市。

原审第三人：魏传奇，男，1960 年 4 月 30 日出生，汉族，住山东省济南市。

再审申请人魏传宾因诉被申请人山东省人民政府（以下简称山东省政府）行政复议一案，不服山东省高级人民法院（2020）鲁行终 23 号行政判决，向本院申请再审。本院依法组成合议庭对本案进行了审查，现已审查终结。

魏传宾请求本院撤销一、二审判决，再审本案。其申请再审提出的主要事实和理由为：对于下级行政机关作出的行政复议决定，如果有新证据证明复议结果错误，上级行政机关应当予以撤销。

本院经审查认为，《中华人民共和国行政复议法》第五条规定："公民、法人或者其他组织对行政复议决定不服的，可以依照行政诉讼法的规定向人民法院提起行政诉讼，但是法律规定行政复议决定为最终裁决的除外。"法律并未规定对行政复议决定不服还可以向其上一级行政机关再次申请行政复议。由此可知，我国实行的是一级复议制度。再审申请人魏传宾不服山东省济南市人民政府作出的相关行政复议决定，再次向山东省政府申请行政复议，山东省政府决定不予受理并无不当。一、二审分别判决驳回诉讼请求、驳回上诉，亦无不当。

综上，魏传宾的再审申请不符合《中华人民共和国行政诉讼法》第九十一条规定的情形。依照《最高人民法院关于适用〈中华人民共和国行政诉讼法〉的解释》第一百一十六条第二款之规定，裁定如下：

驳回再审申请人魏传宾的再审申请。

审判长　于　泓
审判员　熊俊勇
审判员　仝　蕾
二〇二一年三月三十日
法官助理　蒋　蔚
书记员　常晓轩

第二章 行政复议范围

第一节 行政复议范围

『2023 年版本』

第十一条 有下列情形之一的，公民、法人或者其他组织可以依照本法申请行政复议：

（一）对行政机关作出的行政处罚决定不服；

（二）对行政机关作出的行政强制措施、行政强制执行决定不服；

（三）申请行政许可，行政机关拒绝或者在法定期限内不予答复，或者对行政机关作出的有关行政许可的其他决定不服；

（四）对行政机关作出的确认自然资源的所有权或者使用权的决定不服；

（五）对行政机关作出的征收征用决定及其补偿决定不服；

（六）对行政机关作出的赔偿决定或者不予赔偿决定不服；

（七）对行政机关作出的不予受理工伤认定申请的决定或者工伤认定结论不服；

（八）认为行政机关侵犯其经营自主权或者农村土地承包经营权、农村土地经营权；

（九）认为行政机关滥用行政权力排除或者限制竞争；

（十）认为行政机关违法集资、摊派费用或者违法要求履行其他义务；

（十一）申请行政机关履行保护人身权利、财产权利、受教育权利等合法权益的法定职责，行政机关拒绝履行、未依法履行或者不予答复；

（十二）申请行政机关依法给付抚恤金、社会保险待遇或者最低生活保障等社会保障，行政机关没有依法给付；

（十三）认为行政机关不依法订立、不依法履行、未按照约定履行或者违法变更、解除政府特许经营协议、土地房屋征收补偿协议等行政协议；

（十四）认为行政机关在政府信息公开工作中侵犯其合法权益；

（十五）认为行政机关的其他行政行为侵犯其合法权益。

『1999、2009、2017 年版本』

第六条 有下列情形之一的，公民、法人或者其他组织可以依照本法申请行政复议：

（一）对行政机关作出的警告、罚款、没收违法所得、没收非法财物、责令停产停业、暂扣或者吊销许可证、暂扣或者吊销执照、行政拘留等行政处罚决定不服的；

（二）对行政机关作出的限制人身自由或者查封、扣押、冻结财产等行政强制措施决定不服的；

（三）对行政机关作出的有关许可证、执照、资质证、资格证等证书变更、中止、撤销的决定不服的；

（四）对行政机关作出的关于确认土地、矿藏、水流、森林、山岭、草原、荒地、滩涂、海域等自然资源的所有权或者使用权的决定不服的；

（五）认为行政机关侵犯合法的经营自主权的；

（六）认为行政机关变更或者废止农业承包合同，侵犯其合法权益的；

（七）认为行政机关违法集资、征收财物、摊派费用或者违法要求履行其他义务的；

（八）认为符合法定条件，申请行政机关颁发许可证、执照、资质证、资格证等证书，或者申请行政机关审批、登记有关事项，行政机关没有依法办理的；

（九）申请行政机关履行保护人身权利、财产权利、受教育权利的法定职责，行政机关没有依法履行的；

（十）申请行政机关依法发放抚恤金、社会保险金或者最低生活保障费，行政机关没有依法发放的；

（十一）认为行政机关的其他具体行政行为侵犯其合法权益的。

『 条文释义 』

本条规定了可以申请行政复议的具体行政行为的范围。1999 年版本、2009 年版本和 2017 年版本的规定是相同的，2023 年版本增加了几项内容：征收征用决定及其补偿决定、赔偿决定或者不予赔偿决定、工伤认定、滥用行政权力排除或者限制竞争以及行政协议。

原则上，行政机关作出的具体行政行为均可以申请行政复议。具体包括以下十五类：

（1）对行政机关作出的行政处罚决定不服。行政机关作出的行政处罚形式主要包括：警告、罚款、没收违法所得、没收非法财物、责令停产停业、暂扣或者吊销许可证、暂扣或者吊销执照、行政拘留等。对行政机关依照行政处罚法作出的行政处罚决定，公民、法人或者其他组织均可以申请行政复议。需要注意的是，对公安机关根据刑事诉讼法作出的刑事拘留等刑事措施，公民、法人或者其他组织不能申请行政复议。如果刑事拘留有错误，可以依照刑事诉讼法、国家赔偿法等相关法律规定予以纠正和补救。

（2）对行政机关作出的行政强制措施、行政强制执行决定不服。行政强制措施主要包括：限制人身自由或者查封、扣押、冻结财产等。行政强制执行的方式主要包括加处罚款或者滞纳金，划拨存款、汇款，拍卖或者依法处理查封、扣押的场所、设施或者财物，排除妨碍、恢复原状，代履行等。对行政机关依照行政强制法作出的行政强制措施、行政强制执行决定，公民、法人或者其他组织均可以申请行政复议。

（3）申请行政许可，行政机关拒绝或者在法定期限内不予答复，或者对行政机关作出的有关行政许可的其他决定不服。在某些行政管理领域，行政相对人需要依法申领相关证书或者经审批、登记之后才能合法从事相关经营活动，如果行政机关不依法办理相关事项，行政相对人可以依法申请行政复议。对行政机关依照行政许可法作出的行政许可决定，公民、法人或者其他组织均可以申请行政复议。

（4）对行政机关作出的确认自然资源的所有权或者使用权的决定不服。行政机关作出的关于确认土地、矿藏、水流、森林、山岭、草原、荒地、滩涂、海域等自然资源的所有权或者使用权的决定对行政相对人的权利影响较大，有权依法申请行政复议。

（5）对行政机关作出的征收征用决定及其补偿决定不服。行政机关为了公共利益可以对公民、法人或者其他组织的财产进行征收和征用，征收之后，财产所有权归国家所有，征用之后，行政机关还应当将财产归还给所有人，但无论哪种情形都应当依法给予补偿。

（6）对行政机关作出的赔偿决定或者不予赔偿决定不服。行政机关的违法行为给公民、法人或者其他组织造成损失的，应当依法予以赔偿。公民、法人或者其他组织既可以对行政机关的违法行为申请行政复议，也可以单独对行政机关作出的赔偿决定或者不予赔偿决定申请行政复议。

（7）对行政机关作出的不予受理工伤认定申请的决定或者工伤认定结论不服。劳动者发生工伤有权向主管行政机关提出工伤认定申请，对行政机关作出的不予受理工伤认定申请的决定或者工伤认定结论可以依法申请行政复议。

（8）认为行政机关侵犯其经营自主权或者农村土地承包经营权、农村土地经营权。公民、法人或者其他组织合法的经营自主权、农村土地承包经营权、农村土地经营权不容侵犯，这是我国企业立法和农村土地立法所确立的基本原则，如企业自主决定交易对象、自主决定交易价格、依法流转农村土地承包经营权、农村土地经营权等自主权如果被行政机关侵犯，可以申请行政复议。

（9）认为行政机关滥用行政权力排除或者限制竞争。行政机关滥用行政权力排除或者限制竞争是反不正当竞争法和反垄断法规范的违法行为，对该行为，允许申请行政复议。

（10）认为行政机关违法集资、摊派费用或者违法要求履行其他义务。行政机关如果给行政相对人施加经济义务，需要具有明确的法律法规依据，否则其行为就是违法的具体行政行为，行政相对人可以依法申请行政复议。

（11）申请行政机关履行保护人身权利、财产权利、受教育权利等合法权益的法定职责，行政机关拒绝履行、未依法履行或者不予答复。公民、法人或者其他组织在相关权利受到侵害时，既可以依法向人民法院提起诉讼，也可以依法向有关行政机关提出保护申请，如果行政机关不依法履行其保护公民、法人或者其他组织合法权利的义务，公民、法人或者其他组织可以依法申请行政复议。

（12）申请行政机关依法给付抚恤金、社会保险待遇或者最低生活保障等社会保障，行政机关没有依法给付。在公民生活遇有困难时，相关法律规定，行政机关有义务依法发放抚恤金、社会保险金或者最低生活保障费，如果行政机关未依法履行上述义务，公民可以依法申请行政复议。

（13）认为行政机关不依法订立、不依法履行、未按照约定履行或者违法变更、解除政府特许经营协议、土地房屋征收补偿协议等行政协议。行政协议也叫行政合同，是行政机关为达到维护与增进公共利益，实现行政管理目标之目的，与行政相对人之间经过协商一致达成的协议。传统观点认为行政协议由于未动用公权力，因此不能申请行政复议，2023年版本的行政复议法允许行政相对人申请行政复议。

（14）认为行政机关在政府信息公开工作中侵犯其合法权益。政府信息是指行政机关在履行行政管理职能过程中制作或者获取的，以一定形式记录、保存的信息。政府信息公开也是行政机关依法应当履行的职责，相关当事人可以依法申请行政复议。

（15）认为行政机关的其他行政行为侵犯其合法权益。作为兜底条款，原则上侵犯公民、法人或者其他组织合法权益的行政行为都可以申请行政复议。

『 相关法律 』

中华人民共和国行政诉讼法

第十二条 人民法院受理公民、法人或者其他组织提起的下列诉讼：

（一）对行政拘留、暂扣或者吊销许可证和执照、责令停产停业、没收违法所得、没收非法财物、罚款、警告等行政处罚不服的；

（二）对限制人身自由或者对财产的查封、扣押、冻结等行政强制措施和行政强制执行不服的；

（三）申请行政许可，行政机关拒绝或者在法定期限内不予答复，或者对行政机关作出的有关行政许可的其他决定不服的；

（四）对行政机关作出的关于确认土地、矿藏、水流、森林、山岭、草原、荒地、滩涂、海域等自然资源的所有权或者使用权的决定不服的；

（五）对征收、征用决定及其补偿决定不服的；

（六）申请行政机关履行保护人身权、财产权等合法权益的法定职责，行政机关拒绝履行或者不予答复的；

（七）认为行政机关侵犯其经营自主权或者农村土地承包经营权、农村土地经营权的；

（八）认为行政机关滥用行政权力排除或者限制竞争的；

（九）认为行政机关违法集资、摊派费用或者违法要求履行其他义务的；

（十）认为行政机关没有依法支付抚恤金、最低生活保障待遇或者社会保险待遇的；

（十一）认为行政机关不依法履行、未按照约定履行或者违法变更、解除政府特许经营协议、土地房屋征收补偿协议等协议的；

（十二）认为行政机关侵犯其他人身权、财产权等合法权益的。

除前款规定外，人民法院受理法律、法规规定可以提起诉讼的其他行政案件。

中华人民共和国行政处罚法（1996 年 3 月 17 日第八届全国人民代表大会第四次会议通过，根据 2009 年 8 月 27 日第十一届全国人民代表大会常务委员会第十次会议《关于修改部分法律的决定》第一次修正，根据 2017 年 9 月 1 日第十二届全国人民代表大会常务委员会第二十九次会议《关于修改〈中华人民共和国法官法〉等八部法律的决定》第二次修正，2021 年 1 月 22 日第十三届全国人民代表大会常务委员会第二十五次会议修订，下同）

第二条　行政处罚是指行政机关依法对违反行政管理秩序的公民、法人或者其他组织，以减损权益或者增加义务的方式予以惩戒的行为。

第九条　行政处罚的种类：

（一）警告、通报批评；

（二）罚款、没收违法所得、没收非法财物；

（三）暂扣许可证件、降低资质等级、吊销许可证件；

（四）限制开展生产经营活动、责令停产停业、责令关闭、限制从业；

（五）行政拘留；

（六）法律、行政法规规定的其他行政处罚。

中华人民共和国刑事诉讼法（1979 年 7 月 1 日第五届全国人民代表大会第二次会议通过，根据 1996 年 3 月 17 日第八届全国人民代表大会第四次会议《关于修改〈中华人民共和国刑事诉讼法〉的决定》第一次修正，根据 2012 年 3 月 14 日第十一届全国人民代表大会第五次会议《关于修改〈中华人民共和国刑事诉讼法〉的决定》第二次修正，根据 2018 年 10 月 26 日第十三届全国人民代表大会常务委员会第六次会议《关于修改〈中华人民共和国刑事诉讼法〉的决定》第三次修正，下同）

第六十六条　人民法院、人民检察院和公安机关根据案件情况，对犯罪嫌疑人、被告人可以拘传、取保候审或者监视居住。

第六十七条　人民法院、人民检察院和公安机关对有下列情形之一的犯罪嫌疑人、被告人，可以取保候审：

（一）可能判处管制、拘役或者独立适用附加刑的；

（二）可能判处有期徒刑以上刑罚，采取取保候审不致发生社会危险性的；

（三）患有严重疾病、生活不能自理，怀孕或者正在哺乳自己婴儿的妇女，采取取保候审不致发生社会危险性的；

（四）羁押期限届满，案件尚未办结，需要采取取保候审的。

取保候审由公安机关执行。

第六十八条　人民法院、人民检察院和公安机关决定对犯罪嫌疑人、被告人取保候审，应当责令犯罪嫌疑人、被告人提出保证人或者交纳保证金。

第六十九条　保证人必须符合下列条件：

（一）与本案无牵连；

（二）有能力履行保证义务；

（三）享有政治权利，人身自由未受到限制；

（四）有固定的住处和收入。

第七十条　保证人应当履行以下义务：

（一）监督被保证人遵守本法第七十一条的规定；

（二）发现被保证人可能发生或者已经发生违反本法第七十一条规定的行为的，应当及时向执行机关报告。

被保证人有违反本法第七十一条规定的行为，保证人未履行保证义务的，对保证人处以罚款，构成犯罪的，依法追究刑事责任。

第七十一条　被取保候审的犯罪嫌疑人、被告人应当遵守以下规定：

（一）未经执行机关批准不得离开所居住的市、县；

（二）住址、工作单位和联系方式发生变动的，在二十四小时以内向执行机关报告；

（三）在传讯的时候及时到案；

（四）不得以任何形式干扰证人作证；

（五）不得毁灭、伪造证据或者串供。

人民法院、人民检察院和公安机关可以根据案件情况，责令被取保候审的犯罪嫌疑人、被告人遵守以下一项或者多项规定：

（一）不得进入特定的场所；

（二）不得与特定的人员会见或者通信；

（三）不得从事特定的活动；

（四）将护照等出入境证件、驾驶证件交执行机关保存。

被取保候审的犯罪嫌疑人、被告人违反前两款规定，已交纳保证金的，没收部分或者全部保证金，并且区别情形，责令犯罪嫌疑人、被告人具结悔过，重新交纳保证金、提出保证人，或者监视居住、予以逮捕。

对违反取保候审规定，需要予以逮捕的，可以对犯罪嫌疑人、被告人先行拘留。

第七十二条　取保候审的决定机关应当综合考虑保证诉讼活动正常进行的需要，被取保候审人的社会危险性，案件的性质、情节，可能判处刑罚的轻重，被取保候审人的经济状况等情况，确定保证金的数额。

提供保证金的人应当将保证金存入执行机关指定银行的专门账户。

第七十三条　犯罪嫌疑人、被告人在取保候审期间未违反本法第七十一条规定的，取保候审结束的时候，凭解除取保候审的通知或者有关法律文书到银行领取退还的保证金。

第七十四条　人民法院、人民检察院和公安机关对符合逮捕条件，有下列情形之一的犯罪嫌疑人、被告人，可以监视居住：

（一）患有严重疾病、生活不能自理的；

（二）怀孕或者正在哺乳自己婴儿的妇女；

（三）系生活不能自理的人的唯一扶养人；

（四）因为案件的特殊情况或者办理案件的需要，采取监视居住措施更为适宜的；

（五）羁押期限届满，案件尚未办结，需要采取监视居住措施的。

对符合取保候审条件，但犯罪嫌疑人、被告人不能提出保证人，也不交纳保证金的，可以监视居住。

监视居住由公安机关执行。

第七十五条　监视居住应当在犯罪嫌疑人、被告人的住处执行；无固定住处的，可以在指定的居所执行。对于涉嫌危害国家安全犯罪、恐怖活动犯罪，在住处执行可能有碍侦查的，经上一级公安机关批准，也可以在指定的居所执行。但是，不得在羁押场所、专门的办案场所执行。

指定居所监视居住的，除无法通知的以外，应当在执行监视居住后二十四小时以内，通知被监视居住人的家属。

被监视居住的犯罪嫌疑人、被告人委托辩护人，适用本法第三十四条的规定。

人民检察院对指定居所监视居住的决定和执行是否合法实行监督。

第七十六条　指定居所监视居住的期限应当折抵刑期。被判处管制的，监视居住一日折抵刑期一日；被判处拘役、有期徒刑的，监视居住二日折抵刑期一日。

第七十七条　被监视居住的犯罪嫌疑人、被告人应当遵守以下规定：

（一）未经执行机关批准不得离开执行监视居住的处所；

（二）未经执行机关批准不得会见他人或者通信；

（三）在传讯的时候及时到案；

（四）不得以任何形式干扰证人作证；

（五）不得毁灭、伪造证据或者串供；

（六）将护照等出入境证件、身份证件、驾驶证件交执行机关保存。

被监视居住的犯罪嫌疑人、被告人违反前款规定，情节严重的，可以予以逮捕；需要予以逮捕的，可以对犯罪嫌疑人、被告人先行拘留。

第七十八条　执行机关对被监视居住的犯罪嫌疑人、被告人，可以采取电子监控、不定期检查等监视方法对其遵守监视居住规定的情况进行监督；在侦查期间，可以对被监视居住的犯罪嫌疑人的通信进行监控。

第七十九条　人民法院、人民检察院和公安机关对犯罪嫌疑人、被告人取保候审最长不得超过十二个月，监视居住最长不得超过六个月。

在取保候审、监视居住期间，不得中断对案件的侦查、起诉和审理。对于发现不应当追究刑事责任或者取保候审、监视居住期限届满的，应当及时解除取保候审、监视居住。解除取保候审、监视居住，应当及时通知被取保候审、监视居住人和有关单位。

第八十条　逮捕犯罪嫌疑人、被告人，必须经过人民检察院批准或者人民法院决定，由公安机关执行。

第八十一条　对有证据证明有犯罪事实，可能判处徒刑以上刑罚的犯罪嫌疑人、被告人，采取取保候审尚不足以防止发生下列社会危险性的，应当予以逮捕：

（一）可能实施新的犯罪的；

（二）有危害国家安全、公共安全或者社会秩序的现实危险的；

（三）可能毁灭、伪造证据，干扰证人作证或者串供的；

（四）可能对被害人、举报人、控告人实施打击报复的；

（五）企图自杀或者逃跑的。

批准或者决定逮捕，应当将犯罪嫌疑人、被告人涉嫌犯罪的性质、情节，认罪认罚等情况，作为是否可能发生社会危险性的考虑因素。

对有证据证明有犯罪事实，可能判处十年有期徒刑以上刑罚的，或者有证据证明有犯罪事实，可能判处徒刑以上刑罚，曾经故意犯罪或者身份不明的，应当予以逮捕。

被取保候审、监视居住的犯罪嫌疑人、被告人违反取保候审、监视居住规定，情节严重的，可以予以逮捕。

第八十二条　公安机关对于现行犯或者重大嫌疑分子，如果有下列情形之一的，可以先行拘留：

（一）正在预备犯罪、实行犯罪或者在犯罪后即时被发觉的；

（二）被害人或者在场亲眼看见的人指认他犯罪的；

（三）在身边或者住处发现有犯罪证据的；

（四）犯罪后企图自杀、逃跑或者在逃的；

（五）有毁灭、伪造证据或者串供可能的；

（六）不讲真实姓名、住址，身份不明的；

（七）有流窜作案、多次作案、结伙作案重大嫌疑的。

第八十三条　公安机关在异地执行拘留、逮捕的时候，应当通知被拘留、逮捕人所在地的公安机关，被拘留、逮捕人所在地的公安机关应当予以配合。

第八十四条　对于有下列情形的人，任何公民都可以立即扭送公安机关、人民检察院或者人民法院处理：

（一）正在实行犯罪或者在犯罪后即时被发觉的；

（二）通缉在案的；

（三）越狱逃跑的；

（四）正在被追捕的。

第八十五条　公安机关拘留人的时候，必须出示拘留证。

拘留后，应当立即将被拘留人送看守所羁押，至迟不得超过二十四小时。除无法通知或者涉嫌危害国家安全犯罪、恐怖活动犯罪通知可能有碍侦查的情形以外，应当在拘留后二十四小时以内，通知被拘留人的家属。有碍侦查的情形消失以后，应当立即通知被拘留人的家属。

　　第八十六条　公安机关对被拘留的人，应当在拘留后的二十四小时以内进行讯问。在发现不应当拘留的时候，必须立即释放，发给释放证明。

　　第八十七条　公安机关要求逮捕犯罪嫌疑人的时候，应当写出提请批准逮捕书，连同案卷材料、证据，一并移送同级人民检察院审查批准。必要的时候，人民检察院可以派人参加公安机关对于重大案件的讨论。

　　第八十八条　人民检察院审查批准逮捕，可以讯问犯罪嫌疑人；有下列情形之一的，应当讯问犯罪嫌疑人：

　　（一）对是否符合逮捕条件有疑问的；

　　（二）犯罪嫌疑人要求向检察人员当面陈述的；

　　（三）侦查活动可能有重大违法行为的。

　　人民检察院审查批准逮捕，可以询问证人等诉讼参与人，听取辩护律师的意见；辩护律师提出要求的，应当听取辩护律师的意见。

　　第八十九条　人民检察院审查批准逮捕犯罪嫌疑人由检察长决定。重大案件应当提交检察委员会讨论决定。

　　第九十条　人民检察院对于公安机关提请批准逮捕的案件进行审查后，应当根据情况分别作出批准逮捕或者不批准逮捕的决定。对于批准逮捕的决定，公安机关应当立即执行，并且将执行情况及时通知人民检察院。对于不批准逮捕的，人民检察院应当说明理由，需要补充侦查的，应当同时通知公安机关。

　　第九十一条　公安机关对被拘留的人，认为需要逮捕的，应当在拘留后的三日以内，提请人民检察院审查批准。在特殊情况下，提请审查批准的时间可以延长一日至四日。

　　对于流窜作案、多次作案、结伙作案的重大嫌疑分子，提请审查批准的时间可以延长至三十日。

　　人民检察院应当自接到公安机关提请批准逮捕书后的七日以内，作出批准逮捕或者不批准逮捕的决定。人民检察院不批准逮捕的，公安机关应当在接到通知后立即释放，并且将执行情况及时通知人民检察院。对于需要继续侦查，并且符合取保候审、监视居住条件的，依法取保候审或者监视居住。

　　第九十二条　公安机关对人民检察院不批准逮捕的决定，认为有错误的时候，可以要求复议，但是必须将被拘留的人立即释放。如果意见不被接受，可以向上一级人民检察院提请复核。上级人民检察院应当立即复核，作出是否变更的决定，通知下级人民检察院和公安机关执行。

　　第九十三条　公安机关逮捕人的时候，必须出示逮捕证。

　　逮捕后，应当立即将被逮捕人送看守所羁押。除无法通知的以外，应当在逮捕后二十四小时以内，通知被逮捕人的家属。

　　第九十四条　人民法院、人民检察院对于各自决定逮捕的人，公安机关对于经人民检察院批准逮捕的人，都必须在逮捕后的二十四小时以内进行讯问。在发现不应当逮捕的时候，必须立即释放，发给释放证明。

　　第九十五条　犯罪嫌疑人、被告人被逮捕后，人民检察院仍应当对羁押的必要性进行审查。对不需要继续羁押的，应当建议予以释放或者变更强制措施。有关机关应当在十日以内将处理情况通知人民检察院。

第九十六条　人民法院、人民检察院和公安机关如果发现对犯罪嫌疑人、被告人采取强制措施不当的，应当及时撤销或者变更。公安机关释放被逮捕的人或者变更逮捕措施的，应当通知原批准的人民检察院。

第九十七条　犯罪嫌疑人、被告人及其法定代理人、近亲属或者辩护人有权申请变更强制措施。人民法院、人民检察院和公安机关收到申请后，应当在三日以内作出决定；不同意变更强制措施的，应当告知申请人，并说明不同意的理由。

第九十八条　犯罪嫌疑人、被告人被羁押的案件，不能在本法规定的侦查羁押、审查起诉、一审、二审期限内办结的，对犯罪嫌疑人、被告人应当予以释放；需要继续查证、审理的，对犯罪嫌疑人、被告人可以取保候审或者监视居住。

第九十九条　人民法院、人民检察院或者公安机关对被采取强制措施法定期限届满的犯罪嫌疑人、被告人，应当予以释放、解除取保候审、监视居住或者依法变更强制措施。犯罪嫌疑人、被告人及其法定代理人、近亲属或者辩护人对于人民法院、人民检察院或者公安机关采取强制措施法定期限届满的，有权要求解除强制措施。

第一百条　人民检察院在审查批准逮捕工作中，如果发现公安机关的侦查活动有违法情况，应当通知公安机关予以纠正，公安机关应当将纠正情况通知人民检察院。

中华人民共和国行政强制法（2011 年 6 月 30 日第十一届全国人民代表大会常务委员会第二十一次会议通过，下同）

第二条　本法所称行政强制，包括行政强制措施和行政强制执行。

行政强制措施，是指行政机关在行政管理过程中，为制止违法行为、防止证据损毁、避免危害发生、控制危险扩大等情形，依法对公民的人身自由实施暂时性限制，或者对公民、法人或者其他组织的财物实施暂时性控制的行为。

行政强制执行，是指行政机关或者行政机关申请人民法院，对不履行行政决定的公民、法人或者其他组织，依法强制履行义务的行为。

第九条　行政强制措施的种类：

（一）限制公民人身自由；

（二）查封场所、设施或者财物；

（三）扣押财物；

（四）冻结存款、汇款；

（五）其他行政强制措施。

第十二条　行政强制执行的方式：

（一）加处罚款或者滞纳金；

（二）划拨存款、汇款；

（三）拍卖或者依法处理查封、扣押的场所、设施或者财物；

（四）排除妨碍、恢复原状；

（五）代履行；

（六）其他强制执行方式。

中华人民共和国行政许可法（2003 年 8 月 27 日第十届全国人民代表大会常务委员会第四次会议通过，根据 2019 年 4 月 23 日第十三届全国人民代表大会常务委员会第十次会议《关于修改〈中华人民共和国建筑法〉等八部法律的决定》修正，下同）

第二条　本法所称行政许可，是指行政机关根据公民、法人或者其他组织的申请，经依法审查，准予其从事特定活动的行为。

第十二条　下列事项可以设定行政许可：

（一）直接涉及国家安全、公共安全、经济宏观调控、生态环境保护以及直接关系人身健康、生命财产安全等特定活动，需要按照法定条件予以批准的事项；

（二）有限自然资源开发利用、公共资源配置以及直接关系公共利益的特定行业的市场准入等，需要赋予特定权利的事项；

（三）提供公众服务并且直接关系公共利益的职业、行业，需要确定具备特殊信誉、特殊条件或者特殊技能等资格、资质的事项；

（四）直接关系公共安全、人身健康、生命财产安全的重要设备、设施、产品、物品，需要按照技术标准、技术规范，通过检验、检测、检疫等方式进行审定的事项；

（五）企业或者其他组织的设立等，需要确定主体资格的事项；

（六）法律、行政法规规定可以设定行政许可的其他事项。

第十三条　本法第十二条所列事项，通过下列方式能够予以规范的，可以不设行政许可：

（一）公民、法人或者其他组织能够自主决定的；

（二）市场竞争机制能够有效调节的；

（三）行业组织或者中介机构能够自律管理的；

（四）行政机关采用事后监督等其他行政管理方式能够解决的。

中华人民共和国社会保险法（2010 年 10 月 28 日第十一届全国人民代表大会常务委员会第十七次会议通过，根据 2018 年 12 月 29 日第十三届全国人民代表大会常务委员会第七次会议《关于修改〈中华人民共和国社会保险法〉的决定》修正，下同）

第三十六条　职工因工作原因受到事故伤害或者患职业病，且经工伤认定的，享受工伤保险待遇；其中，经劳动能力鉴定丧失劳动能力的，享受伤残待遇。

工伤认定和劳动能力鉴定应当简捷、方便。

第三十七条　职工因下列情形之一导致本人在工作中伤亡的，不认定为工伤：

（一）故意犯罪；

（二）醉酒或者吸毒；

（三）自残或者自杀；

（四）法律、行政法规规定的其他情形。

中华人民共和国反不正当竞争法（1993 年 9 月 2 日第八届全国人民代表大会常务委员会第三次会议通过，2017 年 11 月 4 日第十二届全国人民代表大会常务委员会第三十次会议修订，根据 2019 年 4 月 23 日第十三届全国人民代表大会常务委员会第十次会议《关于修改〈中华人民共和国建筑法〉等八部法律的决定》修正，下同）

第二条 经营者在生产经营活动中，应当遵循自愿、平等、公平、诚信的原则，遵守法律和商业道德。

本法所称的不正当竞争行为，是指经营者在生产经营活动中，违反本法规定，扰乱市场竞争秩序，损害其他经营者或者消费者的合法权益的行为。

本法所称的经营者，是指从事商品生产、经营或者提供服务（以下所称商品包括服务）的自然人、法人和非法人组织。

第五条 国家鼓励、支持和保护一切组织和个人对不正当竞争行为进行社会监督。

国家机关及其工作人员不得支持、包庇不正当竞争行为。

行业组织应当加强行业自律，引导、规范会员依法竞争，维护市场竞争秩序。

中华人民共和国反垄断法（2007 年 8 月 30 日第十届全国人民代表大会常务委员会第二十九次会议通过，根据 2022 年 6 月 24 日第十三届全国人民代表大会常务委员会第三十五次会议《关于修改〈中华人民共和国反垄断法〉的决定》修正，下同）

第三条 本法规定的垄断行为包括：

（一）经营者达成垄断协议；

（二）经营者滥用市场支配地位；

（三）具有或者可能具有排除、限制竞争效果的经营者集中。

第十条 行政机关和法律、法规授权的具有管理公共事务职能的组织不得滥用行政权力，排除、限制竞争。

第三十九条 行政机关和法律、法规授权的具有管理公共事务职能的组织不得滥用行政权力，限定或者变相限定单位或者个人经营、购买、使用其指定的经营者提供的商品。

第四十条 行政机关和法律、法规授权的具有管理公共事务职能的组织不得滥用行政权力，通过与经营者签订合作协议、备忘录等方式，妨碍其他经营者进入相关市场或者对其他经营者实行不平等待遇，排除、限制竞争。

第四十一条 行政机关和法律、法规授权的具有管理公共事务职能的组织不得滥用行政权力，实施下列行为，妨碍商品在地区之间的自由流通：

（一）对外地商品设定歧视性收费项目、实行歧视性收费标准，或者规定歧视性价格；

（二）对外地商品规定与本地同类商品不同的技术要求、检验标准，或者对外地商品采取重复检验、重复认证等歧视性技术措施，限制外地商品进入本地市场；

（三）采取专门针对外地商品的行政许可，限制外地商品进入本地市场；

（四）设置关卡或者采取其他手段，阻碍外地商品进入或者本地商品运出；

（五）妨碍商品在地区之间自由流通的其他行为。

第四十二条　行政机关和法律、法规授权的具有管理公共事务职能的组织不得滥用行政权力，以设定歧视性资质要求、评审标准或者不依法发布信息等方式，排斥或者限制经营者参加招标投标以及其他经营活动。

第四十三条　行政机关和法律、法规授权的具有管理公共事务职能的组织不得滥用行政权力，采取与本地经营者不平等待遇等方式，排斥、限制、强制或者变相强制外地经营者在本地投资或者设立分支机构。

第四十四条　行政机关和法律、法规授权的具有管理公共事务职能的组织不得滥用行政权力，强制或者变相强制经营者从事本法规定的垄断行为。

第四十五条　行政机关和法律、法规授权的具有管理公共事务职能的组织不得滥用行政权力，制定含有排除、限制竞争内容的规定。

『 相关法规 』

国有土地上房屋征收与补偿条例（国务院令 2011 年第 590 号）

第二条　为了公共利益的需要，征收国有土地上单位、个人的房屋，应当对被征收房屋所有权人（以下称被征收人）给予公平补偿。

第四条　市、县级人民政府负责本行政区域的房屋征收与补偿工作。

市、县级人民政府确定的房屋征收部门（以下称房屋征收部门）组织实施本行政区域的房屋征收与补偿工作。

市、县级人民政府有关部门应当依照本条例的规定和本级人民政府规定的职责分工，互相配合，保障房屋征收与补偿工作的顺利进行。

第八条　为了保障国家安全、促进国民经济和社会发展等公共利益的需要，有下列情形之一，确需征收房屋的，由市、县级人民政府作出房屋征收决定：

（一）国防和外交的需要；

（二）由政府组织实施的能源、交通、水利等基础设施建设的需要；

（三）由政府组织实施的科技、教育、文化、卫生、体育、环境和资源保护、防灾减灾、文物保护、社会福利、市政公用等公共事业的需要；

（四）由政府组织实施的保障性安居工程建设的需要；

（五）由政府依照城乡规划法有关规定组织实施的对危房集中、基础设施落后等地段进行旧城区改建的需要；

（六）法律、行政法规规定的其他公共利益的需要。

工伤保险条例（2003 年 4 月 27 日中华人民共和国国务院令第 375 号公布，根据 2010 年 12 月 20 日《国务院关于修改〈工伤保险条例〉的决定》修订，下同）

第十四条　职工有下列情形之一的，应当认定为工伤：

（一）在工作时间和工作场所内，因工作原因受到事故伤害的；

（二）工作时间前后在工作场所内，从事与工作有关的预备性或者收尾性工作受到事故伤害的；

（三）在工作时间和工作场所内，因履行工作职责受到暴力等意外伤害的；

（四）患职业病的；

（五）因工外出期间，由于工作原因受到伤害或者发生事故下落不明的；

（六）在上下班途中，受到非本人主要责任的交通事故或者城市轨道交通、客运轮渡、火车事故伤害的；

（七）法律、行政法规规定应当认定为工伤的其他情形。

第十五条 职工有下列情形之一的，视同工伤：

（一）在工作时间和工作岗位，突发疾病死亡或者在 48 小时之内经抢救无效死亡的；

（二）在抢险救灾等维护国家利益、公共利益活动中受到伤害的；

（三）职工原在军队服役，因战、因公负伤致残，已取得革命伤残军人证，到用人单位后旧伤复发的。

职工有前款第（一）项、第（二）项情形的，按照本条例的有关规定享受工伤保险待遇；职工有前款第（三）项情形的，按照本条例的有关规定享受除一次性伤残补助金以外的工伤保险待遇。

第十六条 职工符合本条例第十四条、第十五条的规定，但是有下列情形之一的，不得认定为工伤或者视同工伤：

（一）故意犯罪的；

（二）醉酒或者吸毒的；

（三）自残或者自杀的。

第十七条 职工发生事故伤害或者按照职业病防治法规定被诊断、鉴定为职业病，所在单位应当自事故伤害发生之日或者被诊断、鉴定为职业病之日起 30 日内，向统筹地区社会保险行政部门提出工伤认定申请。遇有特殊情况，经报社会保险行政部门同意，申请时限可以适当延长。

用人单位未按前款规定提出工伤认定申请的，工伤职工或者其近亲属、工会组织在事故伤害发生之日或者被诊断、鉴定为职业病之日起 1 年内，可以直接向用人单位所在地统筹地区社会保险行政部门提出工伤认定申请。

按照本条第一款规定应当由省级社会保险行政部门进行工伤认定的事项，根据属地原则由用人单位所在地的设区的市级社会保险行政部门办理。

用人单位未在本条第一款规定的时限内提交工伤认定申请，在此期间发生符合本条例规定的工伤待遇等有关费用由该用人单位负担。

第十八条 提出工伤认定申请应当提交下列材料：

（一）工伤认定申请表；

（二）与用人单位存在劳动关系（包括事实劳动关系）的证明材料；

（三）医疗诊断证明或者职业病诊断证明书（或者职业病诊断鉴定书）。

工伤认定申请表应当包括事故发生的时间、地点、原因以及职工伤害程度等基本情况。

工伤认定申请人提供材料不完整的，社会保险行政部门应当一次性书面告知工伤认定申请人需要补正的全部材料。申请人按照书面告知要求补正材料后，社会保险行政部门应当受理。

第十九条　社会保险行政部门受理工伤认定申请后，根据审核需要可以对事故伤害进行调查核实，用人单位、职工、工会组织、医疗机构以及有关部门应当予以协助。职业病诊断和诊断争议的鉴定，依照职业病防治法的有关规定执行。对依法取得职业病诊断证明书或者职业病诊断鉴定书的，社会保险行政部门不再进行调查核实。

职工或者其近亲属认为是工伤，用人单位不认为是工伤的，由用人单位承担举证责任。

第二十条　社会保险行政部门应当自受理工伤认定申请之日起60日内作出工伤认定的决定，并书面通知申请工伤认定的职工或者其近亲属和该职工所在单位。

社会保险行政部门对受理的事实清楚、权利义务明确的工伤认定申请，应当在15日内作出工伤认定的决定。

作出工伤认定决定需要以司法机关或者有关行政主管部门的结论为依据的，在司法机关或者有关行政主管部门尚未作出结论期间，作出工伤认定决定的时限中止。

社会保险行政部门工作人员与工伤认定申请人有利害关系的，应当回避。

中华人民共和国政府信息公开条例（2007年4月5日中华人民共和国国务院令第492号公布，2019年4月3日中华人民共和国国务院令第711号修订，下同）

第二条　本条例所称政府信息，是指行政机关在履行行政管理职能过程中制作或者获取的，以一定形式记录、保存的信息。

第四条　各级人民政府及县级以上人民政府部门应当建立健全本行政机关的政府信息公开工作制度，并指定机构（以下统称政府信息公开工作机构）负责本行政机关政府信息公开的日常工作。

政府信息公开工作机构的具体职能是：

（一）办理本行政机关的政府信息公开事宜；

（二）维护和更新本行政机关公开的政府信息；

（三）组织编制本行政机关的政府信息公开指南、政府信息公开目录和政府信息公开工作年度报告；

（四）组织开展对拟公开政府信息的审查；

（五）本行政机关规定的与政府信息公开有关的其他职能。

第十九条　对涉及公众利益调整、需要公众广泛知晓或者需要公众参与决策的政府信息，行政机关应当主动公开。

第二十条　行政机关应当依照本条例第十九条的规定，主动公开本行政机关的下列政府信息：

（一）行政法规、规章和规范性文件；

（二）机关职能、机构设置、办公地址、办公时间、联系方式、负责人姓名；

（三）国民经济和社会发展规划、专项规划、区域规划及相关政策；

（四）国民经济和社会发展统计信息；

（五）办理行政许可和其他对外管理服务事项的依据、条件、程序以及办理结果；

（六）实施行政处罚、行政强制的依据、条件、程序以及本行政机关认为具有一定社会影响的行政处罚决定；

（七）财政预算、决算信息；

（八）行政事业性收费项目及其依据、标准；

（九）政府集中采购项目的目录、标准及实施情况；

（十）重大建设项目的批准和实施情况；

（十一）扶贫、教育、医疗、社会保障、促进就业等方面的政策、措施及其实施情况；

（十二）突发公共事件的应急预案、预警信息及应对情况；

（十三）环境保护、公共卫生、安全生产、食品药品、产品质量的监督检查情况；

（十四）公务员招考的职位、名额、报考条件等事项以及录用结果；

（十五）法律、法规、规章和国家有关规定规定应当主动公开的其他政府信息。

第二十一条 除本条例第二十条规定的政府信息外，设区的市级、县级人民政府及其部门还应当根据本地方的具体情况，主动公开涉及市政建设、公共服务、公益事业、土地征收、房屋征收、治安管理、社会救助等方面的政府信息；乡（镇）人民政府还应当根据本地方的具体情况，主动公开贯彻落实农业农村政策、农田水利工程建设运营、农村土地承包经营权流转、宅基地使用情况审核、土地征收、房屋征收、筹资筹劳、社会救助等方面的政府信息。

第二十七条 除行政机关主动公开的政府信息外，公民、法人或者其他组织可以向地方各级人民政府、对外以自己名义履行行政管理职能的县级以上人民政府部门（含本条例第十条第二款规定的派出机构、内设机构）申请获取相关政府信息。

第二十九条 公民、法人或者其他组织申请获取政府信息的，应当向行政机关的政府信息公开工作机构提出，并采用包括信件、数据电文在内的书面形式；采用书面形式确有困难的，申请人可以口头提出，由受理该申请的政府信息公开工作机构代为填写政府信息公开申请。

政府信息公开申请应当包括下列内容：

（一）申请人的姓名或者名称、身份证明、联系方式；

（二）申请公开的政府信息的名称、文号或者便于行政机关查询的其他特征性描述；

（三）申请公开的政府信息的形式要求，包括获取信息的方式、途径。

『相关规章』

税务行政复议规则

第十四条　行政复议机关受理申请人对税务机关下列具体行政行为不服提出的行政复议申请：

（一）征税行为，包括确认纳税主体、征税对象、征税范围、减税、免税、退税、抵扣税款、适用税率、计税依据、纳税环节、纳税期限、纳税地点和税款征收方式等具体行政行为，征收税款、加收滞纳金，扣缴义务人、受税务机关委托的单位和个人作出的代扣代缴、代收代缴、代征行为等。

（二）行政许可、行政审批行为。

（三）发票管理行为，包括发售、收缴、代开发票等。

（四）税收保全措施、强制执行措施。

（五）行政处罚行为：

1. 罚款；

2. 没收财物和违法所得；

3. 停止出口退税权。

（六）不依法履行下列职责的行为：

1. 颁发税务登记；

2. 开具、出具完税凭证、外出经营活动税收管理证明；

3. 行政赔偿；

4. 行政奖励；

5. 其他不依法履行职责的行为。

（七）资格认定行为。

（八）不依法确认纳税担保行为。

（九）政府信息公开工作中的具体行政行为。

（十）纳税信用等级评定行为。

（十一）通知出入境管理机关阻止出境行为。

（十二）其他具体行政行为。

水利部行政复议工作暂行规定

第五条　有下列情形之一的，公民、法人或者其他组织可以依照《行政复议法》、有关法律、行政法规和本规定向水利部或者流域机构申请行政复议：

（一）对水利部、流域机构、流域机构所属管理机构或者省级水行政主管部门作出的行政处罚决定、行政强制措施决定不服的；

（二）对水利部、流域机构或者省级水行政主管部门作出的取水许可证、水利工程建设监理资质证、采砂许可证等证书变更、中止、撤销的决定不服的；

（三）对水利部、流域机构或者省级水行政主管部门作出的关于确认水流的使用权的决定不服的；

（四）认为水利部、流域机构或者省级水行政主管部门侵犯合法的经营自主权的；

（五）认为水利部、流域机构或者省级水行政主管部门违法集资或者违法要求履行其他义务的；

（六）认为符合法定条件，申请水利部、流域机构或者省级水行政主管部门颁发取水许可证、采砂许可证、水利工程建设监理资质证等证书，或者申请审查同意河道管理范围内建设项目、开发建设项目水土保持方案，水利部、流域机构或者省级水行政主管部门没有依法办理的；

（七）认为水利部、流域机构、流域机构所属管理机构或者省级水行政主管部门的其他具体行政行为侵犯其合法权益的。

住房城乡建设行政复议办法

第九条 有下列情形之一的，申请人可以依法向住房城乡建设行政复议机关提出行政复议申请：

（一）不服县级以上人民政府住房城乡建设主管部门作出的警告，罚款，没收违法所得，没收违法建筑物、构筑物和其他设施，责令停业整顿，责令停止执业，降低资质等级，吊销资质证书，吊销执业资格证书和其他许可证、执照等行政处罚的；

（二）不服县级以上人民政府住房城乡建设主管部门作出的限期拆除决定和强制拆除违法建筑物、构筑物、设施以及其他住房城乡建设相关行政强制行为的；

（三）不服县级以上人民政府住房城乡建设主管部门作出的行政许可决定以及行政许可的变更、延续、中止、撤销、撤回和注销决定的；

（四）向县级以上人民政府住房城乡建设主管部门申请履行法律、法规和规章规定的法定职责，但认为县级以上人民政府住房城乡建设主管部门没有依法履行的；

（五）认为县级以上人民政府住房城乡建设主管部门违法要求履行其他义务的；

（六）认为县级以上人民政府住房城乡建设主管部门的其他具体行政行为侵犯其合法权益的。

中华人民共和国海关行政复议办法

第九条 有下列情形之一的，公民、法人或者其他组织可以向海关申请行政复议：

（一）对海关作出的警告，罚款，没收货物、物品、运输工具和特制设备，追缴无法没收的货物、物品、运输工具的等值价款，没收违法所得，暂停从事有关业务，撤销注册登记及其他行政处罚决定不服的；

（二）对海关作出的收缴有关货物、物品、违法所得、运输工具、特制设备决定不服的；

（三）对海关作出的限制人身自由的行政强制措施不服的；

（四）对海关作出的扣留有关货物、物品、运输工具、账册、单证或者其他财产，封存有关进出口货物、账簿、单证等行政强制措施不服的；

（五）对海关收取担保的具体行政行为不服的；

（六）对海关采取的强制执行措施不服的；

（七）对海关确定纳税义务人、确定完税价格、商品归类、确定原产地、适用税率或者汇率、减征或者免征税款、补税、退税、征收滞纳金、确定计征方式以及确定纳税地点等其他涉及税款征收的具体行政行为有异议的（以下简称纳税争议）；

（八）认为符合法定条件，申请海关办理行政许可事项或者行政审批事项，海关未依法办理的；

（九）对海关检查运输工具和场所，查验货物、物品或者采取其他监管措施不服的；

（十）对海关作出的责令退运、不予放行、责令改正、责令拆毁和变卖等行政决定不服的；

（十一）对海关稽查决定或者其他稽查具体行政行为不服的；

（十二）对海关作出的企业分类决定以及按照该分类决定进行管理的措施不服的；

（十三）认为海关未依法采取知识产权保护措施，或者对海关采取的知识产权保护措施不服的；

（十四）认为海关未依法办理接受报关、放行等海关手续的；

（十五）认为海关违法收取滞报金或者其他费用，违法要求履行其他义务的；

（十六）认为海关没有依法履行保护人身权利、财产权利的法定职责的；

（十七）认为海关在政府信息公开工作中的具体行政行为侵犯其合法权益的；

（十八）认为海关的其他具体行政行为侵犯其合法权益的。

前款第（七）项规定的纳税争议事项，公民、法人或者其他组织应当依据海关法的规定先向海关行政复议机关申请行政复议，对海关行政复议决定不服的，再向人民法院提起行政诉讼。

国家知识产权局行政复议规程

第四条　除本规程第五条另有规定外，有下列情形之一的，可以依法申请行政复议：

（一）对国家知识产权局作出的有关专利申请、专利权的具体行政行为不服的；

（二）对国家知识产权局作出的有关集成电路布图设计登记申请、布图设计专有权的具体行政行为不服的；

（三）对国家知识产权局专利复审委员会作出的有关专利复审、无效的程序性决定不服的；

（四）对国家知识产权局作出的有关专利代理管理的具体行政行为不服的；

（五）认为国家知识产权局作出的其他具体行政行为侵犯其合法权益的。

第五条　对下列情形之一，不能申请行政复议：

（一）专利申请人对驳回专利申请的决定不服的；

（二）复审请求人对复审请求审查决定不服的；

（三）专利权人或者无效宣告请求人对无效宣告请求审查决定不服的；

（四）专利权人或者专利实施强制许可的被许可人对强制许可使用费的裁决不服的；

（五）国际申请的申请人对国家知识产权局作为国际申请的受理单位、国际检索单位和国际初步审查单位所作决定不服的；

（六）集成电路布图设计登记申请人对驳回登记申请的决定不服的；

（七）集成电路布图设计登记申请人对复审决定不服的；

（八）集成电路布图设计权利人对撤销布图设计登记的决定不服的；

（九）集成电路布图设计权利人、非自愿许可取得人对非自愿许可报酬的裁决不服的；

（十）集成电路布图设计权利人、被控侵权人对集成电路布图设计专有权侵权纠纷处理决定不服的；

（十一）法律、法规规定的其他不能申请行政复议的情形。

中国证券监督管理委员会行政复议办法

第七条 公民、法人或者其他组织对中国证监会或其派出机构、授权组织作出的具体行政行为不服，有下列情形之一的，可以向中国证监会申请行政复议：

（一）对中国证监会或其派出机构作出的警告、罚款、没收违法所得、责令关闭、撤销任职资格或者证券从业资格、吊销业务许可证等行政处罚决定不服的；

（二）对中国证监会或其派出机构作出的证券、期货市场禁入决定不服的；

（三）对中国证监会或其派出机构作出的冻结、查封、限制交易等行政强制措施不服的；

（四）对中国证监会或其派出机构作出的限制业务活动、限期撤销境内分支机构、限制分配红利、限制转让财产、责令限制股东行使股东权利以及责令更换董事、监事、高级管理人员或者限制其权利等行政监管措施不服的；

（五）认为中国证监会或其派出机构、授权组织侵犯其合法的经营自主权的；

（六）认为符合法定条件，申请办理证券、期货行政许可事项，中国证监会或其派出机构没有依法办理的；

（七）认为中国证监会或其派出机构在政府信息公开工作中的具体行政行为侵犯其合法权益的；

（八）认为中国证监会或其派出机构、授权组织的其他具体行政行为侵犯其合法权益的。

人力资源社会保障行政复议办法

第七条 有下列情形之一的，公民、法人或者其他组织可以依法申请行政复议：

（一）对人力资源社会保障部门作出的警告、罚款、没收违法所得、依法予以关闭、吊销许可证等行政处罚决定不服的；

（二）对人力资源社会保障部门作出的行政处理决定不服的；

（三）对人力资源社会保障部门作出的行政许可、行政审批不服的；

（四）对人力资源社会保障部门作出的行政确认不服的；

（五）认为人力资源社会保障部门不履行法定职责的；

（六）认为人力资源社会保障部门违法收费或者违法要求履行义务的；

（七）认为人力资源社会保障部门作出的其他具体行政行为侵犯其合法权益的。

环境行政复议办法

第七条　有下列情形之一的，公民、法人或者其他组织可以依照本办法申请行政复议：

（一）对环境保护行政主管部门作出的查封、扣押财产等行政强制措施不服的；

（二）对环境保护行政主管部门作出的警告、罚款、责令停止生产或者使用、暂扣、吊销许可证、没收违法所得等行政处罚决定不服的；

（三）认为符合法定条件，申请环境保护行政主管部门颁发许可证、资质证、资格证等证书，或者申请审批、登记等有关事项，环境保护行政主管部门没有依法办理的；

（四）对环境保护行政主管部门有关许可证、资质证、资格证等证书的变更、中止、撤销、注销决定不服的；

（五）认为环境保护行政主管部门违法征收排污费或者违法要求履行其他义务的；

（六）认为环境保护行政主管部门的其他具体行政行为侵犯其合法权益的。

司法行政机关行政复议应诉工作规定

第五条　有下列情形之一的，公民、法人或者其他组织可以向司法行政机关申请行政复议：

（一）认为符合法定条件，申请司法行政机关办理颁发资格证、执业证、许可证手续，司法行政机关拒绝办理或者在法定期限内没有依法办理的；

（二）对司法行政机关作出的警告、罚款、没收违法所得、没收非法财物、责令停业、吊销执业证等行政处罚决定不服的；

（三）认为符合法定条件，申请司法行政机关办理审批、审核、公告、登记的有关事项，司法行政机关不予上报申办材料、拒绝办理或者在法定期限内没有依法办理的；

（四）认为符合法定条件，申请司法行政机关注册执业证，司法行政机关未出示书面通知说明理由，注册执业证期满六个月仍不予注册的；

（五）认为符合法定条件，申请司法行政机关参加资格考试，司法行政机关没有依法办理的；

（六）认为司法行政机关违法收费或者违法要求履行义务的；

（七）对司法行政机关作出的撤销、变更或者维持公证机构关于公证书的决定不服的；

（八）对司法行政机关作出的留场就业决定或根据授权作出的延长劳动教养期限的决定不服的；

（九）对司法行政机关作出的关于行政赔偿、刑事赔偿决定不服的；

（十）认为司法行政机关作出的其他具体行政行为侵犯其合法权益的。

第七条 公民、法人或者其他组织对下列事项不能申请行政复议：

（一）执行刑罚的行为；

（二）执行劳动教养决定的行为；

（三）司法助理员对民间纠纷作出的调解或者其他处理；

（四）资格考试成绩评判行为；

（五）法律、法规规定的其他不能申请行政复议的行为。

中国人民银行行政复议办法

第七条 有下列情形之一的，金融机构、其他单位和个人可以依照本办法申请行政复议：

（一）对中国人民银行作出的警告、罚款、没收违法所得、没收非法财物、暂停或者停止金融业务、责令停业整顿、吊销经营金融业务许可证、撤销金融机构的代表机构等行政处罚决定不服的；

（二）对中国人民银行作出的取消金融机构高级管理人员任职资格的决定不服的；

（三）认为中国人民银行的具体行政行为侵犯其合法的经营自主权的；

（四）认为符合法定条件，申请中国人民银行颁发经营金融业务许可证，或者申请中国人民银行审批有关事项，中国人民银行没有依法办理的；

（五）认为中国人民银行的其他具体行政行为侵犯其合法权益的。

『 相关司法解释 』

最高人民法院关于行政机关不依法履行政府信息公开义务行为是否属于行政复议范围问题的答复（2014 年 6 月 26 日，〔2014〕行他字第 5 号）

吉林省高级人民法院：

你院《关于戚凤春、云庆强诉吉林省人民政府政府信息公开行政复议一案的请示》收悉。经研究，答复如下：

行政机关针对政府信息公开申请作出不予公开答复或者逾期不予答复，属于《中华人民共和国政府信息公开条例》第三十三条第二款规定的"行政机关在政府信息公开工作中的具体行政行为"，公民、法人或者其他组织认为侵犯其合法权益的，可以依法申请行政复议。行政复议机关依照《中华人民共和国政府信息公开条例》第三十三条第一款不予受理，系适用法律错误，人民法院依法应予纠正。

『 相关行政解释 』

公安部关于实施《中华人民共和国行政复议法》中有关问题的批复（公复字〔2000〕2号，2000年3月3日）

……

二、《人民警察法》第九条规定的留置对象既包括犯罪嫌疑人员，也包括违法嫌疑人员。留置对象经留置盘问后，未对其依法刑事拘留或者治安拘留的，当事人不服可以依法申请行政复议。

三、公安机关对信访案件作出的复查结论，是针对原案件处理结果是否正确所作出的结论，当事人对复查结论不服可以再申诉，但不能申请行政复议。信访部门或者信访案件的处理机关，如果发现信访材料符合行政复议法规定的，应当及时移交行政复议机关处理。

『 典型案例 』

青岛市城阳区人民政府

行政复议终止决定书

青城政复终字〔2023〕2号

申请人：丁某某，女，汉族，1982年7月23日出生，身份证号码：342225198207×××××，联系电话：1915971××××，通讯住址：安徽省宿州市泗县开发区××公馆。

被申请人：青岛市城阳区×××××局。

地址：青岛市城阳区江城路×××号。

法定代表人：王某某　职务：局长。

申请人丁某某对被申请人青岛市城阳区×××××局于2022年11月3日通过全国12315平台作出"×××旗舰店"销售不合格商品的答复不服，向城阳区人民政府提出行政复议申请，城阳区人民政府于2022年12月9日收到并依法予以受理，现已审理终结。

复议请求：请求撤销被申请人于2022年11月3日做出的举报编号13702140020221102834971060的不予立案的行政行为，并责令重新作出处理。

申请人称：申请人于2022年10月28日在全国12315平台实名举报商家的违法行为，附上营业执照、店铺详情、产品照片等相关图片，并对商家违法行为进行逐一列举说明，通过申请人举报时候上传的产品照片中可以清楚地看到商家所销售模具无中文标签、无厂名厂址、合格证、使用原材料、生产许可证、材质、保质期、生产日期等重要信息，属于典型的三无产品，存在重大食品安全隐患；被申请人发现商家存在违法行为并未对商家进行处罚，也未要求商家对已销售的产品进行召回等补救措施，而是仅改正，缺乏事实和法律依据。此外，被申请人并未对申请人提出的产品网页宣传"食品级"，但并无任何证据证明该产品属性，存在虚假宣传等问题未进行答复，属于主观意识上的不作为。申请人通过全国12315平台对商家的违法行为进行举报，被申请人并正视举报问题，被申请人身为国家政府部门，遇事履职不尽责，并未客观公平公正处理，糊弄申请人等问题，任由商家继续违法经营，属于失职渎职行为，有违公正、公平合法的原则。另外，被申请人回复称商家提供产品的检测报告，但申请人表示并未看到相关材料，不知道所检测的产品与申请人所购买的产品是否为同一产品同一批次，也不知道所检测的项目是否匹相关产品国家标准，故申请人对此回复不予认可。申请人举报是根据《市场监督管理投诉举报处理暂行办法》第三条："本办法所称的举报，是指自然人、法人或者其他组织向市场监督管理部门反映经营者涉嫌违反市场监督管理法律、法规、规章线索的行为。"申请人进行的是举报，并无赔偿诉求，被申请人法律使用错误。被申请人不予立案的行政行为，属于形式回复，未全面履行国家市场监督管理总局令第2号令及总局第20令规定的充分、公平、全面、程序合法的原则，属于典型形式上履行告知义务，故申请人行政复议。《中华人民共和国消费者权益保护法》第八条："消费者享有知悉其购买，使用的商品或者接受的服务的真实情况的权利。消费者有权根据商品或者服务的不同情况，要求经营者提供商品的价格、产地、生产者、用途、性能、有效期限、检验合格证明、使用方法说明书、售后服务，或者服务的内容、规格、费用等有关情况。"综上所述，此被申请人的不立案行政行为导致申请人购买到的不符合食品安全标准的、涉嫌虚假宣传欺诈的产品无法退货退款（由于购物平台在商家发货10天后就会自动确认收货打款给商家，商家由于申请人拆包使用不予退货退款，被申请人不予追究结案，商家更加不会办理退货退款）、食用到不符合食品安全的产品对身体健康产生的影响无法维权；损害消费者的财产权、对购买产品质量和检测报告等的知情权、身体健康权等合法权益，故此行政行为与申请人具有法律上的利害关系。被申请人未履行法定责任，申请人依据《中华人民共和国复议法》及《中华人民共和国行政复议法实施条例》有关规定，依法申请行政复议，请求复议机关本着合法、公正、公开、及时、便民的原则，坚持有错必纠，保障法律、法规的正确实施的原则，支持申请人的复议请求，以维护申请人的合法权益。

被申请人称：

一、申请人不具有行政复议申请人资格。2022年10月28日申请人以在淘宝平台店铺"×××旗舰店"购买模具"三无产品"及虚假宣传问题通过全国12315平台向被申请人进行举报。经查，根据全国12315平台反馈数据，该申请人自全国12315平台开通以来，共举报1201次（证据一），严重超出一名普通消费者投诉举报频率。申请人对其购买商品的情况具有较为深入的了解和研究，申请人的举报中没有要求保护其自身合法权益的相关内容，其动机并非净化市场，而是牟利，严重违背诚实信用原则，其多次举报和信访，并不是生活需要，足以认定申请人是职业打假人。投诉举报是公民、法人或者其他组织参与行政管理的重要途径，可以为行政机关查处违法行为提供线索或者证据，但是这并不意味着投诉举报人对于行政机关不作出或者作出的处理决定必然具有提起行政复议的资格。投诉举报人是否具有行政复议主体资格，取决于其投诉举报是否具有"为维护自身合法权益"而提起的主观目的，该主观目的从客观上反映出来，即为根据投诉举报线索启动的行政行为对申请人自身合法权益会产生实质影响。如果行政机关发动了行政权，并将调查处理结果告知举报人，就属于履行了法定职责。如果举报人对调查处理结果不服，申请行政复议的目的是想改变行政机关的调查处理结果，则应依赖与法律、法规或者规章是否规定了其相应请求权。《中华人民共和国产品质量法》《中华人民共和国食品安全法》虽规定了投诉举报的权利，但该项举报请求权并不包括赋予申请人请求改变行政机关的调查处理结果。《市场监督管理行政处罚程序规定》并未规定市场监管部门在对违法行为人进行查处的同时还应对举报人的权益进行维护；《市场监督管理投诉举报处理暂行办法》仅在第三十一条、第三十二条规定的将处理结果告知举报人的程序，并非赋予举报人对处理结果的行政救济权。实际上，举报人如认为其自身合法权益被违法行为人所直接侵害，可以通过《中华人民共和国产品质量法》《中华人民共和国食品安全法》《中华人民共和国消费者权益保护法》等法律规定的侵权损害赔偿途径来寻求救济。也就是说，市场监管部门依据《市场监督管理行政处罚程序规定》《市场监督管理投诉举报处理暂行办法》对举报事项进行的处理及相应告知行为，不属于举报人能够以行政复议或行政诉讼方式争议的范畴。《最高人民法院关于适用〈中华人民共和国行政诉讼法〉的解释》第十二条第（五）项的规定，为维护自身合法权益向行政机关投诉，具有处理投诉职责的行政机关作出或者未作出处理的属于行政诉讼法第二十五条第一款规定的"与行政行为有利害关系"，这里的"处理"以及《最高人民法院关于举报人对行政机关就举报事项作出的处理不服是否具有行政复议申请人资格问题的答复》中的"处理"，均指的是对相对人的权利义务或者地位加以改变或者意图改变。本案被申请人在全国12315平台回复内容并未对申请人丁某某的权利义务或者地位加以改变或者意图改变，因此，丁某某不具有行政复议申请人的主体资格。《行政复议法》第六条规定"有下列情形之一的，公民、法人或者其他组织可以依照本法申请行政复议：……（九）申请行政机关履行保护人身权利、财产权利、受教育权利的法定职责，行政机关没有依法履行的……（十一）认为行政机关的其他具体行政行为侵犯其合法权益的。"据此，对于不涉及自身合法权益，仅是基于公益、公民的监督权或者无证据证明其举报的事项对其自身权益产生实际影响的，没有行政复议法上的请求履行法定职责的事实根据和法律依据。本案中，申请人丁某某向被申请人举报反映的主要事项是要求被申请人查处青岛×××电子商务旗舰店的违法行为，并要求告知其处置结果。被申请人收到申请人的举报后，依法进行了处理，并履行了对举报进行调查处理并答复的法定职责。可见，申请人的诉求目的是要求有关监管部门对被举报人进行行政处罚，施加不利后果负担，并非为了维护其作为消费者的个人合法权益，属于行使公民监督权的举报行为。被申请人对被举报人是否作出行政处罚，以及申请人反馈处理结果的程序性告知行为，均不会为申请人丁某某创设权利义务，对申请人的合法权益不产生实际影响。此外，申请人在本案中并未提供任何证据证明产品质量存在问题以及对其人身健康权、财产权等造成危害结果，故有关监管部门的调查处理保护的是公共利益，并不直接影响到申请人在消费活动中的个人合法权益。在申请人的举报事项未影响其合法权益的前提下，其与调查处理结果不具有利害关系，应当认定申请人丁某某在明知反复购买认为有产品质量问题的产品进行举报并不属于普通消费者为维护自身合法权益进行的举报，因此丁某某不具有行政复议申请人的主体资格。综上所述，被申请人对申请人的举报事项处理事实清楚、处理适当、程序合法，且复议申请人不具有复议主体资格。请求青岛市城阳区人民政府驳回申请人的复议请求，以维护行政机关正常工作秩序。

二、被申请人作出的关于丁某某反映青岛×××电子商务旗舰店销售模具"三无产品"及虚假宣传有关问题的回复事实清楚、证据确凿、程序合法、处理适当。2022年10月28日申请人以在淘宝平台店铺"×××旗舰店"购买模具"三无产品"及虚假宣传问题通过全国12315平台向被申请人进行举报。接到举报后，被申请人依据国家市场监督管理总局令第2号《市场监督管理行政处罚程序规定》第十八条和《市场监督管理投诉举报处理暂行办法》的规定对申请人反映的线索予以核查（证据二、证据三、证据四、证据五）。经青岛市城阳区××××××局执法人员2022年10月31日核查，青岛×××电子商务旗舰店现场未发现模具，该公司通过一件代发的形式通过网店销售商品，未购进商品实物，即消费者形成交易订单后，该公司通过供货商网店直接拍订单、由供货商直接发货给消费者。该公司因经营不善，网店已关闭。青岛×××电子商务旗舰店向被申请人提供了举报人反映的"模具"的检验报告，但是无法提供"模具"的标识信息，被申请人当场下达责令改正通知书（青城市监责改〔2022〕0410-80）。该公司无法提供发货的供货商网店信息，未严格履行进货检查验收义务，被申请人对该公司进行批评教育，要求该公司认真学习产品质量法，规范守法经营。经被申请人现场调解，该公司表示同意退货退款，但是拒绝赔偿。因青岛×××电子商务旗舰店违法行为轻微并及时改正（已停止经营），被申请人决定不予立案，被申请人于2022年11月3日制作《不予立案审批表》（证据七），2022年11月3日，被申请人通过全国12315平台对申请人作出回复（证据六）。

综上所述，被申请人办理的申请人关于青岛×××电子商务旗舰店通过淘宝平台店铺销售的模具"三无产品"及虚假宣传问题的举报件符合法律规定，申请人不具有没有行政复议法上的请求履行法定职责的事实根据和法律依据，申请人的复议请求没有事实和法律依据，请依法驳回其复议请求。

行政复议期间，2023年1月11日本机关收到申请人提交的撤回行政复议申请书。经审查，本机关认为在行政复议决定作出前，申请人自愿撤回行政复议申请符合法律规定，准许申请人撤回行政复议申请。

根据《中华人民共和国行政复议法》第二十五条、《中华人民共和国行政复议法实施条例》第四十二条第一款第一项的规定，决定终止行政复议。

二〇二三年一月十三日

『2023 年版本 』

第十二条　下列事项不属于行政复议范围：

（一）国防、外交等国家行为；

（二）行政法规、规章或者行政机关制定、发布的具有普遍约束力的决定、命令等规范性文件；

（三）行政机关对行政机关工作人员的奖惩、任免等决定；

（四）行政机关对民事纠纷作出的调解。

『1999、2009、2017 年版本 』

第八条　不服行政机关作出的行政处分或者其他人事处理决定的，依照有关法律、行政法规的规定提出申诉。

不服行政机关对民事纠纷作出的调解或者其他处理，依法申请仲裁或者向人民法院提起诉讼。

『条文释义 』

本条规定了不属于行政复议范围的行为。1999 年版本、2009 年版本和 2017 年版本的规定是相同的，2023 年版本增加了国家行为与行政立法行为。

国防、外交等国家行为不允许行政复议，主要是考虑该行为的作出主体往往是国家主席、国务院等，其行为违法的可能性很小。另外，国防、外交等国家行为涉及国家主权、国家尊严和国家权威等，其行为的合法性不容置疑，因此，不允许申请行政复议。

行政法规、规章或者行政机关制定、发布的具有普遍约束力的决定、命令等规范性文件之所以不允许行政复议，主要是考虑其涉及的主体较多，如允许一个主体申请行政复议，其他相关主体的利益难以保障。另外，我国已经建立了对行政法规、规章或者行政机关制定、发布的具有普遍约束力的决定、命令等规范性文件进行合法性审查的制度，不需要通过行政复议来监督和纠正。

行政机关对行政机关工作人员的奖惩、任免等决定，应当根据公务员法以及其他相关法律、法规的规定提出申诉，不通过行政复议来解决。

行政机关对民事纠纷作出的调解，属于典型的民事纠纷，仍然采取民事纠纷通常的救济程序，可以依法申请仲裁或者向人民法院提起诉讼，不通过行政复议来解决。

『相关法律』

中华人民共和国行政诉讼法

第十三条　人民法院不受理公民、法人或者其他组织对下列事项提起的诉讼：

（一）国防、外交等国家行为；

（二）行政法规、规章或者行政机关制定、发布的具有普遍约束力的决定、命令；

（三）行政机关对行政机关工作人员的奖惩、任免等决定；

（四）法律规定由行政机关最终裁决的行政行为。

中华人民共和国公务员法（2005年4月27日第十届全国人民代表大会常务委员会第十五次会议通过，根据2017年9月1日第十二届全国人民代表大会常务委员会第二十九次会议《关于修改〈中华人民共和国法官法〉等八部法律的决定》修正，2018年12月29日第十三届全国人民代表大会常务委员会第七次会议修订）

第二十四条　中央机关及其直属机构公务员的录用，由中央公务员主管部门负责组织。地方各级机关公务员的录用，由省级公务员主管部门负责组织，必要时省级公务员主管部门可以授权设区的市级公务员主管部门组织。

第五十一条　对工作表现突出，有显著成绩和贡献，或者有其他突出事迹的公务员或者公务员集体，给予奖励。奖励坚持定期奖励与及时奖励相结合，精神奖励与物质奖励相结合、以精神奖励为主的原则。

公务员集体的奖励适用于按照编制序列设置的机构或者为完成专项任务组成的工作集体。

第五十二条　公务员或者公务员集体有下列情形之一的，给予奖励：

（一）忠于职守，积极工作，勇于担当，工作实绩显著的；

（二）遵纪守法，廉洁奉公，作风正派，办事公道，模范作用突出的；

（三）在工作中有发明创造或者提出合理化建议，取得显著经济效益或者社会效益的；

（四）为增进民族团结，维护社会稳定做出突出贡献的；

（五）爱护公共财产，节约国家资财有突出成绩的；

（六）防止或者消除事故有功，使国家和人民群众利益免受或者减少损失的；

（七）在抢险、救灾等特定环境中做出突出贡献的；

（八）同违纪违法行为作斗争有功绩的；

（九）在对外交往中为国家争得荣誉和利益的；

（十）有其他突出功绩的。

第六十一条　公务员因违纪违法应当承担纪律责任的，依照本法给予处分或者由监察机关依法给予政务处分；违纪违法行为情节轻微，经批评教育后改正的，可以免予处分。

对同一违纪违法行为，监察机关已经作出政务处分决定的，公务员所在机关不再给予处分。

第九十五条　公务员对涉及本人的下列人事处理不服的，可以自知道该人事处理之日起三十日内向原处理机关申请复核；对复核结果不服的，可以自接到复核决定之日起十五日内，按照规定向同级公务员主管部门或者作出该人事处理的机关的上一级机关提出申诉；也可以不经复核，自知道该人事处理之日起三十日内直接提出申诉：

（一）处分；

（二）辞退或者取消录用；

（三）降职；

（四）定期考核定为不称职；

（五）免职；

（六）申请辞职、提前退休未予批准；

（七）不按照规定确定或者扣减工资、福利、保险待遇；

（八）法律、法规规定可以申诉的其他情形。

对省级以下机关作出的申诉处理决定不服的，可以向作出处理决定的上一级机关提出再申诉。

受理公务员申诉的机关应当组成公务员申诉公正委员会，负责受理和审理公务员的申诉案件。

公务员对监察机关作出的涉及本人的处理决定不服向监察机关申请复审、复核的，按照有关规定办理。

第九十六条　原处理机关应当自接到复核申请书后的三十日内作出复核决定，并以书面形式告知申请人。受理公务员申诉的机关应当自受理之日起六十日内作出处理决定；案情复杂的，可以适当延长，但是延长时间不得超过三十日。

复核、申诉期间不停止人事处理的执行。

公务员不因申请复核、提出申诉而被加重处理。

第九十七条　公务员申诉的受理机关审查认定人事处理有错误的，原处理机关应当及时予以纠正。

第九十八条　公务员认为机关及其领导人员侵犯其合法权益的，可以依法向上级机关或者监察机关提出控告。受理控告的机关应当按照规定及时处理。

第九十九条　公务员提出申诉、控告，应当尊重事实，不得捏造事实、诬告、陷害他人。对捏造事实、诬告、陷害他人的，依法追究法律责任。

中华人民共和国立法法（2000 年 3 月 15 日第九届全国人民代表大会第三次会议通过，根据 2015 年 3 月 15 日第十二届全国人民代表大会第三次会议《关于修改〈中华人民共和国立法法〉的决定》第一次修正，根据 2023 年 3 月 13 日第十四届全国人民代表大会第一次会议《关于修改〈中华人民共和国立法法〉的决定》第二次修正）

第七十二条　国务院根据宪法和法律，制定行政法规。

行政法规可以就下列事项作出规定：

（一）为执行法律的规定需要制定行政法规的事项；

（二）宪法第八十九条规定的国务院行政管理职权的事项。

应当由全国人民代表大会及其常务委员会制定法律的事项，国务院根据全国人民代表大会及其常务委员会的授权决定先制定的行政法规，经过实践检验，制定法律的条件成熟时，国务院应当及时提请全国人民代表大会及其常务委员会制定法律。

第七十三条　国务院法制机构应当根据国家总体工作部署拟订国务院年度立法计划，报国务院审批。国务院年度立法计划中的法律项目应当与全国人民代表大会常务委员会的立法规划和立法计划相衔接。国务院法制机构应当及时跟踪了解国务院各部门落实立法计划的情况，加强组织协调和督促指导。

国务院有关部门认为需要制定行政法规的，应当向国务院报请立项。

第七十四条　行政法规由国务院有关部门或者国务院法制机构具体负责起草，重要行政管理的法律、行政法规草案由国务院法制机构组织起草。行政法规在起草过程中，应当广泛听取有关机关、组织、人民代表大会代表和社会公众的意见。听取意见可以采取座谈会、论证会、听证会等多种形式。

行政法规草案应当向社会公布，征求意见，但是经国务院决定不公布的除外。

第七十五条　行政法规起草工作完成后，起草单位应当将草案及其说明、各方面对草案主要问题的不同意见和其他有关资料送国务院法制机构进行审查。

国务院法制机构应当向国务院提出审查报告和草案修改稿，审查报告应当对草案主要问题作出说明。

第七十六条　行政法规的决定程序依照中华人民共和国国务院组织法的有关规定办理。

第七十七条　行政法规由总理签署国务院令公布。

有关国防建设的行政法规，可以由国务院总理、中央军事委员会主席共同签署国务院、中央军事委员会令公布。

第七十八条　行政法规签署公布后，及时在国务院公报和中国政府法制信息网以及在全国范围内发行的报纸上刊载。

在国务院公报上刊登的行政法规文本为标准文本。

第七十九条　国务院可以根据改革发展的需要，决定就行政管理等领域的特定事项，在规定期限和范围内暂时调整或者暂时停止适用行政法规的部分规定。

第九十八条　宪法具有最高的法律效力，一切法律、行政法规、地方性法规、自治条例和单行条例、规章都不得同宪法相抵触。

第九十九条　法律的效力高于行政法规、地方性法规、规章。

行政法规的效力高于地方性法规、规章。

第一百条　地方性法规的效力高于本级和下级地方政府规章。

省、自治区的人民政府制定的规章的效力高于本行政区域内的设区的市、自治州的人民政府制定的规章。

第一百零一条　自治条例和单行条例依法对法律、行政法规、地方性法规作变通规定的，在本自治地方适用自治条例和单行条例的规定。

经济特区法规根据授权对法律、行政法规、地方性法规作变通规定的，在本经济特区适用经济特区法规的规定。

第一百零二条　部门规章之间、部门规章与地方政府规章之间具有同等效力，在各自的权限范围内施行。

第一百零三条　同一机关制定的法律、行政法规、地方性法规、自治条例和单行条例、规章，特别规定与一般规定不一致的，适用特别规定；新的规定与旧的规定不一致的，适用新的规定。

第一百零四条　法律、行政法规、地方性法规、自治条例和单行条例、规章不溯及既往，但为了更好地保护公民、法人和其他组织的权利和利益而作的特别规定除外。

第一百零五条　法律之间对同一事项的新的一般规定与旧的特别规定不一致，不能确定如何适用时，由全国人民代表大会常务委员会裁决。

行政法规之间对同一事项的新的一般规定与旧的特别规定不一致，不能确定如何适用时，由国务院裁决。

第一百零六条　地方性法规、规章之间不一致时，由有关机关依照下列规定的权限作出裁决：

（一）同一机关制定的新的一般规定与旧的特别规定不一致时，由制定机关裁决；

（二）地方性法规与部门规章之间对同一事项的规定不一致，不能确定如何适用时，由国务院提出意见，国务院认为应当适用地方性法规的，应当决定在该地方适用地方性法规的规定；认为应当适用部门规章的，应当提请全国人民代表大会常务委员会裁决；

（三）部门规章之间、部门规章与地方政府规章之间对同一事项的规定不一致时，由国务院裁决。

根据授权制定的法规与法律规定不一致，不能确定如何适用时，由全国人民代表大会常务委员会裁决。

第一百零七条　法律、行政法规、地方性法规、自治条例和单行条例、规章有下列情形之一的，由有关机关依照本法第一百零八条规定的权限予以改变或者撤销：

（一）超越权限的；

（二）下位法违反上位法规定的；

（三）规章之间对同一事项的规定不一致，经裁决应当改变或者撤销一方的规定的；

（四）规章的规定被认为不适当，应当予以改变或者撤销的；

（五）违背法定程序的。

第一百零八条　改变或者撤销法律、行政法规、地方性法规、自治条例和单行条例、规章的权限是：

（一）全国人民代表大会有权改变或者撤销它的常务委员会制定的不适当的法律，有权撤销全国人民代表大会常务委员会批准的违背宪法和本法第八十五条第二款规定的自治条例和单行条例；

（二）全国人民代表大会常务委员会有权撤销同宪法和法律相抵触的行政法规，有权撤销同宪法、法律和行政法规相抵触的地方性法规，有权撤销省、自治区、直辖市的人民代表大会常务委员会批准的违背宪法和本法第八十五条第二款规定的自治条例和单行条例；

（三）国务院有权改变或者撤销不适当的部门规章和地方政府规章；

（四）省、自治区、直辖市的人民代表大会有权改变或者撤销它的常务委员会制定的和批准的不适当的地方性法规；

（五）地方人民代表大会常务委员会有权撤销本级人民政府制定的不适当的规章；

（六）省、自治区的人民政府有权改变或者撤销下一级人民政府制定的不适当的规章；

（七）授权机关有权撤销被授权机关制定的超越授权范围或者违背授权目的的法规，必要时可以撤销授权。

第一百零九条　行政法规、地方性法规、自治条例和单行条例、规章应当在公布后的三十日内依照下列规定报有关机关备案：

（一）行政法规报全国人民代表大会常务委员会备案；

（二）省、自治区、直辖市的人民代表大会及其常务委员会制定的地方性法规，报全国人民代表大会常务委员会和国务院备案；设区的市、自治州的人民代表大会及其常务委员会制定的地方性法规，由省、自治区的人民代表大会常务委员会报全国人民代表大会常务委员会和国务院备案；

（三）自治州、自治县的人民代表大会制定的自治条例和单行条例，由省、自治区、直辖市的人民代表大会常务委员会报全国人民代表大会常务委员会和国务院备案；自治条例、单行条例报送备案时，应当说明对法律、行政法规、地方性法规作出变通的情况；

（四）部门规章和地方政府规章报国务院备案；地方政府规章应当同时报本级人民代表大会常务委员会备案；设区的市、自治州的人民政府制定的规章应当同时报省、自治区的人民代表大会常务委员会和人民政府备案；

（五）根据授权制定的法规应当报授权决定规定的机关备案；经济特区法规、浦东新区法规、海南自由贸易港法规报送备案时，应当说明变通的情况。

第一百一十条　国务院、中央军事委员会、国家监察委员会、最高人民法院、最高人民检察院和各省、自治区、直辖市的人民代表大会常务委员会认为行政法规、地方性法规、自治条例和单行条例同宪法或者法律相抵触，或者存在合宪性、合法性问题的，可以向全国人民代表大会常务委员会书面提出进行审查的要求，由全国人民代表大会有关的专门委员会和常务委员会工作机构进行审查、提出意见。

前款规定以外的其他国家机关和社会团体、企业事业组织以及公民认为行政法规、地方性法规、自治条例和单行条例同宪法或者法律相抵触的，可以向全国人民代表大会常务委员会书面提出进行审查的建议，由常务委员会工作机构进行审查；必要时，送有关的专门委员会进行审查、提出意见。

第一百一十一条　全国人民代表大会专门委员会、常务委员会工作机构可以对报送备案的行政法规、地方性法规、自治条例和单行条例等进行主动审查，并可以根据需要进行专项审查。

国务院备案审查工作机构可以对报送备案的地方性法规、自治条例和单行条例，部门规章和省、自治区、直辖市的人民政府制定的规章进行主动审查，并可以根据需要进行专项审查。

第一百一十二条　全国人民代表大会专门委员会、常务委员会工作机构在审查中认为行政法规、地方性法规、自治条例和单行条例同宪法或者法律相抵触，或者存在合宪性、合法性问题的，可以向制定机关提出书面审查意见；也可以由宪法和法律委员会与有关的专门委员会、常务委员会工作机构召开联合审查会议，要求制定机关到会说明情况，再向制定机关提出书面审查意见。制定机关应当在两个月内研究提出是否修改或者废止的意见，并向全国人民代表大会宪法和法律委员会、有关的专门委员会或者常务委员会工作机构反馈。

全国人民代表大会宪法和法律委员会、有关的专门委员会、常务委员会工作机构根据前款规定，向制定机关提出审查意见，制定机关按照所提意见对行政法规、地方性法规、自治条例和单行条例进行修改或者废止的，审查终止。

全国人民代表大会宪法和法律委员会、有关的专门委员会、常务委员会工作机构经审查认为行政法规、地方性法规、自治条例和单行条例同宪法或者法律相抵触，或者存在合宪性、合法性问题需要修改或者废止，而制定机关不予修改或者废止的，应当向委员长会议提出予以撤销的议案、建议，由委员长会议决定提请常务委员会会议审议决定。

第一百一十三条　全国人民代表大会有关的专门委员会、常务委员会工作机构应当按照规定要求，将审查情况向提出审查建议的国家机关、社会团体、企业事业组织以及公民反馈，并可以向社会公开。

第一百一十四条　其他接受备案的机关对报送备案的地方性法规、自治条例和单行条例、规章的审查程序，按照维护法制统一的原则，由接受备案的机关规定。

第一百一十五条　备案审查机关应当建立健全备案审查衔接联动机制，对应当由其他机关处理的审查要求或者审查建议，及时移送有关机关处理。

第一百一十六条　对法律、行政法规、地方性法规、自治条例和单行条例、规章和其他规范性文件，制定机关根据维护法制统一的原则和改革发展的需要进行清理。

『 相关法规 』

行政法规制定程序条例（2001 年 11 月 16 日中华人民共和国国务院令第 321 号公布，

根据 2017 年 12 月 22 日《国务院关于修改〈行政法规制定程序条例〉的决定》修订）

第二条 行政法规的立项、起草、审查、决定、公布、解释，适用本条例。

第十八条 报送国务院的行政法规送审稿，由国务院法制机构负责审查。

国务院法制机构主要从以下方面对行政法规送审稿进行审查：

（一）是否严格贯彻落实党的路线方针政策和决策部署，是否符合宪法和法律的规定，是否遵循立法法确定的立法原则；

（二）是否符合本条例第十二条的要求；

（三）是否与有关行政法规协调、衔接；

（四）是否正确处理有关机关、组织和公民对送审稿主要问题的意见；

（五）其他需要审查的内容。

第十九条 行政法规送审稿有下列情形之一的，国务院法制机构可以缓办或者退回起草部门：

（一）制定行政法规的基本条件尚不成熟或者发生重大变化的；

（二）有关部门对送审稿规定的主要制度存在较大争议，起草部门未征得机构编制、财政、税务等相关部门同意的；

（三）未按照本条例有关规定公开征求意见的；

（四）上报送审稿不符合本条例第十五条、第十六条、第十七条规定的。

规章制定程序条例（2001 年 11 月 16 日中华人民共和国国务院令第 322 号公布，根据 2017 年 12 月 22 日《国务院关于修改〈规章制定程序条例〉的决定》修订）

第二条 规章的立项、起草、审查、决定、公布、解释，适用本条例。

违反本条例规定制定的规章无效。

第十九条 规章送审稿由法制机构负责统一审查。法制机构主要从以下方面对送审稿进行审查：

（一）是否符合本条例第三条、第四条、第五条、第六条的规定；

（二）是否符合社会主义核心价值观的要求；

（三）是否与有关规章协调、衔接；

（四）是否正确处理有关机关、组织和公民对规章送审稿主要问题的意见；

（五）是否符合立法技术要求；

（六）需要审查的其他内容。

第二十条 规章送审稿有下列情形之一的，法制机构可以缓办或者退回起草单位：

（一）制定规章的基本条件尚不成熟或者发生重大变化的；

（二）有关机构或者部门对规章送审稿规定的主要制度存在较大争议，起草单位未与有关机构或者部门充分协商的；

（三）未按照本条例有关规定公开征求意见的；

（四）上报送审稿不符合本条例第十八条规定的。

第二十一条 法制机构应当将规章送审稿或者规章送审稿涉及的主要问题发送

有关机关、组织和专家征求意见。

法制机构可以将规章送审稿或者修改稿及其说明等向社会公布，征求意见。向社会公布征求意见的期限一般不少于 30 日。

第二十二条　法制机构应当就规章送审稿涉及的主要问题，深入基层进行实地调查研究，听取基层有关机关、组织和公民的意见。

第二十三条　规章送审稿涉及重大利益调整的，法制机构应当进行论证咨询，广泛听取有关方面的意见。论证咨询可以采取座谈会、论证会、听证会、委托研究等多种形式。

规章送审稿涉及重大利益调整或者存在重大意见分歧，对公民、法人或者其他组织的权利义务有较大影响，人民群众普遍关注，起草单位在起草过程中未举行听证会的，法制机构经本部门或者本级人民政府批准，可以举行听证会。举行听证会的，应当依照本条例第十六条规定的程序组织。

第二十四条　有关机构或者部门对规章送审稿涉及的主要措施、管理体制、权限分工等问题有不同意见的，法制机构应当进行协调，力求达成一致意见。对有较大争议的重要立法事项，法制机构可以委托有关专家、教学科研单位、社会组织进行评估。

经过充分协调不能达成一致意见的，法制机构应当将主要问题、有关机构或者部门的意见和法制机构的意见及时报本部门或者本级人民政府领导协调，或者报本部门或者本级人民政府决定。

第二十五条　法制机构应当认真研究各方面的意见，与起草单位协商后，对规章送审稿进行修改，形成规章草案和对草案的说明。说明应当包括制定规章拟解决的主要问题、确立的主要措施以及与有关部门的协调情况等。

规章草案和说明由法制机构主要负责人签署，提出提请本部门或者本级人民政府有关会议审议的建议。

第二十六条　法制机构起草或者组织起草的规章草案，由法制机构主要负责人签署，提出提请本部门或者本级人民政府有关会议审议的建议。

法规规章备案条例（国务院令 2001 年第 337 号）

第二条　本条例所称法规，是指省、自治区、直辖市和较大的市的人民代表大会及其常务委员会依照法定职权和程序制定的地方性法规，经济特区所在地的省、市的人民代表大会及其常务委员会依照法定职权和程序制定的经济特区法规，以及自治州、自治县的人民代表大会依照法定职权和程序制定的自治条例和单行条例。

本条例所称规章，包括部门规章和地方政府规章。部门规章，是指国务院各部、各委员会、中国人民银行、审计署和具有行政管理职能的直属机构（以下简称国务院部门）根据法律和国务院的行政法规、决定、命令，在本部门的职权范围内依照《规章制定程序条例》制定的规章。地方政府规章，是指省、自治区、直辖市和较大的市的人民政府根据法律、行政法规和本省、自治区、直辖市的地方性法规，依照《规章制定程序条例》制定的规章。

　　第三条　法规、规章公布后，应当自公布之日起30日内，依照下列规定报送备案：

　　（一）地方性法规、自治州和自治县的自治条例和单行条例由省、自治区、直辖市的人民代表大会常务委员会报国务院备案；

　　（二）部门规章由国务院部门报国务院备案，两个或者两个以上部门联合制定的规章，由主办的部门报国务院备案；

　　（三）省、自治区、直辖市人民政府规章由省、自治区、直辖市人民政府报国务院备案；

　　（四）较大的市的人民政府规章由较大的市的人民政府报国务院备案，同时报省、自治区人民政府备案；

　　（五）经济特区法规由经济特区所在地的省、市的人民代表大会常务委员会报国务院备案。

　　第四条　国务院部门，省、自治区、直辖市和较大的市的人民政府应当依法履行规章备案职责，加强对规章备案工作的组织领导。

　　国务院部门法制机构，省、自治区、直辖市人民政府和较大的市的人民政府法制机构，具体负责本部门、本地方的规章备案工作。

　　第十条　国务院法制机构对报送国务院备案的法规、规章，就下列事项进行审查：

　　（一）是否超越权限；

　　（二）下位法是否违反上位法的规定；

　　（三）地方性法规与部门规章之间或者不同规章之间对同一事项的规定不一致，是否应当改变或者撤销一方的或者双方的规定；

　　（四）规章的规定是否适当；

　　（五）是否违背法定程序。

　　第十一条　国务院法制机构审查法规、规章时，认为需要有关的国务院部门或者地方人民政府提出意见的，有关的机关应当在规定期限内回复；认为需要法规、规章的制定机关说明有关情况的，有关的制定机关应当在规定期限内予以说明。

　　第十二条　经审查，地方性法规同行政法规相抵触的，由国务院提请全国人民代表大会常务委员会处理。

　　第十三条　地方性法规与部门规章之间对同一事项的规定不一致的，由国务院法制机构提出处理意见，报国务院依照立法法第八十六条第一款第（二）项的规定处理。

　　第十四条　经审查，规章超越权限，违反法律、行政法规的规定，或者其规定不适当的，由国务院法制机构建议制定机关自行纠正；或者由国务院法制机构提出处理意见报国务院决定，并通知制定机关。

　　第十五条　部门规章之间、部门规章与地方政府规章之间对同一事项的规定不一致的，由国务院法制机构进行协调；经协调不能取得一致意见的，由国务院法制机构提出处理意见报国务院决定，并通知制定机关。

『相关规章』

住房城乡建设行政复议办法

第十条　有下列情形之一的，申请人提出行政复议申请，行政复议机关不予受理：

（一）不服县级以上人民政府住房城乡建设主管部门作出的行政处分、人事任免有关决定，或者认为住房城乡建设主管部门应当履行但未依法履行有关行政处分、人事任免职责的；

（二）不服县级以上人民政府住房城乡建设主管部门对有权处理的信访事项，根据《信访条例》作出的处理意见、复查意见、复核意见和不再受理决定的；

（三）不服县级以上人民政府住房城乡建设主管部门制定的规范性文件，以及作出的行政调解行为、行政和解行为、行政复议决定的；

（四）以行政复议申请名义，向行政复议机关提出批评、意见、建议、控告、检举、投诉，以及其他信访请求的；

（五）申请人已就同一事项先向其他有权受理的行政复议机关提出行政复议申请的，或者人民法院已就该事项立案登记的；

（六）被复议的行政行为已为其他生效法律文书的效力所羁束的；

（七）法律、法规规定的不应纳入行政复议范围的其他情形。

中华人民共和国海关行政复议办法

第十条　海关工作人员不服海关作出的处分或者其他人事处理决定，依照有关法律、行政法规的规定提出申诉的，不适用本办法。

中国证券监督管理委员会行政复议办法

第八条　中国证监会或其派出机构、授权组织的下列行为不属于行政复议申请的范围：

（一）中国证监会或其派出机构、授权组织对其工作人员作出的行政处分以及其他人事处理决定；

（二）中国证监会或其派出机构、授权组织对证券、期货民事争议所作的调解行为；

（三）由中国证监会或其派出机构作出的行政调解和行政和解行为；

（四）不具有强制力的证券、期货行政指导行为；

（五）中国证监会或其派出机构对公民、法人或者其他组织提起申诉的重复处理行为；

（六）证券、期货交易所或证券、期货业协会依据自律规则，对公民、法人或者其他组织作出的决定；

（七）对公民、法人或者其他组织的权利义务不产生实际影响的行为。

人力资源社会保障行政复议办法

第八条 公民、法人或者其他组织对下列事项，不能申请行政复议：

（一）人力资源社会保障部门作出的行政处分或者其他人事处理决定；

（二）劳动者与用人单位之间发生的劳动人事争议；

（三）劳动能力鉴定委员会的行为；

（四）劳动人事争议仲裁委员会的仲裁、调解等行为；

（五）已就同一事项向其他有权受理的行政机关申请行政复议的；

（六）向人民法院提起行政诉讼，人民法院已经依法受理的；

（七）法律、行政法规规定的其他情形。

环境行政复议办法

第三条 环境保护行政主管部门对信访事项作出的处理意见，当事人不服的，依照信访条例和环境信访办法规定的复查、复核程序办理，不适用本办法。

『 典型案例 』

中华人民共和国最高人民法院

行 政 裁 定 书

（2018）最高法行申 3349 号

再审申请人（一审原告、二审上诉人）苏某华，女，1953 年 11 月 15 日出生，汉族，住辽宁省沈阳市苏家屯区。

被申请人（一审被告、二审被上诉人）辽宁省沈阳市人民政府。住所地：辽宁省沈阳市浑××沈中大街××。

再审申请人苏某华因诉被申请人辽宁省沈阳市人民政府（以下简称沈阳市政府）行政复议一案，不服辽宁省高级人民法院作出的（2017）辽行终 443 号行政裁定，向本院申请再审。本院依法组成合议庭对本案进行了审查，现已审查终结。

沈阳市中级人民法院一审查明，苏某华于 2016 年 8 月 2 日向沈阳市政府提起行政复议，请求确认沈阳市经济和信息化委员会（以下简称沈阳市经信委）不依职权作出信访处理结果书面答复和行政不作为违法，并责令其依法作出书面答复。2016 年 8 月 4 日，沈阳市政府作出沈政复字〔2016〕76 号不予受理行政复议申请决定书（以下简称 76 号不予受理决定），该决定书认为"申请人认为被申请人不依职权作出信访处理结果，可以根据《信访条例》第三十六条规定，进行申诉。其申请行政复议，不符合《中华人民共和国行政复议法》第六条、《中华人民共和国行政复议法实施条例》第二十八条第五项规定的受理条件"。并根据《中华人民共和国行政复议法》第十七条第一款之规定,对申请人的复议申请不予受理。苏某华不服该复议决定,提起诉讼。

沈阳市中级人民法院一审裁定认为,苏某华所提起的行政复议系针对沈阳市经信委不依职权作出信访处理结果书面答复,其实质目的仍是解决信访相关事宜,而信访与行政诉讼及行政复议系不同的救济制度,苏某华选择了通过信访途径维护自身权利,应根据《信访条例》的相关规定处理,故其起诉不属于行政诉讼的受案范围。根据《最高人民法院关于适用〈中华人民共和国行政诉讼法〉若干问题的解释》第三条第一款第十项的规定,裁定驳回苏某华的起诉。

辽宁省高级人民法院二审裁定认为,关于苏某华对行政机关不依职权作出信访处理结果不服申请复议,是否属于复议范围。根据《中华人民共和国行政复议法》第十二条第一款"对县级以上地方各级人民政府工作部门的具体行政行为不服的,由申请人选择,可以向该部门的本级人民政府申请行政复议,也可以向上一级主管部门申请行政复议"之规定,沈阳市政府具有对行政复议申请依法作出处理的法定职责。但是,根据该法第一条、第二条、第六条之规定,可以申请行政复议的具体行政行为,是指行政主体在行使行政职权过程中,针对特定的行政相对人就特定的事项作出的,能够对行政相对人的权利义务产生法律效果的行为。苏某华申请复议的请求是对行政机关不依职权作出信访处理结果,请求确认违法,责令作出书面答复。该请求的实质是申诉行政机关对其信访的不作为。这种所谓的信访不作为并没有对苏某华的权利义务产生新的法律效果,对其实体权利义务不产生实质影响,因而不是行政复议法所规定的可以申请行政复议的具体行政行为。沈阳市政府认定其属于信访问题,决定不予受理并无不当。苏某华所提其申请事项属于行政复议范围的上诉理由,没有事实依据,不予支持。

关于苏某华的起诉是否属于行政诉讼受案范围。必须明确的是苏某华起诉的对象是沈阳市政府作出76号不予受理决定的行政行为。尽管苏某华所提起的复议申请其实质目的是解决信访相关事宜,但无论这一申请事项是否属于行政复议受案范围,均不能否定沈阳市政府76号不予受理决定的行政复议性质,不能否定复议机关依照相关复议程序、法律作出的决定对苏某华依法复议权益产生直接影响。因此,苏某华的起诉属于行政诉讼受案范围。一审裁定驳回起诉,不符合法律规定,予以指正。一审裁判方式虽有不当,鉴于苏某华诉请人民法院撤销76号不予受理决定的请求没有事实依据,依法应当判决驳回。对苏某华而言,判决驳回诉讼请求与裁定驳回起诉结果基本一致,仅就此问题撤销一审裁定,指令一审继续审理后再行裁定驳回诉求,既造成当事人无谓的讼累,又浪费有限的司法资源,实无必要。沈阳市政府针对苏某华提出的行政复议申请作出不予受理决定,并无不当。依照《中华人民共和国行政诉讼法》第八十九条第一款第一项的规定,裁定驳回上诉,维持一审裁定。

苏某华申请再审称：一、二审法院认定事实不清，适用法律错误。沈阳市政府未依法受理行政复议严重违法，一、二审裁定认定苏某华的申请事项"应根据《信访条例》的相关规定受理""属于信访问题"，没有相关证据支持，属于事实认定错误。请求撤销一、二审裁定，依法再审本案。

本院经审查认为，《中华人民共和国行政复议法》第六条及《中华人民共和国行政复议法实施条例》第二十八条第五项规定，公民、法人或者其他组织认为具体行政行为侵犯其合法权益，可以向行政机关提出行政复议申请。提出行政复议申请的前提条件是申请人的行政复议申请事项属于行政复议受案范围。本案中，苏某华向沈阳市政府申请行政复议，请求确认沈阳市经信委未作出信访处理结果违法，实质是对沈阳市经信委未履行《信访条例》规定的信访处理职责而提出的申诉，复议申请的对象仍属于信访事项，不属于行政复议受案范围。沈阳市政府认定苏某华复议请求属于信访事项，不属于行政复议受案范围，作出 76 号不予受理决定，符合法律规定。根据相关法律规定，对于复议机关作出的不予受理行政复议决定，属于人民法院行政诉讼受案范围，应当进行审理后作出实体判决。但是，对于明显是针对信访事项申请行政复议，其实质是申诉信访行为，明显不属于行政复议受案范围，复议机关作出不予受理行政复议决定，对当事人的权利义务并不产生实际影响，不应当纳入人民法院行政诉讼受案范围，否则实际上是允许当事人通过行政复议的方式将信访事项导入诉讼程序，违反相关法律、司法解释的规定。因此，对于上述情形，申请人不服提起诉讼，人民法院可迳行裁定不予立案或者立案后裁定驳回起诉。本案一、二审裁定驳回苏某华的起诉，结果并无不当。苏某华的申请再审理由不能成立，本院不予支持。

综上，苏某华的再审申请不符合《中华人民共和国行政诉讼法》第九十一条规定的情形。依照《最高人民法院关于适用〈中华人民共和国行政诉讼法〉的解释》第一百一十六条第二款的规定，裁定如下：

驳回苏某华的再审申请。

审判长　袁晓磊

审判员　董　华

审判员　武建华

二〇一八年五月二十八日

法官助理　林　璐

书记员　战　成

『2023 年版本』

第十三条　公民、法人或者其他组织认为行政机关的行政行为所依据的下列规范性文件不合法，在对行政行为申请行政复议时，可以一并向行政复议机关提出对该规范性文件的附带审查申请：

（一）国务院部门的规范性文件；

（二）县级以上地方各级人民政府及其工作部门的规范性文件；

（三）乡、镇人民政府的规范性文件；

（四）法律、法规、规章授权的组织的规范性文件。

前款所列规范性文件不含规章。规章的审查依照法律、行政法规办理。

『1999、2009、2017 年版本』

第七条　公民、法人或者其他组织认为行政机关的具体行政行为所依据的下列规定不合法，在对具体行政行为申请行政复议时，可以一并向行政复议机关提出对该规定的审查申请：

（一）国务院部门的规定；

（二）县级以上地方各级人民政府及其工作部门的规定；

（三）乡、镇人民政府的规定。

前款所列规定不含国务院部、委员会规章和地方人民政府规章。规章的审查依照法律、行政法规办理。

『条文释义』

本条规定了允许一并申请行政复议审查的抽象行政行为。1999 年版本、2009 年版本和 2017 年版本的规定是相同的，2023 年版本将"规定"修改为"规范性文件"，同时增加了"法律、法规、规章授权的组织的规范性文件"。

对于行政立法等抽象性行政行为原则上不通过行政复议制度予以监督，但实践中，很多具体行政行为是依据抽象行政行为作出的，如果不对抽象行政行为进行审查，具体行政行为无法纠正。为此，《行政复议法》允许对规章以下的规范性文件进行审查。

《行政复议法》不允许公民、法人或者其他组织直接对规章以下的规范性文件申请行政复议，只能在对具体行政行为申请行政复议时，可以一并向行政复议机关提出对规章以下的规范性文件的审查申请。

允许一并申请行政复议审查的抽象行政行为仅限于政府及其部门的效力低于规章的规范性文件，具体包括：

（1）国务院部门的规范性文件，包括国务院26个组成部门的规范性文件：外交部、国防部、国家发展和改革委员会、教育部、科学技术部、工业和信息化部、国家民族事务委员会、公安部、国家安全部、民政部、司法部、财政部、人力资源和社会保障部、自然资源部、生态环境部、住房和城乡建设部、交通运输部、水利部、农业农村部、商务部、文化和旅游部、国家卫生健康委员会、退役军人事务部、应急管理部、中国人民银行、审计署。除国务院组成部门外，国家市场监督管理总局、国家金融监督管理总局、国家税务总局、中国证券监督管理委员会、国家信访局、国家知识产权局、国家数据局、国家乡村振兴局等国务院直属机构的规范性文件也可以一并申请行政复议审查。

（2）县级以上地方各级人民政府及其工作部门的规范性文件，包括省级人民政府、地市级人民政府、区县级人民政府及其工作部门的规范性文件，也包括省级人民政府、市级人民政府和区级人民政府派出机构的规范性文件。

（3）乡、镇人民政府的规范性文件。乡、镇人民政府不设工作部门，因此，仅包括乡镇级人民政府的规范性文件。

（4）法律、法规、规章授权的组织的规范性文件。法律、法规、规章授权的组织可以代行部分行政权力，其依法制定的规范性文件也在行政复议审查范围之列。

上述所列规范性文件不含国务院部、委员会规章和地方人民政府规章。规章的审查依照法律、行政法规办理。

『 相关法规 』

中华人民共和国行政复议法实施条例

第二十六条　依照行政复议法第七条的规定，申请人认为具体行政行为所依据的规定不合法的，可以在对具体行政行为申请行政复议的同时一并提出对该规定的审查申请；申请人在对具体行政行为提出行政复议申请时尚不知道该具体行政行为所依据的规定的，可以在行政复议机关作出行政复议决定前向行政复议机关提出对该规定的审查申请。

『 相关规章 』

税务行政复议规则

第十五条　申请人认为税务机关的具体行政行为所依据的下列规定不合法，对具体行政行为申请行政复议时，可以一并向行政复议机关提出对有关规定的审查申请；申请人对具体行政行为提出行政复议申请时不知道该具体行政行为所依据的规定的，可以在行政复议机关作出行政复议决定以前提出对该规定的审查申请：

（一）国家税务总局和国务院其他部门的规定。

（二）其他各级税务机关的规定。

（三）地方各级人民政府的规定。

（四）地方人民政府工作部门的规定。

前款中的规定不包括规章。

水利部行政复议工作暂行规定

第七条　对水利部、流域机构、流域机构所属管理机构或者省级水行政主管部门作出具体行政行为所依据的水利部的规定认为不合法的，公民、法人或者其他组织在申请行政复议时可以一并提出对该规定的审查申请。

流域机构受理的行政复议申请中，申请人提出前款要求的，流域机构应在受理行政复议申请之日起七日内通过直接送达、邮寄送达等方式将申请人对水利部的规定的审查申请移送水利部，水利部应当在六十日内依法处理。

水利部受理的行政复议申请中，申请人提出前款要求的，水利部应当在三十日内依法处理。

处理期间，中止对具体行政行为的审查并应及时通知申请人、被申请人及第三人。

前款所称规定，不含水利部颁布的规章。

人力资源社会保障行政复议办法

第二十五条　依照行政复议法第七条的规定，申请人认为具体行政行为所依据的规定不合法的，可以在对具体行政行为申请行政复议的同时一并提出对该规定的审查申请；申请人在对具体行政行为提出行政复议申请时尚不知道该具体行政行为所依据的规定的，可以在行政复议机关作出行政复议决定前向行政复议机关提出对该规定的审查申请。

司法行政机关行政复议应诉工作规定

第六条　公民、法人或者其他组织认为司法行政机关作出的具体行政行为所依据的规定不合法（法律、法规、规章和国务院文件除外），可以一并向司法行政机关提出对该规定的审查申请。

『 相关行政解释 』

公安部关于公安机关贯彻实施《中华人民共和国行政复议法》若干问题的意见（1999 年 10 月 1 日）

二、规范性文件的审查处理

9. 根据行政复议法第七条的规定，公民、法人或者其他组织在对具体行政行为申请行政复议时，认为该具体行政行为所依据的县级以上公安机关制定的具有普遍约束力的规范性文件不合法，可以一并向行政复议机关提出对该规范性文件的审查申请。

10. 履行行政复议职责的公安机关有权对下列规范性文件进行审查：

（1）本级公安机关制定的规范性文件；

（2）下级公安机关制定的规范性文件。

经审查，履行行政复议职责的公安机关对认定不合法的规范性文件，按以下原则处理：

（1）属于本级公安机关制定的，应当在 30 日内予以废止或者作出修订；

（2）属于下级公安机关制定的，应当在 30 日内予以撤销或者责令 30 日内予以废止或者作出修订。

11. 公安机关负责法制工作的机构对下列规范性文件应当转送：

（1）履行行政复议职责的公安机关的上级行政机关制定的规范性文件；

（2）履行行政复议职责的公安机关无权处理的其他规范性文件。

规范性文件的转送，原则上按以下规定办理：

（1）对上级行政机关制定的规范性文件，转送至制定该规范性文件的机关；

（2）对与履行行政复议职责的公安机关同级的其他行政机关或该行政机关的下级机关制定的规范性文件，转送至履行行政复议职责的公安机关同级的行政机关。

12. 对履行行政复议职责的公安机关与其他行政机关联合制定的规范性文件，商联合制定规范性文件的行政机关办理。

公安部关于《中华人民共和国行政复议法》实施后出入境边防检查行政复议工作有关问题的通知（1999 年 10 月 26 日）

三、行政复议的受案范围

（一）根据行政复议法第 6 条规定，有下列情形之一的公民、法人或者其他组织，可以对边防检查站作出的具体行政行为申请行政复议：

1. 对边防检查站作出的警告、罚款、没收非法所得、拘留等行政处罚决定不服的；

2. 对边防检查站作出的阻止入出境、扣缴证件、留置盘问等行政措施决定不服的；

3. 认为符合法定条件，向边防检查站申请颁发有关证件，但边防检查站没有依法办理的。

（二）根据行政复议法第 7 条规定，公民、法人或其他组织认为边防检查站作出的具体行政行为所依据的规定不合法，在对具体行政行为申请复议时，可一并向复议机关提出对该规定的审查申请，这类规定包括：

1. 国务院部、委、办制定的规定；

2. 公安部（包括与其他部、委、办联合）制定的规定；

3. 公安部边防局或出入境管理局（包括与部其他业务局或有关部、委、办业务司、局联合）制定的规定；

4. 省、自治区、直辖市人民政府制定的规定；

5. 省、自治区、直辖市公安厅、局制定的规定；

6. 出入境边防检查总站，省、自治区、直辖市公安厅、局，边防局、处制定的规定。

上述所列规定不含国务院部、委、办和地方人民政府制定的规章。

各省、自治区、直辖市公安厅、局和出入境边防检查总站受理此类复议时，对上述前3项规定，应当在收到申请后7日内将复议申请人的申请材料、作出具体行政行为的证据、法律依法和其他材料一并转送公安部法制局并抄送出入境管理局作出处理。处理期间，中止对具体行政行为的审查。公安厅、局和总站在受理行政复议过程中，对本级制定的不合法的规范性文件，应当在30日内予以废止或作出修订。

『典型案例』

中华人民共和国最高人民法院

行政裁定书

（2021）最高法行申2484号

再审申请人（一审起诉人、二审上诉人）徐文，男，汉族，1970年10月30日出生，住吉林省前郭尔罗斯蒙古族自治县。

再审申请人徐文因诉被申请人吉林省松原市人民政府（以下简称松原市政府）不予受理行政复议申请决定一案，不服吉林省高级人民法院（2020）吉行终229号行政裁定，向本院申请再审。本院依法组成合议庭进行审查。案件现已审查终结。

徐文申请再审称：一、二审法院剥夺了再审申请人的诉权，不符合法律规定。请求撤销一、二审裁定、被诉不予受理行政复议决定，判令被申请人恢复对行政复议案件的审理。

本院经审查认为，根据《中华人民共和国行政复议法》第七条的规定，公民、法人或者其他组织认为行政机关的具体行政行为所依据的规范性文件不合法，在对具体行政行为申请行政复议时，可以一并向行政复议机关提出对该规定的审查申请。本案中，再审申请人徐文以吉林省前郭尔罗斯蒙古族自治县人民政府（以下简称前郭县政府）为复议被申请人请求确认涉案土地承包合同性质变更以及征收土地租赁费行为违法、并要求对前郭县政府制定颁发的《前郭尔罗斯蒙古族自治县人民政府关于调整前郭农垦国有耕地承包租赁价格的指导意见》的合法性进行审查。有关土地承包合同以及价格纠纷不属于行政纠纷，在没有具体行政行为的情况下，再审申请人对前郭县政府制定的规范性文件提出的行政复议申请不符合行政复议受理条件，松原市政府决定不予受理其行政复议申请、原审法院裁定驳回其起诉和上诉，均无不当。

综上，徐文的再审申请不符合《中华人民共和国行政诉讼法》第九十一条第三项、第四项规定的情形。依照《最高人民法院关于适用〈中华人民共和国行政诉讼法〉的解释》第一百一十六条第二款之规定，裁定如下：

驳回再审申请人徐文的再审申请。

审判长　祝二军

审判员　阎　巍

审判员　杨　迪

二〇二一年三月二十五日

法官助理　李秀丽

书记员　宫　傲

第二节　行政复议参加人

『2023 年版本』

第十四条　依照本法申请行政复议的公民、法人或者其他组织是申请人。

有权申请行政复议的公民死亡的，其近亲属可以申请行政复议。有权申请行政复议的法人或者其他组织终止的，其权利义务承受人可以申请行政复议。

有权申请行政复议的公民为无民事行为能力人或者限制民事行为能力人的，其法定代理人可以代为申请行政复议。

『1999、2009、2017 年版本』

第十条　依照本法申请行政复议的公民、法人或者其他组织是申请人。

有权申请行政复议的公民死亡的，其近亲属可以申请行政复议。有权申请行政复议的公民为无民事行为能力人或者限制民事行为能力人的，其法定代理人可以代为申请行政复议。有权申请行政复议的法人或者其他组织终止的，承受其权利的法人或者其他组织可以申请行政复议。

同申请行政复议的具体行政行为有利害关系的其他公民、法人或者其他组织，可以作为第三人参加行政复议。

公民、法人或者其他组织对行政机关的具体行政行为不服申请行政复议的，作出具体行政行为的行政机关是被申请人。

申请人、第三人可以委托代理人代为参加行政复议。

『条文释义』

本条规定了行政复议的申请人。1999 年版本、2009 年版本和 2017 年版本的规定是相同的，2023 年版本的规定略进行了调整，实质内容是一致的。

依照《行政复议法》申请行政复议的公民、法人或者其他组织，被称为申请人。

有权申请行政复议的公民死亡的，其近亲属可以申请行政复议。近亲属包括配偶、父母、子女、祖父母、外祖父母、孙子女、外孙子女和兄弟姐妹。

有权申请行政复议的法人或者其他组织终止的，其权利义务承受人可以申请行政复议。如公司合并，则合并后的公司可以申请行政复议；公司分立，原公司终止，分立后的公司均可以申请行政复议。

有权申请行政复议的公民为无民事行为能力人或者限制民事行为能力人的，其法定代理人可以代为申请行政复议。未成年人的父母一般为其法定代理人，成年人的监护人一般为其法定代理人。

『 相关法规 』

中华人民共和国行政复议法实施条例

第五条　依照行政复议法和本条例的规定申请行政复议的公民、法人或者其他组织为申请人。

第六条　合伙企业申请行政复议的，应当以核准登记的企业为申请人，由执行合伙事务的合伙人代表该企业参加行政复议；其他合伙组织申请行政复议的，由合伙人共同申请行政复议。

前款规定以外的不具备法人资格的其他组织申请行政复议的，由该组织的主要负责人代表该组织参加行政复议；没有主要负责人的，由共同推选的其他成员代表该组织参加行政复议。

第七条　股份制企业的股东大会、股东代表大会、董事会认为行政机关作出的具体行政行为侵犯企业合法权益的，可以以企业的名义申请行政复议。

『 相关规章 』

税务行政复议规则

第二十条　合伙企业申请行政复议的，应当以核准登记的企业为申请人，由执行合伙事务的合伙人代表该企业参加行政复议；其他合伙组织申请行政复议的，由合伙人共同申请行政复议。

前款规定以外的不具备法人资格的其他组织申请行政复议的，由该组织的主要负责人代表该组织参加行政复议；没有主要负责人的，由共同推选的其他成员代表该组织参加行政复议。

第二十一条　股份制企业的股东大会、股东代表大会、董事会认为税务具体行政行为侵犯企业合法权益的，可以以企业的名义申请行政复议。

第二十二条　有权申请行政复议的公民死亡的，其近亲属可以申请行政复议；有权申请行政复议的公民为无行为能力人或者限制行为能力人，其法定代理人可以代理申请行政复议。

有权申请行政复议的法人或者其他组织发生合并、分立或终止的，承受其权利义务的法人或者其他组织可以申请行政复议。

国家国际发展合作署行政复议实施办法

第五条　同申请行政复议的具体行政行为有利害关系的其他公民、法人或者其他组织要求作为第三人参加行政复议，应当以书面形式提出申请，经国际发展合作署审查同意，可以作为第三人参加行政复议。

行政复议期间，国际发展合作署法制机构（以下简称法制机构）认为申请人以外的公民、法人或者其他组织与被审查的具体行政行为有利害关系的，可以通知其作为第三人参加行政复议。

工业和信息化部行政复议实施办法

第六条 依照本办法申请行政复议的公民、法人或者其他组织是申请人；作出具体行政行为的行政机关是被申请人。

同申请行政复议的具体行政行为有利害关系的其他公民、法人或者其他组织，可以作为第三人参加行政复议。

住房城乡建设行政复议办法

第十五条 与行政行为有利害关系的其他公民、法人或者其他组织以书面形式提出申请，经行政复议机关审查同意，可以作为第三人参加行政复议。

行政复议机关认为必要时，也可以通知与行政行为有利害关系的其他公民、法人或者其他组织作为第三人参加行政复议。

第三人不参加行政复议的，不影响行政复议审查。

中华人民共和国海关行政复议办法

第十一条 依照本办法规定申请行政复议的公民、法人或者其他组织是海关行政复议申请人。

第十二条 有权申请行政复议的公民死亡的，其近亲属可以申请行政复议。

第十三条 有权申请行政复议的法人或者其他组织终止的，承受其权利的公民、法人或者其他组织可以申请行政复议。

法人或者其他组织实施违反海关法的行为后，有合并、分立或者其他资产重组情形，海关以原法人、组织作为当事人予以行政处罚并且以承受其权利义务的法人、组织作为被执行人的，被执行人可以以自己的名义申请行政复议。

国家知识产权局行政复议规程

第六条 依照本规程申请行政复议的公民、法人或者其他组织是复议申请人。

在具体行政行为作出时其权利或者利益受到损害的其他利害关系人可以申请行政复议，也可以作为第三人参加行政复议。

中国证券监督管理委员会行政复议办法

第九条 依照《行政复议法》《行政复议法实施条例》以及本办法提起行政复

议申请的公民、法人或者其他组织是行政复议的申请人。

第十条　依据《行政复议法实施条例》第七条的规定申请行政复议的，申请人应当同时向行政复议机构提交股份制企业的股东大会、股东代表大会、董事会作出的申请行政复议的决议和授权委托书。

人力资源社会保障行政复议办法

第九条　依照本办法规定申请行政复议的公民、法人或者其他组织为人力资源社会保障行政复议申请人。

环境行政复议办法

第五条　依照行政复议法和行政复议法实施条例规定申请行政复议的公民、法人或者其他组织为申请人。

同一环境行政复议案件，申请人超过 5 人的，推选 1 至 5 名代表参加行政复议。

国家发展和改革委员会行政复议实施办法

第十一条　同申请行政复议的具体行政行为有利害关系的其他公民、法人或者其他组织以书面形式提出申请，经国家发展改革委审查同意，可以作为第三人参加行政复议。

国家发展改革委认为必要时，也可以通知同申请复议的具体行政行为有利害关系的其他公民、法人或者其他组织作为第三人参加行政复议。

商务部行政复议实施办法

第五条　同申请行政复议的具体行政行为有利害关系的其他公民、法人或者其他组织要求作为第三人参加行政复议，应当以书面形式提出申请，经商务部审查同意，可以作为第三人参加行政复议。

商务部认为必要时，也可以通知同申请复议的具体行政行为有利害关系的其他公民、法人或者其他组织作为第三人参加行政复议。

第六条　申请人向商务部申请复议的，向商务部法制工作机构办理申请手续。法制工作机构应当在申请书上注明收到日期，并由递交人签字确认。

公安机关办理行政复议案件程序规定

第二十九条　公安行政复议机构在审查行政复议申请时，对与申请行政复议的具体行政行为有利害关系的公民、法人或者其他组织，可以告知其作为第三人参加行政复议。

『典型案例』

北京市大兴区人民政府行政复议决定书

京兴政复字〔2021〕189 号

申请人：苑某宸，男，满族，2015 年 10 月出生，住址北京市大兴区亦庄镇开泰西里。

法定代理人：苑某，男，汉族，1985 年 4 月出生，住址北京市大兴区亦庄镇开泰西里。

被申请人：北京市公安局大兴分局，住所地北京市大兴区黄村镇西大街 35 号。

申请人不服被申请人于 2021 年 4 月 9 日作出的京公大不罚决字〔2021〕50032 号《不予行政处罚决定》，于 2021 年 6 月 7 日向本机关申请行政复议。本机关依法受理，现已审理终结。

申请人请求：撤销北京市公安局大兴分局作出的京公大不罚决字〔2021〕50032 号不予行政处罚决定。

申请人称：申请人苑某宸系北京小大人幼儿园（以下简称"小大人幼儿园"）学生。2020 年 12 月 3 日，申请人在该园就读期间，遭到该园教师张某华的殴打，导致肩部、背部、腹部、手臂等多处受伤，并对申请人的身心健康造成非常严重的影响。2020 年 12 月 4 日，申请人的父母向被申请人控告张某华所实施的违法行为，被申请人于当日立案受理。

在案件调查过程中，被申请人仅凭 2020 年 12 月 4 日暨报警当日小大人幼儿园的室内、室外监控录像作为认定张某华并无违法的证据，但根据 2020 年 12 月 4 日前两天监控显示，违法行为人张某华在申请人报警之前几日实施了严重的推搡、拉扯等违法行为，因此，被申请人仅凭申请人报警当天的监控视频未能发现张某华对申请人实施侵害的违法行为就认定其无违法事实，这与案件事实明显不符。

另外，被申请人对申请人的伤情进行鉴定时，取走了申请人受侵害时所穿的随身衣物，但未就衣服进行司法鉴定。据申请人向专业人士了解，要是对衣服进行鉴定需要先在特定药水中浸泡，但直至被申请人返还孩子衣服时该衣服毫无浸泡痕迹且留存孩子体味，被申请人根本未对孩子衣服进行司法鉴定，如果提取衣物纤维中的血迹，亦足以据此认定申请人的伤情成因及伤害程度，而被申请人未依法进行鉴定。被申请人由此认定申请人被殴打的事实不能成立，并据以作出《不予行政处罚决定书》。

申请人认为，被申请人在对违法行为进行调查取证时明显违反法定程序，司法鉴定程序有违医学常理，据以作出的不予处罚决定书，违背客观事实。申请人为不满六周岁未成年人，在进行伤情鉴定时，应与成年人的伤情鉴定程序有所区分，并应侧重保护未成年人的身心健康。申请人所作出的不予处罚决定书，无论从法理还是情理，均不符合《行政处罚法》《治安管理处罚法》的有关规定及立法理念，更有违未成年人保护法的立法意旨。

综上，申请人特向贵府提起行政复议，请求贵府依法撤销被申请人作出的《不予行政处罚决定书》（京公大不罚决字〔2021〕50032号），并责令其依法作出处罚决定。

被申请人称：我局于2021年4月9日作出的京公大不罚决字〔2021〕50032号《不予行政处罚决定》合法合理。

2020年12月4日，我局亦庄派出所接苑某报警称其子苑某宸在小大人幼儿园被打伤后，依法及时受理并进行调查取证工作，经询问，苑某宸指认其在小大人幼儿园就读期间，因为其调皮，负责班内管理的老师张某华和张某，在对其进行管教时对其进行殴打，但张某华和张某对殴打苑某宸的行为予以否认，在校的其他教职工亦不能证实张某华和张某对苑某宸有殴打行为，且经司法鉴定和查看幼儿园内监控，无法证实张某华和张某对苑某宸有殴打行为。我局在办理该治安案件的期限内，穷尽各种调查手段，均不能证实张某华和张某对苑某宸有殴打的违法行为，因此我局认定苑某报称其子苑某宸被张某华和张某殴打的违法事实不能成立，后我局亦庄派出所在职权范围内，依据《中华人民共和国治安管理处罚法》第九十五条第二项之规定，根据本案的具体事实分别给予张某华、张某不予行政处罚的决定。

经审理查明：

2020年12月4日被申请人接110报警，苑某报称其子苑某宸在北京市大兴区亦庄镇小大人幼儿园就读期间，被老师张某华、张某殴打，被申请人立即开展工作并于当日作出受理案件登记并对违法嫌疑人张某华、张某进行了传唤调查。

2020年12月4日，被申请人聘请盛唐司法鉴定所对申请人的身体损伤程度进行鉴定。2020年12月15日北京盛唐司法鉴定所出具京盛唐司鉴所〔2020〕临鉴字第4770号《司法鉴定意见书》，认定被鉴定人的损伤程度不构成轻微伤。2020年12月31日申请人之母任某因对《司法鉴定意见书》存在异议申请重新鉴定。2021年1月5日被申请人聘请北京中正司法鉴定所对申请人身体损伤程度进行重新鉴定。2021年1月20日，北京中正鉴定所出具〔2021〕临鉴字第041号《司法鉴定意见书》，认定申请人所受损伤不构成轻微伤。2021年3月20日，中正司法鉴定所出具〔2021〕临鉴字第307号《司法鉴定意见书》，针对受伤成因作出了鉴定，鉴定结论认为申请人的腹部外伤、皮肤擦伤特征性不典型，不具有唯一性。

被申请人在接警后对违法嫌疑人、证人、申请人及其法定代理人进行了询问调查同时调取了相关的证据材料，于2020年12月28日办理案件延期审批。2021年4月9日，被申请人依据《中华人民共和国治安管理处罚法》第九十五条第二项之规定，根据本案的具体事实给予张某华、张某不予行政处罚的决定，并于当日送达申请人法定代表人及其两位涉嫌违法行为人。

上述事实有下列证据证明：不予行政处罚决定书；110接处警记录；受案登记表；受案回执；呈请延长办案时间审批表；呈请鉴定审批表及鉴定聘请书；重新鉴定申

请书；呈请重新鉴定审批表；鉴定聘请书；呈请传唤审批表；延长询问查证时间审批表；传唤证；呈请不予处罚审批表；张某华户籍证明；张某华笔录；张某户籍证明；张某笔录；苑某宸身份资料；任某身份资料；苑某宸笔录；任某笔录；苑某身份资料；苑某笔录；王某阳身份资料；王某阳笔录；宋某身份资料；宋某笔录；法医伤检临时意见书；司法鉴定意见书；未成年人法定代理人到场通知书；工作说明；证明；被传唤人员家属通知书；送达回执；接受证据清单；资料；接受证据清单；关系证明；教师资格证复印件；接受证据材料清单；材料；接受证据清单；照片；接受证据清单；现场监控视频等证据佐证。

本机关认为：

根据《中华人民共和国治安管理处罚法》第七条第一款"县级以上地方各级人民政府公安机关负责本行政区域内的治安管理工作"之规定，被申请人具有对违反辖区内治安管理规定的行为人给予行政处罚的法定职权。

本案中，被申请人受案后，依法履行了受理、传唤、询问、案件延期、鉴定、通知家属、送达等程序，办案流程符合《公安机关办理行政案件程序规定》及《中华人民共和国治安管理处罚法》的规定，程序合法。被申请人在调查过程中制作的询问笔录，司法鉴定意见书及视频资料能互相印证，不能证实张某华和张某对苑某宸有殴打的违法行为，依据《中华人民共和国治安管理处罚法》第九十五条第二项之规定，作出不予处罚决定事实清楚，裁量适当。

综上所述，根据《中华人民共和国行政复议法》第二十八条第一款第（一）项的规定，本机关决定如下：

维持被申请人2021年4月9日作出的京公大不罚决字〔2021〕50032号《不予行政处罚决定》。

申请人如对本决定不服，可以自接到本决定书之日起15日内依法向北京市大兴区人民法院提起行政诉讼。

2021年7月20日

『2023年版本』

第十五条 同一行政复议案件申请人人数众多的，可以由申请人推选代表人参加行政复议。

代表人参加行政复议的行为对其所代表的申请人发生效力，但是代表人变更行政复议请求、撤回行政复议申请、承认第三人请求的，应当经被代表的申请人同意。

『条文释义』

本条规定了申请人的代表人诉讼制度。1999年版本、2009年版本以及2017年版本无相关规定，2023年版本增加了该条规定。《行政复议法实施条例》以及相关部门规章有本条的相关规定。

同一行政复议案件申请人人数众多的，由于案情是相同的，申请人的权利义务也是相同的，最后的行政复议结果也是相同的，因此，没有必要所有申请人都参与行政复议，可以由申请人推选代表人参加行政复议。

原则上，代表人参加行政复议的行为对其所代表的申请人发生效力，但是如果代表人行使一些重大权利，可能影响其他申请人的利益且其他申请人不一定会同意代表人的做法时，就需要额外征求其他申请人的同意。需要额外经被代表的申请人同意的事项包括代表人变更行政复议请求、撤回行政复议申请、承认第三人请求。

『 相关法规 』

中华人民共和国行政复议法实施条例
第八条　同一行政复议案件申请人超过5人的，推选1至5名代表参加行政复议。

『 相关规章 』

税务行政复议规则
第二十五条　同一行政复议案件申请人超过5人的，应当推选1至5名代表参加行政复议。

人力资源社会保障行政复议办法
第十条　同一行政复议案件申请人超过5人的，推选1至5名代表参加行政复议，并提交全体行政复议申请人签字的授权委托书以及全体行政复议申请人的身份证复印件。

『 2023年版本 』

第十六条　申请人以外的同被申请行政复议的行政行为或者行政复议案件处理结果有利害关系的公民、法人或者其他组织，可以作为第三人申请参加行政复议，或者由行政复议机构通知其作为第三人参加行政复议。

第三人不参加行政复议，不影响行政复议案件的审理。

『 1999、2009、2017年版本 』

第十条　依照本法申请行政复议的公民、法人或者其他组织是申请人。

有权申请行政复议的公民死亡的，其近亲属可以申请行政复议。有权申请行政复议的公民为无民事行为能力人或者限制民事行为能力人的，其法定代理人可以代为申请行政复议。有权申请行政复议的法人或者其他组织终止的，承受其权利的法人或者其他组织可以申请行政复议。

同申请行政复议的具体行政行为有利害关系的其他公民、法人或者其他组织，可以作为第三人参加行政复议。

公民、法人或者其他组织对行政机关的具体行政行为不服申请行政复议的，作出具体行政行为的行政机关是被申请人。

申请人、第三人可以委托代理人代为参加行政复议。

『 条文释义 』

本条规定了行政复议第三人。1999 年版本、2009 年版本和 2017 年版本的规定相同，2023 年版本略作完善，将《行政复议法实施条例》以及相关规章中的部分制度上升到了法律层面。

所谓第三人，就是指申请人和被申请人以外的第三人，其与被申请行政复议的行政行为或者行政复议案件处理结果有利害关系。第三人不能单独申请行政复议，但可以第三人的身份参加行政复议。第三人同样可以是公民、法人或者其他组织。第三人既可以主动申请参加行政复议，也可以由行政复议机构通知其作为第三人参加行政复议。当然，第三人也可以放弃权利，拒绝参加行政复议。

由于第三人不是行政复议中必不可少的主体，因此，第三人不参加行政复议，不影响行政复议案件的审理。

『 相关法规 』

中华人民共和国行政复议法实施条例

第九条　行政复议期间，行政复议机构认为申请人以外的公民、法人或者其他组织与被审查的具体行政行为有利害关系的，可以通知其作为第三人参加行政复议。

行政复议期间，申请人以外的公民、法人或者其他组织与被审查的具体行政行为有利害关系的，可以向行政复议机构申请作为第三人参加行政复议。

第三人不参加行政复议，不影响行政复议案件的审理。

『 相关规章 』

税务行政复议规则

第二十三条　行政复议期间，行政复议机关认为申请人以外的公民、法人或者其他组织与被审查的具体行政行为有利害关系的，可以通知其作为第三人参加行政复议。

行政复议期间，申请人以外的公民、法人或者其他组织与被审查的税务具体行政行为有利害关系的，可以向行政复议机关申请作为第三人参加行政复议。

第三人不参加行政复议，不影响行政复议案件的审理。

第二十四条　非具体行政行为的行政管理相对人，但其权利直接被该具体行政行为所剥夺、限制或者被赋予义务的公民、法人或其他组织，在行政管理相对人没有申请行政复议时，可以单独申请行政复议。

中华人民共和国海关行政复议办法

第十四条　行政复议期间，海关行政复议机构认为申请人以外的公民、法人或者其他组织与被审查的具体行政行为有利害关系的，应当通知其作为第三人参加行政复议。

行政复议期间，申请人以外的公民、法人或者其他组织认为与被审查的海关具体行政行为有利害关系的，可以向海关行政复议机构申请作为第三人参加行政复议。申请作为第三人参加行政复议的，应当对其与被审查的海关具体行政行为有利害关系负举证责任。

通知或者同意第三人参加行政复议的，应当制作《第三人参加行政复议通知书》，送达第三人。

第三人不参加行政复议，不影响行政复议案件的审理。

中国证券监督管理委员会行政复议办法

第十一条　向行政复议机构申请作为第三人参加行政复议的，应当证明其与被审查的具体行政行为有利害关系。

经行政复议机构审查同意或者认为第三人有必要参加行政复议的，行政复议机构可以书面通知第三人。

第三人不参加行政复议，不影响行政复议案件的审理。

人力资源社会保障行政复议办法

第十一条　依照行政复议法实施条例第九条的规定，公民、法人或者其他组织申请作为第三人参加行政复议，应当提交《第三人参加行政复议申请书》，该申请书应当列明其参加行政复议的事实和理由。

申请作为第三人参加行政复议的，应当对其与被审查的具体行政行为有利害关系负举证责任。

行政复议机构通知或者同意第三人参加行政复议的，应当制作《第三人参加行政复议通知书》，送达第三人，并注明第三人参加行政复议的日期。

环境行政复议办法

第九条　行政复议期间，环境行政复议机构认为申请人以外的公民、法人或者其他组织与被审查的具体行政行为有利害关系的，可以通知其作为第三人参加行政复议。

行政复议期间，申请人以外的公民、法人或者其他组织与被审查的具体行政行为有利害关系的，可以向环境行政复议机构申请作为第三人参加行政复议。

公安机关办理行政复议案件程序规定

第三十条 公民、法人或者其他组织认为申请行政复议的具体行政行为与自己有利害关系的，可以向公安行政复议机关申请作为第三人参加行政复议。

第三十一条 与申请行政复议的具体行政行为有利害关系的公民、法人或者其他组织被告知参加行政复议或者申请参加行政复议被许可后，无正当理由不参加的，不影响行政复议进行。

『典型案例』

上海市长宁区人民政府

行政复议决定书

沪长府复字（2023）第 32 号

申请人：某某公司

法定代表人：徐某某，董事长。

被申请人：上海市长宁区人力资源和社会保障局，住所地上海市长宁区长宁路599号。

法定代表人：张源，局长。

第三人：蒯某某。

申请人某某公司不服被申请人上海市长宁区人力资源和社会保障局作出的编号为长宁人社认（2022）字第581号《上海市长宁区人力资源和社会保障局认定工伤决定书》，向本机关提出行政复议申请，本机关依法于2023年2月18日予以受理，现案件已审理终结。

申请人称：第三人蒯某某对其在申请人处工作时脚扭伤未能提供相关的证明，且在场工作人员均明确表示未亲眼看到或者知道第三人在申请人处脚扭伤的情形。事发后第三人第二天才通知申请人其受伤的情况，并且事发前第三人脚曾经受伤，其即将离职存在骗保的可能性。故要求撤销被申请人上海市长宁区人力资源和社会保障局作出的编号为长宁人社认（2022）字第581号《上海市长宁区人力资源和社会保障局认定工伤决定书》。

被申请人称：一、2022年10月12日，第三人蒯某某就其于同年7月28日20时30分许在工作时不慎扭伤右足的情况向该局申请工伤认定。2022年10月24日，该局作出受理决定，并依法进行了调查核实。2022年12月20日，该局依法作出《认定工伤决定书》，并送达了第三人和申请人。二、经调查核实：第三人系申请人某某公司的前厅服务员，2022年7月28日的考勤时间为10时29分至16时03分、16时57分至21时34分。当天20时30分许，第三人在工作时不慎扭伤右足。经上海市中医医院、盐城市大丰人民医院诊治，诊断为：右足第5跖骨骨折。本案中虽无第三人在"佛房"扭伤右足的监控视频证据，但结合调查笔录、病史资料等系列证据，认定第三人在工作地点扭伤右足的事实，具有高度盖然性。根据《中华人民共和国工伤保险条例》（以下简称"《工伤保险条例》"）第十九条第二款规定，申请人作为用人单位，其不认为第三人构成工伤，但提出的异议及其证据并不足以推翻支撑认定的证据链，也未能提供排除第三人构成工伤事由的反证，故该局认为第三人受到的事故伤害，符合《工伤保险条例》和《上海市工伤保险实施办法》第十四条第（一）项认定工伤的规定，属于认定工伤范围。故该局作出的认定工伤决定，事实清楚，证据确凿，程序合法，请求复议机关依法予以维持。

第三人在本案审理过程中未提交书面意见及证据材料。

本机关经审理查明：第三人蒯某某系申请人某某公司的前厅服务员。2022年7月28日第三人的工作时间为10时29分至16时03分、16时57分至21时34分。2022年10月12日第三人就其2022年7月28日在工作时不慎扭伤右足，经医院诊断为右足第5跖骨骨折事宜，向被申请人上海市长宁区人力资源和社会保障局申请工伤认定。

被申请人于同年10月24日受理工伤申请后，当日向第三人邮寄了《工伤认定申请受理决定书》，向申请人邮寄了《工伤认定申请受理决定书》和《工伤认定举证通知书》，申请人于10月25日签收了上述文书的送达回执。双方当事人向被申请人提供了工伤认定申请表、伤亡事故经过情况、劳动合同书、考勤记录表、上海市中医医院门急诊就医记录册及病史资料、微信聊天记录截屏、证人证言、情况说明等证据。案件处理期间，被申请人分别向第三人、申请人的委托代理人、相关证人进行调查取证。被申请人调查后于2022年12月20日作出长宁人社认（2022）字第581号《认定工伤决定书》，认定第三人受到的事故伤害符合《工伤保险条例》第十四条第（一）项及《上海市工伤保险实施办法》第十四条第（一）项规定的认定工伤范围，决定认定工伤，并分别向申请人和第三人送达。

以上事实，由当事人提交的劳动合同书、工伤认定申请表、工伤认定申请受理决定书、工伤认定举证通知书、认定工伤决定书、证人证言、考勤记录表、病历材料、微信聊天记录截屏、调查笔录、送达回证、邮寄凭证等证据予以证明。

本机关认为：根据《工伤保险条例》第五条第二款之规定，被申请人上海市长宁区人力资源和社会保障局是本辖区工伤认定的行政管理部门，具有作出具体行政行为的合法主体资格。被申请人收到第三人的工伤认定申请后，进行了调查、核实，在法定期限内作出系争认定工伤决定并送达申请人和第三人，程序合法。

本案争议焦点为被申请人所作的认定工伤决定是否事实清楚，适用法律是否正确。根据《工伤保险条例》第十四条第（一）项之规定，职工在工作时间和工作场所内，因工作原因受到事故伤害的，应当认定为工伤。本案中，第三人于2022年7月28日20时30分许在申请人单位工作时不慎扭伤右足，属于在工作时间和工作场所内，因工作原因受到事故伤害，应认定为工伤。关于申请人主张的第三人的右足第5跖骨骨折并非发生在工作场所，本机关认为，根据《工伤保险条例》第十九条第二款的规定："职工或者其直系亲属认为是工伤，用人单位不认为是工伤的，由用人单位承担举证责任"，申请人提供的其员工的证人证言，与其中部分员工在工伤认定调查阶段的调查笔录中的陈述不尽相同，申请人不认可工伤的陈述也与其在事发后曾同意为第三人申请工伤的陈述相矛盾，申请人也未能提供事发时工作场所的监控视频，因此申请人提出的复议请求和理由，没有足够的事实根据和法律依据，本机关不予支持。

综上所述，被申请人作出的具体行政行为认定事实清楚、证据确凿、适用依据正确、程序合法、内容适当。根据《中华人民共和国行政复议法》第二十八条第一款第（一）项的规定，本机关决定：

维持上海市长宁区人力资源和社会保障局作出编号为长宁人社认（2022）字第581号《上海市长宁区人力资源和社会保障局认定工伤决定书》的具体行政行为。

申请人如不服本复议决定，可在收到复议决定书之日起十五日内起诉于上海铁路运输法院。

二〇二三年四月十三日

『2023 年版本』

第十七条　申请人、第三人可以委托一至二名律师、基层法律服务工作者或者其他代理人代为参加行政复议。

申请人、第三人委托代理人的，应当向行政复议机构提交授权委托书、委托人及被委托人的身份证明文件。授权委托书应当载明委托事项、权限和期限。申请人、第三人变更或者解除代理人权限的，应当书面告知行政复议机构。

『1999、2009、2017 年版本』

第十条　依照本法申请行政复议的公民、法人或者其他组织是申请人。

有权申请行政复议的公民死亡的，其近亲属可以申请行政复议。有权申请行政复议的公民为无民事行为能力人或者限制民事行为能力人的，其法定代理人可以代为申请行政复议。有权申请行政复议的法人或者其他组织终止的，承受其权利的法人或者其他组织可以申请行政复议。

同申请行政复议的具体行政行为有利害关系的其他公民、法人或者其他组织，可以作为第三人参加行政复议。

公民、法人或者其他组织对行政机关的具体行政行为不服申请行政复议的，作出具体行政行为的行政机关是被申请人。

申请人、第三人可以委托代理人代为参加行政复议。

『 条文释义 』

本条规定了行政复议第三人。1999 年版本、2009 年版本和 2017 年版本的规定相同，2023 年版本略作完善，将《行政复议法实施条例》以及相关规章中的部分制度上升到了法律层面。

申请人、第三人可以委托代理人代为参加行政复议。申请人、第三人可以不必亲自参加行政复议，但被申请人必须亲自参加行政复议，不允许委托代理人代为参加。

申请人、第三人可以委托的代理人包括：一至二名律师、基层法律服务工作者或者其他代理人。也就是说，任何人均可以接受委托担任代理人，并不要求特殊身份或者执业资格。

申请人、第三人委托代理人的，应当向行政复议机构提交授权委托书、委托人及被委托人的身份证明文件。如果委托人为法人，其身份证明文件即是其营业执照，如果委托人和被委托人均为自然人，则为其身份证。

授权委托书应当载明委托事项、权限和期限。该授权委托书可以是全权委托，即所有行政复议事项皆委托代理人代为行使，包括代为和解、代为承认对方主张、代为放弃行政复议申请或者变更行政复议申请的内容等；也可以是特别委托，即针对某些特定事项或者一般事项进行委托，但比较重要的权利仍然要由委托人亲自行使或者另行授权。

申请人、第三人有权随时变更或者解除代理人权限，如将特别委托变更为全权委托，或者将全权委托变更为特别委托，为确保行政复议程序的顺利进行以及合法有效，上述变更或者解除代理人权限的行为应当书面告知行政复议机构。

『 相关法规 』

中华人民共和国行政复议法实施条例

第十条　申请人、第三人可以委托 1 至 2 名代理人参加行政复议。申请人、第三人委托代理人的，应当向行政复议机构提交授权委托书。授权委托书应当载明委托事项、权限和期限。公民在特殊情况下无法书面委托的，可以口头委托。口头委托的，行政复议机构应当核实并记录在卷。申请人、第三人解除或者变更委托的，应当书面报告行政复议机构。

『 相关规章 』

税务行政复议规则

第三十一条　申请人、第三人可以委托 1 至 2 名代理人参加行政复议。申请人、第三人委托代理人的，应当向行政复议机构提交授权委托书。授权委托书应当载明委托事项、权限和期限。公民在特殊情况下无法书面委托的，可以口头委托。口头委托的，行政复议机构应当核实并记录在卷。申请人、第三人解除或者变更委托的，应当书面告知行政复议机构。

被申请人不得委托本机关以外人员参加行政复议。

住房城乡建设行政复议办法

第十六条 申请人、被申请人、第三人可以委托一至两人作为复议代理人。下列人员可以被委托为复议代理人：

（一）律师、基层法律服务工作者；

（二）申请人、第三人的近亲属或者工作人员；

（三）申请人、第三人所在社区、单位及有关社会团体推荐的公民。

申请人、被申请人、第三人委托代理人参加行政复议的，应当向行政复议机关提交由委托人签字或者盖章的委托书，委托书应当载明委托事项和具体权限；解除或者变更委托的，应当书面通知行政复议机关。

中华人民共和国海关行政复议办法

第十五条 申请人、第三人可以委托 1 至 2 名代理人参加行政复议。

委托代理人参加行政复议的，应当向海关行政复议机构提交授权委托书。授权委托书应当载明下列事项：

（一）委托人姓名或者名称，委托人为法人或者其他组织的，还应当载明法定代表人或者主要负责人的姓名、职务；

（二）代理人姓名、性别、年龄、职业、地址及邮政编码；

（三）委托事项和代理期间；

（四）代理人代为提起、变更、撤回行政复议申请、参加行政复议调解、达成行政复议和解、参加行政复议听证、递交证据材料、收受行政复议法律文书等代理权限；

（五）委托日期及委托人签章。

公民在特殊情况下无法书面委托的，可以口头委托。公民口头委托的，海关行政复议机构应当核实并且记录在卷。

申请人、第三人解除或者变更委托的，应当书面报告海关行政复议机构。

国家知识产权局行政复议规程

第七条 复议申请人、第三人可以委托代理人代为参加行政复议。

中国证券监督管理委员会行政复议办法

第十二条 申请人、第三人委托代理人向行政复议机构提交的授权委托书应当载明下列事项：

（一）委托人姓名或者名称，委托人为法人或者其他组织的，还应当载明法定代表人或者主要负责人的姓名、职务；

（二）代理人姓名、身份证号码、工作单位、通讯地址、邮政编码及电话等联系方式；

（三）委托事项和代理期间；

（四）代理人代为提起、变更、撤回行政复议申请、参加行政复议调解、达成行政复议和解、参加行政复议听证、递交证据材料、收受行政复议法律文书等代理权限；

（五）委托日期及委托人签字或者盖章。

提交授权委托书，应当提供委托人和代理人身份证明，以律师身份代理参加行政复议的，还应当提供律师执业证明文件。

人力资源社会保障行政复议办法

第十二条　申请人、第三人可以委托 1 至 2 名代理人参加行政复议。

申请人、第三人委托代理人参加行政复议的，应当向行政复议机构提交授权委托书。授权委托书应当载明下列事项：

（一）委托人姓名或者名称，委托人为法人或者其他组织的，还应当载明法定代表人或者主要负责人的姓名、职务；

（二）代理人姓名、性别、职业、住所以及邮政编码；

（三）委托事项、权限和期限；

（四）委托日期以及委托人签字或者盖章。

申请人、第三人解除或者变更委托的，应当书面报告行政复议机构。

环境行政复议办法

第十条　申请人、第三人可以委托 1 至 2 名代理人参加环境行政复议。

申请人、第三人委托代理人的，应当向环境行政复议机构提交由委托人签名或者盖章的书面授权委托书。授权委托书应当载明委托事项、权限和期限。公民在特殊情况下无法书面委托的，可以口头委托，说明委托事项、权限和期限，由环境行政复议机构核实并记录在卷。

委托人变更或者解除委托的，应当书面告知环境行政复议机构。

公安机关办理行政复议案件程序规定

第三十二条　申请人、第三人委托代理人代为参加行政复议的，应当向公安行政复议机构提交由委托人签名或者盖章的委托书，委托书应当载明委托事项和具体权限。

申请人、第三人解除或者变更委托的，应当书面通知公安行政复议机构。

『 相关行政解释 』

公安部关于实施《中华人民共和国行政复议法》中有关问题的批复（公复字〔2000〕2 号，2000 年 3 月 3 日）

一、委托代理作为复议代理的一种形式，在于方便申请人、第三人参加行政复议时行使权利和履行义务，以维护其合法权益。代理人基于委托人的意思表示，依法代理申请人、第三人参加行政复议时，可以查阅除涉及国家秘密、商业秘密或者个人隐私外的被申请人提出的书面答复、作出具体行政行为的证据、依据和其他有关材料。律师代理和公民代理在行政复议中享有相同的权利。国家秘密和商业秘密的范围，应当以法律、法规和依据法律、法规制定的规章、规范性文件的规定确定。

『 2023 年版本 』

第十八条　符合法律援助条件的行政复议申请人申请法律援助的，法律援助机构应当依法为其提供法律援助。

『 条文释义 』

本条规定了行政复议的法律援助。1999 年版本、2009 年版本和 2017 年版本没有该内容，2023 年版本新增加了该条规定。

法律援助，是国家建立的为经济困难公民和符合法定条件的其他当事人无偿提供法律咨询、代理、刑事辩护等法律服务的制度，是公共法律服务体系的组成部分。行政复议虽然不收费，但仍需要具备一定的法律知识，也需要花费时间与精力去准备申请材料和参加相关程序，因此，也存在困难公民无力申请行政复议的情形，为此，对符合法律援助条件的行政复议申请人申请法律援助的，法律援助机构应当依法为其提供法律援助。

『 相关法律 』

中华人民共和国法律援助法（2021 年 8 月 20 日第十三届全国人民代表大会常务委员会第三十次会议通过）

第二条　本法所称法律援助，是国家建立的为经济困难公民和符合法定条件的其他当事人无偿提供法律咨询、代理、刑事辩护等法律服务的制度，是公共法律服务体系的组成部分。

第二十二条　法律援助机构可以组织法律援助人员依法提供下列形式的法律援助服务：

（一）法律咨询；

（二）代拟法律文书；

（三）刑事辩护与代理；

（四）民事案件、行政案件、国家赔偿案件的诉讼代理及非诉讼代理；

（五）值班律师法律帮助；

（六）劳动争议调解与仲裁代理；

（七）法律、法规、规章规定的其他形式。

第三十一条　下列事项的当事人，因经济困难没有委托代理人的，可以向法律援助机构申请法律援助：

（一）依法请求国家赔偿；

（二）请求给予社会保险待遇或者社会救助；

（三）请求发给抚恤金；

（四）请求给付赡养费、抚养费、扶养费；

（五）请求确认劳动关系或者支付劳动报酬；

（六）请求认定公民无民事行为能力或者限制民事行为能力；

（七）请求工伤事故、交通事故、食品药品安全事故、医疗事故人身损害赔偿；

（八）请求环境污染、生态破坏损害赔偿；

（九）法律、法规、规章规定的其他情形。

第三十二条　有下列情形之一，当事人申请法律援助的，不受经济困难条件的限制：

（一）英雄烈士近亲属为维护英雄烈士的人格权益；

（二）因见义勇为行为主张相关民事权益；

（三）再审改判无罪请求国家赔偿；

（四）遭受虐待、遗弃或者家庭暴力的受害人主张相关权益；

（五）法律、法规、规章规定的其他情形。

第三十五条　人民法院、人民检察院、公安机关和有关部门在办理案件或者相关事务中，应当及时告知有关当事人有权依法申请法律援助。

第四十条　无民事行为能力人或者限制民事行为能力人需要法律援助的，可以由其法定代理人代为提出申请。法定代理人侵犯无民事行为能力人、限制民事行为能力人合法权益的，其他法定代理人或者近亲属可以代为提出法律援助申请。

被羁押的犯罪嫌疑人、被告人、服刑人员，以及强制隔离戒毒人员，可以由其法定代理人或者近亲属代为提出法律援助申请。

第四十一条　因经济困难申请法律援助的，申请人应当如实说明经济困难状况。

法律援助机构核查申请人的经济困难状况，可以通过信息共享查询，或者由申请人进行个人诚信承诺。

法律援助机构开展核查工作，有关部门、单位、村民委员会、居民委员会和个人应当予以配合。

第四十二条　法律援助申请人有材料证明属于下列人员之一的，免予核查经济困难状况：

（一）无固定生活来源的未成年人、老年人、残疾人等特定群体；

（二）社会救助、司法救助或者优抚对象；

（三）申请支付劳动报酬或者请求工伤事故人身损害赔偿的进城务工人员；

（四）法律、法规、规章规定的其他人员。

第四十三条　法律援助机构应当自收到法律援助申请之日起七日内进行审查，作出是否给予法律援助的决定。决定给予法律援助的，应当自作出决定之日起三日内指派法律援助人员为受援人提供法律援助；决定不给予法律援助的，应当书面告知申请人，并说明理由。

申请人提交的申请材料不齐全的，法律援助机构应当一次性告知申请人需要补充的材料或者要求申请人作出说明。申请人未按要求补充材料或者作出说明的，视为撤回申请。

第四十四条　法律援助机构收到法律援助申请后，发现有下列情形之一的，可以决定先行提供法律援助：

（一）距法定时效或者期限届满不足七日，需要及时提起诉讼或者申请仲裁、行政复议；

（二）需要立即申请财产保全、证据保全或者先予执行；

（三）法律、法规、规章规定的其他情形。

法律援助机构先行提供法律援助的，受援人应当及时补办有关手续，补充有关材料。

第四十五条　法律援助机构为老年人、残疾人提供法律援助服务的，应当根据实际情况提供无障碍设施设备和服务。

法律法规对向特定群体提供法律援助有其他特别规定的，依照其规定。

『2023 年版本』

第十九条　公民、法人或者其他组织对行政行为不服申请行政复议的，作出行政行为的行政机关或者法律、法规、规章授权的组织是被申请人。

两个以上行政机关以共同的名义作出同一行政行为的，共同作出行政行为的行政机关是被申请人。

行政机关委托的组织作出行政行为的，委托的行政机关是被申请人。

作出行政行为的行政机关被撤销或者职权变更的，继续行使其职权的行政机关是被申请人。

『1999、2009、2017 年版本』

第十条　依照本法申请行政复议的公民、法人或者其他组织是申请人。

有权申请行政复议的公民死亡的，其近亲属可以申请行政复议。有权申请行政复议的公民为无民事行为能力人或者限制民事行为能力人的，其法定代理人可以代为申请行政复议。有权申请行政复议的法人或者其他组织终止的，承受其权利的法人或者其他组织可以申请行政复议。

同申请行政复议的具体行政行为有利害关系的其他公民、法人或者其他组织，可以作为第三人参加行政复议。

公民、法人或者其他组织对行政机关的具体行政行为不服申请行政复议的，作出具体行政行为的行政机关是被申请人。

申请人、第三人可以委托代理人代为参加行政复议。

『 条文释义 』

本条规定了行政复议的被申请人。1999 年版本、2009 年版本和 2017 年版本的规定相同，2023 年版本略作完善，将《行政复议法实施条例》以及相关规章中的部分制度上升到了法律层面。

公民、法人或者其他组织对行政行为不服申请行政复议的，作出行政行为的行政机关或者法律、法规、规章授权的组织是被申请人。实务中，通常以具体行政行为文书上盖章的单位作为被申请人。

两个以上行政机关以共同的名义作出同一行政行为的，共同作出行政行为的行政机关是被申请人。因此，被申请人也可能是两个行政机关。

行政机关委托的组织作出行政行为的，委托的行政机关是被申请人。被委托的组织所作出的所有行为，其后果均由委托的行政机关承担，因此，委托的行政机关是被申请人。

特殊情况下，作出行政行为的行政机关有可能被撤销或者职权变更，此时，继续行使其职权的行政机关是被申请人。通常情况下不会有权力真空，总能找到继续行使其职权的行政机关。极端情况下，该项职权可能真的没有继承单位，此时应该以撤销上述行政机关的行政机关作为被申请人。

『 相关规章 』

税务行政复议规则

第二十六条　申请人对具体行政行为不服申请行政复议的，作出该具体行政行为的税务机关为被申请人。

第二十七条　申请人对扣缴义务人的扣缴税款行为不服的，主管该扣缴义务人的税务机关为被申请人；对税务机关委托的单位和个人的代征行为不服的，委托税务机关为被申请人。

第二十八条　税务机关与法律、法规授权的组织以共同的名义作出具体行政行为的，税务机关和法律、法规授权的组织为共同被申请人。

税务机关与其他组织以共同名义作出具体行政行为的，税务机关为被申请人。

第二十九条　税务机关依照法律、法规和规章规定，经上级税务机关批准作出具体行政行为的，批准机关为被申请人。

申请人对经重大税务案件审理程序作出的决定不服的，审理委员会所在税务机关为被申请人。

第三十条　税务机关设立的派出机构、内设机构或者其他组织，未经法律、法规授权，以自己名义对外作出具体行政行为的，税务机关为被申请人。

中华人民共和国海关行政复议办法

第十六条　公民、法人或者其他组织对海关作出的具体行政行为不服，依照本办法规定申请行政复议的，作出该具体行政行为的海关是被申请人。

人力资源社会保障行政复议办法

第十三条　公民、法人或者其他组织对人力资源社会保障部门作出的具体行政行为不服，依照本办法规定申请行政复议的，作出该具体行政行为的人力资源社会保障部门为被申请人。

第十四条　对县级以上人力资源社会保障行政部门的具体行政行为不服的，可以向上一级人力资源社会保障行政部门申请复议，也可以向该人力资源社会保障行政部门的本级人民政府申请行政复议。

对人力资源社会保障部作出的具体行政行为不服的，向人力资源社会保障部申请行政复议。

第十五条　对人力资源社会保障行政部门按照国务院规定设立的社会保险经办机构（以下简称社会保险经办机构）依照法律、法规规定作出的具体行政行为不服，可以向直接管理该社会保险经办机构的人力资源社会保障行政部门申请行政复议。

第十六条　对依法受委托的属于事业组织的公共就业服务机构、职业技能考核鉴定机构以及街道、乡镇人力资源社会保障工作机构等作出的具体行政行为不服的，可以向委托其行使行政管理职能的人力资源社会保障行政部门的上一级人力资源社会保障行政部门申请复议，也可以向该人力资源社会保障行政部门的本级人民政府申请行政复议。委托的人力资源社会保障行政部门为被申请人。

第十七条　对人力资源社会保障部门和政府其他部门以共同名义作出的具体行政行为不服的，可以向其共同的上一级行政部门申请复议。共同作出具体行政行为的人力资源社会保障部门为共同被申请人之一。

第十八条　人力资源社会保障部门设立的派出机构、内设机构或者其他组织，未经法律、法规授权，对外以自己名义作出具体行政行为的，该人力资源社会保障部门为被申请人。

环境行政复议办法

第六条　公民、法人或者其他组织对环境保护行政主管部门的具体行政行为不服，依法申请行政复议的，作出该具体行政行为的环境保护行政主管部门为被申请人。

环境保护行政主管部门与法律、法规授权的组织以共同名义作出具体行政行为的，环境保护行政主管部门和法律、法规授权的组织为共同被申请人。环境保护行政主管部门与其他组织以共同名义作出具体行政行为的，环境保护行政主管部门为被申请人。

环境保护行政主管部门设立的派出机构、内设机构或者其他组织，未经法律、法规授权，对外以自己名义作出具体行政行为的，该环境保护行政主管部门为被申请人。

『典型案例』

上海市公安局行政复议决定书

（2023）沪公法复决字第 153 号

申请人：潘某某。

被申请人：上海市公安局徐汇分局。

申请人潘某某因不服被申请人上海市公安局徐汇分局于 2023 年 5 月 15 日作出的沪公徐（长桥）社戒决字〔2023〕00004 号对其责令接受社区戒毒三年的决定，向本局提出行政复议申请，本局依法受理，现已复议终结。

被申请人在法定期限内向本局提出了书面答复并提交了作出原具体行政行为的证据、依据及其他有关材料。

申请人称：我认为处罚过重，因此对社区戒毒决定不服，故申请行政复议。

被申请人称：2023 年 5 月 14 日，申请人潘某某因涉嫌吸毒被我分局查获。经鉴定，申请人头发中检测出氯胺酮和 3,4- 亚甲双氧甲基苯丙胺（MDMA）成分。后经徐汇区精神卫生中心认定，申请人吸毒成瘾。上述事实有书证、违法嫌疑人的陈述和申辩、鉴定意见等证据证明。我分局依据《中华人民共和国禁毒法》第三十三条之规定，对申请人作出责令接受社区戒毒三年的决定。该决定认定事实清楚、证据确凿，适用依据正确，符合法定程序和权限，请求予以维持。

经复议查明：被申请人认定的上述事实，有书证、违法嫌疑人的陈述和申辩、鉴定意见等证据证实，可予确认。

另查明：被申请人认定申请人吸毒成瘾，依据《中华人民共和国禁毒法》第三十三条之规定，于 2023 年 5 月 15 日作出沪公徐（长桥）社戒决字〔2023〕00004 号对申请人责令接受社区戒毒三年的决定。

本局对全案审理后认为：

根据《中华人民共和国禁毒法》第三十三条及有关规定，被申请人上海市公安局徐汇分局具有对申请人潘某某作出责令接受社区戒毒决定的法定职权。审查中，被申请人提供了书证、违法嫌疑人的陈述和申辩、鉴定意见等证据证明申请人吸毒成瘾。本局认为上述证据形式合法，内容真实，证据间能相互印证，可以证明申请人的违法事实。被申请人据此适用《中华人民共和国禁毒法》第三十三条之规定对申请人作出责令接受社区戒毒三年的决定，认定事实清楚、证据确凿，适用依据正确，符合法定程序和权限。申请人的申辩理由缺乏事实和法律依据，本局不予采纳。

据此，根据《中华人民共和国行政复议法》第二十八条第一款第一项之规定，本局决定：

维持被申请人上海市公安局徐汇分局于 2023 年 5 月 15 日作出的沪公徐（长桥）社戒决字〔2023〕00004 号对申请人潘某某责令接受社区戒毒三年的决定。

申请人如不服本复议决定，可在收到复议决定书之日起十五日内向人民法院提起诉讼。

上海市公安局

二○二三年七月二十八日

第三节　申请的提出

『 2023 年版本 』

第二十条　公民、法人或者其他组织认为行政行为侵犯其合法权益的，可以自知道或者应当知道该行政行为之日起六十日内提出行政复议申请；但是法律规定的申请期限超过六十日的除外。

因不可抗力或者其他正当理由耽误法定申请期限的，申请期限自障碍消除之日起继续计算。

行政机关作出行政行为时，未告知公民、法人或者其他组织申请行政复议的权利、行政复议机关和申请期限的，申请期限自公民、法人或者其他组织知道或者应当知道申请行政复议的权利、行政复议机关和申请期限之日起计算，但是自知道或者应当知道行政行为内容之日起最长不得超过一年。

【 2009、1999、2017 年版本 】

第九条　公民、法人或者其他组织认为具体行政行为侵犯其合法权益的，可以自知道该具体行政行为之日起六十日内提出行政复议申请；但是法律规定的申请期限超过六十日的除外。

因不可抗力或者其他正当理由耽误法定申请期限的，申请期限自障碍消除之日起继续计算。

『 条文释义 』

本条规定了行政复议的申请期限。1999 年版本、2009 年版本和 2017 年版本的规定相同，2023 年版本略作完善，将《行政复议法实施条例》以及相关规章中的部分制度上升到了法律层面。

公民、法人或者其他组织申请行政复议的期限为六十日。如果其他法律规定的期限超过六十日，则按其他法律的规定执行；如果其他法律规定的期限短于六十日，仍然按六十日执行。

申请行政复议的期限自公民、法人或者其他组织知道该行政行为之日起算，并非从行政行为作出或者生效之日起算。行政行为作出之后通常要送达当事人，依法送达当事人之日视为当事人知道该行政行为之日，行政复议的期限开始起算。实务中，以第二日作为第一天来计算行政复议的期限，如 3 月 10 日当事人收到行政行为的通知，3 月 11 日是行政复议期限的第一天，5 月 10 日是行政复议期限的最后一天。

因不可抗力或者其他正当理由耽误法定申请期限的，申请期限自障碍消除之日起继续计算。不可抗力是不可预见、不可克服、不可避免的客观情形，如地震等自然灾害、疫情防控措施、社会动乱等。其他正当理由是指当事人在客观上难以申请行政复议的情形，如法人或者其他组织的负责人被刑事拘留或者被行政机关违法限制人身自由或者失去民事行为能力尚未确定新的负责人等。自上述障碍消除之日，行政复议期限继续计算。如果在上述障碍发生之日，行政复议期限已经经过了 50 日，则上述障碍消除之后，行政复议期限仅剩 10 日。

行政机关作出行政行为时，有义务明确告知公民、法人或者其他组织申请行政复议的权利、行政复议机关和申请期限，如果未告知，视为公民、法人或者其他组织不知道该行政行为，申请期限自公民、法人或者其他组织知道或者应当知道申请行政复议的权利、行政复议机关和申请期限之日起计算。为确保行政复议的效率，自公民、法人或者其他组织知道或者应当知道行政行为内容之日起超过一年仍不行使行政复议权利的，视为放弃权利，行政复议期限届满。

『 相关法规 』

中华人民共和国行政复议法实施条例

第十五条　行政复议法第九条第一款规定的行政复议申请期限的计算，依照下列规定办理：

（一）当场作出具体行政行为的，自具体行政行为作出之日起计算；

（二）载明具体行政行为的法律文书直接送达的，自受送达人签收之日起计算；

（三）载明具体行政行为的法律文书邮寄送达的，自受送达人在邮件签收单上签收之日起计算；没有邮件签收单的，自受送达人在送达回执上签名之日起计算；

（四）具体行政行为依法通过公告形式告知受送达人的，自公告规定的期限届满之日起计算；

（五）行政机关作出具体行政行为时未告知公民、法人或者其他组织，事后补充告知的，自该公民、法人或者其他组织收到行政机关补充告知的通知之日起计算；

（六）被申请人能够证明公民、法人或者其他组织知道具体行政行为的，自证据材料证明其知道具体行政行为之日起计算。

行政机关作出具体行政行为，依法应当向有关公民、法人或者其他组织送达法律文书而未送达的，视为该公民、法人或者其他组织不知道该具体行政行为。

第十六条　公民、法人或者其他组织依照行政复议法第六条第（八）项、第（九）项、第（十）项的规定申请行政机关履行法定职责，行政机关未履行的，行政复议申请期限依照下列规定计算：

（一）有履行期限规定的，自履行期限届满之日起计算；

（二）没有履行期限规定的，自行政机关收到申请满 60 日起计算。

公民、法人或者其他组织在紧急情况下请求行政机关履行保护人身权、财产权的法定职责，行政机关不履行的，行政复议申请期限不受前款规定的限制。

第十七条　行政机关作出的具体行政行为对公民、法人或者其他组织的权利、义务可能产生不利影响的，应当告知其申请行政复议的权利、行政复议机关和行政复议申请期限。

『相关规章』

税务行政复议规则

第三十二条　申请人可以在知道税务机关作出具体行政行为之日起 60 日内提出行政复议申请。

因不可抗力或者被申请人设置障碍等原因耽误法定申请期限的，申请期限的计算应当扣除被耽误时间。

第三十五条　本规则第三十二条第一款规定的行政复议申请期限的计算，依照下列规定办理：

（一）当场作出具体行政行为的，自具体行政行为作出之日起计算。

（二）载明具体行政行为的法律文书直接送达的，自受送达人签收之日起计算。

（三）载明具体行政行为的法律文书邮寄送达的，自受送达人在邮件签收单上签收之日起计算；没有邮件签收单的，自受送达人在送达回执上签名之日起计算。

（四）具体行政行为依法通过公告形式告知受送达人的，自公告规定的期限届满之日起计算。

（五）税务机关作出具体行政行为时未告知申请人，事后补充告知的，自该申请人收到税务机关补充告知的通知之日起计算。

（六）被申请人能够证明申请人知道具体行政行为的，自证据材料证明其知道具体行政行为之日起计算。

税务机关作出具体行政行为，依法应当向申请人送达法律文书而未送达的，视为该申请人不知道该具体行政行为。

第三十六条　申请人依照行政复议法第六条第（八）项、第（九）项、第（十）项的规定申请税务机关履行法定职责，税务机关未履行的，行政复议申请期限依照下列规定计算：

（一）有履行期限规定的，自履行期限届满之日起计算。

（二）没有履行期限规定的，自税务机关收到申请满 60 日起计算。

第三十七条　税务机关作出的具体行政行为对申请人的权利、义务可能产生不利影响的，应当告知其申请行政复议的权利、行政复议机关和行政复议申请期限。

工业和信息化部行政复议实施办法

第五条 公民、法人或者其他组织认为工业和信息化部或者省、自治区、直辖市通信管理局及工业和信息化主管部门的具体行政行为侵犯其合法权益的，可以自知道该具体行政行为之日起 60 日内向工业和信息化部提出行政复议申请；但是法律规定的申请期限超过 60 日的除外。

因不可抗力或者其他正当理由耽误法定申请期限的，申请期限自障碍消除之日起继续计算。

交通运输行政复议规定

第八条 公民、法人或者其他组织向交通运输行政复议机关申请交通运输行政复议，应当自知道该具体行政行为之日起六十日内提出行政复议申请；但是法律规定的申请期限超过六十日的除外。

因不可抗力或者其他正当理由耽误法定申请期限的，申请人应当在交通运输行政复议申请书中注明，或者向交通运输行政复议机关说明，并由交通运输行政复议机关记录在《交通运输行政复议申请笔录》中，经交通运输行政复议机关依法确认的，申请期限自障碍消除之日起继续计算。

住房城乡建设行政复议办法

第十三条 申请人认为行政行为侵犯其合法权益的，可以自知道或者应当知道该行政行为之日起 60 日内提出行政复议申请；但是法律规定的申请期限超过 60 日的除外。因不可抗力或者其他正当理由耽误法定申请期限的，申请期限自障碍消除之日起继续计算。

申请人认为行政机关不履行法定职责的，可以在法律、法规、规章规定的履行期限届满后，按照前款规定提出行政复议申请；法律、法规、规章没有规定履行期限的，可以自向行政机关提出申请满 60 日后，按照前款规定提出行政复议申请。

对涉及不动产的行政行为从作出之日起超过 20 年、其他行政行为从作出之日起超过 5 年申请行政复议的，行政复议机关不予受理。

中华人民共和国海关行政复议办法

第二十三条 公民、法人或者其他组织认为海关具体行政行为侵犯其合法权益的，可以自知道该具体行政行为之日起 60 日内提出行政复议申请。

前款规定的行政复议申请期限依照下列规定计算：

（一）当场作出具体行政行为的，自具体行政行为作出之日起计算；

（二）载明具体行政行为的法律文书直接送达的，自受送达人签收之日起计算；

（三）载明具体行政行为的法律文书依法留置送达的，自送达人和见证人在送达回证上签注的留置送达之日起计算；

（四）载明具体行政行为的法律文书邮寄送达的，自受送达人在邮政签收单上签收之日起计算；没有邮政签收单的，自受送达人在送达回执上签名之日起计算；

（五）具体行政行为依法通过公告形式告知受送达人的，自公告规定的期限届满之日起计算；

（六）被申请人作出具体行政行为时未告知有关公民、法人或者其他组织，事后补充告知的，自公民、法人或者其他组织收到补充告知的通知之日起计算；

（七）被申请人作出具体行政行为时未告知有关公民、法人或者其他组织，但是有证据材料能够证明有关公民、法人或者其他组织知道该具体行政行为的，自证据材料证明其知道具体行政行为之日起计算。

具体行政行为具有持续状态的，自该具体行政行为终了之日起计算。

海关作出具体行政行为，依法应当向有关公民、法人或者其他组织送达法律文书而未送达的，视为该有关公民、法人或者其他组织不知道该具体行政行为。

申请人因不可抗力或者其他正当理由耽误法定申请期限的，申请期限自障碍消除之日起继续计算。

第二十四条　公民、法人或者其他组织认为海关未依法履行法定职责，依照本办法第九条第一款第（八）项、第（十六）项的规定申请行政复议的，行政复议申请期限依照下列规定计算：

（一）履行职责的期限有法律、行政法规或者海关规章的明确规定的，自规定的履行期限届满之日起计算；

（二）履行职责的期限没有明确规定的，自海关收到公民、法人或者其他组织要求履行职责的申请满 60 日起计算。

公民、法人或者其他组织在紧急情况下请求海关履行保护人身权、财产权的法定职责，海关不及时履行的，行政复议申请期限不受前款规定的限制。

第二十五条　本办法第九条第一款第（七）项规定的纳税争议事项，申请人未经行政复议直接向人民法院提起行政诉讼的，人民法院依法驳回后申请人再向海关申请行政复议的，从申请人起诉之日起至人民法院驳回的法律文书生效之日止的期间不计算在申请行政复议的期限内，但是海关作出有关具体行政行为时已经告知申请人应当先经海关行政复议的除外。

国家知识产权局行政复议规程

第八条　公民、法人或者其他组织认为国家知识产权局的具体行政行为侵犯其合法权益的，可以自知道该具体行政行为之日起 60 日内提出行政复议申请。

因不可抗力或者其他正当理由耽误前款所述期限的，该期限自障碍消除之日起继续计算。

人力资源社会保障行政复议办法

第十九条　公民、法人或者其他组织认为人力资源社会保障部门作出的具体行政行为侵犯其合法权益的，可以自知道该具体行政行为之日起 60 日内提出行政复议申请。

前款规定的行政复议申请期限依照下列规定计算：

（一）当场作出具体行政行为的，自具体行政行为作出之日起计算；

（二）载明具体行政行为的法律文书直接送达的，自受送达人签收之日起计算；

（三）载明具体行政行为的法律文书依法留置送达的，自送达人和见证人在送达回证上签注的留置送达之日起计算；

（四）载明具体行政行为的法律文书邮寄送达的，自受送达人在邮件签收单上签收之日起计算；没有邮件签收单的，自受送达人在送达回执上签名之日起计算；

（五）具体行政行为依法通过公告形式告知受送达人的，自公告规定的期限届满之日起计算；

（六）被申请人作出具体行政行为时未告知公民、法人或者其他组织，事后补充告知的，自该公民、法人或者其他组织收到补充告知的通知之日起计算；

（七）被申请人有证据材料能够证明公民、法人或者其他组织知道该具体行政行为的，自证据材料证明其知道具体行政行为之日起计算。

人力资源社会保障部门作出具体行政行为，依法应当向有关公民、法人或者其他组织送达法律文书而未送达的，视为该公民、法人或者其他组织不知道该具体行政行为。

申请人因不可抗力或者其他正当理由耽误法定申请期限的，申请期限自原因消除之日起继续计算。

第二十条　人力资源社会保障部门对公民、法人或者其他组织作出具体行政行为，应当告知其申请行政复议的权利、行政复议机关和行政复议申请期限。

环境行政复议办法

第十一条　公民、法人或者其他组织认为环境保护行政主管部门的具体行政行为侵犯其合法权益的，可以自知道该具体行政行为之日起 60 日内提出行政复议申请；但是法律规定的申请期限超过 60 日的除外。

因不可抗力或者其他正当理由耽误法定申请期限的，申请期限自障碍消除之日起继续计算。

国家发展和改革委员会行政复议实施办法

第六条　公民、法人或者其他组织认为省、自治区、直辖市发展改革机关和国家发展改革委的具体行政行为侵犯其合法权益的，可以自知道该具体行政行为之日起 60 日内向国家发展改革委提出行政复议申请。法律规定的申请期限超过

60 日的除外。

因不可抗力或者其他正当理由耽误法定申请期限的，申请期限自障碍消除之日起继续计算。

公安机关办理行政复议案件程序规定

第二十条 申请人因不可抗力以外的其他正当理由耽误法定申请期限的，应当提交相应的证明材料，由公安行政复议机构认定。

前款规定中的其他正当理由包括：

（一）申请人因严重疾病不能在法定申请期限内申请行政复议的；

（二）申请人为无行为能力人或者限制行为能力人，其法定代理人在法定申请期限内不能确定的；

（三）法人或者其他组织合并、分立或者终止，承受其权利的法人或者其他组织在法定申请期限内不能确定的；

（四）公安行政复议机构认定的其他耽误法定申请期限的正当理由。

第二十一条 公安机关作出具体行政行为时，未告知公民、法人或者其他组织行政复议权或者申请行政复议期限的，申请行政复议期限从公民、法人或者其他组织知道或者应当知道行政复议权或者申请行政复议期限之日起计算。

公安机关作出具体行政行为时，未制作或者未送达法律文书，公民、法人或者其他组织不服申请行政复议的，只要能够证明具体行政行为存在，公安行政复议机关应当受理。申请行政复议期限从证明具体行政行为存在之日起计算。

第二十二条 下列时间可以认定为申请人知道具体行政行为的时间：

（一）当场作出具体行政行为的，具体行政行为作出时间为知道的时间；

（二）作出具体行政行为的法律文书直接送交受送达人的，受送达人签收的时间为知道的时间；送达时本人不在的，与其共同居住的有民事行为能力的亲属签收的时间为知道的时间；本人指定代收人的，代收人签收的时间为知道的时间；受送达人为法人或者其他组织的，其收发部门签收的时间为知道的时间；

（三）受送达人拒绝接收作出具体行政行为的法律文书，有送达人、见证人在送达回证上签名或者盖章的，送达回证上签署的时间为知道的时间；

（四）通过邮寄方式送达当事人的，当事人签收邮件的时间为知道的时间；

（五）通过公告形式告知当事人的，公告规定的时间届满之日的次日为知道的时间；

（六）法律、法规、规章和其他规范性文件未规定履行期限的，公安机关收到履行法定职责申请之日起六十日的次日为申请人知道的时间；法律、法规、规章和其他规范性文件规定了履行期限的，期限届满之日的次日为知道的时间。

第二十三条 公民、法人或者其他组织申请公安机关履行法定职责，法律、法规、规章和其他规范性文件未规定履行期限的，公安机关在接到申请之日起六十日内不履行，公民、法人或者其他组织可以依法申请行政复议。法律、法规、规章和其他规范性文件规定了履行期限的，从其规定。

申请人的合法权益正在受到侵犯或者处于其他紧急情况下请求公安机关履行法定职责，公安机关不履行的，申请人从即日起可以申请行政复议。

第二十四条　申请人在被限制人身自由期间申请行政复议的，执行场所应当登记并在三日内将其行政复议申请书转交公安行政复议机关。

转交行政复议申请的时间，不计入行政复议申请审查期限。

『 相关司法解释 』

最高人民法院关于举报人对行政机关就举报事项作出的处理或者不作为行为不服是否具有行政复议申请人资格问题的答复（〔2013〕行他字第 14 号，2014 年 3 月 14 日）

辽宁省高级人民法院：

你院《关于李万珍等人是否具有复议申请人资格的请示报告》收悉，经研究答复如下：

根据《中华人民共和国行政复议法》第九条第一款、《行政复议法实施条例》第二十八条第（二）项规定，举报人为维护自身合法权益而举报相关违法行为人，要求行政机关查处，对行政机关就举报事项作出的处理或者不作为行为不服申请行政复议的，具有行政复议申请人资格。

最高人民法院关于江西省高级人民法院就姚文辉、姚明水、周建军诉江西省国土资源厅土地行政复议案的请示的答复（2012 年 12 月 18 日，〔2012〕行他字第 11 号）

江西省高级人民法院：

你院赣高法报〔2012〕592 号《江西省高级人民法院关于姚文辉、姚明水、周建军诉江西省国土资源厅土地行政复议案的请示》收悉。经研究，答复如下：

行政机关在《行政复议法》实施后《行政复议法实施条例》施行前作出的行政行为，应当告知行政相对人申请复议的权利、复议机关和复议申请期限。行政机关未告知前述内容的，复议期限可参照《最高人民法院关于执行〈中华人民共和国行政诉讼法〉若干问题的解释》第四十一条的规定办理。

本案当事人不服行政机关作出的行政行为，向有权受理复议案件的机关信访申诉，该机关对信访申诉的处理期间，不宜计算在复议申请期限内。

『 相关行政解释 』

国务院法制办公室对《甘肃省人民政府法制办公室关于〈中华人民共和国行政复议法〉第九条有关问题的请》的复函（2004 年 8 月 12 日，国法函〔2004〕296 号）

甘肃省人民政府法制办公室：

你办《关于〈中华人民共和国行政复议法〉第九条有关问题的请示》（甘府法函字〔2004〕4号）收悉。经研究，并商全国人大常委会法工委和最高人民法院同意，现函复如下：

《中华人民共和国行政复议法》第九条规定："公民、法人或者其他组织认为具体行政行为侵犯其合法权益的，可以自知道该具体行政行为之日起60日内提出行政复议申请；但是法律规定的申请期限超过60日的除外。""因不可抗力或者其他正当理由耽误法定申请期限的，申请期限自障碍消除之日起继续计算。"该法第十七条第一款规定："行政复议机关收到行政复议申请后，应当在5日内进行审查，对不符合本法规定的行政复议申请，决定不予受理，并书面告知申请人；对符合本法规定，但是不属于本机关受理的行政复议申请，应当告知申请人向有关行政复议机关提出。"据此，由于作出具体行政行为的行政机关没有向申请人依法告知行政复议权利及行政复议机关名称，致使申请人在法定期限内向无权受理的行政机关提出行政复议申请，接到行政复议申请的机关又没有及时将该案移送，申请人申请行政复议期限因此被耽误的，属于行政复议法第九条规定的"其他正当理由"情形。

附：

甘肃省人民政府法制办公室关于《中华人民共和国行政复议法》第九条有关问题的请示

（2004年5月21日 甘府法函字〔2004〕4号）

国务院法制办公室：

兰州市土地规划管理局以被申请人兰州市人民政府名义于2001年7月12日向兰州市某企业颁发临时国有土地使用证（后于2002年8月换发为正式国有土地使用证）。兰州铁路分局对此于2001年9月4日提出异议，认为该土地确权中涉及铁路用地，要求重新确定土地使用权属。兰州市土地规划管理局没有向其明确告知诉权和正确的救济途径，致使兰州铁路分局于2001年9月12日误向甘肃省国土资源厅申请行政复议。甘肃省国土资源厅因该案涉及民事诉讼，没有作出是否受理的明确答复。之后，兰州铁路分局于2003年10月10日再次向甘肃省国土资源厅申请行政复议。省国土资源厅经审查后认为不应由其受理，遂转送省人民政府。另外，审理该案所涉及民事诉讼的兰州市中级人民法院也于2003年12月17日裁定中止诉讼，认为应先由行政机关确定使用土地权属。我们经审查后受理立案。省人民政府在法定期限内作出了撤销兰州市人民政府原颁证的具体行政行为的行政复议决定。送达后，被申请人兰州市人民政府以该案超过法定行政复议受理期限、申请人只能向人民法院提起行政诉讼为由，向省人民政府提出异议。

我办认为，申请人在法定期限内申请行政复议，但是由于兰州市土地规划管理局没有向申请人告知诉权和救济途径，甘肃省国土资源厅又没有及时将该案移送，致使申请人申请行政复议期限被耽误，其责任不在申请人方面，属于《中华人民共和国行政复议法》第九条规定的"其他正当理由"范围。

公安部关于《中华人民共和国行政复议法》实施后出入境边防检查行政复议工作有关问题的通知（1999 年 10 月 26 日）

（一）申请复议的条件和期限。公民、法人或其他组织认为边防检查站的具体行政行为侵犯其合法权益，提起行政复议的，只要申请人提出的证据材料大致能证明案情事实或说明有关问题，公安厅、局或总站就应当受理。申请期限为自知道具体行政行为之日起 60 日内。

『典型案例』

中卫市人民政府行政复议委员会行政复议决定书

（卫复议委复〔2022〕第 24 号）

申请人：左某

被申请人：中卫市市场监督管理局

申请人对被申请人于 2022 年 4 月 24 日在全国 12315 互联网平台作出的编号 × 结案反馈告知内容不服，于 2022 年 6 月 27 日向本委邮寄行政复议申请材料提出行政复议申请。2022 年 7 月 5 日，本委收到申请人提交的行政复议申请材料。经审查，申请人的行政复议申请已超过法定期限。

根据《中华人民共和国行政复议法》第九条第一款、第十七条第一款之规定，决定不予受理。

申请人如对本决定不服，可以自收到行政复议决定书之日起十五日内，依法向有管辖权的人民法院提起行政诉讼。

二〇二二年七月六日

『2023 年版本』

第二十一条　因不动产提出的行政复议申请自行政行为作出之日起超过二十年，其他行政复议申请自行政行为作出之日起超过五年的，行政复议机关不予受理。

『条文释义』

本条规定了行政复议申请的最长期限。1999 年版本、2009 年版本和 2017 年版本均无相关规定，2023 年版本新增加了该条内容。

实务中，有可能存在行政行为作出之后并未通知行政相对人，或者行政行对人因特殊情况一直不知晓该行政行为，为确保行政法律关系的稳定，超过一定期限，法律将剥夺申请人申请行政复议的权利。一般情况下，行政复议的最长申请期限为 5 年，即行政复议申请自行政行为作出之日起超过 5 年的，行政复议机关不予受理；涉及不动产的为 20 年，即因不动产提出的行政复议申请自行政行为作出之日起超过 20 年，行政复议机关不予受理。当然，申请人丧失行政复议的权利并不意味着其丧失了其他救济权，申请人还可以依法提起行政诉讼。

『相关法律』

中华人民共和国行政诉讼法

第四十五条　公民、法人或者其他组织不服复议决定的，可以在收到复议决定书之日起十五日内向人民法院提起诉讼。复议机关逾期不作决定的，申请人可以在复议期满之日起十五日内向人民法院提起诉讼。法律另有规定的除外。

第四十六条　公民、法人或者其他组织直接向人民法院提起诉讼的，应当自知道或者应当知道作出行政行为之日起六个月内提出。法律另有规定的除外。

因不动产提起诉讼的案件自行政行为作出之日起超过二十年，其他案件自行政行为作出之日起超过五年提起诉讼的，人民法院不予受理。

第四十七条　公民、法人或者其他组织申请行政机关履行保护其人身权、财产权等合法权益的法定职责，行政机关在接到申请之日起两个月内不履行的，公民、法人或者其他组织可以向人民法院提起诉讼。法律、法规对行政机关履行职责的期限另有规定的，从其规定。

公民、法人或者其他组织在紧急情况下请求行政机关履行保护其人身权、财产权等合法权益的法定职责，行政机关不履行的，提起诉讼不受前款规定期限的限制。

第四十八条　公民、法人或者其他组织因不可抗力或者其他不属于其自身的原因耽误起诉期限的，被耽误的时间不计算在起诉期限内。

公民、法人或者其他组织因前款规定以外的其他特殊情况耽误起诉期限的，在障碍消除后十日内，可以申请延长期限，是否准许由人民法院决定。

中华人民共和国民法典（2020 年 5 月 28 日第十三届全国人民代表大会第三次会议通过）

第一百八十八条　向人民法院请求保护民事权利的诉讼时效期间为三年。法律另有规定的，依照其规定。

诉讼时效期间自权利人知道或者应当知道权利受到损害以及义务人之日起计算。法律另有规定的，依照其规定。但是，自权利受到损害之日起超过二十年的，人民法院不予保护，有特殊情况的，人民法院可以根据权利人的申请决定延长。

第一百八十九条 当事人约定同一债务分期履行的，诉讼时效期间自最后一期履行期限届满之日起计算。

第一百九十条 无民事行为能力人或者限制民事行为能力人对其法定代理人的请求权的诉讼时效期间，自该法定代理终止之日起计算。

第一百九十一条 未成年人遭受性侵害的损害赔偿请求权的诉讼时效期间，自受害人年满十八周岁之日起计算。

第一百九十二条 诉讼时效期间届满的，义务人可以提出不履行义务的抗辩。

诉讼时效期间届满后，义务人同意履行的，不得以诉讼时效期间届满为由抗辩；义务人已经自愿履行的，不得请求返还。

第一百九十三条 人民法院不得主动适用诉讼时效的规定。

第一百九十四条 在诉讼时效期间的最后六个月内，因下列障碍，不能行使请求权的，诉讼时效中止：

（一）不可抗力；

（二）无民事行为能力人或者限制民事行为能力人没有法定代理人，或者法定代理人死亡、丧失民事行为能力、丧失代理权；

（三）继承开始后未确定继承人或者遗产管理人；

（四）权利人被义务人或者其他人控制；

（五）其他导致权利人不能行使请求权的障碍。

自中止时效的原因消除之日起满六个月，诉讼时效期间届满。

第一百九十五条 有下列情形之一的，诉讼时效中断，从中断、有关程序终结时起，诉讼时效期间重新计算：

（一）权利人向义务人提出履行请求；

（二）义务人同意履行义务；

（三）权利人提起诉讼或者申请仲裁；

（四）与提起诉讼或者申请仲裁具有同等效力的其他情形。

第一百九十六条 下列请求权不适用诉讼时效的规定：

（一）请求停止侵害、排除妨碍、消除危险；

（二）不动产物权和登记的动产物权的权利人请求返还财产；

（三）请求支付抚养费、赡养费或者扶养费；

（四）依法不适用诉讼时效的其他请求权。

第一百九十七条 诉讼时效的期间、计算方法以及中止、中断的事由由法律规定，当事人约定无效。

当事人对诉讼时效利益的预先放弃无效。

第一百九十八条 法律对仲裁时效有规定的，依照其规定；没有规定的，适用诉讼时效的规定。

第一百九十九条 法律规定或者当事人约定的撤销权、解除权等权利的存续期间，除法律另有规定外，自权利人知道或者应当知道权利产生之日起计算，不适用有关诉讼时效中止、中断和延长的规定。存续期间届满，撤销权、解除权等权利消灭。

第二百条 民法所称的期间按照公历年、月、日、小时计算。

第二百零一条 按照年、月、日计算期间的，开始的当日不计入，自下一日开始计算。

按照小时计算期间的，自法律规定或者当事人约定的时间开始计算。

第二百零二条 按照年、月计算期间的，到期月的对应日为期间的最后一日；没有对应日的，月末日为期间的最后一日。

第二百零三条 期间的最后一日是法定休假日的，以法定休假日结束的次日为期间的最后一日。

期间的最后一日的截止时间为二十四时；有业务时间的，停止业务活动的时间为截止时间。

第二百零四条 期间的计算方法依照本法的规定，但是法律另有规定或者当事人另有约定的除外。

『 2023 年版本 』

第二十二条 申请人申请行政复议，可以书面申请；书面申请有困难的，也可以口头申请。

书面申请的，可以通过邮寄或者行政复议机关指定的互联网渠道等方式提交行政复议申请书，也可以当面提交行政复议申请书。行政机关通过互联网渠道送达行政行为决定书的，应当同时提供提交行政复议申请书的互联网渠道。

口头申请的，行政复议机关应当当场记录申请人的基本情况、行政复议请求、申请行政复议的主要事实、理由和时间。

申请人对两个以上行政行为不服的，应当分别申请行政复议。

『 1999、2009、2017 年版本 』

第十一条 申请人申请行政复议，可以书面申请，也可以口头申请；口头申请的，行政复议机关应当当场记录申请人的基本情况、行政复议请求、申请行政复议的主要事实、理由和时间。

『 条文释义 』

本条规定了行政复议的申请形式。1999 年版本、2009 年版本和 2017 年版本的规定相同，2023 年版本略作完善，将《行政复议法实施条例》以及相关规章中的部分制度上升到了法律层面，允许通过互联网申请行政复议和送达行政复议决定书。

申请人申请行政复议，可以书面申请，也可以口头申请，这是行政复议便民原则的重要体现。口头申请的，行政复议机关应当当场记录申请人的基本情况、行政复议请求、申请行政复议的主要事实、理由和时间。书面申请的，申请书应当写明申请人的基本情况、行政复议请求、申请行政复议的主要事实、理由和时间。

书面申请的，可以通过邮寄或者行政复议机关指定的互联网渠道等方式提交行政复议申请书，也可以当面提交行政复议申请书，这也是行政复议便民原则的重要体现，同时也是行政复议信息化建设的内容。行政机关通过互联网渠道送达行政行为决定书的，应当同时提供提交行政复议申请书的互联网渠道。

申请人对两个以上行政行为不服的，属于两个行政复议案件，应当分别申请行政复议。不能因为被申请人是同一个，或者行政复议机关是同一个，而将两个行政复议申请写在一个行政复议申请书中。

『 相关法规 』

中华人民共和国行政复议法实施条例

第十八条　申请人书面申请行政复议的，可以采取当面递交、邮寄或者传真等方式提出行政复议申请。

有条件的行政复议机构可以接受以电子邮件形式提出的行政复议申请。

第十九条　申请人书面申请行政复议的，应当在行政复议申请书中载明下列事项：

（一）申请人的基本情况，包括：公民的姓名、性别、年龄、身份证号码、工作单位、住所、邮政编码；法人或者其他组织的名称、住所、邮政编码和法定代表人或者主要负责人的姓名、职务；

（二）被申请人的名称；

（三）行政复议请求、申请行政复议的主要事实和理由；

（四）申请人的签名或者盖章；

（五）申请行政复议的日期。

第二十条　申请人口头申请行政复议的，行政复议机构应当依照本条例第十九条规定的事项，当场制作行政复议申请笔录交申请人核对或者向申请人宣读，并由申请人签字确认。

第二十二条　申请人提出行政复议申请时错列被申请人的，行政复议机构应当告知申请人变更被申请人。

『相关规章』

税务行政复议规则

第三十八条　申请人书面申请行政复议的，可以采取当面递交、邮寄或者传真等方式提出行政复议申请。

有条件的行政复议机关可以接受以电子邮件形式提出的行政复议申请。

对以传真、电子邮件形式提出行政复议申请的，行政复议机关应当审核确认申请人的身份、复议事项。

第三十九条　申请人书面申请行政复议的，应当在行政复议申请书中载明下列事项：

（一）申请人的基本情况，包括公民的姓名、性别、出生年月、身份证件号码、工作单位、住所、邮政编码、联系电话；法人或者其他组织的名称、住所、邮政编码、联系电话和法定代表人或者主要负责人的姓名、职务。

（二）被申请人的名称。

（三）行政复议请求、申请行政复议的主要事实和理由。

（四）申请人的签名或者盖章。

（五）申请行政复议的日期。

第四十条　申请人口头申请行政复议的，行政复议机构应当依照本规则第三十九条规定的事项，当场制作行政复议申请笔录，交申请人核对或者向申请人宣读，并由申请人确认。

第四十一条　有下列情形之一的，申请人应当提供证明材料：

（一）认为被申请人不履行法定职责的，提供要求被申请人履行法定职责而被申请人未履行的证明材料。

（二）申请行政复议时一并提出行政赔偿请求的，提供受具体行政行为侵害而造成损害的证明材料。

（三）法律、法规规定需要申请人提供证据材料的其他情形。

第四十二条　申请人提出行政复议申请时错列被申请人的，行政复议机关应当告知申请人变更被申请人。申请人不变更被申请人的，行政复议机关不予受理，或者驳回行政复议申请。

国家国际发展合作署行政复议实施办法

第四条　申请人申请行政复议，应当提交书面行政复议申请书正本一份，并按照被申请人数目提交副本。复议申请书应当载明下列事项：

（一）申请人的基本情况，包括：公民的姓名、性别、年龄、身份证号码、工作单位、住所、邮政编码、送达地址、联系方式；法人或者其他组织的名称、住所、邮政编码、统一社会信用代码和法定代表人或者主要负责人的姓名、职务；

（二）被申请人的名称、地址；

（三）行政复议具体要求、主要事实和理由（包括知道具体行政行为的时间）；

（四）申请人的签名或者盖章；

（五）申请行政复议的日期。

申请人为自然人的，应当提交居民身份证或者其他有效证件复印件；申请人为法人或者其他组织的，应当提交营业执照或者其他有效证件复印件、法定代表人或者主要负责人居民身份证或者其他有效证件复印件。

申请人委托代理人代为申请的，还应当提交授权委托书和代理人的居民身份证或者其他有效证件复印件。

行政复议申请书应当附具必要的证据材料。

第六条　申请人向国际发展合作署申请行政复议的，向法制机构办理申请手续。法制机构应当在申请书上注明收到日期，并由递交人签字确认。

水利部行政复议工作暂行规定

第八条　申请人申请行政复议，可以书面申请，也可以口头申请；口头申请的，水利部或者流域机构应当当场填写行政复议口头申请书，记录申请人的基本情况、行政复议请求、申请行政复议的主要事实、申请理由、时间等。

工业和信息化部行政复议实施办法

第八条　申请人申请行政复议，应当提交行政复议申请书，并载明下列事项：

（一）申请人的基本情况，包括：公民的姓名、性别、年龄、身份证号码、工作单位、住所、邮政编码、送达地址、联系方式；法人或者其他组织的名称、住所、邮政编码、统一社会信用代码和法定代表人或者主要负责人的姓名、职务；

（二）被申请人的名称；

（三）行政复议请求、申请行政复议的主要事实和理由；

（四）申请人的签名或者盖章；

（五）申请行政复议的日期。

申请人为自然人的，应当提交居民身份证或者其他有效证件复印件；申请人为法人或者其他组织的，应当提交营业执照或者其他有效证件复印件、法定代表人或者主要负责人居民身份证或者其他有效证件复印件。申请人委托代理人代为申请的，还应当提交授权委托书和代理人的居民身份证或者其他有效证件复印件。

第九条　有下列情形之一的，申请人应当提供证明材料：

（一）认为被申请人不履行法定职责的，提供曾经要求被申请人履行法定职责而被申请人未履行的证明材料；

（二）申请行政复议时一并提出行政赔偿请求的，提供受具体行政行为侵害而造成损害的证明材料；

（三）行政复议申请超出本办法第五条规定的申请期限的，提供因不可抗力或者其他正当理由耽误法定申请期限的证明材料；

（四）法律、法规规定需要申请人提供证据材料的其他情形。

第十条　申请人书面申请有困难的，可以口头申请行政复议，由工业和信息化部法制工作机构按照本办法第八条规定的事项，当场制作行政复议申请笔录，交申请人核对或者向申请人宣读，并由申请人签字确认。

交通运输行政复议规定

第九条　申请人申请交通运输行政复议，可以书面申请，也可以口头申请。

申请人口头申请的，交通运输行政复议机关应当当场记录申请人、被申请人的基本情况，行政复议请求，主要事实、理由和时间；申请人应当在行政复议申请笔录上签名或者署印。

住房城乡建设行政复议办法

第十一条　申请人书面申请行政复议的，可以采取当面递交、邮寄等方式，向行政复议机关提交行政复议申请书及有关材料；书面申请确有困难的，可以口头申请，由行政复议机关记入笔录，经由申请人核实后签名或者盖章确认。有条件的行政复议机关，可以提供行政复议网上申请的有关服务。

申请人不服县级以上人民政府住房城乡建设主管部门作出的两个及两个以上行政行为的，应当分别提出行政复议申请。

第十二条　申请人以书面方式申请行政复议的，应当提交行政复议申请书正本副本各一份。复议申请书应当载明下列内容：

（一）申请人姓名或者名称、地址；

（二）被申请人的名称、地址；

（三）行政复议请求；

（四）主要事实和理由（包括知道行政行为的时间）；

（五）提出行政复议申请的日期。

复议申请书应当由申请人或者申请人的法定代表人签字或者盖章，并附有必要的证据。申请人为自然人的，应当提交身份证件复印件；申请人为法人或者其他组织的，应当提交有效营业执照或者其他有效证件的复印件、法定代表人身份证明等。申请人授权委托人代为申请的，应当提交申请人与委托人的合法身份证明和授权委托书。

第十四条　有下列情形之一的，申请人应当提供相应的证明材料：

（一）认为被申请人行政不作为的，应当提供曾经要求被申请人履行法定职责而被申请人未履行的证明材料；

（二）行政复议申请超出本办法第十三条规定的行政复议申请期限的，应当提供因不可抗力或者其他正当理由耽误法定申请期限的证明材料；

（三）提出行政赔偿请求的，应当提供受行政行为侵害而造成损害的证明材料；

（四）法律、法规和规章规定需要申请人提供证明材料的其他情形。

中华人民共和国海关行政复议办法

第二十六条　申请人书面申请行政复议的，可以采取当面递交、邮寄、传真、电子邮件等方式递交行政复议申请书。

海关行政复议机关应当通过海关公告栏、互联网门户网站公开接受行政复议申请书的地址、传真号码、互联网邮箱地址等，方便申请人选择不同的书面申请方式。

第二十七条　申请人书面申请行政复议的，应当在行政复议申请书中载明下列内容：

（一）申请人基本情况，包括：公民的姓名、性别、年龄、工作单位、住所、身份证号码、邮政编码；法人或者其他组织的名称、住所、邮政编码和法定代表人或者主要负责人的姓名、职务；

（二）被申请人的名称；

（三）行政复议请求、申请行政复议的主要事实和理由；

（四）申请人签名或者盖章；

（五）申请行政复议的日期。

第二十八条　申请人口头申请行政复议的，海关行政复议机构应当依照本办法第二十七条规定的内容，当场制作《行政复议申请笔录》交申请人核对或者向申请人宣读，并且由其签字确认。

第二十九条　有下列情形之一的，申请人应当提供相应的证明材料：

（一）认为被申请人不履行法定职责的，提供曾经申请被申请人履行法定职责的证明材料；

（二）申请行政复议时一并提出行政赔偿申请的，提供受具体行政行为侵害而造成损害的证明材料；

（三）属于本办法第二十三条第五款情形的，提供发生不可抗力或者有其他正当理由的证明材料；

（四）法律、行政法规规定需要申请人提供证据材料的其他情形。

第三十条　申请人提出行政复议申请时错列被申请人的，海关行政复议机构应当告知申请人变更被申请人。

申请人变更被申请人的期间不计入行政复议审理期限。

第三十一条　申请人认为海关的具体行政行为所依据的规定不合法，可以依据行政复议法第七条的规定，在对具体行政行为申请行政复议时一并提出对该规定的审查申请。

申请人在对具体行政行为提起行政复议申请时尚不知道该具体行政行为所依据的规定的，可以在海关行政复议机关作出行政复议决定前提出。

国家知识产权局行政复议规程

第十一条　申请行政复议应当提交行政复议申请书一式两份，并附具必要的证据材料。被申请复议的具体行政行为以书面形式作出的，应当附具该文书或者其复印件。

委托代理人的，应当附具授权委托书。

第十二条　行政复议申请书应当载明下列内容：

（一）复议申请人的姓名或者名称、通信地址、联系电话；

（二）具体的行政复议请求；

（三）申请行政复议的主要事实和理由；

（四）复议申请人的签名或者盖章；

（五）申请行政复议的日期。

第十三条　行政复议申请书可以使用国家知识产权局制作的标准表格。

行政复议申请书可以手写或者打印。

第十四条　行政复议申请书应当以邮寄、传真或者当面递交等方式向行政复议机构提交。

人力资源社会保障行政复议办法

第二十一条　申请人书面申请行政复议的，可以采取当面递交、邮寄或者传真等方式递交行政复议申请书。

有条件的行政复议机构可以接受以电子邮件形式提出的行政复议申请。

对采取传真、电子邮件方式提出的行政复议申请，行政复议机构应当告知申请人补充提交证明其身份以及确认申请书真实性的相关书面材料。

第二十二条　申请人书面申请行政复议的，应当在行政复议申请书中载明下列事项：

（一）申请人基本情况：申请人是公民的，包括姓名、性别、年龄、身份证号码、工作单位、住所、邮政编码；申请人是法人或者其他组织的，包括名称、住所、邮政编码和法定代表人或者主要负责人的姓名、职务；

（二）被申请人的名称；

（三）申请行政复议的具体行政行为、行政复议请求、申请行政复议的主要事实和理由；

（四）申请人签名或者盖章；

（五）日期。

　　申请人口头申请行政复议的，行政复议机构应当依照前款规定内容，当场制作行政复议申请笔录交申请人核对或者向申请人宣读，并由申请人签字确认。

　　第二十三条　有下列情形之一的，申请人应当提供相应的证明材料：

　　（一）认为被申请人不履行法定职责的，提供曾经申请被申请人履行法定职责的证明材料；

　　（二）申请行政复议时一并提出行政赔偿申请的，提供受具体行政行为侵害而造成损害的证明材料；

　　（三）属于本办法第十九条第四款情形的，提供发生不可抗力或者有其他正当理由的证明材料；

　　（四）需要申请人提供证据材料的其他情形。

　　第二十四条　申请人提出行政复议申请时错列被申请人的，行政复议机构应当告知申请人变更被申请人。

　　申请人变更被申请人的期间，不计入行政复议审理期限。

　　环境行政复议办法

　　第十二条　申请人书面申请行政复议的，可以采取当面递交、邮寄或者传真等方式提交行政复议申请书及有关材料。以传真方式提交的，应当及时补交行政复议申请书原件及有关材料，审查期限自收到行政复议申请书原件及有关材料之日起计算。

　　申请人口头申请的，应当由本人向环境行政复议机构当面提起，环境行政复议机构应当当场制作口头申请行政复议笔录，并由申请人核对后签字确认。

　　第十三条　行政复议申请书和口头申请行政复议笔录应当载明下列事项：

　　（一）申请人基本情况，包括：公民的姓名、性别、年龄、工作单位、住所、身份证号码、邮政编码、联系电话，法人或者其他组织的名称、住所、邮政编码、联系电话和法定代表人或者主要负责人的姓名、职务；

　　（二）被申请人的名称；

　　（三）行政复议请求，申请行政复议的主要事实和理由；

　　（四）申请人签名或者盖章；

　　（五）申请行政复议的日期。

　　第十四条　有下列情形之一的，申请人应当提供相应证明材料：

　　（一）认为被申请人不履行法定职责的，提供曾经要求被申请人履行法定职责而被申请人未履行的证明材料；

　　（二）申请行政复议日期超过法律、法规规定的行政复议申请期限的，提供因不可抗力或者其他正当理由耽误法定申请期限的证明材料；

　　（三）申请行政复议时一并提出行政赔偿请求的，提供受具体行政行为侵害而造成损害的证明材料；

（四）法律、法规规定需要申请人提供证据材料的其他情形。

国家发展和改革委员会行政复议实施办法

第八条　当事人以书面方式申请行政复议的，应当提交行政复议申请书正本一份，有共同被申请人的，应按照被申请人的数目提交副本。

第九条　复议申请书应当载明下列内容：

（一）申请人及委托代理人的姓名、职业、住址（法人或者其他组织的名称、地址、法定代表人的姓名）、联系方式；

（二）被申请人的名称、地址、联系方式；

（三）申请复议的具体要求；

（四）主要事实和理由（包括知道具体行政行为的时间）；

（五）提出行政复议申请的日期。

复议申请书应当由申请人或申请人的法定代表人（或其授权委托人）签字或盖章，并附有必要的证据。申请人为自然人的，应当提交居民身份证或其他有效证件的复印件；申请人为法人或其他组织的，应当提交营业执照或其他有效证件的复印件、法定代表人身份证明等。申请人授权委托人代为申请的，应当提交申请人与委托人的合法身份证明和授权委托书。

第十条　下列情形不作为申请复议处理：

（一）对发展改革机关工作人员的个人违法违纪行为进行举报、控告或者对工作人员的态度作风提出异议，或者其他信访事项；

（二）对发展改革机关的业务政策、工作制度、工作方式和程序提出异议的；

（三）请求解答法律、法规、规章或者发展改革机关制定（参与制定）的规范性文件的；

（四）对发展改革机关做出的行政处分或人事决定不服的。

商务部行政复议实施办法

第四条　当事人以书面方式申请行政复议的，应当提交行政复议申请书正本一份，并按照被申请人的数目提交副本。复议申请书应当载明下列内容：

（一）申请人及委托代理人的姓名、职业、住址（法人或者其他组织的名称、地址、法定代表人的姓名）；

（二）被申请人的名称、地址；

（三）申请复议的具体要求；

（四）主要事实和理由（包括知道具体行政行为的时间）；

（五）提出行政复议申请的日期。

复议申请书应当由申请人或申请人的法定代表人（或其授权委托人）签字并盖章，并附有必要的证据。申请人为自然人的，应当提交居民身份证或其他有效证件的复印件；申请人为法人或其他组织的，应当提交营业执照或其他有效证件的复印件、法定代表人身份证明等。

公安机关办理行政复议案件程序规定

第十七条 申请行政复议，可以书面申请，也可以口头申请。

第十八条 书面申请的，应当提交《行政复议申请书》，载明以下内容：

（一）申请人及其代理人的姓名、性别、出生年月日、工作单位、住所、联系方式，法人或者其他组织的名称、地址、法定代表人或者主要负责人的姓名、职务、住所、联系方式；

（二）被申请人的名称、地址、法定代表人的姓名；

（三）行政复议请求；

（四）申请行政复议的事实和理由；

（五）申请行政复议的日期。

《行政复议申请书》应当由申请人签名或者捺指印。

第十九条 口头申请的，公安行政复议机构应当当场记录申请人的基本情况、行政复议请求、申请行政复议的主要事实、理由和时间，经申请人核对或者向申请人宣读并确认无误后，由申请人签名或者捺指印。

司法行政机关行政复议应诉工作规定

第十二条 申请人申请行政复议，可以书面申请，也可以口头申请。口头申请的，行政复议机关应当当场记录申请人的基本情况、行政复议请求、申请行政复议的主要事实、理由和时间，并由申请人签字。

『 相关行政解释 』

公安部关于《中华人民共和国行政复议法》实施后出入境边防检查行政复议工作有关问题的通知（1999 年 10 月 26 日）

（二）申请复议的形式。申请复议可用书面形式，也可用口头形式。但需注意，对以口头形式申请的，各公安厅、局或总站应当场记录申请人的基本情况、复议要求、申请复议的主要事实、理由和时间。

『 2023 年版本 』

第二十三条 有下列情形之一的，申请人应当先向行政复议机关申请行政复议，对行政复议决定不服的，可以再依法向人民法院提起行政诉讼：

（一）对当场作出的行政处罚决定不服；

（二）对行政机关作出的侵犯其已经依法取得的自然资源的所有权或者使用权的决定不服；

（三）认为行政机关存在本法第十一条规定的未履行法定职责情形；

（四）申请政府信息公开，行政机关不予公开；

（五）法律、行政法规规定应当先向行政复议机关申请行政复议的其他情形。

对前款规定的情形，行政机关在作出行政行为时应当告知公民、法人或者其他组织先向行政复议机关申请行政复议。

『1999、2009、2017 年版本』

第三十条　公民、法人或者其他组织认为行政机关的具体行政行为侵犯其已经依法取得的土地、矿藏、水流、森林、山岭、草原、荒地、滩涂、海域等自然资源的所有权或者使用权的，应当先申请行政复议；对行政复议决定不服的，可以依法向人民法院提起行政诉讼。

根据国务院或者省、自治区、直辖市人民政府对行政区划的勘定、调整或者征收土地的决定，省、自治区、直辖市人民政府确认土地、矿藏、水流、森林、山岭、草原、荒地、滩涂、海域等自然资源的所有权或者使用权的行政复议决定为最终裁决。

『条文释义』

本条规定了行政复议前置制度。1999 年版本、2009 年版本和 2017 年版本的规定基本一致，2023 年版本对行政复议前置制度进行了完善，增加了"对当场作出的行政处罚决定不服"、"认为行政机关存在本法第十一条规定的未履行法定职责情形"以及"申请政府信息公开，行政机关不予公开"三种情形。

对于某些特殊情形，法律认为由上级行政机关先进行行政复议有利于快速解决纠纷，给行政相对人提供更快的救济，因此，法律、法规规定应当某些争议应当先向行政复议机关申请行政复议、对行政复议决定不服再向人民法院提起行政诉讼，这种制度被称为行政复议前置制度，此时，申请人必须先走完行政复议的程序才能提起行政诉讼，如果未走完行政复议程序，在法定行政复议期限内不得向人民法院提起行政诉讼。

为了给行政机关自我纠正的机会、提高解决行政争议的效率以及进一步查清行政争议减轻行政诉讼压力等目的，《行政复议法》设定了四项行政复议前置事项，其他法律也可以设定行政复议前置事项，如《税收征收管理法》。

对于行政复议前置事项，申请人应当先向行政复议机关申请行政复议，对行政复议决定不服的，可以再依法向人民法院提起行政诉讼。如果申请人未经行政复议，直接向人民法院起诉，人民法院不予受理或者受理后驳回起诉。

对当场作出的行政处罚决定不服的，申请人应当先向行政复议机关申请行政复议。当场作出的行政处罚决定在程序上比较简便，在金额上比较小，通过行政复议可以高效解决该类纠纷，减轻行政诉讼的压力。

对行政机关作出的侵犯其已经依法取得的自然资源的所有权或者使用权的决定不服的，申请人应当先向行政复议机关申请行政复议。对于土地、矿藏、水流、森林、山岭、草原、荒地、滩涂、海域等自然资源的所有权或者使用权争议，行政机关具有行政管理方面的优势，其对相关自然资源的所有权或者使用权的状况比较熟悉，由其先进行行政复议，再由人民法院进行司法审查可以比较全面查清事实，减轻人民法院审判的压力。

认为行政机关存在《行政复议法》第十一条规定的未履行法定职责情形的，申请人应当先向行政复议机关申请行政复议。申请人申请行政机关履行保护人身权利、财产权利、受教育权利等合法权益的法定职责，行政机关拒绝履行、未依法履行或者不予答复的，申请人可以申请行政复议。通过行政复议，可以给被申请人及时履行法定职责的机会，也有利于及时保护申请人的相关权利。

申请政府信息公开，行政机关不予公开的，申请人应当先向行政复议机关申请行政复议。这一事项本质上仍然是行政机关不履行职责，为了给行政机关自我纠正的机会，及时保护申请人获取政府信息的权利，设定行政复议前置制度对各方当事人都是有利的。

对存在行政复议前置规定的情形，行政机关在作出行政行为时应当告知公民、法人或者其他组织先向行政复议机关申请行政复议。如果未告知，公民、法人或者其他组织直接向人民法院提起诉讼的，人民法院应当告知。

『 相关法律 』

中华人民共和国税收征收管理法（1992 年 9 月 4 日第七届全国人民代表大会常务委员会第二十七次会议通过，根据 1995 年 2 月 28 日第八届全国人民代表大会常务委员会第十二次会议《关于修改〈中华人民共和国税收征收管理法〉的决定》第一次修正，2001 年 4 月 28 日第九届全国人民代表大会常务委员会第二十一次会议修订，根据 2013 年 6 月 29 日第十二届全国人民代表大会常务委员会第三次会议《关于修改〈中华人民共和国文物保护法〉等十二部法律的决定》第二次修正，根据 2015 年 4 月 24 日第十二届全国人民代表大会常务委员会第十四次会议《关于修改〈中华人民共和国港口法〉等七部法律的决定》第三次修正）

第八十八条　纳税人、扣缴义务人、纳税担保人同税务机关在纳税上发生争议时，必须先依照税务机关的纳税决定缴纳或者解缴税款及滞纳金或者提供相应的担保，然后可以依法申请行政复议；对行政复议决定不服的，可以依法向人民法院起诉。

当事人对税务机关的处罚决定、强制执行措施或者税收保全措施不服的，可以依法申请行政复议，也可以依法向人民法院起诉。

当事人对税务机关的处罚决定逾期不申请行政复议也不向人民法院起诉、又不履行的，作出处罚决定的税务机关可以采取本法第四十条规定的强制执行措施，或者申请人民法院强制执行。

『 相关法规 』

中华人民共和国行政复议法实施条例

第二十五条　申请人依照行政复议法第三十条第二款的规定申请行政复议的，应当向省、自治区、直辖市人民政府提出行政复议申请。

『 相关规章 』

税务行政复议规则

第三十三条　申请人对本规则第十四条第（一）项规定的行为不服的，应当先向行政复议机关申请行政复议；对行政复议决定不服的，可以向人民法院提起行政诉讼。

申请人按照前款规定申请行政复议的，必须依照税务机关根据法律、法规确定的税额、期限，先行缴纳或者解缴税款和滞纳金，或者提供相应的担保，才可以在缴清税款和滞纳金以后或者所提供的担保得到作出具体行政行为的税务机关确认之日起 60 日内提出行政复议申请。

申请人提供担保的方式包括保证、抵押和质押。作出具体行政行为的税务机关应当对保证人的资格、资信进行审查，对不具备法律规定资格或者没有能力保证的，有权拒绝。作出具体行政行为的税务机关应当对抵押人、出质人提供的抵押担保、质押担保进行审查，对不符合法律规定的抵押担保、质押担保，不予确认。

第三十四条　申请人对本规则第十四条第（一）项规定以外的其他具体行政行为不服，可以申请行政复议，也可以直接向人民法院提起行政诉讼。

申请人对税务机关作出逾期不缴纳罚款加处罚款的决定不服的，应当先缴纳罚款和加处罚款，再申请行政复议。

『 相关司法解释 』

最高人民法院关于适用《行政复议法》第三十条第一款有关问题的批复（2003 年 1 月 9 日最高人民法院审判委员会第 1263 次会议通过）

山西省高级人民法院：

你院《关于适用〈行政复议法〉第三十条第一款有关问题的请示》收悉。经研究，答复如下：

根据《行政复议法》第三十条第一款的规定，公民、法人或者其他组织认为行政机关确认土地、矿藏、水流、森林、山岭、草原、荒地、滩涂、海域等自然资源的所有权或者使用权的具体行政行为，侵犯其已经依法取得的自然资源所有权或者使用权的，经行政复议后．才可以向人民法院提起行政诉讼，但法律另有规定的除外；对涉及自然资源所有权或者使用权的行政处罚、行政强制措施等其他具体行政行为提起行政诉讼的，不适用《行政复议法》第三十条第一款的规定。

此复。

附：

山西省高级人民法院关于适用《行政复议法》第三十条第一款有关问题的请示

（〔2000〕晋法行字第 11 号）

最高人民法院：

《行政复议法》第三十条第一款规定："公民、法人或者其他组织认为行政机关的具体行政行为侵犯其已经依法取得的土地、矿藏、水流、森林、山岭、草原、荒地、滩涂、海域等自然资源的所有权或者使用权的，应当先申请复议；对行政复议决定不服的，可以依法向人民法院提起行政诉讼。"审判实践中，对因自然资源所有权或使用权引发争议的行政诉讼案件，哪些应适用复议前置程序存在不同意见：

一种意见认为，适用复议前置程序的案件应具备两个条件：一是相对人认为具体行政行为侵犯了自己合法的使用权或所有权；二是相对人必须"依法取得"了所涉自然资源的所有权或使用权，即必须持有手续完备的使用权或所有权证或法院的裁判文书。这类案件包括不服收回、撤销或变更所有权或使用权证、许可证的，不包括确定自然资源权属的行政案件。

另一种意见认为，相对人认为自己已经"依法取得"了自然资源所有权或使用权的情况比较复杂，有些虽未取得有关证件，但已实际使用多年，他人也无异议，有些存在争议虽经有关部门解决多次仍无结果，争议当事人或多或少都有一定证据或理由认为依法应由自己所有或使用，法院也一时无法判定，因此当事人提起诉讼的，都应先经过复议，这类案件不仅包括前述案件，也应包括不服确权决定的案件。

我院审判委员会经研究，原则上同意后一种意见，同时认为，根据土地法、矿产资源管理法等法律法规，确定自然资源所有权或使用权一般是政府或行政主管部门的专属职权，对自然资源的权属争议往往争议时间长、情况比较复杂，极易引起集团诉讼，解决此类争议的专业性、政策性也较强，由行政机关先行复议，有利于调动行政机关履行职责的积极性，有利于解决矛盾，平息纠纷。

妥否，请批示。

二〇〇〇年十一月二十三日

最高人民法院关于适用《中华人民共和国行政复议法》第三十条第二款有关问题的答复（2005 年 9 月 20 日，〔2005〕行他字第 23 号）

江苏省高级人民法院：

你院《关于适用〈中华人民共和国行政复议法〉第三十条第二款有关问题的请示》收悉，经研究，同意你院审委会第一种意见，即《中华人民共和国行政复议法》第三十条第二款规定的最终裁决应当包括两种情形：一是国务院或者省级人民政府对行政区划的勘定、调整或者征用土地的决定；二是省级人民政府据此确认自然资源的所有权或者使用权的行政复议决定。

『典型案例』

中华人民共和国最高人民法院

行 政 裁 定 书

（2020）最高法行申 6080 号

再审申请人（一审原告、二审上诉人）：龙成魁，男，1943 年 4 月 16 日出生，苗族，住贵州省松桃苗族自治县。

再审被申请人（一审被告、二审被上诉人）：贵州省松桃苗族自治县人民政府。住所地：贵州省松桃苗族自治县丹霞路南。

法定代表人：龙群跃，该县县长。

一审第三人：贵州省松桃苗族自治县盘石镇卫生院。

法定代表人：杨军，该院院长。

再审申请人龙成魁因诉贵州省松桃苗族自治县人民政府（以下简称松桃县政府）土地行政管理一案，不服贵州省高级人民法院（2019）黔行终 1446 号行政裁定，向本院申请再审。本院依法组成合议庭对本案进行了审查，现已审查终结。

龙成魁申请再审称，其不服松桃县政府作出的松府发〔2005〕16 号《关于盘石镇卫生院与嗅脑村七组村民龙秀海因杀人场土地权属纠纷的处理决定》（以下简称

《土地权属纠纷的处理决定》），向贵州省铜仁市人民政府（以下简称铜仁市政府）申请行政复议。铜仁市政府作出铜府行复不字〔2019〕2号《行政复议不予受理决定书》（以下简称《行政复议不予受理决定书》），决定不予受理其复议申请。其依法可以选择对《土地权属纠纷的处理决定》或《行政复议不予受理决定书》提起行政诉讼。其对《土地权属纠纷的处理决定》提起本案诉讼，符合法定起诉条件。请求撤销一、二审行政裁定，依法再审本案。

本院认为，根据《中华人民共和国行政复议法》第三十条的规定，公民、法人或者其他组织认为行政机关的行政行为侵犯其已经依法取得的土地等自然资源的所有权或者使用权的，应当先申请行政复议，对行政复议决定不服的，可以依法提起行政诉讼。《最高人民法院关于审理涉及农村集体土地行政案件若干问题的规定》第六条第二款规定："法律、法规规定应当先申请行政复议的土地行政案件，复议机关作出不受理复议申请的决定或者以不符合受理条件为由驳回复议申请，复议申请人不服的，应当以复议机关为被告向人民法院提起诉讼。"本案中，龙成魁对确认案涉土地权属的《土地权属纠纷的处理决定》不服，应先行申请行政复议。龙成魁对《土地权属纠纷的处理决定》申请行政复议后，铜仁市政府作出《行政复议不予受理决定书》决定对其复议申请不予受理。铜仁市政府并未对龙成魁的行政复议请求作出实体处理，故案涉争议尚未经过复议前置程序，龙成魁对《土地权属纠纷的处理决定》提起的本案诉讼不符合法定起诉条件。龙成魁可依法对《行政复议不予受理决定书》提起行政诉讼，以解决其行政复议申请的受理问题。一审裁定驳回龙成魁对《土地权属纠纷的处理决定》的起诉，二审维持一审裁定，并无不当。龙成魁提出其可以选择起诉《土地权属纠纷的处理决定》或《行政复议不予受理决定书》的申请再审理由与前述法律及司法解释的规定不符，本院不予支持。

综上，龙成魁的再审申请不符合《中华人民共和国行政诉讼法》第九十一条规定的情形。依照《最高人民法院关于适用〈中华人民共和国行政诉讼法〉的解释》第一百一十六条第二款之规定，裁定如下：

驳回龙成魁的再审申请。

审判长　乐　敏

审判员　张昊权

审判员　杨　军

二〇二〇年六月三十日

法官助理　张瑛娟

书记员　戚凤梅

第四节　行政复议管辖

『2023 年版本』

第二十四条　县级以上地方各级人民政府管辖下列行政复议案件：

（一）对本级人民政府工作部门作出的行政行为不服的；

（二）对下一级人民政府作出的行政行为不服的；

（三）对本级人民政府依法设立的派出机关作出的行政行为不服的；

（四）对本级人民政府或者其工作部门管理的法律、法规、规章授权的组织作出的行政行为不服的。

除前款规定外，省、自治区、直辖市人民政府同时管辖对本机关作出的行政行为不服的行政复议案件。

省、自治区人民政府依法设立的派出机关参照设区的市级人民政府的职责权限，管辖相关行政复议案件。

对县级以上地方各级人民政府工作部门依法设立的派出机构依照法律、法规、规章规定，以派出机构的名义作出的行政行为不服的行政复议案件，由本级人民政府管辖；其中，对直辖市、设区的市人民政府工作部门按照行政区划设立的派出机构作出的行政行为不服的，也可以由其所在地的人民政府管辖。

『1999、2009、2017 年版本』

第十二条　对县级以上地方各级人民政府工作部门的具体行政行为不服的，由申请人选择，可以向该部门的本级人民政府申请行政复议，也可以向上一级主管部门申请行政复议。

对海关、金融、国税、外汇管理等实行垂直领导的行政机关和国家安全机关的具体行政行为不服的，向上一级主管部门申请行政复议。

第十三条　对地方各级人民政府的具体行政行为不服的，向上一级地方人民政府申请行政复议。

对省、自治区人民政府依法设立的派出机关所属的县级地方人民政府的具体行政行为不服的，向该派出机关申请行政复议。

第十五条　对本法第十二条、第十三条、第十四条规定以外的其他行政机关、组织的具体行政行为不服的，按照下列规定申请行政复议：

（一）对县级以上地方人民政府依法设立的派出机关的具体行政行为不服的，

向设立该派出机关的人民政府申请行政复议；

（二）对政府工作部门依法设立的派出机构依照法律、法规或者规章规定，以自己的名义作出的具体行政行为不服的，向设立该派出机构的部门或者该部门的本级地方人民政府申请行政复议；

（三）对法律、法规授权的组织的具体行政行为不服的，分别向直接管理该组织的地方人民政府、地方人民政府工作部门或者国务院部门申请行政复议；

（四）对两个或者两个以上行政机关以共同的名义作出的具体行政行为不服的，向其共同上一级行政机关申请行政复议；

（五）对被撤销的行政机关在撤销前所作出的具体行政行为不服的，向继续行使其职权的行政机关的上一级行政机关申请行政复议。

有前款所列情形之一的，申请人也可以向具体行政行为发生地的县级地方人民政府提出行政复议申请，由接受申请的县级地方人民政府依照本法第十八条的规定办理。

『 条文释义 』

本条规定了县级以上地方各级人民政府管辖的行政复议案件。1999年版本、2009年版本和2017年版本的规定是一致的，2023年版本进行了大幅度修改，提高了县级以上地方各级人民政府管辖的行政复议案件范围。

县级以上地方各级人民政府管辖下列行政复议案件：

（1）对本级人民政府工作部门作出的行政行为不服的，本级人民政府是其上级单位，适宜担任行政复议机关。例如，申请人对甲县教育局的行政行为不服，应当向甲县人民政府申请行政复议；申请人对乙市民政局的行政行为不服，应当向乙市人民政府申请行政复议。

（2）对下一级人民政府作出的行政行为不服的，本级人民政府是其上级单位，适宜担任行政复议机关。例如，申请人对甲县乙镇人民政府的行政行为不服，应当向甲县人民政府申请行政复议；申请人对丙市丁县人民政府的行政行为不服，应当向丙市人民政府申请行政复议。

（3）对本级人民政府依法设立的派出机关作出的行政行为不服的，本级人民政府是其上级单位，适宜担任行政复议机关。例如，申请人对甲市乙区丙街道办事处的行政行为不服，应当向乙区人民政府申请行政复议。

（4）对本级人民政府或者其工作部门管理的法律、法规、规章授权的组织作出的行政行为不服的，本级人民政府是其上级单位，适宜担任行政复议机关。例如，申请人对甲大学作出的行政行为不服，甲大学属于乙省人民政府教育厅管理的法律授权的组织，应当向乙省人民政府申请行政复议。

除上述规定外，省、自治区、直辖市人民政府同时管辖对本机关作出的行政行为不服的行政复议案件。本级复议的制度设计主要是为了减轻国务院的行政复议负担以及避免对国务院的行政复议决定进行司法审查。例如，申请人对甲省人民政府的行政行为不服，应当向甲省人民政府申请行政复议。

省、自治区人民政府依法设立的派出机关参照设区的市级人民政府的职责权限，管辖相关行政复议案件。例如，甲自治区人民政府依法设立乙地区行政公署，乙地区行政公署管辖丙县，申请人对丙县人民政府的行政行为不服，应当向乙地区行政公署申请行政复议。

对县级以上地方各级人民政府工作部门依法设立的派出机构依照法律、法规、规章规定，以派出机构的名义作出的行政行为不服的行政复议案件，由本级人民政府管辖。这一规定是为了避免工作部门自己审查自己，将行政复议机关提高一级。例如，申请人对甲县公安局乙派出所的行政行为不服，应当向甲县人民政府申请行政复议。2023年版本的这一制度与以往的制度有所不同，按照1999年版本、2009年版本和2017年版本的规定，上述情况应当向甲县公安局申请行政复议。

对直辖市、设区的市人民政府工作部门按照行政区划设立的派出机构作出的行政行为不服的，也可以由其所在地的人民政府管辖。例如，甲直辖市人民政府设立了西站地区管理委员会，申请人对西站地区管理委员会作出的行政行为，既可以向甲直辖市人民政府申请行政复议，也可以向西站地区管理委员会所在地的区人民政府申请行政复议。

『 相关法规 』

中华人民共和国行政复议法实施条例

第十一条　公民、法人或者其他组织对行政机关的具体行政行为不服，依照行政复议法和本条例的规定申请行政复议的，作出该具体行政行为的行政机关为被申请人。

第十二条　行政机关与法律、法规授权的组织以共同的名义作出具体行政行为的，行政机关和法律、法规授权的组织为共同被申请人。

行政机关与其他组织以共同名义作出具体行政行为的，行政机关为被申请人。

第十三条　下级行政机关依照法律、法规、规章规定，经上级行政机关批准作出具体行政行为的，批准机关为被申请人。

第十四条　行政机关设立的派出机构、内设机构或者其他组织，未经法律、法规授权，对外以自己名义作出具体行政行为的，该行政机关为被申请人。

第二十四条　申请人对经国务院批准实行省以下垂直领导的部门作出的具体行政行为不服的，可以选择向该部门的本级人民政府或者上一级主管部门申请行政复议；省、自治区、直辖市另有规定的，依照省、自治区、直辖市的规定办理。

『 相关规章 』

税务行政复议规则

第十六条　对各级税务局的具体行政行为不服的，向其上一级税务局申请行政复议。

对计划单列市税务局的具体行政行为不服的，向国家税务总局申请行政复议。

交通运输行政复议规定

第四条　对县级以上地方人民政府交通运输主管部门的具体行政行为不服的，可以向本级人民政府申请行政复议，也可以向其上一级人民政府交通运输主管部门申请行政复议。

第五条　对县级以上地方人民政府交通运输主管部门依法设立的交通运输管理派出机构依照法律、法规或者规章规定，以自己的名义作出的具体行政行为不服的，向设立该派出机构的交通运输主管部门或者该交通运输主管部门的本级地方人民政府申请行政复议。

第六条　对县级以上地方人民政府交通运输主管部门依法设立的交通运输管理机构，依照法律、法规授权，以自己的名义作出的具体行政行为不服的，向设立该管理机构的交通运输主管部门申请行政复议。

第七条　对下列具体行政行为不服的，可以向交通运输部申请行政复议：

（一）省级人民政府交通运输主管部门的具体行政行为；

（二）交通运输部海事局的具体行政行为；

（三）长江航务管理局、珠江航务管理局的具体行政行为；

（四）交通运输部的具体行政行为。

对交通运输部直属海事管理机构的具体行政行为不服的，应当向交通运输部海事局申请行政复议。

中华人民共和国海关行政复议办法

第十七条　对海关具体行政行为不服的，向作出该具体行政行为的海关的上一级海关提出行政复议申请。

对海关总署作出的具体行政行为不服的，向海关总署提出行政复议申请。

第十八条　两个以上海关以共同的名义作出具体行政行为的，以作出具体行政行为的海关为共同被申请人，向其共同的上一级海关申请行政复议。

第十九条　海关与其他行政机关以共同的名义作出具体行政行为的，海关和其他行政机关为共同被申请人，向海关和其他行政机关的共同上一级行政机关申请行政复议。

申请人对海关总署与国务院其他部门共同作出的具体行政行为不服，向海关总署或者国务院其他部门提出行政复议申请，由海关总署、国务院其他部门共同作出处理决定。

第二十条 依照法律、行政法规或者海关规章的规定，下级海关经上级海关批准后以自己的名义作出具体行政行为的，以作出批准的上级海关为被申请人。

根据海关法和有关行政法规、海关规章的规定，经直属海关关长或者其授权的隶属海关关长批准后作出的具体行政行为，以直属海关为被申请人。

第二十一条 海关设立的派出机构、内设机构或者其他组织，未经法律、行政法规授权，对外以自己名义作出具体行政行为的，以该海关为被申请人，向该海关的上一级海关申请行政复议。

第二十二条 海关对公民、法人或者其他组织作出具体行政行为，应当告知其申请行政复议的权利、行政复议机关和行政复议申请期限。

对于依照法律、行政法规或者海关规章的规定，下级海关经上级海关批准后以自己的名义作出的具体行政行为，应当告知以作出批准的上级海关为被申请人以及相应的行政复议机关。

环境行政复议办法

第二条 公民、法人或者其他组织认为地方环境保护行政主管部门的具体行政行为侵犯其合法权益的，可以向该部门的本级人民政府申请行政复议，也可以向上一级环境保护行政主管部门申请行政复议。认为国务院环境保护行政主管部门的具体行政行为侵犯其合法权益的，向国务院环境保护行政主管部门提起行政复议。

环境保护行政主管部门办理行政复议案件，适用本办法。

中国证券监督管理委员会行政复议办法

第十四条 申请人对两个以上派出机构或授权组织共同作出的具体行政行为不服申请行政复议的，共同作出具体行政行为的机构或组织是共同被申请人。

第十五条 派出机构或者其他组织依照法律、行政法规、规章规定，报经中国证监会批准作出具体行政行为的，中国证监会是被申请人。

公安机关办理行政复议案件程序规定

第七条 公民、法人或者其他组织对公安机关的具体行政行为不服的，依法可以向该公安机关的本级人民政府申请行政复议，也可以向上一级主管公安机关申请行政复议。法律、法规另有规定的除外。

第八条 对县级以上各级人民政府公安机关作出的具体行政行为不服的，按照下列规定提出行政复议申请：

（一）对公安部、省（自治区、直辖市）公安厅（局）、新疆生产建设兵团公安局作出的具体行政行为不服的，向公安部申请行政复议；

（二）对市（地、州、盟）公安局（处）作出的具体行政行为不服的，向省（自治区、直辖市）公安厅（局）申请行政复议；

（三）对县（市、旗）公安局作出的具体行政行为不服的，向市（地、州、盟）公安局（处）申请行政复议；

（四）对城市公安分局作出的具体行政行为不服的，向市公安局申请行政复议；

第九条 对省（自治区、直辖市）公安厅（局）直属的公安局、市（地、州、盟）公安局（处）直属的公安分局作出的具体行政行为不服的，向设立该直属公安局、公安分局的省（自治区、直辖市）公安厅（局）、市（地、州、盟）局（处）申请行政复议。

第十条 对县级以上地方各级人民政府公安机关内设的公安消防机构作出的具体行政行为不服的，向该公安机关申请行政复议。

第十一条 对县级以上地方各级人民政府公安机关内设的公安交通管理机构作出的具体行政行为不服的，向该公安机关申请行政复议。

对公安交通管理机构下设的公安交通警察支队、大队（队）作出的具体行政行为不服的，可以向其上一级公安交通管理机构申请行政复议。

第十二条 对出入境边防检查站作出的具体行政行为不服的，向出入境边防检查总站申请行政复议。

第十三条 对公安边防部门以自己名义作出的具体行政行为不服的，向其上一级公安边防部门申请行政复议；对公安边防部门以地方公安机关名义作出的具体行政行为不服的，向其所在地的县级以上地方人民政府公安机关申请行政复议。

第十四条 对公安派出所依法作出的具体行政行为不服的，向设立该公安派出所的公安机关申请行政复议。

第十五条 对法律、法规授权的公安机关内设机构或者派出机构超出法定授权范围作出的具体行政行为不服的，向该内设机构所属的公安机关或者设立该派出机构的公安机关申请行政复议。

对没有法律、法规授权的公安机关的内设机构或者派出机构以自己的名义作出的具体行政行为不服的，向该内设机构所属的公安机关或者设立该派出机构的公安机关的上一级公安机关申请行政复议。

第十六条 对经上级公安机关批准的具体行政行为不服的，向在对外发生法律效力的文书上加盖印章的公安机关的上一级公安机关申请行政复议。

『相关司法解释』

最高人民法院关于政府办公厅（室）能否作为政府信息公开行政争议的行政复议被申请人和行政诉讼被告问题的请示的答复（2016 年 3 月 18 日，〔2015〕行他字第 32 号）

天津市高级人民法院：

你院津高法〔2015〕207 号《关于姚淑芬诉天津市河东区人民政府政府信息公开行政复议上诉一案的请示》收悉。经研究，并征求国务院法制办公室及国务院办公厅政府信息与政务公开办公室意见，答复如下：

公民、法人或其他组织向政府办公厅（室）提出的信息公开申请，应当视为向本级人民政府提出。人民政府对公民、法人或者其他组织提出的申请，可以政府办公厅（室）的名义进行答复，也可由负责政府信息公开工作的部门加盖"某某人民政府办公厅（室）信息公开专用章"的形式答复。公民、法人或者其他组织对以政府办公厅（室）或负责政府信息公开工作部门作出的政府信息公开行政行为不服提起诉讼的，应当以本级人民政府作为被告。

最高人民法院行政审判庭关于谭永智不服甘肃省人民政府房产登记行政复议决定请示案的答复（〔2011〕行他字第26号）

甘肃省高级人民法院：

你院《关于谭永智不服甘肃省人民政府房产登记行政复议决定一案的请示报告》收悉，经研究答复如下：

1. 根据《行政复议法》第十二条的规定，对县级以上地方各级人民政府工作部门的具体行政行为不服的，申请人既可以向该部门的本级人民政府申请行政复议，也可以向上一级主管部门申请行政复议。上级行政机关认为行政复议机关无正当理由不依法受理复议申请的，可以依据《中华人民共和国行政复议法》第二十条和《中华人民共和国行政复议法实施条例》第三十一条的规定，先行督促行政复议机关受理；经督促仍不受理的，应当责令行政复议机关限期受理，必要时上级行政机关也可以直接受理。

2. 公司的法定代表人应以在公司登记机关登记备案为准。经股东大会或者董事会任命的董事长虽未依法办理法定代表人登记手续，但在全体股东对股东大会或者董事会决议的合法性无异议的情况下，可以代表公司申请行政复议或提起诉讼。如其后的股东大会、董事会已经通过新的决议否定了对原董事长的任命，则原董事长无权代表公司申请复议或诉讼。公司股东对行政复议机关或人民法院受理原董事长的复议申请或起诉提出异议后，行政复议机关或人民法院不应作出实体裁判，而应中止案件审理，要求相关当事人先行依法解决公司决议纠纷，明确公司代表权。

二〇一一年七月十二日

附：

甘肃省高级人民法院关于谭永智不服甘肃省
人民政府房产登记行政复议决定一案的请示报告

（〔2010〕甘行他字第116号）

最高人民法院：

原告谭永智不服甘肃省人民政府房产登记行政复议决定一案，兰州市中级人民法院对案件处理存在分歧意见向我院请示。本案经我院审判委员会讨论，对案件的处理也存在不同意见，故就本案的有关法律适用问题请示贵院。

一、当事人基本情况

原告谭永智，男，汉族，生于 1963 年 4 月，住武威市凉州区大井巷 29 号 2 栋 1 单元 402 室。

被告甘肃省人民政府（以下简称省政府）。

法定代表人刘伟平，省长。

第三人武威市运通有限责任公司（以下简称运通公司）。

第三人武威市人民政府（以下简称市政府）。

第三人武威市道路运输管理局（以下简称运管局）。

二、案件的基本事实

运通公司前身系武威地区公路运输服务公司，主管部门系运管局的前身甘肃省武威地区公路运输管理处。2001 年，武威地区公路运输服务公司改制为由运管局 1 个事业法人和王忠民 18 名自然人共同出资成立的股份制有限责任公司，更名为"武威市运通有限责任公司"，法定代表人为黄忠明（系运管局干部，已于 2003 年 6 月调回，但该公司法定代表人工商登记手续一直未变更，工商登记仍为黄忠明）。

2003 年 6 月 5 日运通公司作出武运通司〔2003〕12 号文《关于王忠民同志任职的决定》，任命王忠民为运通公司董事长兼总经理。2006 年 8 月 4 日，武威市工商行政管理局以武工商企处字〔2006〕01 号《行政处罚决定书》，以运通公司未参加 2004 年企业年检并在催办公告发布后仍未在工商局申报年检为由，决定吊销运通公司企业法人营业执照。由于运通公司拖欠建设银行武威分行贷款，武威市凉州区南关中路所有权人为运通公司的建筑面积 2469.6 ㎡砖混结构办公楼一幢（属抵押物）被武威市凉州区人民法院予以查封、扣押。

2007 年 9 月 17 日作为股东的运管局作出"武威市运通有限责任公司股东会决议"，决定：成立由黄忠明为组长的运通公司清算组，同意由运管局将运通公司土地资产和地上附着物委托拍卖公司拍卖；原运通公司的行政印章、财务印章自行作废，启用"武威运通有限责任公司清算组"印章，清算组依公司章程和公司法履行职责。

2007 年 9 月 19 日，运管局与武威汇丰拍卖有限公司签订了《委托拍卖协议书》。2007 年 12 月 14 日，由谭永智作为买受人与该拍卖公司签订《拍卖成交确认书》，确认其以 2 962 000 元拍得运通公司房产及土地使用权。2008 年 1 月 4 日，谭永智向武威市房地产管理局提出《房屋权属登记申请》。武威市房地产管理局收到申请后，进行了审核，认为该房屋经依法拍卖，产权发生转移，产权来源清楚、证件齐全、手续完备，同意确认产权，准予发证。2008 年 1 月 11 日，武威市房地产管理局为谭永智颁发了证号为武房权证字第 054187 号《房屋所有权证》。

2009 年 6 月 17 日，申请人"运通公司"以被申请人"市政府"给第三人谭永智颁发武房权证字第 054187 号《房屋所有权证》为由，向省政府申请行政复议，请求：依法撤销"市政府"给谭永智颁发的武房权证字第 054187 号《房屋所有权证》等。

省政府受理"运通公司"的复议请求后，于 2009 年 8 月 19 日作出申请人为运通公司、被申请人为市政府、第三人为运管局、第三人为谭永智的甘政复字〔2009〕11号行政复议决定，主要内容为：市政府将位于武威市南关中路72号运通公司所有的产权证为武房权证字第08153号的房产，为谭永智办理变更登记并颁发武房权证字第054187号《房屋所有权证》的具体行政行为，事实不清，证据不足，适用依据错误，严重违反法定程序，应予依法撤销。申请人运通公司请求追究被申请人市政府给谭永智非法办理房屋所有权证的相关人员的法律责任，应由纪检监察机关依法另行处理。申请人运通公司请求被申请人市政府赔偿其在行政复议过程中的各类经济损失2万元，因无相应证据予以证明，故不予支持。根据《中华人民共和国行政复议法》第二十八条第一款第三项的规定，本机关决定：撤销被申请人武威市人民政府为第三人谭永智办理的证号为武房权证字第054187号《房屋所有权证》。

谭永智对省政府作出的甘政复字〔2009〕11号行政复议决定不服，提起行政诉讼，称：1.王忠民不是运通公司的法定代表人，其所代表的7名股东共持有运通公司近30%的股权，其不能代表运通公司提起行政复议，只能代表股东个人；武威市房地产管理局是房产证的颁证单位，该复议决定书未将其列为被申请人，却错误地将市政府列为被申请人。2.尽管运通公司任命王忠民为公司法定代表人，但其未在工商行政机关进行登记，而省政府的复议决定却依据运通公司任命王忠民为运通公司董事长兼总经理的文件，就认定王忠民为运通公司法定代表人并以此以运通公司的名义提起行政诉讼，是不符合法律规定的。3.该复议决定书适用《中华人民共和国行政复议法》第二十八条第一款第三项的规定，撤销"市政府"为谭永智颁发的《房屋所有权证》，属于适用法律不当。因为该法律条文共有5目，几乎涵盖了所有的违法行政行为，笼统适用该项全部内容，显属适用法律不当。4.依据《中华人民共和国物权法》第106条的规定，受让人谭永智通过拍卖方式取得了涉案的房产是善意取得，应当受法律保护，省政府的复议决定撤销谭永智持有的《房屋所有权证》，明显违反这一法律规定。综上，省政府作出的甘政复字〔2009〕11号行政复议决定书认定主要事实不清、证据不足、程序违法、适用法律错误，请求人民法院依法撤销省政府作出的甘政复字〔2009〕11号行政复议决定书并承担本案的诉讼费用。

被告省政府针对谭永智的起诉，提出答辩，称：1.关于行政复议主体问题。2003年5月运通公司以武运通司〔2003〕12号文《关于王忠民同志任职的决定》任命王忠民为公司董事长兼总经理。2006年8月武威市工商行政管理局以未在规定时间参加年检为由，吊销运通公司企业法人营业执照。运通公司并未依法进入解散程序，而是由王忠民等部分股东实际控制并继续经营，至今仍未办理注销登记。运通公司原法定代表人黄忠明系运管局干部，于2003年6月调回运管局工作，未能在工商机关办理变更登记。黄忠明作为国家行政机关工作人员依法不能担任运通公司法定代表人。王忠民经运通公司股东会选举后被该公司任命为董事长兼总经理符合公司法及该公司章程的规定，属公司适格法定代表人。王忠民作为运通公司法定代表人以该公司名义提起行政复议申请，请求撤销市政府的具体行政行为符合法律规定。因此，谭永智以王忠民非运通公司法定代表人、省政府错列行政复议当事人等理由，诉称省政府在审理运通公司申请撤销市政府作出武房权证字第054187号《房屋所有权证》行政复议案件时违反法定程序等理由，这是根本不能成立的。

2.运管局非法成立运通公司清算组并以清算组名义非法拍卖该公司房产，于2007年12月14日，委托武威汇丰拍卖有限公司举行拍卖会，由谭永智出面作为买受人与该拍卖公司签订《拍卖成交确认书》确认其以2 926 200元拍得运通公司房产及土地使用权。此外，2007年12月14日谭永智与武威汇丰拍卖有限公司签订的《拍卖成交确认书》明确规定，"买受人应在七日内付清成交价款及拍卖佣金，逾期视为不能履行交易行为"。而时过两年，谭永智至今实际支付拍卖价款为140万元，尚不足拍卖价款的50%。即便认定此次拍卖合法，根据拍卖成交确认书的规定，谭永智也属于未能履行交易。谭永智诉称其是合法、善意并以合理价款受让运通公司房屋且依法进行了物权登记，应受法律保护，故省政府撤销市政府为其办理的权属登记违反法律规定。从法律规定及本案事实看，谭永智的上述理由根本不能成立。

3.相关情况说明：省政府在审理运通公司申请撤销市政府为谭永智办理房屋权属登记发证的行政复议案件时，依法查明，运管局非法成立运通公司清算组，以非法集资、非法组织拍卖等方式处分运通公司的房产，谭永智参加竞拍但未付清价款，之后以谭永智名义将运通公司房产办理过户变更登记；武威市房地产管理局在为谭永智办理房屋登记并以市政府名义颁发权属证书的过程中存在一系列违法行为；在此过程中武威市凉州区法院也非法以同一文号出具内容不同的法律文书，非法裁定将运通公司财产交由运管局处分。上述行政机关及司法机关徇私舞弊、滥用职权的一系列违法行为给国家及运通公司已造成巨大经济损失。为此，省政府依法作出甘政复字〔2009〕11号《行政复议决定书》，依法撤销了武威市房地产管理局以市政府名义作出的房屋权属变更登记发证的具体行政行为，以维护申请人的合法权益，纠正下级行政机关的违法行为，监督其依法行政。武威市人民政府在接到省政府的行政复议决定后，主管领导已作出批示，要求认真执行省政府的决定并严肃追究土地和房管部门的责任。省政府也将加大监督力度，责成有关部门依法严肃追究有关行政机关及其工作人员违法乱纪徇私舞弊的法律和政纪责任，并提请纪检、检察机关严肃查处相关司法机关及其工作人员滥用职权的法律责任。综上，省政府作出的甘政复字〔2009〕11号《行政复议决定书》认定事实清楚，证据确凿，适用法律正确，程序合法。谭永智诉请撤销该行政复议决定的事实与理由均不能成立，请求法院依法驳回其诉讼请求。

第三人运通公司未提出书面陈述理由，在庭审中提出口头陈述，称其意见与省政府的答辩理由一致，请求法院驳回谭永智的诉讼请求。

第三人武威市政府述称，武威市房地产管理局是代表市政府进行发证的合法主体。市政府依据《中华人民共和国城市房地产管理法》和《城市房屋权属登记管理办法》及《城市房屋转让管理规定》的有关规定，依法受理谭永智的申请，于2008年1月11日为其颁发武房权证字第054187号《房屋所有权证》。省政府受理运通公司的行政复议申请，对市政府登记发证的行政行为进行审查并做出复议决定，既是其法定职责，也是对市政府依法行政的层级监督。省政府对市政府登记发证行为进行审查后，作出甘政复字〔2009〕11号行政复议决定书，撤销了市政府向谭永智颁发的证号为武房权证字第054187号《房屋所有权证》。作为本案的当事人，市政府请求兰州市中级人民法院依法判处。

第三人运管局的陈述理由：1.原武威地区公路运输服务公司经改制后成立运通公司。公司法定代表人为运管局干部黄忠明（已于2003年6月调回），但该公司法定代表人工商登记手续一直未做变更。因此，王忠民不是运通公司的法定代表人，无权代表公司提起行政复议。另外，根据法律规定，公司因被吊销法人营业执照，应当成立清算组组织清算。运管局按照公司法和运通公司章程规定，在2007年9月17日召集了运通公司临时股东会，决定成立公司清算组。王忠民等人无权以"武威市运通有限责任公司"名义提起行政复议，其行政复议主体不适合。2.2006年10月，运通公司的债权人建设银行武威市分行申请武威市凉州区人民法院强制执行。凉州区法院以〔2006〕凉执字第449号民事裁定书，裁定强制拍卖运通公司办公楼以清偿债务。运管局和运通公司清算组委托拍卖机构处置运通公司办公大楼及附属场地。谭永智以成交价款296.2万元，竞卖成交，运管局及时通知了其他各股东。对此，谭永智向武威市房地产管理局提起颁发房产证，经审查该局申请为谭永智核发了《房屋所有权证》。谭永智通过公开竞买支付对价取得房屋所有权，属善意取得。房管局核发房屋权属证书的行为，法律依据充分，程序合法。3.运管局自行召集运通公司临时股东会法律依据充分，程序合法，临时股东会所作的决议合法有效。运通公司成立清算组和清算组对公司财产处置的合法性问题，应当通过民事诉讼程序来确认，省政府作为行政机关无权对此进行认定。省政府作为行政机关，对应通过民事诉讼程序由司法机关确认的事实进行确认不当，省政府〔2009〕11号行政复议决定中关于运通公司成立清算组和清算组对公司财产处置事实的认定严重错误，且属滥用职权的行为，程序严重违法。综上，故请求法院依法撤销省政府〔2009〕11号行政复议决定。

三、需要说明的问题

本案兰州市中级人民法院受理后曾多次去省政府法制办进行协调，我院行政庭张翔庭长也去省政府法制办进行了沟通协商，但协调未果。

四、兰州市中级人民法院的请示意见

兰州市中级人民法院经审判委员会讨论形成两种处理意见：

第一种意见认为：1.按照《行政复议法》的立法宗旨，省政府的行政复议决定应当对"市政府"给谭永智颁发房产证的行为的合法性进行审查，即对政府或行政机关行使公共权力的行为进行审查；但对运通公司清算组成立是否合法、运管局委托拍卖公司对国有土地使用权及地上建筑物进行拍卖是否有效以及拍卖后没有付清全部拍卖款能否认定竞拍人无权取得拍卖物等行为，均涉及民事平等主体的民事权益，涉案的相关当事人可以通过民事救济途径予以解决，行政机关不宜主动依公共职权对相关当事人之间民事权益予以干预。2.公司法第一百八十五条第七项的规定，清算组在清算期间"代表公司参与民事诉讼活动"；《最高人民法院关于〈中华人民共和国公司法〉若干问题的规定（二）》第十条的规定，"公司依法清算结束并办理注销登记前，有关公司的民事诉讼，应当以公司的名义进行。公司成立清算组的，由清算组负责人代表公司参加诉讼；尚未成立清算组的，由原法定代表人代表公司参加诉讼"。运通公司在被工商局吊销法人营业执照后，作为运通公司的大股东，运管局在王忠民等股东未参加运通公司临时股东会并由运通公司大股东的运管局决定成立运通公司清算组对公司的债权债务进行清算。尽管，王忠民在运通公司成立清算组之前被公司任命为运通公司"法定代表人"，但根据《企业法人法定代表人登记管理规定》第三条的规定，"企业法人的法定代表人经企业登记机关核准登记，取得法定代表人资格"。因此，王忠民不具有运通公司法定代表人的资格，其无权以运通公司的名义提起诉讼。3. 根据《中华人民共和国房地产管理法》第五十九条、第六十条以及《房屋登记办法》第三条、第四条的规定，由县以上人民政府房产（建设）管理部门核实并颁发房屋所有权证，颁发房产证的权利属于房产（建设）管理部门的专属权，不存在转让或由同级政府代为行使的依据。而且，根据《中华人民共和国行政诉讼法》第二十五条和最高人民法院《关于执行〈中华人民共和国行政诉讼法〉若干问题的解释》第十九条的规定，当事人对行政机关作出的具体行政行为不服，向人民法院提起行政诉讼，应当以作出具体行政行为且在对外发生法律效力的文书上署名的机关为被告。因此，给谭永智颁发武房权证字第054187号《房屋所有权证》的机关是武威市房地产管理局，其应当是行政复议的适格被申请人，省政府的复议决定将市政府列为被申请人，既错列了行政复议当事人，又漏列了应当参加复议的当事人。

第二种意见认为：尽管，涉案的房产证是武威市房地产管理局颁发给谭永智的。当该案进入复议程序后，市政府认可省政府将其列为行政复议的被申请人，并也以市政府的名义进行答复。作为行政复议机关的人民政府，在行政复议中不仅对具体行政行为的合法性进行审查，也可以对具体行政行为所涉及的基础问题进行评判。

兰州市中级人民法院审判委员会讨论后倾向第一种意见。

五、我院审判委员会意见

我院审判委员会经讨论，形成两种意见。

第一种意见即多数意见认为：合议庭意见基本正确。甘肃省人民政府甘政复字〔2009〕11号行政复议决定存在以下问题：

（一）省政府对运通公司的复议申请不应当受理，复议机关属越权复议

《中华人民共和国行政复议法》第十二条一款规定"对县级以上地方各级人民政府工作部门的具体行政行为不服的，由申请人选择，可以向该部门的本级人民政府申请行政复议，也可以向上一级主管部门申请行政复议"。《中华人民共和国行政复议法》第二十条规定："公民、法人或者其他组织依法提出行政复议申请，行政复议机关无正当理由不予受理的，上级行政机关应当责令其受理；必要时，上级行政机关也可以直接受理。"《中华人民共和国行政复议法实施条例》第三十一条规定："依照行政复议法第二十条的规定，上级行政机关认为行政复议机关不予受理行政复议申请的理由不成立的，可以先行督促其受理；经督促仍不受理的，应当责令其限期受理，必要时也可以直接受理；认为行政复议申请不符合法定受理条件

的，应当告知申请人。"本案省政府所作复议决定撤销的武房权证字第 054187 号房屋所有权证的发证机关是武威市房地产管理局，故申请人运通公司应当向武威市人民政府申请行政复议，运通公司在未向武威市人民政府申请行政复议的情况下直接向省政府申请属越级申请，省政府作为武威市人民政府的上级行政机关不应当直接受理运通公司的复议申请。

（二）复议决定撤销的是不存在的具体行政行为

甘政复字〔2009〕11 号行政复议决定书决定"撤销被申请人武威市人民政府为第三人谭永智办理的武房权证字第 054187 号《房屋所有权证》"。但武房权证字第 054187 号《房屋所有权证》的颁证机关是武威市房地产管理局，武威市人民政府并未作出颁发房产证的具体行政行为，即复议决定撤销的是不存在的行政行为。

（三）行政复议申请人不适格

《中华人民共和国公司法》第十三条规定："公司法定代表人依照公司章程的规定，由董事长、执行董事或者经理担任，并依法登记。公司法定代表人变更，应当办理变更登记。"国务院颁布的《中华人民共和国公司登记管理条例》（2006 年 1 月 1 日实施）第二十六条规定："公司变更登记事项，应当向原公司登记机关申请变更登记。未经变更登记，公司不得擅自改变登记事项。"第三十条规定："公司变更法定代表人的，应当自变更决议或者决定作出之日起 30 日内申请变更登记。"运通公司法定代表人为黄忠明的工商登记手续一直未做变更，企业法人营业执照的法定代表人仍登记为黄忠明，黄忠明明确提出不申请行政复议。运通公司以王忠民为法定代表人名义提起行政复议申请不当，王忠民无权代表运通公司提起行政复议，行政复议申请人不适格，省政府予以受理不当。

（四）复议决定错列复议被申请人

《中华人民共和国行政复议法实施条例》第十一条规定"公民、法人或者其他组织对行政机关的具体行政行为不服，依照行政复议法和本条例的规定申请行政复议的，作出该具体行政行为的行政机关为被申请人。"甘肃省人民政府作出的甘政复字〔2009〕11 号行政复议决定所列被申请人为武威市人民政府。经审查，武房权证字第 054187 号房屋所有权证的发证机关是武威市房地产管理局。根据《中华人民共和国行政复议法实施条例》第十一条的规定，省政府的复议决定列武威市人民政府为被申请人错误。

（五）复议决定对民事权利予以认定不当

《中华人民共和国行政复议法》第二十八条规定："行政复议机关负责法制工作的机构应当对被申请人作出的具体行政行为进行审查，提出意见，经行政复议机关的负责人同意或者集体讨论通过后，按照下列规定作出行政复议决定……"即复议机关只应对被申请人作出的具体行政行为进行审查。被诉复议决定对相关当事人的民事权利予以认定，认为"运管局作为运通公司股东，自行召集股东会，在其他股东均未参加会议的情况下，自行召开股东会并作出股东会决议，成立以该局为唯一成员的武威运通有限责任公司清算组，刻制清算组印章，并以清算组名义管理、处置运通公司资产的行为均违反公司法的相关规定……"，省政府作出的复议决定对此作出行政评判不当。

（六）复议决定遗漏复议请求不当

申请人的申请复议请求有三项：1.撤销市政府给第三人谭永智办理《房屋所有权证》的具体行政行为；2.追究被申请人给第三人（谭永智）非法办理《房屋所有权证》相关人员的法律责任；3.赔偿申请人在行政复议过程中的各种经济损失2万元。该复议决定只针对第一项请求作出了复议决定，对另两项复议请求遗漏，在复议决定主文未作出决定不妥，所作复议决定遗漏复议请求。

第二种意见即少数意见认为：涉案的房产证是武威市房地产管理局颁发给谭永智的。当该案进入复议程序后，市政府认可省政府将其列为行政复议的被申请人，并也以市政府的名义进行答复。作为行政复议机关的人民政府，在行政复议中不仅对具体行政行为的合法性进行审查，也可以对具体行政行为所涉及的基础问题进行评判。

需要请示的问题：1.复议申请人未向作出行政行为的行政机关的上级行政机关申请行政复议，直接向上上一级机关申请行政复议，上上一级行政机关能否直接受理该申请并作出复议决定。2.在运通公司的营业执照的法定代表人至今仍登记为黄忠明的情形下，运通公司经董事会研究决定并任命的董事长王忠民是否有资格以法定代表人的名义代表运通公司提起行政复议。

我院审判委员会倾向于第一种意见。

当否，请批复。

二〇一一年二月十五日

『 相关行政解释 』

公安部关于公安机关贯彻实施《中华人民共和国行政复议法》若干问题的意见（1999年10月1日）

一、行政复议申请

1. 对公安部作出的具体行政行为不服的，向公安部申请行政复议。

对省（自治区、直辖市）、市（地、州）、县（市）公安机关作出的具体行政行为不服的，向作出该具体行政行为的公安机关的上一级公安机关或者该公安机关的本级人民政府申请行政复议。

对城市公安分局作出的具体行政行为不服的，向该城市公安分局隶属的城市公安局申请行政复议。

对省（自治区、直辖市）、市（地、州）公安厅、局直属的公安局、公安分局作出的具体行政行为不服的，向该直属公安局、公安分局隶属的公安机关申请行政复议。

对公安派出所依法以自己的名义作出的具体行政行为不服的，向该公安派出所隶属的公安机关申请行政复议。

2. 对县级以上公安机关所属的公安消防机构作出的具体行政行为不服的，向该公安消防机构的主管公安机关申请行政复议。

3. 对省（自治区、直辖市）、市（地、州）、县（市）公安机关所属的公安交通管理机关作出的具体行政行为不服的，向该公安交通管理机关的主管公安机关申请行政复议。

对城市公安分局所在地的公安交通管理机关作出的具体行政行为不服的，向该城市公安分局申请行政复议；与城市公安分局不在同一行政区域的，向该城市公安局申请行政复议。

对高速公路、高等级公路公安交通管理机关作出的具体行政行为不服的，向该公安交通管理机关的主管公安机关申请行政复议。

4. 对已改职业制的出入境边防检查站作出的具体行政行为不服的，向隶属的出入境边防检查总站申请行政复议；对出入境边防检查总站作出的具体行政行为不服的，向公安部申请行政复议。

对未改职业制的边防检查站作出的具体行政行为不服的，向主管的公安机关申请行政复议。

5. 对特区检查站、毗邻港、澳的边防支队作出的具体行政行为不服的，向其隶属的公安厅、局申请行政复议。

对边防分局（支队）、边境检查站（二类口岸、通道）作出的具体行政行为不服的，向所在地的市（地、州）公安机关申请行政复议。

对边防工作站、边防公安检查站、边防派出所依法以自己的名义作出的具体行政行为不服的，向所在地县级人民政府的公安机关申请行政复议。

6. 对劳动教养管理委员会作出的劳动教养决定不服的，向该劳动教养管理委员会的本级人民政府或者上一级劳动教养管理委员会申请行政复议。

7. 对公安机关所属的其他职能部门依据法律、法规授权，以自己的名义作出的具体行政行为不服的，向该职能部门的主管公安机关申请行政复议。

8. 对打架斗殴等情节轻微的违反治安管理的行为所造成的损害赔偿、负担医疗费用的调解或者其他处理，当事人不服的，按照行政复议法第八条第二款的规定，向人民法院提起民事诉讼。

公安部关于《中华人民共和国行政复议法》实施后出入境边防检查行政复议工作有关问题的通知（1999 年 10 月 26 日）

一、边防检查行政复议的管辖

行政复议实施后，对已改职业制的出入境边防检查站作出的具体行政行为不服的，向隶属的出入境边防检查总站申请行政复议；对现役制边防检查站作出的具体行政行为不服的，向所在省、自治区、直辖市公安厅、局申请行政复议。边防检查站在作出行政处罚时，应在《公安行政处罚决定书》中注明。

『典型案例』

根据中华人民共和国最高人民法院（2018）最高法行申9290号行政裁定书，再审申请人梅杰因与被申请人中华人民共和国教育部（以下简称教育部）行政复议一案，不服北京市高级人民法院（2018）京行终3159号行政判决，向最高人民法院申请再审。

梅杰申请再审称，教育部所作教复不字〔2017〕42号《教育部不予受理行政复议申请决定书》（以下简称被诉决定）程序违法，存在复议超期的问题，其所提复议事项属于行政复议的受案范围。一审、二审法院对于其提供的有效证据没有依法采纳，认定事实不清，适用法律错误。故此，请求撤销一、二审判决，撤销被诉决定，确认违法并承担赔偿责任，判定教育部重新复议并承担诉讼费用。

最高人民法院经审查认为，高等学校依据法律、法规授权作出颁发学历、学位证书以及开除学籍等影响学生受教育权利的行政行为，当事人不服有权依法申请行政复议或者提起行政诉讼。但上述行为不包括高等学校依据《中华人民共和国教育法》等规定按照章程自主管理、组织实施教育教学活动、对受教育者进行学籍管理、实施奖励或者处分等行为。本案中，教育部认为梅杰申请复议的北京邮电大学对其教务管理与留级处理的行为系高等学校依据法定权利自主实施的内部管理活动，属于高校办学自主权事项，不属于行政复议范围，并无不当。此外，教育部于2017年9月25日收到行政复议申请，于同年9月26日作出被诉决定，并不违反《中华人民共和国行政复议法》第十七条第一款的规定。此外，梅杰向原审法院提交教复中字〔2016〕1号《中止行政复议通知书》等证据，原审法院以与本案被诉决定合法性审查不具有关联性为由不予采纳并无不当。

综上，梅杰的再审申请不符合《中华人民共和国行政诉讼法》第九十一条规定的情形。2019年4月15日，最高人民法院依照《最高人民法院关于适用〈中华人民共和国行政诉讼法〉的解释》第一百一十六条第二款之规定，裁定驳回梅杰的再审申请。

『2023年版本』

第二十五条　国务院部门管辖下列行政复议案件：

（一）对本部门作出的行政行为不服的；

（二）对本部门依法设立的派出机构依照法律、行政法规、部门规章规定，以派出机构的名义作出的行政行为不服的；

（三）对本部门管理的法律、行政法规、部门规章授权的组织作出的行政行为不服的。

『 1999、2009、2017 年版本 』

第十四条　对国务院部门或者省、自治区、直辖市人民政府的具体行政行为不服的，向作出该具体行政行为的国务院部门或者省、自治区、直辖市人民政府申请行政复议。对行政复议决定不服的，可以向人民法院提起行政诉讼；也可以向国务院申请裁决，国务院依照本法的规定作出最终裁决。

『 条文释义 』

本条规定了国务院部门管辖的行政复议案件。1999 年版本、2009 年版本和 2017 年版本的规定是一致的，2023 年版本进行了细化，但所遵循的基本原则是一致的。

国务院部门管辖下列行政复议案件：

（1）对本部门作出的行政行为不服的，向本部门申请复议。例如，申请人对财政部的行政行为不服，应当向财政部申请行政复议。《行政复议法》之所以作出这一规定，主要考虑国务院部门很少直接作出行政行为，如果作出，也是非常慎重的，如果申请人不服，国务院部门也会认真、谨慎处理，因此，由国务院部门自己纠正自己的违法或者不适当行为是可行的。另外，也考虑如果由国务院作为行政复议机关，对该行政复议决定不宜由人民法院再进行司法审查，如果直接规定国务院的行政复议决定为终局决定，又减少了申请人权利救济的机会。

（2）对本部门依法设立的派出机构依照法律、行政法规、部门规章规定，以派出机构的名义作出的行政行为不服的，本部门属于上级单位，具有行政复议管辖权。例如，国家税务总局设立了驻广州特派员办事处，申请人对国家税务总局驻广州特派员办事处的行政行为不服，应当向国家税务总局申请行政复议。

（3）对本部门管理的法律、行政法规、部门规章授权的组织作出的行政行为不服的，本部门属于上级单位，具有行政复议管辖权。例如，甲大学为教育部管理的法律授权的组织，申请人对甲大学的行政行为不服，应当向教育部申请行政复议。

『 相关法规 』

中华人民共和国行政复议法实施条例

第二十三条　申请人对两个以上国务院部门共同作出的具体行政行为不服的，依照行政复议法第十四条的规定，可以向其中任何一个国务院部门提出行政复议申请，由作出具体行政行为的国务院部门共同作出行政复议决定。

『相关规章』

税务行政复议规则

第十八条 对国家税务总局的具体行政行为不服的，向国家税务总局申请行政复议。对行政复议决定不服，申请人可以向人民法院提起行政诉讼，也可以向国务院申请裁决。国务院的裁决为最终裁决。

国家国际发展合作署行政复议实施办法

第三条 申请人对国际发展合作署的具体行政行为不服的，可以向国际发展合作署申请行政复议。

自然资源行政复议规定

第四十二条 申请人对国家林业和草原局行政行为不服的，应当向国家林业和草原局提起行政复议。

申请人对地方林业和草原主管部门的行政行为不服，选择向其上一级主管部门申请行政复议的，应当向上一级林业和草原主管部门提起行政复议。

自然资源主管部门对不属于本机关受理的行政复议申请，能够明确属于同级林业和草原主管部门职责范围的，应当将该申请转送同级林业和草原主管部门，并告知申请人。

水利部行政复议工作暂行规定

第六条 公民、法人或者其他组织可以按照下列规定申请行政复议：

（一）对水利部或者流域机构作出的具体行政行为不服的，向水利部申请行政复议。

（二）对省级水行政主管部门作出的具体行政行为不服的，可以向省、自治区、直辖市人民政府申请行政复议，也可以向水利部申请行政复议。

（三）对流域机构所属管理机构作出的具体行政行为不服的，向流域机构申请行政复议。

工业和信息化部行政复议实施办法

第七条 申请人对工业和信息化部或者省、自治区、直辖市通信管理局的具体行政行为不服的，向工业和信息化部申请行政复议。

申请人对省、自治区、直辖市工业和信息化主管部门的具体行政行为不服的，可以向该部门的本级人民政府申请行政复议，也可以依法向工业和信息化部申请行政复议。

中国证券监督管理委员会行政复议办法

第十三条 申请人对中国证监会或其派出机构、授权组织的具体行政行为不服申请行政复议的，作出该具体行政行为的中国证监会或其派出机构、授权组织是被申请人。

中国证监会或其派出机构委托其他组织作出具体行政行为的，中国证监会或其派出机构是被申请人。

国家发展和改革委员会行政复议实施办法

第五条　对国家发展改革委的具体行政行为不服的，可以向国家发展改革委申请行政复议。

对国家发展改革委与其他部门联合做出的具体行政行为不服的，应当同时向做出该具体行政行为的各有关部门申请行政复议。

对省、自治区、直辖市发展改革机关的具体行政行为不服的，可以向该省、自治区、直辖市人民政府申请行政复议，也可以向国家发展改革委申请行政复议。

商务部行政复议实施办法

第三条　对下列具体行政行为不服的，可以向商务部申请行政复议：

（一）商务部的具体行政行为；

（二）商务部的派出机构依照法律、法规或者规章的规定，以自己的名义作出的具体行政行为；

（三）法律、法规授权并由商务部直接管理的组织的具体行政行为；

（四）对省、自治区、直辖市国内外贸易和国际经济合作管理机关的具体行政行为不服的，可以向商务部申请行政复议，也可以向该省、自治区、直辖市人民政府申请行政复议。

司法行政机关行政复议应诉工作规定

第八条　对县级以上地方各级司法行政机关的具体行政行为不服，向司法行政机关申请行政复议，由上一级司法行政机关管辖。

对监狱机关、劳动教养机关的具体行政行为不服，向司法行政机关申请行政复议，由其主管的司法行政机关管辖。

对司法部的具体行政行为不服向司法行政机关申请行政复议，由司法部管辖。申请人对司法部行政复议决定不服的，可以向人民法院提起行政诉讼；也可以向国务院申请裁决。

中国人民银行行政复议办法

第六条　金融机构、其他单位和个人对中国人民银行各级行作出的行政复议决定不服的，可以依照行政诉讼法的规定向人民法院提起行政诉讼；对中国人民银行总行的行政复议决定不服的，可以在收到《中国人民银行行政复议决定书》之日起15日内向国务院申请裁决，国务院依法作出的裁决为最终裁决。

『典型案例』

中国证券监督管理委员会行政复议决定书

〔2022〕154号

申请人：周杰新

住址：广东省广州市

被申请人：中国证券监督管理委员会广东监管局

地址：广东省广州市天河区临江大道3号发展中心15楼

申请人不服被申请人《行政处罚决定书》（〔2022〕7号，以下简称《处罚决定》）对其作出的行政处罚，向中国证券监督管理委员会（以下简称本会）申请行政复议。本会受理后，依法进行了审查，现已审查终结。

《处罚决定》认定，申请人于2015年8月至2021年7月担任广发证券（14.950，-0.11，-0.73%）股份有限公司（以下简称广发证券）信息技术部投资与资管运维组工作人员，其中于2015年9月至2021年7月从事广发证券O32恒生电子（32.100，-0.14，-0.43%）投资交易系统（以下简称自营O32系统）等交易系统的维护工作，在履职中可以实时获取广发证券自营账户交易指令、交易股票名称、交易时点、交易价格、交易数量等未公开信息。申请人在2018年11月至2021年7月频繁登陆自营O32系统，获知了广发证券自营88账户的交易指令、交易股票名称、交易时点、交易价格、交易数量等未公开信息。申请人、周某明、周某、周某1系同胞关系。申请人与周某明约定，由申请人将获知的广发证券自营88账户未公开信息传递给周某明，并安排周某明根据申请人的决策，从事与未公开信息相关的证券交易活动，使用的证券账户包括"周某明"和"周某1"两个账户。

"周某明"证券账户于2015年9月23日开立，2021年4月19日销户。该账户交易决策、交易资金来源于申请人，交易盈亏由申请人、周某明承担。经计算，2018年11月5日至2021年2月9日，"周某明"证券账户同期或稍晚于广发证券自营88账户趋同交易股票128只，趋同交易金额105 715 400元，盈利2 770 484.89元。

"周某1"证券账户于2019年5月20日开立。2019年5月23日至2021年3月1日前，该账户交易资金来源于周某、周某1，申请人明示周某明利用相关未公开信息进行交易，周某明实际操作了"周某1"证券账户进行交易。经计算，上述期间，该账户同期或稍晚于广发证券自营88账户趋同交易股票85只，趋同交易金额26 347 400元，盈利462 351.94元。2021年3月1日至2021年4月14日，申请人、周某明向该账户投入交易资金，利用未公开信息进行证券交易。经计算，上述期间，该账户同期或稍晚于广发证券自营88账户趋同交易股票2只，趋同交易金额 3 270 400 元，盈利 42 551.21 元。

申请人的上述行为违反了证券法第五十四条第一款的规定，构成证券法第一百九十一条第二款所述的利用未公开信息进行交易的违法行为。根据当事人违法行为的事实、性质、情节及社会危害程度，依据证券法第一百九十一条第二款的规定，被申请人决定：一是对申请人利用未公开信息从事相关证券交易的行为，没收违法所得 2 813 036.10 元，并处以 2 813 036.10 元罚款。二是对申请人明示他人利用未公开信息从事相关证券交易的行为，处以 700 000 元罚款。

申请人请求撤销或变更《处罚决定》，主要理由为：1. 被申请人《处罚决定》存在重大程序瑕疵。被申请人在执法过程中未告知违法所得的计算过程、计算方式以及最终确认的违法行为涉及的具体证券范围，该行为构成对申请人陈述申辩权利的重大损害。2. 本案应适用接近排除合理怀疑的证明标准，在案证据无法证明申请人利用"指令查询"栏目获知了未公开信息，应以"综合信息查询"作为信息获取渠道，并将周某明交易距广发证券自营 88 账户交易 3 分钟内的交易排除、将自营 88 账户 T+1 日、T+2 日（后二）所对应的股票交易排除、系统操作日志项下无法明确反映申请人查询自营 88 账户未公开信息的相关交易扣除。此外，申请人主张在 2021 年 1 月 16 日前，并不知晓周某明利用"周某 1"证券账户进行趋同交易，明示他人利用未公开信息交易的违法行为不成立，因此应将 2021 年 1 月 16 日前的相关趋同交易予以排除。3. 被申请人未充分考虑申请人违法情节轻重及申请人的具体情况，认为申请人利用未公开信息交易行为对市场破坏性较小，对市场影响有限，且申请人品行良好、主观违法恶性小，思想一时出现偏差，同时家庭经济负担较重，已真诚悔过，处罚决定过重，不符合行政比例原则。

被申请人答复认为，《处罚决定》事实清楚，证据确凿，适用法律正确，程序合法，处罚适当，申请人提出的复议理由不能成立。主要理由为：

被申请人充分保障了申请人的合法权利，作出行政处罚的程序正当。一是被申请人经履行事先告知程序，依法向申请人告知了作出行政处罚的事实、理由、依据及其依法享有的权利，应申请人的要求及两次延期请求，被申请人在两次延期后召开了听证会，听取了申请人的陈述申辩意见。二是被申请人在听证阶段，向申请人提供了本案全部证据材料，充分保障了申请人的合法权利。申请人查阅的相关证据列示了适用"T+2"标准的证券名称、计算方法、申请人通过"指令查询"栏目查看时间、趋同数量和盈亏金额等信息。申请人在调查询问中也明确表示"本人给予趋同交易时间范围的认定这一技术问题上对上述表格中数据进行确认，本人认为，对本人趋同交易时间范围的认定采用'后二'（交易日后两日期间）标准是合理的，符合行政比例原则"。因此，本案行政处罚程序正当，不存在应告知而未告知的问题。

被申请人认定申请人通过"指令查询"获取未公开信息，并适用"T+2"标准认定申请人进行趋同交易和明示他人交易，事实清楚、证据确实充分。

一是根据广发证券提供的《投资与资管运维组情况说明》、申请人后台登录 O32 系统的记录、《关于运维人员登录恒生 O32 系统后台留痕的情况说明》及相关人员询问笔录等证据，足以证明申请人利用职务便利，通过"指令查询"栏目实时获取未公开信息。其一，在广发证券自营88账户投资经理下达交易指令后，该指令即可在"指令查询"栏目显示，而在交易员执行交易指令后，交易信息才会在"综合信息查询"栏目显示。根据自营88账户投资经理提供的情况说明，其在O32系统下单界面下达指令，交易室O32系统的交易端会发出提示音，交易员就按照O32系统上的要求进行委托下单。O32系统默认指令一天有效，交易员需要在一天之内择机成交完毕。相比"综合信息查询"栏目，未公开信息在"指令查询"栏目显示更早、保密要求更高。其二，申请人作为运维人员登录自营O32系统，只要打开"指令查询"栏目，即可以看到投资经理当日下达的所有交易指令。

二是采用"T+2"认定趋同交易范围并无不当。其一，"T+2"时间段内，相关未公开信息具有相当的时效性和参考意义，当事人的趋同交易与未公开信息之间的联系较为紧密。该标准符合市场交易的一般逻辑和常理，也是目前证券监管中有关"老鼠仓"行政处罚的一贯做法，且获得司法认可。其二，如前所述，申请人在询问中明确表示，"本人认为，对本人趋同交易时间范围的认定采用'后二'（交易日后两日期间）标准是合理的，符合行政比例原则"。其三，信息传递具有多种方式，不能简单以3分钟的时间段划分是否利用未公开信息进行交易。因此，被申请人采用"T+2"标准并无不当，申请人主张排除"3分钟内""T+1""T+2"的交易，无法律依据，也无其他客观证据支持。

三是被申请人认定申请人"明示他人交易"依据充分。其一，申请人自始至终与周某明具有利用未公开信息交易的主观故意、自始至终明确知悉周某明利用其传递的未公开信息进行交易。其中，2019年5月23日至2021年3月1日前的"周某1"证券账户交易，系由周某、周某1出资，周某明操作，申请人在此期间明知周某明在利用其告知的未公开信息交易股票，仍向其传递未公开信息，实质上是申请人提供未公开信息和买卖建议，明示周某明去进行交易。至于周某明利用了何人账户、何人资金进行交易，申请人是否以及何时具体了解到相关情况等，均不影响该违法行为的成立。其二，申请人在询问中自认，"我和哥哥周某明利用未公开信息进行交易的具体期间是2018年11月5日至2021年4月14日，其中周某明万联证券广州荔湾分公司账户开始趋同交易日期是2018年11月5日，结束日期是2021年2月9日，周某1万联证券广州荔湾分公司账户开始趋同交易日期是2019年5月23日，结束时间为2021年4月14日"。"2019年5月23日至2021年4月14日期间，周某明使用周某1账户利用我传递的未公开信息进行趋同交易我是知道的，他告诉过我。"周某明在笔录中提及的相关交易与申请人所述一致。

被申请人作出的行政处罚幅度适当。其一，证券法第一百九十一条规定的对利用未公开信息交易的处罚幅度为，没收违法所得，并处一倍以上十倍以下罚款，没有违法所得的或者违法所得不足五十万元的，处五十万元以上五百万元以下的罚款。本案对申请人的处罚为，有违法所得部分处没一罚一、无违法所得部分处700 000元罚款，均为法定最低、偏低处罚幅度。其二，申请人利用未公开信息进行交易的行为，破坏了公开、公平、公正的证券市场原则，损害证券行业信誉，破坏投资者对证券经营机构的信任，对证券市场的健康发展产生负面影响，社会危害较大。相关违法行为的危害性不以申请人的主观臆断转移。此外，从在案证据看，申请人在谋划利用未公开信息交易时就清楚知悉相关行为的违法性，在看到相关处罚案例后曾"收手"转做期货交易，并在期货亏损后继续进行利用未公开信息交易。在进行违法行为过程中，通过精心与周某明设计传递信息方式等掩盖自身违法行为。申请人有关其主观违法意图较小等情况与事实不符。被申请人根据申请人违法行为的事实、性质、情节及社会危害程度，作出的处罚幅度适当。

经查明，申请人系广发证券信息技术部投资与资管运维组工作人员，从事广发证券自营 O32 系统等交易系统的维护工作。2018 年 11 月至 2021 年 7 月，申请人频繁登陆自营 O32 系统，获知广发证券自营 88 账户的交易指令、交易股票名称、交易时点、交易价格、交易数量等未公开信息。

申请人利用未公开信息从事相关证券交易，于 2018 年 11 月 5 日至 2021 年 2 月 9 日期间使用"周某明"证券账户、于 2021 年 3 月 1 日至 2021 年 4 月 14 日使用"周某 1"证券账户，同期或稍晚于广发证券自营 88 账户趋同交易 130 只股票，盈利 2 813 036.10 元。

申请人明示周某明利用相关未公开信息进行证券交易，2019 年 5 月 23 日至 2021 年 3 月 1 日期间使用"周某 1"证券账户，同期或稍晚于广发证券自营 88 账户趋同交易股票 85 只，盈利 462 351.94 元。

本会认为，证券法第五十四条第一款规定，禁止证券公司等金融机构从业人员利用因职务便利获取的内幕信息以外的其他未公开的信息，违反规定，从事与该信息相关的证券交易活动，或者明示、暗示他人从事相关交易活动。本案中，申请人系广发证券自营 O32 系统运维人员，通过职务之便获取了广发证券自营 88 账户的交易指令、交易股票名称、交易时点、交易价格、交易数量等未公开信息，结合在案证据，足以证明申请人从事并明示他人从事与未公开信息相关的证券交易活动，其行为构成证券法第一百九十一条第二款所述的利用未公开信息进行交易的违法行为，被申请人综合考虑申请人违法行为的事实、性质、情节与社会危害程度作出处罚决定，量罚适当。

关于本案行政处罚程序。被申请人已履行行政处罚法第四十四条规定的事先告知程序，也根据《中国证券监督管理委员会行政处罚听证规则》第十一条的规定向申请人提供了本案全部证据材料，允许申请人查阅、复制卷宗，应申请人要求延期后召开听证会，听取了申请人的陈述申辩意见，不存在申请人所述的程序违法情形。

关于申请人利用未公开信息趋同交易的认定范围。结合广发证券提供的情况说明、申请人后台登录 O32 系统的记录、申请人及相关人员询问笔录等证据，本案关于申请人获取未公开信息的渠道以及趋同交易范围的认定并无不当，申请人主张的将周某明交易距广发证券自营 88 账户交易 3 分钟内的交易排除、将自营 88 账户 T+1 日、T+2 日（后二）所对应的股票交易排除、系统操作日志项下无法明确反映申请人查询自营 88 账户未公开信息的相关交易扣除等，缺乏事实和法律依据，本会不予支持。

关于申请人明示他人利用未公开信息交易的认定。结合在案证据，申请人、周某明、周某、周某1系同胞关系，2019年5月23日至2021年3月1日期间，申请人明知周某明在利用其告知的未公开信息开展趋同交易，仍向其传递未公开信息，被申请人认定申请人明示周某明进行交易并无不当。申请人提出的排除2021年1月16日前的相关趋同交易，不予支持。

申请人关于其品行良好、主观违法恶性小、家庭经济负担较重等理由，不构成法定的从轻、减轻或者免除处罚的事由，本会不予采纳。

综上，根据行政复议法第二十八条第一款第一项的规定，本会决定：维持被申请人《行政处罚决定书》（〔2022〕7号）对申请人作出的行政处罚。

申请人如不服本复议决定，可在收到本复议决定书之日起15日内向有管辖权的人民法院提起诉讼。

中国证监会
2022年10月14日

『2023 年版本』

第二十六条　对省、自治区、直辖市人民政府依照本法第二十四条第二款的规定、国务院部门依照本法第二十五条第一项的规定作出的行政复议决定不服的，可以向人民法院提起行政诉讼；也可以向国务院申请裁决，国务院依照本法的规定作出最终裁决。

『1999、2009、2017 年版本』

第十四条　对国务院部门或者省、自治区、直辖市人民政府的具体行政行为不服的，向作出该具体行政行为的国务院部门或者省、自治区、直辖市人民政府申请行政复议。对行政复议决定不服的，可以向人民法院提起行政诉讼；也可以向国务院申请裁决，国务院依照本法的规定作出最终裁决。

『条文释义』

本条规定了国务院最终裁决的行政复议案件。1999年版本、2009年版本和2017年版本的规定是一致的，2023年版本进行了细化，但所遵循的基本原则是一致的。

鉴于省、自治区、直辖市人民政府依法作出的行政复议决定以及国务院部门依法作出的行政复议决定级别比较高，申请人有可能担心法院不敢进行审查，《行政

《复议法》特别设定了国务院最终裁决制度，即申请人对上述行政复议决定不服的，既可以按照通常程序向人民法院提起行政诉讼；也可以向国务院申请裁决，国务院依照《行政复议法》的规定作出最终裁决。

『相关规章』

税务行政复议规则

第十八条　对国家税务总局的具体行政行为不服的，向国家税务总局申请行政复议。对行政复议决定不服，申请人可以向人民法院提起行政诉讼，也可以向国务院申请裁决。国务院的裁决为最终裁决。

国家发展和改革委员会行政复议实施办法

第七条　对国家发展改革委作出的行政复议决定不服的，可以向人民法院提起行政诉讼；也可以向国务院申请裁决。

司法行政机关行政复议应诉工作规定

第八条　对县级以上地方各级司法行政机关的具体行政行为不服，向司法行政机关申请行政复议，由上一级司法行政机关管辖。

对监狱机关、劳动教养机关的具体行政行为不服，向司法行政机关申请行政复议，由其主管的司法行政机关管辖。

对司法部的具体行政行为不服向司法行政机关申请行政复议，由司法部管辖。申请人对司法部行政复议决定不服的，可以向人民法院提起行政诉讼；也可以向国务院申请裁决。

中国人民银行行政复议办法

第六条　金融机构、其他单位和个人对中国人民银行各级行作出的行政复议决定不服的，可以依照行政诉讼法的规定向人民法院提起行政诉讼；对中国人民银行总行的行政复议决定不服的，可以在收到《中国人民银行行政复议决定书》之日起15日内向国务院申请裁决，国务院依法作出的裁决为最终裁决。

『典型案例』

北京市西城区人民法院行政判决书

（2019）京 0102 行初 352 号

原告：陕西省企业质量管理中心，住所地陕西省西安市未央区二府庄路××

未央区委党校××。

法定代表人：华喜梅，经理。

委托代理人：海静，陕西省企业质量管理中心工作人员。

委托代理人：齐精智，陕西明乐律师事务所律师。

被告：陕西省市场监督管理局，住所地陕西省西安市二环北路东段××。

法定代表人：张智华，局长。

委托代理人：张建刚，陕西省市场监督管理局工作人员。

委托代理人：肖宏宇，陕西毕达律师事务所律师。

被告：中华人民共和国国家市场监督管理总局，住所地北京市西城区三里河东路××。

法定代表人：肖亚庆，局长。

委托代理人：董洁，中华人民共和国国家市场监督管理总局工作人员。

原告陕西省企业质量管理中心（以下简称原告）不服被告陕西省市场监督管理局（以下简称陕西市场监管局）行政处罚及被告中华人民共和国国家市场监督管理总局（以下简称国家市场监管局，因国务院机构改革，原国家工商行政管理总局职权由国家市场监督管理总局承继，省级相关部门亦随之调整）行政复议一案，向本院提起行政诉讼。本院受理后，依法组成合议庭，于2019年6月18日公开开庭审理了本案。原告陕西省企业质量管理中心之委托代理人海静、齐精智，被告陕西市场监管局之委托代理人张建刚、肖宏宇，国家市场监管局之委托代理人董洁到庭参加诉讼。本案现已审理终结。

2018年10月16日，陕西省工商行政管理局作出陕工商处字〔2018〕16号《行政处罚决定书》（以下简称被诉处罚决定），主要内容是：2018年3月29日，本局根据投诉线索，对陕西省企业质量管理中心进行核查。经初步核实，陕西省企业质量管理中心涉嫌虚假宣传。2018年3月30日，经省局负责人批准立案。经本局查明，当事人自2018年以来，其主要业务是企业产品服务调研和评价，并向企业颁发各类评比牌匾。牌匾的类型主要有《3·15诚信经营示范单位》《3·15质量无投诉示范单位》《3·15十佳诚信名优企业》《陕西省安全施工先进单位》《陕西省工程质量AAA级信誉单位》等35大类。当事人以授予企业的单项荣誉向企业收取费用，并以宣传费的名目向企业开具发票或收款收据。

当事人实为经营性质的集体企业，与政府部门无任何隶属关系。其在向企业宣传中，自称为非营利性机构，是陕西省工业和信息化厅（以下简称省工信厅）的下属部门，以虚构的"你们公司被工商提名符合申报要求""工商和税务局下发的企业名单里有你们"为由向企业推介各类评比。同时向企业下发《关于开展"企业·质量·诚信"主题活动的通知》《关于开展2018年3·15国际消费者权益日纪念宣传活动通知》等各类文件（其中有些文件以"陕西省纪念3·15活动组委会"名义发文）和活动参与申请表，组织企业参与评比。通过自办《质量跟踪》刊物和印有中国消费者协会（以下简称中消协）会徽的×××××××××网站对参与评比企业所获荣誉进行宣传。

当事人对企业进行评比的主要依据是自定的《陕西省企业质量信用等级评定管理办法》（以下简称《办法》）、《陕西省企业质量信用等级评定细则》（以下简称《细则》）、《陕西省企业质量管理中心诚信经营示范单位等评价标准》（以下简称《标准》）等三个文件。但在评比过程中：一是违反《办法》进行评定，对在两年内受过行政处罚的企业仍然给予评奖；二是未实地对企业进行调研，根据当事人自述和《细则》规定，当事人应当对所有参评企业进行实地调研，但当事人并未进行实地调研；三是未按《办法》《细则》规定对参评企业进行打分，等级评定是按照分数评定，有明确的打分标准，当事人没有任何打分记录。四是对行业排名性质的评比无任何科学依据，当事人在各类评比中既没有按照自定的《办法》《细则》《标准》进行评比和对行业进行科学的分析比较，也没有对企业进行实质调查，随意作出评比结论。说明当事人虽然制定了评比的依据，但在评比中不按依据执行，且评比无科学依据，其评比行为为虚假。

当事人不配合执法机构调查：一是拒不提供相关材料，本局向当事人下达的《询问通知书》要求当事人提供员工花名册和2010年以来获奖企业名单及对应奖项等材料，但当事人拒绝提供；二是提供虚假材料，当事人向本局提供的10家企业调研报告为虚假调研报告；三是故意隐瞒评比收费事实，当事人在向本局提交的建档材料"参与表"中删除了"资质荣誉评审"栏目，这与当事人向参评企业实际提供的"参与申请表"中的栏目不一致，说明当事人故意隐瞒评比收费事实。

2018年以来，参与当事人评比企业达到200余家，包括国有企业、上市公司、食品、医药、环保、安全等众多行业。当事人部分银行流水和税务部门的开票记录显示，2018年1—5月当事人共收取评比费用160余万元。参评企业所获奖项情况已通过当事人网站进行宣传；同时，部分企业通过自身网站、大众媒体、政府网站转载等渠道对外广泛宣传，产生了美化自身商誉的宣传效果。

以上事实主要有以下证据证明：1. 当事人《营业执照》和法定代表人身份证复印件各一份；2. 现场检查笔录一份、现场检查时拍摄的奖牌及办公场所照片打印件19张、在当事人电脑中提取的网页截屏打印件2张、增值税发票及收据5张、当事人员工笔记本记录宣传用语的复印件2张、当事人2017年至本局现场检查当日电脑开票信息表；3. 华喜梅5次询问笔录；4. 当事人提供的十家企业调研报告、十家企业建档材料，《办法》《细则》《标准》；5.13家企业调查询问资料；6. 本局向中消协去函咨询及中消协复函；本局向省工信厅去函及工信厅复函；7. 司法鉴定报告附光盘1分、当事人电脑数据镜像硬盘1个、执法人员从报告中提取的文件和"活动参与申请表"、当事人员工花名册和通讯录、当事人员工聊天记录；8. 当事人银行流水统计表、协助调查函4份、工商银行当事人基本户流水1份、招商银行当事人一般户流水1份、未央国税提供当事人开具增值税发票明细；9. 执法人员提取的当事人网站对企业宣传的截图，当事人网站宣传中两家企业获得"十强"荣誉的调查情况；部分参评企业通过其他媒介宣传虚假评比奖项的截图；10. 本局向当事人下发的《询问通知书》；行政强制措施决定书、现场检查记录、扣押电脑主机照片、委托鉴定书、司法鉴定委托材料收领单、司法鉴定委托书、解除行政强制措施书。

本局依法于 2018 年 9 月 10 日向当事人送达《行政处罚听证告知书》，应当事人申请，于 2018 年 9 月 28 日举行听证会。当事人提出自己从未开展过任何评比活动，也未对自身作任何形式的虚假商业宣传、未帮助其他经营者作虚假宣传、办案机构法律适用不准确、认定情节严重缺乏依据、自身应免于或减轻处罚等五项申辩意见。听证机构作出：当事人违法事实清楚，证据确凿，办案机构适用法律正确，程序合法，拟作出的处罚决定适当的听证意见。

本局认为：当事人通过向企业下发各类文件等形式组织企业参与评比，在具体实施评比过程中，既未对企业真实经营状况进行实地调查，也未按照自定的《办法》《细则》《标准》进行评定，评比缺乏实质性内容和过程性记录，缺乏可信的科学评判依据，对于部分存在违法违规记录的企业和不具备行业领先地位的企业，当事人随意作出荣誉性结论，授予"质量诚信""消费者信得过""AAA 级信誉""行业优秀""行业十强""十佳""百强"等名目的荣誉，该评比行为显然属于虚假荣誉评比。2018 年 1 月 1 日新的反不正当竞争法实施后，检查人员发现当事人网站上对其虚假评比结果继续进行宣传，该行为客观上达到了帮助企业进行虚假宣传的结果；同时，获得虚假评比荣誉的企业通过各种媒介进行宣传，易使公众对市场主体的选择产生误判，破坏了公平的市场竞争秩序。

当事人的行为违反了有关法律规定：

1. 当事人向参评企业发放的"申报流程"、员工的聊天记录和我局调查的 13 家企业情况显示，当事人是按照评比奖项收费，其实质是借"咨询费""宣传费"名义，收取评比费用。对此类行为《中共中央办公厅、国务院办公厅关于严格控制评比活动有关问题的通知》《关于整顿营销信息发布秩序坚决制止乱排序、乱评比行为的通知》都作出了禁止性规定。

2. 对于当事人的行为，国家市场监管总局《关于开展反不当竞争执法重点行动的公告》第三条"重点查处互联网领域的虚假宣传行为，维护公平的竞争秩序。法律依据：反不正当竞争法第八条、第二十条。重点领域：互联网领域'刷单炒信'、虚假的商品或经营者荣誉评比、直销领域的虚假宣传行为，保健品领域的虚假宣传行为"。规定列为查处重点。

3. 当事人假借政府部门的名义向相关企业传递虚假信息，宣称自己为非营利性机构，其实质是以政府或社会团体的名义来提高自身举办评比的可信度，增加企业对评比权威信的认可；同时，当事人在网站中标注具有较高影响力的中消协徽标，下发文件和奖牌上使用"陕西省纪念 3·15 活动组委会"字样，易使公众对奖牌的来源产生误认，达到误导经营者和消费者的效果，其行为违反了反不正当竞争法第八条第一款"经营者不得对其商品的性能、功能、质量、销售状况、用户评价、曾获荣誉等作虚假或者引入误解的商业宣传，欺骗、误导消费者"之规定。

4. 当事人行为违反了反不正当竞争法第八条第二款"经营者不得通过组织虚假交易等方式，帮助其他经营者进行虚假或者引人误解的商业宣传"的规定，属于帮助其他经营者进行虚假宣传的行为。

5.本局在对当事人进行不正当竞争调查时，当事人有义务配合调查，并如实提供材料。在调查过程中，当事人向执法机构提供部分材料与事实不符，故意隐瞒真实情况，当事人的行为违反了反不正当竞争法第十四条"监督检查部门调查涉嫌不正当竞争行为，被调查的经营者、利害关系人及其他有关单位、个人应当如实提供有关资料或者情况"之规定。

根据反不正当竞争法第二十条第一款"经营者违反本法第八条规定对其商品作虚假或者引人误解的商业宣传，或者通过组织虚假交易等方式帮助其他经营者进行虚假或者引人误解的商业宣传的，由监督检查部门责令停止违法行为，处二十万元以上一百万元以下罚款；情节严重的，处一百万元以上二百万元以下的罚款，可以吊销营业执照"之规定。依据《国家工商行政管理总局关于工商行政管理机关正确行使行政处罚自由裁量权的指导意见》（以下简称《指导意见》）"当事人有下列情形之一的，可以依法从重行政处罚：有悖于党和国家方针、政策规定的阶段性工作重点的违法行为的"，鉴于当事人违背党和国家规定进行乱评比、乱排序，且当事人和参评企业将虚假评比结果通过各种媒介进行宣传，影响范围广，易造成经营者和消费者对市场主体的正确判断，严重干扰了正常的市场秩序，已构成情节严重。本局决定：对当事人处一百万元罚款，吊销营业执照。

原告陕西省企业质量管理中心不服被诉处罚决定，向国家市场监管局申请行政复议。2019年3月7日，国家市场监管局作出国市监复议〔2019〕31号《行政复议决定书》（以下简称被诉复议决定），决定维持被诉处罚决定。原告不服，诉至我院。

原告诉称，第一，被诉处罚决定法律适用错误。1.被诉处罚决定以未经公布的规范性文件《指导意见》作为从重处罚的依据，不具有合法性，且该文件无权规定行政处罚适用的种类和幅度；2.原告依法开展企业质量信用等级评价工作符合现阶段党和国家的方针和政策要求，被告陕西市场监管局主观认定，违反《中共中央办公厅、国务院办公厅关于严格控制评比活动有关问题的通知》《关于整顿营销信息发布秩序坚决制止乱排序、乱评比行为的通知》的行为就是有悖于党和国家方针、政策规定的阶段性工作重点的违法行为，属事实和法理错误；3.被告陕西市场监管局作为执法机关无权解释法律，陕西市场监管局在《被申请人答复书》中提出，反不正当竞争法第八条第一款规定的"消费者"应当从立法目的和竞争原则等方面考量，其认为消费者不仅包括自然者而且包括法人及集体。对此，陕西市场监管局无权作出扩大解释，违反《中华人民共和国立法法》相关规定。

第二，被诉处罚决定事实认定不清。1.陕西市场监管局提出证据显示其只针对13家企业进行了调查，并未就200多家企业逐一调查取证，却直接认定200多家企业均系虚假宣传，未经依法取证，主观臆断原告属于情节恶劣。2.原告积极配合调查，接受被告询问、查封等，在调查中主动删除可能产生不良影响的网站数据库信息；原告进行整改，开除了评价办负责人，永久停止了企业产品及服务的评价工作，陕西市场监管局从重处罚与事实不符。

第三，陕西市场监管局滥用职权。1.根据"陕西省权责清单和公共服务事项清单统一发布平台"，本案应按属地管辖由西安市未央区市场监管局管辖；2.陕西市场监管局在《实施行政强制措施决定书》中未明确具体法律条文，原告要求也拒绝告知；3.调查过程中，办案人员邀请记者报道有泄露原告商业秘密的风险；4.被告陕西市场监管局因原告申辩陈述和申辩从重处罚。

第四，被诉复议决定认定原告情节严重没有法律依据。故请求本院判决撤销被诉处罚决定及被诉复议决定，并对《指导意见》进行合法性审查。

为了证明自己的主张，原告在诉讼中向本院提交并当庭出示了如下证据材料：

第一组：陕西省企业质量管理中心企业信用信息公示报告，证明原告是由陕西省企业诚信协会发起成立的集体所有制企业，该协会系原告的主管部门及出资人。

第二组：1.《陕西省工业和信息化厅关于变更陕西省企业诚信协会业务主管单位的函》；2.《陕西省民政厅关于同意"陕西省企业诚信协会"筹备成立的通知》；3.《陕西省民政厅准予行政许可决定书》；4.《陕西省诚信协会关于申请设立非公司企业法人的公函》，以上证据证明原告主管单位是陕西省诚信协会，该协会由陕西省民政厅同意筹备成立并准予登记，诚信协会的主管部门是陕西省工信厅，原告与陕西省工信厅并无隶属关系，也从未对外宣称和省工信厅有隶属关系而进行虚假宣传。

第三组：陕西省企业质量管理中心营业执照，证明原告系营业法人，有权在经营范围内自主开展经营活动，收取费用。原告对企业进行调研评价是在工商部门登记核准的经营范围内的合法活动。

第四组：《关于确认第二批"陕西省中小企业公共服务示范平台"的通知》，证明原告是经陕西省中小企业促进局组织评审和公示被确认为第二批陕西省中小企业公司公共服务示范平台，政府有关部门已经认可原告的经营模式。

第五组：《陕西省企业信用监督管理办法》，证明原告在经营范围内开展调研评价活动具有法律依据。

第六组：《关于开展2018年3·15国际消费者权益日纪念宣传活动的通知》，证明活动组委会成员由原告员工组成，不存在冒用消协名义的欺骗行为。原告从未对外宣称是中消协，且中消协于1987年成为国际消费者联盟组织会员，1983年国际消费者联盟组织确定3月15日为国际消费者权益日，3·15字样并非中消协所有。

第七组：2017年《质量跟踪》，证明2018年该杂志并未出刊，无法帮助他人虚假宣传。

第八组：1.《国家工商行政管理总局关于公布国家工商行政管理总局规章、规范性文件清理结果的公告》；2.《工商总局关于公布规范性文件清理结果的公告》（工商办字〔2014〕138号）；3.《工商总局关于公布规范性文件清理结果的公告》（工商办字〔2017〕205号），以上证据证明2010年、2014年、2017年国家工商总局三次规范性文件的清理结果显示，现行有效和废止失效的规范性文件均未出现《指导意见》。

第九组：《公证书》，证明原告在国家工商总局网站上并未查询到《指导意见》并公证了查询过程，以此证明该文件未通过国家工商总局网站公布。

第十组：陕西省工商行政管理局查询截屏，证明在陕西省工商行政管理局网站上未查询到《指导意见》。

第十一组：《国务院办公厅政府信息公开指南（试行）》，证明政府信息应当以便于公众知晓的方式公开。

第十二组：1.《关于对陕西省工商局杨红斌破坏营商环境行为的紧急反映函》；2.《陕西省工商行政管理局办公室关于回复陕西省企业质量管理中心反映问题的函》，以上证据证明陕西省市场监管局存在程序违法，滥用职权。

第十三组：《政府信息依申请公开答复》，证明《关于整顿营销信息发布秩序，坚决制止乱评比乱排序行为的通告通知》不属于部门规章，不能作为行政处罚的法律依据且原告行为不属于乱评比、乱排序。

第十四组：陕西金桥建设有限公司等11家企业《陕西省企业质量管理中心工作情况回访函》，证明原告依法开展企业产品及服务调研评价活动，并未假借政府名义。参评企业对此明知，不符合反不正当竞争法第八条关于虚假宣传的规定。

被告陕西市场监管局发表质证意见称，对第一组证据真实性认可，证明目的不认可，营业范围内有评比内容，但原告实施了违法评比；对第二组证据不予认可，该组证据不能证明原告是相关部门的关联单位，根据笔录其对外宣称是工信厅的隶属单位是不对的；对第三组、第四组、第五组证据的意见同第一组；对第六组证据的真实性认可，原告在实际操作中没有依据该办法，而是虚假评比和宣传；对第七组证据的真实性认可，该材料证明其存在虚假宣传；对第八组、第九组、第十组、第十一组、第十三组证据不予认可，《指导意见》对外公布，且仅作为处罚的酌定考量因素并非法律依据；对第十二组证据的真实性认可，可证明被告保障了原告的陈述、申辩权；对第十四组证据的真实性不予认可，在处罚和复议程序中，原告没有提交该证据，且与询问笔录和现场检查笔录内容不一致，应以行政机关依法取得的证据内容为准。

被告国家市场监管局质证意见与陕西市场监管局一致。

被告陕西市场监管局辩称，被诉处罚决定认定事实清楚、适用法律正确，程序合法。针对原告诉状的答辩意见：

（一）我局作出行政处罚依据行政处罚法、反不正当竞争法的有关规定，适用法律正确。为确保过罚相当，我局将《指导意见》《中共中央办公厅、国务院办公厅关于严格控制评比活动有关问题的通知》《关于整顿营销信息发布秩序坚决制止乱排序、乱评比行为的通知》作为合理使用裁量权的辅助性考虑因素，未将其作为法定依据。

我局对原告从重处罚基于以下违法事实：原告假借政府名义对企业进行虚假评比，帮助企业进行虚假宣传，其行为涉及企业范围广、数量多，严重破坏了政府公信力，影响恶劣；其虚假评比结果严重扰乱了市场经济秩序；在执法人员调查取证过程中，原告不如实提供相关材料，故意隐瞒事实，妨碍执法人员查处违法行为；原告以开展各类评比活动为名，对企业进行宣传，并以"咨询费""宣传费"等名义收取企业评比费用，违反了《中共中央办公厅、国务院办公厅关于严格控制评比活动有关问题的通知》《关于整顿营销信息发布秩序坚决制止乱排序、乱评比行为的通知》的禁止性规定，增加了企业负担，对消费者造成欺骗和误导，严重影响了公平竞争的市场环境的形成，破坏营商环境。

我局根据反不正当竞争法第二十条规定对其作出被诉处罚。此外，针对《指导意见》公开性和有效性，我局认为，查询市场监管总局内网"国家法规数据库2018下"项目，《指导意见》时效性为有效；百度上可搜索，不存在未经公布的情况；收录于《工商行政管理法律适用全书》。故《指导意见》公开且有效。

（二）原告从事虚假宣传的违法行为范围广、数量多，严重破坏了政府公信力，违背诚实信用原则，与党和国家现阶段的方针政策严重背离。

（三）我局正确理解和执行了法律，对反不正当竞争法第八条第一款中"消费者"含义的理解从立法目的和竞争原则等方面考量。

（四）我局作出行政处罚事实清楚、证据确凿。由于原告在调查中拒绝提供2010年以来参评企业名单和奖项及营业收入，我局通过对参评企业调查获取相关票据、对原告现场检查时获取部分发票、调取原告税务开票记录和银行流水等方式收集证据，认定2018年以来参与评比企业200多家，收取评比费160余万元。我局对13家参与评比企业的实际调查得出的结论与以上事实相互印证。

（五）依法依规，原告应受到行政处罚。原告提供的《陕西省企业质量中心整改汇报》中只是说明对相关人员进行了处理和停止评价业务等行为，并未对虚假宣传的后果进行主动消除或减轻危害，不具有从轻或减轻情节。

（六）我局不存在滥用职权的行为。1."陕西省权责清单和公共服务事项清单统一发布平台"显示，属地管理是指依法列入省级部门权力清单，原则上由市、县（区）政府主管部门属地管理，省级部门除重大事项外一般不再直接行使行政职权。原告的虚假宣传行为涉及企业面广、数量多，散布全省多个属地，应由省局管辖。2.我局在采取强制措施时已依法告知相关理由、依据、权利和救济途径。3.邀请记者监督执法在现场笔录中记录并经原告签字认可，且属惯常做法，不为法律所禁止，不存在泄露商业秘密的问题。

综上，我局行政处罚事实清楚、适用法律依据正确，处罚适当、程序合法，请求本院判决驳回原告的诉讼请求。

为证明被诉处罚决定的合法性，陕西市场监管局在法定期限内向本院提交并当庭出示了如下证据材料：

第一组：

1.被诉处罚决定。

第二组：

2.《陕西省工商行政管理局值班电话记录表》。

3.《陕西省工商行政管理局案件来源登记表》。

4.《陕西省工商行政管理局立案审批表》。

5.《陕西省工商行政管理局行政处罚案件有关事项审批表》（现场检查）。

6.《陕西省工商行政管理局行政处罚案件有关事项审批表》（要求提供材料）。

7.《陕西省工商行政管理局行政处罚案件有关事项审批表》（第二次现场检查）。

8.《陕西省工商行政管理局行政处罚案件有关事项审批表》（询问被调查人）。

9.《陕西省工商行政管理局行政处罚案件有关事项审批表》（行政强制措施）。

10.《陕西省工商行政管理局行政处罚案件有关事项审批表》（解除行政强制措施）。

11.《陕西省工商行政管理局行政处罚案件有关事项审批表》（委托鉴定建议）。

12.《陕西省工商行政管理局行政处罚案件有关事项审批表》（查询账户建议）。

13.《陕西省工商行政管理局行政处罚案件有关事项审批表》（行政处罚建议）。

14.《陕西省工商行政管理局行政处罚案件有关事项审批表》（延期结案）。

15.关于审定陕西省企业质量管理中心虚假宣传案件延期结案的申请。

16.《陕西省工商局 2018 年度第三次案件审定会议议题审批表》。

17.《陕西省工商行政管理局行政处罚案件有关事项审批表》（听证）。

18.《陕西省工商行政管理局听证审批表》。

19.《陕西省工商行政管理局听证主持人审批表》。

20.《陕西省工商行政管理局案件核审表》。

21.《陕西省工商行政管理局行政处罚决定审批表》。

22.《行政处罚信息公示告知单》及送达回证。

第二组证据证明被诉决定程序合法。

第三组：

23.《陕西省工商行政管理局现场笔录》（2018 年 3 月 29 日、2018 年 4 月 16 日）。

24.《陕西省工商行政管理局询问通知书》及《询问（调查）笔录》。

证据 23—24 证明对原告的调查情况。

25.《陕西省工商行政管理局现场笔录》及《询问笔录》，证明对参评企业的调查情况。

26.《陕西省工商行政管理局关于商请核实陕西省企业质量管理中心等组织有关情况的函》。

27.《陕西省工业和信息厅关于省工商行政管理局商请核实陕西省企业质量管理中心等组织有关情况的复函》。

28.《陕西省工商行政管理局关于商请界定 3·15 标识使用有关情况的函》。

29.《中国消费者协会关于对商请界定 3·15 标识使用有关情况的答复函》。

证据 26—29 证明向有关部门核实情况。

30.《陕西省工商行政管理局实施行政强制措施通知书》及财物清单。

31.《陕西省工商行政管理局解除行政强制措施决定书》及财物清单。

32.《陕西省工商行政管理局技术鉴定期间告知书》及财物清单。

33.《陕西省工商行政管理局委托鉴定书》《司法鉴定委托材料收领单》。

34.《附件中证司法鉴定中心司法鉴定意见书》及电脑中提取得部分材料。

证据 30—34 证明查封及鉴定情况。

35.原告网站上对企业进行宣传的截屏。

36. 网上查证信息。

37. 招行、工行流水。

38. 西安市未央区国家税务局增值税普通发票信息。

证据 35—38 证明对原告网站宣传、流水、开票调查情况。

39. 《陕西省工商行政管理局行政处罚听证告知书》。

40. 《陕西省工商行政管理局行政处罚听证通知书》。

41. 《陕西省工商行政管理局听证笔录》。

42. 《陕西省工商行政管理局听证报告》。

证据 39—43 证明听证过程。

43. 原告提交的申辩意见及相关证据材料。

44. 关于对陕西省工商局杨红斌破坏营商环境行为的紧急反映函。

45. 关于对陕西省工商行政管理局办公室关于回复陕西省企业质量管理中心反映问题的函。

46. 企业质量信用调研报告 10 份。

47. 企业基本信息、证书及参与申请表等评比资料 10 份。

证据 44—47 证明接受原告陈述、申辩情况。

48. 国家工商总局内网"国家法规数据库 2018 下"栏目截屏。

49. 以"国家工商行政管理总局关于正确行使行政处罚自由裁量权的指导意见"为关键词在百度上搜索结果截屏。

50. 《工商行政管理法律适用全书》部分内容。

证据 48—50 证明《指导意见》经公布并且有效。

原告对陕西市场监管局出示的上述证据材料发表质证意见称，对证据 2 真实性、证明目的均不认可，原告从未对外表示过自己是省局下属单位；对证据 3—20 真实性认可，证明目的不认可；证据 9 事后审批程序违法；证据 11 扣押行为程序违法，委托鉴定行为无效；证据 13 被告未经逐一查实将原告所有评价收费行为等同于违法评价收费，认定事实错误；证据 14 延期并非负责人审批，延期无效；证据 15 第二次延期违法；证据 17 听证未听取原告意见，在事实不清、法律适用错误下出具听证报告；对证据 21 真实性、证明目的不认可，被告未明确原告哪些行为违反了反不当竞争法第八条的第一款和第二款，未完成举证责任，同时《指导意见》未经公布不得作为处罚依据；对证据 22—24 真实性认可，证明目的不认可，原告经营范围包括评价，收取费用合法合理。原告合法使用中消协徽标，不是虚假宣传。

原告因客观原因不能提供材料，不能视为故意隐瞒妨碍执法。被告无证据证明原告构成情节严重，且 2018 年未发行《质量跟踪》，不存在宣传的可能性；对证据 25 不认可，调查未经负责人书面批准、程序违法；对证据 26—29 真实性认可、证明目的不认可，发函未经主要负责人书面批准；对证据 30—34 不认可，现场查封行为违法；对证据 35—38 不认可，截屏内容属于查询而非宣传行为，被告未经调查将正常商业行为认定为虚假宣传行为，属认定事实不清；对证据 39—43 真实性认可，证明目的不认可；对证据 44—47 真实性认可，证明目的不认可，调查程序中擅自叫记者进行报道属滥用职权；对证据 48 不认可，相对人无法进入市场监管部门内部网站获知《指导意见》内容；对证据 49 不认可，规范性文件当由行政主体公布；对证据 50 不认可，该书并非被告所著，原告没有义务知悉书中内容。

国家市场监管局对上述证据材料均无异议。

国家市场监管局辩称，被诉复议决定认定事实清楚，适用法律正确，符合法定程序。原告的诉讼请求缺乏法律依据，请求本院判决驳回原告的诉讼请求。

为证明被诉复议决定程序的合法性，国家市场监管局在法定期限内向本院提交并当庭出示了如下证据材料：

1. 申请人行政复议申请书。

2. 行政复议答复通知书。

3. 被申请人行政复议答复书。

4. 延期审理通知书及送达证明。

5. 送达复议决定书证明。

原告对上述证据材料发表质证意见称，对其真实性认可、证明目的不予认可。陕西市场监管局对上述证据材料均无异议。

综合当事人举证、质证意见及当庭陈述，本院对原告、被告提交的证据材料认证如下：原、被告提交的被诉处罚决定及被诉复议决定系本案被诉行政行为，作为本案审查内容，不宜作为证据使用。原、被告提交的其他证据材料，形式上符合《最高人民法院关于行政诉讼证据若干问题的规定》中规定的提供证据的要求，内容真实，与本案具有关联性，能证明案件的相关事实，本院予以确认。

经审理查明，本院确认如下事实：2018 年 3 月 29 日，被告陕西市场监管局根据投诉线索，对原告陕西省企业质量进行核查。经初步核实，认为原告涉嫌虚假宣传，故于 2018 年 3 月 30 日经陕西市场监管局负责人批准立案。随后，陕西省市场监管局展开调查，包括对原告陕西省企业质量管理中心现场检查，询问相关人员，查阅、复制相关材料，对参与评比的 13 家企业询问情况并调取相关证据。2018 年 4 月 16 日，被告陕西市场监管局查封原告电脑，向原告送达了陕工商竞强字〔2018〕002 号《实施行政强制措施决定书》。

2018 年 5 月 8 日，被告陕西市场监管局向原告送达陕工商鉴字〔2018〕001 号《技术鉴定期间告知书》，并于次日委托福建中证司法鉴定中心对查封的原告电脑进行鉴定，提取相关数据。2018 年 5 月 23 日，被告陕西市场监管局向原告送达《解除行政强制措施通知书》并返还电脑。2018 年 5 月 24 日，福建中证司法鉴定中心出具闽中证〔2018〕数鉴字第 629 号《司法鉴定书》。2018 年 6 月 4 日，被告陕西市场监管局针对原告提交的《关于陕西省工商行政管理局杨红斌破坏营商环境行为的紧急反映函》，作出《陕西省工商行政管理局办公室关于回复陕西省企业质量管理中心反映问题的函》，对原告反映的问题进行答复。因案情复杂，经审批，陕西市场监管局分别于 2018 年 6 月 25 日、2018 年 7 月 26 日延期 30 日、60 日。

2018 年 9 月 10 日，陕西市场监管局向原告送达《行政处罚听证告知书》并经原告申请，于 2018 年 9 月 28 日举行了听证会。2018 年 10 月 16 日，陕西市场监管局向原告送达了被诉处罚决定及《陕西省工商行政管理局行政处罚信息公示告知单》。原告不服，向国家市场监管局提出行政复议申请，2019 年 3 月 7 日，国家市场监管局作出被诉复议决定，维持了被诉处罚决定。

另查，原告陕西省企业质量管理中心为集体所有制企业，经营范围是企业产品及服务调研评比、企业管理、质量跟踪、市场调查、信息发布、企业活动策划、展会承办。

本院认为，根据查明的事实可以认定，被诉复议决定作出的程序符合法律规定，原告亦不持异议，本院对这一部分不再赘述。结合当事人的诉辩主张，本案的争议焦点可归纳为以下几个方面：

一、被告陕西市场监管局是否具有作出被诉处罚决定的法定职权

原告诉称，本案应基于属地管理由市、县（区）政府主管部门管辖，被告陕西市场监管局不具有查处本案的法定职权。反不正当竞争法第四条规定，县级以上人民政府履行工商行政管理职责的部门对不正当竞争行为进行查处；法律、行政法规规定由其他部门查处的，依照其规定。本院认为，法律并未对市场监管部门的级别管辖权作出明确具体的划分，亦未对省级市场监管部门的管辖权作出限制性规定。参照《陕西省人民政府办公厅关于印发省工商行政管理局主要职责内设机构和人员编制规定的通知》（陕政办发〔2014〕70 号）的规定，陕西工商行政管理局的主要职责包括"负责组织查处不正当竞争、商业贿赂、走私贩私等大案要案和典型案件"。因此，被告陕西省市场监管局具有对不正当竞争案件类型、性质进行甄别并进行查处的法定职责。故对原告的上述主张，本院不予支持。

二、原告陕西省企业质量管理中心的行为是否构成虚假宣传

依据反不正当竞争法第八条规定，经营者不得对其商品的性能、功能、质量、销售状况、用户评价、曾获荣誉等作虚假或者引人误解的商业宣传，欺骗、误导消费者。经营者不得通过组织虚假交易等方式，帮助其他经营者进行虚假或者引入误解的商业宣传。本院认为，综合在案证据可以认定：第一，原告实为经营性质的集体企业，与政府部门无任何隶属关系。但原告在企业宣传中称其为省工信厅的下属事业单位，以"经质监部门推荐获得你公司名单"等说辞向企业推介各类评比，属于假借政府部门的名义向企业传递虚假信息。

同时，原告在未取得授权的情况下，在其网站中标注中消协徽标，在其颁发的牌匾中使用"3·15 消费者信得过企业""3·15 消费者无投诉示范企业"等名称，在其下发的文件中使用"陕西省纪念 3·15 活动组委会"字样，同样是假借具有较高影响力的社会团体名义以提高其权威性和可信度，从而达到误导消费者的效果。上述行为违反了反不正当竞争法第八条第一款之规定。第二，原告对企业进行评比的依据是自定的《办法》《细则》《标准》三个文件，但从被告陕西市场监管局对 13 家参评企业的询问笔录来看，原告并未按上述文件对参评企业进行实地调研，有的甚至未要求参评企业提供相关资料；原告亦无打分记录，无证据证明其按分数进行等级评定；原告未对企业合法情况进行认真筛选，对两年内受过行政处罚的企业

仍给予评价。

可见，原告的评比行为并未按照自定标准和程序进行，评比结论具有明显的随意性，评比行为存在虚假。原告颁布的牌匾包括《陕西省安全施工先进单位》《陕西省工程质量 AAA 级信誉单位》等 35 大类，参评企业的获奖情况通过原告网站和自办刊物《质量跟踪》进行宣传并收取费用，已经构成帮助其他经营者进行虚假或引人误解的宣传，违反了反不正当竞争法第八条第二款之规定。

诉讼中原告主张，被告陕西市场监管局仅对 13 家企业进行调查，未对 200 多家企业逐一进行调查就认定虚假宣传，属于事实认定不清。本院认为，被告陕西市场监管局通过现场检查获取相关票据、调取税务开票记录和银行流水等方式，认定 2018 年以来参评 200 余家。虽然被告陕西市场监管局仅对 13 家企业进行了实际调查，但调查结果显示，原告在对 13 家企业的业务宣传中均采取了相同或相近的方式、均未进行实地调查就得出评比结论、且存在有企业受过行政处罚仍获得评奖的情况。因此，对 13 家参评企业的调查可以与其他证据相互印证，能够认定原告的虚假评比和宣传行为并不是偶然发生，而是普遍性的、惯常性的，被告陕西市场监管局事实认定清楚。从行政调查的效率和成本考虑，被告陕西市场监管局亦无必要对所有参评企业进行逐一询问，对原告的上述主张本院不予支持。

三、《指导意见》能否作为被诉处罚决定的法律依据予以适用

本案中原告主张，被诉处罚决定将《指导意见》作为依据属于法律适用错误，理由一是《指导意见》属于未经公布的规范性文件，制定程序违法；二是《指导意见》无权规定行政处罚适用的种类和幅度，违反行政处罚法相关规定。因此，一并请求本院对《指导意见》进行审查。

行政诉讼法第五十三条规定，公民、法人或者其他组织认为行政行为所依据的国务院部门和地方人民政府及其部门制定的规范性文件不合法，在对行政行为提起诉讼时，可以一并请求对该规范性文件进行审查。根据《最高人民法院关于适用的解释》第一百四十九条规定，人民法院经审查认为行政行为所依据的规范性文件合法的，应当作为认定行政行为合法的依据；经审查认为规范性文件不合法的，不作为人民法院认定行政行为合法的依据，并在裁判理由中予以阐明……本院认为，根据上述规定，陕西市场监管局在被诉处罚决定中对《指导意见》进行援引并依据其规定作出行政处罚，符合规范性文件审查的请求条件，本院应依法对《指导意见》予以审查。

关于本案的规范性文件审查主要围绕以下两个焦点问题。

第一，《指导意见》是否对外公开发布。本院认为，规范性文件的公开发布程序涉及规范性文件的正式性及对外的效力性，一部未经公开的规范性文件不能作为执法依据对外产生法律效力。对于规范性文件应当如何履行公开发布程序，目前尚无法律统一规定，实践中应当遵循正当法律程序以及结合行政执法实践去判断。通常认为，规范性文件的公开发布应当由制定机关统一登记、编号、印发，并及时通过政府公报、政府网站、政务媒体、报刊等渠道向社会公开发布，不应以内部文件的形式印发执行。

具体到本案，被告陕西市场监管局在诉讼中提出三项证据证明《指导意见》已经对外公开发布，分别为国家工商总局内网可查询该文件、百度网可搜索到该文件、《工商行政管理法律适用全书》中收录了该文件。本院认为，上述证据不足以证明《指导意见》已经通过官方渠道对外正式发布。《指导意见》旨在引导各地、各级工商行政管理机关规范行使自由裁量权、统一执法尺度、提高执法的质量和水平。作为内部文件亦可以在行政执法中发挥指引性、参考性的作用，但不应当在行政处罚决定中作为法律依据予以援引和适用，亦不能作为人民法院认定行政处罚合法的依据。对此本院予以指出，望被告陕西市场监管局在今后的工作中加以改正。

第二，《指导意见》是否存在与法律、法规、规章相抵触的情形。

本院经审查认为，《指导意见》是在行政处罚法设定的种类和幅度范围内，结合执法实践，对如何行使自由裁量权进行的规定。不存在设定处罚种类和幅度的情形，亦不存在与行政处罚法及其他上位法相抵触、相冲突的情形。对原告的此项主张本院不予支持。

四、被诉处罚决定认为原告行为"构成情节严重"是否适当

本案中综合被诉处罚决定全文可以看出，被告陕西市场监管局认为原告行为构成情节严重不仅仅是基于《指导意见》中的相关规定，而是基于多方面的考虑。具体包括，违法行为涉及企业范围广、数量多；假借政府名义，严重破坏政府公信力，影响恶劣；以"咨询费""宣传费"的名义收取评比费用，违反《中共中央办公厅国务院办公厅关于严格控制评比活动有关问题的通知》《关于整顿营销信息发布秩序坚决制止乱排序、乱评比行为的通知》的相关规定；属于国家市场监管机关查处的重点领域，破坏营商环境；调查中原告不如实提供材料，故意隐瞒案件情况等。本院认为，对于行政机关在量罚问题上的自由裁量权，法院原则上持尊重态度，除非有明显不当的情形法院才依法予以撤销或变更。本案中，被告陕西市场监管局关于从重处罚的上述考量，符合行政管理实际，并无明显不当，本院予以支持。

五、被诉行政处罚的作出程序是否合法

原告主张，被告陕西市场监管局在行政程序中有如下违法之处：对原告法定代表人的调查询问、向省工信厅及中国消费者协会发函、向未央区国家税务局出具《协助调查函》，均未向主要负责人书面报告并经批准；采取行政强制措施是先扣押后审批；对13家参评企业的调查进行的是概括审批。

本院认为，反不正当竞争法第十三条规定，监督检查部门调查涉嫌不正当竞争行为，可以采取下列措施：（一）进入涉嫌不正当竞争行为的经营场所进行检查；（二）询问被调查的经营者、利害关系人及其他有关单位、个人，要求其说明有关情况或者提供与被调查行为有关的资料；（三）查询、复制与涉嫌不正当竞争行为有关的协议、账簿、单据、文件、记录、业务函电和其他资料；（四）查封、扣押与涉嫌不正当竞争行为有关的财物；（五）查询涉嫌不正当竞争行为的经营者的银行账户。采取前款规定的措施，应当向监督检查部门主要负责人书面报告，并经批准。采取前款第四项、第五项规定的措施，应当向设区的市级以上人民政府监督检查部门主要负责人书面报告，并经批准。根据上述法律规定，被告陕西市场监

管局在向省工信厅、中消协、未央区国家税务局等单位发函要求协助提供与被调查行为相关情况前，以及对 13 家参评企业进行调查前，应当逐一取得主要负责人书面批准，从被告陕西市场监管局提出的证据来看，不足以证明其履行了相应的法定程序，存在一定程序瑕疵。关于行政强制措施的审批问题，被告辩称，当时主要负责人正在外地出差，故而进行了口头汇报并获得批准，书面批准文件系事后补签，且有相应的工作记录为证，本院对该答辩意见予以支持。

此外，对于原告在诉讼中所称的被告陕西市场监管局滥用职权涉嫌泄漏其商业秘密，因其陈述和申辩而对其从重处罚，未向其送达行政强制措施法律文书等主张，因明显缺乏事实依据，本院不予支持。

综上，本院认为，被告陕西市场监管局具有作出被诉处罚决定的法定职权。被诉处罚决定认定事实清楚、证据充分。《指导意见》未经正式程序对外公开发布，不作为本院认定被诉处罚决定合法性的依据。被诉处罚决定量罚合理，并无明显不当。被诉处罚决定的调查程序存在轻微违法，但未对原告权利产生实际影响。国家市场监管总局作为行政复议机关，未对陕西市场监管局有关法律适用和行政程序中存在的问题予以指出并纠正。因此，依据行政诉讼法第七十四条第一款第二项、第七十九条之规定，判决如下：

一、确认被告陕西省市场监督管理局作出的陕工商处字〔2018〕16 号《行政处罚决定书》违法；

二、确认被告中华人民共和国国家市场监督管理总局作出的国市监复议〔2019〕31 号《行政复议决定书》违法。

案件受理费五十元，由被告陕西省市场监督管理局和被告中华人民共和国国家市场监督管理总局共同负担。（于本判决生效后七日内交纳）

如不服本判决，可在本判决书送达之日起十五日内，向本院递交上诉状，并按对方当事人人数提出副本，同时交纳上诉案件受理费人民币 50 元，上诉于北京市第二中级人民法院。

审判长 万凌寒

人民陪审员 佟凤华

人民陪审员 李桂芳

二〇一九年九月十九日

书记员 苏 静

『2023 年版本』

第二十七条 对海关、金融、外汇管理等实行垂直领导的行政机关、税务和国家安全机关的行政行为不服的，向上一级主管部门申请行政复议。

『1999、2009、2017年版本』

第十二条 对县级以上地方各级人民政府工作部门的具体行政行为不服的，由申请人选择，可以向该部门的本级人民政府申请行政复议，也可以向上一级主管部门申请行政复议。

对海关、金融、国税、外汇管理等实行垂直领导的行政机关和国家安全机关的具体行政行为不服的，向上一级主管部门申请行政复议。

『条文释义』

本条规定了垂直管辖的行政复议案件。1999年版本、2009年版本和2017年版本的规定是一致的，2023年版本进行了部分修改，由于国税部门与地税部门已经于2018年合并，国税部门已经不复存在，所以将"国税"修改为"税务"。

对海关、金融、外汇管理等实行垂直领导的行政机关，地方各级人民政府对上述部门没有管辖权，故只能向上一级主管部门申请行政复议。

税务实行中央和地方双重领导、以国家税务总局垂直领导为主的体制，也不适宜由地方各级人民政府进行行政复议，国家安全机关职能比较特殊，很多行为是保密行为，不宜由地方各级人民政府进行审查，因此，对税务和国家安全机关的行政行为不服的，也要向上一级主管部门申请行政复议。

『相关规章』

税务行政复议规则

第十七条 对税务所（分局）、各级税务局的稽查局的具体行政行为不服的，向其所属税务局申请行政复议。

第十九条 对下列税务机关的具体行政行为不服的，按照下列规定申请行政复议：

（一）对两个以上税务机关以共同的名义作出的具体行政行为不服的，向共同上一级税务机关申请行政复议；对税务机关与其他行政机关以共同的名义作出的具体行政行为不服的，向其共同上一级行政机关申请行政复议。

（二）对被撤销的税务机关在撤销以前所作出的具体行政行为不服的，向继续行使其职权的税务机关的上一级税务机关申请行政复议。

（三）对税务机关作出逾期不缴纳罚款加处罚款的决定不服的，向作出行政处罚决定的税务机关申请行政复议。但是对已处罚款和加处罚款都不服的，一并向作出行政处罚决定的税务机关的上一级税务机关申请行政复议。

申请人向具体行政行为发生地的县级地方人民政府提交行政复议申请的，由接受申请的县级地方人民政府依照行政复议法第十五条、第十八条的规定予以转送。

『典型案例』

国家税务总局玉溪市税务局

行政复议决定书

玉税行复决字〔2019〕1号

申请人：某酒店

地址：云南省玉溪市江川区江城镇小马沟

法定代表人：李某

委托代理人：龙某，云南某律师事务所

委托代理人地址：昆明市

被申请人：国家税务总局澄江县税务局

地址：玉溪市澄江县凤麓街道凤翔路南17号

申请人因对被申请人于2018年12月29日作出的《国家税务总局澄江县税务局税务行政处罚决定书》（澄税罚〔2018〕56号）不服，于2019年1月15日提出行政复议申请，本机关已于2019年1月17日依法受理。

申请人请求：依法撤销被申请人作出的《国家税务总局澄江县税务局税务行政处罚决定书》（澄税罚〔2018〕56号）。

申请人认为：被申请人作出的该具体行政行为所依据的事实不清、证据不足，被申请人从未要求其进行过房产税、城镇土地使用税的申报；在申请人并未有任何违法行为，也没有任何严重后果的前提下，被申请人对申请人进行罚款数额过高的行政处罚，该处罚不合理；被申请人作出该具体行政行为的程序违法，一是责令整改期限还未到期便下发处罚决定书，二是对行政处罚行为未依法举行听证并公示。

被申请人认为：认定申请人未按照规定期限申报缴纳房产税、城镇土地使用税，事实清楚、证据充分；申请人明知负有房产税和城镇土地使用税纳税义务而不申报，经多方努力均无法联系到企业法定代表人和财务人员，在主管税务机关对申请人进行日常检查过程中，企业工作人员拒绝接受税务人员询问，拒绝配合检查，拒绝提供企业涉税财务信息，拒绝签收《责令限期改正通知书》，在主管税务机关执法人员依法对《责令限期改正通知书》进行留置送达后，申请人仍未进行纳税申报，故被申请人认定的罚款金额合法、合理；被申请人作出的具体行政行为程序不合法，在作出行政处罚决定前未履行告知义务。

经本机关调查核实：

一、关于认定申请人未按照规定期限申报纳税的问题

被申请人根据下列证据，于2018年12月29日作出《国家税务总局澄江县税

务局税务行政处罚决定书》（澄税罚〔2018〕56号），认定申请人未按照规定期限申报缴纳房产税、城镇土地使用税：

（一）《中华人民共和国税收征收管理法》第二十五条第一款规定："纳税人必须依照法律、行政法规规定或者税务机关依照法律、行政法规的规定确定的申报期限、申报内容如实办理纳税申报，报送纳税申报表、财务会计报表以及税务机关根据实际需要求纳税人报送的其他纳税资料。"

（二）根据《中华人民共和国房产税暂行条例》《中华人民共和国城镇土地使用税暂行条例》《中华人民共和国房产税暂行条例云南省实施细则》（云政发〔1986〕155号）《云南省城镇土地使用税实施办法》（云南省人民政府令第143号）《国家税务总局玉溪市税务局关于公布继续执行的税收规范性文件目录的公告》（公告〔2018〕2号）《玉溪市地方税务局关于修改〈玉溪市地方税务局关于明确房产税和城镇土地使用税纳税期限的规定〉的公告》（2016年第2号）规定，玉溪市行政辖区内从价计征的房产税和城镇土地使用税的纳税期限统一为按年计征，分半年缴纳，纳税申报期限为上半年6月15日前，下半年12月15日前。

（三）根据玉溪市人民政府《关于印发〈抚仙湖径流区实行统一托管工作方案〉的通知》（玉办发〔2015〕48号），抚仙湖径流区内的党务、行政、经济、社会事务等工作正式移交给抚仙湖试验区管委会和澄江县管理。自2016年4月1日起，托管区内税收业务范围内的税收管理权，概由原澄江县国家税务局、原澄江县地方税务局行使。

托管后，申请人应向原澄江县国家税务局申报缴纳增值税、文化事业建设费；应向原澄江县地方税务局申报城建税、教育费附加、地方教育附加、个人所得税、房产税、城镇土地使用税。自2018年7月20日起，申请人应向国家税务总局澄江县税务局（以下简称"澄江县税务局"）申报缴纳增值税、文化事业建设费、城建税、教育费附加、地方教育附加、个人所得税、房产税、城镇土地使用税等税费。

（四）2018年12月16日，在房产税、城镇土地使用税征期结束后，澄江县税务局第二税务分局在日常管理中发现，申请人所涉税款所属期为2017年7月1日至2017年12月31日的房产税未按期进行申报。税款所属期为2017年7月1日至2017年12月31日的城镇土地使用税未按期进行申报。税款所属期为2017年7月1日至2017年12月31日的城镇土地使用税未按期进行申报。

申请人所涉税款所属期为2018年1月1日至2018年6月30日的房产税未按期进行申报。税款所属期为2018年1月1日至2018年6月30日的城镇土地使用税未按期进行申报。税款所属期为2018年1月1日至2018年6月30日的城镇土地使用税未按期进行申报。

申请人所涉税款所属期为2018年7月1日至2018年12月31日的房产税未按期进行申报。税款所属期为2018年7月1日至2018年12月31日的城镇土地使用税未按期进行申报。税款所属期为2018年7月1日至2018年12月31日的城镇土地使用税未按期进行申报。

（五）澄江县税务局在金税三期税收管理系统中"未申报户查询"模块下查询到的信息显示，申请人未申报税款所属期分别为2017年7月1日至2017年12月31日、2018年1月1日至2018年6月30日、2018年7月1日至2018年12月31日的房产税、城镇土地使用税。

经调查核实，以上证据材料具备证据所必需的形式要件与实质要件，证据与待证事实之间能够相互印证，并形成完整的证据链。

根据《中华人民共和国税收征收管理法》第二十五条第一款之规定、《玉溪市地方税务局关于修改〈玉溪市地方税务局关于明确房产税和城镇土地使用税纳税期限的规定〉的公告》（2016年第2号）相关规定、玉溪市人民政府《关于印发〈抚仙湖径流区实行统一托管工作方案〉的通知》（玉办发〔2015〕48号）相关规定，申请人应依法向被申请人申报缴纳相关税款，申请人属于房产税、城镇土地使用税的纳税义务人。

根据澄江县税务局第二税务分局在日常管理中所发现的情况、澄江县税务局在金税三期税收管理系统中"未申报户查询"模块下所查询到的信息，申请人未按照规定期限申报缴纳房产税、城镇土地使用税。

本机关认为：根据上述证据可证明，被申请人认定申请人所涉税款所属期为2017年7月1日至2017年12月31日的房产税未按期进行申报；税款所属期为2017年7月1日至2017年12月31日的城镇土地使用税未按期进行申报；税款所属期为2017年7月1日至2017年12月31日的城镇土地使用税未按期进行申报；税款所属期为2018年1月1日至2018年6月30日的房产税未按期进行申报；税款所属期为2018年1月1日至2018年6月30日的城镇土地使用税未按期进行申报；税款所属期为2018年1月1日至2018年6月30日的城镇土地使用税未按期进行申报；税款所属期为2018年7月1日至2018年12月31日的房产税未按期进行申报；税款所属期为2018年7月1日至2018年12月31日的城镇土地使用税未按期进行申报；税款所属期为2018年7月1日至2018年12月31日的城镇土地使用税未按期进行申报的具体行政行为，事实清楚，证据充分，法律适用正确。

二、关于罚款金额的问题

被申请人于2018年12月29日作出《国家税务总局澄江县税务局税务行政处罚决定书》（澄税罚〔2018〕56号），认定申请人未按照规定期限申报缴纳房产税、城镇土地使用税，对申请人处以9000元罚款。

本机关认为：根据《中华人民共和国税收征收管理法》第六十二条"纳税人未按照规定的期限办理纳税申报和报送纳税资料的，或者扣缴义务人未按照规定的期限向税务机关报送代扣代缴、代收代缴税款报告表和有关资料的，由税务机关责令限期改正，可以处二千元以下的罚款；情节严重的，可以处二千元以上一万元以下的罚款"之规定，被申请人对申请人处以9000元罚款的处罚决定，属于被申请人在法定职权范围内所作出的具体行政行为，但在作出行政处罚决定前，被申请人应履行告知义务。

三、关于被申请人作出该行政行为程序违法的问题

（一）关于责令限期改正的整改期限未到期，作出行政处罚决定的问题

国家税务总局澄江县税务局第二税务分局于 2018 年 12 月 28 日向申请人下达了责令限期改正通知书，根据《中华人民共和国税收征收管理法》第六十二条之规定，责令申请人于 2018 年 12 月 31 日前携带相关资料至主管税务机关处申报办理有关事项。此后，被申请人于 2018 年 12 月 29 日向申请人下达了税务行政处罚决定书，对申请人未按照规定期限办理纳税申报的违法行为处以 9 000 元罚款。

本机关认为：根据《中华人民共和国行政处罚法》第二十三条"行政机关实施行政处罚时，应当责令当事人改正或者限期改正违法行为"之规定，《中华人民共和国税收征收管理法》第六十二条"纳税人未按照规定的期限办理纳税申报和报送纳税资料的，或者扣缴义务人未按照规定的期限向税务机关报送代扣代缴、代收代缴税款报告表和有关资料的，由税务机关责令限期改正，可以处二千元以下的罚款；情节严重的，可以处二千元以上一万元以下的罚款"之规定，对未按照规定期限申报纳税的，由税务机关责令限期改正时，可以对纳税人、扣缴义务人处以罚款，并非责令限期改正的整改期限到期后才能对纳税人、扣缴义务人处以罚款，故被申请人在责令限期改正的整改期限未到期时，作出行政处罚决定的具体行政行为，事实清楚，证据充分，法律适用正确。

（二）关于对行政处罚行为未依法举行听证并公示的问题

被申请人于 2018 年 12 月 29 日作出《国家税务总局澄江县税务局税务行政处罚决定书》（澄税罚〔2018〕56 号），认定申请人未按照规定期限申报缴纳房产税、城镇土地使用税，对申请人处以 9 000 元罚款。因送达文书时无法联系到相关人员，故被申请人采取留置送达方式送达处罚决定书，并请见证人作了见证签字。

本机关认为：根据《税务行政处罚听证程序实施办法（试行）》第三条"税务机关对公民作出 2 000 元以上（含本数）罚款或者对法人或者其他组织作出 1 万元以上（含本数）罚款的行政处罚之前，应当向当事人送达《税务行政处罚事项告知书》，告知当事人已经查明的违法事实、证据、行政处罚的法律依据和拟将给予的行政处罚，并告知有要求举行听证的权利"之规定，因申请人属于法人，且罚款金额为 9 000 元，未达到申请听证的条件，故被申请人所作出的具体行政行为，事实清楚，证据充分，法律适用正确。

（三）关于被申请人作出行政处罚决定前，未履行告知义务的问题

被申请人于 2018 年 12 月 29 日作出《国家税务总局澄江县税务局税务行政处罚决定书》（澄税罚〔2018〕56 号），决定对申请人未按照规定期限办理纳税申报的违法行为处以罚款。因送达文书时无法联系到相关人员，故被申请人采取留置送达方式送达处罚决定书，并请见证人作了见证签字。

本机关认为：根据《中华人民共和国行政处罚法》第三十一条"行政机关在作

出行政处罚决定之前，应当告知当事人作出行政处罚决定的事实、理由及依据，并告知当事人依法享有的权利"之规定，被申请人在对申请人作出处罚决定前，未按照规定程序对申请人进行告知，未履行告知义务，违反《中华人民共和国行政处罚法》第三十一条相关规定，应撤销被申请人作出的行政处罚决定。

综上所述，本机关认为：

根据《中华人民共和国税收征收管理法》《中华人民共和国行政处罚法》《中华人民共和国房产税暂行条例》《中华人民共和国城镇土地使用税暂行条例》《税务行政处罚听证程序实施办法（试行）》《中华人民共和国房产税暂行条例云南省实施细则》（云政发〔1986〕155号）《云南省城镇土地使用税实施办法》（云南省人民政府令第143号）、玉溪市人民政府《关于印发〈抚仙湖径流区实行统一托管工作方案〉的通知》（玉办发〔2015〕48号）《国家税务总局玉溪市税务局关于公布继续执行的税收规范性文件目录的公告》（公告〔2018〕2号）《玉溪市地方税务局关于修改〈玉溪市地方税务局关于明确房产税和城镇土地使用税纳税期限的规定〉的公告》（2016年第2号）等规定及相关证据、事实，本机关对被申请人认定申请人未按期申报缴纳房产税、城镇土地使用税的具体行政行为予以支持；对被申请人在责令限期改正的整改期限未到期时，作出行政处罚决定的具体行政行为予以支持；对被申请人未举行听证的具体行政行为予以支持；对被申请人在法定职权范围内确定罚款金额的具体行政行为予以支持，但在作出行政处罚决定前，被申请人应履行告知义务；对被申请人未按规定履行告知义务，作出行政处罚决定的行为不予支持。

根据《中华人民共和国行政复议法》第二十八条、《税务行政复议规则》第七十五条之规定，本机关决定：

撤销被申请人于2018年12月29日作出的《国家税务总局澄江县税务局税务行政处罚决定书》（澄税罚〔2018〕56号）。

申请人如不服本复议决定，可自接到本决定书之日起15日内依法向玉溪市红塔区人民法院提起行政诉讼。

国家税务总局玉溪市税务局
2019年3月11日

『2023年版本』

第二十八条　对履行行政复议机构职责的地方人民政府司法行政部门的行政行为不服的，可以向本级人民政府申请行政复议，也可以向上一级司法行政部门申请行政复议。

『 条文释义 』

本条规定了对各级人民政府司法行政部门申请复议的管辖。1999年版本、2009年版本和2017年版本没有类似规定，2023年版本新增加了本条规定。

由于地方各级人民政府的司法行政部门就是本级人民政府负责行政复议的部门，如果对该部门的复议由同级人民政府管辖，实质上就是自己管辖自己，为更好地保护申请人的利益，《行政复议法》规定对履行行政复议机构职责的地方人民政府司法行政部门的行政行为不服的，可以向本级人民政府申请行政复议，也可以向上一级司法行政部门申请行政复议。

『 2023 年版本 』

第二十九条　公民、法人或者其他组织申请行政复议，行政复议机关已经依法受理的，在行政复议期间不得向人民法院提起行政诉讼。

公民、法人或者其他组织向人民法院提起行政诉讼，人民法院已经依法受理的，不得申请行政复议。

『 1999、2009、2017 年版本 』

第十六条　公民、法人或者其他组织申请行政复议，行政复议机关已经依法受理的，或者法律、法规规定应当先向行政复议机关申请行政复议、对行政复议决定不服再向人民法院提起行政诉讼的，在法定行政复议期限内不得向人民法院提起行政诉讼。

公民、法人或者其他组织向人民法院提起行政诉讼，人民法院已经依法受理的，不得申请行政复议。

『 条文释义 』

本条规定了行政复议和行政诉讼的关系。1999年版本、2009年版本和2017年版本的规定是一致的，2023年版本进行了部分修改，基本制度一致。

由于行政复议是行政机关的内部纠错机制，因此，原则上应当先进行行政复议，再进行行政诉讼。公民、法人或者其他组织申请行政复议，行政复议机关已经依法受理的，此时应当先走完行政复议的程序，在法定行政复议期限内不得向人民法院提起行政诉讼。由于行政复议之后仍然可以提起行政诉讼，因此，这一规定并不影响申请人的权利。

对于绝大多数行政争议，公民、法人或者其他组织既可以申请行政复议，也可以直接提起行政诉讼，由于行政诉讼是更高层面的救济程序，因此，一旦公民、法人或者其他组织向人民法院提起行政诉讼，人民法院已经依法受理的，当事人就不能返回来申请行政复议。

『相关规章』

税务行政复议规则

第四十三条 申请人向行政复议机关申请行政复议,行政复议机关已经受理的,在法定行政复议期限内申请人不得向人民法院提起行政诉讼;申请人向人民法院提起行政诉讼,人民法院已经依法受理的,不得申请行政复议。

交通运输行政复议规定

第十条 公民、法人或者其他组织向人民法院提起行政诉讼或者向本级人民政府申请行政复议,人民法院或者人民政府已经受理的,不得再向交通运输行政复议机关申请行政复议。

国家知识产权局行政复议规程

第九条 有权申请行政复议的公民、法人或者其他组织向人民法院提起行政诉讼,人民法院已经依法受理的,不得向国家知识产权局申请行政复议。

向国家知识产权局申请行政复议,行政复议机构已经依法受理的,在法定行政复议期限内不得向人民法院提起行政诉讼。

国家知识产权局受理行政复议申请后,发现在受理前或者受理后当事人向人民法院提起行政诉讼并且人民法院已经依法受理的,驳回行政复议申请。

司法行政机关行政复议应诉工作规定

第十四条 对于申请人就同一具体行政行为向人民法院提起行政讼诉,人民法院已经受理的,司法行政机关不再受理其行政复议申请。

『典型案例』

中华人民共和国最高人民法院

行 政 裁 定 书

（2019）最高法行申 14356 号

再审申请人（一审原告、二审上诉人）：郝世杰,男,1963 年 5 月 9 日出生,汉族,住山西省太原市万柏林区。

被申请人（一审被告、二审被上诉人）：山西省太原市万柏林区人民政府,住所地山西省太原市万柏林区西矿街 35 号。

法定代表人：袁尔铭，该区人民政府区长。

再审申请人郝世杰因诉山西省太原市万柏林区人民政府（以下简称万柏林区政府）行政复议一案，不服山西省高级人民法院（2019）晋行终 146 号行政裁定，向本院申请再审。本院受理后依法组成合议庭进行审查，现已审查终结。

郝世杰申请再审称：本案行政争议的主要矛盾是万柏林区政府作出的《不予受理行政复议申请决定书》是否违法。一审法院适用法律错误，二审法院没有经过调查和询问，也没有全面审查一审裁定和万柏林区政府的行政行为，违反诉讼程序。请求撤销一、二审裁定，指令一审法院继续审理本案。

本院经审查认为，《中华人民共和国行政复议法》第十六条规定："公民、法人或者其他组织申请行政复议，行政复议机关已经依法受理的，或者法律、法规规定应当先向行政复议机关申请行政复议、对行政复议决定不服再向人民法院提起行政诉讼的，在法定行政复议期限内不得向人民法院提起行政诉讼。公民、法人或者其他组织向人民法院提起行政诉讼，人民法院已经依法受理的，不得申请行政复议。"据此，行政复议和行政诉讼作为解决行政争议的两种方式，法律规定当事人不得同时就同一事项既申请行政复议，又提起行政诉讼。本案中，郝世杰在对房屋强制拆除行为申请行政复议期间，又就同一事项向法院提起行政诉讼，法院已经予以受理。在此情况下，法院对万柏林区政府作出的《不予受理行政复议申请决定书》已没有审查的必要。缘此，一审法院裁定驳回郝世杰的起诉，二审法院予以维持，并无不当。且，据一、二审法院所查，案涉强拆行为发生于 2016 年 6 月，郝世杰于 2018 年 11 月才申请复议，万柏林区政府以超过法定复议期限为由作出不予受理行政复议决定，符合行政复议法的规定。

综上，郝世杰的再审申请不符合《中华人民共和国行政诉讼法》第九十一条规定的情形。依照《最高人民法院关于适用〈中华人民共和国行政诉讼法〉的解释》第一百一十六条第二款之规定，裁定如下：

驳回郝世杰的再审申请。

审判长　聂振华

审判员　袁晓磊

审判员　马鸿达

二〇一九年十二月二十三日

法官助理　朱瑞强

书记员　冯琦洺

第三章 行政复议受理

第三十条 行政复议机关收到行政复议申请后，应当在五日内进行审查。对符合下列规定的，行政复议机关应当予以受理：

（一）有明确的申请人和符合本法规定的被申请人；

（二）申请人与被申请行政复议的行政行为有利害关系；

（三）有具体的行政复议请求和理由；

（四）在法定申请期限内提出；

（五）属于本法规定的行政复议范围；

（六）属于本机关的管辖范围；

（七）行政复议机关未受理过该申请人就同一行政行为提出的行政复议申请，并且人民法院未受理过该申请人就同一行政行为提起的行政诉讼。

对不符合前款规定的行政复议申请，行政复议机关应当在审查期限内决定不予受理并说明理由；不属于本机关管辖的，还应当在不予受理决定中告知申请人有管辖权的行政复议机关。

行政复议申请的审查期限届满，行政复议机关未作出不予受理决定的，审查期限届满之日起视为受理。

『 1999、2009、2017 年版本 』

第十七条 行政复议机关收到行政复议申请后，应当在五日内进行审查，对不符合本法规定的行政复议申请，决定不予受理，并书面告知申请人；对符合本法规定，但是不属于本机关受理的行政复议申请，应当告知申请人向有关行政复议机关提出。

除前款规定外，行政复议申请自行政复议机关负责法制工作的机构收到之日起即为受理。

『 条文释义 』

本条规定了行政复议机关对复议申请的受理。1999 年版本、2009 年版本和

2017 年版本的规定是一致的，2023 年版本进行了补充和完善。

行政复议机关收到行政复议申请后，应当在五日内进行审查，审查结果有三个：

第一，如果申请不符合《行政复议法》的规定，应当决定不予受理，并书面告知申请人。申请人对该决定不服的，不能再申请行政复议，原则上，可以向人民法院提起行政诉讼。

第二，如果申请符合《行政复议法》的规定，但是不属于本机关受理的行政复议申请，应当告知申请人向有关行政复议机关提出。该项告知应当指出具体的行政复议机关及其地址和相关联系方式。

第三，如果申请符合《行政复议法》的规定，且属于本机关受理的行政复议申请，行政复议申请自行政复议机关负责法制工作的机构收到之日起即为受理。

对符合下列规定的，行政复议机关应当予以受理：

（1）有明确的申请人和符合《行政复议法》规定的被申请人。这是所谓"明确"主要是指能够具体确定申请人是谁，对被申请人的要求则不仅仅是"明确"，而且要求符合《行政复议法》规定。申请人列错被申请人，行政复议机关不能受理。

（2）申请人与被申请行政复议的行政行为有利害关系。"利害关系"主要是指法律上的利害关系，即相关行政行为的直接相对人或者是相关法律文书中列明的相对人。如果仅仅是事实上的利害关系，而没有法律上的利害关系，不能申请行政复议。例如，甲行政机关决定对张某的违法建筑进行拆除，承租人李某的利益肯定会受到影响，但这是李某和张某之间的民事法律关系，李某不能对甲行政机关的行为申请行政复议。

（3）有具体的行政复议请求和理由。行政复议请求和理由只要具体，能够了解申请人的真实意思和想法即可，不要求其行政复议请求合法、合理，也不要求其理由充分。

（4）在法定申请期限内提出。如果超过表面的法定申请期限，还应当审查其是否有其他正当理由，如果没有或者不成立，才能认为其超过申请期限，才能不予受理。

（5）属于《行政复议法》规定的行政复议范围。2023 年版本的《行政复议法》虽然进一步扩大了行政复议的范围，但还是有很多行政行为不在行政复议范围内，行政复议机关应当认真审查申请事项，对于疑难案件，可以先受理再研究。

（6）属于本机关的管辖范围。如果不属于本机关管辖，应当告知申请人向有管辖权的行政复议机关提出。

（7）行政复议机关未受理过该申请人就同一行政行为提出的行政复议申请，并且人民法院未受理过该申请人就同一行政行为提起的行政诉讼。关于第一个条件比较容易判断，第二个条件判断起来就比较困难。申请人有可能同时申请行政复议和提起行政诉讼，此时就应当看谁先受理，如果行政复议机关先受理，则人民法院不再受理，或者受理后驳回；如果人民法院已经受理，则行政复议机关不再受理，或者受理后驳回。

『 相关法规 』

中华人民共和国行政复议法实施条例

第二十七条 公民、法人或者其他组织认为行政机关的具体行政行为侵犯其合法权益提出行政复议申请，除不符合行政复议法和本条例规定的申请条件的，行政复议机关必须受理。

第二十八条 行政复议申请符合下列规定的，应当予以受理：

（一）有明确的申请人和符合规定的被申请人；

（二）申请人与具体行政行为有利害关系；

（三）有具体的行政复议请求和理由；

（四）在法定申请期限内提出；

（五）属于行政复议法规定的行政复议范围；

（六）属于收到行政复议申请的行政复议机构的职责范围；

（七）其他行政复议机关尚未受理同一行政复议申请，人民法院尚未受理同一主体就同一事实提起的行政诉讼。

第二十九条 行政复议申请材料不齐全或者表述不清楚的，行政复议机构可以自收到该行政复议申请之日起5日内书面通知申请人补正。补正通知应当载明需要补正的事项和合理的补正期限。无正当理由逾期不补正的，视为申请人放弃行政复议申请。补正申请材料所用时间不计入行政复议审理期限。

第三十条 申请人就同一事项向两个或者两个以上有权受理的行政机关申请行政复议的，由最先收到行政复议申请的行政机关受理；同时收到行政复议申请的，由收到行政复议申请的行政机关在10日内协商确定；协商不成的，由其共同上一级行政机关在10日内指定受理机关。协商确定或者指定受理机关所用时间不计入行政复议审理期限。

『 相关规章 』

税务行政复议规则

第四十四条 行政复议申请符合下列规定的，行政复议机关应当受理：

（一）属于本规则规定的行政复议范围。

（二）在法定申请期限内提出。

（三）有明确的申请人和符合规定的被申请人。

（四）申请人与具体行政行为有利害关系。

（五）有具体的行政复议请求和理由。

（六）符合本规则第三十三条和第三十四条规定的条件。

（七）属于收到行政复议申请的行政复议机关的职责范围。

（八）其他行政复议机关尚未受理同一行政复议申请，人民法院尚未受理同一主体就同一事实提起的行政诉讼。

第四十五条　行政复议机关收到行政复议申请以后，应当在 5 日内审查，决定是否受理。对不符合本规则规定的行政复议申请，决定不予受理，并书面告知申请人。

对不属于本机关受理的行政复议申请，应当告知申请人向有关行政复议机关提出。

行政复议机关收到行政复议申请以后未按照前款规定期限审查并作出不予受理决定的，视为受理。

第四十六条　对符合规定的行政复议申请，自行政复议机构收到之日起即为受理；受理行政复议申请，应当书面告知申请人。

第四十七条　行政复议申请材料不齐全、表述不清楚的，行政复议机构可以自收到该行政复议申请之日起 5 日内书面通知申请人补正。补正通知应当载明需要补正的事项和合理的补正期限。无正当理由逾期不补正的，视为申请人放弃行政复议申请。

补正申请材料所用时间不计入行政复议审理期限。

国家国际发展合作署行政复议实施办法

第七条　法制机构收到行政复议申请后，应当在五日内进行审查，并依法作出是否受理的决定。

行政复议申请符合《中华人民共和国行政复议法》及其实施条例规定，但不属于国际发展合作署受理范围的，告知申请人向有关行政复议机关提出。

第八条　行政复议申请有下列情形之一的，不予受理：

（一）申请复议的事项不属于《中华人民共和国行政复议法》第六条规定的复议范围的；

（二）申请人不具备复议申请主体资格的；

（三）申请人错列被申请人且拒绝变更的；

（四）申请复议超过了法定的申请期限且无正当理由的；

（五）申请人提起行政诉讼，法院已经受理或者尚未决定是否受理，又申请行政复议的；

（六）申请人向其他有管辖权的行政机关申请复议，该复议机关已经依法受理的；

（七）申请人撤回复议申请，无正当理由再行申请复议的；

（八）行政复议申请不具备其他法定要件的。

法制机构应当制作不予受理行政复议申请决定书，以书面形式告知申请人。

第九条　除依法决定不予受理或者告知申请人应当向其他复议机关申请复议的外，行政复议申请自法制机构收到之日起即为受理。

法制机构应当自行政复议申请受理之日起七日内，将行政复议申请书副本发送署内承办具体行政行为的业务部门。

自然资源行政复议规定

第十二条　行政复议机构认为行政复议申请材料不齐全、表述不清楚或者不符合法定形式的，应当自收到该行政复议申请书之日起5个工作日内，一次性书面通知申请人补正。

补正通知书应当载明下列事项：

（一）需要更改、补充的具体内容；

（二）需要补正的材料、证据；

（三）合理的补正期限；

（四）无正当理由逾期未补正的法律后果。

无正当理由逾期未提交补正材料的，视为申请人放弃行政复议申请。补正申请材料所用时间不计入复议审理期限。

第十三条　有下列情形之一的，行政复议机关不予受理：

（一）未按照本规定第十二条规定的补正通知要求提供补正材料的；

（二）对下级自然资源主管部门作出的行政复议决定或者行政复议告知不服，申请行政复议的；

（三）其他不符合法定受理条件的。

对同一申请人以基本相同的事实和理由重复提出同一行政复议申请的，行政复议机关不再重复受理。

第十四条　对政府信息公开答复不服申请行政复议，有下列情形之一，被申请人已经履行法定告知义务或者说明理由的，行政复议机关可以驳回行政复议申请：

（一）要求提供已经主动公开的政府信息，或者要求公开申请人已经知晓的政府信息，自然资源主管部门依法作出处理、答复的；

（二）要求自然资源主管部门制作、搜集政府信息和对已有政府信息进行汇总、分析、加工等，自然资源主管部门依法作出处理、答复的；

（三）申请人以政府信息公开申请的形式进行信访、投诉、举报等活动，自然资源主管部门告知申请人不作为政府信息公开申请处理的；

（四）申请人的政府信息公开申请符合《中华人民共和国政府信息公开条例》第三十六条第三、五、六、七项规定，自然资源主管部门依法作出处理、答复的；

（五）法律法规规定的其他情形。

符合前款规定情形的，行政复议机关可以不要求被申请人提供书面答复及证据、依据。

第十五条　对投诉、举报、检举和反映问题等事项的处理不服申请行政复议的，属于下列情形之一，自然资源主管部门已经将处理情况予以告知，且告知行为未对申请人的实体权利义务产生不利影响的，行政复议机关可以不予受理或者受理审查后驳回行政复议申请：

（一）信访处理意见、复查意见、复核意见，或者未履行信访法定职责的行为；

（二）履行内部层级监督职责作出的处理、答复，或者未履行该职责的行为；

（三）对明显不具有事务、地域或者级别管辖权的投诉举报事项作出的处理、答复，或者未作处理、答复的行为；

（四）未设定申请人权利义务的重复处理行为、说明性告知行为及过程性行为。

水利部行政复议工作暂行规定

第九条　水利部或者流域机构收到行政复议申请后，应当在五日内进行审查，对不符合《行政复议法》规定的行政复议申请，决定不予受理；对符合《行政复议法》规定，但不属于水利部或者流域机构受理的行政复议申请，告知申请人向有关行政复议机关提出。

除前款规定外，行政复议申请自复议工作机构收到之日起即为受理。

复议工作机构负责办理行政复议申请的受理事项，涉及有关主管单位业务的，有关主管单位应当予以配合。

工业和信息化部行政复议实施办法

第十一条　工业和信息化部收到行政复议申请后，应当在5日内进行审查，并分别作出如下处理：

（一）行政复议申请符合《中华人民共和国行政复议法》及其实施条例规定的，决定予以受理，并告知申请人；

（二）行政复议申请不符合《中华人民共和国行政复议法》及其实施条例规定的，决定不予受理，制作不予受理行政复议申请决定书并告知申请人；

（三）行政复议申请符合《中华人民共和国行政复议法》及其实施条例规定，但不属于工业和信息化部受理范围的，告知申请人向有关行政复议机关提出；

（四）行政复议申请材料不齐全或者表述不清楚的，制作补正行政复议申请通知书，一次性通知申请人需要补正的所有材料和合理的补正期限。无正当理由逾期不补正的，视为申请人放弃行政复议申请。补正申请材料所用时间不计入行政复议审理期限。

予以受理的行政复议申请，自工业和信息化部法制工作机构收到行政复议申请之日起即为受理。

交通运输行政复议规定

第十一条　交通运输行政复议机关收到交通运输行政复议申请后，应当在五日内进行审查。对符合《行政复议法》规定的行政复议申请，应当决定予以受理，并制作《交通运输行政复议申请受理通知书》送达申请人、被申请人；对不符合《行政复议法》规定的行政复议申请，决定不予受理，并制作《交通运输行政复议申请不予受理决定书》送达申请人；对符合《行政复议法》规定，但是不属于本机关受理的行政复议申请，应当告知申请人向有关行政复议机关提出。

除前款规定外，交通运输行政复议申请自交通运输行政复议机关设置的法制工作机构收到之日起即为受理。

住房城乡建设行政复议办法

第十七条　行政复议机关收到行政复议申请后，应当在 5 日内进行审查，对不符合本办法第十八条规定的行政复议申请，决定不予受理，并书面告知申请人；对不属于本机关受理的行政复议申请，应当告知申请人向有关行政复议机关提出。

除前款规定外，行政复议申请自行政复议机构收到之日起即为受理。

第十八条　行政复议机关对符合下列条件的行政复议申请，应当予以受理：

（一）有明确的申请人和符合规定的被申请人；

（二）申请人与行政行为有利害关系；

（三）有具体的行政复议请求和理由；

（四）在法定申请期限内提出；

（五）属于本办法规定的行政复议范围；

（六）属于收到行政复议申请的行政复议机构的职责范围；

（七）申请人尚未就同一事项向其他有权受理的行政复议机关提出行政复议申请，人民法院尚未就申请人同一事项立案登记的；

（八）符合法律、法规规定的其他条件。

第十九条　行政复议申请材料不齐全或者表述不清楚的，行政复议机构可以自收到该行政复议申请之日起 5 日内书面通知申请人补正。补正通知书应当载明下列事项：

（一）行政复议申请书中需要补充、说明、修改的具体内容；

（二）需要补正的材料、证据；

（三）合理的补正期限；

（四）逾期未补正的法律后果。

申请人应当按照补正通知书要求提交补正材料。申请人无正当理由逾期不补正的，视为放弃行政复议申请。申请人超过补正通知书载明的补正期限补正，或者补正材料不符合补正通知书要求的，行政复议机关可以不予受理其行政复议申请。

补正申请材料所用时间不计入行政复议审理期限。

中华人民共和国海关行政复议办法

第三十二条　海关行政复议机关收到行政复议申请后，应当在5日内进行审查。行政复议申请符合下列规定的，应当予以受理：

（一）有明确的申请人和符合规定的被申请人；

（二）申请人与具体行政行为有利害关系；

（三）有具体的行政复议请求和理由；

（四）在法定申请期限内提出；

（五）属于本办法第九条第一款规定的行政复议范围；

（六）属于收到行政复议申请的海关行政复议机构的职责范围；

（七）其他行政复议机关尚未受理同一行政复议申请，人民法院尚未受理同一主体就同一事实提起的行政诉讼。

对符合前款规定决定受理行政复议申请的，应当制作《行政复议申请受理通知书》和《行政复议答复通知书》分别送达申请人和被申请人。《行政复议申请受理通知书》应当载明受理日期、合议人员或者案件审理人员，告知申请人申请回避和申请举行听证的权利。《行政复议答复通知书》应当载明受理日期、提交答复的要求和合议人员或者案件审理人员，告知被申请人申请回避的权利。

对不符合本条第一款规定决定不予受理的，应当制作《行政复议申请不予受理决定书》，并且送达申请人。《行政复议申请不予受理决定书》应当载明不予受理的理由和法律依据，告知申请人主张权利的其他途径。

第三十三条　行政复议申请材料不齐全或者表述不清楚的，海关行政复议机构可以自收到该行政复议申请之日起5日内书面通知申请人补正。补正通知应当载明以下事项：

（一）行政复议申请书中需要修改、补充的具体内容；

（二）需要补正的有关证明材料的具体类型及其证明对象；

（三）补正期限。

申请人应当在收到补正通知之日起10日内向海关行政复议机构提交需要补正的材料。补正申请材料所用时间不计入行政复议审理期限。

申请人无正当理由逾期不补正的，视为其放弃行政复议申请。申请人有权在本办法第二十三条规定的期限内重新提出行政复议申请。

第三十四条　申请人以传真、电子邮件方式递交行政复议申请书、证明材料的，海关行政复议机构不得以其未递交原件为由拒绝受理。

海关行政复议机构受理申请人以传真、电子邮件方式提出的行政复议申请后，应当告知申请人自收到《行政复议申请受理通知书》之日起10日内提交有关材料的原件。

第三十五条　对符合本办法规定，且属于本海关受理的行政复议申请，自海关行政复议机构收到之日起即为受理。

海关行政复议机构收到行政复议申请的日期，属于申请人当面递交的，由海关行政复议机构经办人在申请书上注明收到日期，并且由递交人签字确认；属于直接从邮递渠道收取或者其他单位、部门转来的，由海关行政复议机构签收确认；属于申请人以传真或者电子邮件方式提交的，以海关行政复议机构接收传真之日或者海关互联网电子邮件系统记载的收件日期为准。

第三十六条　对符合本办法规定，但是不属于本海关管辖的行政复议申请，应当在审查期限内转送有管辖权的海关行政复议机关，并且告知申请人。口头告知的，应当记录告知的有关内容，并且当场交由申请人签字或者盖章确认；书面告知的，应当制作《行政复议告知书》，并且送达申请人。

第三十七条　申请人就同一事项向两个或者两个以上有权受理的海关申请行政复议的，由最先收到行政复议申请的海关受理；同时收到行政复议申请的，由收到行政复议申请的海关在 10 日内协商确定；协商不成的，由其共同上一级海关在 10 日内指定受理海关。协商确定或者指定受理海关所用时间不计入行政复议审理期限。

第三十八条　申请人依法提出行政复议申请，海关行政复议机关无正当理由不予受理的，上一级海关可以根据申请人的申请或者依职权先行督促其受理；经督促仍不受理的，应当责令其限期受理，并且制作《责令受理行政复议申请通知书》；必要时，上一级海关也可以直接受理，并且制作《直接受理行政复议申请通知书》，送达申请人和原海关行政复议机关。上一级海关经审查认为海关行政复议机关不予受理行政复议申请的决定符合本办法规定的，应当向申请人做好说明解释工作。

第三十九条　下列情形不视为申请行政复议，海关行政复议机关应当给予答复，或者转由其他机关处理并且告知申请人：

（一）对海关工作人员的个人违法违纪行为进行举报、控告或者对海关工作人员的态度作风提出异议的；

（二）对海关的业务政策、作业制度、作业方式和程序提出异议的；

（三）对海关工作效率提出异议的；

（四）对行政处罚认定的事实、适用的法律及处罚决定没有异议，仅因经济上不能承受而请求减免处罚的；

（五）不涉及海关具体行政行为，只对海关规章或者其他规范性文件有异议的；

（六）请求解答法律、行政法规、规章的。

第四十一条　有下列情形之一的，海关行政复议机关可以决定合并审理，并且以后一个申请行政复议的日期为正式受理的日期：

（一）两个以上的申请人对同一海关具体行政行为分别向海关行政复议机关申请行政复议的；

（二）同一申请人对同一海关的数个相同类型或者具有关联性的具体行政行为分别向海关行政复议机关申请行政复议的。

国家知识产权局行政复议规程

第十条　行政复议申请应当符合下列条件：

（一）复议申请人是认为具体行政行为侵犯其合法权益的专利申请人、专利权人、集成电路布图设计登记申请人、集成电路布图设计权利人或者其他利害关系人；

（二）有具体的行政复议请求和理由；

（三）属于行政复议的范围；

（四）在法定申请期限内提出。

第十五条　行政复议机构自收到行政复议申请书之日起 5 日内，根据情况分别作出如下处理：

（一）行政复议申请符合本规程规定的，予以受理，并向复议申请人发送受理通知书；

（二）行政复议申请不符合本规程规定的，决定不予受理并书面告知理由；

（三）行政复议申请书不符合本规程第十一条、第十二条规定的，通知复议申请人在指定期限内补正；期满未补正的，视为放弃行政复议申请。

中国证券监督管理委员会行政复议办法

第十六条　对符合《行政复议法实施条例》第十八条、第二十八条的规定，属于行政复议机关受理的行政复议申请，自行政复议机构收到之日起即为受理。

行政复议机构收到行政复议申请的日期，属于申请人当面递交的，由行政复议机构经办人在申请书上注明收到日期，并且由递交人签字确认；属于直接从邮递渠道收取或者其他单位、部门转来的，由行政复议机构签收确认；属于申请人以传真方式提交的，以行政复议机构接收传真之日为准。

第十七条　依照《行政复议法实施条例》第二十九条的规定，行政复议机构可以自收到该行政复议申请之日起 5 日内书面通知申请人补正，有下列情形之一的，属于行政复议申请材料不齐全或者表述不清楚：

（一）未依照《行政复议法实施条例》第十九条第（一）项的规定提供申请人基本情况；

（二）无申请人身份证明文件；

（三）无明确的被申请人；

（四）行政复议请求不具体、不明确；

（五）委托代理申请复议的手续不全或者权限不明确；

（六）未依照《行政复议法实施条例》第二十一条的规定提供证明材料；

（七）其他行政复议申请材料不齐全或者表述不清楚的情形。

申请人收到补正通知后，无正当理由逾期不补正的，视为放弃行政复议申请。

第十八条　申请人采取传真方式提出行政复议申请的，行政复议机构可以要求申请人依照《行政复议法实施条例》第二十九条、本办法第十七条的规定补充提交申请材料的原件。

第十九条　行政复议申请材料不齐全或者表述不清楚，或者采取传真方式提出行政复议申请，行政复议机构书面通知申请人补正或者提交原件的，受理的审查期限应当自收到补正后的行政复议申请材料或者原件之日起算。

第二十条　下列情形不视为申请行政复议，行政复议机构可以告知申请人处理结果或者转由其他机构处理并告知申请人：

（一）对中国证监会工作人员的个人违法违纪行为进行举报、控告的；

（二）不涉及中国证监会具体行政行为，只对中国证监会规章或者规范性文件有异议的；

（三）对行政处罚认定的事实、适用的依据、处罚种类、处罚幅度及处罚程序等没有异议，仅因经济困难，请求减、免、缓缴罚款的；

（四）请求解答法律、行政法规、规章的；

（五）其他以行政复议申请名义，进行信访投诉的情形。

人力资源社会保障行政复议办法

第二十六条 行政复议机构收到行政复议申请后，应当在 5 日内进行审查，按照下列情况分别作出处理：

（一）对符合行政复议法实施条例第二十八条规定条件的，依法予以受理，制作《行政复议受理通知书》和《行政复议提出答复通知书》，送达申请人和被申请人；

（二）对符合本办法第七条规定的行政复议范围，但不属于本机关受理范围的，应当书面告知申请人向有关行政复议机关提出；

（三）对不符合法定受理条件的，应当作出不予受理决定，制作《行政复议不予受理决定书》，送达申请人，该决定书中应当说明不予受理的理由和依据。

对不符合前款规定的行政复议申请，行政复议机构应当将有关处理情况告知申请人。

第二十七条 人力资源社会保障行政部门的其他工作机构收到复议申请的，应当及时转送行政复议机构。

除不符合行政复议法定条件或者不属于本机关受理的行政复议申请外，行政复议申请自行政复议机构收到之日起即为受理。

第二十八条 依照行政复议法实施条例第二十九条的规定，行政复议申请材料不齐全或者表述不清楚的，行政复议机构可以向申请人发出补正通知，一次性告知申请人需要补正的事项。

补正通知应当载明下列事项：

（一）行政复议申请书中需要修改、补充的具体内容；

（二）需要补正的证明材料；

（三）合理的补正期限；

（四）逾期未补正的法律后果。

补正期限从申请人收到补正通知之日起计算。

无正当理由逾期不补正的，视为申请人放弃行政复议申请。

申请人应当在补正期限内向行政复议机构提交需要补正的材料。补正申请材料所用时间不计入行政复议审理期限。

第二十九条 申请人依法提出行政复议申请，行政复议机关无正当理由不予受理的，上一级人力资源社会保障行政部门可以根据申请人的申请或者依职权先行督促其受理；经督促仍不受理的，应当责令其限期受理，并且制作《责令受理行政复议申请通知书》；必要时，上一级人力资源社会保障行政部门也可以直接受理。

上一级人力资源社会保障行政部门经审查认为行政复议申请不符合法定受理条件的，应当告知申请人。

第三十条 劳动者与用人单位因工伤保险待遇发生争议，向劳动人事争议仲裁委员会申请仲裁期间，又对人力资源社会保障行政部门作出的工伤认定结论不服向行政复议机关申请行政复议的，如果符合法定条件，应当予以受理。

环境行政复议办法

第八条 有下列情形之一的，环境行政复议机关不予受理并说明理由：

（一）申请行政复议的时间超过了法定申请期限又无法定正当理由的；

（二）不服环境保护行政主管部门对环境污染损害赔偿责任和赔偿金额等民事纠纷作出的调解或者其他处理的；

（三）申请人在申请行政复议前已经向其他行政复议机关申请行政复议或者已向人民法院提起行政诉讼，其他行政复议机关或者人民法院已经依法受理的；

（四）法律、法规规定的其他不予受理的情形。

第十五条 环境行政复议机关收到行政复议申请后，应当在5个工作日内进行审查，并分别作出如下处理：

（一）对符合行政复议法、行政复议法实施条例及本办法第七条规定、属于行政复议受理范围且提交材料齐全的行政复议申请，应当予以受理；

（二）对不符合行政复议法、行政复议法实施条例及本办法规定的行政复议申请，决定不予受理，制作不予受理行政复议申请决定书，送达申请人；

（三）对符合行政复议法、行政复议法实施条例及本办法规定，但是不属于本机关受理的行政复议申请，应当制作行政复议告知书送达申请人；申请人当面向环境行政复议机构口头提出行政复议的，可以口头告知，并制作笔录当场交由申请人确认。

错列被申请人的，环境行政复议机构应当制作行政复议告知书告知申请人变更被申请人。

第十六条 行政复议申请材料不齐全或者表述不清楚的，环境行政复议机构可以在收到该行政复议申请之日起5个工作日内，发出补正行政复议申请通知书，一次性告知申请人应当补正的事项及合理的补正期限。

补正申请材料所用时间不计入行政复议审理期限。申请人无正当理由逾期不补正的，视为申请人放弃行政复议申请。

国家发展和改革委员会行政复议实施办法

第十二条 国家发展改革委法制工作机构收到行政复议申请后，应当在5日内按照《行政复议法》的有关规定进行审查，并依法做出是否受理的决定。

法制工作机构认为申请人的复议申请书内容不符合第九条规定或复议申请材料不齐的，可以在收到行政复议申请后5日内书面通知申请人补正。补正通知应当载明需要补正的内容以及补正的期限。当事人无正当理由逾期不补正的，视为未提出行政复议申请。法制工作机构办理行政复议案件的期限自收到最后补正材料之日起计算。补正期间不计入申请人法定申请期限。

行政复议申请符合《行政复议法》规定，但是不属于国家发展改革委受理的，应当向申请人发送《行政复议告知书》，告知申请人向有关行政复议机关提出。

除依法决定不予受理或告知申请人应当补正材料和告知申请人应当向其他复议机关申请复议的外，行政复议申请自国家发展改革委法制工作机构收到之日起即为受理。

第十三条　两个以上的复议申请人对同一发展改革机关的同一具体行政行为分别向国家发展改革委申请复议的，国家发展改革委可以并案审理，并以收到后一复议申请的日期为正式受理的日期。但前一申请的复议期限不得超过法定期限。

第十四条　国家发展改革委法制工作机构对符合下列条件的复议申请，应当予以受理：

（一）申请人与具体行政行为存在法律上的利害关系；

（二）有明确的被申请人和具体行政行为；

（三）有具体的行政复议请求、事实根据和理由；

（四）申请复议的事项属于《行政复议法》第六条规定的范围；

（五）复议申请在法定的申请期限内提出；

（六）未对同一具体行政行为申请行政复议或提起行政诉讼；

（七）符合国家发展改革委的受理权限；

（八）符合《行政复议法》规定的其他条件。

第十五条　行政复议申请不具备本办法第十四条所列条件之一的，不予受理，法制工作机构应当在收到行政复议申请后5日内依照法定程序向申请人发送《不予受理决定书》。

商务部行政复议实施办法

第七条　商务部法制工作机构收到行政复议申请后，应当在5个工作日内按照《行政复议法》的有关规定进行审查，并依法做出是否受理的决定。

除依法决定不予受理或告知申请人应当向其他复议机关申请复议的外，行政复议申请自商务部法制工作机构收到之日起即为受理。

第八条　行政复议申请有下列情形之一的，不予受理，并以书面形式告知申请人：

（一）申请复议的事项不属于《行政复议法》第六条规定的范围的；

（二）申请人不具备复议申请主体资格的；

（三）申请人错列被申请人且拒绝变更的；

（四）申请复议超过了法定的申请期限且无正当理由的；

（五）申请人提起行政诉讼，法院已经受理或尚未决定是否受理，又申请行政复议的；

（六）申请人向其它有管辖权的行政机关申请复议，该复议机关已经依法受理的；

（七）申请人撤回复议申请，无正当理由再行申请复议的；

（八）申请人超越复议管辖权限、越级申请的（《行政复议》第二十条规定的情形除外）；

（九）行政复议申请不具备其他法定要件的。

公安机关办理行政复议案件程序规定

第二十五条　公安行政复议机构负责接受公民、法人和其他组织提出的行政复议申请。

公安行政复议机关的其他内设机构收到《行政复议申请书》的，应当登记并于当日转送公安行政复议机构；口头申请行政复议的，其他内设机构应当告知其依法向公安行政复议机构提出申请。

第二十六条　公安行政复议机构收到行政复议申请后，应当对该申请是否符合下列条件进行初步审查：

（一）提出申请的公民、法人和其他组织是否具备申请人资格；

（二）是否有明确的被申请人和行政复议请求；

（三）是否符合行政复议范围；

（四）是否超过行政复议期限；

（五）是否属于本机关受理。

第二十七条　公安行政复议机构自收到行政复议申请之日起五日内应当分别作出以下处理：

（一）符合行政复议法规定的，予以受理；

（二）不符合行政复议法规定的，决定不予受理，并制发《行政复议申请不予受理决定书》；

（三）符合行政复议法规定，但不属于本机关受理的，应当告知申请人向有权受理的行政复议机关提出。

第二十八条　下列情形不属于公安行政复议范围：

（一）对办理刑事案件中依法采取的刑事强制措施、刑事侦查措施等刑事司法行为不服的；

（二）对公安机关依法调解不服的；

（三）对处理火灾事故、交通事故以及办理其他行政案件中作出的鉴定结论等不服的；

（四）对申诉被驳回不服的；

（五）其他依法不应当受理的行政复议申请。

申请人认为公安机关的刑事司法行为属于滥用职权、超越职权插手经济纠纷的，公安行政复议机关应当在作出不予受理决定之前，及时报上一级公安行政复议机关。

第三十三条　公安行政复议机关因行政复议申请的受理发生争议，争议双方应当协商解决。协商不成的，由争议双方的共同上一级公安机关指定受理。

第五十七条　申请人、第三人对申请行政复议的具体行政行为的下列事实，应当提供相应证据材料：

（一）证明申请行政复议符合法定条件的，但被申请人认为申请人申请行政复议超过法定期限的除外；

（二）被申请人不履行法定职责的行政复议申请案件中，证明其已提出申请要求被申请人履行职责的；

（三）申请人在申请行政复议时一并提出的行政赔偿中，证明其因受具体行政行为侵害而造成损失的；

（四）其他应当提供证据材料的。

司法行政机关行政复议应诉工作规定

第十条　司法行政机关办理行政复议案件，实行统一受理、专人承办、集体研究、领导负责的工作制度。

第十一条　办理行政复议案件的法制工作机构人员与申请人有利害关系的，可以提出自行回避；申请人也有权申请其回避，但应说明理由。

办理行政复议案件的法制工作机构人员的回避，由行政复议机关负责人决定。

第十三条　司法行政机关自收到行政复议申请书之日起 5 日内，对行政复议申请分别作出以下处理：

（一）行政复议申请符合法定受理条件并属于本规定受理范围的，应予受理；

（二）行政复议申请不符合法定受理条件的，不予受理并书面告知申请人；

（三）行政复议申请符合法定受理条件，但不属于本机关受理的，应当告知申请人向有关行政复议机关提出。

除不符合行政复议的法定受理条件或者不属于本机关受理的复议申请外，行政复议申请自行政复议机关负责法制工作的机构收到之日起即为受理。

作出具体行政行为的司法行政机关自收到行政复议机关发送的行政复议申请书副本或者申请笔录复印件后，应将书面答复、作出具体行政行为的证据、依据和其他有关材料，在 10 日内提交行政复议机关。

司法行政机关任何部门在收到行政复议申请后，应转交本机关法制工作机构。

申请人的书面申请内容如不符合本规定第十二条规定，法制工作机构应当通知申请人补齐申请内容。行政复议受理时间从收到申请人补齐申请书内容之日起计算。

第十五条　司法行政机关法制工作机构依照以下程序受理行政复议申请：

（一）登记收到行政复议申请书的时间及申请人的情况；

（二）不予受理的，在收到行政复议申请书 5 日内填写司法行政机关不予受理

审批表,拟制不予受理决定书,由行政机关负责人签字,并加盖公章,向申请人发出;

（三）应当受理的，在收到复议申请书后填写司法行政机关行政复议立案审批表，法制工作机构负责人审批。

『 相关司法解释 』

最高人民法院关于行政复议机关受理行政复议申请后，发现复议申请不属于行政复议法规定的复议范围，复议机关作出终止行政复议决定的，人民法院如何处理的答复（2005 年 6 月 3 日，〔2005〕行他字第 11 号）

北京市高级人民法院：

你院京高法〔2005〕102 号《关于国务院法制办公室对北京市人民政府法制办公室（关于终止审理余国玉复议案件的请示的复函）有关问题的请示》收悉。经研究，原则同意你院倾向性意见，即行政复议机关受理行政复议申请后，发现该行政复议申请不符合法定的行政复议范围，作出终止行政复议决定。当事人不服，向人民法院提起诉讼，人民法院经审查认为，该复议申请不属于行政复议范围的，可以依法驳回其诉讼请求。

附：

北京市高级人民法院关于国务院法制办公室对北京市人民政府法制办公室
《关于终止审理余国玉复议案件的请示的复函》有关问题的请示

（2005 年 4 月 19 日）

最高人民法院：

国务院法制办公室国法函〔2002〕3 号《对北京市人民政府法制办公室〈关于终止审理余国玉复议案件的请示〉的复函》（以下简称《复函》）规定：行政复议机关受理行政复议申请后，发现该行政复议申请不符合《中华人民共和国行政复议法》（以下简称《行政复议法》）规定的，可以决定终止行政复议。

针对上述情况，实践中有两种意见：一种意见认为《行政复议法》对行政复议机关受理行政复议申请后，发现复议申请不属于《行政复议法》复议范围而决定终止行政复议的，不符合《行政复议法》规定的复议终止情形，人民法院对此应以缺乏法律依据为由，判决撤销复议决定。另一种意见认为《复函》是对行政复议机关不应受理而受理的行政复议申请提出的结案方式意见，是对《行政复议法》结案方式上存在不足的弥补。行政复议机关受理行政复议申请后，发现复议申请不属于《行政复议法》规定的复议范围，可以参照《复函》的规定，决定终止行政复议。人民法院在审理此类案件中，经审查，如果认为行政复议机关终止行政复议决定行为认定事实清楚，应予维持。经研究，我们倾向于第二种意见。

『相关行政解释』

公安部关于《中华人民共和国行政复议法》实施后出入境边防检查行政复议工作有关问题的通知（1999 年 10 月 26 日）

（三）受理复议的程序。办理行政复议案件，首先应由负责此项工作的法制机构对被申请人作出的具体行政行为进行审查，提出意见，报经公安厅、局和总站的负责人同意或集体讨论通过，然后作出复议决定。办理行政复议，不得向申请人收取任何费用，要将行政复议活动经费单独列支，并予以保障。

『典型案例』

扬州市人民政府

不予受理行政复议申请决定书

〔2022〕扬行复不字第 24 号

申请人：甲村民小组。

代表人：刘某甲。

代表人：刘某乙。

被申请人：扬州市自然资源和规划局，住所地在扬州市文昌中路 565 号。

申请人于 2022 年 12 月 12 日向本机关提出行政复议申请，请求"撤销或变更苏国土资地函〔2002〕1180 号、扬国土资（2003）地郊字 422 号、扬国土资〔2006〕地郊字 190 号、扬国土资〔2009〕地郊字 36 号、扬国土资〔2009〕地郊字 161 号、扬国土资〔2010〕地郊字 97 号、扬国土资〔2012〕地郊字 96 号、扬国土资〔2012〕地郊字 200 号八份征地批文"。

经查，2003 年 3 月 10 日，江苏省国土资源厅作出苏国土资地函〔2002〕1180 号《关于批准扬州市邗江区 2002 年度第 9 批次村镇建设用地的通知》，称同意邗江区将乙村的农村集体农用地 3.4 412 公顷转为建设用地并办理征地手续，另征用该村的农村集体建设用地 0.0 936 公顷、未利用地 0.1 652 公顷，合计征用土地 3.7 公顷……2003 年 12 月 21 日，扬州市国土资源局作出扬国土资〔2003〕地郊字 422 号《关于征用集体土地的通知》："乙村村委会：因规划建设的需要，经市政府转呈省政府批准同意将扬州市邗江区 2003 年第 37 批次中第 2 地块乙村 1.5 776 公顷的集体土地征归国有。请用地单位按照市政府批准的《征用土地安置补偿方案》向被征地村组支付土地安置补偿费用，具体补偿事宜由扬州市国土资源局邗江分局负责办理。被用地村组应将使用土地费用的收支状况向村民公布。具体供地手续另行办理。本次征地涉及农业人口安置办法：由所在村委会负责进行货币安置。"2006 年 6 月 10 日，扬州市国土资源局作出扬国土资〔2006〕地郊字 190 号《关于征收集体土地的通知》："丙村村委会：因规划建设的需要，经市政府转呈省政府批准同意将扬州市邗江区 2005 年第 10 批次 11 地块乙村 2.4 484 公顷的集体土地征归国有……"2009 年 4 月 3 日，扬州市国土资源局作出扬国土资〔2009〕地郊字 36 号《关于征收集体土地的通知》："丙村村委会：因规划建设的需要，经市政府转呈省政府批准同意将扬州市邗江区 2008 年第 13 批次 9 地块丙村 1.0 489 公顷的集体土地征归国有……"2009 年 12 月 11 日，扬州市国土资源局作出扬国土资〔2009〕地郊字 161 号《关于征收集体土地的通知》："丙村村委会：因规划建设的需要，经市政府转呈省政府批准同意将扬州市邗江区 2009 年第 6 批次 4 地块丙村 3.1759 公顷的集体土地征归国有……"2010 年 12 月 6 日，扬州市国土资源局作出扬国土资〔2010〕地郊字 97 号《关于征收集体土地的通知》："丙村村委会：因规划建设的需要，经市政府转呈省政府批准，同意将扬州市邗江区城乡增减挂钩建新区第 1 批次 16 地块（2010 年度）丙村 0.9800 公顷的集体土地征归国有……"2012 年 9 月 13 日，扬州市国土资源局作出扬国土资〔2012〕地郊字 96 号《关于征收集体土地的通知》："丙村村委会：因规划建设的需要，经市政府转呈省政府批准，同意将扬州市邗江区 2012 年第 1 批次 2 地块丙村 0.5 270 公顷的集体土地征归国有……"2012 年 12 月 31 日，扬州市国土资源局作出扬国土资〔2012〕地郊字 200 号《关于征用集体土地的通知》："丙村村委会：因规划建设的需要，经市政府转呈省政府批准，同意将扬州市邗江区城乡增减挂钩建新区 2012 年第 1 批次 3 地块丙村 1.6121 公顷的集体土地征归国有……"

本机关认为：根据《中华人民共和国行政复议法实施条例》第二十八条规定，申请人提出行政复议申请应当符合有符合规定的被申请人、属于行政复议法规定的行政复议范围、属于收到行政复议申请的行政复议机构的职责范围等受理条件，否则应当不予受理或者在受理后予以驳回。第一，最高人民法院《关于审理涉及农村集体土地行政案件若干问题的规定》第三条第一款规定："村民委员会或者农村集体经济组织对涉及农村集体土地的行政行为不起诉的，过半数的村民可以以集体经济组织名义提起诉讼。"参照该规定，申请人作为农村集体经济组织，其对涉及农村集体土地的行政行为提出行政复议申请，应当提交过半数的村民同意的相关材料。但在本案中，申请人并未提交过半数的甲村民小组成员同意提出本案行政复议申请的证明材料，不符合法律规定。第二，苏国土资地函〔2002〕1180 号《关于批准扬州市邗江区 2002 年度第 9 批次村镇建设用地的通知》系征收土地批复行为，对该行为不服，依法应当以省政府为被申请人向省政府申请行政复议。因此，申请人以扬州市自然资源和规划局为被申请人向本机关申请行政复议，不符合法律规定。第三，扬州市国土资源局向丙村村委会发送的扬国土资（2003）地郊字 422 号、扬国土资〔2006〕地郊字 190 号、扬国土资〔2009〕地郊字 36 号、扬国土资

〔2009〕地郊字161号、扬国土资〔2010〕地郊字97号、扬国土资〔2012〕地郊字96号、扬国土资〔2012〕地郊字200号《关于征收集体土地的通知》，仅是将批准征地机关、批准文号、征收土地的用途、范围、面积以及土地安置补偿费用支付、农业人员安置人数等事项进行通知的行为，仅是征收土地行为中的一个程序性行为，未对行政相对人设定新的权利义务。因此，上述七份《关于征收集体土地的通知》不属于行政复议受案范围。综上，申请人的行政复议申请不符合法定受理条件。根据《中华人民共和国行政复议法》第六条、第十七条第一款、《中华人民共和国行政复议法实施条例》第二十八条第一、五、六项的规定，决定不予受理。

申请人如不服本决定，可以自收到本决定书之日起15日内依法向扬州市江都区人民法院提起行政诉讼。

2022年12月19日

『2023年版本』

第三十一条　行政复议申请材料不齐全或者表述不清楚，无法判断行政复议申请是否符合本法第三十条第一款规定的，行政复议机关应当自收到申请之日起五日内书面通知申请人补正。补正通知应当一次性载明需要补正的事项。

申请人应当自收到补正通知之日起十日内提交补正材料。有正当理由不能按期补正的，行政复议机关可以延长合理的补正期限。无正当理由逾期不补正的，视为申请人放弃行政复议申请，并记录在案。

行政复议机关收到补正材料后，依照本法第三十条的规定处理。

『条文释义』

本条规定了行政复议申请资料的补正。1999年版本、2009年版本和2017年版本没有相关规定，2023年版本增加了该条规定。

如果申请人提交的行政复议申请材料不齐全或者表述不清楚，行政复议机关无法判断行政复议申请是否符合《行政复议法》第三十条第一款规定的，行政复议机关应当自收到申请之日起五日内书面通知申请人补正。为减轻申请人的负担，避免申请人多跑路，补正通知应当一次性载明需要补正的事项。

为确保行政复议的效率，申请人应当自收到补正通知之日起十日内提交补正材料。需要申请人补正的材料通常包括被申请人作出的法律文书、申请人请求被申请人履行义务的申请、授权委托书、委托人及被委托人的身份证明文件等。有正当理由不能按期补正的，行政复议机关可以延长合理的补正期限。正当理由通常包括不可抗力、相关文书丢失、相关主体被限制人身自由、失踪或者丧失行为能力等。无正当理由逾期不补正的，视为申请人放弃行政复议申请，并记录在案。

行政复议机关收到补正材料后，依照《行政复议法》第三十条的规定处理，即决定受理或者决定不受理或者告知其向有管辖权的行政复议机关申请。

『 2023 年版本 』

第三十二条　对当场作出或者依据电子技术监控设备记录的违法事实作出的行政处罚决定不服申请行政复议的，可以通过作出行政处罚决定的行政机关提交行政复议申请。

行政机关收到行政复议申请后，应当及时处理；认为需要维持行政处罚决定的，应当自收到行政复议申请之日起五日内转送行政复议机关。

『 条文释义 』

本条规定了对当场作出以及通过电子监控作出的行政处罚决定的行政复议申请。1999 年版本、2009 年版本和 2017 年版本没有相关规定，2023 年版本增加了该条规定。

对当场作出或者依据电子技术监控设备记录的违法事实作出的行政处罚决定不服申请行政复议的，申请人有可能并不清楚应当到哪里去申请行政复议，此种情况下，申请人可以通过作出行政处罚决定的行政机关提交行政复议申请。这是《行政复议法》便民、高效原则的体现，同时也给作出行政处罚决定的行政机关提供了纠错的机会。

行政机关收到行政复议申请后，应当及时处理：如果其认为应当撤销或者变更该行政处罚决定，则可以直接予以撤销或者变更；如果其认为需要维持行政处罚决定，应当自收到行政复议申请之日起五日内转送行政复议机关，转入正常的行政复议程序，通过行政复议程序来纠错或者维持。

『 2023 年版本 』

第三十三条　行政复议机关受理行政复议申请后，发现该行政复议申请不符合本法第三十条第一款规定的，应当决定驳回申请并说明理由。

『 条文释义 』

本条规定了驳回行政复议申请。1999 年版本、2009 年版本和 2017 年版本没有相关规定，2023 年版本增加了该条规定。

对于案情比较复杂，难以在短时间内判断是否符合受理条件的，行政复议机关应当先予以受理，也就是"存疑先受理"原则。受理之后再慢慢审查是否符合受理条件。还有一种情况是行政复议机关经初步审查，认为符合受理条件，但受理后发现实际上并不符合受理条件，此时，行政复议机关应当决定驳回申请并说明理由。申请人可以依法提起行政诉讼。

『相关规章』

中华人民共和国行政复议法实施条例

第四十八条　有下列情形之一的，行政复议机关应当决定驳回行政复议申请：

（一）申请人认为行政机关不履行法定职责申请行政复议，行政复议机关受理后发现该行政机关没有相应法定职责或者在受理前已经履行法定职责的；

（二）受理行政复议申请后，发现该行政复议申请不符合行政复议法和本条例规定的受理条件的。

上级行政机关认为行政复议机关驳回行政复议申请的理由不成立的，应当责令其恢复审理。

『典型案例』

国家税务总局广西壮族自治区税务局

税务行政复议决定书

桂税复决字〔2021〕16号

申请人：罗某艺。

住址：广西钦州市钦南区向阳路10号。

委托代理人：罗某晓。

被申请人：国家税务总局广西壮族自治区税务局第三稽查局。

地址：桂林市高新区五里店路19号2号楼。

法定代表人：林碧波　职务：局长

申请人罗某艺不服国家税务总局广西壮族自治区税务局第三稽查局于2020年5月7日作出的《对〈关于请求停止执行的函〉的答复》，向我局提出行政复议申请，我局经审查后于2021年7月20日予以受理。被申请人规定作出《行政复议答辩书》及提交当初作出具体行政行为的证据、依据及相关材料。

申请人请求：

申请撤销被申请人作出的《对〈关于请求停止执行的函〉的答复》。

申请人称：

一、原梧州稽查局于 2018 年 6 月 15 日对申请人作出《税务处理决定书》（桂地税梧稽查处〔2018〕26 号），决定追缴个人所得税 3，074，190.50 元，是没有法律依据。因为 2012 年 7 月 10 日《公司股权转让协议书》签订之后，现在履行中，申请人只收到股权转让款 691.15 万元，其余股权转让款本人尚未收到。按照国家税法规定，股权转让个人所得税，应是按收到的股权转让款来缴纳个人所得税，股权转让款 691.15 万元已依法缴纳个人所得税，其余股权转让款待收到再依法缴纳个人所得税。

二、原梧州稽查局作出《税务处理决定书》（桂地税梧稽查处〔2018〕26 号）的主要依据是钦州市中级人民法院《民事判决书》（〔2017〕桂 07 民终 151 号）所确认的事实。但经广西壮族自治区高级人民法院再审作出的《民事裁定书》（〔2019〕桂民再 141 号）裁定撤销钦州市中级人民法院作出的上述民事判决。上述《税务处理决定书》的事实依据，已被撤销。

三、本案《公司股份转让协议书》是合同双方当事人的诉讼纠纷的关键点。且本案经广西壮族自治区高级人民法院裁定已发回重审，对本案事实的认定有待人民法院审理查明认定。

被申请人辩称：

一、申请人关于"股权转让个人所得税，应是按收到的股权转让款来缴纳个人所得税"的主张不符合有关法律法规的规定

在申请人将其原来持有的梧州保润公司的股权转让给他人，并已完成股权过户，且已实际收到受让方支付的部分股权转让款的情况下，根据《股权转让所得个人所得税管理办法（试行）》（国家税务总局公告 2014 年第 67 号发布）第二十条第一项、第二项的规定，申请人股权转让个人所得税的纳税义务已经发生，申请人即应依照《中华人民共和国个人所得税法（2011 修正）》第六条第一款第五项"财产转让所得，以转让财产的收入额减除财产原值和合理费用后的余额，为应纳税所得额"和《中华人民共和国个人所得税法实施条例（2011 修订）》第二十二条"财产转让所得，按照一次转让财产的收入额减除财产原值和合理费用后的余额，计算纳税"的规定计算个人所得税，并按《股权转让所得个人所得税管理办法（试行）》（国家税务总局公告 2014 年第 67 号发布）第二十条的规定，在纳税义务发生的次月 15 日内向主管税务机关足额申报缴纳。因此，申请人在《申请复议书》中提出的"按实际收到的股权转让款来缴纳个人所得税，其余股权转让款待收到再依法缴纳个人所得税"的主张于法无据，不能成立。

二、申请人关于《税务处理决定书》（桂地税梧稽查处〔2018〕26 号）主要依据《钦州市中级人民法院民事判决书》（〔2017〕桂 07 民终 151 号）作出的说法与事实不符

在《税务处理决定书》（桂地税梧稽查处〔2018〕26 号）第一条"检查情况

与违法事实"中,清楚载明对申请人少缴税款违法事实的认定,依据的证据包括:由申请人及梧州保润公司提供、并经原梧州稽查局检查人员核实的《广西梧州保润投资置业有限公司章程》、保润公司银行对账单、2012年公司股份转让协议书及补充协议、财务结算确认及约定以及钦州市中级人民法院作出的《民事判决书》(〔2017〕桂07民终151号)。根据《中华人民共和国税收征收管理法》及其《中华人民共和国税收征收管理法实施细则》的有关规定,税务机关有权对纳税人实施检查,并依据税法和调查取得的各类相关证据,对纳税人是否存在税收违法行为作出独立判断和认定,而不是只能凭借法院作出的民事判决书所认定的事实对纳税人是否存在税收违法行为作出判断和认定。

具体到本案,税务机关对申请人少缴税款违法事实的认定,主要依据的是2012年公司股份转让协议书、补充协议、财务结算确认及约定等证据资料。根据上述证据资料,再结合相关税法的规定,已足以认定申请人存在少申报缴纳税款的违法行为。另外,时至今日,申请人也并没有对其股权转让行为的真实性及有效性提出任何异议,只是认为其应"按实际收到的股权转让款来缴纳个人所得税,其余股权转让款待收到再依法缴纳个人所得税"。综上所述,钦州市中级人民法院作出的《民事判决书》(〔2017〕桂07民终151号)在本案中并非主要证据和唯一的证据,其所起的作用仅是对上述证据的进一步佐证。在此情况下,即使广西壮族自治区高级人民法院再审作出的《民事裁定书》(〔2019〕桂民再141号)裁定撤销钦州市中级人民法院作出的民事判决,对税务机关认定申请人少缴纳税款的违法事实并无实质影响。

三、申请人申请撤销《税务处理决定书》(桂地税梧稽处〔2018〕26号)及《对〈关于请求停止执行的函〉的答复》的要求没有法律依据

(一)原梧州稽查局于2018年6月21日向申请人正式送达了《税务处理决定书》(桂地税梧稽处〔2018〕26号),是税务机关对申请人作出的征收税款、加收滞纳金的具体行政行为,由于申请人在收到处理决定书后,未按照决定书规定的期限缴清全部税款及滞纳金(截至2021年7月20日申请人提出本次行政复议申请,申请人尚有个人所得税1 851 890.50元未缴纳),也没有提供相应担保。因此,根据《税务行政复议规则(2018修订版)》(国家税务总局令第44号公布)第三十三条的规定,申请人目前尚不满足提出行政复议申请的条件,对于其提出的该项复议申请应不予受理。

(二)答复人于2020年3月26日收到申请人的代理人罗某晓寄来的《关于请求停止执行的函》及广西壮族自治区高级人民法院再审作出的《民事裁定书》(〔2019〕桂民再141号)等材料。经研究,答复人于2020年5月7日出具书面答复,告知申请人虽然广西壮族自治区高级人民法院再审作出的《民事裁定书》(〔2019〕桂民再141号)裁定撤销钦州市中级人民法院作出的民事判决,但《税务处理决定书》(桂地税梧稽处〔2018〕26号)仍然有效,决定继续对申请人追缴少缴的税款。

(三)《对〈关于请求停止执行的函〉的答复》属于行政答复,该答复并不能

引起申请人权利、义务的变更和灭失，也没有侵犯其合法权益。因此，不属于《税务行政复议规则（2018 修订版）》（国家税务总局令第 44 号公布）第十四条规定的可复议具体行政行为。

综上，申请人提出的复议事项、理由与事实、法律不符，其复议请求不应得到支持。因此，请自治区税务局对申请人提出的复议申请依法予以驳回。

经查，原广西壮族自治区地方税务局梧州稽查局于 2018 年 6 月 15 日对申请人作出《税务处理决定书》（桂地税梧稽查处〔2018〕26 号），并于 2018 年 6 月 21 日送达申请人，申请人于 2021 年 7 月 20 日向本机关申请行政复议。因申请人未在法定期限内提出行政复议，本机关决定不予受理。

2020 年 3 月 26 日，被申请人收到申请人《关于请求停止执行的函》及广西壮族自治区高级人民法院《民事裁定书》〔（2019）桂民再 141 号〕等材料。申请人在《关于请求停止执行的函》中提出，被申请人继续执行《税务处理决定书》（桂地税梧稽查处〔2018〕26 号）已没有法律依据，请求停止案件的执行程序。被申请人作出《对〈关于请求停止执行的函〉的答复》，告知申请人决定继续执行《税务处理决定书》（桂地税梧稽查处〔2018〕26 号）。《对〈关于请求停止执行的函〉的答复》落款时间为 2020 年 5 月 7 日，但被申请人未能证明其向申请人送达的具体时间。申请人 2021 年 7 月 20 日向本机关申请行政复议，申请撤销被申请人作出的《对〈关于请求停止执行的函〉的答复》，本机关予以受理。

根据《国家税务总局广西壮族自治区税务局关于挂牌成立国家税务总局广西壮族自治区税务局第一税务分局等机构的公告》（国家税务总局广西壮族自治区税务局公告 2018 年第 17 号）第四条"国家税务总局广西壮族自治区税务局第三稽查局主要职责为：承担广西壮族自治区税务局列名大企业的税务稽查、税收高风险事项应对和协查等工作；负责桂林市、梧州市、贺州市区域内税收、社会保险费和有关非税收入违法案件的查处以及查办案件的执行工作"和第六条"自 2018 年 8 月 15 日起，原自治区地方税务局南宁稽查局、柳州稽查局、桂林稽查局、梧州稽查局、玉林稽查局、钦州稽查局、百色稽查局、河池稽查局对纳税人实施但未结案的税务稽查工作，由上述新设稽查机构对口承接、延续办理"的规定，国家税务总局广西壮族自治区税务局第三稽查局作为被申请人适格。

本机关认为：

《税务处理决定书》（桂地税梧稽查处〔2018〕26 号）送达申请人后，申请人未在法定期限内提出行政复议。《税务处理决定书》（桂地税梧稽查处〔2018〕26 号）作为生效的法律文书，也未被法定程序予以变更或撤销。被申请人根据上述情况作出《对〈关于请求停止执行的函〉的答复》，告知申请人决定继续执行《税务处理决定书》（桂地税梧稽查处〔2018〕26 号），其实质是对继续执行的解释说明，并不引起申请人权利义务的变更和灭失，对申请人权利义务不产生实际影响，不属于行政复议法规定的受理范围。

《中华人民共和国行政复议法实施条例》第四十八条第一款第（二）项规定，受理行政复议申请后，发现该行政复议不符合行政复议法和本条例规定的受理条件的，行政复议机关应当决定驳回复议申请。

本机关决定：

根据《中华人民共和国行政复议法实施条例》第四十八条第一款第（二）项的规定，驳回申请人的复议申请。

申请人如对本复议决定不服，可以在收到本复议决定之日起十五日内，依法向人民法院提起行政诉讼。

2021 年 9 月 16 日

『2023 年版本』

第三十四条　法律、行政法规规定应当先向行政复议机关申请行政复议、对行政复议决定不服再向人民法院提起行政诉讼的，行政复议机关决定不予受理、驳回申请或者受理后超过行政复议期限不作答复的，公民、法人或者其他组织可以自收到决定书之日起或者行政复议期限届满之日起十五日内，依法向人民法院提起行政诉讼。

『1999、2009、2017 年版本』

第十九条　法律、法规规定应当先向行政复议机关申请行政复议、对行政复议决定不服再向人民法院提起行政诉讼的，行政复议机关决定不予受理或者受理后超过行政复议期限不作答复的，公民、法人或者其他组织可以自收到不予受理决定书之日起或者行政复议期满之日起十五日内，依法向人民法院提起行政诉讼。

『条文释义』

本条规定了行政复议前置程序下，行政复议机关不予受理或者超期不作答复的处理。1999 年版本、2009 年版本和 2017 年版本的规定一致，2023 年版本的规定基本一致，增加了行政复议机关"驳回申请"的情形。

对于复议前置的纠纷，原则上要先经过行政复议机关的复议审查，人民法院才能进行司法审查。但对于行政复议机关决定不予受理、驳回申请或者受理后超过行政复议期限不作答复的，如果仍要求行政相对人进行实质复议审查，就会剥夺行政相对人的救济权，因此，本条规定，只要行政复议机关决定不予受理、驳回申请或者受理后超过行政复议期限不作答复，公民、法人或者其他组织可以自收到决定书之日起或者行政复议期限届满之日起十五日内，依法向人民法院提起行政诉讼，由人民法院对行政复议机关决定不予受理的行为进行审查，如果依法的确不应当受理，人民法院也会维持行政复议机关的决定。对于行政复议机关受理后超过行政复议期限不作答复的，属于不依法履行法定职责，人民法院应判决行政复议机关违法。

『相关规章』

税务行政复议规则

第五十条　对应当先向行政复议机关申请行政复议，对行政复议决定不服再向人民法院提起行政诉讼的具体行政行为，行政复议机关决定不予受理或者受理以后超过行政复议期限不作答复的，申请人可以自收到不予受理决定书之日起或者行政复议期满之日起 15 日内，依法向人民法院提起行政诉讼。

依照本规则第八十三条规定延长行政复议期限的，以延长以后的时间为行政复议期满时间。

『典型案例』

中华人民共和国最高人民法院

行 政 裁 定 书

（2020）最高法行申 4409 号

再审申请人（一审原告、二审上诉人）：刘月杰，女，1965 年 7 月 5 日出生，汉族，住安徽省宿州市埇桥区。

委托诉讼代理人：宁文博，北京市京哲律师事务所律师。

被申请人（一审被告、二审被上诉人）：安徽省宿州市埇桥区人民政府，住所地安徽省宿州市埇桥区胜利路。

法定代表人：张建军，该区人民政府区长。

被申请人（一审被告、二审被上诉人）：安徽省宿州市埇桥区房屋征收办公室，住所地安徽省宿州市埇桥区胜利西路 167 号。

法定代表人：桂阳，该房屋征收办公室主任。

被申请人（一审被告、二审被上诉人）：安徽省宿州市埇桥区三八街道办事处，住所地安徽省宿州市埇桥区康复路与拂晓大道交叉口南 100 米。

法定代表人：李志国，该街道办事处主任。

再审申请人刘月杰因诉安徽省宿州市埇桥区人民政府（以下简称埇桥区政府）、安徽省宿州市埇桥区房屋征收办公室（以下简称埇桥区征收办）、安徽省宿州市埇桥区三八街道办事处（以下简称三八街道办事处）强拆行为违法一案，不服安徽省高级人民法院（2019）皖行终 773 号行政裁定，向本院申请再审。本院受理后依法组成合议庭进行审查，现已审查终结。

刘月杰申请再审称，一、二审法院适用法律错误，宿州市人民政府以不符合受理条件为由驳回刘月杰的复议申请，刘月杰对复议决定和原行政行为不服，可以分别起诉。没有法律规定因不符合受理条件被驳回复议申请后，申请人对复议决定和原行政行为要择一进行诉讼。埇桥区政府和埇桥区征收办是强拆行为的责任主体，三八街道办事处自认强拆的行为应视为受委托实施。请求撤销一、二审裁定，再审改判支持刘月杰的诉讼请求。

本院经审查认为，《中华人民共和国行政复议法》第十六条规定："公民、法人或者其他组织申请行政复议，行政复议机关已经依法受理的，或者法律、法规规定应当先向行政复议机关申请行政复议、对行政复议决定不服再向人民法院提起行政诉讼的，在法定行政复议期限内不得向人民法院提起行政诉讼。公民、法人或者其他组织向人民法院提起行政诉讼，人民法院已经依法受理的，不得申请行政复议。"行政复议和行政诉讼作为解决行政争议的两种方式，当事人进行选择时要注意两者的衔接问题。本案中，刘月杰以埇桥区政府、埇桥区征收办、三八街道办事处为被申请人向宿州市人民政府申请行政复议，要求确认三被申请人的强拆行为违法。宿州市人民政府以刘月杰的申请不符合受理条件为由，驳回其复议申请。刘月杰不服该复议决定，于 2019 年 2 月 21 日向安徽省宿州市中级人民法院提起行政诉讼。在该案审理过程中，法院还未就宿州市人民政府的复议决定是否合法以及宿州市人民政府应否受理刘月杰的复议申请作出裁判的情况下，刘月杰又就同一行政争议以埇桥区政府、埇桥区征收办、三八街道办事处为被告提起本案行政诉讼，不符合上述法律规定的立法本意。一审法院裁定驳回刘月杰的起诉，二审法院予以维持，并无不当。

综上，刘月杰的再审申请不符合《中华人民共和国行政诉讼法》第九十一条规定的情形。依照《最高人民法院关于适用〈中华人民共和国行政诉讼法〉的解释》第一百一十六条第二款之规定，裁定如下：

驳回刘月杰的再审申请。

审判长　聂振华

审判员　袁晓磊

审判员　马鸿达

二〇二〇年九月三十日

法官助理　朱瑞强

书记员　王昱力

『 2023 年版本 』

第三十五条　公民、法人或者其他组织依法提出行政复议申请，行政复议机关无正当理由不予受理、驳回申请或者受理后超过行政复议期限不作答复的，申请人有权向上级行政机关反映，上级行政机关应当责令其纠正；必要时，上级行政复议机关可以直接受理。

『 1999、2009、2017 年版本 』

第二十条　公民、法人或者其他组织依法提出行政复议申请，行政复议机关无正当理由不予受理的，上级行政机关应当责令其受理；必要时，上级行政机关也可以直接受理。

『 条文释义 』

本条规定了上级行政机关对下级行政机关无正当理由不依法履行行政复议职责的监督。1999 年版本、2009 年版本和 2017 年版本的规定一致，2023 年版本的规定基本一致，增加了行政复议机关"驳回申请"以及"受理后超过行政复议期限不作答复"的情形。

公民、法人或者其他组织依法提出行政复议申请，行政复议机关应当依法受理，如果无正当理由不予受理、驳回申请或者受理后超过行政复议期限不作答复，申请人既可以向人民法院提起行政诉讼，也可以向行政复议机关的上一级行政机关进行投诉，上级行政机关接到投诉后应当责令其纠正；必要时，即上级行政机关认为下级行政机关不可能依法、公正审理行政复议案件，上级行政机关也可以直接受理。

『 相关法规 』

中华人民共和国行政复议法实施条例

第三十一条　依照行政复议法第二十条的规定，上级行政机关认为行政复议机关不予受理行政复议申请的理由不成立的，可以先行督促其受理；经督促仍不受理的，应当责令其限期受理，必要时也可以直接受理；认为行政复议申请不符合法定受理条件的，应当告知申请人。

『 相关规章 』

税务行政复议规则

第四十八条　上级税务机关认为行政复议机关不予受理行政复议申请的理由不

成立的，可以督促其受理；经督促仍然不受理的，责令其限期受理。

上级税务机关认为行政复议申请不符合法定受理条件的，应当告知申请人。

第四十九条　上级税务机关认为有必要的，可以直接受理或者提审由下级税务机关管辖的行政复议案件。

交通运输行政复议规定

第十二条　公民、法人或者其他组织依法提出交通运输行政复议申请，交通运输行政复议机关无正当理由不予受理的，上级交通运输行政机关应当制作《责令受理通知书》责令其受理；必要时，上级交通运输行政机关可以直接受理。

环境行政复议办法

第十七条　申请人依法提出行政复议申请，环境行政复议机关无正当理由不予受理的，上级环境保护行政主管部门应当责令其受理，并制作责令受理通知书，送达被责令受理行政复议的环境保护行政主管部门及申请人；必要时，上级环境保护行政主管部门可以直接受理。

公安机关办理行政复议案件程序规定

第三十四条　申请人依法提出行政复议申请，公安行政复议机关无正当理由拖延或者拒绝受理的，上级公安机关应当责令其受理。

第三十五条　上级公安机关责令下级公安机关受理行政复议申请的，应当制作《行政复议申请责令受理通知书》，送被责令机关，并通知申请人。

被责令受理行政复议申请的公安机关收到《行政复议申请责令受理通知书》，即视为受理；行政复议决定作出后，应当将《行政复议决定书》及时报送责令机关备案。

第三十六条　上级公安机关认为责令下级公安机关受理行政复议申请不利于合法、公正处理的，上级公安机关可以直接受理。

司法行政机关行政复议应诉工作规定

第十六条　申请人认为司法行政机关无正当理由不予受理其行政复议申请，可以向上级司法行政机关反映，上级司法行政机关在审查后可以作出以下处理决定：

（一）申请人提出的申请符合法定受理条件的，应当责令下级司法行政机关予以受理，其中申请人不服的具体行政行为是依据司法行政法律、法规、本级以上人民政府制定的规章或者本机关制定的规范性文件作出的，或者上级司法行政机关认为有必要直接受理的，可以直接受理；

（二）上级司法行政机关认为下级司法行政机关不予受理行为确有正当理由，申请人仍然不服的，应当告知申请人可以依法对下级司法行政机关的具体行政行为向人民法院提起行政诉讼。

『 典型案例 』

中华人民共和国最高人民法院

行 政 裁 定 书

（2019）最高法行申 1934 号

再审申请人（一审原告、二审上诉人）：钱轶，男，1974 年 3 月 24 日出生，汉族，住江苏省南通市崇川区。

被申请人（一审被告、二审被上诉人）：江苏省南通市人民政府。住所地：江苏省南通市世纪大道 6 号。

法定代表人：徐惠民，该市人民政府市长。

被申请人（一审被告、二审被上诉人）：江苏省南通市民政局。住所地：江苏省南通市环城南路 23 号。

法定代表人：王国平，该局局长。

再审申请人钱轶诉被申请人江苏省南通市人民政府、江苏省南通市民政局（以下简称南通市政府、南通市民政局）其他不予受理行政复议一案，江苏省南通市中级人民法院于 2015 年 10 月 31 日作出〔2015〕通中行初字第 75 号行政判决：驳回钱轶对南通市民政局、南通市政府的诉讼请求。钱轶不服提起上诉后，江苏省高级人民法院于 2017 年 2 月 16 日作出〔2016〕苏行终 326 号行政判决：驳回上诉，维持原判。钱轶仍不服，在法定期限内向本院申请再审。本院依法组成合议庭对本案进行了审查，现已审查终结。

钱轶向本院申请再审，请求撤销二审行政判决。其申请再审的主要事实和理由为：1. 南通市民政局称南通市军供站已进行改制的说法不成立且没有相关依据。与军供站相关的改制内容系君都大酒店改制转企，军供站至今仍然存在，作为国家行政机构性质的事业单位法人，编制、组织机构依然存在。2. 钱轶属于编制的事业单位干部，不是改制对象。3. 南通市处理信访突出问题及群体性事件联席会议办公室关于钱轶信访事项的处理意见，应当属于具体行政行为，且按照残疾人标准给钱轶缴纳社会保险的决定，与事实不符，其不存在任何残疾，不应按残疾人标准缴纳社会保险。

本院认为：根据《行政复议法》第五条规定："公民、法人或者其他组织对行政复议决定不服的，可以依照行政诉讼法的规定向人民法院提起行政诉讼，但是法律规定行政复议决定为最终裁决的除外。"法律并未规定对行政复议决定不服还可以向其上一级行政机关再次申请行政复议，我国实行的是一级复议制度。该法第八条第一款规定："不服行政机关作出的行政处分或者其他人事处理决定的，依照有关法律、行政法规的规定提出申诉。"因此，对于有关单位对其工作人员作出的人事处理行为，可以依照有关法律、行政法规提出申诉，依法不属于行政复议的受理范围。本案中，南通市军供站通知钱轶因南通市事业单位改革，依据上级有关文件精神，南通市军供站相关人员应分流，钱轶应按要求进行分流。该通知系基于南通市军供站与钱轶之间企事业单位改制的人事处理关系而作出，依法不属于行政复议法规定的行政复议受理范围。钱轶以南通市军供站所作通知行为违法为由向南通市民政局申请行政复议，南通市民政局作出通民复不〔2015〕1号《不予受理行政复议申请决定书》（以下简称1号《不予受理决定》）和通民复告〔2015〕2号《行政复议告知书》（以下简称2号《行政复议告知书》），符合法律规定。其不服南通市民政局作出的1号《不予受理决定》和2号《行政复议告知书》向南通市政府申请行政复议，依法不属于行政复议的受理范围，南通市政府针对钱轶的行政复议申请作出通政复不〔2015〕123号《不予受理行政复议申请决定书》不予受理其行政复议申请，符合法律规定。

另外，根据《中华人民共和国行政诉讼法》第二十六条第二款、第三款规定："经复议的案件，复议机关决定维持原行政行为的，作出原行政行为的行政机关和复议机关是共同被告；复议机关改变原行政行为的，复议机关是被告。复议机关在法定期限内未作出复议决定，公民、法人或者其他组织起诉原行政行为的，作出原行政行为的行政机关是被告；起诉复议机关不作为的，复议机关是被告。"复议机关未予受理复议申请而作出不予受理行政复议申请决定的，不属于复议机关决定维持原行政行为的情形，依法不属于共同被告的情形，公民、法人或者其他组织可以选择起诉不予受理行政复议申请决定或者原行政行为。本案中，一审法院认为，南通市政府所作不予受理决定的实质内容是对南通市民政局行政行为的肯定与维持，该种情形可以视为复议维持的情形。钱轶就南通市民政局与南通市政府的行政行为一并向该院提出诉讼，可一并予以受理的裁判理由，存在不当。因钱轶主要对南通市政府的不予受理行政复议申请决定不服提起的本案诉讼，一审判决主文第一项单独列明驳回钱轶对南通市民政局的诉讼请求，应属不当，本院依法予以指正。此外，《行政复议法》第二十条规定："公民、法人或者其他组织依法提出行政复议申请，行政复议机关无正当理由不予受理的，上级行政机关应当责令其受理；必要时，上级行政机关可以直接受理。"根据上述规定，公民、法人或者其他组织如认为行政复议机关不予受理其行政复议申请违法的，虽可依法向上级行政机关反映，上级行政机关亦可责令受理或者直接受理，但此种监督关系主要系基于行政机关之间的层级监督关系，当事人并无向上级行政机关申请行政复议进行复议监督的权利，否则将会违背行政复议的一级复议制度。本案中，一审法院表述复议申请人认为复议机关不予受理行政复议的行为违法的，可以要求上级行政机关进行复议监督，并实质审查了南通市政府对钱轶以行政复议申请的方式提出的复议监督作出的行政复议行为，容易引起当事人认为可以向上级行政机关申请行政复议的方式提出复议监督，阐述不全面，本院依法予以指正。一审判决虽判决理由存有不当，但判决驳回钱轶对南通市政府的诉讼请求，二审驳回上诉，维持原判决，均结果正确。

　　综上，钱轶的再审申请不符合《中华人民共和国行政诉讼法》第九十一条规定的情形。依照《最高人民法院关于适用〈中华人民共和国行政诉讼法〉的解释》第一百一十六条第二款之规定，裁定如下：

　　驳回再审申请人钱轶的再审申请。

审判长　蔚　强

审判员　何　君

审判员　李绍华

二〇一九年三月三十一日

法官助理　林清兴

书记员　甫　明

第四章 行政复议审理

第一节 一般规定

『2023 年版本』

第三十六条 行政复议机关受理行政复议申请后,依照本法适用普通程序或者简易程序进行审理。行政复议机构应当指定行政复议人员负责办理行政复议案件。

行政复议人员对办理行政复议案件过程中知悉的国家秘密、商业秘密和个人隐私,应当予以保密。

『条文释义』

本条规定了行政复议审理程序的启动。1999 年版本、2009 年版本和 2017 年版本没有相关规定,2023 年版本增加了该条规定。

《行政复议法》根据案情复杂程度为行政复议设计了两种程序,行政复议机关受理行政复议申请后,依照《行政复议法》的相关规定选择适用普通程序或者简易程序进行审理。为提高行政复议的效率和依法追究相关主体的法律责任,行政复议机构应当指定行政复议人员负责办理行政复议案件。在行政复议案件办理过程中,无正当理由,原则上不允许更换行政复议人员。被指定的行政复议人员应当具备《行政复议法》规定的相关资格。

国家秘密、商业秘密和个人隐私受法律保护,行政复议人员对办理行政复议案件过程中知悉的国家秘密、商业秘密和个人隐私,应当予以保密。泄露上述国家秘密、商业秘密和个人隐私,行政复议人员不仅要承担行政责任,还可能承担民事责任,严重的,还要被追究刑事责任。

『典型案例』

湖南省自然资源厅行政复议决定书

湘自然资复决字〔2020〕第 5 号

申请人:李某国

被申请人：衡阳市自然资源和规划局

申请人向本复议机关申请行政复议，要求被申请人依法重新公开政府信息。本复议机关依法进行了审查，现已复议终结。

申请人称：

2019年7月31日，申请人向被申请人提交了信息公开申请。10月18日，被申请人出具了《政府信息公开答复书》。现申请人不服该公开答复，请求责令被申请人按照申请人申请公开的事项公开政府信息，并公开西湖饭店改造工程国有土地使用权宗地面积按户分摊计算表、商品房预售许可证及附件（可售与非售商品房明细）、房屋测绘报告书、设计图、施工图、竣工图（平面图、立面图）。

被申请人辩称：

被申请人已按照申请人的申请检索并提供了其申请公开的政府信息，申请人的其他复议请求应当予以驳回。

本复议机关查明：

2019年7月31日，申请人向被申请人提交了手写的《申请信息公开》，申请内容为：本人在西湖饭店购买一楼1060商铺一间，至今未交铺，现规划变更，请求查询规划变更审批文件。8月19日，被申请人出具了《政府信息公开延期答复告知书》，告知政府信息公开书面答复延期至2019年9月9日前。10月18日，被申请人出具了《政府信息公开答复书》，告知申请人向其公开以下政府信息：1.《行政处罚决定书》（衡规法字〔2012〕2010号）；2.规划方案图纸；3.《建设工程规划许可证》［建字第〔2010〕0395号（补）］；4.竣工报告图纸。11月20日，申请人向本行政复议机关提交《行政复议申请书》，请求责令被申请人按照申请人申请政府信息公开的事项予以公开信息。

以上事实有下列证据证明：

申请人向本复议机关提交的：1.《行政复议申请书》；2.身份证复印件；3.《政府信息公开答复书》；4.被申请人2013年出具的《建设工程规划许可证》（建字第〔2010〕0395号补）。

被申请人向本复议机关提交的：1.《行政复议答复书》；2.申请人手写的《申请信息公开》；3.《政府信息公开延期答复告知书》；4.《政府信息公开答复书》；5.《行政处罚决定书》（衡规法字〔2012〕2010号）及缴款凭证；6.《行政处罚决定书》（衡规罚字〔2013〕第49号）及缴款凭证；7.《建设用地规划许可证》（地字第〔2010〕037号）及建设用地规划审批单、红线图；8.《建设工程规划许可证》（建字第〔2010〕0395号）及建设工程规划审批单、红线图；9.2013年变更的《建设工程规划许可证》（建字第〔2010〕0395补）及竣工测量图；10.2014年变更的《建设工程规划许可证》（建字第〔2010〕0395补）及规划验收合格证。

本复议机关认为：

《中华人民共和国政府信息公开条例》第三十三条第二款规定："行政机关不

能当场答复的，应当自收到申请之日起 20 个工作日内予以答复；需要延长答复期限的，应当经政府信息公开工作机构负责人同意并告知申请人，延长的期限最长不得超过 20 个工作日。"本案中，被申请人 2019 年 7 月 31 日收到申请人的政府信息公开申请，8 月 19 日出具了《政府信息公开延期答复告知书》，告知政府信息公开书面答复延期至 9 月 9 日前。10 月 18 日，被申请人作出《政府信息公开答复书》，超过了法定期限，程序违法。

根据《行政处罚决定书》（衡规法字〔2012〕2010 号）、《行政处罚决定书》（衡规罚字〔2013〕第 49 号）内容可知：西湖饭店改造工程存在超建设面积、超建设红线、超层建设、擅自改变地下室负 1 层使用性质等违规行为，必然导致该建设项目的容积率、建筑高度、建筑密度、绿地率等指标不符合规划条件。根据《中华人民共和国城乡规划法》（2008 年施行版）第三十八、第四十条、第四十三条和《湖南省实施〈中华人民共和国城乡规划法〉办法》（2010 年施行版）第二十四、第三十五条之规定，项目建设单位应当向衡阳市城乡规划主管部门申请变更规划条件、变更建设用地规划许可证和建设工程规划许可证。《中华人民共和国政府信息公开条例》第三十六条规定："对政府信息公开申请，行政机关根据下列情况分别作出答复：……（二）所申请公开信息可以公开的，向申请人提供该政府信息，或者告知申请人获取该政府信息的方式、途径和时间……（四）经检索没有所申请公开信息的，告知申请人该政府信息不存在……"本案中，申请人向被申请人申请公开西湖饭店规划变更审批文件，被申请人向申请人公开了规划变更前的《建设用地规划许可证》（地字第〔2010〕037 号）和《建设工程规划许可证》（建字第〔2010〕0395 号）、两次《行政处罚决定书》及缴款凭证、2013 年变更的《建设工程规划许可证》（建字第〔2010〕0395 补）、2014 年变更的《建设工程规划许可证》（建字第〔2010〕0395 补）及规划验收证明，未公开变更规划条件和变更建设用地规划许可证的审批信息，也未告知变更规划条件和变更建设用地规划许可证的审批信息是否存在，被申请人未依法全面履行政府信息公开职责。

综上所述，根据《中华人民共和国行政复议法》第六条、第二十八条第一款第三项之规定，决定如下：

撤销被申请人作出的《政府信息公开答复书》，责令被申请人在法定期限内重新进行答复。

如不服本决定，根据《中华人民共和国行政诉讼法》第四十五条的规定，申请人可以在接到本决定书之日起 15 日内依法向长沙铁路运输法院提起行政诉讼。

湖南省自然资源厅

2020 年 2 月 15 日

『2023 年版本』

第三十七条　行政复议机关依照法律、法规、规章审理行政复议案件。

行政复议机关审理民族自治地方的行政复议案件，同时依照该民族自治地方的自治条例和单行条例。

『条文释义』

本条规定了行政复议案件审理的依据。1999 年版本、2009 年版本和 2017 年版本没有相关规定，2023 年版本增加了该条规定。

行政复议机关依照法律、法规、规章审理行政复议案件。法律是全国人民代表大会及其常务委员会制定的规范性文件。法规包括行政法规和地方性法规，其中，行政法规由国务院制定，地方性法规由地方人民代表大会及其常务委员会按照法定权限制定。规章包括国务院部门规章和地方政府规章，其中，国务院部门规章由国务院各部、委、局、审计署、人民银行制定，地方政府规章由地方人民政府按照法定权限制定。规章以下的规范性文件是行政复议审查的对象，不是行政复议依据的对象。当然，由于我国存在大量的规章以下的规范性文件，如果该规范性文件符合法律、法规和规章，行政复议机关可以参考。

行政复议机关审理民族自治地方的行政复议案件，同时依照该民族自治地方的自治条例和单行条例。自治条例是中国民族自治地方的人民代表大会根据宪法赋予的权力，依照当地民族的政治、经济和文化特点制定的规范性文件。自治条例通常规定有关本地区实行的区域自治的基本组织原则、机构设置、自治机关的职权、工作制度及其他重大问题。自治条例是民族自治地方实行民族区域自治的综合性的基本依据和活动准则。自治区的自治条例，报全国人民代表大会常务委员会批准后生效；自治州、自治县的自治条例，报省、自治区或直辖市的人民代表大会常务委员会批准后生效，并报全国人民代表大会常务委员会备案。民族自治地方的人民代表大会有权依照当地民族的政治、经济和文化的特点，制定单行条例。

『相关法律』

中华人民共和国行政诉讼法

第六十三条　人民法院审理行政案件，以法律和行政法规、地方性法规为依据。地方性法规适用于本行政区域内发生的行政案件。

人民法院审理民族自治地方的行政案件，并以该民族自治地方的自治条例和单行条例为依据。

人民法院审理行政案件，参照规章。

『典型案例』

长沙县人民政府行政复议决定书

长县复决字〔2023〕41号

申请人：李某某
被申请人：长沙县市场监督管理局
委托代理人：陈某某，湖南君卓律师事务所律师
第三人：长沙县发展和改革局
第三人：长沙县公安局
第三人：长沙县城市管理局

申请人不服被申请人2023年3月15日出具的《告知书》，于2023年4月12日提起行政复议申请，本机关依法受理并进行审理。因案情复杂，本机关将行政复议审理期限延长30日。现已审理终结。

申请人请求：一、确认被申请人2023年3月15日出具的《告知书》违法并撤销；二、调查被申请人滥用公权；三、调查公开长沙市某某医院院内和院外收支明细和凭证；四、撤销长沙市某某医院院内和院外收费。

申请人称：申请人经常在长沙市某某医院住院和治疗，车辆没有位置停放，停车线内白天位置全是满的，申请人在2023年2月21日10点45分收到车辆在长沙县金茂路违停的信息通知后在长沙市某某医院院内和医院外停车多次被违法乱收费，申请人认为收费违法，侵害了老百姓和弱势群体的合法权益。申请人向长沙市12345政务热线投诉违法收费行为，被申请人2023年3月15日出具《告知书》。

被申请人称：被申请人处理投诉事项事实清楚、程序合法、适用法律正确。一、认定事实清楚。被申请人执法人员通过至长沙县星沙大道22号长沙市某某医院内和长沙市某某医院外的停车地实地核查，依据长县发改〔2021〕73号文件第十条计费方式及附件一《长沙县政府指导价停车服务收费标准表》，未发现该停车场存在违规收费的情况，收费方式、收费标准均符合政府指导价收费标准，且已按上述文件第十九条规定采用蓝色公示牌进行公示。长沙市某某医院外道路停车位系由长沙县某发展集团有限公司经营，长沙县某发展集团有限公司已按照长县发改〔2021〕73号文件在相关部门进行收费申报备案，并于2019年9月16日经长沙县发改局审核批准。长沙市某某医院内停车场系由长沙县市某医医院（长沙市某某医院）经营，长沙县市某医医院（长沙市某某医院）已按照长县发改〔2021〕73号文件在相关部门进行收费申报备案，并于2021年6月21日经长沙县发改局审核批准。二、程序合法。关于印发《长沙县市场监督管理局职能配置、内设机构和人员编制规定》的通知（长县办〔2019〕69号）第三条规定"主要职责

是（二十一）负责价格监督检查工作。贯彻落实国家、省、市价格和收费的政策和法律、法规；依权限负责抽查及专项价费检查、价格和收费政策执行情况检查、市场价格行为检查（包含明码标价、紧急价格干预等）"。被申请人负责本行政区域内的价格监督工作。依据《长沙市12345政务热线运行管理办法》第十九条："市政务热线实行限时办理制，责任单位应按以下规定办理事项：（二）投诉举报、求助和建议类事项，自签收后10个工作日内办结。"被申请人在2023年3月8日收到申请人的长沙市12345政务热线求助工单后，于2023年3月13日进行现场检查，当日向申请人致电但一直无法接通，2023年3月15日将调查结果告知申请人并邮寄相关依据文件。被申请人的调查程序合法，未超过法定期限，被申请人已全面履职。三、适用法律法规正确。本案经被申请人调查过后，根据《关于印发长沙县机动车停放服务收费实施细则的通知》相关规定及其附件收费标准表，未发现有违规收费的情形。依据《长沙市12345政务热线运行管理办法》第二十二条："责任单位办理完成后，应主动将办理结果告知诉求人，并向市政务热线中心提交办理结果。"被申请人已依法告知申请人调查结果，并按时在长沙市12345政务热线工单上提交办理结果，适用法律正确。四、针对不属于被申请人权限范围内的复议申请事项，应当予以驳回。因申请人已全面履职进行调查，被申请人在复议申请书中所称的第2—4项申请事项，部分职责不属于被申请人的职责范围，被申请人在2023年3月15日出具的《告知书》中第三点已明确告知申请人相关救济途径。

第三人长沙县发展和改革局未发表书面意见。

第三人长沙县公安局未发表书面意见。

第三人长沙县城市管理局未发表书面意见。

经审理查明：2023年3月8日，被申请人在接到12345政务热线求助工单，申请人诉称长沙市某某医院内停车收费和医院外停车收费不合理，要求核实处理。2023年3月13日，被申请人的执法人员去到长沙市某某医院，对医院内和医院外的停车场分别实地核查，该两处停车场在醒目位置进行了停车收费公示，且执行政府指导价采用蓝色公示牌。执法人员现场拍照取证，制作了现场检查笔录，杨梅冲社区安全专干吴金好全程见证。长沙县某某发展集团有限公司、长沙县市某医医院（长沙市某某医院）提供了长沙县机动车停放服务收费申报、备案表。2023年3月15日，执法人员制作《告知书》一份，告知内容如下：一、执法人员至长沙市某某医院内和长沙市某某医院外的停车地实地核查，两处停车地均在醒目位置进行停车收费公示，两处停车地执行政府指导价采用蓝色公示牌。二、市民要求将相关批复文件邮寄给市民问题，可在长沙县人民政府政务公开查询长县发改〔2021〕73号，长沙县发展和改革局、长沙县公安局、长沙县城市管理局、长沙县市场监督管理局《关于印发长沙县机动车停放服务收费实施细则的通知》。三、依据《市场监督管理投诉举报处理暂行办法》第三十九条："自然人、法人或者其他组织反映国家机关、事业单位、代行政府职能的社会团体及其他组织的行政事业性收费问题的，按照《信访工作条例》有关规定处理。以投诉举报形式进行咨询、政府信息公开申请、行政复议申请、信访、纪检监察检举控告等活动的，不适用本办法，市场监督管理部门可以告知通过相应途径提出。"当日被申请人执法人员将《告知书》及《关于印发长沙县机动车停放服务收费实施细则的通知》以挂号信的形式邮寄给申请人。2023年3月17日，申请人李某某签收该挂号信。

上述事实有长沙市12345政务热线工单、现场笔录、照片、告知书、关于印发长沙县机动车停放服务收费实施细则的通知等相关证据证实。

本机关认为：根据《市场监督管理投诉举报处理暂行办法》第四条第二款的规定，被申请人长沙县市场监督管理局作为县级以上地方市场监督管理部门，有权负责涉案投诉举报处理。

《市场监督管理投诉举报处理暂行办法》第十四条规定，具有本办法规定的处理权限的市场监督管理部门，应当自收到投诉之日起七个工作日内作出受理或者不予受理的决定，并告知投诉人。《市场监督管理行政处罚程序规定》第十八条规定，市场监督管理部门对依据监督检查职权或者通过投诉、举报、其他部门移送、上级交办等途径发现的违法行为线索，应当自发现线索或者收到材料之日十五个工作日内予以核查，由市场监督管理部门负责人决定是否立案。《市场监督管理投诉举报处理暂行办法》第三十一条规定，市场监督管理部门应当按照市场监督管理行政处罚等有关规定处理举报。举报人实名举报的，有处理权限的市场监督管理部门还应当自作出是否立案决定之日起五个工作日内告知举报人。本案中，被申请人在法定期限内对申请人投诉举报的经营场所进行了实地核查，将检查情况告知申请人，但被申请人未作出是否受理或立案决定并告知申请人，明显不当。

依据《中华人民共和国行政复议法》第二十八条第一款第三项及《中华人民共和国行政复议法实施条例》第四十八条之规定，本机关决定如下：

一、撤销长沙县市场监督管理局星沙市场监督管理所2023年3月15日作出的《告知书》。

二、责令被申请人长沙县市场监督管理局在法定期限内重新作出处理。

三、驳回申请人其他复议申请。

如不服本决定，可在决定送达之日起15日内，向人民法院依法提起行政诉讼。

2023年6月27日

『2023年版本』

第三十八条 上级行政复议机关根据需要，可以审理下级行政复议机关管辖的行政复议案件。

下级行政复议机关对其管辖的行政复议案件，认为需要由上级行政复议机关审理的，可以报请上级行政复议机关决定。

『 条文释义 』

本条规定了行政复议管辖权的转移。1999 年版本、2009 年版本和 2017 年版本没有相关规定，2023 年版本增加了该条规定。

由于上下级行政机关之间是领导和被领导的关系，因此，上级行政复议机关根据需要，可以审理下级行政复议机关管辖的行政复议案件。这里所谓的"需要"主要包括以下几种情形：上级行政复议机关认为下级行政复议机关难以公正审理行政复议案件，下级行政复议机关与被审理的行政复议案件具有利害关系，被审理的行政复议案件是经过下级行政复议机关同意后作出的，被审理的行政复议案件所依据的规范性文件是上级行政复议机关制定的等。

下级行政复议机关对其管辖的行政复议案件，认为需要由上级行政复议机关审理的，可以报请上级行政复议机关决定。如果被审理的行政复议案件所依据的规范性文件是上级行政复议机关制定的，下级行政复议机关不便对该案件进行审查，可以报请上级行政复议机关决定。上级行政复议机关可以决定由自己审理，也可以决定由下级行政复议机关审理。

『 2023 年版本 』

第三十九条 行政复议期间有下列情形之一的，行政复议中止：

（一）作为申请人的公民死亡，其近亲属尚未确定是否参加行政复议；

（二）作为申请人的公民丧失参加行政复议的行为能力，尚未确定法定代理人参加行政复议；

（三）作为申请人的公民下落不明；

（四）作为申请人的法人或者其他组织终止，尚未确定权利义务承受人；

（五）申请人、被申请人因不可抗力或者其他正当理由，不能参加行政复议；

（六）依照本法规定进行调解、和解，申请人和被申请人同意中止；

（七）行政复议案件涉及的法律适用问题需要有权机关作出解释或者确认；

（八）行政复议案件审理需要以其他案件的审理结果为依据，而其他案件尚未审结；

（九）有本法第五十六条或者第五十七条规定的情形；

（十）需要中止行政复议的其他情形。

行政复议中止的原因消除后，应当及时恢复行政复议案件的审理。

行政复议机关中止、恢复行政复议案件的审理，应当书面告知当事人。

『条文释义』

本条规定了行政复议的中止。1999 年版本、2009 年版本和 2017 年版本没有相关规定，2023 年版本增加了该条规定。《行政复议法实施条例》和相关规章有类似规定。

行政复议期间有下列情形之一的，行政复议中止：

（1）作为申请人的公民死亡，其近亲属尚未确定是否参加行政复议。是否申请或者继续行政复议是申请人的权利，可以行使，也可以放弃。申请人一旦死亡，该权利将由其近亲属继承，因此，应当由其近亲属决定是否参加行政复议，在其尚未确定期间，行政复议中止。近亲属包括配偶、父母、子女、祖父母、外祖父母、孙子女、外孙子女和兄弟姐妹。

（2）作为申请人的公民丧失参加行政复议的行为能力，尚未确定法定代理人参加行政复议。申请人参与行政复议需要具备完全民事行为能力，一旦其丧失参加行政复议的行为能力，变为限制民事行为能力人或者无民事行为能力人，就应当由其法定代理人代理申请人参加行政诉讼。在尚未确定法定代理人参加行政复议期间，行政复议中止。成年公民突然丧失民事行为能力，通常由其配偶担任监护人和法定代理人；如果没有配偶，或者配偶没有能力或者不愿意担任监护人，则由其父母和子女担任监护人和法定代理人；如果没有父母和子女，或者父母和子女没有能力或者不愿意担任监护人，则由其他近亲属担任监护人和法定代理人；如果没有其他近亲属，或者其他近亲属没有能力或者不愿意担任监护人，则由其他愿意担任监护人的个人或者组织担任监护人和法定代理人，但是须经被监护人住所地的居民委员会、村民委员会或者民政部门同意。

（3）作为申请人的公民下落不明。申请人下落不明则无法继续进行行政复议程序，行政复议只能中止。申请人下落不明的原因，可能是临时失联，也可能已经死亡。行政复议应当根据后续确认的事实来决定如何进一步处理行政复议事项。如果申请人被宣告死亡，则由其近亲属确定是否参加行政复议，在尚未确定期间，行政复议仍然中止。

（4）作为申请人的法人或者其他组织终止，尚未确定权利义务承受人。法人或者其他组织终止与公民死亡是类似的情形，也需要由权利义务承受人来决定是否继续行政复议。在尚未确定权利义务承受人期间，行政复议中止。

（5）申请人、被申请人因不可抗力或者其他正当理由，不能参加行政复议。不可抗力是申请人、被申请人不能预见、不能避免且不能克服的客观情况。其他正当理由包括申请人、被申请人被限制人身自由、处于重症监护期间、处于机构改革过程中等。

（6）依照《行政复议法》规定进行调解、和解，申请人和被申请人同意中止。行政复议的部分事项允许调解、和解，如果申请人和被申请人达成一致意见，行政复议就没有必要进行下去，因此，在调解、和解期间，经申请人和被申请人同意，行政复议可以中止。

（7）行政复议案件涉及的法律适用问题需要有权机关作出解释或者确认，在相关解释或者确认出来之前，行政复议机关无法对案件作出决定，因此，行政复议只能中止。

（8）行政复议案件审理需要以其他案件的审理结果为依据，而其他案件尚未审结，在此期间，行政复议只能中止。

（9）有《行政复议法》第五十六条或者第五十七条规定的情形，即需要对相关规范性文件进行附带审查的，在审查期间，行政复议只能中止。

（10）需要中止行政复议的其他情形。作为兜底条款，允许法律、法规和规章就其他情形作出明确规定。行政复议机关遇到一些特殊情形，不知如何处理，中止行政复议一段时间也是合法的。

行政复议强调时效，没有法定原因，不允许任意中止，行政复议中止的原因消除后，应当及时恢复行政复议案件的审理。申请人和被申请人对行政复议的进程有知情权，因此，行政复议机关中止、恢复行政复议案件的审理，应当书面告知当事人。

『 相关法律 』

中华人民共和国民法典

第十三条　自然人从出生时起到死亡时止，具有民事权利能力，依法享有民事权利，承担民事义务。

第十四条　自然人的民事权利能力一律平等。

第十五条　自然人的出生时间和死亡时间，以出生证明、死亡证明记载的时间为准；没有出生证明、死亡证明的，以户籍登记或者其他有效身份登记记载的时间为准。有其他证据足以推翻以上记载时间的，以该证据证明的时间为准。

第十六条　涉及遗产继承、接受赠与等胎儿利益保护的，胎儿视为具有民事权利能力。但是，胎儿娩出时为死体的，其民事权利能力自始不存在。

第十七条　十八周岁以上的自然人为成年人。不满十八周岁的自然人为未成年人。

第十八条　成年人为完全民事行为能力人，可以独立实施民事法律行为。

十六周岁以上的未成年人，以自己的劳动收入为主要生活来源的，视为完全民事行为能力人。

第十九条　八周岁以上的未成年人为限制民事行为能力人，实施民事法律行为由其法定代理人代理或者经其法定代理人同意、追认；但是，可以独立实施纯获利益的民事法律行为或者与其年龄、智力相适应的民事法律行为。

第二十条　不满八周岁的未成年人为无民事行为能力人，由其法定代理人代理实施民事法律行为。

第二十一条　不能辨认自己行为的成年人为无民事行为能力人，由其法定代理人代理实施民事法律行为。

八周岁以上的未成年人不能辨认自己行为的，适用前款规定。

第二十二条　不能完全辨认自己行为的成年人为限制民事行为能力人，实施民事法律行为由其法定代理人代理或者经其法定代理人同意、追认；但是，可以独立实施纯获利益的民事法律行为或者与其智力、精神健康状况相适应的民事法律行为。

第二十三条　无民事行为能力人、限制民事行为能力人的监护人是其法定代理人。

第二十四条　不能辨认或者不能完全辨认自己行为的成年人，其利害关系人或者有关组织，可以向人民法院申请认定该成年人为无民事行为能力人或者限制民事行为能力人。

被人民法院认定为无民事行为能力人或者限制民事行为能力人的，经本人、利害关系人或者有关组织申请，人民法院可以根据其智力、精神健康恢复的状况，认定该成年人恢复为限制民事行为能力人或者完全民事行为能力人。

本条规定的有关组织包括：居民委员会、村民委员会、学校、医疗机构、妇女联合会、残疾人联合会、依法设立的老年人组织、民政部门等。

第二十五条　自然人以户籍登记或者其他有效身份登记记载的居所为住所；经常居所与住所不一致的，经常居所视为住所。

第二十六条　父母对未成年子女负有抚养、教育和保护的义务。

成年子女对父母负有赡养、扶助和保护的义务。

第二十七条　父母是未成年子女的监护人。

未成年人的父母已经死亡或者没有监护能力的，由下列有监护能力的人按顺序担任监护人：

（一）祖父母、外祖父母；

（二）兄、姐；

（三）其他愿意担任监护人的个人或者组织，但是须经未成年人住所地的居民委员会、村民委员会或者民政部门同意。

第二十八条　无民事行为能力或者限制民事行为能力的成年人，由下列有监护能力的人按顺序担任监护人：

（一）配偶；

（二）父母、子女；

（三）其他近亲属；

（四）其他愿意担任监护人的个人或者组织，但是须经被监护人住所地的居民委员会、村民委员会或者民政部门同意。

第二十九条 被监护人的父母担任监护人的，可以通过遗嘱指定监护人。

第三十条 依法具有监护资格的人之间可以协议确定监护人。协议确定监护人应当尊重被监护人的真实意愿。

第三十一条 对监护人的确定有争议的，由被监护人住所地的居民委员会、村民委员会或者民政部门指定监护人，有关当事人对指定不服的，可以向人民法院申请指定监护人；有关当事人也可以直接向人民法院申请指定监护人。

居民委员会、村民委员会、民政部门或者人民法院应当尊重被监护人的真实意愿，按照最有利于被监护人的原则在依法具有监护资格的人中指定监护人。

依据本条第一款规定指定监护人前，被监护人的人身权利、财产权利以及其他合法权益处于无人保护状态的，由被监护人住所地的居民委员会、村民委员会、法律规定的有关组织或者民政部门担任临时监护人。

监护人被指定后，不得擅自变更；擅自变更的，不免除被指定的监护人的责任。

第三十二条 没有依法具有监护资格的人的，监护人由民政部门担任，也可以由具备履行监护职责条件的被监护人住所地的居民委员会、村民委员会担任。

第三十三条 具有完全民事行为能力的成年人，可以与其近亲属、其他愿意担任监护人的个人或者组织事先协商，以书面形式确定自己的监护人，在自己丧失或者部分丧失民事行为能力时，由该监护人履行监护职责。

第三十四条 监护人的职责是代理被监护人实施民事法律行为，保护被监护人的人身权利、财产权利以及其他合法权益等。

监护人依法履行监护职责产生的权利，受法律保护。

监护人不履行监护职责或者侵害被监护人合法权益的，应当承担法律责任。

因发生突发事件等紧急情况，监护人暂时无法履行监护职责，被监护人的生活处于无人照料状态的，被监护人住所地的居民委员会、村民委员会或者民政部门应当为被监护人安排必要的临时生活照料措施。

第三十五条 监护人应当按照最有利于被监护人的原则履行监护职责。监护人除为维护被监护人利益外，不得处分被监护人的财产。

未成年人的监护人履行监护职责，在作出与被监护人利益有关的决定时，应当根据被监护人的年龄和智力状况，尊重被监护人的真实意愿。

成年人的监护人履行监护职责，应当最大程度地尊重被监护人的真实意愿，保障并协助被监护人实施与其智力、精神健康状况相适应的民事法律行为。对被监护人有能力独立处理的事务，监护人不得干涉。

第三十六条 监护人有下列情形之一的，人民法院根据有关个人或者组织的申请，撤销其监护人资格，安排必要的临时监护措施，并按照最有利于被监护人的原则依法指定监护人：

（一）实施严重损害被监护人身心健康的行为；

（二）怠于履行监护职责，或者无法履行监护职责且拒绝将监护职责部分或者全部委托给他人，导致被监护人处于危困状态；

（三）实施严重侵害被监护人合法权益的其他行为。

本条规定的有关个人、组织包括：其他依法具有监护资格的人，居民委员会、村民委员会、学校、医疗机构、妇女联合会、残疾人联合会、未成年人保护组织、依法设立的老年人组织、民政部门等。

前款规定的个人和民政部门以外的组织未及时向人民法院申请撤销监护人资格的，民政部门应当向人民法院申请。

第三十七条 依法负担被监护人抚养费、赡养费、扶养费的父母、子女、配偶等，被人民法院撤销监护人资格后，应当继续履行负担的义务。

第三十八条 被监护人的父母或者子女被人民法院撤销监护人资格后，除对被监护人实施故意犯罪的外，确有悔改表现的，经其申请，人民法院可以在尊重被监护人真实意愿的前提下，视情况恢复其监护人资格，人民法院指定的监护人与被监护人的监护关系同时终止。

第三十九条 有下列情形之一的，监护关系终止：

（一）被监护人取得或者恢复完全民事行为能力；

（二）监护人丧失监护能力；

（三）被监护人或者监护人死亡；

（四）人民法院认定监护关系终止的其他情形。

监护关系终止后，被监护人仍然需要监护的，应当依法另行确定监护人。

第四十条 自然人下落不明满二年的，利害关系人可以向人民法院申请宣告该自然人为失踪人。

第四十一条 自然人下落不明的时间自其失去音讯之日起计算。战争期间下落不明的，下落不明的时间自战争结束之日或者有关机关确定的下落不明之日起计算。

第四十二条 失踪人的财产由其配偶、成年子女、父母或者其他愿意担任财产代管人的人代管。

代管有争议，没有前款规定的人，或者前款规定的人无代管能力的，由人民法院指定的人代管。

第四十三条 财产代管人应当妥善管理失踪人的财产，维护其财产权益。

失踪人所欠税款、债务和应付的其他费用，由财产代管人从失踪人的财产中支付。

财产代管人因故意或者重大过失造成失踪人财产损失的，应当承担赔偿责任。

第四十四条 财产代管人不履行代管职责、侵害失踪人财产权益或者丧失代管能力的，失踪人的利害关系人可以向人民法院申请变更财产代管人。

财产代管人有正当理由的，可以向人民法院申请变更财产代管人。

人民法院变更财产代管人的，变更后的财产代管人有权请求原财产代管人及时移交有关财产并报告财产代管情况。

第四十五条 失踪人重新出现，经本人或者利害关系人申请，人民法院应当撤销失踪宣告。

失踪人重新出现，有权请求财产代管人及时移交有关财产并报告财产代管情况。

第四十六条　自然人有下列情形之一的，利害关系人可以向人民法院申请宣告该自然人死亡：

（一）下落不明满四年；

（二）因意外事件，下落不明满二年。

因意外事件下落不明，经有关机关证明该自然人不可能生存的，申请宣告死亡不受二年时间的限制。

第四十七条　对同一自然人，有的利害关系人申请宣告死亡，有的利害关系人申请宣告失踪，符合本法规定的宣告死亡条件的，人民法院应当宣告死亡。

第四十八条　被宣告死亡的人，人民法院宣告死亡的判决作出之日视为其死亡的日期；因意外事件下落不明宣告死亡的，意外事件发生之日视为其死亡的日期。

第四十九条　自然人被宣告死亡但是并未死亡的，不影响该自然人在被宣告死亡期间实施的民事法律行为的效力。

第五十条　被宣告死亡的人重新出现，经本人或者利害关系人申请，人民法院应当撤销死亡宣告。

第五十一条　被宣告死亡的人的婚姻关系，自死亡宣告之日起消除。死亡宣告被撤销的，婚姻关系自撤销死亡宣告之日起自行恢复。但是，其配偶再婚或者向婚姻登记机关书面声明不愿意恢复的除外。

第五十二条　被宣告死亡的人在被宣告死亡期间，其子女被他人依法收养的，在死亡宣告被撤销后，不得以未经本人同意为由主张收养行为无效。

第五十三条　被撤销死亡宣告的人有权请求依照本法第六编取得其财产的民事主体返还财产；无法返还的，应当给予适当补偿。

利害关系人隐瞒真实情况，致使他人被宣告死亡而取得其财产的，除应当返还财产外，还应当对由此造成的损失承担赔偿责任。

第一百八十条　因不可抗力不能履行民事义务的，不承担民事责任。法律另有规定的，依照其规定。

不可抗力是不能预见、不能避免且不能克服的客观情况。

『 相关法规 』

中华人民共和国行政复议法实施条例

第四十一条　行政复议期间有下列情形之一，影响行政复议案件审理的，行政复议中止：

（一）作为申请人的自然人死亡，其近亲属尚未确定是否参加行政复议的；

（二）作为申请人的自然人丧失参加行政复议的能力，尚未确定法定代理人参加行政复议的；

（三）作为申请人的法人或者其他组织终止，尚未确定权利义务承受人的；

（四）作为申请人的自然人下落不明或者被宣告失踪的；

（五）申请人、被申请人因不可抗力，不能参加行政复议的；

（六）案件涉及法律适用问题，需要有权机关作出解释或者确认的；

（七）案件审理需要以其他案件的审理结果为依据，而其他案件尚未审结的；

（八）其他需要中止行政复议的情形。

行政复议中止的原因消除后，应当及时恢复行政复议案件的审理。

行政复议机构中止、恢复行政复议案件的审理，应当告知有关当事人。

『 相关规章 』

税务行政复议规则

第七十九条　行政复议期间，有下列情形之一的，行政复议中止：

（一）作为申请人的公民死亡，其近亲属尚未确定是否参加行政复议的。

（二）作为申请人的公民丧失参加行政复议的能力，尚未确定法定代理人参加行政复议的。

（三）作为申请人的法人或者其他组织终止，尚未确定权利义务承受人的。

（四）作为申请人的公民下落不明或者被宣告失踪的。

（五）申请人、被申请人因不可抗力，不能参加行政复议的。

（六）行政复议机关因不可抗力原因暂时不能履行工作职责的。

（七）案件涉及法律适用问题，需要有权机关作出解释或者确认的。

（八）案件审理需要以其他案件的审理结果为依据，而其他案件尚未审结的。

（九）其他需要中止行政复议的情形。

行政复议中止的原因消除以后，应当及时恢复行政复议案件的审理。

行政复议机构中止、恢复行政复议案件的审理，应当告知申请人、被申请人、第三人。

自然资源行政复议规定

第二十五条　行政复议期间有下列情形之一的，行政复议中止：

（一）双方当事人书面提出协商解决申请，行政复议机构认为有利于实质性解决纠纷，维护申请人合法权益的；

（二）申请人不以保护自身合法权益为目的，反复提起行政复议申请，扰乱复议机关行政管理秩序的；

（三）法律法规规定需要中止审理的其他情形。

属于前款第一项规定情形的，双方当事人应当明确协商解决的期限。期限届满未能协商解决的，案件恢复审理。

属于前款第二项规定情形，情节严重的，行政复议机关应当及时向有关国家机关通报。

行政复议机构中止行政复议案件审理的，应当书面通知当事人，并告知中止原因；行政复议中止的原因消除后，应当及时恢复行政复议案件的审理。

中华人民共和国海关行政复议办法

第五十五条　行政复议期间有下列情形之一，影响行政复议案件审理的，行政复议中止，海关行政复议机构应当制作《行政复议中止决定书》，并且送达申请人、被申请人和第三人：

（一）作为申请人的自然人死亡，其近亲属尚未确定是否参加行政复议的；

（二）作为申请人的自然人丧失参加行政复议的能力，尚未确定法定代理人参加行政复议的；

（三）作为申请人的法人或者其他组织终止，尚未确定权利义务承受人的；

（四）作为申请人的自然人下落不明或者被宣告失踪的；

（五）申请人、被申请人因不可抗力，不能参加行政复议的；

（六）案件涉及法律适用问题，需要有权机关作出解释或者确认的；

（七）案件审理需要以其他案件的审理结果为依据，而其他案件尚未审结的；

（八）申请人依照本办法第三十一条提出对有关规定的审查申请，有权处理的海关、行政机关正在依法处理期间的；

（九）其他需要中止行政复议的情形。

行政复议中止的原因消除后，海关行政复议机构应当及时恢复行政复议案件的审理，制作《行政复议恢复审理通知书》，并且送达申请人、被申请人和第三人。

国家发展和改革委员会行政复议实施办法

第十七条　法制工作机构依法受理的行政复议申请出现下列情形时，应当中止复议，并在 7 日内依照法定程序向申请人、被申请人、第三人发送《行政复议中止通知书》：

（一）有权部门对被申请行政复议的具体行政行为正在采取处理措施的；

（二）申请人为公民，已经死亡，需要等待其近亲属表明是否继续参与行政复议的，或者申请人为法人或者其他组织，已经终止，尚未确定其权利继受人的；

（三）本行政复议案件必须以另一案件的审查结果为依据，而另一案件尚未审结的；

（四）法律法规规定中止行政复议的其他情形。

依照前款规定依法中止复议的行政复议申请，应当立卷存档。

中止情形消失的，法制工作机构应当在 7 日内恢复行政复议程序，并通知申请人、被申请人、第三人。

公安机关办理行政复议案件程序规定

第六十二条　行政复议期间，除行政复议法第二十六条、第二十七条规定外，有下列情形之一的，行政复议中止：

（一）申请人或者第三人死亡，需要等待其近亲属参加行政复议的；

（二）申请人或者第三人丧失行为能力，其代理人尚未确定的；

（三）作为申请人的法人或者其他组织终止后，其权利承继尚未确定的；

（四）申请人因公安机关作出具体行政行为的同一违法事实，被采取刑事强制措施的；

（五）申请人、被申请人或者第三人因不可抗力或者其他正当理由，不能参加行政复议的；

（六）需要等待鉴定结论的；

（七）案件涉及法律适用问题，需要请有关机关作出解释或者确认的；

（八）其他应当中止行政复议的情形。

行政复议中止的，公安行政复议机关应当制作《行政复议中止决定书》，送达申请人、第三人和被申请人。

行政复议中止的原因消除后，应当及时恢复行政复议。

环境行政复议办法

第二十七条　行政复议期间有下列情形之一，影响行政复议案件审理的，行政复议中止：

（一）作为申请人的自然人死亡，其近亲属尚未确定是否参加行政复议的；

（二）作为申请人的自然人丧失参加行政复议的能力，尚未确定法定代理人参加行政复议的；

（三）作为申请人的法人或者其他组织终止，尚未确定权利义务承受人的；

（四）作为申请人的自然人下落不明或者被宣告失踪的；

（五）申请人、被申请人因不可抗力，不能参加行政复议的；

（六）案件涉及法律适用问题，需要有权机关作出解释或者确认的；

（七）案件审理需要以其他案件的审理结果为依据，而其他案件尚未审结的；

（八）其他需要中止行政复议的情形。

行政复议中止的原因消除后，应当及时恢复行政复议案件的审理。

环境行政复议机构中止、恢复行政复议案件的审理，应当制作中止行政复议通知书、恢复审理通知书，告知有关当事人。

工业和信息化部行政复议实施办法

第十九条　行政复议期间出现法定的中止情形的，行政复议中止。行政复议中止的原因消除后，应当及时恢复审理。

中止审理、恢复审理的决定由工业和信息化部法制工作机构作出，并书面通知申请人、被申请人、第三人。

『 典型案例 』

南京市应急管理局行政复议决定书

宁应急行复〔2022〕1号

申请人：南京市江宁区天明货运服务部。

地址：南京市江宁区东山街道神路口236号。

法定负责人：陈天明。

委托代理人：曹登辉、潘婷婷，江苏三法律师事务所律师。

被申请人：南京市江宁区应急管理局。

地址：南京市江宁区新医路15号。

法定代表人：钱晓斌，局长。

委托代理人：戴炜、时光，江宁区应急管理局工作人员。

申请人不服南京市江宁区应急管理局于2021年7月20日作出的（江宁）应急罚〔2021〕5018号行政处罚决定，以南京市江宁区应急管理局为被申请人向本机关提出的行政复议申请，本机关已于2021年9月18日依法受理。

因申请人就南京市江宁区人民政府作出的《关于江宁街道天然社区"6·6"物体打击事故调查报告的批复》向南京市中级人民法院提起行政诉讼（〔2021〕苏01行初193号），本机关根据《中华人民共和国行政复议法实施条例》第四十一条第一款第七项的相关规定，于2021年10月15日起中止该行政复议案件的审理。

2022年4月11日，我局收到被申请人寄送的江苏省高级人民法院（2022）苏行终158号《行政裁定书》，并于当日恢复行政复议审理。因案情复杂，根据《中华人民共和国行政复议法》第三十一条第一款的规定，将行政复议决定延期至90日作出，现该案已审理终结。

申请人请求：撤销被申请人作出的（江宁）应急罚〔2021〕5018号行政处罚决定。

申请人称：2020年6月3日，申请人驾驶员张某鹏到南京市江宁区江宁街道天然社区南京盛科道路新材料科技有限公司（以下简称盛科公司）后，在盛科公司处为盛科公司装卸沥青过程中死亡（以下简称案涉事件）。

2021年1月25日，被申请人江宁区应急管理局针对案涉事件开始立案调查，于2021年7月20日才作出案涉行政处罚决定。

申请人认为，被申请人江宁区应急管理局在作出案涉处罚过程中，因案涉事件现场已经不复存在，且存在人为故意制造现场的情况。被申请人江宁区应急管理局在此情况下作出的行政处罚决定缺乏事实依据。此外，被申请人江宁区应急管理局在程序、法律适用上均存在违法之处。

综上，被申请人江宁区应急管理局作出的案涉行政处罚决定违反法律规定，理应予以撤销。

被申请人称：

一、被申请人作出的行政处罚决定事实清楚、证据充分、适用法律法规正确。

2020年6月6日，在南京市江宁区江宁街道天然社区南京盛科道路新材料科技有限公司拌合车间南门外，南京市江宁区天明货运服务部驾驶员张某鹏清理沥青时发生一起物体打击事故，造成一人死亡。南京市江宁区人民政府委托江宁区应急管理局牵头成立了南京市江宁区江宁街道天然社区"6·6"物体打击事故调查组，对该起事故进行调查。事故调查组认为该起事故为一般生产安全责任事故，南京市江宁区天明货运服务部对事故的发生负有主要责任。江宁区人民政府《关于江宁街道天然社区"6·6"物体打击事故调查报告的批复》同意事故调查组意见。

2021年1月25日，被申请人立案调查并调取相关证据，其中，李某鹏、王某、孙某等询问笔录，证明张某鹏曾在事发地点进行过沥青清理。现场照片显示，张某鹏被压在沥青块下面，同时被覆盖的还有铁锹、锤子、钢钎等清理车厢沥青的工具。综合考虑事故调查报告和批复，以及陈某平、李某鹏、李某颖、陈某明、吕某铭、孙某等人的调查笔录、勘验笔录、现场检查记录、事故照片、专家分析报告、鉴定书、现场勘验笔录等，认定申请人未对驾驶员张某鹏进行安全教育培训并考核合格，未告知其清理车厢沥青时存在的危险因素、防范措施以及事故应急措施，未建立生产安全事故隐患排查治理制度，未能及时发现消除驾驶员不安全的行为隐患，对事故负有责任。申请人的行为违反了《中华人民共和国安全生产法》（2014年修订）第二十五条"生产经营单位应当对从业人员进行安全生产教育和培训，保证从业人员具备必要的安全生产知识，熟悉有关的安全生产规章制度和安全操作规程，掌握本岗位的安全操作技能，了解事故应急处理措施，知悉自身在安全生产方面的权利和义务。未经安全生产教育和培训合格的从业人员，不得上岗作业"和《中华人民共和国安全生产法》（2014年修订）第三十八条"生产经营单位应当建立健全生产安全事故隐患排查治理制度，采取技术、管理措施，及时发现并消除事故隐患。事故隐患排查治理情况应当如实记录，并向从业人员通报"等规定，对事故负有责任。被申请人依据《生产安全事故报告和调查处理条例》第三十二条第二款"有关机关应当按照人民政府的批复，依照法律、行政法规规定的权限和程序，对事故发生单位和有关人员进行行政处罚，对负有事故责任的国家工作人员进行处分"和《中华人民共和国安全生产法》（2014年修订）第一百零九条第一项"发生生产安全事故，对负有责任的生产经营单位除要求其依法承担相应的赔偿等责任外，由安全生产监督管理部门依照下列规定处以罚款：（一）发生一般事故的，处二十万元以上五十万元以下的罚款"等规定，依法对南京市江宁区天明货运服务部作出罚款人民币贰拾叁万元的行政处罚。该行政处罚决定主体适格、事实清楚、证据充分，适用法律法规正确。

二、被申请人作出行政处罚决定的程序合法

2021年1月20日，江宁区人民政府批复事故调查报告。2021年1月25日，被申请人立案调查。被申请人立案后，向申请人合并下发了行政处罚告知书、听证告知书。申请人向被申请人申请听证后，被申请人依法举行听证会。被申请人依法听取了申请人陈述申辩和质证意见，对申请人提出的事实、理由和质证意见，进行了复核。因案情复杂，被申请人分别于2021年2月23日、4月21日办理了案件延期手续，作出行政处罚决定的期限延长至180日。2021年7月20日，被申请人作出行政处罚决定书。上述法律文书均在法定期限内直接送达，被申请人办理本案符合法定程序。

综上所述，申请人提出异议的理由与事实不符且于法无据。被申请人作出的行政处罚决定认定事实清楚，证据充分，程序合法，法律适用正确，处罚内容适当。因此，请求复议机关依法驳回申请人的行政复议申请。

经审理查明：

2020年6月6日凌晨2点，根据陈某明工作安排，陶某利、秦某冬、张某鹏驾驶货车从住处到南京盛科道路新材料科技有限公司准备排队装沥青，其中张某鹏驾驶的货车牌照为苏AV2182。

当日凌晨3点多，因苏AV2182货车停放位置影响苏AN6567货车通行，苏AN6567货车司机孙某寻找驾驶员未果，便自行将苏AV2182货车往前向装料车间开了30米左右，并靠右边停好。

凌晨5点多，苏AP2775货车司机吕某铭将车开到拌合车间门口，看到苏AV2182货车停在旁边，车灯开着，但好像没有人，于是走到车边去看，发现确实没有驾驶员，只有手机在驾驶室内。

5点40分左右，为给车牌尾号5668的大货车让路，吕某铭驾驶苏AP2775货车在拌合车间南门外倒车过程中，发现驾驶室左侧有一堆沥青，沥青下面露出一个人头。吕某铭立即下车查看，发现苏AV2182货车驾驶员张某鹏被压在沥青堆下面。吕某铭立即向南京市江宁区天明货运服务部法定负责人陈某明和南京盛科道路新材料科技有限公司负责人报告。

南京盛科道路新材料科技有限公司厂长李某颖到达现场后，看到压在沥青下面的是苏AV2182货车驾驶员张某鹏，先后打110电话报警、120电话救援，同时指挥人员将张某鹏身上沥青块搬开。120医生到场对张某鹏检查后，宣布其当场死亡。

该起事故的直接原因是，驾驶员张某鹏在南京盛科道路新材料科技有限公司拖运沥青混合料排队等候阶段，将货车车厢顶起，用铁锹、锤子、钢钎等工具撬动沥青，车厢内沥青松动突然滑落打击张某鹏，造成了物体打击事故。经认定，南京市江宁区天明货运服务部未对驾驶员张某鹏进行安全教育培训并考核合格，未告知驾驶员张某鹏清理车厢沥青时存在的危险因素、防范措施以及事故应急措施，未建立生产安全事故隐患排查治理制度，未能及时发现消除驾驶员不安全的行为隐患，对事故的发生负有主要责任。

上述事实有下列证据证明：

1.2020年6月6日拍摄的一组照片、公安机关现场勘验笔录；

2.陈某平、李某鹏、李某颖、陈某明、吕某铭、孙某等人的调查笔录；

3.江宁分局刑事警察大队现场勘验笔录（勘验号：K320115055002020060070）、

鉴定书江公物鉴（验）字〔2020〕123号；

4.（江宁）应急勘〔2020〕5015号《勘验笔录》《现场检查记录》《江宁街道天然社区6.6物体打击事故专家技术分析报告》。

本机关认为：

一、被申请人在该行政处罚决定书中认定事实清楚

（一）关于死亡原因。事发当天的现场照片显示，张某鹏被压在沥青块下面，同时被覆盖的还有铁锹、锤子、钢钎等清理车厢沥青的工具。江宁分局刑事警察大队的现场勘验笔录（勘验号：K320115055000202006070）和鉴定书［江公物鉴（验）字〔2020〕123号］显示，死亡原因符合物体打击所致。李某鹏、王某、孙某等询问笔录，证明张某鹏曾在事发地点进行过沥青清理。

（二）关于案发现场。虽然被申请人立案时，案涉事件现场已不复不存在，但通过调取案发时江宁分局刑事警察大队的现场勘验笔录（勘验号：K320115055000202006070）、鉴定书［江公物鉴（验）字〔2020〕123号］，以及孙某、吕某铭、王某、凤某峰、李某鹏、魏某等人的询问笔录，可以对案发经过作出认定。申请人立案后委托技术专家组作出的"江宁街道天然社区6·6物体打击事故专家技术分析报告"，也印证了上述认定。

二、被申请人对申请人作出该决定书适用法律正确

申请人的行为违反了《中华人民共和国安全生产法》（2014版）第二十五条第一款，"生产经营单位应当对从业人员进行安全生产教育和培训，保证从业人员具备必要的安全生产知识，熟悉有关的安全生产规章制度和安全操作规程，掌握本岗位的安全操作技能，了解事故应急处理措施，知悉自身在安全生产方面的权利和义务。未经安全生产教育和培训合格的从业人员，不得上岗作业"；同时违反了该法第三十八条第一款，"生产经营单位应当建立健全生产安全事故隐患排查治理制度，采取技术、管理措施，及时发现并消除事故隐患。事故隐患排查治理情况应当如实记录，并向从业人员通报"。

被申请人依据《中华人民共和国安全生产法》（2014版）第一百零九条第一项，"发生生产安全事故，对负有责任的生产经营单位除要求其依法承担相应的赔偿等责任外，由安全生产监督管理部门依照下列规定处以罚款：（一）发生一般事故的，处二十万元以上五十万元以下的罚款"，对南京市江宁区天明货运服务部作出罚款人民币23万元的行政处罚决定于法有据。

三、被申请人作出该决定书程序正当

2021年1月20日，江宁区人民政府批复事故调查报告，2021年1月25日，被申请人立案调查。

被申请人作出《行政处罚决定书》之前，于2021年3月8日依法向申请人寄送了《行政处罚告知书》《行政处罚听证告知书》，并听取了申请人的陈述申辩意见；于2021年3月23日依法举行听证会，听取申请人陈述申辩和质证意见，并对申请人提出的事实、理由和质证意见进行了复核。

因案情复杂，被申请人分别于2021年2月23日、4月21日办理案件延期手续，

作出行政处罚决定的期限延长至 180 日。

被申请人根据江宁区人民政府《关于江宁街道天然社区"6·6"物体打击事故调查报告的批复》，经集体讨论，于 2021 年 7 月 20 日作出行政处罚决定，相关法律文书均在法定期限内直接送达。被申请人做出该决定书的程序正当。

综上，根据《中华人民共和国行政复议法》第二十八条第一款第（一）项的规定，本机关决定如下：

维持被申请人于 2021 年 7 月 20 日作出的（江宁）应急罚〔2021〕5018 号《行政处罚决定书》。

申请人如不服本决定，可以自收到本行政复议决定书之日起 15 日内依法向人民法院提起行政诉讼。

南京市应急管理局
2022 年 6 月 9 日

『2023 年版本』

第四十条 行政复议期间，行政复议机关无正当理由中止行政复议的，上级行政机关应当责令其恢复审理。

『条文释义』

本条规定了行政复议的中止。1999 年版本、2009 年版本和 2017 年版本没有相关规定，2023 年版本增加了该条规定。

行政复议的原则之一是高效，行政复议机关应当依法及时作出行政复议决定，中止行政复议必须有明确的正当理由，行政复议期间，行政复议机关无正当理由中止行政复议的，申请人可以向上级行政机关投诉或举报，上级行政机关应当责令其恢复审理。

『2023 年版本』

第四十一条 行政复议期间有下列情形之一的，行政复议机关决定终止行政复议：

（一）申请人撤回行政复议申请，行政复议机构准予撤回；

（二）作为申请人的公民死亡，没有近亲属或者其近亲属放弃行政复议权利；

（三）作为申请人的法人或者其他组织终止，没有权利义务承受人或者其权利义务承受人放弃行政复议权利；

（四）申请人对行政拘留或者限制人身自由的行政强制措施不服申请行政复议后，因同一违法行为涉嫌犯罪，被采取刑事强制措施；

（五）依照本法第三十九条第一款第一项、第二项、第四项的规定中止行政复议满六十日，行政复议中止的原因仍未消除。

『 条文释义 』

本条规定了行政复议的终止。1999 年版本、2009 年版本和 2017 年版本没有相关规定，2023 年版本增加了该条规定。《行政复议法实施条例》和相关规章有类似规定。

行政复议期间有下列情形之一的，行政复议机关决定终止行政复议：

（1）申请人撤回行政复议申请，行政复议机构准予撤回。申请人有权撤回行政复议申请，申请人是行政复议不可缺少的参与人，没有申请人，行政复议只能终止。

（2）作为申请人的公民死亡，没有近亲属或者其近亲属放弃行政复议权利。申请人死亡后，其权利义务由其近亲属继承，如果没有近亲属或者其近亲属放弃行政复议权利，行政复议将因缺少申请人而终止。

（3）作为申请人的法人或者其他组织终止，没有权利义务承受人或者其权利义务承受人放弃行政复议权利。法人或者其他组织终止后，其权利义务由承受人继承，如果没有权利义务承受人或者其权利义务承受人放弃行政复议权利，行政复议将因缺少申请人而终止。

（4）申请人对行政拘留或者限制人身自由的行政强制措施不服申请行政复议后，因同一违法行为涉嫌犯罪，被采取刑事强制措施。刑事强制措施的严厉程度要超过行政强制措施，一旦申请人的同一违法行为被采取刑事强制措施，就意味着肯定了对其采取的行政强制措施，此时再去审理其行政强制措施的合法性和合理性就没有意义了，申请人可以直接对刑事强制措施提出异议并采取相应的法律救济措施。当然，如果对申请人采取的刑事强制措施在未来被依法宣布违法，申请人仍然可以对之前采取的行政强制措施申请行政复议或者提起行政诉讼，以审查其合法性和合理性。

（5）依照《行政复议法》第三十九条第一款第一项、第二项、第四项的规定中止行政复议满六十日，行政复议中止的原因仍未消除。一旦行政复议中止的时间过长，行政复议制度自身所具备的高效、便民等优势便不复存在，继续进行行政复议的意义也就不大了，因此，行政复议程序依法终止。行政复议终止并不意味着相关的行政争议得到了解决，申请人仍可以依法提起行政诉讼。

『 相关法规 』

中华人民共和国行政复议法实施条例

第四十二条　行政复议期间有下列情形之一的，行政复议终止：

（一）申请人要求撤回行政复议申请，行政复议机构准予撤回的；

（二）作为申请人的自然人死亡，没有近亲属或者其近亲属放弃行政复议权利的；

（三）作为申请人的法人或者其他组织终止，其权利义务的承受人放弃行政复议权利的；

（四）申请人与被申请人依照本条例第四十条的规定，经行政复议机构准许达成和解的；

（五）申请人对行政拘留或者限制人身自由的行政强制措施不服申请行政复议后，因申请人同一违法行为涉嫌犯罪，该行政拘留或者限制人身自由的行政强制措施变更为刑事拘留的。

依照本条例第四十一条第一款第（一）项、第（二）项、第（三）项规定中止行政复议，满 60 日行政复议中止的原因仍未消除的，行政复议终止。

『 相关规章 』

税务行政复议规则

第八十条　行政复议期间，有下列情形之一的，行政复议终止：

（一）申请人要求撤回行政复议申请，行政复议机构准予撤回的。

（二）作为申请人的公民死亡，没有近亲属，或者其近亲属放弃行政复议权利的。

（三）作为申请人的法人或者其他组织终止，其权利义务的承受人放弃行政复议权利的。

（四）申请人与被申请人依照本规则第八十七条的规定，经行政复议机构准许达成和解的。

（五）行政复议申请受理以后，发现其他行政复议机关已经先于本机关受理，或者人民法院已经受理的。

依照本规则第七十九条第一款第（一）项、第（二）项、第（三）项规定中止行政复议，满 60 日行政复议中止的原因未消除的，行政复议终止。

国家发展和改革委员会行政复议实施办法

第十八条　法制工作机构依法受理的行政复议申请出现下列情形时，应当终止复议，并在 7 日内依照法定程序向申请人、被申请人、第三人发送《行政复议终止通知书》：

（一）申请人撤回行政复议申请，经复议机关同意的；

（二）申请人为公民，已经死亡，没有继承人或者继承人声明放弃复议权利的；

（三）申请人为法人或者其他组织，已经终止，没有权利继受人或者权利继受人放弃复议权利的；

（四）复议事实已经消除的；

（五）受理后发现申请人已经就同一具体行政行为向人民法院提起行政诉讼，

且人民法院已经受理的；

（六）受理后发现申请人已经就同一具体行政行为向其他行政复议机关提出行政复议申请，且该行政复议机关已经受理的；

（七）受理后发现被复议的具体行政行为系由两个或两个以上行政机关以共同的名义做出，而本复议机关并非其共同上一级行政机关的（国家发展改革委与其他部门联合作出具体行政行为的情况除外）；

（八）法律法规规定终止行政复议的其他情形。

依照前款规定终止复议的行政复议申请，应当立卷存档。

公安机关办理行政复议案件程序规定

第六十三条　行政复议期间，除行政复议法第二十五条规定外，有下列情形之一的，行政复议终止：

（一）被申请人撤销其作出的具体行政行为，且申请人依法撤回行政复议申请的；

（二）受理行政复议申请后，发现该申请不符合行政复议法规定的；

（三）申请行政复议的公民死亡而且没有近亲属，或者近亲属自愿放弃申请行政复议的；

（四）申请行政复议的法人或者其他组织终止后，没有承继其权利的法人或者其他组织，或者承继其权利的法人或者其他组织放弃申请行政复议的；

（五）申请人因公安机关作出具体行政行为的同一违法事实被判处刑罚的。

行政复议终止的，公安行政复议机关应当制作《行政复议终止通知书》，送达申请人、被申请人或者第三人。

『典型案例』

磐安县人民政府

行政复议终止决定书

金磐政复〔2022〕34号

申请人：章某，性别：男，身份证号码：3×××××××××××××××××4，住址：江苏省无锡市新吴区×。

被申请人：磐安县市场监督管理局，住所地：磐安县安文街道月山路227号。

法定代表人：张晓伟，职务：局长。

申请人章某不服被申请人磐安县市场监督管理局的答复，提出行政复议申请，本机关于 2023 年 1 月 3 日依法予以受理。行政复议期间，申请人于 2023 年 2 月 10 日向本机关书面申请撤回该行政复议申请。经审查，本机关准许申请人撤回行政复议申请。根据《中华人民共和国行政复议法》第二十五条、《中华人民共和国行政复议法实施条例》第四十二条第一款第一项之规定，本机关决定终止行政复议。

磐安县人民政府
2023 年 2 月 14 日

『2023 年版本』

第四十二条　行政复议期间行政行为不停止执行；但是有下列情形之一的，应当停止执行：

（一）被申请人认为需要停止执行；

（二）行政复议机关认为需要停止执行；

（三）申请人、第三人申请停止执行，行政复议机关认为其要求合理，决定停止执行；

（四）法律、法规、规章规定停止执行的其他情形。

『1999、2009、2017 年版本』

第二十一条　行政复议期间具体行政行为不停止执行；但是，有下列情形之一的，可以停止执行：

（一）被申请人认为需要停止执行的；

（二）行政复议机关认为需要停止执行的；

（三）申请人申请停止执行，行政复议机关认为其要求合理，决定停止执行的；

（四）法律规定停止执行的。

『条文释义』

本条规定了行政复议期间具体行政行为是否停止执行的规则。1999 年版本、2009 年版本和 2017 年版本的规定是一致的，2023 年版本完善了相关规定，将"可以"修改为"应当"。

由于行政行为一旦作出并送达行政相对人即产生法律效力，为确保行政法律秩序的稳定，行政复议期间行政行为原则上不停止执行。但为避免一些明显违法或者不当的行政行为造成难以挽回的损失和伤害，在以下四种情况下可以停止执行：

（1）被申请人认为需要停止执行。被申请人是作出行政行为的行政机关，其最清楚其行政行为的合法性和适当性如何，如果其自己没有十足的把握且认为需要停止执行的，可以停止执行。由于实务中，大部分行政行为是由作出机关自己执行的，因此，被申请人实际上有权自行决定是否停止执行。

（2）行政复议机关认为需要停止执行。对于明显违法或者不适当或者涉及申请人重大利益的具体行政行为，为慎重起见，行政复议机关有权决定停止执行。

（3）申请人、第三人申请停止执行，行政复议机关认为其要求合理，决定停止执行。申请人无权决定停止执行，但其可以向行政复议机关提出要求并阐明理由，如果行政复议机关认为其要求合理、理由充分，可以决定停止执行。有些行政行为涉及第三人利益，第三人也有权申请停止执行。

（4）法律、法规、规章规定停止执行的其他情形。如果法律、法规、规章有明确规定，无论是行政复议机关还是被申请人都应当无条件停止执行。除法律、法规、规章以外的规范性文件，无权规定停止执行的其他情形。

『 相关规章 』

税务行政复议规则

第五十一条　行政复议期间具体行政行为不停止执行；但是有下列情形之一的，可以停止执行：

（一）被申请人认为需要停止执行的。

（二）行政复议机关认为需要停止执行的。

（三）申请人申请停止执行，行政复议机关认为其要求合理，决定停止执行的。

（四）法律规定停止执行的。

工业和信息化部行政复议实施办法

第十四条　行政复议期间具体行政行为不停止执行。但是有下列情形之一的，可以停止执行：

（一）被申请人认为需要停止执行的；

（二）工业和信息化部认为需要停止执行的；

（三）申请人申请停止执行，工业和信息化部认为其要求合理，决定停止执行的；

（四）法律规定停止执行的。

工业和信息化部决定停止执行的，应当书面告知被申请人、申请人、第三人。

中华人民共和国海关行政复议办法

第四十条　行政复议期间海关具体行政行为不停止执行；但是有行政复议法第二十一条规定情形之一的，可以停止执行。决定停止执行的，应当制作《具体行政行为停止执行决定书》，并且送达申请人、被申请人和第三人。

国家知识产权局行政复议规程

第十九条 行政复议期间，具体行政行为原则上不停止执行。行政复议机构认为需要停止执行的，应当向有关部门发出停止执行通知书，并通知复议申请人及第三人。

环境行政复议办法

第三十条 行政复议期间具体行政行为不停止执行；但是有行政复议法第二十一条规定情形之一的，可以停止执行。

决定停止执行的，环境行政复议机关应当制作停止执行具体行政行为通知书，送达当事人。

国家发展和改革委员会行政复议实施办法

第二十四条 行政复议期间具体行政行为不停止执行；但是，有下列情形之一的，可以停止执行：

（一）被申请人认为需要停止执行的；

（二）国家发展改革委认为需要停止执行的；

（三）申请人申请停止执行，国家发展改革委认为其要求合理，决定停止执行的；

（四）法律规定停止执行的。

决定停止执行的，应当制作《具体行政行为停止执行决定书》，并送达申请人、被申请人和第三人。

公安机关办理行政复议案件程序规定

第六十四条 具体行政行为需要停止执行的，公安行政复议机关应当制作《具体行政行为决定停止执行通知书》，送达被申请人，并告知申请人和第三人。

『 典型案例 』

广东省茂名市人民政府

行政复议终止决定书

茂府行复〔2021〕135号

申请人：黎×娟，女，汉族，19××年8月14日出生，身份证号码（略），住（略）。

被申请人：茂名市人力资源和社会保障局。

法定代表人：胡汉顺，局长。

第三人：中国石化集团茂名××化工有限公司。

法定代表人：尹×林，执行董事。

申请人黎×娟对被申请人茂名市人力资源和社会保障局作出的茂人社工不认〔2021〕0×8号《不予认定工伤决定书》不服提出行政复议申请，本府已依法予以受理。行政复议期间，申请人自愿撤回其行政复议申请。

本府认为，申请人撤回行政复议申请不损害国家、法人、公民和其他组织的利益，且符合法律的规定，本府同意申请人撤回其行政复议申请。根据《中华人民共和国行政复议法》第二十五条、《中华人民共和国行政复议法实施条例》第四十二条第一款第一项的规定，行政复议终止。

2021年12月17日

第二节 行政复议证据

『2023 年版本』

第四十三条 行政复议证据包括:

(一)书证;

(二)物证;

(三)视听资料;

(四)电子数据;

(五)证人证言;

(六)当事人的陈述;

(七)鉴定意见;

(八)勘验笔录、现场笔录。

以上证据经行政复议机构审查属实,才能作为认定行政复议案件事实的根据。

『条文释义』

本条规定了行政复议的证据形式。1999 年版本、2009 年版本和 2017 年版本没有相关规定,2023 年版本增加了该条规定。

行政复议应当以事实为依据,以法律为准绳。事实是什么,需要相关证据予以明证。行政复议的证据包括:

(1)书证。书证是指以其内容来证明待证事实的有关情况的文字材料。凡是以文字来记载人的思想和行为以及采用各种符号、图案来表达人的思想,其内容对待证事实具有证明作用的物品都是书证。书证从形式上来讲取决于它所采用的书面形式,从内容上而言取决于它所记载或表达的思想内涵与案情具有关联性,因此能够作为认定案件事实的根据。常见的书证包括文件、合同、凭证、书信等。

(2)物证。物证是指能够证明案件真实情况的一切物品痕迹。其特点是以物品的外部特征、物质属性以及它所处的位置,来反映一定的案件事实。例如违法行为使用的工具,违法行为遗留的各种痕迹(血迹、指纹等),查获的赃款赃物以及其他能证明案件真实情况的物品。

(3)视听资料。视听资料,又称"音像资料",是指借助电磁、光电、电子计算机设备等技术手段所记载和再现的声音、图像、数据等信息资料。视听资料可分为录音、录像、电脑数据以及红外线、中子束、激光等测验仪器提供的资料。使用时必须审查信息存贮、输出、转换等环节是否存在误差，资料内容有无人为篡改等情况。

（4）电子数据。电子数据是案件发生过程中形成的，以数字化形式存储、处理、传输的，能够证明案件事实的数据。电子数据是基于计算机应用、通信和现代管理技术等电子化技术手段形成包括文字、图形符号、数字、字母等的客观资料。

（5）证人证言。证人证言，是指证人就自己所知道的与案件有关的情况向相关机关所作的陈述。证人证言一般以口头形式表达，由询问人员制作成笔录，必要时，也可以允许证人亲笔书写证言。一般应当是证人亲自看到或听到的情况，也可以是别人看到听到而转告他知道的事实。由于受主客观多方面因素的影响，证人证言可能真实、不完全真实或完全不真实，收集、运用时必须注意对其来源、形成过程及内容，结合案件的情况和其他证据进行认真的审查，并在经申请人、被申请人、第三人询问、质证，听取各方证人的证言，经查证属实，方能作为定案处理的根据。

（6）当事人的陈述。当事人的陈述指的是当事人在行政行为作出过程中以及行政复议活动中就有关案情对行政机关及其工作人员、行政复议机关及其工作人员所作的叙述。

（7）鉴定意见。鉴定意见是指各行业的专家对行政复议案件中的专门性问题所出具的专门性意见。

（8）勘验笔录、现场笔录。勘验笔录是指行政机关、行政复议机关指派的勘验人员对案件的标的物和有关证据，经过现场勘验、调查所作的记录。现场笔录是运用语言文字客观描述现场勘查过程及其所见的记录方式。现场笔录应写明现场勘查的日期、起止时间、现场勘查人员、见证人与勘查的地点、处所；准确、详细地记述现场勘查过程和所见；说明勘查中发现和提取的书证、物证，做了哪些现场记录；最后由勘查人员、见证人及笔录制作人签名。

行政复议中的证据主要由被申请人提供，申请人也可能提供一些证据，对这些证据，必须经行政复议机构审查属实，才能作为认定行政复议案件事实的根据。

『 相关法律 』

中华人民共和国民事诉讼法（1991 年 4 月 9 日第七届全国人民代表大会第四次会议通过，根据 2007 年 10 月 28 日第十届全国人民代表大会常务委员会第三十次会议《关于修改〈中华人民共和国民事诉讼法〉的决定》第一次修正根据，2012 年 8 月 31 日第十一届全国人民代表大会常务委员会第二十八次会议《关于修改〈中华人民共和国民事诉讼法〉的决定》第二次修正，根据 2017 年 6 月 27 日第十二届全国人民代表大会常务委员会第二十八次会议《关于修改〈中华人民共和国民事诉讼法〉和〈中华人民共和国行政诉讼法〉的决定》第三次修正，根据 2021 年 12 月 24 日第十三届全国人民代表大会常务委

员会第三十二次会议《关于修改〈中华人民共和国民事诉讼法〉的决定》第四次修，根据
2023 年 9 月 1 日第十四届全国人民代表大会常务委员会第五次会议《关于修改〈中华人民
共和国民事诉讼法〉的决定》第五次修正）

第六十六条　证据包括：

（一）当事人的陈述；

（二）书证；

（三）物证；

（四）视听资料；

（五）电子数据；

（六）证人证言；

（七）鉴定意见；

（八）勘验笔录。

证据必须查证属实，才能作为认定事实的根据。

中华人民共和国行政诉讼法

第三十三条　证据包括：

（一）书证；

（二）物证；

（三）视听资料；

（四）电子数据；

（五）证人证言；

（六）当事人的陈述；

（七）鉴定意见；

（八）勘验笔录、现场笔录。

以上证据经法庭审查属实，才能作为认定案件事实的根据。

中华人民共和国刑事诉讼法

第五十条　可以用于证明案件事实的材料，都是证据。

证据包括：

（一）物证；

（二）书证；

（三）证人证言；

（四）被害人陈述；

（五）犯罪嫌疑人、被告人供述和辩解；

（六）鉴定意见；

（七）勘验、检查、辨认、侦查实验等笔录；

（八）视听资料、电子数据。

证据必须经过查证属实，才能作为定案的根据。

『相关规章』

税务行政复议规则

第五十二条 行政复议证据包括以下类别：

（一）书证；

（二）物证；

（三）视听资料；

（四）电子数据；

（五）证人证言；

（六）当事人的陈述；

（七）鉴定意见；

（八）勘验笔录、现场笔录。

『典型案例』

云南省玉溪市人民政府

行政复议决定书

云玉政行复决字〔2022〕第 8 号

申请人：杨某。

被申请人：玉溪市通海县人民政府。

住所地：云南省玉溪市通海县行政新区秀麓写字楼五楼。

法定代表人：詹道斌，县长。

申请人认为被申请人对其 2022 年 4 月 22 日提交的《政府信息公开申请表（政府）》未回复的行政行为违法，向玉溪市人民政府提出行政复议申请。经审查，本机关于 2022 年 6 月 8 日依法受理，本案现已复议完毕。

复议请求：确认被申请人对申请人提交的《政府信息公开申请表（政府）》未回复的行政不作为行为违法。责令被申请人在 7 个工作日内作出书面回复并送达申请人。

申请人称：其承包地、宅基地及房屋建筑位于云南省玉溪市通海县河西镇某村，因当地政府进行高速公路相关项目建设需要，上述集体土地就房屋建筑所在地块被征收，但直到目前，申请人未见到征收土地公告及补偿安置方案，对此次征收补偿安置标准并不明确。为核实其享有使用权的土地及享有所有权的房屋被征收是否合法，于 2022 年 4 月 22 日以书面形式，通过中国邮政 EMS 将《政府信息公开申请表（政府）》邮寄给被申请人。经查询，被申请人于 2022 年 4 月 26 日签收，但被申请人至今未回复申请人。

依据《中华人民共和国政府信息公开条例》第四条、第三十六条、第五十一条的规定，为维护申请人的合法权益，依据《中华人民共和国行政复议法》相关规定，提起行政复议。

被申请人答复称：2022 年 4 月 26 日申请人通过中国邮政特快专递寄送《政府信息公开申请书（政府）》，申请通海县人民政府公开以下政府信息：1. 征收项目名称以及项目立项批复和申报材料；2. 征收决定、征收决定公告或者征收土地公告以及此次征收的补偿安置方案；3. 报批文件：用地预审文件、征地批文、征地调查确认表、土地利用总体规划、土地利用现状图、勘测界定技术报告书和勘测界定图、征地红线图。邮件由通海县人民政府办公室签收。收件后，通海县人民政府的职能部门通海县人民政府办公室按照政府信息依申请公开办理流程，根据《中华人民共和国政府信息公开条例》（国务院令第 711 号）第十条："行政机关制作的政府信息，由制作该政府信息的行政机关负责公开"；第三十六条第五项："所申请公开信息不属于本行政机关负责公开的，告知申请人并说明理由；能够确定负责公开该政府信息的行政机关的，告知申请人该行政机关的名称、联系方式"；《云南省政府信息依申请公开工作规程（修订）》（云政办函〔2020〕79 号）第二章第六条："政府信息依申请公开应当按照谁收到、谁处理的原则办理，不属于本机关公开的，应当尽到告知义务"的规定，由通海县人民政府办公室按照工作流程本着便民利民原则，将政府信息依申请公开件转至通海县人民政府职能部门——通海县自然资源局办理。通海县自然资源局是通海县人民政府组成部门，行使土地征收、利用、补偿安置等行政权力，制作保存征收补偿安置方案、土地利用等相关政府信息。

通海县人民政府办公室于 2022 年 5 月 5 日，通过电话告知申请人杨某，信息公开申请转交由县自然资源局办理，由县自然资源局统一进行答复。按照工作流程于 2022 年 5 月 6 日下发《通海县人民政府办公室关于交办政府信息依申请公开办件的通知》（通政办依转〔2022〕3 号），将依申请公开件转至通海县自然资源局。通海县自然资源局于 2022 年 5 月 10 日制作《政府信息公开申请答复书》（通自然资依〔2022〕3 号）当面就依申请答复了申请人，并说明对涉及土地征收的公示材料可登录云南省征地信息公开查询系统进行自行查询，未在系统公开的信息属不公开信息。

申请人信息公开申请对象虽然是通海县人民政府，但根据职能分工不同，根据《中华人民共和国地方各级人民代表大会和地方各级人民政府组织法》，每一个领域，每一项业务均由不同部门实际承担。申请人的申请事项实际制作和保存相关信息的职能部门为自然资源部门，故通海县人民政府办公室收到申请后依据职权和法律规定转交有权行政机关，即通海县自然资源局代县政府一并回复，故县人民政府在该事件中没有存在行政不作为，且积极进行转办、指导、督促，并召集责任部门与申请人协商回复。经提前联系，杨某本人未能按时前来，委托其子前来协商。

2022 年 6 月 13 日，县政府办、县自然资源局、县司法局相关部门人员再次将《通海县人民政府办公室政府信息公开申请转办告知书》（通政办依转〔2022〕3 号）及《政府信息公开申请答复书》（通自然资依〔2022〕3 号）送至杨某家中，并再次经电话（152×××××0）联系实际申请人（杨某儿子）对回复政策及依据进行解释，申请人表示清楚回复意见并愿意进行当面沟通。经电话商议实际申请人（杨某儿子）愿意于 2022 年 6 月 14 日前来当面协商，但 6 月 14 日实际申请人（杨某儿子）一直未到现场协商，拨打电话也一直未接听。

证据交换期间，申请人未到本机关阅卷，亦未提供抗辩材料。

经审理查明：

一、2019 年 12 月 2 日，通海县自然资源局印发《通海县 G8012 弥勒至楚雄高速公路弥勒至玉溪段建设项目（通海段）拟征地告知书》〔2019〕第 27 号，载明：拟征收某村民委员会第四村民小组土地 1.3 530 公顷；

二、2022 年 4 月 24 日，申请人通过 EMS 特快专递向被申请人邮寄了《政府信息公开申请表（政府）》，申请公开"（1）征收项目名称以及项目立项批复和申报材料；（2）征收决定、征收决定、征收决定公告或者征收土地公告以及此次征收的补偿安置方案；（3）报批文件：用地预审文件、征地批文、征地调查确认表、土地利用总体规划（彩色清晰版）、土地利用现状图（彩色清晰版）、勘测界定技术报告书和勘测界定图、征地红线图（彩色版）"共三项申请公开政府信息事项，被申请人于 2022 年 4 月 26 日签收；

三、2022 年 4 月 26 日，通海县自然资源局收到申请人邮寄的《政府信息公开申请表（国土）》及身份证明信息，申请公开的政府信息为（1）拟征地公告、征地补偿方案及公告、征地公告；（2）报批文件：用地预审文件、征地批文、征地调查确认表、土地利用现状图；（3）建设用地规划许可证；（4）建设工程规划许可证；（5）规划详图。2022 年 5 月 10 日，通海县自然资源局作出《政府信息公开申请答复书》（通自然资依〔2022〕3 号），针对申请公开的五项事项逐一进行答复，并于 2022 年 5 月 13 日送达申请人；

四、2022 年 5 月 6 日，通海县政府办公室作出《通海县人民政府办公室关于交办政府信息依申请公开办件的通知》（通政办依转〔2022〕3 号），同日通过 OA 系统流转至通海县自然资源局，将申请人的政府信息公开申请表及相关材料交由通海县自然资源局办理；

五、2022 年 5 月 6 日，通海县政府办公室作出《通海县人民政府办公室政府信息公开申请转办告知书》（通政办依〔2022〕3 号），告知书明确：本着便民的原则，其提交的政府信息公开申请已于 2022 年 5 月 6 日转通海县自然资源局，由通海县自然资源局依法办理。

上述事实有下列证据证明：1.《通海县 G8012 弥勒至楚雄高速公路弥勒至玉溪段建设项目（通海段）拟征地告知书》〔2019〕第 27 号；2.《政府信息公开申请表（政府）》及 EMS 特快专递邮寄单；3.《通海县人民政府办公室关于交办政府信息依

申请公开办件的通知》（通政办依转〔2022〕3号）；4.《通海县人民政府办公室政府信息公开申请转办告知书》（通政办依〔2022〕3号）；5.《政府信息公开申请答复书》（通自然资依〔2022〕3号）及相关材料。

本机关认为：

一、根据《中华人民共和国政府信息公开条例》第三十三条第二款规定："行政机关不能当场答复的，应当自收到申请之日起20个工作日内予以答复；需要延长答复期限的，应当经政府信息公开工作机构负责人同意并告知申请人，延长的期限最长不得超过20个工作日。"本案中，被申请人于2022年4月26日收到申请人的《政府信息公开申请表（政府）》，5月6日向通海县自然资源局作出《通海县人民政府办公室关于交办政府信息依申请公开办件的通知》，要求通海县自然资源局于2022年5月25日前依法答复申请人，并将有关办理情况及时报县政府办公室。通海县自然资源局2022年5月10日《政府信息公开申请答复书》，仅针对《政府信息公开申请表（国土）》有关申请信息公开事项向申请人进行了答复，未对《政府信息公开申请表（政府）》进行答复。故，通海县人民政府在法定期限内未就《政府信息公开申请表（政府）》申请公开事项向申请人进行答复，且未将逾期未答复或需要延期答复的情况向申请人告之并说明理由，不符合《中华人民共和国政府信息公开条例》第三十三条第二款的规定。

二、根据《中华人民共和国政府信息公开条例》第三十六条第五项"所申请公开信息不属于本行政机关负责公开的，告知申请人并说明理由；能够确定负责公开该政府信息的行政机关的，告知申请人该行政机关的名称、联系方式"的规定，本案中被申请人虽然在法定时限内作出《通海县人民政府办公室政府信息公开申请转办告知书》，告知申请人负责公开政府信息的通海县自然资源局及其联系地址、邮编、联系电话，但在告知书中没有答复申请人申请公开的政府信息是否属于被申请人公开，不符合《中华人民共和国政府信息公开条例》第三十六条关于根据不同情况分别作出答复的规定，没有依法履行针对政府信息公开申请以被申请人名义直接作出答复的职责。

三、该案件审理期间，本机关于2022年6月28日收到被申请人在2022年5月5日通过电话告知申请人杨某有关信息公开申请已转交县自然资源局办理的电话记录，主叫号码087730×××20，被叫号码为087715284×××40，通话时长仅为45秒，双方通话内容不详；同时被申请人虽提供了通海县政府办、县自然资源局、县司法局、河西镇政府及某村组等相关人员在2022年6月13日向申请人现场答复的图片，但仍未提供信息公开转办答复按法定程序送达回执等有效证据，且此次答复的时间距申请人提交申请政府信息公开的时间已超过《中华人民共和国政府信息公开条例》第三十三条第二款规定的时限。故，对被申请人提供的上述两项佐证材料，本机关不予采信。

综上所述，依据《中华人民共和国行政复议法》第二十八条第一款第二、三项的规定，确认通海县人民政府对杨某提交的《政府信息公开申请表（政府）》申请公开事项逾期未答复的行政行为违法，责令通海县人民政府自收到本决定书后，按照《中华人民共和国政府信息公开条例》的相关规定，在法定期限内作出答复。

如不服本决定，可以自收到本决定书之日起 15 日内依法向人民法院提起行政诉讼。

2022 年 8 月 3 日

『2023 年版本』

第四十四条　被申请人对其作出的行政行为的合法性、适当性负有举证责任。

有下列情形之一的，申请人应当提供证据：

（一）认为被申请人不履行法定职责的，提供曾经要求被申请人履行法定职责的证据，但是被申请人应当依职权主动履行法定职责或者申请人因正当理由不能提供的除外；

（二）提出行政赔偿请求的，提供受行政行为侵害而造成损害的证据，但是因被申请人原因导致申请人无法举证的，由被申请人承担举证责任；

（三）法律、法规规定需要申请人提供证据的其他情形。

『条文释义』

本条规定了行政复议的举证责任。1999 年版本、2009 年版本和 2017 年版本没有相关规定，2023 年版本增加了该条规定。《行政复议法实施条例》和相关规章有类似规定。

行政复议审查的是被申请人作出的行政行为的合法性和适当性，因此，被申请人对其作出的行政行为的合法性、适当性负有举证责任。

有下列情形之一的，申请人应当提供证据：

（1）认为被申请人不履行法定职责的，提供曾经要求被申请人履行法定职责的证据，但是被申请人应当依职权主动履行法定职责或者申请人因正当理由不能提供的除外。被申请人履行法定职责有两种情形：主动履行与依申请履行。对于主动履行的情形，不需要申请人提供证据，但对于依申请履行的情形，需要申请人提供曾经要求被申请人履行法定职责的证据。该证据可以是电话录音、书面请求书或者现场请求的记录。由于大多数申请人并没有证据意识，可能未保存当初要求被申请人履行法定职责的证据，如果能举出正当理由，也可以不提供，如被申请人后续的行为可以推断出申请人曾经要求被申请人履行法定职责等。

（2）提出行政赔偿请求的，提供受行政行为侵害而造成损害的证据，但是因被申请人原因导致申请人无法举证的，由被申请人承担举证责任。行政赔偿的前提条件有两个：行政行为违法；行政行为给申请人造成损害。缺少任何一个条件，均不能申请行政赔偿。行政行为的违法性可以由行政复议机关审查，不需要申请人提供证据，但行政行为给申请人造成损害，则需要由申请人提供证据。证据的形式包括医院检查的相关单据和支付医药费的相关凭证、财产损害的鉴定、误工损失的相关证明等。

（3）法律、法规规定需要申请人提供证据的其他情形。只有法律和法规可以规定需要申请人提供证据的其他情形，规章及其以下规范性文件无权作出该规定。

『 相关法律 』

中华人民共和国民事诉讼法

第六十七条　当事人对自己提出的主张，有责任提供证据。

当事人及其诉讼代理人因客观原因不能自行收集的证据，或者人民法院认为审理案件需要的证据，人民法院应当调查收集。

人民法院应当按照法定程序，全面地、客观地审查核实证据。

第六十八条　当事人对自己提出的主张应当及时提供证据。

人民法院根据当事人的主张和案件审理情况，确定当事人应当提供的证据及其期限。当事人在该期限内提供证据确有困难的，可以向人民法院申请延长期限，人民法院根据当事人的申请适当延长。当事人逾期提供证据的，人民法院应当责令其说明理由；拒不说明理由或者理由不成立的，人民法院根据不同情形可以不予采纳该证据，或者采纳该证据但予以训诫、罚款。

中华人民共和国行政诉讼法

第三十四条　被告对作出的行政行为负有举证责任，应当提供作出该行政行为的证据和所依据的规范性文件。

被告不提供或者无正当理由逾期提供证据，视为没有相应证据。但是，被诉行政行为涉及第三人合法权益，第三人提供证据的除外。

中华人民共和国刑事诉讼法

第五十一条　公诉案件中被告人有罪的举证责任由人民检察院承担，自诉案件中被告人有罪的举证责任由自诉人承担。

第五十二条　审判人员、检察人员、侦查人员必须依照法定程序，收集能够证实犯罪嫌疑人、被告人有罪或者无罪、犯罪情节轻重的各种证据。严禁刑讯逼供和以威胁、引诱、欺骗以及其他非法方法收集证据，不得强迫任何人证实自己有罪。必须保证一切与案件有关或者了解案情的公民，有客观地充分地提供证据的条件，除特殊情况外，可以吸收他们协助调查。

『相关法规』

中华人民共和国行政复议法实施条例

第二十一条　有下列情形之一的，申请人应当提供证明材料：

（一）认为被申请人不履行法定职责的，提供曾经要求被申请人履行法定职责而被申请人未履行的证明材料；

（二）申请行政复议时一并提出行政赔偿请求的，提供受具体行政行为侵害而造成损害的证明材料；

（三）法律、法规规定需要申请人提供证据材料的其他情形。

『相关规章』

税务行政复议规则

第五十三条　在行政复议中，被申请人对其作出的具体行政行为负有举证责任。

住房城乡建设行政复议办法

第二十四条　在行政复议中，被申请人应当对其作出的行政行为承担举证责任，对其提交的证据材料应当分类编号，对证据材料的来源、证明对象和内容作简要说明。

『典型案例』

中华人民共和国最高人民法院

行 政 裁 定 书

（2017）最高法行申 3470 号

再审申请人（一审原告、二审上诉人）：王朝磊，男，汉族，1985 年 6 月 17 日生，住河北省邯郸县。

委托代理人：王永才，男，汉族，1956 年 8 月 7 日生，住址同上，系王朝磊之父。

再审申请人（一审原告、二审上诉人）：王朝飞，男，汉族，1981 年 7 月 21 日生，住址同上。

委托代理人：王玉芳，女，汉族，1956 年 5 月 7 日生，住址同上，系王朝飞之母。

再审申请人（一审原告、二审上诉人）：马海龙，男，汉族，1956年11月14日生，住河北省邯郸县。

委托代理人：吴俊香，女，汉族，1956年11月1日生，住址同上，系马海龙之妻。

再审申请人（一审原告、二审上诉人）：尚红，男，汉族，1952年10月28日生，住河北省邯郸县。

委托代理人：王悦英，女，汉族，1957年8月16日生，住址同上，系尚红之妻。

上诉四再审申请人的委托代理人：郭玉峰，河北挺轩律师事务所律师。

一审原告：王小鹏，男，汉族，1983年10月7日生，住河北省邯郸县。

一审原告：王朝辉，男，汉族，1980年2月9日生，住河北省邯郸县。

一审原告：李天增，男，汉族，1966年3月13日生，住河北省邯郸县。

一审原告：张树杰，男，汉族，1959年9月18日生，住河北省邯郸县。

一审原告：李自国，男，汉族，1970年4月4日生，住河北省邯郸县。

再审被申请人（一审被告、二审被上诉人）：河北省人民政府，住所地：石家庄市桥西区。

法定代表人：许勤，该省人民政府省长。

再审申请人王朝磊、王朝飞、马海龙、尚红（以下简称王朝磊等四人）因诉河北省人民政府（以下简称河北省政府）履行行政复议法定职责一案，不服河北省高级人民法院〔2016〕冀行终495号行政判决，向本院申请再审。本院依法组成由审判员于泓、审判员李德申、代理审判员周觅组成的合议庭进行审查，现已审查终结。

石家庄市中级人民法院一审查明，2014年6月20日，王朝磊等十人向河北省政府提出行政复议，请求撤销其作出的冀政转征函〔2014〕314号《邯郸县2014年第一批次建设用地的批复》（以下简称征地批复）。因案情复杂不能在法定期限内作出行政复议决定，河北省政府于2014年8月15日作出冀政复延〔2014〕第25号延期审理通知，复议期限延至2014年9月19日。2014年9月17日，王朝磊等十人提出调解申请并请求中止复议程序。2014年10月8日，因协商未果其提出恢复复议程序申请。2015年5月4日，王朝磊等九人提起行政诉讼，要求确认河北省政府逾期不作出行政复议决定违法。复议申请人张书会未参加诉讼。2015年5月28日，庭审期间河北省政府同意王朝磊等九人的意见，恢复行政复议程序，原告提出撤诉申请。2015年6月10日，王朝磊等九人向河北省政府提出申请，对行政复议案涉及的《征地调查结果确认表》中的土地使用权人或地上附着物所有权人的签名进行司法鉴定。2015年6月17日，河北省政府向河北公安警察职业学院司法鉴定中心去函，请予接洽当事人的鉴定申请。2015年6月23日，一审法院作出〔2015〕石行初字第00062号行政裁定，准许王朝磊等9人撤回起诉。该案进入行政复议程序中的鉴定环节后，因土地征收部门无法提供鉴定需要的鉴材《征地调查结果确认表》，故无鉴定结果。2015年8月27日，王朝磊等九人又提起诉讼，请求确认河北省政府逾期不作出行政复议决定违法，责令其组织完成鉴定工作并及时作出行政复议决定。

石家庄市中级人民法院认为，根据《行政复议法实施条例》第三十七条规定，行政复议期间涉及专门事项需要鉴定的，当事人可以自行委托鉴定机构进行鉴定，也可以申请行政复议机构委托鉴定机构进行鉴定。鉴定费用由当事人承担。鉴定所用时间不计入行政复议审理期限。王朝磊等九人提出行政复议案涉及签名笔迹的司法鉴定申请，河北省政府同意并出具了笔迹鉴定的相关手续，该行政复议案进入鉴定环节。根据上述法律规定鉴定时间不应计入行政复议审理期限，并且王朝磊等九人在申请鉴定后、未提出撤回鉴定申请的情形下，提起行政诉讼要求确认河北省政府逾期不作出行政复议决定违法，没有事实和法律依据。故判决驳回王朝磊等九人的诉讼请求。

王朝磊等四人不服一审判决，向河北省高级人民法院提起上诉。

河北省二审查明的事实与一审法院认定的事实基本一致。该院另查明，2017年2月4日，河北省政府已经对王朝磊等十人所提出的复议申请作出冀政复决字〔2014〕136号《行政复议决定书》，确认征地行为违法，且该复议决定已经依法送达当事人。

该院认为，河北省政府已经向河北公安警察职业学院司法鉴定中心去函，委托鉴定相关事宜，河北省政府未能作出复议决定的原因是在征地过程中的《征地调查结果确认表》作为鉴材无法取得，致使鉴定程序无法进行。且在本案审理期间，河北省政府因土地征收部门无法提供《征地调查结果确认表》，已经作出复议决定，确认了征地行为违法。故判决驳回上诉，维持一审判决。

王朝磊等四人申请再审称，二审法院未公开审理、没有询问当事人、超过法定审理期限，违反法定程序，审判不公正。二审判决故意遗漏或回避其诉讼请求。其诉讼请求为确认逾期不作出行政复议决定违法并责令立即组织进行笔迹鉴定，河北省政府在二审过程中作出复议决定显然逾期，在没有进行鉴定的情况下作出复议决定显然错误。河北省政府作为行政复议案件的主办机关，组织完成笔迹鉴定工作是其法定职责，其应当责令土地征收部门提供笔迹鉴定的鉴材《征地调查结果确认表》原件，一、二审法院没有要求河北省政府完成笔迹鉴定是故意遗漏和回避事实。一、二审法院故意曲解法律、认定事实错误，包庇偏袒河北省政府逾期不作出行政复议的违法行为。河北省政府逾期不作出行政复议决定或逾期作出行政复议决定均是违法的，人民法院应当确认河北省政府的违法行为。请求撤销二审判决，改判河北省政府逾期不作出行政复议决定行为违法，责令河北省政府立即组织进行完成笔迹鉴定工作并作出相应行政复议决定。

本院认为，本案争议焦点为河北省政府是否逾期作出行政复议决定、笔迹鉴定工作无法完成是否属于行政复议机关未依法履行法定职责以及二审法院未开庭审理是否违反法定程序。

首先，关于河北省政府是否逾期作出行政复议决定的问题。根据一、二审法院查明的事实，本案诉讼因再审申请人第一次起诉撤诉后重新起诉引发，前案撤诉的原因是河北省政府同意恢复行政复议程序，且在前案撤诉后行政复议机关根据申请人的要求就行政复议案涉及的《征地调查结果确认表》进行了笔迹鉴定委托工作，行政复议程序事实上予以恢复，由于无鉴定结果未作出复议决定引发了本案诉讼。在一审法院重新立案受理后，行政复议程序中的笔迹鉴定工作仍在进行中，根据《行政复议法实施条例》第三十七条之规定，鉴定所用时间不计入行政复议审理期限，故一审法院认为"在王朝磊等九人未提出撤回鉴定申请的情形下，提起行政诉讼要求确认河北省政府逾期不作出行政复议决定违法，没有事实和法律依据"的结论并无不当。

其次，关于笔迹鉴定工作无法完成是否属于行政复议机关未依法履行法定复议职责的问题。再审申请人在一审、二审及再审程序中一再提出，河北省政府作为复议机关应当责令被申请人提供鉴材，并将鉴材不能提供的责任认为属于河北省政府未依法履行复议职责，这是对于行政复议机关法定职责的误解。行政复议程序作为解决争议的法定救济途径，具有"准司法"的性质，在行政复议程序中的举证责任应由复议申请人或被申请人承担，若复议案件当事人未尽举证责任，则承担相应的不利后果，相当于行政诉讼程序中的举证责任。根据一、二审法院查明的事实，河北省政府已经进行了委托鉴定，因复议被申请人土地征收部门无法提供笔迹鉴定所需的鉴材《征地调查结果确认表》，致使鉴定程序无法进行。土地征收部门不提供鉴材的后果，则是其承担相应的不利后果。事实上，在本案二审审理期间，河北省政府作出了复议决定，确认了征地行为违法。该复议决定从根本上否定了征地行为的合法性，再审申请人提起行政复议的目的已经达到，其合法权益得到应有的保护。在此情况下，再责令行政复议机关完成一个根本不属于自身职责范围且客观上无法完成的笔迹鉴定工作，既没有法律依据也多此一举。故一、二审法院判决驳回王朝磊等人的诉讼请求亦无不当。

再次，关于二审法院未开庭审理是否违反法定程序问题。根据《中华人民共和国行政诉讼法》第八十六条规定，人民法院对上诉案件，应当组成合议庭，开庭审理。经过阅卷、调查和询问当事人，对没有提出新的事实、证据或者理由，合议庭认为不需要开庭审理的，也可以不开庭审理。王朝磊等四人提出的上诉理由与一审诉讼请求无异，也没有证据表明其提出新的事实或证据，故二审法院不开庭审理符合上述法律规定。

综上，再审申请人王朝磊等四人的再审申请不符合《中华人民共和国行政诉讼法》第九十一条规定的情形。依照《中华人民共和国行政诉讼法》第一百零一条、《中华人民共和国民事诉讼法》第二百零四条第一款之规定，裁定如下：

驳回再审申请人王朝磊、王朝飞、马海龙、尚红的再审申请。

审判长 于 泓

审判员 李德申

代理审判员 周 觅

二〇一七年十月二十日

『2023 年版本』

第四十五条　行政复议机关有权向有关单位和个人调查取证，查阅、复制、调取有关文件和资料，向有关人员进行询问。

调查取证时，行政复议人员不得少于两人，并应当出示行政复议工作证件。

被调查取证的单位和个人应当积极配合行政复议人员的工作，不得拒绝或者阻挠。

『条文释义』

本条规定了行政复议机关的调查取证权。1999 年版本、2009 年版本和 2017 年版本没有相关规定，2023 年版本增加了该条规定。《行政复议法实施条例》和相关规章有类似规定。

行政复议如果仅仅依据申请人和被申请人提供的证据，有可能难以全面、准确查清案件事实，因此，《行政复议法》赋予行政复议机关向有关单位和个人调查取证的权力。行政复议机关可以查阅、复制、调取有关文件和资料，可以向有关人员进行询问。这里的有关单位和个人以及有关人员并不限于申请人、第三人和被申请人。与复议案件事实有关的单位和个人均在调查之列，如相关金融机构、交易相对方、证人等。

为规范行政复议机关调查取证权的行使，《行政复议法》要求行政复议机关调查取证时，行政复议人员不得少于两人，同时应当出示行政复议工作证件。如果少于两人，或者未出示行政复议工作证件，有关单位和个人有权予以拒绝。

为保障行政复议机关调查取证权的行使，《行政复议法》要求被调查取证的单位和个人应当积极配合行政复议人员的工作，不得拒绝或者阻挠。如果拒绝或者阻挠，应当承担相应法律责任。

『相关法规』

中华人民共和国行政复议法实施条例

第三十四条　行政复议人员向有关组织和人员调查取证时，可以查阅、复制、调取有关文件和资料，向有关人员进行询问。

调查取证时，行政复议人员不得少于 2 人，并应当向当事人或者有关人员出示证件。被调查单位和人员应当配合行政复议人员的工作，不得拒绝或者阻挠。

需要现场勘验的，现场勘验所用时间不计入行政复议审理期限。

『相关规章』

税务行政复议规则

第六十条　行政复议机构认为必要时，可以调查取证。

行政复议工作人员向有关组织和人员调查取证时，可以查阅、复制和调取有关文件和资料，向有关人员询问。调查取证时，行政复议工作人员不得少于 2 人，并应当向当事人和有关人员出示证件。被调查单位和人员应当配合行政复议工作人员的工作，不得拒绝、阻挠。

需要现场勘验的，现场勘验所用时间不计入行政复议审理期限。

国家国际发展合作署行政复议实施办法

第十一条　行政复议原则上采取书面审查的办法，如案情复杂、书面审查无法查明案情，也可以采取听取当事人意见、实地调查，或邀请专门机构进行检验、鉴定等方式。

法制机构在办理行政复议事项过程中可以向业务部门调取、查阅、复制相关证据材料，业务部门应予配合。

环境行政复议办法

第二十三条　环境行政复议机构进行调查取证时，可以查阅、复制、调取有关文件和资料，向有关人员询问，必要时可以进行现场勘验。

调查取证时，环境行政复议人员不得少于 2 名，并应出示有关证件。调查结果应当制作笔录，由被调查人员和环境行政复议人员共同签字确认。

行政复议期间涉及专门事项需要鉴定、评估的，当事人可以自行委托鉴定机构进行鉴定、评估，也可以申请环境行政复议机构委托鉴定机构进行鉴定、评估。鉴定、评估费用由当事人承担。

现场勘验、鉴定及评估所用时间不计入行政复议审理期限。

公安机关办理行政复议案件程序规定

第四条　公安行政复议机构接受口头行政复议申请，向有关组织和人员调查情况，听取申请人、被申请人和第三人的意见时，办案人员不得少于二人。

第五十二条　有下列情形之一的，公安行政复议机构可以向有关组织和人员调查取证：

（一）申请人对案件主要事实有异议的；

（二）被申请人提供的证据相互矛盾的；

（三）申请人或者第三人提出新的证据，可能否定被申请人认定的案件主要事实的；

（四）其他需要调查取证的情形。

公安行政复议机构在行政复议过程中收集和补充的证据，不能作为公安行政复议机关维持原具体行政行为的根据。

『典型案例』

杭州市下城区人民政府

行政复议决定书

杭下政复〔2020〕55 号

申请人：苏某一。

被申请人：杭州市公安局下城区分局。

第三人：周某园。

申请人苏某一对被申请人杭州市公安局下城区分局（以下简称公安下城分局）作出的《行政处罚决定书》〔杭下公（石）行罚决字〔2020〕02119 号〕不服，于 2020 年 10 月 21 日向本机关提出行政复议申请，本机关依法受理并进行了审理。本案现已审理终结。

申请人称：一、申请人在案发时的行为与被申请人作出的《行政处罚决定书》〔杭下公（石）行罚决字〔2020〕02119 号〕描述不符，申请人没有触摸第三人胸部，只握住其手臂部位，且没有目击证人证实。

二、视频中因衣物遮盖无法直接证明申请人有违法行为。

三、聊天截图为申请人争取私下调解作出的言论，用意是征求当事人的同意而采取的用词，申请人没有承认违法，并认为此项不可作为证据。

四、案发时并无一人目击，申请人认为被申请人作出的行政处罚决定中"在公共场所""属情节严重"等说法不合理。

综上所述，申请人请求撤销被申请人作出的《行政处罚决定书》〔杭下公（石）行罚决字〔2020〕02119 号〕。

申请人向本机关提交的证据材料有：《行政处罚决定书》〔杭下公（石）行罚决字〔2020〕02119 号〕，该证据为复制件。

被申请人公安下城分局答复称：2020 年 8 月 1 日 17 时许，被申请人下属石桥派出所（以下简称石桥派出所）接第三人报案，称当日凌晨在中大银泰城海底捞吃饭时被一男子猥亵，石桥派出所当日受案。因案情复杂，经负责人批准被申请人于 2020 年 8 月 31 日延长办案期限三十日。经询问申请人、第三人和相关证人以及调取现场监控录像等调查取证工作后，被申请人于 2020 年 9 月 9 日依据《中华人民共和国治安管理处罚法》第四十四条之规定，以猥亵行为对申请人作出行政拘留十日的行政处罚，后投送杭州市拘留所执行。

被申请人认为案件事实清楚，证据确实充分，办案程序合法，适用法律准确。

经核实，2020 年 8 月 1 日凌晨，申请人与第三人在酒吧参加同学聚会，后申请人同第三人等六人前往中大银泰城五楼海底捞火锅店 86 号桌就餐。期间，第三人因醉酒躺卧于餐桌旁长椅上，当日凌晨 3 时许，申请人趁第三人醉酒，以黑色衣服遮掩，将手伸入第三人上衣触摸胸部等身体部位对其实施猥亵，第三人酒醒后遂向被申请人报案。证明上述事实有申请人的陈述和申辩、第三人陈述、证人证言、视听资料、书证等证据。《中华人民共和国治安管理处罚法》第四十四条规定："猥亵他人的，或者在公共场所故意裸露身体，情节恶劣的，处五日以上十日以下拘留；猥亵智力残疾人、精神病人、不满十四周岁的人或者有其他严重情节的，处十日以上十五日以下拘留。"被申请人认为，海底捞火锅店是为不特定人员消费提供服务的公共场所，申请人趁第三人醉酒之际违背其意志，采取衣物遮挡用手触摸第三人胸部等非正常性接触以外的行为对第三人实施猥亵，不仅侵犯了第三人的人格尊严，亦是对社会公德的挑衅，已构成违反治安管理行为，且属于情节严重的情形。据此，被申请人对申请人作出行政拘留十日的行政处罚决定并无不当。申请人在申请行政复议时提出没有猥亵、无证据证明实施猥亵及本案的案发地点不应认定为公共场所等理由。被申请人认为，第三人陈述、证人证言、现场的监控录像、证人提供的相关书证等证据已形成完整的证据链，且明显强于申请人的辩解理由，足以认定申请人对第三人实施猥亵违法行为；此外海底捞火锅店是为不特定人员消费提供服务的场所，案发时尚处于营业期间，应为公共场所。故申请人认为其未猥亵、无证据证明其猥亵及认定情节严重不合理的主张无事实依据和法律依据，应不予支持。

在办理申请人猥亵案件中，被申请人于法定期限内依法履行了受案、调查、延长办案期限、告知、作出决定及送达等法定职责，符合办案程序规定，充分保障申请人的合法权利。

综上所述，案件认定事实清楚，证据确实充分，办案程序合法，适用法律准确，请求复议机关维持被申请人作出的杭下公（石）行罚决字〔2020〕02119 号行政处罚决定。

被申请人同时向本机关提交的证据材料及拟证明的内容有：1. 受案登记表，拟证明受理案件的时间及事实；2. 受案回执，拟证明受案已通知报案人；3. 延长办案期限审批表，拟证明延长办案期限经合法审批；4. 行政传唤审批表及传唤证，拟证明依法传唤的事实和法律依据及申请人到达、离开时间；5. 行政处罚告知笔录，拟证明履行行政处罚前告知程序，听取申请人的陈述和申辩；6. 行政处罚审批表，拟证明行政处罚经合法审批；7.《行政处罚决定书》〔杭下公（石）行罚决字〔2020〕02119 号〕，拟证明行政处罚决定认定事实和依据；8. 送达回执，拟证明行政处罚决定书送达双方当事人；9. 执行回执，拟证明杭州市拘留所执行行政拘留；10. 拘留通知书，拟证明行政拘留通知家属；11. 申请人询问笔录，拟证明申请人对实施猥亵的陈述和申辩及传唤已通知家属情况；12. 第三人询问笔录，拟证明申请人实施猥亵；13. 证人询问笔录，拟证明申请人实施猥亵；14. 第三人辨认笔录，拟证明申请人实施猥亵；15.归案经过，拟证明申请人到案情况；16.保障休息、饮食权利说明，拟证明保障申请人合法权利；17.调取证据审批表、调取证据文书、视听资料关键内容文字说明、监控录像光碟、视频截图，拟证明证据来源合法及申请人实施猥亵；18.接受证据材料清单、微信聊天记录截图，拟证明证据来源合法及申请人实施猥亵；19.接警单、现场照片，拟证明第三人报警及现场情况；20.情况说明，拟证明因疫情防控处罚决定次日送达拘留所执行；21.人员身份资料，拟证明案涉人员身份。以上证据均为复制件。第三人未提出陈述申辩意见。

经审查，本机关查明以下事实：2020年8月1日17时许，石桥派出所收到第三人报案，称其当日凌晨在海底捞火锅店吃饭时被一男子猥亵。受案后查明，2020年8月1日凌晨申请人与第三人在酒吧参加同学聚会后前往中大银泰城海底捞火锅店86号桌就餐。当日凌晨3时许，申请人趁第三人酒后躺在座椅上行动不便之机，用衣服遮盖第三人上半身，将手伸进第三人衣服内以触摸胸部等方式对第三人进行猥亵。2020年9月9日被申请人作出《行政处罚决定书》［杭下公（石）行罚决字〔2020〕02119号］，以实施猥亵行为给予申请人行政拘留十日的行政处罚，并于当日直接送达申请人。申请人对该处罚决定不服，向本机关申请行政复议。

以上事实有受案登记表、受案回执、延长办案期限审批表、行政传唤审批表及传唤证、行政处罚告知笔录、行政处罚审批表、《行政处罚决定书》［杭下公（石）行罚决字〔2020〕02119号］、送达回执、执行回执、拘留通知书、申请人询问笔录、第三人询问笔录、证人询问笔录、第三人辨认笔录、归案经过、保障休息、饮食权利说明、调取证据审批表、调取证据文书、视听资料关键内容文字说明、监控录像光碟、视频截图、接受证据材料清单、微信聊天记录截图、接警单、现场照片、情况说明、人员身份资料等证据予以证明。

本机关认为，根据《中华人民共和国治安管理处罚法》第七条"国务院公安部门负责全国的治安管理工作。县级以上地方各级人民政府公安机关负责本行政区域内的治安管理工作"的规定，被申请人对案件具有管理职责和管辖权。

本案的争议焦点为被申请人作出的《行政处罚决定书》［杭下公（石）行罚决字〔2020〕02119号］是否合法。《中华人民共和国治安管理处罚法》第四十四条规定："猥亵他人的，或者在公共场所故意裸露身体，情节恶劣的，处五日以上十日以下拘留；猥亵智力残疾人、精神病人、不满十四周岁的人或者有其他严重情节的，处十日以上十五日以下拘留。"本案中，申请人趁第三人醉酒行动不便之际，使用衣物遮挡后违背第三人意志用手触摸其胸部等身体部位，已经构成猥亵的违法行为。且本案案发地点海底捞火锅店系对外营业场所，属于公共场所，被申请人认定申请人在公共场所实施猥亵他人的行为属情节严重，认定事实清楚。据此，被申请人对申请人作出行政拘留十日的行政处罚决定并无不当。

在行政程序方面，《中华人民共和国治安管理处罚法》第九十九条规定："公安机关办理治安案件的期限，自受理之日起不得超过三十日；案情重大、复杂的，经上一级公安机关批准，可以延长三十日。"被申请人 2020 年 8 月 1 日接到报警后当日受理案件，因案情复杂，于 2020 年 8 月 31 日延长办案期限三十日，在依法履行传唤、询问、处罚前告知等职责后，于 2020 年 9 月 9 日作出案涉行政处罚决定并于当日直接送达申请人。因此，被申请人作出的行政处罚决定程序合法。

综上，根据《中华人民共和国行政复议法》第二十八条第一款第一项、《中华人民共和国行政复议法实施条例》第四十三条之规定，本机关决定如下：

维持被申请人公安下城分局作出的《行政处罚决定书》［杭下公（石）行罚决字〔2020〕02119 号〕。

如不服本决定，可以自收到行政复议决定书之日起十五日内，依法向杭州市下城区人民法院或杭州市拱墅区人民法院提起行政诉讼。

杭州市下城区人民政府

2020 年 12 月 8 日

『 2023 年版本 』

第四十六条　行政复议期间，被申请人不得自行向申请人和其他有关单位或者个人收集证据；自行收集的证据不作为认定行政行为合法性、适当性的依据。

行政复议期间，申请人或者第三人提出被申请行政复议的行政行为作出时没有提出的理由或者证据的，经行政复议机构同意，被申请人可以补充证据。

『 1999、2009、2017 年版本 』

第二十四条　在行政复议过程中，被申请人不得自行向申请人和其他有关组织或者个人收集证据。

『 条文释义 』

本条规定了禁止被申请人在复议期间收集证据的制度。1999 年版本、2009 年版本和 2017 年版的规定是相同的，2023 年版本完善了相关规定，允许特殊情形下，被申请人补充证据。

行政复议审查的是行政机关当初作出的行政行为是否合法、是否适当，因此，行政机关在作出行政行为时就应当掌握充分的证据，因此，在行政复议期间，被申请人不得自行向申请人和其他有关单位或者个人收集证据。如果被申请人自行收集了证据，复议机关在作出复议决定时，对该证据也不能予以考虑。自行收集的证据不作为认定行政行为合法性、适当性的依据。

由于被申请人搜集的证据针对的是申请人或者第三人在当时提出的理由或者证据，如果申请人或者第三人在行政复议期间提出了被申请行政复议的行政行为作出时没有提出的理由或者证据，此时如果苛求被申请人对新的理由和证据仍有证据予以证明就不够合理的，因此，经行政复议机构同意，被申请人此时可以补充证据，但补充的证据仍仅限于针对申请人或者第三人新提出的理由或者证据，不能借此搜集其他证据。

『 相关规章 』

税务行政复议规则

第五十九条　在行政复议过程中，被申请人不得自行向申请人和其他有关组织或者个人收集证据。

公安机关办理行政复议案件程序规定

第五十六条　在行政复议过程中，被申请人不得自行向申请人和其他组织或者个人收集证据。

有下列情形之一的，经公安行政复议机关准许，被申请人可以补充相关证据：

（一）在作出具体行政行为时已经收集证据，但因不可抗力等正当理由不能提供的；

（二）申请人或者第三人在行政复议过程中，提出了其在公安机关实施具体行政行为过程中没有提出的反驳理由或者证据的。

『 典型案例 』

中华人民共和国最高人民法院

行 政 裁 定 书

（2016）最高法行申 3517 号

再审申请人（一审原告，二审被上诉人）史学超，男，汉族，1959 年 4 月 4 日生，住河南省孟津县。

再审申请人（一审原告，二审被上诉人）田登明，男，汉族，1948 年 11 月

15 日生，住河南省孟津县。

再审申请人（一审原告，二审被上诉人）邢占标，男，汉族，1954 年 9 月 3 日生，住河南省孟津县。

再审申请人（一审原告，二审被上诉人）朱振江，男，汉族，1959 年 9 月 18 日生，住河南省孟津县。

再审申请人（一审原告，二审被上诉人）雷彦卫，男，汉族，1963 年 11 月 3 日生，住河南省孟津县。

再审被申请人（一审被告，二审上诉人）河南省人民政府，住所地河南省郑州市金水东路 22 号。

法定代表人陈润儿，该省人民政府省长。

再审申请人史学超、田登明、邢占标、朱振江和雷彦卫因诉河南省人民政府行政复议一案，不服河南省高级人民法院（2016）豫行终 1188 号行政判决，向本院申请再审。本院依法组成由审判员王晓滨、代理审判员张艳、代理审判员李涛参加的合议庭，对本案进行了审查，现已审查终结。

一、二审法院查明：2012 年 4 月 19 日，河南省人民政府作出豫政土〔2012〕314 号《河南省人民政府关于孟津县 2011 年度第二批城市建设用地的批复》，批准转用并征收城关镇等 4 个农村集体经济组织集体土地 34.3 398 公顷。其中包括上店村耕地 10.8 302 公顷、园地 0.0 026 公顷、林地 0.2 973 公顷、其他农用地 0.8 186 公顷、集体建设用地 7.8 326 公顷、未利用地 0.5027 公顷。史学超等 5 人所使用的土地不在该征地批复范围内。史学超等 5 人不服该征地批复，于 2015 年 4 月 8 日向河南省人民政府申请行政复议，河南省人民政府以史学超等 5 人的房屋和土地不在征地批复范围内，与征地批复没有法律上的利害关系为由，于 2015 年 6 月 8 日作出（2015）184-188 号驳回行政复议申请决定，驳回史学超等人的行政复议申请。史学超、田登明、邢占标、朱振江和雷彦卫对上述批复不服，向法院提起本案诉讼。

河南省郑州市中级人民法院一审认为：河南省人民政府作出的征收土地批复涉及史学超等人所在村组的农村集体经济组织土地。本案被诉行政复议中，河南省人民政府以豫政土（2012）314 号批复批准征收土地范围内，不涉及史学超等人的承包地和宅基地、征地批复与史学超等人没有法律上的利害关系为由，驳回史学超等人的行政复议申请。河南省人民政府依据的证据为孟津县国土资源局、孟津县土地勘测规划队、孟津县城关镇人民政府、孟津县城关镇马步社区居民委员制作的批复征地位置示意图及其调查笔录。《中华人民共和国行政复议法》第四十二条规定，在行政复议过程中，被申请人不得自行向申请人和其他有关组织或者个人收集证据。河南省人民政府驳回史学超等人行政复议申请所依据的证据系其在行政复议过程中自行收集的证据。依据法律规定，河南省人民政府驳回史学超等人行政复议申请的理由不能成立。据此，一审法院依照《中华人民共和国行政诉讼法》第七十条第一项之规定作出（2015）郑行初字第 649 号行政判决：一、撤销河南省人民政府豫政复驳（2015）184-188号行政复议决定；二、河南省人民政府于本判决生效后对史学超等人的申请重新作出处理。河南省人民政府不服，提起上诉。

河南省高级人民法院二审认为：（一）关于河南省人民政府提供证据的合法性问题。《中华人民共和国行政复议法》第二十二条规定："行政复议原则上采取书面审查的办法，但是申请人提出要求或者行政复议机关负责法制工作的机构认为有必要时，可以向有关组织和人员调查情况，听取申请人、被申请人和第三人的意见。"第二十四条规定："在行政复议过程中，被申请人不得自行向申请人和其他有关组织或者个人收集证据。"《最高人民法院关于执行〈中华人民共和国行政诉讼法〉若干问题的解释》第三十条规定："下列证据不能作为认定被诉具体行政行为合法的根据：（一）被告及其诉讼代理人在作出具体行政行为后自行收集的证据；（二）被告严重违反法定程序收集的其他证据。"第三十一条规定："未经法庭质证的证据不能作为人民法院裁判的根据。复议机关在复议过程中收集和补充的证据，不能作为人民法院维持原具体行政行为的根据。"据上，河南省人民政府既是被申请人，也是复议机关，在行政复议过程中可以调查取证。同时，本案争议的事实是被上诉人与豫政土（2012）314号征地批复是否有法律上的利害关系，与征地批复的合法性无关。河南省人民政府提供证据的目的是证明豫政土（2012）314号征地批复与被上诉人没有利害关系，不对被上诉人的权利义务产生实际影响，而非证明该批复的合法性或成为人民法院维持其具体行政行为的根据。该取证行为不在法律和司法解释禁止的范围内。（二）关于河南省人民政府提供证据的证明真实性问题。该院于2016年7月14日到孟津县上店村、马步村现场勘验结果显示，河南省人民政府所提供的孟津县国土资源局、孟津县土地勘测规划队、孟津县城关镇人民政府、孟津县城关镇上店社区制作的批复征地位置示意图及调查笔录可以证明涉案土地不涉及被上诉人的承包地和宅基地，被上诉人与该批复没有法律上的利害关系。（三）被上诉人在诉讼过程中反映的其他问题，可以依法通过其他途径寻求妥善处理。综上，河南省人民政府的驳回行政复议决定正确，法院予以认可。一审适用法律错误，予以纠正。据此，二审法院依照《中华人民共和国行政诉讼法》第八十九条第一款第二项之规定作出（2016）豫行终1188号行政判决：一、撤销郑州市中级人民法院（2015）郑行初字第649号行政判决；二、驳回史学超、田登明、邢占标、朱振江、雷彦卫的诉讼请求。

史学超、田登明、邢占标、朱振江、雷彦卫申请再审称：行政复议过程中，河南省人民政府向第三人进行违法取证，孟津县国土资源局、孟津县城关镇人民政府、孟津县城关镇上店社区提供的位置示意图，不是征地批复所依据的原图，也不是勘测定界图，与实际征地红线图不一致。该证据不是河南省人民政府作出征地批复时已经存在的证据，是复议机关以外的第三人提供的证据，属于《最高人民法院关于执行〈中华人民共和国行政诉讼法〉若干问题的解释》第三十条第一项规定的"被告及其诉讼代理人在作出具体行政行为后自行搜集的证据。"因此，河南省人民政府在二审的上诉理由不应当被河南省高级人民法院认可，河南省高级人民法院以取证目的将行政机关自行搜集证据的行为进行划分，并排除最高人民法院司法解释的适用，属于对最高人民法院司法解释的再解释，超越了河南省高级人民法院的职权范围，属于违法行为，也属于适用法律错误。上述证据真实与否应当和征地红线图进行对比，不能因为当地有利害关系的政府部门临时出具证明、说明、画图、示意图、作证等行为，即判定案件事实。因为这些证据本身即是行政行为形成当初不存在的证据，不具证明效力。故请求本院依法撤销河南省高级人民法院作出〔2016〕豫行终字1188号行政判决；依法撤销河南省人民政府豫政复驳〔2015〕184-188号《驳回行政复议申请决定书》，并判令河南省人民政府重新作出复议决定。

　　本院认为：《最高人民法院关于执行〈中华人民共和国行政诉讼法〉若干问题的解释》第三十条规定："下列证据不能作为认定被诉具体行政行为合法的根据：（一）被告及其诉讼代理人在作出具体行政行为后自行收集的证据；（二）被告严重违反法定程序收集的其他证据。"第三十一条规定："未经法庭质证的证据不能作为人民法院裁判的根据。复议机关在复议过程中收集和补充的证据，不能作为人民法院维持原具体行政行为的根据。"上述两条规定明确了人民法院在审查行政行为合法性时，排除被告在行政行为作出后自行收集的证据和复议机关在复议程序中收集和补充的证据作为认定行政行为合法性的根据，但并未排除不涉及行政行为合法性事项的证据采信。本案中，河南省人民政府在复议程序中收集的证据主要用来证明复议申请人的申请资格问题，与原行政行为的合法性无直接关系，因此，该收集和补充证据行为不违反上述司法解释关于"复议机关在复议过程中收集和补充的证据，不能作为人民法院维持原具体行政行为的根据"之规定，收集的证据可以作为认定复议申请人申请复议资格的合法证据。再审申请人史学超等5人关于河南省人民政府在复议程序中收集的证据不能作为合法证据使用的主张不能成立。此外，河南省人民政府在复议程序中收集的证据后经二审法院现场勘查，与实际情况相符，再审申请人虽然主张该证据真实性存在疑问，但并未提供充分证据推翻二审法院的相关事实认定。

　　综上，史学超、田登明、邢占标、朱振江和雷彦卫的再审申请不符合《中华人民共和国行政诉讼法》第九十一条规定的情形。依照《中华人民共和国行政诉讼法》第一百零一条、《中华人民共和国民事诉讼法》第二百零四条第一款之规定，裁定如下：

　　驳回再审申请人史学超、田登明、邢占标、朱振江和雷彦卫的再审申请。

审判长　王晓滨

代理审判员　张　艳

代理审判员　李　涛

二〇一六年十二月二十一日

书记员　李林涛

『2023 年版本』

第四十七条　行政复议期间，申请人、第三人及其委托代理人可以按照规定查阅、复制被申请人提出的书面答复、作出行政行为的证据、依据和其他有关材料，除涉及国家秘密、商业秘密、个人隐私或者可能危及国家安全、公共安全、社会稳定的情形外，行政复议机构应当同意。

『1999、2009、2017 年版本』

第二十三条　行政复议机关负责法制工作的机构应当自行政复议申请受理之日起七日内，将行政复议申请书副本或者行政复议申请笔录复印件发送被申请人。被申请人应当自收到申请书副本或者申请笔录复印件之日起十日内，提出书面答复，并提交当初作出具体行政行为的证据、依据和其他有关材料。

申请人、第三人可以查阅被申请人提出的书面答复、作出具体行政行为的证据、依据和其他有关材料，除涉及国家秘密、商业秘密或者个人隐私外，行政复议机关不得拒绝。

『条文释义』

本条规定了申请人、第三人及其委托代理人查阅资料的权利。1999 年版本、2009 年版本和 2017 年版的规定是相同的，2023 年版本完善了相关规定。

为全面审查具体行政行为以及确保申请人、第三人可以充分表达其观点、阐述其理由，《行政复议法》规定，行政复议期间，申请人、第三人及其委托代理人可以按照规定查阅、复制被申请人提出的书面答复、作出行政行为的证据、依据和其他有关材料，除涉及国家秘密、商业秘密、个人隐私或者可能危及国家安全、公共安全、社会稳定的情形外，行政复议机构应当同意。需要注意的是，如果仅仅是部分资料涉及保密，行政复议机关应当同意申请人、第三人及其委托代理人查阅、复制不涉密的部分。

『相关法规』

中华人民共和国行政复议法实施条例

第三十五条　行政复议机关应当为申请人、第三人查阅有关材料提供必要条件。

第三十六条　依照行政复议法第十四条的规定申请原级行政复议的案件，由原承办具体行政行为有关事项的部门或者机构提出书面答复，并提交作出具体行政行为的证据、依据和其他有关材料。

『 相关规章 』

税务行政复议规则

第六十一条　申请人和第三人可以查阅被申请人提出的书面答复、作出具体行政行为的证据、依据和其他有关材料，除涉及国家秘密、商业秘密或者个人隐私外，行政复议机关不得拒绝。

自然资源行政复议规定

第二十一条　行政复议机关应当为申请人、第三人及其代理人查阅行政复议案卷材料提供必要的便利条件。

申请人、第三人申请查阅行政复议案卷材料的，应当出示身份证件；代理人申请查阅行政复议案卷材料的，应当出示身份证件及授权委托书。申请人、第三人及其代理人查阅行政复议案卷材料时，行政复议机构工作人员应当在场。

工业和信息化部行政复议实施办法

第十七条　申请人、第三人需要查阅被申请人提交的书面材料的，应当向工业和信息化部法制工作机构提出查阅申请，并提供有效证件。查阅时不得毁损、篡改材料。

住房城乡建设行政复议办法

第四十二条　申请人、第三人在行政复议期间以及行政复议决定作出之日起90日内，可以向行政复议机关申请查阅被申请人提出的书面答复、作出行政行为的证据、依据和其他有关材料，除涉及国家秘密、商业秘密或者个人隐私外，行政复议机关不得拒绝。查阅应当依照下列程序办理：

（一）申请人、第三人应当至少提前5日向行政复议机关预约时间；

（二）查阅时，申请人、第三人应当出示身份证件，行政复议机关工作人员应当在场；

（三）申请人、第三人不得涂改、毁损、拆换、取走、增添查阅材料；未经复议机关同意，不得进行复印、翻拍、翻录。

申请人、第三人通过政府信息公开方式，向县级以上人民政府住房城乡建设部门申请公开被申请人提出的书面答复、作出行政行为的证据、依据和其他有关材料的，县级以上人民政府住房城乡建设部门可以告知申请人、第三人按照前款规定申请查阅。

申请人、第三人以外的其他人，或者申请人、第三人超过规定期限申请查阅被申请人提出的书面答复、作出行政行为的证据、依据和其他有关材料的，行政复议机关可以不予提供查阅。

中华人民共和国海关行政复议办法

第四十四条 海关行政复议机构应当在收到被申请人提交的《行政复议答复书》之日起7日内，将《行政复议答复书》副本发送申请人。

国家知识产权局行政复议规程

第十七条 行政复议机构应当自受理行政复议申请之日起7日内将行政复议申请书副本转交有关部门。该部门应当自收到行政复议申请书副本之日起10日内提出维持、撤销或者变更原具体行政行为的书面答复意见，并提交当时作出具体行政行为的证据、依据和其他有关材料。期满未提出答复意见的，不影响行政复议决定的作出。

复议申请人、第三人可以查阅前款所述书面答复意见以及作出具体行政行为所依据的证据、依据和其他有关材料，但涉及保密内容的除外。

环境行政复议办法

第二十条 申请人、第三人可以查阅被申请人提出的书面答复和有关材料。除涉及国家秘密、商业秘密或者个人隐私外，环境行政复议机关不得拒绝，并且应当为申请人、第三人查阅有关材料提供必要条件。

申请人、第三人不得涂改、毁损、拆换、取走、增添所查阅的材料。

国家发展和改革委员会行政复议实施办法

第二十一条 申请人、第三人及其委托代理人可以向国家发展改革委申请查阅被申请人提出的书面答复、做出具体行政行为的证据、依据和其他有关材料，并依照下列程序办理：

（一）向国家发展改革委法制工作机构提出申请，出示身份证件；

（二）国家发展改革委法制工作机构经过审查认为不涉及国家秘密、商业秘密和个人隐私的，应当允许申请人、第三人及其委托代理人查阅；

（三）申请人、第三人及其委托代理人查阅时，应当有复议机构工作人员在场；

（四）申请人、第三人及其委托代理人不得涂改、毁损、拆换、取走、增添查阅的上述材料；未经复议机构同意，不得进行复印、翻拍、翻录。

公安机关办理行政复议案件程序规定

第五十九条 申请人、第三人及其代理人参加行政复议的，可以查阅被申请人提出的书面答复、作出具体行政行为的证据、依据和其他有关材料，但涉及国家秘密、商业秘密或者个人隐私的除外。

申请人、第三人及其代理人需要查阅被申请人的答复及作出的具体行政行为的证据、依据和其他材料的，应当在行政复议决定作出前向公安行政复议机构提出。

『典型案例』

阳西县人民政府行政复议决定书

西府行复〔2021〕5号

申请人：任某迁，男，汉族，1955年7月26日出生，公民身份号码：44172119550726××××，住广东省阳西县溪头镇英厚村委会溪头村××××。

委托代理人：任某林，女，汉族，1985年9月3日出生，公民身份号码：44172119850903××××，住广东省阳西县溪头镇高潮村委会××××，系申请人任某迁的女儿。

被申请人：阳西县溪头镇人民政府（下称溪头镇政府），住所地：阳西县溪头镇光明路1号。

法定代表人：蔡锦全，镇长。

委托代理人：黄义兵，溪头镇委副书记。

委托代理人：黄宝财，阳西县司法局溪头司法所所长。

第三人：梁某彩，女，汉族，1958年8月4日出生，公民身份号码：44072619580804××××，住广东省阳西县溪头镇英厚村委会溪头村东头巷121号。

申请人任某迁不服被申请人溪头镇政府于2021年2月23日作出的《关于英厚村委会溪头村东头巷地基的土地使用权属争议行政裁决书》（溪府行决字〔2021〕1号，以下称《行政裁决》），申请行政复议。本府予以受理，现已审查终结。

申请人请求：撤销被申请人作出的《行政裁决》，变更裁决阳西县溪头镇英厚村委会溪头村东头巷地基（东至任某汉，南至任某批，西至任某沛，北至任某养）使用权归申请人所有。

申请人称：

一、被申请人作为土地争议权属裁决职能机关，在接受申请人申请后，未能尽责对相关事实进行调查，认定事实不清，导致裁决错误。被申请人在作出裁决时，对2012年之前争议土地的使用情况完全忽略，忽略了申请人曾于20世纪70、80、90年代在争议土地耕种多年等事实，否决了争议双方父亲之间真实存在的换地行为。事实上，申请人与任某铎土地权属争议一事，在申请人向被申请人申请裁决前，曾由被申请人下设的人民调解委员会组织过调解，在调解过程中工作人员曾就争议一事调查过村中知晓情况的人员，多人均证实了争议双方父辈于1971年有真实发生的换地行为及20世纪申请人方一直有在争议土地上耕种农作物的事实，但被申请人的失职行为或不尽责行为，导致了认定相关事实不清，导致裁决错误。

二、被申请人违法否定原阳江县溪头人民公社英厚生产大队土地管理行政职能，直接导致裁决错误。1962年实施的《农村人民公社工作条例》明确规定，生产大队管理本大队范围内各生产队的生产工作和行政工作，这是国家依法赋予生产大队的行政管理职能。原阳江县溪头人民公社英厚生产大队作为行使行政职能的管理机构，在申请人提交的《土地房产所有证》上对申请人父亲与任某铎父亲之间的互换土地内容进行盖章确认，这是依法行使行政管理职能的行为，但被申请人变相违法否定当年原阳江县溪头人民公社英厚生产大队革命委员会的土地管理职能，直接导致裁决错误。即使原阳江县溪头人民公社英厚生产大队没有土地管理职能，其在申请人所提交的《土地房产所有证》上盖章的行为也是对申请人父亲与任某铎父亲之间的换地行为真实发生的见证，申请人认为国家行政机关的公信力毋庸置疑，在"阳江县溪头人民公社英厚生产大队革命委员会"公章真实合法的前提下，应当认定申请人父亲与任某铎父亲于1971年的换地行为是真实存在的。

申请人申请行政复议之后，被申请人溪头镇政府在法定期限内进行了书面答复并举证。

被申请人答复称：

2019年12月17日，申请人任某迁向我府提交书面申请，要求确认争议地的使用权为其合法所有。我府于2019年12月19日对该案作出受理并于当日对申请人和原被申请人任某铎送达了受理通知书、维持争议土地现状通知书，对原被申请人任某铎送达了提交书面答复通知书。期间我府曾多次组织英厚村委会干部、下乡组工作人员以及相关的部门召开联席会议对案情进行研判以及对申请人与任某铎父子之间的尖锐激进的情绪进行稳控与疏导。2020年1月25日，申请人任保迁故意杀害原被申请人任某铎及其儿子任某朗，导致原被申请人任某铎及其儿子任某朗死亡，申请人任某迁于当日被司法机关实施逮捕。申请人与原被申请人之间发生的恶性事件客观上中断了我府相关调处工作的开展，鉴于案件的关联性以及依法维护当事人的诉求权利，经我府征求被害人任某铎的妻子意见后，决定继续对案件进行调查结案。

本案中，申请人以1953年的《土地房产所有证》上增加的内容作为证据，主张申请人的父亲与原被申请人的父亲互换地基的事实，称自己曾于90年代在争议地上实行了耕种。我府认为，任何个人和组织在未经发证单位授权的情况下，私自更改证件内容的行为和结果不受法律保护；原被申请人则持有其父亲名下的1962年《阳江县社员土地房产证》，其中第三栏土地登记内容为争议地的原始登记内容。在调处过程中，我府派员对1971年时任英厚乡大队的干部进行了调查取证，其中除1971年的时任英厚乡大队支部书记张某、大队长梁某、大队干部陈某灿因已故世无法进行调查取证以外，被调查的1971年其他时任干部赖某享、杨兴、邓连香等人，均对申请人的父亲与原被申请人的父亲是否已达成土地交换的事情经过表示毫不知情。双方父亲交换地基的真实情况无法核实。该调查的依据有赖和享、杨兴、邓连香等人的询问笔录。此外，调解笔录中的被调查人任宏练、林水莲与申请人之间存在利害亲属关系，他们的口供笔录内容也仅为听说，并未目睹申请人父亲与原被申请人父亲交换地基的事情经过。从争议地的历史持续管理使用看，现争议地多年来均由原被申请人实际使用，原被申请人也对争议地进行了地面硬底和搭建木棚，申请人声称这是原被申请人租用申请人的，遭到原被申请人否认，申请人没有提供相关证据予以证实。申请人所主张的与争议地交换的土地则为空地，几十年来均一直未被任何一方管理使用。

我府作出裁决的主要依据为原被申请人提供的 1962 年《阳江县社员土地房产证》书面证据和争议地被原被申请人方使用多年的争议地使用现状。其他辅助调查材料有赖和享、杨兴、邓连香等人的询问笔录。

我府根据双方所提供的证据，结合对争议地历史使用的调查取证以及争议地的现状管理情况调查，综合研判分析后作出《行政裁决》，尊重土地历史过程，兼顾土地使用现实，请求依法予以维持。

被申请人向本府提交了以下证据：1 土地使用权属调处申请书；2. 1953 年《土地房产所有证》；3. 法院诉讼文书；4. 土地权属争议受理通知书；5. 维持争议土地现状通知书；6. 提交书面答复通知书；7. 阳西县溪头镇人民政府送达回证；8. 1962 年《阳江县社员土地房产证》；9. 任宏铎书面答复；10. 任宏铎家庭成员关系材料；11. 任保迁家庭成员关系材料；12. 来访登记、联席研判会议材料；13. 梁转彩关于调处当事人死亡的诉求主张征求意见询问笔录；14. 梁转彩身份证复印件；15. 梁转彩提交书面答复材料；16. 对赖和享调查笔录；17. 对邓连香调查笔录；18. 对杨兴调查笔录；19.《行政裁决》。

复议期间，第三人梁转彩未提交书面答辩，也未举证。

本府查明：申请人任保迁与第三人梁转彩争议的地块位于溪头镇英厚村委会溪头村东头巷，东至任宏铎（梁转彩丈夫）向同村村民任允盛购买的地基西围墙为界，南至与任德批房屋相邻的巷道为界，西至与任光舍、任德沛父子地基相邻的巷道为界，北至与任进养、里养婆夫妻房屋相邻的巷道为界，地形为长方形，长约 10.80 米，宽约 5.75 米，面积为 62.1 平方米（玖厘叁毫）。争议范围内搭建有星铁棚。

申请人任保迁持有一份于 1953 年 4 月由原阳江县人民政府颁发给原第十区英厚乡溪头村（现为溪头镇英厚村委会溪头村）居民任华汉、任宏练、谢兰清的《土地房产所有证》（江英字第 303 号）。该证"房产"栏的第三栏（从右边数起）登记为"座落：英厚乡溪头村，种类：地基，间数：壹块，面积：玖厘陆毫，东至任德汉，南至任德批，西至任德沛，北至任进养"。任华汉、谢兰清、任宏练分别是申请人任保迁的父亲、母亲和兄长。

第三人梁转彩持有一份于 1962 年 10 月由原阳江县人民委员会颁发给原溪头公社英厚大队黄杏生产队任华丰户的《阳江县社员土地房产证》。该证第三栏登记为"坐落：溪头村，地名：东头村，类别：地基，数量：壹个，地基面积：捌厘，东至德瑾，南至德批，西至光舍，北至里养婆"。任华丰共育有任宏洛、任宏铎（梁转彩丈夫）二子，任华丰、任宏洛、任宏铎家庭分家时将该证登记的权利分给任宏铎，任华丰、任宏铎已死亡，该证登记的权利由第三人梁转彩继承。

申请人任保迁持有的《土地房产所有证》（江英字第 303 号）、第三人梁转彩持有的《阳江县社员土地房产证》的填证范围内均包含争议地在内。

另查明：申请人任保迁与任宏铎（梁转彩丈夫）因土地使用权发生纠纷，向被申请人溪头镇政府申请调处。被申请人经过调查后，查清争议地的四至范围与申请人持有的《土地房产所有证》（江英字第 303 号）"房产"栏的第三栏（从右边数起）填证范围相符，同时也与第三人持有的《阳江县社员土地房产证》第三栏填证范围相符。被申请人认为申请人持有的《土地房产所有证》（江英字第 303 号）上关于争议地的证明内容是发证后添加的内容，没有发证单位"阳江县人民政府"的变更确认，而第三人持有的《阳江县社员土地房产证》上第三栏明确了关于争议地的土地内容，第三人持有的《阳江县社员土地房产证》在本案中的证明力大于申请人持有的《土地房产所有证》（江英字第 303 号）修改的内容的证明力。申请人主张的 1971 年其父亲任华汉与任宏铎的父亲任华丰交换地基一事也已难以核实。2021 年 2 月 23 日，被申请人作出《行政裁决》，决定驳回申请人对争议土地的确权申请，维护第三人梁转彩对争议土地的使用权。

本府认为：申请人持有《土地房产所有证》（江英字第 303 号），证明 1953 年实行土改时，原阳江县人民政府将争议地分配给任华汉、谢兰清、任宏练所有。但随着国家开展社会主义公有制改造、农村实行公社化之后，一切土地归公有。据此，申请人任保迁不能凭该证主张争议地的权属。申请人任保迁主张 1971 年其父任华汉曾与任宏铎父亲任华丰换回争议地，由于未经县级以上人民政府确认，也缺乏其他证据支持，本府不予认定。第三人梁转彩持有《阳江县社员土地房产证》，证明 1962 年实行"三包四固定"时，原阳江县人民委员会（后为原阳江县人民政府）将争议地的使用权分配给农户任华丰享有。对于这一历史事实，本府予以确认。被申请人调处申请人任保迁与第三人梁转彩的土地权属纠纷，作出《行政裁决》，认定事实清楚，适用法律正确，程序合法，处理适当，应予维持。为保护公民的合法权益，促进依法行政，依照《中华人民共和国行政复议法》第二十八条第一款第（一）项的规定，本府决定：

维持被申请人溪头镇政府作出的《行政裁决》。

申请人、第三人如对本决定不服，可以自收到复议决定书之日起十五日内向阳江市中级人民法院提起行政诉讼。

阳西县人民政府

2021 年 6 月 16 日

第三节　普通程序

『 2023 年版本 』

　　第四十八条　行政复议机构应当自行政复议申请受理之日起七日内，将行政复议申请书副本或者行政复议申请笔录复印件发送被申请人。被申请人应当自收到行政复议申请书副本或者行政复议申请笔录复印件之日起十日内，提出书面答复，并提交作出行政行为的证据、依据和其他有关材料。

『 1999、2009、2017 年版本 』

　　第二十三条　行政复议机关负责法制工作的机构应当自行政复议申请受理之日起七日内，将行政复议申请书副本或者行政复议申请笔录复印件发送被申请人。被申请人应当自收到申请书副本或者申请笔录复印件之日起十日内，提出书面答复，并提交当初作出具体行政行为的证据、依据和其他有关材料。

　　申请人、第三人可以查阅被申请人提出的书面答复、作出具体行政行为的证据、依据和其他有关材料，除涉及国家秘密、商业秘密或者个人隐私外，行政复议机关不得拒绝。

『 条文释义 』

　　本条规定了行政复议被申请人答辩制度。1999 年版本、2009 年版本和 2017 年版的规定是相同的，2023 年版本完善了相关规定。

　　行政复议原则上采取书面审查的办法，因此，行政复议的申请人和被申请人都要充分表达其观点并阐述其理由。行政复议申请书或者行政复议申请笔录是申请人观点的表达，此时还缺少被申请人的观点及证据。因此，行政复议机构应当自行政复议申请受理之日起七日内，将行政复议申请书副本或者行政复议申请笔录复印件发送被申请人，让被申请人知晓是哪一个具体行政行为被提出了异议，申请人的观点和理由是什么、证据和依据是什么。

　　被申请人应当自收到行政复议申请书副本或者行政复议申请笔录复印件之日起十日内，提出书面答复，并提交作出行政行为的证据、依据和其他有关材料。被申请人的答复应当针对申请人在申请书中所提出的观点及其理由进行有针对性的阐述自己的观点和反驳其理由，同时应当提交当初作出行政行为的证据、依据和其他有关材料。

『 相关法规 』

中华人民共和国行政复议法实施条例

第三十六条　依照行政复议法第十四条的规定申请原级行政复议的案件，由原承办具体行政行为有关事项的部门或者机构提出书面答复，并提交作出具体行政行为的证据、依据和其他有关材料。

第三十七条　行政复议期间涉及专门事项需要鉴定的，当事人可以自行委托鉴定机构进行鉴定，也可以申请行政复议机构委托鉴定机构进行鉴定。鉴定费用由当事人承担。鉴定所用时间不计入行政复议审理期限。

『 相关规章 』

税务行政复议规则

第五十四条　行政复议机关应当依法全面审查相关证据。行政复议机关审查行政复议案件，应当以证据证明的案件事实为依据。定案证据应当具有合法性、真实性和关联性。

第五十五条　行政复议机关应当根据案件的具体情况，从以下方面审查证据的合法性：

（一）证据是否符合法定形式。

（二）证据的取得是否符合法律、法规、规章和司法解释的规定。

（三）是否有影响证据效力的其他违法情形。

第五十六条　行政复议机关应当根据案件的具体情况，从以下方面审查证据的真实性：

（一）证据形成的原因。

（二）发现证据时的环境。

（三）证据是否为原件、原物，复制件、复制品与原件、原物是否相符。

（四）提供证据的人或者证人与行政复议参加人是否具有利害关系。

（五）影响证据真实性的其他因素。

第五十七条　行政复议机关应当根据案件的具体情况，从以下方面审查证据的关联性：

（一）证据与待证事实是否具有证明关系。

（二）证据与待证事实的关联程度。

（三）影响证据关联性的其他因素。

第五十八条　下列证据材料不得作为定案依据：

（一）违反法定程序收集的证据材料。

（二）以偷拍、偷录和窃听等手段获取侵害他人合法权益的证据材料。

（三）以利诱、欺诈、胁迫和暴力等不正当手段获取的证据材料。

（四）无正当事由超出举证期限提供的证据材料。

（五）无正当理由拒不提供原件、原物，又无其他证据印证，且对方不予认可的证据的复制件、复制品。

（六）无法辨明真伪的证据材料。

（七）不能正确表达意志的证人提供的证言。

（八）不具备合法性、真实性的其他证据材料。

行政复议机构依据本规则第十一条第（二）项规定的职责所取得的有关材料，不得作为支持被申请人具体行政行为的证据。

第六十条　行政复议机构认为必要时，可以调查取证。

行政复议工作人员向有关组织和人员调查取证时，可以查阅、复制和调取有关文件和资料，向有关人员询问。调查取证时，行政复议工作人员不得少于2人，并应当向当事人和有关人员出示证件。被调查单位和人员应当配合行政复议工作人员的工作，不得拒绝、阻挠。

需要现场勘验的，现场勘验所用时间不计入行政复议审理期限。

第六十一条　申请人和第三人可以查阅被申请人提出的书面答复、作出具体行政行为的证据、依据和其他有关材料，除涉及国家秘密、商业秘密或者个人隐私外，行政复议机关不得拒绝。

第六十二条　行政复议机构应当自受理行政复议申请之日起7日内，将行政复议申请书副本或者行政复议申请笔录复印件发送被申请人。被申请人应当自收到申请书副本或者申请笔录复印件之日起10日内提出书面答复，并提交当初作出具体行政行为的证据、依据和其他有关材料。

对国家税务总局的具体行政行为不服申请行政复议的案件，由原承办具体行政行为的相关机构向行政复议机构提出书面答复，并提交当初作出具体行政行为的证据、依据和其他有关材料。

第六十三条　行政复议机构审理行政复议案件，应当由2名以上行政复议工作人员参加。

国家国际发展合作署行政复议实施办法

第十条　业务部门应当自收到申请书副本之日起十日内提出书面答复，并提交当初作出具体行政行为的证据、依据和其他有关材料。书面答复应当载明以下内容：

（一）作出具体行政行为的事实依据和有关证据材料；

（二）作出具体行政行为所依据的法律、法规、规章和规范性文件的具体条款及其内容；

（三）作出答复的时间、联系人。

在行政复议过程中，业务部门不得自行向申请人和其他有关组织或者个人收集证据。

自然资源行政复议规定

第十六条　行政复议机构应当自受理行政复议申请之日起 7 个工作日内，向被申请人发出答复通知书，并将行政复议申请书副本或者申请笔录复印件一并发送被申请人。

第十七条　行政复议机构认为申请人以外的公民、法人或者其他组织与被复议的行政行为有利害关系的，可以通知其作为第三人参加行政复议。

申请人以外的公民、法人或者其他组织也可以向行政复议机构提出申请，并提交有利害关系的证明材料，经审查同意后作为第三人参加行政复议。

第十八条　自然资源部为被申请人的，由行政行为的承办机构提出书面答复，报分管部领导审定。

地方自然资源主管部门为被申请人的，由行政行为的承办机构提出书面答复，报本部门负责人签发，并加盖本部门印章。

难以确定行政复议答复承办机构的，由本部门行政复议机构确定。承办机构有异议的，由行政复议机构报本部门负责人确定。

行政行为的承办机构应当指定 1 至 2 名代理人参加行政复议。

第十九条　被申请人应当提交行政复议答复书及作出原行政行为的证据、依据和其他有关材料，并对其提交的证据材料分类编号，对证据材料的来源、证明对象和内容作简要说明。涉及国家秘密的，应当作出明确标识。

被申请人未按期提交行政复议答复书及证据材料的，视为原行政行为没有证据、依据，行政复议机关应当作出撤销该行政行为的行政复议决定。

第二十条　被申请人应当自收到答复通知书之日起 10 日内，提交行政复议答复书。

行政复议答复书应当载明下列事项：

（一）被申请人的名称、地址、法定代表人的姓名、职务；

（二）委托代理人的姓名、单位、职务、联系方式；

（三）作出行政行为的事实和有关证据；

（四）作出行政行为所依据的法律、法规、规章和规范性文件的具体条款和内容；

（五）对申请人复议请求的意见和理由；

（六）作出答复的日期。

工业和信息化部行政复议实施办法

第十二条　工业和信息化部法制工作机构应当自受理行政复议申请之日起 7 日内，制作行政复议答复通知书，连同相关行政复议申请材料发送被申请人。

第十三条　被申请人应当自收到行政复议答复通知书之日起 10 日内提出书面答复，提交当初作出具体行政行为的证据、依据及其他有关材料，在行政复议过程中不得自行向申请人和其他有关组织或者个人收集证据。

被申请人的书面答复应当载明下列内容：

（一）被申请人名称、地址、法定代表人姓名；

（二）作出具体行政行为的事实、证据及法律依据，对有关事实的陈述应当注明相应的证据材料；

（三）对申请人的行政复议请求、事实、理由作出全面答复及必要的举证；

（四）提出维持、变更、撤销、驳回或者确认违法的答复意见；

（五）作出答复的时间、联系人，并加盖印章。

被申请人是工业和信息化部的，由承办具体行政行为的有关司局依前款规定负责提出书面答复。

交通运输行政复议规定

第十四条　交通运输行政复议机关设置的法制工作机构应当自行政复议申请受理之日起七日内，将交通运输行政复议申请书副本或者《交通运输行政复议申请笔录》复印件及《交通运输行政复议申请受理通知书》送达被申请人。

被申请人应当自收到前款通知之日起十日内向交通运输行政复议机关提交《交通运输行政复议答复意见书》，并提交作出具体行政行为的证据、依据和其他有关材料。

住房城乡建设行政复议办法

第二十条　行政复议机关应当自行政复议申请受理之日起 7 日内，向被申请人发出答复通知书，并将行政复议申请书副本或者行政复议申请笔录复印件发送被申请人。被申请人应当自收到答复通知书之日起 10 日内，提出书面答复。

第二十一条　被申请人的书面答复应当载明以下内容：

（一）被申请人的基本情况；

（二）作出行政行为的过程和相关情况；

（三）作出行政行为的事实依据和有关证据材料；

（四）对申请人提出的事实和理由进行答辩；

（五）作出行政行为所依据的法律、法规、规章和规范性文件；

（六）作出答复的时间。

第二十四条　在行政复议中，被申请人应当对其作出的行政行为承担举证责任，对其提交的证据材料应当分类编号，对证据材料的来源、证明对象和内容作简要说明。

第四十四条　行政复议案件审查结束后，行政复议机关应当及时将案卷进行整理归档。

中华人民共和国海关行政复议办法

第四十二条　海关行政复议机构应当自受理行政复议申请之日起 7 日内，将行政复议申请书副本或者行政复议申请笔录复印件以及申请人提交的证据、有关材料的副本发送被申请人。

第四十三条　被申请人应当自收到申请书副本或者行政复议申请笔录复印件之

日起 10 日内，向海关行政复议机构提交《行政复议答复书》，并且提交当初作出具体行政行为的证据、依据和其他有关材料。

《行政复议答复书》应当载明下列内容：

（一）被申请人名称、地址、法定代表人姓名及职务；

（二）被申请人作出具体行政行为的事实、证据、理由及法律依据；

（三）对申请人的行政复议申请要求、事实、理由逐条进行答辩和必要的举证；

（四）对有关具体行政行为建议维持、变更、撤销或者确认违法，建议驳回行政复议申请，进行行政复议调解等答复意见；

（五）作出答复的时间。

《行政复议答复书》应当加盖被申请人印章。

被申请人提交的有关证据、依据和其他有关材料应当按照规定装订成卷。

第四十四条　海关行政复议机构应当在收到被申请人提交的《行政复议答复书》之日起 7 日内，将《行政复议答复书》副本发送申请人。

第四十五条　行政复议案件的答复工作由被申请人负责法制工作的机构具体负责。

对海关总署作出的具体行政行为不服向海关总署申请行政复议的，由原承办具体行政行为有关事项的部门或者机构具体负责提出书面答复，并且提交当初作出具体行政行为的证据、依据和其他有关材料。

国家知识产权局行政复议规程

第十七条　行政复议机构应当自受理行政复议申请之日起 7 日内将行政复议申请书副本转交有关部门。该部门应当自收到行政复议申请书副本之日起 10 日内提出维持、撤销或者变更原具体行政行为的书面答复意见，并提交当时作出具体行政行为的证据、依据和其他有关材料。期满未提出答复意见的，不影响行政复议决定的作出。

复议申请人、第三人可以查阅前款所述书面答复意见以及作出具体行政行为所依据的证据、依据和其他有关材料，但涉及保密内容的除外。

中国证券监督管理委员会行政复议办法

第二十一条　行政复议机构应当自受理行政复议申请之日起 7 日内，将行政复议答复通知书、行政复议申请书副本或者行政复议申请笔录复印件以及申请人提交的证据、有关材料的副本发送被申请人或者原承办部门。

第二十二条　被申请人或者原承办部门应当自收到申请书副本或者申请笔录复印件之日起 10 日内，向行政复议机构提交行政复议答复意见书，并同时提交当初作出具体行政行为的全部证据、依据和其他有关材料。

行政复议答复意见书应当载明下列内容：

（一）被申请人当初作出具体行政行为时所认定的事实、证据及适用的法律、行政法规、规章及规范性文件，对有关事实的陈述应当注明相应的证据及证据的来源；

（二）对申请人行政复议申请中陈述的事实和理由逐条进行答辩并进行相应的举证；

（三）对有关具体行政行为建议维持、变更、撤销或者确认违法，建议驳回行政复议申请，进行行政复议调解等结论；

（四）作出书面答复的时间。

被申请人或者原承办部门应当按照行政执法案卷的要求提交单独装订的行政复议答复证据案卷，并明确申请人、第三人可以查阅的案卷材料范围。

人力资源社会保障行政复议办法

第三十二条 行政复议机构应当自行政复议申请受理之日起7日内，将行政复议申请书副本或者行政复议申请笔录复印件发送被申请人。被申请人应当自收到申请书副本或者申请笔录复印件之日起10日内，提交行政复议答复书，并提交当初作出具体行政行为的证据、依据和其他有关材料。

行政复议答复书应当载明下列事项，并加盖被申请人印章：

（一）被申请人的名称、地址、法定代表人的姓名、职务；

（二）作出具体行政行为的事实和有关证据材料；

（三）作出具体行政行为依据的法律、法规、规章和规范性文件的具体条款和内容；

（四）对申请人行政复议请求的意见和理由；

（五）日期。

被申请人应当对其提交的证据材料分类编号，对证据材料的来源、证明对象和内容作简要说明。

因不可抗力或者其他正当理由，被申请人不能在法定期限内提出书面答复、提交当初作出具体行政行为的证据、依据和其他有关材料的，可以向行政复议机关提出延期答复和举证的书面申请。

环境行政复议办法

第十八条 环境行政复议机构应当自受理行政复议申请之日起7个工作日内，制作行政复议答复通知书。行政复议答复通知书、行政复议申请书副本或者口头申请行政复议笔录复印件以及申请人提交的证据、有关材料的副本应一并送达被申请人。

第十九条 被申请人应当自收到行政复议答复通知书之日起10日内提出行政复议答复书，对申请人的复议请求、事实及理由进行答辩，并提交当初作出被申请复议的具体行政行为的证据、依据和其他有关材料。

被申请人无正当理由逾期未提交上述材料的，视为该具体行政行为没有证据、依据，环境行政复议机关应当制作行政复议决定书，依法撤销该具体行政行为。

国家发展和改革委员会行政复议实施办法

第十九条　国家发展改革委法制工作机构自行政复议申请受理之日起 7 日内，将行政复议申请书副本或者行政复议申请笔录复印件发送被申请人。被申请人应当自收到申请书副本或者申请笔录复印件之日起 10 日内提出书面答复，并提交当初做出具体行政行为的证据、依据和其他有关材料。

被申请人的书面答复应当载明以下内容：

（一）被申请人的基本情况（被申请人为国家发展改革委的除外）；

（二）进行答辩的事由，做出具体行政行为的基本过程和情况；

（三）做出具体行政行为的事实依据和有关证据材料；

（四）做出具体行政行为所依据的法律、法规、规章和规范性文件的文号、具体条款和内容；

（五）做出答复的时间。

书面答复应当加盖被申请人的单位公章；被申请人为国家发展改革委的，加盖做出该具体行政行为的机构印章。

第二十条　被申请人不按照《行政复议法》第二十三条和本办法第十九条的规定提出书面答复、提交当初做出具体行政行为的证据、依据和其他有关材料的，视为该具体行政行为没有证据、依据，决定撤销该具体行政行为。

商务部行政复议实施办法

第九条　商务部法制工作机构应当自行政复议申请受理之日起 7 个工作日内，将行政复议申请书副本或者行政复议申请笔录复印件发送被申请人。被申请人应当自收到申请书副本或者申请笔录复印件之日起 10 日内提出书面答复，并提交当初作出具体行政行为的证据、依据和其他有关材料。

被申请人的书面答复应当载明以下内容：

（一）被申请人的基本情况（被申请人为商务部的除外）；

（二）进行答辩的事由，案件的基本过程和情况；

（三）做出具体行政行为的事实依据和有关证据材料；

（四）做出具体行政行为所依据的法律、法规、规章和规范性文件的具体条款和内容；

（五）做出答复的时间。

书面答复应当加盖被申请人单位公章；被申请人为商务部的，加盖作出该具体行政行为的部门的印章。

第十条　被申请人不按照《行政复议法》第二十三条和本办法第十条的规定提出书面答复、提交当初作出具体行政行为的证据、依据和其他有关材料的，视为该具体行政行为没有证据、依据，决定撤消该具体行政行为。

公安机关办理行政复议案件程序规定

第五十五条　被申请人在提交当初作出具体行政行为的证据、依据和其他有关材料的同时，应当以原作出具体行政行为的机关名义提出书面答复，载明下列主要内容：

（一）案件的基本情况；

（二）具体行政行为认定的事实和依据；

（三）对行政复议申请事项的意见；

（四）被申请人的请求。

第五十八条　行政复议期间，申请人、被申请人、第三人对鉴定结论有异议的，可以依法进行重新鉴定。

司法行政机关行政复议应诉工作规定

第十八条　司法行政机关应当在受理之日起 7 日内将行政复议申请书副本或者行政复议申请书笔录复印件发送被申请人。被申请人应当自收到申请书副本或者申请笔录复印件之日起 10 日内，提出书面答复，并提交作出具体行政行为的证据、依据和其他有关材料。被申请人的书面答复应当包括下列内容：

（一）具体行政行为认定的事实和证据；

（二）作出具体行政行为所依据的法律、法规、规章；

（三）作出具体行政行为的程序；

（四）对行政复议申请的答复意见和本机关对行政复议案件的请求。

第十九条　被申请人不按本规定第十八条的规定提出书面答复、提交作出具体行政行为的证据、依据和其他有关材料，视为该具体行政行为没有证据、依据，决定撤销该具体行政行为。

『典型案例』

沈阳市人民政府行政复议决定书

沈政复字〔2023〕11 号

申　请　人：李某某，19××年××月××日出生。

住　　　址：重庆市××区××街道××路××小区。

被　申　请　人：沈阳市社会保险事业服务中心。

住　所　地：沈阳市皇姑区崇山路 103 号。

法定代表人：孙某某。

申请人李某某认为被申请人作出的不予公开政府信息违法，于 2023 年 1 月 17 日向本机关申请行政复议，本机关于 2023 年 1 月 17 日收到。经补正，于

2023 年 1 月 28 日收到申请人提交的补正材料。现已审理终结。

行政复议请求：1. 确认被申请人不公开政府信息违法；2. 责令被申请人向申请人公开 ×× 公司一厂职工裴某某、兰某某、徐某某、王某某退休档案；3. 责令被申请人向申请人公开沈阳航空发动机研究所工业公司一厂职工裴某某、兰某某、徐某某、王某某补交社会保险费用明细情况。

申请人称：申请人公开竞得 ×× 厂对外破产债权，其中有为 ×× 公司一厂垫付的职工裴某某、兰某某、徐某某、王某某退休补交保险费。一厂 2020 年 4 月 9 日出具《情况说明》，载明"一厂职工裴某某、兰某某、徐某某、王某某，退休补交保险垫付费用已由 ×× 厂承担，总计金额 170 801.72 元，制有《一厂职工退休垫付保险费明细表》"。

一厂和 ×× 厂先后因资不抵债被 ×× 区人民法院裁定进入破产清算程序。×× 厂向 ×× 一厂管理人申报债权，一厂管理人在《债权审查结果通知书》记载"确认债权总额 0"的理由是："贵司申报的应按照职工债权处理的部分，管理人将按照职工债权进行公示。贵司申报的普通债权部分，经管理人审查该笔债权事实不清，证据不足，管理人认为该笔债权不成立"。申请人竞得该债权后要求一厂管理人支付该职工债权，一厂管理人竟然否认精密设备厂垫付保险费事实。为弄清楚精密设备厂为一厂职工裴某某、兰某某、徐某某、王某某垫付退休补交保险费事实，维护申请人合法权益，申请人于 2023 年 1 月 4 日通过邮政快递（EMS 单号 1××××××××××××）向被申请人公开前述政府信息。被申请人签收后，于 2023 年 1 月 9 日用电话 024-×××××××× 告诉申请人，称被申请人从来不曾公开过政府信息，这次也不会向申请人公开申请的政府信息。

被申请人的行为违反了《中华人民共和国政府信息公开条例》相关规定，影响了申请人知情权，同时也侵害了申请人通过政府信息实现债权利益。

被申请人称：一、法定职权及依据

社会保险法第八条："社会保险经办机构提供社会保险服务，负责社会保险登记：个人权益记录，社会保险待遇支付等工作。"《社会保险个人权益记录管理办法》（人社部令第 14 号）第三条第一款："社会保险经办机构负责社会保险个人权益记录管理，提供与社会保险个人权益记录相关的服务。被申请人具有社会保险登记个人权益记录的法定职权。"

二、主要事实

2023 年 1 月 6 日，被申请人收到申请人公开政府信息申请书，申请公开 ×× 一厂职工裴某某、兰某某、徐某某、王某某四人的退休档案以及补缴社会保险费用明细情况。

2023 年 1 月 9 日，被申请人工作人员通过电话联系申请人，告知其申请内容不符合政府信息公开条例等相关法律规定，故不予公开。

三、法律依据

1.《政府信息公开条例》（国务院令第 711 号）第十五条：涉及商业秘密、个人隐私等公开会对第三方合法权益造成损害的政府信息，行政机关不得公开。但是，第三方同意公开或者行政机关认为不公开会对公共利益造成重大影响的，予以公开。

2.《社会保险个人权益记录管理办法》（人社部令第 14 号）第二条：本办法所称社会保险个人权益记录，是指以纸质材料和电子数据等载体记录的反映参保人员及其用人单位履行社会保险义务、享受社会保险权益状况的信息，包括下列内容：（一）参保人员及其用人单位社会保险登记信息；（二）参保人员及其用人单位缴纳社会保险费、获得相关补贴的信息；（三）参保人员享受社会保险待遇资格及领取待遇的信息；（四）参保人员缴费年限和个人账户信息；（五）其他反映社会保险个人权益的信息。

第十四条：社会保险经办机构应当向参保人员及其用人单位开放社会保险个人权益记录查询程序，界定可供查询的内容，通过社会保检经办机构网点、自助终端或者电话、网站等方式提供查询服务。

第十八条：有关行政部门、司法机关等因履行工作职责，依法需要查询社会保险个人权益记录的，社会保险经办机构依法按照规定的查询对象和记录项目提供查询。

第十九条：其他申请查询社会保险个人权益记录的单位，应当包括下列内容：（一）申请单位的有效证明文件、单位名称、联系方式；（二）查询目的和法律依据；（三）查询的内容。

第二十三条：建立社会保险个人权益记录保密制度，人力资源社会保障行政部门、社会保险经办机构、信息机构、社会保险服务机构、信息技术服务商及其工作人员对在工作中获知的社会保险个人权益记录承担保密责任，不得违法向他人泄露。

四、综合结论

1.一厂职工裴某某、兰某某、徐某某、王某某的退休档案不由被申请人保管，无法向其公开。

2.参保人员的社会保险缴费信息涉及个人隐私，被申请人负有保密责任，非经法定程序，不得向其公开。

申请人作为自然人，可以查询本人的社会保险参保信息，无权申请向其公开其他参保人员的退休档案及参保情况。故申请人的复议请求无事实与法律依据，被申请人行政行为合法，请求予以维持。

经审理查明：2023 年 1 月 4 日，申请人以邮寄方式（EMS 单号 1××××××××××××）向被申请人提交《政府信息公开申请书》，申请：1.公开 ×× 公司一厂职工裴某某、兰某某、徐某某、王某某退休档案；2.公开信息 ×× 公司一厂职工裴某某、兰某某、徐某某、王某某补交社会保险费用明细情况。被申请人于 2023 年 1 月 6 收到该信息公开申请。

2023 年 1 月 9 日，被申请人工作人员通过电话联系申请人，告知申请人该信息不予公开。

以上查明事实有《政府信息公开申请书》、EMS 快递截图、电话通话记录等证据材料在卷佐证。

本机关认为：《政府信息公开条例》第十条第一款："行政机关制作的政府信息，由制作该政府信息的行政机关负责公开。行政机关从公民、法人和其他组织获取的政府信息，由保存该政府信息的行政机关负责公开；行政机关获取的其他行政机关的政府信息，由制作或者最初获取该政府信息的行政机关负责公开。法律、法规对政府信息公开的权限另有规定的，从其规定。"第五十四条："法律、法规授权的具有管理公共事务职能的组织公开政府信息的活动，适用本条例。"根据上述规定，被申请人具有作出信息公开申请答复的职权。

根据《政府信息公开条例》第三十六条第三项规定："行政机关依据本条例的规定决定不予公开的，告知申请人不予公开并说明理由。"故对于不予公开的政府信息，应履行告知和说明理由的义务。本案中，被申请人以口头方式，而未以书面且加盖公章的形式告知申请人该信息是否应予公开，存在程序瑕疵，应予以纠正。鉴于申请人对该电话告知事实予以认可，本机关对于被申请人已履行告知义务予以采信。现申请人主张被申请人未对其说明不予公开的理由，被申请人也未能对是否履行说明理由义务提供证据予以佐证，不能自证完整履行信息公开答复职责，存在事实不清、证据不足。

根据《中华人民共和国行政复议法》第二十八条第一款第三项第 1 目、第 3 目之规定，本机关决定如下：

责令被申请人在法定期限内书面作出信息公开答复。

如对本决定不服，可以自收到本决定书之日起 15 日内向沈阳市铁路运输法院提起行政诉讼。

沈阳市人民政府

2023 年 3 月 17 日

『 2023 年版本 』

第四十九条　适用普通程序审理的行政复议案件，行政复议机构应当当面或者通过互联网、电话等方式听取当事人的意见，并将听取的意见记录在案。因当事人原因不能听取意见的，可以书面审理。

『 1999、2009、2017 年版本 』

第二十二条　行政复议原则上采取书面审查的办法，但是申请人提出要求或者行政复议机关负责法制工作的机构认为有必要时，可以向有关组织和人员调查情况，听取申请人、被申请人和第三人的意见。

『条文释义』

本条规定了行政复议的审查方式。1999年版本、2009年版本和2017年版的规定是相同的，2023年版本将书面审理从主要方式变为次要、替代方式。

为更好地查明案件事实，行政复议原则上应当采取当面和言词审理的方式，适用普通程序审理的行政复议案件，行政复议机构应当当面或者通过互联网、电话等方式听取当事人的意见，并将听取的意见记录在案。特殊情况下，可以书面审理，因当事人原因不能听取意见的，可以书面审理。只有因当事人的原因才能从当面和言词审理的方式改变为书面审理。当事人的原因，既包括当事人因客观原因无法表达意见，如重病等，也包括当事人拒绝表达意见、拒绝出席行政复议程序等。

『相关法规』

中华人民共和国行政复议法实施条例

第三十二条　行政复议机构审理行政复议案件，应当由2名以上行政复议人员参加。

第三十三条　行政复议机构认为必要时，可以实地调查核实证据；对重大、复杂的案件，申请人提出要求或者行政复议机构认为必要时，可以采取听证的方式审理。

『相关规章』

税务行政复议规则

第六十四条　行政复议原则上采用书面审查的办法，但是申请人提出要求或者行政复议机构认为有必要时，应当听取申请人、被申请人和第三人的意见，并可以向有关组织和人员调查了解情况。

第七十条　行政复议机关应当全面审查被申请人的具体行政行为所依据的事实证据、法律程序、法律依据和设定的权利义务内容的合法性、适当性。

国家国际发展合作署行政复议实施办法

第十二条　对重大、复杂的案件，法制机构可以组织法律顾问、专家进行研究论证；申请人提出要求或者法制机构认为必要时，可以采取听证方式审理。

自然资源行政复议规定

第二十二条　对受理的行政复议案件，行政复议机构可以根据案件审理的需要，征求本行政复议机关相关机构的意见。

相关机构应当按照本机构职责范围，按期对行政复议案件提出明确意见，并说明理由。

第二十三条 行政复议案件以书面审理为主。必要时，行政复议机构可以采取实地调查、审查会、听证会、专家论证等方式审理行政复议案件。

重大、复杂、疑难的行政复议案件，行政复议机构应当提请行政复议委员会审议。

第二十四条 申请人对自然资源主管部门作出的同一行政行为或者内容基本相同的行政行为，提出多个行政复议申请的，行政复议机构可以合并审理。

已经作出过行政复议决定，其他申请人以基本相同的事实和理由，对同一行政行为再次提出行政复议申请的，行政复议机构可以简化审理程序。

水利部行政复议工作暂行规定

第十条 行政复议原则上采取书面审查的办法。

复议工作机构认为有必要时，可以向有关组织和人员调查情况，听取申请人、被申请人和第三人的意见。

对水利部作出的具体行政行为或者制定的规定申请行政复议的，政策法规司应当对具体行政行为或者规定进行审查。涉及有关司局主管业务的，政策法规司应当自行政复议申请受理之日起七日内，将行政复议申请书副本或口头申请书复印件发送有关司局，有关司局应当自收到行政复议申请书副本或口头申请书复印件之日起十日内，提交当初作出具体行政行为的证据、依据和其他有关材料，或者提交制定规定的依据和其他有关材料，并提出书面复议意见。

对流域机构或者省级水行政主管部门作出的具体行政行为申请行政复议的，政策法规司应当对被申请人作出的具体行政行为进行审查。涉及有关司局主管业务的，应会同有关司局共同进行审查。

对流域机构所属管理机构作出的具体行政行为申请行政复议的，流域机构的复议工作机构应当对被申请人作出的具体行政行为进行审查。

工业和信息化部行政复议实施办法

第十五条 行政复议原则上采取书面审查的办法。工业和信息化部法制工作机构在办理行政复议事项过程中可以调取、查阅、复制相关证据材料。

工业和信息化部法制工作机构认为必要的，可以实地调查取证。需要现场勘验或者鉴定的，现场勘验、鉴定所用时间不计入行政复议审理期限。

交通运输行政复议规定

第十三条 交通运输行政复议原则上采取书面审查的办法，但是申请人提出要求或者交通运输行政复议机关设置的法制工作机构认为有必要时，可以向有关组织和个人调查情况，听取申请人、被申请人和第三人的意见。

复议人员调查情况、听取意见，应当制作《交通运输行政复议调查笔录》。

住房城乡建设行政复议办法

第二十三条　两个及两个以上的复议申请人不服县级以上人民政府住房城乡建设主管部门作出的一个行政行为或者基本相同的多个行政行为，向行政复议机关分别提起多件行政复议申请的，行政复议机关可以合并审理。

中华人民共和国海关行政复议办法

第四十六条　海关行政复议案件实行合议制审理。合议人员为不得少于3人的单数。合议人员由海关行政复议机构负责人指定的行政复议人员或者海关行政复议机构聘任或者特邀的其他具有专业知识的人员担任。

被申请人所属人员不得担任合议人员。对海关总署作出的具体行政行为不服向海关总署申请行政复议的，原具体行政行为经办部门的人员不得担任合议人员。

对于事实清楚、案情简单、争议不大的海关行政复议案件，也可以不适用合议制，但是应当由2名以上行政复议人员参加审理。

第四十七条　海关行政复议机构负责人应当指定一名行政复议人员担任主审，具体负责对行政复议案件事实的审查，并且对所认定案件事实的真实性和适用法律的准确性承担主要责任。

合议人员应当根据复议查明的事实，依据有关法律、行政法规和海关规章的规定，提出合议意见，并且对提出的合议意见的正确性负责。

第四十八条　申请人、被申请人或者第三人认为合议人员或者案件审理人员与本案有利害关系或者有其他关系可能影响公正审理行政复议案件的，可以申请合议人员或者案件审理人员回避，同时应当说明理由。

合议人员或者案件审理人员认为自己与本案有利害关系或者有其他关系的，应当主动申请回避。海关行政复议机构负责人也可以指令合议人员或者案件审理人员回避。

行政复议人员的回避由海关行政复议机构负责人决定。海关行政复议机构负责人的回避由海关行政复议机关负责人决定。

第四十九条　海关行政复议机构审理行政复议案件应当向有关组织和人员调查情况，听取申请人、被申请人和第三人的意见；海关行政复议机构认为必要时可以实地调查核实证据；对于事实清楚、案情简单、争议不大的案件，可以采取书面审查的方式进行审理。

第五十条　海关行政复议机构向有关组织和人员调查取证时，可以查阅、复制、调取有关文件和资料，向有关人员进行询问。

调查取证时，行政复议人员不得少于2人，并且应当主动向有关人员出示调查证。被调查单位和人员应当配合行政复议人员的工作，不得拒绝或者阻挠。

调查情况、听取意见应当制作笔录，由被调查人员和行政复议人员共同签字确认。

第五十一条 行政复议期间涉及专门事项需要鉴定的，申请人、第三人可以自行委托鉴定机构进行鉴定，也可以申请行政复议机构委托鉴定机构进行鉴定。鉴定费用由申请人、第三人承担。鉴定所用时间不计入行政复议审理期限。

海关行政复议机构认为必要时也可以委托鉴定机构进行鉴定。

鉴定应当委托国家认可的鉴定机构进行。

第五十二条 需要现场勘验的，现场勘验所用时间不计入行政复议审理期限。

第五十三条 申请人、第三人可以查阅被申请人提出的书面答复、提交的作出具体行政行为的证据、依据和其他有关材料，除涉及国家秘密、商业秘密、海关工作秘密或者个人隐私外，海关行政复议机关不得拒绝，并且应当为申请人、第三人查阅有关材料提供必要条件。

有条件的海关行政复议机关应当设立专门的行政复议接待室或者案卷查阅室，配备相应的监控设备。

国家知识产权局行政复议规程

第十六条 在审理行政复议案件过程中，行政复议机构可以向有关部门和人员调查情况，也可应请求听取复议申请人或者第三人的口头意见。

中国证券监督管理委员会行政复议办法

第二十三条 一般行政复议案件，由行政复议机构负责审查并提出复议意见；重大复杂的行政复议案件，由行政复议机构提请行政复议委员会进行审查，由行政复议委员会提出复议意见。

行政复议机构审查复议案件，必须有 2 名以上行政复议人员共同进行。行政复议委员会通过委员会工作会议审查行政复议案件。行政复议委员会的组成和工作规则另行规定。

第二十四条 案件审理人员或者出席会议的复议委员与本案有利害关系或者有其他关系可能影响公正审理行政复议案件的，应当进行回避。

第二十五条 对于案件事实复杂、申请人与被申请人就同一认定事实提交的证据不一致或者行政复议机构认为必要的，行政复议机构可以依照《行政复议法实施条例》第三十四条的规定向有关组织和人员调查取证。

行政复议机构采用询问方式进行调查取证的，应当制作询问笔录，由被调查单位和人员签字或者盖章确认。

人力资源社会保障行政复议办法

第三十一条 行政复议原则上采取书面审查的办法，但是申请人提出要求或者行政复议机构认为有必要的，可以向有关组织和人员调查情况，听取申请人、被申请人和第三人的意见。

第三十三条　有下列情形之一的，行政复议机构可以实地调查核实证据：

（一）申请人或者被申请人对于案件事实的陈述有争议的；

（二）被申请人提供的证据材料之间相互矛盾的；

（三）第三人提出新的证据材料，足以推翻被申请人认定的事实的；

（四）行政复议机构认为确有必要的其他情形。

调查取证时，行政复议人员不得少于 2 人，并应当向当事人或者有关人员出示证件。

环境行政复议办法

第二十一条　环境行政复议机构审理行政复议案件，应当由 2 名以上行政复议人员参加。

第二十二条　环境行政复议机构认为必要时，可以实地调查核实证据；对重大、复杂的案件，申请人提出要求或者环境行政复议机构认为必要时，可以采取听证的方式审理。

国家发展和改革委员会行政复议实施办法

第二十二条　行政复议原则上采取书面审查的方式，如案情复杂、书面审查无法查明案情的，也可以采取当面听取当事人意见、实地调查、邀请专门机构进行检验、鉴定等方式。

商务部行政复议实施办法

第十一条　行政复议原则上采取书面审查的方式，如案情复杂、书面审查无法查明案情的，也可以采取听取当事人的意见、实地调查，邀请专门机构进行检验、鉴定等方式。

公安机关办理行政复议案件程序规定

第五十三条　行政复议原则上采取书面审查的办法，但是有下列情形之一的，公安行政复议机构可以当面听取申请人、被申请人和第三人的意见：

（一）当事人要求当面听取意见的；

（二）案情复杂，需要当事人当面说明情况的；

（三）涉及行政赔偿的；

（四）其他需要当面听取意见的情形。

当面听取意见，应当保障当事人平等陈述、质证和辩论的权利。

司法行政机关行政复议应诉工作规定

第十七条　司法行政机关行政复议原则上采取书面审查的办法，但是申请人提出要求或者行政复议机关认为有必要时，可以向有关组织和人员调查情况，听取申请人、被申请人和第三人的意见。

『典型案例』

江门市人民政府行政复议决定书

江府行复〔2021〕96 号

申请人：莫某。

申请人：刘某。

被申请人：江门市自然资源局。

地址：江门市蓬江区建业街 33 号。

委托代理人：林达荣，广东东方大卫律师事务所律师。

第三人：冯某等江门市蓬江区某小区某幢之二住宅楼申请加装电梯工程业主。

申请人莫某、刘某不服被申请人于 2021 年 8 月 13 日作出的蓬江建字第 × 号《建设工程规划许可证》，向市人民政府申请行政复议，市人民政府已依法予以受理，现已审查终结。

申请人请求：

撤销被申请人作出的蓬江建字第 × 号《建设工程规划许可证》。

申请人称：

申请人认为被申请人颁发给第三人的《建设工程规划许可证》法律适用错误，程序违法，应予撤销。

一、被申请人作出具体行政行为适用法律错误。被申请人依据《江门市既有住宅楼增设电梯指导意见》（江建〔2017〕263 号）中双三分之二的标准认定业主投票结果及业委会意见合法有效，属于明显的法律适用错误。业主投票结果在 2021 年 1 月 11 日，业主委员会出具意见书在 2021 年 2 月 10 日，业主投票和业委会意见均显示专有部分面积和表决人数未达到民法典规定的四分之三的标准，均属无效。

二、被申请人作出具体行政行为程序违法。被申请人未审查第三人是否取得土地出让合同，是否取得电梯占用土地使用权。增设电梯所占用的土地系将小区内原属公共道路或公共绿化规划用地分宗归第三人单独所有，应当经全体权利人即某小区全体业主一致同意，本案中并未有四分之三的业主同意将公共用地转为电梯占用地，第三人并未依法取得电梯所占土地的使用权。被申请人不审查第三人是否取得土地使用权限即作出行政许可，属于程序违法。第三人并未按照《江门市既有住宅楼增设电梯指导意见》提交授权委托书及加建电梯同意书，但被申请人却依然给第三人颁发了建设工程规划许可证，被申请人的行为实际上是违法减少了行政许可的前置条件，建设工程规划许可证应当无效。

第三人加装电梯将对申请人的合法权益造成损害。主要影响有：1.导致第三人侵占申请人所有的公共用地，申请人的公共用地收益减少；2.加装电梯占用道路，导致道路宽度减小，妨碍通行，产生交通事故安全隐患；3.影响房屋通风、采光、日照，影响车位和行人正常通行使用；4.电梯噪声影响申请人生活；5.电梯施工破坏申请人所有公共绿化。

申请人提交了复议申请书、申请人身份证明及不动产权属证明、《某小区增设电梯占用公共用地等事项业主大会表决结果公告》等资料。

被申请人答复称：

一、答复人批准的江门市蓬江区某小区某幢之二加装电梯的行政许可行为合法有据

根据《中华人民共和国民法典》第二百七十八条："下列事项由业主共同决定：（一）制定和修改业主大会议事规则；（二）制定和修改管理规约；（三）选举业主委员会或者更换业主委员会成员；（四）选聘和解聘物业服务企业或者其他管理人；（五）使用建筑物及其附属设施的维修资金；（六）筹集建筑物及其附属设施的维修资金；（七）改建、重建建筑物及其附属设施；（八）改变共有部分的用途或者利用共有部分从事经营活动；（九）有关共有和共同管理权利的其他重大事项。业主共同决定事项，应当由专有部分面积占比三分之二以上的业主且人数占比三分之二以上的业主参与表决。决定前款第六项至第八项规定的事项，应当经参与表决专有部分面积四分之三以上的业主且参与表决人数四分之三以上的业主同意。决定前款其他事项，应当经参与表决专有部分面积过半数的业主且参与表决人数过半数的业主同意。"和《江门市既有住宅增设电梯指导意见》（江建〔2017〕263号）中"三、实施条件"中的第三项规定："增设电梯应当经该电梯号（幢）房屋专有部分占该梯号（幢）总建筑物面积三分之二以上的业主且占总人数三分之二以上的业主同意。增设电梯拟占用业主专有部分的，还应当征得该专有部分的业主同意。"答复人认为：本案中，某小区某幢之二共有14户业主，其中的12户业主均同意加装电梯，无论是表决人数还是其房屋专有面积占该梯号（幢）建筑面积均符合上述民法典规定的许可条件，且电梯加装方案满足相关技术标准规范和《江门市既有住宅增设电梯指导意见》的相关规定。

二、答复人作出的涉案《中华人民共和国建设工程规划许可证》（蓬江建字第×号）程序正当，依据充分，合法有效

1.为适应社会经济发展，完善既有住宅的使用功能，方便居民生活，国家、省先后出台了相关政策文件支持既有住宅安装电梯，江门市积极响应并于2017年6月28日出台了《关于印发江门市既有住宅增设电梯指导意见的通知》（江建〔2017〕263号）。根据上述指导意见第六条第三款："实施主体向城乡规划部门申请办理建设工程规划许可手续（不需办理规划选址、建设用地规划许可证），城乡规划

主管部门应当依据相关技术标准与规范以及本意见的规定对增设电梯申请进行审查。""对审查合格的……公示期十天。""公示内容包括……增设电梯设计方案。""批前公示结束后……并将协调结果书面提交城乡规划主管部门作为审批的参考依据。"的规定，答复人颁发涉案《建设工程规划许可证》前已按照上述规定履行审查、公示等程序。

2. 依据《广东省城乡规划实施条例》第二十九条："规划许可或者审批机关作出许可或者审批决定前，应当将许可或者审批内容、申请人和利害关系人享有的权利等事项在政府网站、建设项目现场进行公示，公示时间不得少于十日。申请人、利害关系人对许可或者审批事项提出异议的，许可或者审批机关应当及时处理，并回复处理结果。必要时可以采取听证会或者论证会等方式听取各方意见。"的规定，答复人针对某小区增设电梯建设工程规划许可申请事项举行听证会。于2021年6月22日，在蓬江区某小区某幢首层某社区居民委员会二楼会议室召开听证会。通过举行听证会，答复人积极听取各方对申请事项的意见，保障了各方代表的知情、陈述、参与的权利。据此，答复人颁发涉案《建设工程规划许可证》前已按照上述规定履行听证程序。

3. 依据上述指导意见的附件《江门市既有住宅增设电梯办事指南》第一条："所需资料：（1）申请函；（2）申请表；（3）授权委托书；（4）业主代表（代理人）身份证明复印件；（5）加建电梯同意书；（6）不动产登记证或土地证和房产证复印件；（7）报建图纸一式三份；（8）绘制在1：500现状地形图上的总平面图一式两份；（9）电子磁盘报批文件，CAD文件；（10）现状彩色照片。"的规定，答复人对涉案申请《建设工程规划许可证》的材料进行了全面审查。经审查，申请资料充足，手续齐备，符合上述规定，不存在被答复人所述的程序不当，故答复人颁发涉案《建设工程规划许可证》的行政行为程序正当，符合法律规定。

综上，答复人作出的《中华人民共和国建设工程规划许可证》（蓬江建字第×号），证据充分，程序正当、适用法律正确，请复议机关依法驳回被答复人的复议请求。

第三人称：

一、某小区加装电梯一事依法由在2020年12月16日召开的某小区业主大会依照当时的物权法相关规定表决通过。某小区业主委员会召开业主大会组织全体业主对X栋楼按小区整体规划增设电梯进行投票表决，业主大会召开时间为2021年12月16日，全体业主投票时间为2020年12月31日—2021年1月9日，投票结果公告时间为2021年1月11日，业主委员会出具书面意见时间为2021年2月10日，投票结果显示共864户，593户同意，36户反对，同意户数占总业主户数的68.63%。面积共101 967.04平方米，同意面积69 979.51平方米，同意面积占总面积68.63%，符合法律法规和相关指导意见的要求。

二、江门市自然资源局依据第三人等提交的申请以及相关资料，依法履行相关手续在履行相关程序后才依法作出蓬江建字第X号《建设工程规划许可证》。市自然资源局于2021年6月22日组织召开了某小区增设电梯建设工程规划许可听证会，充分听取了小区同意增设电梯方代表、反对增设电梯方代表以及相关职能部门的意见后，在2021年7月14日发布《关于某小区增设电梯建设工程规划许可的批前公告》，并对符合申报条件的某小区住宅楼增设电梯建设工程规划许可予以核准，其行政许可行为合法、合规、有序。

本府查明：

一、涉案增设电梯住宅楼名称江门市蓬江区某小区某幢之二，楼高8层，该住宅楼土地用途为商住综合用地，二至八层为居民住宅且为一梯两户布局，涉及住宅增设电梯的总户数14户。申请人系江门市蓬江区某小区某幢之二×室业主。第三人冯某等某小区某幢之二住宅楼业主是蓬江建字第×号《建设工程规划许可证》核定的建设单位（个人）。

二、2020年12月16日，江门市蓬江区某小区业主委员会发布《关于召开某小区增设电梯占用公共用地等事项业主大会的公告》，公布了包含某小区某幢之二在内的×栋住宅楼加装电梯需要占用公共用地及小区整体规划方案和投票计票方式及时间。2020年12月18日，某小区业主委员会通过公告方式明确变更投票时间为2020年12月31日，开票验票点票时间为2021年1月9日。2021年1月11日，某小区业主委员会会发布《某小区增设电梯占用公共用地等事项业主大会表决结果公告》明确记载"×栋楼按小区整体规划图所示增设电梯，得票数、得票率分别为593票、68.63%，得投票权数（面积、平方米）分别为69 979.51、68.63%"。2021年1月5日，第三人冯某等江门市蓬江区某小区某幢之二住宅楼业主委托赵某向江门市蓬江区自然资源局申请涉案住宅楼增设电梯工程的建筑设计方案审查，同时提交了申请函、业主代理人身份证、授权委托书、建设工程规划业务申请表、某小区业主委员会出具的加装电梯意见书、房地产权证复印件等资料。江门市蓬江区某小区某幢之二住宅楼居民总户数为14户，其中同意增设电梯的有12户，反对增设电梯的有1户，同意加装电梯的业主包括201、301、302、401、501、502、601、602、701、702、801、802室业主。

三、2021年2月10日，江门市某小区业主委员会出具《加装电梯意见书》明确载明"根据《某小区增设电梯占用公共用地等事项》的业主大会表决结果，该幢楼增设电梯所占用的公共用地得到既有住宅建筑总面积三分之二以上的业主且占总人数三分之二以上的业主的同意。某小区增设电梯须按照本小区规划图所示的全部内容进行建设"。

四、2021年2月26日，江门市自然资源局公布江自然资（蓬江）函〔2021〕×号《规划公示书》明确记载"根据收到的申请材料，拟建电梯设计方案已征得201、301、302、401、501、601、602、701、702、801、802业主书面同意意见。本局已按程序对该电梯加装方案（详见附图）进行审查，该电梯加装方案符合规划要求。按照《广东省城乡规划条例》第二十九条的有关规定，现将该事项进行公示。凡与以上申请项目之间有重大利益关系的，可在公示之日起十个自然日内向本局提出书面申述，逾期未提出的，视为放弃上述权利"。

五、2021年3月20日，申请人莫某向江门市蓬江区自然资源局提交《申诉信》，以某小区某幢之二加装电梯没有充分协商，令到邻里关系不和谐；破坏原楼宇结构，留下房屋安全隐患；占用公共用地，破坏原有小区布局；侵害其他业主权益，占用公共资源为由，提出反对意见。

六、2021年4月12日，被申请人分别向涉案电梯加装项目相关利害申诉方及第三人冯丽琴等业主制作江自然资（蓬江）函〔2021〕×号、×号《关于江门市蓬江区某小区某幢-2住宅楼加装电梯的复函》、《关于江门市蓬江区某小区某幢-2住宅楼加装电梯公示反对意见的复函》，告知在该幢加装电梯方案公示期间收到相关利害关系人书面反对意见，根据《江门市既有住宅增设电梯指导指导意见》要求，已发函环市街道办（社区居委会）介入调解，并提交协调结果书后再续办。

七、2021年5月25日，江门市蓬江区自然资源局制作《关于举行某小区某幢增设电梯建设工程规划许可听证会邀请函》，邀请江门市自然资源局、环市街道办事处、某小区居委会及广东东方大卫律师事务所等职能部门和机构以及业主代表、市（区）两级人大代表等参加上述听证会。2021年6月22日上午，涉案听证会在蓬江区某社区居民委员会召开。听证会听取了审查经办科室对加装电梯项目工作情况，申请加装电梯方和反对增设电梯方代表分别发表了意见，业委会代表、相关职能单位代表、人大代表、律师代表对双方关切的问题进行解答、释疑和说明。

八、2021年6月28日，江门市蓬江区环市街某社区居委会向江门市蓬江区自然资源局制作《关于某小区某幢之二加装电梯协调的回复》，明确该居委会已经组织申请增设电梯方和反对增设电梯方进行调解，但双方未达成共识。

九、2021年7月1日，第三人委托赵某再次向被申请人申请涉案住宅楼增设电梯工程的建筑设计方案审查，同时提交了申请函、授权委托书、建设工程规划业务申请表、同意加装电梯业主签名表、情况说明等资料。经被申请人审核，明确江门市蓬江区某小区某幢之二住宅楼居民总户数为14户，其中12户业主均同意加装电梯，无论是表决人数还是其房屋专有面积占该梯号（幢）建筑面积均符合民法典规定的许可条件。

十、2021年8月13日，被申请人向江门市蓬江区某小区某幢之二的业主莫某发出《关于核准江门市蓬江区某小区某幢之二住宅楼加装电梯设计方案的复函》〔江自然资（蓬江）函〔2021〕×号〕，明确告知其由于某小区某幢之二加装电梯方案满足相关技术标准规范以及《江门市既有住宅增设电梯指导意见》的相关规定，决定核准某小区某幢之二住宅楼加装电梯方案。同日，江门市自然资源局核准颁发蓬江建字第X号《建设工程规划许可证》载明：建设单位（个人）为江门市蓬江区某小区某幢之二冯某等业主，建设项目名称为江门市蓬江区某小区某幢之二电梯加建工程，建设位置为江门市蓬江区某小区某幢之二，建设规模为陆拾陆点叁（66.3）平方米。

2021年9月9日（9月27日收到补正材料），申请人不服蓬江建字第X号《建设工程规划许可证》，向本府申请行政复议。

本府认为：

一、被申请人具有颁发涉案建设工程规划许可证的法定职责。根据《中华人民共和国城乡规划法》第四十条第一款规定："在城市、镇规划区内进行建筑物、构筑物、道路、管线和其他工程建设的，建设单位或者个人应当向城市、县人民政府城乡规划主管部门或者省、自治区、直辖市人民政府确定的镇人民政府申请办理建设工程规划许可证。"另外，江门市人民政府关于印发《江门市人民政府赋予各市（区）人民政府行使市级经济管理相关的行政审批和管理职权目录（2020年版）》的通知（江府〔2020〕23号）明确在目录清单第57项中，被申请人通过委托授权方式，委托江门市蓬江区自然资源局行使"建设工程规划许可证核发"职权，并依法承担江门市蓬江区自然资源局行使该职权产生的法律责任。被申请人作为本市城乡规划主管部门，负有向所属辖区内城市、镇规划区内进行建筑物、构筑物、道路、管线和其他工程建设的建设单位或者个人办理建设工程规划许可证的法定职责。

二、被申请人颁发涉案建设工程规划许可证符合相关事实和法律规定。根据《中华人民共和国民法典》第二百七十八条："下列事项由业主共同决定：（一）制定和修改业主大会议事规则；（二）制定和修改管理规约；（三）选举业主委员会或者更换业主委员会成员；（四）选聘和解聘物业服务企业或者其他管理人；（五）使用建筑物及其附属设施的维修资金；（六）筹集建筑物及其附属设施的维修资金；（七）改建、重建建筑物及其附属设施；（八）改变共有部分的用途或者利用共有部分从事经营活动；（九）有关共有和共同管理权利的其他重大事项。业主共同决定事项，应当由专有部分面积占比三分之二以上的业主且人数占比三分之二以上的业主参与表决。决定前款第六项至第八项规定的事项，应当经参与表决专有部分面积四分之三以上的业主且参与表决人数四分之三以上的业主同意。决定前款其他事项，应当经参与表决专有部分面积过半数的业主且参与表决人数过半数的业主同意。"和《江门市既有住宅增设电梯指导意见》（江建〔2017〕263号）中"三、实施条件"中的第三项规定："增设电梯应当经该电梯号（幢）房屋专有部分占该梯号（幢）总建筑物面积三分之二以上的业主且占总人数三分之二以上的业主同意。增设电梯拟占用业主专有部分的，还应当征得该专有部分的业主同意。""三、实施条件"中的第二项规定："增设电梯应当满足有关城市规划、建筑、结构和消防等规范、标准的要求。"第三项规定："增设电梯应当经该电梯号（幢）房屋专有部分占该梯号（幢）总建筑物面积三分之二以上的业主且占总人数三分之二以上的业主同意。增设电梯拟占用业主专有部分的，还应当征得该专有部分的业主同意。"和"六、组织实施"中第三项规定："办理规划审批手续。实施主体向城乡规划部门申请办理建设工程规划许可手续（不需办理规划选址、建设用地规划许可证），城乡规划主管部门应当依据相关技术标准与规范以及本意见的规定对增设电梯申请进行审查。"以及附件《江门市既有住宅增设电梯办事指南》"一、规划许可申请"规定："受理部门：城乡规划主管部门；所需资料：1.申请函（说明申请办理事项的基本情况、办理原因、基本要求和其他需要特别说明的事项；以业主为主体申请的，需有参与申请的业主签名；以单位为主体申请的，需盖申请单位公章）；2.申请表（以业主为主体申请的，立案申请表需有业主代表签名；以单位为主体申请的，需盖申请单位公章）；3.授权委托书（明确代理权限，众业主签名委托其中一至三名业主代表前来办理，需经专有部分占建筑物总面积2/3以上且占总人数2/3以上的业主办理委托手续）；4.业主代表（代理人）身份证明复印件（有委托代理时应当提供本项，并提供原件进行核对）；5.加建电梯同意书（专有部分占拟加建电梯建筑物总面积三分之二以上且占总人数三分之二以上业主同意的公证书，如加建电梯位于住宅小区内的，还须提供小区业委会同意意见书）；6.不动产登记证或土地证和房产证复印件（同意增设电梯业主的完整权属证明文件，包含附图、附件，如有共有权属人应一并提供）；7.报建图纸一式三份（设计单位盖章，图纸户型与房产证户型要一致，图纸须清晰区分建筑物原有部分和扩建部分）；8.绘制在1∶500现状地形图上的总平面图一式两份（设计单位盖章，图纸须清晰区分建筑物原有部分和扩建部分）；9.电子磁盘报批文件，CAD文件；10.现状彩色照片，显示或标有拍照日期的多角度现场照片（彩色）。"本案中，第三人在申请办理涉案《建设工程规划许可证》的过程中，已取得涉案住宅楼业主12户全部有效书面同意意见，符合经专有部分占建筑物总面积3/4以上的业主且占总人数3/4以上的业主同意的规定，并按《江门市既有住宅增设电梯指导意见》及其附件《江门市既有住宅增设电梯办事指南》的规定向被申请人提交了相关资料，其提交的申请资料符合法定的许可条件，被申请人经现场踏勘并审查后作出行政许可，颁发涉案《建设工程规划许可证》，实体上并无不当。

三、被申请人颁发涉案《建设工程规划许可证》程序合法。根据《江门市既有住宅增设电梯指导意见》"六、组织实施"规定："（一）方案设计。（二）征求意见。（三）办理规划审批手续。……批前公示结束后，无利害关系人反对的，城乡规划主管部门依法核发建设工程规划许可证；若利害关系人在公示期间提出反对意见，由实施主体与利害关系人协商或申请所在街道办（社区居委会）协调解决，并将协调结果书面提交城乡规划主管部门作为审批的参考依据……"本案属于未预留电梯井的个案，第三人向被申请人申请办理涉案《建设工程规划许可证》，并已按《江门市既有住宅增设电梯指导意见》的规定提交了相关资料，被申请人对第三人提交的建筑设计方案进行审查并作出相关复函后，已进行批前公示。在公示期间，对申请人及其他相关利害关系人提出的异议也予以充分考量，要求街道居委会介入调解，专门组织召开听证会，多方听取意见，统筹推进该小区电梯加装项目有序推进。被申请人在批前公示、现场踏勘的基础上，经审查后颁发涉案《建设工程规划许可证》，并进行批后公告，程序上符合上述规定。

四、申请人复议申请中提出的相关主张缺乏事实和法律依据，本府不予支持。

（一）关于被申请人作出涉案加装电梯规划行政许可的法律适用问题。在《中华人民共和国民法典》实施之前，老旧小区加装电梯，满足《中华人民共和国物权法》"双三分之二"的规定，即可对加装电梯工程予以报建和推进实施。《中华人民共和国物权法》第七十六条规定，改建、重建建筑物及其附属设施，应当经专有部分占建筑物总面积三分之二以上的业主且占总人数三分之二以上的业主同意。《中华人民共和国民法典》实施后，根据其第二百七十八条规定，改建、重建建筑物及其附属设施，应当由专有部分面积占比三分之二以上的业主且人数占比三分之二以上的业主参与表决，应当经参与表决专有部分面积四分之三以上的业主且参与表决人数四分之三以上的业主同意。由此可以看出，法律对既有住宅加装电梯的业主表决同意门槛有所降低。电梯加装工程属于民法典第二百七十八条第七项"改建、重建建筑物及其附属设施；"事项，建筑物及其附属设施的改建重建，涉及建筑物区分所有权的行使，所加装电梯所需的出资、使用、管理和维护也由申请加装电梯的业主共同承担，依法应由专有部分面积占比三分之二以上的业主且人数占比三分之二以上的业主参与表决，应当经参与表决专有部分面积四分之三以上的业主且参与表决人数四分之三以上的业主同意。结合本案，涉案电梯加装事项应由某小区专有部分即3幢之二全体业主共同决定，某小区某幢之二共有业主14户，其中参与表决14户，表决同意加装电梯业主12户，提出书面反对意见业主1户，不参与电梯加装1户。可见，该专属电梯业主参与表决比例约为100%，参与表决同意加装电梯业主比例为85.71%，均远超过专有部分面积占比三分之二以上的业主且人数占比三分之二以上，以及经参与表决专有部分面积四分之三以上的业主且参与表决人数四分之三以上的业主同意，无论是表决人数还是其房屋专有面积占该梯号（幢）建筑面积均符合上述民法典规定的许可条件。被申请人依据民法典等相关规定作出涉案建设工程规划行政许可决定符合相关规定，申请人提出某小区某幢之二加装电梯工程需要全体业主共同投票决定等主张均属于对法律理解错误。

（二）关于申请人提出的被申请人减少涉案加装电梯规划行政许可前置条件，未依法履行审核第三人是否取得电梯占用土地使用权的职责问题。国家、省先后出台了相关政策文件支持既有住宅安装电梯，《关于印发江门市既有住宅增设电梯指导意见的通知》（江建〔2017〕263号）第六条第三款规定："实施主体向城乡规划部门申请办理建设工程规划许可手续（不需办理规划选址、建设用地规划许可证），城乡规划主管部门应当依据相关技术标准与规范以及本意见的规定对增设电梯申请进行审查。""对审查合格的……公示期十天。""公示内容包括……增设电梯设计方案。""批前公示结束后……并将协调结果书面提交城乡规划主管部门作为审批的参考依据。"第三人等业主向被申请人申请办理涉案《建设工程规划许可证》，已按《关于印发江门市既有住宅增设电梯指导意见的通知》的规定提交了相关资料，被申请人对第三人等业主提交的建筑设计方案进行审查并作出相关书面复函后，已进行批前公示，批前公示结束后，第三人等业主在规定时间内向被申请人申领建设工程规划许可证，被申请人受理并进行现场踏勘后，依法颁发许可证，并进行批后公布。因此，被申请人在批前公示、现场踏勘等基础上，经审查后依法作出行政许可，颁发涉案《建设工程规划许可证》，已按照上述规定履行审查、公示等相关法定职责。另外，依据《广东省城乡规划实施条例》第二十九条规定："规划许可或者审批机关作出许可或者审批决定前，应当将许可或者审批内容、申请人和利害关系人享有的权利等事项在政府网站、建设项目现场进行公示，公示时间不得少于十日。申请人、利害关系人对许可或者审批事项提出异议的，许可或者审批机关应当及时处理，并回复处理结果。必要时可以采取听证会或者论证会等方式听取各方意见。"被申请人针对某小区增设电梯建设工程规划许可申请事项已于2021年6月22日在蓬江区某小区某幢首层某社区居民委员会二楼会议室召开听证会，积极听取各方对申请事项的意见，保障了各方代表的知情、陈述、参与的权利。据此，被申请人颁发涉案《建设工程规划许可证》前已按照上述相关规定履行法定职责，不存在减少法定前置许可条件的违法情形。

（三）关于申请人提出的加装电梯影响其采光、日照、通行等问题。根据《江门市既有住宅增设电梯指导意见》"三、实施条件"中第四项规定："增设电梯影响相邻业主通风、采光、日照、通行等权益的，申请人应与受影响的相邻业主协商达成一致，并取得协商后的书面同意意见书。1.影响通风、采光的情形：梯井（或连廊）位于业主专有部分外墙窗户的正南北（或正东西）投影方向，且与卧室、起居室（厅）窗户的净距小于4米，或与厨房、卫生间窗户的净距小于2米，或与其它用房窗户的净距小于1.5米。2.影响日照的情形：因受到拟加装电梯的影响，业主住宅的日照标准不满足《城市居住区规划设计规范》相应条文的。"第三人申请加装电梯是由广东某建筑设计院有限公司勘察设计，该公司业务范围属建筑行业（建筑）专业甲级（资质证证书编号A1440X，有效期至2023年10月11日）。设计方案中显示拟加装电梯井占地约5.12平方米，建筑高度为25.12米，建筑层数为8层，位于住宅楼北侧，距离住宅楼首层出入口为2.1米。涉案加装电梯工程系由具有相关资质的设计单位设计，设计单位承诺报核准的设计方案系依据国家、省、市有关技术标准和规范制作，没有证据证明违反上述相关设计技术规范，且拟加装电梯所处位置预留了道路通行路口，电梯高度适当，电梯为廊桥式清玻璃预制钢结构。经本府现场查看，某小区已有2栋住宅楼已经完成电梯加装并投入使用，未见电梯影响住宅楼通风、采光、通行等危害，故申请人提出上述理由不能成立。

总之，加装电梯是事关群众切身利益和经济社会发展大局的民生工程，是改善城市老旧小区人居环境和应对人口老龄化的重要举措，不动产的相邻权利人应当按照有利生产、方便生活、团结互助、公平合理的原则，正确处理相邻关系，对相邻业主包括第三人申请加装电梯也应按照民法典关于调整民事法律关系应遵循自愿、公平、诚信的原则。此外，常见的相邻权纠纷包括宅基地使用、用水、排水、采光等，而加装电梯不同于一般的相邻权纠纷，加装电梯解决的是通行问题，要充分尊重业主的民主自治权利，从社会治理、社会价值角度来说，支持老旧小区自主加装电梯，发挥楼栋的最大便利，符合公序良俗的要求。申请人如因涉案增设电梯侵犯其所有权和相邻权等民事权益而提出补偿等要求的，应由业主之间协商解决，协商不成的，可以通过相关调解组织调解或依法通过民事诉讼途径解决。

综上所述，被申请人颁发的蓬江建字第×号《建设工程规划许可证》认定事实清楚，证据确凿，依据正确，程序合法，内容适当，依法应予维持。申请人请求撤销涉案《建设工程规划许可证》的行政复议理由均不成立，本府依法对其复议请求不予支持。

本府决定：

根据《中华人民共和国行政复议法》第二十八条第一款第一项的规定，维持被申请人于 2021 年 8 月 13 日颁发的蓬江建字第 X 号《建设工程规划许可证》。

申请人、第三人如不服本府复议决定，可在收到本《行政复议决定书》之日起 15 日内向有管辖权的人民法院起诉。

2021 年 11 月 8 日

『 2023 年版本 』

第五十条　审理重大、疑难、复杂的行政复议案件，行政复议机构应当组织听证。

行政复议机构认为有必要听证，或者申请人请求听证的，行政复议机构可以组织听证。

听证由一名行政复议人员任主持人，两名以上行政复议人员任听证员，一名记录员制作听证笔录。

『 条文释义 』

本条规定了行政复议听证制度。1999 年版本、2009 年版本和 2017 年版没有该规定，2023 年版本新增加了该项规定。

审理重大、疑难、复杂的行政复议案件，行政复议机构应当组织听证。重大、疑难、复杂的行政复议案件包括金额巨大、涉及法律法规未明确规定的事项、社会关注度高、涉及申请人人数众多等。

行政复议机构认为有必要听证，或者申请人请求听证的，行政复议机构可以组织听证。非重大、疑难、复杂的行政复议案件，也可以举行听证，通过听证更加全面的了解申请人的诉求、理由和依据。

听证由一名行政复议人员任主持人，两名以上行政复议人员任听证员，一名记录员制作听证笔录。行政复议机关举行听证，至少要安排四位工作人员参加：一位主持、两位听证、一位记录。听证的过程可以录音录像。

『 相关法规 』

中华人民共和国行政复议法实施条例

第三十三条　行政复议机构认为必要时，可以实地调查核实证据；对重大、复杂的案件，申请人提出要求或者行政复议机构认为必要时，可以采取听证的方式审理。

『 相关规章 』

税务行政复议规则

第六十五条 对重大、复杂的案件，申请人提出要求或者行政复议机构认为必要时，可以采取听证的方式审理。

第六十七条 听证应当公开举行，但是涉及国家秘密、商业秘密或者个人隐私的除外。

第六十八条 行政复议听证人员不得少于 2 人，听证主持人由行政复议机构指定。

第六十九条 听证应当制作笔录。申请人、被申请人和第三人应当确认听证笔录内容。

行政复议听证笔录应当附卷，作为行政复议机构审理案件的依据之一。

工业和信息化部行政复议实施办法

第十六条 对重大、复杂的案件，工业和信息化部法制工作机构可以组织法律顾问、专家进行研究论证；申请人提出要求或者工业和信息化部法制工作机构认为必要时，可以采取听证的方式审理。听证按照下列程序进行：

（一）工业和信息化部法制工作机构应当将听证的时间、地点、具体要求等事项提前 5 日通知有关当事人；

（二）行政复议听证人员为不少于 3 人的单数，由工业和信息化部法制工作机构确定，并指定其中 1 人为听证主持人；

（三）举行听证时，被申请人应当提供书面答复及相关证据、依据等材料，证明其具体行政行为的合法性、合理性，申请人、第三人可以提出证据进行申辩和质证；

（四）听证应当制作笔录，听证笔录应当交听证参加人确认无误后签字或者盖章。

住房城乡建设行政复议办法

第二十二条 行政复议案件原则上采取书面审查的办法。行政复议机关认为必要，或者申请人提出听证要求经行政复议机关同意的，可以采取听证的方式审查。听证所需时间不计入行政复议审理期限。

行政复议机关决定举行听证的，应当于举行听证 5 日前将举行听证的时间、地点、具体要求等事项，通知申请人、被申请人和第三人。申请人超过 5 人的，应当推选 1 至 5 名代表参加听证。申请人无正当理由不参加听证或者未经许可中途退出听证的，视为自动放弃听证权利，听证程序终止；第三人不参加听证的，不影响听证的举行；被申请人必须参加听证。

行政复议机关认为必要的，可以实地调查核实。被调查单位和人员应当予以配合，不得拒绝或者阻挠。

中华人民共和国海关行政复议办法

第五十六条　有下列情形之一的,海关行政复议机构可以采取听证的方式审理:

(一)申请人提出听证要求的;

(二)申请人、被申请人对事实争议较大的;

(三)申请人对具体行政行为适用依据有异议的;

(四)案件重大、复杂或者争议的标的价值较大的;

(五)海关行政复议机构认为有必要听证的其他情形。

第六十条　行政复议听证人员为不得少于3人的单数,由海关行政复议机构负责人确定,并且指定其中一人为听证主持人。听证可以另指定专人为记录员。

第六十一条　行政复议听证应当按照以下程序进行:

(一)由主持人宣布听证开始、核对听证参加人身份、告知听证参加人的权利和义务;

(二)询问听证参加人是否申请听证人员以及记录员回避,申请回避的,按照本办法第四十八条的规定办理;

(三)申请人宣读复议申请并且阐述主要理由;

(四)被申请人针对行政复议申请进行答辩,就作出原具体行政行为依据的事实、理由和法律依据进行阐述,并且进行举证;

(五)第三人可以阐述意见;

(六)申请人、第三人对被申请人的举证可以进行质证或者举证反驳,被申请人对申请人、第三人的反证也可以进行质证和举证反驳;

(七)要求证人到场作证的,应当事先经海关行政复议机构同意并且提供证人身份等基本情况;

(八)听证主持人和其他听证人员进行询问;

(九)申请人、被申请人和第三人没有异议的证据和证明的事实,由主持人当场予以认定;有异议的并且与案件处理结果有关的事实和证据,由主持人当场或者事后经合议予以认定;

(十)申请人、被申请人和第三人可以对案件事实、证据、适用法律等进行辩论;

(十一)申请人、被申请人和第三人进行最后陈述;

(十二)由申请人、被申请人和第三人对听证笔录内容进行确认,并且当场签名或者盖章;对听证笔录内容有异议的,可以当场更正并且签名或者盖章。

行政复议听证笔录和听证认定的事实应当作为海关行政复议机关作出行政复议决定的依据。

第六十二条　行政复议参加人无法在举行听证时当场提交有关证据的,由主持人根据具体情况限定时间事后提交并且另行进行调查、质证或者再次进行听证;行政复议参加人提出的证据无法当场质证的,由主持人当场宣布事后进行调查、质证或者再次进行听证。

行政复议参加人在听证后的举证未经质证或者未经海关行政复议机构重新调查认可的,不得作为作出行政复议决定的证据。

中国证券监督管理委员会行政复议办法

第二十七条 申请人、被申请人或者原承办部门对案件事实争议较大或者案件重大复杂的，行政复议机构可以采取听证的方式审理。

被申请人在作出原具体行政行为时，已经采取听证方式的或者采取书面审查可以查明事实、证据的，行政复议机构不再采取听证方式审理。

人力资源社会保障行政复议办法

第三十四条 对重大、复杂的案件，申请人提出要求或者行政复议机构认为必要时，可以采取听证的方式审理。

有下列情形之一的，属于重大、复杂的案件：

（一）涉及人数众多或者群体利益的案件；

（二）具有涉外因素的案件；

（三）社会影响较大的案件；

（四）案件事实和法律关系复杂的案件；

（五）行政复议机构认为其他重大、复杂的案件。

公安机关办理行政复议案件程序规定

第五十四条 当面听取意见应当制作笔录并载明以下内容：

（一）时间、地点及办案人员姓名；

（二）申请人、被申请人、第三人的基本情况；

（三）案由；

（四）申请人、被申请人陈述的事实、理由、法律依据、各自的请求以及辩论的焦点；

（五）证人证言等证据材料。

当面听取意见笔录应当经参加人核实并签名或者捺指印。

『典型案例』

温州市鹿城区人民政府

行政复议决定书

温鹿政复〔2022〕72号

申请人：××××建筑安装有限公司。

法定代表人：沈某。

委托代理人：郭圣，江苏启星律师事务所律师，特别授权。

被申请人：温州市鹿城区住房和城乡建设局，住所地温州市鹿城区龙瑞大厦1幢10-12层。

法定代表人：周驰，局长。

委托代理人：朱显臣，浙江六和（温州）律师事务所律师，特别授权。

申请人不服被申请人于2022年1月18日作出的《行政处罚决定书》（温鹿住建罚字〔202201〕第003号），于2022年6月24日向本机关申请行政复议。本机关依法受理并进行了审理。因案情复杂，本机关依法延长办案期限30日。2022年8月31日，因申请人与被申请人向本机关申请调解，本机关依法中止行政复议审理。2022年11月30日，因双方在调解中未达成一致，本机关依法恢复行政复议审理，现已审理终结。

申请人称：一、所涉工程地下室网铺钢筋直径不符合设计要求和钢筋未满铺并不是申请人的主观故意。1.供应商以次充好，将部分比规格尺寸小于设计要求的钢丝网（所用的钢筋）混入按规定购买的合格产品中。2.因施工工艺流程原因导致施工人员遗忘进行相应的补充铺垫。二、处罚以备案合同总价作为处罚基数，违反了过罚相当原则和比例原则。首先，案涉工程地下室显然具备独立施工条件且能形成独立使用功能，故应作为一个单位工程或分项工程进行考量。根据申请人提供的其他案例可知，应以不合规问题的分合同为基数进行罚款更为合理。其次，根据《浙江省交通建设工程质量和安全生产管理条例》第三十六条之规定，以工程合同价款作为罚款基数的，工程合同价款可以根据违法行为直接涉及或者可能影响的分项工程、分部工程、单位工程或者标段工程范围确定。本案应谨慎考量罚款基数，在确定工程合同价款基数时，主要考量违法行为直接或者可能影响的工程范围、危害程度。申请人实际违法行为较为轻微且已及时改正，违法部分非主体部分，不存在对工程整体使用功能或整体质量安全产生重大影响的情形，也不存在主观故意。三、本案涉及的罚款基数大，根据浙江省行政复议听证规则（试行）第五条规定，申请人要求听证，也认为应组织听证。请求撤销或变更温鹿住建罚字〔202201〕第003号行政处罚决定。

被申请人答复称：一、被申请人作出的行政处罚决定书，事实清楚，程序合法，适用法律正确。1.申请人作为温州市滨江商务区T01-06B地块一标房地产建设工程的施工单位，在地下室地面施工过程中存在钢筋直径不符合设计要求及钢筋未铺满的行为已构成违法。2.根据《建设工程质量管理条例》第六十四条、第七十三条，《浙江省住房和城乡建设系统行政处罚裁量基准（2018版）》之规定，结合听证会、集体讨论及本案违法情节、造成的社会影响等因素对申请人作出被行政复议处罚决定，认定事实清楚，适用法律正确。3.在作出行政复议处罚决定前，被申请人已向申请人送达了行政处罚事先告知书，并告知其相关权利，且已组织进行了听证会，经听证及集体讨论后作出被行政复议处罚决定，程序合法。二、申请人要求撤销或者变更行政处罚决定书，缺乏事实和法律依据，应予驳回。1.申请人作为施工单位在施工过程中应当严格按设计要求进行施工，应当对施工材料检验、施工工艺严格把关，申请人主张其不存在违法行为的主观故意，缺乏依据。2. 以备案合同价款作为处罚基数并无不当，《建设工程质量管理条例》第六十四条明确规定施工单位存在本案违法行为的，处工程合同价款 2% 以上 4% 以下的罚款。备案的建设工程施工合作作为施工单位案涉工程中标后与发包人而签订的合同，其合同约定的价格系其与发包人商定认可的价格，具有法定效力。申请人称案涉工程地下室应作为一个单位工程并主张以直接涉及的楼地面部分项工程价作为罚款基数，缺乏依据，其提供的证据不足以认定地下室作为一个单位工程。三、申请人提供的案例并不适用于本案，本案为房屋建筑工程，其主张的浙江省交通建设工程的相关规定亦不适用本案，且我国也不是判例法国家，申请人提供的分部分项楼地面工程合同及相关材料亦不足以证实其将案涉工程地下室分包给案外人。

经审理查明：被申请人接相关投诉举报后，经调查发现申请人在滨江商务区 T01 ～ 06 地块一标房地产建设工程中涉嫌存在钢筋直径不符合设计要求的违法行为。2021 年 3 月 11 日，被申请人对申请人的上述行为予以立案调查。同年 5 月 19 日，被申请人向申请人送达了温鹿住房罚先告字〔202205〕第 001 号行政处罚事先告知书，告知申请人拟作出行政处罚决定的事实、理由、依据及其享有陈述、申辩、听证权利。次日，申请人提交书面听证申请书。同年 10 月 9 日，被申请人举行听证。2022 年 1 月 18 日，被申请人作出温鹿住房罚字〔202201〕第 003 号行政处罚决定书，对申请人处以罚款人民币 9 221 700 元，对申请人直接负责的主管人员处以罚款人民币 599 410 元，并于同年 4 月 26 日直接送达。

另据查明，浙江省建设工程质量检测站有限公司于 2021 年 4 月 6 日出具的检测报告显示，除地下室地面存在钢筋直径不符合设计要求外，还存在钢筋未满铺的情况。

以上事实，由被申请人提供的行政处罚决定书、送达回证、立案审批表、调查询问笔录、现场照片、检测报告、竣工图、备案建设工程施工合同、建设工程施工许可证、营业执照、身份证复印件、媒体截图、行政处罚告知审批表、行政处罚事先告知书、送达回证、听证申请书、听证通知书、送达回证、听证笔录、授权委托书、会议纪要、内部审批表、申请人的陈述意见、情况说明等证据予以证明。

本机关认为：一、《建设工程质量管理条例》第二十八条第一款规定："施工单位必须按照工程设计图纸和施工技术标准施工，不得擅自修改工程设计，不得偷工减料。"本案中，申请人建设的工程地下室地面存在钢筋不符合设计要求及钢筋未满铺的行为，违反上述规定。被申请人根据《建设工程质量管理条例》第六十四条、第七十三条以及《浙江省住房和城乡建设系统行政处罚裁量基准（2018 年版）》工程建设领域第 31 项的规定，对申请人作出的处罚决定，事实清楚、证据充分。二、《中华人民共和国行政处罚法》第六十条规定："行政机关应当自行政处罚案件立案之日起九十日内作出行政处罚决定。法律、法规、规章另有规定的，从其规定。"本案中，被申请人于 2021 年 3 月 11 日立案，于 2022 年 1 月 18 日作出行政处罚决定书，已超过法律规定的期限，程序违法。三、《中华人民共和国行政处罚法》第六十一条规定："行政处罚决定书应当在宣告后当场交付当事人；当事人不在场的，行政机关应当在七日内依照《中华人民共和国民事诉讼法》的有关规定，将行政处罚决定书送达当事人。"本案中，被申请人于2022年1月18日作出涉案行政处罚决定，于同年4月26日才予以送达，超过法律规定的送达期限，程序违法。四、《中华人民共和国行政处罚法》第五十九条第一款第二项规定："行政机关依照本法第五十七条的规定给予行政处罚，应当制作行政处罚决定书。行政处罚决定书应当载明下列事项……（二）违反法律、法规、规章的事实和证据……"本案中，被申请人在案涉行政处罚决定书正文第一段引用的"《建筑工程施工许可管理办法》第二十八条"有误，应为"《建设工程质量管理条例》第二十八条"，鉴于未对案涉处罚决定的最终结果产生影响，本机关依法予以指正。综上，被申请人作出的案涉行政处罚决定事实清楚、证据充分，但程序违法，鉴于未对申请人的实体权益产生实际影响，撤销并责令其重作无意义。据此，根据《中华人民共和国行政复议法》第二十八条第一款第三项、《中华人民共和国行政复议法实施条例》第四十五条的规定，决定如下：

确认被申请人于2022年1月18日作出的《行政处罚决定书》（温鹿住房罚字〔202201〕第003号）违法。

申请人如不服本决定，可以自收到行政复议决定书之日起15日内，依法向有管辖权的人民法院提起行政诉讼。

温州市鹿城区人民政府

2022年12月12日

『2023年版本』

第五十一条　行政复议机构组织听证的，应当于举行听证的五日前将听证的时间、地点和拟听证事项书面通知当事人。

申请人无正当理由拒不参加听证的，视为放弃听证权利。

被申请人的负责人应当参加听证。不能参加的，应当说明理由并委托相应的工作人员参加听证。

『条文释义』

本条规定了行政复议听证的具体程序。1999年版本、2009年版本和2017年版没有该规定，2023年版本新增加了该项规定。

为了便于当事人准备听证的材料，行政复议机构组织听证的，应当于举行听证的五日前将听证的时间、地点和拟听证事项书面通知当事人。这里的"五日"指的是工作日，相当于一周的时间。当然，这里的"五日"是最短时间，行政复议机关有权提前七日或者十日通知当事人，即申请人、第三人和被申请人。

申请人无正当理由拒不参加听证的，视为放弃听证权利。听证是申请人的重要权利，申请人可以放弃。如果申请人无正当理由拒不参加听证，行政复议机关应当取消听证。这里的正当理由不局限于不可抗力，其他正当理由也可以，如突发疾病或者有其他重要事项无法参加等。

为更好地审理行政复议案件、提高被申请人对行政复议案件的重视程度，原则上，被申请人的负责人应当参加听证。这里所谓"负责人"不仅仅包括被申请人的一把手，被申请人的主管副职领导或者相关部门负责人都属于"负责人"。负责人不能参加的，应当说明理由并委托相应的工作人员参加听证。

『 相关法规 』

中华人民共和国行政复议法实施条例

第三十三条 行政复议机构认为必要时，可以实地调查核实证据；对重大、复杂的案件，申请人提出要求或者行政复议机构认为必要时，可以采取听证的方式审理。

『 相关规章 』

税务行政复议规则

第六十六条 行政复议机构决定举行听证的，应当将举行听证的时间、地点和具体要求等事项通知申请人、被申请人和第三人。

第三人不参加听证的，不影响听证的举行。

工业和信息化部行政复议实施办法

第十六条 对重大、复杂的案件，工业和信息化部法制工作机构可以组织法律顾问、专家进行研究论证；申请人提出要求或者工业和信息化部法制工作机构认为必要时，可以采取听证的方式审理。听证按照下列程序进行：

（一）工业和信息化部法制工作机构应当将听证的时间、地点、具体要求等事项提前5日通知有关当事人；

（二）行政复议听证人员为不少于3人的单数，由工业和信息化部法制工作机构确定，并指定其中1人为听证主持人；

（三）举行听证时，被申请人应当提供书面答复及相关证据、依据等材料，证明其具体行政行为的合法性、合理性，申请人、第三人可以提出证据进行申辩和质证；

（四）听证应当制作笔录，听证笔录应当交听证参加人确认无误后签字或者盖章。

中华人民共和国海关行政复议办法

第五十七条 海关行政复议机构决定举行听证的，应当制发《行政复议听证通知书》，将举行听证的时间、地点、具体要求等事项事先通知申请人、被申请人和第三人。

第三人不参加听证的，不影响听证的举行。

第五十八条 听证可以在海关行政复议机构所在地举行，也可以在被申请人或者申请人所在地举行。

第五十九条 行政复议听证应当公开举行，涉及国家秘密、商业秘密、海关工作秘密或者个人隐私的除外。

公开举行的行政复议听证，因听证场所等原因需要限制旁听人员数量的，海关行政复议机构应当作出说明。

对人民群众广泛关注、有较大社会影响或者有利于法制宣传教育的行政复议案件的公开听证，海关行政复议机构可以有计划地组织群众旁听，也可以邀请有关立法机关、司法机关、监察部门、审计部门、新闻单位以及其他有关单位的人员参加旁听。

中国证券监督管理委员会行政复议办法

第二十八条 行政复议机构决定举行听证的，按照下列程序和要求进行：

（一）行政复议机构应当将听证的时间、地点、具体要求等事项提前3日通知有关当事人；

（二）行政复议听证人员为不得少于3人的单数，由行政复议机构负责人确定，并且指定其中1人为听证主持人；

（三）举行听证时，被申请人或者原承办部门的工作人员应当提供行政复议答复意见书以及相应的证据、依据，申请人、第三人可以提出证据，并进行申辩和质证；

（四）听证应当制作笔录，听证笔录应当交听证参加人确认无误后签字或者盖章。

『2023 年版本』

第五十二条 县级以上各级人民政府应当建立相关政府部门、专家、学者等参与的行政复议委员会，为办理行政复议案件提供咨询意见，并就行政复议工作中的重大事项和共性问题研究提出意见。行政复议委员会的组成和开展工作的具体办法，由国务院行政复议机构制定。

审理行政复议案件涉及下列情形之一的，行政复议机构应当提请行政复议委员会提出咨询意见：

（一）案情重大、疑难、复杂；

（二）专业性、技术性较强；

（三）本法第二十四条第二款规定的行政复议案件；

（四）行政复议机构认为有必要。

行政复议机构应当记录行政复议委员会的咨询意见。

『 条文释义 』

本条规定了行政复议委员会的设置。1999年版本、2009年版本和2017年版没有该规定，2023年版本新增加了该项规定。

为提高行政复议的质量，公平、公正地处理行政复议案件，县级以上各级人民政府应当建立相关政府部门、专家、学者等参与的行政复议委员会，为办理行政复议案件提供咨询意见，并就行政复议工作中的重大事项和共性问题研究提出意见。需要注意的是，行政复议委员会并非是咨询机关，不能代替行政复议机关开展行政复议工作。

审理行政复议案件涉及下列情形之一的，行政复议机构应当提请行政复议委员会提出咨询意见：

（1）案情重大、疑难、复杂。这类案件通常也需要召开听证会。

（2）专业性、技术性较强。这里的专业性和技术性强调的是法律以外的专业和技术，如涉及自然科学、生命科学、医学等专业和技术。

（3）《行政复议法》第二十四条第二款规定的行政复议案件。省、自治区、直辖市人民政府同时管辖对本机关作出的行政行为不服的行政复议案件，这类案件属于自己复议，为确保该复议的公平和公正，应当提请行政复议委员会提出咨询意见。

（4）行政复议机构认为有必要。提出请求的主动权掌握在行政复议机构手中，只要其认为有必要，就可以提请行政复议委员会提出咨询意见。

行政复议机构应当记录行政复议委员会的咨询意见。行政复议机构并非完全依照咨询意见拟定行政复议决定，但应当充分尊重和参考该咨询意见，原则上不允许违反该咨询意见作出行政复议决定。

『 相关规章 』

税务行政复议规则

第十二条 各级行政复议机关可以成立行政复议委员会，研究重大、疑难案件，提出处理建议。

行政复议委员会可以邀请本机关以外的具有相关专业知识的人员参加。

自然资源行政复议规定

第五条 行政复议机关可以根据工作需要设立行政复议委员会，审议重大、复杂、疑难的行政复议案件，研究行政复议工作中的重大问题。

第二十三条　行政复议案件以书面审理为主。必要时，行政复议机构可以采取实地调查、审查会、听证会、专家论证等方式审理行政复议案件。

重大、复杂、疑难的行政复议案件，行政复议机构应当提请行政复议委员会审议。

住房城乡建设行政复议办法

第五条　行政复议机关可以根据行政复议工作的需要，设立行政复议委员会，其主要职责是：

（一）制定行政复议工作的规则、程序；

（二）对重大、复杂、疑难的行政复议案件提出处理意见；

（三）对行政复议涉及的有权处理的规范性文件的审查提出处理意见；

（四）其他需要决定的重大行政复议事项。

中国证券监督管理委员会行政复议办法

第五条　中国证监会设立行政复议委员会，审查重大复杂行政复议案件。

重大行政应诉案件，可以提交行政复议委员会进行讨论。

公安机关办理行政复议案件程序规定

第五十一条　重大、复杂的行政复议案件，应当提交公安行政复议机关集体讨论。

前款所称重大、复杂的行政复议案件是指：

（一）涉及国家利益、公共利益以及有重大影响的案件；

（二）重大涉外或者涉及香港特别行政区、澳门特别行政区、台湾地区的案件；

（三）公安行政复议机构认为重大、复杂的其他行政复议案件。

第四节　简易程序

第五十三条　行政复议机关审理下列行政复议案件，认为事实清楚、权利义务关系明确、争议不大的，可以适用简易程序：

（一）被申请行政复议的行政行为是当场作出；

（二）被申请行政复议的行政行为是警告或者通报批评；

（三）案件涉及款额三千元以下；

（四）属于政府信息公开案件。

除前款规定以外的行政复议案件，当事人各方同意适用简易程序的，可以适用简易程序。

『条文释义』

本条规定了行政复议简易程序的适用范围。1999 年版本、2009 年版本和 2017 年版没有该规定，2023 年版本新增加了该项规定。

行政复议与行政诉讼等其他救济途径相比，具有高效、便民的优点，因此，大量的行政复议案件适宜采取简易程序审理。行政复议机关审理下列行政复议案件，认为事实清楚、权利义务关系明确、争议不大的，可以适用简易程序：

（1）被申请行政复议的行政行为是当场作出。当场作出的行政行为往往都是事实清楚、金额较小的行为，如交警对交通违法行为的现场处罚等。

（2）被申请行政复议的行政行为是警告或者通报批评。警告与通报批评属于行政处罚中处罚程度最轻的方式，通常也是在比较简单的、轻微行政违法案件中采用。

（3）案件涉及款额三千元以下。案件涉及款额并非适用简易程序的主要标准，还要看是否属于事实清楚、权利义务关系明确、争议不大，如对个人除以 3 000 元罚款也算比较大的行政处罚案件了，对该案件是否采取简易程序还应当看申请人的意见。

（4）属于政府信息公开案件。这类案件通常不直接涉及申请人的经济利益，案件事实通常也比较清楚，适宜采取简易程序。

除上述规定以外的行政复议案件，当事人各方同意适用简易程序的，可以适用简易程序。所谓"当事人各方"实际上主要是看申请人的意见，如果申请人同意采取简易程序，原则上，被申请人不应拒绝。

『 相关法律 』

中华人民共和国行政处罚法

第五十一条　违法事实确凿并有法定依据，对公民处以二百元以下、对法人或者其他组织处以三千元以下罚款或者警告的行政处罚的，可以当场作出行政处罚决定。法律另有规定的，从其规定。

第五十二条　执法人员当场作出行政处罚决定的，应当向当事人出示执法证件，填写预定格式、编有号码的行政处罚决定书，并当场交付当事人。当事人拒绝签收的，应当在行政处罚决定书上注明。

前款规定的行政处罚决定书应当载明当事人的违法行为，行政处罚的种类和依据、罚款数额、时间、地点，申请行政复议、提起行政诉讼的途径和期限以及行政机关名称，并由执法人员签名或者盖章。

执法人员当场作出的行政处罚决定，应当报所属行政机关备案。

第五十三条　对当场作出的行政处罚决定，当事人应当依照本法第六十七条至第六十九条的规定履行。

『 典型案例 』

北京市海淀区人民政府

行政复议决定书

海政复决字〔2022〕139号

申请人：高某。

被申请人：北京市公安局公安交通管理局海淀交通支队黄庄大队。

申请人高某不服被申请人北京市公安局公安交通管理局海淀交通支队黄庄大队作出的行政处罚决定，于2022年3月31日日向本机关申请行政复议。本机关依法已予受理，现已审理终结。

申请人请求：撤销编号为1108051820962970的《公安交通管理简易程序处罚决定书》（以下简称涉案决定书）。

申请人称：2022年2月3日16时58分我驾驶私家车，前往位于远大东路北口西道路北侧的某公司地铁工地给亲属送东西，该公司的工地有经交通管理局批准的入口（占道时间为2017年8月至2022年12月），在我接近公司入口大门的时候，我从右侧第二条线变线到右侧第一条线，而右侧第一条线为公交专用道，被设在此处的电子设备抓拍到禁行时间走公交专用道的照片，并且在2022年2月22日作出编号为1108051820962970该案交通管理局简易程序处罚书。本人认为不应对自己本次的行为做行政处罚理由如下：

1.在该大门口的入口处最右侧公交专用道是连续的，没有给该大门预留可以转弯的白虚线。2.这个大门的入口是交通管理局批准的入口，批准时间为2017年8月至2022年12月，在自2017年8月至2022年2月的4年半的时间内，交通管理部门没有及时在此处的公交专用道上施画白线，作为机动车在公交专用道禁行时间内车辆可以借道驶入大门的通行路线，是交通管理部门的失职。3.自某购物中心中部通道的红绿灯向西到远大东路北口这段道路长不过200米，公交专用道施画了160米左右自红绿灯向西一侧有公司的两个大门，每个都有15米左右的开口，再向西有某购物中心停车场的入口，进入停车场的开口也为15米左右，公交专用道在此口的东侧最右侧公交专用道有12米左右的非公交专用道，可以让车辆进入停车场，再向西就是远大东路北口的红绿灯了，在这里红绿灯的东侧有20米左右的非公交专用道，可以让车辆右转。而某公司的两个大门的入口没有施画非公交专用道。地面或者大门都没有标志显示在禁行期间不可以进入中铁隆公司的大门。4.在某公司的大门东侧不施画非公交专用道、也不设置交通标志告知驾驶员在禁行期间不可以借道公交专用道进入，使得在禁行期间要进入某公司大门的车辆无法进入，即使是从右侧第二条道路直接转直角进入大门，也必然要借道公交专用道通过，只不过是将顺向借道变成了垂直借道，垂直借道只是车尾的牌子摄像头看不到而已，这样的危险更大，在进入中铁隆公司大门东侧的道路上面未施画非公交专用道，剥夺了驾驶员应有的合法通行权利，这个地方成了一个违法陷阱。5.在某购物中心停车场入口东侧12米才设置非公交专用道也不合理，因为在车辆进入停车场前车辆都是从右侧二车道变更到最右侧车道，12米的距离也就可以满足两辆车的提前变道需求，其余的车辆要不占用右侧第二条车道排队对不进入停车场的车辆通行造成堵塞，要不就进入公交专用道排队。所以这段公交专用道设置需要重新通盘考虑。6.申请人根据《行政复议法》第二十二条的规定，要求在审查的时候举行听证会。

被申请人称：请求复议机关依法维持涉案决定书。申请人小型汽车于2022年2月3日16时58分，在海淀区远大路远大东路北口西处，因实施机动车违反规定使用专用车道的违法行为被交通技术监控系统记录。2022年2月22日，申请人到海淀交通支队黄庄大队执法站接受上述行为的处理。民警根据交通技术监控记录认定其上述行为违反《中华人民共和国道路交通安全法》第三十七条"道路划设专用车道的，在专用车道内，只准许规定的车辆通行，其他车辆不得进入专用车道内行驶"和《北京市实施〈中华人民共和国道路交通安全法〉办法》第三十六第一款"在道路划设的公交专用道内，在规定的时间内只准公共汽车、电车通行，其他车辆不得进入该车道行驶……"的规定。民警依法履行告知义务并听取了申请人的陈述申辩但未予采纳后，依据道路交通安全法第九十条"机动车驾驶人违反道路交通安全法律、法规关于道路通行规定的，处警告或者二十元以上二百元以下罚款……"和《北京市实施〈中华人民共和国道路交通安全法〉办法》第九十八条第二项"驾驶机动车有下列情形之一的，处200元罚款：违反规定在专用车道内行驶的"的规定，对其作出罚款200元的处罚，并制作了涉案决定书，申请人在处罚决定书上签字后送达其本人。我大队认为：我大队对申请人作出的处罚决定事实清楚，适用法律法规正确，程序合法，请海淀区人民政府依法予以维持。

经审理查明：2022年2月3日16时58分，申请人在海淀区远大路远大东路北口西处，因实施机动车违反规定使用专用车道的违法行为被交通技术监控系统记录。2022年2月22日，申请人前往被申请人处接受处罚，被申请人作出京公（交）立字110805182096297号《立案决定书》，民警根据交通技术监控记录认定并告知申请人小型汽车违法行为的基本事实，拟作出行政处罚的内容和依据，及其享有陈述和申辩的权利。在听取申请人提出的陈述申辩但未予采纳后，被申请人制作涉案决定书，主要内容为："被处罚人于2022年2月3日16时58分，在远大路远大东路北口西实施机动车违反规定使用专用车道的违法行为（代码1019）违反了《中华人民共和国道路交通安全法》第三十七条、《北京市实施中华人民共和国道路交通安全法办法》第三十六条第一款的规定。依据《中华人民共和国道路交通安全法》第一百一十四条、第九十条、《北京市实施中华人民共和国道路交通安全法办法》第九十八条第二项，决定处以200元罚款。"同日，涉案决定书送达申请人。

另查，被申请人提交的交通技术监控系统图片中显示，申请人小型汽车于2022年2月3日16时58分行驶的车道中施划内容为"7—9、16—19公交专用"。某公司工程现场占掘路施工公示牌上注明工程开工日期为2017年8月22日，竣工日期为2022年12月31日，同时注明进场时间为24时00分，离场时间为05时00分。

上述事实有下列证据证明：

1. 被申请人制作的违法信息图片；

2. 交通技术监控设备地点公告；

3. 警察证复印件；

4. 被申请人于2022年2月22日制作的京公（交）立字110805182096297号《立案决定书》；

5. 被申请人于2022年2月22日制作的涉案决定书；

6. 被申请人民警于2022年4月6日制作的执法情况说明。

本机关认为：

根据《中华人民共和国道路交通安全法》第八十七条及第一百零七条、《中华人民共和国道路交通安全法实施条例》第一百零九条规定，公安机关交通管理部门及其交通警察对道路交通违法行为人具有行政处罚权；对道路交通违法行为人予以警告、二百元以下罚款，交通警察可以当场作出处罚决定，并出具行政处罚决定书。据此，被申请人具有执法主体资格，有权以自己名义在法定权限内对申请人实施行政处罚。

关于申请人是否存在违法行为的问题。根据交通技术监控记录显示，2022年2月3日16时58分，申请人驾驶小型汽车在海淀区远大路远大东路北口西处行驶时，实施了机动车违反规定使用专用车道的行为，前述行为违反了《中华人民共和国道路交通安全法》第三十七条和《北京市实施〈中华人民共和国道路交通安全法〉办法》第三十六条第一款的规定，显属违法行为，依法应当受到处罚。被申请人根据相关规定对其作出处以200元罚款的处理，认定事实清楚、证据充分、法律适用准确。

关于申请人主张的某公司工地有经交通管理局批准的入口，公交专用道设置不合理问题，复议机关查明情况如下：《中华人民共和国道路交通安全法》第三十二条规定，因工程建设需要占用、挖掘道路，或者跨越、穿越道路架设、增设管线设施，应当事先征得道路主管部门的同意；影响交通安全的，还应当征得公安机关交通管理部门的同意。施工作业单位应当在经批准的路段和时间内施工作业，并在距离施工作业地点来车方向安全距离处设置明显的安全警示标志，采取防护措施；施工作业完毕，应当迅速清除道路上的障碍物，消除安全隐患，经道路主管部门和公安机关交通管理部门验收合格，符合通行要求后，方可恢复通行。对未中断交通的施工作业道路，公安机关交通管理部门应当加强交通安全监督检查，维护道路交通秩序。本案中，某公司位于远大路北侧步道工程现场占据路施工公示牌上注明工程开工日期为2017年8月22日，竣工日期为2022年12月31日，同时注明进场时间为24时00分，离场时间为05时00分，施工单位应当在经批准的路段和时间内施工作业。公交专用道启用时间为7—9、16—19，与施工作业时间并不冲突。申请人小型汽车于2022年2月3日16时58分，在海淀区远大路远大东路北口西处，实施机动车违反规定使用专用车道的违法行为被交通技术监控系统记录。申请人并非实施施工作业行为，违法行为发生时间也与经批准的施工作业时间不符，申请人给亲属送东西也完全可以在不妨碍交通的位置场所进行。申请人主张撤销被申请人所做处罚决定，理由不能成立，本机关不予支持。

关于执法程序的问题。首先，《中华人民共和国行政处罚法》第四十四条规定，行政机关在作出行政处罚决定之前，应当告知当事人拟作出的行政处罚内容及事实、理由、依据，并告知当事人依法享有的陈述、申辩、要求听证等权利。本案中，被申请人执法人员在作出涉案处罚决定书前，已经告知申请人其违法事实、理由和依据，同时告知其依法享有的陈述和申辩权利。其次，道路交通安全法第一百零七条第一款规定，对道路交通违法行为人予以警告、二百元以下罚款，交通警察可以当场作出行政处罚决定，并出具行政处罚决定书。《道路交通安全违法行为处理程序规定》第四十三条第一款规定，对违法行为人处以警告或者二百元以下罚款的，可以适用简易程序。被申请人的执法人员适用简易程序，在履行了告知、听取陈述、申辩等程序后，对申请人作出涉案处罚决定书并当场送达，处罚程序合法。

综上所述，依据《中华人民共和国行政复议法》第二十八条第一款第一项之规定，本机关决定如下：

维持被申请人于 2022 年 2 月 22 日作出的《公安交通管理简易程序处罚决定书》（编号 1108051820962970）。

申请人如不服复议决定，可以在收到本决定书之日起十五日内依照行政诉讼法的规定向人民法院提起行政诉讼。

2022 年 5 月 17 日

『 2023 年版本 』

第五十四条 适用简易程序审理的行政复议案件，行政复议机构应当自受理行政复议申请之日起三日内，将行政复议申请书副本或者行政复议申请笔录复印件发送被申请人。被申请人应当自收到行政复议申请书副本或者行政复议申请笔录复印件之日起五日内，提出书面答复，并提交作出行政行为的证据、依据和其他有关材料。

适用简易程序审理的行政复议案件，可以书面审理。

『 1999、2009、2017 年版本 』

第二十三条 行政复议机关负责法制工作的机构应当自行政复议申请受理之日起七日内，将行政复议申请书副本或者行政复议申请笔录复印件发送被申请人。被申请人应当自收到申请书副本或者申请笔录复印件之日起十日内，提出书面答复，并提交当初作出具体行政行为的证据、依据和其他有关材料。

申请人、第三人可以查阅被申请人提出的书面答复、作出具体行政行为的证据、依据和其他有关材料，除涉及国家秘密、商业秘密或者个人隐私外，行政复议机关不得拒绝。

『 条文释义 』

本条规定了行政复议简易程序的适用范围。1999 年版本、2009 年版本和2017 年版本的规定一致，2023 年版本修改完善了该项规定。

适用简易程序审理的行政复议案件，强调时间和效率，因此，行政复议机构应当自受理行政复议申请之日起三日内，将行政复议申请书副本或者行政复议申请笔录复印件发送被申请人，以方便被申请人及时了解行政复议案件的基本情况以及申请人的复议理由和依据。

被申请人应当自收到行政复议申请书副本或者行政复议申请笔录复印件之日起五日内，提出书面答复，并提交作出行政行为的证据、依据和其他有关材料。被申请人的书面答复应当主要针对申请人的复议理由和依据进行应答和解释。被申请人提供的作出行政行为的证据、依据和其他有关材料应当是作出行政行为时考虑的并已经告知申请人的信息。

适用简易程序审理的行政复议案件，可以书面审理，也就是可以不用再听取申请人、第三人和被申请人的意见，也不用举行听证，可以直接根据申请人和被申请人提供的理由、证据、依据等直接作出行政复议决定。当然，适用简易程序审理的行政复议案件，可以不采取书面审理。具体采取哪种审理方式，由行政复议机关决定。申请人在复议申请书中也可以就审理的方式提出自己的建议。当然，如果申请人不愿意采取书面审理，建议申请人尽量不要选择简易程序，而是选择普通程序。

『 典型案例 』

中华人民共和国最高人民法院

行 政 裁 定 书

（2018）最高法行申 7149 号

再审申请人（一审原告、二审上诉人）：来叶根，男，1956 年 6 月 1 日出生，汉族，住浙江省杭州市滨江区。

被申请人（一审被告、二审被上诉人）：浙江省杭州市人民政府，住所地：浙江省杭州市解放东路 18 号。

法定代表人：徐立毅，该市人民政府市长。

来叶根因诉浙江省杭州市人民政府（以下简称杭州市政府）土地征收行政复议一案，不服浙江省高级人民法院（2018）浙行终 555 号行政判决，向本院申请再审。本院受理后，依法由审判员王晓滨、审判员耿宝建、审判员白雅丽组成合议庭，对本案进行了审查，现已审查终结。

来叶根于 2017 年 9 月 11 日以杭州市政府违法，侵犯其合法权益为由，向浙江省杭州市中级人民法院起诉，请求撤销杭州市政府作出的杭政复〔2017〕293 号《行政复议决定书》，责令杭州市政府重新作出复议决定，撤销滨江区人民政府对征地补偿安置方案作出批复的行政行为（滨征〔2009〕54 号《征地补偿方案审批表》）。

一审法院查明：2009 年 11 月 20 日，浙江省人民政府作出浙土字 B（2009）-0103 号《浙江省建设用地审批意见书》，该审批意见书批准的征收集体土地范围中包含本案所涉地块。2010 年 1 月 13 日，杭州市滨江区人民政府（下称滨江区政府）发布滨征公告〔2010〕09 号《征收土地方案公告》。2010 年 1 月 26 日，杭州市国土资源局滨江分局发布滨土资征（2010）09号《征地补偿安置方案公告》。2017年4月17日，来叶根向滨江区政府申请信息公开，所需信息描述为"来叶根所在地块的《征地补偿安置方案》（滨土资征〔2010〕09号）的批准机关及批准文件"。滨江区政府于2017年5月2日作出杭滨信告（2017）13号《政府信息公开告知书》，告知"来叶根所在地块的《征地补偿安置方案》（滨土资征〔2010〕09号）的批准机关为滨江区政府，批准文件为《征地补偿安置方案审批表》（滨征〔2009〕54号）"。2017年6月2日，来叶根以滨江区政府为被申请人，向杭州市政府提出行政复议申请，复议请求为"撤销被申请人对征地补偿安置方案作出批复的行政行为（见滨征〔2009〕54号《征地补偿方案审批表》）"。杭州市政府次日收到该行政复议申请，2017年6月5日向滨江区政府发送《行政复议答复通知书》及复议申请书副本。2017年6月12日，滨江区政府签收《行政复议答复通知书》及复议申请书副本。2017年6月30日，滨江区政府向杭州市政府邮寄答复书、浦沿街道盖章确认的《征收土地方案公告》送达回执和《征地补偿安置方案公告意见反馈单》。复议程序中，杭州市政府依职权向杭州市国土资源局滨江分局进行核查，查明了涉案征地补偿安置方案批复的程序和事实证据，并查明涉案被征收土地的用途为市政道路。2017年8月28日，杭州市政府作出杭政复（2017）293号行政复议决定。来叶根认为滨江区政府作出批复没有职权依据，侵害了来叶根的合法权益，应该予以撤销。杭州市政府作出的杭政复〔2017〕293号《行政复议决定书》仅确认违法明显错误。来叶根不服，遂提起本案诉讼。

一审法院认为：《中华人民共和国行政复议法》第二十三条第一款规定"行政复议机关负责法制工作的机构应当自行政复议申请受理之日起七日内，将行政复议申请书副本或者行政复议申请笔录复印件发送被申请人。被申请人应当自收到申请书副本或者申请笔录复印件之日起十日内，提出书面答复，并提交当初作出具体行政行为的证据、依据和其他有关材料。"本案中，滨江区政府向杭州市政府提出答复书和证据时，已超过法定的十日。根据《中华人民共和国行政复议法》第二十八条第一款第四项之规定，视为滨江区政府作出征地补偿安置方案批复时没有证据。《最高人民法院关于执行＜中华人民共和国行政诉讼法＞若干问题的解释》第五十八条规定"被诉具体行政行为违法，但撤销该具体行政行为将会给国家利益或者公共利益造成重大损失的"、修订后的《中华人民共和国行政诉讼法》第七十四条第一款第一项规定"行政行为依法应当撤销，但撤销会给国家利益、社会公共利益造成重大损害的"，判决确认违法。杭州市政府查明涉案地块用于市政道路建设，撤销滨江区政府作出的征地补偿安置方案批复会给社会公共利益造成重大损失，根据诉讼法和司法解释的精神，适用《中华人民共和国行政复议法》第二十八条第一款第四项之规定作出确认违法复议决定，具有正当性，程序亦无不当。来叶根的诉讼理由不能成立，其诉讼请求不予支持。据此，一审法院于2018年3月8日作出（2017）浙01行初408号行政判决：驳回来叶根的诉讼请求。

来叶根不服一审判决，向浙江省高级人民法院上诉，请求撤销一审判决和杭州市政府的行政复议决定书，责令杭州市政府重新作出复议决定。二审法院对一审法院认定的事实予以确认。

二审法院认为：滨江区政府作为行政复议的被申请人，在提交当初作出具体行政行为的证据、依据和其他有关材料时，已超过法定的十日期限，杭州市政府视为其作出征地补偿安置方案批复时没有证据，符合《中华人民共和国行政复议法》第二十八条第一款第四项的规定。来叶根提起行政诉讼的诉求是认为杭州市政府不应当作出确认违法的复议决定，而应当撤销滨江区政府对征地补偿安置方案作出的批复行为。撤销行政行为还是确认行政行为违法，修订后的《中华人民共和国行政诉讼法》第七十四条第一款第一项规定了"行政行为依法应当撤销，但撤销会给国家利益、社会公共利益造成重大损害的，判决确认违法但不撤销行政行为"。应当说，确认行政行为违法也是对行政行为的一种否定性评价，是对撤销行政行为的一种补充。本案中，涉案土地用于市政道路建设，明显属于社会公共利益，且如果采用撤销行政行为的方式，有可能出现重大损害后果，杭州市政府的这种判断有一定事实依据和合理性，可以为常人所理解。因此，杭州市政府根据行政诉讼法及相关司法解释的精神，作出杭政复（2017）293号行政复议决定并无明显不当。一审法院据此驳回来叶根的诉讼请求正确。来叶根的上诉请求和理由不能成立，不予支持。一审认定事实清楚，适用法律正确，审判程序合法。据此，二审法院于2018年6月25日作出（2018）浙行终555号行政判决：驳回上诉，维持原判。

来叶根向本院申请再审，请求依法判决：1.撤销一、二审判决；2.撤销杭州市政府作出的杭政复（2017）293号行政复议决定书；3.判决杭州市政府重新作出复议决定［即撤销滨江区政府对征地补偿安置方案作出批复的行政行为（滨征〔2009〕54号《征地补偿方案审批表》）］。主要事实和理由为：1.根据《中华人民共和国行政复议法》第二十八条的规定，被申请人未按照本法第二十三条的规定提出书面答复等的，视为该具体行政行为没有证据、依据，决定撤销该具体行政行为。本案中，滨江区政府向杭州市政府提出答复书和证据时，已超过法定期限十日，依法应视为滨江区政府作出征地补偿方案批复行为没有证据，杭州市政府依法应撤销滨江区政府的行政行为，而不是仅确认该行为违法。一、二审法院判决明显属于认定事实错误、适用法律错误；2.本案无证据证明撤销滨江区政府的前述行为会给国家利益、社会公共利益造成重大损害，不必然导致涉案市政道路无法建设。另杭州市政府在履行行政复议职责过程中适用《中华人民共和国行政诉讼法》第七十四条第一款第一项的规定作出行政复议决定，明显属于适用法律错误。

本院认为：双方当事人对于滨江区政府未在《中华人民共和国行政复议法》规定的十日期限内提交书面答复以及作出涉案征地补偿安置方案批复的相关证据、依据和其他有关材料以及原审法院认定作出上述批复没有证据的事实均无异议，争议在于滨江区政府的上述行政行为是否属于法律规定应予撤销的情形。经查，滨江区政府对涉案征地补偿安置方案作出批复的审批项目为市政道路建设工程，涉及社会公共利益。根据《中华人民共和国行政诉讼法》第七十四条第一款第一项规定，行政行为依法应当撤销，但撤销会给国家利益、社会公共利益造成重大损害的，判决确认违法但不撤销行政行为。诚如前述涉案批复行政行为没有证据，但因涉及社会公共利益，如果迳行撤销涉案批复行政行为，极有可能影响市政道路建设，损害社会公共利益，这是一般社会公众所能够理解和预见的，因此，杭州市政府综合考量本案实际情况，依据《中华人民共和国行政复议法》有关规定以及《中华人民共和国行政诉讼法》及司法解释的有关精神，采取了确认滨江区政府对涉案征地补偿安置方案的批复行为违法而未予以撤销的处理方式，于法有据，结果正确，并无不当。一审法院对杭州市政府作出的涉案行政复议决定的合法性予以肯定，并判决驳回来叶根的诉讼请求，二审法院判决驳回上诉、维持原判，亦无不妥，本院予以认可。

综上，来叶根的再审申请不符合《中华人民共和国行政诉讼法》第九十一条规定的情形。依照《最高人民法院关于适用〈中华人民共和国行政诉讼法〉的解释》第一百一十六条第二款之规定，裁定如下：

驳回再审申请人来叶根的再审申请。

审判长　王晓滨

审判员　耿宝建

审判员　白雅丽

二○一八年十月三十一日

书记员　李　璐

『 2023 年版本 』

第五十五条　适用简易程序审理的行政复议案件，行政复议机构认为不宜适用简易程序的，经行政复议机构的负责人批准，可以转为普通程序审理。

『 条文释义 』

本条规定了行政复议简易程序的适用范围。1999 年版本、2009 年版本和 2017 年版没有该规定，2023 年版本新增加了该项规定。

简易程序与普通程序之间并无障碍，仅仅是为了简化程序、提高效率，因此，如果行政复议机构认为适用简易程序审理的行政复议案件不宜适用简易程序，经行政复议机构的负责人批准，可以转为普通程序审理。需要注意的是，适用普通程序审理的案件是不能转为简易程序审理的。

第五节 行政复议附带审查

『2023 年版本』

第五十六条 申请人依照本法第十三条的规定提出对有关规范性文件的附带审查申请，行政复议机关有权处理的，应当在三十日内依法处理；无权处理的，应当在七日内转送有权处理的行政机关依法处理。

『1999、2009、2017 年版本』

第二十六条 申请人在申请行政复议时，一并提出对本法第七条所列有关规定的审查申请的，行政复议机关对该规定有权处理的，应当在三十日内依法处理；无权处理的，应当在七日内按照法定程序转送有权处理的行政机关依法处理，有权处理的行政机关应当在六十日内依法处理。处理期间，中止对具体行政行为的审查。

『条文释义』

本条规定了对抽象行政行为进行审查的程序。1999 年版本、2009 年版本和 2017 年版本的规定一致，2023 年版本修改完善了该项规定。

申请人在申请行政复议时，可以一并提出对国务院部门的规范性文件、县级以上地方各级人民政府及其工作部门的规范性文件、乡镇人民政府的规范性文件、法律法规规章授权的组织的规范性文件的审查申请。如果需要审查的是下级政府或者本级政府工作部门的规定，行政复议机关原则上有权予以审查，如果是上级政府及其工作部门的规定，行政复议机关往往无权审查。如果行政复议机关对该规定有权处理，应当在三十日内依法处理；如果无权处理，应当在七日内按照法定程序转送有权处理的行政机关依法处理。

由于被审查的规定的合法性直接影响着对具体行政行为合法性与适当性的审查，因此，在处理期间，行政复议机关原则上应当中止对具体行政行为的审查，相关期限也不计入行政复议审查的期限。

『相关规章』

税务行政复议规则

第七十三条 申请人在申请行政复议时，依据本规则第十五条规定一并提出对有关规定的审查申请的，行政复议机关对该规定有权处理的，应当在 30 日内依法处理；无权处理的，应当在 7 日内按照法定程序逐级转送有权处理的行政机关依法处理，有权处理的行政机关应当在 60 日内依法处理。处理期间，中止对具体行政行为的审查。

国家国际发展合作署行政复议实施办法

第十三条 申请人在申请行政复议时，依法一并提出审查作出具体行政行为所依据的规范性文件，法制机构一并受理。有权处理的，应当在三十日内依法处理；无权处理的，应当在七日内按照法定程序转送有权处理的国家机关依法处理。处理期间，中止对具体行政行为的审查。

工业和信息化部行政复议实施办法

第十八条 申请人在申请行政复议时，依法一并提出审查《中华人民共和国行政复议法》第七条所列的、被申请人作出具体行政行为所依据的规定的，工业和信息化部一并受理。有权处理的，应当在 30 日内依法处理；无权处理的，应当在 7 日内按照法定程序转送有权处理的国家机关依法处理。处理期间，中止对具体行政行为的审查。

交通运输行政复议规定

第十六条 申请人在申请交通运输行政复议时，对《行政复议法》第七条所列有关规定提出审查申请的，交通运输行政复议机关对该规定有权处理的，应当在三十日内依法处理；无权处理的，应当在七日内制作《规范性文件转送处理函》，按照法定程序转送有权处理的行政机关依法处理。

交通运输行政复议机关对有关规定进行处理或者转送处理期间，中止对具体行政行为的审查。中止对具体行政行为审查的，应当制作《交通运输行政复议中止审查通知书》及时送达申请人、被申请人、第三人。

中华人民共和国海关行政复议办法

第六十三条 申请人依照本办法第三十一条提出对有关规定的审查申请的，海关行政复议机关对该规定有权处理的，应当在 30 日内依照下列程序处理：

（一）依法确认该规定是否与法律、行政法规、规章相抵触；

（二）依法确认该规定能否作为被申请人作出具体行政行为的依据；

（三）书面告知申请人对该规定的审查结果。

海关行政复议机关应当制作《抽象行政行为审查告知书》，并且送达申请人、被申请人。

第六十四条 海关行政复议机关对申请人申请审查的有关规定无权处理的，应当在 7 日内按照下列程序转送有权处理的上级海关或者其他行政机关依法处理：

（一）转送有权处理的上级海关的，应当报告行政复议有关情况、执行该规定的有关情况、对该规定适用的意见；

（二）转送有权处理的其他行政机关的，在转送函中应当说明行政复议的有关情况、请求确认该规定是否合法。

第六十五条 有权处理的上级海关应当在 60 日内依照下列程序处理：

（一）依法确认该规定是否合法、有效；

（二）依法确认该规定能否作为被申请人作出具体行政行为的依据；

（三）制作《抽象行政行为审查告知书》，并且送达海关行政复议机关、申请人和被申请人。

第六十六条 海关行政复议机关在对被申请人作出的具体行政行为进行审查时，认为需对该具体行政行为所依据的有关规定进行审查的，依照本办法第六十三条、第六十四条、第六十五条的规定办理。

人力资源社会保障行政复议办法

第四十八条 行政复议机关在审查申请人一并提出的作出具体行政行为所依据的规定的合法性时，应当根据具体情况，分别作出下列处理：

（一）如果该规定是由本行政机关制定的，应当在 30 日内对该规定依法作出处理结论；

（二）如果该规定是由其他人力资源社会保障行政部门制定的，应当在 7 日内按照法定程序转送制定该规定的人力资源社会保障行政部门，请其在 60 日内依法处理；

（三）如果该规定是由人民政府制定的，应当在 7 日内按照法定程序转送有权处理的国家机关依法处理。

对该规定进行审查期间，中止对具体行政行为的审查；审查结束后，行政复议机关再继续对具体行政行为的审查。

司法行政机关行政复议应诉工作规定

第二十一条 申请人在申请行政复议时，一并提出对具体行政行为所依据的规定申请审查的，行政复议机关应当区别情况，分别作出处理。

行政复议机关认为被申请人作出的具体行政行为所依据的规定不合法，本机关有权处理的，应当在 30 日内依法处理；无权处理的，应当在 7 日内按照机关文件送达程序转送有权处理的国家机关依法处理。处理期间，中止对具体行政行为的审查。

上级司法行政机关有权对下级司法行政机关制定的规范性文件进行审查。

『典型案例』

陕西省高级人民法院

行 政 判 决 书

（2020）陕行终 159 号

上诉人（一审原告）：西安三杰建筑垃圾清运工程有限责任公司。住所地：西安市新城区。

法定代表人：郭天柱，经理。

委托诉讼代理人：黄岩，陕西连邦律师事务所律师。

被上诉人（一审被告）：西安市人民政府。住所地：陕西省西安市未央区。

法定代表人：李明远，市长。

委托诉讼代理人：吕斌，该政府工作人员。

上诉人西安三杰建筑垃圾清运工程有限责任公司（以下简称三杰公司）因诉被上诉人西安市人民政府（以下简称西安市政府）行政复议一案，不服西安铁路运输中级法院（2019）陕 71 行初 758 号行政判决，向本院提起上诉。本院依法组成合议庭，对本案进行了审理，现已审理终结。

一审经审理查明：三杰公司因对西安市××城管理和综合执法局（以下简称西安市城管局）2019 年 4 月 17 日作出的《关于西安三杰垃圾清运工程有限责任公司增加车辆的回复》（涉案回复）不服，于 2019 年 6 月 3 日申请行政复议，西安市政府于 2019 年 6 月 5 日收到复议申请，于 2019 年 8 月 1 日作出市政复延字〔2019〕367 号延期审理通知书，决定延期 30 日作出行政复议决定，并于 8 月 2 日将该通知邮寄送达三杰公司。2019 年 8 月 26 日，西安市政府作出市政复议决〔2019〕367 号复议决定（被诉复议决定）认为，涉案回复所依据的市××号《关于明确全市建筑垃圾清运车辆箱体标准的通知》（以下简称 116 号文件），违反《西安市规范性文件管理办法》第二十二条第一款规定，未经本级政府统一登记、统一编号，不得作为行政管理的依据，决定撤销涉案回复，责令自收到决定书之日起 20 日内，对三杰公司提出的申请事项重新作出行政处理。该复议决定于当天邮寄送达。三杰公司于 2019 年 8 月 28 日收到后不服，于 2019 年 9 月 9 日提起诉讼，请求撤销被诉复议决定，支持其撤销 116 号文件以及增加车辆的申请。

另查明，西安市城管局按照被诉复议决定的复议内容，于 2019 年 9 月 10 日重新作出《关于西安三杰垃圾清运工程有限责任公司增加车辆的回复》。

一审认为：本案争议焦点为被诉复议决定是否合法。三杰公司对西安市政府复议职权和程序均无异议，认为被诉复议决定未撤销116号文件且没有同意其增加车辆申请违法。

关于被诉复议决定未撤销116号文件问题。《西安市规范性文件管理办法》第二十二条第一款规定，"规范性文件发布前应当由本级政府统一登记、统一编号。登记、编号的具体工作由政府法制机构负责。规范性文件未经统一登记、编号，不得发布，不得作为行政管理的依据"。116号文件因在涉案回复作出时不能成为行政管理的依据，对没有适用效力的文件不具有撤销资格，因此，西安市政府在撤销涉案回复时并未撤销116号文件。从西安市城管局重新作出的回复内容看，该局已不再适用116号文件作为审查依据，故西安市政府对于没有适用效力的文件未予撤销并无不当，三杰公司认为没有撤销116号文件违法的理由不能成立。

关于西安市政府作出被诉复议决定未同意三杰公司增加车辆申请问题。三杰公司增加车辆的请求，批准审查职权在西安市城管局，西安市政府作为复议机关无权直接同意三杰公司的增加车辆申请，是否同意增加车辆的申请，还需西安市城管局结合相关规定再行研判，故对三杰公司认为西安市政府没有直接同意其增加车辆的申请属违法的意见不予支持。综上，被诉复议决定认定事实清楚，适用法律正确，程序合法，依照《中华人民共和国行政诉讼法》第六十九条的规定，判决驳回三杰公司的诉讼请求。案件受理费50元，由三杰公司承担。

三杰公司上诉称：西安市政府既然认定116号文件违法，就应当撤销。一审判决以西安市城管局已不适用该文件作为审查依据为由，认为该文件不必撤销，理由不当。西安市城管局不同意其公司增加车辆的理由是其申请不符合116号文件，撤销该文件是其申请增加车辆的前提，一审判决错误将行政管理权限和撤销文件混为一谈，认定错误。116号文件的存在将造成渣土运输行业的严重后果。请求撤销一审判决，撤销116号文件，同意其增加车辆的申请。

西安市政府辩称：三杰公司因对涉案回复不服申请复议，西安市政府收到申请后，向西安市城管局送达了答复通知及复议申请书副本，西安市城管局提交了答复书及相关证据材料。经审查，西安市城管局作出涉案回复，认定六轴车辆不符合116号文件要求，但该文件发布前未办理统一登记、统一编号工作，违反《西安市规范性文件管理办法》规定，不能作为行政管理的依据。据此，西安市政府认为，西安市城管局作出涉案回复适用依据错误，应予纠正。根据《中华人民共和国行政复议法》第二十八条第一款第三项第2目的规定，作出被诉复议决定，适用依据正确，且符合法定期限，程序合法。三杰公司要求撤销被诉复议决定的上诉理由不能成立。请求驳回上诉，维持原判。

经审理查明：一审查明的事实属实，本院予以确认。

本院认为：本案争议焦点是被诉复议决定是否合法，即被诉复议决定未撤销116号文件是否合法以及被诉复议决定未同意三杰公司的增加车辆申请是否合法。

关于被诉复议决定未撤销116号文件是否合法问题。《中华人民共和国行政复议法》第二十六条规定，申请人在申请行政复议时，一并提出对本法第七条所列有关规定的审查申请的，行政复议机关对该规定有权处理的，应当在三十日内依法处理；无权处理的，应当在七日内按照法定程序转送有权处理的行政机关依法处理，有权处理的行政机关应当在六十日内依法处理。该规定没有明确处理方式。本案中，被诉复议决定认定116号文件未按照《西安市规范性文件管理办法》第二十二条第一款规定统一登记、编号，不能作为行政管理的依据，该认定即是复议机关对116号文件的一种处理方式，并不违反法律规定。

关于被诉复议决定未同意三杰公司增加车辆申请是否合法问题。行政权力必须依法进行，不同的行政机关有不同的行政权力行使范围，任何行政机关不得越权行使，这是依法行政的基本要求。对于涉案增加车辆申请的审批权依法由西安市城管局行使，西安市政府只能审查该局行使该权力是否符合法律法规要求，不能代替其行使该职权。因此，被诉复议决定未同意三杰公司增加车辆的申请，三杰公司认为违法的理由不能成立。

综上，三杰公司的上诉请求及理由不能成立，不予支持；一审判决认定事实清楚，适用法律正确，程序合法，应当维持。依照《中华人民共和国行政诉讼法》第八十九条第一款第一项的规定，判决如下：

驳回上诉，维持原判。

本案二审案件受理费50元，由上诉人西安三杰建筑垃圾清运工程有限责任公司承担。

本判决为终审判决。

审判长　马小莉

审判员　杨成会

审判员　赵　婧

二〇二〇年四月九日

书记员　鱼海洋

『2023 年版本』

第五十七条 行政复议机关在对被申请人作出的行政行为进行审查时，认为其依据不合法，本机关有权处理的，应当在三十日内依法处理；无权处理的，应当在七日内转送有权处理的国家机关依法处理。

『1999、2009、2017 年版本』

第二十七条 行政复议机关在对被申请人作出的具体行政行为进行审查时，认为其依据不合法，本机关有权处理的，应当在三十日内依法处理；无权处理的，应当在七日内按照法定程序转送有权处理的国家机关依法处理。处理期间，中止对具体行政行为的审查。

『条文释义』

本条规定了行政复议机关主动发现依据不合法时的处理方式。1999 年版本、2009 年版本和 2017 年版本的规定一致，2023 年版本修改完善了该项规定。

即使申请人未对相关规范性文件的合法性提出审查申请，行政复议机关在审查行政行为的合法性和适当性时也应当对行政行为所依据的相关规范性文件是否合法进行审查，这里的相关规范性文件并不限于允许申请人一并提出审查申请的规范性文件，而是包括所有的规范性文件，包括法律、法规和规章。法律和法规违法的概率比较小，行政复议机关可以忽略。但规章和其他规范性文件违法的可能性还是有的，行政复议机关应当认真研究。如果认为行政行为的依据不合法，其处理方式与上一条的处理方式相同：如果本机关有权处理，本机关有权处理的，应当在三十日内依法处理；无权处理的，应当在七日内转送有权处理的国家机关依法处理。同样，在处理期间，行政复议机关应中止对行政行为的审查。

『相关规章』

税务行政复议规则

第七十四条 行政复议机关审查被申请人的具体行政行为时，认为其依据不合法，本机关有权处理的，应当在 30 日内依法处理；无权处理的，应当在 7 日内按照法定程序逐级转送有权处理的国家机关依法处理。处理期间，中止对具体行政行为的审查。

工业和信息化部行政复议实施办法

第二十条 行政复议期间出现法定的终止情形的，行政复议终止。

行政复议决定作出前，申请人要求撤回行政复议申请，并经工业和信息化部法制工作机构同意的，行政复议终止。

行政复议终止的，工业和信息化部制作行政复议终止决定书，并送达申请人、被申请人、第三人。

交通运输行政复议规定

第十七条　交通运输行政复议机关在对被申请人作出的具体行政行为审查时，认为其依据不合法，本机关有权处理的，应当在三十日内依法处理；无权处理的，应当在七日内按照法定程序转送有权处理的国家机关依法处理。处理期间，中止对具体行政行为的审查。

交通运输行政复议机关中止对具体行政行为审查的，应当制作《交通运输行政复议中止审查通知书》送达申请人、被申请人、第三人。

环境行政复议办法

第二十九条　申请人在申请行政复议时，要求环境行政复议机关一并对被申请复议的具体行政行为所依据的有关规定进行审查的，或者环境行政复议机关在对被申请复议的具体行政行为进行审查时，认为其依据不合法，环境行政复议机关有权处理的，应当在 30 日内依法处理；无权处理的，应当在 7 个工作日内制作规范性文件转送函，按照法定程序转送有权处理的行政机关依法处理。

申请人在对具体行政行为提出行政复议申请时尚不知道该具体行政行为所依据的规定的，可以在环境行政复议机关作出行政复议决定前向环境行政复议机关提出对该规定的审查申请。

公安机关办理行政复议案件程序规定

第四十三条　公安行政复议机关对行政复议法第二十六条、第二十七条中规定的"规定""依据"，应当从以下几个方面进行审查：

（一）是否与上位阶的规范性文件相抵触；

（二）是否与同位阶的规范性文件相矛盾；

（三）是否属于制定机关的法定职权范围。

第四十四条　公安行政复议机关依法有权对下列规范性文件进行审查：

（一）本级公安机关制定的规范性文件；

（二）下级公安机关制定的规范性文件；

第四十五条　公安行政复议机关对认定为不合法的规范性文件，按以下原则处理：

（一）属于本级公安机关制定的，应当在三十日内予以废止或者作出修订；

（二）属于下级公安机关制定的，应当在三十日内予以撤销或者责令下级公安机关在三十日内予以废止或者作出修订。

第四十六条 公安行政复议机构对行政复议中需审查的下列规范性文件，应当制作《规范性文件提请审查函》，按程序予以转送：

（一）公安行政复议机关的上级行政机关制定的规范性文件；

（二）公安行政复议机关无权处理的其他规范性文件。

第四十七条 规范性文件的转送，按以下规定办理：

（一）对上级行政机关制定的规范性文件，按程序转送至制定该规范性文件的机关；

（二）对与公安行政复议机关同级的其他行政机关或该行政机关的下级机关制定的规范性文件，转送至该行政机关。

第四十八条 对公安行政复议机关与其他行政机关联合制定的规范性文件，商联合制定规范性文件的行政机关办理。

第四十九条 依照行政复议法第二十六条、第二十七条对有关规范性文件作出处理的机关，应当将处理结论书面告知制定机关和公安行政复议机关。前款规定中的处理结论包括：

（一）规范性文件合法的，决定予以维持；

（二）规范性文件不合法的，根据情况，予以撤销或者废止，或者提出修订意见，并责令制定机关限期修订。

第五十条 规范性文件审查期间，公安行政复议机关应当中止对具体行政行为的审查，必要时可以决定停止具体行政行为的执行。

『 典型案例 』

中华人民共和国最高人民法院

行 政 裁 定 书

（2020）最高法行申 3493 号

再审申请人（一审原告、二审上诉人）：苏鸿，男，1969 年 6 月 18 日出生，汉族，住黑龙江省哈尔滨市平房区。

被申请人（一审被告、二审被上诉人）：黑龙江省哈尔滨市人民政府。住所地：黑龙江省哈尔滨市松北区世纪大道 1 号。

法定代表人：孙喆，该市人民政府市长。

原审第三人：黑龙江省哈尔滨市公安局香坊分局香坊大街派出所。住所地：黑龙江省哈尔滨市香坊区通站街 42 号。

负责人：宋凯军，该所所长。

原审第三人：滕松茂，男，1955 年 6 月 2 日出生，汉族，住黑龙江省哈尔滨市道里区。

再审申请人苏鸿因诉黑龙江省哈尔滨市人民政府（以下简称哈尔滨市政府）、第三人黑龙江省哈尔滨市公安局香坊分局香坊大街派出所（以下简称香坊大街派出所）、滕松茂行政复议一案，不服黑龙江省高级人民法院（2019）黑行终 385 号行政判决，向本院申请再审。本院依法组成合议庭，对本案进行了审查，现已审查终结。

苏鸿以一、二审法院审理程序违法，认定事实不清，适用法律错误等为由，请求撤销一、二审判决，依法再审本案，撤销哈尔滨市政府行政复议决定，判令哈尔滨市政府将无权处理的行为按照法定程序转送到有权处理的国家机关。

本院认为，《中华人民共和国行政复议法》第二十七条规定，行政复议机关在对被申请人作出的具体行政行为进行审查时，认为其依据不合法，本机关有权处理的，应当在三十日内依法处理；无权处理的，应当在七日内按照法定程序转送有权处理的国家机关依法处理。据此可知，只有在复议机关无权处理时，才符合复议机关转送有权处理的国家机关依法处理的情形。本案中，苏鸿向哈尔滨市政府申请行政复议，请求撤销香坊大街派出所对滕松茂作出的行政处罚决定，并责令其重新作出刑事处罚决定。哈尔滨市政府复议决定撤销行政处罚决定，本案属于复议机关有权处理的情形，现苏鸿主张哈尔滨市政府应将本案移交有关机关处理无事实及法律依据。一审法院判决驳回苏鸿的诉讼请求，二审法院予以维持并无不当。苏鸿的再审申请不符合《中华人民共和国行政诉讼法》第九十一条规定的情形。依照《最高人民法院关于适用〈中华人民共和国行政诉讼法〉的解释》第一百一十六条第二款之规定，裁定如下：

驳回再审申请人苏鸿的再审申请。

> 审判长　梁凤云
> 审判员　张　艳
> 审判员　杨　迪
> 二〇二〇年六月一日
> 法官助理　陈　默
> 书记员　王　旭

『2023 年版本』

第五十八条　行政复议机关依照本法第五十六条、第五十七条的规定有权处理有关规范性文件或者依据的，行政复议机构应当自行政复议中止之日起三日内，书面通知规范性文件或者依据的制定机关就相关条款的合法性提出书面答复。制定机关应当自收到书面通知之日起十日内提交书面答复及相关材料。

行政复议机构认为必要时，可以要求规范性文件或者依据的制定机关当面说明理由，制定机关应当配合。

『 条文释义 』

本条规定了规范性文件制定机关的配合义务。1999 年版本、2009 年版本和2017 年版没有该规定，2023 年版本新增加了该项规定。

行政行为的合法性与其所依据的规范性文件的合法性息息相关，一旦该规范性文件违法，该行政行为大概率也就不合法了。因此，无论是行政复议机关还是规范性文件的制定机关，对于规范性文件的合法性问题都应予以高度重视。行政复议机关依照《行政复议法》第五十六条、第五十七条的规定，如果有权处理有关规范性文件或者依据，说明该规范性文件或者依据的制定机关为本级政府部门或者下级政府及其部门，行政复议机构应当自行政复议中止之日起三日内，书面通知规范性文件或者依据的制定机关就相关条款的合法性提出书面答复。制定机关应当自收到书面通知之日起十日内提交书面答复及相关材料。需要注意的是，这里的"三日"是三个工作日，"十日"也是十个工作日，不包括周末在内，大约是两周的时间。制定机关提交的书面答复应当详细阐述其认为合法的理由和依据并对申请人的质疑提出反驳意见。

如果行政复议机构认为制定机关的书面答复不够清晰，或者仍有疑问，可以要求规范性文件或者依据的制定机关当面说明理由，制定机关应当配合。这里的"当面说明理由"，既可以是在申请人、第三人和被申请人不在场的情况下，仅向行政复议机关说明理由，也可以在申请人、第三人和被申请人在场的情况下，向行政复议机关说明理由。

『 2023 年版本 』

第五十九条　行政复议机关依照本法第五十六条、第五十七条的规定有权处理有关规范性文件或者依据，认为相关条款合法的，在行政复议决定书中一并告知；认为相关条款超越权限或者违反上位法的，决定停止该条款的执行，并责令制定机关予以纠正。

『 条文释义 』

本条规定了行政复议机关对有权处理的规范性文件合法性的审查和处理。1999 年版本、2009 年版本和 2017 年版没有该规定，2023 年版本新增加了该项规定。

　　行政复议机关依照《行政复议法》第五十六条、第五十七条的规定有权处理有关规范性文件或者依据，可以直接予以合法性审查，如果认为相关条款合法，在行政复议决定书中一并告知申请人。如果认为相关条款超越权限或者违反上位法，有权直接决定停止该条款的执行，并责令制定机关予以纠正。一旦相关条款违法，涉案的行政行为将被撤销。

『2023 年版本』

　　第六十条　依照本法第五十六条、第五十七条的规定接受转送的行政机关、国家机关应当自收到转送之日起六十日内，将处理意见回复转送的行政复议机关。

『条文释义』

　　本条规定了相关机关对规范性文件合法性的审查和处理。1999 年版本、2009 年版本和 2017 年版没有该规定，2023 年版本新增加了该项规定。

　　如果行政复议机关无权审查相关规范性文件或者依据的合法性，则应当依法转送有权机关处理，依照《行政复议法》第五十六条、第五十七条的规定接受转送的行政机关、国家机关应当自收到转送之日起六十日内，将处理意见回复转送的行政复议机关。行政复议机关应当按照上述处理意见来审理行政复议案件，无权对该处理意见提出异议或者不予接受。

第五章　行政复议决定

第六十一条　行政复议机关依照本法审理行政复议案件，由行政复议机构对行政行为进行审查，提出意见，经行政复议机关的负责人同意或者集体讨论通过后，以行政复议机关的名义作出行政复议决定。

经过听证的行政复议案件，行政复议机关应当根据听证笔录、审查认定的事实和证据，依照本法作出行政复议决定。

提请行政复议委员会提出咨询意见的行政复议案件，行政复议机关应当将咨询意见作为作出行政复议决定的重要参考依据。

『1999、2009、2017 年版本』

第二十八条　行政复议机关负责法制工作的机构应当对被申请人作出的具体行政行为进行审查，提出意见，经行政复议机关的负责人同意或者集体讨论通过后，按照下列规定作出行政复议决定：

（一）具体行政行为认定事实清楚，证据确凿，适用依据正确，程序合法，内容适当的，决定维持；

（二）被申请人不履行法定职责的，决定其在一定期限内履行；

（三）具体行政行为有下列情形之一的，决定撤销、变更或者确认该具体行政行为违法；决定撤销或者确认该具体行政行为违法的，可以责令被申请人在一定期限内重新作出具体行政行为：

1. 主要事实不清、证据不足的；

2. 适用依据错误的；

3. 违反法定程序的；

4. 超越或者滥用职权的；

5. 具体行政行为明显不当的。

（四）被申请人不按照本法第二十三条的规定提出书面答复、提交当初作出具体行政行为的证据、依据和其他有关材料的，视为该具体行政行为没有证据、依据，决定撤销该具体行政行为。

行政复议机关责令被申请人重新作出具体行政行为的，被申请人不得以同一的事实和理由作出与原具体行政行为相同或者基本相同的具体行政行为。

『 条文释义 』

本条规定了行政复议决定作出的程序和依据。1999 年版本、2009 年版本和 2017 年版本的规定一致，2023 年版本修改完善了该项规定。

行政复议机关依照《行政复议法》审理行政复议案件，由行政复议机构对行政行为进行审查，提出意见，经行政复议机关的负责人同意或者集体讨论通过后，以行政复议机关的名义作出行政复议决定。行政复议决定是行政复议机关的决定，由行政复议机关承担责任，因此，该决定的作出应当能够充分代表行政复议机关的意思。行政复议机构是行政复议机关具体承办行政复议事项的机构，具体工作以及行政复议决议的草案都应当由行政复议机构来承担，但在作出正式决定之前，应当经行政复议机关的负责人同意或者集体讨论通过。通常情况下，经简易程序审理的行政复议决议可以经行政复议机关的负责人同意即可，经普通程序审理的以及经过听证的行政复议决议原则上应经行政复议机关集体讨论通过。

经过听证的行政复议案件，通常情况下都是争议比较大、案情比较复杂的案件，听证也是申请人充分表达诉求、理由和依据等的重要机会，因此，行政复议机关应当对听证笔录给予足够的重视，行政复议决定应当充分考虑听证笔录，同时也应当根据审查认定的事实和证据，依照《行政复议法》作出。

提请行政复议委员会提出咨询意见的行政复议案件，行政复议机关应当将咨询意见作为作出行政复议决定的重要参考依据。如果行政复议委员会给出了明确的结论，行政复议决定应当与该明确的结论相一致。

『 相关规章 』

水利部行政复议工作暂行规定

第十一条 水利部政策法规司对被申请行政复议的具体行政行为审查后，应当提出书面意见，并报谓主管副部长和部长审核同意，主管副部长或部长认为必要，可将行政复议审查意见提交部长办公会议审议，按照《行政复议法》第二十八条、三十一条的规定作出行政复议决定，由政策法规司制作行政复议决定书、加盖部印章后送达申请人。

流域机构的复议工作机构对被申请行政复议的具体行政行为审查后，应当提出书面意见，并报请主管副主任（局长）和主任（局长）审核同意，主管副主任（局长）或主任（局长）认为必要。可将行政复议审查意见提交主任（局长）办公会议审议，按照《行政复议法》第二十八条、三十一条的规定作出行政复议决定，由复议工作机构制作行政复议决定书、加盖流域机构印章后送达申请人。

住房城乡建设行政复议办法

第二十五条　行政复议机关审查行政复议案件，应当以证据证明的案件事实为依据。定案证据应当具有合法性、真实性和关联性。

第二十六条　行政复议机关应当对被申请人作出的行政行为的下列事项进行审查：

（一）是否具有相应的法定职责；

（二）主要事实是否清楚，证据是否确凿；

（三）适用依据是否正确；

（四）是否符合法定程序；

（五）是否超越或者滥用职权；

（六）是否存在明显不当。

第二十七条　行政复议机关对申请人认为被申请人不履行法定职责的行政复议案件，应当审查下列事项：

（一）申请人是否曾经要求被申请人履行法定职责；

（二）被申请人是否具有法律、法规或者规章明确规定的具体法定职责；

（三）被申请人是否明确表示拒绝履行或者不予答复；

（四）是否超过法定履行期限；

（五）被申请人提出不能在法定期限内履行或者不能及时履行的理由是否正当。

商务部行政复议实施办法

第十三条　法制工作机构应当对被申请人做出的具体行政行为进行审查，提出意见，经商务部负责人同意或集体讨论通过后，按照《行政复议法》第二十八条的规定作出行政复议决定。

公安机关办理行政复议案件程序规定

第三十七条　公安行政复议机构应当对被申请人作出的具体行政行为的下列事项进行全面审查：

（一）主要事实是否清楚，证据是否确凿；

（二）适用依据是否正确；

（三）是否符合法定程序；

（四）是否超越或者滥用职权；

（五）是否存在明显不当；

（六）是否属于不履行法定职责。

第三十八条　公安行政复议机构在对本规定第三十七条规定的事项进行审查的同时，应当对下列事项进行审查：

（一）具体行政行为是否应当停止执行；

（二）是否需要通知第三人参加行政复议；

（三）是否需要提交公安行政复议机关集体讨论；

（四）是否需要当面听取当事人意见。

第三十九条　公安行政复议机构对行政处罚决定应当重点审查下列事项：

（一）被申请人是否具有法定职权；

（二）事实是否清楚，证据是否确凿；

（三）适用依据是否正确；

（四）量罚是否存在明显不当；

（五）是否符合法定程序。

第四十条　公安行政复议机构对行政强制措施决定应当重点审查下列事项：

（一）被申请人是否具有法定职权；

（二）是否符合法定条件；

（三）是否符合法定范围和期限；

（四）适用依据是否正确；

（五）是否符合法定程序。

第四十一条　公安行政复议机构对行政许可应当重点审查下列事项：

（一）许可事项是否属于被申请人的法定职责；

（二）不予许可理由是否正当；

（三）是否符合法定许可范围；

（四）是否符合法定程序。

第四十二条　公安行政复议机构对申请人认为被申请人不履行法定职责的行政复议案件，应当重点审查下列事项：

（一）是否属于被申请人的法定职责；

（二）被申请人是否明确表示拒绝履行或者不予答复；

（三）是否超过法定履行期限；

（四）被申请人提出不能在法定期限内履行或者不能及时履行的理由是否正当。

前款规定的不履行法定职责，是指被申请人对申请人依法提出的申请，应当在法定的期限或者相当的期限内履行其法定职责，而拒绝履行或者没有正当理由延迟履行。

被申请人已经实际履行，但因不可抗力或者非因被申请人自身原因没有继续履行必要或者致使履行不充分的，不属于不履行法定职责。

司法行政机关行政复议应诉工作规定

第二十二条　司法行政机关法制工作机构应当对被申请人作出的具体行政行为进行审查，提出意见，填写司法行政机关行政复议决定审批表，拟制复议决定意见，在征求业务部门意见后，报经行政机关负责人审批。

『典型案例』

泉州市丰泽区人民政府

行政复议决定书

泉丰政行复决〔2020〕2 号

申请人：泉州市某某软件有限公司，法定代表人：刘某某。

被申请人：泉州市丰泽区市场监督管理局，地址：泉州市丰泽区刺桐西路瑞祥西苑 1 号楼，法定代表人：林生泉，职务：局长。

申请人泉州市某某软件有限公司对被申请人泉州市丰泽区市场监督管理局不予通过变更公司名称的决定不服提出的行政复议申请，本机关已于 2020 年 4 月 27 日受理，现已审理终结。

申请人请求：1. 撤销被申请人泉州市丰泽区市场监督管理局于 2020 年 3 月 3 日作出的不予通过变更公司名称的决定。2. 责令其限期重作。

申请人称：申请人申请将公司名称变更为"泉州市某某律法科技有限公司"，未获得被申请人泉州市丰泽区市场监督管理局通过。申请人不服，遂复议，理由如下：

一、被申请人作出行政行为无明显的法律依据。被申请人在不予通过变更公司名称申请的决定中建议参照的《国民经济行业分类》仅为行业分类的指引，并无公司名称命名的具体规则，没有对于"律法"一词的禁止使用的规定，而参照《战略性新兴产业分类（2018）》（国家统计局令第 23 号），申请人属于新兴产业中新增的"9 相关服务业"行业类别。被申请人所引用的《新兴行业》则查无此文件。该变更名称申请属于行政许可事项，被申请人未按照行政许可法第七十二条的规定依法说明不予行政许可的理由。申请人变更名称的申请也并未与《企业名称禁限用规则》（工商企注字〔2017〕133 号）中的条款相抵触。

二、申请人认为全国各地的命名规则中都不存在禁止使用"律法"命名科技公司的规定。申请人通过"国家企业信息公示系统"查询到全国各地使用"律法"作为名称的法律科技公司有数十家，如北京律法在线科技有限公司、富驰律法（北京）科技有限公司、衡水律法网络科技有限公司、武汉律法先锋科技技术有限公司等，说明科技公司用"律法"在全国范围内是受到法律和行政机关认可的。

三、申请人变更公司名称的申请符合法律规定。申请人的经营、工作范围就是创设法律服务系统、为法律行业提供科技技术配套等，服务对象为律师行业、司法局、公检法等，申请人是实际运营的法律科技服务公司，不属于律师行业，设立、变更无须经过司法局审批，应当由被申请人审批。申请人已经按照《中华人民共和国公司登记管理条例》第二十七条、二十八条的规定向被申请人提交了申请材料。

综上所述，依《中华人民共和国行政复议法》第六条第（八）项、第二十八条第（四）项的相关规定，请求撤销被申请人的行政行为，并责令其依法重作。

被申请人称：申请人将公司名称变更为"泉州市某某律法科技有限公司"无法体现其所属行业或经营特点，且申请人主要从事计算机软件、系统的设计开发及其他相关业务，与法律无明显直接关联，将"律法"作为字号容易引起公众误解。

一、申请人将"泉州市某某律法科技有限公司"作为公司名称无法体现其所属行业或者经营特点。根据《企业名称登记管理规定》（2007年）第十一条："企业应当根据其主营业务，依照国家行业分类标准划分的类别，在企业名称中表明所属行业或者经营特点。"在《国民经济行业分类》中，I类信息传输、软件和信息技术服务业的应用软件开发（6513），指独立销售的面向应用需求的软件和解决方案软件等，包括通用软件、工业软件、行业软件、嵌入式应用软件等。申请人属于以上行业类别，申请人既不得自行将"律法科技"表明所属行业，也不得将"律法"作为字号使用。

二、申请人的营业执照（统一社会信用代码：91350503579254××××）上登记的企业经营范围为："从事计算机软件设计、程序编制、分析、测试、修改、咨询；为互联网和数据库提供软件设计与技术服务；为软件所支持的系统及环境提供咨询、协调和指导；网站建设、网络技术服务；计算机信息系统集成服务；安防设备安装及维护；室内外装饰装修工程设计与施工；销售：计算机软硬机及辅助材料、电子产品。""律法"一词为"法律"的倒装，两者词义相同，申请人更名为"泉州市某某律法科技有限公司"，容易使公众认为申请人经营范围包含法律业务，而申请人的登记的经营范围中并未包含法律相关内容，若通过该名称变更申请则导致公众误解。

综上，被申请人对申请人行政许可申请进行了认真核实，并依法处理。不予通过申请人变更名称申请决定依据的事实清楚，程序合法，证据确凿充分，适用法律、法规正确。申请人提出的有关行政复议的理由不能成立，请依法驳回申请人的行政复议请求。

经审理查明：申请人于2019年在"福建红盾网"上申请将公司名称变更为"泉州市某某律法科技有限公司"，未获得通过。申请人于2019年11月8日前往区市场监督管理局9号窗口进行现场咨询未通过变更名称具体原因，被申请人工作人员称普通公司的字号中的"律法"具有误导性，容易引起公众误解，故不能作为字号。并告知申请人己方并无办理法律业务方面的权限，如坚持将"律法"作为字号，则需注册律师事务所，需找泉州市司法局进行办理。因申请人未保存第一次申请截屏材料，申请人于2020年3月3日再次于"福建红盾网"上申请将公司名称变更为"泉州市某某律法科技有限公司"，被申请人于2020年3月3日再次作出不予通过的决定，理由为申请人申报的企业名称行业用语不规范，需参照《国民经济行业分类》和《新兴行业》用语表述名称中的行业。申请人对该处理告知不服，向本机关申请行政复议。

上述事实有下列证据证明：被申请人在红盾网上不予通过申请人变更名称申请的截屏图片；申请人现场咨询被申请人工作人员录音；申请人营业执照复印件等。

本机关认为：第一、根据《企业名称登记管理规定》（2007年）第十一条规定，企业应当根据其主营业务，依照国家行业分类标准划分的类别，在企业名称中标明所属行业或者经营特点。在申请人营业执照（统一社会信用代码：91350503579254××××）所登记的经营范围为软件设计、开发、销售等内容，其主营业务均与法律无直接关联，且"律法科技"一词也不能准确标明其在国民经济行业中所属类别。申请人在变更名称的申请中准备选用"泉州市某某律法科技有限公司"作为公司名称，与其主营业务不符，也未按照国家行业分类标准划分的类别在企业名称中表明所属行业或者经营特点。

第二、根据《企业名称登记管理规定》（2007年）第九条规定，企业名称不得含有可能对公众造成欺骗或者误解的文字或内容。本案中申请人拟变更为的公司名称"泉州市某某律法科技有限公司"，企业名称作为企业对外营销的重要手段，是外界评估是否与其进行交易的标准之一，若通过申请人变更公司名称的申请，则易使普通公众和交易相对人将其关联到法律相关业务，陷入错误的认知中。

综上，被申请人作出的不予通过申请人将公司名称变更为"泉州市某某律法科技有限公司"的决定认定事实清楚，适用依据正确。根据《中华人民共和国行政复议法》第二十八条第一款的规定，本机关决定如下：

维持被申请人泉州市丰泽区市场监督管理局作出的不予通过申请人泉州市某某软件有限公司变更名称为"泉州市某某律法科技有限公司"的决定。

申请人如不服本决定，可自收到本《行政复议决定书》之日起15日内依法向人民法院提起行政诉讼。

泉州市丰泽区人民政府

2020年6月23日

『2023 年版本』

第六十二条　适用普通程序审理的行政复议案件，行政复议机关应当自受理申请之日起六十日内作出行政复议决定；但是法律规定的行政复议期限少于六十日的除外。情况复杂，不能在规定期限内作出行政复议决定的，经行政复议机构的负责人批准，可以适当延长，并书面告知当事人；但是延长期限最多不得超过三十日。

适用简易程序审理的行政复议案件，行政复议机关应当自受理申请之日起三十日内作出行政复议决定。

『 1999、2009、2017 年版本 』

第三十一条 行政复议机关应当自受理申请之日起六十日内作出行政复议决定；但是法律规定的行政复议期限少于六十日的除外。情况复杂，不能在规定期限内作出行政复议决定的，经行政复议机关的负责人批准，可以适当延长，并告知申请人和被申请人；但是延长期限最多不超过三十日。

行政复议机关作出行政复议决定，应当制作行政复议决定书，并加盖印章。

行政复议决定书一经送达，即发生法律效力。

『 条文释义 』

本条规定了行政复议案件审理的期限。1999 年版本、2009 年版本和 2017 年版本的规定一致，2023 年版本修改完善了该项规定。

审理行政复议案件的程序有两种：普通程序和简易程序。普通程序的期限可以长一些，特殊情况可以适当延长，简易程序期限要短一些，且不允许延长。适用普通程序审理的行政复议案件，行政复议机关应当自受理申请之日起六十日内作出行政复议决定；但是如果其他法律规定的行政复议期限少于六十日，行政复议机关应当在该短于六十日的法定期限内作出行政复议决定。

如果情况复杂，不能在规定期限内作出行政复议决定，经行政复议机构的负责人批准，可以适当延长，并书面告知当事人；但是延长期限最多不得超过三十日。行政复议期限延长的次数没有限制，但延期期限的合计不能超过三十日，也就是说，行政复议决定最迟应在行政复议机关受理申请之日起九十日内作出。当然，在行政复议审理过程中，行政复议中止的期间是不计算在内的。

适用简易程序审理的行政复议案件，行政复议机关应当自受理申请之日起三十日内作出行政复议决定。该期限是不允许延长的，如果行政复议机关发现案件比较复杂，难以在三十日内作出决定，应当及时将简易程序转变为普通程序。

『 相关规章 』

税务行政复议规则

第八十三条 行政复议机关应当自受理申请之日起 60 日内作出行政复议决定。情况复杂，不能在规定期限内作出行政复议决定的，经行政复议机关负责人批准，可以适当延期，并告知申请人和被申请人；但是延期不得超过 30 日。

行政复议机关作出行政复议决定，应当制作行政复议决定书，并加盖行政复议机关印章。

行政复议决定书一经送达，即发生法律效力。

第一百零三条　行政复议机关在行政复议工作中可以使用行政复议专用章。行政复议专用章与行政复议机关印章在行政复议中具有同等效力。

自然资源行政复议规定

第四十一条　行政复议案件审结后，案件承办机构应当及时将案件材料立卷归档。

水利部行政复议工作暂行规定

第十二条　公民、法人或者其他组织对水利部作出的行政复议决定不服的，可以依照《行政诉讼法》《行政复议法》的规定向人民法院提起行政诉讼，也可以向国务院申请裁决。

公民、法人或者其他组织对流域机构作出的行政复议决定不服的，可以依照《行政诉讼法》《行政复议法》的规定向人民法院提起行政诉讼。

工业和信息化部行政复议实施办法

第二十三条　工业和信息化部自受理行政复议申请之日起60日内作出行政复议决定。案件情况复杂，不能在规定期限内作出行政复议决定的，经工业和信息化部负责人批准，可以适当延长，延长期限最多不超过30日。

延长行政复议期限的，应当制作延期审理通知书并送达申请人、被申请人、第三人。

第二十四条　工业和信息化部作出行政复议决定，应当制作行政复议决定书，送达申请人、被申请人、第三人。

交通运输行政复议规定

第十九条　交通运输行政复议机关作出交通运输行政复议决定，应当制作《交通运输行政复议决定书》，加盖交通运输行政复议机关印章，分别送达申请人、被申请人和第三人；交通运输行政复议决定书一经送达即发生法律效力。

交通运输行政复议机关向当事人送达《交通运输行政复议决定书》及其他交通运输行政复议文书（除邮寄、公告送达外）应当使用《送达回证》，受送达人应当在送达回证上注明收到日期，并签名或者署印。

第二十条　交通运输行政复议机关应当自受理交通运输行政复议申请之日起六十日内作出交通运输行政复议决定；但是法律规定的行政复议期限少于六十日的除外。情况复杂，不能在规定期限内作出交通运输行政复议决定的，经交通运输行政复议机关的负责人批准，可以适当延长，并告知申请人、被申请人、第三人，但是延长期限最多不超过三十日。

交通运输行政复议机关延长复议期限的，应当制作《延长交通运输行政复议期限通知书》送达申请人、被申请人、第三人。

住房城乡建设行政复议办法

第五十二条　行政复议机关可以使用行政复议专用章。行政复议专用章用于办理行政复议事项，与行政复议机关印章具有同等效力。

中华人民共和国海关行政复议办法

第六十七条　海关行政复议机构提出案件处理意见，经海关行政复议机关负责人审查批准后，作出行政复议决定。

第六十八条　海关行政复议机关应当自受理申请之日起60日内作出行政复议决定。但是有下列情况之一的，经海关行政复议机关负责人批准，可以延长30日：

（一）行政复议案件案情重大、复杂、疑难的；

（二）决定举行行政复议听证的；

（三）经申请人同意的；

（四）有第三人参加行政复议的；

（五）申请人、第三人提出新的事实或者证据需进一步调查的。

海关行政复议机关延长复议期限，应当制作《延长行政复议审查期限通知书》，并且送达申请人、被申请人和第三人。

第七十七条　海关行政复议机关作出行政复议决定，应当制作《行政复议决定书》，送达申请人、被申请人和第三人。

《行政复议决定书》应当载明下列内容：

（一）申请人姓名、性别、年龄、职业、住址（法人或者其他组织的名称、地址、法定代表人或者主要负责人的姓名、职务）；

（二）第三人姓名、性别、年龄、职业、住址（法人或者其他组织的名称、地址、法定代表人或者主要负责人的姓名、职务）；

（三）被申请人名称、地址、法定代表人姓名；

（四）申请人申请复议的请求、事实和理由；

（五）被申请人答复的事实、理由、证据和依据；

（六）行政复议认定的事实和相应的证据；

（七）作出行政复议决定的具体理由和法律依据；

（八）行政复议决定的具体内容；

（九）不服行政复议决定向人民法院起诉的期限和具体管辖法院；

（十）作出行政复议决定的日期。

《行政复议决定书》应当加盖海关行政复议机关的印章。

《行政复议决定书》一经送达，即发生法律效力。

《行政复议决定书》直接送达的，行政复议人员应当就行政复议认定的事实、证据、作出行政复议决定的理由、依据向申请人、被申请人和第三人作出说明；申请人、被申请人和第三人对《行政复议决定书》提出异议的，除告知其向人民法院起诉的权利外，应当就有关异议作出解答。《行政复议决定书》以其他方式送达的，申请人、被申请人和第三人就《行政复议决定书》有关内容向海关行政复议机构提出异议的，行政复议人员应当向申请人、被申请人和第三人作出说明。

经申请人和第三人同意，海关行政复议机关可以通过出版物、海关门户网站、海关公告栏等方式公布生效的行政复议法律文书。

第七十八条 《行政复议决定书》送达申请人、被申请人和第三人后，海关行政复议机关发现《行政复议决定书》有需要补充、更正的内容，但是不影响行政复议决定的实质内容的，应当制发《行政复议决定补正通知书》，并且送达申请人、被申请人和第三人。

第一百一十二条 海关行政复议机关可以使用行政复议专用章。在海关行政复议活动中，行政复议专用章和行政复议机关的印章具有同等法律效力。

国家知识产权局行政复议规程

第二十七条 行政复议决定应当自受理行政复议申请之日起 60 日内作出，但是情况复杂不能在规定期限内作出的，经审批后可以延长期限，并通知复议申请人和第三人。延长的期限最多不得超过 30 日。

第二十八条 行政复议决定以国家知识产权局的名义作出。行政复议决定书应当加盖国家知识产权局行政复议专用章。

中国证券监督管理委员会行政复议办法

第二十九条 行政复议机关对行政复议机构或者行政复议委员会提出的复议意见进行审查，经行政复议机关的负责人同意或者集体讨论通过后，依法作出行政复议决定。

第三十条 依照《行政复议法》第三十一条的规定，有下列情况之一的，可以视为案件情况复杂，经行政复议机关的负责人批准，行政复议期限可以适当延长，但是延长期限最多不超过 30 日：

（一）需要举行行政复议听证的；

（二）申请人、第三人提出新的事实、理由或者证据需进一步调查核实的；

（三）申请人与被申请人进行和解或者行政复议机构进行调解的；

（四）情况复杂，不能在规定期限内作出行政复议决定的其他情况。

延长复议期限，应当制作决定延期通知书，告知有关当事人。

第三十一条 行政复议机关作出行政复议决定，应当制作行政复议决定书，送达申请人和第三人，抄送被申请人。

行政复议决定书应当载明下列内容：

（一）申请人、第三人基本情况：自然人姓名、性别、工作单位及职务（原工作单位及职务）、住址；法人或者其他组织的名称、地址、法定代表人或者主要负责人的姓名、职务；

（二）被申请人名称、地址；

（三）申请人申请复议的请求、事实和理由；

（四）被申请人答复的事实、理由、证据和依据；

（五）行政复议认定的事实和相应的证据；

（六）作出行政复议决定的具体理由和法律依据；

（七）行政复议决定的结论；

（八）行政复议决定的救济途径；

（九）作出行政复议决定的日期。

行政复议决定书应当加盖行政复议机关的印章。

第三十二条 行政复议决定书一经送达，即发生法律效力。行政复议机关可以通过中国证监会门户网站、中国证监会公告等方式公布生效的行政复议决定书。

第三十三条 经被申请人同意，原承办部门、派出机构或者授权组织和申请人可以依照《行政复议法实施条例》第四十条的规定在作出行政复议决定之前自愿达成和解，并向行政复议机构提交书面和解协议。

和解协议应当载明行政复议请求、事实、理由、和解的条件和达成和解的结果。

和解协议应当由申请人和被申请人或者原承办部门签字或者盖章。

第三十四条 行政复议机构应当对申请人和作出具体行政行为的机构提交的和解协议进行备案。和解确属双方真实意思表示，和解内容不损害社会公共利益和他人合法权益的，行政复议机构应当准许和解，终止行政复议案件的审理。

在行政复议期间内未达成和解协议的，行政复议机关应当及时作出行政复议决定。

第三十五条 经行政复议机构准许和解的，申请人和被申请人应当履行和解协议。

第三十六条 有下列情形之一的，行政复议机关可以进行调解：

（一）公民、法人或者其他组织对中国证监会行使自由裁量权作出的具体行政行为不服申请行政复议的；

（二）行政赔偿或者行政补偿纠纷。

第三十七条 调解应当符合以下要求：

（一）查明案件事实，充分尊重申请人和被申请人的意愿；

（二）调解应当按照自愿、合法的原则，调解结果不得损害国家利益、社会公共利益或者他人合法权益。

第三十八条 申请人和被申请人经调解达成协议的，行政复议机关应当制作行政复议调解书。行政复议调解书应当载明下列内容：

（一）申请人基本情况：自然人姓名、性别、工作单位及职务（原工作单位及职务）、住址；法人或者其他组织的名称、地址、法定代表人或者主要负责人的姓名、职务；

（二）被申请人名称、地址；

（三）申请人申请行政复议的请求、事实和理由；

（四）被申请人答复的事实、理由、证据和依据；

（五）进行调解的基本情况；

（六）调解协议的主要内容和调解结果；

（七）申请人、被申请人履行调解书的义务；

（八）日期。

行政复议调解书应当加盖行政复议专用章。行政复议调解书经申请人、被申请人签字或者盖章，即具有法律效力。申请人和被申请人应当履行生效的行政复议调解书。

第四十四条　行政复议机关在受理、审查、决定行政复议申请过程中，可使用行政复议专用章。在中国证监会行政复议活动中，行政复议专用章和行政复议机关的印章具有同等法律效力。

人力资源社会保障行政复议办法

第五十条　行政复议机关作出行政复议决定，应当制作《行政复议决定书》，载明下列事项：

（一）申请人的姓名、性别、年龄、住所（法人或者其他组织的名称、地址、法定代表人或者主要负责人的姓名、职务）；

（二）被申请人的名称、住所；

（三）申请人的行政复议请求和理由；

（四）第三人的意见；

（五）被申请人答复意见；

（六）行政复议机关认定的事实、理由，适用的法律、法规、规章以及其他规范性文件；

（七）复议决定；

（八）申请人不服行政复议决定向人民法院起诉的期限；

（九）日期。

《行政复议决定书》应当加盖行政复议机关印章。

第五十二条　下级行政复议机关应当及时将重大行政复议决定报上级行政复议机关备案。

第五十三条　案件审查结束后，办案人员应当及时将案卷进行整理归档。案卷保存期不少于10年，国家另有规定的从其规定。保存期满后的案卷，应当按照国家有关档案管理的规定处理。

案卷归档材料应当包括：

（一）行政复议申请的处理

1.行政复议申请书或者行政复议申请笔录、申请人提交的证据材料；

2.授权委托书、申请人身份证复印件、法定代表人或者主要负责人身份证明书；

3.行政复议补正通知书；

4.行政复议受理通知书和行政复议提出答复通知书；

5.行政复议不予受理决定书；

6. 行政复议告知书；

7. 行政复议答复书、被申请人提交的证据材料；

8. 第三人参加行政复议申请书、第三人参加行政复议通知书；

9. 责令限期受理行政复议申请通知书。

（二）案件审理

1. 行政复议调查笔录；

2. 行政复议听证记录；

3. 行政复议中止通知书、行政复议恢复审理通知书；

4. 行政复议和解协议；

5. 行政复议延期处理通知书；

6. 撤回行政复议申请书；

7. 规范性文件转送函。

（三）处理结果

1. 行政复议决定书；

2. 行政复议调解书；

3. 行政复议终止书；

4. 驳回行政复议申请决定书。

（四）其他

1. 行政复议文书送达回证；

2. 行政复议意见书；

3. 行政复议建议书；

4. 其他。

第五十四条　案卷装订、归档应当达到下列要求：

（一）案卷装订整齐；

（二）案卷目录用钢笔或者签字笔填写，字迹工整；

（三）案卷材料不得涂改；

（四）卷内材料每页下方应当居中标注页码。

第五十七条　行政复议机关可以使用行政复议专用章。在人力资源社会保障行政复议活动中，行政复议专用章和行政复议机关印章具有同等效力。

环境行政复议办法

第三十二条　环境行政复议机构应当对被申请人作出的具体行政行为进行审查，拟定行政复议决定书，报请环境行政复议机关负责人审批。行政复议决定书应当加盖印章，送达当事人。

第三十三条　环境行政复议机关应当自受理行政复议申请之日起60日内作出行政复议决定。情况复杂，不能在规定期限内作出行政复议决定的，经环境行政复议机关负责人批准，可以适当延长，但是延长期限最多不超过30日。环境行政复议机关应当制作延期审理通知书，载明延期的主要理由及期限，送达当事人。

国家发展和改革委员会行政复议实施办法

第二十七条　国家发展改革委应当自受理申请之日起 60 日内做出行政复议决定。情况复杂，不能在规定期限内做出行政复议决定的，经国家发展改革委负责人批准，可以适当延长，并及时告知申请人和被申请人；但是延长期限最多不超过 30 日。

国家发展改革委做出行政复议决定，应当制作《行政复议决定书》，并加盖行政复议专用章。

《行政复议决定书》一经送达，即发生法律效力。

公安机关办理行政复议案件程序规定

第七十三条　公安行政复议机关对情况复杂，不能在规定期限内作出行政复议决定，需要延长行政复议期限的案件，应当制作《行政复议期限延长通知书》，送达申请人和被申请人。

前款规定中的情况复杂包括：

（一）需要对申请人、第三人在行政复议过程中提出的新的证据重新鉴定、勘验或补充，不能在法定的行政复议期限内办结的；

（二）需要对被申请人作出的具体行政行为所认定的事实作进一步的调查核实，或者申请人、第三人要求作进一步的调查核实，不能在法定的行政复议期限内调查核实完毕的；

（三）行政复议案件涉及较多的当事人、不同地区，不能在法定的行政复议期限内办结的；

（四）其他不能在法定的行政复议期限内作出行政复议决定的复杂情况。

第七十四条　公安行政复议机关作出行政复议决定，应当制作《行政复议决定书》，载明以下内容：

（一）申请人、第三人及其代理人的姓名、性别、年龄、职业、住址等，法人或者其他组织的名称、地址、法定代表人等；

（二）被申请人的名称、住址、法定代表人等；

（三）申请人的行政复议请求；

（四）申请人提出的事实和理由；

（五）被申请人答复的事实和理由；

（六）公安行政复议机关认定的事实、理由和适用的依据；

（七）行政复议结论；

（八）不服行政复议决定向人民法院提起行政诉讼的期限，或者最终裁决的履行期限；

（九）作出行政复议决定的日期。

《行政复议决定书》应当加盖公安行政复议机关印章或者公安行政复议专用章。

第七十五条　公安机关建立公安行政复议决定书备案制度。

司法行政机关行政复议应诉工作规定

第二十三条　行政复议机关作出行政复议决定，应当制作行政复议决定书，并加盖行政复议机关印章。行政复议决定一经公布、委托方式送达即发生法律效力。

第二十五条　行政复议机关应当自受理申请之日起60日内作出行政复议决定。如有以下情况，不能在规定期限内作出行政复议决定的，经行政复议机关的负责人批准，可以适当延长，并告知申请人和被申请人；但延长期限最多不超过30日：

（一）因不可抗力延误相关文书抵达的；

（二）有重大疑难情况的；

（三）需要与其他机关相协调的；

（四）需要对具体行政行为依据的规定进行审查的；

（五）其他经行政复议机关负责人批准需要延长复议期限的。

『 相关行政解释 』

公安部关于公安机关贯彻实施《中华人民共和国行政复议法》若干问题的意见（1999年10月1日）

三、行政复议期限

13. 公安机关作出具体行政行为所依据的法律中规定的行政复议申请的期限少于60日，公民、法人或者其他组织在60日内提出行政复议申请的，履行行政复议职责的公安机关应当受理。

14. 履行行政复议职责的公安机关应当自受理申请之日起60日内作出行政复议决定；现行法律规定的行政复议期限少于60日的，从其规定。但是，由于案件情况复杂，不能在法律规定的期限内作出行政复议决定的，根据行政复议法第三十一条的规定，可以延长30日，并告知申请人和被申请人。

法规、规章和规范性文件中规定的行政复议决定期限少于60日的，履行行政复议职责的公安机关应当按照行政复议法第三十一条的规定，自受理申请之日起60日内作出行政复议决定。

公安部关于〈中华人民共和国行政复议法〉实施后出入境边防检查行政复议工作有关问题的通知（1999年10月26日）

（四）作出复议决定的期限。受理行政复议的公安厅、局或总站应自受理复议之日起60日内作出复议决定。现行法律规定的行政复议期限少于60日的，从其规定。由于案情复杂，不能在法律规定的期限内作出行政复议决定的，根据行政复议法第31条的规定，可以延长30日，并告知申请人和被申请人。

『典型案例』

扬州市人民政府行政复议决定书

〔2022〕扬行复第 146 号

申请人：马某。

被申请人：扬州市广陵区人民政府，住所地在扬州市广陵区文昌中路 548 号。

法定代表人：郎俊，该区区长。

申请人马某不服扬州市广陵区人民政府不履行法定职责，于 2022 年 9 月 1 日向本机关申请行政复议，本机关依法已予受理。因案情复杂，本案延期 30 日。现已审理终结。

申请人请求：1. 请求确认被申请人对申请人 2022 年 6 月 5 日提起的《履行职责申请书》超期未予答复的行为违法。2. 请求责令被申请人于一定期限内履行职责，作出答复。

申请人称：申请人系××村组村民，在本村拥有合法的宅基地及房屋、5 亩左右的承包地（自留地、副业田）等。2018 年 12 月 10 日，扬州市人民政府发布〔2018〕第 168 号《征收土地公告》，因"五峰山过江通道南北公路接线工程（广陵段）"建设项目需要，申请人宅基地及其房屋、全部承包地均已被征收。按照法律规定，申请人应当享受失地农民养老保险待遇，但时至今日，申请人的承包地和宅基地均未得到任何补偿，被申请人亦未落实申请人的失地农民养老保险待遇。申请人于 2022 年 6 月 5 日用中国邮政 EMS 快递向被申请人邮寄了《履行职责申请书》，被申请人于 2022 年 6 月 7 日签收。根据《中华人民共和国行政诉讼法》之规定，履行职责法定期限为两个月，被申请人应当于 2022 年 8 月 6 日前依法履行职责，但被申请人至今仍未依法履行职责且未作出任何答复，严重侵犯了申请人的合法权益。根据《中华人民共和国行政复议法》及其实施条例的规定，恳请贵府依法查明案件事实，支持申请人的行政复议请求。

申请人提交的证据有（以下证据均为复印件）：

1. 申请人居民身份证；

2.《履行职责申请书》；

3.《宅基地有偿使用证》；

4. 承包协议书；

5.〔2018〕第 168 号《征收土地公告》；

6. 征地调查结果确认表；

7. 征地告知确认表；

8. 五峰山过江通道南北公路接线工程农户签字确认现场照片；

9.自然资函〔2018〕470号《自然资源部关于五峰山过江通道南北公路接线（扬州段）工程建设用地的批复》；

10.尾号为3978的EMS邮寄单封面及物流查询记录。

被申请人称：2022年6月7日，被申请人收到申请人《履行职责申请书》，经审查，申请人提出的申请事项不属于被申请人法定职权管辖范围。

申请人为××村组的村民，该村组在2018年12月的"五峰山过江通道（广陵段）"项目中被征地13.34亩，其中农用地9.66亩，建设用地3.68亩，共产生5个征地进保名额。经向该村组了解，上述3.68亩建设用地为申请人、王发祥和步爱荣三户的宅基地，9.66亩农用地中有6.08亩为组集体土地，未承包给个人，另外3.6亩位于申请人宅基地东侧，2004年租给申请人用于栽植银杏树，申请人每年向村组缴纳30.4元租金。"五峰山过江通道（广陵段）"项目的征地补偿安置方案公告后，申请人等三户认为其属于被征地拆迁户，应享有优先进保权，但该组其他农户对此表示反对，安置人员名单一直无法产生，村组于是决定召开每户一名代表参会的村民代表大会进行商讨。

根据《中华人民共和国村民委员会组织法》第二十四条"涉及村民利益的下列事项，经村民会议讨论决定方可办理……（七）征地补偿费的使用、分配方案……（九）村民会议认为应当由村民会议讨论决定的涉及村民利益的其他事项。村民会议可以授权村民代表会议讨论决定前款规定的事项"，2019年6月27日晚上7点30分，××村××组在村会议室召开群众大会商议分配进保名额，根据村民自治原则，由××组村民民主商议本组5个进保名额产生办法。经会商，最终决定采用抓阄的形式来进行名额分配，因申请人等三户反对此方案并主动离场，未参与抓阄，其他参会人员一致认为其行为视同主动放弃抓阄权利，并签字确认3户放弃参与抓阄，所以申请人等三户均未能进入被征地农民安置人员名单。《省政府办公厅关于严格落实社会保障切实做好征地补偿安置工作的通知》（苏政办发〔2017〕34号）中明确："（一）充分发挥农村集体经济组织作用。征地补偿安置方案批准后，市、县（市）国土资源主管部门应及时将土地补偿费足额支付到农村集体经济组织。按照村民自治和新老征地补偿安置政策平稳衔接等原则，由农村集体经济组织经民主议定程序研究决定土地补偿费的使用、分配方案，商定被征地农民名单产生办法，并在地方政府规定的时间内提出被征地农民名单报乡（镇）人民政府、街道办事处审核。"依据上述规定，有关征地涉及的社会保障农民名单，系由农村集体经济组织按照村民自治的原则，由农村集体经济组织经民主议定程序商定提出，属于村民自治范畴。同时根据《江苏省征地补偿和被征地农民社会保障办法》（省政府第93号令，以下简称《省办法》）第五条"……被征地农民的名单由被征地的农村集体经济组织商定后提出，经乡（镇）人民政府审核，并在被征地农村集体经济组织所在地公示……"，该被征地农民安置人员名单由该村集体经济组织商定后提出，经扬州市广陵区李典镇人民政府（以下简称李典镇政府）审核，并在该村集体经济组织所在地进行公示，故被申请人无法对该名单进行调整或更改，不具备该名单产生及审核的法定职权。

根据《省办法》第三十一条"被征地农民的名单经市、县（市）人民政府确定之日起10个工作日内，市、县（市）国土资源部门应当从预存款账户中将16周岁以下被征地农民生活补助费足额支付给本人，将16周岁以上被征地农民社会保障资金一次性划入保障资金专户。被征地农民社会保障资金到账后10个工作日内，市、县（市）人力资源和社会保障部门应当按照以下方式处理：（一）将养老年龄段被征地农民的社会保障资金记入其在保障资金专户中的个人分账户，用于逐月发放养老补助金；（二）将劳动年龄段被征地农民的社会保障资金记入其在保障资金专户中的个人分账户，用于逐期代缴其参加社会养老保险的个人缴费部分"规定，2020年1月扬州市广陵区人力资源和社会保障局（以下简称广陵区人社局）根据该村组所上报的被征地农民名单办理该项目征地安置人员的进保手续，因申请人并不在名单之列，故广陵区人社局不能为其办理被征地农民社会保障。

申请人申请"落实办理被征地农民社会保险待遇"的前提是申请人已经纳入被征地安置人员名单，才可以办理被征地农民社会保险，进而享受社会保险待遇。该被征地农民安置人员名单由该村集体经济组织经民主议定程序商定提出，经李典镇政府审核公示，且申请人一直以其应该享有被征地保障优先进保权的理由，与李典镇政府进行行政诉讼，直至上诉至扬州市中级人民法院，此过程中法院均对申请人提出的优先进保权不予支持，被征地安置人员名单的产生属于村民自治范畴，亦非被申请人的法定职权。法律、法规未将处理某类事务的权力，授予某一行政机关，当这类事务发生时，行政相对人要求该行政机关处理这类事务，其拒绝处理，则不构成不履行法定职责。本案中，根据被征地安置人员名单进行被征地农民社会保障的进保办理，则由人社部门负责经办。而申请人要求被申请人履行"落实办理被征地农民社会保险待遇"的法定职责，在申请人未在该村被征地安置人员名单之列的情况下，并无明确的法律、法规授予申请人处理该事务的权力，故被申请人不具有为申请人"落实办理被征地农民社会保险待遇"的法定职责。综上，申请人认为被申请人不履行法定职责缺乏事实根据，申请人提出的申请事项不属于被申请人法定职权管辖范围，望复议机关驳回申请人的申请。

被申请人提交的证据有（以下证据均为复印件）：

1. 苏政办发〔2017〕34号《省政府办公厅关于严格落实社会保障切实做好征地补偿安置工作的通知》；

2.（2018）第168号《扬州市国土资源局征地补偿、安置方案公告》；

3.（2018）第168号《征收土地公告》；

4. ××村组被征地参保人员确认方案群众代表会会议纪要（2019年6月16日）；

5. ××村组被征地参保人员确定的分配方案（2019年6月27日）；

6. ××村组被征地农民抓阄登记表；

7. ××村组2019年9月27日会议情况说明；

8. 会议纪要（2019年6月27日）；

9. ××村组村民代表会议签到表；

10. ××村组被征地参保人员进保费用确定的方案（2019年6月27日）；

11.（2020）苏 1003 行初 1×× 号江苏省扬州市邗江区人民法院《行政裁定书》；

12.（2021）苏 1003 行初 × 号江苏省扬州市邗江区人民法院《行政裁定书》；

13. 广陵区被征地农民信息登记表；

14. 公示（广陵区李典镇 ×× 村村民委员会）；

15. 被征地农民社会保障工作实施方案落实情况登记表。

本机关查明：申请人马某系 ×× 村组村民。2018 年 12 月 10 日，扬州市人民政府发布（2018）第 168 号《征收土地公告》，申请人所在村组李典镇 ×× 村 ×× 组共征收 0.8 895 公顷土地，涉及农业人员安置 5 人。2019 年 6 月 27 日，×× 村召开 ×× 组村民代表会议，商定被征地农民名单产生办法及 5 名被征地农民名单。后该 5 名被征地农民名单经李典镇政府、被申请人审核确认。申请人不在上述名单之列。

2022 年 6 月 7 日，申请人向被申请人邮寄《履行职责申请书》，请求被申请人为申请人依法落实办理被征地农民社会保险待遇。至申请人提出行政复议前，被申请人未对申请人的申请作出处理或答复。

以上事实有申请人和被申请人提供的证据在卷佐证。

本机关认为：

《省办法》第五条第二款规定："被征地农民的名单由被征地的农村集体经济组织商定后提出，经乡（镇）人民政府审核，并在被征地农村集体经济组织所在地公示后，报市、县（市）人民政府确定。"第三十一条规定："被征地农民的名单经市、县（市）人民政府确定之日起 10 个工作日内，市、县（市）国土资源部门应当从预存款账户中将 16 周岁以下被征地农民生活补助费足额支付给本人，将 16 周岁以上被征地农民社会保障资金一次性划入保障资金专户。被征地农民社会保障资金到账后 10 个工作日内，市、县（市）人力资源和社会保障部门应当按照以下方式处理：（一）将养老年龄段被征地农民的社会保障资金记入其在保障资金专户中的个人分账户，用于逐月发放养老补助金；（二）将劳动年龄段被征地农民的社会保障资金记入其在保障资金专户中的个人分账户，用于逐期代缴其参加社会养老保险的个人缴费部分。"《省政府办公厅关于严格落实社会保障切实做好征地补偿安置工作的通知》（苏政办发〔2017〕34 号）中明确："充分发挥农村集体经济组织作用。征地补偿安置方案批准后，市、县（市）国土资源主管部门应及时将土地补偿费足额支付到农村集体经济组织。按照村民自治和新老征地补偿安置政策平稳衔接等原则，由农村集体经济组织经民主议定程序研究决定土地补偿费的使用、分配方案，商定被征地农民名单产生办法，并在地方政府规定的时间内提出被征地农民名单报乡（镇）人民政府、街道办事处审核。"《扬州市征地补偿和被征地农民社会保障办法》（扬府规〔2014〕3 号）第五条第二款规定："被征地农民的名单由被征地的农村集体经济组织商定后提出，经乡（镇）人民政府、街道办事处审核，并在被征地农村集体经济组织所在地公示后，报县（市、区）人民政府（管委会）确定。"根据上述规定，申请人申请为其落实办理被征地农民社会保险待遇的前提是申请人已经纳入被征地农民名单，才可以办理被征地农民社会保险，进而享受社会保险待遇。本案中，申请人不在李典镇××村××组被征地农民名单之列，申请人直接要求被申请人为其落实办理征地进保职责缺乏事实根据和法律依据。因此，被申请人不负有依申请人的申请为其办理征地进保的职责，依据《中华人民共和国行政复议法实施条例》第四十八条第一款第一项之规定，本机关决定：

驳回申请人马某的行政复议申请。

申请人如不服本行政复议决定，可以自收到本行政复议决定书之日起 15 日内向扬州市江都区人民法院提起行政诉讼。

2022 年 11 月 18 日

『2023 年版本』

第六十三条　行政行为有下列情形之一的，行政复议机关决定变更该行政行为：

（一）事实清楚，证据确凿，适用依据正确，程序合法，但是内容不适当；

（二）事实清楚，证据确凿，程序合法，但是未正确适用依据；

（三）事实不清、证据不足，经行政复议机关查清事实和证据。

行政复议机关不得作出对申请人更为不利的变更决定，但是第三人提出相反请求的除外。

『1999、2009、2017 年版本』

第二十八条　行政复议机关负责法制工作的机构应当对被申请人作出的具体行政行为进行审查，提出意见，经行政复议机关的负责人同意或者集体讨论通过后，按照下列规定作出行政复议决定：

（一）具体行政行为认定事实清楚，证据确凿，适用依据正确，程序合法，内容适当的，决定维持；

（二）被申请人不履行法定职责的，决定其在一定期限内履行；

（三）具体行政行为有下列情形之一的，决定撤销、变更或者确认该具体行政行为违法；决定撤销或者确认该具体行政行为违法的，可以责令被申请人在一定期限内重新作出具体行政行为：

1.主要事实不清、证据不足的；

2.适用依据错误的；

3.违反法定程序的；

4.超越或者滥用职权的；

5.具体行政行为明显不当的。

（四）被申请人不按照本法第二十三条的规定提出书面答复、提交当初作出具体行政行为的证据、依据和其他有关材料的，视为该具体行政行为没有证据、依据，决定撤销该具体行政行为。

行政复议机关责令被申请人重新作出具体行政行为的，被申请人不得以同一的事实和理由作出与原具体行政行为相同或者基本相同的具体行政行为。

『 条文释义 』

本条规定了行政复议决定变更行政行为的情形。1999 年版本、2009 年版本和 2017 年版本的规定一致，2023 年版本修改完善了该项规定。

为提高行政复议的效率，避免被申请人拖延或者变相维持涉案行政行为，行政复议机关能够直接变更行政行为的应当尽量选择变更。行政行为有下列情形之一的，行政复议机关应当决定变更该行政行为：

（1）事实清楚，证据确凿，适用依据正确，程序合法，但是内容不适当。如果仅仅是内容不适当，其他方面都没有问题，行政行为仅仅涉及最终结论的问题，此时，行政复议机关可以直接作出一个适当的决议。

（2）事实清楚，证据确凿，程序合法，但是未正确适用依据。如果事实、证据和程序均没有问题，仅仅是适用依据错误并由此导致行政行为的决定错误，行政复议机关可以直接给出一个正确的适用依据和正确的结论，可以直接变更行政行为。

（3）事实不清、证据不足，经行政复议机关查清事实和证据。原则上只要事实清楚、证据充足，剩下的就是适用法律和得出结论的事情，行政复议机关均可以直接变更行政行为，给出一个正确的结论。

由于行政复议是对申请人的救济程序，因此，行政复议机关不得作出对申请人更为不利的变更决定，但是如果涉及第三人利益且第三人提出相反请求，此时，行政复议机关应当公平考虑申请人和第三人的利益，此时有可能作出对申请人更为不利的变更决定。

『 相关法规 』

中华人民共和国行政复议法实施条例

第四十七条　具体行政行为有下列情形之一，行政复议机关可以决定变更：

（一）认定事实清楚，证据确凿，程序合法，但是明显不当或者适用依据错误的；

（二）认定事实不清，证据不足，但是经行政复议机关审理查明事实清楚，证据确凿的。

第五十一条　行政复议机关在申请人的行政复议请求范围内，不得作出对申请人更为不利的行政复议决定。

『 相关规章 』

税务行政复议规则

第七十七条　有下列情形之一的，行政复议机关可以决定变更：

（一）认定事实清楚，证据确凿，程序合法，但是明显不当或者适用依据错误的。

（二）认定事实不清，证据不足，但是经行政复议机关审理查明事实清楚，证据确凿的。

国家国际发展合作署行政复议实施办法

第十四条　法制机构对具体行政行为进行审查，提出意见，经国际发展合作署署务会议审定后，作出以下行政复议决定：

（一）具体行政行为认定事实清楚、证据确凿、适用依据正确、程序合法、内容适当的，决定维持；

（二）申请人要求被申请人履行未履行的法定职责的，决定被申请人在一定期限内履行；

（三）具体行政行为有下列情形之一的，决定撤销、变更具体行政行为或者确认具体行政行为违法：

1. 主要事实不清、证据不足的；

2. 适用依据错误的；

3. 违反法定程序的；

4. 超越或者滥用职权的；

5. 具体行政行为明显不当的。

工业和信息化部行政复议实施办法

第二十一条　工业和信息化部法制工作机构应当对被申请人作出的具体行政行为进行审查，提出意见，经工业和信息化部负责人同意或者集体讨论通过后，按照下列规定作出行政复议决定：

（一）具体行政行为认定事实清楚，证据确凿，适用依据正确，程序合法，内容适当的，决定维持；

（二）被申请人不履行法定职责的，决定其在一定期限内履行；

（三）具体行政行为有下列情形之一的，决定撤销、变更或者确认该具体行政行为违法：

1. 主要事实不清、证据不足的；

2. 适用依据错误的；

3. 违反法定程序的；

4. 超越或者滥用职权的；

5.具体行政行为明显不当的。

（四）被申请人未依法提出书面答复、提交当初作出具体行政行为的证据、依据和其他有关材料的，视为该具体行政行为没有证据、依据，决定撤销该具体行政行为。

决定撤销或者确认被申请人的具体行政行为违法的，可以责令其在一定期限内重新作出具体行政行为。

住房城乡建设行政复议办法

第三十二条　行政行为有下列情形之一的，行政复议机关可以决定变更该行政行为：

（一）认定事实清楚，证据确凿，程序合法，但是明显不当或者适用依据错误的；

（二）认定事实不清，证据不足，经行政复议程序审理查明事实清楚，证据确凿的。

第三十八条　行政复议机关在申请人的行政复议请求范围内，不得作出对申请人更为不利的行政复议决定。但利害关系人同为申请人，且行政复议请求相反的除外。

中华人民共和国海关行政复议办法

第七十四条　具体行政行为有下列情形之一，海关行政复议机关可以决定变更：

（一）认定事实清楚，证据确凿，程序合法，但是明显不当或者适用依据错误的；

（二）认定事实不清，证据不足，但是经海关行政复议机关审理查明事实清楚，证据确凿的。

第七十五条　海关行政复议机关在申请人的行政复议请求范围内，不得作出对申请人更为不利的行政复议决定。

国家知识产权局行政复议规程

第二十四条　具体行政行为有下列情形之一的，可以决定变更该具体行政行为：

（一）认定事实清楚，证据确凿，程序合法，但是明显不当或者适用依据错误的；

（二）认定事实不清，证据不足，经行政复议程序审理查明事实清楚，证据确凿的。

人力资源社会保障行政复议办法

第四十二条　具体行政行为有行政复议法实施条例第四十七条规定情形之一的，行政复议机关可以作出变更决定。

『2023 年版本』

第六十四条 行政行为有下列情形之一的，行政复议机关决定撤销或者部分撤销该行政行为，并可以责令被申请人在一定期限内重新作出行政行为：

（一）主要事实不清、证据不足；

（二）违反法定程序；

（三）适用的依据不合法；

（四）超越职权或者滥用职权。

行政复议机关责令被申请人重新作出行政行为的，被申请人不得以同一事实和理由作出与被申请行政复议的行政行为相同或者基本相同的行政行为，但是行政复议机关以违反法定程序为由决定撤销或者部分撤销的除外。

『1999、2009、2017 年版本』

第二十八条 行政复议机关负责法制工作的机构应当对被申请人作出的具体行政行为进行审查，提出意见，经行政复议机关的负责人同意或者集体讨论通过后，按照下列规定作出行政复议决定：

（一）具体行政行为认定事实清楚，证据确凿，适用依据正确，程序合法，内容适当的，决定维持；

（二）被申请人不履行法定职责的，决定其在一定期限内履行；

（三）具体行政行为有下列情形之一的，决定撤销、变更或者确认该具体行政行为违法；决定撤销或者确认该具体行政行为违法的，可以责令被申请人在一定期限内重新作出具体行政行为：

1. 主要事实不清、证据不足的；

2. 适用依据错误的；

3. 违反法定程序的；

4. 超越或者滥用职权的；

5. 具体行政行为明显不当的。

（四）被申请人不按照本法第二十三条的规定提出书面答复、提交当初作出具体行政行为的证据、依据和其他有关材料的，视为该具体行政行为没有证据、依据，决定撤销该具体行政行为。

行政复议机关责令被申请人重新作出具体行政行为的，被申请人不得以同一的事实和理由作出与原具体行政行为相同或者基本相同的具体行政行为。

『条文释义』

本条规定了行政复议决定撤销、重新作出行政行为的情形。1999 年版本、2009 年版本和 2017 年版本的规定一致，2023 年版本修改完善了该项规定。

由于被申请人是涉案行政行为的主管机关，行政复议机关作为上级机关有监督职责，但并不一定有足够的执法力量，因此，大量的违法、不合适行政行为还是需要由被申请人重新作出。行政行为有下列情形之一的，行政复议机关决定撤销或者部分撤销该行政行为，并可以责令被申请人在一定期限内重新作出行政行为：

（1）主要事实不清、证据不足。在证据不足的情况下，行政行为肯定是立不住的，但如果由行政复议机关查清事实直接变更行政行为需要耗费行政复议机关较多的执法资源，此时适宜采取撤销决定，可以由被申请人重新作出行政行为。

（2）违反法定程序。违反法定程序的行政行为是不能成立的，此时如果需要作出行政行为，需要由执法机关严格履行一遍法定程序，行政复议机关不一定有足够的执法人员，此种情况适宜采取撤销决定。通常情况下，需要被申请人重新作出行政行为。

（3）适用的依据不合法。适用依据不合法，相关行政行为肯定不合法，此时由于没有合法依据，行政复议机关也难以直接变更行政行为，此时只能先撤销行政行为，通常情况下，此时不需要被申请人重新作出行政行为。

（4）超越职权或者滥用职权。超越职权或者滥用职权作出的行政行为肯定是违法的，由于此时的事实和证据往往是不清的，不易由行政复议机关直接变更行政行为，只适宜撤销。

为提高行政复议的效率，避免反复申请行政复议，如果行政复议机关责令被申请人重新作出行政行为，被申请人不得以同一事实和理由作出与被申请行政复议的行政行为相同或者基本相同的行政行为，因为这种行政行为大概率还要被申请人复议，行政复议机关大概率还是要撤销。但是，如果行政复议机关以违反法定程序为由决定撤销或者部分撤销行政行为，行政行为的实体部分可能是正确的，这种情况下允许作出相同或者基本相同的行政行为。

『 相关法规 』

中华人民共和国行政复议法实施条例

第四十五条　具体行政行为有行政复议法第二十八条第一款第（三）项规定情形之一的，行政复议机关应当决定撤销、变更该具体行政行为或者确认该具体行政行为违法；决定撤销该具体行政行为或者确认该具体行政行为违法的，可以责令被申请人在一定期限内重新作出具体行政行为。

第四十九条　行政复议机关依照行政复议法第二十八条的规定责令被申请人重新作出具体行政行为的，被申请人应当在法律、法规、规章规定的期限内重新作出具体行政行为；法律、法规、规章未规定期限的，重新作出具体行政行为的期限为60日。

公民、法人或者其他组织对被申请人重新作出的具体行政行为不服，可以依法申请行政复议或者提起行政诉讼

『 相关规章 』

税务行政复议规则

第七十五条　行政复议机构应当对被申请人的具体行政行为提出审查意见，经行政复议机关负责人批准，按照下列规定作出行政复议决定：

（一）具体行政行为认定事实清楚，证据确凿，适用依据正确，程序合法，内容适当的，决定维持。

（二）被申请人不履行法定职责的，决定其在一定期限内履行。

（三）具体行政行为有下列情形之一的，决定撤销、变更或者确认该具体行政行为违法；决定撤销或者确认该具体行政行为违法的，可以责令被申请人在一定期限内重新作出具体行政行为：

1. 主要事实不清、证据不足的；

2. 适用依据错误的；

3. 违反法定程序的；

4. 超越职权或者滥用职权的；

5. 具体行政行为明显不当的。

（四）被申请人不按照本规则第六十二条的规定提出书面答复，提交当初作出具体行政行为的证据、依据和其他有关材料的，视为该具体行政行为没有证据、依据，决定撤销该具体行政行为。

第七十六条　行政复议机关责令被申请人重新作出具体行政行为的，被申请人不得以同一事实和理由作出与原具体行政行为相同或者基本相同的具体行政行为；但是行政复议机关以原具体行政行为违反法定程序决定撤销的，被申请人重新作出具体行政行为的除外。

行政复议机关责令被申请人重新作出具体行政行为的，被申请人不得作出对申请人更为不利的决定；但是行政复议机关以原具体行政行为主要事实不清、证据不足或适用依据错误决定撤销的，被申请人重新作出具体行政行为的除外。

第八十一条　行政复议机关责令被申请人重新作出具体行政行为的，被申请人应当在 60 日内重新作出具体行政行为；情况复杂，不能在规定期限内重新作出具体行政行为的，经行政复议机关批准，可以适当延期，但是延期不得超过 30 日。

公民、法人或者其他组织对被申请人重新作出的具体行政行为不服，可以依法申请行政复议，或者提起行政诉讼。

自然资源行政复议规定

第三十八条　被责令重新作出行政行为的，被申请人不得以同一事实和理由作出与原行政行为相同或者基本相同的行为，因违反法定程序被责令重新作出行政行为的除外。

交通运输行政复议规定

第十八条　交通运输行政复议机关设置的法制工作机构应当对被申请人作出的具体行政行为进行审查，提出意见，经交通运输行政复议机关的负责人同意或者集体讨论通过后，按照下列规定作出交通运输行政复议决定：

（一）具体行政行为认定事实清楚，证据确凿，适用依据正确，程序合法，内容适当的，决定维持；

（二）被申请人不履行法定职责的，责令其在一定期限内履行；

（三）具体行政行为有下列情形之一的，决定撤销、变更或者确认该具体行政行为违法；决定撤销或者确认该具体行政行为违法的，可以责令被申请人在一定期限内重新作出具体行政行为：

1. 主要事实不清、证据不足的；

2. 适用依据错误的；

3. 违反法定程序的；

4. 超越或者滥用职权的；

5. 具体行政行为明显不当的。

（四）被申请人不按照《行政复议法》第二十三条的规定提出书面答复、提交当初作出具体行政行为的证据、依据和其他有关材料的，视为该具体行政行为没有证据、依据，决定撤销该具体行政行为。

交通运输行政复议机关责令被申请人重新作出具体行政行为的，被申请人不得以同一的事实和理由作出与原具体行政行为相同或者基本相同的具体行政行为。

住房城乡建设行政复议办法

第三十一条　行政行为有下列情形之一的，行政复议机关应当决定撤销：

（一）主要事实不清，证据不足的；

（二）适用依据错误的；

（三）违反法定程序的；

（四）超越或者滥用职权的；

（五）行政行为明显不当的。

第三十七条　行政复议机关决定撤销行政行为，可以责令被申请人在一定期限内重新作出行政行为。重新作出行政行为的期限自《行政复议决定书》送达之日起最长不超过 60 日，法律、法规、规章另有规定的除外。

行政复议机关确认行政行为违法的，可以责令被申请人采取相应的补救措施。

申请人对行政机关重新作出的行政行为不服，可以依法申请行政复议或者提起行政诉讼。

中华人民共和国海关行政复议办法

第七十一条　具体行政行为有下列情形之一的，海关行政复议机关应当决定撤销、变更或者确认该具体行政行为违法：

（一）主要事实不清、证据不足的；

（二）适用依据错误的；

（三）违反法定程序的；

（四）超越或者滥用职权的；

（五）具体行政行为明显不当的。

第七十二条　海关行政复议机关决定撤销或者确认具体行政行为违法的，可以责令被申请人在一定期限内重新作出具体行政行为。

被申请人应当在法律、行政法规、海关规章规定的期限内重新作出具体行政行为；法律、行政法规、海关规章未规定期限的，重新作出具体行政行为的期限为 60 日。

公民、法人或者其他组织对被申请人重新作出的具体行政行为不服，可以依法申请行政复议或者提起行政诉讼。

第七十六条　海关行政复议机关依据本办法第七十二条规定责令被申请人重新作出具体行政行为的，除以下情形外，被申请人不得作出对申请人更为不利的具体行政行为：

（一）不作出对申请人更为不利的具体行政行为将损害国家利益、社会公共利益或者他人合法权益的；

（二）原具体行政行为适用法律依据错误，适用正确的法律依据需要依法作出对申请人更为不利的具体行政行为的；

（三）被申请人查明新的事实，根据新的事实和有关法律、行政法规、海关规章的强制性规定，需要作出对申请人更为不利的具体行政行为的；

（四）其他依照法律、行政法规或者海关规章规定应当作出对申请人更为不利的具体行政行为的。

国家知识产权局行政复议规程

第二十三条　具体行政行为有下列情形之一的，应当决定撤销、变更该具体行政行为或者确认该具体行政行为违法，并可以决定由被申请人重新作出具体行政行为：

（一）主要事实不清，证据不足的；

（二）适用依据错误的；

（三）违反法定程序的；

（四）超越或者滥用职权的；

（五）具体行政行为明显不当的；

（六）出现新证据，撤销或者变更原具体行政行为更为合理的。

人力资源社会保障行政复议办法

第四十条　具体行政行为有行政复议法第二十八条第一款第三项规定情形之一的，行政复议机关应当决定撤销、变更该具体行政行为或者确认该具体行政行为违法；决定撤销该具体行政行为或者确认该具体行政行为违法的，可以责令被申请人在一定期限内重新作出具体行政行为。

第四十四条　行政复议机关依照行政复议法第二十八条的规定责令被申请人重新作出具体行政行为的，被申请人应当在法律、法规、规章规定的期限内重新作出具体行政行为；法律、法规、规章未规定期限的，重新作出具体行政行为的期限为60日。

公民、法人或者其他组织对被申请人重新作出的具体行政行为不服，可以依法申请行政复议或者提起行政诉讼。

国家发展和改革委员会行政复议实施办法

第二十六条　国家发展改革委法制工作机构应当对被申请人做出的具体行政行为进行审查，提出意见，按照《行政复议法》第二十八条的规定做出行政复议决定。

复议决定责令被申请人重新做出具体行政行为的，被申请人不得以同一事实和理由做出与原具体行政行为相同或基本相同的具体行政行为。但是复议决定以违反法定程序为由，决定撤销被申请人做出的具体行政行为除外。

公安机关办理行政复议案件程序规定

第六十七条　公安行政复议机关决定撤销具体行政行为或者确认具体行政行为违法，并责令被申请人重新作出具体行政行为，必要时可以一并限定重新作出具体行政行为的期限；限定重新作出具体行政行为的期限最长不超过六十日。

被申请人重新作出具体行政行为，应当书面报公安行政复议机关备案。

公民、法人或者其他组织对重新作出的具体行政行为不服，可以依法申请行政复议或者提起行政诉讼。

第六十八条　有下列情形之一的，应当认定该具体行政行为适用依据错误：

（一）适用的依据已经失效、废止的；

（二）适用的依据尚未生效的；

（三）适用的依据不当的；

（四）其他适用依据错误的情形。

第六十九条　有下列情形之一的，应当认定该具体行政行为违反法定程序：

（一）依法应当回避而未回避的；

（二）在作出行政处罚决定之前，没有依法履行告知义务的；

（三）拒绝听取当事人陈述、申辩的；

（四）应当听证而未听证的；

（五）其他违反法律、法规、规章规定程序的情形。

第七十条　有下列情形之一的，应当认定该具体行政行为超越职权：

（一）超越地域管辖范围的；

（二）超越执法权限的；

（三）其他超越职权的情形。

第七十一条　被申请人在法定职权范围内故意作出不适当的具体行政行为，侵犯申请人合法权益的，可以认定该具体行政行为滥用职权。

第七十二条　被申请人作出的具体行政行为与其他同类性质、情节的具体行政行为存在明显差别的，公安行政复议机关可以认定该具体行政行为明显不当。

『相关行政解释』

公安部关于适用《行政复议法》第二十八条第二款有关问题的批复（公复字〔2000〕4号，2000年4月19日）

辽宁省公安厅：

你厅《关于如何适用〈行政复议法〉第二十八条第二款的请示》（辽公法〔2000〕47号）收悉。现批复如下：

公安行政复议机关以违反法定程序为由，决定撤销具体行政行为的，被申请人重新作出具体行政行为不受《行政复议法》第二十八条第二款的限制，即依法履行法定程序后，可以作出与原具体行政行为相同或者基本相同的具体行政行为。

『典型案例』

浙江省人民政府行政复议决定书

浙政复〔2022〕11号

申请人：徐某甲。

被申请人：某市人民政府。

申请人不服被申请人作出的《某市人民政府履行协议决定书》（×征履决字〔2021〕第×-×号），向本机关申请行政复议，本机关行政复议机构于2022年1月17日收到行政复议申请，于2022年1月27日收到行政复议补正申请。行政复议期间，本案依法延长三十日行政复议期限。因申请人与被申请人双方申请，本案案外协调处理三个月，现已审理终结。

申请人请求：撤销被申请人作出的《××市人民政府履行协议决定书》（×征履决字〔2021〕第×-×号）。

申请人称：申请人系某市某区某街道某村村民。申请人家庭在某村城中村搬迁改造过程中被某市某区某街道逼迫履行不合法协议。一、某区某街道办事处与申请人户签订的《某区集体土地房屋征收补偿安置协议书》将申请人户与申请人女儿徐某乙户按一户安置，侵害徐某乙户合法权益。申请人家庭在某自然村有两处合法建筑，一处为某村51号申请人继承父亲徐某丙遗留老房，建筑面积113.4平方米，一处为1995年建造住宅，建筑面积390平方米。申请人户于2012年在村民委员会证明下分户，将老房分给小女儿徐某乙作为其在村住所。徐某乙有独立户口本及老房产权。根据《关于农村集体土地确权登记发证的若干意见》，已拥有一处宅基地的本农民集体成员因继承房屋占用农村宅基地的，可按规定登记发证，徐某乙作为户主应得到安置权益。但在签订拆迁协议过程中，工作人员以"一户一宅"名义欺骗申请人户在不明政策情况下签订协议，让徐某乙购买"女儿房"的行为没有法律依据，且××安置小区市场评估价11 976元/平方米，徐某乙无能力按折扣买房。申请人了解到本村另有单独女性户得到分户安置，徐某乙应得到公平公正安置。二、某区某街道办事处与申请人户签订《某区集体土地房屋征收补偿安置协议书》程序不合法。申请人于2018年7月19日签订不公平不合理的拆迁协议。某街道工作人员让申请人在空白协议上签字并收走协议。经申请人一再要求，某街道于2021年9月将协议原件交给申请人。申请人发现协议上某街道办事处法人代表签字为"华某"，华某系2020年6月任职街道办主任可证明协议在2020年6月前未被街道签订。三、将登记为文物的老房视为普通住宅拆迁。申请人家的老房已于2008年由某市文广新局登记备案为"个人所有"的"不可移动文物"并报国家文物局备案。根据《中华人民共和国文物保护法》规定，其所有权受法律保护；根据《浙江省文物保护管理条例》规定，不可移动文物未经依法批准不得迁移、拆除。申请人多次向街道反映要求保护文物建筑，未得到正面合理答复，故申请人未同意拆除房屋。综上，申请人请求撤销《某市人民政府履行协议决定书》（×征履决字〔2021〕第×-×号）中认定《某区集体土地房屋征收补偿安置协议书》合法有效的决定和履行腾空被征收房屋交付拆除义务的决定。

被申请人答复称：一、涉案征收补偿安置协议书内容客观、真实，符合相关政策和法律规定。某区某街道某村城中村改造项目由该村村民委员会申请，报经原某市某区开发建设管理委员会批复同意实施。2018年3月1日，浙江省人民政府《浙江省建设用地审批意见书》（浙土字A〔2017〕-02××）批准实施该土地征收项目。2018年3月20日，被申请人、原某市国土资源局分别发布《征收土地方案公告》（〔2018〕第×号）和《征地补偿安置方案公告》（〔2018〕第×-×号），公告期内未收到异议反馈和听证申请。2018年4月23日，被申请人批复同意征地补偿安置方案，征地补偿款已全额支付到村。2018年7月2日，征收实施单位某区某街道办事处发布《关于对某村实施城中村整体征收的公告》启动搬迁改造，征收过程中经某街道办事处和房屋拆迁中介机构调查，查明申请人家庭人口情况为徐某甲、其妻陈某某、大女儿徐某丁、小女儿徐某乙均属农业人口，征收安置人口6人。房屋共计两处，一处由申请人作为户主经三次建房规划申请，审批面积合计360平方米，由三次建房规划许可申请表予以证实；另一处房屋所有权人为申请人，证载面积113.4平方米，由第902063号房屋所有权证予以证实。2018年7月19日，某街道办事处与申请人达成一致意见，签订《某区集体土地房屋征收补偿安置协议书》，约定对被征收房屋及地上附属物、装修进行相应补偿并给予签约奖。申请人在办理移交手续后于同月 20 日填制《选房单》，选取了五套安置房（其中一套系徐某乙选购的"女儿房"），故该补偿安置协议书内容客观、真实，合法有效。二、被申请人作出《某市人民政府履行协议决定书》程序合法，于法有据。申请人自愿签订《×区集体土地房屋征收补偿安置协议书》、签署《移交清单》并选取安置房后拒绝腾空房屋。2021 年 6 月 5 日，某街道办事处通知申请人户限期腾空房屋并履行交付义务无果。2021 年 8 月 30 日，某街道办事处再次通知申请人户若规定时间内未腾空房屋，将失去原享受的激励措施，申请人户仍拒绝腾空。2021 年 10 月 8 日，某街道办事处向申请人户送达《履行协议催告书》。2021 年 11 月 21 日，被申请人基于申请人已签订协议但未履行腾空房屋义务的事实，在某街道办事处（协议一方）催告没有结果的情况下，作出涉案履行协议决定书，并于同月 26 日送达申请人户。三、关于其他问题的回应。（一）关于徐某乙能否单独分户安置的问题。依据《某市区城中村搬迁改造实施办法》第十二条第五项和《某市××新城（某区某街道）城中村搬迁改造实施办法（试行）》第十五条第五项规定，符合分户条件且已办理分户的被征收户，但房屋使用权、土地使用权证未分立的，按家庭成员中的第一顺序继承人均等分计算房屋占地及建筑面积，并实施相应的补偿安置。本案申请人徐某甲、陈某某、徐某丁、徐某乙系一个家庭，其中成员户籍是否分开或单立不能改变其同一家庭户的事实。徐某乙作为申请人户三次建房申请的建房人口，亦表明徐某乙与申请人同属一户的事实。根据民法典第二百零九条规定，不动产物权的设立、变更、转让和消灭未经登记，不发生效力。申请人称其老房系继承而得，将该房屋分给徐某乙属家庭内部分配，对外不发生效力，上述涉案房屋也不存在代位继承情况，申请人主张徐某乙应单独分户安置无事实和法律依据。（二）关于申请人所述涉案继承所得房屋为不可移动文物的问题。《中华人民共和国文物保护法》等法律、法规没有对不可移动文物的征收作出禁止性规定。涉案一处房屋虽纳入第三次全国文物普查不可移动文物登记，但至今未列入文物保护单位，并不影响本项目房屋征收，也不影响涉案补偿安置协议书的合法性，申请人拒绝履行协议约定义务的理由不能成立。同时，被申请人要求申请人按照协议约定履行腾空义务非以拆除该房屋为目的。综上，请求复议机关予以维持。

经审理查明：申请人户在某村共有两处房屋，一处砖木结构建筑系申请人继承所得，所有权人为申请人，共六间，建筑面积 113.4 平方米；另一处为砖混结构建筑，系申请人申请建房规划许可，经主管部门审批同意建房，审批的建筑面积合计 360 平方米。申请人为户主的《居民户口簿》（户号 6008040）载明住址浙江省某市某区某街道某村上××号，户内人口为申请人、陈某某（妻）、徐某丁（长女）、杨某甲（外孙女）、杨某乙（外孙女）。申请人户于 2012 年订立《分户协议》，主要内容为：申请人原共 5 人分为两户，徐某甲、陈某某、徐某丁、杨某甲为一户，徐某乙独立为一户；共有房屋 113.4 平方米（0913017 号地）共六间，徐某甲、陈某某、徐某丁、杨某甲四人分得东面三间，徐某乙分得西面三间；土地按村里政策每人给予 1.5 亩基数并暂由父母管理；父母生活由徐某丁、徐某乙姐妹共同赡养等，××村村民委员会在上述分户协议上出具"同意分户"意见并盖章。户主为申请人小女儿徐某乙的《居民户口簿》（户号0060102××）载明住址为浙江省某市某区某街道某村上××号，户内人口为徐某乙。

2018年3月1日，本机关作出《浙江省建设用地审批意见书》（浙土字A〔2017〕-02××），同意某市2017年度计划第八批次建设用地46.8169公顷（农用地转用39.8327公顷，未利用地转用0.9319公顷；征收集体土地46.8169公顷）。该批次建设用地涉及征收申请人户所在的某区某街道某村集体土地32.4469公顷，申请人户上述两处房屋使用的土地在征收范围内。2018年3月20日，被申请人发布《征收土地方案公告》（〔2018〕第×号）。同日，原某市国土资源局发布《征地补偿安置方案公告》（〔2018〕第×-×号）。2018年4月23日，被申请人审批同意上述征地补偿安置方案。

2018年3月22日，某市某区某街道办事处（以下简称"某街道办"）向某市某区开发建设管理委员会提交《关于要求对某村实施城中村搬迁改造的报告》（×街办〔2018〕××号），载明某村党员、村民代表大会决议要求对某村实施城中村搬迁改造，街道建议管委会尽快启动某村城中村搬迁改造工作。2018年4月12日，某市某区开发建设管理委员会书面批复同意上述报告。

2018年5月11日，某街道办就申请人户房屋进行调查，并委托某房地产评估测绘有限公司进行测量。同日，某街道办就申请人户人口情况进行调查，认定家庭人口数为6人即徐某甲、陈某某、徐某丁（农嫁非，教师编制）、杨某甲、杨某乙、徐某乙（女儿房安置，户口不列入本户安置人口），拟安置人口为4人。2018年7月1日，某房地产评估测绘有限公司出具《房屋装修补偿表》和《附属物（构筑物）补偿表》，其中房屋装修补偿100893元，附属物（构筑物）补偿41344元。

2018年7月2日，某街道办发布《关于对××村实施城中村整体征收的公告》，载明根据《某市人民政府征收土地方案公告》及《某市人民政府关于进一步推进某市区城中村改造加快农民市民化步伐的若干意见》（×政发〔2014〕××号）的有关规定决定对某村规划红线内的集体土地房屋实施征收，征收范围为某村规划红线范围内各类房屋、建筑物、构筑物及附属设施；房屋征收人为浙江省某市某区投资有限公司，具体实施主体为某街道办，被征收人为征收范围内的房屋所有权人，征收委托中介服务机构为某城市房屋拆迁有限责任公司；签约期限为2018年7月9日至2018年8月17日；安置办法为采用产权调换安置、"房票"安置、货币安置三种安置方式，由被征收人自行选择等。

2018年7月，某房屋拆迁有限责任公司认定申请人户集体土地房屋征收房屋面积为360平方米。2018年7月7日，某房地产评估测绘有限公司出具《某区房屋（附属物）、临时建筑补偿表》，合计补偿791566元。2018年7月19日，申请人在《某区集体土地房屋征收补偿安置协议书（城中村搬迁改造）》上签字，上述协议载明甲方为某街道办，乙方为申请人，协议主要主要内容为：一、乙方住宅一结构为砖混，实量面积413.87平方米（其中证载面积360平方米，自行拆除37.23平方米），炮台证载面积16.64平方米；住宅二结构为砖木，实量面积128.41平方米（其中证载面积113.4平方米，自行拆除15.01平方米）；乙方提供产权依据为房产证、规划许可证，编号：字第 9020×× 号、×× 规个建字（×2004）第 ××0 号、×× 规个建字（×2004）第 ××4 号、×× 规个建字第 ××9 号；乙方核定安置人口 4 人，可安置面积 360 平方米，选择产权调换 360+29.96 平方米，选择货币安置 130.04 平方米等。二、乙方补助合计 93.3 803 万元（详见评估报告及附件清单），其中房屋及附属房补偿金额 79.1 566 万元，附属物补偿金额 4.1 344 万元，装修补偿金额 10.0 893 万元。三、乙方在规定时间内签订房屋征收补偿安置协议的，甲方给予提前签约奖 10.7 809 万元；乙方在规定时间内签订房屋征收补偿安置协议并保证在 2018 年 7 月 19 日前将房屋腾空移交拆迁公司拆除的，甲方给予提前腾空奖 8.8 207 万元，如逾期则扣减相应奖励。四、甲方给予乙方住宅搬迁费 4 000 元。五、乙方自行解决周转用房的，甲方按规定给予临时周转费。六、产权调换安置房面积与确认可置换安置面积相等部分价格、安置房面积超过可安置面积部分按征收时的市场评估价格，安置房为 ×× 安置小区 6 幢 1 单元 2403 室、6 幢 1 单元 2404 室、9 幢 1 单元 502 室、14 幢 303 室等房屋，乙方应支付甲方安置房房款 75.4 801 万元。七、经双方核定，甲方应支付乙方人民币 116.3 824 万元；乙方应支付甲方人民币 75.4 801 万元，相抵后甲方应支付乙方 40.9 023 万元，同时约定付款时间。八、被征收房屋有产权纠纷由乙方自行处理、房屋内水电费乙方自行结清，租赁、抵押、典当等关系乙方自行解除。九、协议履行过程中发生争议，双方当事人应协商解决，协商不成的可以依法向人民法院起诉等。

2018 年 7 月 19 日，某街道办（甲方）和徐某乙（乙方）签订补充协议，约定乙方可享受按市场评估价下浮 30% 优惠价购买一套 100 平方米以下户型的公寓房，乙方安置人口不再计入原安置户，安置房为 ×× 小区 19 幢 1 单元 2103 室，房款 78.5 152 万元，上述补充协议由徐某乙签字及委托中介机构盖章。同日，申请人和 ×× 街道办共同向拆迁公司、拆除公司和水电工出具《某区农房移交拆除清单》，载明将申请人户房屋移交征收人验收拆除。

2018 年 7 月 20 日，某房屋拆迁有限责任公司出具选择公寓安置房联系单，其中申请人签名确认的联系单载明申请人选择的安置房为 ×× 安置小区 14 幢 303 室、9 幢 1 单元 502 室、6 幢 1 单元 2403 室、6 幢 1 单元 2404 室；徐某乙签名确认的联系单载明其选择的安置房为 ×× 安置小区 19 幢 1 单元 2103 室。

2021 年 6 月 5 日，某街道办向申请人户作出《告知书》，告知申请人户仍实际占用房屋已违背《某区集体土地房屋征收补偿安置协议》规定，申请人户须在 2021 年 6 月 21 日前腾空移交房屋交付拆除，若超过前述期限腾空移交房屋的，临时安置费从申请人户实际腾空移交房屋之日起计算，按期腾空房屋奖扣除，原已选取的安置房取消，待申请人户实际腾空移交房屋后重新参加选房，并按规定启动相应法律程序等内容。2021 年 8 月 30 日，某街道办向申请人户作出《告知书》，告知申请人户根据其与申请人户签订的《某区集体土地房屋征收补偿安置协议书》规定，申请人户腾空房屋交付拆除是享受"女儿房"的前提条件。因申请人户至今仍占用房屋，请申请人户在收到告知书之日起 3 日内腾空移交被征收房屋，否则将失去享受激励措施的基础，购买"女儿房"的激励措施不能成立等内容。2021 年 9 月

28日，某街道办及房屋拆迁公司工作人员将申请人户不能享受"女儿房"待遇的《某区集体土地房屋征收补偿安置协议》送达申请人户。上述协议载明的安置人口为5人，其余内容与2018年7月19日签订的《某区集体土地房屋征收补偿安置协议》一致。甲方（某街道办）与乙方（申请人）均签名（盖章）。

2021年10月8日，某街道办向申请人户作出《履行协议催告书》，告知申请人户在收到催告书之日起10日内，履行上述协议书约定义务，腾空被征收的房屋并向某街道办移交交付拆除，同时尽快办理房屋征收补偿安置相关款项的结算手续，如未按催告履行义务将依法向人民法院申请强制执行等内容。上述催告书于同日送达申请人户。

2021年11月21日，被申请人向申请人户作出《某市人民政府履行协议决定书》（×征履决字〔2021〕第×-×号），上述决定书载明的主要内容为：根据《最高人民法院关于审理行政协议案件若干问题的规定》第二十四条的规定，被申请人决定：一、确认申请人户与某街道办签订的《某区集体土地房屋征收补偿安置协议书》合法有效，协议双方应全面履行自己的义务。二、申请人户自收到本决定书之日起10日内，应当履行腾空被征收房屋交付拆除的义务，逾期将承担不利的法律后果。同时告知行政复议、行政诉讼权利和期限。上述决定书于2021年11月26日送达申请人户。

另查明，申请人户继承所得老房系"徐某戊民居"的一部分。某市文化广电新闻出版局于2018年8月3日出具《证明》，载明2008年第三次全国文物普查期间"徐某戊民居"登录为不可移动文物，报国家文物局备案，迁移异地保护或者拆除不可移动文物应当报省人民政府批准。

上述事实有下列证据证明：

一、《房屋所有权证》（字第902063号），《某市某区规划许可证申请表》（××规个建字第××9号），《某市某区规划许可证申请表》（××规个建字〔×2004〕第××0号），《某市某区规划许可证申请表》〔×2004〕第××4号），《分户协议》，居民户口簿；

二、《浙江省建设用地审批意见书》（浙土字A〔2017〕-02××），《征收土地方案公告》（〔2018〕第×号），《征地补偿安置方案公告》（〔2018〕第×-×号）及送达记录、张贴照片，某市征地补偿安置方案呈报表，某市农村集体经济组织统一收据，勘测定界图；

三、《关于要求对某村实施城中村搬迁改造的报告》（某街办〔2018〕××号），《某市某区开发建设管理委员会对〈关于要求某村实施城中村搬迁改造的报告〉的批复》（××管委〔2018〕××号），《关于要求实施"城中村"改造的决议》《关于要求实施"城中村"改造的申请》，《关于对某村实施城中村整体征收的公告》；

四、《人口情况调查表》《房屋测量平面图》《房屋调查情况表》《某区集体土地房屋征收房屋面积确认表》《房屋装修补偿表》《附属物（构筑物）补偿表》《某区房屋（附属物）、临时建筑补偿表》；

五、《某区集体土地房屋征收补偿安置协议书（城中村搬迁改造）》《某区农房移交拆除清单》《补充协议》《选择公寓安置房联系单》《某市某区城中村改造农房征收补偿款结算单》；

六、2021 年 6 月 5 日《告知书》及送达回证，2021 年 8 月 30 日《告知书》及送达证明，2021 年 9 月 28 日送达证明，《履行协议催告书》及送达记录、送达证明；

七、《某市人民政府履行协议决定书》（×征履决字〔2021〕第 ×-× 号）及送达记录、送达证明，《情况说明》《证明》；

八、《第三次全国文物普查不可移动文物登记表》（330802-13××）、某市文化广电新闻出版局证明等。

本机关认为：

《最高人民法院关于审理行政协议案件若干问 -13- 题的规定》系最高人民法院为依法公正、及时审理行政协议案件，根据《中华人民共和国行政诉讼法》等法律的规定，结合行政审判工作实际制定的规定。本案中，被申请人根据上述规定第二十四条确认某市某区某街道办事处与申请人户签订《某区集体土地房屋征收补偿安置协议书》合法有效并决定申请人户履行腾空被征收房屋交付拆除的义务系适用依据错误。根据《中华人民共和国行政复议法》第二十八条第一款第三项第 2 目的规定，决定如下：

撤销被申请人作出的《某市人民政府履行协议决定书》（×征履决字〔2021〕第 ×-× 号）。

申请人如不服本行政复议决定，可以自收到本决定书之日起 15 日内依法向人民法院提起行政诉讼。

2022 年 7 月 19 日

『2023 年版本』

第六十五条 行政行为有下列情形之一的，行政复议机关不撤销该行政行为，但是确认该行政行为违法：

（一）依法应予撤销，但是撤销会给国家利益、社会公共利益造成重大损害；

（二）程序轻微违法，但是对申请人权利不产生实际影响。

行政行为有下列情形之一，不需要撤销或者责令履行的，行政复议机关确认该行政行为违法：

（一）行政行为违法，但是不具有可撤销内容；

（二）被申请人改变原违法行政行为，申请人仍要求撤销或者确认该行政行为违法；

（三）被申请人不履行或者拖延履行法定职责，责令履行没有意义。

『1999、2009、2017 年版本』

第二十八条 行政复议机关负责法制工作的机构应当对被申请人作出的具体行政行为进行审查，提出意见，经行政复议机关的负责人同意或者集体讨论通过后，按照下列规定作出行政复议决定：

（一）具体行政行为认定事实清楚，证据确凿，适用依据正确，程序合法，内容适当的，决定维持；

（二）被申请人不履行法定职责的，决定其在一定期限内履行；

（三）具体行政行为有下列情形之一的，决定撤销、变更或者确认该具体行政行为违法；决定撤销或者确认该具体行政行为违法的，可以责令被申请人在一定期限内重新作出具体行政行为：

1. 主要事实不清、证据不足的；

2. 适用依据错误的；

3. 违反法定程序的；

4. 超越或者滥用职权的；

5. 具体行政行为明显不当的。

（四）被申请人不按照本法第二十三条的规定提出书面答复、提交当初作出具体行政行为的证据、依据和其他有关材料的，视为该具体行政行为没有证据、依据，决定撤销该具体行政行为。

行政复议机关责令被申请人重新作出具体行政行为的，被申请人不得以同一的事实和理由作出与原具体行政行为相同或者基本相同的具体行政行为。

『条文释义』

本条规定了行政复议决定确认行政行为违法的情形。1999 年版本、2009 年版本和 2017 年版本的规定一致，2023 年版本修改完善了该项规定。

行政复议决定的主要形式是变更和撤销，确认违法是辅助形式。行政行为有下列情形之一的，行政复议机关不撤销该行政行为，但是确认该行政行为违法：

（1）依法应予撤销，但是撤销会给国家利益、社会公共利益造成重大损害。对于该种行政行为，为了大局利益而损害了申请人的利益，对申请人应予以补偿或者赔偿。

（2）程序轻微违法，但是对申请人权利不产生实际影响。程序轻微违法，也是违法，应予指出。但如果实体处理正确，对申请人的权利也不产生实际影响，从节省行政资源的角度出发，没有必要先撤销，再重新作出一个相同的行政行为。

行政行为有下列情形之一，不需要撤销或者责令履行的，行政复议机关确认该行政行为违法：

（1）行政行为违法，但是不具有可撤销内容。对于事实行为，一旦行政行为结束，就没有可撤销的内容，如果该行为违法，行政复议机关只能确认该行政行为违法，但无法撤销。

（2）被申请人改变原违法行政行为，申请人仍要求撤销或者确认该行政行为违法。被申请人可以在行政复议机关作出决定之前改变原违法的行政行为，由于原行政行为已经不复存在，行政复议机关无法撤销该行政行为，通常情况下，申请人可以撤回申请。但如果申请人仍要求撤销或者确认该行政行为违法，行政复议机关只能确认违法，无法撤销。

（3）被申请人不履行或者拖延履行法定职责，责令履行没有意义。申请人权利的保护有时有期间限制，一旦错过相应期间，再责令被申请人履行法定职责已经没有意义，此时只能确认行政行为违法。

『相关规章』

住房城乡建设行政复议办法

第三十五条　行政行为有下列情形之一的，行政复议机关应当确认违法，但不撤销或者变更行政行为：

（一）行政行为依法应当撤销或者变更，但撤销或者变更该行政行为将会给国家利益、社会公共利益造成重大损害的；

（二）行政行为程序轻微违法，但对申请人权利不产生实际影响的；

（三）被申请人不履行法定职责或者拖延履行法定职责，判令履行没有意义的；

（四）行政行为违法，但不具有可撤销、变更内容的；

（五）法律、法规和规章规定的其他情形。

公安机关办理行政复议案件程序规定

第六十六条　有下列情形之一的，应当确认该具体行政行为违法：

（一）被申请人不履行法定职责，但决定其履行法定职责已无实际意义的；

（二）具体行政行为不具有可撤销、变更内容的；

『典型案例』

武汉市蔡甸区人民政府

行政复议决定书

（蔡政复决〔2023〕34号）

申请人：刘某某。

被申请人：武汉市蔡甸区市场监督管理局。

申请人因对被申请人于2023年3月6日在全国12315平台作出的《结案反馈》不服，于2023年3月9日以邮寄方式向本机关申请行政复议，经通知补正，申请人于2023年3月26日邮寄补正材料，本机关于2023年3月27日收到补正材料后依法予以受理。该案现已审查终结。

申请人请求：撤销被申请人在全国12315平台作出的《结案反馈》，责令被申请人针对投诉、举报内容重新作出处理。

申请人称：1.被申请人的《结案反馈》中所引用法律依据即"国家行政主管部门公布的药食同源目录大全（2014）"系其自行杜撰，主管部门未公布过该文件且无此称谓。2.根据《国际植物命名法规》规定，每种植物只能有一个学名，第一个字为某一植物隶属的"属名"，第二个字是"种加词"，起着标志某一植物种的作用，由这两个字组合而成植物的种名或称拉丁学名。玫瑰学名：Rosa rugosa Thunb，《卫生部关于批准DHA藻油、棉籽低聚糖等7种物品为新资源食品及其他相关规定的公告（2010年第3号）》仅批准玫瑰中的重瓣红玫瑰Rose rugosa cv.Plena作为普通食品生产、经营。被申请人认为玫瑰可以作为普通食品生产经营没有法律依据。3.申请人的举报单明确提出赔偿要求，故包含投诉内容，按照《市场监督管理投诉举报处理暂行办法》第七条规定，被申请人应当对投诉、举报分别处理，但未对投诉予以处理。

申请人提交的证据：1.申请人居民身份证照片；2.全国12315平台举报单；3.账单详情；4.食品包装图片三张；5.购物视频。

被申请人称：1.对于申请人的投诉和举报，被申请人于2023年2月2日立案，当日在全国12315平台回告申请人。

2.关于投诉的处理。申请人要求某商行按照《中华人民共和国食品安全法》第一百四十八条规定赔偿1000元，根据国家市场监督管理总局回复：（一）关于调解职责。消费者权益保护法没有规定市场监管部门对消费争议具有调解的职责，其第三十九条只是规定向有关行政部门投诉。至于如何受理投诉、受理后如何处理，其第三十二条规定为"依照法律、法规的规定，在各自的职责范围内"处理。（二）关于市场监管部门对食品安全方面投诉的调解职责。具体到市场监管部门对食品安全方面的投诉是否有调解职责，需要依照《中华人民共和国食品安全法》的规定。《中华人民共和国食品安全法》未规定市场监管部门对食品安全方面的投诉有调解职责。（三）《中华人民共和国食品安全法》第一百四十八条规定不是市场监管部门的执法范围。赔偿应当由提出赔偿者向食品生产经营企业提出，食品生产经营者不履行的，提出赔偿者可以提起诉讼，是否赔偿应该由司法机关裁决。因此，申请人的投诉涉及食品安全问题，被申请人无调解职权。

3.关于举报的处理。被申请人于2023年2月2日依法立案，当日回告申请人。案涉玫瑰花代用茶，系从武汉市东西湖某特产经营部购买的重瓣红玫瑰。2023年2月27日，被申请人到某商行现场核查，案涉玫瑰花茶包装标签显示：品名玫瑰花，配料鲜玫瑰花，产品执行标准号GH/T1091，食品生产加工小作坊生产许可证号为"鄂小作坊0137000×"号。该商行出具了营业执照、食品经营许可证、进货凭证、情况说明、出厂检验报告单、玫瑰花茶包装照片，明确原料为重瓣红玫瑰，符合《卫生部关于批准DHA藻油、棉籽低聚糖等7种物品为新资源食品级其他相关规定的公告（2010年第3号）》之规定。玫瑰花系重瓣红玫瑰等各类玫瑰所开花的统称，在包装上将重瓣红玫瑰开的花标注为玫瑰花合法。经百度百科查询，玫瑰花可制作玫瑰花茶、玫瑰酒、玫瑰酱及制药等，在中国系传统食品。被申请人未发现某商行涉嫌违反市场监督管理法律、法规的行为，遂作出不予行政处罚的决定，于2023年3月6日将结果通过全国12315平台告知举报人。

综上，被申请人在处理投诉、举报的程序、结果合法，请求依法驳回申请人的行政复议申请。

被申请人提交的证据：1.《湖北市场监管投诉举报平台举报单》；2.立案审批表；3.申请人的产品照片和账单详情；4.某商行的《食品生产加工小作坊生产许可证》；5.某商行的《营业执照》；6.某商行的《食品经营许可证》；7.武汉市东西湖某特产经营部产品记录；8.武汉市东西湖某特产经营部的《营业执照》；9.武汉市东西湖某特产经营部的《食品经营许可证》；10.行政处罚案件有关事项审批表；11.全国12315平台《举报单》；12.关于刘某某案相关问题的回复；13.改正后的案涉产品标签照片两张；14.武汉市东西湖某特产经营部《情况说明》；15.某商行《情况说明》三份；16.亳州市某保健品公司出货单；17.通话录音；18.亳州市某保健品公司出厂检验报告单；19.现场笔录；20.现场核查照片三张。

经审查查明：2023年2月2日，申请人通过全国12315平台向被申请人举报其于2023年1月31日所购由某商行生产的玫瑰花茶涉嫌使用非食品原料玫瑰花，要求某商行赔偿1000元，并对某商行予以查处。被申请人认为该举报单同时包含投诉事项，当日受理投诉、对举报立案并作出回复。2023年2月27日，被申请人对某商行进行现场检查，该商行具有《营业执照》《食品经营许可证》《食品生产加工小作坊生产许可证》，经营范围包括茶叶制品生产、食品销售；案涉玫瑰花茶包装标识为：品名玫瑰花，配料鲜玫瑰花，执行标准号GH/T1091；经检验案涉产品的进货单和检验报告，其原料为重瓣红玫瑰。同日，某商行出具《情况说明》，表示不同意调解，要求自行和解。2023年3月6日，被申请人通过全国12315平台向申请人回复：根据国家行政主管部门公布的药食同源目录大全（2014）中规定，玫瑰花为药食两用物质，符合GH/T1091代用茶标准。未发现有涉嫌违反市场监督管理法律、法规的行为，决定不予行政处罚，并于2023年3月6日通过电话告知处理结果。至此，申请人对被申请人所作《结案反馈》不服，向本机关提起行政复议。

另查明，案涉玫瑰花产品系某商行于2022年4月3日从武汉市东西湖某特产经营部购进由亳州市某保健品公司生产的重瓣红玫瑰后分装销售，2023年2月28日，某商行已主动将案涉产品的外包装标签品名、配料两栏均调整为"重瓣红玫瑰"。2023年4月28日，被申请人通过电话方式将终止调解决定告知申请人。

本机关认为：

1. 被申请人具有对本行政区域内食品安全投诉举报依法处理的行政职权。根据《市场监督管理投诉举报处理暂行办法》第四条第二款之规定，针对申请人对本辖区内食品安全的投诉举报，被申请人具有依法处理的法定职权，是适格的执法主体。

2. 被申请人对申请人举报作出不予立案决定认定事实清楚，证据充分，回复内容不当。根据被申请人提供的证据，某商行具备茶制品的生产销售资质，案涉产品标签标注的"鲜玫瑰花"实为重瓣红玫瑰，属于《卫生部关于批准 DHA 藻油、棉籽低聚糖等 7 种物品为新资源食品级其他相关规定的公告（2010 年第 3 号）》规定的普通食品，经出厂检验合格，且某商行已主动将标签品名、配料调整为"重瓣红玫瑰"。被申请人对某商行作出不予行政处罚决定，认定事实清楚，证据充分。另外，被申请人在《结案反馈》中应当指明案涉产品配料的"玫瑰花"是重瓣红玫瑰，援引的"国家行政主管部门公布的药食同源目录大全（2014）"应指《卫生部关于批准 DHA 藻油、棉籽低聚糖等 7 种物品为新资源食品级其他相关规定的公告》（卫生部公告 2010 年第 3 号）、《按照传统既是食品又是中药材的物质目录管理规定》等多个文件规定，故《结案反馈》表述不当，鉴于申请人对重瓣红玫瑰的可食用性及其法律依据不持异议，上述问题对申请人合法权利并无实际影响，本机关在此予以指正。

3. 被申请人对申请人投诉、举报的处理程序违法。被申请人于 2023 年 2 月 2 日收到申请人举报单当日，已分别受理投诉、对举报立案，直至 2023 年 2 月 27 日对举报开展核查，已超出自发现之日起十五个工作日且未提供延长核查时限的证据，违反《市场监督管理行政处罚程序规定》第十八条之规定。根据《市场监督管理投诉举报处理暂行办法》第十六条之规定，因某商行于 2 月 27 日表示不同意调解，被申请人对本案不作调解，但未作出终止调解决定之日起七个工作日内告知投诉人和被投诉人，违反了《市场监督管理投诉举报处理暂行办法》第二十一条第一款第三项、第二款之规定。基于被申请人已告知申请人对投诉、举报的处理结果，上述问题属于程序轻微违法。

被申请人对申请人案涉投诉、举报的处理虽存在上述违法情形，但是对举报事项所作不予行政处罚决定及对投诉不予调解决定认定事实清楚、证据充分，且在本案复议过程中，被申请人已向申请人告知对投诉的处理结果，重新作出回复无实际意义。依据《中华人民共和国行政复议法》第二十八条第一款第三项之规定，本机关决定：

确认被申请人于 2023 年 3 月 6 日在全国 12315 平台作出的《结案反馈》违法。

申请人如不服本复议决定，可以自接到本复议决定之日起 15 日内，依法向人民法院提起行政诉讼。

2023 年 5 月 19 日

『2023 年版本』

第六十六条 被申请人不履行法定职责的，行政复议机关决定被申请人在一定期限内履行。

『1999、2009、2017 年版本』

第三十二条 被申请人应当履行行政复议决定。

被申请人不履行或者无正当理由拖延履行行政复议决定的，行政复议机关或者有关上级行政机关应当责令其限期履行。

『条文释义』

本条规定了被申请人履行法定职责的义务。1999 年版本、2009 年版本和2017 年版本的规定一致，2023 年版本修改完善了该项规定。

行政复议机关是被申请人的上级行政机关，对其有直接的管辖权，因此，被申请人应当无条件履行其法定职责，不允许对行政复议决定提出异议或者向人民法院提起诉讼。

如果被申请人不履行或者无正当理由拖延履行法定职责，这是典型的违法行为，即使申请人不提出，行政复议机关或者有关上级行政机关也应当责令其限期履行，同时还要依法追究被申请人相关负责人的法律责任。

『相关法规』

中华人民共和国行政复议法实施条例

第四十四条 依照行政复议法第二十八条第一款第（二）项规定，被申请人不履行法定职责的，行政复议机关应当决定其在一定期限内履行法定职责。

『相关规章』

税务行政复议规则

第八十四条 被申请人应当履行行政复议决定。

被申请人不履行、无正当理由拖延履行行政复议决定的，行政复议机关或者有关上级税务机关应当责令其限期履行。

自然资源行政复议规定

第三十二条 被申请人应当在法定期限内履行生效的行政复议决定，并在履行行政复议决定后 30 日内将履行情况及相关法律文书送达情况书面报告行政复议机关。

第三十三条　行政复议决定履行期满，被申请人不履行行政复议决定的，申请人可以向行政复议机关提出责令履行申请。

第三十四条　行政复议机关收到责令履行申请书，应当向被申请人进行调查或者核实，依照下列规定办理：

（一）被申请人已经履行行政复议决定，并将履行情况相关法律文书送达申请人的，应当联系申请人予以确认，并做好记录；

（二）被申请人已经履行行政复议决定，但尚未将履行情况相关法律文书送达申请人的，应当督促被申请人将相关法律文书送达申请人；

（三）被申请人逾期未履行行政复议决定的，应当责令被申请人在规定的期限内履行。被申请人拒不履行的，行政复议机关可以将有关材料移送纪检监察机关。

属于本条第一款第二项规定情形的，被申请人应当将相关法律文书送达情况及时报告行政复议机关。

属于本条第一款第三项规定情形的，被申请人应当在收到书面通知之日起 30 日内履行完毕，并书面报告行政复议机关。被申请人认为没有条件履行的，应当说明理由并提供相关证据、依据。

第三十五条　有下列情形之一，行政复议机关可以决定被申请人中止履行行政复议决定：

（一）有新的事实和证据，足以影响行政复议决定履行的；

（二）行政复议决定履行需要以其他案件的审理结果为依据，而其他案件尚未审结的；

（三）被申请人与申请人达成中止履行协议，双方提出中止履行申请的；

（四）因不可抗力等其他原因需要中止履行的。

本条前款第三项规定的中止履行协议不得损害国家利益、社会公共利益和他人的合法权益。

第三十六条　决定中止履行行政复议决定的，行政复议机关应当向当事人发出行政复议决定中止履行通知书。

行政复议决定中止履行通知书应当载明中止履行的理由和法律依据。中止履行期间，不计算在履行期限内。

中止履行的情形消除后，行政复议机关应当向当事人发出行政复议决定恢复履行通知书。

第三十七条　经审查，被申请人不履行行政复议决定的理由不成立的，行政复议机关应当作出责令履行行政复议决定通知书，并送达被申请人。

工业和信息化部行政复议实施办法

第二十五条　被申请人应当履行行政复议决定。被申请人不履行或者无正当理由拖延履行行政复议决定的，由工业和信息化部责令其限期履行，制作责令履行行政复议决定通知书并送达被申请人、申请人、第三人。

被申请人收到责令履行行政复议决定通知书后，应当在规定期限内履行行政复议决定，并将履行情况报送工业和信息化部法制工作机构。

交通运输行政复议规定

第二十一条 被申请人不履行或者无正当理由拖延履行交通运输行政复议决定的，交通运输行政复议机关或者有关上级交通运输行政机关应当责令其限期履行。

住房城乡建设行政复议办法

第三十四条 有下列情形之一的，行政复议机关应当决定被申请人在一定期限内履行法定职责：

（一）属于被申请人的法定职责，被申请人明确表示拒绝履行或者不予答复的；

（二）属于被申请人的法定职责，并有法定履行期限，被申请人无正当理由逾期未履行或者未予答复的；

（三）属于被申请人的法定职责，没有履行期限规定，被申请人自收到申请满60日起无正当理由未履行或者未予答复的。

前款规定的法定职责，是指县级以上人民政府住房城乡建设主管部门根据法律、法规或者规章的明确规定，在接到申请人的履责申请后应当履行的职责。

第四十五条 被申请人应当履行行政复议决定。被申请人不履行或者无正当理由拖延履行行政复议决定的，作出复议决定的行政复议机关可以责令其在规定期限内履行。

第四十六条 被责令重新作出行政行为的，被申请人不得以同一事实和理由作出与原行政行为相同或者基本相同的行政行为，但因违反法定程序被责令重新作出行政行为的除外。

第四十八条 国务院住房城乡建设主管部门可以对县级以上地方人民政府住房城乡建设主管部门的行政复议工作和制度执行情况进行监督检查。

省、自治区、直辖市人民政府住房城乡建设主管部门可以通过定期检查、抽查等方式，对本行政区域内行政复议工作和制度执行情况进行监督检查。

不履行行政复议决定，或者在收到行政复议意见书之日起60日内未将纠正相关行政违法行为的情况报告行政复议机关的，行政复议机关可以通报批评。

第四十九条 行政复议工作、行政复议决定的执行情况纳入县级以上地方人民政府住房城乡建设主管部门依法行政的考核范围。

第五十条 行政复议机关应当建立行政复议案件统计制度，并按规定向上级行政复议主管部门报送本行政区的行政复议情况。

中华人民共和国海关行政复议办法

第七十条 被申请人不履行法定职责的，海关行政复议机关应当决定其在一定期限内履行法定职责。

第九十四条 申请人认为被申请人不履行或者无正当理由拖延履行行政复议决定书、行政复议调解书的，可以申请海关行政复议机关责令被申请人履行。

海关行政复议机关发现被申请人不履行或者无正当理由拖延履行行政复议决定书、行政复议调解书的，应当责令其限期履行，并且制作《责令限期履行行政复议决定通知书》，送达被申请人。

环境行政复议办法

第三十四条 被申请人应当履行行政复议决定。被申请人不履行或者无正当理由拖延履行的，环境行政复议机关应当责令其限期履行，制作责令履行行政复议决定通知书送达被申请人，并抄送申请人和第三人。

被申请人对行政复议决定有异议的，可以向环境行政复议机关提出意见，但是不停止行政复议决定的履行。

第三十五条 环境保护行政主管部门通过接受当事人的申诉、检举或者备案审查等途径，发现下级环境保护行政主管部门作出的行政复议决定违法或者明显不当的，可以责令其改正。

国家发展和改革委员会行政复议实施办法

第二十八条 被申请人应当履行行政复议决定。

被申请人不履行或者无正当理由拖延履行行政复议决定的，国家发展改革委应当责令其限期履行。

国家知识产权局行政复议规程

第二十二条 被申请人不履行法定职责的，应当决定其在一定期限内履行法定职责。

人力资源社会保障行政复议办法

第三十九条 依照行政复议法第二十八条第一款第二项规定，被申请人不履行法定职责的，行政复议机关应当决定其在一定期限内履行法定职责。

公安机关办理行政复议案件程序规定

第六十五条 有下列情形之一的，应当决定被申请人在一定期限内履行法定职责：

（一）属于被申请人的法定职责，被申请人明确表示拒绝履行或者不予答复的；

（二）属于被申请人的法定职责，并有法定履行时限，被申请人逾期未履行或者未予答复的。

对没有规定法定履行期限的，公安行政复议机关可以根据案件的具体情况和履行的实际可能确定履行的期限或者责令其采取相应措施。

『典型案例』

扬州市人民政府行政复议决定书

〔2022〕扬行复第 118 号

申请人：肖某。

被申请人：扬州市市场监督管理局，住所地在扬州市邗江区文昌西路 525 号。

法定代表人：黄俊华，该局局长。

第三人：甲公司。

法定代表人：卢某。

第三人：乙公司。

法定代表人：吴某。

申请人肖某不服被申请人扬州市市场监督管理局作出的《关于肖某信访投诉事项处理意见书》第二项内容"投诉事项答复"（以下简称案涉事项答复），于 2022 年 7 月 15 日向本机关提出行政复议申请，本机关依法予以受理并追加甲公司、乙公司作为第三人参加行政复议，后依法延期三十日。现已审理终结。

申请人请求：撤销被申请人作出的案涉事项答复，责令其调查处理。

申请人称：案涉事项答复事实不清，双重标准，错误不少。2000 年 3 月 7 日，购房合同第四条价格与费用总额为 145 934 元。特别注明含政府规费。2002 年 2 月 6 日，"商铺"交付结算表实际总房款收了 155 418.18 元，更包含了政府规费，但套内建筑面积仅 10.77 平方米，比原定面积 11.41 平方米少 0.64 平方米，不符合统一验收标准少了 5.61%，反而多收了 9 484 元，应当返还。商户收楼交接书室内灯亮存电还有 220v，20A 开关供接驳完全够用，没有委托水电增容，不存在代办费。2002 年 4 月 2 日，甲公司冒充政府收费的铁证 22 425.55 元收据，收的是不当收益应当返还，特别是 22 425.55 元现金相当于申请人当时 30—40 多个月的内退工资。甲公司按每平方米月收费 4.8 元经管费、2.5 元宣广费、10 元物管费、7 元公摊水电费，申请人仅 10.77 平方米的小铺每年也收 5925 元，200 元更名费，说是政府批的，业主商户上访，答复说是假的。甲公司收取的工商会费 250 元在案涉事项答复中变成了 100 元。关于电价问题，国家大中型移民后期扶持资金 0.83 元钱/度电，地方才 0.05 分钱，该公司却加价 7 分钱/度电，超越了国家权限，明明执行了相关规定，怎么最后再加价售电。

申请人提供的证据有（以下材料均为复印件）：

1. 部分购房合同（4 页）；

2. 肖某居民身份证；

3. 商铺交付结算表；

4. 商铺收楼交接书；

5. 工商服务业统一收款收据、收款收据客户联各一张；

6.《证明》；

7. 收费收据、收据客户联、收款收据收款联各一张；

8. 电费收款收据收款联一张；

9.2005 年—2009 年 4 月公摊水电费使用情况；

10.《关于肖某信访投诉事项处理意见书》；

11. 商品房购销合同。

被申请人称：申请人的复议事项不属于行政复议受案范围，行政复议的事实和理由不成立，被申请人已经履行了答复申请人的职责。2022 年 3 月 30 日，被申请人收到申请人的信访投诉材料，并于 2022 年 4 月 8 日受理该信访投诉并书面告知申请人。经审查，申请人信访材料包含有信访事项及投诉事项，涉及投诉事项的材料表明，申请人自 2012 年开始多次向有关部门反映相关问题。被申请人对于申请人投诉事项虽应不予受理，但由于当事人采用了信访方式对超过受理期限的投诉事项寻求解决途径，符合《信访工作条例》的有关规定，被申请人对其中涉及价格监督检查职能的相关投诉问题进行了信访调查，根据调查结果，被申请人作出案涉事项答复并于 2022 年 6 月 3 日通过邮政 EMS 送达申请人。收到信访材料之后，被申请人于 2022 年 4 月 2 日即开始调查核实信访事项。调查过程中，针对申请人反映的问题，被申请人组织第三人相关人员进行了询问，并做了笔录，分别调取了《关于调整收费的通知》和近期电费收缴记录等相关材料。本案中，申请人对案涉事项答复提出了复议申请，但该事项产生于 2012 年，已经超过了投诉请求受理时限，导致申请人丧失了投诉受理和调解权利。依据《信访工作条例》，申请人可以对该事项进行信访，被申请人按照信访工作程序对该事项进行处理，符合申请人的本意及《信访工作条例》的工作要求。但申请人对信访处理意见不服，应当通过复查和复核程序提出，不属于《中华人民共和国行政复议法》规定的受理范围。综上，被申请人对申请人信访中提出的第二项投诉请求，依法按照信访工作程序进行调查，作出了处理意见并书面告知了申请人，事实清楚、证据充分。申请人应当采用申请复查方式提出不服意见，不属于行政复议受理范围。依据《中华人民共和国行政复议法实施条例》第四十八条第一款第二项的规定，请求复议机关依法驳回申请人的复议申请。

被申请人提供的证据有（以下材料均为复印件）：

1. 落款时间为 2022 年 1 月 19 日的书信；

2. 肖某、尤某、周某居民身份证；

3. 商品房购销合同；

4.《通知》；

5. 商铺交付结算表；

6. 商铺收楼交接书；

7. 工商服务业统一收款收据、收款收据客户联各一张；

8. 肖某房屋产权证书；

9.《诉求书》；

10. 落款时间为 2013 年元月 8 日的书信；

11.《举报材料》；

12. 信封；

13.《告知书》（扬市监告〔2022〕2 号）及邮递记录；

14.《关于肖某信访投诉事项处理意见书》及邮递记录；

15.《询问笔录》；

16. 丙公司、乙公司、甲公司《营业执照》各一份；

17.《关于调整收费的通知》；

18.《关于委托丁公司对东楼进行经营管理的提案》；

19. 戊公司通用机打发票一张、收款收据五张；

20、《投诉与建议》；

21. 收款收据客户联三张、收款联一张、戊公司通用机打平推发票一张；

22. 工商服务业统一收款收据、收款收据客户联各一张；

23. 建设工程定位通知书、建筑面积汇总表；

24. 收件人为扬州市纪委监委的信封；

25.《不予受理告知书》及信封；

26.《文件阅办单》。

第三人未提供答复意见及相关证据材料。

本机关查明：2022 年 3 月 30 日，被申请人收到申请人的信访举报材料。申请人的主要信访举报事项为：甲公司违法违规收费，包括代收政府规费 1 346.40 元、代办费 17 987.67 元、代收税务登记工本费 25 元、店铺更名手续费 200 元、每月经营管理费 4.8/m²、营业登记费 20 元、营业执照副本工本费 3 元、工商会费 100 元/年、水电增容费 3 091.48 元、以罚款增收问题。乙公司未按照 0.844 元/度而按照 0.921 元/度的标准收取电费，违反电力法收取电费，非法截留挪用，涉嫌盗取商户用电问题。

2022 年 4 月 2 日，被申请人对甲公司、乙公司进行调查询问。4 月 8 日，被申请人作出《告知书》，受理该信访举报事项。

2022 年 6 月 2 日，被申请人作出案涉事项答复，分别告知申请人关于其所投诉的（一）甲公司收取水电增容费 3091.48 元、代办费 17 987.67 元，因历史久远、部门撤销、人员更换难以查找相关账目。关于其所投诉的（二）甲公司收取店铺更名费 200 元、（三）甲公司收取经营管理服务费 4.8 元/平方，总计 1170.43 元/年，经被申请人调查，分别由己广场第一届、第四届业主大会决议通过收取。关于其所投诉的（四）甲公司收取工商会费 100 元，经被申请人调查，是甲公司受庚协会委托向申请人代收代缴。关于其所投诉的（五）乙公司长期以 0.921 元/度标准收取电费，经被申请人调查，投诉材料中所称年度电费为 0.844 元/度，乙公司收取 0.921 元/度，多收费用为加收损耗，未超过 10%。案涉事项答复于 2022 年

6月3日送达申请人。

另查明，中共扬州市委办公室、扬州市人民政府办公室于2019年3月31日印发的《扬州市市场监督管理局职能配置、内设机构和人员编制规定》第三条第五项规定，被申请人的主要职责包括负责监督管理市场秩序，组织指导查处价格收费违法违规、不正当竞争、违法直销、传销、侵犯商标专利知识产权和制售假冒伪劣行为等。

以上事实有申请人与被申请人提交的证据和《行政复议申请书》《行政复议案件调查笔录》《扬州市市场监督管理局职能配置、内设机构和人员编制规定》（扬办〔2019〕56号）在卷佐证。

本机关认为：

《中华人民共和国价格法》第五条第二款规定，县级以上地方各级人民政府价格主管部门负责本行政区域内的价格工作。县级以上地方各级人民政府其他有关部门在各自的职责范围内，负责有关的价格工作。《价格违法行为行政处罚规定》第二条规定，县级以上各级人民政府价格主管部门依法对价格活动进行监督检查，并决定对价格违法行为的行政处罚。《扬州市市场监督管理局职能配置、内设机构和人员编制规定》第三条第五项规定，被申请人负责监督管理市场秩序。组织指导查处价格收费违法违规、不正当竞争……伪劣行为等。因此，被申请人具有对辖区内发生的价格收费违法违规行为进行监督检查的法定职责。本案中，针对申请人提出的案涉价格收费举报事项，被申请人所作案涉事项答复仅对被申请人针对举报事项调查取证了解的情况进行了描述，而对申请人所反映的价格收费行为是否构成违法以及是否应当给予处罚并未作出明确认定，也未对举报内容提出处理意见，应视为被申请人未全面履行对价格收费违法违规行为进行监管的法定职责，故应责令其限期履行。因申请人在《行政复议申请书》中明确表示仅就《关于肖某信访投诉事项处理意见书》第二项内容"投诉事项答复"申请行政复议，故该处理意见书其他部分不在本案复议审查范围。

综上，根据《中华人民共和国行政复议法》第二十八条第一款第二项、《中华人民共和国行政复议法实施条例》第四十四条之规定，本机关决定：

责令被申请人自收到本决定书之日起60日内对《关于肖某信访投诉事项处理意见书》第二项内容"投诉事项答复"所涉及的申请人举报事项依法作出处理。

申请人、第三人如不服本行政复议决定，可以自收到本行政复议决定书之日起15日内向扬州市中级人民法院提起行政诉讼。

2022年9月29日

『2023年版本』

第六十七条　行政行为有实施主体不具有行政主体资格或者没有依据等重大且

明显违法情形，申请人申请确认行政行为无效的，行政复议机关确认该行政行为无效。

『条文释义』

本条规定了对重大且明显违法情形的确认。1999 年版本、2009 年版本和 2017 年版没有相关规定，2023 年版本新增加了该项规定。

重大且明显违法情形是指通常情况下不应当出现的违法情形，该情形是稍微具备法律专业知识的人，甚至没有法律专业知识的人都能发现的违法情形。重大且明显违法情形主要包括行政行为的实施主体不具有行政主体资格以及行政行为没有依据，如果申请人申请确认此类行政行为无效，行政复议机关应当确认该行政行为无效。

『2023 年版本』

第六十八条　行政行为认定事实清楚，证据确凿，适用依据正确，程序合法，内容适当的，行政复议机关决定维持该行政行为。

『1999、2009、2017 年版本』

第二十八条　行政复议机关负责法制工作的机构应当对被申请人作出的具体行政行为进行审查，提出意见，经行政复议机关的负责人同意或者集体讨论通过后，按照下列规定作出行政复议决定：

（一）具体行政行为认定事实清楚，证据确凿，适用依据正确，程序合法，内容适当的，决定维持；

（二）被申请人不履行法定职责的，决定其在一定期限内履行；

（三）具体行政行为有下列情形之一的，决定撤销、变更或者确认该具体行政行为违法；决定撤销或者确认该具体行政行为违法的，可以责令被申请人在一定期限内重新作出具体行政行为：

1. 主要事实不清、证据不足的；

2. 适用依据错误的；

3. 违反法定程序的；

4. 超越或者滥用职权的；

5. 具体行政行为明显不当的。

（四）被申请人不按照本法第二十三条的规定提出书面答复、提交当初作出具体行政行为的证据、依据和其他有关材料的，视为该具体行政行为没有证据、依据，决定撤销该具体行政行为。

　　行政复议机关责令被申请人重新作出具体行政行为的，被申请人不得以同一的事实和理由作出与原具体行政行为相同或者基本相同的具体行政行为。

『 条文释义 』

　　本条规定了维持行政行为的条件。1999 年版本、2009 年版本和 2017 年版本的规定一致，2023 年版本修改完善了该项规定。

　　行政复议机关决定维持行政行为应当具备以下条件：行政行为认定事实清楚，证据确凿，适用依据正确，程序合法，内容适当。缺少上述任何一个条件，行政复议机关均不能作出维持决定。事实清楚强调的是主要事实和基本事实，如果与申请人权利义务无关的次要事实认定不准确或者不清楚，不影响行政复议机关作出维持决定。

『 相关法规 』

中华人民共和国行政复议法实施条例

　　第四十三条　依照行政复议法第二十八条第一款第（一）项规定，具体行政行为认定事实清楚，证据确凿，适用依据正确，程序合法，内容适当的，行政复议机关应当决定维持。

『 相关规章 』

住房城乡建设行政复议办法

　　第三十条　行政行为认定事实清楚，证据确凿，适用依据正确，程序合法，内容适当的，行政复议机关应当决定维持。

　　第四十一条　行政复议文书有笔误的，行政复议机关可以对笔误进行更正。

中华人民共和国海关行政复议办法

　　第六十九条　具体行政行为认定事实清楚，证据确凿，适用依据正确，程序合法，内容适当的，海关行政复议机关应当决定维持。

国家知识产权局行政复议规程

　　第二十条　审理行政复议案件，以法律、行政法规、部门规章为依据。

　　第二十一条　具体行政行为认定事实清楚，证据确凿，适用依据正确，程序合法，内容适当的，应当决定维持。

人力资源社会保障行政复议办法

　　第三十八条　依照行政复议法第二十八条第一款第一项规定，具体行政行为认定事实清楚，证据确凿，适用依据正确，程序合法，内容适当的，行政复议机关应当决定维持。

自然资源行政复议规定

第二十七条　被复议行政行为的处理结果正确，且不损害申请人的实体权利，但在事实认定、引用依据、证据提交方面有轻微错误的，行政复议机关可以作出驳回复议申请或者维持原行政行为的决定，但应当在行政复议决定书中对被申请人予以指正。

被申请人应当在收到行政复议决定书之日起 60 日内，向行政复议机关作出书面说明，并报告改正情况。

『 典型案例 』

扬州市人民政府行政复议决定书

〔2022〕扬行复第 183 号

申请人：王某甲。

被申请人：扬州市公安局邗江分局，住所地在扬州市邗江区司徒庙路 188 号。

法定代表人：范红彬，该分局局长。

第三人：张某甲。

第三人：张某乙。

第三人：王某乙。

申请人对被申请人于 2022 年 8 月 30 日作出的邗公（西）行罚决字〔2022〕685 号《行政处罚决定书》（以下简称 685 号《决定书》）不服，于 2022 年 10 月 13 日向本机关申请行政复议，本机关依法予以受理，并追加张某甲、张某乙、王某乙为第三人参加行政复议。现已审理终结。

申请人请求：撤销 685 号《决定书》。

申请人称：申请人今年刚满 14 周岁，系在校学生，于 2022 年 7 月 19 日被被申请人以涉嫌猥亵进行调查，被申请人经调查认为 2022 年 7 月 18 日 21 时许申请人以找钥匙为由，将第三人张某甲从甲小区内游乐场带至附近草坪上，将手从张某甲裙下伸入，隔着内裤摸其私处两次。被申请人认为申请人的行为违反《中华人民共和国治安管理处罚法》（以下简称《治安管理处罚法》）第十二条之规定，构成猥亵，根据该法第四十四条之规定，给予申请人行政拘留七日的处罚，因申请人未成年不执行行政拘留处罚。

申请人父母作为监护人认为，申请人确实犯下了错误，但给予行政拘留 7 日处罚过重。被申请人系根据《治安管理处罚法》的相关规定进行的处罚，但根据《中华人民共和国行政处罚法》（以下简称《行政处罚法》）第三十条规定，对已满十四周岁不满十八周岁的未成年人有违法行为的，应当从轻或者减轻行政处罚。违法行为轻微并及时改正，没有造成危害后果的，不予行政处罚。第三十三条规定，违法行为轻微并及时改正，没有造成危害后果的，不予行政处罚。初次违法且危害后果轻微并及时改正的，可以不予行政处罚。《中华人民共和国未成年人保护法》（以下简称《未成年人保护法》）第一百一十三条规定，对违法犯罪的未成年人，实行教育、感化、挽救的方针，坚持教育为主、惩罚为辅的原则。被申请人虽然对行政拘留不予执行，但行政拘留系较重的行政处罚，申请人作为一个刚满14岁的青少年，将在未来的考试、升学、就业、生活等各方面遭遇歧视，无法回归正常工作生活，等于实质性毁掉了申请人的一生。685号《决定书》未能严格按照《行政处罚法》《未成年人保护法》的规定，违反了以上法律对未成年人保护的立法精神。本案中，申请人违法行为轻微并及时改正，没有造成危害后果，公安机关应当按照教育、感化、挽救的方针，坚持教育为主、惩罚为辅的原则，依法不予行政处罚。根据法律规定，未成年人违法主要是监护人的责任，可以对监护人予以训诫，并可以责令未成年人接受家庭教育指导。值得注意的是，我国法律对未成年人的保护不仅保护受害人也要同样保护违法的未成年人。此外，该处罚决定抬头是西湖派出所，落款盖章是邗江分局，此属处罚主体错误。

综上，685号《决定书》处罚主体错误、法律适用不当，请求予以撤销。

申请人提交的证据有（以下证据均为复印件）：

1.居民身份证（王某甲、王某丙、陈某）；

2.685号《决定书》。

被申请人称：

1.685号《决定书》所涉一案，被申请人依法受理，规范处置，认定事实清楚，证据确实充分。2022年7月18日22时11分，被申请人接市局110指挥中心指令称："报警人称现在在甲小区19#楼下，其9岁的女儿被一个男孩子摸了。"被申请人接警后至现场处警。经了解，报警人王某乙反映其女儿张某甲于2022年7月18日21时30分许，在甲小区25幢南侧草坪处被一名陌生男孩摸了两下屁股、一下私处。被申请人于次日依法受理刑事案件初查。经调查，申请人以找钥匙为由，将张某甲从甲小区内游乐场带至西侧25幢南边的草坪上，后将手从张某甲裙底下方伸入，隔着内裤摸其私处两次。

2.被申请人严格依照法定程序办理，并在法定期限内办结。被申请人于2022年7月18日接警，次日依法受理刑事案件初查。经调查申请人涉嫌猥亵儿童，但未满十六周岁，依法不应当负刑事责任，2022年8月17日被申请人根据《中华人民共和国刑事诉讼法》第一百一十二条的规定，对该案不予立案并转为行政案件办理。

685号《决定书》作出之前，被申请人依法履行了告知程序，明确告知违法行为人的违法事实、理由、依据、可能受到的处罚及其依法享有的权利，申请人未提出陈述申辩。后被申请人依法决定给予申请人行政拘留七日的处罚但不执行，当场向其宣告并送达，在告知及处罚过程中，申请人的父亲王某丙全程陪同。2022年8月31日，685号《决定书》邮寄送达第三人。

685号《决定书》的落款和盖章均为扬州市公安局邗江分局，标题中出现西湖派出所，系在江苏公安基础信息平台自动生成时系统错误导致。

3.685号《决定书》适用法律依据正确，量罚适当。申请人的行为构成猥亵他人，根据《治安管理处罚法》第四十四条的规定，猥亵未满十四周岁的人，依法应处十日以上十五日以下拘留；因申请人已满十四周岁不满十八周岁，根据《治安管理处罚法》第十二条规定，依法从轻或者减轻处罚。因此，被申请人对申请人处行政拘留七日。又根据《治安管理处罚法》第二十一条第一项的规定，不执行行政拘留处罚，且根据相关法律规定，被申请人对申请人该违法记录进行封存，不会对申请人未来的考试、升学、就业、生活等各方面造成影响。

申请人主张其违法行为轻微并及时改正，没有造成危害后果。被申请人认为双方均是未成年人，都应当得到保护。由于被侵害人系九岁儿童，对性认识能力有所欠缺，该违法行为可能对其身体、思想造成伤害或不良影响。

综上，请求维持685号《决定书》。

被申请人提交的证据有（以下证据均为复印件）：

1.685号《决定书》及送达回执；

2.《呈请行政处罚报告书》；

3.《接处警登记表》；

4.《受案登记表》及《受案回执》；

5.《呈请不予立案报告书》；

6.邗公（西）法代通字〔2022〕141号《未成年人法定代理人到场通知书》；

7.《接受证据清单》两张及相关证据；

8.《询问笔录》（2022年7月20日／王某甲）；

9.《辨认笔录》（2022年8月15日／王某甲）；

10.邗公（西）法代通字〔2022〕20号《未成年人法定代理人到场通知书》；

11.《询问笔录》（2022年7月19日／张某甲）；

12.《辨认笔录》（2022年8月17日／张某甲）；

13.《询问笔录》（2022年8月16日／王某丙）；

14.《询问笔录》（2022年8月19日／曾某）；

15.《辨认笔录》（2022年8月19日／曾某）；

16.《行政处罚告知笔录》（2022年8月26日）；

17.《抓获经过》（2022年7月20日）；

18.门诊记录；

19.《忏悔书》及《申请书》；

20.《视听资料说明书》及视频光盘；

21.《通案记载表》。

第三人未提交书面意见或相关证据材料。

本机关查明：

2022年7月18日晚，申请人（14周岁）以寻求帮助为由将张某甲（9周岁）等两名女童从甲小区游乐场带至小区25幢南侧草坪上，随后在张某甲为其寻找钥匙时将手从张某甲裙底下方伸入，隔着内裤摸其私处两次。当日22时11分许，被申请人接110指挥中心指令称"报警人称其女儿张某甲在甲小区花园25幢南侧草坪处被一名陌生男孩摸了"。被申请人立即处警至现场了解情况。7月19日，被申请人以刑事案件对该案进行初查。

调查取证期间，被申请人先后通知申请人、张某甲、曾某，在法定代理人到场情况下进行询问、辨认并制作询问笔录和辨认笔录，并接收申请人及第三人提供的证据材料。

2022年8月17日，被申请人经集体审议，以申请人未满十六周岁，根据《中华人民共和国刑事诉讼法》第一百一十二条之规定，对本案刑事案件不予立案并转为行政案件办理。

2022年8月26日，被申请人对申请人进行行政处罚前告知并制作告知笔录，告知申请人其行为已构成猥亵，因申请人在违反治安管理时年龄已满十四周岁未满十八周岁，根据《治安管理处罚法》第十二条、第四十四条之规定，拟给予行政拘留七日的行政处罚，根据《治安管理处罚法》第二十一条第一项之规定，不执行行政拘留处罚，并告知陈述申辩的权利。申请人表示不提出陈述申辩。

2022年8月30日，被申请人经法制审核作出685号《决定书》，认定申请人的行为构成猥亵，根据《治安管理处罚法》第四十四条、第十二条之规定，给予拘留7日的行政处罚，根据《治安管理处罚法》第二十一条第一项之规定，决定对拘留处罚不予执行。后685号《决定书》被分别依法送达申请人与第三人。

以上事实有申请人和被申请人提交的证据在卷佐证。

本机关认为：

一、被申请人具有作出案涉行政处罚决定的法定职权

根据《治安管理处罚法》第七条、第九十一条的规定，被申请人具有对违反治安管理的行为作出行政处罚的法定职权。关于申请人认为685号《决定书》处罚主体错误的问题。《公安机关办理行政案件程序规定》第一百七十三条规定，行政拘留处罚由县级以上公安机关或者出入境边防检查机关决定。本案中，被申请人作为县级以上公安机关，作出涉案行政处罚决定符合法律规定。685号《决定书》抬头出现"扬州市公安局邗江分局西湖派出所"字样不影响对685号《决定书》主体及权限合法性的判断。

二、被申请人所作行政处罚决定书程序合法

《公安机关办理行政案件程序规定》第一百六十五条第一款、第二款规定，公安机关办理治安案件的期限，自受理之日起不得超过三十日；案情重大、复杂的，

经上一级公安机关批准，可以延长三十日。办理其他行政案件，有法定办案期限的，按照相关法律规定办理。第一百七十七条规定，公安机关办理的刑事案件，尚不够刑事处罚，依法应当给予公安行政处理的，经县级以上公安机关负责人批准，依照本章规定作出处理决定。本案中，被申请人于2022年7月19日对本案进行刑事初查，于8月17日对本案刑事案件不予立案并转为治安案件，经处罚前告知等程序，后于2022年8月30日作出685号《决定书》，程序合法。

三、被申请人所作行政处罚决定认定事实清楚，适用法律正确，量罚适当

《治安管理处罚法》第四十四条规定，猥亵他人的，或者在公共场所故意裸露身体，情节恶劣的，处五日以上十日以下拘留；猥亵智力残疾人、精神病人、不满十四周岁的人或者有其他严重情节的，处十日以上十五日以下拘留。第十二条规定，已满十四周岁不满十八周岁的人违反治安管理的，从轻或者减轻处罚；不满十四周岁的人违反治安管理的，不予处罚，但是应当责令其监护人严加管教。第二十一条第一项规定，违反治安管理行为人有下列情形之一，依照本法应当给予行政拘留处罚的，不执行行政拘留处罚：（一）已满十四周岁不满十六周岁的。《公安机关办理行政案件程序规定》第三十三条规定，刑事案件转为行政案件办理的，刑事案件办理过程中收集的证据材料，可以作为行政案件的证据使用。本案中，被申请人提供的相关证据足以证明申请人违背他人意志对第三人张某甲实施了猥亵行为，被申请人对申请人处以7日的行政拘留并决定不予执行，适用法律正确，量罚适当。关于申请人认为处罚过重的问题。本案中，申请人虽为未成年人，但其行为对象为不满十四周岁的未成年人，属于《治安管理处罚法》第四十四条规定的加重情节，被申请人适用《治安管理处罚法》有关对未成年人从轻或减轻处罚，以及不执行行政拘留处罚的相关规定，作出685号《决定书》并无不当。申请人实施的猥亵行为会损害受害人的身心健康，因此其违法行为轻微并及时改正，未造成危害后果，应不予处罚的复议理由无事实和法律依据，本机关不予支持。

综上，685号《决定书》认定事实清楚、证据充分、适用法律正确，量罚适当、程序合法。根据《中华人民共和国行政复议法》第二十八条第一款第一项之规定，本机关决定：

维持被申请人作出的685号《决定书》。

申请人、第三人如不服本行政复议决定，可以自收到本行政复议决定书之日起15日内向扬州市江都区人民法院提起行政诉讼。

2022 年 11 月 24 日

『2023 年版本 』

第六十九条 行政复议机关受理申请人认为被申请人不履行法定职责的行政复

议申请后，发现被申请人没有相应法定职责或者在受理前已经履行法定职责的，决定驳回申请人的行政复议请求。

『条文释义』

本条规定了决定驳回行政复议请求的情形。1999年版本、2009年版本和2017年版没有相关规定，2023年版本新增加了该项规定。

对于被申请人不履行法定职责的行政复议案件，行政复议机关在受理之时可能很难判断被申请人是否已经履行法定职责，对该类行政复议案件，行政复议机关可以先受理。行政复议机关受理申请后，经审查发现被申请人没有相应法定职责或者在受理前已经履行法定职责的，说明申请人的行政复议申请不成立，应当决定驳回申请人的行政复议请求。

『相关法规』

中华人民共和国行政复议法实施条例

第四十八条　有下列情形之一的，行政复议机关应当决定驳回行政复议申请：

（一）申请人认为行政机关不履行法定职责申请行政复议，行政复议机关受理后发现该行政机关没有相应法定职责或者在受理前已经履行法定职责的；

（二）受理行政复议申请后，发现该行政复议申请不符合行政复议法和本条例规定的受理条件的。

上级行政机关认为行政复议机关驳回行政复议申请的理由不成立的，应当责令其恢复审理。

『相关规章』

税务行政复议规则

第七十八条　有下列情形之一的，行政复议机关应当决定驳回行政复议申请：

（一）申请人认为税务机关不履行法定职责申请行政复议，行政复议机关受理以后发现该税务机关没有相应法定职责或者在受理以前已经履行法定职责的。

（二）受理行政复议申请后，发现该行政复议申请不符合行政复议法及其实施条例和本规则规定的受理条件的。

上级税务机关认为行政复议机关驳回行政复议申请的理由不成立的，应当责令限期恢复受理。行政复议机关审理行政复议申请期限的计算应当扣除因驳回耽误的时间。

工业和信息化部行政复议实施办法

第二十二条　有下列情形之一的，工业和信息化部驳回行政复议申请：

（一）申请人认为被申请人不履行法定职责申请行政复议，受理后发现该被申请人没有相应的法定职责或者在受理前已经履行法定职责的；

（二）受理行政复议申请后，发现该行政复议申请不符合法定受理条件的。

住房城乡建设行政复议办法

第三十三条　有下列情形之一的，行政复议机关应当决定驳回行政复议申请：

（一）申请人认为被申请人不履行法定职责申请行政复议，行政复议机关受理后发现被申请人没有相应法定职责或者在受理前已经履行法定职责的；

（二）行政复议机关受理行政复议申请后，发现该行政复议申请不属于本办法规定的行政复议受案范围或者不符合受理条件的；

（三）被复议的行政行为，已为人民法院或者行政复议机关作出的生效法律文书的效力所羁束的；

（四）法律、法规和规章规定的其他情形。

中华人民共和国海关行政复议办法

第七十九条　有下列情形之一的，海关行政复议机关应当决定驳回行政复议申请：

（一）申请人认为海关不履行法定职责申请行政复议，海关行政复议机关受理后发现被申请人没有相应法定职责或者被申请人在海关行政复议机关受理该行政复议申请之前已经履行法定职责的；

（二）海关行政复议机关受理行政复议申请后，发现该行政复议申请不符合受理条件的。

海关行政复议机关的上一级海关认为该行政复议机关驳回行政复议申请的理由不成立的，应当责令其恢复审理。

国家知识产权局行政复议规程

第二十五条　有下列情形之一的，应当驳回行政复议申请并书面告知理由：

（一）复议申请人认为被申请人不履行法定职责而申请行政复议，行政复议机构受理后发现被申请人没有相应法定职责或者在受理前已经履行法定职责的；

（二）行政复议机构受理行政复议申请后，发现该行政复议申请不符合受理条件的。

人力资源社会保障行政复议办法

第四十三条　依照行政复议法实施条例第四十八条第一款的规定，行政复议机关决定驳回行政复议申请的，应当制发《驳回行政复议申请决定书》，并通知申请人、被申请人和第三人。

环境行政复议办法

第三十一条 有下列情形之一的，环境行政复议机关应当决定驳回行政复议申请，并制作驳回行政复议申请决定书，送达当事人：

（一）申请人认为环境保护行政主管部门不履行法定职责申请行政复议，环境行政复议机关受理后发现该部门没有相应法定职责或者在受理前已经履行法定职责的；

（二）受理行政复议申请后，发现该行政复议申请不符合行政复议法和行政复议法实施条例规定的受理条件的。

上级环境保护行政主管部门认为环境行政复议机关驳回行政复议申请的理由不成立的，应当责令其恢复审理。

『典型案例』

扬州市人民政府

驳回行政复议申请决定书

〔2022〕扬行复第 206 号

申请人：甲公司。

法定代表人：李某，该公司总经理。

被申请人：仪征市人民政府，住所地在江苏省仪征市解放东路 300 号。

法定代表人：李林，该市市长。

委托代理人：倪杰，江苏三法律师事务所律师。

委托代理人：杨笈，仪征市司法局工作人员。

申请人甲公司认为被申请人为实施征收行为而对其断电，于 2022 年 11 月 7 日向本机关申请行政复议，本机关依法予以受理。现已审理终结。

申请人请求：依法确认被申请人为实施征收行为而断电的行政行为违法，责令被申请人立即对申请人的工厂恢复电力供应。

申请人称：因实施 xx 片区城市更新项目，申请人使用的生产厂房被列入征收范围。目前，被申请人尚未与申请人就征收补偿事宜达成一致，在未签订任何补偿安置协议且未获得任何补偿的情况下，被申请人于 2022 年 11 月 1 日指令对申请人的厂房断电。

电力需求是企业日常生产经营正常开展的必要条件，依据《国有土地上房屋征收与补偿条例》《中华人民共和国行政强制法》等法律法规，行政机关不得对居民生活采取停止供水、供电、供热、供燃气等方式迫使当事人履行相关行政决定，行政机关不得采用断水断电等违法方式逼迫搬迁。被申请人通过断电的方式迫使申请人搬迁的行为违反上述规定，严重侵害了申请人的合法权益。

综上所述，案涉断电行为不具有合法性，申请人多方协调未果，被申请人的行为严重侵害了申请人的合法权益，故提起行政复议，请求依法支持申请人的复议请求，对被申请人的行为依法监督及纠正。

申请人提供的证据材料有：

1.《营业执照》复印件；

2.《法定代表人身份证明书》；

3.居民身份证复印件（李某）；

4.《通知书》复印件（2022年9月28日）；

5.微信聊天记录截图3张复印件；

6.《通知书》复印件（2022年10月31日）；

7.《关于调整仪征市国有土地上房屋征收各类补助和补偿费用的通知》复印件；

8.《××片区城市更新项目宣传手册》复印件；

9.申请人厂房照片（10张）及厂房视频光盘（1张）。

被申请人称：

1.案涉断电行为系乙厂实施，属于民事主体之间的租赁纠纷，不属于行政复议受理范围。根据《中华人民共和国行政复议法》（2017年版本）第二条、第六条的规定，当事人提起行政复议申请，应当是行政机关具体行政行为侵犯其合法权益且属于行政复议受理范围。本案中，申请人请求确认违法的断电行为系乙厂实施，并非被申请人作出或指令第三方作出的行为，明显不属于行政复议受理范围。同时，被申请人与申请人之间不存在征收补偿法律关系，被申请人也不存在对申请人进行补偿的法定职责，乙厂仅是以出租人的身份和申请人商谈过清租补偿事宜。因此，申请人至多也仅是和乙厂之间存在租赁补偿纠纷，因该纠纷引发的断电行为明显也不属于行政复议受理范围。

2.申请人提供的证据难以证明被申请人实施了案涉断电行为，反而足以认定该行为仅与乙厂有关，且双方存在清租补偿纠纷。首先，申请人提供的《通知书》（2022年9月28日）系乙厂发出，该通知书明确告知申请人将于2022年11月1日进行停水、断电，明显与被申请人无关。其次，申请人提供的《通知书》（2022年10月31日）也是乙厂发出，该通知书明确告知申请人双方之间租赁关系早已终止，申请人现阶段属于非法占有乙厂房屋及场地，乙厂实施断电行为具备合理性。最后，申请人提交的聊天记录显示申请人法定代表人与乙厂工作人员之间存在商谈清租补偿的事实，明显属于民事主体之间的清租补偿纠纷。

综上，申请人提起本次行政复议申请明显不属于行政复议受理范围，请求复议机关依法驳回申请人提起的行政复议申请。

被申请人提供的证据材料有（以下证据均为复印件）：

1.《情况说明》（乙厂）；

2.《通知书》（2022 年 9 月 28 日）；

3.《真州镇农村集体资产使用权租赁合同》；

4.《变更告知函》；

5.《江苏省电费付款授权书》及江苏增值税电子普通发票。

行政复议期间，本机关分别对李某、毛某（xx 片区城市更新项目现场指挥部工作人员）、唐某（乙厂工作人员）进行调查询问，并制作笔录。

本机关查明：乙厂位于××片区城市更新项目 9 征拆工作实施区域内，目前尚未被征拆。申请人系乙厂厂房承租人。2022 年 9 月 28 日，乙厂发布《通知书》，通知其租户限期搬离，其部分内容为："各承租人：××片区城市更新项目 9 征拆工作已正式启动，根据有关工作计划和安排，现通知如下：1. 限你方于 2022 年 10 月 25 日前腾空搬离所租赁的房屋（含自建房）及场地，并积极配合与我方签订《解除租赁关系补偿协议书》……4. 我方将于 11 月 1 日进行停水、断电工作，由此给各承租人带来的一切损失将由你方自行承担。" 2022 年 11 月 1 日，申请人厂房停电。

以上事实有申请人和被申请人提供的证据和《行政复议案件调查笔录》（毛某）、《行政复议案件询问笔录》（李某）、《行政复议案件调查笔录》（唐某）、《授权委托书》在卷佐证。

本机关认为：根据《中华人民共和国行政复议法实施条例》第二十八条第三项、第四十八条第一款第二项的规定，申请人提出行政复议申请应当符合有具体的行政复议请求和理由等受理条件，否则应当不予受理或在受理后驳回行政复议申请。据此，本案申请人申请行政复议的标的是被申请人对其厂房实施的断电行为，对此其负有证明案涉断电行为存在以及系被申请人实施的初步举证义务。本案中，申请人提供的证据并不能证明被申请人仪征市政府实施了案涉断电行为，其他在案证据亦无法证明本案行政复议标的即案涉断电行为系被申请人实施，故申请人的行政复议申请不符合法定受理条件，依法应当予以驳回。据此，根据《中华人民共和国行政复议法实施条例》第二十八条第三项、第四十八条第一款第二项之规定，本机关决定：

驳回申请人的行政复议申请。

申请人如不服本行政复议决定，可以自收到本行政复议决定书之日起 15 日内向扬州市江都区人民法院提起行政诉讼。

2023 年 1 月 5 日

『 2023 年版本 』

第七十条 被申请人不按照本法第四十八条、第五十四条的规定提出书面答复、提交作出行政行为的证据、依据和其他有关材料的，视为该行政行为没有证据、依据，行政复议机关决定撤销、部分撤销该行政行为，确认该行政行为违法、无效或者决定被申请人在一定期限内履行，但是行政行为涉及第三人合法权益，第三人提供证据的除外。

『 1999、2009、2017 年版本 』

第二十八条 行政复议机关负责法制工作的机构应当对被申请人作出的具体行政行为进行审查，提出意见，经行政复议机关的负责人同意或者集体讨论通过后，按照下列规定作出行政复议决定：

（一）具体行政行为认定事实清楚，证据确凿，适用依据正确，程序合法，内容适当的，决定维持；

（二）被申请人不履行法定职责的，决定其在一定期限内履行；

（三）具体行政行为有下列情形之一的，决定撤销、变更或者确认该具体行政行为违法；决定撤销或者确认该具体行政行为违法的，可以责令被申请人在一定期限内重新作出具体行政行为：

1. 主要事实不清、证据不足的；

2. 适用依据错误的；

3. 违反法定程序的；

4. 超越或者滥用职权的；

5. 具体行政行为明显不当的。

（四）被申请人不按照本法第二十三条的规定提出书面答复、提交当初作出具体行政行为的证据、依据和其他有关材料的，视为该具体行政行为没有证据、依据，决定撤销该具体行政行为。

行政复议机关责令被申请人重新作出具体行政行为的，被申请人不得以同一的事实和理由作出与原具体行政行为相同或者基本相同的具体行政行为。

『 条文释义 』

本条规定了维持行政行为的条件。1999 年版本、2009 年版本和 2017 年版本的规定一致，2023 年版本修改完善了该项规定。

被申请人不按照《行政复议法》第四十八条、第五十四条的规定提出书面答复、提交作出行政行为的证据、依据和其他有关材料，主要有两种情形：一是没有相关材料或者相关材料不充足、不合法；二是被申请人不重视行政复议工作，错过了相关期限。无论出于哪种原因，行政复议机关都应当视为该行政行为没有证据、依据。

没有证据和依据的行政行为是不能成立的，行政复议机关根据具体情形，可以决定撤销、部分撤销该行政行为，也可以确认该行政行为违法、无效或者决定被申请人在一定期限内履行。但是，如果该行政行为涉及第三人合法权益，第三人提供证据，行政复议机关还应当维护第三人的利益，不能直接视为该行政行为没有证据、依据。

『 相关法规 』

中华人民共和国行政复议法实施条例

第四十六条　被申请人未依照行政复议法第二十三条的规定提出书面答复、提交当初作出具体行政行为的证据、依据和其他有关材料的，视为该具体行政行为没有证据、依据，行政复议机关应当决定撤销该具体行政行为。

『 相关规章 』

中华人民共和国海关行政复议办法

第七十三条　被申请人未按照本办法第四十三条的规定提出书面答复、提交当初作出具体行政行为的证据、依据和其他有关材料的，视为该具体行政行为没有证据、依据，海关行政复议机关应当决定撤销该具体行政行为。

人力资源社会保障行政复议办法

第四十一条　被申请人未依照行政复议法第二十三条的规定提出书面答复、提交当初作出具体行政行为的证据、依据和其他有关材料的，视为该具体行政行为没有证据、依据，行政复议机关应当决定撤销该具体行政行为。

『 典型案例 』

温县人民政府行政复议决定书

温政复决字〔2023〕第 15 号

申请人：杨某某等五人。

被申请人：温县水利局。

申请人不服被申请人温县水利局不履行政府信息公开法定职责，于 2023 年 6 月

8 日向本政府申请行政复议，本政府依法予以受理。

申请人申请称：申请人系河南省焦作市温县招贤乡安乐寨村村民，合法承包本村集体土地，现申请人承包地因"河南省西霞院水利枢纽输水及灌区工程项目（温县段）"被纳入征收范围。为核实征收的合法性，申请人于 2023 年 4 月 11 日通过中国邮政 EMS 的方式（快递单号：1174714111574）向被申请人申请公开如下信息："1. 拟征收土地现状调查材料；2. 被征收土地补偿费用发放明细（包括但不限于《输水工程永久用地分村分地尖及土地补偿费用详表〈基本农田〉》）；3. 征地协议。"经查询，被申请人于 2023 年 4 月 12 日签收申请人的信息公开申请表，但至今仍未予以书面回复。依据《中华人民共和国政府信息公开条例》第三十三条："行政机关收到政府信息公开申请，能够当场答复的，应当当场予以答复。行政机关不能当场答复的，应当自收到申请之日起 20 个工作日内予以答复；需要延长答复期限的，应当经政府信息公开工作机构负责人同意并告知申请人，延长的期限最长不得超过 20 个工作日。"之规定，被申请人自签收后，一直未予答复，也未告知申请人依法进行延期答复，至今已超过法定期限。申请人认为，被申请人未依法履行应尽的政府信息公开职责，属于典型的行政不作为，严重侵害了申请人的合法权益。综上所述，申请人根据《中华人民共和国行政复议法》等相关法律法规之规定提起行政复议，请求温县人民政府依法支持申请人的复议请求，维护申请人的合法权益。

被申请人温县水利局在法定期间未提交书面答复和相关证据材料。

本政府认为：

被申请人未按规定提交书面答复、证据、依据和其他有关材料，视为没有证据、依据。根据《中华人民共和国行政复议法》第二十八条第一款第二项之规定，决定如下：

责令被申请人温县水利局自收到本复议决定书之日起二十个工作日内对申请人进行答复。

申请人如不服本决定，可在本复议决定书送达之日起十五日内向人民法院提起行政诉讼。

温县人民政府
2023 年 7 月 29 日

『2023 年版本』

第七十一条 被申请人不依法订立、不依法履行、未按照约定履行或者违法变更、解除行政协议的，行政复议机关决定被申请人承担依法订立、继续履行、采取补救措施或者赔偿损失等责任。

被申请人变更、解除行政协议合法，但是未依法给予补偿或者补偿不合理的，行政复议机关决定被申请人依法给予合理补偿。

『条文释义』

本条规定了涉及行政协议争议的处理。1999 年版本、2009 年版本和 2017 年版没有相关规定，2023 年版本新增加了该项规定。

在行政协议领域，被申请人违法行为的种类主要包括：不依法订立行政协议、不依法履行行政协议、未按照约定履行行政协议、违法变更行政协议、违法解除行政协议等。行政复议机关经审查后，如果认为被申请人的行为违法，应当决定被申请人承担依法订立、继续履行、采取补救措施或者赔偿损失等责任。

如果被申请人变更、解除行政协议的行为本身是合法的，但是未依法给予申请人补偿或者补偿不合理的，行政复议机关应当决定被申请人依法给予合理补偿。

『典型案例』

无锡市锡山区人民政府行政复议决定书

〔2022〕锡府行复 33 号

申请人：顾某。

申请人：罗某。

被申请人：无锡市锡山区住房和城乡建设局，住所地：无锡市锡山区东亭南区间横路 2 号。

法定代表人：吕政威，局长。

申请人请求确认被申请人未及时签署《无锡市商品房预售资金监管协议》（以下简称《协议》）的行为违法，于 2022 年 5 月 18 日向本机关申请行政复议。本机关于 2022 年 5 月 19 日收到申请后依法予以受理，于 2022 年 5 月 27 日向被申请人送达了《提出答复通知书》，被申请人于 2022 年 6 月 6 日向本机关递交了《答复书》。本案现已审理终结。

申请人请求：1. 确认《关于〈无锡市商品房预售资金监管协议〉的投诉的答复》中被申请人对发放芙蓉山庄 A2 地块 1#、2#、3# 商品房（3）幢项目预售许可证之前没签署《协议》的行为违法，即确认被申请人延迟到 2021 年 3 月 19 日才签署（导致前期预售资金没监管）的行为违法；2. 如该行为导致的损失不可挽回，责令被申请人给出补救措施。

　　申请人称：其是芙蓉山庄 A2 地块 1#、2#、3# 商品房（3）幢项目的购房户，但过了交房日期，得知开发商以资金链断裂为由申请破产。申请人实地查看，发现所购楼盘几乎未动一砖一瓦，之后申请人多次问开发商索要《协议》未果。申请人在 2022 年 2 月 23 日从被申请人处调取了《协议》，发现被申请人签署时间为 2021 年 3 月 19 日，但是该房产项目预售许可证发放时间为 2019 年 10 月 11 日，签署时间在预售许可证后面并且房子几乎卖完了才签署，该行政行为违法。另外，申请人从开发商处获取了 2021 年 7 月左右资金计划表，其中 5 506.26 万审批拨付作为信达本金利息，未用在项目工程建设上，被申请人未履行资金监管职责。申请人于 2022 年 4 月 19 日向被申请人发送关于《协议》的投诉，主要诉求："1. 对发放预售许可证前没签署《协议》做出解释和处理；2. 履行预售房款资金监管职责，对未监管或者监管不力的资金部分履行监管职责，作出补救监管措施；3.2021 年 7 月左右资金计划表中的 5 506.26 万作为信达本金利息，未用在项目工程建设上做出解释和处理。"被申请人于 2022 年 4 月 26 日答复了申请人，内容为："诉求 1、2，根据《无锡市商品房预售资金监管暂行办法》（锡政规〔2014〕61 号，以下简称《暂行办法》）和《无锡市商品房预售资金监管操作规定（试行）》（锡房发〔2014〕61 号，以下简称《试行规定》）等文件精神，芙蓉山庄项目不在预售资金监管范围内，目前我局在法律法规规定和职权范围内履行职责、保障业主合法权益。就您提出的诉求 3，不涉及我局行政职责，我局无权予以答复。"申请人对答复内容完全不认可，申请行政复议。1. 根据《城市商品房预售管理办法》第一条、第四条、第十一条，房地产管理部门为房款的监管部门，申请人为购房者，支付的预售房款需要在被申请人监管下拨付使用，存在利害关系，属于适格申请人；2. 根据《试行规定》第一条，被申请人负责本行政区域内的商品房预售资金的具体监管工作，属于合适被申请人；3. 根据《试行规定》第二条，自 2015 年 1 月 1 日起，本市市区范围内申请预（销）售许可的商品房项目〔2014 年 10 月 14 日前签订土地出让合同且 2015 年 1 月 1 日前已分批领取过预（销）售许可证的项目及政策性住房除外〕，预售资金监管按照本规定执行。以上说明：此政策外的常规商品房项目（不需要资金监管的项目）需要同时满足二个条件：一是 2014 年 10 月 14 日之前签订土地出让合同；二是 2015 年 1 月 1 日之前分批领取过预（销）售许可证。芙蓉山庄 A2 地块 1#、2#、3# 商品房（3）幢项目于 2019 年 10 月 11 日开售，具有独立的施工证，属于独立的项目，2015 年 1 月 1 日之前并未取得预售许可证，不同时满足上述二个排斥条件，应当执行《试行规定》，即预售前需要签署《协议》；4. 根据《城市商品房预售管理办法》第十一条，商品房预售款需要用于工程建设。即使被申请人于 2021 年 3 月 19 日"延迟"签署了《协议》，但依然没尽到监管职责，同意审核开发商将 5506.26 万作为信达本金利息，未用于施工建设；5. 被申请人的上述行政行为是针对特定人群的、时间不可逆的、不可重复使用的，实质为在特定时间范围内未做该做的事情从而导致申请人财产权受损。反之，如被申请人认为此项目不需要前期资金监管，那又为何在 2021 年 3 月补签《协议》，而且签署后也未公示，这样岂不是也违法。

被申请人称：一、事实与经过。芙蓉山庄 A2 地块 1#、2#、3# 商品房属于芙蓉山地块项目（下称芙蓉山庄项目），该项目于 2006 年 10 月 26 日签订锡国土出合〔2006〕第 55 号土地出让合同，于 2007 年 4 月 5 日取得锡发改资〔2007〕46 号《关于同意某公司开发建设芙蓉山地块项目建议书的批复》，已于 2009 年 3 月，2010 年 2 月、5 月、8 月，2011 年 12 月，2012 年 6 月、8 月，2013 年 4 月分别发放了预（销）售许可证。无锡市于 2015 年 1 月 1 日起正式推行商品房预售资金监管制度，芙蓉山庄项目不在无锡市资金监管范围内，为促进房地产市场健康平稳发展，进一步对该项目强化监管，答复人与开发商协商一致后于 2021 年 3 月 19 日签订《协议》，对该项目参照《暂行办法》和《试行规定》实施商品房预售资金监管。2022 年 1 月 22 日，申请人向答复人申请公开芙蓉山庄项目资金监管账户及《协议》等信息，答复人于 2022 年 2 月 23 日依法作出并邮寄《政府信息公开告知书》，公开了《协议》等信息，并告知了复议诉讼权利，申请人于次日签收。二、本案不属于行政复议受理范围。根据《中华人民共和国行政复议法》第二条、第六条，以及《中华人民共和国行政复议法实施条例》第二十七条的规定，行政复议针对的是具体行政行为，其并未将协商订立的行政协议的争议纳入行政复议受理范围。原国务院法制办公室于 2017 年 9 月 13 日作出的《对〈交通运输部关于政府特许经营协议等引起的行政协议争议是否属于行政复议受理范围的函〉的复函》（国法秘复函〔2017〕866 号，以下简称《复函》）明确，政府特许经营协议等协议争议不属于《中华人民共和国行政复议法》第六条规定的行政复议受理范围。本案中，《协议》属于答复人为了实现行政管理或者公共服务目标，与公民、法人或者其他组织协商订立的具有行政法上权利义务内容的协议，依法属于行政协议，申请人认为答复人未及时签署该行政协议的行为违法而提起行政复议申请的，不属于行政复议范围。三、本案已超过行政复议期限。《中华人民共和国行政复议法》第九条规定，公民、法人或者其他组织认为具体行政行为侵犯其合法权益的，可以自知道该具体行政行为之日起六十日内提出行政复议申请。本案中，申请人于 2022 年 1 月 22 日向答复人申请公开芙蓉山庄项目资金监管账户及资金监管协议等信息，答复人于 2 月 23 日作出并邮寄《政府信息公开告知书》，公开了相关信息，告知了复议诉讼权利，申请人于次日签收。即申请人于 2022 年 2 月 24 日已经知晓芙蓉山庄项目资金监管协议的签订时间和内容，其于 5 月 12 日申请本案行政复议，已经超过行政复议期限。四、答复人就芙蓉山庄项目没有与开发企业签订资金监管协议的法定职责。《暂行办法》自 2015 年 1 月 1 日起施行，《试行规定》第一条第二项规定："自 2015 年 1 月 1 日起，本市市区范围内申请预（销）售许可的商品房项目〔2014 年 10 月 14 日前签订土地出让合同且 2015 年 1 月 1 日前已分批领取过预（销）售许可证的项目及政策性住房除外〕，预售资金监管按照本规定执行。"因此，芙蓉山庄项目不在资金监管文件明确规定的无锡市资金监管范围内。《中华人民共和国行政复议法实施条例》第四十八条第一款第一项规定：

"有下列情形之一的，行政复议机关应当决定驳回行政复议申请：（一）申请人认为行政机关不履行法定职责申请行政复议，行政复议机关受理后发现该行政机关没有相应法定职责或者在受理前已经履行法定职责的。"本案中，答复人不存在相应法定职责，自然不存在申请人申请所涉的迟延签署资金监管协议的行为。

经审查查明：申请人是芙蓉山庄 A2 地块 1#、2#、3# 商品房（3）幢项目的购房户，上述商品房屋于 2019 年 10 月 11 日取得《商品房预（销）售许可证》。2020 年 8 月 30 日，申请人与开发商签订了商品房买卖合同（预售）。2022 年 1 月 22 日，申请人向被申请人申请政府信息公开，要求获取芙蓉山庄项目资金监管账户及资金监管协议等信息，被申请人于 2 月 23 日作出《政府信息公开告知书》，向申请人公开了《协议》，申请人于 2 月 24 日收到上述信息。2022 年 4 月 19 日，申请人在"12345"平台投诉（工单号 WX2022041905846），被申请人于 4 月 26 日作出回复，申请人对回复内容不服，向本机关申请行政复议，请求确认被申请人在发放（2019）锡山预销准字第 38 号《商品房预（销）售许可证》之前未签署《协议》的行为违法。另查明：2006 年 10 月 26 日，无锡市国土资源局与某公司就案涉项目（含 A1、A2、B1、B2、B3 地块）签订锡国土出合（2006）第 55 号《无锡市国有土地使用权出让合同》。案涉项目（含 A1、A2、B1、B2、B3 地块）于 2015 年 1 月 1 日前分批领取过（2010）锡山预销准字第 8、16、24 号，（2011）锡山预销准字第 32 号，（2012）锡山预销准字第 14 号，（2013）锡山预销准字第 8 号《商品房预（销）售许可证》。2021 年 3 月 19 日，被申请人与南洋商业银行（中国）有限公司无锡分行、无锡市翠竹房地产开发有限公司就芙蓉山庄 A2 地块 1#、2#、3# 项目签订《协议》。

本机关认为：行政协议是指行政机关为了实现行政管理或者公共服务目标，与公民、法人或者其他组织协商订立的具有行政法上权利义务内容的协议。行政协议的特征一是主体上系行政机关与公民、法人或者其他组织之间的行为；二是客体上属于行政法领域。本案《协议》符合上述特征，属于行政协议。《中华人民共和国行政复议法》及其实施条例均未明确规定有关行政协议的争议是否属于行政复议受理范围。原国务院法制办公室《复函》明确，政府特许经营协议等协议争议不属于《中华人民共和国行政复议法》第六条规定的行政复议受理范围。根据该复函的精神，行政协议一般不纳入行政复议受理范围。因此，本案申请人因不服被申请人未及时签署《协议》而提起的行政复议申请，不符合行政复议法律法规所规定的受理条件。

综上所述，根据《中华人民共和国行政复议法实施条例》第四十八条第一款第（二）项之规定，决定如下：

驳回申请人的行政复议申请。

如对本决定不服，可在收到本复议决定书之日起十五日内向无锡市滨湖区人民法院提起行政诉讼。

2022 年 8 月 15 日

『 2023 年版本 』

第七十二条　申请人在申请行政复议时一并提出行政赔偿请求，行政复议机关对依照《中华人民共和国国家赔偿法》的有关规定应当不予赔偿的，在作出行政复议决定时，应当同时决定驳回行政赔偿请求；对符合《中华人民共和国国家赔偿法》的有关规定应当给予赔偿的，在决定撤销或者部分撤销、变更行政行为或者确认行政行为违法、无效时，应当同时决定被申请人依法给予赔偿；确认行政行为违法的，还可以同时责令被申请人采取补救措施。

申请人在申请行政复议时没有提出行政赔偿请求的，行政复议机关在依法决定撤销或者部分撤销、变更罚款，撤销或者部分撤销违法集资、没收财物、征收征用、摊派费用以及对财产的查封、扣押、冻结等行政行为时，应当同时责令被申请人返还财产，解除对财产的查封、扣押、冻结措施，或者赔偿相应的价款。

『 1999、2009、2017 年版本 』

第二十九条　申请人在申请行政复议时可以一并提出行政赔偿请求，行政复议机关对符合国家赔偿法的有关规定应当给予赔偿的，在决定撤销、变更具体行政行为或者确认具体行政行为违法时，应当同时决定被申请人依法给予赔偿。

申请人在申请行政复议时没有提出行政赔偿请求的，行政复议机关在依法决定撤销或者变更罚款，撤销违法集资、没收财物、征收财物、摊派费用以及对财产的查封、扣押、冻结等具体行政行为时，应当同时责令被申请人返还财产，解除对财产的查封、扣押、冻结措施，或者赔偿相应的价款。

『 条文释义 』

本条规定了行政复议中对国家赔偿的处理方式。1999 年版本、2009 年版本和 2017 年版本的规定一致，2023 年版本修改完善了该项规定。

行政机关违法行政往往会给行政相对人带来经济损失，因此，申请人在申请行政复议时可以一并提出行政赔偿请求。行政复议机关对依照国家赔偿法的有关规定认为应当不予赔偿的，在作出行政复议决定时，应当同时决定驳回行政赔偿请求。如果行政行为具有不合法或者不适当的情形，行政复议机关对符合国家赔偿法的有关规定应当给予赔偿的，在决定撤销或者部分撤销、变更行政行为或者确认行政行为违法、无效时，应当同时决定被申请人依法给予赔偿；确认行政行为违法的，还可以同时责令被申请人采取补救措施。赔偿的具体标准按照国家赔偿法的相关规定执行。

如果申请人在申请行政复议时没有提出行政赔偿请求，也并不意味着行政行为不会给申请人带来经济损失，而且申请人还有可能单独申请国家赔偿，因此，行政复议机关在依法决定撤销或者部分撤销、变更罚款，撤销或者部分撤销违法集资、没收财物、征收征用、摊派费用以及对财产的查封、扣押、冻结等行政行为时，应当同时责令被申请人返还财产，解除对财产的查封、扣押、冻结措施，或者赔偿相应的价款。上述行政行为一旦违法，就已经给申请人造成了经济损失，行政复议机关应当启动最低水平的国家赔偿，即返还财产、解除措施或者赔偿价款等。在申请人未提出新的损失之前，行政复议机关不需要额外给予申请人经济补偿。

『相关规章』

税务行政复议规则

第八十二条　申请人在申请行政复议时可以一并提出行政赔偿请求，行政复议机关对符合国家赔偿法的规定应当赔偿的，在决定撤销、变更具体行政行为或者确认具体行政行为违法时，应当同时决定被申请人依法赔偿。

申请人在申请行政复议时没有提出行政赔偿请求的，行政复议机关在依法决定撤销、变更原具体行政行为确定的税款、滞纳金、罚款和对财产的扣押、查封等强制措施时，应当同时责令被申请人退还税款、滞纳金和罚款，解除对财产的扣押、查封等强制措施，或者赔偿相应的价款。

国家国际发展合作署行政复议实施办法

第十五条　申请人在申请行政复议时一并提出行政赔偿请求的，应当按照《中华人民共和国国家赔偿法》第十二条规定写明具体的赔偿请求、事实根据和理由。国际发展合作署对依法应当给予赔偿的，在决定撤销、变更具体行政行为或者确认具体行政行为违法时，应当同时决定依法给予赔偿。

国家知识产权局行政复议规程

第二十六条　复议申请人申请行政复议时可以一并提出行政赔偿请求。行政复议机构依据国家赔偿法的规定对行政赔偿请求进行审理，在行政复议决定中对赔偿请求一并作出决定。

人力资源社会保障行政复议办法

第四十九条　行政复议机关对决定撤销、变更具体行政行为或者确认具体行政行为违法并且申请人提出行政赔偿请求的下列具体行政行为，应当在行政复议决定中同时作出被申请人依法给予赔偿的决定：

（一）被申请人违法实施罚款、没收违法所得、依法予以关闭、吊销许可证等行政处罚的；

（二）被申请人造成申请人财产损失的其他违法行为。

商务部行政复议实施办法

第十四条　申请人在申请行政复议时一并提出行政赔偿请求的，应当按照《中华人民共和国国家赔偿法》第十二条的规定写明具体的赔偿要求、事实根据和理由。行政复议机关对符合国家赔偿法的有关规定应当给予赔偿的，在决定撤消、变更具体行政行为或者确认具体行政行为违法时，应当同时决定被申请人依法给予赔偿。

司法行政机关行政复议应诉工作规定
第二十四条　申请人在申请行政复议时一并提出行政赔偿请求，依据有关法律、法规、规章的规定应当给予赔偿的，行政复议机关在决定撤销、变更具体行政行为或者确认具体行政行为违法时，应当同时决定被申请人依法赔偿。

申请人在申请行政复议时没有提出赔偿请求的，行政复议机关在依法决定撤销或者变更罚款、没收违法所得以及没收非法财物等具体行政行为时，应当同时责令被申请人返还财物或者赔偿相应的价款。

『典型案例』

马鞍山市人民政府行政复议决定书

马复决〔2022〕71 号

申请人：马鞍山市某农民专业合作社。
被申请人：马鞍山市雨山区人民政府。
申请人对被申请人马鞍山市雨山区人民政府作出的行政补偿答复不服，于2022 年 8 月 24 日向本机关申请行政复议，本机关已予受理。行政复议期间，因本案案情复杂，本机关依法延期审理。本案现已审理终结。

申请人请求：撤销被申请人作出的《关于马鞍山市某农民专业合作社申请行政补偿的答复书》，并重新作出补偿决定；确认被申请人对案涉养殖场造成的损失不依法履行补偿职责的行政行为违法；依法监督被申请人履行法定义务和职责，就其2017 年对申请人实施的畜禽禁养补偿依法予以评估和公平公正合理补偿；支持申请人 19 000 000 元的补偿申请。

申请人称：一、申请人于 2017 年被实施禁养，历经行政复议和行政诉讼，造成 2018 年到 2022 年期间生猪市场价格翻几番。2019 年 4 月 12 日，农业农村部副部长于康震就《国务院办公厅关于加快推进畜禽养殖废弃物资源化利用的意见》进行了公开解读，"对于畜禽养殖场的环保问题，要以支持和鼓励养殖场转型升级、可持续发展为主，拆迁不是主要的办法，更不是唯一的办法。要给予一定的过渡期，不能简单地今天提出要求，明天就要达到，这显然不客观，也不现实。要通过政策和资金的支持，引导养殖场（户）发展种养循环、提升粪污资源化利用的能力，以实现生产和环境的协调发展。"同时,《畜禽规模养殖污染防治条例》(国务院令第643号)第二十五条规定,因对污染严重的畜禽养殖密集区域进行综合整治,确需关闭或者搬迁现有畜禽养殖场所,致使畜禽养殖者遭受经济损失的,由县级以上地方人民政府依法予以补偿。综上,申请人根据上述法律和政策以及《关于印发雨山区畜禽养殖禁养区内规模畜禽养殖场(户)关闭搬迁工作方案的通知》《马鞍山市农业委员会转发安徽省农业委员会关于做好禁养区内畜禽养殖场小区和养殖专业户关闭或搬迁工作的通知》等,申请依法予以评估并依法公正补偿。

二、就被申请人对申请人始于2017年的生猪家禽禁养行为,至今5年过去,5年时间里,本案历经行政复议和行政诉讼,申请人的诉求得到法律支持,申请人根据相关裁判以及国家法律法规政策等,依法申请被申请人予以禁养补偿,但被申请人怠于行使职责,故此,申请人依法提起行政复议,寻求行政救济:1.《畜禽规模养殖污染防治条例》(国务院令第643号)第二十五条规定,因对污染严重的畜禽养殖密集区域进行综合整治,确需关闭或者搬迁现有畜禽养殖场所,致使畜禽养殖者遭受经济损失的,由县级以上地方人民政府依法予以补偿;2.2019年4月12日,农业部副部长于康震就《国务院办公厅关于加快推进畜禽养殖废弃物资源化利用的意见》进行了公开解读,对于盲目禁养和违法拆迁问题作出了明确的指示,被申请人无权对抗国务院政策和行政法规、规章,也没有理由不执行国务院部门规章;3.被申请人应当根据《中华人民共和国地方各级人民代表大会和地方各级人民政府组织法》等规定,依法行使行政职权,保护各种经济组织的合法权益;4.被申请人作为政府机关,应当依法履行行政职责,保障行政相对人的合法权益和诉求。

三、根据《中华人民共和国农民合作社法》等法律法规规定,申请人是法人经济组织,其作为法人主体承担投资风险,其为养殖生产需要,必然投入必要的生产经营经费,包括盖猪圈、市场营销、卫生防疫、环保等,故此,按照生活常理,即便无须举证,就应该能够考虑到合作社作为一个经济实体被强拆后必然导致经济损失:1.五年来,合作社损失包括建筑物、构筑物、设施、设备损失,生产经营贷款利息损失、工资损失、停产停业损失等,强拆至今,近五年过去,五年前合作社正常借贷,正常生产,收支平衡外仍有盈利,这是所有企业,包括上市公司现存的普遍的生产经营常态,尤其作为农业合作社,贷款更难,只有有求于小额贷款公司,有求于个人民间借贷,往往都是高利息,许多借贷五年之间翻一番,经常被逼债。但是,合作社赔偿、补偿迟迟不予支付,申请人只能再次举债,再次借高利贷,虽然后来国家有了打击套路贷行动,但是,各种原因造成合作社背负巨额债务,好在许多债务都是亲朋好友出借,没有酿成人命关天的严重后果,但也造成诸多家庭不和,甚至妻离子散。因此,申请人依法请求被申请人予以行政补偿有事实和法律依据;2.被申请人对申请人养殖场造成的损失不依法履行补偿职责的行政行为违法,自20世纪80年代起,徐志发连续经营种养殖业,得到了被申请人的支持和表彰,并在个体户基础上成立了合作社,是为行政许可,不存在被申请人所谓违法等说法,那是其法律意识淡薄,甚至不懂法,因为根据行政法学原理,行政许可的具体体现包括核发营业执照、动物检疫等;3.申请人的养殖场之一因位于采石镇建成区、采石风景区，在禁养区范围内，市区政府指派下级行政机关工作人员进场入户调查，并因此聘请专业评估机构对养殖场进行了评估，现场测绘养殖场建筑物面积2 300多平方米，据此，被申请人应依法就补偿事宜和申请人达成一致并作出补偿决定，以履行其法定补偿职责。但其一概不顾法律法规规章政策等规定，直接把申请人的养殖场推平，属于严重的行政违法行为，侵害了申请人因禁养应依法获得告知、合理搬迁、合理处置禽畜、申请补偿安置的权利。《畜禽规模养殖污染防治条例》第二十五规定，因禁养关闭或搬迁的养殖者遭受经济损失的，应由县级以上地方人民政府依法予以补偿。根据被申请人相关禁养文件，被申请人已经就禁养补偿预留出相应的财政款项，并进行了专户存储。强拆前，被申请人未依法定程序给予申请人补偿安置、向申请人出具评估报告，双方也没有就补偿安置事宜达成一致，且如被申请人所言，仅仅是采石街道办事处（下称采石街道）给了生猪补偿20 000元，也只是一部分生猪的补偿，严重减损了申请人的合法权益。综上所述，申请人依法申请行政复议，请求复议机关支持申请人复议请求。

被申请人称：一、被申请人作出的《关于马鞍山市某农民专业合作社申请行政补偿的答复书》主体适格。申请人因禁养关闭向被申请人申请行政补偿，被申请人作为禁养关闭补偿主体，在对申请人所受损失、是否作出补偿以及补偿是否到位等情况进行调查核实的基础上作出答复书，主体适格。

二、被申请人作出的答复书具有事实和法律依据。首先，根据《雨山区禁养区内规模畜禽养殖场（户）关闭搬迁工作方案》等规定，对自行关闭或搬迁的养殖户统一按照商品猪100元／头、仔猪200元／头的标准进行补贴。根据上述政策，采石街道经调查核算，确定申请人应得补贴20 000元，申请人负责人徐志发亦领取了补贴款。采石街道作为辖区禁养工作组织实施机关，已按照规定给予公平合理的补偿，实际履行了相应补偿职责。另外，徐某某在领取补贴款的同日，签订了畜禽禁养关闭承诺书，表明其对于采石街道禁养关闭补偿予以认可。其次，关于徐某某提供的补偿清单中所列举的明细和金额，因其无证据证明因禁养而遭受上述损失，被申请人不予补偿。综上，被申请人作出的答复书事实清楚、理由充分。申请人要求撤销答复书并就其物品、设施等损失作出补偿，无事实和法律依据，请求复议机关依法予以驳回。

经审理查明：2010年，被申请人对本市滨江新区地块集体土地实施征收，徐某某原猪场（宋山村蔡村队、张前队两处）位于该地块。根据征迁补偿费发放表等材料，被申请人对徐某某原猪场给予510 247.65元征迁补偿。因搬迁时间紧，不能出栏又无法处理，徐某某的135头小猪被安排在采石街道刘村村民组的一块空地处予以临时圈养，徐某某出具书面承诺，即只要小猪能够出栏就出售，保证不再增加猪的数量。2016年7月25日，被申请人办公室作出《关于印发雨山区畜禽养殖禁养区划定方案的通知》（雨政办〔2016〕65号），对其行政区域的畜禽养殖禁养区范围进行划分，徐某某在刘村的临时养殖场被划定为畜禽禁养区范围。2017年5月12日，被申请人根据省农委《关于做好禁养区内畜禽养殖场（小区）和养殖专业户关闭和搬迁工作的通知》等文件精神，作出《关于印发雨山区禁养区内规模畜禽养殖场（户）关闭搬迁工作方案的通知》（雨政办〔2017〕36号），对关闭或者搬迁的目标和对象、关闭或者搬迁的补偿标准、保障措施等作出规定与安排。根据保障措施，采石街道为具体组织实施部门。2018年2月5日，徐某某领取禁养补偿款20 000元，并于当日向采石街道出具《畜禽禁养关闭承诺书》。2022年6月23日，申请人提交《马鞍山市某农民专业合作社补偿申请书》，就案涉畜禽禁养关闭一事向被申请人要求补偿。2022年8月15日，被申请人作出《关于马鞍山市某农民专业合作社申请行政补偿的答复书》，称徐某某原猪场在2010年已被征收，其已领取征收补偿款；2017年采石街道实施禁养关闭的是2010年征收时徐某某135头小猪临时圈养场所，徐某某已领取20 000元禁养补偿款，且签订了畜禽禁养关闭承诺书；被申请人未拆除徐某某临时养猪场的构筑物等，对徐某某其他损失请求不予补偿；2017年11月，因环境卫生整治的需要，采石街道会同宋山村村委会对徐某某猪场周边乱搭乱挂等违法建设进行了清理与拆除；2020年9月26日，采石街道就其清理与拆除行为作出《行政赔偿决定书》，对徐志发相关物品损失作出赔偿。

另查明，徐某某非原滨江新区宋山村集体经济组织成员，亦非案涉生猪临时圈养场所原采石街道刘村集体经济组织成员。2011年，徐某某临时圈养小猪的所在地刘村集体土地亦已被省政府批准征收为国有。2012年3月31日，本案申请人马鞍山市某农民专业合作注册成立，注册地址为佳山乡前庄村神头组，法定代表人为徐某某。

以上事实有下列证据证明：1.申请人营业执照复印件、申请人法定代表人徐某某身份证复印件；2.2010年《征迁费用补偿表》《征迁补偿费发放表》《承诺》《关于马鞍山市2011第1批次城市建设用地的批复》（皖政地〔2011〕296号）、《马鞍山市人民政府征收土地方案公告》（2011第15号）；3.《雨山区人民政府办公室关于印发雨山区畜禽养殖禁养区划定方案的通知》（雨政办〔2016〕65号）、《雨山区人民政府办公室关于印发雨山区禁养区内规模畜禽养殖场（户）关闭搬迁工作方案的通知》（雨政办〔2017〕36号）、《行政赔偿决定书》、《采石街道违法建设认定表》；4.2018年2月5日徐某某签字领取禁养补偿款的补偿表、《畜禽禁养关闭承诺书》；5.《马鞍山市某农民专业合作社补偿申请书》《关于马鞍山市某农民专业合作社申请行政补偿的答复书》。

本机关认为：一、本案现有证据可以证明，2010年徐某某位于本市滨江新区原宋山村地块的养猪场被征收，被申请人对养猪场的建筑物、设施设备等已经作出补偿，徐某某已领取征收补偿款，并书面承诺将135头不能出栏又无法处理的小猪临时圈养在采石街道刘村，只要小猪能够出栏就出售，保证不再增加猪的数量。由此可知，徐某某因养殖场被征收已获得补偿，其能在刘村继续养殖，实际是被申请人相关部门为减少徐某某征迁损失的帮扶照顾行为。后2017年采石街道实施禁养区内畜禽养殖场关闭工作，根据相关政策并结合徐某某在养生猪情况，对徐某某补偿

20 000 元。此外，2017 年 11 月采石街道因环境卫生整治需要，对徐某某临时养猪场周边乱搭乱建的违法建设进行了清理和拆除，采石街道针对其违法拆除行为已作出赔偿决定。综上，被申请人下属相关部门已依法履行了给予徐某某相应补偿、赔偿的职责。被申请人作为实施补偿、赔偿单位的上级政府，根据以上情况作出的《关于马鞍山市某农民专业合作社申请行政补偿的答复书》事实清楚，并无不当。

二、申请人提出被申请人应当补偿其因 2017 年禁养被征收的建筑物、设施设备等费用，该主张无事实和法律依据。如前所述，申请人因养猪场被征收已于 2010 年获得补偿，且相关补偿费用包含建筑物、设施设备等内容，后其违背承诺继续易地临时养殖，相关建筑物、设施设备等不应重复获得补偿。

综上，根据《中华人民共和国行政复议法》第二十八条第一款第一项、《中华人民共和国行政复议法实施条例》第四十八条第一款第一项之规定，本机关决定如下：

维持被申请人作出的《关于马鞍山市某农民专业合作社申请行政补偿的答复书》；驳回申请人的其他复议申请。

对本决定不服，可以自接到本决定之日起 15 日内，向人民法院提起行政诉讼。

二〇二二年十一月二十一日

『2023 年版本』

第七十三条　当事人经调解达成协议的，行政复议机关应当制作行政复议调解书，经各方当事人签字或者签章，并加盖行政复议机关印章，即具有法律效力。

调解未达成协议或者调解书生效前一方反悔的，行政复议机关应当依法审查或者及时作出行政复议决定。

『条文释义』

本条规定了行政调解的处理。1999 年版本、2009 年版本和 2017 年版没有相关规定，2023 年版本新增加了该项规定。《行政复议法实施条例》及相关规章有类似规定。

行政复议中的部分事项允许调解，如果申请人、第三人和被申请人经调解达成协议，行政复议机关应当制作行政复议调解书，经各方当事人签字或者签章，并加盖行政复议机关印章，即具有法律效力。

如果当事人调解未达成协议或者调解书生效前一方反悔，说明调解失败。行政复议机关应当依法审查或者及时作出行政复议决定。

『 相关法规 』

中华人民共和国行政复议法实施条例

第五十条　有下列情形之一的，行政复议机关可以按照自愿、合法的原则进行调解：

（一）公民、法人或者其他组织对行政机关行使法律、法规规定的自由裁量权作出的具体行政行为不服申请行政复议的；

（二）当事人之间的行政赔偿或者行政补偿纠纷。

当事人经调解达成协议的，行政复议机关应当制作行政复议调解书。调解书应当载明行政复议请求、事实、理由和调解结果，并加盖行政复议机关印章。行政复议调解书经双方当事人签字，即具有法律效力。

调解未达成协议或者调解书生效前一方反悔的，行政复议机关应当及时作出行政复议决定。

『 相关规章 』

税务行政复议规则

第八十六条　对下列行政复议事项，按照自愿、合法的原则，申请人和被申请人在行政复议机关作出行政复议决定以前可以达成和解，行政复议机关也可以调解：

（一）行使自由裁量权作出的具体行政行为，如行政处罚、核定税额、确定应税所得率等。

（二）行政赔偿。

（三）行政奖励。

（四）存在其他合理性问题的具体行政行为。

行政复议审理期限在和解、调解期间中止计算。

第八十九条　调解应当符合下列要求：

（一）尊重申请人和被申请人的意愿。

（二）在查明案件事实的基础上进行。

（三）遵循客观、公正和合理原则。

（四）不得损害社会公共利益和他人合法权益。

第九十条　行政复议机关按照下列程序调解：

（一）征得申请人和被申请人同意。

（二）听取申请人和被申请人的意见。

（三）提出调解方案。

（四）达成调解协议。

（五）制作行政复议调解书。

第九十一条　行政复议调解书应当载明行政复议请求、事实、理由和调解结果，并加盖行政复议机关印章。行政复议调解书经双方当事人签字，即具有法律效力。

调解未达成协议，或者行政复议调解书不生效的，行政复议机关应当及时作出行政复议决定。

第九十二条　申请人不履行行政复议调解书的，由被申请人依法强制执行，或者申请人民法院强制执行。

住房城乡建设行政复议办法

第四十条　有下列情形之一的，行政复议机关可以按照自愿、合法的原则进行调解：

（一）申请人对行政机关行使法律、法规规定的自由裁量权作出的行政行为不服申请行政复议的；

（二）当事人之间的行政赔偿或者行政补偿纠纷。

经调解达成协议的，行政复议机关应当制作行政复议调解书。行政复议调解书经双方当事人签字，即具有法律效力。调解未达成协议或者调解书送达前一方反悔的，行政复议机关应当及时作出行政复议决定。

人力资源社会保障行政复议办法

第四十六条　行政复议机关进行调解应当符合下列要求：

（一）在查明案件事实的基础上进行；

（二）充分尊重申请人和被申请人的意愿；

（三）遵循公正、合理原则；

（四）调解结果应当符合有关法律、法规的规定；

（五）调解结果不得损害国家利益、社会公共利益或者他人合法权益。

第四十七条　申请人和被申请人经调解达成协议的，行政复议机关应当制作《行政复议调解书》。《行政复议调解书》应当载明下列内容：

（一）申请人姓名、性别、年龄、住所（法人或者其他组织的名称、地址、法定代表人或者主要负责人的姓名、职务）；

（二）被申请人的名称；

（三）申请人申请行政复议的请求、事实和理由；

（四）被申请人答复的事实、理由、证据和依据；

（五）进行调解的基本情况；

（六）调解结果；

（七）日期。

《行政复议调解书》应当加盖行政复议机关印章。《行政复议调解书》经申请人、被申请人签字或者盖章，即具有法律效力。

调解未达成协议或者调解书生效前一方反悔的，行政复议机关应当及时作出行政复议决定。

环境行政复议办法

第二十五条 有下列情形之一的，环境行政复议机关可以按照自愿、合法的原则进行调解：

（一）公民、法人或者其他组织对环境保护行政主管部门行使法律、法规规定的自由裁量权作出的具体行政行为不服申请行政复议的；

（二）当事人之间的行政赔偿或者行政补偿纠纷。

当事人经调解达成协议的，环境行政复议机关应当制作行政复议调解书。调解书应当载明行政复议请求、事实、理由和调解结果，并加盖环境行政复议机关印章。行政复议调解书经双方当事人签字，即具有法律效力。

调解未达成协议或者调解书生效前一方反悔的，环境行政复议机关应当及时作出行政复议决定。

『典型案例』

攸县人民政府行政复议调解书

攸政行复调〔2022〕37 号

申请人：攸县××食品有限公司。

住所地：攸县江桥街道攸州工业园创新创业园。

经营者：张××。

被申请人：攸县市场监督管理局。

住所地：攸县发展中心 7 楼。

法定代表人：刘文勇，局长。

申请人对被申请人作出的《行政处罚决定书》（攸市监处罚〔2022〕307 号）不服，于 2022 年 9 月 13 日申请行政复议，本机关于 2022 年 9 月 16 日受理，因案情复杂，2022 年 10 月 9 日延期审理。现已复议终结。

申请人称：2022 年 3 月 2 日，申请人接到厦门市××食品有限公司订购 48 件荷香糯米鸡（奥尔良口味）的销售订单，并于 3 月 7 日向该公司发货。4 月 15 日，厦门市市场监督管理局对厦门市思明区××冻品店采购的该批食品进行抽检，5 月 16 日，厦门市海关技术中心出具检测报告，菌落总数项目不符合 GB19295-2011《食品安全国家标准 速冻米面制品》要求，检验结论为不合格。2022 年 5 月 17 日，被申请人对其立案调查。2022 年 8 月 4 日，被申请人对其作出《行政处罚决定书》（攸市监处罚〔2022〕307 号），处罚没款 53 840 元。申请人对该《行政处罚决定书》不服，认为被申请人处罚过重，申请人存在减轻处罚的情节，请求减轻行政处罚。一、认定生产销售致病性微生物超标食品证据不足。被申请人认为产品的原料渠道正规，落实了索票索证制度，有证据证明所采购的原料符合食品安全标准，以及安全卫生的产品生产流程，且该批次产品出厂时自检合格，但未送到专业机构检验检测并出具检验报告，因此没有充分的证据证明申请人生产销售致病性微生物超标食品，产品菌落总数不符合国家标准可能存在销售商储存条件不规范等因素。二、疫情期间，企业经营困难。近年来，因为疫情企业不间断的停产停业，工资、利息、房租等刚性成本仍需支出，实体企业经营困难，本企业今年已亏损近百万。三、案涉金额较少，积极主动配合执法部门消除违法行为危害后果。

申请人提交了以下证据材料：承诺书、《关于减轻对攸县××食品有限公司行政处罚申请》、企业生产车间现场工作照片、企业消毒记录表、产品原料的进货单、原料采购企业的营业执照和《绿色食品证书》、产品运输车辆温度打卡记录、产品出厂质量抽检表。

被申请人答复称：申请人生产销售致病性微生物超标食品违法行为事实清楚，证据充分确凿，适用法律正确，处罚幅度适当。2022年5月17日，被申请人收到厦门市市场监督管理局移送的厦门海关技术中心检测报告，检验结论：经抽样检验，菌落总数不符合GB19295-2011《食品安全国家标准 速冻米面制品》要求，检验结论为不合格。申请人生产销售致病性微生物超过食品安全标准限量的行为违法事实清楚，有厦门海关技术中心《食品安全监督抽检检验报告》《现场检查笔录》《询问笔录》等证据证实，证据确凿充分。申请人生产销售致病性微生物超标食品违法行为，违反了《中华人民共和国食品安全法》第三十四条第二项之规定，依据《中华人民共和国食品安全法》第一百二十四条第一项的规定进行处罚，适用法律正确。经查，申请人因生产销售致病性微生物超标食品于2021年10月21日被申请人作出《行政处罚决定书》（攸市监处罚〔2021〕558号），参照《湖南省市场监督管理行政处罚自由裁量权实施办法（试行）》第十五条"当事人有下列情形之一的，可以依法从重行政处罚……（十）因同一性质的违法行为受过刑事处罚，或者一年内因同一性质的违法行为受过行政处罚的，或者同一当事人或被处罚两次以上又从事违法行为的……"之规定，属于一年以内因同一性质的违法行为受过行政处罚可以从重行政处罚的情形。鉴于申请人案发后积极配合市场监管部门调查，如实陈述违法事实并主动提供证据材料，案涉食品来源合法且涉案数量少、货值金额低，案发后主动出示了召回公告，公司进行了整改，主动减轻社会危害后果，其行为又符合可以依法从轻行政处罚的情形。参照《湖南省市场监督管理行政处罚自由裁量权实施办法（试行）》第十六条规定"当事人既有减轻、从轻处罚情节，又有从重处罚情节的，应当综合考量平衡后做出适当的行政处罚"，依据《中华人民共和国食品安全法》第一百二十四条之规定，被申请人作出以上行政处罚决定。被申请人认为对申请人的行政处罚依法依规依程序，请求复议机关在查明事实的基础上予以维持。

被申请人提交以下证据资料：攸县××食品有限公司的《营业执照》《食品生产许可证》、申请人身份证复印件、被申请人的《统一社会信用代码证书》及法定代表人身份证明、立案审批表及送达回证、《行政处罚告知书》及送达回证、现场笔录和询问笔录、《检验报告》及送达回证、案件终结报告、案件集体讨论纪要、《行政处罚决定书》（攸市监处罚〔2022〕307号）及送达回证。

经审理查明：2022年3月2日，申请人接到厦门市××食品有限公司订购48件荷香糯米鸡（奥尔良口味）的销售订单，并于3月7日向该公司发货。4月15日，厦门市市场监督管理局对厦门市思明区××冻品店采购的该批食品进行抽检，5月16日，厦门市海关技术中心出具检测报告，菌落总数项目不符合GB19295-2011《食品安全国家标准　速冻米面制品》要求，检验结论为不合格。2022年5月17日，被申请人对其予以立案调查。2022年8月4日，被申请人依据《中华人民共和国食品安全法》第一百二十四条之规定，对申请人作出《行政处罚决定书》（攸市监处罚〔2022〕307号），处罚没款53 840元。

另查明，该批次产品出厂时已进行自检，但未送到专业机构进行检验检测，产品菌落总数不符合国家标准要求，存在运输环节及销售环节储存条件不规范等因素，没有充分的证据证明申请人生产销售致病性微生物超标食品，符合《中华人民共和国食品安全法》第一百二十六条第三款"食品相关产品生产者未按规定对生产的食品相关产品进行检验的，由县级以上人民政府食品安全监督管理部门依照第一款规定给予处罚"和第一款"由县级以上人民政府食品安全监督管理部门责令改正，给予警告；拒不改正的，处五千元以上五万元以下罚款；情节严重的，责令停产停业，直至吊销许可证"的规定。本着行政复议实质化解争议的原则和助力优化营商环境、激发市场活力，在攸县人民检察院的监督指导下，根据《中华人民共和国行政复议法实施条例》第五十条的规定，按照自愿、合法的原则进行调解，当事人达成如下协议：

调整攸县市场监督管理局作出的《行政处罚决定书》（攸市监行处字〔2022〕307号）关于对申请人的罚款数额，由原来罚款人民币50 000元调整为罚款人民币12 000元，没收数额3 840元不变。申请人在本调解书签字盖章之日起10日内履行罚没款15 840元后，即视为原处罚决定执行完毕。如申请人不在规定时间内履行的，将恢复原处罚决定。

上述调解结果，符合有关法律规定，本机关予以确认。

本调解书经当事人签字，即具有法律效力。

申请人：攸县××食品有限公司

2022年12月1日

被申请人：攸县市场监督管理局

2022年12月1日

攸县人民政府

2022年12月1日

『 2023 年版本 』

第七十四条　当事人在行政复议决定作出前可以自愿达成和解，和解内容不得损害国家利益、社会公共利益和他人合法权益，不得违反法律、法规的强制性规定。

当事人达成和解后，由申请人向行政复议机构撤回行政复议申请。行政复议机构准予撤回行政复议申请、行政复议机关决定终止行政复议的，申请人不得再以同一事实和理由提出行政复议申请。但是，申请人能够证明撤回行政复议申请违背其真实意愿的除外。

『 1999、2009、2017 年版本 』

第二十五条　行政复议决定作出前，申请人要求撤回行政复议申请的，经说明理由，可以撤回；撤回行政复议申请的，行政复议终止。

『 条文释义 』

本条规定了行政复议中的和解。1999 年版本、2009 年版本和 2017 年版本的规定一致，2023 年版本完善了该项规定。《行政复议法实施条例》及相关规章有类似规定。

行政复议中允许调解的事项，也允许当事人自愿和解。当事人在行政复议决定作出前可以自愿达成和解，只要和解内容不损害国家利益、社会公共利益和他人合法权益，不违反法律、法规的强制性规定，和解就是合法有效的。

当事人达成和解后，行政复议事实上已经失去了存在的基础，因此，应当由申请人向行政复议机构撤回行政复议申请。由于和解涉及适用事项是否合法以及和解内容是否合法等问题，因此，申请人以达成和解为由申请撤回行政复议申请，需要经过行政复议机构审查。为避免申请人反复申请行政复议浪费行政资源，行政复议机构准予撤回行政复议申请、行政复议机关决定终止行政复议的，申请人不得再以同一事实和理由提出行政复议申请。当然，如果申请人能够证明撤回行政复议申请违背其真实意愿，可以再次提出行政复议申请。如被申请人同意撤销或者变更行政行为，申请人撤销行政复议申请后，被申请人迟迟不撤销或者变更行政行为，申请人仍可以再次提出行政复议申请。

『 相关法规 』

中华人民共和国行政复议法实施条例
第三十八条　申请人在行政复议决定作出前自愿撤回行政复议申请的，经行政复议机构同意，可以撤回。

申请人撤回行政复议申请的，不得再以同一事实和理由提出行政复议申请。但是，申请人能够证明撤回行政复议申请违背其真实意思表示的除外。

第三十九条 行政复议期间被申请人改变原具体行政行为的，不影响行政复议案件的审理。但是，申请人依法撤回行政复议申请的除外。

第四十条 公民、法人或者其他组织对行政机关行使法律、法规规定的自由裁量权作出的具体行政行为不服申请行政复议，申请人与被申请人在行政复议决定作出前自愿达成和解的，应当向行政复议机构提交书面和解协议；和解内容不损害社会公共利益和他人合法权益的，行政复议机构应当准许。

『 相关规章 』

税务行政复议规则

第七十一条 申请人在行政复议决定作出以前撤回行政复议申请的，经行政复议机构同意，可以撤回。

申请人撤回行政复议申请的，不得再以同一事实和理由提出行政复议申请。但是，申请人能够证明撤回行政复议申请违背其真实意思表示的除外。

第七十二条 行政复议期间被申请人改变原具体行政行为的，不影响行政复议案件的审理。但是，申请人依法撤回行政复议申请的除外。

第八十七条 申请人和被申请人达成和解的，应当向行政复议机构提交书面和解协议。和解内容不损害社会公共利益和他人合法权益的，行政复议机构应当准许。

第八十八条 经行政复议机构准许和解终止行政复议的，申请人不得以同一事实和理由再次申请行政复议。

交通运输行政复议规定

第十五条 交通运输行政复议决定作出前，申请人要求撤回行政复议申请的，经说明理由并由复议机关记录在案，可以撤回。申请人撤回行政复议申请，应当提交撤回交通运输行政复议的书面申请书或者在《撤回交通运输行政复议申请笔录》上签名或者署印。

撤回行政复议申请的，交通运输行政复议终止，交通运输行政复议机关应当制作《交通运输行政复议终止通知书》送达申请人、被申请人、第三人。

住房城乡建设行政复议办法

第二十八条 行政复议决定作出前，申请人可以撤回行政复议申请。

申请人撤回行政复议申请的，不得再以同一事实和理由提出行政复议申请。但是，申请人能够证明撤回行政复议申请违背其真实意思表示的除外。

第二十九条　行政复议机关中止、恢复行政复议案件的审理，或者终止行政复议的，应当书面通知申请人、被申请人和第三人。

第三十六条　被申请人在复议期间改变原行政行为的，应当书面告知行政复议机关。

被申请人改变原行政行为，申请人撤回行政复议申请的，行政复议机关准予撤回的，行政复议终止；申请人不撤回行政复议申请的，行政复议机关经审查认为原行政行为违法的，应当作出确认其违法的行政复议决定；认为原行政行为合法的，应当驳回行政复议申请。

中华人民共和国海关行政复议办法

第八十条　申请人在行政复议决定作出前自愿撤回行政复议申请的，经海关行政复议机构同意，可以撤回。

申请人撤回行政复议申请的，不得再以同一事实和理由提出行政复议申请。但是，申请人能够证明撤回行政复议申请违背其真实意思表示的除外。

第八十一条　行政复议期间被申请人改变原具体行政行为，但是申请人未依法撤回行政复议申请的，不影响行政复议案件的审理。

第八十二条　行政复议期间有下列情形之一的，行政复议终止：

（一）申请人要求撤回行政复议申请，海关行政复议机构准予撤回的；

（二）作为申请人的自然人死亡，没有近亲属或者其近亲属放弃行政复议权利的；

（三）作为申请人的法人或者其他组织终止，其权利义务的承受人放弃行政复议权利的；

（四）申请人与被申请人达成和解，并且经海关行政复议机构准许的；

（五）申请人对海关限制人身自由的行政强制措施不服申请行政复议后，因申请人同一违法行为涉嫌犯罪，该限制人身自由的行政强制措施变更为刑事拘留的，或者申请人对海关扣留财产的行政强制措施不服申请行政复议后，因申请人同一违法行为涉嫌犯罪，该扣留财产的行政强制措施变更为刑事扣押的；

（六）依照本办法第五十五条第一款第（一）项、第（二）项、第（三）项规定中止行政复议，满 60 日行政复议中止的原因仍未消除的；

（七）申请人以传真、电子邮件形式递交行政复议申请书后未在规定期限内提交有关材料的原件的。

行政复议终止，海关行政复议机关应当制作《行政复议终止决定书》，并且送达申请人、被申请人和第三人。

人力资源社会保障行政复议办法

第三十五条　公民、法人或者其他组织对人力资源社会保障部门行使法律、法规规定的自由裁量权作出的具体行政行为不服申请行政复议，在行政复议机关作出行政复议决定之前，申请人和被申请人可以在自愿、合法基础上达成和解。申请人和被申请人达成和解的，应当向行政复议机构提交书面和解协议。

书面和解协议应当载明行政复议请求、事实、理由和达成和解的结果，并且由申请人和被申请人签字或者盖章。

行政复议机构应当对申请人和被申请人提交的和解协议进行审查。和解确属申请人和被申请人的真实意思表示，和解内容不违反法律、法规的强制性规定，不损害国家利益、社会公共利益和他人合法权益的，行政复议机构应当准许和解，并终止行政复议案件的审理。

第三十六条　依照行政复议法实施条例第四十一条的规定，行政复议机构中止、恢复行政复议案件的审理，应当分别制发《行政复议中止通知书》和《行政复议恢复审理通知书》，并通知申请人、被申请人和第三人。

第三十七条　依照行政复议法实施条例第四十二条的规定，行政复议机关终止行政复议的，应当制发《行政复议终止通知书》，并通知申请人、被申请人和第三人。

环境行政复议办法

第二十四条　申请人因对被申请人行使法律、法规规定的自由裁量权作出的具体行政行为不服申请行政复议，申请人与被申请人在行政复议决定作出前自愿达成和解的，应当向环境行政复议机构提交书面和解协议，和解内容不损害社会公共利益和他人合法权益的，环境行政复议机构应当准许。

第二十六条　申请人在行政复议决定作出前自愿撤回行政复议申请的，经环境行政复议机构同意后可以撤回。

申请人撤回行政复议申请的，不得再以同一事实和理由提出行政复议申请。但是，申请人能够证明撤回行政复议申请违背其真实意思表示的除外。

第二十八条　行政复议期间有下列情形之一的，行政复议终止：

（一）申请人要求撤回行政复议申请，环境行政复议机构准予撤回的；

（二）作为申请人的自然人死亡，没有近亲属或者其近亲属放弃行政复议权利的；

（三）作为申请人的法人或者其他组织终止，其权利义务的承受人放弃行政复议权利的；

（四）申请人与被申请人依照本办法第二十四条的规定，经行政复议机构准许达成和解的；

依照本办法第二十七条第一款第（一）项、第（二）项、第（三）项规定中止行政复议，满60日行政复议中止的原因仍未消除的，行政复议终止。

住房城乡建设行政复议办法

第三十九条　申请人与被申请人在行政复议决定作出前，依法自愿达成和解的，由申请人按照本办法规定向行政复议机关撤回行政复议申请。和解内容不得损害国家利益、社会公共利益和他人合法权益。

国家知识产权局行政复议规程

第十八条　行政复议决定作出之前，复议申请人可以要求撤回行政复议申请。准予撤回的，行政复议程序终止。

国家发展和改革委员会行政复议实施办法

第二十三条　在行政复议过程中，被申请人及其代理人均不得自行向申请人或其他有关组织或者个人收集证据，也不得以做出具体行政行为之后发现的事实或情况作为该具体行政行为的事实依据。

第二十五条　申请人要求撤回行政复议申请的，应当在行政复议决定做出前提交书面申请，并说明理由，由申请人签名或盖章；口头申请的，由复议工作人员记录，申请人核阅后，应当在记录上签名或者盖章。

撤回行政复议申请的，行政复议终止。

商务部行政复议实施办法

第十二条　在行政复议过程中，被申请人及其代理人均不得自行向申请人或其他有关组织或者个人收集证据，也不得以做出具体行政行为之后发现的事实或情况作为具体行政行为的事实依据。

公安机关办理行政复议案件程序规定

第六十条　行政复议决定作出前，申请人要求撤回行政复议申请的，经说明理由，可以撤回。

公安行政复议机关允许申请人撤回行政复议申请后，申请人以同一事实和理由重新提出行政复议申请的，公安行政复议机关不予受理。

第六十一条　有下列情形之一的，不允许申请人撤回行政复议申请：

（一）撤回行政复议申请可能损害国家利益、公共利益或者他人合法权益的；

（二）撤回行政复议申请不是出于申请人自愿的；

（三）其他不允许撤回行政复议申请的情形。

司法行政机关行政复议应诉工作规定

第二十条　行政复议决定作出前，申请人要求撤回复议申请的，经说明理由，可以撤回；被申请人改变所作的具体行政行为。申请人同意并要求撤回复议申请的，可以撤回。撤回行政复议申请的，行政复议终止。

『典型案例』

2023 年 8 月 30 日，陇南市司法局对谈某不服陇南市公安局交警支队行政处罚决定提起行政复议一案举行了听证会。听证会由市政府行政复议员、市司法局党组成员、副局长权宏瑛主持，市政府行政复议员刘明、赵峻辉担任听证员，行政复议申请人、被申请人、委托代理人、市政府特邀行政执法监督员参加。

听证会围绕当事人争议焦点，通过申请人提出问题、被申请人答复、主持人发问等程序，对案件事实认定、法律依据、办理程序等方面存在的疑点逐一进行了听证，主持人现场进行了释法明理，整个听证过程秩序良好，流程规范，并形成了详细的听证记录。

通过听证，申请人对自己的违法事实表示没有异议，被申请人也认识到了在案件办理程序中存在的问题。会后，申请人和被申请人经过充分沟通，均向市政府行政复议机构表达了和解意向，在充分确认双方和解系自愿合法后，在市政府行政复议机构的见证下，当事人握手言和，最终达成了和解协议，申请人自愿撤回了行政复议申请，行政复议机关作出了终止行政复议决定。针对被申请人在办案程序中存在的问题，市政府行政复议机构向被申请人发出了行政复议意见书。

事后，申请人将一面沉甸甸的锦旗送到了市政府行政复议机构，这既是对行政复议机关公正透明、复议为民的肯定，又是对市政府行政复议员依法履职的鞭策。

"三抓三促""主动创稳"行动开展以来，在市委市政府正确领导和大力支持下，市政府行政复议机构充分发挥化解行政争议主渠道作用，依法履行维护人民群众合法权益、保障和监督行政机关依法行政的职责，坚持案结事了和"办结一案，规范一片"的原则，确保行政复议案件办理提质增效，为助推法治政府和法治陇南建设发挥了应有的作用。

『2023 年版本』

第七十五条　行政复议机关作出行政复议决定，应当制作行政复议决定书，并加盖行政复议机关印章。

行政复议决定书一经送达，即发生法律效力。

『1999、2009、2017 年版本』

第三十一条　行政复议机关应当自受理申请之日起六十日内作出行政复议决

定；但是法律规定的行政复议期限少于六十日的除外。情况复杂，不能在规定期限内作出行政复议决定的，经行政复议机关的负责人批准，可以适当延长，并告知申请人和被申请人；但是延长期限最多不超过三十日。

行政复议机关作出行政复议决定，应当制作行政复议决定书，并加盖印章。

行政复议决定书一经送达，即发生法律效力。

『 条文释义 』

本条规定了行政复议决定书的制作。1999 年版本、2009 年版本和 2017 年版本的规定一致，2023 年版本修改完善了该项规定。

行政复议机关作出行政复议决定，应当制作行政复议决定书，并加盖行政复议机关印章。行政复议决定书的主要内容包括申请人的信息，第三人的信息，被申请人的信息，申请人申请复议的请求、事实和理由，被申请人答复的事实、理由、证据和依据，行政复议认定的事实和相应的证据，作出行政复议决定的具体理由和法律依据，行政复议决定的具体内容，不服行政复议决定向人民法院起诉的期限和具体管辖法院，作出行政复议决定的日期。

行政复议决定书一经送达，即发生法律效力。行政复议决定书生效的日期是送达申请人的日期，而不是作出行政复议决定的日期。

『 相关规章 』

税务行政复议规则

第八十三条　行政复议机关应当自受理申请之日起 60 日内作出行政复议决定。情况复杂，不能在规定期限内作出行政复议决定的，经行政复议机关负责人批准，可以适当延期，并告知申请人和被申请人；但是延期不得超过 30 日。

行政复议机关作出行政复议决定，应当制作行政复议决定书，并加盖行政复议机关印章。

行政复议决定书一经送达，即发生法律效力。

工业和信息化部行政复议实施办法

第二十四条　工业和信息化部作出行政复议决定，应当制作行政复议决定书，送达申请人、被申请人、第三人。

交通运输行政复议规定

第十九条　交通运输行政复议机关作出交通运输行政复议决定，应当制作《交通运输行政复议决定书》，加盖交通运输行政复议机关印章，分别送达申请人、被申请人和第三人；交通运输行政复议决定书一经送达即发生法律效力。

交通运输行政复议机关向当事人送达《交通运输行政复议决定书》及其他交通运输行政复议文书（除邮寄、公告送达外）应当使用《送达回证》，受送达人应当在送达回证上注明收到日期，并签名或者署印。

中华人民共和国海关行政复议办法

第七十七条　海关行政复议机关作出行政复议决定，应当制作《行政复议决定书》，送达申请人、被申请人和第三人。

《行政复议决定书》应当载明下列内容：

（一）申请人姓名、性别、年龄、职业、住址（法人或者其他组织的名称、地址、法定代表人或者主要负责人的姓名、职务）；

（二）第三人姓名、性别、年龄、职业、住址（法人或者其他组织的名称、地址、法定代表人或者主要负责人的姓名、职务）；

（三）被申请人名称、地址、法定代表人姓名；

（四）申请人申请复议的请求、事实和理由；

（五）被申请人答复的事实、理由、证据和依据；

（六）行政复议认定的事实和相应的证据；

（七）作出行政复议决定的具体理由和法律依据；

（八）行政复议决定的具体内容；

（九）不服行政复议决定向人民法院起诉的期限和具体管辖法院；

（十）作出行政复议决定的日期。

《行政复议决定书》应当加盖海关行政复议机关的印章。

《行政复议决定书》一经送达，即发生法律效力。

《行政复议决定书》直接送达的，行政复议人员应当就行政复议认定的事实、证据、作出行政复议决定的理由、依据向申请人、被申请人和第三人作出说明；申请人、被申请人和第三人对《行政复议决定书》提出异议的，除告知其向人民法院起诉的权利外，应当就有关异议作出解答。《行政复议决定书》以其他方式送达的，申请人、被申请人和第三人就《行政复议决定书》有关内容向海关行政复议机构提出异议的，行政复议人员应当向申请人、被申请人和第三人作出说明。

经申请人和第三人同意，海关行政复议机关可以通过出版物、海关门户网站、海关公告栏等方式公布生效的行政复议法律文书。

第七十八条　《行政复议决定书》送达申请人、被申请人和第三人后，海关行政复议机关发现《行政复议决定书》有需要补充、更正的内容，但是不影响行政复议决定的实质内容的，应当制发《行政复议决定补正通知书》，并且送达申请人、被申请人和第三人。

国家知识产权局行政复议规程

第二十八条　行政复议决定以国家知识产权局的名义作出。行政复议决定书应当加盖国家知识产权局行政复议专用章。

中国证券监督管理委员会行政复议办法

第三十一条　行政复议机关作出行政复议决定，应当制作行政复议决定书，送达申请人和第三人，抄送被申请人。

行政复议决定书应当载明下列内容：

（一）申请人、第三人基本情况：自然人姓名、性别、工作单位及职务（原工作单位及职务）、住址；法人或者其他组织的名称、地址、法定代表人或者主要负责人的姓名、职务；

（二）被申请人名称、地址；

（三）申请人申请复议的请求、事实和理由；

（四）被申请人答复的事实、理由、证据和依据；

（五）行政复议认定的事实和相应的证据；

（六）作出行政复议决定的具体理由和法律依据；

（七）行政复议决定的结论；

（八）行政复议决定的救济途径；

（九）作出行政复议决定的日期。

行政复议决定书应当加盖行政复议机关的印章。

第三十二条　行政复议决定书一经送达，即发生法律效力。行政复议机关可以通过中国证监会门户网站、中国证监会公告等方式公布生效的行政复议决定书。

人力资源社会保障行政复议办法

第五十条　行政复议机关作出行政复议决定，应当制作《行政复议决定书》，载明下列事项：

（一）申请人的姓名、性别、年龄、住所（法人或者其他组织的名称、地址、法定代表人或者主要负责人的姓名、职务）；

（二）被申请人的名称、住所；

（三）申请人的行政复议请求和理由；

（四）第三人的意见；

（五）被申请人答复意见；

（六）行政复议机关认定的事实、理由，适用的法律、法规、规章以及其他规范性文件；

（七）复议决定；

（八）申请人不服行政复议决定向人民法院起诉的期限；

（九）日期。

《行政复议决定书》应当加盖行政复议机关印章。

环境行政复议办法

第三十二条　环境行政复议机构应当对被申请人作出的具体行政行为进行审查，拟定行政复议决定书，报请环境行政复议机关负责人审批。行政复议决定书应当加盖印章，送达当事人。

国家发展和改革委员会行政复议实施办法

第二十七条　国家发展改革委应当自受理申请之日起 60 日内做出行政复议决定。情况复杂，不能在规定期限内做出行政复议决定的，经国家发展改革委负责人批准，可以适当延长，并及时告知申请人和被申请人；但是延长期限最多不超过 30 日。

国家发展改革委做出行政复议决定，应当制作《行政复议决定书》，并加盖行政复议专用章。

《行政复议决定书》一经送达，即发生法律效力。

公安机关办理行政复议案件程序规定

第七十四条　公安行政复议机关作出行政复议决定，应当制作《行政复议决定书》，载明以下内容：

（一）申请人、第三人及其代理人的姓名、性别、年龄、职业、住址等，法人或者其他组织的名称、地址、法定代表人等；

（二）被申请人的名称、住址、法定代表人等；

（三）申请人的行政复议请求；

（四）申请人提出的事实和理由；

（五）被申请人答复的事实和理由；

（六）公安行政复议机关认定的事实、理由和适用的依据；

（七）行政复议结论；

（八）不服行政复议决定向人民法院提起行政诉讼的期限，或者最终裁决的履行期限；

（九）作出行政复议决定的日期。

《行政复议决定书》应当加盖公安行政复议机关印章或者公安行政复议专用章。

司法行政机关行政复议应诉工作规定

第二十三条　行政复议机关作出行政复议决定，应当制作行政复议决定书，并加盖行政复议机关印章。行政复议决定一经公布、委托方式送达即发生法律效力。

自然资源行政复议规定

第二十六条　行政复议机关作出行政复议决定，应当制作行政复议决定书。

行政复议决定书应当符合法律法规的规定，并加盖行政复议机关的印章或者行政复议专用章。

行政复议决定书应当载明申请人不服行政复议决定的法律救济途径和期限。

『典型案例』

北京市海淀区人民政府

行政复议决定书

海政复决字〔2021〕362号

申请人：周某。

被申请人：北京市海淀区市场监督管理局。

申请人不服被申请人于2021年7月19日在全国12315平台对其举报作出的不予立案决定，于2021年8月6日向本机关申请行政复议，本机关依法已予受理。因案情复杂，本机关依法延长行政复议审理期限三十日，本案现已审理终结。

申请人请求：撤销被申请人作出的不予立案处理结果，责令被申请人在一定期限内履行法定职责并依法作出答复。

申请人称：申请人与其他几个朋友一同在北京某教育科技有限公司（以下简称某公司）购买健康管理师网络课程，购买前销售人员告知申请人，他们是卫健委官方指定的报名中心，之后申请人询问相应费用，销售告知除了学费，后续卫健委还会收取500～700元的报名费。他们还说，当时搞活动，高级健康管理师课程原价5980元，活动价1980元，不仅如此，还不限学历和专业，可以享受代报考服务。当时申请人觉得销售人员说的有保障，就缴费报名了，但后面迟迟没有给我们报上名。后申请人发现，某公司只是民营机构，卫健委公告说明从未委托机构进行培训。同时，规定的收费是200～500元，而不是500～700元，某公司借卫健委之名谋私利，同时他们还涉嫌虚构原价，所说的不限专业学历也是假的，某公司的上述行为属于欺诈。2021年7月1日，申请人将情况举报到被申请人处，同时上传相应证据。但7月19日，被申请人告知申请人不立案处理，理由是某公司已经在办理相应的退款事项，暂无欺诈事实。申请人认为，被申请人应当明知投诉与举报的区别，同时也应当明知，举报需要按照《市场监督管理行政处罚程序暂行规定》处理，而不是按照投诉处理。同时申请人已经上传相应证据，可以证明机构有违法行为，被申请人也回复，在处理退款事项，说明被申请人主要是调解，未经过详实调查便得出无欺诈事实的结论。

被申请人称：被申请人具有处理涉案举报的法定职责，作出举报处理的程序符合法律规定，被申请人积极履职，对本案件事实认定清楚，被举报人积极退款，对申请人无欺诈故意，被申请人已穷尽调查手段，积极履职，申请人的复议申请不属于行政复议的受案范围。请求复议机关依法维持被申请人作出的不予立案决定或依法驳回申请人的复议申请。

经审理查明：

2021年6月28日，被申请人收到申请人在全国12315平台提交的举报，申请人向被申请人举报称，其于某公司购买了健康管理师网络课程（以下简称涉案课程）。在购买课程前，销售人员告知申请人，被举报人为卫健委官方指定报名中心，申请人询问费用，销售人员告知除了学费，后续卫健委还会收取500～700元报名费。销售告知课程原价5 980元，活动价1 980元，报考不限学历和专业等信息，后申请人发现该销售人员所说的以上信息均为虚假，同时某公司涉嫌虚构原价，申请人认为某公司的上述行为属于欺诈，应依法对其作出处罚。

2021年7月5日，被申请人至某公司住所进行现场调查，并制作了《现场笔录》。经被申请人调查，当事人现场只有行政办公人员，并未发现销售人员，并未发现现场有不当宣传资料、彩页、话术资料，并无违规材料。

2021年7月7日，被申请人对某公司法定代表人进行询问，并制作了《询问笔录》。其法定代表人在调查中表示申请人的课程协议是与其公司签订，但是不能提供同申请人之间签订的协议，举报人提供的微信聊天记录中"某公司周老师"并非其公司员工，该公司将课程销售外包，与杨某签订了《某公司教育招生合作协议》（以下简称《合作协议》），由杨某负责课程推广，获得佣金，可以提交《合作协议》及沟通和转账记录证明第三方的真实存在。

2021年7月15日，某公司出具《周某投诉处理情况说明》《投诉处理情况说明》。后，被申请人通过电话方式询问杨某，杨某表示其曾代表自己公司作为乙方同某公司签订了合作协议，负责为某公司招生，现已终止合作。杨某认可申请人是其招收的学员，并认可其所在公司负责销售并接洽申请人。

2021年7月19日，被申请人经内部审批决定对申请人的举报事项不予立案，并于同日在全国12315平台上告知申请人："不立案。经查，举报事项不予立案，理由：被举报人办理相关退费事项，预计七个工作日内完成，暂无欺诈事实。"

上述事实有下列证据证明：

1. 北京市场监管投诉举报平台举报单及相关材料；

2. 案件来源登记表；

3. 被申请人于2021年7月5日制作的《现场笔录》；

4. 被申请人于2021年7月7日制作的《询问笔录》；

5. 被举报人提交的营业执照复印件、法定代表人身份证复印件、合作协议及附件、周某投诉处理情况说明、投诉处理情况说明等；

6. 被申请人电话询问杨某的录音文字版；

7. 不予立案审批表及平台回复截屏（反馈信息记录）。

本机关认为：

《市场监督管理投诉举报处理暂行办法》（以下简称《投诉举报处理暂行办法》）第四条第二款规定，县级以上地方市场监督管理部门负责本行政区域内的投诉举报处理工作。第二十五条规定，举报由被举报行为发生地的县级以上市场监督管理部门处理。法律、行政法规另有规定的，依照其规定。当时有效的《市场监督管理行政处罚程序暂行规定》（2019）（以下简称《行政处罚程序暂行规定》）第六条规定，行政处罚由违法行为发生地的县级以上市场监督管理部门管辖。法律、行政法规另有规定的除外。第七条规定，县级、设区的市级市场监督管理部门依职权管辖本辖区内发生的行政处罚案件，法律、法规、规章规定由省级以上市场监督管理部门管辖的除外。答复人具有对本行政区域内举报事项进行调查处理的法定职责。

《市场监督管理行政处罚程序规定》（2021）第十八条第一款规定，市场监督管理部门对依据监督检查职权或者通过投诉、举报、其他部门移送、上级交办等途径发现的违法行为线索，应当自发现线索或者收到材料之日起十五个工作日内予以核查，由市场监督管理部门负责人决定是否立案；特殊情况下，经市场监督管理部门负责人批准，可以延长十五个工作日。《投诉举报处理暂行办法》第三十一条规定，市场监督管理部门应当按照市场监督管理行政处罚等有关规定处理举报。举报人实名举报的，有处理权限的市场监督管理部门还应当自作出是否立案决定之日起五个工作日内告知举报人。本案中，被申请人于2021年7月1日收到申请人的举报，经调查于2021年7月19日作出不予立案决定，并于同日在全国12315平台告知申请人，符合上述法律规定。

本案中，申请人举报某公司存在涉嫌虚构原价及虚假宣传两种违法行为并要求被申请人依法处罚。但是被申请人向本机关提交的全部证据材料中，未包含其曾对某公司是否存在虚构原价违法行为开展调查的证据，被申请人仅对其中虚假宣传举报进行了调查处理，故，被申请人对申请人举报作出的本次处理结果存在遗漏事项的情形，被申请人作出的"被举报人办理相关退费事项，暂无欺诈事实"因此不予立案的决定，显属认定事实不清。

综上所述，根据《中华人民共和国行政复议法》第二十八条第一款第三项第1目之规定，本机关决定如下：

1. 撤销被申请人北京市海淀区市场监督管理局对申请人举报事项作出的不予立案决定；

2. 责令被申请人北京市海淀区市场监督管理局在收到本复议决定之日起对申请人的举报事项在法定期限内重新处理。

申请人如对本决定不服，可以自接到本决定书之日起十五日内依法向人民法院提起行政诉讼。

2021 年 10 月 20 日

『 2023 年版本 』

第七十六条　行政复议机关在办理行政复议案件过程中，发现被申请人或者其他下级行政机关的有关行政行为违法或者不当的，可以向其制发行政复议意见书。有关机关应当自收到行政复议意见书之日起六十日内，将纠正相关违法或者不当行政行为的情况报送行政复议机关。

『 条文释义 』

本条规定了行政复议意见书。1999 年版本、2009 年版本和 2017 年版本没有相关规定，2023 年版本新增加了该项规定。

行政复议机关在办理行政复议案件过程中，有可能发现被申请人或者其他下级行政机关的有关行政行为违法或者不当，该行政行为有可能就是已经提起行政复议的行政行为，也可以是尚未提起行政复议的行政行为，也有可能是超过期限无法提起行政复议的行政行为。无论是哪种情形的行政行为，行政复议机关都可以向其制发行政复议意见书。这里需要注意的是，行政复议机关只能向其下级行政机关制发行政复议意见书，不能向同级或者上级行政机关制发行政复议意见书。有关机关应当自收到行政复议意见书之日起六十日内，将纠正相关违法或者不当行政行为的情况报送行政复议机关。行政复议意见书虽然不是行政复议决定书，有关机关也应当认真执行。行政复议意见书是行政复议机关在履行行政复议职责的过程中附带纠正下级行政机关违法或者不当行政行为的重要形式。

『 相关法规 』

中华人民共和国行政复议法实施条例

第五十七条　行政复议期间行政复议机关发现被申请人或者其他下级行政机关的相关行政行为违法或者需要做好善后工作的，可以制作行政复议意见书。有关机关应当自收到行政复议意见书之日起 60 日内将纠正相关行政违法行为或者做好善后工作的情况通报行政复议机构。

行政复议期间行政复议机构发现法律、法规、规章实施中带有普遍性的问题，可以制作行政复议建议书，向有关机关提出完善制度和改进行政执法的建议。

『 相关规章 』

税务行政复议规则

第九十六条　行政复议期间行政复议机关发现被申请人和其他下级税务机关的相关行政行为违法或者需要做好善后工作的，可以制作行政复议意见书。有关机关应当自收到行政复议意见书之日起 60 日内将纠正相关行政违法行为或者做好善后工作的情况报告行政复议机关。

行政复议期间行政复议机构发现法律、法规和规章实施中带有普遍性的问题，可以制作行政复议建议书，向有关机关提出完善制度和改进行政执法的建议。

自然资源行政复议规定

第二十九条　行政复议机关在行政复议过程中，发现被申请人相关行政行为的合法性存在问题，或者需要做好善后工作的，应当制发行政复议意见书，向被申请人指出存在的问题，提出整改要求。

被申请人应当责成行政行为的承办机构在收到行政复议意见书之日起 60 日内完成整改工作，并将整改情况书面报告行政复议机关。

被申请人拒不整改或者整改不符合要求，情节严重的，行政复议机关应当报请有关国家机关依法处理。

行政复议期间，行政复议机构发现法律、法规、规章实施中带有普遍性的问题，可以制作行政复议建议书，向有关机关提出完善制度和改进行政执法的建议。相关机关应当及时向行政复议机构反馈落实情况。

第二十八条　行政行为被行政复议机关撤销、变更、确认违法的，或者行政复议机关责令履行法定职责的，行政行为的承办机构应当适时制作行政复议决定分析报告，向本机关负责人报告，并抄送法治工作机构。

中华人民共和国海关行政复议办法

第九十九条　海关行政复议机关在行政复议期间发现被申请人的具体行政行为违法或者需要做好善后工作的，可以制作《行政复议意见书》，对被申请人纠正执法行为、改进执法工作提出具体意见。

被申请人应当自收到《行政复议意见书》之日起 60 日内将纠正相关行政违法行为或者做好善后工作的情况报告海关行政复议机构。

中国证券监督管理委员会行政复议办法

第三十九条　行政复议机关在行政复议期间发现相关行政行为违法或者需要做好善后工作等情况的，可以向被申请人或者原承办部门制作行政复议意见书，并抄报中国证监会监察部门。

行政复议意见书由行政复议机构具体承办，应当包括具体行政行为存在的问题、认定事实、理由和依据、整改意见等。

被申请人或者原承办部门应当自收到行政复议意见书之日起 60 日内将纠正相关行政违法行为、改进执法工作或者做好善后工作的情况报告行政复议机构。

对突出问题不予整改导致重复违法的，行政复议机关要予以通报。

国家知识产权局行政复议规程

第二十九条　行政复议期间，行政复议机构发现相关行政行为违法或者需要做好善后工作的，可以制作行政复议意见书。有关部门应当自收到行政复议意见书之日起 60 日内将纠正相关行政违法行为或者做好善后工作的情况通报行政复议机构。

行政复议期间，行政复议机构发现法律、法规、规章实施中带有普遍性的问题，可以制作行政复议建议书，向有关部门提出完善制度和改进行政执法的建议。

工业和信息化部行政复议实施办法

第二十六条　工业和信息化部在行政复议期间发现被申请人的相关具体行政行为违法或者需要做好善后工作的，可以制作行政复议意见书并送达被申请人；被申请人应当自收到行政复议意见书之日起 60 日内，将执行意见书的情况通报工业和信息化部法制工作机构。

行政复议意见书应当载明具体行政行为存在的问题、认定事实、判断依据以及整改意见等。

住房城乡建设行政复议办法

第四十七条　行政复议期间行政复议机关发现被申请人或者其他下级行政机关有下列情形之一的，可以制作行政复议意见书；有关机关应当自收到行政复议意见书之日起 60 日内将纠正相关行政违法行为或者做好善后工作的情况报告行政复议机关：

（一）具体行政行为有违法或者不当情形，导致被撤销、变更或者确认违法的；

（二）行政机关不依法履行法定职责，存在不作为的；

（三）具体行政行为存在瑕疵或者其他问题的；

（四）具体行政行为依据的规范性文件存在问题的；

（五）行政机关在行政管理中存在问题和制度漏洞的；

（六）行政机关需要做好相关善后工作的；

（七）其他需要制作行政复议意见书的。

行政复议期间，行政复议机构发现法律、法规、规章实施中带有普遍性的问题，可以制作行政复议建议书，向有关机关提出完善制度和改进行政执法的建议。

环境行政复议办法

第三十六条　环境行政复议机关在行政复议过程中，发现被申请人或者其他下级环境保护行政主管部门的相关行政行为违法或者需要做好善后工作的，可以制作行政复议意见书。被申请人或者其他下级环境保护行政主管部门应当自收到行政复议意见书之日起 60 日内将纠正相关行政违法行为或者做好善后工作的情况通报环境行政复议机构。

『典型案例』

丰城市人民政府行政复议意见书

丰府复意字〔2023〕1号

丰城市自然资源局：

申请人鄞×建、鄞×亮等4人复议你机关未履行政府信息公开依申请答复法定职责案，本机关依法已予受理并已审理终结。

该案中，申请人通过邮寄的方式向你单位申请信息公开，你机关未按照《中华人民共和国政府信息公开条例》有关规定予以相应的答复，属于明显的行政不作为，所以复议决定确认你机关违法，并责令履行。

信息公开是政府机关重要的法定职责，是保障人民群众知情权、监督权、参与权的重要渠道，所有机关工作人员均应有所了解和熟悉。显然，你机关工作人员没有做到位，致出现行政不作为，需做好善后工作。为避免以后出现类似情况，同时，避免与鄞×建、鄞×亮等4人的行政争议进一步扩大致诉讼发生，根据《中华人民共和国行政复议法实施条例》第五十七条第一款的规定，现提出如下意见。

一是组织单位人员学习《政府信息公开条例》相关法律法规，必要的话请法律顾问现场讲解，全面、详细、准确了解和熟悉行政机关在政府信息公开中的权利和义务。

二是按规定履行行政复议决定，积极发挥法律顾问的作用，努力化解与鄞×建、鄞×亮等4人的行政争议，避免争议诉讼化。

请你机关自收到本行政复议意见书之日起60日内，将做好善后工作的情况反馈本机关行政复议机构，如未按规定善后的，本机关将根据《中华人民共和国行政复议法实施条例》第六十五条的规定视情况向相关部门提出处理建议。

2023年3月14日

『2023年版本』

第七十七条 被申请人应当履行行政复议决定书、调解书、意见书。

被申请人不履行或者无正当理由拖延履行行政复议决定书、调解书、意见书的，行政复议机关或者有关上级行政机关应当责令其限期履行，并可以约谈被申请人的有关负责人或者予以通报批评。

『 1999、2009、2017 年版本 』

第三十二条　被申请人应当履行行政复议决定。

被申请人不履行或者无正当理由拖延履行行政复议决定的，行政复议机关或者有关上级行政机关应当责令其限期履行。

『 条文释义 』

本条规定了被申请人的履行义务。1999 年版本、2009 年版本和 2017 年版本的规定一致，2023 年版本完善了该项规定。

被申请人作为行政复议机关的下级行政机关，无权对行政复议决定书和意见书提出异议，调解书作为其自愿达成的协议，也不应有异议，因此，被申请人应当履行行政复议决定书、调解书、意见书。

如果被申请人不履行或者无正当理由拖延履行行政复议决定书、调解书、意见书，这是典型的不履行法定职责的违法行为，行政复议机关或者有关上级行政机关应当责令其限期履行，并可以约谈被申请人的有关负责人或者予以通报批评。严重的，还应当追究相关责任人的法律责任。

『 典型案例 』

中华人民共和国最高人民法院

行 政 裁 定 书

（2020）最高法行申 3491 号

再审申请人（一审起诉人、二审上诉人）苏鸿，男，1969 年 6 月 18 日出生，汉族，住黑龙江省哈尔滨市平房区。

再审申请人苏鸿因与黑龙江省哈尔滨市人民政府（以下简称哈尔滨市政府）行政纠纷一案，不服黑龙江省高级人民法院（2019）黑行终 421 号行政裁定，向本院申请再审。本院依法组成合议庭，对本案进行了审查，现已审查终结。

苏鸿以一、二审法院审理程序违法，认定事实不清，适用法律错误，请求撤销一、二审裁定，依法再审本案。判令哈尔滨市政府履行职责，责令哈尔滨市公安局香坊分局限期履行复议决定，依法重新作出行政行为。

本院认为，《中华人民共和国行政复议法》第三十二条规定，被申请人应当履行行政复议决定。被申请人不履行或者无正当理由拖延履行行政复议决定的，行政复议机关或者有关上级行政机关应当责令其限期履行。根据上述法律规定，被申请人不履行复议决定的，应由行政复议机关或者上级行政机关责令其履行，不属于行政诉讼受案范围。本案中，苏鸿认为哈尔滨市公安局香坊分局不履行哈尔滨市政府行政复议决定，提起行政诉讼，该请求不属于行政诉讼受案范围。一审法院裁定不予立案，二审法院维持一审裁定，并无不当。苏鸿的再审申请不符合《中华人民共和国行政诉讼法》第九十一条规定的情形。依照《最高人民法院关于适用〈中华人民共和国行政诉讼法〉的解释》第一百一十六条第二款之规定，裁定如下：

驳回再审申请人苏鸿的再审申请。

审判长　梁凤云

审判员　张　艳

审判员　杨　迪

二〇二〇年六月一日

法官助理　陈　默

书记员　王　旭

『2023 年版本』

第七十八条　申请人、第三人逾期不起诉又不履行行政复议决定书、调解书的，或者不履行最终裁决的行政复议决定的，按照下列规定分别处理：

（一）维持行政行为的行政复议决定书，由作出行政行为的行政机关依法强制执行，或者申请人民法院强制执行；

（二）变更行政行为的行政复议决定书，由行政复议机关依法强制执行，或者申请人民法院强制执行；

（三）行政复议调解书，由行政复议机关依法强制执行，或者申请人民法院强制执行。

『1999、2009、2017 年版本』

第三十三条　申请人逾期不起诉又不履行行政复议决定的，或者不履行最终裁决的行政复议决定的，按照下列规定分别处理：

（一）维持具体行政行为的行政复议决定，由作出具体行政行为的行政机关依法强制执行，或者申请人民法院强制执行；

（二）变更具体行政行为的行政复议决定，由行政复议机关依法强制执行，或者申请人民法院强制执行。

『条文释义』

本条规定了申请人、第三人不履行行政复议决定的处理方式。1999年版本、2009年版本和2017年版本的规定一致，2023年版本完善了该项规定，增加了第三人和行政复议调解书的执行。

行政复议决定生效后，申请人、第三人如果认同该决定，就应当依法履行行政复议决定，如果不认同，可以依法向人民法院提起行政诉讼。如果申请人、第三人逾期不起诉，行政复议决定就确定无疑地生效，对于该决定以及属于最终裁决的行政复议决定，申请人、第三人应当依法履行。如果不履行，就进入强制执行程序。

如果行政复议决定的内容是维持行政行为，应当由作出行政行为的行政机关依法强制执行，或者申请人民法院强制执行。实务中，只要法律规定行政机关有权强制执行的，人民法院一般不受理强制执行的申请。

如果行政复议决定的内容是变更行政行为，应当由行政复议机关依法强制执行，或者申请人民法院强制执行。实务中，只要法律规定行政机关有权强制执行的，行政复议机关原则上应当直接依法强制执行。

行政复议调解书是当事人自愿达成的，理应自动履行，如果不履行，应当由行政复议机关依法强制执行，或者申请人民法院强制执行。

『相关法规』

中华人民共和国行政复议法实施条例

第五十二条　第三人逾期不起诉又不履行行政复议决定的，依照行政复议法第三十三条的规定处理。

『相关规章』

税务行政复议规则

第八十五条　申请人、第三人逾期不起诉又不履行行政复议决定的，或者不履行最终裁决的行政复议决定的，按照下列规定分别处理：

（一）维持具体行政行为的行政复议决定，由作出具体行政行为的税务机关依法强制执行，或者申请人民法院强制执行。

（二）变更具体行政行为的行政复议决定，由行政复议机关依法强制执行，或者申请人民法院强制执行。

中华人民共和国海关行政复议办法

第九十五条　申请人在法定期限内未提起行政诉讼又不履行海关行政复议决定的，按照下列规定分别处理：

（一）维持具体行政行为的海关行政复议决定，由作出具体行政行为的海关依法强制执行或者申请人民法院强制执行；

（二）变更具体行政行为的海关行政复议决定，由海关行政复议机关依法强制执行或者申请人民法院强制执行。海关行政复议机关也可以指定作出具体行政行为的海关依法强制执行，被指定的海关应当及时将执行情况上报海关行政复议机关。

第九十六条　申请人不履行行政复议调解书的，由作出具体行政行为的海关依法强制执行或者申请人民法院强制执行。

国家发展和改革委员会行政复议实施办法

第二十九条　申请人逾期不起诉又不履行行政复议决定的，或者不履行最终裁决的行政复议决定的，按照下列规定分别处理：

（一）维持具体行政行为的行政复议决定，由做出具体行政行为的行政机关申请人民法院强制执行；

（二）变更具体行政行为的行政复议决定，由行政复议机关申请人民法院强制执行。

『典型案例』

中华人民共和国最高人民法院

行政裁定书

（2019）最高法行申 12829 号

再审申请人（一审原告、二审上诉人）：黄应书，男，1949 年 12 月 30 日出生，汉族，住贵州省镇宁布依族苗族自治县。

再审申请人（一审原告、二审上诉人）：洪永伦，男，1951 年 7 月 21 日出生，汉族，住贵州省镇宁布依族苗族自治县。

再审申请人（一审原告、二审上诉人）：陈启全，男，1960 年 3 月 24 日出生，汉族，住贵州省镇宁布依族苗族自治县。

上列再审申请人的委托诉讼代理人：韦政琦，男，1944 年 8 月 18 日出生，布依族，住贵州省镇宁布依族苗族自治县。

再审被申请人（一审被告、二审被上诉人）：贵州省镇宁布依族苗族自治县人民政府。住所地：贵州省安顺市镇宁布依族苗族自治县城关镇犀牛路 3 号。

法定代表人：潘登岭，该县县长。

再审被申请人（一审被告、二审被上诉人）：贵州省镇宁布依族苗族自治县自然资源局。住所地：贵州省镇宁布依族苗族自治县便民利民服务中心 6 楼。

法定代表人：颜成勇，该局局长。

再审申请人黄应书、洪永伦、陈启全（以下简称洪永伦等三人）因诉贵州省镇宁布依族苗族自治县人民政府（以下简称镇宁县政府）、贵州省镇宁布依族苗族自治县自然资源局（原贵州省镇宁布依族苗族自治县国土资源局，以下简称原镇宁县国土局）不履行法定职责一案，不服贵州省高级人民法院（2019）黔行终 592 号行政判决，向本院申请再审。本院依法组成合议庭对本案进行了审查，现已审查终结。

洪永伦等三人申请再审称，其请求判令镇宁县政府、原镇宁县国土局履行向人民法院申请强制执行案涉行政处罚决定的法定职责，二审未判令镇宁县政府、原镇宁县国土局履行该职责，遗漏了其诉讼请求，违反了《中华人民共和国行政诉讼法》第七十二条、《最高人民法院关于适用〈中华人民共和国行政诉讼法〉的解释》第九十一条的规定。综上，二审遗漏诉讼请求，适用法律错误。请求撤销一、二审行政判决，依法再审本案。

本院认为，《中华人民共和国行政复议法》第三十三条第一项规定："申请人逾期不起诉又不履行行政复议决定的，或者不履行最终裁决的行政复议决定的，按照下列规定分别处理：（一）维持具体行政行为的行政复议决定，由作出具体行政行为的行政机关依法强制执行，或者申请人民法院强制执行。"本案中，镇宁县政府复议维持原镇宁县国土局于 2011 年作出的镇国土资罚决字〔2011〕23 号、24 号、25 号、26 号、27 号、28 号、42 号、44 号行政处罚决定（以下简称八份处罚决定）。原镇宁县国土局作为作出八份处罚决定的行政机关，具有依据《中华人民共和国土地管理法》第八十三条、《中华人民共和国行政强制法》第十三条之规定申请人民法院强制执行八份处罚决定的法定职责。镇宁县政府作为复议维持八份处罚决定的复议机关，则不具有自行强制执行或申请人民法院强制执行八份处罚决定的法定职责。原镇宁县国土局于 2016 年 6 月 2 日自行撤销八份处罚决定，该八份处罚决定不再具有执行力。洪永伦等三人仍请求判令原镇宁县国土局申请人民法院强制执行八份处罚决定，已不具有执行依据。原镇宁县国土局于 2011 年作出八份处罚决定后，至 2016 年自行撤销八份处罚决定时，未依法申请人民法院强制执行，属未及时履行法定职责。二审据此判决确认原镇宁县国土局未履行该法定职责违法，并无不当。

综上，洪永伦等三人的再审申请不符合《中华人民共和国行政诉讼法》第九十一条规定的情形。依照《最高人民法院关于适用〈中华人民共和国行政诉讼法〉的解释》第一百一十六条第二款的规定，裁定如下：

驳回黄应书、洪永伦、陈启全的再审申请。

审判长　王海峰

审判员　张昊权

审判员　乐　敏

二〇一九年十二月二十日

法官助理　谢稼祥

书记员　王怡云

『2023 年版本』

第七十九条　行政复议机关根据被申请行政复议的行政行为的公开情况，按照国家有关规定将行政复议决定书向社会公开。

县级以上地方各级人民政府办理以本级人民政府工作部门为被申请人的行政复议案件，应当将发生法律效力的行政复议决定书、意见书同时抄告被申请人的上一级主管部门。

『条文释义』

本条规定了行政复议决定书的公开。1999 年版本、2009 年版本和 2017 年版本没有该项规定，2023 年版本新增加了该项规定。

公开行政复议决定书意义重大，是行政法治的重要进步。行政复议决定书公开后，不仅可以邀请全社会的力量来监督行政复议和涉案行政行为，也可以提高公众的法治意识，进而提高整个行政行为的合法性与适当性。行政复议机关根据被申请行政复议的行政行为的公开情况，按照国家有关规定将行政复议决定书向社会公开。目前，行政复议决定书尚未全面公开，仅仅是对社会公众比较关心、需要让社会公众广泛知晓的行政复议决定书才会公开。

为了便于上级主管部门了解下级部门的相关工作，进而开展有针对性地监督，县级以上地方各级人民政府办理以本级人民政府工作部门为被申请人的行政复议案件，应当将发生法律效力的行政复议决定书、意见书同时抄告被申请人的上一级主管部门。如果行政行为被撤销、被认定违法，上一级主管部门可以有针对性地开展监督以及其他责任追究等工作。

『典型案例』

陕西省住房和城乡建设厅

行政复议决定书

陕建复决字〔2021〕6 号

申请人：刘某军，男，汉族，197××年××月出生。

住址：陕西省韩城市新城区桢州大街鸿信小区西单元××楼××户。

申请人：杨某玲，女，汉族，197××年××月出生。

住址：陕西省韩城市新城区西峙路邮电新村××号楼××单元××楼东。

被申请人：韩城市住房和城乡建设局。

地址：韩城市太史大街东段泰山新天地九楼。

法定代表人：高卫东，职务：局长。

申请人不服被申请人 2021 年 1 月 18 日出具的《行政复议答复书》提出行政复议申请，本机关收到后依法受理，现已审理终结。

申请人请求：1. 请求撤销被申请人作出的《行政复议答复书》；2. 请求责令被申请人按照申请人的违法查处有关请求，就绿地集团韩城置业有限公司的违法行为进行查处，并重新作出新的行政答复。

申请人称：一、绿地集团韩城置业有限公司存在违规验收的违法行为，被申请人负有查处职责。其与绿地集团韩城置业有限公司（以下简称"韩城绿地公司"）签订了买卖合同，购买该公司开发的"绿地城 DK1"项目房屋。合同签订后，其认为涉案楼栋存在遮光、漏水、裂缝、门厅沉降等严重质量问题，但韩城绿地公司罔顾上述问题的存在，强行组织竣工验收并申报备案。根据《城市房地产开发经营管理条例》第十七条和《建设工程质量管理条例》第十六条规定，项目房屋存在严重质量问题，不符合工程设计和合同约定，不应当组织竣工验收，韩城绿地公司强行组织竣工验收并申报备案的行为违法。被申请人为市住房城乡建设主管部门，根据《建设工程质量管理条例》第四十三条和《城市房地产开发经营管理条例》第四条规定，被申请人负有对该违法行为的查处职责。二、被申请人未按照申请人的有关请求履行法定职责，其作出的行政答复违法。2020 年 7 月 16 日，其通过中国邮政 BMS 向被申请人邮寄了违法查处申请有关材料，被申请人于 7 月 18 日签收该邮件。因被申请人超越法定期限未作答复，申请人于 10 月 13 日向陕西省住房和城乡建设厅提起行政复议；11 月 26 日陕西省住房和城乡建设厅作出行政复议决定，确认被申请人违法，并责令其重新作出行政答复。2021 年 5 月 11 日，其收到被申请人作出的《行政复议答复书》，被申请人认为绿地城 DK1 项目不存在严重质量问题，且无违法组织竣工验收和备案的行为。其认为被申请人作出的行政答复违法。一是绿地城 DK1 项目存在设计规划不符、遮光漏水、管道串线等严重质量问题和安全隐患，具体问题其已在违法查处申请书里说明，但被申请人对此未予处理。二是韩城绿地公司组织竣工验收和申报备案时，上述质量问题已经存在，其中的门厅沉降问题按照被申请人的说明直到 2020 年 11 月才整改完毕。因此，韩城绿地公司显然违反《城市房地产开发经营管理条例》和《建设工程质量管理条例》的规定，违法组织竣工验收和申报备案，但被申请人对此未予处理。综上，被申请人作出的《行政复议答复书》主要事实不清、证据不足，未对违法查处申请作出实质性处理。被申请人怠于履行其法定职责，严重侵犯了申请人的合法权益，现向陕西省住房和城乡建设厅提起行政复议，请求依法撤销被申请人作出的《行政复议答复书》，并责令其按照申请人的违法查处有关请求，就绿地集团韩城置业有限公司的违法行为进行查处，重新作出新的行政答复。

被申请人答复称：1. 其于 2021 年 7 月 9 日—7 月 15 日逐项核查现场及相关资料，未发现绿地城 DK1 项目在开发中存在严重质量问题行为。2. 经核实，2020 年 4 月，建设单位委托西安建筑科大工程技术有限公司对房屋主体结构安全及单元入户门厅下沉原因出具鉴定报告，门厅存在部分不均匀沉降问题，对此已责令建设单位予以整改，整改完成后于 2020 年 11 月由建设单位再次委托机械工业勘察设计研究院有限公司进行检测，相关整改及检测报告结果已张贴公示。3. 经核查，绿地城 DK1 项目无违法组织竣工验收、违法取得竣工验收备案表的行为，竣工验收的五方主体资质及验收人员符合规范要求，竣工验收程序符合《房屋建筑和市政基础设施工程竣工验收规定》之规定，竣工备案符合《房屋建筑工程和市政基础设施工程竣工验收备案管理办法》的规定，均无违法行为。

本机关经审理查明，2019 年 8 月申请人购买了"绿地城 DK1"项目商品房一套，合同签订后申请人认为案涉楼栋存在质量问题，于 2020 年 7 月 16 日以邮寄的方式向被申请人递交了《违法查处申请书》。被申请人收到《违法查处申请书》后，安排工作人员督促建设单位对相关质量问题进行处理，但未在法定期限内向申请人出具投诉查处书面回复。申请人不服提出行政复议申请，2020 年 11 月本机关依法作出《行政复议决定书》，确认被申请人未依法履行职责违法，责令被申请人在法定期限内重新履行法定职责。2021 年 1 月 18 日被申请人向申请人出具《行政复议答复书》。申请人不服，于 2021 年 6 月 16 日再次提出行政复议申请。6 月 22 日，本机关向被申请人出具《行政复议答复通知书》（陕建复答字〔2021〕6 号），要求被申请人自收到行政复议申请书副本之日起 10 日内针对上述行政复议申请提出书面答复、证据、依据和其他有关材料；并于 7 月 21 日收到被申请人邮寄送达的《行政复议答复书》。以上事实均有证据材料在卷佐证。

本机关认为，针对申请人递交的《违法查处申请书》，被申请人应当依据《住房城乡建设领域违法违规行为举报管理办法》（建稽〔2014〕166号）第二条"本办法所称住房城乡建设领域违法违规行为是指违反住房保障、城乡规划、标准定额、房地产市场、建筑市场、城市建设、村镇建设、工程质量安全、建筑节能、住房公积金、历史文化名城和风景名胜区等方面法律法规的行为"、第七条第一项"举报内容详细，线索清晰，属于受理机构法定职责或检举下一级主管部门的，由受理机构直接办理"和第十四条"举报人署名或提供联系方式的，承办单位应当采取书面或口头等方式回复处理情况，并做好相关记录"之规定依法办理，但被申请人却于2021年1月18日出具了《行政复议答复书》，文书格式错误。被申请人于2021年6月24日收到本机关《行政复议答复通知书》（陕建复答字〔2021〕6号），应当依据《中华人民共和国行政复议法》第二十三条规定自收到行政复议申请书副本之日起10日内提出书面答复，并提交当初作出具体行政行为的证据、依据和其他有关材料，但被申请人却于7月21日邮寄送达《行政复议答复书》，超过法定期限，被申请人的行为与《中华人民共和国行政复议法》第二十三条的规定不符。

根据《中华人民共和国行政复议法》第二十八条第一款第四项之规定，本机关决定：1.撤销被申请人2021年1月18日出具的《行政复议答复书》；2.责令被申请人自收到本决定书之日起在法定期限内重新作出具体行政行为。

如对本决定不服，可以自接到本决定书之日起15日内，向西安铁路运输法院提起行政诉讼。

陕西省住房和城乡建设厅

2021年7月29日

第六章 法律责任

『2023 年版本』

第八十条 行政复议机关不依照本法规定履行行政复议职责，对负有责任的领导人员和直接责任人员依法给予警告、记过、记大过的处分；经有权监督的机关督促仍不改正或者造成严重后果的，依法给予降级、撤职、开除的处分。

『1999、2009、2017 年版本』

第三十四条 行政复议机关违反本法规定，无正当理由不予受理依法提出的行政复议申请或者不按照规定转送行政复议申请的，或者在法定期限内不作出行政复议决定的，对直接负责的主管人员和其他直接责任人员依法给予警告、记过、记大过的行政处分；经责令受理仍不受理或者不按照规定转送行政复议申请，造成严重后果的，依法给予降级、撤职、开除的行政处分。

『条文释义』

本条规定了行政复议机关违法不履行行政复议职责的行政责任。1999 年版本、2009 年版本和 2017 年版本的规定一致，2023 年版本完善了该项规定。

行政复议机关不依照《行政复议法》规定履行行政复议职责，如不依法受理行政复议、不按照法定程序审理行政复议案件、不按法定期限作出行政复议决定等，对负有责任的领导人员和直接责任人员依法给予警告、记过、记大过的处分。"负有责任的领导人员"主要是指分管行政复议工作的行政复议机关的分管领导以及行政复议机构的负责人。"直接责任人员"主要是指行政复议机构中具体具体负责相关行政复议案件审理的工作人员。通常而言，直接责任人员的责任较重，处分也较重。经有权监督的机关督促仍不改正或者造成严重后果的，依法给予降级、撤职、开除的处分。经有权监督的机关督促仍不改正的情形不常见，如果真有，大概率会直接撤职或者开除。"造成严重后果"的情形比较常见，如导致申请人、第三人自杀、自残，导致社会较大负面舆情，给国家、集体或者社会公众的利益造成较大损失等。

『相关法规』

中华人民共和国行政复议法实施条例

第六十三条 拒绝或者阻挠行政复议人员调查取证、查阅、复制、调取有关文件和资料的，对有关责任人员依法给予处分或者治安处罚；构成犯罪的，依法追究刑事责任。

『相关规章』

中华人民共和国海关行政复议办法

第一百零六条 海关行政复议机关、海关行政复议机构、行政复议人员有行政复议法第三十四条、第三十五条、行政复议法实施条例第六十四条规定情形的，依照行政复议法、行政复议法实施条例的有关规定处理。

『典型案例』

安徽省高级人民法院

行 政 裁 定 书

（2021）皖行终 85 号

上诉人（一审原告）陈夕桃，男，1961 年 8 月 15 日出生，汉族，住安徽省无为市。

被上诉人（一审被告）芜湖市人民政府，住所地安徽省芜湖市鸠江区政通路66 号，统一社会信用代码 11340200003010829G。

法定代表人单向前，该市市长。

委托代理人石晶晶，该市司法局工作人员。

委托代理人徐畅，该市司法局工作人员。

上诉人陈夕桃因诉芜湖市人民政府行政复议一案，不服安徽省芜湖市中级人民法院（2020）皖 02 行初 70 号行政裁定，向本院提起上诉。本院受理后，依法组成合议庭审理了本案。

陈夕桃向一审法院起诉称：芜湖市人民政府作出的芜市行复字〔2020〕44 号行政复议决定违反了《中华人民共和国行政复议法》的相关规定。请求：撤销芜湖市人民政府芜市行复字〔2020〕44 号行政复议决定，责令芜湖市人民政府重新作出具体行政行为。

一审法院经审理查明：2019年10月5日陈夕桃向无为市人民政府邮寄申请履行法定职责的申请书及相关材料，要求"无为市人民政府依据《安徽省实施〈中华人民共和国村民委员会组织法〉办法》第三十三条之规定，责令石碑村村民委员会限期对村民会议的决定与宪法、法律、法规和国家的政策相抵触，或侵犯村民的人身权利、民主权利、合法财产权利的内容予以改正并追回已发放的土地补偿款、安置补助费等款项，待重新制定出合法的分配方案后再分配"。2020年1月3日，陈夕桃以无为市人民政府为被申请人，向芜湖市人民政府申请行政复议，复议请求为确认被申请人不履行法定职责违法并责令限期履行法定职责，事实与理由为无为市人民政府未责令石碑村村民委员会限期改正村民会议决议。2020年3月30日芜湖市人民政府作出芜市行复字〔2020〕2号行政复议决定，该行政复议决定书载明无为市人民政府有相应的责令改正与宪法、法律、法规和国家的政策相抵触的村民会议决议或者有侵犯村民的人身权利、民主权利、合法财产权利的村民会议决议，决定：无为市人民政府对陈夕桃提交的《履行法定职责申请书》依法履行法定职责。

2020年7月15日，陈夕桃再次以无为市人民政府为被申请人向芜湖市人民政府申请行政复议，诉求为责令无为市人民政府限期重作，事实与理由为"对无为市人民政府2020年7月2日作出《回复》不服，要求芜湖市人民政府全面审查和处理；无为市人民政府未履行行政复议决定或未实质履行，芜湖市人民政府应责令其限期履行复议决定并采取相应措施"。2020年9月11日芜湖市人民政府作出芜市行复字〔2020〕44号行政复议决定，该决定书载明"申请人向被申请人邮寄履行法定职责申请书，后被申请人安排无为市福渡镇人民政府于2020年7月2日作出《回复》，被申请人安排无为市福渡镇人民政府进行回复的情况未告知申请人，故不能视为被申请人已履行法定职责。根据《中华人民共和国行政复议法》第二十八条第一款第二项的规定，本机关决定：责令被申请人在法定期限内依法履行法定职责"。陈夕桃对该行政复议决定不服，遂提起本案诉讼。

一审法院认为：本案争议焦点为行政复议申请人认为被申请人未履行行政复议决定能否就该不履行行为再行提起行政复议。

《中华人民共和国行政复议法》第三十二条规定"被申请人应当履行行政复议决定。被申请人不履行或者无正当理由拖延履行行政复议决定的，行政复议机关或者有关上级行政机关应当责令其限期履行"。由此可知行政复议决定一经送达，即发生法律效力，作为复议机关下级机关的被申请人，应当在收到决定书之后开始履行决定。从该条文中的"行政复议机关或者有关上级行政机关"来看，复议机关对复议决定是否履行的监督权，是基于行政隶属关系产生的，被申请人是否执行行政复议决定，属于下级行政机关是否执行上级行政机关的决定、命令。复议申请人要求复议机关履行对复议决定后续执行情况予以督促的职责，系行政机关内部监督管理职责，应属于上下级行政机关层级监督范畴，故而不应将行政复议被申请人不履行行政复议决定的行为纳入行政复议和行政诉讼的受案范围。依据《中华人民共和国行政复议法》第三十四条规定"行政复议机关违反本法规定，无正当理由不予受理依法提出的行政复议申请或者不按照规定转送行政复议申请的，或者在法定期限内不作出行政复议决定的，对直接负责的主管人员和其他直接责任人员依法给予警告、记过、记大过的行政处分；经责令受理仍不受理或者不按照规定转送行政复议申请，造成严重后果的，依法给予降级、撤职、开除的行政处分"。如果被申请人不执行行政复议决定，被申请人会承担相应的法律后果，这种后果体现的是内部行政关系，受行政监督法律调整。

本案中，陈夕桃于 2020 年 1 月向芜湖市人民政府申请行政复议，要求确认被申请人不履行法定职责违法，责令限期履行法定职责，芜湖市人民政府作出芜市行复字〔2020〕2 号行政复议决定，责令被申请人履行法定职责。陈夕桃未对该复议决定提起诉讼，故芜湖市人民政府作出的"关于无为市人民政府不履行责令村委员改正村民会议决定的职责一案"复议决定已经发生法律效力。后陈夕桃认为被申请人无为市人民政府不履行或者没有正确履行行政复议决定的，应依据《中华人民共和国行政复议法》的规定寻求救济，而不应再次向芜湖市人民政府申请行政复议。因该行政复议申请不符合行政复议法和实施条例规定的受理条件，芜湖市人民政府本应依据《中华人民共和国行政复议法实施条例》第四十八条第二款之规定，驳回申请人陈夕桃的复议申请。该复议决定实际应为"上级行政机关基于内部层级监督关系对下级行政机关作出的督促履责决定"，对当事人的权利义务不产生实际影响，不属于行政诉讼的受案范围。

如果对被申请人不履行行政复议决定的行为可以允许再行申请复议或诉讼，只会造成无端增加诉累，浪费司法资源，不利于行政复议和诉讼制度的正常运转。尤其是行政不作为类案件，复议机关责令履行被申请人不履行的，赋予行相对人再行复议或诉讼的权利，将会使案件陷入无限循环的状态。本案即是循环状态的一个缩影。芜湖市人民政府作出的涉案行政复议决定对原告的权利义务不产生任何影响，原告陈夕桃仍诉至法院要求撤销第二次复议决定，该诉讼请求本身亦不具备诉的利益。

综上，原告陈夕桃提起本案之诉依法应予驳回。依照《最高人民法院关于适用〈中华人民共和国行政诉讼法〉的解释》第一条第二款第八项、第六十九条第一款第八项及第三款之规定，裁定：驳回原告陈夕桃的起诉。

陈夕桃上诉称：一审归纳本案争议焦点错误。无论无为市人民政府于 2020 年 7 月 2 日作出的《回复》是否系履行芜湖市人民政府芜市行复字〔2020〕2 号行政复议决定，其正是因为对该《回复》不服才再次申请行政复议，后芜湖市人民政府作出芜市行复字〔2020〕44 号行政复议决定，其对该复议决定提起诉讼完全符合起诉条件。请求撤销一审裁定，指令一审法院继续审理。

芜湖市人民政府答辩称：其已责令无为市人民政府在法定期限内依法履行法定职责，被诉复议决定具有事实和法律依据，程序合法。请求驳回上诉，维持原裁定。

对一审查明的事实，本院予以确认。

本院认为：根据《最高人民法院关于适用〈中华人民共和国行政诉讼法〉的解释》第六十九条第一款第八项的规定，行政行为对其合法权益明显不产生实际影响的，已经立案的，应当裁定驳回起诉。本案中，芜湖市人民政府作出的芜市行复字〔2020〕44号行政复议决定，已责令被申请人无为市人民政府在法定期限内依法履行法定职责，该被诉复议决定对申请人陈夕桃的权利义务不产生任何影响，陈夕桃诉请撤销该复议决定无任何诉的利益，不符合起诉条件。一审裁定驳回起诉并无不当。依照《中华人民共和国行政诉讼法》第八十九条第一款第一项之规定，裁定如下：

驳回上诉，维持原裁定。

本裁定为终审裁定。

审判长　王玉圣

审判员　宋　鑫

审判员　蒋春晖

二〇二一年一月二十五日

法官助理　戴红

书记员　陈维为

『2023 年版本 』

第八十一条　行政复议机关工作人员在行政复议活动中，徇私舞弊或者有其他渎职、失职行为的，依法给予警告、记过、记大过的处分；情节严重的，依法给予降级、撤职、开除的处分；构成犯罪的，依法追究刑事责任。

『1999、2009、2017 年版本 』

第三十五条　行政复议机关工作人员在行政复议活动中，徇私舞弊或者有其他渎职、失职行为的，依法给予警告、记过、记大过的行政处分；情节严重的，依法给予降级、撤职、开除的行政处分；构成犯罪的，依法追究刑事责任。

『条文释义 』

本条规定了行政复议机关工作人员渎职的行政责任与刑事责任。1999 年版本、2009 年版本和 2017 年版本的规定一致，2023 年版本完善了该项规定。

行政复议机关工作人员在行政复议活动中，如果有徇私舞弊或者有其他渎职、失职行为的，应当依法给予警告、记过、记大过的行政处分；如果情节严重，应当依法给予降级、撤职、开除的行政处分；如果构成犯罪，应当依法追究刑事责任。

刑法中的徇私舞弊罪，是指司法工作人员和有关国家工作人员利用职务上的便利和权力，对明知是无罪的而使他受追诉，对明知是有罪的人而故意包庇不使他受追诉，或者故意颠倒黑白作枉法裁判；或者利用职务包庇、窝藏经济犯罪分子等，隐瞒、掩饰其犯罪事实的行为。在行政复议工作中，主要是不依法进行审理，故意枉法作出复议决定，隐瞒、掩饰行政违法行为等。

渎职和失职是行政复议机关的工作人员不依法履行职责、怠于行使职责或者滥用职权，由此导致行政复议机关未依法履行职责的行为。徇私舞弊是严重的渎职和失职行为，懈怠、不负责任等其他行为也可以构成渎职和失职行为。

『相关规章』

自然资源行政复议规定

第三十九条　行政复议机关工作人员违反本规定，有下列情形之一，情节严重的，对直接负责的责任人员依法给予处分：

（一）未登记行政复议申请，导致记录不全或者遗漏的；

（二）未按时将行政复议申请转交行政复议机构的；

（三）未保障行政复议当事人、代理人阅卷权的；

（四）未妥善保管案卷材料，或者未按要求将行政复议案卷归档，导致案卷不全或者遗失的；

（五）未对收到的责令履行申请书进行调查核实的；

（六）未履行行政复议职责，导致矛盾上交或者激化的。

『2023 年版本』

第八十二条　被申请人违反本法规定，不提出书面答复或者不提交作出行政行为的证据、依据和其他有关材料，或者阻挠、变相阻挠公民、法人或者其他组织依法申请行政复议的，对负有责任的领导人员和直接责任人员依法给予警告、记过、记大过的处分；进行报复陷害的，依法给予降级、撤职、开除的处分；构成犯罪的，依法追究刑事责任。

『1999、2009、2017 年版本』

第三十六条　被申请人违反本法规定，不提出书面答复或者不提交作出具体行政行为的证据、依据和其他有关材料，或者阻挠、变相阻挠公民、法人或者其他组织依法申请行政复议的，对直接负责的主管人员和其他直接责任人员依法给予警告、记过、记大过的行政处分；进行报复陷害的，依法给予降级、撤职、开除的行政处分；构成犯罪的，依法追究刑事责任。

『 条文释义 』

本条规定了被申请人在行政复议中的违法行为的法律责任。1999 年版本、2009 年版本和 2017 年版本的规定一致，2023 年版本完善了该项规定。

被申请人在行政复议中的违法行为主要表现为两个方面：一是不作为的懈怠，即不提出书面答复或者不提交作出行政行为的证据、依据和其他有关材料；二是积极地阻挠，即阻挠、变相阻挠公民、法人或者其他组织依法申请行政复议。

上述两种行为都是对合法的行政复议秩序的干扰，都应当依法追究法律责任。承担法律责任的主体是直接负责的主管人员和其他直接责任人员，承担法律责任的形式包括警告、记过、记大过等行政处分。如果直接负责的主管人员和其他直接责任人员对申请人进行报复陷害，属于严重违法行为，应当依法给予降级、撤职、开除的行政处分。构成犯罪的，依法追究刑事责任。刑法中的报复陷害罪，是指国家机关工作人员滥用职权、假公济私，对控告人、申诉人、批评人、举报人实行报复陷害的行为。

『 相关规章 』

自然资源行政复议规定

第四十条 被申请人及其工作人员违反本规定，有下列情形之一，情节严重的，对直接负责的责任人员依法给予处分：

（一）不提出行政复议答复或者无正当理由逾期答复的；

（二）不提交作出原行政行为的证据、依据和其他有关材料的；

（三）不配合行政复议机关开展行政复议案件审理工作的；

（四）不配合行政复议机关调查核实行政复议决定履行情况的；

（五）不履行或者无正当理由拖延履行行政复议决定的；

（六）不与行政复议机关在共同应诉工作中沟通、配合，导致不良后果的；

（七）对收到的行政复议意见书无正当理由，不予书面答复或者逾期作出答复的。

中华人民共和国海关行政复议办法

第一百零七条 被申请人有行政复议法第三十六条、第三十七条、行政复议法实施条例第六十二条规定情形的，依照行政复议法、行政复议法实施条例的有关规定处理。

『典型案例』

贵州省水城县人民法院

行政判决书

（2020）黔 0221 行初 48 号

原告张明芳，男，1948 年 8 月 19 日生，回族，贵州省盘州市人，农民，住贵州省盘州市。

特别授权委托诉讼代理人杜国风，男，系贵州恒权律师事务所律师。执业证号：15201201310920618。

被告盘州市普田回族乡人民政府，住所地贵州省盘州市普田回族乡大木桥村。统一社会信用代码：11520202009465621Q。

法定代表人李伦，男，系该乡乡长。

出庭负责人丁翔，男，系该乡副乡长。

特别授权委托诉讼代理人简勇，男，系北京市浩天信和（贵阳）律师事务所律师。执业证号：15201201910099329。

被告盘州市人民政府，住所地贵州省盘州市亦资街道凤鸣北路 1 号。

法定代表人李令波，男，系该市市长。

特别授权委托诉讼代理人杨帆，男，系盘州市司法局行政复议与应诉科工作人员。

特别授权委托诉讼代理人路快，男，系北京市浩天信和（贵阳）律师事务所律师，执业证号：15201201410935626。

第三人盘州市普田回族乡大木桥村二组。

原告张明芳不服被告盘州市普田回族乡人民政府（以下简称普田乡政府）作出的处理意见及被告盘州市人民政府（以下简称盘州市政府）作出的行政复议决定，于 2020 年 4 月 28 日向本院提起行政诉讼。本院立案后，分别于 2020 年 5 月 15 日、18 日向被告送达了起诉状副本及应诉通知书。本院依法组成合议庭，于 2020 年 6 月 17 日公开开庭审理了本案。原告张明芳及其特别授权委托诉讼代理人杜国风，被告普田乡政府出庭负责人丁翔、特别授权委托诉讼代理人简勇，被告盘州市政府特别授权委托诉讼代理人杨帆、路快到庭参加诉讼，第三人盘州市普田回族乡大木桥村二组经本院合法传唤，无正当理由拒不到庭参加诉讼。本案现已审理终结。

被告普田乡政府于2019年10月24日作出《盘州市普田回族乡人民政府关于大木桥村四组村民张明芳户与大木桥村二组村民因土地及地上附着物（林木）争议的处理意见》，处理意见为：土地使用权属属于大木桥村二组集体所有，土地补偿费壹拾壹万贰仟伍佰壹拾伍圆（112 515元）补偿给大木桥二组村民，根据2008年林权制度改革，谁造谁有的原则，林木补偿费伍万贰仟贰佰贰拾贰圆贰角（52 222.2元）补偿给张明芳户。原告不服，向盘州市政府申请行政复议。2020年3月6日，被告盘州市政府作出盘州府行复决字（2019）21号行政复议决定书，复议维持，并驳回原告的其他请求。

原告张明芳诉称：一、被告普田乡政府作出的处理意见主要证据不足。该意见中认定：根据调查，该争议土地属于大木桥村二组集体荒地，并确定土地使用权属于大木桥村二组集体所有，无事实根据和法律依据。二组部分村民认为该组在集体时期曾在该地点耕种过，且不论该说法是否属实，即便属实，在其弃耕之后其利益也已经不受任何法律和政策的保护，绝不能得出土地所有权或使用权属于二组的结论。该意见所依据的2016年9月13日《关于大木桥组群众与四组张明芳家因马石帮沟林地、林木纠纷的调解意见》不具有证明作用，不足以作为权属争议处理的证据使用。二、被告普田乡政府所作的处理意见违反法定程序。依照土地管理法的相关规定，处理土地权属争议，应当采用行政决定。一般来说，"意见"作为一种公文形式，可能是行政指导行为、信息公开行为、信访答复行为、内部请示答复行为，其行政法上的效力不明确。被告使用"意见"公文形式显然缺乏行政裁决行为应有的严肃性。三、被告普田乡政府作出的处理意见，适用法律明显错误，明显不当，有违一般公平正义的常识。争议土地被征收后，第三人盘州市普田回族乡大木桥村二组部分农户提出权属争议，但并无能够证实其权属或持续经营管理事实的证据，即便如其所称在集体时期曾经耕种管理过一段时期，也并不能支撑其权属主张。普田乡政府罔顾原告经营管理三十多年的事实，武断作出土地使用权归属盘州市普田回族乡大木桥村二组的处理不当。四、盘州市政府作出的复议决定无事实依据。原告申请行政复议后，复议机关的审理对象首先应当时审查普田乡政府作出的处理意见证据是否充分，是否合法合理，而非原告是否享有土地使用权的问题。复议决定书中，也承认争议土地并未分包到户，并且也承认了原告长期开荒耕种管理的事实。结果却维持了普田乡政府的处理意见，这明显不符合逻辑。五、争议土地明显应当确定为原告享有使用权，被告作出的处理行为违背土地历史和现状，违背基本情理和国家处理土地权属纠纷一贯遵循的基本政策。在争议双方都无权属证书才申请确权，被告盘州市政府片面否定了原告的权利而保护了第三人盘州市普田回族乡大木桥村二组的权利。原告从第一轮土地下放后不久就开始使用管理涉案争议地，从未有任何人提出异议。根据《林木林地权属争议处理办法》的相关规定，土地经营利用历史和现状，是确定权属的重要依据，不管从政策还是情理来说，土地都应该确权给原告。被告普田乡人民政府作出处理决定程序违法，没有保障当事人的陈述、申辩权利，没有告知当事人相关权利义务，没有履行必要质证或双方对质程序，只是简单根据原告提交申请后，根据原有相关调解调查笔录作出处理意见。因此，特诉至法院，请求判决撤销被告普田乡政府于2019年10月24日作出《盘州市普田回族乡人民政府关于大木桥村四组村民张明芳户与大木桥村二组村民因土地及地上附着物（林木）争议的处理意见》和被告盘州市政府于2020年3月6日作出行复决字〔2019〕21号行政复议决定书，判令二被告对原告与第三人之间的土地权属争议重新作出处理决定；案件受理费由被告承担。

原告张明芳向本院提供了以下证据：

第一组证据：原告身份证复印件，拟证实原告的诉讼主体资格。因二被告均表示无异议，应作为本案证据使用。

第二组证据：宗地图，拟证实紧挨着争议土地在山坡下方，有多户四组村民的土地，在本次征收中，均由四组村民享受，从未发生争议，可以证实被告处理意见违背事实及情理。被告普田乡政府质证对证明目的有异议，认为与争议地紧挨的四组村民土地征收或补偿，是因为权属清楚，未发生争议，而争议地一直以来并不属于原告享有，恰好证明被告作出的处理意见的正确性。被告盘州市政府质证对证据的真实性无异议，原告提供的该证据与本案涉案土地争议解决无关，土地争议的处理并不因土地附近的权属作为土地认定的依据，有四组村民享受补偿款，并不意味着原告也应获得补偿，结合我国土地争议现状，原告所述其他四组获得补偿，并未经权力机关或法院进行认定，是因为该部分土地未发生争议而产生的补偿款，本案涉案争议地原告与第三人已发生争议，且在被告普田乡人民政府调查取证后，确认为第三人的荒地，原告的开荒行为并不能证明其对该争议地享有合法的土地使用权。本院认为，因二被告对该组证据的真实性均无异议，应作为本案证据使用，是否达到其证明目的，应与本案其他证据进行综合分析后认定。

被告普田乡政府辩称：一、原告与盘州市普田回族乡大木桥村二组之间纠纷系个人与单位之间的林地使用权及林木所有权争议，原告与盘州市普田回族乡大木桥村二组之间的纠纷系个人与单位之间的林地使用权及林木所有权争议，根据《中华人民共和国森林法》第十七条"个人之间、个人与单位之间发生的林木所有权和林地使用权争议，由当地县级或者乡级人民政府依法处理。"及《贵州省林地管理条例》第十八条的规定，我单位对于该争议负有行政裁决职责，收到原告向我单位提交的《土地权属争议调查处理申请书》及相关材料后，我单位依法审查并受理了原告的申请，积极展开调查。二、我单位受理原告的申请后，立即组织相关部门实地勘察、图纸比对、调取证据、走访相关人员。经我单位调查争议地原为大木桥村二组的集体荒地，第一轮土地承包时未分包到户，原告系大木桥村四组村民，在未经村民会议或者村民代表大会讨论通过便私自开垦争议地种植林木。因此根据前述调查我单位认定原告不享有争议地的使用权，但享有林木的所有权。综上，我单位的调查程序合法、认定事实清楚、证据确实充分，决定依据正确，结果适当。我单位受理原告的申请后，在双方均无书面证据的情况下通过实地勘探、图纸比对、向大木桥村二组、大木桥村四组、大木桥村原村干部等相关人员走访调查以确定事实。

根据调查，争议林地位于普田回族乡大木桥村马石方沟，面积合计 8.665 亩。根据对相关人员的走访调查，可以确认大木桥村二组自 1955 年起在争议地种荞直至第一轮土地承包前，因争议地瘠薄不宜采用家庭承包方式，第一轮土地承包时争议地并未分包到户，后一直放荒养地。张明芳在大木桥村二组放荒后私自开荒造林。林地所有权、林地使用权、林木所有权系三种不同的独立的权利。本案的争议地在土地承包前便是大木桥村组的集体养地，第一轮土地承包时对于土地所有权的划分多是承袭原有四至界限，结合相关人员的笔录，可以确认争议地的所有权由大木桥村二组享有。根据《国务院办公厅关于进一步做好治理开发农村"四荒"资源工作的通知》的规定荒山、荒地等农村"四荒"资源属当地农民群众集体所有，国家对于"四荒"的开发利用也作出了明确的实体要求及程序规定。原告系大木桥村四组村民，并非大木桥村二组的成员，在未经村民会议或者村民代表大会讨论通过便私自开垦其他集体经济组织的荒地，严重侵犯大木桥村二组的集体利益。即使在前述文件颁行之前，原告已经在争议地种植林木，但在文件颁行之后原告亦应该按照前述文件的要求及时补办相应的程序。原告私自开荒造林的行为不仅侵犯了的集体利益，也系违法行为，任何人都不能通过违法行为获利，且大木桥村二组从未发包争议林地，因此大木桥村二组享有争议地的使用权。按照《林木林地权属争议处理办法》第十二条的规定，因争议林地上的林木为原告种植、管护，故原告享有林木的所有权。综上所述，盘州市营田回族乡人民政府已严格依法履行了职责，调查程序合法，且作出行政决定所依据的事实清楚、证据确凿、适用依据正确、程序合法、结果适当。因此依法应当驳回原告对普田乡政府的诉讼请求。

被告普田乡政府向本院提交了证明原行政行为合法性的以下证据、依据：

第一组证据：1. 统一社会信用代码证书；2. 法定代表人身份证明书及身份证复印件。该组证据拟证实被告诉讼主体适格。因原告和被告盘州市政府均无异议，作为本案证据使用。

第二组证据：1.2019 年 9 月 1 日土地权属争议调查处理申请书；2.2019 年 10 月 24 日盘州市普田回族乡人民政府关于大木桥村四组村民张明芳户与大木桥村二组村民因土地及土地上附着物（林木）争议的处理意见。该组证据拟证实被告依法受理原告确权申请，且依法作出裁决。原告质证对证据"1"无异议；对证据"2"形式真实性无异议，对合法性有异议，认为"处理意见"文件形式违反法律规定，对内容真实性、合法性有异议，处理意见系本案争议对象，不是证明合法性的证据。被告盘州市政府质证无异议。本院认为，因原告和被告盘州市政府对证据"1"无异议，作为本案证据使用，至于是否达到其证明目的，应与本案其他证据进行综合分析后认定；证据"2"系本案审查对象，本院对其效力不作认定。

第三组证据：1. 盘县高速公路（盘县段）便道征地付款花名册；2. 宗地图；3.2016 年 9 月 13 日人民调解记录；4.2019 年 6 月 17 日人民调解调查记录；5.2016 年 9 月 13 日人民调解调查记录；6.2015 年 4 月 23 日人民调解调查记录；7. 林木纠纷调解现场图片；8. 签到册。该组证据拟证实根据对相关人员的走访调查，可以确认争议林地原来是大木桥村集体地，因争议地的评级不宜采用家庭承包方式，因此第一轮承包时争议地并未分包到户；原告原来是大木桥村四组村民，并不是大木桥村二组村民，在没有经过村民会议讨论通过并私自开垦其他集体经济组织的荒地，严重侵犯了大木桥村二组的集体利益，即使在国家有关规定出台前原告已开垦过荒地，但并未按照相关规定履行相应程序，原告私自开荒造林的行为不仅侵犯集体利益，属于违法行为，大木桥村二组全体群众不同意任何人通过违法行为获利，从侧面证明大木桥村二组享有争议地的使用权；争议林地上的林木系原告种植管护，原告享有林木所有权；被告普田乡人民政府经过调查、调解、询问，并在调解过程中开展了原告及第三人进行对质，被告普田乡人民政府作出的决定履行行政相关法律法规规定的程序，程序合法，证据充分。原告质证对证据"1""2"真实性无异议，但认为该证据恰好可以证明被告的行政行为违法，宗地图上显示紧挨着争议地，在争议地下方的多块土地被征收，都是原告所在四组村民领取，并未发生争议，争议地位于山腰上，争议地下方丁修武、桂震、桂希国等户均是四组村民，唯独把原告的土地确定为二组土地，被告应当查清且证明两个组的土地界限，恰好就在原告土地坎下山腰位置，本案中被告未证实组与组之间的土地界限，如二组与四组之间界限位于山腰，也明显不符合农村土地分界的习惯；对证据"3"证明目的有异议，该证据不能证明被告行政行为合法；对证据"4""5""6""7""8"形式真实性无异议，但对内容部分真实性有异议，同时认为达不到被告证明目的，11位被调查人除原告外，大部分是二组村民，其中一个叫陶少满的，不是二组及四组的村民，且也不是村干部，在争议地土地附近也没有土地，证人的说法都明显违背事实，受利害关系左右，另外被调查人中也没有被告所称的土地到户时的村干部，被调查人所称争议土地是分给二组（老四队），但没有具体说明是在什么时间，哪一次土地下放或承包过程中分的，也没有说明具体是哪些人执行土地分配的工作，更没有说明当时所分配的土地范围，也没有说明二组与四组划分界限具体在哪，只是笼统称争议地是分给二组，没有任何具体事实细节，没有任何可供考证判断真伪的线索，这种说法没有意义，被告在笔录中也没有进一步了解调查是在什么情况下二组分到该片土地，因此该证据不能证明土地属于二组集体所有或集体使用的事实；二组证人所称争议地是其集体荞地的说法不属实，争议土地正如第三人书面陈述所称在原告开荒前，一直是荒山，二组在马石帮沟种过荞的地点，不包含本案争议地，证人自身说法严重矛盾，关于二组曾经耕种管理马石帮沟土地的时间，有的证人是1955年耕种过几年，有的说耕种到土地下放，有的说耕种到2002年。被告盘州市政府质证无异议，关于取证的调查笔录，涉及除二组、四组及村干部外的其他人员，恰好证明调查的完整性，2016年9月13日调解处理意见虽然已过不同意该调解意见，但参加该项调解的各群众代表及被告普田乡人民政府、司法所、盘新高速协调办是在作了大量取证后，作出的调解意见，其证明了群众代表对涉案争议地基本情况的陈述，结合本案原告与第三人均无书面证据，被告普田乡人民政府在实地勘测，并结合盘新高速宗地图，对涉案争议地了解情况，二组、四组村民及村委会、村民进行调查核实，最终确认本案争议地原是第三人的荞地，原告开荒行为并无法律依据，不应得到支持，因此被告普田乡人民政府作出裁决的依据充分、程序合法。本院认为，该组证据与本案诉争事项有实质性关联，应作为本案证据使用，至于是否达到其证明目的，应与本案其他证据进行综合分析后认定。

被告盘州市政府辩称：一、盘州市政府根据张明芳提交的复议申请材料，经依法审查后确定其申请符合行政复议受理条件和属于盘州市政府受理范围而予以受理，并按照行政复议有关法律、法规的规定通知双方，通知作为复议被申请人的普田乡政府依法提交证据及作出具体行政行为的规范性文件，并在法定时限内经审查后作出行政复议决定书送达给双方当事人。因此，盘州市政府的复议程序符合法律规定。张明芳因不服《盘州市普田回族乡人民政府关于大木桥村四组村民张明芳户与大木桥村二组村民因土地及地上附着物（林木）争议的处理意见》而于2019年12月3日向盘州市人民政府申请复议，盘州市人民政府于2019年12月6日依法受理了张明芳的复议申请。根据《中华人民共和国森林法》第十七条"个人之间、个人与单位之间发生的林木所有权和林地使用权争议，由当地县级或者乡级人民政府依法处理"、《中华人民共和国土地管理法》第十四条及《贵州省林地管理条例》第十八条的规定，普田乡政府有权对原告与盘州市普田回族乡大木桥村二组的林地使用权争议作出裁决，其复议申请事项属于《中华人民共和国行政复议法》第六条规定的受案范围，按照该法第十三条的规定，盘州市政府具有复议的职责和权限。2019年12月6日，盘州市政府依据行政复议法第十七条进行审查后向张明芳的代理人送达了行政复议申请受理通知书，按照该法第二十三条的要求向普田乡政府送达了提交行政复议答复通知书及复议申请书副本，但普田乡政府仅提供了作出裁决的全套证据材料，未提交书面答复。盘州市人民政府认为普田乡政府未提交书面答复的行为系对自身权利的处分，不影响申请人的权利与义务，不影响案件的审查。盘州市政府经审查讨论后，于2020年3月6日做出行政复议决定书，并向双方进行了送达决定书。二、受理复议申请后，盘州市政府依法就普田回族乡人民政府对争议事项作出的行政裁决的合法性、合理性及处理程序等事项进行审查，并确定普田乡人民政府对于原告与大木桥村二组之间的林地使用权争议负有行政裁决的职责与权限。且其调查程序合法、认定事实清楚、证据确实充分，裁决依据正确，结果适当。争议林地位于马石方沟，面积合计8.665亩。根据《中华人民共和国森林法》第十七条、《中华人民共和国土地管理法》第十四条及《贵州省林地管理条例》第十八条的规定，普田回族乡政府对于辖区内个人与单位之间的林地使用权争议负有裁决职责与权限。不论是《中华人民共和国森林法》第十七条的"依法处理"、《中华人民共和国土地管理法》第十四条的"处理"与"处理决定"、《贵州省林地管理条例》第十八条的"依法处理"，其规定本质要求是相应权力机关对土地（林地）争议作出裁决，并非是对处理形式的要求，《盘州市普田回族乡人民政府关于大木桥村四组村民张明芳户与大木桥村二组村民因土地及地上附着物（林木）争议的处理意见》中结论明确具体，对争议双方的权利义务界定清晰，实质为行政裁决，符合法律要求。普田乡政府受理原告的申请后，在双方均无书面证据的情况下通过向大木桥村二组、大木桥村四组、大木桥村原村干部等相关人员走访调查以确定事实，并无不妥。林地所有权、林地使用权、林木所有权系三种不同的权利。根据对相关人员的走访调查，可以确认争议林地原为大木桥村二组的集体养地，因争议地瘠薄不宜采用家庭承包方式，第一轮土地承包时争议地并未分包到户，后直放荒养地至张明芳于私自违法开荒造林。本案的争议地在土地承包前便是大木桥村二组的集体荒地，第一轮土地承包时对于土地的所有权的划分多是承载原有四至界限，结合相关人员的笔录，可以确认争议地的所有权由大木桥村二组享有。根据《国务院办公厅关于进一步做好治理开发农村"四院"资源工作的通知》的规定荒山、荒地等农村"四荒"资源属当地农民群众集体所有，国家对于"四荒"的开发利用也做出了明确的实体要求及程序规定，原告系大木桥村四组村民，并非大木桥村二组的成员，在未经村民会议或者村民代表大会讨论通过便私自开垦其他集体经济组织的荒地，严重侵犯大木桥村二组的集体利益。即使在前述文件颁行之前，原告已经在争议地种植林木，但在文件颁行之后原告亦应该按照前述文件的要求及时补办相应的程序。原告私自开荒造林的行为不仅侵犯了的集体利益，也系违法行为，任何人都不能通过违法行为获利，且大木桥村二组从未发包争议林地，因此大木桥村二组享有争议地的使用权。按照《林木林地权属争议处理办法》第十二条的规定，因争议林地上的林木为原告种植、管护，故原告享有林木的所有权。因此普田乡人民政府的决定依据正确，结果适当。三、盘州市政府作出的行政复议决定书确实存在笔误瑕疵，但行政复议决定所依据的事实清楚、证据充分，复议程序合法，且不影响当事人的权利与义务，不属于《中华人民共和国行政诉讼法》确认违法、确认无效或者判决撤销的情形。盘州市政府将通过补正的方式予以更正。综上，普田乡人民政府的调查程序合法、认定事实清楚、证据确实充分，决定依据正确，结果适当。盘州市政府做出行政复议决定所依据的事实清楚、证据充分，复议程序合法。请求依法驳回张明芳的全部诉讼请求。

被告盘州市政府向本院提交了证明其复议程序合法性的以下证据、依据：

第一组证据：法定代表人身份证明书及身份证复印件，拟证实被告诉讼主体资格。因原告和被告普田乡政府质证无异议，作为本案证据使用。

第二组证据：1.2019年12月3日行政复议申请书；2.执业证复印件；3.张明芳身份证复印件；4.律师事务所函；5.2019年11月13日授权委托书；6.2019年10月24日盘州市普田回族乡人民政府关于大木桥村四组村民张明芳户与大木桥村二组村民因土地及土地上附着物（林木）争议的处理意见；7.2020年2月25日关于张明芳与大木桥村二组"马石帮沟"林地全速争议复议案件的代理意见；8.2019年9月1日土地权属争议调查处理申请书；9.2016年9月13日关于大木桥村二组群众与四组张明芳家因马石帮沟林地、林木纠纷的调解意见；10.2019年12月6日盘州府行复受字（2019）21号行政复议申请受理通知书；11.文书送达回证。该组证据拟证实被告依法受理原告的申请，并向其送达通知的事实。原告和被告普田乡政府质证无异议。本院认为，除证据"6"系本案审查对象本院不予确认外，其余证据因原告和被告普田乡政府质证无异议，作为本案证据使用。

第三组证据：1.2019年12月6日盘州府行复受字（2019）21号提出行政复议答复通知书；2.文书送达回证。拟证实被告受理原告行政复议申请后，依法向被告普田乡政府送达副本及通知。因原告和普田乡政府质证表示无异议，作为本案证据使用。

第四组证据：1. 盘县高速公路（盘县段）便道征地付款花名册；2. 宗地图；3.2016 年 9 月 13 日人民调解记录；4.2019 年 6 月 17 日人民调解调查记录；5.2016 年 9 月 13 日人民调解调查记录；6.2015 年 4 月 23 日人民调解调查记录；7. 林木纠纷调解现场图片；8. 签到册。该组证据拟证实依据被告普田乡政府提交的证据材料，盘州市政府依法进行审查，对本案裁决的合理性、合法性及处理程序都进行核查后，认为调查程序合法，事实清楚，裁决正确。原告的质证意见与被告普田乡政府出示该证据时质证意见一致。普田乡政府质证无异议。本院认为，该组证据与本案诉争事项有实质性关联，应作为本案证据使用，至于是否达到其证明目的，应与本案其他证据进行综合分析后认定。

第五组证据：1.2020 年 2 月 2 日申请行政复议案件延期审理报告；2.2020 年 2 月 2 日行政复议案件延期审理通知书 2 份；3. 文书送达回证 2 份；4.2020 年 3 月 6 日盘府行复决字（2019）21 号行政复议决定书；5. 行政复议文书送达回证。该组证据拟证实被告在审查后，认为被告普田乡政府作出的行政裁决事实清楚、证据确凿、程序合法、内容适当，且被告就此在法定期限内作出行政复议决定书，并送达双方当事人。原告质证对证据"4"的真实性、合法性有异议，被告举证没有提供普田乡政府的答复，被告市政府在答复书中明确被告普田乡人民政府并未提交答复，但在复议决定书中"被申请人称……"的段落，该段话从何而来，证据在哪，是复议机关代被申请人答辩，是程序的严重违法和弄虚作假，在被告普田乡政府认为争议地属于二组的集体茶地，但在复议决定中把该表述删去，对此我方无异议，因为争议地属于二组集体茶地的说法缺乏证据支持，但最终又维持处理结果，这是认定事实与处理结果之间的矛盾；在复议决定书第 3 页最后一行，把土地权属争议主体表述为是同一组集体内部争议，并不是笔误，且被告也没有作任何笔误更正的补充决定，反映了被告对案件基本事实的误解，当事人是属于同一组或不是同一组，在权属争议处理中的处理思路和政策法律规定完全不一致，因为跨组之间的争议第一个关键事实就是要查清组与组之前是否划分土地，及土地界限的所在。被告普田乡政府质证表示无异议。被告盘州市政府辩称"被申请称……"部分内容是被告普田乡政府作出的涉案争议地的意见载明的内容，在被告普田乡政府向盘州市政府提交其处理裁决的依据及证据材料时，向盘州市政府表达的请予以维持的请求，故不存在原告所述盘州市政府代为答辩的事实。本院认为，除证据"4"系本案审查对象本院不予确认外，其余证据系被告盘州市政府作出行政复议的程序性文书，与本案诉争事项有实质性关联，应作为本案证据使用，是否达到其证明目的，应与本案其他证据进行综合分析后认定。

第三人盘州市普田回族乡大木桥村二组经本院合法传唤，无正当理由拒不到庭参加诉讼。

第三人盘州市普田回族乡大木桥村二组向本院提交了书面答辩意见，述称争议地位于马石邦沟，上抵公路，下抵清明洞至糯格灌溉沟，左抵现大木桥居委会组（原大木桥村五队）破沟，面积约 80 亩（包含现争议的 2015 年修建盘兴高速公路征用地面积 8.665 亩）。该争议地在土地包产到户时原为荒山，没有分包到户，由该组张绍文、马达友、马达成暂时管理，原生产队队长丁庭政和会计张普生仍然健在，可以作证。后原告张明芳自行开荒种植，经大木桥村二组部分村民制止无效，并长期强行管理。1992 年，因原告在该争议地上种植树木，与大木桥二组部分村民再次发生争议。2008 年，林权制度改革时因该地存在争议未确权颁证。2015 年，修建盘兴高速公路征用该争议地时，原告与二组部分村民就该争议地争夺土地使用权、附着物（林木）所有权及补偿款归属再次发生争议。2016 年 9 月 13 日，普田乡调解委员会就该争议进行组织调解，因意见分歧未达成调解协议。2019 年 9 月 1 日，原告向普田乡政府提出土地权属争议确权申请，请求将该争议地土地使用权及附着物（林木）归原告所有。2019 年 10 月 24 日，被告普田乡政府作出盘州市普田回族乡人民政府关于大木桥村四组村民张明芳户与大木桥村二组村民因土地及附着物（林木）争议的处理意见，该意见将争议地土地使用权归大木桥村二组集体所有，其土地补偿费（112 515 元）补偿给大木桥村二组村民，林木补偿费（52 222.2 元）按照 2008 年林权制度改革"谁造谁有"原则补偿给原告。被告普田乡政府将该处理意见送达了原告，原告不服申请行政复议。2020 年 3 月 6 日，盘州市政府对盘州市普田回族乡人民政府关于大木桥村四组村民张明芳户与大木桥村二组村民因土地及附着物（林木）争议的处理意见进行审查，复议维持。要求：大木桥村四组村民张明芳户（原告）多次不符人敬，普田乡政府作出的处理意见属于人性化调解意见，现我组村民认为，原告没有人性，解除原盘州市普田回族乡人民政府府关于大木桥村四组村民张明芳户与大木桥村二组村民因土地及附着物（林木）争议的处理意见中"林木补偿费（52 222.2 元）按照 2008 年林权制度改革谁造谁有原则补偿给申请人"的调解意见，因种植林木属于多次争议情况下强行种植和管理行为。并要求原告负责大木桥村二组村民多次争议和调解时产生的一切费用和强行制止原告退出大木桥居委会马石邦沟土地的非法管理。

经审理查明，本案争议地位于盘州市普田回族乡大木桥村马石邦沟。土地包产到户时原为荒山，未分包到户。后原告张明芳在涉案土地上开荒造林，一直管理使用，但未取得相关所有权证书。2015 年，修建盘兴高速公路征收涉案土地时，原告与第三人盘州市普田回族乡大木桥村二组因土地补偿费和地上附着物补偿费产生纠纷，经盘州市普田回族乡人民调解委员会多次调解未果。2019 年 9 月 1 日，原告向被告普田乡政府申请涉案争议地确权。被告普田乡政府于 2019 年 10 月 24 日作出《盘州市普田回族乡人民政府关于大木桥村四组村民张明芳与大木桥村二组村民因土地及地上附着物（林木）争议的处理意见》，处理意见为：土地使用权属属于大木桥村二组集体所有，土地补偿费壹拾壹万贰仟伍佰壹拾伍圆（112 515 元）补偿给大木桥二组村民，根据 2008 年林权制度改革，谁造谁有的原则，林木补偿费伍万贰仟贰佰贰拾贰圆贰角（52 222.2 元）补偿给张明芳户。原告张明芳不服，向盘州市政府申请行政复议。盘州市政府受理后，于 2019 年 12 月 12 日向被告普田镇政府送达了盘州府行复受字（2019）21 号盘州市人民政府提出行政复议答复通知书，并要求普田乡政府在收到复议申请书副本之日起 10 日内，对该复议申请向本机关提出书面答复，并提交当初作出具体行政行为的全部证据、依据和其他相关材料。2020 年 3 月 6 日，被告盘州市政府作出盘州府行复决字（2019）21 号行政复议决定书，复议维持，并驳回原告的其他请求。原告不服，遂向本院提起行政诉讼。

另查明，被告普田乡政府在庭审中称，在复议过程中其未向复议机关作出书面答复。

本院认为，根据《中华人民共和国森林法》第十七条第二款和《土地权属争议调查处理办法》第九条的规定，依当事人申请，被告普田乡政府有处理林地权属纠纷的法定职权，是本案适格的被告。根据《中华人民共和国行政复议法》第二十三条第一款"……被申请人应当自收到申请书副本或者申请笔录复印件之日起十日内，提出书面答复，并提交当初作出具体行政行为的证据、依据和其他有关材料"和第二十八条第一款第四项"被申请人不按照本法第二十三条的规定提出书面答复、提交当初作出具体行政行为的证据、依据和其他有关材料的，视为该具体行政行为没有证据、依据，决定撤销该具体行政行为"的规定，说明在行政复议程序中，被申请人提出书面答复和提交当初作出具体行政行为的证据、依据和其他有关材料，都是被申请人依法应尽的义务。不提出书面答复的，视为该具体行政行为没有证据、依据。同时该法第三十六条还规定："被申请人违反本法规定，不提出书面答复或者不提交作出具体行政行为的证据、依据和其他有关材料，或者阻挠、变相阻挠公民、法人或者其他组织依法申请行政复议的，对直接负责的主管人员和其他直接责任人员依法给予警告、记过、记大过的行政处分；进行报复陷害的，依法给予降级、撤职、开除的行政处分；构成犯罪的，依法追究刑事责任"，即被申请人只要不提出书面答复或者不提交作出具体行政行为的证据、依据和其他有关材料的，都可以依法追究相关责任人的责任，这更加强调提出书面答复和提交作出具体行政行为的证据、依据和其他有关材料是行政复议程序中被申请人必须履行的义务。本案被告盘州市政府受理复议案件后，作为被申请人的普田乡政府未提出书面答复应视为该具体行政行为没有证据、依据，其作出的处理意见主要证据不足，依法应当撤销。被告盘州市政府在普田乡政府未提出书面答复的情况下凭空在复议决定书"被申请人称"部分添加内容，系认定事实不清、程序违法，应当予以撤销。第三人盘州市普田回族乡大木桥村二组经本院合法传唤无正当理由拒不到庭参加诉讼，视为自动放弃陈述、答辩、举证质证和辩论等诉讼权利，不影响本案的审判。依照《中华人民共和国行政诉讼法》第七十条第一项、第三项和第七十九条、和《最高人民法院关于适用〈中华人民共和国行政诉讼法〉的解释》第七十九条第二款、第一百三十六条第三款之规定，判决如下：

一、撤销被告盘州市普田回族乡人民政府于 2019 年 10 月 24 日作出《盘州市普田回族乡人民政府关于大木桥村四组村民张明芳户与大木桥村二组村民因土地及地上附着物（林木）争议的处理意见》，并在本判决生效后 60 日内对涉案土地权属纠纷重新作出处理决定。

二、撤销被告盘州市人民政府于 2020 年 3 月 6 日作出行复决字（2019）21 号行政复议决定书。

案件受理费 50 元，由被告盘州市普田回族乡人民政府和盘州市人民政府共同负担。

如不服本判决，可在判决书送达之日起十五日内，向本院递交上诉状，并按对方当事人的人数或者代表人的人数提出副本，上诉于贵州省六盘水市中级人民法院。

逾期补不上诉，本判决发生法律效力。

审判长　赵　庆

人民陪审员　宋培江

人民陪审员　吴　萍

二〇二〇年六月二十四日

法官助理　付艳玲

书记员　王　春

『 2023 年版本 』

第八十三条　被申请人不履行或者无正当理由拖延履行行政复议决定书、调解书、意见书的，对负有责任的领导人员和直接责任人员依法给予警告、记过、记大过的处分；经责令履行仍拒不履行的，依法给予降级、撤职、开除的处分。

『 1999、2009、2017 年版本 』

第三十七条　被申请人不履行或者无正当理由拖延履行行政复议决定的，对直接负责的主管人员和其他直接责任人员依法给予警告、记过、记大过的行政处分；经责令履行仍拒不履行的，依法给予降级、撤职、开除的行政处分。

『 条文释义 』

本条规定了对被申请人不履行或者拖延履行行政复议决定的法律责任。1999 年版本、2009 年版本和 2017 年版本的规定一致，2023 年版本完善了该项规定。

被申请人不履行或者无正当理由拖延履行行政复议决定书、调解书、意见书，也是一种对行政复议秩序的破坏行为，同样是违法行为。承担责任的主体是直接负责的主管人员和其他直接责任人员，承担法律责任的形式包括警告、记过、记大过等行政处分。

下级行政机关服从上级行政机关依法作出的决定是下级行政机关的基本职责与义务，如果被申请人经责令履行仍拒不履行行政复议决定，就构成了严重违法行为，应当依法给予降级、撤职、开除的行政处分。

『相关法规』

中华人民共和国行政复议法实施条例

第六十二条　被申请人在规定期限内未按照行政复议决定的要求重新作出具体行政行为，或者违反规定重新作出具体行政行为的，依照行政复议法第三十七条的规定追究法律责任。

第六十四条　行政复议机关或者行政复议机构不履行行政复议法和本条例规定的行政复议职责，经有权监督的行政机关督促仍不改正的，对直接负责的主管人员和其他直接责任人员依法给予警告、记过、记大过的处分；造成严重后果的，依法给予降级、撤职、开除的处分。

『典型案例』

中华人民共和国最高人民法院

行 政 裁 定 书

（2019）最高法行申 13639 号

再审申请人（一审起诉人、二审上诉人）：刘占军，男，1940 年 6 月 24 日出生，汉族，住河北省石家庄市裕华区。

委托诉讼代理人：高雷，河北冀港律师事务所律师。

委托诉讼代理人：郭利宝，河北冀港律师事务所律师。

再审申请人刘占军不服河北省高级人民法院（2019）冀行终 521 号行政裁定，向本院申请再审。本院依法组成合议庭对本案进行了审查，现已审查终结。

刘占军申请再审称，其新宅基地被错误登记在其子刘小林名下，因协商变更登记未能达成一致，其 2018 年 1 月 19 日向高邑县人民政府提出申请，请求对其批准的错误宅基地登记行为进行纠正及变更。经行政复议后，2018 年 6 月 14 日石家庄市人民政府作出石政行复（2018）60 号行政复议决定："责令被申请人自接到本决定之日起十五日内，履行法定职责。"2018 年 11 月 28 日，高邑县人民政府作出《关于刘占军申请纠正宅基地错误登记和变更登记申请的答复》，未履行调查处理职责，告知再审申请人向高邑县不动产登记机关提出申请。同时，再审申请人根据该答复多次找到高邑县不动产登记机关，高邑县不动产登记机关反复推诿。高邑县人民政府作为处理土地权属争议法定职权机关，拒不履行职责，人民法院应依法责令其履行职责。原审法院裁定不予立案，认定事实及适用法律错误，申请再审求撤销一、二审裁定，指令一审法院立案受理。

本院经审查认为，本案再审申请人刘占军一审两项诉求，一是判令撤销高邑县人民政府作出的《关于刘占军申请纠正宅基地错误登记和变更登记申请的答复》，二是责令高邑县人民政府依法履行职责。就其诉求撤销高邑县人民政府作出的《关于刘占军申请纠正宅基地错误登记和变更登记申请的答复》，该答复系向起诉人释明如何依法行使权利的程序性行为，不直接影响起诉人的合法权益，不属于人民法院行政诉讼的受案范围，原审法院裁定不予立案并无不当。至于再审申请人第二项诉求责令高邑县人民政府依法履行职责，再审申请人已就此向石家庄市人民政府申请过行政复议，石家庄市人民政府也已作出石政行复（2018）60号行政复议决定书责令高邑县人民政府履行法定职责。该行政复议决定已经生效，如再审申请人认为高邑县人民政府不履行生效的行政复议决定，可根据《中华人民共和国行政复议法》第三十二条："被申请人应当履行行政复议决定。被申请人不履行或者无正当理由拖延履行行政复议决定的，行政复议机关或者有关上级行政机关应当责令其限期履行。"以及第三十七条："被申请人不履行或者无正当理由拖延履行行政复议决定的，对直接负责的主管人员和其他直接责任人员依法给予警告、记过、记大过的行政处分；经责令履行仍拒不履行的，依法给予降级、撤职、开除的行政处分。"之规定，依法主张权益。

综上，刘占军的再审申请不符合《中华人民共和国行政诉讼法》第九十一条规定的情形。依照《最高人民法院关于适用〈中华人民共和国行政诉讼法〉的解释》第一百一十六条第二款之规定，裁定如下：

驳回刘占军的再审申请。

审判长 龚 斌

审判员 孟凡平

审判员 张志刚

二〇一九年十二月二十四日

法官助理 梁 爽

书记员 万 腾

『2023年版本』

第八十四条 拒绝、阻挠行政复议人员调查取证，故意扰乱行政复议工作秩序的，依法给予处分、治安管理处罚；构成犯罪的，依法追究刑事责任。

『 条文释义 』

本条规定了对被申请人不履行或者拖延履行行政复议决定的法律责任。1999 年版本、2009 年版本和 2017 年版本没有相关规定，2023 年版本新增加了该项规定。

行政复议机关依法履行职责时，社会各界均有义务予以配合，如果拒绝、阻挠行政复议人员调查取证，故意扰乱行政复议工作秩序，由行政复议机关或者有关机关依法给予处分、治安管理处罚；如果构成犯罪，由公安机关或者有关机关依法追究刑事责任。

『 2023 年版本 』

第八十五条　行政机关及其工作人员违反本法规定的，行政复议机关可以向监察机关或者公职人员任免机关、单位移送有关人员违法的事实材料，接受移送的监察机关或者公职人员任免机关、单位应当依法处理。

『 1999、2009、2017 年版本 』

第三十八条　行政复议机关负责法制工作的机构发现有无正当理由不予受理行政复议申请、不按照规定期限作出行政复议决定、徇私舞弊、对申请人打击报复或者不履行行政复议决定等情形的，应当向有关行政机关提出建议，有关行政机关应当依照本法和有关法律、行政法规的规定作出处理。

『 条文释义 』

本条规定了行政复议机关对违法案件的移送。1999 年版本、2009 年版本和 2017 年版本的规定一致，2023 年版本完善了该项规定。

由于行政复议机关负责法制工作的机构是具体负责行政复议事项的机构，可以最先发现行政复议中的违法行为，如果其发现行政机关及其工作人员违反《行政复议法》规定，而行政复议机关本身并没有任免责任人员或者追究其法律责任的权限，此时，行政复议机关可以向监察机关或者公职人员任免机关、单位移送有关人员违法的事实材料，接受移送的监察机关或者公职人员任免机关、单位应当依法处理。接受移送的监察机关或者公职人员任免机关、单位依法处理后，应当向行政复议机关通报相关处理结果。

『 相关法规 』

中华人民共和国行政复议法实施条例
第六十五条　行政机关及其工作人员违反行政复议法和本条例规定的，行政复议机构可以向人事、监察部门提出对有关责任人员的处分建议，也可以将有关人员违法的事实材料直接转送人事、监察部门处理；接受转送的人事、监察部门应当依法处理，并将处理结果通报转送的行政复议机构。

『 相关规章 』

税务行政复议规则

第一百零一条　行政复议机关、行政复议机关工作人员和被申请人在税务行政复议活动中，违反行政复议法及其实施条例和本规则规定的，应当依法处理。

自然资源行政复议规定

第三十条　有下列情形之一，在整改期限内拒不整改或整改不符合要求的，上级自然资源主管部门可以约谈下级自然资源主管部门负责人，通报有关地方人民政府：

（一）不依法履行行政复议职责，故意将行政复议案件上交的；

（二）反复发生群体性行政复议案件的；

（三）同类行政复议案件反复发生，未采取措施解决的；

（四）逾期不履行行政复议决定、不反馈行政复议意见书和建议书的；

（五）提交虚假证据材料的；

（六）其他事项需要约谈的。

交通运输行政复议规定

第二十二条　交通运输行政复议机关设置的法制工作机构发现有《行政复议法》第三十八条规定的违法行为的，应当制作《交通运输行政复议违法行为处理建议书》向有关行政机关提出建议，有关行政机关应当依照《行政复议法》和有关法律、行政法规的规定作出处理。

中华人民共和国海关行政复议办法

第一百零八条　上级海关发现下级海关及有关工作人员有违反行政复议法、行政复议法实施条例和本办法规定的，应当制作《处理违法行为建议书》，向有关海关提出建议，该海关应当依照行政复议法和有关法律、行政法规的规定作出处理，并且将处理结果报告上级海关。

海关行政复议机构发现有关海关及其工作人员有违反行政复议法、行政复议法实施条例和本办法规定的，应当制作《处理违法行为建议书》，向人事、监察部门提出对有关责任人员的处分建议，也可以将有关人员违法的事实材料直接转送人事、监察部门处理；接受转送的人事、监察部门应当依法处理，并且将处理结果通报转送的海关行政复议机构。

环境行政复议办法

第三十七条　行政复议期间环境行政复议机构发现法律、法规、规章实施中带有普遍性的问题，或者发现环境保护行政执法中存在的普遍性问题，可以制作行政复议建议书，向有关机关提出完善制度和改进行政执法的建议。

『典型案例』

江苏省高级人民法院

行 政 裁 定 书

（2016）苏行终 227 号

上诉人（原审原告）：杨柳。

委托代理人：王春明。

被上诉人（原审被告）：镇江市人民政府，住所地镇江市南徐大道 68 号。

法定代表人：朱晓明，该市市长。

委托代理人：陈皓，该市政府法制办公室干部。

上诉人杨柳因诉镇江市人民政府（以下简称镇江市政府）不履行行政复议法定职责一案，不服江苏省镇江市中级人民法院（2015）镇行初字第00022号行政裁定，向本院提起上诉。本院于 2016 年 2 月 29 日立案受理后依法组成合议庭，并依照《中华人民共和国行政诉讼法》第八十六条的规定，进行了书面审理。本案现已审理终结。

一审法院认定，杨柳因宅基地审批问题，于 2014 年 9 月 21 日以挂号信的形式向镇江市京口区人民政府（以下简称京口区政府）邮寄了《依法行政申请书》，要求京口区政府给其办理宅基地和建房手续，京口区政府在法定期限内未予答复。杨柳认为京口区政府行政不作为，于 2014 年 12 月 1 日向镇江市政府提起行政复议申请，镇江市政府于 2014 年 12 月 15 日收到杨柳的补正材料，受理了复议申请，2015 年 1 月 26 日作出了（2014）镇行复第 66 号《镇江市人民政府行政复议决定书》（以下简称《66号复议决定》），责令京口区政府在收到决定书之日起十五日内，对杨柳的诉求酌情予以处理并书面告知申请人。京口区政府收到《66号复议决定》后，于 2015 年 2 月 2 日作出《关于杨柳事项的答复》（以下简称《答复》），其主要内容为，农村宅基地报批程序及各部门按照职权分工审批。根据法律法规及镇江市相关文件规定，在镇江市京口区范围内无法办理新增的农村宅基地审批手续。

该《答复》邮寄送达给了杨柳。2015 年 2 月 6 日，杨柳向镇江市政府邮寄了要求京口区政府履行《66 号复议决定》申请书。认为京口区政府作出《答复》是不履行法定职责，请镇江市政府要求京口区政府履行监督指导职责，给其办理宅基地建房手续。2015 年 2 月 16 日，京口区政府在谏壁街道召开了与杨柳的见面会。会上，规划、国土部门、社区工作人员均当面告知并未收到杨柳提交的建房申请。2015 年 3 月 25 日，杨柳向镇江市政府邮寄了《行政复议决定履行（强制或问责）执行申请书》，要求镇江市政府纠正京口区政府不作为的违法行为，要求京口区政府实际履行复议决定，并启动行政问责程序。2015 年 4 月 2 日，杨柳不服京口区政府作出的《答复》，向镇江市政府申请行政复议。镇江市政府受理后，认为，按照《江苏省土地管理条例》的规定，杨柳应首先向所在的集体经济组织提出用地申请，而不是直接要求京口区政府责令相关部门为其办理宅基地审批手续。镇江市政府遂于 2015 年 4 月 8 日作出维持《答复》的（2015）镇行复第 20 号行政复议决定书（以下简称《20 号复议决定》）。

一审法院认为，《中华人民共和国行政复议法》第三十八条规定，行政复议机关负责法制工作的机构发现无正当理由不予受理行政复议申请、不按照规定期限作出行政复议决定、徇私舞弊、对申请人打击报复或者不履行行政复议决定等情形的，应当向有关行政机关提出建议，有关行政机关应当依照本法和有关法律、行政法规的规定作出处理。《中华人民共和国行政复议法实施条例》第六十五条规定，行政机关及其工作人员违反行政复议法和本条例规定的，行政复议机构可以向人事、监察部门提出对有关责任人员的处分建议，也可以将有关人员违法的事实材料直接转送人事、监察部门处理；接受转送的人事、监察部门应当依法处理，并将处理结果通报转送的行政复议机构。上述规定，针对的是行政机关的内部指导、监督、行政机关内部人事奖惩、任命等行为。上述行为均不属于行政案件的受案范围。本案中，杨柳诉讼请求为判定镇江市政府不履行指导和监督职责的行政行为违法，并责令镇江市政府向京口区政府发出行政复议建议书，督促其监督、管理、指导和纠正下属农村宅基地建房审批部门组织依法给杨柳办理宅基地建房手续，启动行政问责程序，上述请求均不属于行政案件的受案范围。应裁定驳回起诉。杨柳在诉讼请求理由部分认为，镇江市政府违反了《中华人民共和国行政复议法》第三十二条"被申请人应当履行行政复议决定。被申请人不履行或者无正当理由拖延履行行政复议决定的，行政复议机关或者有关上级行政机关应当责令其限期履行"的规定。因京口区政府在《66 号复议决定》规定的时限内已经作出答复，不存在被申请人不履行或者无正当理由拖延履行行政复议决定的情形，且京口区政府作出的《答复》，杨柳已经向镇江市政府申请复议，镇江市政府也已经作出维持京口区政府《答复》的《20 号复议决定》。故杨柳认为镇江市政府违反《中华人民共和国行政复议法》第三十二条的规定，理由不能成立。

综上，杨柳的诉讼请求不属于人民法院行政诉讼的受案范围，依照《中华人民共和国行政诉讼法》第四十九条第四项、《最高人民法院关于适用〈中华人民共和国行政诉讼法〉若干问题的解释》第三条第一款第一项之规定，裁定驳回杨柳的起诉。

上诉人杨柳上诉称，其与妹妹已达婚龄，由于只有一处宅基地，遂向村民小组、村委会和镇政府及土管、建管办等申请宅基地建房，但没有得到解决。镇江市政府违反了《中华人民共和国行政复议法实施条例》第六十五条、《中华人民共和国行政复议法》第三十二条、第三十八条以及《中华人民共和国地方各级人民代表大会和地方各级人民政府组织法》第五十九条的规定，未履行指导和监督职责。请求本院撤销一审裁定，判决镇江市政府不履行法定职责违法；责令镇江市政府向京口区政府发出行政复议建议书，督促其监督、管理、指导和纠正下属农村宅基地建房审批部门依法给杨柳办理宅基地建房手续，启动行政问责程序。同时要求本院附带审查镇政发（2009）第22号《镇江市农村宅基地管理暂行办法》的合法性。

被上诉人镇江市政府答辩称，杨柳曾对京口区政府作出的《答复》不服，向镇江市政府提起行政复议申请，足以证明京口区政府已履行了《66号复议决定》的内容，不存在杨柳所称的不执行行政复议决定的情形。上诉人在二审阶段提出附带审查镇江市政府的地方性规章的合法性，不符合法律规定。请求驳回上诉，维持一审裁定。

上诉人杨柳提起上诉后，一审法院已将双方当事人在一审中提交的全部证据材料随案移送法院。本院从证据的关联性、合法性、真实性三个方面对双方当事人提交的证据进行了审核。经审查，本院认定的案件事实与一审法院认定的事实无异，依法予以确认。

本院认为，《中华人民共和国行政诉讼法》第四十九条第三项规定，提起行政诉讼应当有具体的诉讼请求和事实根据。本案中，上诉人杨柳因向京口区政府申请办理宅基地和建房手续未获答复，向镇江市政府提起行政复议申请，镇江市政府遂作出《66号复议决定》，责令京口区政府限期对杨柳的诉求酌情予以处理并书面告知。京口区政府收到《66号复议决定》后，于2015年2月2日已经作出《答复》，告知上诉人，依照法律规定，在京口区范围内无法为其办理新增的农村宅基地审批手续。并于2015年2月16日在谏壁街道召开了与杨柳的见面会。2015年4月2日，杨柳不服京口区政府作出的《答复》，再次向镇江市政府申请行政复议。2015年4月8日，镇江市政府又作出《20号复议决定》，维持了京口区政府作出的《答复》。在京口区政府就其了解的情况向上诉人杨柳进行了告知，镇江市政府亦对京口区政府作出的《答复》进行复议审查并作出决定后，就杨柳申请的有关复议事项而言，其行政救济途径已经穷尽。上诉人杨柳再就镇江市政府不履行行政复议指导和监督职责提起本案的诉讼，既无事实根据，也无诉的价值。一审裁定驳回上诉人杨柳的起诉并无不当。上诉人杨柳的上诉请求和理由缺乏法律依据，本院依法不予支持。依照《中华人民共和国行政诉讼法》第八十九条第一款第一项的规定，裁定如下：

　　驳回上诉，维持原裁定。

　　本裁定为终审裁定。

审判长　蔡　霞

代理审判员　李　昕

代理审判员　张松波

二〇一六年五月十一日

书记员　周　萍　张家松

『 2023 年版本 』

　　第八十六条　行政复议机关在办理行政复议案件过程中，发现公职人员涉嫌贪污贿赂、失职渎职等职务违法或者职务犯罪的问题线索，应当依照有关规定移送监察机关，由监察机关依法调查处置。

『 1999、2009、2017 年版本 』

　　第三十八条　行政复议机关负责法制工作的机构发现有无正当理由不予受理行政复议申请、不按照规定期限作出行政复议决定、徇私舞弊、对申请人打击报复或者不履行行政复议决定等情形的，应当向有关行政机关提出建议，有关行政机关应当依照本法和有关法律、行政法规的规定作出处理。

『 条文释义 』

　　本条规定了行政复议机关对职务违法犯罪案件的移送。1999 年版本、2009 年版本和 2017 年版本的规定一致，2023 年版本完善了该项规定。

　　行政复议机关在办理行政复议案件过程中，如果发现公职人员涉嫌贪污贿赂、失职渎职等职务违法或者职务犯罪的问题线索，应当依照有关规定移送监察机关，由监察机关依法调查处置。我国刑法中的贪污贿赂罪是指国家工作人员或国有单位实施的贪污、受贿等侵犯国家廉政建设制度，以及与贪污、受贿犯罪密切相关的侵犯职务廉洁性构成犯罪的行为。失职是指工作人员对本职工作不认真负责，未依照规定履行自己的职务，给本单位造成损失的行为。渎职是指国家机关工作人员滥用职权、玩忽职守或者徇私舞弊，妨害国家机关的正常管理活动，致使国家和人民利益遭受严重损失的行为。

『典型案例』

北京市高级人民法院

行 政 裁 定 书

（2019）京行终 5625 号

上诉人唐雪梅，女，1970 年 10 月 30 日出生，汉族，住重庆市渝北区。

上诉人唐雪梅不服北京市第二中级人民法院（以下简称一审法院）作出的（2019）京 02 行初 50 号不予立案行政裁定，向本院提起上诉。本院受理后依法组成合议庭进行了审理。

唐雪梅以中华人民共和国人力资源和社会保障部（以下简称人社部）为被告，向一审法院提起行政诉讼。唐雪梅诉称，西藏自治区人力资源和社会保障厅（以下简称西藏人社厅）于 2018 年 7 月 10 日作出藏人社厅复决字〔2018〕03 号《行政复议决定书》，撤销那曲市人力资源和社会保障局（以下简称那曲市人社局）作出的〔2017〕68 号《不予认定工伤决定书》的行政行为，并要求重新作出认定。后那曲市人社局拒不重新作出认定，未履行行政复议决定书中确定的义务。2018 年 10 月 8 日，其向西藏人社厅递交《责令履行行政复议决定义务的申请书》，但西藏人社厅行政不作为。2018 年 12 月 28 日，其向人社部递交行政复议申请材料，2019 年 1 月 2 日，人社部对其作出《行政复议告知书》，拒不履行法定监督职责，故提起涉案之诉。唐雪梅请求：1. 判决撤销人社部 2019 年 1 月 2 日对其作出的《行政复议告知书》；2. 判令人社部重新作出具体行政行为。

一审法院认为，公民、法人或者其他组织向人民法院提起行政诉讼，应当符合法律规定的起诉条件，其中包括应当属于人民法院行政诉讼的受案范围。根据《中华人民共和国行政复议法》第三十八条的规定，行政复议机关负责法制工作的机构发现有无正当理由不予受理行政复议申请、不按照规定期限作出行政复议决定、徇私舞弊、对申请人打击报复或者不履行行政复议决定等情形的，应当向有关行政机关提出建议，有关行政机关应当依照本法和有关法律、行政法规的规定作出处理。故针对行政机关不履行行政复议决定内容的情形，法律只规定了行政系统内部的监督渠道，并没有赋予行政复议申请人要求启动这一内部监督程序的权利，更没有赋予行政复议申请人针对行政复议机关就该内部监督程序问题向更高一级的行政机关再次申请行政复议的权利。本案中，唐雪梅以那曲市人社局不履行西藏人社厅所作《行政复议决定书》为由，要求西藏人社厅责令那曲市人社局履行复议决定未果，继而向人社部提出的《行政复议申请》，明显违背我国现行法律体制中的一级行政复议制度设计。根据《最高人民法院关于适用〈中华人民共和国行政诉讼法〉的解释》第一条第二款第十项的规定，对公民、法人或者其他组织权利义务不产生实际影响的行为，不属于人民法院行政诉讼的受案范围。本案中，人社部所作涉案《行政复议告知书》所述，即告知唐雪梅该复议申请不符合行政复议受理条件，建议向西藏人社厅反映。该告知内容对唐雪梅的权利义务不产生实际影响，不具有可诉性。综上，唐雪梅的起诉，不属于人民法院行政诉讼受案范围，不符合行政诉讼的法定起诉条件，对其起诉，依法应当不予立案。依照《中华人民共和国行政诉讼法》第四十九条第四项的规定，裁定对唐雪梅的起诉不予立案。

唐雪梅不服一审裁定，向本院提起上诉，请求：撤销一审裁定，裁定由一审法院对其起诉立案、审理。唐雪梅的主要上诉理由为：人社部于2019年1月2日针对其提交的行政复议申请材料所作的《行政复议告知书》违反《中华人民共和国行政复议法》第四条、第六条第十一项、第十七条第一款及第三十二条的规定，拒不履行法定监督职责。一审裁定认定事实不清，适用法律错误，违反《中华人民共和国行政复议法》的上述规定。

本院认为，公民、法人或者其他组织提起行政诉讼应当符合法定起诉条件。根据《中华人民共和国行政诉讼法》第四十九条第四项的规定，提起诉讼应当属于人民法院受案范围。《中华人民共和国行政复议法》第三十八条规定，行政复议机关负责法制工作的机构发现有无正当理由不予受理行政复议申请、不按照规定期限作出行政复议决定、徇私舞弊、对申请人打击报复或者不履行行政复议决定等情形的，应当向有关行政机关提出建议，有关行政机关应当依照本法和有关法律、行政法规的规定作出处理。因此，对于行政机关不履行行政复议决定的情形应按照行政机关内部监督途径予以救济。本案中，唐雪梅认为那曲人社局不履行西藏人社厅作出的行政复议决定，先申请西藏人社厅责令那曲人社局履行相关义务。后，唐雪梅认为西藏人社厅行政不作为，向人社部申请行政复议。因我国行政复议实行一级复议制度，现行法律法规并未规定人社部具有对唐雪梅所提申请作出复议决定的法定职责。根据《最高人民法院关于适用〈中华人民共和国行政诉讼法〉的解释》第一条第二款第十项的规定，对公民、法人或者其他组织权利义务不产生实际影响的行为，不属于人民法院行政诉讼的受案范围。本案中，人社部对唐雪梅于2019年1月2日作出的《行政复议告知书》对其权利义务不产生实际影响，故唐雪梅所提涉案之诉不属于人民法院行政诉讼受案范围，不符合法定起诉条件。

综上，唐雪梅的上诉理由缺少事实和法律依据，本院不予支持；一审法院裁定不予立案并无不当，本院应予维持。据此，依照《中华人民共和国行政诉讼法》第八十九条第一款第一项的规定，裁定如下：

驳回上诉，维持一审裁定。

本裁定为终审裁定。

审判长　杨　艳
审判员　曹玉乾
审判员　张　华
二〇一九年十月十一日
法官助理　丁建中
书记员　杜馨蓓

第七章 附 则

『2023 年版本』

第八十七条 行政复议机关受理行政复议申请，不得向申请人收取任何费用。

『1999、2009、2017 年版本』

第三十九条 行政复议机关受理行政复议申请，不得向申请人收取任何费用。行政复议活动所需经费，应当列入本机关的行政经费，由本级财政予以保障。

『条文释义』

本条规定了行政复议的经费保障。1999 年版本、2009 年版本、2017 年版本和 2023 年版本的规定一致。

依法履行行政复议职责需要有机构、人员和相关经费的保障，为减轻申请人的负担，行政复议机关受理行政复议申请，不得向申请人收取任何费用。这里的任何费用是强制性规定，打印费、复印费、邮寄费等名目的任何费用均不得收取。

『相关规章』

税务行政复议规则
第七条 行政复议机关受理行政复议申请，不得向申请人收取任何费用。

水利部行政复议工作暂行规定
第十三条 水利部或者流域机构受理行政复议申请，不得向申请人收取任何费用。

水利部、流域机构应当保证行政复议工作经费，以确保行政复议工作按期、高效完成。

工业和信息化部行政复议实施办法
第三十一条 工业和信息化部受理行政复议申请不得向申请人收取任何费用。行政复议所需经费，列入工业和信息化部行政经费予以保障。

交通运输行政复议规定

第二十三条 交通运输行政复议机关受理交通运输行政复议申请，不得向申请人收取任何费用。

交通运输行政复议活动所需经费应当在本机关的行政经费中单独列支，不得挪作他用。

中华人民共和国海关行政复议办法

第一百一十条 海关行政复议机关受理行政复议申请，不得向申请人收取任何费用。

海关行政复议活动所需经费、办公用房以及交通、通讯、监控等设备由各级海关予以保障。

国家知识产权局行政复议规程

第三十四条 行政复议不收取费用。

环境行政复议办法

第四十一条 环境行政复议机关受理行政复议申请，不得向申请人收取任何费用。行政复议活动所需经费，应当列入本机关的行政经费，由本级财政予以保障。

『典型案例』

辽宁省高级人民法院

行 政 裁 定 书

（2020）辽行终 190 号

上诉人（一审原告）：王殿国，男，汉族，1968 年 12 月 10 日出生，住辽宁省本溪市明山区。

被上诉人（一审被告）：辽宁省人民政府，住所地：辽宁省沈阳市皇姑区北陵大街 45 号。

法定代表人：刘宁，代省长。

委托诉讼代理人：韩修，辽宁省司法厅工作人员。

王殿国因与辽宁省人民政府撤销不予受理复议申请决定一案，不服沈阳市中级人民法院（2019）辽 01 行初 456 号行政裁定，向本院提起上诉。本院受理后，依法组成合议庭审理了本案。本案现已审理终结。

王殿国向一审法院起诉称，请求撤销辽政行复不受字〔2019〕第 18 号不予受理行政复议申请决定，并判令被告受理原告的行政复议申请；诉讼费用由被告承担。

一审法院审理查明，2019 年 6 月 26 日，本溪市人民政府作出本政行复字〔2019〕第 101 号《补正行政复议申请通知书》，通知王殿国其针对本溪市明山区人民政府公开政府信息答复的行政复议申请材料不全，其中（十二）（十三）号申请的复议请求表述不清楚，需要补正：本明政办依申请〔2019〕3 号《本溪市明山区人民政府依申请公开政府信息告知书》26 份，并对你的（十二）（十三）号行政复议申请的复议请求予以明确。2019 年 7 月 7 日，王殿国以本溪市人民政府为被申请人，向被告辽宁省人民政府申请行政复议，请求确认本溪市人民政府受理行政复议申请要求申请人提供双份证据材料的变相收费行为违法，撤销《补正行政复议申请通知书》变相收费行为。赔偿违法收费给社区人造成的本次申请行政复议的财产损失。2019 年 7 月 8 日，辽宁省人民政府作出辽政行复不受字〔2019〕18 号不予受理行政复议申请决定，认为本溪市人民政府作出的《补正行政复议申请通知书》系行政复议案件审查过程中的告知性行为，申请人提出的复议申请事项不属于行政复议范围，决定不予受理。该不予受理行政复议申请决定于 2019 年 7 月 10 日送达给原告王殿国，原告不服，诉至本院。

一审法院认为，《中华人民共和国行政诉讼法》第四十九条规定，提起诉讼应当符合下列条件：（一）原告是符合本法第二十五条规定的公民、法人或者其他组织；（二）有明确的被告；（三）有具体的诉讼请求和事实根据；（四）属于人民法院受案范围和受诉人民法院管辖。本案中，原告向本溪市人民政府提出的复议事项 13 项即针对本溪市明山区人民政府公开政府信息答复的，本溪市人民政府受理原告申请后作出《补正行政复议申请通知书》，该《补正行政复议申请通知书》系行政机关为作出行政行为而实施的过程性行为，依照《最高人民法院关于适用〈中华人民共和国行政诉讼法〉的解释》第一条第二款第六项之规定，此不属于行政复议和行政诉讼受案范围。故原告起诉不符合法定起诉条件，根据《最高人民法院关于适用〈中华人民共和国行政诉讼法〉的解释》第六十九条第一款（一）和第三款之规定，一审法院裁定：驳回原告王殿国的起诉。案件受理费人民币 50 元，退回原告。

王殿国上诉称，一审法院认定事实和适用法律错误。事实和理由是：根据《行政复议法》规定，行政复议机关受理行政复议申请，不得向申请人收取任何费用。而本溪市人民政府受理上诉人的复议申请，要求提交双份证据材料，属变相收费行为。上诉人不服行政复议的变相收费行为提起诉讼，符合行政诉讼的受案范围。请求撤销一审裁定，指令一审法院继续审理。

本院经审理查明，一审法院认定事实正确，本院予以确认。

本院认为，《中华人民共和国行政复议法实施条例》第二十九条规定："行政复议申请材料不齐全或表述不清楚的，行政复议机构可以自收到该复议申请之日起

5 日内书面通知申请人补正……。无正当理由逾期不补正的，视为申请人放弃复议申请……"。可见，本溪市人民政府在 2019 年 6 月 21 日受理王殿国复议申请后，于 6 月 26 日作出《补正行政复议申请通知书》的行为，属于行政复议案件审查过程中的过程性行为。王殿国不服向辽宁省人民政府申请复议，辽宁省人民政府以其提出的事项不属于行政复议范围作出不予受理该复议申请决定，于法有据。王殿国不服该不予受理该复议申请决定，向一审法院提起行政诉讼，根据《最高人民法院关于适用〈中华人民共和国行政诉讼法〉的解释》第一条第二款第六项关于行政机关为作出行政行为而实施的过程性行为不属于人民法院行政诉讼的受案范围的规定，一审法院裁定驳回其起诉正确。

综上所述，一审裁定认定事实清楚，适用法律正确，本院依法予以维持。王殿国的上诉理由不成立，本院对其上诉请求不予支持。依照《中华人民共和国行政诉讼法》第八十九条第一款第一项之规定，裁定如下：

驳回上诉，维持原裁定。

本裁定为终审裁定。

审判长 康宪雷
审判员 吴晓红
审判员 张广军
二〇二〇年七月二十七日
书记员 鞠 林

『 2023 年版本 』

第八十八条 行政复议期间的计算和行政复议文书的送达，本法没有规定的，依照《中华人民共和国民事诉讼法》关于期间、送达的规定执行。

本法关于行政复议期间有关"三日"、"五日"、"七日"、"十日"的规定是指工作日，不含法定休假日。

『 1999、2009、2017 年版本 』

第四十条 行政复议期间的计算和行政复议文书的送达，依照民事诉讼法关于期间、送达的规定执行。

本法关于行政复议期间有关"五日"、"七日"的规定是指工作日，不含节假日。

『 条文释义 』

本条规定了行政复议期间的计算和文书的送达。1999 年版本、2009 年版本和

2017 年版本的规定一致，2023 年版本完善了该项规定。

行政复议期间的计算和行政复议文书的送达，依照民事诉讼法关于期间、送达的规定执行。《行政复议法》关于行政复议期间有关"三日""五日""七日""十日"的规定是指工作日，不含法定节假日，例如，2023 年 9 月 28 日，行政复议机关收到行政复议申请，应当在五日内进行审查，也就是行政复议机关应当在 2023 年 10 月 11 日完成审查。其中，9 月 29 日至 10 月 6 日是节假日，非工作日，10 月 7 日至 10 月 11 日均为工作日，合计为五个工作日，应当完成审查。

『 相关法律 』

中华人民共和国民事诉讼法
第八十五条　期间包括法定期间和人民法院指定的期间。

期间以时、日、月、年计算。期间开始的时和日，不计算在期间内。

期间届满的最后一日是法定休假日的，以法定休假日后的第一日为期间届满的日期。

期间不包括在途时间，诉讼文书在期满前交邮的，不算过期。

第八十六条　当事人因不可抗拒的事由或者其他正当理由耽误期限的，在障碍消除后的十日内，可以申请顺延期限，是否准许，由人民法院决定。

第八十七条　送达诉讼文书必须有送达回证，由受送达人在送达回证上记明收到日期，签名或者盖章。

受送达人在送达回证上的签收日期为送达日期。

第八十八条　送达诉讼文书，应当直接送交受送达人。受送达人是公民的，本人不在交他的同住成年家属签收；受送达人是法人或者其他组织的，应当由法人的法定代表人、其他组织的主要负责人或者该法人、组织负责收件的人签收；受送达人有诉讼代理人的，可以送交其代理人签收；受送达人已向人民法院指定代收人的，送交代收人签收。

受送达人的同住成年家属，法人或者其他组织的负责收件的人，诉讼代理人或者代收人在送达回证上签收的日期为送达日期。

第八十九条　受送达人或者他的同住成年家属拒绝接收诉讼文书的，送达人可以邀请有关基层组织或者所在单位的代表到场，说明情况，在送达回证上记明拒收事由和日期，由送达人、见证人签名或者盖章，把诉讼文书留在受送达人的住所；也可以把诉讼文书留在受送达人的住所，并采用拍照、录像等方式记录送达过程，即视为送达。

第九十条　经受送达人同意，人民法院可以采用能够确认其收悉的电子方式送达诉讼文书。通过电子方式送达的判决书、裁定书、调解书，受送达人提出需要纸质文书的，人民法院应当提供。

采用前款方式送达的，以送达信息到达受送达人特定系统的日期为送达日期。

第九十一条 直接送达诉讼文书有困难的，可以委托其他人民法院代为送达，或者邮寄送达。邮寄送达的，以回执上注明的收件日期为送达日期。

第九十二条 受送达人是军人的，通过其所在部队团以上单位的政治机关转交。

第九十三条 受送达人被监禁的，通过其所在监所转交。

受送达人被采取强制性教育措施的，通过其所在强制性教育机构转交。

第九十四条 代为转交的机关、单位收到诉讼文书后，必须立即交受送达人签收，以在送达回证上的签收日期，为送达日期。

第九十五条 受送达人下落不明，或者用本节规定的其他方式无法送达的，公告送达。自发出公告之日起，经过三十日，即视为送达。

公告送达，应当在案卷中记明原因和经过。

『 相关规章 』

税务行政复议规则

第一百零四条 行政复议期间的计算和行政复议文书的送达，依照民事诉讼法关于期间、送达的规定执行。

本规则关于行政复议期间有关"5 日""7 日"的规定指工作日，不包括法定节假日。

水利部行政复议工作暂行规定

第十四条 复议申请登记表、复议申请书、受理复议通知书、不予受理决定书、复议答辩书、复议决定书、复议文书送达回证、准予撤回行政复议申请决定书等行政复议文书格式，由水利部统一制订。

工业和信息化部行政复议实施办法

第三十二条 本办法关于行政复议期间有关"5 日""7 日"的规定是指工作日，不含节假日。

住房城乡建设行政复议办法

第五十三条 行政复议文书直接送达的，复议申请人在送达回证上的签收日期为送达日期。行政复议文书邮寄送达的，邮寄地址为复议申请人在行政复议申请书中写明的地址，送达日期为复议申请人收到邮件的日期。因复议申请人自己提供的地址不准确、地址变更未及时告知行政复议机关、复议申请人本人或者其指定的代收人拒绝签收以及逾期签收，导致行政复议文书被国家邮政机构退回的，文书退回之日视为送达之日。

行政复议文书送达第三人的，适用前款规定。

第五十四条 期间开始之日不计算在期间内。期间届满的最后一日是节假日的，以节假日后的第一日为期间届满的日期。

本办法关于行政复议期间有关"5日""7日"的规定是指工作日，不含节假日和当日。

中华人民共和国海关行政复议办法

第一百零九条 海关行政复议期间的计算和行政复议法律文书的送达，依照民事诉讼法关于期间、送达的规定执行。

本办法关于行政复议期间有关"5日""7日"的规定是指工作日，不含节假日。

国家知识产权局行政复议规程

第三十条 期间开始之日不计算在期间内。期间届满的最后一日是节假日的，以节假日后的第一日为期间届满的日期。本规程中有关"5日"、"7日"、"10日"的规定是指工作日，不含节假日。

第三十一条 行政复议决定书直接送达的，复议申请人在送达回证上的签收日期为送达日期。行政复议决定书邮寄送达的，自交付邮寄之日起满15日视为送达。

行政复议决定书一经送达，即发生法律效力。

第三十二条 复议申请人或者第三人委托代理人的，行政复议决定书除送交代理人外，还应当按国内的通讯地址送交复议申请人和第三人。

人力资源社会保障行政复议办法

第五十一条 行政复议机关应当根据《中华人民共和国民事诉讼法》的规定，采用直接送达、邮寄送达或者委托送达等方式，将行政复议决定送达申请人、被申请人和第三人。

环境行政复议办法

第四十二条 本办法有关行政复议期间的规定，除注明5个工作日、7个工作日（不包含节假日）的，其他期间按自然日计算。

期间开始之日，不计算在内。期间届满的最后一日是节假日的，以节假日后的第一日为期间届满的日期。期间不包括在途时间，行政复议文书在期满前交邮的，不算过期。

第四十三条 依照民事诉讼法的规定，送达行政复议文书可以采取直接送达、留置送达、委托送达、邮寄送达、转交送达、公告送达等方式。

环境行政复议机构送达行政复议文书必须有送达回证并保存有关送达证明。

国家发展和改革委员会行政复议实施办法

第三十条 行政复议期间的计算和行政复议文书的送达，依照民事诉讼法关于期间、送达的规定执行。

本办法关于行政复议期间有关"5日"、"7日"的规定是指工作日，不含节假日和当日。

公安机关办理行政复议案件程序规定

第七十六条 本规定中的送达，包括直接送达、留置送达、邮寄送达和公告送达。

送达有关法律文书，应当使用《送达回执》。

通过邮寄送达的，应当使用挂号信。

『 相关行政解释 』

公安部关于《中华人民共和国行政复议法》实施后出入境边防检查行政复议工作有关问题的通知（1999 年 10 月 26 日）

（五）行政复议文书的送达。作出行政复议决定后，要按规定的程序和方式及时将行政复议决定书等法律文书送达当事人。公安机关行政复议文书格式公安部已制定下发，各地可按规定的格式与要求自行印制。

『 典型案例 』

阳泉市人民政府行政复议决定书公告送达

李某：

你对阳泉市市场监管局逾期未对你提出的投诉举报是否受理进行告知的行为不服，于 2023 年 5 月 9 日向我机关提出行政复议申请，我机关依法受理后作出了行政复议决定书（阳政行复决〔2023〕30 号），并向你进行邮寄送达。因"原址查无此人、迁移地址不明"，邮局未能妥投，将信件退回我机关。现参照《中华人民共和国民事诉讼法》第九十五条规定，依法向你公告送达。请于本公告发布之日起三十日内前往阳泉市人民政府行政复议局（阳泉市平定县三岔口司法行政大楼）领取行政复议决定书，逾期不领视为送达。

如对该行政复议决定不服，可在行政复议决定书送达之日起 15 日内向太原市中级人民法院提起行政诉讼。

特此公告。

阳泉市人民政府

2023 年 6 月 27 日

『2023 年版本』

第八十九条　外国人、无国籍人、外国组织在中华人民共和国境内申请行政复议，适用本法。

『1999、2009、2017 年版本』

第四十一条　外国人、无国籍人、外国组织在中华人民共和国境内申请行政复议，适用本法。

『条文释义』

本条规定了外国人、无国籍人、外国组织对本法的适用。1999 年版本、2009 年版本、2017 年版本和 2023 年版本的规定一致。

大多数国家的法律适用采取属地主义，即外国人、无国籍人、外国组织在本国的相关活动均适用本国法律，我国法律采取属地主义、属人主义和保护主义，因此，外国人、无国籍人、外国组织在中华人民共和国境内申请行政复议，适用《行政复议法》。

『相关规章』

税务行政复议规则

第一百零二条　外国人、无国籍人、外国组织在中华人民共和国境内向税务机关申请行政复议，适用本规则。

住房城乡建设行政复议办法

第五十五条　外国人、无国籍人、外国组织在中华人民共和国境内向行政复议机关申请行政复议，参照适用本办法。

中华人民共和国海关行政复议办法

第一百一十一条　外国人、无国籍人、外国组织在中华人民共和国境内向海关申请行政复议，适用本办法。

国家知识产权局行政复议规程

第三十三条　外国人、外国企业或者外国其他组织向国家知识产权局申请行政复议，适用本规程。

中国证券监督管理委员会行政复议办法

第四十五条　外国人、无国籍人、外国组织在中华人民共和国境内向中国证监会申请行政复议，适用本办法。

国家发展和改革委员会行政复议实施办法

第三十一条　外国人、无国籍人、外国组织在中华人民共和国境内向国家发展改革委申请行政复议，适用本办法。

『典型案例』

中华人民共和国最高人民法院

行　政　裁　定　书

（2020）最高法行申 2972 号

再审申请人（一审起诉人、二审上诉人）邓杰。

再审申请人邓杰因诉长沙市开福区人民政府其他行政行为一案，不服湖南省高级人民法院（2019）湘行终 600 号行政裁定，向本院申请再审。本院依法组成合议庭进行了审查。现已审查终结。

再审申请人以长沙市开福区人民政府未依法履职的行为属于行政诉讼受案范围；涉外案件应优先适用法律，《信访条例》仅参照执行，一、二审适用该条例裁定不予立案错误为由，请求撤销一、二审裁定，对本案进行再审。

本院经审查认为，《中华人民共和国行政复议法》第四十一条规定："外国人、无国籍人、外国组织在中华人民共和国境内申请行政复议，适用本法。"同时，该法第六条明确规定了行政复议的受案范围。信访事项不属于行政诉讼受案范围，再审申请人就长沙市开福区人民政府未就有关信访事项进行复查并答复的行为提起行政诉讼缺乏法律依据，再审申请人认为其诉权未得到保障属对法律的错误理解，一审裁定不予立案，二审予以维持，并无不当。

综上，邓杰的再审申请不符合《中华人民共和国行政诉讼法》第九十一条规定的情形。依照《最高人民法院关于适用〈中华人民共和国行政诉讼法〉的解释》第一百一十六条第二款的规定，裁定如下：

驳回再审申请人邓杰的再审申请。

审判长　耿宝建

审判员　田心则

审判员　孙　茜

二〇二〇年五月二十五日

书记员　李　京

『 2023 年版本 』

第九十条　本法自 2024 年 1 月 1 日起施行。

『 1999、2009、2017 年版本 』

第四十三条　本法自 1999 年 10 月 1 日起施行。1990 年 12 月 24 日国务院发布、1994 年 10 月 9 日国务院修订发布的《行政复议条例》同时废止。

『 条文释义 』

本条规定了《行政复议法》的生效日期。

2003 年修订后的《行政复议法》自 2024 年 1 月 1 日起施行。

『 相关法规 』

中华人民共和国行政复议法实施条例

第六十六条　本条例自 2007 年 8 月 1 日起施行。

『 相关规章 』

税务行政复议规则

第一百零五条　本规则自 2010 年 4 月 1 日起施行，2004 年 2 月 24 日国家税务总局公布的《税务行政复议规则（暂行）》（国家税务总局令第 8 号）同时废止。

国家国际发展合作署行政复议实施办法

第十六条　本办法由国际发展合作署负责解释，自 2020 年 5 月 1 日起施行。

自然资源行政复议规定

第四十三条　本规定自 2019 年 9 月 1 日起施行。原国土资源部 2017 年 11 月

21 日发布的《国土资源行政复议规定》（国土资源部令第 76 号）同时废止。

水利部行政复议工作暂行规定

第十八条　本规定自公布之日起施行。

工业和信息化部行政复议实施办法

第三十三条　本办法自 2017 年 9 月 1 日起施行。2002 年 10 月 22 日公布的《信息产业部行政复议实施办法》（原信息产业部令第 25 号）同时废止。

交通运输行政复议规定

第二十五条　本规定自发布之日起施行，1992 年交通部第 39 号令发布的《交通行政复议管理规定》同时废止。

住房城乡建设行政复议办法

第五十七条　本办法自 2015 年 11 月 1 日起实施。

中华人民共和国海关行政复议办法

第一百一十五条　本办法自 2007 年 11 月 1 日起施行。1999 年 8 月 30 日海关总署令第 78 号发布的《中华人民共和国海关实施〈行政复议法〉办法》同时废止。

国家知识产权局行政复议规程

第三十五条　本规程自 2012 年 9 月 1 日起施行。2002 年 7 月 25 日国家知识产权局令第二十四号发布的《国家知识产权局行政复议规程》同时废止。

中国证券监督管理委员会行政复议办法

第四十六条　本办法自 2010 年 7 月 1 日起施行。2002 年 11 月 25 日发布的《中国证券监督管理委员会行政复议办法》（证监会令第 13 号）同时废止。

人力资源社会保障行政复议办法

第五十九条　本办法自发布之日起施行。劳动和社会保障部 1999 年 11 月 23 日发布的《劳动和社会保障行政复议办法》（劳动和社会保障部令第 5 号）同时废止。

国家发展和改革委员会行政复议实施办法

第三十二条　本办法由国家发展改革委负责解释，自 2006 年 7 月 1 日起施行。

商务部行政复议实施办法

第十五条　本办法由商务部负责解释，自 2004 年 7 月 1 日起施行。

公安机关办理行政复议案件程序规定

第七十七条　本规定自 2003 年 1 月 1 日起实施。本规定发布前公安部制定的有关规定与本规定不一致的，以本规定为准。

司法行政机关行政复议应诉工作规定

第三十三条　本规定自颁布之日起施行。1990 年 7 月 30 日司法部颁布的《司法行政机关行政复议应诉工作规定（试行）》同时废止。

环境行政复议办法

第四十五条　本办法自发布之日起施行。2006 年 12 月 27 日原国家环境保护总局发布的《环境行政复议与行政应诉办法》同时废止。

第二编

行政复议相关法律法规

中华人民共和国行政复议法

（1999 年 4 月 29 日第九届全国人民代表大会常务委员会第九次会议通过 根据 2009 年 8 月 27 日第十一届全国人民代表大会常务委员会第十次会议《关于修改部分法律的决定》第一次修正 根据 2017 年 9 月 1 日第十二届全国人民代表大会常务委员会第二十九次会议《关于修改〈中华人民共和国法官法〉等八部法律的决定》第二次修正 2023 年 9 月 1 日第十四届全国人民代表大会常务委员会第五次会议修订）

目　录

第一章　总　　则

第一条　为了防止和纠正违法的或者不当的行政行为，保护公民、法人和其他组织的合法权益，监督和保障行政机关依法行使职权，发挥行政复议化解行政争议的主渠道作用，推进法治政府建设，根据宪法，制定本法。

第二条　公民、法人或者其他组织认为行政机关的行政行为侵犯其合法权益，向行政复议机关提出行政复议申请，行政复议机关办理行政复议案件，适用本法。

前款所称行政行为，包括法律、法规、规章授权的组织的行政行为。

第三条　行政复议工作坚持中国共产党的领导。

行政复议机关履行行政复议职责，应当遵循合法、公正、公开、高效、便民、为民的原则，坚持有错必纠，保障法律、法规的正确实施。

第四条　县级以上各级人民政府以及其他依照本法履行行政复议职责的行政机关是行政复议机关。

行政复议机关办理行政复议事项的机构是行政复议机构。行政复议机构同时组织办理行政复议机关的行政应诉事项。

行政复议机关应当加强行政复议工作，支持和保障行政复议机构依法履行职责。上级行政复议机构对下级行政复议机构的行政复议工作进行指导、监督。

国务院行政复议机构可以发布行政复议指导性案例。

第五条　行政复议机关办理行政复议案件，可以进行调解。

调解应当遵循合法、自愿的原则，不得损害国家利益、社会公共利益和他人合法权益，不得违反法律、法规的强制性规定。

第六条　国家建立专业化、职业化行政复议人员队伍。

行政复议机构中初次从事行政复议工作的人员，应当通过国家统一法律职业资格考试取得法律职业资格，并参加统一职前培训。

国务院行政复议机构应当会同有关部门制定行政复议人员工作规范，加强对行政复议人员的业务考核和管理。

第七条　行政复议机关应当确保行政复议机构的人员配备与所承担的工作任务相适应，提高行政复议人员专业素质，根据工作需要保障办案场所、装备等设施。县级以上各级人民政府应当将行政复议工作经费列入本级预算。

第八条　行政复议机关应当加强信息化建设，运用现代信息技术，方便公民、法人或者其他组织申请、参加行政复议，提高工作质量和效率。

第九条　对在行政复议工作中做出显著成绩的单位和个人，按照国家有关规定给予表彰和奖励。

第十条　公民、法人或者其他组织对行政复议决定不服的，可以依照《中华人民共和国行政诉讼法》的规定向人民法院提起行政诉讼，但是法律规定行政复议决定为最终裁决的除外。

第二章　行政复议申请

第一节　行政复议范围

第十一条　有下列情形之一的，公民、法人或者其他组织可以依照本法申请行政复议：

（一）对行政机关作出的行政处罚决定不服；

（二）对行政机关作出的行政强制措施、行政强制执行决定不服；

（三）申请行政许可，行政机关拒绝或者在法定期限内不予答复，或者对行政机关作出的有关行政许可的其他决定不服；

（四）对行政机关作出的确认自然资源的所有权或者使用权的决定不服；

（五）对行政机关作出的征收征用决定及其补偿决定不服；

（六）对行政机关作出的赔偿决定或者不予赔偿决定不服；

（七）对行政机关作出的不予受理工伤认定申请的决定或者工伤认定结论不服；

（八）认为行政机关侵犯其经营自主权或者农村土地承包经营权、农村土地经营权；

（九）认为行政机关滥用行政权力排除或者限制竞争；

（十）认为行政机关违法集资、摊派费用或者违法要求履行其他义务；

（十一）申请行政机关履行保护人身权利、财产权利、受教育权利等合法权益的法定职责，行政机关拒绝履行、未依法履行或者不予答复；

（十二）申请行政机关依法给付抚恤金、社会保险待遇或者最低生活保障等社会保障，行政机关没有依法给付；

（十三）认为行政机关不依法订立、不依法履行、未按照约定履行或者违法变更、解除政府特许经营协议、土地房屋征收补偿协议等行政协议；

（十四）认为行政机关在政府信息公开工作中侵犯其合法权益；

（十五）认为行政机关的其他行政行为侵犯其合法权益。

第十二条　下列事项不属于行政复议范围：

（一）国防、外交等国家行为；

（二）行政法规、规章或者行政机关制定、发布的具有普遍约束力的决定、命令等规范性文件；

（三）行政机关对行政机关工作人员的奖惩、任免等决定；

（四）行政机关对民事纠纷作出的调解。

第十三条　公民、法人或者其他组织认为行政机关的行政行为所依据的下列规范性文件不合法，在对行政行为申请行政复议时，可以一并向行政复议机关提出对该规范性文件的附带审查申请：

（一）国务院部门的规范性文件；

（二）县级以上地方各级人民政府及其工作部门的规范性文件；

（三）乡、镇人民政府的规范性文件；

（四）法律、法规、规章授权的组织的规范性文件。

前款所列规范性文件不含规章。规章的审查依照法律、行政法规办理。

第二节　行政复议参加人

第十四条　依照本法申请行政复议的公民、法人或者其他组织是申请人。

有权申请行政复议的公民死亡的，其近亲属可以申请行政复议。有权申请行政复议的法人或者其他组织终止的，其权利义务承受人可以申请行政复议。

有权申请行政复议的公民为无民事行为能力人或者限制民事行为能力人的，其法定代理人可以代为申请行政复议。

第十五条　同一行政复议案件申请人人数众多的，可以由申请人推选代表人参加行政复议。

代表人参加行政复议的行为对其所代表的申请人发生效力，但是代表人变更行政复议请求、撤回行政复议申请、承认第三人请求的，应当经被代表的申请人同意。

第十六条　申请人以外的同被申请行政复议的行政行为或者行政复议案件处理结果有利害关系的公民、法人或者其他组织，可以作为第三人申请参加行政复议，或者由行政复议机构通知其作为第三人参加行政复议。

第三人不参加行政复议，不影响行政复议案件的审理。

第十七条　申请人、第三人可以委托一至二名律师、基层法律服务工作者或者其他代理人代为参加行政复议。

申请人、第三人委托代理人的，应当向行政复议机构提交授权委托书、委托人及被委托人的身份证明文件。授权委托书应当载明委托事项、权限和期限。申请人、第三人变更或者解除代理人权限的，应当书面告知行政复议机构。

第十八条　符合法律援助条件的行政复议申请人申请法律援助的，法律援助机构应当依法为其提供法律援助。

第十九条　公民、法人或者其他组织对行政行为不服申请行政复议的，作出行政行为的行政机关或者法律、法规、规章授权的组织是被申请人。

两个以上行政机关以共同的名义作出同一行政行为的，共同作出行政行为的行政机关是被申请人。

行政机关委托的组织作出行政行为的，委托的行政机关是被申请人。

作出行政行为的行政机关被撤销或者职权变更的，继续行使其职权的行政机关是被申请人。

第三节　申请的提出

第二十条　公民、法人或者其他组织认为行政行为侵犯其合法权益的，可以自知道或者应当知道该行政行为之日起六十日内提出行政复议申请；但是法律规定的申请期限超过六十日的除外。

因不可抗力或者其他正当理由耽误法定申请期限的，申请期限自障碍消除之日起继续计算。

行政机关作出行政行为时，未告知公民、法人或者其他组织申请行政复议的权利、行政复议机关和申请期限的，申请期限自公民、法人或者其他组织知道或者应当知道申请行政复议的权利、行政复议机关和申请期限之日起计算，但是自知道或者应当知道行政行为内容之日起最长不得超过一年。

第二十一条　因不动产提出的行政复议申请自行政行为作出之日起超过二十年，其他行政复议申请自行政行为作出之日起超过五年的，行政复议机关不予受理。

第二十二条　申请人申请行政复议，可以书面申请；书面申请有困难的，也可以口头申请。

书面申请的，可以通过邮寄或者行政复议机关指定的互联网渠道等方式提交行政复议申请书，也可以当面提交行政复议申请书。行政机关通过互联网渠道送达行政行为决定书的，应当同时提供提交行政复议申请书的互联网渠道。

口头申请的，行政复议机关应当当场记录申请人的基本情况、行政复议请求、申请行政复议的主要事实、理由和时间。

申请人对两个以上行政行为不服的，应当分别申请行政复议。

第二十三条　有下列情形之一的，申请人应当先向行政复议机关申请行政复议，对行政复议决定不服的，可以再依法向人民法院提起行政诉讼：

（一）对当场作出的行政处罚决定不服；

（二）对行政机关作出的侵犯其已经依法取得的自然资源的所有权或者使用权的决定不服；

（三）认为行政机关存在本法第十一条规定的未履行法定职责情形；

（四）申请政府信息公开，行政机关不予公开；

（五）法律、行政法规规定应当先向行政复议机关申请行政复议的其他情形。

对前款规定的情形，行政机关在作出行政行为时应当告知公民、法人或者其他组织先向行政复议机关申请行政复议。

第四节　行政复议管辖

第二十四条　县级以上地方各级人民政府管辖下列行政复议案件：

（一）对本级人民政府工作部门作出的行政行为不服的；

（二）对下一级人民政府作出的行政行为不服的；

（三）对本级人民政府依法设立的派出机关作出的行政行为不服的；

（四）对本级人民政府或者其工作部门管理的法律、法规、规章授权的组织作出的行政行为不服的。

除前款规定外，省、自治区、直辖市人民政府同时管辖对本机关作出的行政行为不服的行政复议案件。

省、自治区人民政府依法设立的派出机关参照设区的市级人民政府的职责权限，管辖相关行政复议案件。

对县级以上地方各级人民政府工作部门依法设立的派出机构依照法律、法规、规章规定，以派出机构的名义作出的行政行为不服的行政复议案件，由本级人民政府管辖；其中，对直辖市、设区的市人民政府工作部门按照行政区划设立的派出机构作出的行政行为不服的，也可以由其所在地的人民政府管辖。

第二十五条　国务院部门管辖下列行政复议案件：

（一）对本部门作出的行政行为不服的；

（二）对本部门依法设立的派出机构依照法律、行政法规、部门规章规定，以派出机构的名义作出的行政行为不服的；

（三）对本部门管理的法律、行政法规、部门规章授权的组织作出的行政行为不服的。

第二十六条　对省、自治区、直辖市人民政府依照本法第二十四条第二款的规定、国务院部门依照本法第二十五条第一项的规定作出的行政复议决定不服的，可以向人民法院提起行政诉讼；也可以向国务院申请裁决，国务院依照本法的规定作出最终裁决。

第二十七条　对海关、金融、外汇管理等实行垂直领导的行政机关、税务和国家安全机关的行政行为不服的，向上一级主管部门申请行政复议。

第二十八条　对履行行政复议机构职责的地方人民政府司法行政部门的行政行为不服的，可以向本级人民政府申请行政复议，也可以向上一级司法行政部门申请行政复议。

第二十九条　公民、法人或者其他组织申请行政复议，行政复议机关已经依法受理的，在行政复议期间不得向人民法院提起行政诉讼。

公民、法人或者其他组织向人民法院提起行政诉讼，人民法院已经依法受理的，不得申请行政复议。

第三章　行政复议受理

第三十条　行政复议机关收到行政复议申请后，应当在五日内进行审查。对符合下列规定的，行政复议机关应当予以受理：

（一）有明确的申请人和符合本法规定的被申请人；

（二）申请人与被申请行政复议的行政行为有利害关系；

（三）有具体的行政复议请求和理由；

（四）在法定申请期限内提出；

（五）属于本法规定的行政复议范围；

（六）属于本机关的管辖范围；

（七）行政复议机关未受理过该申请人就同一行政行为提出的行政复议申请，并且人民法院未受理过该申请人就同一行政行为提起的行政诉讼。

对不符合前款规定的行政复议申请，行政复议机关应当在审查期限内决定不予受理并说明理由；不属于本机关管辖的，还应当在不予受理决定中告知申请人有管辖权的行政复议机关。

行政复议申请的审查期限届满，行政复议机关未作出不予受理决定的，审查期限届满之日起视为受理。

第三十一条 行政复议申请材料不齐全或者表述不清楚，无法判断行政复议申请是否符合本法第三十条第一款规定的，行政复议机关应当自收到申请之日起五日内书面通知申请人补正。补正通知应当一次性载明需要补正的事项。

申请人应当自收到补正通知之日起十日内提交补正材料。有正当理由不能按期补正的，行政复议机关可以延长合理的补正期限。无正当理由逾期不补正的，视为申请人放弃行政复议申请，并记录在案。

行政复议机关收到补正材料后，依照本法第三十条的规定处理。

第三十二条 对当场作出或者依据电子技术监控设备记录的违法事实作出的行政处罚决定不服申请行政复议的，可以通过作出行政处罚决定的行政机关提交行政复议申请。

行政机关收到行政复议申请后，应当及时处理；认为需要维持行政处罚决定的，应当自收到行政复议申请之日起五日内转送行政复议机关。

第三十三条 行政复议机关受理行政复议申请后，发现该行政复议申请不符合本法第三十条第一款规定的，应当决定驳回申请并说明理由。

第三十四条 法律、行政法规规定应当先向行政复议机关申请行政复议、对行政复议决定不服再向人民法院提起行政诉讼的，行政复议机关决定不予受理、驳回申请或者受理后超过行政复议期限不作答复的，公民、法人或者其他组织可以自收到决定书之日起或者行政复议期限届满之日起十五日内，依法向人民法院提起行政诉讼。

第三十五条 公民、法人或者其他组织依法提出行政复议申请，行政复议机关无正当理由不予受理、驳回申请或者受理后超过行政复议期限不作答复的，申请人有权向上级行政机关反映，上级行政机关应当责令其纠正；必要时，上级行政复议机关可以直接受理。

第四章　行政复议审理

第一节　一般规定

第三十六条　行政复议机关受理行政复议申请后，依照本法适用普通程序或者简易程序进行审理。行政复议机构应当指定行政复议人员负责办理行政复议案件。

行政复议人员对办理行政复议案件过程中知悉的国家秘密、商业秘密和个人隐私，应当予以保密。

第三十七条　行政复议机关依照法律、法规、规章审理行政复议案件。

行政复议机关审理民族自治地方的行政复议案件，同时依照该民族自治地方的自治条例和单行条例。

第三十八条　上级行政复议机关根据需要，可以审理下级行政复议机关管辖的行政复议案件。

下级行政复议机关对其管辖的行政复议案件，认为需要由上级行政复议机关审理的，可以报请上级行政复议机关决定。

第三十九条　行政复议期间有下列情形之一的，行政复议中止：

（一）作为申请人的公民死亡，其近亲属尚未确定是否参加行政复议；

（二）作为申请人的公民丧失参加行政复议的行为能力，尚未确定法定代理人参加行政复议；

（三）作为申请人的公民下落不明；

（四）作为申请人的法人或者其他组织终止，尚未确定权利义务承受人；

（五）申请人、被申请人因不可抗力或者其他正当理由，不能参加行政复议；

（六）依照本法规定进行调解、和解，申请人和被申请人同意中止；

（七）行政复议案件涉及的法律适用问题需要有权机关作出解释或者确认；

（八）行政复议案件审理需要以其他案件的审理结果为依据，而其他案件尚未审结；

（九）有本法第五十六条或者第五十七条规定的情形；

（十）需要中止行政复议的其他情形。

行政复议中止的原因消除后，应当及时恢复行政复议案件的审理。

行政复议机关中止、恢复行政复议案件的审理，应当书面告知当事人。

第四十条　行政复议期间，行政复议机关无正当理由中止行政复议的，上级行政机关应当责令其恢复审理。

第四十一条　行政复议期间有下列情形之一的，行政复议机关决定终止行政复议：

（一）申请人撤回行政复议申请，行政复议机构准予撤回；

（二）作为申请人的公民死亡，没有近亲属或者其近亲属放弃行政复议权利；

（三）作为申请人的法人或者其他组织终止，没有权利义务承受人或者其权利义务承受人放弃行政复议权利；

（四）申请人对行政拘留或者限制人身自由的行政强制措施不服申请行政复议后，因同一违法行为涉嫌犯罪，被采取刑事强制措施；

（五）依照本法第三十九条第一款第一项、第二项、第四项的规定中止行政复议满六十日，行政复议中止的原因仍未消除。

第四十二条 行政复议期间行政行为不停止执行；但是有下列情形之一的，应当停止执行：

（一）被申请人认为需要停止执行；

（二）行政复议机关认为需要停止执行；

（三）申请人、第三人申请停止执行，行政复议机关认为其要求合理，决定停止执行；

（四）法律、法规、规章规定停止执行的其他情形。

第二节　行政复议证据

第四十三条 行政复议证据包括：

（一）书证；

（二）物证；

（三）视听资料；

（四）电子数据；

（五）证人证言；

（六）当事人的陈述；

（七）鉴定意见；

（八）勘验笔录、现场笔录。

以上证据经行政复议机构审查属实，才能作为认定行政复议案件事实的根据。

第四十四条 被申请人对其作出的行政行为的合法性、适当性负有举证责任。

有下列情形之一的，申请人应当提供证据：

（一）认为被申请人不履行法定职责的，提供曾经要求被申请人履行法定职责的证据，但是被申请人应当依职权主动履行法定职责或者申请人因正当理由不能提供的除外；

（二）提出行政赔偿请求的，提供受行政行为侵害而造成损害的证据，但是因被申请人原因导致申请人无法举证的，由被申请人承担举证责任；

（三）法律、法规规定需要申请人提供证据的其他情形。

第四十五条　行政复议机关有权向有关单位和个人调查取证，查阅、复制、调取有关文件和资料，向有关人员进行询问。

调查取证时，行政复议人员不得少于两人，并应当出示行政复议工作证件。

被调查取证的单位和个人应当积极配合行政复议人员的工作，不得拒绝或者阻挠。

第四十六条　行政复议期间，被申请人不得自行向申请人和其他有关单位或者个人收集证据；自行收集的证据不作为认定行政行为合法性、适当性的依据。

行政复议期间，申请人或者第三人提出被申请行政复议的行政行为作出时没有提出的理由或者证据的，经行政复议机构同意，被申请人可以补充证据。

第四十七条　行政复议期间，申请人、第三人及其委托代理人可以按照规定查阅、复制被申请人提出的书面答复、作出行政行为的证据、依据和其他有关材料，除涉及国家秘密、商业秘密、个人隐私或者可能危及国家安全、公共安全、社会稳定的情形外，行政复议机构应当同意。

第三节　普通程序

第四十八条　行政复议机构应当自行政复议申请受理之日起七日内，将行政复议申请书副本或者行政复议申请笔录复印件发送被申请人。被申请人应当自收到行政复议申请书副本或者行政复议申请笔录复印件之日起十日内，提出书面答复，并提交作出行政行为的证据、依据和其他有关材料。

第四十九条　适用普通程序审理的行政复议案件，行政复议机构应当当面或者通过互联网、电话等方式听取当事人的意见，并将听取的意见记录在案。因当事人原因不能听取意见的，可以书面审理。

第五十条　审理重大、疑难、复杂的行政复议案件，行政复议机构应当组织听证。

行政复议机构认为有必要听证，或者申请人请求听证的，行政复议机构可以组织听证。

听证由一名行政复议人员任主持人，两名以上行政复议人员任听证员，一名记录员制作听证笔录。

第五十一条　行政复议机构组织听证的，应当于举行听证的五日前将听证的时间、地点和拟听证事项书面通知当事人。

申请人无正当理由拒不参加听证的，视为放弃听证权利。

被申请人的负责人应当参加听证。不能参加的，应当说明理由并委托相应的工作人员参加听证。

第五十二条　县级以上各级人民政府应当建立相关政府部门、专家、学者等参与的行政复议委员会，为办理行政复议案件提供咨询意见，并就行政复议工作中的重大事项和共性问题研究提出意见。行政复议委员会的组成和开展工作的具体办法，由国务院行政复议机构制定。

审理行政复议案件涉及下列情形之一的，行政复议机构应当提请行政复议委员会提出咨询意见：

（一）案情重大、疑难、复杂；

（二）专业性、技术性较强；

（三）本法第二十四条第二款规定的行政复议案件；

（四）行政复议机构认为有必要。

行政复议机构应当记录行政复议委员会的咨询意见。

第四节　简易程序

第五十三条　行政复议机关审理下列行政复议案件，认为事实清楚、权利义务关系明确、争议不大的，可以适用简易程序：

（一）被申请行政复议的行政行为是当场作出；

（二）被申请行政复议的行政行为是警告或者通报批评；

（三）案件涉及款额三千元以下；

（四）属于政府信息公开案件。

除前款规定以外的行政复议案件，当事人各方同意适用简易程序的，可以适用简易程序。

第五十四条　适用简易程序审理的行政复议案件，行政复议机构应当自受理行政复议申请之日起三日内，将行政复议申请书副本或者行政复议申请笔录复印件发送被申请人。被申请人应当自收到行政复议申请书副本或者行政复议申请笔录复印件之日起五日内，提出书面答复，并提交作出行政行为的证据、依据和其他有关材料。

适用简易程序审理的行政复议案件，可以书面审理。

第五十五条　适用简易程序审理的行政复议案件，行政复议机构认为不宜适用简易程序的，经行政复议机构的负责人批准，可以转为普通程序审理。

第五节　行政复议附带审查

第五十六条　申请人依照本法第十三条的规定提出对有关规范性文件的附带审查申请，行政复议机关有权处理的，应当在三十日内依法处理；无权处理的，应当在七日内转送有权处理的行政机关依法处理。

第五十七条　行政复议机关在对被申请人作出的行政行为进行审查时，认为其依据不合法，本机关有权处理的，应当在三十日内依法处理；无权处理的，应当在七日内转送有权处理的国家机关依法处理。

第五十八条　行政复议机关依照本法第五十六条、第五十七条的规定有权处理有关规范性文件或者依据的，行政复议机构应当自行政复议中止之日起三日内，书面通知规范性文件或者依据的制定机关就相关条款的合法性提出书面答复。制定机关应当自收到书面通知之日起十日内提交书面答复及相关材料。

行政复议机构认为必要时，可以要求规范性文件或者依据的制定机关当面说明理由，制定机关应当配合。

第五十九条　行政复议机关依照本法第五十六条、第五十七条的规定有权处理有关规范性文件或者依据，认为相关条款合法的，在行政复议决定书中一并告知；认为相关条款超越权限或者违反上位法的，决定停止该条款的执行，并责令制定机关予以纠正。

第六十条　依照本法第五十六条、第五十七条的规定接受转送的行政机关、国家机关应当自收到转送之日起六十日内，将处理意见回复转送的行政复议机关。

第五章　行政复议决定

第六十一条　行政复议机关依照本法审理行政复议案件，由行政复议机构对行政行为进行审查，提出意见，经行政复议机关的负责人同意或者集体讨论通过后，以行政复议机关的名义作出行政复议决定。

经过听证的行政复议案件，行政复议机关应当根据听证笔录、审查认定的事实和证据，依照本法作出行政复议决定。

提请行政复议委员会提出咨询意见的行政复议案件，行政复议机关应当将咨询意见作为作出行政复议决定的重要参考依据。

第六十二条　适用普通程序审理的行政复议案件，行政复议机关应当自受理申请之日起六十日内作出行政复议决定；但是法律规定的行政复议期限少于六十日的除外。情况复杂，不能在规定期限内作出行政复议决定的，经行政复议机构的负责人批准，可以适当延长，并书面告知当事人；但是延长期限最多不得超过三十日。

适用简易程序审理的行政复议案件，行政复议机关应当自受理申请之日起三十日内作出行政复议决定。

第六十三条　行政行为有下列情形之一的，行政复议机关决定变更该行政行为：

（一）事实清楚，证据确凿，适用依据正确，程序合法，但是内容不适当；

（二）事实清楚，证据确凿，程序合法，但是未正确适用依据；

（三）事实不清、证据不足，经行政复议机关查清事实和证据。

行政复议机关不得作出对申请人更为不利的变更决定，但是第三人提出相反请求的除外。

第六十四条　行政行为有下列情形之一的，行政复议机关决定撤销或者部分撤销该行政行为，并可以责令被申请人在一定期限内重新作出行政行为：

（一）主要事实不清、证据不足；

（二）违反法定程序；

（三）适用的依据不合法；

（四）超越职权或者滥用职权。

行政复议机关责令被申请人重新作出行政行为的，被申请人不得以同一事实和理由作出与被申请行政复议的行政行为相同或者基本相同的行政行为，但是行政复议机关以违反法定程序为由决定撤销或者部分撤销的除外。

第六十五条 行政行为有下列情形之一的，行政复议机关不撤销该行政行为，但是确认该行政行为违法：

（一）依法应予撤销，但是撤销会给国家利益、社会公共利益造成重大损害；

（二）程序轻微违法，但是对申请人权利不产生实际影响。

行政行为有下列情形之一，不需要撤销或者责令履行的，行政复议机关确认该行政行为违法：

（一）行政行为违法，但是不具有可撤销内容；

（二）被申请人改变原违法行政行为，申请人仍要求撤销或者确认该行政行为违法；

（三）被申请人不履行或者拖延履行法定职责，责令履行没有意义。

第六十六条 被申请人不履行法定职责的，行政复议机关决定被申请人在一定期限内履行。

第六十七条 行政行为有实施主体不具有行政主体资格或者没有依据等重大且明显违法情形，申请人申请确认行政行为无效的，行政复议机关确认该行政行为无效。

第六十八条 行政行为认定事实清楚，证据确凿，适用依据正确，程序合法，内容适当的，行政复议机关决定维持该行政行为。

第六十九条 行政复议机关受理申请人认为被申请人不履行法定职责的行政复议申请后，发现被申请人没有相应法定职责或者在受理前已经履行法定职责的，决定驳回申请人的行政复议请求。

第七十条 被申请人不按照本法第四十八条、第五十四条的规定提出书面答复、提交作出行政行为的证据、依据和其他有关材料的，视为该行政行为没有证据、依据，行政复议机关决定撤销、部分撤销该行政行为，确认该行政行为违法、无效或者决定被申请人在一定期限内履行，但是行政行为涉及第三人合法权益，第三人提供证据的除外。

第七十一条 被申请人不依法订立、不依法履行、未按照约定履行或者违法变更、解除行政协议的，行政复议机关决定被申请人承担依法订立、继续履行、采取补救措施或者赔偿损失等责任。

被申请人变更、解除行政协议合法，但是未依法给予补偿或者补偿不合理的，行政复议机关决定被申请人依法给予合理补偿。

第七十二条　申请人在申请行政复议时一并提出行政赔偿请求，行政复议机关对依照《中华人民共和国国家赔偿法》的有关规定应当不予赔偿的，在作出行政复议决定时，应当同时决定驳回行政赔偿请求；对符合《中华人民共和国国家赔偿法》的有关规定应当给予赔偿的，在决定撤销或者部分撤销、变更行政行为或者确认行政行为违法、无效时，应当同时决定被申请人依法给予赔偿；确认行政行为违法的，还可以同时责令被申请人采取补救措施。

申请人在申请行政复议时没有提出行政赔偿请求的，行政复议机关在依法决定撤销或者部分撤销、变更罚款，撤销或者部分撤销违法集资、没收财物、征收征用、摊派费用以及对财产的查封、扣押、冻结等行政行为时，应当同时责令被申请人返还财产，解除对财产的查封、扣押、冻结措施，或者赔偿相应的价款。

第七十三条　当事人经调解达成协议的，行政复议机关应当制作行政复议调解书，经各方当事人签字或者签章，并加盖行政复议机关印章，即具有法律效力。

调解未达成协议或者调解书生效前一方反悔的，行政复议机关应当依法审查或者及时作出行政复议决定。

第七十四条　当事人在行政复议决定作出前可以自愿达成和解，和解内容不得损害国家利益、社会公共利益和他人合法权益，不得违反法律、法规的强制性规定。

当事人达成和解后，由申请人向行政复议机构撤回行政复议申请。行政复议机构准予撤回行政复议申请、行政复议机关决定终止行政复议的，申请人不得再以同一事实和理由提出行政复议申请。但是，申请人能够证明撤回行政复议申请违背其真实意愿的除外。

第七十五条　行政复议机关作出行政复议决定，应当制作行政复议决定书，并加盖行政复议机关印章。

行政复议决定书一经送达，即发生法律效力。

第七十六条　行政复议机关在办理行政复议案件过程中，发现被申请人或者其他下级行政机关的有关行政行为违法或者不当的，可以向其制发行政复议意见书。有关机关应当自收到行政复议意见书之日起六十日内，将纠正相关违法或者不当行政行为的情况报送行政复议机关。

第七十七条　被申请人应当履行行政复议决定书、调解书、意见书。

被申请人不履行或者无正当理由拖延履行行政复议决定书、调解书、意见书的，行政复议机关或者有关上级行政机关应当责令其限期履行，并可以约谈被申请人的有关负责人或者予以通报批评。

第七十八条 申请人、第三人逾期不起诉又不履行行政复议决定书、调解书的，或者不履行最终裁决的行政复议决定的，按照下列规定分别处理：

（一）维持行政行为的行政复议决定书，由作出行政行为的行政机关依法强制执行，或者申请人民法院强制执行；

（二）变更行政行为的行政复议决定书，由行政复议机关依法强制执行，或者申请人民法院强制执行；

（三）行政复议调解书，由行政复议机关依法强制执行，或者申请人民法院强制执行。

第七十九条 行政复议机关根据被申请行政复议的行政行为的公开情况，按照国家有关规定将行政复议决定书向社会公开。

县级以上地方各级人民政府办理以本级人民政府工作部门为被申请人的行政复议案件，应当将发生法律效力的行政复议决定书、意见书同时抄告被申请人的上一级主管部门。

第六章 法 律 责 任

第八十条 行政复议机关不依照本法规定履行行政复议职责，对负有责任的领导人员和直接责任人员依法给予警告、记过、记大过的处分；经有权监督的机关督促仍不改正或者造成严重后果的，依法给予降级、撤职、开除的处分。

第八十一条 行政复议机关工作人员在行政复议活动中，徇私舞弊或者有其他渎职、失职行为的，依法给予警告、记过、记大过的处分；情节严重的，依法给予降级、撤职、开除的处分；构成犯罪的，依法追究刑事责任。

第八十二条 被申请人违反本法规定，不提出书面答复或者不提交作出行政行为的证据、依据和其他有关材料，或者阻挠、变相阻挠公民、法人或者其他组织依法申请行政复议的，对负有责任的领导人员和直接责任人员依法给予警告、记过、记大过的处分；进行报复陷害的，依法给予降级、撤职、开除的处分；构成犯罪的，依法追究刑事责任。

第八十三条 被申请人不履行或者无正当理由拖延履行行政复议决定书、调解书、意见书的，对负有责任的领导人员和直接责任人员依法给予警告、记过、记大过的处分；经责令履行仍拒不履行的，依法给予降级、撤职、开除的处分。

第八十四条 拒绝、阻挠行政复议人员调查取证，故意扰乱行政复议工作秩序的，依法给予处分、治安管理处罚；构成犯罪的，依法追究刑事责任。

第八十五条 行政机关及其工作人员违反本法规定的，行政复议机关可以向监察机关或者公职人员任免机关、单位移送有关人员违法的事实材料，接受移送的监察机关或者公职人员任免机关、单位应当依法处理。

第八十六条 行政复议机关在办理行政复议案件过程中，发现公职人员涉嫌贪污贿赂、失职渎职等职务违法或者职务犯罪的问题线索，应当依照有关规定移送监察机关，由监察机关依法调查处置。

第七章 附 则

第八十七条 行政复议机关受理行政复议申请，不得向申请人收取任何费用。

第八十八条 行政复议期间的计算和行政复议文书的送达，本法没有规定的，依照《中华人民共和国民事诉讼法》关于期间、送达的规定执行。

本法关于行政复议期间有关"三日""五日""七日""十日"的规定是指工作日，不含法定休假日。

第八十九条 外国人、无国籍人、外国组织在中华人民共和国境内申请行政复议，适用本法。

第九十条 本法自 2024 年 1 月 1 日起施行。

中华人民共和国行政复议法实施条例

（2007年5月23日国务院第177次常务会议通过 2007年5月29日中华人民共和国国务院令第499号公布 自2007年8月1日起施行）

第一章 总 则

第一条 为了进一步发挥行政复议制度在解决行政争议、建设法治政府、构建社会主义和谐社会中的作用，根据《中华人民共和国行政复议法》（以下简称行政复议法），制定本条例。

第二条 各级行政复议机关应当认真履行行政复议职责，领导并支持本机关负责法制工作的机构（以下简称行政复议机构）依法办理行政复议事项，并依照有关规定配备、充实、调剂专职行政复议人员，保证行政复议机构的办案能力与工作任务相适应。

第三条 行政复议机构除应当依照行政复议法第三条的规定履行职责外，还应当履行下列职责：

（一）依照行政复议法第十八条的规定转送有关行政复议申请；

（二）办理行政复议法第二十九条规定的行政赔偿等事项；

（三）按照职责权限，督促行政复议申请的受理和行政复议决定的履行；

（四）办理行政复议、行政应诉案件统计和重大行政复议决定备案事项；

（五）办理或者组织办理未经行政复议直接提起行政诉讼的行政应诉事项；

（六）研究行政复议工作中发现的问题，及时向有关机关提出改进建议，重大问题及时向行政复议机关报告。

第四条 专职行政复议人员应当具备与履行行政复议职责相适应的品行、专业知识和业务能力，并取得相应资格。具体办法由国务院法制机构会同国务院有关部门规定。

第二章 行政复议申请

第一节 申 请 人

第五条 依照行政复议法和本条例的规定申请行政复议的公民、法人或者其他组织为申请人。

第六条 合伙企业申请行政复议的，应当以核准登记的企业为申请人，由执行合伙事务的合伙人代表该企业参加行政复议；其他合伙组织申请行政复议的，由合伙人共同申请行政复议。

前款规定以外的不具备法人资格的其他组织申请行政复议的，由该组织的主要负责人代表该组织参加行政复议；没有主要负责人的，由共同推选的其他成员代表该组织参加行政复议。

第七条 股份制企业的股东大会、股东代表大会、董事会认为行政机关作出的具体行政行为侵犯企业合法权益的，可以以企业的名义申请行政复议。

第八条 同一行政复议案件申请人超过 5 人的，推选 1 至 5 名代表参加行政复议。

第九条 行政复议期间，行政复议机构认为申请人以外的公民、法人或者其他组织与被审查的具体行政行为有利害关系的，可以通知其作为第三人参加行政复议。

行政复议期间，申请人以外的公民、法人或者其他组织与被审查的具体行政行为有利害关系的，可以向行政复议机构申请作为第三人参加行政复议。

第三人不参加行政复议，不影响行政复议案件的审理。

第十条 申请人、第三人可以委托 1 至 2 名代理人参加行政复议。申请人、第三人委托代理人的，应当向行政复议机构提交授权委托书。授权委托书应当载明委托事项、权限和期限。公民在特殊情况下无法书面委托的，可以口头委托。口头委托的，行政复议机构应当核实并记录在卷。申请人、第三人解除或者变更委托的，应当书面报告行政复议机构。

第二节 被 申 请 人

第十一条 公民、法人或者其他组织对行政机关的具体行政行为不服，依照行政复议法和本条例的规定申请行政复议的，作出该具体行政行为的行政机关为被申请人。

第十二条 行政机关与法律、法规授权的组织以共同的名义作出具体行政行为的，行政机关和法律、法规授权的组织为共同被申请人。

行政机关与其他组织以共同名义作出具体行政行为的，行政机关为被申请人。

第十三条 下级行政机关依照法律、法规、规章规定，经上级行政机关批准作出具体行政行为的，批准机关为被申请人。

第十四条 行政机关设立的派出机构、内设机构或者其他组织，未经法律、法规授权，对外以自己名义作出具体行政行为的，该行政机关为被申请人。

第三节　行政复议申请期限

第十五条　行政复议法第九条第一款规定的行政复议申请期限的计算，依照下列规定办理：

（一）当场作出具体行政行为的，自具体行政行为作出之日起计算；

（二）载明具体行政行为的法律文书直接送达的，自受送达人签收之日起计算；

（三）载明具体行政行为的法律文书邮寄送达的，自受送达人在邮件签收单上签收之日起计算；没有邮件签收单的，自受送达人在送达回执上签名之日起计算；

（四）具体行政行为依法通过公告形式告知受送达人的，自公告规定的期限届满之日起计算；

（五）行政机关作出具体行政行为时未告知公民、法人或者其他组织，事后补充告知的，自该公民、法人或者其他组织收到行政机关补充告知的通知之日起计算；

（六）被申请人能够证明公民、法人或者其他组织知道具体行政行为的，自证据材料证明其知道具体行政行为之日起计算。

行政机关作出具体行政行为，依法应当向有关公民、法人或者其他组织送达法律文书而未送达的，视为该公民、法人或者其他组织不知道该具体行政行为。

第十六条　公民、法人或者其他组织依照行政复议法第六条第（八）项、第（九）项、第（十）项的规定申请行政机关履行法定职责，行政机关未履行的，行政复议申请期限依照下列规定计算：

（一）有履行期限规定的，自履行期限届满之日起计算；

（二）没有履行期限规定的，自行政机关收到申请满 60 日起计算。

公民、法人或者其他组织在紧急情况下请求行政机关履行保护人身权、财产权的法定职责，行政机关不履行的，行政复议申请期限不受前款规定的限制。

第十七条　行政机关作出的具体行政行为对公民、法人或者其他组织的权利、义务可能产生不利影响的，应当告知其申请行政复议的权利、行政复议机关和行政复议申请期限。

第四节　行政复议申请的提出

第十八条　申请人书面申请行政复议的，可以采取当面递交、邮寄或者传真等方式提出行政复议申请。

有条件的行政复议机构可以接受以电子邮件形式提出的行政复议申请。

第十九条　申请人书面申请行政复议的，应当在行政复议申请书中载明下列事项：

（一）申请人的基本情况，包括：公民的姓名、性别、年龄、身份证号码、工作单位、住所、邮政编码；法人或者其他组织的名称、住所、邮政编码和法定代表人或者主要负责人的姓名、职务；

（二）被申请人的名称；

（三）行政复议请求、申请行政复议的主要事实和理由；

（四）申请人的签名或者盖章；

（五）申请行政复议的日期。

第二十条　申请人口头申请行政复议的，行政复议机构应当依照本条例第十九条规定的事项，当场制作行政复议申请笔录交申请人核对或者向申请人宣读，并由申请人签字确认。

第二十一条　有下列情形之一的，申请人应当提供证明材料：

（一）认为被申请人不履行法定职责的，提供曾经要求被申请人履行法定职责而被申请人未履行的证明材料；

（二）申请行政复议时一并提出行政赔偿请求的，提供受具体行政行为侵害而造成损害的证明材料；

（三）法律、法规规定需要申请人提供证据材料的其他情形。

第二十二条　申请人提出行政复议申请时错列被申请人的，行政复议机构应当告知申请人变更被申请人。

第二十三条　申请人对两个以上国务院部门共同作出的具体行政行为不服的，依照行政复议法第十四条的规定，可以向其中任何一个国务院部门提出行政复议申请，由作出具体行政行为的国务院部门共同作出行政复议决定。

第二十四条　申请人对经国务院批准实行省以下垂直领导的部门作出的具体行政行为不服的，可以选择向该部门的本级人民政府或者上一级主管部门申请行政复议；省、自治区、直辖市另有规定的，依照省、自治区、直辖市的规定办理。

第二十五条　申请人依照行政复议法第三十条第二款的规定申请行政复议的，应当向省、自治区、直辖市人民政府提出行政复议申请。

第二十六条　依照行政复议法第七条的规定，申请人认为具体行政行为所依据的规定不合法的，可以在对具体行政行为申请行政复议的同时一并提出对该规定的审查申请；申请人在对具体行政行为提出行政复议申请时尚不知道该具体行政行为所依据的规定的，可以在行政复议机关作出行政复议决定前向行政复议机关提出对该规定的审查申请。

第三章　行政复议受理

第二十七条　公民、法人或者其他组织认为行政机关的具体行政行为侵犯其合法权益提出行政复议申请，除不符合行政复议法和本条例规定的申请条件的，行政复议机关必须受理。

第二十八条　行政复议申请符合下列规定的，应当予以受理：

（一）有明确的申请人和符合规定的被申请人；

（二）申请人与具体行政行为有利害关系；

（三）有具体的行政复议请求和理由；

（四）在法定申请期限内提出；

（五）属于行政复议法规定的行政复议范围；

（六）属于收到行政复议申请的行政复议机构的职责范围；

（七）其他行政复议机关尚未受理同一行政复议申请，人民法院尚未受理同一主体就同一事实提起的行政诉讼。

第二十九条　行政复议申请材料不齐全或者表述不清楚的，行政复议机构可以自收到该行政复议申请之日起 5 日内书面通知申请人补正。补正通知应当载明需要补正的事项和合理的补正期限。无正当理由逾期不补正的，视为申请人放弃行政复议申请。补正申请材料所用时间不计入行政复议审理期限。

第三十条　申请人就同一事项向两个或者两个以上有权受理的行政机关申请行政复议的，由最先收到行政复议申请的行政机关受理；同时收到行政复议申请的，由收到行政复议申请的行政机关在 10 日内协商确定；协商不成的，由其共同上一级行政机关在 10 日内指定受理机关。协商确定或者指定受理机关所用时间不计入行政复议审理期限。

第三十一条　依照行政复议法第二十条的规定，上级行政机关认为行政复议机关不予受理行政复议申请的理由不成立的，可以先行督促其受理；经督促仍不受理的，应当责令其限期受理，必要时也可以直接受理；认为行政复议申请不符合法定受理条件的，应当告知申请人。

第四章　行政复议决定

第三十二条　行政复议机构审理行政复议案件，应当由 2 名以上行政复议人员参加。

第三十三条　行政复议机构认为必要时，可以实地调查核实证据；对重大、复杂的案件，申请人提出要求或者行政复议机构认为必要时，可以采取听证的方式审理。

第三十四条　行政复议人员向有关组织和人员调查取证时，可以查阅、复制、调取有关文件和资料，向有关人员进行询问。

调查取证时，行政复议人员不得少于 2 人，并应当向当事人或者有关人员出示证件。被调查单位和人员应当配合行政复议人员的工作，不得拒绝或者阻挠。

需要现场勘验的，现场勘验所用时间不计入行政复议审理期限。

第三十五条　行政复议机关应当为申请人、第三人查阅有关材料提供必要条件。

第三十六条　依照行政复议法第十四条的规定申请原级行政复议的案件，由原承办具体行政行为有关事项的部门或者机构提出书面答复，并提交作出具体行政行为的证据、依据和其他有关材料。

第三十七条　行政复议期间涉及专门事项需要鉴定的，当事人可以自行委托鉴定机构进行鉴定，也可以申请行政复议机构委托鉴定机构进行鉴定。鉴定费用由当事人承担。鉴定所用时间不计入行政复议审理期限。

第三十八条　申请人在行政复议决定作出前自愿撤回行政复议申请的，经行政复议机构同意，可以撤回。

申请人撤回行政复议申请的，不得再以同一事实和理由提出行政复议申请。但是，申请人能够证明撤回行政复议申请违背其真实意思表示的除外。

第三十九条　行政复议期间被申请人改变原具体行政行为的，不影响行政复议案件的审理。但是，申请人依法撤回行政复议申请的除外。

第四十条　公民、法人或者其他组织对行政机关行使法律、法规规定的自由裁量权作出的具体行政行为不服申请行政复议，申请人与被申请人在行政复议决定作出前自愿达成和解的，应当向行政复议机构提交书面和解协议；和解内容不损害社会公共利益和他人合法权益的，行政复议机构应当准许。

第四十一条　行政复议期间有下列情形之一，影响行政复议案件审理的，行政复议中止：

（一）作为申请人的自然人死亡，其近亲属尚未确定是否参加行政复议的；

（二）作为申请人的自然人丧失参加行政复议的能力，尚未确定法定代理人参加行政复议的；

（三）作为申请人的法人或者其他组织终止，尚未确定权利义务承受人的；

（四）作为申请人的自然人下落不明或者被宣告失踪的；

（五）申请人、被申请人因不可抗力，不能参加行政复议的；

（六）案件涉及法律适用问题，需要有权机关作出解释或者确认的；

（七）案件审理需要以其他案件的审理结果为依据，而其他案件尚未审结的；

（八）其他需要中止行政复议的情形。

行政复议中止的原因消除后，应当及时恢复行政复议案件的审理。

行政复议机构中止、恢复行政复议案件的审理，应当告知有关当事人。

第四十二条 行政复议期间有下列情形之一的，行政复议终止：

（一）申请人要求撤回行政复议申请，行政复议机构准予撤回的；

（二）作为申请人的自然人死亡，没有近亲属或者其近亲属放弃行政复议权利的；

（三）作为申请人的法人或者其他组织终止，其权利义务的承受人放弃行政复议权利的；

（四）申请人与被申请人依照本条例第四十条的规定，经行政复议机构准许达成和解的；

（五）申请人对行政拘留或者限制人身自由的行政强制措施不服申请行政复议后，因申请人同一违法行为涉嫌犯罪，该行政拘留或者限制人身自由的行政强制措施变更为刑事拘留的。

依照本条例第四十一条第一款第（一）项、第（二）项、第（三）项规定中止行政复议，满 60 日行政复议中止的原因仍未消除的，行政复议终止。

第四十三条 依照行政复议法第二十八条第一款第（一）项规定，具体行政行为认定事实清楚，证据确凿，适用依据正确，程序合法，内容适当的，行政复议机关应当决定维持。

第四十四条 依照行政复议法第二十八条第一款第（二）项规定，被申请人不履行法定职责的，行政复议机关应当决定其在一定期限内履行法定职责。

第四十五条 具体行政行为有行政复议法第二十八条第一款第（三）项规定情形之一的，行政复议机关应当决定撤销、变更该具体行政行为或者确认该具体行政行为违法；决定撤销该具体行政行为或者确认该具体行政行为违法的，可以责令被申请人在一定期限内重新作出具体行政行为。

第四十六条 被申请人未依照行政复议法第二十三条的规定提出书面答复、提交当初作出具体行政行为的证据、依据和其他有关材料的，视为该具体行政行为没有证据、依据，行政复议机关应当决定撤销该具体行政行为。

第四十七条 具体行政行为有下列情形之一，行政复议机关可以决定变更：

（一）认定事实清楚，证据确凿，程序合法，但是明显不当或者适用依据错误的；

（二）认定事实不清，证据不足，但是经行政复议机关审理查明事实清楚，证据确凿的。

第四十八条 有下列情形之一的，行政复议机关应当决定驳回行政复议申请：

（一）申请人认为行政机关不履行法定职责申请行政复议，行政复议机关受理后发现该行政机关没有相应法定职责或者在受理前已经履行法定职责的；

（二）受理行政复议申请后，发现该行政复议申请不符合行政复议法和本条例规定的受理条件的。

上级行政机关认为行政复议机关驳回行政复议申请的理由不成立的，应当责令其恢复审理。

第四十九条 行政复议机关依照行政复议法第二十八条的规定责令被申请人重新作出具体行政行为的，被申请人应当在法律、法规、规章规定的期限内重新作出具体行政行为；法律、法规、规章未规定期限的，重新作出具体行政行为的期限为60日。

公民、法人或者其他组织对被申请人重新作出的具体行政行为不服，可以依法申请行政复议或者提起行政诉讼。

第五十条 有下列情形之一的，行政复议机关可以按照自愿、合法的原则进行调解：

（一）公民、法人或者其他组织对行政机关行使法律、法规规定的自由裁量权作出的具体行政行为不服申请行政复议的；

（二）当事人之间的行政赔偿或者行政补偿纠纷。

当事人经调解达成协议的，行政复议机关应当制作行政复议调解书。调解书应当载明行政复议请求、事实、理由和调解结果，并加盖行政复议机关印章。行政复议调解书经双方当事人签字，即具有法律效力。

调解未达成协议或者调解书生效前一方反悔的，行政复议机关应当及时作出行政复议决定。

第五十一条 行政复议机关在申请人的行政复议请求范围内，不得作出对申请人更为不利的行政复议决定。

第五十二条 第三人逾期不起诉又不履行行政复议决定的，依照行政复议法第三十三条的规定处理。

第五章 行政复议指导和监督

第五十三条 行政复议机关应当加强对行政复议工作的领导。

行政复议机构在本级行政复议机关的领导下，按照职责权限对行政复议工作进行督促、指导。

第五十四条　县级以上各级人民政府应当加强对所属工作部门和下级人民政府履行行政复议职责的监督。

行政复议机关应当加强对其行政复议机构履行行政复议职责的监督。

第五十五条　县级以上地方各级人民政府应当建立健全行政复议工作责任制，将行政复议工作纳入本级政府目标责任制。

第五十六条　县级以上地方各级人民政府应当按照职责权限，通过定期组织检查、抽查等方式，对所属工作部门和下级人民政府行政复议工作进行检查，并及时向有关方面反馈检查结果。

第五十七条　行政复议期间行政复议机关发现被申请人或者其他下级行政机关的相关行政行为违法或者需要做好善后工作的，可以制作行政复议意见书。有关机关应当自收到行政复议意见书之日起60日内将纠正相关行政违法行为或者做好善后工作的情况通报行政复议机构。

行政复议期间行政复议机构发现法律、法规、规章实施中带有普遍性的问题，可以制作行政复议建议书，向有关机关提出完善制度和改进行政执法的建议。

第五十八条　县级以上各级人民政府行政复议机构应当定期向本级人民政府提交行政复议工作状况分析报告。

第五十九条　下级行政复议机关应当及时将重大行政复议决定报上级行政复议机关备案。

第六十条　各级行政复议机构应当定期组织对行政复议人员进行业务培训，提高行政复议人员的专业素质。

第六十一条　各级行政复议机关应当定期总结行政复议工作，对在行政复议工作中做出显著成绩的单位和个人，依照有关规定给予表彰和奖励。

第六章　法律责任

第六十二条　被申请人在规定期限内未按照行政复议决定的要求重新作出具体行政行为，或者违反规定重新作出具体行政行为的，依照行政复议法第三十七条的规定追究法律责任。

第六十三条　拒绝或者阻挠行政复议人员调查取证、查阅、复制、调取有关文件和资料的，对有关责任人员依法给予处分或者治安处罚；构成犯罪的，依法追究刑事责任。

第六十四条　行政复议机关或者行政复议机构不履行行政复议法和本条例规定的行政复议职责，经有权监督的行政机关督促仍不改正的，对直接负责的主管人员和其他直接责任人员依法给予警告、记过、记大过的处分；造成严重后果的，依法给予降级、撤职、开除的处分。

第六十五条　行政机关及其工作人员违反行政复议法和本条例规定的，行政复议机构可以向人事、监察部门提出对有关责任人员的处分建议，也可以将有关人员违法的事实材料直接转送人事、监察部门处理；接受转送的人事、监察部门应当依法处理，并将处理结果通报转送的行政复议机构。

第七章　附　　则

第六十六条　本条例自 2007 年 8 月 1 日起施行。

中华人民共和国行政诉讼法

（1989年4月4日第七届全国人民代表大会第二次会议通过　根据2014年11月1日第十二届全国人民代表大会常务委员会第十一次会议《关于修改〈中华人民共和国行政诉讼法〉的决定》第一次修正　根据2017年6月27日第十二届全国人民代表大会常务委员会第二十八次会议《关于修改〈中华人民共和国民事诉讼法〉和〈中华人民共和国行政诉讼法〉的决定》第二次修正）

目　　录

第一章　总　　则

第一条　为保证人民法院公正、及时审理行政案件，解决行政争议，保护公民、法人和其他组织的合法权益，监督行政机关依法行使职权，根据宪法，制定本法。

第二条　公民、法人或者其他组织认为行政机关和行政机关工作人员的行政行为侵犯其合法权益，有权依照本法向人民法院提起诉讼。

前款所称行政行为，包括法律、法规、规章授权的组织作出的行政行为。

第三条　人民法院应当保障公民、法人和其他组织的起诉权利，对应当受理的行政案件依法受理。

行政机关及其工作人员不得干预、阻碍人民法院受理行政案件。

被诉行政机关负责人应当出庭应诉。不能出庭的，应当委托行政机关相应的工作人员出庭。

第四条　人民法院依法对行政案件独立行使审判权，不受行政机关、社会团体和个人的干涉。

人民法院设行政审判庭，审理行政案件。

第五条　人民法院审理行政案件，以事实为根据，以法律为准绳。

第六条　人民法院审理行政案件，对行政行为是否合法进行审查。

第七条　人民法院审理行政案件，依法实行合议、回避、公开审判和两审终审制度。

第八条　当事人在行政诉讼中的法律地位平等。

第九条　各民族公民都有用本民族语言、文字进行行政诉讼的权利。

在少数民族聚居或者多民族共同居住的地区，人民法院应当用当地民族通用的语言、文字进行审理和发布法律文书。

人民法院应当对不通晓当地民族通用的语言、文字的诉讼参与人提供翻译。

第十条　当事人在行政诉讼中有权进行辩论。

第十一条　人民检察院有权对行政诉讼实行法律监督。

第二章　受案范围

第十二条　人民法院受理公民、法人或者其他组织提起的下列诉讼：

（一）对行政拘留、暂扣或者吊销许可证和执照、责令停产停业、没收违法所得、没收非法财物、罚款、警告等行政处罚不服的；

（二）对限制人身自由或者对财产的查封、扣押、冻结等行政强制措施和行政强制执行不服的；

（三）申请行政许可，行政机关拒绝或者在法定期限内不予答复，或者对行政机关作出的有关行政许可的其他决定不服的；

（四）对行政机关作出的关于确认土地、矿藏、水流、森林、山岭、草原、荒地、滩涂、海域等自然资源的所有权或者使用权的决定不服的；

（五）对征收、征用决定及其补偿决定不服的；

（六）申请行政机关履行保护人身权、财产权等合法权益的法定职责，行政机关拒绝履行或者不予答复的；

（七）认为行政机关侵犯其经营自主权或者农村土地承包经营权、农村土地经营权的；

（八）认为行政机关滥用行政权力排除或者限制竞争的；

（九）认为行政机关违法集资、摊派费用或者违法要求履行其他义务的；

（十）认为行政机关没有依法支付抚恤金、最低生活保障待遇或者社会保险待遇的；

（十一）认为行政机关不依法履行、未按照约定履行或者违法变更、解除政府特许经营协议、土地房屋征收补偿协议等协议的；

（十二）认为行政机关侵犯其他人身权、财产权等合法权益的。

除前款规定外，人民法院受理法律、法规规定可以提起诉讼的其他行政案件。

第十三条 人民法院不受理公民、法人或者其他组织对下列事项提起的诉讼：

（一）国防、外交等国家行为；

（二）行政法规、规章或者行政机关制定、发布的具有普遍约束力的决定、命令；

（三）行政机关对行政机关工作人员的奖惩、任免等决定；

（四）法律规定由行政机关最终裁决的行政行为。

第三章 管 辖

第十四条 基层人民法院管辖第一审行政案件。

第十五条 中级人民法院管辖下列第一审行政案件：

（一）对国务院部门或者县级以上地方人民政府所作的行政行为提起诉讼的案件；

（二）海关处理的案件；

（三）本辖区内重大、复杂的案件；

（四）其他法律规定由中级人民法院管辖的案件。

第十六条 高级人民法院管辖本辖区内重大、复杂的第一审行政案件。

第十七条 最高人民法院管辖全国范围内重大、复杂的第一审行政案件。

第十八条 行政案件由最初作出行政行为的行政机关所在地人民法院管辖。经复议的案件，也可以由复议机关所在地人民法院管辖。

经最高人民法院批准，高级人民法院可以根据审判工作的实际情况，确定若干人民法院跨行政区域管辖行政案件。

第十九条 对限制人身自由的行政强制措施不服提起的诉讼，由被告所在地或者原告所在地人民法院管辖。

第二十条 因不动产提起的行政诉讼，由不动产所在地人民法院管辖。

第二十一条 两个以上人民法院都有管辖权的案件，原告可以选择其中一个人民法院提起诉讼。原告向两个以上有管辖权的人民法院提起诉讼的，由最先立案的人民法院管辖。

第二十二条 人民法院发现受理的案件不属于本院管辖的，应当移送有管辖权的人民法院，受移送的人民法院应当受理。受移送的人民法院认为受移送的案件按照规定不属于本院管辖的，应当报请上级人民法院指定管辖，不得再自行移送。

第二十三条 有管辖权的人民法院由于特殊原因不能行使管辖权的，由上级人民法院指定管辖。

人民法院对管辖权发生争议，由争议双方协商解决。协商不成的，报它们的共同上级人民法院指定管辖。

第二十四条 上级人民法院有权审理下级人民法院管辖的第一审行政案件。

下级人民法院对其管辖的第一审行政案件，认为需要由上级人民法院审理或者指定管辖的，可以报请上级人民法院决定。

第四章 诉讼参加人

第二十五条 行政行为的相对人以及其他与行政行为有利害关系的公民、法人或者其他组织，有权提起诉讼。

有权提起诉讼的公民死亡，其近亲属可以提起诉讼。

有权提起诉讼的法人或者其他组织终止，承受其权利的法人或者其他组织可以提起诉讼。

人民检察院在履行职责中发现生态环境和资源保护、食品药品安全、国有财产保护、国有土地使用权出让等领域负有监督管理职责的行政机关违法行使职权或者不作为，致使国家利益或者社会公共利益受到侵害的，应当向行政机关提出检察建议，督促其依法履行职责。行政机关不依法履行职责的，人民检察院依法向人民法院提起诉讼。

第二十六条 公民、法人或者其他组织直接向人民法院提起诉讼的，作出行政行为的行政机关是被告。

经复议的案件，复议机关决定维持原行政行为的，作出原行政行为的行政机关和复议机关是共同被告；复议机关改变原行政行为的，复议机关是被告。

复议机关在法定期限内未作出复议决定，公民、法人或者其他组织起诉原行政行为的，作出原行政行为的行政机关是被告；起诉复议机关不作为的，复议机关是被告。

两个以上行政机关作出同一行政行为的，共同作出行政行为的行政机关是共同被告。

行政机关委托的组织所作的行政行为，委托的行政机关是被告。

行政机关被撤销或者职权变更的，继续行使其职权的行政机关是被告。

第二十七条　当事人一方或者双方为二人以上，因同一行政行为发生的行政案件，或者因同类行政行为发生的行政案件、人民法院认为可以合并审理并经当事人同意的，为共同诉讼。

第二十八条　当事人一方人数众多的共同诉讼，可以由当事人推选代表人进行诉讼。代表人的诉讼行为对其所代表的当事人发生效力，但代表人变更、放弃诉讼请求或者承认对方当事人的诉讼请求，应当经被代表的当事人同意。

第二十九条　公民、法人或者其他组织同被诉行政行为有利害关系但没有提起诉讼，或者同案件处理结果有利害关系的，可以作为第三人申请参加诉讼，或者由人民法院通知参加诉讼。

人民法院判决第三人承担义务或者减损第三人权益的，第三人有权依法提起上诉。

第三十条　没有诉讼行为能力的公民，由其法定代理人代为诉讼。法定代理人互相推诿代理责任的，由人民法院指定其中一人代为诉讼。

第三十一条　当事人、法定代理人，可以委托一至二人作为诉讼代理人。

下列人员可以被委托为诉讼代理人：

（一）律师、基层法律服务工作者；

（二）当事人的近亲属或者工作人员；

（三）当事人所在社区、单位以及有关社会团体推荐的公民。

第三十二条　代理诉讼的律师，有权按照规定查阅、复制本案有关材料，有权向有关组织和公民调查，收集与本案有关的证据。对涉及国家秘密、商业秘密和个人隐私的材料，应当依照法律规定保密。

当事人和其他诉讼代理人有权按照规定查阅、复制本案庭审材料，但涉及国家秘密、商业秘密和个人隐私的内容除外。

第五章　证　据

第三十三条　证据包括：

（一）书证；

（二）物证；

（三）视听资料；

（四）电子数据；

（五）证人证言；

（六）当事人的陈述；

（七）鉴定意见；

（八）勘验笔录、现场笔录。

以上证据经法庭审查属实，才能作为认定案件事实的根据。

第三十四条 被告对作出的行政行为负有举证责任，应当提供作出该行政行为的证据和所依据的规范性文件。

被告不提供或者无正当理由逾期提供证据，视为没有相应证据。但是，被诉行政行为涉及第三人合法权益，第三人提供证据的除外。

第三十五条 在诉讼过程中，被告及其诉讼代理人不得自行向原告、第三人和证人收集证据。

第三十六条 被告在作出行政行为时已经收集了证据，但因不可抗力等正当事由不能提供的，经人民法院准许，可以延期提供。

原告或者第三人提出了其在行政处理程序中没有提出的理由或者证据的，经人民法院准许，被告可以补充证据。

第三十七条 原告可以提供证明行政行为违法的证据。原告提供的证据不成立的，不免除被告的举证责任。

第三十八条 在起诉被告不履行法定职责的案件中，原告应当提供其向被告提出申请的证据。但有下列情形之一的除外：

（一）被告应当依职权主动履行法定职责的；

（二）原告因正当理由不能提供证据的。

在行政赔偿、补偿的案件中，原告应当对行政行为造成的损害提供证据。因被告的原因导致原告无法举证的，由被告承担举证责任。

第三十九条 人民法院有权要求当事人提供或者补充证据。

第四十条 人民法院有权向有关行政机关以及其他组织、公民调取证据。但是，不得为证明行政行为的合法性调取被告作出行政行为时未收集的证据。

第四十一条 与本案有关的下列证据，原告或者第三人不能自行收集的，可以申请人民法院调取：

（一）由国家机关保存而须由人民法院调取的证据；

（二）涉及国家秘密、商业秘密和个人隐私的证据；

（三）确因客观原因不能自行收集的其他证据。

第四十二条 在证据可能灭失或者以后难以取得的情况下，诉讼参加人可以向人民法院申请保全证据，人民法院也可以主动采取保全措施。

第四十三条 证据应当在法庭上出示，并由当事人互相质证。对涉及国家秘密、商业秘密和个人隐私的证据，不得在公开开庭时出示。

人民法院应当按照法定程序，全面、客观地审查核实证据。对未采纳的证据应当在裁判文书中说明理由。

以非法手段取得的证据，不得作为认定案件事实的根据。

第六章　起诉和受理

第四十四条　对属于人民法院受案范围的行政案件，公民、法人或者其他组织可以先向行政机关申请复议，对复议决定不服的，再向人民法院提起诉讼；也可以直接向人民法院提起诉讼。

法律、法规规定应当先向行政机关申请复议，对复议决定不服再向人民法院提起诉讼的，依照法律、法规的规定。

第四十五条　公民、法人或者其他组织不服复议决定的，可以在收到复议决定书之日起十五日内向人民法院提起诉讼。复议机关逾期不作决定的，申请人可以在复议期满之日起十五日内向人民法院提起诉讼。法律另有规定的除外。

第四十六条　公民、法人或者其他组织直接向人民法院提起诉讼的，应当自知道或者应当知道作出行政行为之日起六个月内提出。法律另有规定的除外。

因不动产提起诉讼的案件自行政行为作出之日起超过二十年，其他案件自行政行为作出之日起超过五年提起诉讼的，人民法院不予受理。

第四十七条　公民、法人或者其他组织申请行政机关履行保护其人身权、财产权等合法权益的法定职责，行政机关在接到申请之日起两个月内不履行的，公民、法人或者其他组织可以向人民法院提起诉讼。法律、法规对行政机关履行职责的期限另有规定的，从其规定。

公民、法人或者其他组织在紧急情况下请求行政机关履行保护其人身权、财产权等合法权益的法定职责，行政机关不履行的，提起诉讼不受前款规定期限的限制。

第四十八条　公民、法人或者其他组织因不可抗力或者其他不属于其自身的原因耽误起诉期限的，被耽误的时间不计算在起诉期限内。

公民、法人或者其他组织因前款规定以外的其他特殊情况耽误起诉期限的，在障碍消除后十日内，可以申请延长期限，是否准许由人民法院决定。

第四十九条　提起诉讼应当符合下列条件：

（一）原告是符合本法第二十五条规定的公民、法人或者其他组织；

（二）有明确的被告；

（三）有具体的诉讼请求和事实根据；

（四）属于人民法院受案范围和受诉人民法院管辖。

第五十条　起诉应当向人民法院递交起诉状，并按照被告人数提出副本。

书写起诉状确有困难的，可以口头起诉，由人民法院记入笔录，出具注明日期的书面凭证，并告知对方当事人。

第五十一条　人民法院在接到起诉状时对符合本法规定的起诉条件的，应当登记立案。

对当场不能判定是否符合本法规定的起诉条件的，应当接收起诉状，出具注明收到日期的书面凭证，并在七日内决定是否立案。不符合起诉条件的，作出不予立案的裁定。裁定书应当载明不予立案的理由。原告对裁定不服的，可以提起上诉。

起诉状内容欠缺或者有其他错误的，应当给予指导和释明，并一次性告知当事人需要补正的内容。不得未经指导和释明即以起诉不符合条件为由不接收起诉状。

对于不接收起诉状、接收起诉状后不出具书面凭证，以及不一次性告知当事人需要补正的起诉状内容的，当事人可以向上级人民法院投诉，上级人民法院应当责令改正，并对直接负责的主管人员和其他直接责任人员依法给予处分。

第五十二条 人民法院既不立案，又不作出不予立案裁定的，当事人可以向上一级人民法院起诉。上一级人民法院认为符合起诉条件的，应当立案、审理，也可以指定其他下级人民法院立案、审理。

第五十三条 公民、法人或者其他组织认为行政行为所依据的国务院部门和地方人民政府及其部门制定的规范性文件不合法，在对行政行为提起诉讼时，可以一并请求对该规范性文件进行审查。

前款规定的规范性文件不含规章。

第七章 审理和判决

第一节 一般规定

第五十四条 人民法院公开审理行政案件，但涉及国家秘密、个人隐私和法律另有规定的除外。

涉及商业秘密的案件，当事人申请不公开审理的，可以不公开审理。

第五十五条 当事人认为审判人员与本案有利害关系或者有其他关系可能影响公正审判，有权申请审判人员回避。

审判人员认为自己与本案有利害关系或者有其他关系，应当申请回避。

前两款规定，适用于书记员、翻译人员、鉴定人、勘验人。

院长担任审判长时的回避，由审判委员会决定；审判人员的回避，由院长决定；其他人员的回避，由审判长决定。当事人对决定不服的，可以申请复议一次。

第五十六条 诉讼期间，不停止行政行为的执行。但有下列情形之一的，裁定停止执行：

（一）被告认为需要停止执行的；

（二）原告或者利害关系人申请停止执行，人民法院认为该行政行为的执行会造成难以弥补的损失，并且停止执行不损害国家利益、社会公共利益的；

（三）人民法院认为该行政行为的执行会给国家利益、社会公共利益造成重大损害的；

（四）法律、法规规定停止执行的。

当事人对停止执行或者不停止执行的裁定不服的，可以申请复议一次。

第五十七条 人民法院对起诉行政机关没有依法支付抚恤金、最低生活保障金和工伤、医疗社会保险金的案件，权利义务关系明确、不先予执行将严重影响原告生活的，可以根据原告的申请，裁定先予执行。

当事人对先予执行裁定不服的，可以申请复议一次。复议期间不停止裁定的执行。

第五十八条 经人民法院传票传唤，原告无正当理由拒不到庭，或者未经法庭许可中途退庭的，可以按照撤诉处理；被告无正当理由拒不到庭，或者未经法庭许可中途退庭的，可以缺席判决。

第五十九条 诉讼参与人或者其他人有下列行为之一的，人民法院可以根据情节轻重，予以训诫、责令具结悔过或者处一万元以下的罚款、十五日以下的拘留；构成犯罪的，依法追究刑事责任：

（一）有义务协助调查、执行的人，对人民法院的协助调查决定、协助执行通知书，无故推拖、拒绝或者妨碍调查、执行的；

（二）伪造、隐藏、毁灭证据或者提供虚假证明材料，妨碍人民法院审理案件的；

（三）指使、贿买、胁迫他人作伪证或者威胁、阻止证人作证的；

（四）隐藏、转移、变卖、毁损已被查封、扣押、冻结的财产的；

（五）以欺骗、胁迫等非法手段使原告撤诉的；

（六）以暴力、威胁或者其他方法阻碍人民法院工作人员执行职务，或者以哄闹、冲击法庭等方法扰乱人民法院工作秩序的；

（七）对人民法院审判人员或者其他工作人员、诉讼参与人、协助调查和执行的人员恐吓、侮辱、诽谤、诬陷、殴打、围攻或者打击报复的。

人民法院对有前款规定的行为之一的单位，可以对其主要负责人或者直接责任人员依照前款规定予以罚款、拘留；构成犯罪的，依法追究刑事责任。

罚款、拘留须经人民法院院长批准。当事人不服的，可以向上一级人民法院申请复议一次。复议期间不停止执行。

第六十条 人民法院审理行政案件，不适用调解。但是，行政赔偿、补偿以及行政机关行使法律、法规规定的自由裁量权的案件可以调解。

调解应当遵循自愿、合法原则，不得损害国家利益、社会公共利益和他人合法权益。

第六十一条 在涉及行政许可、登记、征收、征用和行政机关对民事争议所作的裁决的行政诉讼中，当事人申请一并解决相关民事争议的，人民法院可以一并审理。

在行政诉讼中，人民法院认为行政案件的审理需以民事诉讼的裁判为依据的，可以裁定中止行政诉讼。

第六十二条 人民法院对行政案件宣告判决或者裁定前，原告申请撤诉的，或者被告改变其所作的行政行为，原告同意并申请撤诉的，是否准许，由人民法院裁定。

第六十三条 人民法院审理行政案件，以法律和行政法规、地方性法规为依据。地方性法规适用于本行政区域内发生的行政案件。

人民法院审理民族自治地方的行政案件，并以该民族自治地方的自治条例和单行条例为依据。

人民法院审理行政案件，参照规章。

第六十四条 人民法院在审理行政案件中，经审查认为本法第五十三条规定的规范性文件不合法的，不作为认定行政行为合法的依据，并向制定机关提出处理建议。

第六十五条 人民法院应当公开发生法律效力的判决书、裁定书，供公众查阅，但涉及国家秘密、商业秘密和个人隐私的内容除外。

第六十六条 人民法院在审理行政案件中，认为行政机关的主管人员、直接责任人员违法违纪的，应当将有关材料移送监察机关、该行政机关或者其上一级行政机关；认为有犯罪行为的，应当将有关材料移送公安、检察机关。

人民法院对被告经传票传唤无正当理由拒不到庭，或者未经法庭许可中途退庭的，可以将被告拒不到庭或者中途退庭的情况予以公告，并可以向监察机关或者被告的上一级行政机关提出依法给予其主要负责人或者直接责任人员处分的司法建议。

第二节 第一审普通程序

第六十七条 人民法院应当在立案之日起五日内，将起诉状副本发送被告。被告应当在收到起诉状副本之日起十五日内向人民法院提交作出行政行为的证据和所依据的规范性文件，并提出答辩状。人民法院应当在收到答辩状之日起五日内，将答辩状副本发送原告。

被告不提出答辩状的，不影响人民法院审理。

第六十八条 人民法院审理行政案件，由审判员组成合议庭，或者由审判员、陪审员组成合议庭。合议庭的成员，应当是三人以上的单数。

第六十九条 行政行为证据确凿，适用法律、法规正确，符合法定程序的，或者原告申请被告履行法定职责或者给付义务理由不成立的，人民法院判决驳回原告的诉讼请求。

第七十条 行政行为有下列情形之一的，人民法院判决撤销或者部分撤销，并可以判决被告重新作出行政行为：

（一）主要证据不足的；

（二）适用法律、法规错误的；

（三）违反法定程序的；

（四）超越职权的；

（五）滥用职权的；

（六）明显不当的。

第七十一条 人民法院判决被告重新作出行政行为的，被告不得以同一的事实和理由作出与原行政行为基本相同的行政行为。

第七十二条 人民法院经过审理，查明被告不履行法定职责的，判决被告在一定期限内履行。

第七十三条 人民法院经过审理，查明被告依法负有给付义务的，判决被告履行给付义务。

第七十四条 行政行为有下列情形之一的，人民法院判决确认违法，但不撤销行政行为：

（一）行政行为依法应当撤销，但撤销会给国家利益、社会公共利益造成重大损害的；

（二）行政行为程序轻微违法，但对原告权利不产生实际影响的。

行政行为有下列情形之一，不需要撤销或者判决履行的，人民法院判决确认违法：

（一）行政行为违法，但不具有可撤销内容的；

（二）被告改变原违法行政行为，原告仍要求确认原行政行为违法的；

（三）被告不履行或者拖延履行法定职责，判决履行没有意义的。

第七十五条 行政行为有实施主体不具有行政主体资格或者没有依据等重大且明显违法情形，原告申请确认行政行为无效的，人民法院判决确认无效。

第七十六条 人民法院判决确认违法或者无效的，可以同时判决责令被告采取补救措施；给原告造成损失的，依法判决被告承担赔偿责任。

第七十七条 行政处罚明显不当，或者其他行政行为涉及对款额的确定、认定确有错误的，人民法院可以判决变更。

人民法院判决变更，不得加重原告的义务或者减损原告的权益。但利害关系人同为原告，且诉讼请求相反的除外。

第七十八条 被告不依法履行、未按照约定履行或者违法变更、解除本法第十二条第一款第十一项规定的协议的，人民法院判决被告承担继续履行、采取补救措施或者赔偿损失等责任。

被告变更、解除本法第十二条第一款第十一项规定的协议合法，但未依法给予补偿的，人民法院判决给予补偿。

第七十九条 复议机关与作出原行政行为的行政机关为共同被告的案件，人民法院应当对复议决定和原行政行为一并作出裁判。

第八十条 人民法院对公开审理和不公开审理的案件，一律公开宣告判决。

当庭宣判的，应当在十日内发送判决书；定期宣判的，宣判后立即发给判决书。

宣告判决时，必须告知当事人上诉权利、上诉期限和上诉的人民法院。

第八十一条 人民法院应当在立案之日起六个月内作出第一审判决。有特殊情况需要延长的，由高级人民法院批准，高级人民法院审理第一审案件需要延长的，由最高人民法院批准。

第三节 简易程序

第八十二条 人民法院审理下列第一审行政案件，认为事实清楚、权利义务关系明确、争议不大的，可以适用简易程序：

（一）被诉行政行为是依法当场作出的；

（二）案件涉及款额二千元以下的；

（三）属于政府信息公开案件的。

除前款规定以外的第一审行政案件，当事人各方同意适用简易程序的，可以适用简易程序。

发回重审、按照审判监督程序再审的案件不适用简易程序。

第八十三条 适用简易程序审理的行政案件，由审判员一人独任审理，并应当在立案之日起四十五日内审结。

第八十四条 人民法院在审理过程中，发现案件不宜适用简易程序的，裁定转为普通程序。

第四节 第二审程序

第八十五条 当事人不服人民法院第一审判决的，有权在判决书送达之日起十五日内向上一级人民法院提起上诉。当事人不服人民法院第一审裁定的，有权在裁定书送达之日起十日内向上一级人民法院提起上诉。逾期不提起上诉的，人民法院的第一审判决或者裁定发生法律效力。

第八十六条 人民法院对上诉案件，应当组成合议庭，开庭审理。经过阅卷、调查和询问当事人，对没有提出新的事实、证据或者理由，合议庭认为不需要开庭审理的，也可以不开庭审理。

第八十七条 人民法院审理上诉案件，应当对原审人民法院的判决、裁定和被诉行政行为进行全面审查。

第八十八条 人民法院审理上诉案件，应当在收到上诉状之日起三个月内作出终审判决。有特殊情况需要延长的，由高级人民法院批准，高级人民法院审理上诉案件需要延长的，由最高人民法院批准。

第八十九条 人民法院审理上诉案件，按照下列情形，分别处理：

（一）原判决、裁定认定事实清楚，适用法律、法规正确的，判决或者裁定驳回上诉，维持原判决、裁定；

（二）原判决、裁定认定事实错误或者适用法律、法规错误的，依法改判、撤销或者变更；

（三）原判决认定基本事实不清、证据不足的，发回原审人民法院重审，或者查清事实后改判；

（四）原判决遗漏当事人或者违法缺席判决等严重违反法定程序的，裁定撤销原判决，发回原审人民法院重审。

原审人民法院对发回重审的案件作出判决后，当事人提起上诉的，第二审人民法院不得再次发回重审。

人民法院审理上诉案件，需要改变原审判决的，应当同时对被诉行政行为作出判决。

第五节　审判监督程序

第九十条　当事人对已经发生法律效力的判决、裁定，认为确有错误的，可以向上一级人民法院申请再审，但判决、裁定不停止执行。

第九十一条　当事人的申请符合下列情形之一的，人民法院应当再审：

（一）不予立案或者驳回起诉确有错误的；

（二）有新的证据，足以推翻原判决、裁定的；

（三）原判决、裁定认定事实的主要证据不足、未经质证或者系伪造的；

（四）原判决、裁定适用法律、法规确有错误的；

（五）违反法律规定的诉讼程序，可能影响公正审判的；

（六）原判决、裁定遗漏诉讼请求的；

（七）据以作出原判决、裁定的法律文书被撤销或者变更的；

（八）审判人员在审理该案件时有贪污受贿、徇私舞弊、枉法裁判行为的。

第九十二条　各级人民法院院长对本院已经发生法律效力的判决、裁定，发现有本法第九十一条规定情形之一，或者发现调解违反自愿原则或者调解书内容违法，认为需要再审的，应当提交审判委员会讨论决定。

最高人民法院对地方各级人民法院已经发生法律效力的判决、裁定，上级人民法院对下级人民法院已经发生法律效力的判决、裁定，发现有本法第九十一条规定情形之一，或者发现调解违反自愿原则或者调解书内容违法的，有权提审或者指令下级人民法院再审。

第九十三条　最高人民检察院对各级人民法院已经发生法律效力的判决、裁定，上级人民检察院对下级人民法院已经发生法律效力的判决、裁定，发现有本法第九十一条规定情形之一，或者发现调解书损害国家利益、社会公共利益的，应当提出抗诉。

地方各级人民检察院对同级人民法院已经发生法律效力的判决、裁定，发现有本法第九十一条规定情形之一，或者发现调解书损害国家利益、社会公共利益的，可以向同级人民法院提出检察建议，并报上级人民检察院备案；也可以提请上级人民检察院向同级人民法院提出抗诉。

各级人民检察院对审判监督程序以外的其他审判程序中审判人员的违法行为，有权向同级人民法院提出检察建议。

第八章　执　　行

第九十四条　当事人必须履行人民法院发生法律效力的判决、裁定、调解书。

第九十五条　公民、法人或者其他组织拒绝履行判决、裁定、调解书的，行政机关或者第三人可以向第一审人民法院申请强制执行，或者由行政机关依法强制执行。

第九十六条　行政机关拒绝履行判决、裁定、调解书的，第一审人民法院可以采取下列措施：

（一）对应当归还的罚款或者应当给付的款额，通知银行从该行政机关的账户内划拨；

（二）在规定期限内不履行的，从期满之日起，对该行政机关负责人按日处五十元至一百元的罚款；

（三）将行政机关拒绝履行的情况予以公告；

（四）向监察机关或者该行政机关的上一级行政机关提出司法建议。接受司法建议的机关，根据有关规定进行处理，并将处理情况告知人民法院；

（五）拒不履行判决、裁定、调解书，社会影响恶劣的，可以对该行政机关直接负责的主管人员和其他直接责任人员予以拘留；情节严重，构成犯罪的，依法追究刑事责任。

第九十七条　公民、法人或者其他组织对行政行为在法定期限内不提起诉讼又不履行的，行政机关可以申请人民法院强制执行，或者依法强制执行。

第九章　涉外行政诉讼

第九十八条　外国人、无国籍人、外国组织在中华人民共和国进行行政诉讼，适用本法。法律另有规定的除外。

第九十九条　外国人、无国籍人、外国组织在中华人民共和国进行行政诉讼，同中华人民共和国公民、组织有同等的诉讼权利和义务。

外国法院对中华人民共和国公民、组织的行政诉讼权利加以限制的，人民法院对该国公民、组织的行政诉讼权利，实行对等原则。

第一百条 外国人、无国籍人、外国组织在中华人民共和国进行行政诉讼，委托律师代理诉讼的，应当委托中华人民共和国律师机构的律师。

第十章 附 则

第一百零一条 人民法院审理行政案件，关于期间、送达、财产保全、开庭审理、调解、中止诉讼、终结诉讼、简易程序、执行等，以及人民检察院对行政案件受理、审理、裁判、执行的监督，本法没有规定的，适用《中华人民共和国民事诉讼法》的相关规定。

第一百零二条 人民法院审理行政案件，应当收取诉讼费用。诉讼费用由败诉方承担，双方都有责任的由双方分担。收取诉讼费用的具体办法另行规定。

第一百零三条 本法自 1990 年 10 月 1 日起施行。

中华人民共和国行政处罚法

（1996 年 3 月 17 日第八届全国人民代表大会第四次会议通过　根据 2009 年 8 月 27 日第十一届全国人民代表大会常务委员会第十次会议《关于修改部分法律的决定》第一次修正　根据 2017 年 9 月 1 日第十二届全国人民代表大会常务委员会第二十九次会议《关于修改〈中华人民共和国法官法〉等八部法律的决定》第二次修正　2021 年 1 月 22 日第十三届全国人民代表大会常务委员会第二十五次会议修订）

目　　录

第一章　总　　则

第一条　为了规范行政处罚的设定和实施，保障和监督行政机关有效实施行政管理，维护公共利益和社会秩序，保护公民、法人或者其他组织的合法权益，根据宪法，制定本法。

第二条　行政处罚是指行政机关依法对违反行政管理秩序的公民、法人或者其他组织，以减损权益或者增加义务的方式予以惩戒的行为。

第三条　行政处罚的设定和实施，适用本法。

第四条　公民、法人或者其他组织违反行政管理秩序的行为，应当给予行政处罚的，依照本法由法律、法规、规章规定，并由行政机关依照本法规定的程序实施。

第五条　行政处罚遵循公正、公开的原则。

设定和实施行政处罚必须以事实为依据，与违法行为的事实、性质、情节以及社会危害程度相当。

对违法行为给予行政处罚的规定必须公布；未经公布的，不得作为行政处罚的依据。

第六条　实施行政处罚，纠正违法行为，应当坚持处罚与教育相结合，教育公民、法人或者其他组织自觉守法。

第七条　公民、法人或者其他组织对行政机关所给予的行政处罚，享有陈述权、申辩权；对行政处罚不服的，有权依法申请行政复议或者提起行政诉讼。

公民、法人或者其他组织因行政机关违法给予行政处罚受到损害的，有权依法提出赔偿要求。

第八条　公民、法人或者其他组织因违法行为受到行政处罚，其违法行为对他人造成损害的，应当依法承担民事责任。

违法行为构成犯罪，应当依法追究刑事责任的，不得以行政处罚代替刑事处罚。

第二章　行政处罚的种类和设定

第九条　行政处罚的种类：

（一）警告、通报批评；

（二）罚款、没收违法所得、没收非法财物；

（三）暂扣许可证件、降低资质等级、吊销许可证件；

（四）限制开展生产经营活动、责令停产停业、责令关闭、限制从业；

（五）行政拘留；

（六）法律、行政法规规定的其他行政处罚。

第十条　法律可以设定各种行政处罚。

限制人身自由的行政处罚，只能由法律设定。

第十一条　行政法规可以设定除限制人身自由以外的行政处罚。

法律对违法行为已经作出行政处罚规定，行政法规需要作出具体规定的，必须在法律规定的给予行政处罚的行为、种类和幅度的范围内规定。

法律对违法行为未作出行政处罚规定，行政法规为实施法律，可以补充设定行政处罚。拟补充设定行政处罚的，应当通过听证会、论证会等形式广泛听取意见，并向制定机关作出书面说明。行政法规报送备案时，应当说明补充设定行政处罚的情况。

第十二条　地方性法规可以设定除限制人身自由、吊销营业执照以外的行政处罚。

法律、行政法规对违法行为已经作出行政处罚规定，地方性法规需要作出具体规定的，必须在法律、行政法规规定的给予行政处罚的行为、种类和幅度的范围内规定。

法律、行政法规对违法行为未作出行政处罚规定，地方性法规为实施法律、行政法规，可以补充设定行政处罚。拟补充设定行政处罚的，应当通过听证会、论证会等形式广泛听取意见，并向制定机关作出书面说明。地方性法规报送备案时，应当说明补充设定行政处罚的情况。

第十三条 国务院部门规章可以在法律、行政法规规定的给予行政处罚的行为、种类和幅度的范围内作出具体规定。

尚未制定法律、行政法规的，国务院部门规章对违反行政管理秩序的行为，可以设定警告、通报批评或者一定数额罚款的行政处罚。罚款的限额由国务院规定。

第十四条 地方政府规章可以在法律、法规规定的给予行政处罚的行为、种类和幅度的范围内作出具体规定。

尚未制定法律、法规的，地方政府规章对违反行政管理秩序的行为，可以设定警告、通报批评或者一定数额罚款的行政处罚。罚款的限额由省、自治区、直辖市人民代表大会常务委员会规定。

第十五条 国务院部门和省、自治区、直辖市人民政府及其有关部门应当定期组织评估行政处罚的实施情况和必要性，对不适当的行政处罚事项及种类、罚款数额等，应当提出修改或者废止的建议。

第十六条 除法律、法规、规章外，其他规范性文件不得设定行政处罚。

第三章　行政处罚的实施机关

第十七条 行政处罚由具有行政处罚权的行政机关在法定职权范围内实施。

第十八条 国家在城市管理、市场监管、生态环境、文化市场、交通运输、应急管理、农业等领域推行建立综合行政执法制度，相对集中行政处罚权。

国务院或者省、自治区、直辖市人民政府可以决定一个行政机关行使有关行政机关的行政处罚权。

限制人身自由的行政处罚权只能由公安机关和法律规定的其他机关行使。

第十九条 法律、法规授权的具有管理公共事务职能的组织可以在法定授权范围内实施行政处罚。

第二十条 行政机关依照法律、法规、规章的规定，可以在其法定权限内书面委托符合本法第二十一条规定条件的组织实施行政处罚。行政机关不得委托其他组织或者个人实施行政处罚。

委托书应当载明委托的具体事项、权限、期限等内容。委托行政机关和受委托组织应当将委托书向社会公布。

委托行政机关对受委托组织实施行政处罚的行为应当负责监督，并对该行为的后果承担法律责任。

受委托组织在委托范围内，以委托行政机关名义实施行政处罚；不得再委托其他组织或者个人实施行政处罚。

第二十一条 受委托组织必须符合以下条件：

（一）依法成立并具有管理公共事务职能；

（二）有熟悉有关法律、法规、规章和业务并取得行政执法资格的工作人员；

（三）需要进行技术检查或者技术鉴定的，应当有条件组织进行相应的技术检查或者技术鉴定。

第四章　行政处罚的管辖和适用

第二十二条 行政处罚由违法行为发生地的行政机关管辖。法律、行政法规、部门规章另有规定的，从其规定。

第二十三条 行政处罚由县级以上地方人民政府具有行政处罚权的行政机关管辖。法律、行政法规另有规定的，从其规定。

第二十四条 省、自治区、直辖市根据当地实际情况，可以决定将基层管理迫切需要的县级人民政府部门的行政处罚权交由能够有效承接的乡镇人民政府、街道办事处行使，并定期组织评估。决定应当公布。

承接行政处罚权的乡镇人民政府、街道办事处应当加强执法能力建设，按照规定范围、依照法定程序实施行政处罚。

有关地方人民政府及其部门应当加强组织协调、业务指导、执法监督，建立健全行政处罚协调配合机制，完善评议、考核制度。

第二十五条 两个以上行政机关都有管辖权的，由最先立案的行政机关管辖。

对管辖发生争议的，应当协商解决，协商不成的，报请共同的上一级行政机关指定管辖；也可以直接由共同的上一级行政机关指定管辖。

第二十六条 行政机关因实施行政处罚的需要，可以向有关机关提出协助请求。协助事项属于被请求机关职权范围内的，应当依法予以协助。

第二十七条 违法行为涉嫌犯罪的，行政机关应当及时将案件移送司法机关，依法追究刑事责任。对依法不需要追究刑事责任或者免予刑事处罚，但应当给予行政处罚的，司法机关应当及时将案件移送有关行政机关。

行政处罚实施机关与司法机关之间应当加强协调配合，建立健全案件移送制度，加强证据材料移交、接收衔接，完善案件处理信息通报机制。

第二十八条 行政机关实施行政处罚时，应当责令当事人改正或者限期改正违法行为。

当事人有违法所得，除依法应当退赔的外，应当予以没收。违法所得是指实施违法行为所取得的款项。法律、行政法规、部门规章对违法所得的计算另有规定的，从其规定。

第二十九条 对当事人的同一个违法行为，不得给予两次以上罚款的行政处罚。同一个违法行为违反多个法律规范应当给予罚款处罚的，按照罚款数额高的规定处罚。

第三十条 不满十四周岁的未成年人有违法行为的，不予行政处罚，责令监护人加以管教；已满十四周岁不满十八周岁的未成年人有违法行为的，应当从轻或者减轻行政处罚。

第三十一条 精神病人、智力残疾人在不能辨认或者不能控制自己行为时有违法行为的，不予行政处罚，但应当责令其监护人严加看管和治疗。间歇性精神病人在精神正常时有违法行为的，应当给予行政处罚。尚未完全丧失辨认或者控制自己行为能力的精神病人、智力残疾人有违法行为的，可以从轻或者减轻行政处罚。

第三十二条 当事人有下列情形之一，应当从轻或者减轻行政处罚：

（一）主动消除或者减轻违法行为危害后果的；

（二）受他人胁迫或者诱骗实施违法行为的；

（三）主动供述行政机关尚未掌握的违法行为的；

（四）配合行政机关查处违法行为有立功表现的；

（五）法律、法规、规章规定其他应当从轻或者减轻行政处罚的。

第三十三条 违法行为轻微并及时改正，没有造成危害后果的，不予行政处罚。初次违法且危害后果轻微并及时改正的，可以不予行政处罚。

当事人有证据足以证明没有主观过错的，不予行政处罚。法律、行政法规另有规定的，从其规定。

对当事人的违法行为依法不予行政处罚的，行政机关应当对当事人进行教育。

第三十四条 行政机关可以依法制定行政处罚裁量基准，规范行使行政处罚裁量权。行政处罚裁量基准应当向社会公布。

第三十五条 违法行为构成犯罪，人民法院判处拘役或者有期徒刑时，行政机关已经给予当事人行政拘留的，应当依法折抵相应刑期。

违法行为构成犯罪，人民法院判处罚金时，行政机关已经给予当事人罚款的，应当折抵相应罚金；行政机关尚未给予当事人罚款的，不再给予罚款。

第三十六条 违法行为在二年内未被发现的，不再给予行政处罚；涉及公民生命健康安全、金融安全且有危害后果的，上述期限延长至五年。法律另有规定的除外。

前款规定的期限，从违法行为发生之日起计算；违法行为有连续或者继续状态的，从行为终了之日起计算。

第三十七条 实施行政处罚，适用违法行为发生时的法律、法规、规章的规定。但是，作出行政处罚决定时，法律、法规、规章已被修改或者废止，且新的规定处罚较轻或者不认为是违法的，适用新的规定。

第三十八条 行政处罚没有依据或者实施主体不具有行政主体资格的，行政处罚无效。

违反法定程序构成重大且明显违法的，行政处罚无效。

第五章 行政处罚的决定

第一节 一般规定

第三十九条 行政处罚的实施机关、立案依据、实施程序和救济渠道等信息应当公示。

第四十条 公民、法人或者其他组织违反行政管理秩序的行为，依法应当给予行政处罚的，行政机关必须查明事实；违法事实不清、证据不足的，不得给予行政处罚。

第四十一条 行政机关依照法律、行政法规规定利用电子技术监控设备收集、固定违法事实的，应当经过法制和技术审核，确保电子技术监控设备符合标准、设置合理、标志明显，设置地点应当向社会公布。

电子技术监控设备记录违法事实应当真实、清晰、完整、准确。行政机关应当审核记录内容是否符合要求；未经审核或者经审核不符合要求的，不得作为行政处罚的证据。

行政机关应当及时告知当事人违法事实，并采取信息化手段或者其他措施，为当事人查询、陈述和申辩提供便利。不得限制或者变相限制当事人享有的陈述权、申辩权。

第四十二条 行政处罚应当由具有行政执法资格的执法人员实施。执法人员不得少于两人，法律另有规定的除外。

执法人员应当文明执法，尊重和保护当事人合法权益。

第四十三条 执法人员与案件有直接利害关系或者有其他关系可能影响公正执法的，应当回避。

当事人认为执法人员与案件有直接利害关系或者有其他关系可能影响公正执法的，有权申请回避。

当事人提出回避申请的，行政机关应当依法审查，由行政机关负责人决定。决定作出之前，不停止调查。

第四十四条 行政机关在作出行政处罚决定之前，应当告知当事人拟作出的行政处罚内容及事实、理由、依据，并告知当事人依法享有的陈述、申辩、要求听证等权利。

第四十五条 当事人有权进行陈述和申辩。行政机关必须充分听取当事人的意见，对当事人提出的事实、理由和证据，应当进行复核；当事人提出的事实、理由或者证据成立的，行政机关应当采纳。

行政机关不得因当事人陈述、申辩而给予更重的处罚。

第四十六条 证据包括：

（一）书证；

（二）物证；

（三）视听资料；

（四）电子数据；

（五）证人证言；

（六）当事人的陈述；

（七）鉴定意见；

（八）勘验笔录、现场笔录。

证据必须经查证属实，方可作为认定案件事实的根据。

以非法手段取得的证据，不得作为认定案件事实的根据。

第四十七条 行政机关应当依法以文字、音像等形式，对行政处罚的启动、调查取证、审核、决定、送达、执行等进行全过程记录，归档保存。

第四十八条 具有一定社会影响的行政处罚决定应当依法公开。

公开的行政处罚决定被依法变更、撤销、确认违法或者确认无效的，行政机关应当在三日内撤回行政处罚决定信息并公开说明理由。

第四十九条 发生重大传染病疫情等突发事件，为了控制、减轻和消除突发事件引起的社会危害，行政机关对违反突发事件应对措施的行为，依法快速、从重处罚。

第五十条 行政机关及其工作人员对实施行政处罚过程中知悉的国家秘密、商业秘密或者个人隐私，应当依法予以保密。

第二节 简 易 程 序

第五十一条 违法事实确凿并有法定依据，对公民处以二百元以下、对法人或者其他组织处以三千元以下罚款或者警告的行政处罚的，可以当场作出行政处罚决定。法律另有规定的，从其规定。

第五十二条 执法人员当场作出行政处罚决定的，应当向当事人出示执法证件，填写预定格式、编有号码的行政处罚决定书，并当场交付当事人。当事人拒绝签收的，应当在行政处罚决定书上注明。

前款规定的行政处罚决定书应当载明当事人的违法行为，行政处罚的种类和依据、罚款数额、时间、地点，申请行政复议、提起行政诉讼的途径和期限以及行政机关名称，并由执法人员签名或者盖章。

执法人员当场作出的行政处罚决定，应当报所属行政机关备案。

第五十三条 对当场作出的行政处罚决定，当事人应当依照本法第六十七条至第六十九条的规定履行。

第三节 普 通 程 序

第五十四条 除本法第五十一条规定的可以当场作出的行政处罚外，行政机关发现公民、法人或者其他组织有依法应当给予行政处罚的行为的，必须全面、客观、公正地调查，收集有关证据；必要时，依照法律、法规的规定，可以进行检查。

符合立案标准的，行政机关应当及时立案。

第五十五条 执法人员在调查或者进行检查时，应当主动向当事人或者有关人员出示执法证件。当事人或者有关人员有权要求执法人员出示执法证件。执法人员不出示执法证件的，当事人或者有关人员有权拒绝接受调查或者检查。

当事人或者有关人员应当如实回答询问，并协助调查或者检查，不得拒绝或者阻挠。询问或者检查应当制作笔录。

第五十六条 行政机关在收集证据时，可以采取抽样取证的方法；在证据可能灭失或者以后难以取得的情况下，经行政机关负责人批准，可以先行登记保存，并应当在七日内及时作出处理决定，在此期间，当事人或者有关人员不得销毁或者转移证据。

第五十七条 调查终结，行政机关负责人应当对调查结果进行审查，根据不同情况，分别作出如下决定：

（一）确有应受行政处罚的违法行为的，根据情节轻重及具体情况，作出行政处罚决定；

（二）违法行为轻微，依法可以不予行政处罚的，不予行政处罚；

（三）违法事实不能成立的，不予行政处罚；

（四）违法行为涉嫌犯罪的，移送司法机关。

对情节复杂或者重大违法行为给予行政处罚，行政机关负责人应当集体讨论决定。

第五十八条 有下列情形之一，在行政机关负责人作出行政处罚的决定之前，应当由从事行政处罚决定法制审核的人员进行法制审核；未经法制审核或者审核未通过的，不得作出决定：

（一）涉及重大公共利益的；

（二）直接关系当事人或者第三人重大权益，经过听证程序的；

（三）案件情况疑难复杂、涉及多个法律关系的；

（四）法律、法规规定应当进行法制审核的其他情形。

行政机关中初次从事行政处罚决定法制审核的人员，应当通过国家统一法律职业资格考试取得法律职业资格。

第五十九条 行政机关依照本法第五十七条的规定给予行政处罚，应当制作行政处罚决定书。行政处罚决定书应当载明下列事项：

（一）当事人的姓名或者名称、地址；

（二）违反法律、法规、规章的事实和证据；

（三）行政处罚的种类和依据；

（四）行政处罚的履行方式和期限；

（五）申请行政复议、提起行政诉讼的途径和期限；

（六）作出行政处罚决定的行政机关名称和作出决定的日期。

行政处罚决定书必须盖有作出行政处罚决定的行政机关的印章。

第六十条 行政机关应当自行政处罚案件立案之日起九十日内作出行政处罚决定。法律、法规、规章另有规定的，从其规定。

第六十一条 行政处罚决定书应当在宣告后当场交付当事人；当事人不在场的，行政机关应当在七日内依照《中华人民共和国民事诉讼法》的有关规定，将行政处罚决定书送达当事人。

当事人同意并签订确认书的，行政机关可以采用传真、电子邮件等方式，将行政处罚决定书等送达当事人。

第六十二条 行政机关及其执法人员在作出行政处罚决定之前，未依照本法第四十四条、第四十五条的规定向当事人告知拟作出的行政处罚内容及事实、理由、依据，或者拒绝听取当事人的陈述、申辩，不得作出行政处罚决定；当事人明确放弃陈述或者申辩权利的除外。

第四节 听 证 程 序

第六十三条 行政机关拟作出下列行政处罚决定，应当告知当事人有要求听证的权利，当事人要求听证的，行政机关应当组织听证：

（一）较大数额罚款；

（二）没收较大数额违法所得、没收较大价值非法财物；

（三）降低资质等级、吊销许可证件；

（四）责令停产停业、责令关闭、限制从业；

（五）其他较重的行政处罚；

（六）法律、法规、规章规定的其他情形。

当事人不承担行政机关组织听证的费用。

第六十四条 听证应当依照以下程序组织：

（一）当事人要求听证的，应当在行政机关告知后五日内提出；

（二）行政机关应当在举行听证的七日前，通知当事人及有关人员听证的时间、地点；

（三）除涉及国家秘密、商业秘密或者个人隐私依法予以保密外，听证公开举行；

（四）听证由行政机关指定的非本案调查人员主持；当事人认为主持人与本案有直接利害关系的，有权申请回避；

（五）当事人可以亲自参加听证，也可以委托一至二人代理；

（六）当事人及其代理人无正当理由拒不出席听证或者未经许可中途退出听证的，视为放弃听证权利，行政机关终止听证；

（七）举行听证时，调查人员提出当事人违法的事实、证据和行政处罚建议，当事人进行申辩和质证；

（八）听证应当制作笔录。笔录应当交当事人或者其代理人核对无误后签字或者盖章。当事人或者其代理人拒绝签字或者盖章的，由听证主持人在笔录中注明。

第六十五条 听证结束后，行政机关应当根据听证笔录，依照本法第五十七条的规定，作出决定。

第六章　行政处罚的执行

第六十六条 行政处罚决定依法作出后，当事人应当在行政处罚决定书载明的期限内，予以履行。

当事人确有经济困难，需要延期或者分期缴纳罚款的，经当事人申请和行政机关批准，可以暂缓或者分期缴纳。

第六十七条 作出罚款决定的行政机关应当与收缴罚款的机构分离。

除依照本法第六十八条、第六十九条的规定当场收缴的罚款外，作出行政处罚决定的行政机关及其执法人员不得自行收缴罚款。

当事人应当自收到行政处罚决定书之日起十五日内，到指定的银行或者通过电子支付系统缴纳罚款。银行应当收受罚款，并将罚款直接上缴国库。

第六十八条 依照本法第五十一条的规定当场作出行政处罚决定，有下列情形之一，执法人员可以当场收缴罚款：

（一）依法给予一百元以下罚款的；

（二）不当场收缴事后难以执行的。

第六十九条 在边远、水上、交通不便地区，行政机关及其执法人员依照本法第五十一条、第五十七条的规定作出罚款决定后，当事人到指定的银行或者通过电子支付系统缴纳罚款确有困难，经当事人提出，行政机关及其执法人员可以当场收缴罚款。

第七十条 行政机关及其执法人员当场收缴罚款的，必须向当事人出具国务院财政部门或者省、自治区、直辖市人民政府财政部门统一制发的专用票据；不出具财政部门统一制发的专用票据的，当事人有权拒绝缴纳罚款。

第七十一条 执法人员当场收缴的罚款，应当自收缴罚款之日起二日内，交至行政机关；在水上当场收缴的罚款，应当自抵岸之日起二日内交至行政机关；行政机关应当在二日内将罚款缴付指定的银行。

第七十二条 当事人逾期不履行行政处罚决定的，作出行政处罚决定的行政机关可以采取下列措施：

（一）到期不缴纳罚款的，每日按罚款数额的百分之三加处罚款，加处罚款的数额不得超出罚款的数额；

（二）根据法律规定，将查封、扣押的财物拍卖、依法处理或者将冻结的存款、汇款划拨抵缴罚款；

（三）根据法律规定，采取其他行政强制执行方式；

（四）依照《中华人民共和国行政强制法》的规定申请人民法院强制执行。

行政机关批准延期、分期缴纳罚款的，申请人民法院强制执行的期限，自暂缓或者分期缴纳罚款期限结束之日起计算。

第七十三条 当事人对行政处罚决定不服，申请行政复议或者提起行政诉讼的，行政处罚不停止执行，法律另有规定的除外。

当事人对限制人身自由的行政处罚决定不服，申请行政复议或者提起行政诉讼的，可以向作出决定的机关提出暂缓执行申请。符合法律规定情形的，应当暂缓执行。

当事人申请行政复议或者提起行政诉讼的，加处罚款的数额在行政复议或者行政诉讼期间不予计算。

第七十四条 除依法应当予以销毁的物品外，依法没收的非法财物必须按照国家规定公开拍卖或者按照国家有关规定处理。

罚款、没收的违法所得或者没收非法财物拍卖的款项，必须全部上缴国库，任何行政机关或者个人不得以任何形式截留、私分或者变相私分。

罚款、没收的违法所得或者没收非法财物拍卖的款项，不得同作出行政处罚决定的行政机关及其工作人员的考核、考评直接或者变相挂钩。除依法应当退还、退赔的外，财政部门不得以任何形式向作出行政处罚决定的行政机关返还罚款、没收的违法所得或者没收非法财物拍卖的款项。

第七十五条 行政机关应当建立健全对行政处罚的监督制度。县级以上人民政府应当定期组织开展行政执法评议、考核，加强对行政处罚的监督检查，规范和保障行政处罚的实施。

行政机关实施行政处罚应当接受社会监督。公民、法人或者其他组织对行政机关实施行政处罚的行为，有权申诉或者检举；行政机关应当认真审查，发现有错误的，应当主动改正。

第七章　法　律　责　任

第七十六条　行政机关实施行政处罚，有下列情形之一，由上级行政机关或者有关机关责令改正，对直接负责的主管人员和其他直接责任人员依法给予处分：

（一）没有法定的行政处罚依据的；

（二）擅自改变行政处罚种类、幅度的；

（三）违反法定的行政处罚程序的；

（四）违反本法第二十条关于委托处罚的规定的；

（五）执法人员未取得执法证件的。

行政机关对符合立案标准的案件不及时立案的，依照前款规定予以处理。

第七十七条　行政机关对当事人进行处罚不使用罚款、没收财物单据或者使用非法定部门制发的罚款、没收财物单据的，当事人有权拒绝，并有权予以检举，由上级行政机关或者有关机关对使用的非法单据予以收缴销毁，对直接负责的主管人员和其他直接责任人员依法给予处分。

第七十八条　行政机关违反本法第六十七条的规定自行收缴罚款的，财政部门违反本法第七十四条的规定向行政机关返还罚款、没收的违法所得或者拍卖款项的，由上级行政机关或者有关机关责令改正，对直接负责的主管人员和其他直接责任人员依法给予处分。

第七十九条　行政机关截留、私分或者变相私分罚款、没收的违法所得或者财物的，由财政部门或者有关机关予以追缴，对直接负责的主管人员和其他直接责任人员依法给予处分；情节严重构成犯罪的，依法追究刑事责任。

执法人员利用职务上的便利，索取或者收受他人财物、将收缴罚款据为己有，构成犯罪的，依法追究刑事责任；情节轻微不构成犯罪的，依法给予处分。

第八十条　行政机关使用或者损毁查封、扣押的财物，对当事人造成损失的，应当依法予以赔偿，对直接负责的主管人员和其他直接责任人员依法给予处分。

第八十一条　行政机关违法实施检查措施或者执行措施，给公民人身或者财产造成损害、给法人或者其他组织造成损失的，应当依法予以赔偿，对直接负责的主管人员和其他直接责任人员依法给予处分；情节严重构成犯罪的，依法追究刑事责任。

第八十二条　行政机关对应当依法移交司法机关追究刑事责任的案件不移交，以行政处罚代替刑事处罚，由上级行政机关或者有关机关责令改正，对直接负责的主管人员和其他直接责任人员依法给予处分；情节严重构成犯罪的，依法追究刑事责任。

第八十三条　行政机关对应当予以制止和处罚的违法行为不予制止、处罚，致使公民、法人或者其他组织的合法权益、公共利益和社会秩序遭受损害的，对直接负责的主管人员和其他直接责任人员依法给予处分；情节严重构成犯罪的，依法追究刑事责任。

第八章　附　则

第八十四条　外国人、无国籍人、外国组织在中华人民共和国领域内有违法行为，应当给予行政处罚的，适用本法，法律另有规定的除外。

第八十五条　本法中"二日""三日""五日""七日"的规定是指工作日，不含法定节假日。

第八十六条　本法自 2021 年 7 月 15 日起施行。

中华人民共和国刑事诉讼法

（1979 年 7 月 1 日第五届全国人民代表大会第二次会议通过　根据 1996 年 3 月 17 日第八届全国人民代表大会第四次会议《关于修改〈中华人民共和国刑事诉讼法〉的决定》第一次修正　根据 2012 年 3 月 14 日第十一届全国人民代表大会第五次会议《关于修改〈中华人民共和国刑事诉讼法〉的决定》第二次修正　根据 2018 年 10 月 26 日第十三届全国人民代表大会常务委员会第六次会议《关于修改〈中华人民共和国刑事诉讼法〉的决定》第三次修正）

目　录

第一编 总 则

第一章 任务和基本原则

第一条 为了保证刑法的正确实施，惩罚犯罪，保护人民，保障国家安全和社会公共安全，维护社会主义社会秩序，根据宪法，制定本法。

第二条 中华人民共和国刑事诉讼法的任务，是保证准确、及时地查明犯罪事实，正确应用法律，惩罚犯罪分子，保障无罪的人不受刑事追究，教育公民自觉遵守法律，积极同犯罪行为作斗争，维护社会主义法制，尊重和保障人权，保护公民的人身权利、财产权利、民主权利和其他权利，保障社会主义建设事业的顺利进行。

第三条　对刑事案件的侦查、拘留、执行逮捕、预审，由公安机关负责。检察、批准逮捕、检察机关直接受理的案件的侦查、提起公诉，由人民检察院负责。审判由人民法院负责。除法律特别规定的以外，其他任何机关、团体和个人都无权行使这些权力。

人民法院、人民检察院和公安机关进行刑事诉讼，必须严格遵守本法和其他法律的有关规定。

第四条　国家安全机关依照法律规定，办理危害国家安全的刑事案件，行使与公安机关相同的职权。

第五条　人民法院依照法律规定独立行使审判权，人民检察院依照法律规定独立行使检察权，不受行政机关、社会团体和个人的干涉。

第六条　人民法院、人民检察院和公安机关进行刑事诉讼，必须依靠群众，必须以事实为根据，以法律为准绳。对于一切公民，在适用法律上一律平等，在法律面前，不允许有任何特权。

第七条　人民法院、人民检察院和公安机关进行刑事诉讼，应当分工负责，互相配合，互相制约，以保证准确有效地执行法律。

第八条　人民检察院依法对刑事诉讼实行法律监督。

第九条　各民族公民都有用本民族语言文字进行诉讼的权利。人民法院、人民检察院和公安机关对于不通晓当地通用的语言文字的诉讼参与人，应当为他们翻译。

在少数民族聚居或者多民族杂居的地区，应当用当地通用的语言进行审讯，用当地通用的文字发布判决书、布告和其他文件。

第十条　人民法院审判案件，实行两审终审制。

第十一条　人民法院审判案件，除本法另有规定的以外，一律公开进行。被告人有权获得辩护，人民法院有义务保证被告人获得辩护。

第十二条　未经人民法院依法判决，对任何人都不得确定有罪。

第十三条　人民法院审判案件，依照本法实行人民陪审员陪审的制度。

第十四条　人民法院、人民检察院和公安机关应当保障犯罪嫌疑人、被告人和其他诉讼参与人依法享有的辩护权和其他诉讼权利。

诉讼参与人对于审判人员、检察人员和侦查人员侵犯公民诉讼权利和人身侮辱的行为，有权提出控告。

第十五条　犯罪嫌疑人、被告人自愿如实供述自己的罪行，承认指控的犯罪事实，愿意接受处罚的，可以依法从宽处理。

第十六条　有下列情形之一的，不追究刑事责任，已经追究的，应当撤销案件，或者不起诉，或者终止审理，或者宣告无罪：

（一）情节显著轻微、危害不大，不认为是犯罪的；

（二）犯罪已过追诉时效期限的；

（三）经特赦令免除刑罚的；

（四）依照刑法告诉才处理的犯罪，没有告诉或者撤回告诉的；

（五）犯罪嫌疑人、被告人死亡的；

（六）其他法律规定免予追究刑事责任的。

第十七条 对于外国人犯罪应当追究刑事责任的，适用本法的规定。

对于享有外交特权和豁免权的外国人犯罪应当追究刑事责任的，通过外交途径解决。

第十八条 根据中华人民共和国缔结或者参加的国际条约，或者按照互惠原则，我国司法机关和外国司法机关可以相互请求刑事司法协助。

第二章 管 辖

第十九条 刑事案件的侦查由公安机关进行，法律另有规定的除外。

人民检察院在对诉讼活动实行法律监督中发现的司法工作人员利用职权实施的非法拘禁、刑讯逼供、非法搜查等侵犯公民权利、损害司法公正的犯罪，可以由人民检察院立案侦查。对于公安机关管辖的国家机关工作人员利用职权实施的重大犯罪案件，需要由人民检察院直接受理的时候，经省级以上人民检察院决定，可以由人民检察院立案侦查。

自诉案件，由人民法院直接受理。

第二十条 基层人民法院管辖第一审普通刑事案件，但是依照本法由上级人民法院管辖的除外。

第二十一条 中级人民法院管辖下列第一审刑事案件：

（一）危害国家安全、恐怖活动案件；

（二）可能判处无期徒刑、死刑的案件。

第二十二条 高级人民法院管辖的第一审刑事案件，是全省（自治区、直辖市）性的重大刑事案件。

第二十三条 最高人民法院管辖的第一审刑事案件，是全国性的重大刑事案件。

第二十四条 上级人民法院在必要的时候，可以审判下级人民法院管辖的第一审刑事案件；下级人民法院认为案情重大、复杂需要由上级人民法院审判的第一审刑事案件，可以请求移送上一级人民法院审判。

第二十五条 刑事案件由犯罪地的人民法院管辖。如果由被告人居住地的人民法院审判更为适宜的，可以由被告人居住地的人民法院管辖。

第二十六条 几个同级人民法院都有权管辖的案件，由最初受理的人民法院审判。在必要的时候，可以移送主要犯罪地的人民法院审判。

第二十七条　上级人民法院可以指定下级人民法院审判管辖不明的案件，也可以指定下级人民法院将案件移送其他人民法院审判。

第二十八条　专门人民法院案件的管辖另行规定。

第三章　回　　避

第二十九条　审判人员、检察人员、侦查人员有下列情形之一的，应当自行回避，当事人及其法定代理人也有权要求他们回避：

（一）是本案的当事人或者是当事人的近亲属的；

（二）本人或者他的近亲属和本案有利害关系的；

（三）担任过本案的证人、鉴定人、辩护人、诉讼代理人的；

（四）与本案当事人有其他关系，可能影响公正处理案件的。

第三十条　审判人员、检察人员、侦查人员不得接受当事人及其委托的人的请客送礼，不得违反规定会见当事人及其委托的人。

审判人员、检察人员、侦查人员违反前款规定的，应当依法追究法律责任。当事人及其法定代理人有权要求他们回避。

第三十一条　审判人员、检察人员、侦查人员的回避，应当分别由院长、检察长、公安机关负责人决定；院长的回避，由本院审判委员会决定；检察长和公安机关负责人的回避，由同级人民检察院检察委员会决定。

对侦查人员的回避作出决定前，侦查人员不能停止对案件的侦查。

对驳回申请回避的决定，当事人及其法定代理人可以申请复议一次。

第三十二条　本章关于回避的规定适用于书记员、翻译人员和鉴定人。

辩护人、诉讼代理人可以依照本章的规定要求回避、申请复议。

第四章　辩护与代理

第三十三条　犯罪嫌疑人、被告人除自己行使辩护权以外，还可以委托一至二人作为辩护人。下列的人可以被委托为辩护人：

（一）律师；

（二）人民团体或者犯罪嫌疑人、被告人所在单位推荐的人；

（三）犯罪嫌疑人、被告人的监护人、亲友。

正在被执行刑罚或者依法被剥夺、限制人身自由的人，不得担任辩护人。

被开除公职和被吊销律师、公证员执业证书的人，不得担任辩护人，但系犯罪嫌疑人、被告人的监护人、近亲属的除外。

第三十四条　犯罪嫌疑人自被侦查机关第一次讯问或者采取强制措施之日起，

有权委托辩护人；在侦查期间，只能委托律师作为辩护人。被告人有权随时委托辩护人。

侦查机关在第一次讯问犯罪嫌疑人或者对犯罪嫌疑人采取强制措施的时候，应当告知犯罪嫌疑人有权委托辩护人。人民检察院自收到移送审查起诉的案件材料之日起三日以内，应当告知犯罪嫌疑人有权委托辩护人。人民法院自受理案件之日起三日以内，应当告知被告人有权委托辩护人。犯罪嫌疑人、被告人在押期间要求委托辩护人的，人民法院、人民检察院和公安机关应当及时转达其要求。

犯罪嫌疑人、被告人在押的，也可以由其监护人、近亲属代为委托辩护人。

辩护人接受犯罪嫌疑人、被告人委托后，应当及时告知办理案件的机关。

第三十五条　犯罪嫌疑人、被告人因经济困难或者其他原因没有委托辩护人的，本人及其近亲属可以向法律援助机构提出申请。对符合法律援助条件的，法律援助机构应当指派律师为其提供辩护。

犯罪嫌疑人、被告人是盲、聋、哑人，或者是尚未完全丧失辨认或者控制自己行为能力的精神病人，没有委托辩护人的，人民法院、人民检察院和公安机关应当通知法律援助机构指派律师为其提供辩护。

犯罪嫌疑人、被告人可能被判处无期徒刑、死刑，没有委托辩护人的，人民法院、人民检察院和公安机关应当通知法律援助机构指派律师为其提供辩护。

第三十六条　法律援助机构可以在人民法院、看守所等场所派驻值班律师。犯罪嫌疑人、被告人没有委托辩护人，法律援助机构没有指派律师为其提供辩护的，由值班律师为犯罪嫌疑人、被告人提供法律咨询、程序选择建议、申请变更强制措施、对案件处理提出意见等法律帮助。

人民法院、人民检察院、看守所应当告知犯罪嫌疑人、被告人有权约见值班律师，并为犯罪嫌疑人、被告人约见值班律师提供便利。

第三十七条　辩护人的责任是根据事实和法律，提出犯罪嫌疑人、被告人无罪、罪轻或者减轻、免除其刑事责任的材料和意见，维护犯罪嫌疑人、被告人的诉讼权利和其他合法权益。

第三十八条　辩护律师在侦查期间可以为犯罪嫌疑人提供法律帮助；代理申诉、控告；申请变更强制措施；向侦查机关了解犯罪嫌疑人涉嫌的罪名和案件有关情况，提出意见。

第三十九条　辩护律师可以同在押的犯罪嫌疑人、被告人会见和通信。其他辩护人经人民法院、人民检察院许可，也可以同在押的犯罪嫌疑人、被告人会见和通信。

辩护律师持律师执业证书、律师事务所证明和委托书或者法律援助公函要求会见在押的犯罪嫌疑人、被告人的，看守所应当及时安排会见，至迟不得超过四十八小时。

危害国家安全犯罪、恐怖活动犯罪案件，在侦查期间辩护律师会见在押的犯罪嫌疑人，应当经侦查机关许可。上述案件，侦查机关应当事先通知看守所。

辩护律师会见在押的犯罪嫌疑人、被告人，可以了解案件有关情况，提供法律咨询等；自案件移送审查起诉之日起，可以向犯罪嫌疑人、被告人核实有关证据。辩护律师会见犯罪嫌疑人、被告人时不被监听。

辩护律师同被监视居住的犯罪嫌疑人、被告人会见、通信，适用第一款、第三款、第四款的规定。

第四十条　辩护律师自人民检察院对案件审查起诉之日起，可以查阅、摘抄、复制本案的案卷材料。其他辩护人经人民法院、人民检察院许可，也可以查阅、摘抄、复制上述材料。

第四十一条　辩护人认为在侦查、审查起诉期间公安机关、人民检察院收集的证明犯罪嫌疑人、被告人无罪或者罪轻的证据材料未提交的，有权申请人民检察院、人民法院调取。

第四十二条　辩护人收集的有关犯罪嫌疑人不在犯罪现场、未达到刑事责任年龄、属于依法不负刑事责任的精神病人的证据，应当及时告知公安机关、人民检察院。

第四十三条　辩护律师经证人或者其他有关单位和个人同意，可以向他们收集与本案有关的材料，也可以申请人民检察院、人民法院收集、调取证据，或者申请人民法院通知证人出庭作证。

辩护律师经人民检察院或者人民法院许可，并且经被害人或者其近亲属、被害人提供的证人同意，可以向他们收集与本案有关的材料。

第四十四条　辩护人或者其他任何人，不得帮助犯罪嫌疑人、被告人隐匿、毁灭、伪造证据或者串供，不得威胁、引诱证人作伪证以及进行其他干扰司法机关诉讼活动的行为。

违反前款规定的，应当依法追究法律责任，辩护人涉嫌犯罪的，应当由办理辩护人所承办案件的侦查机关以外的侦查机关办理。辩护人是律师的，应当及时通知其所在的律师事务所或者所属的律师协会。

第四十五条　在审判过程中，被告人可以拒绝辩护人继续为他辩护，也可以另行委托辩护人辩护。

第四十六条　公诉案件的被害人及其法定代理人或者近亲属，附带民事诉讼的当事人及其法定代理人，自案件移送审查起诉之日起，有权委托诉讼代理人。自诉案件的自诉人及其法定代理人，附带民事诉讼的当事人及其法定代理人，有权随时委托诉讼代理人。

人民检察院自收到移送审查起诉的案件材料之日起三日以内，应当告知被害人及其法定代理人或者其近亲属、附带民事诉讼的当事人及其法定代理人有权委托诉讼代理人。人民法院自受理自诉案件之日起三日以内，应当告知自诉人及其法定代理人、附带民事诉讼的当事人及其法定代理人有权委托诉讼代理人。

第四十七条　委托诉讼代理人，参照本法第三十三条的规定执行。

第四十八条　辩护律师对在执业活动中知悉的委托人的有关情况和信息，有权予以保密。但是，辩护律师在执业活动中知悉委托人或者其他人，准备或者正在实施危害国家安全、公共安全以及严重危害他人人身安全的犯罪的，应当及时告知司法机关。

第四十九条　辩护人、诉讼代理人认为公安机关、人民检察院、人民法院及其工作人员阻碍其依法行使诉讼权利的，有权向同级或者上一级人民检察院申诉或者控告。人民检察院对申诉或者控告应当及时进行审查，情况属实的，通知有关机关予以纠正。

第五章　证　　据

第五十条　可以用于证明案件事实的材料，都是证据。

证据包括：

（一）物证；

（二）书证；

（三）证人证言；

（四）被害人陈述；

（五）犯罪嫌疑人、被告人供述和辩解；

（六）鉴定意见；

（七）勘验、检查、辨认、侦查实验等笔录；

（八）视听资料、电子数据。

证据必须经过查证属实，才能作为定案的根据。

第五十一条　公诉案件中被告人有罪的举证责任由人民检察院承担，自诉案件中被告人有罪的举证责任由自诉人承担。

第五十二条　审判人员、检察人员、侦查人员必须依照法定程序，收集能够证实犯罪嫌疑人、被告人有罪或者无罪、犯罪情节轻重的各种证据。严禁刑讯逼供和以威胁、引诱、欺骗以及其他非法方法收集证据，不得强迫任何人证实自己有罪。必须保证一切与案件有关或者了解案情的公民，有客观地充分地提供证据的条件，除特殊情况外，可以吸收他们协助调查。

第五十三条　公安机关提请批准逮捕书、人民检察院起诉书、人民法院判决书，必须忠实于事实真相。故意隐瞒事实真相的，应当追究责任。

第五十四条　人民法院、人民检察院和公安机关有权向有关单位和个人收集、调取证据。有关单位和个人应当如实提供证据。

行政机关在行政执法和查办案件过程中收集的物证、书证、视听资料、电子数据等证据材料，在刑事诉讼中可以作为证据使用。

对涉及国家秘密、商业秘密、个人隐私的证据，应当保密。

凡是伪造证据、隐匿证据或者毁灭证据的，无论属于何方，必须受法律追究。

第五十五条　对一切案件的判处都要重证据，重调查研究，不轻信口供。只有被告人供述，没有其他证据的，不能认定被告人有罪和处以刑罚；没有被告人供述，证据确实、充分的，可以认定被告人有罪和处以刑罚。

证据确实、充分，应当符合以下条件：

（一）定罪量刑的事实都有证据证明；

（二）据以定案的证据均经法定程序查证属实；

（三）综合全案证据，对所认定事实已排除合理怀疑。

第五十六条　采用刑讯逼供等非法方法收集的犯罪嫌疑人、被告人供述和采用暴力、威胁等非法方法收集的证人证言、被害人陈述，应当予以排除。收集物证、书证不符合法定程序，可能严重影响司法公正的，应当予以补正或者作出合理解释；不能补正或者作出合理解释的，对该证据应当予以排除。

在侦查、审查起诉、审判时发现有应当排除的证据的，应当依法予以排除，不得作为起诉意见、起诉决定和判决的依据。

第五十七条　人民检察院接到报案、控告、举报或者发现侦查人员以非法方法收集证据的，应当进行调查核实。对于确有以非法方法收集证据情形的，应当提出纠正意见；构成犯罪的，依法追究刑事责任。

第五十八条　法庭审理过程中，审判人员认为可能存在本法第五十六条规定的以非法方法收集证据情形的，应当对证据收集的合法性进行法庭调查。

当事人及其辩护人、诉讼代理人有权申请人民法院对以非法方法收集的证据依法予以排除。申请排除以非法方法收集的证据的，应当提供相关线索或者材料。

第五十九条　在对证据收集的合法性进行法庭调查的过程中，人民检察院应当对证据收集的合法性加以证明。

现有证据材料不能证明证据收集的合法性的，人民检察院可以提请人民法院通知有关侦查人员或者其他人员出庭说明情况；人民法院可以通知有关侦查人员或者其他人员出庭说明情况。有关侦查人员或者其他人员也可以要求出庭说明情况。经人民法院通知，有关人员应当出庭。

第六十条　对于经过法庭审理，确认或者不能排除存在本法第五十六条规定的以非法方法收集证据情形的，对有关证据应当予以排除。

第六十一条 证人证言必须在法庭上经过公诉人、被害人和被告人、辩护人双方质证并且查实以后，才能作为定案的根据。法庭查明证人有意作伪证或者隐匿罪证的时候，应当依法处理。

第六十二条 凡是知道案件情况的人，都有作证的义务。

生理上、精神上有缺陷或者年幼，不能辨别是非、不能正确表达的人，不能作证人。

第六十三条 人民法院、人民检察院和公安机关应当保障证人及其近亲属的安全。

对证人及其近亲属进行威胁、侮辱、殴打或者打击报复，构成犯罪的，依法追究刑事责任；尚不够刑事处罚的，依法给予治安管理处罚。

第六十四条 对于危害国家安全犯罪、恐怖活动犯罪、黑社会性质的组织犯罪、毒品犯罪等案件，证人、鉴定人、被害人因在诉讼中作证，本人或者其近亲属的人身安全面临危险的，人民法院、人民检察院和公安机关应当采取以下一项或者多项保护措施：

（一）不公开真实姓名、住址和工作单位等个人信息；

（二）采取不暴露外貌、真实声音等出庭作证措施；

（三）禁止特定的人员接触证人、鉴定人、被害人及其近亲属；

（四）对人身和住宅采取专门性保护措施；

（五）其他必要的保护措施。

证人、鉴定人、被害人认为因在诉讼中作证，本人或者其近亲属的人身安全面临危险的，可以向人民法院、人民检察院、公安机关请求予以保护。

人民法院、人民检察院、公安机关依法采取保护措施，有关单位和个人应当配合。

第六十五条 证人因履行作证义务而支出的交通、住宿、就餐等费用，应当给予补助。证人作证的补助列入司法机关业务经费，由同级政府财政予以保障。

有工作单位的证人作证，所在单位不得克扣或者变相克扣其工资、奖金及其他福利待遇。

第六章 强 制 措 施

第六十六条 人民法院、人民检察院和公安机关根据案件情况，对犯罪嫌疑人、被告人可以拘传、取保候审或者监视居住。

第六十七条 人民法院、人民检察院和公安机关对有下列情形之一的犯罪嫌疑人、被告人，可以取保候审：

（一）可能判处管制、拘役或者独立适用附加刑的；

（二）可能判处有期徒刑以上刑罚，采取取保候审不致发生社会危险性的；

（三）患有严重疾病、生活不能自理，怀孕或者正在哺乳自己婴儿的妇女，采取取保候审不致发生社会危险性的；

（四）羁押期限届满，案件尚未办结，需要采取取保候审的。

取保候审由公安机关执行。

第六十八条 人民法院、人民检察院和公安机关决定对犯罪嫌疑人、被告人取保候审，应当责令犯罪嫌疑人、被告人提出保证人或者交纳保证金。

第六十九条 保证人必须符合下列条件：

（一）与本案无牵连；

（二）有能力履行保证义务；

（三）享有政治权利，人身自由未受到限制；

（四）有固定的住处和收入。

第七十条 保证人应当履行以下义务：

（一）监督被保证人遵守本法第七十一条的规定；

（二）发现被保证人可能发生或者已经发生违反本法第七十一条规定的行为的，应当及时向执行机关报告。

被保证人有违反本法第七十一条规定的行为，保证人未履行保证义务的，对保证人处以罚款，构成犯罪的，依法追究刑事责任。

第七十一条 被取保候审的犯罪嫌疑人、被告人应当遵守以下规定：

（一）未经执行机关批准不得离开所居住的市、县；

（二）住址、工作单位和联系方式发生变动的，在二十四小时以内向执行机关报告；

（三）在传讯的时候及时到案；

（四）不得以任何形式干扰证人作证；

（五）不得毁灭、伪造证据或者串供。

人民法院、人民检察院和公安机关可以根据案件情况，责令被取保候审的犯罪嫌疑人、被告人遵守以下一项或者多项规定：

（一）不得进入特定的场所；

（二）不得与特定的人员会见或者通信；

（三）不得从事特定的活动；

（四）将护照等出入境证件、驾驶证件交执行机关保存。

被取保候审的犯罪嫌疑人、被告人违反前两款规定，已交纳保证金的，没收部分或者全部保证金，并且区别情形，责令犯罪嫌疑人、被告人具结悔过，重新交纳保证金、提出保证人，或者监视居住、予以逮捕。

对违反取保候审规定，需要予以逮捕的，可以对犯罪嫌疑人、被告人先行拘留。

第七十二条 取保候审的决定机关应当综合考虑保证诉讼活动正常进行的需要，被取保候审人的社会危险性，案件的性质、情节，可能判处刑罚的轻重，被取保候审人的经济状况等情况，确定保证金的数额。

提供保证金的人应当将保证金存入执行机关指定银行的专门账户。

第七十三条 犯罪嫌疑人、被告人在取保候审期间未违反本法第七十一条规定的，取保候审结束的时候，凭解除取保候审的通知或者有关法律文书到银行领取退还的保证金。

第七十四条 人民法院、人民检察院和公安机关对符合逮捕条件，有下列情形之一的犯罪嫌疑人、被告人，可以监视居住：

（一）患有严重疾病、生活不能自理的；

（二）怀孕或者正在哺乳自己婴儿的妇女；

（三）系生活不能自理的人的唯一扶养人；

（四）因为案件的特殊情况或者办理案件的需要，采取监视居住措施更为适宜的；

（五）羁押期限届满，案件尚未办结，需要采取监视居住措施的。

对符合取保候审条件，但犯罪嫌疑人、被告人不能提出保证人，也不交纳保证金的，可以监视居住。

监视居住由公安机关执行。

第七十五条 监视居住应当在犯罪嫌疑人、被告人的住处执行；无固定住处的，可以在指定的居所执行。对于涉嫌危害国家安全犯罪、恐怖活动犯罪，在住处执行可能有碍侦查的，经上一级公安机关批准，也可以在指定的居所执行。但是，不得在羁押场所、专门的办案场所执行。

指定居所监视居住的，除无法通知的以外，应当在执行监视居住后二十四小时以内，通知被监视居住人的家属。

被监视居住的犯罪嫌疑人、被告人委托辩护人，适用本法第三十四条的规定。

人民检察院对指定居所监视居住的决定和执行是否合法实行监督。

第七十六条 指定居所监视居住的期限应当折抵刑期。被判处管制的，监视居住一日折抵刑期一日；被判处拘役、有期徒刑的，监视居住二日折抵刑期一日。

第七十七条 被监视居住的犯罪嫌疑人、被告人应当遵守以下规定：

（一）未经执行机关批准不得离开执行监视居住的处所；

（二）未经执行机关批准不得会见他人或者通信；

（三）在传讯的时候及时到案；

（四）不得以任何形式干扰证人作证；

（五）不得毁灭、伪造证据或者串供；

（六）将护照等出入境证件、身份证件、驾驶证件交执行机关保存。

被监视居住的犯罪嫌疑人、被告人违反前款规定，情节严重的，可以予以逮捕；需要予以逮捕的，可以对犯罪嫌疑人、被告人先行拘留。

第七十八条 执行机关对被监视居住的犯罪嫌疑人、被告人，可以采取电子监控、不定期检查等监视方法对其遵守监视居住规定的情况进行监督；在侦查期间，可以对被监视居住的犯罪嫌疑人的通信进行监控。

第七十九条 人民法院、人民检察院和公安机关对犯罪嫌疑人、被告人取保候审最长不得超过十二个月，监视居住最长不得超过六个月。

在取保候审、监视居住期间，不得中断对案件的侦查、起诉和审理。对于发现不应当追究刑事责任或者取保候审、监视居住期限届满的，应当及时解除取保候审、监视居住。解除取保候审、监视居住，应当及时通知被取保候审、监视居住人和有关单位。

第八十条 逮捕犯罪嫌疑人、被告人，必须经过人民检察院批准或者人民法院决定，由公安机关执行。

第八十一条 对有证据证明有犯罪事实，可能判处徒刑以上刑罚的犯罪嫌疑人、被告人，采取取保候审尚不足以防止发生下列社会危险性的，应当予以逮捕：

（一）可能实施新的犯罪的；

（二）有危害国家安全、公共安全或者社会秩序的现实危险的；

（三）可能毁灭、伪造证据，干扰证人作证或者串供的；

（四）可能对被害人、举报人、控告人实施打击报复的；

（五）企图自杀或者逃跑的。

批准或者决定逮捕，应当将犯罪嫌疑人、被告人涉嫌犯罪的性质、情节，认罪认罚等情况，作为是否可能发生社会危险性的考虑因素。

对有证据证明有犯罪事实，可能判处十年有期徒刑以上刑罚的，或者有证据证明有犯罪事实，可能判处徒刑以上刑罚，曾经故意犯罪或者身份不明的，应当予以逮捕。

被取保候审、监视居住的犯罪嫌疑人、被告人违反取保候审、监视居住规定，情节严重的，可以予以逮捕。

第八十二条 公安机关对于现行犯或者重大嫌疑分子，如果有下列情形之一的，可以先行拘留：

（一）正在预备犯罪、实行犯罪或者在犯罪后即时被发觉的；

（二）被害人或者在场亲眼看见的人指认他犯罪的；

（三）在身边或者住处发现有犯罪证据的；

（四）犯罪后企图自杀、逃跑或者在逃的；

（五）有毁灭、伪造证据或者串供可能的；

（六）不讲真实姓名、住址，身份不明的；

（七）有流窜作案、多次作案、结伙作案重大嫌疑的。

第八十三条　公安机关在异地执行拘留、逮捕的时候，应当通知被拘留、逮捕人所在地的公安机关，被拘留、逮捕人所在地的公安机关应当予以配合。

第八十四条　对于有下列情形的人，任何公民都可以立即扭送公安机关、人民检察院或者人民法院处理：

（一）正在实行犯罪或者在犯罪后即时被发觉的；

（二）通缉在案的；

（三）越狱逃跑的；

（四）正在被追捕的。

第八十五条　公安机关拘留人的时候，必须出示拘留证。

拘留后，应当立即将被拘留人送看守所羁押，至迟不得超过二十四小时。除无法通知或者涉嫌危害国家安全犯罪、恐怖活动犯罪通知可能有碍侦查的情形以外，应当在拘留后二十四小时以内，通知被拘留人的家属。有碍侦查的情形消失以后，应当立即通知被拘留人的家属。

第八十六条　公安机关对被拘留的人，应当在拘留后的二十四小时以内进行讯问。在发现不应当拘留的时候，必须立即释放，发给释放证明。

第八十七条　公安机关要求逮捕犯罪嫌疑人的时候，应当写出提请批准逮捕书，连同案卷材料、证据，一并移送同级人民检察院审查批准。必要的时候，人民检察院可以派人参加公安机关对于重大案件的讨论。

第八十八条　人民检察院审查批准逮捕，可以讯问犯罪嫌疑人；有下列情形之一的，应当讯问犯罪嫌疑人：

（一）对是否符合逮捕条件有疑问的；

（二）犯罪嫌疑人要求向检察人员当面陈述的；

（三）侦查活动可能有重大违法行为的。

人民检察院审查批准逮捕，可以询问证人等诉讼参与人，听取辩护律师的意见；辩护律师提出要求的，应当听取辩护律师的意见。

第八十九条　人民检察院审查批准逮捕犯罪嫌疑人由检察长决定。重大案件应当提交检察委员会讨论决定。

第九十条　人民检察院对于公安机关提请批准逮捕的案件进行审查后，应当根据情况分别作出批准逮捕或者不批准逮捕的决定。对于批准逮捕的决定，公安机关应当立即执行，并且将执行情况及时通知人民检察院。对于不批准逮捕的，人民检察院应当说明理由，需要补充侦查的，应当同时通知公安机关。

第九十一条　公安机关对被拘留的人，认为需要逮捕的，应当在拘留后的三日以内，提请人民检察院审查批准。在特殊情况下，提请审查批准的时间可以延长一日至四日。

对于流窜作案、多次作案、结伙作案的重大嫌疑分子，提请审查批准的时间可以延长至三十日。

人民检察院应当自接到公安机关提请批准逮捕书后的七日以内，作出批准逮捕或者不批准逮捕的决定。人民检察院不批准逮捕的，公安机关应当在接到通知后立即释放，并且将执行情况及时通知人民检察院。对于需要继续侦查，并且符合取保候审、监视居住条件的，依法取保候审或者监视居住。

第九十二条　公安机关对人民检察院不批准逮捕的决定，认为有错误的时候，可以要求复议，但是必须将被拘留的人立即释放。如果意见不被接受，可以向上一级人民检察院提请复核。上级人民检察院应当立即复核，作出是否变更的决定，通知下级人民检察院和公安机关执行。

第九十三条　公安机关逮捕人的时候，必须出示逮捕证。

逮捕后，应当立即将被逮捕人送看守所羁押。除无法通知的以外，应当在逮捕后二十四小时以内，通知被逮捕人的家属。

第九十四条　人民法院、人民检察院对于各自决定逮捕的人，公安机关对于经人民检察院批准逮捕的人，都必须在逮捕后的二十四小时以内进行讯问。在发现不应当逮捕的时候，必须立即释放，发给释放证明。

第九十五条　犯罪嫌疑人、被告人被逮捕后，人民检察院仍应当对羁押的必要性进行审查。对不需要继续羁押的，应当建议予以释放或者变更强制措施。有关机关应当在十日以内将处理情况通知人民检察院。

第九十六条　人民法院、人民检察院和公安机关如果发现对犯罪嫌疑人、被告人采取强制措施不当的，应当及时撤销或者变更。公安机关释放被逮捕的人或者变更逮捕措施的，应当通知原批准的人民检察院。

第九十七条　犯罪嫌疑人、被告人及其法定代理人、近亲属或者辩护人有权申请变更强制措施。人民法院、人民检察院和公安机关收到申请后，应当在三日以内作出决定；不同意变更强制措施的，应当告知申请人，并说明不同意的理由。

第九十八条　犯罪嫌疑人、被告人被羁押的案件，不能在本法规定的侦查羁押、审查起诉、一审、二审期限内办结的，对犯罪嫌疑人、被告人应当予以释放；需要继续查证、审理的，对犯罪嫌疑人、被告人可以取保候审或者监视居住。

第九十九条　人民法院、人民检察院或者公安机关对被采取强制措施法定期限届满的犯罪嫌疑人、被告人，应当予以释放、解除取保候审、监视居住或者依法变更强制措施。犯罪嫌疑人、被告人及其法定代理人、近亲属或者辩护人对于人民法院、人民检察院或者公安机关采取强制措施法定期限届满的，有权要求解除强制措施。

第一百条　人民检察院在审查批准逮捕工作中，如果发现公安机关的侦查活动有违法情况，应当通知公安机关予以纠正，公安机关应当将纠正情况通知人民检察院。

第七章　附带民事诉讼

第一百零一条　被害人由于被告人的犯罪行为而遭受物质损失的，在刑事诉讼过程中，有权提起附带民事诉讼。被害人死亡或者丧失行为能力的，被害人的法定代理人、近亲属有权提起附带民事诉讼。

如果是国家财产、集体财产遭受损失的，人民检察院在提起公诉的时候，可以提起附带民事诉讼。

第一百零二条　人民法院在必要的时候，可以采取保全措施，查封、扣押或者冻结被告人的财产。附带民事诉讼原告人或者人民检察院可以申请人民法院采取保全措施。人民法院采取保全措施，适用民事诉讼法的有关规定。

第一百零三条　人民法院审理附带民事诉讼案件，可以进行调解，或者根据物质损失情况作出判决、裁定。

第一百零四条　附带民事诉讼应当同刑事案件一并审判，只有为了防止刑事案件审判的过分迟延，才可以在刑事案件审判后，由同一审判组织继续审理附带民事诉讼。

第八章　期间、送达

第一百零五条　期间以时、日、月计算。

期间开始的时和日不算在期间以内。

法定期间不包括路途上的时间。上诉状或者其他文件在期满前已经交邮的，不算过期。

期间的最后一日为节假日的，以节假日后的第一日为期满日期，但犯罪嫌疑人、被告人或者罪犯在押期间，应当至期满之日为止，不得因节假日而延长。

第一百零六条　当事人由于不能抗拒的原因或者有其他正当理由而耽误期限的，在障碍消除后五日以内，可以申请继续进行应当在期满以前完成的诉讼活动。

前款申请是否准许，由人民法院裁定。

第一百零七条　送达传票、通知书和其他诉讼文件应当交给收件人本人；如果本人不在，可以交给他的成年家属或者所在单位的负责人员代收。

收件人本人或者代收人拒绝接收或者拒绝签名、盖章的时候，送达人可以邀请他的邻居或者其他见证人到场，说明情况，把文件留在他的住处，在送达证上记明拒绝的事由、送达的日期，由送达人签名，即认为已经送达。

第九章　其他规定

第一百零八条　本法下列用语的含意是：

（一）"侦查"是指公安机关、人民检察院对于刑事案件，依照法律进行的收集证据、查明案情的工作和有关的强制性措施；

（二）"当事人"是指被害人、自诉人、犯罪嫌疑人、被告人、附带民事诉讼的原告人和被告人；

（三）"法定代理人"是指被代理人的父母、养父母、监护人和负有保护责任的机关、团体的代表；

（四）"诉讼参与人"是指当事人、法定代理人、诉讼代理人、辩护人、证人、鉴定人和翻译人员；

（五）"诉讼代理人"是指公诉案件的被害人及其法定代理人或者近亲属、自诉案件的自诉人及其法定代理人委托代为参加诉讼的人和附带民事诉讼的当事人及其法定代理人委托代为参加诉讼的人；

（六）"近亲属"是指夫、妻、父、母、子、女、同胞兄弟姊妹。

第二编　立案、侦查和提起公诉

第一章　立　案

第一百零九条　公安机关或者人民检察院发现犯罪事实或者犯罪嫌疑人，应当按照管辖范围，立案侦查。

第一百一十条　任何单位和个人发现有犯罪事实或者犯罪嫌疑人，有权利也有义务向公安机关、人民检察院或者人民法院报案或者举报。

被害人对侵犯其人身、财产权利的犯罪事实或者犯罪嫌疑人，有权向公安机关、人民检察院或者人民法院报案或者控告。

公安机关、人民检察院或者人民法院对于报案、控告、举报，都应当接受。对于不属于自己管辖的，应当移送主管机关处理，并且通知报案人、控告人、举报人；对于不属于自己管辖而又必须采取紧急措施的，应当先采取紧急措施，然后移送主管机关。

犯罪人向公安机关、人民检察院或者人民法院自首的，适用第三款规定。

第一百一十一条　报案、控告、举报可以用书面或者口头提出。接受口头报案、控告、举报的工作人员，应当写成笔录，经宣读无误后，由报案人、控告人、举报人签名或者盖章。

接受控告、举报的工作人员，应当向控告人、举报人说明诬告应负的法律责任。但是，只要不是捏造事实，伪造证据，即使控告、举报的事实有出入，甚至是错告的，也要和诬告严格加以区别。

公安机关、人民检察院或者人民法院应当保障报案人、控告人、举报人及其近亲属的安全。报案人、控告人、举报人如果不愿公开自己的姓名和报案、控告、举报的行为，应当为他保守秘密。

第一百一十二条　人民法院、人民检察院或者公安机关对于报案、控告、举报和自首的材料，应当按照管辖范围，迅速进行审查，认为有犯罪事实需要追究刑事责任的时候，应当立案；认为没有犯罪事实，或者犯罪事实显著轻微，不需要追究刑事责任的时候，不予立案，并且将不立案的原因通知控告人。控告人如果不服，可以申请复议。

第一百一十三条　人民检察院认为公安机关对应当立案侦查的案件而不立案侦查的，或者被害人认为公安机关对应当立案侦查的案件而不立案侦查，向人民检察院提出的，人民检察院应当要求公安机关说明不立案的理由。人民检察院认为公安机关不立案理由不能成立的，应当通知公安机关立案，公安机关接到通知后应当立案。

第一百一十四条　对于自诉案件，被害人有权向人民法院直接起诉。被害人死亡或者丧失行为能力的，被害人的法定代理人、近亲属有权向人民法院起诉。人民法院应当依法受理。

第二章　侦　　查

第一节　一般规定

第一百一十五条　公安机关对已经立案的刑事案件，应当进行侦查，收集、调取犯罪嫌疑人有罪或者无罪、罪轻或者罪重的证据材料。对现行犯或者重大嫌疑分子可以依法先行拘留，对符合逮捕条件的犯罪嫌疑人，应当依法逮捕。

第一百一十六条　公安机关经过侦查，对有证据证明有犯罪事实的案件，应当进行预审，对收集、调取的证据材料予以核实。

第一百一十七条　当事人和辩护人、诉讼代理人、利害关系人对于司法机关及其工作人员有下列行为之一的，有权向该机关申诉或者控告：

（一）采取强制措施法定期限届满，不予以释放、解除或者变更的；

（二）应当退还取保候审保证金不退还的；

（三）对与案件无关的财物采取查封、扣押、冻结措施的；

（四）应当解除查封、扣押、冻结不解除的；

（五）贪污、挪用、私分、调换、违反规定使用查封、扣押、冻结的财物的。

受理申诉或者控告的机关应当及时处理。对处理不服的，可以向同级人民检察院申诉；人民检察院直接受理的案件，可以向上一级人民检察院申诉。人民检察院对申诉应当及时进行审查，情况属实的，通知有关机关予以纠正。

第二节　讯问犯罪嫌疑人

第一百一十八条　讯问犯罪嫌疑人必须由人民检察院或者公安机关的侦查人员负责进行。讯问的时候，侦查人员不得少于二人。

犯罪嫌疑人被送交看守所羁押以后，侦查人员对其进行讯问，应当在看守所内进行。

第一百一十九条　对不需要逮捕、拘留的犯罪嫌疑人，可以传唤到犯罪嫌疑人所在市、县内的指定地点或者到他的住处进行讯问，但是应当出示人民检察院或者公安机关的证明文件。对在现场发现的犯罪嫌疑人，经出示工作证件，可以口头传唤，但应当在讯问笔录中注明。

传唤、拘传持续的时间不得超过十二小时；案情特别重大、复杂，需要采取拘留、逮捕措施的，传唤、拘传持续的时间不得超过二十四小时。

不得以连续传唤、拘传的形式变相拘禁犯罪嫌疑人。传唤、拘传犯罪嫌疑人，应当保证犯罪嫌疑人的饮食和必要的休息时间。

第一百二十条　侦查人员在讯问犯罪嫌疑人的时候，应当首先讯问犯罪嫌疑人是否有犯罪行为，让他陈述有罪的情节或者无罪的辩解，然后向他提出问题。犯罪嫌疑人对侦查人员的提问，应当如实回答。但是对与本案无关的问题，有拒绝回答的权利。

侦查人员在讯问犯罪嫌疑人的时候，应当告知犯罪嫌疑人享有的诉讼权利，如实供述自己罪行可以从宽处理和认罪认罚的法律规定。

第一百二十一条　讯问聋、哑的犯罪嫌疑人，应当有通晓聋、哑手势的人参加，并且将这种情况记明笔录。

第一百二十二条　讯问笔录应当交犯罪嫌疑人核对，对于没有阅读能力的，应当向他宣读。如果记载有遗漏或者差错，犯罪嫌疑人可以提出补充或者改正。犯罪嫌疑人承认笔录没有错误后，应当签名或者盖章。侦查人员也应当在笔录上签名。犯罪嫌疑人请求自行书写供述的，应当准许。必要的时候，侦查人员也可以要犯罪嫌疑人亲笔书写供词。

第一百二十三条　侦查人员在讯问犯罪嫌疑人的时候，可以对讯问过程进行录音或者录像；对于可能判处无期徒刑、死刑的案件或者其他重大犯罪案件，应当对讯问过程进行录音或者录像。

录音或者录像应当全程进行，保持完整性。

第三节　询问证人

第一百二十四条　侦查人员询问证人，可以在现场进行，也可以到证人所在单位、住处或者证人提出的地点进行，在必要的时候，可以通知证人到人民检察院或者公安机关提供证言。在现场询问证人，应当出示工作证件，到证人所在单位、住处或者证人提出的地点询问证人，应当出示人民检察院或者公安机关的证明文件。

询问证人应当个别进行。

第一百二十五条　询问证人，应当告知他应当如实地提供证据、证言和有意作伪证或者隐匿罪证要负的法律责任。

第一百二十六条　本法第一百二十二条的规定，也适用于询问证人。

第一百二十七条　询问被害人，适用本节各条规定。

第四节　勘验、检查

第一百二十八条　侦查人员对于与犯罪有关的场所、物品、人身、尸体应当进行勘验或者检查。在必要的时候，可以指派或者聘请具有专门知识的人，在侦查人员的主持下进行勘验、检查。

第一百二十九条　任何单位和个人，都有义务保护犯罪现场，并且立即通知公安机关派员勘验。

第一百三十条　侦查人员执行勘验、检查，必须持有人民检察院或者公安机关的证明文件。

第一百三十一条　对于死因不明的尸体，公安机关有权决定解剖，并且通知死者家属到场。

第一百三十二条　为了确定被害人、犯罪嫌疑人的某些特征、伤害情况或者生理状态，可以对人身进行检查，可以提取指纹信息，采集血液、尿液等生物样本。

犯罪嫌疑人如果拒绝检查，侦查人员认为必要的时候，可以强制检查。

检查妇女的身体，应当由女工作人员或者医师进行。

第一百三十三条　勘验、检查的情况应当写成笔录，由参加勘验、检查的人和见证人签名或者盖章。

第一百三十四条　人民检察院审查案件的时候，对公安机关的勘验、检查，认为需要复验、复查时，可以要求公安机关复验、复查，并且可以派检察人员参加。

第一百三十五条　为了查明案情，在必要的时候，经公安机关负责人批准，可以进行侦查实验。

侦查实验的情况应当写成笔录，由参加实验的人签名或者盖章。

侦查实验，禁止一切足以造成危险、侮辱人格或者有伤风化的行为。

第五节 搜　　查

第一百三十六条　为了收集犯罪证据、查获犯罪人，侦查人员可以对犯罪嫌疑人以及可能隐藏罪犯或者犯罪证据的人的身体、物品、住处和其他有关的地方进行搜查。

第一百三十七条　任何单位和个人，有义务按照人民检察院和公安机关的要求，交出可以证明犯罪嫌疑人有罪或者无罪的物证、书证、视听资料等证据。

第一百三十八条　进行搜查，必须向被搜查人出示搜查证。

在执行逮捕、拘留的时候，遇有紧急情况，不另用搜查证也可以进行搜查。

第一百三十九条　在搜查的时候，应当有被搜查人或者他的家属，邻居或者其他见证人在场。

搜查妇女的身体，应当由女工作人员进行。

第一百四十条　搜查的情况应当写成笔录，由侦查人员和被搜查人或者他的家属，邻居或者其他见证人签名或者盖章。如果被搜查人或者他的家属在逃或者拒绝签名、盖章，应当在笔录上注明。

第六节 查封、扣押物证、书证

第一百四十一条　在侦查活动中发现的可用以证明犯罪嫌疑人有罪或者无罪的各种财物、文件，应当查封、扣押；与案件无关的财物、文件，不得查封、扣押。

对查封、扣押的财物、文件，要妥善保管或者封存，不得使用、调换或者损毁。

第一百四十二条　对查封、扣押的财物、文件，应当会同在场见证人和被查封、扣押财物、文件持有人查点清楚，当场开列清单一式二份，由侦查人员、见证人和持有人签名或者盖章，一份交给持有人，另一份附卷备查。

第一百四十三条　侦查人员认为需要扣押犯罪嫌疑人的邮件、电报的时候，经公安机关或者人民检察院批准，即可通知邮电机关将有关的邮件、电报检交扣押。

不需要继续扣押的时候，应即通知邮电机关。

第一百四十四条　人民检察院、公安机关根据侦查犯罪的需要，可以依照规定查询、冻结犯罪嫌疑人的存款、汇款、债券、股票、基金份额等财产。有关单位和个人应当配合。

犯罪嫌疑人的存款、汇款、债券、股票、基金份额等财产已被冻结的，不得重复冻结。

第一百四十五条 对查封、扣押的财物、文件、邮件、电报或者冻结的存款、汇款、债券、股票、基金份额等财产，经查明确实与案件无关的，应当在三日以内解除查封、扣押、冻结，予以退还。

第七节 鉴 定

第一百四十六条 为了查明案情，需要解决案件中某些专门性问题的时候，应当指派、聘请有专门知识的人进行鉴定。

第一百四十七条 鉴定人进行鉴定后，应当写出鉴定意见，并且签名。

鉴定人故意作虚假鉴定的，应当承担法律责任。

第一百四十八条 侦查机关应当将用作证据的鉴定意见告知犯罪嫌疑人、被害人。如果犯罪嫌疑人、被害人提出申请，可以补充鉴定或者重新鉴定。

第一百四十九条 对犯罪嫌疑人作精神病鉴定的期间不计入办案期限。

第八节 技术侦查措施

第一百五十条 公安机关在立案后，对于危害国家安全犯罪、恐怖活动犯罪、黑社会性质的组织犯罪、重大毒品犯罪或者其他严重危害社会的犯罪案件，根据侦查犯罪的需要，经过严格的批准手续，可以采取技术侦查措施。

人民检察院在立案后，对于利用职权实施的严重侵犯公民人身权利的重大犯罪案件，根据侦查犯罪的需要，经过严格的批准手续，可以采取技术侦查措施，按照规定交有关机关执行。

追捕被通缉或者批准、决定逮捕的在逃的犯罪嫌疑人、被告人，经过批准，可以采取追捕所必需的技术侦查措施。

第一百五十一条 批准决定应当根据侦查犯罪的需要，确定采取技术侦查措施的种类和适用对象。批准决定自签发之日起三个月以内有效。对于不需要继续采取技术侦查措施的，应当及时解除；对于复杂、疑难案件，期限届满仍有必要继续采取技术侦查措施的，经过批准，有效期可以延长，每次不得超过三个月。

第一百五十二条 采取技术侦查措施，必须严格按照批准的措施种类、适用对象和期限执行。

侦查人员对采取技术侦查措施过程中知悉的国家秘密、商业秘密和个人隐私，应当保密；对采取技术侦查措施获取的与案件无关的材料，必须及时销毁。

采取技术侦查措施获取的材料，只能用于对犯罪的侦查、起诉和审判，不得用于其他用途。

公安机关依法采取技术侦查措施，有关单位和个人应当配合，并对有关情况予以保密。

第一百五十三条 为了查明案情，在必要的时候，经公安机关负责人决定，可以由有关人员隐匿其身份实施侦查。但是，不得诱使他人犯罪，不得采用可能危害公共安全或者发生重大人身危险的方法。

对涉及给付毒品等违禁品或者财物的犯罪活动，公安机关根据侦查犯罪的需要，可以依照规定实施控制下交付。

第一百五十四条 依照本节规定采取侦查措施收集的材料在刑事诉讼中可以作为证据使用。如果使用该证据可能危及有关人员的人身安全，或者可能产生其他严重后果的，应当采取不暴露有关人员身份、技术方法等保护措施，必要的时候，可以由审判人员在庭外对证据进行核实。

第九节 通 缉

第一百五十五条 应当逮捕的犯罪嫌疑人如果在逃，公安机关可以发布通缉令，采取有效措施，追捕归案。

各级公安机关在自己管辖的地区以内，可以直接发布通缉令；超出自己管辖的地区，应当报请有权决定的上级机关发布。

第十节 侦查终结

第一百五十六条 对犯罪嫌疑人逮捕后的侦查羁押期限不得超过二个月。案情复杂、期限届满不能终结的案件，可以经上一级人民检察院批准延长一个月。

第一百五十七条 因为特殊原因，在较长时间内不宜交付审判的特别重大复杂的案件，由最高人民检察院报请全国人民代表大会常务委员会批准延期审理。

第一百五十八条 下列案件在本法第一百五十六条规定的期限届满不能侦查终结的，经省、自治区、直辖市人民检察院批准或者决定，可以延长二个月：

（一）交通十分不便的边远地区的重大复杂案件；

（二）重大的犯罪集团案件；

（三）流窜作案的重大复杂案件；

（四）犯罪涉及面广，取证困难的重大复杂案件。

第一百五十九条 对犯罪嫌疑人可能判处十年有期徒刑以上刑罚，依照本法第一百五十八条规定延长期限届满，仍不能侦查终结的，经省、自治区、直辖市人民检察院批准或者决定，可以再延长二个月。

第一百六十条 在侦查期间，发现犯罪嫌疑人另有重要罪行的，自发现之日起依照本法第一百五十六条的规定重新计算侦查羁押期限。

犯罪嫌疑人不讲真实姓名、住址，身份不明的，应当对其身份进行调查，侦查羁押期限自查清其身份之日起计算，但是不得停止对其犯罪行为的侦查取证。对于犯罪事实清楚，证据确实、充分，确实无法查明其身份的，也可以按其自报的姓名起诉、审判。

第一百六十一条　在案件侦查终结前，辩护律师提出要求的，侦查机关应当听取辩护律师的意见，并记录在案。辩护律师提出书面意见的，应当附卷。

第一百六十二条　公安机关侦查终结的案件，应当做到犯罪事实清楚，证据确实、充分，并且写出起诉意见书，连同案卷材料、证据一并移送同级人民检察院审查决定；同时将案件移送情况告知犯罪嫌疑人及其辩护律师。

犯罪嫌疑人自愿认罪的，应当记录在案，随案移送，并在起诉意见书中写明有关情况。

第一百六十三条　在侦查过程中，发现不应对犯罪嫌疑人追究刑事责任的，应当撤销案件；犯罪嫌疑人已被逮捕的，应当立即释放，发给释放证明，并且通知原批准逮捕的人民检察院。

第十一节　人民检察院对直接受理的案件的侦查

第一百六十四条　人民检察院对直接受理的案件的侦查适用本章规定。

第一百六十五条　人民检察院直接受理的案件中符合本法第八十一条、第八十二条第四项、第五项规定情形，需要逮捕、拘留犯罪嫌疑人的，由人民检察院作出决定，由公安机关执行。

第一百六十六条　人民检察院对直接受理的案件中被拘留的人，应当在拘留后的二十四小时以内进行讯问。在发现不应当拘留的时候，必须立即释放，发给释放证明。

第一百六十七条　人民检察院对直接受理的案件中被拘留的人，认为需要逮捕的，应当在十四日以内作出决定。在特殊情况下，决定逮捕的时间可以延长一日至三日。对不需要逮捕的，应当立即释放；对需要继续侦查，并且符合取保候审、监视居住条件的，依法取保候审或者监视居住。

第一百六十八条　人民检察院侦查终结的案件，应当作出提起公诉、不起诉或者撤销案件的决定。

第三章　提起公诉

第一百六十九条　凡需要提起公诉的案件，一律由人民检察院审查决定。

第一百七十条　人民检察院对于监察机关移送起诉的案件，依照本法和监察法的有关规定进行审查。人民检察院经审查，认为需要补充核实的，应当退回监察机关补充调查，必要时可以自行补充侦查。

对于监察机关移送起诉的已采取留置措施的案件，人民检察院应当对犯罪嫌疑人先行拘留，留置措施自动解除。人民检察院应当在拘留后的十日以内作出是否逮捕、取保候审或者监视居住的决定。在特殊情况下，决定的时间可以延长一日至四日。人民检察院决定采取强制措施的期间不计入审查起诉期限。

第一百七十一条 人民检察院审查案件的时候，必须查明：

（一）犯罪事实、情节是否清楚，证据是否确实、充分，犯罪性质和罪名的认定是否正确；

（二）有无遗漏罪行和其他应当追究刑事责任的人；

（三）是否属于不应追究刑事责任的；

（四）有无附带民事诉讼；

（五）侦查活动是否合法。

第一百七十二条 人民检察院对于监察机关、公安机关移送起诉的案件，应当在一个月以内作出决定，重大、复杂的案件，可以延长十五日；犯罪嫌疑人认罪认罚，符合速裁程序适用条件的，应当在十日以内作出决定，对可能判处的有期徒刑超过一年的，可以延长至十五日。

人民检察院审查起诉的案件，改变管辖的，从改变后的人民检察院收到案件之日起计算审查起诉期限。

第一百七十三条 人民检察院审查案件，应当讯问犯罪嫌疑人，听取辩护人或者值班律师、被害人及其诉讼代理人的意见，并记录在案。辩护人或者值班律师、被害人及其诉讼代理人提出书面意见的，应当附卷。

犯罪嫌疑人认罪认罚的，人民检察院应当告知其享有的诉讼权利和认罪认罚的法律规定，听取犯罪嫌疑人、辩护人或者值班律师、被害人及其诉讼代理人对下列事项的意见，并记录在案：

（一）涉嫌的犯罪事实、罪名及适用的法律规定；

（二）从轻、减轻或者免除处罚等从宽处罚的建议；

（三）认罪认罚后案件审理适用的程序；

（四）其他需要听取意见的事项。

人民检察院依照前两款规定听取值班律师意见的，应当提前为值班律师了解案件有关情况提供必要的便利。

第一百七十四条 犯罪嫌疑人自愿认罪，同意量刑建议和程序适用的，应当在辩护人或者值班律师在场的情况下签署认罪认罚具结书。

犯罪嫌疑人认罪认罚，有下列情形之一的，不需要签署认罪认罚具结书：

（一）犯罪嫌疑人是盲、聋、哑人，或者是尚未完全丧失辨认或者控制自己行为能力的精神病人的；

（二）未成年犯罪嫌疑人的法定代理人、辩护人对未成年人认罪认罚有异议的；

（三）其他不需要签署认罪认罚具结书的情形。

第一百七十五条　人民检察院审查案件，可以要求公安机关提供法庭审判所必需的证据材料；认为可能存在本法第五十六条规定的以非法方法收集证据情形的，可以要求其对证据收集的合法性作出说明。

人民检察院审查案件，对于需要补充侦查的，可以退回公安机关补充侦查，也可以自行侦查。

对于补充侦查的案件，应当在一个月以内补充侦查完毕。补充侦查以二次为限。补充侦查完毕移送人民检察院后，人民检察院重新计算审查起诉期限。

对于二次补充侦查的案件，人民检察院仍然认为证据不足，不符合起诉条件的，应当作出不起诉的决定。

第一百七十六条　人民检察院认为犯罪嫌疑人的犯罪事实已经查清，证据确实、充分，依法应当追究刑事责任的，应当作出起诉决定，按照审判管辖的规定，向人民法院提起公诉，并将案卷材料、证据移送人民法院。

犯罪嫌疑人认罪认罚的，人民检察院应当就主刑、附加刑、是否适用缓刑等提出量刑建议，并随案移送认罪认罚具结书等材料。

第一百七十七条　犯罪嫌疑人没有犯罪事实，或者有本法第十六条规定的情形之一的，人民检察院应当作出不起诉决定。

对于犯罪情节轻微，依照刑法规定不需要判处刑罚或者免除刑罚的，人民检察院可以作出不起诉决定。

人民检察院决定不起诉的案件，应当同时对侦查中查封、扣押、冻结的财物解除查封、扣押、冻结。对被不起诉人需要给予行政处罚、处分或者需要没收其违法所得的，人民检察院应当提出检察意见，移送有关主管机关处理。有关主管机关应当将处理结果及时通知人民检察院。

第一百七十八条　不起诉的决定，应当公开宣布，并且将不起诉决定书送达被不起诉人和他的所在单位。如果被不起诉人在押，应当立即释放。

第一百七十九条　对于公安机关移送起诉的案件，人民检察院决定不起诉的，应当将不起诉决定书送达公安机关。公安机关认为不起诉的决定有错误的时候，可以要求复议，如果意见不被接受，可以向上一级人民检察院提请复核。

第一百八十条　对于有被害人的案件，决定不起诉的，人民检察院应当将不起诉决定书送达被害人。被害人如果不服，可以自收到决定书后七日以内向上一级人民检察院申诉，请求提起公诉。人民检察院应当将复查决定告知被害人。对人民检察院维持不起诉决定的，被害人可以向人民法院起诉。被害人也可以不经申诉，直接向人民法院起诉。人民法院受理案件后，人民检察院应当将有关案件材料移送人民法院。

第一百八十一条 对于人民检察院依照本法第一百七十七条第二款规定作出的不起诉决定，被不起诉人如果不服，可以自收到决定书后七日以内向人民检察院申诉。人民检察院应当作出复查决定，通知被不起诉的人，同时抄送公安机关。

第一百八十二条 犯罪嫌疑人自愿如实供述涉嫌犯罪的事实，有重大立功或者案件涉及国家重大利益的，经最高人民检察院核准，公安机关可以撤销案件，人民检察院可以作出不起诉决定，也可以对涉嫌数罪中的一项或者多项不起诉。

根据前款规定不起诉或者撤销案件的，人民检察院、公安机关应当及时对查封、扣押、冻结的财物及其孳息作出处理。

第三编 审 判

第一章 审 判 组 织

第一百八十三条 基层人民法院、中级人民法院审判第一审案件，应当由审判员三人或者由审判员和人民陪审员共三人或者七人组成合议庭进行，但是基层人民法院适用简易程序、速裁程序的案件可以由审判员一人独任审判。

高级人民法院审判第一审案件，应当由审判员三人至七人或者由审判员和人民陪审员共三人或者七人组成合议庭进行。

最高人民法院审判第一审案件，应当由审判员三人至七人组成合议庭进行。

人民法院审判上诉和抗诉案件，由审判员三人或者五人组成合议庭进行。

合议庭的成员人数应当是单数。

第一百八十四条 合议庭进行评议的时候，如果意见分歧，应当按多数人的意见作出决定，但是少数人的意见应当写入笔录。评议笔录由合议庭的组成人员签名。

第一百八十五条 合议庭开庭审理并且评议后，应当作出判决。对于疑难、复杂、重大的案件，合议庭认为难以作出决定的，由合议庭提请院长决定提交审判委员会讨论决定。审判委员会的决定，合议庭应当执行。

第二章 第一审程序

第一节 公 诉 案 件

第一百八十六条 人民法院对提起公诉的案件进行审查后，对于起诉书中有明确的指控犯罪事实的，应当决定开庭审判。

第一百八十七条 人民法院决定开庭审判后，应当确定合议庭的组成人员，将人民检察院的起诉书副本至迟在开庭十日以前送达被告人及其辩护人。

　　在开庭以前，审判人员可以召集公诉人、当事人和辩护人、诉讼代理人，对回避、出庭证人名单、非法证据排除等与审判相关的问题，了解情况，听取意见。

　　人民法院确定开庭日期后，应当将开庭的时间、地点通知人民检察院，传唤当事人，通知辩护人、诉讼代理人、证人、鉴定人和翻译人员，传票和通知书至迟在开庭三日以前送达。公开审判的案件，应当在开庭三日以前先期公布案由、被告人姓名、开庭时间和地点。

　　上述活动情形应当写入笔录，由审判人员和书记员签名。

　　第一百八十八条　人民法院审判第一审案件应当公开进行。但是有关国家秘密或者个人隐私的案件，不公开审理；涉及商业秘密的案件，当事人申请不公开审理的，可以不公开审理。

　　不公开审理的案件，应当当庭宣布不公开审理的理由。

　　第一百八十九条　人民法院审判公诉案件，人民检察院应当派员出席法庭支持公诉。

　　第一百九十条　开庭的时候，审判长查明当事人是否到庭，宣布案由；宣布合议庭的组成人员、书记员、公诉人、辩护人、诉讼代理人、鉴定人和翻译人员的名单；告知当事人有权对合议庭组成人员、书记员、公诉人、鉴定人和翻译人员申请回避；告知被告人享有辩护权利。

　　被告人认罪认罚的，审判长应当告知被告人享有的诉讼权利和认罪认罚的法律规定，审查认罪认罚的自愿性和认罪认罚具结书内容的真实性、合法性。

　　第一百九十一条　公诉人在法庭上宣读起诉书后，被告人、被害人可以就起诉书指控的犯罪进行陈述，公诉人可以讯问被告人。

　　被害人、附带民事诉讼的原告人和辩护人、诉讼代理人，经审判长许可，可以向被告人发问。

　　审判人员可以讯问被告人。

　　第一百九十二条　公诉人、当事人或者辩护人、诉讼代理人对证人证言有异议，且该证人证言对案件定罪量刑有重大影响，人民法院认为证人有必要出庭作证的，证人应当出庭作证。

　　人民警察就其执行职务时目击的犯罪情况作为证人出庭作证，适用前款规定。

　　公诉人、当事人或者辩护人、诉讼代理人对鉴定意见有异议，人民法院认为鉴定人有必要出庭的，鉴定人应当出庭作证。经人民法院通知，鉴定人拒不出庭作证的，鉴定意见不得作为定案的根据。

　　第一百九十三条　经人民法院通知，证人没有正当理由不出庭作证的，人民法院可以强制其到庭，但是被告人的配偶、父母、子女除外。

　　证人没有正当理由拒绝出庭或者出庭后拒绝作证的，予以训诫，情节严重的，经院长批准，处以十日以下的拘留。被处罚人对拘留决定不服的，可以向上一级人民法院申请复议。复议期间不停止执行。

第一百九十四条 证人作证，审判人员应当告知他要如实地提供证言和有意作伪证或者隐匿罪证要负的法律责任。公诉人、当事人和辩护人、诉讼代理人经审判长许可，可以对证人、鉴定人发问。审判长认为发问的内容与案件无关的时候，应当制止。

审判人员可以询问证人、鉴定人。

第一百九十五条 公诉人、辩护人应当向法庭出示物证，让当事人辨认，对未到庭的证人的证言笔录、鉴定人的鉴定意见、勘验笔录和其他作为证据的文书，应当当庭宣读。审判人员应当听取公诉人、当事人和辩护人、诉讼代理人的意见。

第一百九十六条 法庭审理过程中，合议庭对证据有疑问的，可以宣布休庭，对证据进行调查核实。

人民法院调查核实证据，可以进行勘验、检查、查封、扣押、鉴定和查询、冻结。

第一百九十七条 法庭审理过程中，当事人和辩护人、诉讼代理人有权申请通知新的证人到庭，调取新的物证，申请重新鉴定或者勘验。

公诉人、当事人和辩护人、诉讼代理人可以申请法庭通知有专门知识的人出庭，就鉴定人作出的鉴定意见提出意见。

法庭对于上述申请，应当作出是否同意的决定。

第二款规定的有专门知识的人出庭，适用鉴定人的有关规定。

第一百九十八条 法庭审理过程中，对与定罪、量刑有关的事实、证据都应当进行调查、辩论。

经审判长许可，公诉人、当事人和辩护人、诉讼代理人可以对证据和案件情况发表意见并且可以互相辩论。

审判长在宣布辩论终结后，被告人有最后陈述的权利。

第一百九十九条 在法庭审判过程中，如果诉讼参与人或者旁听人员违反法庭秩序，审判长应当警告制止。对不听制止的，可以强行带出法庭；情节严重的，处以一千元以下的罚款或者十五日以下的拘留。罚款、拘留必须经院长批准。被处罚人对罚款、拘留的决定不服的，可以向上一级人民法院申请复议。复议期间不停止执行。

对聚众哄闹、冲击法庭或者侮辱、诽谤、威胁、殴打司法工作人员或者诉讼参与人，严重扰乱法庭秩序，构成犯罪的，依法追究刑事责任。

第二百条 在被告人最后陈述后，审判长宣布休庭，合议庭进行评议，根据已经查明的事实、证据和有关的法律规定，分别作出以下判决：

（一）案件事实清楚，证据确实、充分，依据法律认定被告人有罪的，应当作出有罪判决；

（二）依据法律认定被告人无罪的，应当作出无罪判决；

（三）证据不足，不能认定被告人有罪的，应当作出证据不足、指控的犯罪不能成立的无罪判决。

第二百零一条　对于认罪认罚案件，人民法院依法作出判决时，一般应当采纳人民检察院指控的罪名和量刑建议，但有下列情形的除外：

（一）被告人的行为不构成犯罪或者不应当追究其刑事责任的；

（二）被告人违背意愿认罪认罚的；

（三）被告人否认指控的犯罪事实的；

（四）起诉指控的罪名与审理认定的罪名不一致的；

（五）其他可能影响公正审判的情形。

人民法院经审理认为量刑建议明显不当，或者被告人、辩护人对量刑建议提出异议的，人民检察院可以调整量刑建议。人民检察院不调整量刑建议或者调整量刑建议后仍然明显不当的，人民法院应当依法作出判决。

第二百零二条　宣告判决，一律公开进行。

当庭宣告判决的，应当在五日以内将判决书送达当事人和提起公诉的人民检察院；定期宣告判决的，应当在宣告后立即将判决书送达当事人和提起公诉的人民检察院。判决书应当同时送达辩护人、诉讼代理人。

第二百零三条　判决书应当由审判人员和书记员署名，并且写明上诉的期限和上诉的法院。

第二百零四条　在法庭审判过程中，遇有下列情形之一，影响审判进行的，可以延期审理：

（一）需要通知新的证人到庭，调取新的物证，重新鉴定或者勘验的；

（二）检察人员发现提起公诉的案件需要补充侦查，提出建议的；

（三）由于申请回避而不能进行审判的。

第二百零五条　依照本法第二百零四条第二项的规定延期审理的案件，人民检察院应当在一个月以内补充侦查完毕。

第二百零六条　在审判过程中，有下列情形之一，致使案件在较长时间内无法继续审理的，可以中止审理：

（一）被告人患有严重疾病，无法出庭的；

（二）被告人脱逃的；

（三）自诉人患有严重疾病，无法出庭，未委托诉讼代理人出庭的；

（四）由于不能抗拒的原因。

中止审理的原因消失后，应当恢复审理。中止审理的期间不计入审理期限。

第二百零七条 法庭审判的全部活动，应当由书记员写成笔录，经审判长审阅后，由审判长和书记员签名。

法庭笔录中的证人证言部分，应当当庭宣读或者交给证人阅读。证人在承认没有错误后，应当签名或者盖章。

法庭笔录应当交给当事人阅读或者向他宣读。当事人认为记载有遗漏或者差错的，可以请求补充或者改正。当事人承认没有错误后，应当签名或者盖章。

第二百零八条 人民法院审理公诉案件，应当在受理后二个月以内宣判，至迟不得超过三个月。对于可能判处死刑的案件或者附带民事诉讼的案件，以及有本法第一百五十八条规定情形之一的，经上一级人民法院批准，可以延长三个月；因特殊情况还需要延长的，报请最高人民法院批准。

人民法院改变管辖的案件，从改变后的人民法院收到案件之日起计算审理期限。

人民检察院补充侦查的案件，补充侦查完毕移送人民法院后，人民法院重新计算审理期限。

第二百零九条 人民检察院发现人民法院审理案件违反法律规定的诉讼程序，有权向人民法院提出纠正意见。

第二节　自诉案件

第二百一十条 自诉案件包括下列案件：

（一）告诉才处理的案件；

（二）被害人有证据证明的轻微刑事案件；

（三）被害人有证据证明对被告人侵犯自己人身、财产权利的行为应当依法追究刑事责任，而公安机关或者人民检察院不予追究被告人刑事责任的案件。

第二百一十一条 人民法院对于自诉案件进行审查后，按照下列情形分别处理：

（一）犯罪事实清楚，有足够证据的案件，应当开庭审判；

（二）缺乏罪证的自诉案件，如果自诉人提不出补充证据，应当说服自诉人撤回自诉，或者裁定驳回。

自诉人经两次依法传唤，无正当理由拒不到庭的，或者未经法庭许可中途退庭的，按撤诉处理。

法庭审理过程中，审判人员对证据有疑问，需要调查核实的，适用本法第一百九十六条的规定。

第二百一十二条 人民法院对自诉案件，可以进行调解；自诉人在宣告判决前，可以同被告人自行和解或者撤回自诉。本法第二百一十条第三项规定的案件不适用调解。

人民法院审理自诉案件的期限，被告人被羁押的，适用本法第二百零八条第一款、第二款的规定；未被羁押的，应当在受理后六个月以内宣判。

第二百一十三条 自诉案件的被告人在诉讼过程中，可以对自诉人提起反诉。反诉适用自诉的规定。

第三节 简易程序

第二百一十四条 基层人民法院管辖的案件，符合下列条件的，可以适用简易程序审判：

（一）案件事实清楚、证据充分的；

（二）被告人承认自己所犯罪行，对指控的犯罪事实没有异议的；

（三）被告人对适用简易程序没有异议的。

人民检察院在提起公诉的时候，可以建议人民法院适用简易程序。

第二百一十五条 有下列情形之一的，不适用简易程序：

（一）被告人是盲、聋、哑人，或者是尚未完全丧失辨认或者控制自己行为能力的精神病人的；

（二）有重大社会影响的；

（三）共同犯罪案件中部分被告人不认罪或者对适用简易程序有异议的；

（四）其他不宜适用简易程序审理的。

第二百一十六条 适用简易程序审理案件，对可能判处三年有期徒刑以下刑罚的，可以组成合议庭进行审判，也可以由审判员一人独任审判；对可能判处的有期徒刑超过三年的，应当组成合议庭进行审判。

适用简易程序审理公诉案件，人民检察院应当派员出席法庭。

第二百一十七条 适用简易程序审理案件，审判人员应当询问被告人对指控的犯罪事实的意见，告知被告人适用简易程序审理的法律规定，确认被告人是否同意适用简易程序审理。

第二百一十八条 适用简易程序审理案件，经审判人员许可，被告人及其辩护人可以同公诉人、自诉人及其诉讼代理人互相辩论。

第二百一十九条 适用简易程序审理案件，不受本章第一节关于送达期限、讯问被告人、询问证人、鉴定人、出示证据、法庭辩论程序规定的限制。但在判决宣告前应当听取被告人的最后陈述意见。

第二百二十条 适用简易程序审理案件，人民法院应当在受理后二十日以内审结；对可能判处的有期徒刑超过三年的，可以延长至一个半月。

第二百二十一条 人民法院在审理过程中，发现不宜适用简易程序的，应当按照本章第一节或者第二节的规定重新审理。

第四节　速裁程序

第二百二十二条　基层人民法院管辖的可能判处三年有期徒刑以下刑罚的案件，案件事实清楚，证据确实、充分，被告人认罪认罚并同意适用速裁程序的，可以适用速裁程序，由审判员一人独任审判。

人民检察院在提起公诉的时候，可以建议人民法院适用速裁程序。

第二百二十三条　有下列情形之一的，不适用速裁程序：

（一）被告人是盲、聋、哑人，或者是尚未完全丧失辨认或者控制自己行为能力的精神病人的；

（二）被告人是未成年人的；

（三）案件有重大社会影响的；

（四）共同犯罪案件中部分被告人对指控的犯罪事实、罪名、量刑建议或者适用速裁程序有异议的；

（五）被告人与被害人或者其法定代理人没有就附带民事诉讼赔偿等事项达成调解或者和解协议的；

（六）其他不宜适用速裁程序审理的。

第二百二十四条　适用速裁程序审理案件，不受本章第一节规定的送达期限的限制，一般不进行法庭调查、法庭辩论，但在判决宣告前应当听取辩护人的意见和被告人的最后陈述意见。

适用速裁程序审理案件，应当当庭宣判。

第二百二十五条　适用速裁程序审理案件，人民法院应当在受理后十日以内审结；对可能判处的有期徒刑超过一年的，可以延长至十五日。

第二百二十六条　人民法院在审理过程中，发现有被告人的行为不构成犯罪或者不应当追究其刑事责任、被告人违背意愿认罪认罚、被告人否认指控的犯罪事实或者其他不宜适用速裁程序审理的情形的，应当按照本章第一节或者第三节的规定重新审理。

第三章　第二审程序

第二百二十七条　被告人、自诉人和他们的法定代理人，不服地方各级人民法院第一审的判决、裁定，有权用书状或者口头向上一级人民法院上诉。被告人的辩护人和近亲属，经被告人同意，可以提出上诉。

附带民事诉讼的当事人和他们的法定代理人，可以对地方各级人民法院第一审的判决、裁定中的附带民事诉讼部分，提出上诉。

对被告人的上诉权，不得以任何借口加以剥夺。

第二百二十八条　地方各级人民检察院认为本级人民法院第一审的判决、裁定确有错误的时候，应当向上一级人民法院提出抗诉。

第二百二十九条　被害人及其法定代理人不服地方各级人民法院第一审的判决的，自收到判决书后五日以内，有权请求人民检察院提出抗诉。人民检察院自收到被害人及其法定代理人的请求后五日以内，应当作出是否抗诉的决定并且答复请求人。

第二百三十条　不服判决的上诉和抗诉的期限为十日，不服裁定的上诉和抗诉的期限为五日，从接到判决书、裁定书的第二日起算。

第二百三十一条　被告人、自诉人、附带民事诉讼的原告人和被告人通过原审人民法院提出上诉的，原审人民法院应当在三日以内将上诉状连同案卷、证据移送上一级人民法院，同时将上诉状副本送交同级人民检察院和对方当事人。

被告人、自诉人、附带民事诉讼的原告人和被告人直接向第二审人民法院提出上诉的，第二审人民法院应当在三日以内将上诉状交原审人民法院送交同级人民检察院和对方当事人。

第二百三十二条　地方各级人民检察院对同级人民法院第一审判决、裁定的抗诉，应当通过原审人民法院提出抗诉书，并且将抗诉书抄送上一级人民检察院。原审人民法院应当将抗诉书连同案卷、证据移送上一级人民法院，并且将抗诉书副本送交当事人。

上级人民检察院如果认为抗诉不当，可以向同级人民法院撤回抗诉，并且通知下级人民检察院。

第二百三十三条　第二审人民法院应当就第一审判决认定的事实和适用法律进行全面审查，不受上诉或者抗诉范围的限制。

共同犯罪的案件只有部分被告人上诉的，应当对全案进行审查，一并处理。

第二百三十四条　第二审人民法院对于下列案件，应当组成合议庭，开庭审理：

（一）被告人、自诉人及其法定代理人对第一审认定的事实、证据提出异议，可能影响定罪量刑的上诉案件；

（二）被告人被判处死刑的上诉案件；

（三）人民检察院抗诉的案件；

（四）其他应当开庭审理的案件。

第二审人民法院决定不开庭审理的，应当讯问被告人，听取其他当事人、辩护人、诉讼代理人的意见。

第二审人民法院开庭审理上诉、抗诉案件，可以到案件发生地或者原审人民法院所在地进行。

第二百三十五条　人民检察院提出抗诉的案件或者第二审人民法院开庭审理的

公诉案件，同级人民检察院都应当派员出席法庭。第二审人民法院应当在决定开庭审理后及时通知人民检察院查阅案卷。人民检察院应当在一个月以内查阅完毕。人民检察院查阅案卷的时间不计入审理期限。

第二百三十六条 第二审人民法院对不服第一审判决的上诉、抗诉案件，经过审理后，应当按照下列情形分别处理：

（一）原判决认定事实和适用法律正确、量刑适当的，应当裁定驳回上诉或者抗诉，维持原判；

（二）原判决认定事实没有错误，但适用法律有错误，或者量刑不当的，应当改判；

（三）原判决事实不清楚或者证据不足的，可以在查清事实后改判；也可以裁定撤销原判，发回原审人民法院重新审判。

原审人民法院对于依照前款第三项规定发回重新审判的案件作出判决后，被告人提出上诉或者人民检察院提出抗诉的，第二审人民法院应当依法作出判决或者裁定，不得再发回原审人民法院重新审判。

第二百三十七条 第二审人民法院审理被告人或者他的法定代理人、辩护人、近亲属上诉的案件，不得加重被告人的刑罚。第二审人民法院发回原审人民法院重新审判的案件，除有新的犯罪事实，人民检察院补充起诉的以外，原审人民法院也不得加重被告人的刑罚。

人民检察院提出抗诉或者自诉人提出上诉的，不受前款规定的限制。

第二百三十八条 第二审人民法院发现第一审人民法院的审理有下列违反法律规定的诉讼程序的情形之一的，应当裁定撤销原判，发回原审人民法院重新审判：

（一）违反本法有关公开审判的规定的；

（二）违反回避制度的；

（三）剥夺或者限制了当事人的法定诉讼权利，可能影响公正审判的；

（四）审判组织的组成不合法的；

（五）其他违反法律规定的诉讼程序，可能影响公正审判的。

第二百三十九条 原审人民法院对于发回重新审判的案件，应当另行组成合议庭，依照第一审程序进行审判。对于重新审判后的判决，依照本法第二百二十七条、第二百二十八条、第二百二十九条的规定可以上诉、抗诉。

第二百四十条 第二审人民法院对不服第一审裁定的上诉或者抗诉，经过审查后，应当参照本法第二百三十六条、第二百三十八条和第二百三十九条的规定，分别情形用裁定驳回上诉、抗诉，或者撤销、变更原裁定。

第二百四十一条 第二审人民法院发回原审人民法院重新审判的案件，原审人民法院从收到发回的案件之日起，重新计算审理期限。

第二百四十二条 第二审人民法院审判上诉或者抗诉案件的程序，除本章已有规定的以外，参照第一审程序的规定进行。

第二百四十三条 第二审人民法院受理上诉、抗诉案件，应当在二个月以内审结。对于可能判处死刑的案件或者附带民事诉讼的案件，以及有本法第一百五十八条规定情形之一的，经省、自治区、直辖市高级人民法院批准或者决定，可以延长二个月；因特殊情况还需要延长的，报请最高人民法院批准。

最高人民法院受理上诉、抗诉案件的审理期限，由最高人民法院决定。

第二百四十四条 第二审的判决、裁定和最高人民法院的判决、裁定，都是终审的判决、裁定。

第二百四十五条 公安机关、人民检察院和人民法院对查封、扣押、冻结的犯罪嫌疑人、被告人的财物及其孳息，应当妥善保管，以供核查，并制作清单，随案移送。任何单位和个人不得挪用或者自行处理。对被害人的合法财产，应当及时返还。对违禁品或者不宜长期保存的物品，应当依照国家有关规定处理。

对作为证据使用的实物应当随案移送，对不宜移送的，应当将其清单、照片或者其他证明文件随案移送。

人民法院作出的判决，应当对查封、扣押、冻结的财物及其孳息作出处理。

人民法院作出的判决生效以后，有关机关应当根据判决对查封、扣押、冻结的财物及其孳息进行处理。对查封、扣押、冻结的赃款赃物及其孳息，除依法返还被害人的以外，一律上缴国库。

司法工作人员贪污、挪用或者私自处理查封、扣押、冻结的财物及其孳息的，依法追究刑事责任；不构成犯罪的，给予处分。

第四章 死刑复核程序

第二百四十六条 死刑由最高人民法院核准。

第二百四十七条 中级人民法院判处死刑的第一审案件，被告人不上诉的，应当由高级人民法院复核后，报请最高人民法院核准。高级人民法院不同意判处死刑的，可以提审或者发回重新审判。

高级人民法院判处死刑的第一审案件被告人不上诉的，和判处死刑的第二审案件，都应当报请最高人民法院核准。

第二百四十八条 中级人民法院判处死刑缓期二年执行的案件，由高级人民法院核准。

第二百四十九条 最高人民法院复核死刑案件，高级人民法院复核死刑缓期执行的案件，应当由审判员三人组成合议庭进行。

第二百五十条 最高人民法院复核死刑案件，应当作出核准或者不核准死刑的裁定。对于不核准死刑的，最高人民法院可以发回重新审判或者予以改判。

第二百五十一条 最高人民法院复核死刑案件，应当讯问被告人，辩护律师提出要求的，应当听取辩护律师的意见。

在复核死刑案件过程中，最高人民检察院可以向最高人民法院提出意见。最高人民法院应当将死刑复核结果通报最高人民检察院。

第五章 审判监督程序

第二百五十二条 当事人及其法定代理人、近亲属，对已经发生法律效力的判决、裁定，可以向人民法院或者人民检察院提出申诉，但是不能停止判决、裁定的执行。

第二百五十三条 当事人及其法定代理人、近亲属的申诉符合下列情形之一的，人民法院应当重新审判：

（一）有新的证据证明原判决、裁定认定的事实确有错误，可能影响定罪量刑的；

（二）据以定罪量刑的证据不确实、不充分、依法应当予以排除，或者证明案件事实的主要证据之间存在矛盾的；

（三）原判决、裁定适用法律确有错误的；

（四）违反法律规定的诉讼程序，可能影响公正审判的；

（五）审判人员在审理该案件的时候，有贪污受贿，徇私舞弊，枉法裁判行为的。

第二百五十四条 各级人民法院院长对本院已经发生法律效力的判决和裁定，如果发现在认定事实上或者在适用法律上确有错误，必须提交审判委员会处理。

最高人民法院对各级人民法院已经发生法律效力的判决和裁定，上级人民法院对下级人民法院已经发生法律效力的判决和裁定，如果发现确有错误，有权提审或者指令下级人民法院再审。

最高人民检察院对各级人民法院已经发生法律效力的判决和裁定，上级人民检察院对下级人民法院已经发生法律效力的判决和裁定，如果发现确有错误，有权按照审判监督程序向同级人民法院提出抗诉。

人民检察院抗诉的案件，接受抗诉的人民法院应当组成合议庭重新审理，对于原判决事实不清楚或者证据不足的，可以指令下级人民法院再审。

第二百五十五条 上级人民法院指令下级人民法院再审的，应当指令原审人民法院以外的下级人民法院审理；由原审人民法院审理更为适宜的，也可以指令原审人民法院审理。

第二百五十六条 人民法院按照审判监督程序重新审判的案件，由原审人民法院审理的，应当另行组成合议庭进行。如果原来是第一审案件，应当依照第一审程序进行审判，所作的判决、裁定，可以上诉、抗诉；如果原来是第二审案件，或者是上级人民法院提审的案件，应当依照第二审程序进行审判，所作的判决、裁定，是终审的判决、裁定。

人民法院开庭审理的再审案件，同级人民检察院应当派员出席法庭。

第二百五十七条　人民法院决定再审的案件，需要对被告人采取强制措施的，由人民法院依法决定；人民检察院提出抗诉的再审案件，需要对被告人采取强制措施的，由人民检察院依法决定。

人民法院按照审判监督程序审判的案件，可以决定中止原判决、裁定的执行。

第二百五十八条　人民法院按照审判监督程序重新审判的案件，应当在作出提审、再审决定之日起三个月以内审结，需要延长期限的，不得超过六个月。

接受抗诉的人民法院按照审判监督程序审判抗诉的案件，审理期限适用前款规定；对需要指令下级人民法院再审的，应当自接受抗诉之日起一个月以内作出决定，下级人民法院审理案件的期限适用前款规定。

第四编　执　　行

第二百五十九条　判决和裁定在发生法律效力后执行。

下列判决和裁定是发生法律效力的判决和裁定：

（一）已过法定期限没有上诉、抗诉的判决和裁定；

（二）终审的判决和裁定；

（三）最高人民法院核准的死刑的判决和高级人民法院核准的死刑缓期二年执行的判决。

第二百六十条　第一审人民法院判决被告人无罪、免除刑事处罚的，如果被告人在押，在宣判后应当立即释放。

第二百六十一条　最高人民法院判处和核准的死刑立即执行的判决，应当由最高人民法院院长签发执行死刑的命令。

被判处死刑缓期二年执行的罪犯，在死刑缓期执行期间，如果没有故意犯罪，死刑缓期执行期满，应当予以减刑的，由执行机关提出书面意见，报请高级人民法院裁定；如果故意犯罪，情节恶劣，查证属实，应当执行死刑的，由高级人民法院报请最高人民法院核准；对于故意犯罪未执行死刑的，死刑缓期执行的期间重新计算，并报最高人民法院备案。

第二百六十二条　下级人民法院接到最高人民法院执行死刑的命令后，应当在七日以内交付执行。但是发现有下列情形之一的，应当停止执行，并且立即报告最高人民法院，由最高人民法院作出裁定：

（一）在执行前发现判决可能有错误的；

（二）在执行前罪犯揭发重大犯罪事实或者有其他重大立功表现，可能需要改判的；

（三）罪犯正在怀孕。

前款第一项、第二项停止执行的原因消失后，必须报请最高人民法院院长再签发执行死刑的命令才能执行；由于前款第三项原因停止执行的，应当报请最高人民法院依法改判。

第二百六十三条 人民法院在交付执行死刑前，应当通知同级人民检察院派员临场监督。

死刑采用枪决或者注射等方法执行。

死刑可以在刑场或者指定的羁押场所内执行。

指挥执行的审判人员，对罪犯应当验明正身，讯问有无遗言、信札，然后交付执行人员执行死刑。在执行前，如果发现可能有错误，应当暂停执行，报请最高人民法院裁定。

执行死刑应当公布，不应示众。

执行死刑后，在场书记员应当写成笔录。交付执行的人民法院应当将执行死刑情况报告最高人民法院。

执行死刑后，交付执行的人民法院应当通知罪犯家属。

第二百六十四条 罪犯被交付执行刑罚的时候，应当由交付执行的人民法院在判决生效后十日以内将有关的法律文书送达公安机关、监狱或者其他执行机关。

对被判处死刑缓期二年执行、无期徒刑、有期徒刑的罪犯，由公安机关依法将该罪犯送交监狱执行刑罚。对被判处有期徒刑的罪犯，在被交付执行刑罚前，剩余刑期在三个月以下的，由看守所代为执行。对被判处拘役的罪犯，由公安机关执行。

对未成年犯应当在未成年犯管教所执行刑罚。

执行机关应当将罪犯及时收押，并且通知罪犯家属。

判处有期徒刑、拘役的罪犯，执行期满，应当由执行机关发给释放证明书。

第二百六十五条 对被判处有期徒刑或者拘役的罪犯，有下列情形之一的，可以暂予监外执行：

（一）有严重疾病需要保外就医的；

（二）怀孕或者正在哺乳自己婴儿的妇女；

（三）生活不能自理，适用暂予监外执行不致危害社会的。

对被判处无期徒刑的罪犯，有前款第二项规定情形的，可以暂予监外执行。

对适用保外就医可能有社会危险性的罪犯，或者自伤自残的罪犯，不得保外就医。

对罪犯确有严重疾病，必须保外就医的，由省级人民政府指定的医院诊断并开具证明文件。

　　在交付执行前，暂予监外执行由交付执行的人民法院决定；在交付执行后，暂予监外执行由监狱或者看守所提出书面意见，报省级以上监狱管理机关或者设区的市一级以上公安机关批准。

　　第二百六十六条　监狱、看守所提出暂予监外执行的书面意见的，应当将书面意见的副本抄送人民检察院。人民检察院可以向决定或者批准机关提出书面意见。

　　第二百六十七条　决定或者批准暂予监外执行的机关应当将暂予监外执行决定抄送人民检察院。人民检察院认为暂予监外执行不当的，应当自接到通知之日起一个月以内将书面意见送交决定或者批准暂予监外执行的机关，决定或者批准暂予监外执行的机关接到人民检察院的书面意见后，应当立即对该决定进行重新核查。

　　第二百六十八条　对暂予监外执行的罪犯，有下列情形之一的，应当及时收监：

　　（一）发现不符合暂予监外执行条件的；

　　（二）严重违反有关暂予监外执行监督管理规定的；

　　（三）暂予监外执行的情形消失后，罪犯刑期未满的。

　　对于人民法院决定暂予监外执行的罪犯应当予以收监的，由人民法院作出决定，将有关的法律文书送达公安机关、监狱或者其他执行机关。

　　不符合暂予监外执行条件的罪犯通过贿赂等非法手段被暂予监外执行的，在监外执行的期间不计入执行刑期。罪犯在暂予监外执行期间脱逃的，脱逃的期间不计入执行刑期。

　　罪犯在暂予监外执行期间死亡的，执行机关应当及时通知监狱或者看守所。

　　第二百六十九条　对被判处管制、宣告缓刑、假释或者暂予监外执行的罪犯，依法实行社区矫正，由社区矫正机构负责执行。

　　第二百七十条　对被判处剥夺政治权利的罪犯，由公安机关执行。执行期满，应当由执行机关书面通知本人及其所在单位、居住地基层组织。

　　第二百七十一条　被判处罚金的罪犯，期满不缴纳的，人民法院应当强制缴纳；如果由于遭遇不能抗拒的灾祸等原因缴纳确实有困难的，经人民法院裁定，可以延期缴纳、酌情减少或者免除。

　　第二百七十二条　没收财产的判决，无论附加适用或者独立适用，都由人民法院执行；在必要的时候，可以会同公安机关执行。

　　第二百七十三条　罪犯在服刑期间又犯罪的，或者发现了判决的时候所没有发现的罪行，由执行机关移送人民检察院处理。

　　被判处管制、拘役、有期徒刑或者无期徒刑的罪犯，在执行期间确有悔改或者立功表现，应当依法予以减刑、假释的时候，由执行机关提出建议书，报请人民法院审核裁定，并将建议书副本抄送人民检察院。人民检察院可以向人民法院提出书面意见。

第二百七十四条　人民检察院认为人民法院减刑、假释的裁定不当，应当在收到裁定书副本后二十日以内，向人民法院提出书面纠正意见。人民法院应当在收到纠正意见后一个月以内重新组成合议庭进行审理，作出最终裁定。

第二百七十五条　监狱和其他执行机关在刑罚执行中，如果认为判决有错误或者罪犯提出申诉，应当转请人民检察院或者原判人民法院处理。

第二百七十六条　人民检察院对执行机关执行刑罚的活动是否合法实行监督。如果发现有违法的情况，应当通知执行机关纠正。

第五编　特别程序

第一章　未成年人刑事案件诉讼程序

第二百七十七条　对犯罪的未成年人实行教育、感化、挽救的方针，坚持教育为主、惩罚为辅的原则。

人民法院、人民检察院和公安机关办理未成年人刑事案件，应当保障未成年人行使其诉讼权利，保障未成年人得到法律帮助，并由熟悉未成年人身心特点的审判人员、检察人员、侦查人员承办。

第二百七十八条　未成年犯罪嫌疑人、被告人没有委托辩护人的，人民法院、人民检察院、公安机关应当通知法律援助机构指派律师为其提供辩护。

第二百七十九条　公安机关、人民检察院、人民法院办理未成年人刑事案件，根据情况可以对未成年犯罪嫌疑人、被告人的成长经历、犯罪原因、监护教育等情况进行调查。

第二百八十条　对未成年犯罪嫌疑人、被告人应当严格限制适用逮捕措施。人民检察院审查批准逮捕和人民法院决定逮捕，应当讯问未成年犯罪嫌疑人、被告人，听取辩护律师的意见。

对被拘留、逮捕和执行刑罚的未成年人与成年人应当分别关押、分别管理、分别教育。

第二百八十一条　对于未成年人刑事案件，在讯问和审判的时候，应当通知未成年犯罪嫌疑人、被告人的法定代理人到场。无法通知、法定代理人不能到场或者法定代理人是共犯的，也可以通知未成年犯罪嫌疑人、被告人的其他成年亲属，所在学校、单位、居住地基层组织或者未成年人保护组织的代表到场，并将有关情况记录在案。到场的法定代理人可以代为行使未成年犯罪嫌疑人、被告人的诉讼权利。

到场的法定代理人或者其他人员认为办案人员在讯问、审判中侵犯未成年人合法权益的，可以提出意见。讯问笔录、法庭笔录应当交给到场的法定代理人或者其他人员阅读或者向他宣读。

讯问女性未成年犯罪嫌疑人，应当有女工作人员在场。

审判未成年人刑事案件，未成年被告人最后陈述后，其法定代理人可以进行补充陈述。

询问未成年被害人、证人，适用第一款、第二款、第三款的规定。

第二百八十二条　对于未成年人涉嫌刑法分则第四章、第五章、第六章规定的犯罪，可能判处一年有期徒刑以下刑罚，符合起诉条件，但有悔罪表现的，人民检察院可以作出附条件不起诉的决定。人民检察院在作出附条件不起诉的决定以前，应当听取公安机关、被害人的意见。

对附条件不起诉的决定，公安机关要求复议、提请复核或者被害人申诉的，适用本法第一百七十九条、第一百八十条的规定。

未成年犯罪嫌疑人及其法定代理人对人民检察院决定附条件不起诉有异议的，人民检察院应当作出起诉的决定。

第二百八十三条　在附条件不起诉的考验期内，由人民检察院对被附条件不起诉的未成年犯罪嫌疑人进行监督考察。未成年犯罪嫌疑人的监护人，应当对未成年犯罪嫌疑人加强管教，配合人民检察院做好监督考察工作。

附条件不起诉的考验期为六个月以上一年以下，从人民检察院作出附条件不起诉的决定之日起计算。

被附条件不起诉的未成年犯罪嫌疑人，应当遵守下列规定：

（一）遵守法律法规，服从监督；

（二）按照考察机关的规定报告自己的活动情况；

（三）离开所居住的市、县或者迁居，应当报经考察机关批准；

（四）按照考察机关的要求接受矫治和教育。

第二百八十四条　被附条件不起诉的未成年犯罪嫌疑人，在考验期内有下列情形之一的，人民检察院应当撤销附条件不起诉的决定，提起公诉：

（一）实施新的犯罪或者发现决定附条件不起诉以前还有其他犯罪需要追诉的；

（二）违反治安管理规定或者考察机关有关附条件不起诉的监督管理规定，情节严重的。

被附条件不起诉的未成年犯罪嫌疑人，在考验期内没有上述情形，考验期满的，人民检察院应当作出不起诉的决定。

第二百八十五条　审判的时候被告人不满十八周岁的案件，不公开审理。但是，经未成年被告人及其法定代理人同意，未成年被告人所在学校和未成年人保护组织可以派代表到场。

第二百八十六条　犯罪的时候不满十八周岁，被判处五年有期徒刑以下刑罚的，应当对相关犯罪记录予以封存。

犯罪记录被封存的，不得向任何单位和个人提供，但司法机关为办案需要或者有关单位根据国家规定进行查询的除外。依法进行查询的单位，应当对被封存的犯罪记录的情况予以保密。

第二百八十七条 办理未成年人刑事案件，除本章已有规定的以外，按照本法的其他规定进行。

第二章 当事人和解的公诉案件诉讼程序

第二百八十八条 下列公诉案件，犯罪嫌疑人、被告人真诚悔罪，通过向被害人赔偿损失、赔礼道歉等方式获得被害人谅解，被害人自愿和解的，双方当事人可以和解：

（一）因民间纠纷引起，涉嫌刑法分则第四章、第五章规定的犯罪案件，可能判处三年有期徒刑以下刑罚的；

（二）除渎职犯罪以外的可能判处七年有期徒刑以下刑罚的过失犯罪案件。

犯罪嫌疑人、被告人在五年以内曾经故意犯罪的，不适用本章规定的程序。

第二百八十九条 双方当事人和解的，公安机关、人民检察院、人民法院应当听取当事人和其他有关人员的意见，对和解的自愿性、合法性进行审查，并主持制作和解协议书。

第二百九十条 对于达成和解协议的案件，公安机关可以向人民检察院提出从宽处理的建议。人民检察院可以向人民法院提出从宽处罚的建议；对于犯罪情节轻微，不需要判处刑罚的，可以作出不起诉的决定。人民法院可以依法对被告人从宽处罚。

第三章 缺席审判程序

第二百九十一条 对于贪污贿赂犯罪案件，以及需要及时进行审判，经最高人民检察院核准的严重危害国家安全犯罪、恐怖活动犯罪案件，犯罪嫌疑人、被告人在境外，监察机关、公安机关移送起诉，人民检察院认为犯罪事实已经查清，证据确实、充分，依法应当追究刑事责任的，可以向人民法院提起公诉。人民法院进行审查后，对于起诉书中有明确的指控犯罪事实，符合缺席审判程序适用条件的，应当决定开庭审判。

前款案件，由犯罪地、被告人离境前居住地或者最高人民法院指定的中级人民法院组成合议庭进行审理。

第二百九十二条 人民法院应当通过有关国际条约规定的或者外交途径提出的司法协助方式，或者被告人所在地法律允许的其他方式，将传票和人民检察院的起诉书副本送达被告人。传票和起诉书副本送达后，被告人未按要求到案的，人民法院应当开庭审理，依法作出判决，并对违法所得及其他涉案财产作出处理。

第二百九十三条　人民法院缺席审判案件，被告人有权委托辩护人，被告人的近亲属可以代为委托辩护人。被告人及其近亲属没有委托辩护人的，人民法院应当通知法律援助机构指派律师为其提供辩护。

第二百九十四条　人民法院应当将判决书送达被告人及其近亲属、辩护人。被告人或者其近亲属不服判决的，有权向上一级人民法院上诉。辩护人经被告人或者其近亲属同意，可以提出上诉。

人民检察院认为人民法院的判决确有错误的，应当向上一级人民法院提出抗诉。

第二百九十五条　在审理过程中，被告人自动投案或者被抓获的，人民法院应当重新审理。

罪犯在判决、裁定发生法律效力后到案的，人民法院应当将罪犯交付执行刑罚。交付执行刑罚前，人民法院应当告知罪犯有权对判决、裁定提出异议。罪犯对判决、裁定提出异议的，人民法院应当重新审理。

依照生效判决、裁定对罪犯的财产进行的处理确有错误的，应当予以返还、赔偿。

第二百九十六条　因被告人患有严重疾病无法出庭，中止审理超过六个月，被告人仍无法出庭，被告人及其法定代理人、近亲属申请或者同意恢复审理的，人民法院可以在被告人不出庭的情况下缺席审理，依法作出判决。

第二百九十七条　被告人死亡的，人民法院应当裁定终止审理，但有证据证明被告人无罪，人民法院经缺席审理确认无罪的，应当依法作出判决。

人民法院按照审判监督程序重新审判的案件，被告人死亡的，人民法院可以缺席审理，依法作出判决。

第四章　犯罪嫌疑人、被告人逃匿、死亡案件违法所得的没收程序

第二百九十八条　对于贪污贿赂犯罪、恐怖活动犯罪等重大犯罪案件，犯罪嫌疑人、被告人逃匿，在通缉一年后不能到案，或者犯罪嫌疑人、被告人死亡，依照刑法规定应当追缴其违法所得及其他涉案财产的，人民检察院可以向人民法院提出没收违法所得的申请。

公安机关认为有前款规定情形的，应当写出没收违法所得意见书，移送人民检察院。

没收违法所得的申请应当提供与犯罪事实、违法所得相关的证据材料，并列明财产的种类、数量、所在地及查封、扣押、冻结的情况。

人民法院在必要的时候，可以查封、扣押、冻结申请没收的财产。

第二百九十九条 没收违法所得的申请，由犯罪地或者犯罪嫌疑人、被告人居住地的中级人民法院组成合议庭进行审理。

人民法院受理没收违法所得的申请后，应当发出公告。公告期间为六个月。犯罪嫌疑人、被告人的近亲属和其他利害关系人有权申请参加诉讼，也可以委托诉讼代理人参加诉讼。

人民法院在公告期满后对没收违法所得的申请进行审理。利害关系人参加诉讼的，人民法院应当开庭审理。

第三百条 人民法院经审理，对经查证属于违法所得及其他涉案财产，除依法返还被害人的以外，应当裁定予以没收；对不属于应当追缴的财产的，应当裁定驳回申请，解除查封、扣押、冻结措施。

对于人民法院依照前款规定作出的裁定，犯罪嫌疑人、被告人的近亲属和其他利害关系人或者人民检察院可以提出上诉、抗诉。

第三百零一条 在审理过程中，在逃的犯罪嫌疑人、被告人自动投案或者被抓获的，人民法院应当终止审理。

没收犯罪嫌疑人、被告人财产确有错误的，应当予以返还、赔偿。

第五章 依法不负刑事责任的精神病人的强制医疗程序

第三百零二条 实施暴力行为，危害公共安全或者严重危害公民人身安全，经法定程序鉴定依法不负刑事责任的精神病人，有继续危害社会可能的，可以予以强制医疗。

第三百零三条 根据本章规定对精神病人强制医疗的，由人民法院决定。

公安机关发现精神病人符合强制医疗条件的，应当写出强制医疗意见书，移送人民检察院。对于公安机关移送的或者在审查起诉过程中发现的精神病人符合强制医疗条件的，人民检察院应当向人民法院提出强制医疗的申请。人民法院在审理案件过程中发现被告人符合强制医疗条件的，可以作出强制医疗的决定。

对实施暴力行为的精神病人，在人民法院决定强制医疗前，公安机关可以采取临时的保护性约束措施。

第三百零四条 人民法院受理强制医疗的申请后，应当组成合议庭进行审理。

人民法院审理强制医疗案件，应当通知被申请人或者被告人的法定代理人到场。被申请人或者被告人没有委托诉讼代理人的，人民法院应当通知法律援助机构指派律师为其提供法律帮助。

第三百零五条 人民法院经审理，对于被申请人或者被告人符合强制医疗条件的，应当在一个月以内作出强制医疗的决定。

被决定强制医疗的人、被害人及其法定代理人、近亲属对强制医疗决定不服的,可以向上一级人民法院申请复议。

第三百零六条 强制医疗机构应当定期对被强制医疗的人进行诊断评估。对于已不具有人身危险性,不需要继续强制医疗的,应当及时提出解除意见,报决定强制医疗的人民法院批准。

被强制医疗的人及其近亲属有权申请解除强制医疗。

第三百零七条 人民检察院对强制医疗的决定和执行实行监督。

附　则

第三百零八条 军队保卫部门对军队内部发生的刑事案件行使侦查权。

中国海警局履行海上维权执法职责,对海上发生的刑事案件行使侦查权。

对罪犯在监狱内犯罪的案件由监狱进行侦查。

军队保卫部门、中国海警局、监狱办理刑事案件,适用本法的有关规定。

中华人民共和国民事诉讼法

（1991 年 4 月 9 日第七届全国人民代表大会第四次会议通过　根据 2007 年 10 月 28 日第十届全国人民代表大会常务委员会第三十次会议《关于修改〈中华人民共和国民事诉讼法〉的决定》第一次修正　根据 2012 年 8 月 31 日第十一届全国人民代表大会常务委员会第二十八次会议《关于修改〈中华人民共和国民事诉讼法〉的决定》第二次修正　根据 2017 年 6 月 27 日第十二届全国人民代表大会常务委员会第二十八次会议《关于修改〈中华人民共和国民事诉讼法〉和〈中华人民共和国行政诉讼法〉的决定》第三次修正　根据 2021 年 12 月 24 日第十三届全国人民代表大会常务委员会第三十二次会议《关于修改〈中华人民共和国民事诉讼法〉的决定》第四次修正　根据 2023 年 9 月 1 日第十四届全国人民代表大会常务委员会第五次会议《关于修改〈中华人民共和国民事诉讼法〉的决定》第五次修正）

目　录

第一编　总　　则

第一章　任务、适用范围和基本原则

第一条　中华人民共和国民事诉讼法以宪法为根据，结合我国民事审判工作的经验和实际情况制定。

第二条　中华人民共和国民事诉讼法的任务，是保护当事人行使诉讼权利，保证人民法院查明事实，分清是非，正确适用法律，及时审理民事案件，确认民事权利义务关系，制裁民事违法行为，保护当事人的合法权益，教育公民自觉遵守法律，维护社会秩序、经济秩序，保障社会主义建设事业顺利进行。

第三条　人民法院受理公民之间、法人之间、其他组织之间以及他们相互之间因财产关系和人身关系提起的民事诉讼，适用本法的规定。

第四条　凡在中华人民共和国领域内进行民事诉讼，必须遵守本法。

第五条　外国人、无国籍人、外国企业和组织在人民法院起诉、应诉，同中华人民共和国公民、法人和其他组织有同等的诉讼权利义务。

外国法院对中华人民共和国公民、法人和其他组织的民事诉讼权利加以限制的，中华人民共和国人民法院对该国公民、企业和组织的民事诉讼权利，实行对等原则。

第六条　民事案件的审判权由人民法院行使。

人民法院依照法律规定对民事案件独立进行审判，不受行政机关、社会团体和个人的干涉。

第七条　人民法院审理民事案件，必须以事实为根据，以法律为准绳。

第八条　民事诉讼当事人有平等的诉讼权利。人民法院审理民事案件，应当保障和便利当事人行使诉讼权利，对当事人在适用法律上一律平等。

第九条　人民法院审理民事案件，应当根据自愿和合法的原则进行调解；调解不成的，应当及时判决。

第十条　人民法院审理民事案件，依照法律规定实行合议、回避、公开审判和两审终审制度。

第十一条　各民族公民都有用本民族语言、文字进行民事诉讼的权利。

在少数民族聚居或者多民族共同居住的地区，人民法院应当用当地民族通用的语言、文字进行审理和发布法律文书。

人民法院应当对不通晓当地民族通用的语言、文字的诉讼参与人提供翻译。

第十二条　人民法院审理民事案件时，当事人有权进行辩论。

第十三条　民事诉讼应当遵循诚信原则。

当事人有权在法律规定的范围内处分自己的民事权利和诉讼权利。

第十四条　人民检察院有权对民事诉讼实行法律监督。

第十五条　机关、社会团体、企业事业单位对损害国家、集体或者个人民事权益的行为，可以支持受损害的单位或者个人向人民法院起诉。

第十六条　经当事人同意，民事诉讼活动可以通过信息网络平台在线进行。

民事诉讼活动通过信息网络平台在线进行的，与线下诉讼活动具有同等法律效力。

第十七条　民族自治地方的人民代表大会根据宪法和本法的原则，结合当地民族的具体情况，可以制定变通或者补充的规定。自治区的规定，报全国人民代表大会常务委员会批准。自治州、自治县的规定，报省或者自治区的人民代表大会常务委员会批准，并报全国人民代表大会常务委员会备案。

第二章　管　辖

第一节　级　别　管　辖

第十八条　基层人民法院管辖第一审民事案件，但本法另有规定的除外。

第十九条　中级人民法院管辖下列第一审民事案件：

（一）重大涉外案件；

（二）在本辖区有重大影响的案件；

（三）最高人民法院确定由中级人民法院管辖的案件。

第二十条　高级人民法院管辖在本辖区有重大影响的第一审民事案件。

第二十一条　最高人民法院管辖下列第一审民事案件：

（一）在全国有重大影响的案件；

（二）认为应当由本院审理的案件。

第二节　地　域　管　辖

第二十二条　对公民提起的民事诉讼，由被告住所地人民法院管辖；被告住所地与经常居住地不一致的，由经常居住地人民法院管辖。

对法人或者其他组织提起的民事诉讼，由被告住所地人民法院管辖。

同一诉讼的几个被告住所地、经常居住地在两个以上人民法院辖区的，各该人民法院都有管辖权。

第二十三条　下列民事诉讼，由原告住所地人民法院管辖；原告住所地与经常居住地不一致的，由原告经常居住地人民法院管辖：

（一）对不在中华人民共和国领域内居住的人提起的有关身份关系的诉讼；

（二）对下落不明或者宣告失踪的人提起的有关身份关系的诉讼；

（三）对被采取强制性教育措施的人提起的诉讼；

（四）对被监禁的人提起的诉讼。

第二十四条　因合同纠纷提起的诉讼，由被告住所地或者合同履行地人民法院管辖。

第二十五条　因保险合同纠纷提起的诉讼，由被告住所地或者保险标的物所在地人民法院管辖。

第二十六条　因票据纠纷提起的诉讼，由票据支付地或者被告住所地人民法院管辖。

第二十七条　因公司设立、确认股东资格、分配利润、解散等纠纷提起的诉讼，由公司住所地人民法院管辖。

第二十八条　因铁路、公路、水上、航空运输和联合运输合同纠纷提起的诉讼，由运输始发地、目的地或者被告住所地人民法院管辖。

第二十九条　因侵权行为提起的诉讼，由侵权行为地或者被告住所地人民法院管辖。

第三十条　因铁路、公路、水上和航空事故请求损害赔偿提起的诉讼，由事故发生地或者车辆、船舶最先到达地、航空器最先降落地或者被告住所地人民法院管辖。

第三十一条　因船舶碰撞或者其他海事损害事故请求损害赔偿提起的诉讼，由碰撞发生地、碰撞船舶最先到达地、加害船舶被扣留地或者被告住所地人民法院管辖。

第三十二条　因海难救助费用提起的诉讼，由救助地或者被救助船舶最先到达地人民法院管辖。

第三十三条　因共同海损提起的诉讼，由船舶最先到达地、共同海损理算地或者航程终止地的人民法院管辖。

第三十四条　下列案件，由本条规定的人民法院专属管辖：

（一）因不动产纠纷提起的诉讼，由不动产所在地人民法院管辖；

（二）因港口作业中发生纠纷提起的诉讼，由港口所在地人民法院管辖；

（三）因继承遗产纠纷提起的诉讼，由被继承人死亡时住所地或者主要遗产所在地人民法院管辖。

第三十五条　合同或者其他财产权益纠纷的当事人可以书面协议选择被告住所地、合同履行地、合同签订地、原告住所地、标的物所在地等与争议有实际联系的地点的人民法院管辖，但不得违反本法对级别管辖和专属管辖的规定。

第三十六条　两个以上人民法院都有管辖权的诉讼，原告可以向其中一个人民法院起诉；原告向两个以上有管辖权的人民法院起诉的，由最先立案的人民法院管辖。

第三节　移送管辖和指定管辖

第三十七条　人民法院发现受理的案件不属于本院管辖的，应当移送有管辖权的人民法院，受移送的人民法院应当受理。受移送的人民法院认为受移送的案件依照规定不属于本院管辖的，应当报请上级人民法院指定管辖，不得再自行移送。

第三十八条　有管辖权的人民法院由于特殊原因，不能行使管辖权的，由上级人民法院指定管辖。

人民法院之间因管辖权发生争议，由争议双方协商解决；协商解决不了的，报请它们的共同上级人民法院指定管辖。

第三十九条　上级人民法院有权审理下级人民法院管辖的第一审民事案件；确有必要将本院管辖的第一审民事案件交下级人民法院审理的，应当报请其上级人民法院批准。

下级人民法院对它所管辖的第一审民事案件，认为需要由上级人民法院审理的，可以报请上级人民法院审理。

第三章　审　判　组　织

第四十条　人民法院审理第一审民事案件，由审判员、人民陪审员共同组成合议庭或者由审判员组成合议庭。合议庭的成员人数，必须是单数。

适用简易程序审理的民事案件，由审判员一人独任审理。基层人民法院审理的基本事实清楚、权利义务关系明确的第一审民事案件，可以由审判员一人适用普通程序独任审理。

人民陪审员在参加审判活动时，除法律另有规定外，与审判员有同等的权利义务。

第四十一条　人民法院审理第二审民事案件，由审判员组成合议庭。合议庭的成员人数，必须是单数。

中级人民法院对第一审适用简易程序审结或者不服裁定提起上诉的第二审民事案件，事实清楚、权利义务关系明确的，经双方当事人同意，可以由审判员一人独任审理。

发回重审的案件，原审人民法院应当按照第一审程序另行组成合议庭。

审理再审案件，原来是第一审的，按照第一审程序另行组成合议庭；原来是第二审的或者是上级人民法院提审的，按照第二审程序另行组成合议庭。

第四十二条　人民法院审理下列民事案件，不得由审判员一人独任审理：

（一）涉及国家利益、社会公共利益的案件；

（二）涉及群体性纠纷，可能影响社会稳定的案件；

（三）人民群众广泛关注或者其他社会影响较大的案件；

（四）属于新类型或者疑难复杂的案件；

（五）法律规定应当组成合议庭审理的案件；

（六）其他不宜由审判员一人独任审理的案件。

第四十三条 人民法院在审理过程中，发现案件不宜由审判员一人独任审理的，应当裁定转由合议庭审理。

当事人认为案件由审判员一人独任审理违反法律规定的，可以向人民法院提出异议。人民法院对当事人提出的异议应当审查，异议成立的，裁定转由合议庭审理；异议不成立的，裁定驳回。

第四十四条 合议庭的审判长由院长或者庭长指定审判员一人担任；院长或者庭长参加审判的，由院长或者庭长担任。

第四十五条 合议庭评议案件，实行少数服从多数的原则。评议应当制作笔录，由合议庭成员签名。评议中的不同意见，必须如实记入笔录。

第四十六条 审判人员应当依法秉公办案。

审判人员不得接受当事人及其诉讼代理人请客送礼。

审判人员有贪污受贿，徇私舞弊，枉法裁判行为的，应当追究法律责任；构成犯罪的，依法追究刑事责任。

第四章 回 避

第四十七条 审判人员有下列情形之一的，应当自行回避，当事人有权用口头或者书面方式申请他们回避：

（一）是本案当事人或者当事人、诉讼代理人近亲属的；

（二）与本案有利害关系的；

（三）与本案当事人、诉讼代理人有其他关系，可能影响对案件公正审理的。

审判人员接受当事人、诉讼代理人请客送礼，或者违反规定会见当事人、诉讼代理人的，当事人有权要求他们回避。

审判人员有前款规定的行为的，应当依法追究法律责任。

前三款规定，适用于法官助理、书记员、司法技术人员、翻译人员、鉴定人、勘验人。

第四十八条 当事人提出回避申请，应当说明理由，在案件开始审理时提出；回避事由在案件开始审理后知道的，也可以在法庭辩论终结前提出。

被申请回避的人员在人民法院作出是否回避的决定前，应当暂停参与本案的工作，但案件需要采取紧急措施的除外。

第四十九条 院长担任审判长或者独任审判员时的回避，由审判委员会决定；审判人员的回避，由院长决定；其他人员的回避，由审判长或者独任审判员决定。

第五十条 人民法院对当事人提出的回避申请，应当在申请提出的三日内，以口头或者书面形式作出决定。申请人对决定不服的，可以在接到决定时申请复议一次。复议期间，被申请回避的人员，不停止参与本案的工作。人民法院对复议申请，应当在三日内作出复议决定，并通知复议申请人。

第五章 诉讼参加人

第一节 当事人

第五十一条 公民、法人和其他组织可以作为民事诉讼的当事人。

法人由其法定代表人进行诉讼。其他组织由其主要负责人进行诉讼。

第五十二条 当事人有权委托代理人，提出回避申请，收集、提供证据，进行辩论，请求调解，提起上诉，申请执行。

当事人可以查阅本案有关材料，并可以复制本案有关材料和法律文书。查阅、复制本案有关材料的范围和办法由最高人民法院规定。

当事人必须依法行使诉讼权利，遵守诉讼秩序，履行发生法律效力的判决书、裁定书和调解书。

第五十三条 双方当事人可以自行和解。

第五十四条 原告可以放弃或者变更诉讼请求。被告可以承认或者反驳诉讼请求，有权提起反诉。

第五十五条 当事人一方或者双方为二人以上，其诉讼标的是共同的，或者诉讼标的是同一种类、人民法院认为可以合并审理并经当事人同意的，为共同诉讼。

共同诉讼的一方当事人对诉讼标的有共同权利义务的，其中一人的诉讼行为经其他共同诉讼人承认，对其他共同诉讼人发生效力；对诉讼标的没有共同权利义务的，其中一人的诉讼行为对其他共同诉讼人不发生效力。

第五十六条 当事人一方人数众多的共同诉讼，可以由当事人推选代表人进行诉讼。代表人的诉讼行为对其所代表的当事人发生效力，但代表人变更、放弃诉讼请求或者承认对方当事人的诉讼请求，进行和解，必须经被代表的当事人同意。

第五十七条 诉讼标的是同一种类、当事人一方人数众多在起诉时人数尚未确定的，人民法院可以发出公告，说明案件情况和诉讼请求，通知权利人在一定期间向人民法院登记。

向人民法院登记的权利人可以推选代表人进行诉讼；推选不出代表人的，人民法院可以与参加登记的权利人商定代表人。

代表人的诉讼行为对其所代表的当事人发生效力，但代表人变更、放弃诉讼请求或者承认对方当事人的诉讼请求，进行和解，必须经被代表的当事人同意。

人民法院作出的判决、裁定，对参加登记的全体权利人发生效力。未参加登记的权利人在诉讼时效期间提起诉讼的，适用该判决、裁定。

第五十八条 对污染环境、侵害众多消费者合法权益等损害社会公共利益的行为，法律规定的机关和有关组织可以向人民法院提起诉讼。

人民检察院在履行职责中发现破坏生态环境和资源保护、食品药品安全领域侵害众多消费者合法权益等损害社会公共利益的行为，在没有前款规定的机关和组织或者前款规定的机关和组织不提起诉讼的情况下，可以向人民法院提起诉讼。前款规定的机关或者组织提起诉讼的，人民检察院可以支持起诉。

第五十九条 对当事人双方的诉讼标的，第三人认为有独立请求权的，有权提起诉讼。

对当事人双方的诉讼标的，第三人虽然没有独立请求权，但案件处理结果同他有法律上的利害关系的，可以申请参加诉讼，或者由人民法院通知他参加诉讼。人民法院判决承担民事责任的第三人，有当事人的诉讼权利义务。

前两款规定的第三人，因不能归责于本人的事由未参加诉讼，但有证据证明发生法律效力的判决、裁定、调解书的部分或者全部内容错误，损害其民事权益的，可以自知道或者应当知道其民事权益受到损害之日起六个月内，向作出该判决、裁定、调解书的人民法院提起诉讼。人民法院经审理，诉讼请求成立的，应当改变或者撤销原判决、裁定、调解书；诉讼请求不成立的，驳回诉讼请求。

第二节　诉讼代理人

第六十条 无诉讼行为能力人由他的监护人作为法定代理人代为诉讼。法定代理人之间互相推诿代理责任的，由人民法院指定其中一人代为诉讼。

第六十一条 当事人、法定代理人可以委托一至二人作为诉讼代理人。

下列人员可以被委托为诉讼代理人：

（一）律师、基层法律服务工作者；

（二）当事人的近亲属或者工作人员；

（三）当事人所在社区、单位以及有关社会团体推荐的公民。

第六十二条 委托他人代为诉讼，必须向人民法院提交由委托人签名或者盖章的授权委托书。

授权委托书必须记明委托事项和权限。诉讼代理人代为承认、放弃、变更诉讼请求，进行和解，提起反诉或者上诉，必须有委托人的特别授权。

侨居在国外的中华人民共和国公民从国外寄交或者托交的授权委托书，必须经中华人民共和国驻该国的使领馆证明；没有使领馆的，由与中华人民共和国有外交关系的第三国驻该国的使领馆证明，再转由中华人民共和国驻该第三国使领馆证明，或者由当地的爱国华侨团体证明。

第六十三条 诉讼代理人的权限如果变更或者解除，当事人应当书面告知人民法院，并由人民法院通知对方当事人。

第六十四条 代理诉讼的律师和其他诉讼代理人有权调查收集证据，可以查阅本案有关材料。查阅本案有关材料的范围和办法由最高人民法院规定。

第六十五条 离婚案件有诉讼代理人的，本人除不能表达意思的以外，仍应出庭；确因特殊情况无法出庭的，必须向人民法院提交书面意见。

第六章 证 据

第六十六条 证据包括：

（一）当事人的陈述；

（二）书证；

（三）物证；

（四）视听资料；

（五）电子数据；

（六）证人证言；

（七）鉴定意见；

（八）勘验笔录。

证据必须查证属实，才能作为认定事实的根据。

第六十七条 当事人对自己提出的主张，有责任提供证据。

当事人及其诉讼代理人因客观原因不能自行收集的证据，或者人民法院认为审理案件需要的证据，人民法院应当调查收集。

人民法院应当按照法定程序，全面地、客观地审查核实证据。

第六十八条 当事人对自己提出的主张应当及时提供证据。

人民法院根据当事人的主张和案件审理情况，确定当事人应当提供的证据及其期限。当事人在该期限内提供证据确有困难的，可以向人民法院申请延长期限，人民法院根据当事人的申请适当延长。当事人逾期提供证据的，人民法院应当责令其说明理由；拒不说明理由或者理由不成立的，人民法院根据不同情形可以不予采纳该证据，或者采纳该证据但予以训诫、罚款。

第六十九条 人民法院收到当事人提交的证据材料，应当出具收据，写明证据名称、页数、份数、原件或者复印件以及收到时间等，并由经办人员签名或者盖章。

第七十条 人民法院有权向有关单位和个人调查取证，有关单位和个人不得拒绝。

人民法院对有关单位和个人提出的证明文书，应当辨别真伪，审查确定其效力。

第七十一条 证据应当在法庭上出示，并由当事人互相质证。对涉及国家秘密、商业秘密和个人隐私的证据应当保密，需要在法庭出示的，不得在公开开庭时出示。

第七十二条 经过法定程序公证证明的法律事实和文书，人民法院应当作为认定事实的根据，但有相反证据足以推翻公证证明的除外。

第七十三条 书证应当提交原件。物证应当提交原物。提交原件或者原物确有困难的，可以提交复制品、照片、副本、节录本。

提交外文书证，必须附有中文译本。

第七十四条 人民法院对视听资料，应当辨别真伪，并结合本案的其他证据，审查确定能否作为认定事实的根据。

第七十五条 凡是知道案件情况的单位和个人，都有义务出庭作证。有关单位的负责人应当支持证人作证。

不能正确表达意思的人，不能作证。

第七十六条 经人民法院通知，证人应当出庭作证。有下列情形之一的，经人民法院许可，可以通过书面证言、视听传输技术或者视听资料等方式作证：

（一）因健康原因不能出庭的；

（二）因路途遥远，交通不便不能出庭的；

（三）因自然灾害等不可抗力不能出庭的；

（四）其他有正当理由不能出庭的。

第七十七条 证人因履行出庭作证义务而支出的交通、住宿、就餐等必要费用以及误工损失，由败诉一方当事人负担。当事人申请证人作证的，由该当事人先行垫付；当事人没有申请，人民法院通知证人作证的，由人民法院先行垫付。

第七十八条 人民法院对当事人的陈述，应当结合本案的其他证据，审查确定能否作为认定事实的根据。

当事人拒绝陈述的，不影响人民法院根据证据认定案件事实。

第七十九条 当事人可以就查明事实的专门性问题向人民法院申请鉴定。当事人申请鉴定的，由双方当事人协商确定具备资格的鉴定人；协商不成的，由人民法院指定。

当事人未申请鉴定，人民法院对专门性问题认为需要鉴定的，应当委托具备资格的鉴定人进行鉴定。

第八十条 鉴定人有权了解进行鉴定所需要的案件材料，必要时可以询问当事人、证人。

鉴定人应当提出书面鉴定意见，在鉴定书上签名或者盖章。

第八十一条 当事人对鉴定意见有异议或者人民法院认为鉴定人有必要出庭的，鉴定人应当出庭作证。经人民法院通知，鉴定人拒不出庭作证的，鉴定意见不得作为认定事实的根据；支付鉴定费用的当事人可以要求返还鉴定费用。

第八十二条 当事人可以申请人民法院通知有专门知识的人出庭，就鉴定人作出的鉴定意见或者专业问题提出意见。

第八十三条 勘验物证或者现场，勘验人必须出示人民法院的证件，并邀请当地基层组织或者当事人所在单位派人参加。当事人或者当事人的成年家属应当到场，拒不到场的，不影响勘验的进行。

有关单位和个人根据人民法院的通知，有义务保护现场，协助勘验工作。

勘验人应当将勘验情况和结果制作笔录，由勘验人、当事人和被邀参加人签名或者盖章。

第八十四条　在证据可能灭失或者以后难以取得的情况下，当事人可以在诉讼过程中向人民法院申请保全证据，人民法院也可以主动采取保全措施。

因情况紧急，在证据可能灭失或者以后难以取得的情况下，利害关系人可以在提起诉讼或者申请仲裁前向证据所在地、被申请人住所地或者对案件有管辖权的人民法院申请保全证据。

证据保全的其他程序，参照适用本法第九章保全的有关规定。

第七章　期间、送达

第一节　期　间

第八十五条　期间包括法定期间和人民法院指定的期间。

期间以时、日、月、年计算。期间开始的时和日，不计算在期间内。

期间届满的最后一日是法定休假日的，以法定休假日后的第一日为期间届满的日期。

期间不包括在途时间，诉讼文书在期满前交邮的，不算过期。

第八十六条　当事人因不可抗拒的事由或者其他正当理由耽误期限的，在障碍消除后的十日内，可以申请顺延期限，是否准许，由人民法院决定。

第二节　送　达

第八十七条　送达诉讼文书必须有送达回证，由受送达人在送达回证上记明收到日期，签名或者盖章。

受送达人在送达回证上的签收日期为送达日期。

第八十八条　送达诉讼文书，应当直接送交受送达人。受送达人是公民的，本人不在交他的同住成年家属签收；受送达人是法人或者其他组织的，应当由法人的法定代表人、其他组织的主要负责人或者该法人、组织负责收件的人签收；受送达人有诉讼代理人的，可以送交其代理人签收；受送达人已向人民法院指定代收人的，送交代收人签收。

受送达人的同住成年家属，法人或者其他组织的负责收件的人，诉讼代理人或者代收人在送达回证上签收的日期为送达日期。

第八十九条　受送达人或者他的同住成年家属拒绝接收诉讼文书的，送达人可以邀请有关基层组织或者所在单位的代表到场，说明情况，在送达回证上记明拒收事由和日期，由送达人、见证人签名或者盖章，把诉讼文书留在受送达人的住所；也可以把诉讼文书留在受送达人的住所，并采用拍照、录像等方式记录送达过程，即视为送达。

第九十条 经受送达人同意，人民法院可以采用能够确认其收悉的电子方式送达诉讼文书。通过电子方式送达的判决书、裁定书、调解书，受送达人提出需要纸质文书的，人民法院应当提供。

采用前款方式送达的，以送达信息到达受送达人特定系统的日期为送达日期。

第九十一条 直接送达诉讼文书有困难的，可以委托其他人民法院代为送达，或者邮寄送达。邮寄送达的，以回执上注明的收件日期为送达日期。

第九十二条 受送达人是军人的，通过其所在部队团以上单位的政治机关转交。

第九十三条 受送达人被监禁的，通过其所在监所转交。

受送达人被采取强制性教育措施的，通过其所在强制性教育机构转交。

第九十四条 代为转交的机关、单位收到诉讼文书后，必须立即交受送达人签收，以在送达回证上的签收日期，为送达日期。

第九十五条 受送达人下落不明，或者用本节规定的其他方式无法送达的，公告送达。自发出公告之日起，经过三十日，即视为送达。

公告送达，应当在案卷中记明原因和经过。

第八章 调 解

第九十六条 人民法院审理民事案件，根据当事人自愿的原则，在事实清楚的基础上，分清是非，进行调解。

第九十七条 人民法院进行调解，可以由审判员一人主持，也可以由合议庭主持，并尽可能就地进行。

人民法院进行调解，可以用简便方式通知当事人、证人到庭。

第九十八条 人民法院进行调解，可以邀请有关单位和个人协助。被邀请的单位和个人，应当协助人民法院进行调解。

第九十九条 调解达成协议，必须双方自愿，不得强迫。调解协议的内容不得违反法律规定。

第一百条 调解达成协议，人民法院应当制作调解书。调解书应当写明诉讼请求、案件的事实和调解结果。

调解书由审判人员、书记员署名，加盖人民法院印章，送达双方当事人。

调解书经双方当事人签收后，即具有法律效力。

第一百零一条 下列案件调解达成协议，人民法院可以不制作调解书：

（一）调解和好的离婚案件；

（二）调解维持收养关系的案件；

（三）能够即时履行的案件；

（四）其他不需要制作调解书的案件。

对不需要制作调解书的协议，应当记入笔录，由双方当事人、审判人员、书记员签名或者盖章后，即具有法律效力。

第一百零二条 调解未达成协议或者调解书送达前一方反悔的，人民法院应当及时判决。

第九章 保全和先予执行

第一百零三条 人民法院对于可能因当事人一方的行为或者其他原因，使判决难以执行或者造成当事人其他损害的案件，根据对方当事人的申请，可以裁定对其财产进行保全、责令其作出一定行为或者禁止其作出一定行为；当事人没有提出申请的，人民法院在必要时也可以裁定采取保全措施。

人民法院采取保全措施，可以责令申请人提供担保，申请人不提供担保的，裁定驳回申请。

人民法院接受申请后，对情况紧急的，必须在四十八小时内作出裁定；裁定采取保全措施的，应当立即开始执行。

第一百零四条 利害关系人因情况紧急，不立即申请保全将会使其合法权益受到难以弥补的损害的，可以在提起诉讼或者申请仲裁前向被保全财产所在地、被申请人住所地或者对案件有管辖权的人民法院申请采取保全措施。申请人应当提供担保，不提供担保的，裁定驳回申请。

人民法院接受申请后，必须在四十八小时内作出裁定；裁定采取保全措施的，应当立即开始执行。

申请人在人民法院采取保全措施后三十日内不依法提起诉讼或者申请仲裁的，人民法院应当解除保全。

第一百零五条 保全限于请求的范围，或者与本案有关的财物。

第一百零六条 财产保全采取查封、扣押、冻结或者法律规定的其他方法。人民法院保全财产后，应当立即通知被保全财产的人。

财产已被查封、冻结的，不得重复查封、冻结。

第一百零七条 财产纠纷案件，被申请人提供担保的，人民法院应当裁定解除保全。

第一百零八条 申请有错误的，申请人应当赔偿被申请人因保全所遭受的损失。

第一百零九条 人民法院对下列案件，根据当事人的申请，可以裁定先予执行：

（一）追索赡养费、扶养费、抚养费、抚恤金、医疗费用的；

（二）追索劳动报酬的；

（三）因情况紧急需要先予执行的。

第一百一十条 人民法院裁定先予执行的，应当符合下列条件：

（一）当事人之间权利义务关系明确，不先予执行将严重影响申请人的生活或者生产经营的；

（二）被申请人有履行能力。

人民法院可以责令申请人提供担保，申请人不提供担保的，驳回申请。申请人败诉的，应当赔偿被申请人因先予执行遭受的财产损失。

第一百一十一条 当事人对保全或者先予执行的裁定不服的，可以申请复议一次。复议期间不停止裁定的执行。

第十章 对妨害民事诉讼的强制措施

第一百一十二条 人民法院对必须到庭的被告，经两次传票传唤，无正当理由拒不到庭的，可以拘传。

第一百一十三条 诉讼参与人和其他人应当遵守法庭规则。

人民法院对违反法庭规则的人，可以予以训诫，责令退出法庭或者予以罚款、拘留。

人民法院对哄闹、冲击法庭，侮辱、诽谤、威胁、殴打审判人员，严重扰乱法庭秩序的人，依法追究刑事责任；情节较轻的，予以罚款、拘留。

第一百一十四条 诉讼参与人或者其他人有下列行为之一的，人民法院可以根据情节轻重予以罚款、拘留；构成犯罪的，依法追究刑事责任：

（一）伪造、毁灭重要证据，妨碍人民法院审理案件的；

（二）以暴力、威胁、贿买方法阻止证人作证或者指使、贿买、胁迫他人作伪证的；

（三）隐藏、转移、变卖、毁损已被查封、扣押的财产，或者已被清点并责令其保管的财产，转移已被冻结的财产的；

（四）对司法工作人员、诉讼参加人、证人、翻译人员、鉴定人、勘验人、协助执行的人，进行侮辱、诽谤、诬陷、殴打或者打击报复的；

（五）以暴力、威胁或者其他方法阻碍司法工作人员执行职务的；

（六）拒不履行人民法院已经发生法律效力的判决、裁定的。

人民法院对有前款规定的行为之一的单位，可以对其主要负责人或者直接责任人员予以罚款、拘留；构成犯罪的，依法追究刑事责任。

第一百一十五条 当事人之间恶意串通，企图通过诉讼、调解等方式侵害国家利益、社会公共利益或者他人合法权益的，人民法院应当驳回其请求，并根据情节轻重予以罚款、拘留；构成犯罪的，依法追究刑事责任。

当事人单方捏造民事案件基本事实，向人民法院提起诉讼，企图侵害国家利益、社会公共利益或者他人合法权益的，适用前款规定。

第一百一十六条　被执行人与他人恶意串通，通过诉讼、仲裁、调解等方式逃避履行法律文书确定的义务的，人民法院应当根据情节轻重予以罚款、拘留；构成犯罪的，依法追究刑事责任。

第一百一十七条　有义务协助调查、执行的单位有下列行为之一的，人民法院除责令其履行协助义务外，并可以予以罚款：

（一）有关单位拒绝或者妨碍人民法院调查取证的；

（二）有关单位接到人民法院协助执行通知书后，拒不协助查询、扣押、冻结、划拨、变价财产的；

（三）有关单位接到人民法院协助执行通知书后，拒不协助扣留被执行人的收入、办理有关财产权证照转移手续、转交有关票证、证照或者其他财产的；

（四）其他拒绝协助执行的。

人民法院对有前款规定的行为之一的单位，可以对其主要负责人或者直接责任人员予以罚款；对仍不履行协助义务的，可以予以拘留；并可以向监察机关或者有关机关提出予以纪律处分的司法建议。

第一百一十八条　对个人的罚款金额，为人民币十万元以下。对单位的罚款金额，为人民币五万元以上一百万元以下。

拘留的期限，为十五日以下。

被拘留的人，由人民法院交公安机关看管。在拘留期间，被拘留人承认并改正错误的，人民法院可以决定提前解除拘留。

第一百一十九条　拘传、罚款、拘留必须经院长批准。

拘传应当发拘传票。

罚款、拘留应当用决定书。对决定不服的，可以向上一级人民法院申请复议一次。复议期间不停止执行。

第一百二十条　采取对妨害民事诉讼的强制措施必须由人民法院决定。任何单位和个人采取非法拘禁他人或者非法私自扣押他人财产追索债务的，应当依法追究刑事责任，或者予以拘留、罚款。

第十一章　诉　讼　费　用

第一百二十一条　当事人进行民事诉讼，应当按照规定交纳案件受理费。财产案件除交纳案件受理费外，并按照规定交纳其他诉讼费用。

当事人交纳诉讼费用确有困难的，可以按照规定向人民法院申请缓交、减交或者免交。

收取诉讼费用的办法另行制定。

第二编　审　判　程　序

第十二章　第一审普通程序

第一节　起诉和受理

第一百二十二条　起诉必须符合下列条件：

（一）原告是与本案有直接利害关系的公民、法人和其他组织；

（二）有明确的被告；

（三）有具体的诉讼请求和事实、理由；

（四）属于人民法院受理民事诉讼的范围和受诉人民法院管辖。

第一百二十三条　起诉应当向人民法院递交起诉状，并按照被告人数提出副本。

书写起诉状确有困难的，可以口头起诉，由人民法院记入笔录，并告知对方当事人。

第一百二十四条　起诉状应当记明下列事项：

（一）原告的姓名、性别、年龄、民族、职业、工作单位、住所、联系方式，法人或者其他组织的名称、住所和法定代表人或者主要负责人的姓名、职务、联系方式；

（二）被告的姓名、性别、工作单位、住所等信息，法人或者其他组织的名称、住所等信息；

（三）诉讼请求和所根据的事实与理由；

（四）证据和证据来源，证人姓名和住所。

第一百二十五条　当事人起诉到人民法院的民事纠纷，适宜调解的，先行调解，但当事人拒绝调解的除外。

第一百二十六条　人民法院应当保障当事人依照法律规定享有的起诉权利。对符合本法第一百二十二条的起诉，必须受理。符合起诉条件的，应当在七日内立案，并通知当事人；不符合起诉条件的，应当在七日内作出裁定书，不予受理；原告对裁定不服的，可以提起上诉。

第一百二十七条　人民法院对下列起诉，分别情形，予以处理：

（一）依照行政诉讼法的规定，属于行政诉讼受案范围的，告知原告提起行政诉讼；

（二）依照法律规定，双方当事人达成书面仲裁协议申请仲裁、不得向人民法院起诉的，告知原告向仲裁机构申请仲裁；

（三）依照法律规定，应当由其他机关处理的争议，告知原告向有关机关申请解决；

（四）对不属于本院管辖的案件，告知原告向有管辖权的人民法院起诉；

（五）对判决、裁定、调解书已经发生法律效力的案件，当事人又起诉的，告知原告申请再审，但人民法院准许撤诉的裁定除外；

（六）依照法律规定，在一定期限内不得起诉的案件，在不得起诉的期限内起诉的，不予受理；

（七）判决不准离婚和调解和好的离婚案件，判决、调解维持收养关系的案件，没有新情况、新理由，原告在六个月内又起诉的，不予受理。

第二节　审理前的准备

第一百二十八条　人民法院应当在立案之日起五日内将起诉状副本发送被告，被告应当在收到之日起十五日内提出答辩状。答辩状应当记明被告的姓名、性别、年龄、民族、职业、工作单位、住所、联系方式；法人或者其他组织的名称、住所和法定代表人或者主要负责人的姓名、职务、联系方式。人民法院应当在收到答辩状之日起五日内将答辩状副本发送原告。

被告不提出答辩状的，不影响人民法院审理。

第一百二十九条　人民法院对决定受理的案件，应当在受理案件通知书和应诉通知书中向当事人告知有关的诉讼权利义务，或者口头告知。

第一百三十条　人民法院受理案件后，当事人对管辖权有异议的，应当在提交答辩状期间提出。人民法院对当事人提出的异议，应当审查。异议成立的，裁定将案件移送有管辖权的人民法院；异议不成立的，裁定驳回。

当事人未提出管辖异议，并应诉答辩或者提出反诉的，视为受诉人民法院有管辖权，但违反级别管辖和专属管辖规定的除外。

第一百三十一条　审判人员确定后，应当在三日内告知当事人。

第一百三十二条　审判人员必须认真审核诉讼材料，调查收集必要的证据。

第一百三十三条　人民法院派出人员进行调查时，应当向被调查人出示证件。

调查笔录经被调查人校阅后，由被调查人、调查人签名或者盖章。

第一百三十四条　人民法院在必要时可以委托外地人民法院调查。

委托调查，必须提出明确的项目和要求。受委托人民法院可以主动补充调查。

受委托人民法院收到委托书后，应当在三十日内完成调查。因故不能完成的，应当在上述期限内函告委托人民法院。

第一百三十五条　必须共同进行诉讼的当事人没有参加诉讼的，人民法院应当通知其参加诉讼。

第一百三十六条　人民法院对受理的案件，分别情形，予以处理：

（一）当事人没有争议，符合督促程序规定条件的，可以转入督促程序；

（二）开庭前可以调解的，采取调解方式及时解决纠纷；

（三）根据案件情况，确定适用简易程序或者普通程序；

（四）需要开庭审理的，通过要求当事人交换证据等方式，明确争议焦点。

第三节　开庭审理

第一百三十七条　人民法院审理民事案件，除涉及国家秘密、个人隐私或者法律另有规定的以外，应当公开进行。

离婚案件，涉及商业秘密的案件，当事人申请不公开审理的，可以不公开审理。

第一百三十八条　人民法院审理民事案件，根据需要进行巡回审理，就地办案。

第一百三十九条　人民法院审理民事案件，应当在开庭三日前通知当事人和其他诉讼参与人。公开审理的，应当公告当事人姓名、案由和开庭的时间、地点。

第一百四十条　开庭审理前，书记员应当查明当事人和其他诉讼参与人是否到庭，宣布法庭纪律。

开庭审理时，由审判长或者独任审判员核对当事人，宣布案由，宣布审判人员、法官助理、书记员等的名单，告知当事人有关的诉讼权利义务，询问当事人是否提出回避申请。

第一百四十一条　法庭调查按照下列顺序进行：

（一）当事人陈述；

（二）告知证人的权利义务，证人作证，宣读未到庭的证人证言；

（三）出示书证、物证、视听资料和电子数据；

（四）宣读鉴定意见；

（五）宣读勘验笔录。

第一百四十二条　当事人在法庭上可以提出新的证据。

当事人经法庭许可，可以向证人、鉴定人、勘验人发问。

当事人要求重新进行调查、鉴定或者勘验的，是否准许，由人民法院决定。

第一百四十三条　原告增加诉讼请求，被告提出反诉，第三人提出与本案有关的诉讼请求，可以合并审理。

第一百四十四条　法庭辩论按照下列顺序进行：

（一）原告及其诉讼代理人发言；

（二）被告及其诉讼代理人答辩；

（三）第三人及其诉讼代理人发言或者答辩；

（四）互相辩论。

法庭辩论终结，由审判长或者独任审判员按照原告、被告、第三人的先后顺序征询各方最后意见。

第一百四十五条　法庭辩论终结，应当依法作出判决。判决前能够调解的，还可以进行调解，调解不成的，应当及时判决。

第一百四十六条 原告经传票传唤，无正当理由拒不到庭的，或者未经法庭许可中途退庭的，可以按撤诉处理；被告反诉的，可以缺席判决。

第一百四十七条 被告经传票传唤，无正当理由拒不到庭的，或者未经法庭许可中途退庭的，可以缺席判决。

第一百四十八条 宣判前，原告申请撤诉的，是否准许，由人民法院裁定。

人民法院裁定不准许撤诉的，原告经传票传唤，无正当理由拒不到庭的，可以缺席判决。

第一百四十九条 有下列情形之一的，可以延期开庭审理：

（一）必须到庭的当事人和其他诉讼参与人有正当理由没有到庭的；

（二）当事人临时提出回避申请的；

（三）需要通知新的证人到庭，调取新的证据，重新鉴定、勘验，或者需要补充调查的；

（四）其他应当延期的情形。

第一百五十条 书记员应当将法庭审理的全部活动记入笔录，由审判人员和书记员签名。

法庭笔录应当当庭宣读，也可以告知当事人和其他诉讼参与人当庭或者在五日内阅读。当事人和其他诉讼参与人认为对自己的陈述记录有遗漏或者差错的，有权申请补正。如果不予补正，应当将申请记录在案。

法庭笔录由当事人和其他诉讼参与人签名或者盖章。拒绝签名盖章的，记明情况附卷。

第一百五十一条 人民法院对公开审理或者不公开审理的案件，一律公开宣告判决。

当庭宣判的，应当在十日内发送判决书；定期宣判的，宣判后立即发给判决书。

宣告判决时，必须告知当事人上诉权利、上诉期限和上诉的法院。

宣告离婚判决，必须告知当事人在判决发生法律效力前不得另行结婚。

第一百五十二条 人民法院适用普通程序审理的案件，应当在立案之日起六个月内审结。有特殊情况需要延长的，经本院院长批准，可以延长六个月；还需要延长的，报请上级人民法院批准。

第四节 诉讼中止和终结

第一百五十三条 有下列情形之一的，中止诉讼：

（一）一方当事人死亡，需要等待继承人表明是否参加诉讼的；

（二）一方当事人丧失诉讼行为能力，尚未确定法定代理人的；

（三）作为一方当事人的法人或者其他组织终止，尚未确定权利义务承受人的；

（四）一方当事人因不可抗拒的事由，不能参加诉讼的；

（五）本案必须以另一案的审理结果为依据，而另一案尚未审结的；

（六）其他应当中止诉讼的情形。

中止诉讼的原因消除后，恢复诉讼。

第一百五十四条 有下列情形之一的，终结诉讼：

（一）原告死亡，没有继承人，或者继承人放弃诉讼权利的；

（二）被告死亡，没有遗产，也没有应当承担义务的人的；

（三）离婚案件一方当事人死亡的；

（四）追索赡养费、扶养费、抚养费以及解除收养关系案件的一方当事人死亡的。

第五节　判决和裁定

第一百五十五条 判决书应当写明判决结果和作出该判决的理由。判决书内容包括：

（一）案由、诉讼请求、争议的事实和理由；

（二）判决认定的事实和理由、适用的法律和理由；

（三）判决结果和诉讼费用的负担；

（四）上诉期间和上诉的法院。

判决书由审判人员、书记员署名，加盖人民法院印章。

第一百五十六条 人民法院审理案件，其中一部分事实已经清楚，可以就该部分先行判决。

第一百五十七条 裁定适用于下列范围：

（一）不予受理；

（二）对管辖权有异议的；

（三）驳回起诉；

（四）保全和先予执行；

（五）准许或者不准许撤诉；

（六）中止或者终结诉讼；

（七）补正判决书中的笔误；

（八）中止或者终结执行；

（九）撤销或者不予执行仲裁裁决；

（十）不予执行公证机关赋予强制执行效力的债权文书；

（十一）其他需要裁定解决的事项。

对前款第一项至第三项裁定，可以上诉。

裁定书应当写明裁定结果和作出该裁定的理由。裁定书由审判人员、书记员署名，加盖人民法院印章。口头裁定的，记入笔录。

第一百五十八条 最高人民法院的判决、裁定，以及依法不准上诉或者超过上诉期没有上诉的判决、裁定，是发生法律效力的判决、裁定。

第一百五十九条 公众可以查阅发生法律效力的判决书、裁定书，但涉及国家秘密、商业秘密和个人隐私的内容除外。

第十三章 简 易 程 序

第一百六十条 基层人民法院和它派出的法庭审理事实清楚、权利义务关系明确、争议不大的简单的民事案件，适用本章规定。

基层人民法院和它派出的法庭审理前款规定以外的民事案件，当事人双方也可以约定适用简易程序。

第一百六十一条 对简单的民事案件，原告可以口头起诉。

当事人双方可以同时到基层人民法院或者它派出的法庭，请求解决纠纷。基层人民法院或者它派出的法庭可以当即审理，也可以另定日期审理。

第一百六十二条 基层人民法院和它派出的法庭审理简单的民事案件，可以用简便方式传唤当事人和证人、送达诉讼文书、审理案件，但应当保障当事人陈述意见的权利。

第一百六十三条 简单的民事案件由审判员一人独任审理，并不受本法第一百三十九条、第一百四十一条、第一百四十四条规定的限制。

第一百六十四条 人民法院适用简易程序审理案件，应当在立案之日起三个月内审结。有特殊情况需要延长的，经本院院长批准，可以延长一个月。

第一百六十五条 基层人民法院和它派出的法庭审理事实清楚、权利义务关系明确、争议不大的简单金钱给付民事案件，标的额为各省、自治区、直辖市上年度就业人员年平均工资百分之五十以下的，适用小额诉讼的程序审理，实行一审终审。

基层人民法院和它派出的法庭审理前款规定的民事案件，标的额超过各省、自治区、直辖市上年度就业人员年平均工资百分之五十但在二倍以下的，当事人双方也可以约定适用小额诉讼的程序。

第一百六十六条 人民法院审理下列民事案件，不适用小额诉讼的程序：

（一）人身关系、财产确权案件；

（二）涉外案件；

（三）需要评估、鉴定或者对诉前评估、鉴定结果有异议的案件；

（四）一方当事人下落不明的案件；

（五）当事人提出反诉的案件；

（六）其他不宜适用小额诉讼的程序审理的案件。

第一百六十七条 人民法院适用小额诉讼的程序审理案件，可以一次开庭审结并且当庭宣判。

第一百六十八条 人民法院适用小额诉讼的程序审理案件，应当在立案之日起两个月内审结。有特殊情况需要延长的，经本院院长批准，可以延长一个月。

第一百六十九条 人民法院在审理过程中，发现案件不宜适用小额诉讼的程序的，应当适用简易程序的其他规定审理或者裁定转为普通程序。

当事人认为案件适用小额诉讼的程序审理违反法律规定的，可以向人民法院提出异议。人民法院对当事人提出的异议应当审查，异议成立的，应当适用简易程序的其他规定审理或者裁定转为普通程序；异议不成立的，裁定驳回。

第一百七十条 人民法院在审理过程中，发现案件不宜适用简易程序的，裁定转为普通程序。

第十四章　第二审程序

第一百七十一条 当事人不服地方人民法院第一审判决的，有权在判决书送达之日起十五日内向上一级人民法院提起上诉。

当事人不服地方人民法院第一审裁定的，有权在裁定书送达之日起十日内向上一级人民法院提起上诉。

第一百七十二条 上诉应当递交上诉状。上诉状的内容，应当包括当事人的姓名，法人的名称及其法定代表人的姓名或者其他组织的名称及其主要负责人的姓名；原审人民法院名称、案件的编号和案由；上诉的请求和理由。

第一百七十三条 上诉状应当通过原审人民法院提出，并按照对方当事人或者代表人的人数提出副本。

当事人直接向第二审人民法院上诉的，第二审人民法院应当在五日内将上诉状移交原审人民法院。

第一百七十四条 原审人民法院收到上诉状，应当在五日内将上诉状副本送达对方当事人，对方当事人在收到之日起十五日内提出答辩状。人民法院应当在收到答辩状之日起五日内将副本送达上诉人。对方当事人不提出答辩状的，不影响人民法院审理。

原审人民法院收到上诉状、答辩状，应当在五日内连同全部案卷和证据，报送第二审人民法院。

第一百七十五条 第二审人民法院应当对上诉请求的有关事实和适用法律进行审查。

第一百七十六条 第二审人民法院对上诉案件应当开庭审理。经过阅卷、调查和询问当事人，对没有提出新的事实、证据或者理由，人民法院认为不需要开庭审理的，可以不开庭审理。

第二审人民法院审理上诉案件，可以在本院进行，也可以到案件发生地或者原审人民法院所在地进行。

第一百七十七条 第二审人民法院对上诉案件，经过审理，按照下列情形，分别处理：

（一）原判决、裁定认定事实清楚，适用法律正确的，以判决、裁定方式驳回上诉，维持原判决、裁定；

（二）原判决、裁定认定事实错误或者适用法律错误的，以判决、裁定方式依法改判、撤销或者变更；

（三）原判决认定基本事实不清的，裁定撤销原判决，发回原审人民法院重审，或者查清事实后改判；

（四）原判决遗漏当事人或者违法缺席判决等严重违反法定程序的，裁定撤销原判决，发回原审人民法院重审。

原审人民法院对发回重审的案件作出判决后，当事人提起上诉的，第二审人民法院不得再次发回重审。

第一百七十八条　第二审人民法院对不服第一审人民法院裁定的上诉案件的处理，一律使用裁定。

第一百七十九条　第二审人民法院审理上诉案件，可以进行调解。调解达成协议，应当制作调解书，由审判人员、书记员署名，加盖人民法院印章。调解书送达后，原审人民法院的判决即视为撤销。

第一百八十条　第二审人民法院判决宣告前，上诉人申请撤回上诉的，是否准许，由第二审人民法院裁定。

第一百八十一条　第二审人民法院审理上诉案件，除依照本章规定外，适用第一审普通程序。

第一百八十二条　第二审人民法院的判决、裁定，是终审的判决、裁定。

第一百八十三条　人民法院审理对判决的上诉案件，应当在第二审立案之日起三个月内审结。有特殊情况需要延长的，由本院院长批准。

人民法院审理对裁定的上诉案件，应当在第二审立案之日起三十日内作出终审裁定。

第十五章　特别程序

第一节　一般规定

第一百八十四条　人民法院审理选民资格案件、宣告失踪或者宣告死亡案件、指定遗产管理人案件、认定公民无民事行为能力或者限制民事行为能力案件、认定财产无主案件、确认调解协议案件和实现担保物权案件，适用本章规定。本章没有规定的，适用本法和其他法律的有关规定。

第一百八十五条　依照本章程序审理的案件，实行一审终审。选民资格案件或者重大、疑难的案件，由审判员组成合议庭审理；其他案件由审判员一人独任审理。

第一百八十六条 人民法院在依照本章程序审理案件的过程中，发现本案属于民事权益争议的，应当裁定终结特别程序，并告知利害关系人可以另行起诉。

第一百八十七条 人民法院适用特别程序审理的案件，应当在立案之日起三十日内或者公告期满后三十日内审结。有特殊情况需要延长的，由本院院长批准。但审理选民资格的案件除外。

第二节 选民资格案件

第一百八十八条 公民不服选举委员会对选民资格的申诉所作的处理决定，可以在选举日的五日以前向选区所在地基层人民法院起诉。

第一百八十九条 人民法院受理选民资格案件后，必须在选举日前审结。

审理时，起诉人、选举委员会的代表和有关公民必须参加。

人民法院的判决书，应当在选举日前送达选举委员会和起诉人，并通知有关公民。

第三节 宣告失踪、宣告死亡案件

第一百九十条 公民下落不明满二年，利害关系人申请宣告其失踪的，向下落不明人住所地基层人民法院提出。

申请书应当写明失踪的事实、时间和请求，并附有公安机关或者其他有关机关关于该公民下落不明的书面证明。

第一百九十一条 公民下落不明满四年，或者因意外事件下落不明满二年，或者因意外事件下落不明，经有关机关证明该公民不可能生存，利害关系人申请宣告其死亡的，向下落不明人住所地基层人民法院提出。

申请书应当写明下落不明的事实、时间和请求，并附有公安机关或者其他有关机关关于该公民下落不明的书面证明。

第一百九十二条 人民法院受理宣告失踪、宣告死亡案件后，应当发出寻找下落不明人的公告。宣告失踪的公告期间为三个月，宣告死亡的公告期间为一年。因意外事件下落不明，经有关机关证明该公民不可能生存的，宣告死亡的公告期间为三个月。

公告期间届满，人民法院应当根据被宣告失踪、宣告死亡的事实是否得到确认，作出宣告失踪、宣告死亡的判决或者驳回申请的判决。

第一百九十三条 被宣告失踪、宣告死亡的公民重新出现，经本人或者利害关系人申请，人民法院应当作出新判决，撤销原判决。

第四节 指定遗产管理人案件

第一百九十四条 对遗产管理人的确定有争议，利害关系人申请指定遗产管理人的，向被继承人死亡时住所地或者主要遗产所在地基层人民法院提出。

申请书应当写明被继承人死亡的时间、申请事由和具体请求，并附有被继承人死亡的相关证据。

第一百九十五条　人民法院受理申请后，应当审查核实，并按照有利于遗产管理的原则，判决指定遗产管理人。

第一百九十六条　被指定的遗产管理人死亡、终止、丧失民事行为能力或者存在其他无法继续履行遗产管理职责情形的，人民法院可以根据利害关系人或者本人的申请另行指定遗产管理人。

第一百九十七条　遗产管理人违反遗产管理职责，严重侵害继承人、受遗赠人或者债权人合法权益的，人民法院可以根据利害关系人的申请，撤销其遗产管理人资格，并依法指定新的遗产管理人。

第五节　认定公民无民事行为能力、限制民事行为能力案件

第一百九十八条　申请认定公民无民事行为能力或者限制民事行为能力，由利害关系人或者有关组织向该公民住所地基层人民法院提出。

申请书应当写明该公民无民事行为能力或者限制民事行为能力的事实和根据。

第一百九十九条　人民法院受理申请后，必要时应当对被请求认定为无民事行为能力或者限制民事行为能力的公民进行鉴定。申请人已提供鉴定意见的，应当对鉴定意见进行审查。

第二百条　人民法院审理认定公民无民事行为能力或者限制民事行为能力的案件，应当由该公民的近亲属为代理人，但申请人除外。近亲属互相推诿的，由人民法院指定其中一人为代理人。该公民健康情况许可的，还应当询问本人的意见。

人民法院经审理认定申请有事实根据的，判决该公民为无民事行为能力或者限制民事行为能力人；认定申请没有事实根据的，应当判决予以驳回。

第二百零一条　人民法院根据被认定为无民事行为能力人、限制民事行为能力人本人、利害关系人或者有关组织的申请，证实该公民无民事行为能力或者限制民事行为能力的原因已经消除的，应当作出新判决，撤销原判决。

第六节　认定财产无主案件

第二百零二条　申请认定财产无主，由公民、法人或者其他组织向财产所在地基层人民法院提出。

申请书应当写明财产的种类、数量以及要求认定财产无主的根据。

第二百零三条　人民法院受理申请后，经审查核实，应当发出财产认领公告。公告满一年无人认领的，判决认定财产无主，收归国家或者集体所有。

第二百零四条　判决认定财产无主后，原财产所有人或者继承人出现，在民法

典规定的诉讼时效期间可以对财产提出请求，人民法院审查属实后，应当作出新判决，撤销原判决。

第七节　确认调解协议案件

第二百零五条　经依法设立的调解组织调解达成调解协议，申请司法确认的，由双方当事人自调解协议生效之日起三十日内，共同向下列人民法院提出：

（一）人民法院邀请调解组织开展先行调解的，向作出邀请的人民法院提出；

（二）调解组织自行开展调解的，向当事人住所地、标的物所在地、调解组织所在地的基层人民法院提出；调解协议所涉纠纷应当由中级人民法院管辖的，向相应的中级人民法院提出。

第二百零六条　人民法院受理申请后，经审查，符合法律规定的，裁定调解协议有效，一方当事人拒绝履行或者未全部履行的，对方当事人可以向人民法院申请执行；不符合法律规定的，裁定驳回申请，当事人可以通过调解方式变更原调解协议或者达成新的调解协议，也可以向人民法院提起诉讼。

第八节　实现担保物权案件

第二百零七条　申请实现担保物权，由担保物权人以及其他有权请求实现担保物权的人依照民法典等法律，向担保财产所在地或者担保物权登记地基层人民法院提出。

第二百零八条　人民法院受理申请后，经审查，符合法律规定的，裁定拍卖、变卖担保财产，当事人依据该裁定可以向人民法院申请执行；不符合法律规定的，裁定驳回申请，当事人可以向人民法院提起诉讼。

第十六章　审判监督程序

第二百零九条　各级人民法院院长对本院已经发生法律效力的判决、裁定、调解书，发现确有错误，认为需要再审的，应当提交审判委员会讨论决定。

最高人民法院对地方各级人民法院已经发生法律效力的判决、裁定、调解书，上级人民法院对下级人民法院已经发生法律效力的判决、裁定、调解书，发现确有错误的，有权提审或者指令下级人民法院再审。

第二百一十条　当事人对已经发生法律效力的判决、裁定，认为有错误的，可以向上一级人民法院申请再审；当事人一方人数众多或者当事人双方为公民的案件，也可以向原审人民法院申请再审。当事人申请再审的，不停止判决、裁定的执行。

第二百一十一条　当事人的申请符合下列情形之一的，人民法院应当再审：

（一）有新的证据，足以推翻原判决、裁定的；

（二）原判决、裁定认定的基本事实缺乏证据证明的；

（三）原判决、裁定认定事实的主要证据是伪造的；

（四）原判决、裁定认定事实的主要证据未经质证的；

（五）对审理案件需要的主要证据，当事人因客观原因不能自行收集，书面申请人民法院调查收集，人民法院未调查收集的；

（六）原判决、裁定适用法律确有错误的；

（七）审判组织的组成不合法或者依法应当回避的审判人员没有回避的；

（八）无诉讼行为能力人未经法定代理人代为诉讼或者应当参加诉讼的当事人，因不能归责于本人或者其诉讼代理人的事由，未参加诉讼的；

（九）违反法律规定，剥夺当事人辩论权利的；

（十）未经传票传唤，缺席判决的；

（十一）原判决、裁定遗漏或者超出诉讼请求的；

（十二）据以作出原判决、裁定的法律文书被撤销或者变更的；

（十三）审判人员审理该案件时有贪污受贿，徇私舞弊，枉法裁判行为的。

第二百一十二条 当事人对已经发生法律效力的调解书，提出证据证明调解违反自愿原则或者调解协议的内容违反法律的，可以申请再审。经人民法院审查属实的，应当再审。

第二百一十三条 当事人对已经发生法律效力的解除婚姻关系的判决、调解书，不得申请再审。

第二百一十四条 当事人申请再审的，应当提交再审申请书等材料。人民法院应当自收到再审申请书之日起五日内将再审申请书副本发送对方当事人。对方当事人应当自收到再审申请书副本之日起十五日内提交书面意见；不提交书面意见的，不影响人民法院审查。人民法院可以要求申请人和对方当事人补充有关材料，询问有关事项。

第二百一十五条 人民法院应当自收到再审申请书之日起三个月内审查，符合本法规定的，裁定再审；不符合本法规定的，裁定驳回申请。有特殊情况需要延长的，由本院院长批准。

因当事人申请裁定再审的案件由中级人民法院以上的人民法院审理，但当事人依照本法第二百零六条的规定选择向基层人民法院申请再审的除外。最高人民法院、高级人民法院裁定再审的案件，由本院再审或者交其他人民法院再审，也可以交原审人民法院再审。

第二百一十六条 当事人申请再审，应当在判决、裁定发生法律效力后六个月内提出；有本法第二百零七条第一项、第三项、第十二项、第十三项规定情形的，自知道或者应当知道之日起六个月内提出。

第二百一十七条 按照审判监督程序决定再审的案件，裁定中止原判决、裁定、调解书的执行，但追索赡养费、扶养费、抚养费、抚恤金、医疗费用、劳动报酬等案件，可以不中止执行。

第二百一十八条　人民法院按照审判监督程序再审的案件，发生法律效力的判决、裁定是由第一审法院作出的，按照第一审程序审理，所作的判决、裁定，当事人可以上诉；发生法律效力的判决、裁定是由第二审法院作出的，按照第二审程序审理，所作的判决、裁定，是发生法律效力的判决、裁定；上级人民法院按照审判监督程序提审的，按照第二审程序审理，所作的判决、裁定是发生法律效力的判决、裁定。

人民法院审理再审案件，应当另行组成合议庭。

第二百一十九条　最高人民检察院对各级人民法院已经发生法律效力的判决、裁定，上级人民检察院对下级人民法院已经发生法律效力的判决、裁定，发现有本法第二百零七条规定情形之一的，或者发现调解书损害国家利益、社会公共利益的，应当提出抗诉。

地方各级人民检察院对同级人民法院已经发生法律效力的判决、裁定，发现有本法第二百零七条规定情形之一的，或者发现调解书损害国家利益、社会公共利益的，可以向同级人民法院提出检察建议，并报上级人民检察院备案；也可以提请上级人民检察院向同级人民法院提出抗诉。

各级人民检察院对审判监督程序以外的其他审判程序中审判人员的违法行为，有权向同级人民法院提出检察建议。

第二百二十条　有下列情形之一的，当事人可以向人民检察院申请检察建议或者抗诉：

（一）人民法院驳回再审申请的；

（二）人民法院逾期未对再审申请作出裁定的；

（三）再审判决、裁定有明显错误的。

人民检察院对当事人的申请应当在三个月内进行审查，作出提出或者不予提出检察建议或者抗诉的决定。当事人不得再次向人民检察院申请检察建议或者抗诉。

第二百二十一条　人民检察院因履行法律监督职责提出检察建议或者抗诉的需要，可以向当事人或者案外人调查核实有关情况。

第二百二十二条　人民检察院提出抗诉的案件，接受抗诉的人民法院应当自收到抗诉书之日起三十日内作出再审的裁定；有本法第二百零七条第一项至第五项规定情形之一的，可以交下一级人民法院再审，但经该下一级人民法院再审的除外。

第二百二十三条　人民检察院决定对人民法院的判决、裁定、调解书提出抗诉的，应当制作抗诉书。

第二百二十四条　人民检察院提出抗诉的案件，人民法院再审时，应当通知人民检察院派员出席法庭。

第十七章 督促程序

第二百二十五条 债权人请求债务人给付金钱、有价证券，符合下列条件的，可以向有管辖权的基层人民法院申请支付令：

（一）债权人与债务人没有其他债务纠纷的；

（二）支付令能够送达债务人的。

申请书应当写明请求给付金钱或者有价证券的数量和所根据的事实、证据。

第二百二十六条 债权人提出申请后，人民法院应当在五日内通知债权人是否受理。

第二百二十七条 人民法院受理申请后，经审查债权人提供的事实、证据，对债权债务关系明确、合法的，应当在受理之日起十五日内向债务人发出支付令；申请不成立的，裁定予以驳回。

债务人应当自收到支付令之日起十五日内清偿债务，或者向人民法院提出书面异议。

债务人在前款规定的期间不提出异议又不履行支付令的，债权人可以向人民法院申请执行。

第二百二十八条 人民法院收到债务人提出的书面异议后，经审查，异议成立的，应当裁定终结督促程序，支付令自行失效。

支付令失效的，转入诉讼程序，但申请支付令的一方当事人不同意提起诉讼的除外。

第十八章 公示催告程序

第二百二十九条 按照规定可以背书转让的票据持有人，因票据被盗、遗失或者灭失，可以向票据支付地的基层人民法院申请公示催告。依照法律规定可以申请公示催告的其他事项，适用本章规定。

申请人应当向人民法院递交申请书，写明票面金额、发票人、持票人、背书人等票据主要内容和申请的理由、事实。

第二百三十条 人民法院决定受理申请，应当同时通知支付人停止支付，并在三日内发出公告，催促利害关系人申报权利。公示催告的期间，由人民法院根据情况决定，但不得少于六十日。

第二百三十一条 支付人收到人民法院停止支付的通知，应当停止支付，至公示催告程序终结。

公示催告期间，转让票据权利的行为无效。

第二百三十二条 利害关系人应当在公示催告期间向人民法院申报。

人民法院收到利害关系人的申报后，应当裁定终结公示催告程序，并通知申请人和支付人。

申请人或者申报人可以向人民法院起诉。

第二百三十三条 没有人申报的，人民法院应当根据申请人的申请，作出判决，宣告票据无效。判决应当公告，并通知支付人。自判决公告之日起，申请人有权向支付人请求支付。

第二百三十四条 利害关系人因正当理由不能在判决前向人民法院申报的，自知道或者应当知道判决公告之日起一年内，可以向作出判决的人民法院起诉。

第三编 执 行 程 序

第十九章 一 般 规 定

第二百三十五条 发生法律效力的民事判决、裁定，以及刑事判决、裁定中的财产部分，由第一审人民法院或者与第一审人民法院同级的被执行的财产所在地人民法院执行。

法律规定由人民法院执行的其他法律文书，由被执行人住所地或者被执行的财产所在地人民法院执行。

第二百三十六条 当事人、利害关系人认为执行行为违反法律规定的，可以向负责执行的人民法院提出书面异议。当事人、利害关系人提出书面异议的，人民法院应当自收到书面异议之日起十五日内审查，理由成立的，裁定撤销或者改正；理由不成立的，裁定驳回。当事人、利害关系人对裁定不服的，可以自裁定送达之日起十日内向上一级人民法院申请复议。

第二百三十七条 人民法院自收到申请执行书之日起超过六个月未执行的，申请执行人可以向上一级人民法院申请执行。上一级人民法院经审查，可以责令原人民法院在一定期限内执行，也可以决定由本院执行或者指令其他人民法院执行。

第二百三十八条 执行过程中，案外人对执行标的提出书面异议的，人民法院应当自收到书面异议之日起十五日内审查，理由成立的，裁定中止对该标的的执行；理由不成立的，裁定驳回。案外人、当事人对裁定不服，认为原判决、裁定错误的，依照审判监督程序办理；与原判决、裁定无关的，可以自裁定送达之日起十五日内向人民法院提起诉讼。

第二百三十九条 执行工作由执行员进行。

采取强制执行措施时，执行员应当出示证件。执行完毕后，应当将执行情况制作笔录，由在场的有关人员签名或者盖章。

人民法院根据需要可以设立执行机构。

第二百四十条 被执行人或者被执行的财产在外地的，可以委托当地人民法院代为执行。受委托人民法院收到委托函件后，必须在十五日内开始执行，不得拒绝。执行完毕后，应当将执行结果及时函复委托人民法院；在三十日内如果还未执行完毕，也应当将执行情况函告委托人民法院。

受委托人民法院自收到委托函件之日起十五日内不执行的，委托人民法院可以请求受委托人民法院的上级人民法院指令受委托人民法院执行。

第二百四十一条　在执行中，双方当事人自行和解达成协议的，执行员应当将协议内容记入笔录，由双方当事人签名或者盖章。

申请执行人因受欺诈、胁迫与被执行人达成和解协议，或者当事人不履行和解协议的，人民法院可以根据当事人的申请，恢复对原生效法律文书的执行。

第二百四十二条　在执行中，被执行人向人民法院提供担保，并经申请执行人同意的，人民法院可以决定暂缓执行及暂缓执行的期限。被执行人逾期仍不履行的，人民法院有权执行被执行人的担保财产或者担保人的财产。

第二百四十三条　作为被执行人的公民死亡的，以其遗产偿还债务。作为被执行人的法人或者其他组织终止的，由其权利义务承受人履行义务。

第二百四十四条　执行完毕后，据以执行的判决、裁定和其他法律文书确有错误，被人民法院撤销的，对已被执行的财产，人民法院应当作出裁定，责令取得财产的人返还；拒不返还的，强制执行。

第二百四十五条　人民法院制作的调解书的执行，适用本编的规定。

第二百四十六条　人民检察院有权对民事执行活动实行法律监督。

第二十章　执行的申请和移送

第二百四十七条　发生法律效力的民事判决、裁定，当事人必须履行。一方拒绝履行的，对方当事人可以向人民法院申请执行，也可以由审判员移送执行员执行。

调解书和其他应当由人民法院执行的法律文书，当事人必须履行。一方拒绝履行的，对方当事人可以向人民法院申请执行。

第二百四十八条　对依法设立的仲裁机构的裁决，一方当事人不履行的，对方当事人可以向有管辖权的人民法院申请执行。受申请的人民法院应当执行。

被申请人提出证据证明仲裁裁决有下列情形之一的，经人民法院组成合议庭审查核实，裁定不予执行：

（一）当事人在合同中没有订有仲裁条款或者事后没有达成书面仲裁协议的；

（二）裁决的事项不属于仲裁协议的范围或者仲裁机构无权仲裁的；

（三）仲裁庭的组成或者仲裁的程序违反法定程序的；

（四）裁决所根据的证据是伪造的；

（五）对方当事人向仲裁机构隐瞒了足以影响公正裁决的证据的；

（六）仲裁员在仲裁该案时有贪污受贿，徇私舞弊，枉法裁决行为的。

人民法院认定执行该裁决违背社会公共利益的，裁定不予执行。

裁定书应当送达双方当事人和仲裁机构。

仲裁裁决被人民法院裁定不予执行的，当事人可以根据双方达成的书面仲裁协议重新申请仲裁，也可以向人民法院起诉。

第二百四十九条 对公证机关依法赋予强制执行效力的债权文书，一方当事人不履行的，对方当事人可以向有管辖权的人民法院申请执行，受申请的人民法院应当执行。

公证债权文书确有错误的，人民法院裁定不予执行，并将裁定书送达双方当事人和公证机关。

第二百五十条 申请执行的期间为二年。申请执行时效的中止、中断，适用法律有关诉讼时效中止、中断的规定。

前款规定的期间，从法律文书规定履行期间的最后一日起计算；法律文书规定分期履行的，从最后一期履行期限届满之日起计算；法律文书未规定履行期间的，从法律文书生效之日起计算。

第二百五十一条 执行员接到申请执行书或者移交执行书，应当向被执行人发出执行通知，并可以立即采取强制执行措施。

第二十一章 执 行 措 施

第二百五十二条 被执行人未按执行通知履行法律文书确定的义务，应当报告当前以及收到执行通知之日前一年的财产情况。被执行人拒绝报告或者虚假报告的，人民法院可以根据情节轻重对被执行人或者其法定代理人、有关单位的主要负责人或者直接责任人员予以罚款、拘留。

第二百五十三条 被执行人未按执行通知履行法律文书确定的义务，人民法院有权向有关单位查询被执行人的存款、债券、股票、基金份额等财产情况。人民法院有权根据不同情形扣押、冻结、划拨、变价被执行人的财产。人民法院查询、扣押、冻结、划拨、变价的财产不得超出被执行人应当履行义务的范围。

人民法院决定扣押、冻结、划拨、变价财产，应当作出裁定，并发出协助执行通知书，有关单位必须办理。

第二百五十四条 被执行人未按执行通知履行法律文书确定的义务，人民法院有权扣留、提取被执行人应当履行义务部分的收入。但应当保留被执行人及其所扶养家属的生活必需费用。

人民法院扣留、提取收入时，应当作出裁定，并发出协助执行通知书，被执行人所在单位、银行、信用合作社和其他有储蓄业务的单位必须办理。

第二百五十五条 被执行人未按执行通知履行法律文书确定的义务，人民法院有权查封、扣押、冻结、拍卖、变卖被执行人应当履行义务部分的财产。但应当保留被执行人及其所扶养家属的生活必需品。

采取前款措施，人民法院应当作出裁定。

第二百五十六条　人民法院查封、扣押财产时，被执行人是公民的，应当通知被执行人或者他的成年家属到场；被执行人是法人或者其他组织的，应当通知其法定代表人或者主要负责人到场。拒不到场的，不影响执行。被执行人是公民的，其工作单位或者财产所在地的基层组织应当派人参加。

对被查封、扣押的财产，执行员必须造具清单，由在场人签名或者盖章后，交被执行人一份。被执行人是公民的，也可以交他的成年家属一份。

第二百五十七条　被查封的财产，执行员可以指定被执行人负责保管。因被执行人的过错造成的损失，由被执行人承担。

第二百五十八条　财产被查封、扣押后，执行员应当责令被执行人在指定期间履行法律文书确定的义务。被执行人逾期不履行的，人民法院应当拍卖被查封、扣押的财产；不适于拍卖或者当事人双方同意不进行拍卖的，人民法院可以委托有关单位变卖或者自行变卖。国家禁止自由买卖的物品，交有关单位按照国家规定的价格收购。

第二百五十九条　被执行人不履行法律文书确定的义务，并隐匿财产的，人民法院有权发出搜查令，对被执行人及其住所或者财产隐匿地进行搜查。

采取前款措施，由院长签发搜查令。

第二百六十条　法律文书指定交付的财物或者票证，由执行员传唤双方当事人当面交付，或者由执行员转交，并由被交付人签收。

有关单位持有该项财物或者票证的，应当根据人民法院的协助执行通知书转交，并由被交付人签收。

有关公民持有该项财物或者票证的，人民法院通知其交出。拒不交出的，强制执行。

第二百六十一条　强制迁出房屋或者强制退出土地，由院长签发公告，责令被执行人在指定期间履行。被执行人逾期不履行的，由执行员强制执行。

强制执行时，被执行人是公民的，应当通知被执行人或者他的成年家属到场；被执行人是法人或者其他组织的，应当通知其法定代表人或者主要负责人到场。拒不到场的，不影响执行。被执行人是公民的，其工作单位或者房屋、土地所在地的基层组织应当派人参加。执行员应当将强制执行情况记入笔录，由在场人签名或者盖章。

强制迁出房屋被搬出的财物，由人民法院派人运至指定处所，交给被执行人。被执行人是公民的，也可以交给他的成年家属。因拒绝接收而造成的损失，由被执行人承担。

第二百六十二条　在执行中，需要办理有关财产权证照转移手续的，人民法院可以向有关单位发出协助执行通知书，有关单位必须办理。

第二百六十三条 对判决、裁定和其他法律文书指定的行为，被执行人未按执行通知履行的，人民法院可以强制执行或者委托有关单位或者其他人完成，费用由被执行人承担。

第二百六十四条 被执行人未按判决、裁定和其他法律文书指定的期间履行给付金钱义务的，应当加倍支付迟延履行期间的债务利息。被执行人未按判决、裁定和其他法律文书指定的期间履行其他义务的，应当支付迟延履行金。

第二百六十五条 人民法院采取本法第二百四十九条、第二百五十条、第二百五十一条规定的执行措施后，被执行人仍不能偿还债务的，应当继续履行义务。债权人发现被执行人有其他财产的，可以随时请求人民法院执行。

第二百六十六条 被执行人不履行法律文书确定的义务的，人民法院可以对其采取或者通知有关单位协助采取限制出境，在征信系统记录、通过媒体公布不履行义务信息以及法律规定的其他措施。

第二十二章　执行中止和终结

第二百六十七条 有下列情形之一的，人民法院应当裁定中止执行：

（一）申请人表示可以延期执行的；

（二）案外人对执行标的提出确有理由的异议的；

（三）作为一方当事人的公民死亡，需要等待继承人继承权利或者承担义务的；

（四）作为一方当事人的法人或者其他组织终止，尚未确定权利义务承受人的；

（五）人民法院认为应当中止执行的其他情形。

中止的情形消失后，恢复执行。

第二百六十八条 有下列情形之一的，人民法院裁定终结执行：

（一）申请人撤销申请的；

（二）据以执行的法律文书被撤销的；

（三）作为被执行人的公民死亡，无遗产可供执行，又无义务承担人的；

（四）追索赡养费、扶养费、抚养费案件的权利人死亡的；

（五）作为被执行人的公民因生活困难无力偿还借款，无收入来源，又丧失劳动能力的；

（六）人民法院认为应当终结执行的其他情形。

第二百六十九条 中止和终结执行的裁定，送达当事人后立即生效。

第四编　涉外民事诉讼程序的特别规定

第二十三章　一般原则

第二百七十条 在中华人民共和国领域内进行涉外民事诉讼，适用本编规定。

本编没有规定的，适用本法其他有关规定。

第二百七十一条　中华人民共和国缔结或者参加的国际条约同本法有不同规定的，适用该国际条约的规定，但中华人民共和国声明保留的条款除外。

第二百七十二条　对享有外交特权与豁免的外国人、外国组织或者国际组织提起的民事诉讼，应当依照中华人民共和国有关法律和中华人民共和国缔结或者参加的国际条约的规定办理。

第二百七十三条　人民法院审理涉外民事案件，应当使用中华人民共和国通用的语言、文字。当事人要求提供翻译的，可以提供，费用由当事人承担。

第二百七十四条　外国人、无国籍人、外国企业和组织在人民法院起诉、应诉，需要委托律师代理诉讼的，必须委托中华人民共和国的律师。

第二百七十五条　在中华人民共和国领域内没有住所的外国人、无国籍人、外国企业和组织委托中华人民共和国律师或者其他人代理诉讼，从中华人民共和国领域外寄交或者托交的授权委托书，应当经所在国公证机关证明，并经中华人民共和国驻该国使领馆认证，或者履行中华人民共和国与该所在国订立的有关条约中规定的证明手续后，才具有效力。

第二十四章　管　　辖

第二百七十六条　因涉外民事纠纷，对在中华人民共和国领域内没有住所的被告提起除身份关系以外的诉讼，如果合同签订地、合同履行地、诉讼标的物所在地、可供扣押财产所在地、侵权行为地、代表机构住所地位于中华人民共和国领域内的，可以由合同签订地、合同履行地、诉讼标的物所在地、可供扣押财产所在地、侵权行为地、代表机构住所地人民法院管辖。

除前款规定外，涉外民事纠纷与中华人民共和国存在其他适当联系的，可以由人民法院管辖。

第二百七十七条　涉外民事纠纷的当事人书面协议选择人民法院管辖的，可以由人民法院管辖。

第二百七十八条　当事人未提出管辖异议，并应诉答辩或者提出反诉的，视为人民法院有管辖权。

第二百七十九条　下列民事案件，由人民法院专属管辖：

（一）因在中华人民共和国领域内设立的法人或者其他组织的设立、解散、清算，以及该法人或者其他组织作出的决议的效力等纠纷提起的诉讼；

（二）因与在中华人民共和国领域内审查授予的知识产权的有效性有关的纠纷提起的诉讼；

（三）因在中华人民共和国领域内履行中外合资经营企业合同、中外合作经营企业合同、中外合作勘探开发自然资源合同发生纠纷提起的诉讼。

第二百八十条 当事人之间的同一纠纷，一方当事人向外国法院起诉，另一方当事人向人民法院起诉，或者一方当事人既向外国法院起诉，又向人民法院起诉，人民法院依照本法有管辖权的，可以受理。当事人订立排他性管辖协议选择外国法院管辖且不违反本法对专属管辖的规定，不涉及中华人民共和国主权、安全或者社会公共利益的，人民法院可以裁定不予受理；已经受理的，裁定驳回起诉。

第二百八十一条 人民法院依据前条规定受理案件后，当事人以外国法院已经先于人民法院受理为由，书面申请人民法院中止诉讼的，人民法院可以裁定中止诉讼，但是存在下列情形之一的除外：

（一）当事人协议选择人民法院管辖，或者纠纷属于人民法院专属管辖；

（二）由人民法院审理明显更为方便。

外国法院未采取必要措施审理案件，或者未在合理期限内审结的，依当事人的书面申请，人民法院应当恢复诉讼。

外国法院作出的发生法律效力的判决、裁定，已经被人民法院全部或者部分承认，当事人对已经获得承认的部分又向人民法院起诉的，裁定不予受理；已经受理的，裁定驳回起诉。

第二百八十二条 人民法院受理的涉外民事案件，被告提出管辖异议，且同时有下列情形的，可以裁定驳回起诉，告知原告向更为方便的外国法院提起诉讼：

（一）案件争议的基本事实不是发生在中华人民共和国领域内，人民法院审理案件和当事人参加诉讼均明显不方便；

（二）当事人之间不存在选择人民法院管辖的协议；

（三）案件不属于人民法院专属管辖；

（四）案件不涉及中华人民共和国主权、安全或者社会公共利益；

（五）外国法院审理案件更为方便。

裁定驳回起诉后，外国法院对纠纷拒绝行使管辖权，或者未采取必要措施审理案件，或者未在合理期限内审结，当事人又向人民法院起诉的，人民法院应当受理。

第二十五章　送达、调查取证、期间

第二百八十三条 人民法院对在中华人民共和国领域内没有住所的当事人送达诉讼文书，可以采用下列方式：

（一）依照受送达人所在国与中华人民共和国缔结或者共同参加的国际条约中规定的方式送达；

（二）通过外交途径送达；

（三）对具有中华人民共和国国籍的受送达人，可以委托中华人民共和国驻受送达人所在国的使领馆代为送达；

（四）向受送达人在本案中委托的诉讼代理人送达；

（五）向受送达人在中华人民共和国领域内设立的独资企业、代表机构、分支机构或者有权接受送达的业务代办人送达；

（六）受送达人为外国人、无国籍人，其在中华人民共和国领域内设立的法人或者其他组织担任法定代表人或者主要负责人，且与该法人或者其他组织为共同被告的，向该法人或者其他组织送达；

（七）受送达人为外国法人或者其他组织，其法定代表人或者主要负责人在中华人民共和国领域内的，向其法定代表人或者主要负责人送达；

（八）受送达人所在国的法律允许邮寄送达的，可以邮寄送达，自邮寄之日起满三个月，送达回证没有退回，但根据各种情况足以认定已经送达的，期间届满之日视为送达；

（九）采用能够确认受送达人收悉的电子方式送达，但是受送达人所在国法律禁止的除外；

（十）以受送达人同意的其他方式送达，但是受送达人所在国法律禁止的除外。

不能用上述方式送达的，公告送达，自发出公告之日起，经过六十日，即视为送达。

第二百八十四条　当事人申请人民法院调查收集的证据位于中华人民共和国领域外，人民法院可以依照证据所在国与中华人民共和国缔结或者共同参加的国际条约中规定的方式，或者通过外交途径调查收集。

在所在国法律不禁止的情况下，人民法院可以采用下列方式调查收集：

（一）对具有中华人民共和国国籍的当事人、证人，可以委托中华人民共和国驻当事人、证人所在国的使领馆代为取证；

（二）经双方当事人同意，通过即时通讯工具取证；

（三）以双方当事人同意的其他方式取证。

第二百八十五条　被告在中华人民共和国领域内没有住所的，人民法院应当将起诉状副本送达被告，并通知被告在收到起诉状副本后三十日内提出答辩状。被告申请延期的，是否准许，由人民法院决定。

第二百八十六条　在中华人民共和国领域内没有住所的当事人，不服第一审人民法院判决、裁定的，有权在判决书、裁定书送达之日起三十日内提起上诉。被上诉人在收到上诉状副本后，应当在三十日内提出答辩状。当事人不能在法定期间提起上诉或者提出答辩状，申请延期的，是否准许，由人民法院决定。

第二百八十七条　人民法院审理涉外民事案件的期间，不受本法第一百五十二条、第一百八十三条规定的限制。

第二十六章　仲　　裁

第二百八十八条　涉外经济贸易、运输和海事中发生的纠纷，当事人在合同中订有仲裁条款或者事后达成书面仲裁协议，提交中华人民共和国涉外仲裁机构或者其他仲裁机构仲裁的，当事人不得向人民法院起诉。

当事人在合同中没有订有仲裁条款或者事后没有达成书面仲裁协议的，可以向人民法院起诉。

第二百八十九条 当事人申请采取保全的，中华人民共和国的涉外仲裁机构应当将当事人的申请，提交被申请人住所地或者财产所在地的中级人民法院裁定。

第二百九十条 经中华人民共和国涉外仲裁机构裁决的，当事人不得向人民法院起诉。一方当事人不履行仲裁裁决的，对方当事人可以向被申请人住所地或者财产所在地的中级人民法院申请执行。

第二百九十一条 对中华人民共和国涉外仲裁机构作出的裁决，被申请人提出证据证明仲裁裁决有下列情形之一的，经人民法院组成合议庭审查核实，裁定不予执行：

（一）当事人在合同中没有订有仲裁条款或者事后没有达成书面仲裁协议的；

（二）被申请人没有得到指定仲裁员或者进行仲裁程序的通知，或者由于其他不属于被申请人负责的原因未能陈述意见的；

（三）仲裁庭的组成或者仲裁的程序与仲裁规则不符的；

（四）裁决的事项不属于仲裁协议的范围或者仲裁机构无权仲裁的。

人民法院认定执行该裁决违背社会公共利益的，裁定不予执行。

第二百九十二条 仲裁裁决被人民法院裁定不予执行的，当事人可以根据双方达成的书面仲裁协议重新申请仲裁，也可以向人民法院起诉。

第二十七章 司法协助

第二百九十三条 根据中华人民共和国缔结或者参加的国际条约，或者按照互惠原则，人民法院和外国法院可以相互请求，代为送达文书、调查取证以及进行其他诉讼行为。

外国法院请求协助的事项有损于中华人民共和国的主权、安全或者社会公共利益的，人民法院不予执行。

第二百九十四条 请求和提供司法协助，应当依照中华人民共和国缔结或者参加的国际条约所规定的途径进行；没有条约关系的，通过外交途径进行。

外国驻中华人民共和国的使领馆可以向该国公民送达文书和调查取证，但不得违反中华人民共和国的法律，并不得采取强制措施。

除前款规定的情况外，未经中华人民共和国主管机关准许，任何外国机关或者个人不得在中华人民共和国领域内送达文书、调查取证。

第二百九十五条 外国法院请求人民法院提供司法协助的请求书及其所附文件，应当附有中文译本或者国际条约规定的其他文字文本。

人民法院请求外国法院提供司法协助的请求书及其所附文件，应当附有该国文字译本或者国际条约规定的其他文字文本。

第二百九十六条　人民法院提供司法协助，依照中华人民共和国法律规定的程序进行。外国法院请求采用特殊方式的，也可以按照其请求的特殊方式进行，但请求采用的特殊方式不得违反中华人民共和国法律。

第二百九十七条　人民法院作出的发生法律效力的判决、裁定，如果被执行人或者其财产不在中华人民共和国领域内，当事人请求执行的，可以由当事人直接向有管辖权的外国法院申请承认和执行，也可以由人民法院依照中华人民共和国缔结或者参加的国际条约的规定，或者按照互惠原则，请求外国法院承认和执行。

在中华人民共和国领域内依法作出的发生法律效力的仲裁裁决，当事人请求执行的，如果被执行人或者其财产不在中华人民共和国领域内，当事人可以直接向有管辖权的外国法院申请承认和执行。

第二百九十八条　外国法院作出的发生法律效力的判决、裁定，需要中华人民共和国人民法院承认和执行的，可以由当事人直接向中华人民共和国有管辖权的中级人民法院申请承认和执行，也可以由外国法院依照该国与中华人民共和国缔结或者参加的国际条约的规定，或者按照互惠原则，请求人民法院承认和执行。

第二百九十九条　人民法院对申请或者请求承认和执行的外国法院作出的发生法律效力的判决、裁定，依照中华人民共和国缔结或者参加的国际条约，或者按照互惠原则进行审查后，认为不违反中华人民共和国法律的基本原则且不损害国家主权、安全、社会公共利益的，裁定承认其效力；需要执行的，发出执行令，依照本法的有关规定执行。

第三百条　对申请或者请求承认和执行的外国法院作出的发生法律效力的判决、裁定，人民法院经审查，有下列情形之一的，裁定不予承认和执行：

（一）依据本法第三百零一条的规定，外国法院对案件无管辖权；

（二）被申请人未得到合法传唤或者虽经合法传唤但未获得合理的陈述、辩论机会，或者无诉讼行为能力的当事人未得到适当代理；

（三）判决、裁定是通过欺诈方式取得；

（四）人民法院已对同一纠纷作出判决、裁定，或者已经承认第三国法院对同一纠纷作出的判决、裁定；

（五）违反中华人民共和国法律的基本原则或者损害国家主权、安全、社会公共利益。

第三百零一条　有下列情形之一的，人民法院应当认定该外国法院对案件无管辖权：

（一）外国法院依照其法律对案件没有管辖权，或者虽然依照其法律有管辖权但与案件所涉纠纷无适当联系；

（二）违反本法对专属管辖的规定；

（三）违反当事人排他性选择法院管辖的协议。

第三百零二条　当事人向人民法院申请承认和执行外国法院作出的发生法律效力的判决、裁定，该判决、裁定涉及的纠纷与人民法院正在审理的纠纷属于同一纠纷的，人民法院可以裁定中止诉讼。

外国法院作出的发生法律效力的判决、裁定不符合本法规定的承认条件的，人民法院裁定不予承认和执行，并恢复已经中止的诉讼；符合本法规定的承认条件的，人民法院裁定承认其效力；需要执行的，发出执行令，依照本法的有关规定执行；对已经中止的诉讼，裁定驳回起诉。

第三百零三条　当事人对承认和执行或者不予承认和执行的裁定不服的，可以自裁定送达之日起十日内向上一级人民法院申请复议。

第三百零三四条　在中华人民共和国领域外作出的发生法律效力的仲裁裁决，需要人民法院承认和执行的，当事人可以直接向被执行人住所地或者其财产所在地的中级人民法院申请。被执行人住所地或者其财产不在中华人民共和国领域内的，当事人可以向申请人住所地或者与裁决的纠纷有适当联系的地点的中级人民法院申请。人民法院应当依照中华人民共和国缔结或者参加的国际条约，或者按照互惠原则办理。

第三百零五条　涉及外国国家的民事诉讼，适用中华人民共和国有关外国国家豁免的法律规定；有关法律没有规定的，适用本法。

第三百零六条　本法自公布之日起施行，《中华人民共和国民事诉讼法（试行）》同时废止。

中华人民共和国行政强制法

（2011 年 6 月 30 日第十一届全国人民代表大会常务委员会第二十一次会议通过）

目　　录

第一章　总　　则

第一条　为了规范行政强制的设定和实施，保障和监督行政机关依法履行职责，维护公共利益和社会秩序，保护公民、法人和其他组织的合法权益，根据宪法，制定本法。

第二条　本法所称行政强制，包括行政强制措施和行政强制执行。

行政强制措施，是指行政机关在行政管理过程中，为制止违法行为、防止证据损毁、避免危害发生、控制危险扩大等情形，依法对公民的人身自由实施暂时性限制，或者对公民、法人或者其他组织的财物实施暂时性控制的行为。

行政强制执行，是指行政机关或者行政机关申请人民法院，对不履行行政决定的公民、法人或者其他组织，依法强制履行义务的行为。

第三条 行政强制的设定和实施，适用本法。

发生或者即将发生自然灾害、事故灾难、公共卫生事件或者社会安全事件等突发事件，行政机关采取应急措施或者临时措施，依照有关法律、行政法规的规定执行。

行政机关采取金融业审慎监管措施、进出境货物强制性技术监控措施，依照有关法律、行政法规的规定执行。

第四条 行政强制的设定和实施，应当依照法定的权限、范围、条件和程序。

第五条 行政强制的设定和实施，应当适当。采用非强制手段可以达到行政管理目的的，不得设定和实施行政强制。

第六条 实施行政强制，应当坚持教育与强制相结合。

第七条 行政机关及其工作人员不得利用行政强制权为单位或者个人谋取利益。

第八条 公民、法人或者其他组织对行政机关实施行政强制，享有陈述权、申辩权；有权依法申请行政复议或者提起行政诉讼；因行政机关违法实施行政强制受到损害的，有权依法要求赔偿。

公民、法人或者其他组织因人民法院在强制执行中有违法行为或者扩大强制执行范围受到损害的，有权依法要求赔偿。

第二章　行政强制的种类和设定

第九条 行政强制措施的种类：

（一）限制公民人身自由；

（二）查封场所、设施或者财物；

（三）扣押财物；

（四）冻结存款、汇款；

（五）其他行政强制措施。

第十条 行政强制措施由法律设定。

尚未制定法律，且属于国务院行政管理职权事项的，行政法规可以设定除本法第九条第一项、第四项和应当由法律规定的行政强制措施以外的其他行政强制措施。

尚未制定法律、行政法规，且属于地方性事务的，地方性法规可以设定本法第九条第二项、第三项的行政强制措施。

法律、法规以外的其他规范性文件不得设定行政强制措施。

第十一条 法律对行政强制措施的对象、条件、种类作了规定的，行政法规、地方性法规不得作出扩大规定。

法律中未设定行政强制措施的，行政法规、地方性法规不得设定行政强制措施。但是，法律规定特定事项由行政法规规定具体管理措施的，行政法规可以设定除本法第九条第一项、第四项和应当由法律规定的行政强制措施以外的其他行政强制措施。

第十二条 行政强制执行的方式：

（一）加处罚款或者滞纳金；

（二）划拨存款、汇款；

（三）拍卖或者依法处理查封、扣押的场所、设施或者财物；

（四）排除妨碍、恢复原状；

（五）代履行；

（六）其他强制执行方式。

第十三条 行政强制执行由法律设定。

法律没有规定行政机关强制执行的，作出行政决定的行政机关应当申请人民法院强制执行。

第十四条 起草法律草案、法规草案，拟设定行政强制的，起草单位应当采取听证会、论证会等形式听取意见，并向制定机关说明设定该行政强制的必要性、可能产生的影响以及听取和采纳意见的情况。

第十五条 行政强制的设定机关应当定期对其设定的行政强制进行评价，并对不适当的行政强制及时予以修改或者废止。

行政强制的实施机关可以对已设定的行政强制的实施情况及存在的必要性适时进行评价，并将意见报告该行政强制的设定机关。

公民、法人或者其他组织可以向行政强制的设定机关和实施机关就行政强制的设定和实施提出意见和建议。有关机关应当认真研究论证，并以适当方式予以反馈。

第三章　行政强制措施实施程序

第一节　一般规定

第十六条 行政机关履行行政管理职责，依照法律、法规的规定，实施行政强制措施。

违法行为情节显著轻微或者没有明显社会危害的，可以不采取行政强制措施。

第十七条 行政强制措施由法律、法规规定的行政机关在法定职权范围内实施。行政强制措施权不得委托。

依据《中华人民共和国行政处罚法》的规定行使相对集中行政处罚权的行政机关，可以实施法律、法规规定的与行政处罚权有关的行政强制措施。

行政强制措施应当由行政机关具备资格的行政执法人员实施，其他人员不得实施。

第十八条 行政机关实施行政强制措施应当遵守下列规定：

（一）实施前须向行政机关负责人报告并经批准；

（二）由两名以上行政执法人员实施；

（三）出示执法身份证件；

（四）通知当事人到场；

（五）当场告知当事人采取行政强制措施的理由、依据以及当事人依法享有的权利、救济途径；

（六）听取当事人的陈述和申辩；

（七）制作现场笔录；

（八）现场笔录由当事人和行政执法人员签名或者盖章，当事人拒绝的，在笔录中予以注明；

（九）当事人不到场的，邀请见证人到场，由见证人和行政执法人员在现场笔录上签名或者盖章；

（十）法律、法规规定的其他程序。

第十九条 情况紧急，需要当场实施行政强制措施的，行政执法人员应当在二十四小时内向行政机关负责人报告，并补办批准手续。行政机关负责人认为不应当采取行政强制措施的，应当立即解除。

第二十条 依照法律规定实施限制公民人身自由的行政强制措施，除应当履行本法第十八条规定的程序外，还应当遵守下列规定：

（一）当场告知或者实施行政强制措施后立即通知当事人家属实施行政强制措施的行政机关、地点和期限；

（二）在紧急情况下当场实施行政强制措施的，在返回行政机关后，立即向行政机关负责人报告并补办批准手续；

（三）法律规定的其他程序。

实施限制人身自由的行政强制措施不得超过法定期限。实施行政强制措施的目的已经达到或者条件已经消失，应当立即解除。

第二十一条 违法行为涉嫌犯罪应当移送司法机关的，行政机关应当将查封、扣押、冻结的财物一并移送，并书面告知当事人。

第二节 查封、扣押

第二十二条 查封、扣押应当由法律、法规规定的行政机关实施，其他任何行政机关或者组织不得实施。

第二十三条 查封、扣押限于涉案的场所、设施或者财物，不得查封、扣押与违法行为无关的场所、设施或者财物；不得查封、扣押公民个人及其所扶养家属的生活必需品。

当事人的场所、设施或者财物已被其他国家机关依法查封的，不得重复查封。

第二十四条　行政机关决定实施查封、扣押的，应当履行本法第十八条规定的程序，制作并当场交付查封、扣押决定书和清单。

查封、扣押决定书应当载明下列事项：

（一）当事人的姓名或者名称、地址；

（二）查封、扣押的理由、依据和期限；

（三）查封、扣押场所、设施或者财物的名称、数量等；

（四）申请行政复议或者提起行政诉讼的途径和期限；

（五）行政机关的名称、印章和日期。

查封、扣押清单一式二份，由当事人和行政机关分别保存。

第二十五条　查封、扣押的期限不得超过三十日；情况复杂的，经行政机关负责人批准，可以延长，但是延长期限不得超过三十日。法律、行政法规另有规定的除外。

延长查封、扣押的决定应当及时书面告知当事人，并说明理由。

对物品需要进行检测、检验、检疫或者技术鉴定的，查封、扣押的期间不包括检测、检验、检疫或者技术鉴定的期间。检测、检验、检疫或者技术鉴定的期间应当明确，并书面告知当事人。检测、检验、检疫或者技术鉴定的费用由行政机关承担。

第二十六条　对查封、扣押的场所、设施或者财物，行政机关应当妥善保管，不得使用或者损毁；造成损失的，应当承担赔偿责任。

对查封的场所、设施或者财物，行政机关可以委托第三人保管，第三人不得损毁或者擅自转移、处置。因第三人的原因造成的损失，行政机关先行赔付后，有权向第三人追偿。

因查封、扣押发生的保管费用由行政机关承担。

第二十七条　行政机关采取查封、扣押措施后，应当及时查清事实，在本法第二十五条规定的期限内作出处理决定。对违法事实清楚，依法应当没收的非法财物予以没收；法律、行政法规规定应当销毁的，依法销毁；应当解除查封、扣押的，作出解除查封、扣押的决定。

第二十八条　有下列情形之一的，行政机关应当及时作出解除查封、扣押决定：

（一）当事人没有违法行为；

（二）查封、扣押的场所、设施或者财物与违法行为无关；

（三）行政机关对违法行为已经作出处理决定，不再需要查封、扣押；

（四）查封、扣押期限已经届满；

（五）其他不再需要采取查封、扣押措施的情形。

解除查封、扣押应当立即退还财物；已将鲜活物品或者其他不易保管的财物拍卖或者变卖的，退还拍卖或者变卖所得款项。变卖价格明显低于市场价格，给当事人造成损失的，应当给予补偿。

第三节 冻 结

第二十九条 冻结存款、汇款应当由法律规定的行政机关实施，不得委托给其他行政机关或者组织；其他任何行政机关或者组织不得冻结存款、汇款。

冻结存款、汇款的数额应当与违法行为涉及的金额相当；已被其他国家机关依法冻结的，不得重复冻结。

第三十条 行政机关依照法律规定决定实施冻结存款、汇款的，应当履行本法第十八条第一项、第二项、第三项、第七项规定的程序，并向金融机构交付冻结通知书。

金融机构接到行政机关依法作出的冻结通知书后，应当立即予以冻结，不得拖延，不得在冻结前向当事人泄露信息。

法律规定以外的行政机关或者组织要求冻结当事人存款、汇款的，金融机构应当拒绝。

第三十一条 依照法律规定冻结存款、汇款的，作出决定的行政机关应当在三日内向当事人交付冻结决定书。冻结决定书应当载明下列事项：

（一）当事人的姓名或者名称、地址；

（二）冻结的理由、依据和期限；

（三）冻结的账号和数额；

（四）申请行政复议或者提起行政诉讼的途径和期限；

（五）行政机关的名称、印章和日期。

第三十二条 自冻结存款、汇款之日起三十日内，行政机关应当作出处理决定或者作出解除冻结决定；情况复杂的，经行政机关负责人批准，可以延长，但是延长期限不得超过三十日。法律另有规定的除外。

延长冻结的决定应当及时书面告知当事人，并说明理由。

第三十三条 有下列情形之一的，行政机关应当及时作出解除冻结决定：

（一）当事人没有违法行为；

（二）冻结的存款、汇款与违法行为无关；

（三）行政机关对违法行为已经作出处理决定，不再需要冻结；

（四）冻结期限已经届满；

（五）其他不再需要采取冻结措施的情形。

行政机关作出解除冻结决定的，应当及时通知金融机构和当事人。金融机构接到通知后，应当立即解除冻结。

行政机关逾期未作出处理决定或者解除冻结决定的，金融机构应当自冻结期满之日起解除冻结。

第四章 行政机关强制执行程序

第一节 一般规定

第三十四条 行政机关依法作出行政决定后，当事人在行政机关决定的期限内不履行义务的，具有行政强制执行权的行政机关依照本章规定强制执行。

第三十五条 行政机关作出强制执行决定前，应当事先催告当事人履行义务。催告应当以书面形式作出，并载明下列事项：

（一）履行义务的期限；

（二）履行义务的方式；

（三）涉及金钱给付的，应当有明确的金额和给付方式；

（四）当事人依法享有的陈述权和申辩权。

第三十六条 当事人收到催告书后有权进行陈述和申辩。行政机关应当充分听取当事人的意见，对当事人提出的事实、理由和证据，应当进行记录、复核。当事人提出的事实、理由或者证据成立的，行政机关应当采纳。

第三十七条 经催告，当事人逾期仍不履行行政决定，且无正当理由的，行政机关可以作出强制执行决定。

强制执行决定应当以书面形式作出，并载明下列事项：

（一）当事人的姓名或者名称、地址；

（二）强制执行的理由和依据；

（三）强制执行的方式和时间；

（四）申请行政复议或者提起行政诉讼的途径和期限；

（五）行政机关的名称、印章和日期。

在催告期间，对有证据证明有转移或者隐匿财物迹象的，行政机关可以作出立即强制执行决定。

第三十八条 催告书、行政强制执行决定书应当直接送达当事人。当事人拒绝接收或者无法直接送达当事人的，应当依照《中华人民共和国民事诉讼法》的有关规定送达。

第三十九条 有下列情形之一的，中止执行：

（一）当事人履行行政决定确有困难或者暂无履行能力的；

（二）第三人对执行标的主张权利，确有理由的；

（三）执行可能造成难以弥补的损失，且中止执行不损害公共利益的；

（四）行政机关认为需要中止执行的其他情形。

中止执行的情形消失后，行政机关应当恢复执行。对没有明显社会危害，当事人确无能力履行，中止执行满三年未恢复执行的，行政机关不再执行。

第四十条　有下列情形之一的，终结执行：

（一）公民死亡，无遗产可供执行，又无义务承受人的；

（二）法人或者其他组织终止，无财产可供执行，又无义务承受人的；

（三）执行标的灭失的；

（四）据以执行的行政决定被撤销的；

（五）行政机关认为需要终结执行的其他情形。

第四十一条　在执行中或者执行完毕后，据以执行的行政决定被撤销、变更，或者执行错误的，应当恢复原状或者退还财物；不能恢复原状或者退还财物的，依法给予赔偿。

第四十二条　实施行政强制执行，行政机关可以在不损害公共利益和他人合法权益的情况下，与当事人达成执行协议。执行协议可以约定分阶段履行；当事人采取补救措施的，可以减免加处的罚款或者滞纳金。

执行协议应当履行。当事人不履行执行协议的，行政机关应当恢复强制执行。

第四十三条　行政机关不得在夜间或者法定节假日实施行政强制执行。但是，情况紧急的除外。

行政机关不得对居民生活采取停止供水、供电、供热、供燃气等方式迫使当事人履行相关行政决定。

第四十四条　对违法的建筑物、构筑物、设施等需要强制拆除的，应当由行政机关予以公告，限期当事人自行拆除。当事人在法定期限内不申请行政复议或者提起行政诉讼，又不拆除的，行政机关可以依法强制拆除。

第二节　金钱给付义务的执行

第四十五条　行政机关依法作出金钱给付义务的行政决定，当事人逾期不履行的，行政机关可以依法加处罚款或者滞纳金。加处罚款或者滞纳金的标准应当告知当事人。

加处罚款或者滞纳金的数额不得超出金钱给付义务的数额。

第四十六条　行政机关依照本法第四十五条规定实施加处罚款或者滞纳金超过三十日，经催告当事人仍不履行的，具有行政强制执行权的行政机关可以强制执行。

行政机关实施强制执行前，需要采取查封、扣押、冻结措施的，依照本法第三章规定办理。

没有行政强制执行权的行政机关应当申请人民法院强制执行。但是，当事人在法定期限内不申请行政复议或者提起行政诉讼，经催告仍不履行的，在实施行政管理过程中已经采取查封、扣押措施的行政机关，可以将查封、扣押的财物依法拍卖抵缴罚款。

第四十七条　划拨存款、汇款应当由法律规定的行政机关决定，并书面通知金融机构。金融机构接到行政机关依法作出划拨存款、汇款的决定后，应当立即划拨。

法律规定以外的行政机关或者组织要求划拨当事人存款、汇款的，金融机构应当拒绝。

第四十八条　依法拍卖财物，由行政机关委托拍卖机构依照《中华人民共和国拍卖法》的规定办理。

第四十九条　划拨的存款、汇款以及拍卖和依法处理所得的款项应当上缴国库或者划入财政专户。任何行政机关或者个人不得以任何形式截留、私分或者变相私分。

第三节　代　履　行

第五十条　行政机关依法作出要求当事人履行排除妨碍、恢复原状等义务的行政决定，当事人逾期不履行，经催告仍不履行，其后果已经或者将危害交通安全、造成环境污染或者破坏自然资源的，行政机关可以代履行，或者委托没有利害关系的第三人代履行。

第五十一条　代履行应当遵守下列规定：

（一）代履行前送达决定书，代履行决定书应当载明当事人的姓名或者名称、地址，代履行的理由和依据、方式和时间、标的、费用预算以及代履行人；

（二）代履行三日前，催告当事人履行，当事人履行的，停止代履行；

（三）代履行时，作出决定的行政机关应当派员到场监督；

（四）代履行完毕，行政机关到场监督的工作人员、代履行人和当事人或者见证人应当在执行文书上签名或者盖章。

代履行的费用按照成本合理确定，由当事人承担。但是，法律另有规定的除外。

代履行不得采用暴力、胁迫以及其他非法方式。

第五十二条　需要立即清除道路、河道、航道或者公共场所的遗洒物、障碍物或者污染物，当事人不能清除的，行政机关可以决定立即实施代履行；当事人不在场的，行政机关应当在事后立即通知当事人，并依法作出处理。

第五章　申请人民法院强制执行

第五十三条　当事人在法定期限内不申请行政复议或者提起行政诉讼，又不履行行政决定的，没有行政强制执行权的行政机关可以自期限届满之日起三个月内，依照本章规定申请人民法院强制执行。

第五十四条　行政机关申请人民法院强制执行前，应当催告当事人履行义务。催告书送达十日后当事人仍未履行义务的，行政机关可以向所在地有管辖权的人民法院申请强制执行；执行对象是不动产的，向不动产所在地有管辖权的人民法院申请强制执行。

第五十五条 行政机关向人民法院申请强制执行，应当提供下列材料：

（一）强制执行申请书；

（二）行政决定书及作出决定的事实、理由和依据；

（三）当事人的意见及行政机关催告情况；

（四）申请强制执行标的情况；

（五）法律、行政法规规定的其他材料。

强制执行申请书应当由行政机关负责人签名，加盖行政机关的印章，并注明日期。

第五十六条 人民法院接到行政机关强制执行的申请，应当在五日内受理。

行政机关对人民法院不予受理的裁定有异议的，可以在十五日内向上一级人民法院申请复议，上一级人民法院应当自收到复议申请之日起十五日内作出是否受理的裁定。

第五十七条 人民法院对行政机关强制执行的申请进行书面审查，对符合本法第五十五条规定，且行政决定具备法定执行效力的，除本法第五十八条规定的情形外，人民法院应当自受理之日起七日内作出执行裁定。

第五十八条 人民法院发现有下列情形之一的，在作出裁定前可以听取被执行人和行政机关的意见：

（一）明显缺乏事实根据的；

（二）明显缺乏法律、法规依据的；

（三）其他明显违法并损害被执行人合法权益的。

人民法院应当自受理之日起三十日内作出是否执行的裁定。裁定不予执行的，应当说明理由，并在五日内将不予执行的裁定送达行政机关。

行政机关对人民法院不予执行的裁定有异议的，可以自收到裁定之日起十五日内向上一级人民法院申请复议，上一级人民法院应当自收到复议申请之日起三十日内作出是否执行的裁定。

第五十九条 因情况紧急，为保障公共安全，行政机关可以申请人民法院立即执行。经人民法院院长批准，人民法院应当自作出执行裁定之日起五日内执行。

第六十条 行政机关申请人民法院强制执行，不缴纳申请费。强制执行的费用由被执行人承担。

人民法院以划拨、拍卖方式强制执行的，可以在划拨、拍卖后将强制执行的费用扣除。

依法拍卖财物，由人民法院委托拍卖机构依照《中华人民共和国拍卖法》的规定办理。

划拨的存款、汇款以及拍卖和依法处理所得的款项应当上缴国库或者划入财政专户，不得以任何形式截留、私分或者变相私分。

第六章　法律责任

第六十一条　行政机关实施行政强制，有下列情形之一的，由上级行政机关或者有关部门责令改正，对直接负责的主管人员和其他直接责任人员依法给予处分：

（一）没有法律、法规依据的；

（二）改变行政强制对象、条件、方式的；

（三）违反法定程序实施行政强制的；

（四）违反本法规定，在夜间或者法定节假日实施行政强制执行的；

（五）对居民生活采取停止供水、供电、供热、供燃气等方式迫使当事人履行相关行政决定的；

（六）有其他违法实施行政强制情形的。

第六十二条　违反本法规定，行政机关有下列情形之一的，由上级行政机关或者有关部门责令改正，对直接负责的主管人员和其他直接责任人员依法给予处分：

（一）扩大查封、扣押、冻结范围的；

（二）使用或者损毁查封、扣押场所、设施或者财物的；

（三）在查封、扣押法定期间不作出处理决定或者未依法及时解除查封、扣押的；

（四）在冻结存款、汇款法定期间不作出处理决定或者未依法及时解除冻结的。

第六十三条　行政机关将查封、扣押的财物或者划拨的存款、汇款以及拍卖和依法处理所得的款项，截留、私分或者变相私分的，由财政部门或者有关部门予以追缴；对直接负责的主管人员和其他直接责任人员依法给予记大过、降级、撤职或者开除的处分。

行政机关工作人员利用职务上的便利，将查封、扣押的场所、设施或者财物据为己有的，由上级行政机关或者有关部门责令改正，依法给予记大过、降级、撤职或者开除的处分。

第六十四条　行政机关及其工作人员利用行政强制权为单位或者个人谋取利益的，由上级行政机关或者有关部门责令改正，对直接负责的主管人员和其他直接责任人员依法给予处分。

第六十五条　违反本法规定，金融机构有下列行为之一的，由金融业监督管理机构责令改正，对直接负责的主管人员和其他直接责任人员依法给予处分：

（一）在冻结前向当事人泄露信息的；

（二）对应当立即冻结、划拨的存款、汇款不冻结或者不划拨，致使存款、汇款转移的；

（三）将不应当冻结、划拨的存款、汇款予以冻结或者划拨的；

（四）未及时解除冻结存款、汇款的。

第六十六条　违反本法规定，金融机构将款项划入国库或者财政专户以外的其他账户的，由金融业监督管理机构责令改正，并处以违法划拨款项二倍的罚款；对直接负责的主管人员和其他直接责任人员依法给予处分。

违反本法规定，行政机关、人民法院指令金融机构将款项划入国库或者财政专户以外的其他账户的，对直接负责的主管人员和其他直接责任人员依法给予处分。

第六十七条　人民法院及其工作人员在强制执行中有违法行为或者扩大强制执行范围的，对直接负责的主管人员和其他直接责任人员依法给予处分。

第六十八条　违反本法规定，给公民、法人或者其他组织造成损失的，依法给予赔偿。

违反本法规定，构成犯罪的，依法追究刑事责任。

第七章　附　　则

第六十九条　本法中十日以内期限的规定是指工作日，不含法定节假日。

第七十条　法律、行政法规授权的具有管理公共事务职能的组织在法定授权范围内，以自己的名义实施行政强制，适用本法有关行政机关的规定。

第七十一条　本法自 2012 年 1 月 1 日起施行。

中华人民共和国行政许可法

（2003 年 8 月 27 日第十届全国人民代表大会常务委员会第四次会议通过　根据 2019 年 4 月 23 日第十三届全国人民代表大会常务委员会第十次会议《关于修改〈中华人民共和国建筑法〉等八部法律的决定》修正）

目　　录

第一章　总　　则

第一条　为了规范行政许可的设定和实施，保护公民、法人和其他组织的合法权益，维护公共利益和社会秩序，保障和监督行政机关有效实施行政管理，根据宪法，制定本法。

第二条　本法所称行政许可，是指行政机关根据公民、法人或者其他组织的申请，经依法审查，准予其从事特定活动的行为。

第三条 行政许可的设定和实施，适用本法。

有关行政机关对其他机关或者对其直接管理的事业单位的人事、财务、外事等事项的审批，不适用本法。

第四条 设定和实施行政许可，应当依照法定的权限、范围、条件和程序。

第五条 设定和实施行政许可，应当遵循公开、公平、公正、非歧视的原则。

有关行政许可的规定应当公布；未经公布的，不得作为实施行政许可的依据。行政许可的实施和结果，除涉及国家秘密、商业秘密或者个人隐私的外，应当公开。未经申请人同意，行政机关及其工作人员、参与专家评审等的人员不得披露申请人提交的商业秘密、未披露信息或者保密商务信息，法律另有规定或者涉及国家安全、重大社会公共利益的除外；行政机关依法公开申请人前述信息的，允许申请人在合理期限内提出异议。

符合法定条件、标准的，申请人有依法取得行政许可的平等权利，行政机关不得歧视任何人。

第六条 实施行政许可，应当遵循便民的原则，提高办事效率，提供优质服务。

第七条 公民、法人或者其他组织对行政机关实施行政许可，享有陈述权、申辩权；有权依法申请行政复议或者提起行政诉讼；其合法权益因行政机关违法实施行政许可受到损害的，有权依法要求赔偿。

第八条 公民、法人或者其他组织依法取得的行政许可受法律保护，行政机关不得擅自改变已经生效的行政许可。

行政许可所依据的法律、法规、规章修改或者废止，或者准予行政许可所依据的客观情况发生重大变化的，为了公共利益的需要，行政机关可以依法变更或者撤回已经生效的行政许可。由此给公民、法人或者其他组织造成财产损失的，行政机关应当依法给予补偿。

第九条 依法取得的行政许可，除法律、法规规定依照法定条件和程序可以转让的外，不得转让。

第十条 县级以上人民政府应当建立健全对行政机关实施行政许可的监督制度，加强对行政机关实施行政许可的监督检查。

行政机关应当对公民、法人或者其他组织从事行政许可事项的活动实施有效监督。

第二章 行政许可的设定

第十一条 设定行政许可，应当遵循经济和社会发展规律，有利于发挥公民、法人或者其他组织的积极性、主动性，维护公共利益和社会秩序，促进经济、社会和生态环境协调发展。

第十二条　下列事项可以设定行政许可：

（一）直接涉及国家安全、公共安全、经济宏观调控、生态环境保护以及直接关系人身健康、生命财产安全等特定活动，需要按照法定条件予以批准的事项；

（二）有限自然资源开发利用、公共资源配置以及直接关系公共利益的特定行业的市场准入等，需要赋予特定权利的事项；

（三）提供公众服务并且直接关系公共利益的职业、行业，需要确定具备特殊信誉、特殊条件或者特殊技能等资格、资质的事项；

（四）直接关系公共安全、人身健康、生命财产安全的重要设备、设施、产品、物品，需要按照技术标准、技术规范，通过检验、检测、检疫等方式进行审定的事项；

（五）企业或者其他组织的设立等，需要确定主体资格的事项；

（六）法律、行政法规规定可以设定行政许可的其他事项。

第十三条　本法第十二条所列事项，通过下列方式能够予以规范的，可以不设行政许可：

（一）公民、法人或者其他组织能够自主决定的；

（二）市场竞争机制能够有效调节的；

（三）行业组织或者中介机构能够自律管理的；

（四）行政机关采用事后监督等其他行政管理方式能够解决的。

第十四条　本法第十二条所列事项，法律可以设定行政许可。尚未制定法律的，行政法规可以设定行政许可。

必要时，国务院可以采用发布决定的方式设定行政许可。实施后，除临时性行政许可事项外，国务院应当及时提请全国人民代表大会及其常务委员会制定法律，或者自行制定行政法规。

第十五条　本法第十二条所列事项，尚未制定法律、行政法规的，地方性法规可以设定行政许可；尚未制定法律、行政法规和地方性法规的，因行政管理的需要，确需立即实施行政许可的，省、自治区、直辖市人民政府规章可以设定临时性的行政许可。临时性的行政许可实施满一年需要继续实施的，应当提请本级人民代表大会及其常务委员会制定地方性法规。

地方性法规和省、自治区、直辖市人民政府规章，不得设定应当由国家统一确定的公民、法人或者其他组织的资格、资质的行政许可；不得设定企业或者其他组织的设立登记及其前置性行政许可。其设定的行政许可，不得限制其他地区的个人或者企业到本地区从事生产经营和提供服务，不得限制其他地区的商品进入本地区市场。

第十六条 行政法规可以在法律设定的行政许可事项范围内，对实施该行政许可作出具体规定。

地方性法规可以在法律、行政法规设定的行政许可事项范围内，对实施该行政许可作出具体规定。

规章可以在上位法设定的行政许可事项范围内，对实施该行政许可作出具体规定。

法规、规章对实施上位法设定的行政许可作出的具体规定，不得增设行政许可；对行政许可条件作出的具体规定，不得增设违反上位法的其他条件。

第十七条 除本法第十四条、第十五条规定的外，其他规范性文件一律不得设定行政许可。

第十八条 设定行政许可，应当规定行政许可的实施机关、条件、程序、期限。

第十九条 起草法律草案、法规草案和省、自治区、直辖市人民政府规章草案，拟设定行政许可的，起草单位应当采取听证会、论证会等形式听取意见，并向制定机关说明设定该行政许可的必要性、对经济和社会可能产生的影响以及听取和采纳意见的情况。

第二十条 行政许可的设定机关应当定期对其设定的行政许可进行评价；对已设定的行政许可，认为通过本法第十三条所列方式能够解决的，应当对设定该行政许可的规定及时予以修改或者废止。

行政许可的实施机关可以对已设定的行政许可的实施情况及存在的必要性适时进行评价，并将意见报告该行政许可的设定机关。

公民、法人或者其他组织可以向行政许可的设定机关和实施机关就行政许可的设定和实施提出意见和建议。

第二十一条 省、自治区、直辖市人民政府对行政法规设定的有关经济事务的行政许可，根据本行政区域经济和社会发展情况，认为通过本法第十三条所列方式能够解决的，报国务院批准后，可以在本行政区域内停止实施该行政许可。

第三章　行政许可的实施机关

第二十二条 行政许可由具有行政许可权的行政机关在其法定职权范围内实施。

第二十三条 法律、法规授权的具有管理公共事务职能的组织，在法定授权范围内，以自己的名义实施行政许可。被授权的组织适用本法有关行政机关的规定。

第二十四条 行政机关在其法定职权范围内，依照法律、法规、规章的规定，可以委托其他行政机关实施行政许可。委托机关应当将受委托行政机关和受委托实施行政许可的内容予以公告。

委托行政机关对受委托行政机关实施行政许可的行为应当负责监督，并对该行为的后果承担法律责任。

受委托行政机关在委托范围内，以委托行政机关名义实施行政许可；不得再委托其他组织或者个人实施行政许可。

第二十五条　经国务院批准，省、自治区、直辖市人民政府根据精简、统一、效能的原则，可以决定一个行政机关行使有关行政机关的行政许可权。

第二十六条　行政许可需要行政机关内设的多个机构办理的，该行政机关应当确定一个机构统一受理行政许可申请，统一送达行政许可决定。

行政许可依法由地方人民政府两个以上部门分别实施的，本级人民政府可以确定一个部门受理行政许可申请并转告有关部门分别提出意见后统一办理，或者组织有关部门联合办理、集中办理。

第二十七条　行政机关实施行政许可，不得向申请人提出购买指定商品、接受有偿服务等不正当要求。

行政机关工作人员办理行政许可，不得索取或者收受申请人的财物，不得谋取其他利益。

第二十八条　对直接关系公共安全、人身健康、生命财产安全的设备、设施、产品、物品的检验、检测、检疫，除法律、行政法规规定由行政机关实施的外，应当逐步由符合法定条件的专业技术组织实施。专业技术组织及其有关人员对所实施的检验、检测、检疫结论承担法律责任。

第四章　行政许可的实施程序

第一节　申请与受理

第二十九条　公民、法人或者其他组织从事特定活动，依法需要取得行政许可的，应当向行政机关提出申请。申请书需要采用格式文本的，行政机关应当向申请人提供行政许可申请书格式文本。申请书格式文本中不得包含与申请行政许可事项没有直接关系的内容。

申请人可以委托代理人提出行政许可申请。但是，依法应当由申请人到行政机关办公场所提出行政许可申请的除外。

行政许可申请可以通过信函、电报、电传、传真、电子数据交换和电子邮件等方式提出。

第三十条　行政机关应当将法律、法规、规章规定的有关行政许可的事项、依据、条件、数量、程序、期限以及需要提交的全部材料的目录和申请书示范文本等在办公场所公示。

申请人要求行政机关对公示内容予以说明、解释的，行政机关应当说明、解释，提供准确、可靠的信息。

第三十一条 申请人申请行政许可，应当如实向行政机关提交有关材料和反映真实情况，并对其申请材料实质内容的真实性负责。行政机关不得要求申请人提交与其申请的行政许可事项无关的技术资料和其他材料。

行政机关及其工作人员不得以转让技术作为取得行政许可的条件；不得在实施行政许可的过程中，直接或者间接地要求转让技术。

第三十二条 行政机关对申请人提出的行政许可申请，应当根据下列情况分别作出处理：

（一）申请事项依法不需要取得行政许可的，应当即时告知申请人不受理；

（二）申请事项依法不属于本行政机关职权范围的，应当即时作出不予受理的决定，并告知申请人向有关行政机关申请；

（三）申请材料存在可以当场更正的错误的，应当允许申请人当场更正；

（四）申请材料不齐全或者不符合法定形式的，应当当场或者在五日内一次告知申请人需要补正的全部内容，逾期不告知的，自收到申请材料之日起即为受理；

（五）申请事项属于本行政机关职权范围，申请材料齐全、符合法定形式，或者申请人按照本行政机关的要求提交全部补正申请材料的，应当受理行政许可申请。

行政机关受理或者不予受理行政许可申请，应当出具加盖本行政机关专用印章和注明日期的书面凭证。

第三十三条 行政机关应当建立和完善有关制度，推行电子政务，在行政机关的网站上公布行政许可事项，方便申请人采取数据电文等方式提出行政许可申请；应当与其他行政机关共享有关行政许可信息，提高办事效率。

第二节　审查与决定

第三十四条 行政机关应当对申请人提交的申请材料进行审查。

申请人提交的申请材料齐全、符合法定形式，行政机关能够当场作出决定的，应当当场作出书面的行政许可决定。

根据法定条件和程序，需要对申请材料的实质内容进行核实的，行政机关应当指派两名以上工作人员进行核查。

第三十五条 依法应当先经下级行政机关审查后报上级行政机关决定的行政许可，下级行政机关应当在法定期限内将初步审查意见和全部申请材料直接报送上级行政机关。上级行政机关不得要求申请人重复提供申请材料。

第三十六条　行政机关对行政许可申请进行审查时，发现行政许可事项直接关系他人重大利益的，应当告知该利害关系人。申请人、利害关系人有权进行陈述和申辩。行政机关应当听取申请人、利害关系人的意见。

第三十七条　行政机关对行政许可申请进行审查后，除当场作出行政许可决定的外，应当在法定期限内按照规定程序作出行政许可决定。

第三十八条　申请人的申请符合法定条件、标准的，行政机关应当依法作出准予行政许可的书面决定。

行政机关依法作出不予行政许可的书面决定的，应当说明理由，并告知申请人享有依法申请行政复议或者提起行政诉讼的权利。

第三十九条　行政机关作出准予行政许可的决定，需要颁发行政许可证件的，应当向申请人颁发加盖本行政机关印章的下列行政许可证件：

（一）许可证、执照或者其他许可证书；

（二）资格证、资质证或者其他合格证书；

（三）行政机关的批准文件或者证明文件；

（四）法律、法规规定的其他行政许可证件。

行政机关实施检验、检测、检疫的，可以在检验、检测、检疫合格的设备、设施、产品、物品上加贴标签或者加盖检验、检测、检疫印章。

第四十条　行政机关作出的准予行政许可决定，应当予以公开，公众有权查阅。

第四十一条　法律、行政法规设定的行政许可，其适用范围没有地域限制的，申请人取得的行政许可在全国范围内有效。

第三节　期　限

第四十二条　除可以当场作出行政许可决定的外，行政机关应当自受理行政许可申请之日起二十日内作出行政许可决定。二十日内不能作出决定的，经本行政机关负责人批准，可以延长十日，并应当将延长期限的理由告知申请人。但是，法律、法规另有规定的，依照其规定。

依照本法第二十六条的规定，行政许可采取统一办理或者联合办理、集中办理的，办理的时间不得超过四十五日；四十五日内不能办结的，经本级人民政府负责人批准，可以延长十五日，并应当将延长期限的理由告知申请人。

第四十三条　依法应当先经下级行政机关审查后报上级行政机关决定的行政许可，下级行政机关应当自其受理行政许可申请之日起二十日内审查完毕。但是，法律、法规另有规定的，依照其规定。

第四十四条 行政机关作出准予行政许可的决定，应当自作出决定之日起十日内向申请人颁发、送达行政许可证件，或者加贴标签、加盖检验、检测、检疫印章。

第四十五条 行政机关作出行政许可决定，依法需要听证、招标、拍卖、检验、检测、检疫、鉴定和专家评审的，所需时间不计算在本节规定的期限内。行政机关应当将所需时间书面告知申请人。

第四节　听　　证

第四十六条 法律、法规、规章规定实施行政许可应当听证的事项，或者行政机关认为需要听证的其他涉及公共利益的重大行政许可事项，行政机关应当向社会公告，并举行听证。

第四十七条 行政许可直接涉及申请人与他人之间重大利益关系的，行政机关在作出行政许可决定前，应当告知申请人、利害关系人享有要求听证的权利；申请人、利害关系人在被告知听证权利之日起五日内提出听证申请的，行政机关应当在二十日内组织听证。

申请人、利害关系人不承担行政机关组织听证的费用。

第四十八条 听证按照下列程序进行：

（一）行政机关应当于举行听证的七日前将举行听证的时间、地点通知申请人、利害关系人，必要时予以公告；

（二）听证应当公开举行；

（三）行政机关应当指定审查该行政许可申请的工作人员以外的人员为听证主持人，申请人、利害关系人认为主持人与该行政许可事项有直接利害关系的，有权申请回避；

（四）举行听证时，审查该行政许可申请的工作人员应当提供审查意见的证据、理由，申请人、利害关系人可以提出证据，并进行申辩和质证；

（五）听证应当制作笔录，听证笔录应当交听证参加人确认无误后签字或者盖章。

行政机关应当根据听证笔录，作出行政许可决定。

第五节　变更与延续

第四十九条 被许可人要求变更行政许可事项的，应当向作出行政许可决定的行政机关提出申请；符合法定条件、标准的，行政机关应当依法办理变更手续。

第五十条 被许可人需要延续依法取得的行政许可的有效期的，应当在该行政许可有效期届满三十日前向作出行政许可决定的行政机关提出申请。但是，法律、法规、规章另有规定的，依照其规定。

行政机关应当根据被许可人的申请，在该行政许可有效期届满前作出是否准予延续的决定；逾期未作决定的，视为准予延续。

第六节　特别规定

第五十一条　实施行政许可的程序，本节有规定的，适用本节规定；本节没有规定的，适用本章其他有关规定。

第五十二条　国务院实施行政许可的程序，适用有关法律、行政法规的规定。

第五十三条　实施本法第十二条第二项所列事项的行政许可的，行政机关应当通过招标、拍卖等公平竞争的方式作出决定。但是，法律、行政法规另有规定的，依照其规定。

行政机关通过招标、拍卖等方式作出行政许可决定的具体程序，依照有关法律、行政法规的规定。

行政机关按照招标、拍卖程序确定中标人、买受人后，应当作出准予行政许可的决定，并依法向中标人、买受人颁发行政许可证件。

行政机关违反本条规定，不采用招标、拍卖方式，或者违反招标、拍卖程序，损害申请人合法权益的，申请人可以依法申请行政复议或者提起行政诉讼。

第五十四条　实施本法第十二条第三项所列事项的行政许可，赋予公民特定资格，依法应当举行国家考试的，行政机关根据考试成绩和其他法定条件作出行政许可决定；赋予法人或者其他组织特定的资格、资质的，行政机关根据申请人的专业人员构成、技术条件、经营业绩和管理水平等的考核结果作出行政许可决定。但是，法律、行政法规另有规定的，依照其规定。

公民特定资格的考试依法由行政机关或者行业组织实施，公开举行。行政机关或者行业组织应当事先公布资格考试的报名条件、报考办法、考试科目以及考试大纲。但是，不得组织强制性的资格考试的考前培训，不得指定教材或者其他助考材料。

第五十五条　实施本法第十二条第四项所列事项的行政许可的，应当按照技术标准、技术规范依法进行检验、检测、检疫，行政机关根据检验、检测、检疫的结果作出行政许可决定。

行政机关实施检验、检测、检疫，应当自受理申请之日起五日内指派两名以上工作人员按照技术标准、技术规范进行检验、检测、检疫。不需要对检验、检测、检疫结果作进一步技术分析即可认定设备、设施、产品、物品是否符合技术标准、技术规范的，行政机关应当当场作出行政许可决定。

行政机关根据检验、检测、检疫结果，作出不予行政许可决定的，应当书面说明不予行政许可所依据的技术标准、技术规范。

第五十六条 实施本法第十二条第五项所列事项的行政许可，申请人提交的申请材料齐全、符合法定形式的，行政机关应当当场予以登记。需要对申请材料的实质内容进行核实的，行政机关依照本法第三十四条第三款的规定办理。

第五十七条 有数量限制的行政许可，两个或者两个以上申请人的申请均符合法定条件、标准的，行政机关应当根据受理行政许可申请的先后顺序作出准予行政许可的决定。但是，法律、行政法规另有规定的，依照其规定。

第五章　行政许可的费用

第五十八条 行政机关实施行政许可和对行政许可事项进行监督检查，不得收取任何费用。但是，法律、行政法规另有规定的，依照其规定。

行政机关提供行政许可申请书格式文本，不得收费。

行政机关实施行政许可所需经费应当列入本行政机关的预算，由本级财政予以保障，按照批准的预算予以核拨。

第五十九条 行政机关实施行政许可，依照法律、行政法规收取费用的，应当按照公布的法定项目和标准收费；所收取的费用必须全部上缴国库，任何机关或者个人不得以任何形式截留、挪用、私分或者变相私分。财政部门不得以任何形式向行政机关返还或者变相返还实施行政许可所收取的费用。

第六章　监督检查

第六十条 上级行政机关应当加强对下级行政机关实施行政许可的监督检查，及时纠正行政许可实施中的违法行为。

第六十一条 行政机关应当建立健全监督制度，通过核查反映被许可人从事行政许可事项活动情况的有关材料，履行监督责任。

行政机关依法对被许可人从事行政许可事项的活动进行监督检查时，应当将监督检查的情况和处理结果予以记录，由监督检查人员签字后归档。公众有权查阅行政机关监督检查记录。

行政机关应当创造条件，实现与被许可人、其他有关行政机关的计算机档案系统互联，核查被许可人从事行政许可事项活动情况。

第六十二条 行政机关可以对被许可人生产经营的产品依法进行抽样检查、检验、检测，对其生产经营场所依法进行实地检查。检查时，行政机关可以依法查阅或者要求被许可人报送有关材料；被许可人应当如实提供有关情况和材料。

行政机关根据法律、行政法规的规定，对直接关系公共安全、人身健康、生命财产安全的重要设备、设施进行定期检验。对检验合格的，行政机关应当发给相应的证明文件。

第六十三条　行政机关实施监督检查，不得妨碍被许可人正常的生产经营活动，不得索取或者收受被许可人的财物，不得谋取其他利益。

第六十四条　被许可人在作出行政许可决定的行政机关管辖区域外违法从事行政许可事项活动的，违法行为发生地的行政机关应当依法将被许可人的违法事实、处理结果抄告作出行政许可决定的行政机关。

第六十五条　个人和组织发现违法从事行政许可事项的活动，有权向行政机关举报，行政机关应当及时核实、处理。

第六十六条　被许可人未依法履行开发利用自然资源义务或者未依法履行利用公共资源义务的，行政机关应当责令限期改正；被许可人在规定期限内不改正的，行政机关应当依照有关法律、行政法规的规定予以处理。

第六十七条　取得直接关系公共利益的特定行业的市场准入行政许可的被许可人，应当按照国家规定的服务标准、资费标准和行政机关依法规定的条件，向用户提供安全、方便、稳定和价格合理的服务，并履行普遍服务的义务；未经作出行政许可决定的行政机关批准，不得擅自停业、歇业。

被许可人不履行前款规定的义务的，行政机关应当责令限期改正，或者依法采取有效措施督促其履行义务。

第六十八条　对直接关系公共安全、人身健康、生命财产安全的重要设备、设施，行政机关应当督促设计、建造、安装和使用单位建立相应的自检制度。

行政机关在监督检查时，发现直接关系公共安全、人身健康、生命财产安全的重要设备、设施存在安全隐患的，应当责令停止建造、安装和使用，并责令设计、建造、安装和使用单位立即改正。

第六十九条　有下列情形之一的，作出行政许可决定的行政机关或者其上级行政机关，根据利害关系人的请求或者依据职权，可以撤销行政许可：

（一）行政机关工作人员滥用职权、玩忽职守作出准予行政许可决定的；

（二）超越法定职权作出准予行政许可决定的；

（三）违反法定程序作出准予行政许可决定的；

（四）对不具备申请资格或者不符合法定条件的申请人准予行政许可的；

（五）依法可以撤销行政许可的其他情形。

被许可人以欺骗、贿赂等不正当手段取得行政许可的，应当予以撤销。

依照前两款的规定撤销行政许可，可能对公共利益造成重大损害的，不予撤销。

依照本条第一款的规定撤销行政许可，被许可人的合法权益受到损害的，行政机关应当依法给予赔偿。依照本条第二款的规定撤销行政许可的，被许可人基于行政许可取得的利益不受保护。

第七十条 有下列情形之一的，行政机关应当依法办理有关行政许可的注销手续：

（一）行政许可有效期届满未延续的；

（二）赋予公民特定资格的行政许可，该公民死亡或者丧失行为能力的；

（三）法人或者其他组织依法终止的；

（四）行政许可依法被撤销、撤回，或者行政许可证件依法被吊销的；

（五）因不可抗力导致行政许可事项无法实施的；

（六）法律、法规规定的应当注销行政许可的其他情形。

第七章 法 律 责 任

第七十一条 违反本法第十七条规定设定的行政许可，有关机关应当责令设定该行政许可的机关改正，或者依法予以撤销。

第七十二条 行政机关及其工作人员违反本法的规定，有下列情形之一的，由其上级行政机关或者监察机关责令改正；情节严重的，对直接负责的主管人员和其他直接责任人员依法给予行政处分：

（一）对符合法定条件的行政许可申请不予受理的；

（二）不在办公场所公示依法应当公示的材料的；

（三）在受理、审查、决定行政许可过程中，未向申请人、利害关系人履行法定告知义务的；

（四）申请人提交的申请材料不齐全、不符合法定形式，不一次告知申请人必须补正的全部内容的；

（五）违法披露申请人提交的商业秘密、未披露信息或者保密商务信息的；

（六）以转让技术作为取得行政许可的条件，或者在实施行政许可的过程中直接或者间接地要求转让技术的；

（七）未依法说明不受理行政许可申请或者不予行政许可的理由的；

（八）依法应当举行听证而不举行听证的。

第七十三条 行政机关工作人员办理行政许可、实施监督检查，索取或者收受他人财物或者谋取其他利益，构成犯罪的，依法追究刑事责任；尚不构成犯罪的，依法给予行政处分。

第七十四条 行政机关实施行政许可，有下列情形之一的，由其上级行政机关或者监察机关责令改正，对直接负责的主管人员和其他直接责任人员依法给予行政处分；构成犯罪的，依法追究刑事责任：

（一）对不符合法定条件的申请人准予行政许可或者超越法定职权作出准予行政许可决定的；

（二）对符合法定条件的申请人不予行政许可或者不在法定期限内作出准予行政许可决定的；

（三）依法应当根据招标、拍卖结果或者考试成绩择优作出准予行政许可决定，未经招标、拍卖或者考试，或者不根据招标、拍卖结果或者考试成绩择优作出准予行政许可决定的。

第七十五条　行政机关实施行政许可，擅自收费或者不按照法定项目和标准收费的，由其上级行政机关或者监察机关责令退还非法收取的费用；对直接负责的主管人员和其他直接责任人员依法给予行政处分。

截留、挪用、私分或者变相私分实施行政许可依法收取的费用的，予以追缴；对直接负责的主管人员和其他直接责任人员依法给予行政处分；构成犯罪的，依法追究刑事责任。

第七十六条　行政机关违法实施行政许可，给当事人的合法权益造成损害的，应当依照国家赔偿法的规定给予赔偿。

第七十七条　行政机关不依法履行监督职责或者监督不力，造成严重后果的，由其上级行政机关或者监察机关责令改正，对直接负责的主管人员和其他直接责任人员依法给予行政处分；构成犯罪的，依法追究刑事责任。

第七十八条　行政许可申请人隐瞒有关情况或者提供虚假材料申请行政许可的，行政机关不予受理或者不予行政许可，并给予警告；行政许可申请属于直接关系公共安全、人身健康、生命财产安全事项的，申请人在一年内不得再次申请该行政许可。

第七十九条　被许可人以欺骗、贿赂等不正当手段取得行政许可的，行政机关应当依法给予行政处罚；取得的行政许可属于直接关系公共安全、人身健康、生命财产安全事项的，申请人在三年内不得再次申请该行政许可；构成犯罪的，依法追究刑事责任。

第八十条　被许可人有下列行为之一的，行政机关应当依法给予行政处罚；构成犯罪的，依法追究刑事责任：

（一）涂改、倒卖、出租、出借行政许可证件，或者以其他形式非法转让行政许可的；

（二）超越行政许可范围进行活动的；

（三）向负责监督检查的行政机关隐瞒有关情况、提供虚假材料或者拒绝提供反映其活动情况的真实材料的；

（四）法律、法规、规章规定的其他违法行为。

第八十一条　公民、法人或者其他组织未经行政许可，擅自从事依法应当取得行政许可的活动的，行政机关应当依法采取措施予以制止，并依法给予行政处罚；构成犯罪的，依法追究刑事责任。

第八章　附　　则

第八十二条　本法规定的行政机关实施行政许可的期限以工作日计算，不含法定节假日。

第八十三条　本法自 2004 年 7 月 1 日起施行。

本法施行前有关行政许可的规定，制定机关应当依照本法规定予以清理；不符合本法规定的，自本法施行之日起停止执行。

中华人民共和国法律援助法

（2021年8月20日第十三届全国人民代表大会常务委员会第三十次会议通过）

目　录

第一章　总　　则

第一条　为了规范和促进法律援助工作，保障公民和有关当事人的合法权益，保障法律正确实施，维护社会公平正义，制定本法。

第二条　本法所称法律援助，是国家建立的为经济困难公民和符合法定条件的其他当事人无偿提供法律咨询、代理、刑事辩护等法律服务的制度，是公共法律服务体系的组成部分。

第三条　法律援助工作坚持中国共产党领导，坚持以人民为中心，尊重和保障人权，遵循公开、公平、公正的原则，实行国家保障与社会参与相结合。

第四条　县级以上人民政府应当将法律援助工作纳入国民经济和社会发展规划、基本公共服务体系，保障法律援助事业与经济社会协调发展。

县级以上人民政府应当健全法律援助保障体系，将法律援助相关经费列入本级政府预算，建立动态调整机制，保障法律援助工作需要，促进法律援助均衡发展。

第五条　国务院司法行政部门指导、监督全国的法律援助工作。县级以上地方人民政府司法行政部门指导、监督本行政区域的法律援助工作。

县级以上人民政府其他有关部门依照各自职责，为法律援助工作提供支持和保障。

第六条 人民法院、人民检察院、公安机关应当在各自职责范围内保障当事人依法获得法律援助，为法律援助人员开展工作提供便利。

第七条 律师协会应当指导和支持律师事务所、律师参与法律援助工作。

第八条 国家鼓励和支持群团组织、事业单位、社会组织在司法行政部门指导下，依法提供法律援助。

第九条 国家鼓励和支持企业事业单位、社会组织和个人等社会力量，依法通过捐赠等方式为法律援助事业提供支持；对符合条件的，给予税收优惠。

第十条 司法行政部门应当开展经常性的法律援助宣传教育，普及法律援助知识。

新闻媒体应当积极开展法律援助公益宣传，并加强舆论监督。

第十一条 国家对在法律援助工作中做出突出贡献的组织和个人，按照有关规定给予表彰、奖励。

第二章 机构和人员

第十二条 县级以上人民政府司法行政部门应当设立法律援助机构。法律援助机构负责组织实施法律援助工作，受理、审查法律援助申请，指派律师、基层法律服务工作者、法律援助志愿者等法律援助人员提供法律援助，支付法律援助补贴。

第十三条 法律援助机构根据工作需要，可以安排本机构具有律师资格或者法律职业资格的工作人员提供法律援助；可以设置法律援助工作站或者联络点，就近受理法律援助申请。

第十四条 法律援助机构可以在人民法院、人民检察院和看守所等场所派驻值班律师，依法为没有辩护人的犯罪嫌疑人、被告人提供法律援助。

第十五条 司法行政部门可以通过政府采购等方式，择优选择律师事务所等法律服务机构为受援人提供法律援助。

第十六条 律师事务所、基层法律服务所、律师、基层法律服务工作者负有依法提供法律援助的义务。

律师事务所、基层法律服务所应当支持和保障本所律师、基层法律服务工作者履行法律援助义务。

第十七条 国家鼓励和规范法律援助志愿服务；支持符合条件的个人作为法律援助志愿者，依法提供法律援助。

高等院校、科研机构可以组织从事法学教育、研究工作的人员和法学专业学生作为法律援助志愿者，在司法行政部门指导下，为当事人提供法律咨询、代拟法律文书等法律援助。

法律援助志愿者具体管理办法由国务院有关部门规定。

第十八条 国家建立健全法律服务资源依法跨区域流动机制，鼓励和支持律师事务所、律师、法律援助志愿者等在法律服务资源相对短缺地区提供法律援助。

第十九条　法律援助人员应当依法履行职责，及时为受援人提供符合标准的法律援助服务，维护受援人的合法权益。

第二十条　法律援助人员应当恪守职业道德和执业纪律，不得向受援人收取任何财物。

第二十一条　法律援助机构、法律援助人员对提供法律援助过程中知悉的国家秘密、商业秘密和个人隐私应当予以保密。

第三章　形式和范围

第二十二条　法律援助机构可以组织法律援助人员依法提供下列形式的法律援助服务：

（一）法律咨询；

（二）代拟法律文书；

（三）刑事辩护与代理；

（四）民事案件、行政案件、国家赔偿案件的诉讼代理及非诉讼代理；

（五）值班律师法律帮助；

（六）劳动争议调解与仲裁代理；

（七）法律、法规、规章规定的其他形式。

第二十三条　法律援助机构应当通过服务窗口、电话、网络等多种方式提供法律咨询服务；提示当事人享有依法申请法律援助的权利，并告知申请法律援助的条件和程序。

第二十四条　刑事案件的犯罪嫌疑人、被告人因经济困难或者其他原因没有委托辩护人的，本人及其近亲属可以向法律援助机构申请法律援助。

第二十五条　刑事案件的犯罪嫌疑人、被告人属于下列人员之一，没有委托辩护人的，人民法院、人民检察院、公安机关应当通知法律援助机构指派律师担任辩护人：

（一）未成年人；

（二）视力、听力、言语残疾人；

（三）不能完全辨认自己行为的成年人；

（四）可能被判处无期徒刑、死刑的人；

（五）申请法律援助的死刑复核案件被告人；

（六）缺席审判案件的被告人；

（七）法律法规规定的其他人员。

其他适用普通程序审理的刑事案件，被告人没有委托辩护人的，人民法院可以通知法律援助机构指派律师担任辩护人。

第二十六条 对可能被判处无期徒刑、死刑的人，以及死刑复核案件的被告人，法律援助机构收到人民法院、人民检察院、公安机关通知后，应当指派具有三年以上相关执业经历的律师担任辩护人。

第二十七条 人民法院、人民检察院、公安机关通知法律援助机构指派律师担任辩护人时，不得限制或者损害犯罪嫌疑人、被告人委托辩护人的权利。

第二十八条 强制医疗案件的被申请人或者被告人没有委托诉讼代理人的，人民法院应当通知法律援助机构指派律师为其提供法律援助。

第二十九条 刑事公诉案件的被害人及其法定代理人或者近亲属，刑事自诉案件的自诉人及其法定代理人，刑事附带民事诉讼案件的原告人及其法定代理人，因经济困难没有委托诉讼代理人的，可以向法律援助机构申请法律援助。

第三十条 值班律师应当依法为没有辩护人的犯罪嫌疑人、被告人提供法律咨询、程序选择建议、申请变更强制措施、对案件处理提出意见等法律帮助。

第三十一条 下列事项的当事人，因经济困难没有委托代理人的，可以向法律援助机构申请法律援助：

（一）依法请求国家赔偿；

（二）请求给予社会保险待遇或者社会救助；

（三）请求发给抚恤金；

（四）请求给付赡养费、抚养费、扶养费；

（五）请求确认劳动关系或者支付劳动报酬；

（六）请求认定公民无民事行为能力或者限制民事行为能力；

（七）请求工伤事故、交通事故、食品药品安全事故、医疗事故人身损害赔偿；

（八）请求环境污染、生态破坏损害赔偿；

（九）法律、法规、规章规定的其他情形。

第三十二条 有下列情形之一，当事人申请法律援助的，不受经济困难条件的限制：

（一）英雄烈士近亲属为维护英雄烈士的人格权益；

（二）因见义勇为行为主张相关民事权益；

（三）再审改判无罪请求国家赔偿；

（四）遭受虐待、遗弃或者家庭暴力的受害人主张相关权益；

（五）法律、法规、规章规定的其他情形。

第三十三条 当事人不服司法机关生效裁判或者决定提出申诉或者申请再审，人民法院决定、裁定再审或者人民检察院提出抗诉，因经济困难没有委托辩护人或者诉讼代理人的，本人及其近亲属可以向法律援助机构申请法律援助。

第三十四条 经济困难的标准，由省、自治区、直辖市人民政府根据本行政区域经济发展状况和法律援助工作需要确定，并实行动态调整。

第四章 程序和实施

第三十五条 人民法院、人民检察院、公安机关和有关部门在办理案件或者相关事务中，应当及时告知有关当事人有权依法申请法律援助。

第三十六条 人民法院、人民检察院、公安机关办理刑事案件，发现有本法第二十五条第一款、第二十八条规定情形的，应当在三日内通知法律援助机构指派律师。法律援助机构收到通知后，应当在三日内指派律师并通知人民法院、人民检察院、公安机关。

第三十七条 人民法院、人民检察院、公安机关应当保障值班律师依法提供法律帮助，告知没有辩护人的犯罪嫌疑人、被告人有权约见值班律师，并依法为值班律师了解案件有关情况、阅卷、会见等提供便利。

第三十八条 对诉讼事项的法律援助，由申请人向办案机关所在地的法律援助机构提出申请；对非诉讼事项的法律援助，由申请人向争议处理机关所在地或者事由发生地的法律援助机构提出申请。

第三十九条 被羁押的犯罪嫌疑人、被告人、服刑人员，以及强制隔离戒毒人员等提出法律援助申请的，办案机关、监管场所应当在二十四小时内将申请转交法律援助机构。

犯罪嫌疑人、被告人通过值班律师提出代理、刑事辩护等法律援助申请的，值班律师应当在二十四小时内将申请转交法律援助机构。

第四十条 无民事行为能力人或者限制民事行为能力人需要法律援助的，可以由其法定代理人代为提出申请。法定代理人侵犯无民事行为能力人、限制民事行为能力人合法权益的，其他法定代理人或者近亲属可以代为提出法律援助申请。

被羁押的犯罪嫌疑人、被告人、服刑人员，以及强制隔离戒毒人员，可以由其法定代理人或者近亲属代为提出法律援助申请。

第四十一条 因经济困难申请法律援助的，申请人应当如实说明经济困难状况。

法律援助机构核查申请人的经济困难状况，可以通过信息共享查询，或者由申请人进行个人诚信承诺。

法律援助机构开展核查工作，有关部门、单位、村民委员会、居民委员会和个人应当予以配合。

第四十二条 法律援助申请人有材料证明属于下列人员之一的，免予核查经济困难状况：

（一）无固定生活来源的未成年人、老年人、残疾人等特定群体；

（二）社会救助、司法救助或者优抚对象；

（三）申请支付劳动报酬或者请求工伤事故人身损害赔偿的进城务工人员；

（四）法律、法规、规章规定的其他人员。

第四十三条　法律援助机构应当自收到法律援助申请之日起七日内进行审查，作出是否给予法律援助的决定。决定给予法律援助的，应当自作出决定之日起三日内指派法律援助人员为受援人提供法律援助；决定不给予法律援助的，应当书面告知申请人，并说明理由。

申请人提交的申请材料不齐全的，法律援助机构应当一次性告知申请人需要补充的材料或者要求申请人作出说明。申请人未按要求补充材料或者作出说明的，视为撤回申请。

第四十四条　法律援助机构收到法律援助申请后，发现有下列情形之一的，可以决定先行提供法律援助：

（一）距法定时效或者期限届满不足七日，需要及时提起诉讼或者申请仲裁、行政复议；

（二）需要立即申请财产保全、证据保全或者先予执行；

（三）法律、法规、规章规定的其他情形。

法律援助机构先行提供法律援助的，受援人应当及时补办有关手续，补充有关材料。

第四十五条　法律援助机构为老年人、残疾人提供法律援助服务的，应当根据实际情况提供无障碍设施设备和服务。

法律法规对向特定群体提供法律援助有其他特别规定的，依照其规定。

第四十六条　法律援助人员接受指派后，无正当理由不得拒绝、拖延或者终止提供法律援助服务。

法律援助人员应当按照规定向受援人通报法律援助事项办理情况，不得损害受援人合法权益。

第四十七条　受援人应当向法律援助人员如实陈述与法律援助事项有关的情况，及时提供证据材料，协助、配合办理法律援助事项。

第四十八条　有下列情形之一的，法律援助机构应当作出终止法律援助的决定：

（一）受援人以欺骗或者其他不正当手段获得法律援助；

（二）受援人故意隐瞒与案件有关的重要事实或者提供虚假证据；

（三）受援人利用法律援助从事违法活动；

（四）受援人的经济状况发生变化，不再符合法律援助条件；

（五）案件终止审理或者已经被撤销；

（六）受援人自行委托律师或者其他代理人；

（七）受援人有正当理由要求终止法律援助；

（八）法律法规规定的其他情形。

法律援助人员发现有前款规定情形的，应当及时向法律援助机构报告。

第四十九条　申请人、受援人对法律援助机构不予法律援助、终止法律援助的决定有异议的，可以向设立该法律援助机构的司法行政部门提出。

司法行政部门应当自收到异议之日起五日内进行审查，作出维持法律援助机构决定或者责令法律援助机构改正的决定。

申请人、受援人对司法行政部门维持法律援助机构决定不服的，可以依法申请行政复议或者提起行政诉讼。

第五十条 法律援助事项办理结束后，法律援助人员应当及时向法律援助机构报告，提交有关法律文书的副本或者复印件、办理情况报告等材料。

第五章 保障和监督

第五十一条 国家加强法律援助信息化建设，促进司法行政部门与司法机关及其他有关部门实现信息共享和工作协同。

第五十二条 法律援助机构应当依照有关规定及时向法律援助人员支付法律援助补贴。

法律援助补贴的标准，由省、自治区、直辖市人民政府司法行政部门会同同级财政部门，根据当地经济发展水平和法律援助的服务类型、承办成本、基本劳务费用等确定，并实行动态调整。

法律援助补贴免征增值税和个人所得税。

第五十三条 人民法院应当根据情况对受援人缓收、减收或者免收诉讼费用；对法律援助人员复制相关材料等费用予以免收或者减收。

公证机构、司法鉴定机构应当对受援人减收或者免收公证费、鉴定费。

第五十四条 县级以上人民政府司法行政部门应当有计划地对法律援助人员进行培训，提高法律援助人员的专业素质和服务能力。

第五十五条 受援人有权向法律援助机构、法律援助人员了解法律援助事项办理情况；法律援助机构、法律援助人员未依法履行职责的，受援人可以向司法行政部门投诉，并可以请求法律援助机构更换法律援助人员。

第五十六条 司法行政部门应当建立法律援助工作投诉查处制度；接到投诉后，应当依照有关规定受理和调查处理，并及时向投诉人告知处理结果。

第五十七条 司法行政部门应当加强对法律援助服务的监督，制定法律援助服务质量标准，通过第三方评估等方式定期进行质量考核。

第五十八条 司法行政部门、法律援助机构应当建立法律援助信息公开制度，定期向社会公布法律援助资金使用、案件办理、质量考核结果等情况，接受社会监督。

第五十九条 法律援助机构应当综合运用庭审旁听、案卷检查、征询司法机关意见和回访受援人等措施，督促法律援助人员提升服务质量。

第六十条 律师协会应当将律师事务所、律师履行法律援助义务的情况纳入年度考核内容，对拒不履行或者怠于履行法律援助义务的律师事务所、律师，依照有关规定进行惩戒。

第六章　法　律　责　任

第六十一条　法律援助机构及其工作人员有下列情形之一的，由设立该法律援助机构的司法行政部门责令限期改正；有违法所得的，责令退还或者没收违法所得；对直接负责的主管人员和其他直接责任人员，依法给予处分：

（一）拒绝为符合法律援助条件的人员提供法律援助，或者故意为不符合法律援助条件的人员提供法律援助；

（二）指派不符合本法规定的人员提供法律援助；

（三）收取受援人财物；

（四）从事有偿法律服务；

（五）侵占、私分、挪用法律援助经费；

（六）泄露法律援助过程中知悉的国家秘密、商业秘密和个人隐私；

（七）法律法规规定的其他情形。

第六十二条　律师事务所、基层法律服务所有下列情形之一的，由司法行政部门依法给予处罚：

（一）无正当理由拒绝接受法律援助机构指派；

（二）接受指派后，不及时安排本所律师、基层法律服务工作者办理法律援助事项或者拒绝为本所律师、基层法律服务工作者办理法律援助事项提供支持和保障；

（三）纵容或者放任本所律师、基层法律服务工作者怠于履行法律援助义务或者擅自终止提供法律援助；

（四）法律法规规定的其他情形。

第六十三条　律师、基层法律服务工作者有下列情形之一的，由司法行政部门依法给予处罚：

（一）无正当理由拒绝履行法律援助义务或者怠于履行法律援助义务；

（二）擅自终止提供法律援助；

（三）收取受援人财物；

（四）泄露法律援助过程中知悉的国家秘密、商业秘密和个人隐私；

（五）法律法规规定的其他情形。

第六十四条　受援人以欺骗或者其他不正当手段获得法律援助的，由司法行政部门责令其支付已实施法律援助的费用，并处三千元以下罚款。

第六十五条　违反本法规定，冒用法律援助名义提供法律服务并谋取利益的，由司法行政部门责令改正，没收违法所得，并处违法所得一倍以上三倍以下罚款。

第六十六条　国家机关及其工作人员在法律援助工作中滥用职权、玩忽职守、徇私舞弊的，对直接负责的主管人员和其他直接责任人员，依法给予处分。

第六十七条 违反本法规定，构成犯罪的，依法追究刑事责任。

第七章 附 则

第六十八条 工会、共产主义青年团、妇女联合会、残疾人联合会等群团组织开展法律援助工作，参照适用本法的相关规定。

第六十九条 对外国人和无国籍人提供法律援助，我国法律有规定的，适用法律规定；我国法律没有规定的，可以根据我国缔结或者参加的国际条约，或者按照互惠原则，参照适用本法的相关规定。

第七十条 对军人军属提供法律援助的具体办法，由国务院和中央军事委员会有关部门制定。

第七十一条 本法自 2022 年 1 月 1 日起施行。

中华人民共和国监察法

（2018 年 3 月 20 日第十三届全国人民代表大会第一次会议通过）

目录

第一章　总　　则

第一条　为了深化国家监察体制改革，加强对所有行使公权力的公职人员的监督，实现国家监察全面覆盖，深入开展反腐败工作，推进国家治理体系和治理能力现代化，根据宪法，制定本法。

第二条　坚持中国共产党对国家监察工作的领导，以马克思列宁主义、毛泽东思想、邓小平理论、"三个代表"重要思想、科学发展观、习近平新时代中国特色社会主义思想为指导，构建集中统一、权威高效的中国特色国家监察体制。

第三条　各级监察委员会是行使国家监察职能的专责机关，依照本法对所有行使公权力的公职人员（以下称公职人员）进行监察，调查职务违法和职务犯罪，开展廉政建设和反腐败工作，维护宪法和法律的尊严。

第四条　监察委员会依照法律规定独立行使监察权，不受行政机关、社会团体和个人的干涉。

监察机关办理职务违法和职务犯罪案件，应当与审判机关、检察机关、执法部门互相配合，互相制约。

监察机关在工作中需要协助的，有关机关和单位应当根据监察机关的要求依法予以协助。

第五条　国家监察工作严格遵照宪法和法律，以事实为根据，以法律为准绳；在适用法律上一律平等，保障当事人的合法权益；权责对等，严格监督；惩戒与教育相结合，宽严相济。

第六条　国家监察工作坚持标本兼治、综合治理，强化监督问责，严厉惩治腐败；深化改革、健全法治，有效制约和监督权力；加强法治教育和道德教育，弘扬中华优秀传统文化，构建不敢腐、不能腐、不想腐的长效机制。

第二章　监察机关及其职责

第七条　中华人民共和国国家监察委员会是最高监察机关。

省、自治区、直辖市、自治州、县、自治县、市、市辖区设立监察委员会。

第八条　国家监察委员会由全国人民代表大会产生，负责全国监察工作。

国家监察委员会由主任、副主任若干人、委员若干人组成，主任由全国人民代表大会选举，副主任、委员由国家监察委员会主任提请全国人民代表大会常务委员会任免。

国家监察委员会主任每届任期同全国人民代表大会每届任期相同，连续任职不得超过两届。

国家监察委员会对全国人民代表大会及其常务委员会负责，并接受其监督。

第九条　地方各级监察委员会由本级人民代表大会产生，负责本行政区域内的监察工作。

地方各级监察委员会由主任、副主任若干人、委员若干人组成，主任由本级人民代表大会选举，副主任、委员由监察委员会主任提请本级人民代表大会常务委员会任免。

地方各级监察委员会主任每届任期同本级人民代表大会每届任期相同。

地方各级监察委员会对本级人民代表大会及其常务委员会和上一级监察委员会负责，并接受其监督。

第十条　国家监察委员会领导地方各级监察委员会的工作，上级监察委员会领导下级监察委员会的工作。

第十一条　监察委员会依照本法和有关法律规定履行监督、调查、处置职责：

（一）对公职人员开展廉政教育，对其依法履职、秉公用权、廉洁从政从业以及道德操守情况进行监督检查；

（二）对涉嫌贪污贿赂、滥用职权、玩忽职守、权力寻租、利益输送、徇私舞弊以及浪费国家资财等职务违法和职务犯罪进行调查；

（三）对违法的公职人员依法作出政务处分决定；对履行职责不力、失职失责的领导人员进行问责；对涉嫌职务犯罪的，将调查结果移送人民检察院依法审查、提起公诉；向监察对象所在单位提出监察建议。

第十二条 各级监察委员会可以向本级中国共产党机关、国家机关、法律法规授权或者委托管理公共事务的组织和单位以及所管辖的行政区域、国有企业等派驻或者派出监察机构、监察专员。

监察机构、监察专员对派驻或者派出它的监察委员会负责。

第十三条 派驻或者派出的监察机构、监察专员根据授权，按照管理权限依法对公职人员进行监督，提出监察建议，依法对公职人员进行调查、处置。

第十四条 国家实行监察官制度，依法确定监察官的等级设置、任免、考评和晋升等制度。

第三章　监察范围和管辖

第十五条 监察机关对下列公职人员和有关人员进行监察：

（一）中国共产党机关、人民代表大会及其常务委员会机关、人民政府、监察委员会、人民法院、人民检察院、中国人民政治协商会议各级委员会机关、民主党派机关和工商业联合会机关的公务员，以及参照《中华人民共和国公务员法》管理的人员；

（二）法律、法规授权或者受国家机关依法委托管理公共事务的组织中从事公务的人员；

（三）国有企业管理人员；

（四）公办的教育、科研、文化、医疗卫生、体育等单位中从事管理的人员；

（五）基层群众性自治组织中从事管理的人员；

（六）其他依法履行公职的人员。

第十六条 各级监察机关按照管理权限管辖本辖区内本法第十五条规定的人员所涉监察事项。

上级监察机关可以办理下一级监察机关管辖范围内的监察事项，必要时也可以办理所辖各级监察机关管辖范围内的监察事项。

监察机关之间对监察事项的管辖有争议的，由其共同的上级监察机关确定。

第十七条 上级监察机关可以将其所管辖的监察事项指定下级监察机关管辖，也可以将下级监察机关有管辖权的监察事项指定给其他监察机关管辖。

监察机关认为所管辖的监察事项重大、复杂，需要由上级监察机关管辖的，可以报请上级监察机关管辖。

第四章　监察权限

第十八条 监察机关行使监督、调查职权，有权依法向有关单位和个人了解情况，收集、调取证据。有关单位和个人应当如实提供。

监察机关及其工作人员对监督、调查过程中知悉的国家秘密、商业秘密、个人隐私，应当保密。

任何单位和个人不得伪造、隐匿或者毁灭证据。

第十九条 对可能发生职务违法的监察对象，监察机关按照管理权限，可以直接或者委托有关机关、人员进行谈话或者要求说明情况。

第二十条 在调查过程中，对涉嫌职务违法的被调查人，监察机关可以要求其就涉嫌违法行为作出陈述，必要时向被调查人出具书面通知。

对涉嫌贪污贿赂、失职渎职等职务犯罪的被调查人，监察机关可以进行讯问，要求其如实供述涉嫌犯罪的情况。

第二十一条 在调查过程中，监察机关可以询问证人等人员。

第二十二条 被调查人涉嫌贪污贿赂、失职渎职等严重职务违法或者职务犯罪，监察机关已经掌握其部分违法犯罪事实及证据，仍有重要问题需要进一步调查，并有下列情形之一的，经监察机关依法审批，可以将其留置在特定场所：

（一）涉及案情重大、复杂的；

（二）可能逃跑、自杀的；

（三）可能串供或者伪造、隐匿、毁灭证据的；

（四）可能有其他妨碍调查行为的。

对涉嫌行贿犯罪或者共同职务犯罪的涉案人员，监察机关可以依照前款规定采取留置措施。

留置场所的设置、管理和监督依照国家有关规定执行。

第二十三条 监察机关调查涉嫌贪污贿赂、失职渎职等严重职务违法或者职务犯罪，根据工作需要，可以依照规定查询、冻结涉案单位和个人的存款、汇款、债券、股票、基金份额等财产。有关单位和个人应当配合。

冻结的财产经查明与案件无关的，应当在查明后三日内解除冻结，予以退还。

第二十四条 监察机关可以对涉嫌职务犯罪的被调查人以及可能隐藏被调查人或者犯罪证据的人的身体、物品、住处和其他有关地方进行搜查。在搜查时，应当出示搜查证，并有被搜查人或者其家属等见证人在场。

搜查女性身体，应当由女性工作人员进行。

监察机关进行搜查时，可以根据工作需要提请公安机关配合。公安机关应当依法予以协助。

第二十五条 监察机关在调查过程中，可以调取、查封、扣押用以证明被调查人涉嫌违法犯罪的财物、文件和电子数据等信息。采取调取、查封、扣押措施，应当收集原物原件，会同持有人或者保管人、见证人，当面逐一拍照、登记、编号，开列清单，由在场人员当场核对、签名，并将清单副本交财物、文件的持有人或者保管人。

对调取、查封、扣押的财物、文件，监察机关应当设立专用账户、专门场所，确定专门人员妥善保管，严格履行交接、调取手续，定期对账核实，不得毁损或者用于其他目的。对价值不明物品应当及时鉴定，专门封存保管。

查封、扣押的财物、文件经查明与案件无关的，应当在查明后三日内解除查封、扣押，予以退还。

第二十六条　监察机关在调查过程中，可以直接或者指派、聘请具有专门知识、资格的人员在调查人员主持下进行勘验检查。勘验检查情况应当制作笔录，由参加勘验检查的人员和见证人签名或者盖章。

第二十七条　监察机关在调查过程中，对于案件中的专门性问题，可以指派、聘请有专门知识的人进行鉴定。鉴定人进行鉴定后，应当出具鉴定意见，并且签名。

第二十八条　监察机关调查涉嫌重大贪污贿赂等职务犯罪，根据需要，经过严格的批准手续，可以采取技术调查措施，按照规定交有关机关执行。

批准决定应当明确采取技术调查措施的种类和适用对象，自签发之日起三个月以内有效；对于复杂、疑难案件，期限届满仍有必要继续采取技术调查措施的，经过批准，有效期可以延长，每次不得超过三个月。对于不需要继续采取技术调查措施的，应当及时解除。

第二十九条　依法应当留置的被调查人如果在逃，监察机关可以决定在本行政区域内通缉，由公安机关发布通缉令，追捕归案。通缉范围超出本行政区域的，应当报请有权决定的上级监察机关决定。

第三十条　监察机关为防止被调查人及相关人员逃匿境外，经省级以上监察机关批准，可以对被调查人及相关人员采取限制出境措施，由公安机关依法执行。对于不需要继续采取限制出境措施的，应当及时解除。

第三十一条　涉嫌职务犯罪的被调查人主动认罪认罚，有下列情形之一的，监察机关经领导人员集体研究，并报上一级监察机关批准，可以在移送人民检察院时提出从宽处罚的建议：

（一）自动投案，真诚悔罪悔过的；

（二）积极配合调查工作，如实供述监察机关还未掌握的违法犯罪行为的；

（三）积极退赃，减少损失的；

（四）具有重大立功表现或者案件涉及国家重大利益等情形的。

第三十二条　职务违法犯罪的涉案人员揭发有关被调查人职务违法犯罪行为，查证属实的，或者提供重要线索，有助于调查其他案件的，监察机关经领导人员集体研究，并报上一级监察机关批准，可以在移送人民检察院时提出从宽处罚的建议。

第三十三条　监察机关依照本法规定收集的物证、书证、证人证言、被调查人供述和辩解、视听资料、电子数据等证据材料，在刑事诉讼中可以作为证据使用。

监察机关在收集、固定、审查、运用证据时，应当与刑事审判关于证据的要求和标准相一致。

以非法方法收集的证据应当依法予以排除，不得作为案件处置的依据。

第三十四条 人民法院、人民检察院、公安机关、审计机关等国家机关在工作中发现公职人员涉嫌贪污贿赂、失职渎职等职务违法或者职务犯罪的问题线索，应当移送监察机关，由监察机关依法调查处置。

被调查人既涉嫌严重职务违法或者职务犯罪，又涉嫌其他违法犯罪的，一般应当由监察机关为主调查，其他机关予以协助。

第五章 监察程序

第三十五条 监察机关对于报案或者举报，应当接受并按照有关规定处理。对于不属于本机关管辖的，应当移送主管机关处理。

第三十六条 监察机关应当严格按照程序开展工作，建立问题线索处置、调查、审理各部门相互协调、相互制约的工作机制。

监察机关应当加强对调查、处置工作全过程的监督管理，设立相应的工作部门履行线索管理、监督检查、督促办理、统计分析等管理协调职能。

第三十七条 监察机关对监察对象的问题线索，应当按照有关规定提出处置意见，履行审批手续，进行分类办理。线索处置情况应当定期汇总、通报，定期检查、抽查。

第三十八条 需要采取初步核实方式处置问题线索的，监察机关应当依法履行审批程序，成立核查组。初步核实工作结束后，核查组应当撰写初步核实情况报告，提出处理建议。承办部门应当提出分类处理意见。初步核实情况报告和分类处理意见报监察机关主要负责人审批。

第三十九条 经过初步核实，对监察对象涉嫌职务违法犯罪，需要追究法律责任的，监察机关应当按照规定的权限和程序办理立案手续。

监察机关主要负责人依法批准立案后，应当主持召开专题会议，研究确定调查方案，决定需要采取的调查措施。

立案调查决定应当向被调查人宣布，并通报相关组织。涉嫌严重职务违法或者职务犯罪的，应当通知被调查人家属，并向社会公开发布。

第四十条 监察机关对职务违法和职务犯罪案件，应当进行调查，收集被调查人有无违法犯罪以及情节轻重的证据，查明违法犯罪事实，形成相互印证、完整稳定的证据链。

严禁以威胁、引诱、欺骗及其他非法方式收集证据，严禁侮辱、打骂、虐待、体罚或者变相体罚被调查人和涉案人员。

第四十一条　调查人员采取讯问、询问、留置、搜查、调取、查封、扣押、勘验检查等调查措施，均应当依照规定出示证件，出具书面通知，由二人以上进行，形成笔录、报告等书面材料，并由相关人员签名、盖章。

调查人员进行讯问以及搜查、查封、扣押等重要取证工作，应当对全过程进行录音录像，留存备查。

第四十二条　调查人员应当严格执行调查方案，不得随意扩大调查范围、变更调查对象和事项。

对调查过程中的重要事项，应当集体研究后按程序请示报告。

第四十三条　监察机关采取留置措施，应当由监察机关领导人员集体研究决定。设区的市级以下监察机关采取留置措施，应当报上一级监察机关批准。省级监察机关采取留置措施，应当报国家监察委员会备案。

留置时间不得超过三个月。在特殊情况下，可以延长一次，延长时间不得超过三个月。省级以下监察机关采取留置措施的，延长留置时间应当报上一级监察机关批准。监察机关发现采取留置措施不当的，应当及时解除。

监察机关采取留置措施，可以根据工作需要提请公安机关配合。公安机关应当依法予以协助。

第四十四条　对被调查人采取留置措施后，应当在二十四小时以内，通知被留置人员所在单位和家属，但有可能毁灭、伪造证据，干扰证人作证或者串供等有碍调查情形的除外。有碍调查的情形消失后，应当立即通知被留置人员所在单位和家属。

监察机关应当保障被留置人员的饮食、休息和安全，提供医疗服务。讯问被留置人员应当合理安排讯问时间和时长，讯问笔录由被讯问人阅看后签名。

被留置人员涉嫌犯罪移送司法机关后，被依法判处管制、拘役和有期徒刑的，留置一日折抵管制二日，折抵拘役、有期徒刑一日。

第四十五条　监察机关根据监督、调查结果，依法作出如下处置：

（一）对有职务违法行为但情节较轻的公职人员，按照管理权限，直接或者委托有关机关、人员，进行谈话提醒、批评教育、责令检查，或者予以诫勉；

（二）对违法的公职人员依照法定程序作出警告、记过、记大过、降级、撤职、开除等政务处分决定；

（三）对不履行或者不正确履行职责负有责任的领导人员，按照管理权限对其直接作出问责决定，或者向有权作出问责决定的机关提出问责建议；

（四）对涉嫌职务犯罪的，监察机关经调查认为犯罪事实清楚，证据确实、充分的，制作起诉意见书，连同案卷材料、证据一并移送人民检察院依法审查、提起公诉；

（五）对监察对象所在单位廉政建设和履行职责存在的问题等提出监察建议。

监察机关经调查，对没有证据证明被调查人存在违法犯罪行为的，应当撤销案件，并通知被调查人所在单位。

第四十六条　监察机关经调查，对违法取得的财物，依法予以没收、追缴或者责令退赔；对涉嫌犯罪取得的财物，应当随案移送人民检察院。

第四十七条　对监察机关移送的案件，人民检察院依照《中华人民共和国刑事诉讼法》对被调查人采取强制措施。

人民检察院经审查，认为犯罪事实已经查清，证据确实、充分，依法应当追究刑事责任的，应当作出起诉决定。

人民检察院经审查，认为需要补充核实的，应当退回监察机关补充调查，必要时可以自行补充侦查。对于补充调查的案件，应当在一个月内补充调查完毕。补充调查以二次为限。

人民检察院对于有《中华人民共和国刑事诉讼法》规定的不起诉的情形的，经上一级人民检察院批准，依法作出不起诉的决定。监察机关认为不起诉的决定有错误的，可以向上一级人民检察院提请复议。

第四十八条　监察机关在调查贪污贿赂、失职渎职等职务犯罪案件过程中，被调查人逃匿或者死亡，有必要继续调查的，经省级以上监察机关批准，应当继续调查并作出结论。被调查人逃匿，在通缉一年后不能到案，或者死亡的，由监察机关提请人民检察院依照法定程序，向人民法院提出没收违法所得的申请。

第四十九条　监察对象对监察机关作出的涉及本人的处理决定不服的，可以在收到处理决定之日起一个月内，向作出决定的监察机关申请复审，复审机关应当在一个月内作出复审决定；监察对象对复审决定仍不服的，可以在收到复审决定之日起一个月内，向上一级监察机关申请复核，复核机关应当在二个月内作出复核决定。复审、复核期间，不停止原处理决定的执行。复核机关经审查，认定处理决定有错误的，原处理机关应当及时予以纠正。

第六章　反腐败国际合作

第五十条　国家监察委员会统筹协调与其他国家、地区、国际组织开展的反腐败国际交流、合作，组织反腐败国际条约实施工作。

第五十一条　国家监察委员会组织协调有关方面加强与有关国家、地区、国际组织在反腐败执法、引渡、司法协助、被判刑人的移管、资产追回和信息交流等领域的合作。

第五十二条　国家监察委员会加强对反腐败国际追逃追赃和防逃工作的组织协调，督促有关单位做好相关工作：

（一）对于重大贪污贿赂、失职渎职等职务犯罪案件，被调查人逃匿到国（境）外，掌握证据比较确凿的，通过开展境外追逃合作，追捕归案；

（二）向赃款赃物所在国请求查询、冻结、扣押、没收、追缴、返还涉案资产；

（三）查询、监控涉嫌职务犯罪的公职人员及其相关人员进出国（境）和跨境资金流动情况，在调查案件过程中设置防逃程序。

第七章　对监察机关和监察人员的监督

第五十三条　各级监察委员会应当接受本级人民代表大会及其常务委员会的监督。

各级人民代表大会常务委员会听取和审议本级监察委员会的专项工作报告，组织执法检查。

县级以上各级人民代表大会及其常务委员会举行会议时，人民代表大会代表或者常务委员会组成人员可以依照法律规定的程序，就监察工作中的有关问题提出询问或者质询。

第五十四条　监察机关应当依法公开监察工作信息，接受民主监督、社会监督、舆论监督。

第五十五条　监察机关通过设立内部专门的监督机构等方式，加强对监察人员执行职务和遵守法律情况的监督，建设忠诚、干净、担当的监察队伍。

第五十六条　监察人员必须模范遵守宪法和法律，忠于职守、秉公执法，清正廉洁、保守秘密；必须具有良好的政治素质，熟悉监察业务，具备运用法律、法规、政策和调查取证等能力，自觉接受监督。

第五十七条　对于监察人员打听案情、过问案件、说情干预的，办理监察事项的监察人员应当及时报告。有关情况应当登记备案。

发现办理监察事项的监察人员未经批准接触被调查人、涉案人员及其特定关系人，或者存在交往情形的，知情人应当及时报告。有关情况应当登记备案。

第五十八条　办理监察事项的监察人员有下列情形之一的，应当自行回避，监察对象、检举人及其他有关人员也有权要求其回避：

（一）是监察对象或者检举人的近亲属的；

（二）担任过本案的证人的；

（三）本人或者其近亲属与办理的监察事项有利害关系的；

（四）有可能影响监察事项公正处理的其他情形的。

第五十九条　监察机关涉密人员离岗离职后，应当遵守脱密期管理规定，严格履行保密义务，不得泄露相关秘密。

监察人员辞职、退休三年内，不得从事与监察和司法工作相关联且可能发生利益冲突的职业。

第六十条　监察机关及其工作人员有下列行为之一的，被调查人及其近亲属有权向该机关申诉：

（一）留置法定期限届满，不予以解除的；

（二）查封、扣押、冻结与案件无关的财物的；

（三）应当解除查封、扣押、冻结措施而不解除的；

（四）贪污、挪用、私分、调换以及违反规定使用查封、扣押、冻结的财物的；

（五）其他违反法律法规、侵害被调查人合法权益的行为。

受理申诉的监察机关应当在受理申诉之日起一个月内作出处理决定。申诉人对处理决定不服的，可以在收到处理决定之日起一个月内向上一级监察机关申请复查，上一级监察机关应当在收到复查申请之日起二个月内作出处理决定，情况属实的，及时予以纠正。

第六十一条　对调查工作结束后发现立案依据不充分或者失实，案件处置出现重大失误，监察人员严重违法的，应当追究负有责任的领导人员和直接责任人员的责任。

第八章　法　律　责　任

第六十二条　有关单位拒不执行监察机关作出的处理决定，或者无正当理由拒不采纳监察建议的，由其主管部门、上级机关责令改正，对单位给予通报批评；对负有责任的领导人员和直接责任人员依法给予处理。

第六十三条　有关人员违反本法规定，有下列行为之一的，由其所在单位、主管部门、上级机关或者监察机关责令改正，依法给予处理：

（一）不按要求提供有关材料，拒绝、阻碍调查措施实施等拒不配合监察机关调查的；

（二）提供虚假情况，掩盖事实真相的；

（三）串供或者伪造、隐匿、毁灭证据的；

（四）阻止他人揭发检举、提供证据的；

（五）其他违反本法规定的行为，情节严重的。

第六十四条　监察对象对控告人、检举人、证人或者监察人员进行报复陷害的；控告人、检举人、证人捏造事实诬告陷害监察对象的，依法给予处理。

第六十五条　监察机关及其工作人员有下列行为之一的，对负有责任的领导人员和直接责任人员依法给予处理：

（一）未经批准、授权处置问题线索，发现重大案情隐瞒不报，或者私自留存、处理涉案材料的；

（二）利用职权或者职务上的影响干预调查工作、以案谋私的；

（三）违法窃取、泄露调查工作信息，或者泄露举报事项、举报受理情况以及举报人信息的；

（四）对被调查人或者涉案人员逼供、诱供，或者侮辱、打骂、虐待、体罚或者变相体罚的；

（五）违反规定处置查封、扣押、冻结的财物的；

（六）违反规定发生办案安全事故，或者发生安全事故后隐瞒不报、报告失实、处置不当的；

（七）违反规定采取留置措施的；

（八）违反规定限制他人出境，或者不按规定解除出境限制的；

（九）其他滥用职权、玩忽职守、徇私舞弊的行为。

第六十六条　违反本法规定，构成犯罪的，依法追究刑事责任。

第六十七条　监察机关及其工作人员行使职权，侵犯公民、法人和其他组织的合法权益造成损害的，依法给予国家赔偿。

第九章　附　　则

第六十八条　中国人民解放军和中国人民武装警察部队开展监察工作，由中央军事委员会根据本法制定具体规定。

第六十九条　本法自公布之日起施行。《中华人民共和国行政监察法》同时废止。

中华人民共和国监察法实施条例

（2021 年 7 月 20 日国家监察委员会全体会议决定　自 2021 年 9 月 20 日起施行）

第一章　总　　则

第一条　为了推动监察工作法治化、规范化，根据《中华人民共和国监察法》（以下简称监察法），结合工作实际，制定本条例。

第二条　坚持中国共产党对监察工作的全面领导，增强政治意识、大局意识、核心意识、看齐意识，坚定中国特色社会主义道路自信、理论自信、制度自信、文化自信，坚决维护习近平总书记党中央的核心、全党的核心地位，坚决维护党中央权威和集中统一领导，把党的领导贯彻到监察工作各方面和全过程。

第三条　监察机关与党的纪律检查机关合署办公，坚持法治思维和法治方式，促进执纪执法贯通、有效衔接司法，实现依纪监督和依法监察、适用纪律和适用法律有机融合。

第四条　监察机关应当依法履行监督、调查、处置职责，坚持实事求是，坚持惩前毖后、治病救人，坚持惩戒与教育相结合，实现政治效果、法律效果和社会效果相统一。

第五条　监察机关应当坚定不移惩治腐败，推动深化改革、完善制度，规范权力运行，加强思想道德教育、法治教育、廉洁教育，引导公职人员提高觉悟、担当作为、依法履职，一体推进不敢腐、不能腐、不想腐体制机制建设。

第六条　监察机关坚持民主集中制，对于线索处置、立案调查、案件审理、处置执行、复审复核中的重要事项应当集体研究，严格按照权限履行请示报告程序。

第七条　监察机关应当在适用法律上一律平等，充分保障监察对象以及相关人员的人身权、知情权、财产权、申辩权、申诉权以及申请复审复核权等合法权益。

第八条　监察机关办理职务犯罪案件，应当与人民法院、人民检察院互相配合、互相制约，在案件管辖、证据审查、案件移送、涉案财物处置等方面加强沟通协调，对于人民法院、人民检察院提出的退回补充调查、排除非法证据、调取同步录音录像、要求调查人员出庭等意见依法办理。

第九条　监察机关开展监察工作，可以依法提请组织人事、公安、国家安全、审计、统计、市场监管、金融监管、财政、税务、自然资源、银行、证券、保险等有关部门、单位予以协助配合。

有关部门、单位应当根据监察机关的要求，依法协助采取有关措施、共享相关信息、提供相关资料和专业技术支持，配合开展监察工作。

第二章　监察机关及其职责

第一节　领导体制

第十条　国家监察委员会在党中央领导下开展工作。地方各级监察委员会在同级党委和上级监察委员会双重领导下工作，监督执法调查工作以上级监察委员会领导为主，线索处置和案件查办在向同级党委报告的同时应当一并向上一级监察委员会报告。

上级监察委员会应当加强对下级监察委员会的领导。下级监察委员会对上级监察委员会的决定必须执行，认为决定不当的，应当在执行的同时向上级监察委员会反映。上级监察委员会对下级监察委员会作出的错误决定，应当按程序予以纠正，或者要求下级监察委员会予以纠正。

第十一条　上级监察委员会可以依法统一调用所辖各级监察机关的监察人员办理监察事项。调用决定应当以书面形式作出。

监察机关办理监察事项应当加强互相协作和配合，对于重要、复杂事项可以提请上级监察机关予以协调。

第十二条　各级监察委员会依法向本级中国共产党机关、国家机关、法律法规授权或者受委托管理公共事务的组织和单位以及所管辖的国有企业事业单位等派驻或者派出监察机构、监察专员。

省级和设区的市级监察委员会依法向地区、盟、开发区等不设置人民代表大会的区域派出监察机构或者监察专员。县级监察委员会和直辖市所辖区（县）监察委员会可以向街道、乡镇等区域派出监察机构或者监察专员。

监察机构、监察专员开展监察工作，受派出机关领导。

第十三条　派驻或者派出的监察机构、监察专员根据派出机关授权，按照管理权限依法对派驻或者派出监督单位、区域等的公职人员开展监督，对职务违法和职务犯罪进行调查、处置。监察机构、监察专员可以按规定与地方监察委员会联合调查严重职务违法、职务犯罪，或者移交地方监察委员会调查。

未被授予职务犯罪调查权的监察机构、监察专员发现监察对象涉嫌职务犯罪线索的，应当及时向派出机关报告，由派出机关调查或者依法移交有关地方监察委员会调查。

第二节　监察监督

第十四条　监察机关依法履行监察监督职责，对公职人员政治品行、行使公权力和道德操守情况进行监督检查，督促有关机关、单位加强对所属公职人员的教育、管理、监督。

第十五条　监察机关应当坚决维护宪法确立的国家指导思想，加强对公职人员特别是领导人员坚持党的领导、坚持中国特色社会主义制度，贯彻落实党和国家路线方针政策、重大决策部署，履行从严管理监督职责，依法行使公权力等情况的监督。

第十六条　监察机关应当加强对公职人员理想教育、为人民服务教育、宪法法律法规教育、优秀传统文化教育，弘扬社会主义核心价值观，深入开展警示教育，教育引导公职人员树立正确的权力观、责任观、利益观，保持为民务实清廉本色。

第十七条　监察机关应当结合公职人员的职责加强日常监督，通过收集群众反映、座谈走访、查阅资料、召集或者列席会议、听取工作汇报和述责述廉、开展监督检查等方式，促进公职人员依法用权、秉公用权、廉洁用权。

第十八条　监察机关可以与公职人员进行谈心谈话，发现政治品行、行使公权力和道德操守方面有苗头性、倾向性问题的，及时进行教育提醒。

第十九条　监察机关对于发现的系统性、行业性的突出问题，以及群众反映强烈的问题，可以通过专项检查进行深入了解，督促有关机关、单位强化治理，促进公职人员履职尽责。

第二十条　监察机关应当以办案促进整改、以监督促进治理，在查清问题、依法处置的同时，剖析问题发生的原因，发现制度建设、权力配置、监督机制等方面存在的问题，向有关机关、单位提出改进工作的意见或者监察建议，促进完善制度，提高治理效能。

第二十一条　监察机关开展监察监督，应当与纪律监督、派驻监督、巡视监督统筹衔接，与人大监督、民主监督、行政监督、司法监督、审计监督、财会监督、统计监督、群众监督和舆论监督等贯通协调，健全信息、资源、成果共享等机制，形成监督合力。

第三节　监察调查

第二十二条　监察机关依法履行监察调查职责，依据监察法、《中华人民共和国公职人员政务处分法》（以下简称政务处分法）和《中华人民共和国刑法》（以下简称刑法）等规定对职务违法和职务犯罪进行调查。

第二十三条　监察机关负责调查的职务违法是指公职人员实施的与其职务相关联，虽不构成犯罪但依法应当承担法律责任的下列违法行为：

（一）利用职权实施的违法行为；

（二）利用职务上的影响实施的违法行为；

（三）履行职责不力、失职失责的违法行为；

（四）其他违反与公职人员职务相关的特定义务的违法行为。

第二十四条　监察机关发现公职人员存在其他违法行为，具有下列情形之一的，可以依法进行调查、处置：

（一）超过行政违法追究时效，或者超过犯罪追诉时效、未追究刑事责任，但需要依法给予政务处分的；

（二）被追究行政法律责任，需要依法给予政务处分的；

（三）监察机关调查职务违法或者职务犯罪时，对被调查人实施的事实简单、清楚，需要依法给予政务处分的其他违法行为一并查核的。

监察机关发现公职人员成为监察对象前有前款规定的违法行为的，依照前款规定办理。

第二十五条　监察机关依法对监察法第十一条第二项规定的职务犯罪进行调查。

第二十六条　监察机关依法调查涉嫌贪污贿赂犯罪，包括贪污罪，挪用公款罪，受贿罪，单位受贿罪，利用影响力受贿罪，行贿罪，对有影响力的人行贿罪，对单位行贿罪，介绍贿赂罪，单位行贿罪，巨额财产来源不明罪，隐瞒境外存款罪，私分国有资产罪，私分罚没财物罪，以及公职人员在行使公权力过程中实施的职务侵占罪，挪用资金罪，对外国公职人员、国际公共组织官员行贿罪，非国家工作人员受贿罪和相关联的对非国家工作人员行贿罪。

第二十七条 监察机关依法调查公职人员涉嫌滥用职权犯罪，包括滥用职权罪，国有公司、企业、事业单位人员滥用职权罪，滥用管理公司、证券职权罪，食品、药品监管渎职罪，故意泄露国家秘密罪，报复陷害罪，阻碍解救被拐卖、绑架妇女、儿童罪，帮助犯罪分子逃避处罚罪，违法发放林木采伐许可证罪，办理偷越国（边）境人员出入境证件罪，放行偷越国（边）境人员罪，挪用特定款物罪，非法剥夺公民宗教信仰自由罪，侵犯少数民族风俗习惯罪，打击报复会计、统计人员罪，以及司法工作人员以外的公职人员利用职权实施的非法拘禁罪、虐待被监管人罪、非法搜查罪。

第二十八条 监察机关依法调查公职人员涉嫌玩忽职守犯罪，包括玩忽职守罪，国有公司、企业、事业单位人员失职罪，签订、履行合同失职被骗罪，国家机关工作人员签订、履行合同失职被骗罪，环境监管失职罪，传染病防治失职罪，商检失职罪，动植物检疫失职罪，不解救被拐卖、绑架妇女、儿童罪，失职造成珍贵文物损毁、流失罪，过失泄露国家秘密罪。

第二十九条 监察机关依法调查公职人员涉嫌徇私舞弊犯罪，包括徇私舞弊低价折股、出售国有资产罪，非法批准征收、征用、占用土地罪，非法低价出让国有土地使用权罪，非法经营同类营业罪，为亲友非法牟利罪，枉法仲裁罪，徇私舞弊发售发票、抵扣税款、出口退税罪，商检徇私舞弊罪，动植物检疫徇私舞弊罪，放纵走私罪，放纵制售伪劣商品犯罪行为罪，招收公务员、学生徇私舞弊罪，徇私舞弊不移交刑事案件罪，违法提供出口退税凭证罪，徇私舞弊不征、少征税款罪。

第三十条 监察机关依法调查公职人员在行使公权力过程中涉及的重大责任事故犯罪，包括重大责任事故罪，教育设施重大安全事故罪，消防责任事故罪，重大劳动安全事故罪，强令、组织他人违章冒险作业罪，危险作业罪，不报、谎报安全事故罪，铁路运营安全事故罪，重大飞行事故罪，大型群众性活动重大安全事故罪，危险物品肇事罪，工程重大安全事故罪。

第三十一条 监察机关依法调查公职人员在行使公权力过程中涉及的其他犯罪，包括破坏选举罪，背信损害上市公司利益罪，金融工作人员购买假币、以假币换取货币罪，利用未公开信息交易罪，诱骗投资者买卖证券、期货合约罪，背信运用受托财产罪，违法运用资金罪，违法发放贷款罪，吸收客户资金不入账罪，违规出具金融票证罪，对违法票据承兑、付款、保证罪，非法转让、倒卖土地使用权罪，私自开拆、隐匿、毁弃邮件、电报罪，故意延误投递邮件罪，泄露不应公开的案件信息罪，披露、报道不应公开的案件信息罪，接送不合格兵员罪。

第三十二条 监察机关发现依法由其他机关管辖的违法犯罪线索，应当及时移送有管辖权的机关。

监察机关调查结束后，对于应当给予被调查人或者涉案人员行政处罚等其他处理的，依法移送有关机关。

第四节 监察处置

第三十三条 监察机关对违法的公职人员，依据监察法、政务处分法等规定作出政务处分决定。

第三十四条 监察机关在追究违法的公职人员直接责任的同时，依法对履行职责不力、失职失责，造成严重后果或者恶劣影响的领导人员予以问责。

监察机关应当组成调查组依法开展问责调查。调查结束后经集体讨论形成调查报告，需要进行问责的按照管理权限作出问责决定，或者向有权作出问责决定的机关、单位书面提出问责建议。

第三十五条 监察机关对涉嫌职务犯罪的人员，经调查认为犯罪事实清楚，证据确实、充分，需要追究刑事责任的，依法移送人民检察院审查起诉。

第三十六条 监察机关根据监督、调查结果，发现监察对象所在单位在廉政建设、权力制约、监督管理、制度执行以及履行职责等方面存在问题需要整改纠正的，依法提出监察建议。

监察机关应当跟踪了解监察建议的采纳情况，指导、督促有关单位限期整改，推动监察建议落实到位。

第三章 监察范围和管辖

第一节 监察对象

第三十七条 监察机关依法对所有行使公权力的公职人员进行监察，实现国家监察全面覆盖。

第三十八条 监察法第十五条第一项所称公务员范围，依据《中华人民共和国公务员法》（以下简称公务员法）确定。

监察法第十五条第一项所称参照公务员法管理的人员，是指有关单位中经批准参照公务员法进行管理的工作人员。

第三十九条 监察法第十五条第二项所称法律、法规授权或者受国家机关依法委托管理公共事务的组织中从事公务的人员，是指在上述组织中，除参照公务员法管理的人员外，对公共事务履行组织、领导、管理、监督等职责的人员，包括具有公共事务管理职能的行业协会等组织中从事公务的人员，以及法定检验检测、检疫等机构中从事公务的人员。

第四十条　监察法第十五条第三项所称国有企业管理人员，是指国家出资企业中的下列人员：

（一）在国有独资、全资公司、企业中履行组织、领导、管理、监督等职责的人员；

（二）经党组织或者国家机关，国有独资、全资公司、企业，事业单位提名、推荐、任命、批准等，在国有控股、参股公司及其分支机构中履行组织、领导、管理、监督等职责的人员；

（三）经国家出资企业中负有管理、监督国有资产职责的组织批准或者研究决定，代表其在国有控股、参股公司及其分支机构中从事组织、领导、管理、监督等工作的人员。

第四十一条　监察法第十五条第四项所称公办的教育、科研、文化、医疗卫生、体育等单位中从事管理的人员，是指国家为了社会公益目的，由国家机关举办或者其他组织利用国有资产举办的教育、科研、文化、医疗卫生、体育等事业单位中，从事组织、领导、管理、监督等工作的人员。

第四十二条　监察法第十五条第五项所称基层群众性自治组织中从事管理的人员，是指该组织中的下列人员：

（一）从事集体事务和公益事业管理的人员；

（二）从事集体资金、资产、资源管理的人员；

（三）协助人民政府从事行政管理工作的人员，包括从事救灾、防疫、抢险、防汛、优抚、帮扶、移民、救济款物的管理，社会捐助公益事业款物的管理，国有土地的经营和管理，土地征收、征用补偿费用的管理，代征、代缴税款，有关计划生育、户籍、征兵工作，协助人民政府等国家机关在基层群众性自治组织中从事的其他管理工作。

第四十三条　下列人员属于监察法第十五条第六项所称其他依法履行公职的人员：

（一）履行人民代表大会职责的各级人民代表大会代表，履行公职的中国人民政治协商会议各级委员会委员、人民陪审员、人民监督员；

（二）虽未列入党政机关人员编制，但在党政机关中从事公务的人员；

（三）在集体经济组织等单位、组织中，由党组织或者国家机关，国有独资、全资公司、企业，国家出资企业中负有管理监督国有和集体资产职责的组织，事业单位提名、推荐、任命、批准等，从事组织、领导、管理、监督等工作的人员；

（四）在依法组建的评标、谈判、询价等组织中代表国家机关，国有独资、全资公司、企业，事业单位，人民团体临时履行公共事务组织、领导、管理、监督等职责的人员；

（五）其他依法行使公权力的人员。

第四十四条 有关机关、单位、组织集体作出的决定违法或者实施违法行为的，监察机关应当对负有责任的领导人员和直接责任人员中的公职人员依法追究法律责任。

第二节 管 辖

第四十五条 监察机关开展监督、调查、处置，按照管理权限与属地管辖相结合的原则，实行分级负责制。

第四十六条 设区的市级以上监察委员会按照管理权限，依法管辖同级党委管理的公职人员涉嫌职务违法和职务犯罪案件。

县级监察委员会和直辖市所辖区（县）监察委员会按照管理权限，依法管辖本辖区内公职人员涉嫌职务违法和职务犯罪案件。

地方各级监察委员会按照本条例第十三条、第四十九条规定，可以依法管辖工作单位在本辖区内的有关公职人员涉嫌职务违法和职务犯罪案件。

监察机关调查公职人员涉嫌职务犯罪案件，可以依法对涉嫌行贿犯罪、介绍贿赂犯罪或者共同职务犯罪的涉案人员中的非公职人员一并管辖。非公职人员涉嫌利用影响力受贿罪的，按照其所利用的公职人员的管理权限确定管辖。

第四十七条 上级监察机关对于下一级监察机关管辖范围内的职务违法和职务犯罪案件，具有下列情形之一的，可以依法提级管辖：

（一）在本辖区有重大影响的；

（二）涉及多个下级监察机关管辖的监察对象，调查难度大的；

（三）其他需要提级管辖的重大、复杂案件。

上级监察机关对于所辖各级监察机关管辖范围内有重大影响的案件，必要时可以依法直接调查或者组织、指挥、参与调查。

地方各级监察机关所管辖的职务违法和职务犯罪案件，具有第一款规定情形的，可以依法报请上一级监察机关管辖。

第四十八条 上级监察机关可以依法将其所管辖的案件指定下级监察机关管辖。

设区的市级监察委员会将同级党委管理的公职人员涉嫌职务违法或者职务犯罪案件指定下级监察委员会管辖的，应当报省级监察委员会批准；省级监察委员会将同级党委管理的公职人员涉嫌职务违法或者职务犯罪案件指定下级监察委员会管辖的，应当报国家监察委员会相关监督检查部门备案。

上级监察机关对于下级监察机关管辖的职务违法和职务犯罪案件，具有下列情形之一，认为由其他下级监察机关管辖更为适宜的，可以依法指定给其他下级监察机关管辖：

（一）管辖有争议的；

（二）指定管辖有利于案件公正处理的；

（三）下级监察机关报请指定管辖的；

（四）其他有必要指定管辖的。

被指定的下级监察机关未经指定管辖的监察机关批准，不得将案件再行指定管辖。发现新的职务违法或者职务犯罪线索，以及其他重要情况、重大问题，应当及时向指定管辖的监察机关请示报告。

第四十九条　工作单位在地方、管理权限在主管部门的公职人员涉嫌职务违法和职务犯罪，一般由驻在主管部门、有管辖权的监察机构、监察专员管辖；经协商，监察机构、监察专员可以按规定移交公职人员工作单位所在地的地方监察委员会调查，或者与地方监察委员会联合调查。地方监察委员会在工作中发现上述公职人员有关问题线索，应当向驻在主管部门、有管辖权的监察机构、监察专员通报，并协商确定管辖。

前款规定单位的其他公职人员涉嫌职务违法和职务犯罪，可以由地方监察委员会管辖；驻在主管部门的监察机构、监察专员自行立案调查的，应当及时通报地方监察委员会。

地方监察委员会调查前两款规定案件，应当将立案、留置、移送审查起诉、撤销案件等重要情况向驻在主管部门的监察机构、监察专员通报。

第五十条　监察机关办理案件中涉及无隶属关系的其他监察机关的监察对象，认为需要立案调查的，应当商请有管理权限的监察机关依法立案调查。商请立案时，应当提供涉案人员基本情况、已经查明的涉嫌违法犯罪事实以及相关证据材料。

承办案件的监察机关认为由其一并调查更为适宜的，可以报请有权决定的上级监察机关指定管辖。

第五十一条　公职人员既涉嫌贪污贿赂、失职渎职等严重职务违法和职务犯罪，又涉嫌公安机关、人民检察院等机关管辖的犯罪，依法由监察机关为主调查的，应当由监察机关和其他机关分别依职权立案，监察机关承担组织协调职责，协调调查和侦查工作进度、重要调查和侦查措施使用等重要事项。

第五十二条　监察机关必要时可以依法调查司法工作人员利用职权实施的涉嫌非法拘禁、刑讯逼供、非法搜查等侵犯公民权利、损害司法公正的犯罪，并在立案后及时通报同级人民检察院。

监察机关在调查司法工作人员涉嫌贪污贿赂等职务犯罪中，可以对其涉嫌的前款规定的犯罪一并调查，并及时通报同级人民检察院。人民检察院在办理直接受理侦查的案件中，发现犯罪嫌疑人同时涉嫌监察机关管辖的其他职务犯罪，经沟通全案移送监察机关管辖的，监察机关应当依法进行调查。

第五十三条　监察机关对于退休公职人员在退休前或者退休后，或者离职、死亡的公职人员在履职期间实施的涉嫌职务违法或者职务犯罪行为，可以依法进行调查。

对前款规定人员，按照其原任职务的管辖规定确定管辖的监察机关；由其他监察机关管辖更为适宜的，可以依法指定或者交由其他监察机关管辖。

第四章　监察权限

第一节　一般要求

第五十四条　监察机关应当加强监督执法调查工作规范化建设，严格按规定对监察措施进行审批和监管，依照法定的范围、程序和期限采取相关措施，出具、送达法律文书。

第五十五条　监察机关在初步核实中，可以依法采取谈话、询问、查询、调取、勘验检查、鉴定措施；立案后可以采取讯问、留置、冻结、搜查、查封、扣押、通缉措施。需要采取技术调查、限制出境措施的，应当按照规定交有关机关依法执行。设区的市级以下监察机关在初步核实中不得采取技术调查措施。

开展问责调查，根据具体情况可以依法采取相关监察措施。

第五十六条　开展讯问、搜查、查封、扣押以及重要的谈话、询问等调查取证工作，应当全程同步录音录像，并保持录音录像资料的完整性。录音录像资料应当妥善保管、及时归档，留存备查。

人民检察院、人民法院需要调取同步录音录像的，监察机关应当予以配合，经审批依法予以提供。

第五十七条　需要商请其他监察机关协助收集证据材料的，应当依法出具《委托调查函》；商请其他监察机关对采取措施提供一般性协助的，应当依法出具《商请协助采取措施函》。商请协助事项涉及协助地监察机关管辖的监察对象的，应当由协助地监察机关按照所涉人员的管理权限报批。协助地监察机关对于协助请求，应当依法予以协助配合。

第五十八条　采取监察措施需要告知、通知相关人员的，应当依法办理。告知包括口头、书面两种方式，通知应当采取书面方式。采取口头方式告知的，应当将相关情况制作工作记录；采取书面方式告知、通知的，可以通过直接送交、邮寄、转交等途径送达，将有关回执或者凭证附卷。

无法告知、通知，或者相关人员拒绝接收的，调查人员应当在工作记录或者有关文书上记明。

第二节　证　据

第五十九条　可以用于证明案件事实的材料都是证据，包括：

（一）物证；

（二）书证；

（三）证人证言；

（四）被害人陈述；

（五）被调查人陈述、供述和辩解；

（六）鉴定意见；

（七）勘验检查、辨认、调查实验等笔录；

（八）视听资料、电子数据。

监察机关向有关单位和个人收集、调取证据时，应当告知其必须依法如实提供证据。对于不按要求提供有关材料，泄露相关信息，伪造、隐匿、毁灭证据，提供虚假情况或者阻止他人提供证据的，依法追究法律责任。

监察机关依照监察法和本条例规定收集的证据材料，经审查符合法定要求的，在刑事诉讼中可以作为证据使用。

第六十条　监察机关认定案件事实应当以证据为根据，全面、客观地收集、固定被调查人有无违法犯罪以及情节轻重的各种证据，形成相互印证、完整稳定的证据链。

只有被调查人陈述或者供述，没有其他证据的，不能认定案件事实；没有被调查人陈述或者供述，证据符合法定标准的，可以认定案件事实。

第六十一条　证据必须经过查证属实，才能作为定案的根据。审查认定证据，应当结合案件的具体情况，从证据与待证事实的关联程度、各证据之间的联系、是否依照法定程序收集等方面进行综合判断。

第六十二条　监察机关调查终结的职务违法案件，应当事实清楚、证据确凿。证据确凿，应当符合下列条件：

（一）定性处置的事实都有证据证实；

（二）定案证据真实、合法；

（三）据以定案的证据之间不存在无法排除的矛盾；

（四）综合全案证据，所认定事实清晰且令人信服。

第六十三条 监察机关调查终结的职务犯罪案件，应当事实清楚，证据确实、充分。证据确实、充分，应当符合下列条件：

（一）定罪量刑的事实都有证据证明；

（二）据以定案的证据均经法定程序查证属实；

（三）综合全案证据，对所认定事实已排除合理怀疑。

证据不足的，不得移送人民检察院审查起诉。

第六十四条 严禁以暴力、威胁、引诱、欺骗以及非法限制人身自由等非法方法收集证据，严禁侮辱、打骂、虐待、体罚或者变相体罚被调查人、涉案人员和证人。

第六十五条 对于调查人员采用暴力、威胁以及非法限制人身自由等非法方法收集的被调查人供述、证人证言、被害人陈述，应当依法予以排除。

前款所称暴力的方法，是指采用殴打、违法使用戒具等方法或者变相肉刑的恶劣手段，使人遭受难以忍受的痛苦而违背意愿作出供述、证言、陈述；威胁的方法，是指采用以暴力或者严重损害本人及其近亲属合法权益等进行威胁的方法，使人遭受难以忍受的痛苦而违背意愿作出供述、证言、陈述。

收集物证、书证不符合法定程序，可能严重影响案件公正处理的，应当予以补正或者作出合理解释；不能补正或者作出合理解释的，对该证据应当予以排除。

第六十六条 监察机关监督检查、调查、案件审理、案件监督管理等部门发现监察人员在办理案件中，可能存在以非法方法收集证据情形的，应当依照职责进行调查核实。对于被调查人控告、举报调查人员采用非法方法收集证据，并提供涉嫌非法取证的人员、时间、地点、方式和内容等材料或者线索的，应当受理并进行审核。根据现有材料无法证明证据收集合法性的，应当进行调查核实。

经调查核实，确认或者不能排除以非法方法收集证据的，对有关证据依法予以排除，不得作为案件定性处置、移送审查起诉的依据。认定调查人员非法取证的，应当依法处理，另行指派调查人员重新调查取证。

监察机关接到对下级监察机关调查人员采用非法方法收集证据的控告、举报，可以直接进行调查核实，也可以交由下级监察机关调查核实。交由下级监察机关调查核实的，下级监察机关应当及时将调查结果报告上级监察机关。

第六十七条 对收集的证据材料及扣押的财物应当妥善保管，严格履行交接、调用手续，定期对账核实，不得违规使用、调换、损毁或者自行处理。

第六十八条 监察机关对行政机关在行政执法和查办案件中收集的物证、书证、视听资料、电子数据，勘验、检查等笔录，以及鉴定意见等证据材料，经审查符合法定要求的，可以作为证据使用。

根据法律、行政法规规定行使国家行政管理职权的组织在行政执法和查办案件中收集的证据材料，视为行政机关收集的证据材料。

第六十九条　监察机关对人民法院、人民检察院、公安机关、国家安全机关等在刑事诉讼中收集的物证、书证、视听资料、电子数据，勘验、检查、辨认、侦查实验等笔录，以及鉴定意见等证据材料，经审查符合法定要求的，可以作为证据使用。

监察机关办理职务违法案件，对于人民法院生效刑事判决、裁定和人民检察院不起诉决定采信的证据材料，可以直接作为证据使用。

第三节　谈　　话

第七十条　监察机关在问题线索处置、初步核实和立案调查中，可以依法对涉嫌职务违法的监察对象进行谈话，要求其如实说明情况或者作出陈述。

谈话应当个别进行。负责谈话的人员不得少于二人。

第七十一条　对一般性问题线索的处置，可以采取谈话方式进行，对监察对象给予警示、批评、教育。谈话应当在工作地点等场所进行，明确告知谈话事项，注重谈清问题、取得教育效果。

第七十二条　采取谈话方式处置问题线索的，经审批可以由监察人员或者委托被谈话人所在单位主要负责人等进行谈话。

监察机关谈话应当形成谈话笔录或者记录。谈话结束后，可以根据需要要求被谈话人在十五个工作日以内作出书面说明。被谈话人应当在书面说明每页签名，修改的地方也应当签名。

委托谈话的，受委托人应当在收到委托函后的十五个工作日以内进行谈话。谈话结束后及时形成谈话情况材料报送监察机关，必要时附被谈话人的书面说明。

第七十三条　监察机关开展初步核实工作，一般不与被核查人接触；确有需要与被核查人谈话的，应当按规定报批。

第七十四条　监察机关对涉嫌职务违法的被调查人立案后，可以依法进行谈话。

与被调查人首次谈话时，应当出示《被调查人权利义务告知书》，由其签名、捺指印。被调查人拒绝签名、捺指印的，调查人员应当在文书上记明。对于被调查人未被限制人身自由的，应当在首次谈话时出具《谈话通知书》。

与涉嫌严重职务违法的被调查人进行谈话的，应当全程同步录音录像，并告知被调查人。告知情况应当在录音录像中予以反映，并在笔录中记明。

第七十五条 立案后,与未被限制人身自由的被调查人谈话的,应当在具备安全保障条件的场所进行。

调查人员按规定通知被调查人所在单位派员或者被调查人家属陪同被调查人到指定场所的,应当与陪同人员办理交接手续,填写《陪送交接单》。

第七十六条 调查人员与被留置的被调查人谈话的,按照法定程序在留置场所进行。

与在押的犯罪嫌疑人、被告人谈话的,应当持以监察机关名义出具的介绍信、工作证件,商请有关案件主管机关依法协助办理。

与在看守所、监狱服刑的人员谈话的,应当持以监察机关名义出具的介绍信、工作证件办理。

第七十七条 与被调查人进行谈话,应当合理安排时间、控制时长,保证其饮食和必要的休息时间。

第七十八条 谈话笔录应当在谈话现场制作。笔录应当详细具体,如实反映谈话情况。笔录制作完成后,应当交给被调查人核对。被调查人没有阅读能力的,应当向其宣读。

笔录记载有遗漏或者差错的,应当补充或者更正,由被调查人在补充或者更正处捺指印。被调查人核对无误后,应当在笔录中逐页签名、捺指印。被调查人拒绝签名、捺指印的,调查人员应当在笔录中记明。调查人员也应当在笔录中签名。

第七十九条 被调查人请求自行书写说明材料的,应当准许。必要时,调查人员可以要求被调查人自行书写说明材料。

被调查人应当在说明材料上逐页签名、捺指印,在末页写明日期。对说明材料有修改的,在修改之处应当捺指印。说明材料应当由二名调查人员接收,在首页记明接收的日期并签名。

第八十条 本条例第七十四条至第七十九条的规定,也适用于在初步核实中开展的谈话。

第四节 讯 问

第八十一条 监察机关对涉嫌职务犯罪的被调查人,可以依法进行讯问,要求其如实供述涉嫌犯罪的情况。

第八十二条 讯问被留置的被调查人,应当在留置场所进行。

第八十三条 讯问应当个别进行,调查人员不得少于二人。

首次讯问时,应当向被讯问人出示《被调查人权利义务告知书》,由其签名、捺指印。被讯问人拒绝签名、捺指印的，调查人员应当在文书上记明。被讯问人未被限制人身自由的，应当在首次讯问时向其出具《讯问通知书》。

讯问一般按照下列顺序进行：

（一）核实被讯问人的基本情况，包括姓名、曾用名、出生年月日、户籍地、身份证件号码、民族、职业、政治面貌、文化程度、工作单位及职务、住所、家庭情况、社会经历，是否属于党代表大会代表、人大代表、政协委员，是否受到过党纪政务处分，是否受到过刑事处罚等；

（二）告知被讯问人如实供述自己罪行可以依法从宽处理和认罪认罚的法律规定；

（三）讯问被讯问人是否有犯罪行为，让其陈述有罪的事实或者无罪的辩解，应当允许其连贯陈述。

调查人员的提问应当与调查的案件相关。被讯问人对调查人员的提问应当如实回答。调查人员对被讯问人的辩解，应当如实记录，认真查核。

讯问时，应当告知被讯问人将进行全程同步录音录像。告知情况应当在录音录像中予以反映，并在笔录中记明。

第八十四条 本条例第七十五条至第七十九条的要求，也适用于讯问。

第五节 询 问

第八十五条 监察机关按规定报批后，可以依法对证人、被害人等人员进行询问，了解核实有关问题或者案件情况。

第八十六条 证人未被限制人身自由的，可以在其工作地点、住所或者其提出的地点进行询问，也可以通知其到指定地点接受询问。到证人提出的地点或者调查人员指定的地点进行询问的，应当在笔录中记明。

调查人员认为有必要或者证人提出需要由所在单位派员或者其家属陪同到询问地点的，应当办理交接手续并填写《陪送交接单》。

第八十七条 询问应当个别进行。负责询问的调查人员不得少于二人。

首次询问时，应当向证人出示《证人权利义务告知书》，由其签名、捺指印。证人拒绝签名、捺指印的，调查人员应当在文书上记明。证人未被限制人身自由的，应当在首次询问时向其出具《询问通知书》。

询问时，应当核实证人身份，问明证人的基本情况，告知证人应当如实提供证据、证言，以及作伪证或者隐匿证据应当承担的法律责任。不得向证人泄露案情，不得采用非法方法获取证言。

询问重大或者有社会影响案件的重要证人，应当对询问过程全程同步录音录像，并告知证人。告知情况应当在录音录像中予以反映，并在笔录中记明。

第八十八条 询问未成年人，应当通知其法定代理人到场。无法通知或者法定代理人不能到场的，应当通知未成年人的其他成年亲属或者所在学校、居住地基层组织的代表等有关人员到场。询问结束后，由法定代理人或者有关人员在笔录中签名。调查人员应当将到场情况记录在案。

询问聋、哑人，应当有通晓聋、哑手势的人员参加。调查人员应当在笔录中记明证人的聋、哑情况，以及翻译人员的姓名、工作单位和职业。询问不通晓当地通用语言、文字的证人，应当有翻译人员。询问结束后，由翻译人员在笔录中签名。

第八十九条 凡是知道案件情况的人，都有如实作证的义务。对故意提供虚假证言的证人，应当依法追究法律责任。

证人或者其他任何人不得帮助被调查人隐匿、毁灭、伪造证据或者串供，不得实施其他干扰调查活动的行为。

第九十条 证人、鉴定人、被害人因作证，本人或者近亲属人身安全面临危险，向监察机关请求保护的，监察机关应当受理并及时进行审查；对于确实存在人身安全危险的，监察机关应当采取必要的保护措施。监察机关发现存在上述情形的，应当主动采取保护措施。

监察机关可以采取下列一项或者多项保护措施：

（一）不公开真实姓名、住址和工作单位等个人信息；

（二）禁止特定的人员接触证人、鉴定人、被害人及其近亲属；

（三）对人身和住宅采取专门性保护措施；

（四）其他必要的保护措施。

依法决定不公开证人、鉴定人、被害人的真实姓名、住址和工作单位等个人信息的，可以在询问笔录等法律文书、证据材料中使用化名。但是应当另行书面说明使用化名的情况并标明密级，单独成卷。

监察机关采取保护措施需要协助的，可以提请公安机关等有关单位和要求有关个人依法予以协助。

第九十一条 本条例第七十六条至第七十九条的要求，也适用于询问。询问重要涉案人员，根据情况适用本条例第七十五条的规定。

询问被害人，适用询问证人的规定。

第六节 留 置

第九十二条 监察机关调查严重职务违法或者职务犯罪，对于符合监察法第二十二条第一款规定的，经依法审批，可以对被调查人采取留置措施。

监察法第二十二条第一款规定的严重职务违法，是指根据监察机关已经掌握的事实及证据，被调查人涉嫌的职务违法行为情节严重，可能被给予撤职以上政务处分；重要问题，是指对被调查人涉嫌的职务违法或者职务犯罪，在定性处置、定罪量刑等方面有重要影响的事实、情节及证据。

监察法第二十二条第一款规定的已经掌握其部分违法犯罪事实及证据，是指同时具备下列情形：

（一）有证据证明发生了违法犯罪事实；

（二）有证据证明该违法犯罪事实是被调查人实施；

（三）证明被调查人实施违法犯罪行为的证据已经查证属实。

部分违法犯罪事实，既可以是单一违法犯罪行为的事实，也可以是数个违法犯罪行为中任何一个违法犯罪行为的事实。

第九十三条　被调查人具有下列情形之一的，可以认定为监察法第二十二条第一款第二项所规定的可能逃跑、自杀：

（一）着手准备自杀、自残或者逃跑的；

（二）曾经有自杀、自残或者逃跑行为的；

（三）有自杀、自残或者逃跑意图的；

（四）其他可能逃跑、自杀的情形。

第九十四条　被调查人具有下列情形之一的，可以认定为监察法第二十二条第一款第三项所规定的可能串供或者伪造、隐匿、毁灭证据：

（一）曾经或者企图串供，伪造、隐匿、毁灭、转移证据的；

（二）曾经或者企图威逼、恐吓、利诱、收买证人，干扰证人作证的；

（三）有同案人或者与被调查人存在密切关联违法犯罪的涉案人员在逃，重要证据尚未收集完成的；

（四）其他可能串供或者伪造、隐匿、毁灭证据的情形。

第九十五条　被调查人具有下列情形之一的，可以认定为监察法第二十二条第一款第四项所规定的可能有其他妨碍调查行为：

（一）可能继续实施违法犯罪行为的；

（二）有危害国家安全、公共安全等现实危险的；

（三）可能对举报人、控告人、被害人、证人、鉴定人等相关人员实施打击报复的；

（四）无正当理由拒不到案，严重影响调查的；

（五）其他可能妨碍调查的行为。

第九十六条　对下列人员不得采取留置措施：

（一）患有严重疾病、生活不能自理的；

（二）怀孕或者正在哺乳自己婴儿的妇女；

（三）系生活不能自理的人的唯一扶养人。

上述情形消除后，根据调查需要可以对相关人员采取留置措施。

第九十七条 采取留置措施时，调查人员不得少于二人，应当向被留置人员宣布《留置决定书》，告知被留置人员权利义务，要求其在《留置决定书》上签名、捺指印。被留置人员拒绝签名、捺指印的，调查人员应当在文书上记明。

第九十八条 采取留置措施后，应当在二十四小时以内通知被留置人员所在单位和家属。当面通知的，由有关人员在《留置通知书》上签名。无法当面通知的，可以先以电话等方式通知，并通过邮寄、转交等方式送达《留置通知书》，要求有关人员在《留置通知书》上签名。

因可能毁灭、伪造证据，干扰证人作证或者串供等有碍调查情形而不宜通知的，应当按规定报批，记录在案。有碍调查的情形消失后，应当立即通知被留置人员所在单位和家属。

第九十九条 县级以上监察机关需要提请公安机关协助采取留置措施的，应当按规定报批，请同级公安机关依法予以协助。提请协助时，应当出具《提请协助采取留置措施函》，列明提请协助的具体事项和建议，协助采取措施的时间、地点等内容，附《留置决定书》复印件。

因保密需要，不适合在采取留置措施前向公安机关告知留置对象姓名的，可以作出说明，进行保密处理。

需要提请异地公安机关协助采取留置措施的，应当按规定报批，向协作地同级监察机关出具协作函件和相关文书，由协作地监察机关提请当地公安机关依法予以协助。

第一百条 留置过程中，应当保障被留置人员的合法权益，尊重其人格和民族习俗，保障饮食、休息和安全，提供医疗服务。

第一百零一条 留置时间不得超过三个月，自向被留置人员宣布之日起算。具有下列情形之一的，经审批可以延长一次，延长时间不得超过三个月：

（一）案情重大，严重危害国家利益或者公共利益的；

（二）案情复杂，涉案人员多、金额巨大，涉及范围广的；

（三）重要证据尚未收集完成，或者重要涉案人员尚未到案，导致违法犯罪的主要事实仍须继续调查的；

（四）其他需要延长留置时间的情形。

省级以下监察机关采取留置措施的，延长留置时间应当报上一级监察机关批准。

延长留置时间的,应当在留置期满前向被留置人员宣布延长留置时间的决定,要求其在《延长留置时间决定书》上签名、捺指印。被留置人员拒绝签名、捺指印的,调查人员应当在文书上记明。

延长留置时间的,应当通知被留置人员家属。

第一百零二条 对被留置人员不需要继续采取留置措施的,应当按规定报批,及时解除留置。

调查人员应当向被留置人员宣布解除留置措施的决定,由其在《解除留置决定书》上签名、捺指印。被留置人员拒绝签名、捺指印的,调查人员应当在文书上记明。

解除留置措施的,应当及时通知被留置人员所在单位或者家属。调查人员应当与交接人办理交接手续,并由其在《解除留置通知书》上签名。无法通知或者有关人员拒绝签名的,调查人员应当在文书上记明。

案件依法移送人民检察院审查起诉的,留置措施自犯罪嫌疑人被执行拘留时自动解除,不再办理解除法律手续。

第一百零三条 留置场所应当建立健全保密、消防、医疗、餐饮及安保等安全工作责任制,制定紧急突发事件处置预案,采取安全防范措施。

留置期间发生被留置人员死亡、伤残、脱逃等办案安全事故、事件的,应当及时做好处置工作。相关情况应当立即报告监察机关主要负责人,并在二十四小时以内逐级上报至国家监察委员会。

第七节 查询、冻结

第一百零四条 监察机关调查严重职务违法或者职务犯罪,根据工作需要,按规定报批后,可以依法查询、冻结涉案单位和个人的存款、汇款、债券、股票、基金份额等财产。

第一百零五条 查询、冻结财产时,调查人员不得少于二人。调查人员应当出具《协助查询财产通知书》或者《协助冻结财产通知书》,送交银行或者其他金融机构、邮政部门等单位执行。有关单位和个人应当予以配合,并严格保密。

查询财产应当在《协助查询财产通知书》中填写查询账号、查询内容等信息。没有具体账号的,应当填写足以确定账户或者权利人的自然人姓名、身份证件号码或者企业法人名称、统一社会信用代码等信息。

冻结财产应当在《协助冻结财产通知书》中填写冻结账户名称、冻结账号、冻结数额、冻结期限起止时间等信息。冻结数额应当具体、明确,暂时无法确定具体数额的,应当在《协助冻结财产通知书》上明确写明"只收不付"。冻结证券和交易结算资金时，应当明确冻结的范围是否及于孳息。

冻结财产，应当为被调查人及其所扶养的亲属保留必需的生活费用。

第一百零六条 调查人员可以根据需要对查询结果进行打印、抄录、复制、拍照，要求相关单位在有关材料上加盖证明印章。对查询结果有疑问的，可以要求相关单位进行书面解释并加盖印章。

第一百零七条 监察机关对查询信息应当加强管理，规范信息交接、调阅、使用程序和手续，防止滥用和泄露。

调查人员不得查询与案件调查工作无关的信息。

第一百零八条 冻结财产的期限不得超过六个月。冻结期限到期未办理续冻手续的，冻结自动解除。

有特殊原因需要延长冻结期限的，应当在到期前按原程序报批，办理续冻手续。每次续冻期限不得超过六个月。

第一百零九条 已被冻结的财产可以轮候冻结，不得重复冻结。轮候冻结的，监察机关应当要求有关银行或者其他金融机构等单位在解除冻结或者作出处理前予以通知。

监察机关接受司法机关、其他监察机关等国家机关移送的涉案财物后，该国家机关采取的冻结期限届满，监察机关续行冻结的顺位与该国家机关冻结的顺位相同。

第一百一十条 冻结财产应当通知权利人或者其法定代理人、委托代理人，要求其在《冻结财产告知书》上签名。冻结股票、债券、基金份额等财产，应当告知权利人或者其法定代理人、委托代理人有权申请出售。

对于被冻结的股票、债券、基金份额等财产，权利人或者其法定代理人、委托代理人申请出售，不损害国家利益、被害人利益，不影响调查正常进行的，经审批可以在案件办结前由相关机构依法出售或者变现。对于被冻结的汇票、本票、支票即将到期的，经审批可以在案件办结前由相关机构依法出售或者变现。出售上述财产的，应当出具《许可出售冻结财产通知书》。

出售或者变现所得价款应当继续冻结在其对应的银行账户中；没有对应的银行账户的，应当存入监察机关指定的专用账户保管，并将存款凭证送监察机关登记。监察机关应当及时向权利人或者其法定代理人、委托代理人出具《出售冻结财产通知书》，并要求其签名。拒绝签名的，调查人员应当在文书上记明。

第一百一十一条 对于冻结的财产，应当及时核查。经查明与案件无关的，经审批，应当在查明后三日以内将《解除冻结财产通知书》送交有关单位执行。解除情况应当告知被冻结财产的权利人或者其法定代理人、委托代理人。

第八节 搜 查

第一百一十二条 监察机关调查职务犯罪案件，为了收集犯罪证据、查获被调查人，按规定报批后，可以依法对被调查人以及可能隐藏被调查人或者犯罪证据的人的身体、物品、住处、工作地点和其他有关地方进行搜查。

第一百一十三条 搜查应当在调查人员主持下进行，调查人员不得少于二人。搜查女性的身体，由女性工作人员进行。

搜查时，应当有被搜查人或者其家属、其所在单位工作人员或者其他见证人在场。监察人员不得作为见证人。调查人员应当向被搜查人或者其家属、见证人出示《搜查证》，要求其签名。被搜查人或者其家属不在场，或者拒绝签名的，调查人员应当在文书上记明。

第一百一十四条 搜查时，应当要求在场人员予以配合，不得进行阻碍。对以暴力、威胁等方法阻碍搜查的，应当依法制止。对阻碍搜查构成违法犯罪的，依法追究法律责任。

第一百一十五条 县级以上监察机关需要提请公安机关依法协助采取搜查措施的，应当按规定报批，请同级公安机关予以协助。提请协助时，应当出具《提请协助采取搜查措施函》，列明提请协助的具体事项和建议，搜查时间、地点、目的等内容，附《搜查证》复印件。

需要提请异地公安机关协助采取搜查措施的，应当按规定报批，向协作地同级监察机关出具协作函件和相关文书，由协作地监察机关提请当地公安机关予以协助。

第一百一十六条 对搜查取证工作，应当全程同步录音录像。

对搜查情况应当制作《搜查笔录》，由调查人员和被搜查人或者其家属、见证人签名。被搜查人或者其家属不在场，或者拒绝签名的，调查人员应当在笔录中记明。

对于查获的重要物证、书证、视听资料、电子数据及其放置、存储位置应当拍照，并在《搜查笔录》中作出文字说明。

第一百一十七条 搜查时，应当避免未成年人或者其他不适宜在搜查现场的人在场。

搜查人员应当服从指挥、文明执法，不得擅自变更搜查对象和扩大搜查范围。搜查的具体时间、方法，在实施前应当严格保密。

第一百一十八条 在搜查过程中查封、扣押财物和文件的，按照查封、扣押的有关规定办理。

第九节 调 取

第一百一十九条 监察机关按规定报批后，可以依法向有关单位和个人调取用以证明案件事实的证据材料。

第一百二十条 调取证据材料时，调查人员不得少于二人。调查人员应当依法出具《调取证据通知书》，必要时附《调取证据清单》。

有关单位和个人配合监察机关调取证据，应当严格保密。

第一百二十一条 调取物证应当调取原物。原物不便搬运、保存，或者依法应当返还，或者因保密工作需要不能调取原物的，可以将原物封存，并拍照、录像。对原物拍照或者录像时，应当足以反映原物的外形、内容。

调取书证、视听资料应当调取原件。取得原件确有困难或者因保密工作需要不能调取原件的，可以调取副本或者复制件。

调取物证的照片、录像和书证、视听资料的副本、复制件的，应当书面记明不能调取原物、原件的原因，原物、原件存放地点，制作过程，是否与原物、原件相符，并由调查人员和物证、书证、视听资料原持有人签名或者盖章。持有人无法签名、盖章或者拒绝签名、盖章的，应当在笔录中记明，由见证人签名。

第一百二十二条 调取外文材料作为证据使用的，应当交由具有资质的机构和人员出具中文译本。中文译本应当加盖翻译机构公章。

第一百二十三条 收集、提取电子数据，能够扣押原始存储介质的，应当予以扣押、封存并在笔录中记录封存状态。无法扣押原始存储介质的，可以提取电子数据，但应当在笔录中记明不能扣押的原因、原始存储介质的存放地点或者电子数据的来源等情况。

由于客观原因无法或者不宜采取前款规定方式收集、提取电子数据的，可以采取打印、拍照或者录像等方式固定相关证据，并在笔录中说明原因。

收集、提取的电子数据，足以保证完整性，无删除、修改、增加等情形的，可以作为证据使用。

收集、提取电子数据，应当制作笔录，记录案由、对象、内容，收集、提取电子数据的时间、地点、方法、过程，并附电子数据清单，注明类别、文件格式、完整性校验值等，由调查人员、电子数据持有人（提供人）签名或者盖章；电子数据持有人（提供人）无法签名或者拒绝签名的，应当在笔录中记明，由见证人签名或者盖章。有条件的，应当对相关活动进行录像。

第一百二十四条 调取的物证、书证、视听资料等原件，经查明与案件无关的，经审批，应当在查明后三日以内退还，并办理交接手续。

第十节 查封、扣押

第一百二十五条 监察机关按规定报批后，可以依法查封、扣押用以证明被调查人涉嫌违法犯罪以及情节轻重的财物、文件、电子数据等证据材料。

对于被调查人到案时随身携带的物品,以及被调查人或者其他相关人员主动上交的财物和文件,依法需要扣押的,依照前款规定办理。对于被调查人随身携带的与案件无关的个人用品,应当逐件登记,随案移交或者退还。

第一百二十六条 查封、扣押时,应当出具《查封/扣押通知书》,调查人员不得少于二人。持有人拒绝交出应当查封、扣押的财物和文件的,可以依法强制查封、扣押。

调查人员对于查封、扣押的财物和文件,应当会同在场见证人和被查封、扣押财物持有人进行清点核对,开列《查封/扣押财物、文件清单》,由调查人员、见证人和持有人签名或者盖章。持有人不在场或者拒绝签名、盖章的,调查人员应当在清单上记明。

查封、扣押财物,应当为被调查人及其所扶养的亲属保留必需的生活费用和物品。

第一百二十七条 查封、扣押不动产和置于该不动产上不宜移动的设施、家具和其他相关财物,以及车辆、船舶、航空器和大型机械、设备等财物,必要时可以依法扣押其权利证书,经拍照或者录像后原地封存。调查人员应当在查封清单上记明相关财物的所在地址和特征,已经拍照或者录像及其权利证书被扣押的情况,由调查人员、见证人和持有人签名或者盖章。持有人不在场或者拒绝签名、盖章的,调查人员应当在清单上记明。

查封、扣押前款规定财物的,必要时可以将被查封财物交给持有人或者其近亲属保管。调查人员应当告知保管人妥善保管,不得对被查封财物进行转移、变卖、毁损、抵押、赠予等处理。

调查人员应当将《查封/扣押通知书》送达不动产、生产设备或者车辆、船舶、航空器等财物的登记、管理部门,告知其在查封期间禁止办理抵押、转让、出售等权属关系变更、转移登记手续。相关情况应当在查封清单上记明。被查封、扣押的财物已经办理抵押登记的,监察机关在执行没收、追缴、责令退赔等决定时应当及时通知抵押权人。

第一百二十八条 查封、扣押下列物品,应当依法进行相应的处理:

(一)查封、扣押外币、金银珠宝、文物、名贵字画以及其他不易辨别真伪的贵重物品,具备当场密封条件的,应当当场密封,由二名以上调查人员在密封材料上签名并记明密封时间。不具备当场密封条件的,应当在笔录中记明,以拍照、录像等方法加以保全后进行封存。查封、扣押的贵重物品需要鉴定的,应当及时鉴定。

（二）查封、扣押存折、银行卡、有价证券等支付凭证和具有一定特征能够证明案情的现金，应当记明特征、编号、种类、面值、张数、金额等，当场密封，由二名以上调查人员在密封材料上签名并记明密封时间。

（三）查封、扣押易损毁、灭失、变质等不宜长期保存的物品以及有消费期限的卡、券，应当在笔录中记明，以拍照、录像等方法加以保全后进行封存，或者经审批委托有关机构变卖、拍卖。变卖、拍卖的价款存入专用账户保管，待调查终结后一并处理。

（四）对于可以作为证据使用的录音录像、电子数据存储介质，应当记明案由、对象、内容，录制、复制的时间、地点、规格、类别、应用长度、文件格式及长度等，制作清单。具备查封、扣押条件的电子设备、存储介质应当密封保存。必要时，可以请有关机关协助。

（五）对被调查人使用违法犯罪所得与合法收入共同购置的不可分割的财产，可以先行查封、扣押。对无法分割退还的财产，涉及违法的，可以在结案后委托有关单位拍卖、变卖，退还不属于违法所得的部分及孳息；涉及职务犯罪的，依法移送司法机关处置。

（六）查封、扣押危险品、违禁品，应当及时送交有关部门，或者根据工作需要严格封存保管。

第一百二十九条 对于需要启封的财物和文件，应当由二名以上调查人员共同办理。重新密封时，由二名以上调查人员在密封材料上签名、记明时间。

第一百三十条 查封、扣押涉案财物，应当按规定将涉案财物详细信息、《查封／扣押财物、文件清单》录入并上传监察机关涉案财物信息管理系统。

对于涉案款项，应当在采取措施后十五日以内存入监察机关指定的专用账户。对于涉案物品，应当在采取措施后三十日以内移交涉案财物保管部门保管。因特殊原因不能按时存入专用账户或者移交保管的，应当按规定报批，将保管情况录入涉案财物信息管理系统，在原因消除后及时存入或者移交。

第一百三十一条 对于已移交涉案财物保管部门保管的涉案财物，根据调查工作需要，经审批可以临时调用，并应当确保完好。调用结束后，应当及时归还。调用和归还时，调查人员、保管人员应当当面清点查验。保管部门应当对调用和归还情况进行登记，全程录像并上传涉案财物信息管理系统。

第一百三十二条 对于被扣押的股票、债券、基金份额等财产，以及即将到期的汇票、本票、支票，依法需要出售或者变现的，按照本条例关于出售冻结财产的规定办理。

第一百三十三条 监察机关接受司法机关、其他监察机关等国家机关移送的涉案财物后,该国家机关采取的查封、扣押期限届满,监察机关续行查封、扣押的顺位与该国家机关查封、扣押的顺位相同。

第一百三十四条 对查封、扣押的财物和文件,应当及时进行核查。经查明与案件无关的,经审批,应当在查明后三日以内解除查封、扣押,予以退还。解除查封、扣押的,应当向有关单位、原持有人或者近亲属送达《解除查封/扣押通知书》,附《解除查封/扣押财物、文件清单》,要求其签名或者盖章。

第一百三十五条 在立案调查之前,对监察对象及相关人员主动上交的涉案财物,经审批可以接收。

接收时,应当由二名以上调查人员,会同持有人和见证人进行清点核对,当场填写《主动上交财物登记表》。调查人员、持有人和见证人应当在登记表上签名或者盖章。

对于主动上交的财物,应当根据立案及调查情况及时决定是否依法查封、扣押。

第十一节 勘 验 检 查

第一百三十六条 监察机关按规定报批后,可以依法对与违法犯罪有关的场所、物品、人身、尸体、电子数据等进行勘验检查。

第一百三十七条 依法需要勘验检查的,应当制作《勘验检查证》;需要委托勘验检查的,应当出具《委托勘验检查书》,送具有专门知识、勘验检查资格的单位(人员)办理。

第一百三十八条 勘验检查应当由二名以上调查人员主持,邀请与案件无关的见证人在场。勘验检查情况应当制作笔录,并由参加勘验检查人员和见证人签名。

勘验检查现场、拆封电子数据存储介质应当全程同步录音录像。对现场情况应当拍摄现场照片、制作现场图,并由勘验检查人员签名。

第一百三十九条 为了确定被调查人或者相关人员的某些特征、伤害情况或者生理状态,可以依法对其人身进行检查。必要时可以聘请法医或者医师进行人身检查。检查女性身体,应当由女性工作人员或者医师进行。被调查人拒绝检查的,可以依法强制检查。

人身检查不得采用损害被检查人生命、健康或者贬低其名誉、人格的方法。对人身检查过程中知悉的个人隐私,应当严格保密。

对人身检查的情况应当制作笔录,由参加检查的调查人员、检查人员、被检查人员和见证人签名。被检查人员拒绝签名的,调查人员应当在笔录中记明。

第一百四十条 为查明案情,在必要的时候,经审批可以依法进行调查实验。

调查实验，可以聘请有关专业人员参加，也可以要求被调查人、被害人、证人参加。

进行调查实验，应当全程同步录音录像，制作调查实验笔录，由参加实验的人签名。进行调查实验，禁止一切足以造成危险、侮辱人格的行为。

第一百四十一条 调查人员在必要时，可以依法让被害人、证人和被调查人对与违法犯罪有关的物品、文件、尸体或者场所进行辨认；也可以让被害人、证人对被调查人进行辨认，或者让被调查人对涉案人员进行辨认。

辨认工作应当由二名以上调查人员主持进行。在辨认前，应当向辨认人详细询问辨认对象的具体特征，避免辨认人见到辨认对象，并告知辨认人作虚假辨认应当承担的法律责任。几名辨认人对同一辨认对象进行辨认时，应当由辨认人个别进行。辨认应当形成笔录，并由调查人员、辨认人签名。

第一百四十二条 辨认人员时，被辨认的人数不得少于七人，照片不得少于十张。

辨认人不愿公开进行辨认时，应当在不暴露辨认人的情况下进行辨认，并为其保守秘密。

第一百四十三条 组织辨认物品时一般应当辨认实物。被辨认的物品系名贵字画等贵重物品或者存在不便搬运等情况的，可以对实物照片进行辨认。辨认人进行辨认时，应当在辨认出的实物照片与附纸骑缝上捺指印予以确认，在附纸上写明该实物涉案情况并签名、捺指印。

辨认物品时，同类物品不得少于五件，照片不得少于五张。

对于难以找到相似物品的特定物，可以将该物品照片交由辨认人进行确认后，在照片与附纸骑缝上捺指印，在附纸上写明该物品涉案情况并签名、捺指印。在辨认人确认前，应当向其详细询问物品的具体特征，并对确认过程和结果形成笔录。

第一百四十四条 辨认笔录具有下列情形之一的，不得作为认定案件的依据：

（一）辨认开始前使辨认人见到辨认对象的；

（二）辨认活动没有个别进行的；

（三）辨认对象没有混杂在具有类似特征的其他对象中，或者供辨认的对象数量不符合规定的，但特定辨认对象除外；

（四）辨认中给辨认人明显暗示或者明显有指认嫌疑的；

（五）辨认不是在调查人员主持下进行的；

（六）违反有关规定，不能确定辨认笔录真实性的其他情形。

辨认笔录存在其他瑕疵的，应当结合全案证据审查其真实性和关联性，作出综合判断。

第十二节　鉴　定

第一百四十五条　监察机关为解决案件中的专门性问题，按规定报批后，可以依法进行鉴定。

鉴定时应当出具《委托鉴定书》，由二名以上调查人员送交具有鉴定资格的鉴定机构、鉴定人进行鉴定。

第一百四十六条　监察机关可以依法开展下列鉴定：

（一）对笔迹、印刷文件、污损文件、制成时间不明的文件和以其他形式表现的文件等进行鉴定；

（二）对案件中涉及的财务会计资料及相关财物进行会计鉴定；

（三）对被调查人、证人的行为能力进行精神病鉴定；

（四）对人体造成的损害或者死因进行人身伤亡医学鉴定；

（五）对录音录像资料进行鉴定；

（六）对因电子信息技术应用而出现的材料及其派生物进行电子证据鉴定；

（七）其他可以依法进行的专业鉴定。

第一百四十七条　监察机关应当为鉴定提供必要条件，向鉴定人送交有关检材和对比样本等原始材料，介绍与鉴定有关的情况。调查人员应当明确提出要求鉴定事项，但不得暗示或者强迫鉴定人作出某种鉴定意见。

监察机关应当做好检材的保管和送检工作，记明检材送检环节的责任人，确保检材在流转环节的同一性和不被污染。

第一百四十八条　鉴定人应当在出具的鉴定意见上签名，并附鉴定机构和鉴定人的资质证明或者其他证明文件。多个鉴定人的鉴定意见不一致的，应当在鉴定意见上记明分歧的内容和理由，并且分别签名。

监察机关对于法庭审理中依法决定鉴定人出庭作证的，应当予以协调。

鉴定人故意作虚假鉴定的，应当依法追究法律责任。

第一百四十九条　调查人员应当对鉴定意见进行审查。对经审查作为证据使用的鉴定意见，应当告知被调查人及相关单位、人员，送达《鉴定意见告知书》。

被调查人或者相关单位、人员提出补充鉴定或者重新鉴定申请，经审查符合法定要求的，应当按规定报批，进行补充鉴定或者重新鉴定。

对鉴定意见告知情况可以制作笔录，载明告知内容和被告知人的意见等。

第一百五十条　经审查具有下列情形之一的，应当补充鉴定：

（一）鉴定内容有明显遗漏的；

（二）发现新的有鉴定意义的证物的；

（三）对鉴定证物有新的鉴定要求的；

（四）鉴定意见不完整，委托事项无法确定的；

（五）其他需要补充鉴定的情形。

第一百五十一条 经审查具有下列情形之一的，应当重新鉴定：

（一）鉴定程序违法或者违反相关专业技术要求的；

（二）鉴定机构、鉴定人不具备鉴定资质和条件的；

（三）鉴定人故意作出虚假鉴定或者违反回避规定的；

（四）鉴定意见依据明显不足的；

（五）检材虚假或者被损坏的；

（六）其他应当重新鉴定的情形。

决定重新鉴定的，应当另行确定鉴定机构和鉴定人。

第一百五十二条 因无鉴定机构，或者根据法律法规等规定，监察机关可以指派、聘请具有专门知识的人就案件的专门性问题出具报告。

第十三节 技术调查

第一百五十三条 监察机关根据调查涉嫌重大贪污贿赂等职务犯罪需要，依照规定的权限和程序报经批准，可以依法采取技术调查措施，按照规定交公安机关或者国家有关执法机关依法执行。

前款所称重大贪污贿赂等职务犯罪，是指具有下列情形之一：

（一）案情重大复杂，涉及国家利益或者重大公共利益的；

（二）被调查人可能被判处十年以上有期徒刑、无期徒刑或者死刑的；

（三）案件在全国或者本省、自治区、直辖市范围内有较大影响的。

第一百五十四条 依法采取技术调查措施的，监察机关应当出具《采取技术调查措施委托函》《采取技术调查措施决定书》和《采取技术调查措施适用对象情况表》，送交有关机关执行。其中，设区的市级以下监察机关委托有关执行机关采取技术调查措施，还应当提供《立案决定书》。

第一百五十五条 技术调查措施的期限按照监察法的规定执行，期限届满前未办理延期手续的，到期自动解除。

对于不需要继续采取技术调查措施的，监察机关应当按规定及时报批，将《解除技术调查措施决定书》送交有关机关执行。

需要依法变更技术调查措施种类或者增加适用对象的，监察机关应当重新办理报批和委托手续，依法送交有关机关执行。

第一百五十六条 对于采取技术调查措施收集的信息和材料，依法需要作为刑事诉讼证据使用的，监察机关应当按规定报批，出具《调取技术调查证据材料通知书》向有关执行机关调取。

对于采取技术调查措施收集的物证、书证及其他证据材料，监察机关应当制作书面说明，写明获取证据的时间、地点、数量、特征以及采取技术调查措施的批准机关、种类等。调查人员应当在书面说明上签名。

对于采取技术调查措施获取的证据材料，如果使用该证据材料可能危及有关人员的人身安全，或者可能产生其他严重后果的，应当采取不暴露有关人员身份、技术方法等保护措施。必要时，可以建议由审判人员在庭外进行核实。

第一百五十七条 调查人员对采取技术调查措施过程中知悉的国家秘密、商业秘密、个人隐私，应当严格保密。

采取技术调查措施获取的证据、线索及其他有关材料，只能用于对违法犯罪的调查、起诉和审判，不得用于其他用途。

对采取技术调查措施获取的与案件无关的材料，应当经审批及时销毁。对销毁情况应当制作记录，由调查人员签名。

第十四节 通 缉

第一百五十八条 县级以上监察机关对在逃的应当被留置人员，依法决定在本行政区域内通缉的，应当按规定报批，送交同级公安机关执行。送交执行时，应当出具《通缉决定书》，附《留置决定书》等法律文书和被通缉人员信息，以及承办单位、承办人员等有关情况。

通缉范围超出本行政区域的，应当报有决定权的上级监察机关出具《通缉决定书》，并附《留置决定书》及相关材料，送交同级公安机关执行。

第一百五十九条 国家监察委员会依法需要提请公安部对在逃人员发布公安部通缉令的，应当先提请公安部采取网上追逃措施。如情况紧急，可以向公安部同时出具《通缉决定书》和《提请采取网上追逃措施函》。

省级以下监察机关报请国家监察委员会提请公安部发布公安部通缉令的，应当先提请本地公安机关采取网上追逃措施。

第一百六十条 监察机关接到公安机关抓获被通缉人员的通知后，应当立即核实被抓获人员身份，并在接到通知后二十四小时以内派员办理交接手续。边远或者交通不便地区，至迟不得超过三日。

公安机关在移交前，将被抓获人员送往当地监察机关留置场所临时看管的，当地监察机关应当接收，并保障临时看管期间的安全，对工作信息严格保密。

监察机关需要提请公安机关协助将被抓获人员带回的，应当按规定报批，请本地同级公安机关依法予以协助。提请协助时，应当出具《提请协助采取留置措施函》，附《留置决定书》复印件及相关材料。

第一百六十一条 监察机关对于被通缉人员已经归案、死亡，或者依法撤销留置决定以及发现有其他不需要继续采取通缉措施情形的，应当经审批出具《撤销通缉通知书》，送交协助采取原措施的公安机关执行。

第十五节 限 制 出 境

第一百六十二条 监察机关为防止被调查人及相关人员逃匿境外，按规定报批后，可以依法决定采取限制出境措施，交由移民管理机构依法执行。

第一百六十三条 监察机关采取限制出境措施应当出具有关函件，与《采取限制出境措施决定书》一并送交移民管理机构执行。其中，采取边控措施的，应当附《边控对象通知书》；采取法定不批准出境措施的，应当附《法定不准出境人员报备表》。

第一百六十四条 限制出境措施有效期不超过三个月，到期自动解除。

到期后仍有必要继续采取措施的，应当按原程序报批。承办部门应当出具有关函件，在到期前与《延长限制出境措施期限决定书》一并送交移民管理机构执行。延长期限每次不得超过三个月。

第一百六十五条 监察机关接到口岸移民管理机构查获被决定采取留置措施的边控对象的通知后，应当于二十四小时以内到达口岸办理移交手续。无法及时到达的，应当委托当地监察机关及时前往口岸办理移交手续。当地监察机关应当予以协助。

第一百六十六条 对于不需要继续采取限制出境措施的，应当按规定报批，及时予以解除。承办部门应当出具有关函件，与《解除限制出境措施决定书》一并送交移民管理机构执行。

第一百六十七条 县级以上监察机关在重要紧急情况下，经审批可以依法直接向口岸所在地口岸移民管理机构提请办理临时限制出境措施。

第五章 监 察 程 序

第一节 线 索 处 置

第一百六十八条 监察机关应当对问题线索归口受理、集中管理、分类处置、定期清理。

第一百六十九条 监察机关对于报案或者举报应当依法接受。属于本级监察机关管辖的，依法予以受理；属于其他监察机关管辖的，应当在五个工作日以内予以转送。

监察机关可以向下级监察机关发函交办检举控告，并进行督办，下级监察机关应当按期回复办理结果。

第一百七十条　对于涉嫌职务违法或者职务犯罪的公职人员主动投案的，应当依法接待和办理。

第一百七十一条　监察机关对于执法机关、司法机关等其他机关移送的问题线索，应当及时审核，并按照下列方式办理：

（一）本单位有管辖权的，及时研究提出处置意见；

（二）本单位没有管辖权但其他监察机关有管辖权的，在五个工作日以内转送有管辖权的监察机关；

（三）本单位对部分问题线索有管辖权的，对有管辖权的部分提出处置意见，并及时将其他问题线索转送有管辖权的机关；

（四）监察机关没有管辖权的，及时退回移送机关。

第一百七十二条　信访举报部门归口受理本机关管辖监察对象涉嫌职务违法和职务犯罪问题的检举控告，统一接收有关监察机关以及其他单位移送的相关检举控告，移交本机关监督检查部门或者相关部门，并将移交情况通报案件监督管理部门。

案件监督管理部门统一接收巡视巡察机构和审计机关、执法机关、司法机关等其他机关移送的职务违法和职务犯罪问题线索，按程序移交本机关监督检查部门或者相关部门办理。

监督检查部门、调查部门在工作中发现的相关问题线索，属于本部门受理范围的，应当报送案件监督管理部门备案；属于本机关其他部门受理范围的，经审批后移交案件监督管理部门分办。

第一百七十三条　案件监督管理部门应当对问题线索实行集中管理、动态更新，定期汇总、核对问题线索及处置情况，向监察机关主要负责人报告，并向相关部门通报。

问题线索承办部门应当指定专人负责管理线索，逐件编号登记、建立管理台账。线索管理处置各环节应当由经手人员签名，全程登记备查，及时与案件监督管理部门核对。

第一百七十四条　监督检查部门应当结合问题线索所涉及地区、部门、单位总体情况进行综合分析，提出处置意见并制定处置方案，经审批按照谈话、函询、初步核实、暂存待查、予以了结等方式进行处置，或者按照职责移送调查部门处置。

函询应当以监察机关办公厅（室）名义发函给被反映人，并抄送其所在单位和派驻监察机构主要负责人。被函询人应当在收到函件后十五个工作日以内写出说明材料，由其所在单位主要负责人签署意见后发函回复。被函询人为所在单位主要负责人的，或者被函询人所作说明涉及所在单位主要负责人的，应当直接发函回复监察机关。

被函询人已经退休的，按照第二款规定程序办理。

监察机关根据工作需要，经审批可以对谈话、函询情况进行核实。

第一百七十五条 检举控告人使用本人真实姓名或者本单位名称，有电话等具体联系方式的，属于实名检举控告。监察机关对实名检举控告应当优先办理、优先处置，依法给予答复。虽有署名但不是检举控告人真实姓名（单位名称）或者无法验证的检举控告，按照匿名检举控告处理。

信访举报部门对属于本机关受理的实名检举控告，应当在收到检举控告之日起十五个工作日以内按规定告知实名检举控告人受理情况，并做好记录。

调查人员应当将实名检举控告的处理结果在办结之日起十五个工作日以内向检举控告人反馈，并记录反馈情况。对检举控告人提出异议的应当如实记录，并向其进行说明；对提供新证据材料的，应当依法核查处理。

第二节　初步核实

第一百七十六条 监察机关对具有可查性的职务违法和职务犯罪问题线索，应当按规定报批后，依法开展初步核实工作。

第一百七十七条 采取初步核实方式处置问题线索，应当确定初步核实对象，制定工作方案，明确需要核实的问题和采取的措施，成立核查组。

在初步核实中应当注重收集客观性证据，确保真实性和准确性。

第一百七十八条 在初步核实中发现或者受理被核查人新的具有可查性的问题线索的，应当经审批纳入原初核方案开展核查。

第一百七十九条 核查组在初步核实工作结束后应当撰写初步核实情况报告，列明被核查人基本情况、反映的主要问题、办理依据、初步核实结果、存在疑点、处理建议，由全体人员签名。

承办部门应当综合分析初步核实情况，按照拟立案调查、予以了结、谈话提醒、暂存待查，或者移送有关部门、机关处理等方式提出处置建议，按照批准初步核实的程序报批。

第三节　立　案

第一百八十条　监察机关经过初步核实，对于已经掌握监察对象涉嫌职务违法或者职务犯罪的部分事实和证据，认为需要追究其法律责任的，应当按规定报批后，依法立案调查。

第一百八十一条　监察机关立案调查职务违法或者职务犯罪案件，需要对涉嫌行贿犯罪、介绍贿赂犯罪或者共同职务犯罪的涉案人员立案调查的，应当一并办理立案手续。需要交由下级监察机关立案的，经审批交由下级监察机关办理立案手续。

对单位涉嫌受贿、行贿等职务犯罪，需要追究法律责任的，依法对该单位办理立案调查手续。对事故（事件）中存在职务违法或者职务犯罪问题，需要追究法律责任，但相关责任人员尚不明确的，可以以事立案。对单位立案或者以事立案后，经调查确定相关责任人员的，按照管理权限报批确定被调查人。

监察机关根据人民法院生效刑事判决、裁定和人民检察院不起诉决定认定的事实，需要对监察对象给予政务处分的，可以由相关监督检查部门依据司法机关的生效判决、裁定、决定及其认定的事实、性质和情节，提出给予政务处分的意见，按程序移送审理。对依法被追究行政法律责任的监察对象，需要给予政务处分的，应当依法办理立案手续。

第一百八十二条　对案情简单、经过初步核实已查清主要职务违法事实，应当追究监察对象法律责任，不再需要开展调查的，立案和移送审理可以一并报批，履行立案程序后再移送审理。

第一百八十三条　上级监察机关需要指定下级监察机关立案调查的，应当按规定报批，向被指定管辖的监察机关出具《指定管辖决定书》，由其办理立案手续。

第一百八十四条　批准立案后，应当由二名以上调查人员出示证件，向被调查人宣布立案决定。宣布立案决定后，应当及时向被调查人所在单位等相关组织送达《立案通知书》，并向被调查人所在单位主要负责人通报。

对涉嫌严重职务违法或者职务犯罪的公职人员立案调查并采取留置措施的，应当按规定通知被调查人家属，并向社会公开发布。

第四节　调　查

第一百八十五条　监察机关对已经立案的职务违法或者职务犯罪案件应当依法进行调查，收集证据查明违法犯罪事实。

调查职务违法或者职务犯罪案件，对被调查人没有采取留置措施的，应当在立案后一年以内作出处理决定；对被调查人解除留置措施的，应当在解除留置措施后一年以内作出处理决定。案情重大复杂的案件，经上一级监察机关批准，可以适当延长，但延长期限不得超过六个月。

被调查人在监察机关立案调查以后逃匿的，调查期限自被调查人到案之日起重新计算。

第一百八十六条 案件立案后，监察机关主要负责人应当依照法定程序批准确定调查方案。

监察机关应当组成调查组依法开展调查。调查工作应当严格按照批准的方案执行，不得随意扩大调查范围、变更调查对象和事项，对重要事项应当及时请示报告。调查人员在调查工作期间，未经批准不得单独接触任何涉案人员及其特定关系人，不得擅自采取调查措施。

第一百八十七条 调查组应当将调查认定的涉嫌违法犯罪事实形成书面材料，交给被调查人核对，听取其意见。被调查人应当在书面材料上签署意见。对被调查人签署不同意见或者拒不签署意见的，调查组应当作出说明或者注明情况。对被调查人提出申辩的事实、理由和证据应当进行核实，成立的予以采纳。

调查组对于立案调查的涉嫌行贿犯罪、介绍贿赂犯罪或者共同职务犯罪的涉案人员，在查明其涉嫌犯罪问题后，依照前款规定办理。

对于按照本条例规定，对立案和移送审理一并报批的案件，应当在报批前履行本条第一款规定的程序。

第一百八十八条 调查组在调查工作结束后应当集体讨论，形成调查报告。调查报告应当列明被调查人基本情况、问题线索来源及调查依据、调查过程，涉嫌的主要职务违法或者职务犯罪事实，被调查人的态度和认识，处置建议及法律依据，并由调查组组长以及有关人员签名。

对调查过程中发现的重要问题和形成的意见建议，应当形成专题报告。

第一百八十九条 调查组对被调查人涉嫌职务犯罪拟依法移送人民检察院审查起诉的，应当起草《起诉建议书》。《起诉建议书》应当载明被调查人基本情况，调查简况，认罪认罚情况，采取留置措施的时间，涉嫌职务犯罪事实以及证据，对被调查人从重、从轻、减轻或者免除处罚等情节，提出对被调查人移送起诉的理由和法律依据，采取强制措施的建议，并注明移送案卷数及涉案财物等内容。

调查组应当形成被调查人到案经过及量刑情节方面的材料，包括案件来源、到案经过、自动投案、如实供述、立功等量刑情节，认罪悔罪态度、退赃、避免和减少损害结果发生等方面的情况说明及相关材料。被检举揭发的问题已被立案、查破，被检举揭发人已被采取调查措施或者刑事强制措施、起诉或者审判的，还应当附有关法律文书。

第一百九十条　经调查认为被调查人构成职务违法或者职务犯罪的，应当区分不同情况提出相应处理意见，经审批将调查报告、职务违法或者职务犯罪事实材料、涉案财物报告、涉案人员处理意见等材料，连同全部证据和文书手续移送审理。

对涉嫌职务犯罪的案件材料应当按照刑事诉讼要求单独立卷，与《起诉建议书》、涉案财物报告、同步录音录像资料及其自查报告等材料一并移送审理。

调查全过程形成的材料应当案结卷成、事毕归档。

第五节　审　　理

第一百九十一条　案件审理部门收到移送审理的案件后，应当审核材料是否齐全、手续是否完备。对被调查人涉嫌职务犯罪的，还应当审核相关案卷材料是否符合职务犯罪案件立卷要求，是否在调查报告中单独表述已查明的涉嫌犯罪问题，是否形成《起诉建议书》。

经审核符合移送条件的，应当予以受理；不符合移送条件的，经审批可以暂缓受理或者不予受理，并要求调查部门补充完善材料。

第一百九十二条　案件审理部门受理案件后，应当成立由二人以上组成的审理组，全面审理案卷材料。

案件审理部门对于受理的案件，应当以监察法、政务处分法、刑法、《中华人民共和国刑事诉讼法》等法律法规为准绳，对案件事实证据、性质认定、程序手续、涉案财物等进行全面审理。

案件审理部门应当强化监督制约职能，对案件严格审核把关，坚持实事求是、独立审理，依法提出审理意见。坚持调查与审理相分离的原则，案件调查人员不得参与审理。

第一百九十三条　审理工作应当坚持民主集中制原则，经集体审议形成审理意见。

第一百九十四条　审理工作应当在受理之日起一个月以内完成，重大复杂案件经批准可以适当延长。

第一百九十五条　案件审理部门根据案件审理情况，经审批可以与被调查人谈话，告知其在审理阶段的权利义务，核对涉嫌违法犯罪事实，听取其辩解意见，了解有关情况。与被调查人谈话时，案件审理人员不得少于二人。

具有下列情形之一的，一般应当与被调查人谈话：

（一）对被调查人采取留置措施，拟移送起诉的；

（二）可能存在以非法方法收集证据情形的；

（三）被调查人对涉嫌违法犯罪事实材料签署不同意见或者拒不签署意见的；

（四）被调查人要求向案件审理人员当面陈述的；

（五）其他有必要与被调查人进行谈话的情形。

第一百九十六条　经审理认为主要违法犯罪事实不清、证据不足的，应当经审批将案件退回承办部门重新调查。

有下列情形之一，需要补充完善证据的，经审批可以退回补充调查：

（一）部分事实不清、证据不足的；

（二）遗漏违法犯罪事实的；

（三）其他需要进一步查清案件事实的情形。

案件审理部门将案件退回重新调查或者补充调查的，应当出具审核意见，写明调查事项、理由、调查方向、需要补充收集的证据及其证明作用等，连同案卷材料一并送交承办部门。

承办部门补充调查结束后，应当经审批将补证情况报告及相关证据材料，连同案卷材料一并移送案件审理部门；对确实无法查明的事项或者无法补充的证据，应当作出书面说明。重新调查终结后，应当重新形成调查报告，依法移送审理。

重新调查完毕移送审理的，审理期限重新计算。补充调查期间不计入审理期限。

第一百九十七条　审理工作结束后应当形成审理报告，载明被调查人基本情况、调查简况、涉嫌违法或者犯罪事实、被调查人态度和认识、涉案财物处置、承办部门意见、审理意见等内容，提请监察机关集体审议。

对被调查人涉嫌职务犯罪需要追究刑事责任的，应当形成《起诉意见书》，作为审理报告附件。《起诉意见书》应当忠实于事实真象，载明被调查人基本情况，调查简况，采取留置措施的时间，依法查明的犯罪事实和证据，从重、从轻、减轻或者免除处罚等情节，涉案财物情况，涉嫌罪名和法律依据，采取强制措施的建议，以及其他需要说明的情况。

案件审理部门经审理认为现有证据不足以证明被调查人存在违法犯罪行为，且通过退回补充调查仍无法达到证明标准的，应当提出撤销案件的建议。

第一百九十八条　上级监察机关办理下级监察机关管辖案件的，可以经审理后按程序直接进行处置，也可以经审理形成处置意见后，交由下级监察机关办理。

第一百九十九条　被指定管辖的监察机关在调查结束后应当将案件移送审理，提请监察机关集体审议。

　　上级监察机关将其所管辖的案件指定管辖的，被指定管辖的下级监察机关应当按照前款规定办理后，将案件报上级监察机关依法作出政务处分决定。上级监察机关在作出决定前，应当进行审理。

　　上级监察机关将下级监察机关管辖的案件指定其他下级监察机关管辖的，被指定管辖的监察机关应当按照第一款规定办理后，将案件送交有管理权限的监察机关依法作出政务处分决定。有管理权限的监察机关应当进行审理，审理意见与被指定管辖的监察机关意见不一致的，双方应当进行沟通；经沟通不能取得一致意见的，报请有权决定的上级监察机关决定。经协商，有管理权限的监察机关在被指定管辖的监察机关审理阶段可以提前阅卷，沟通了解情况。

　　对于前款规定的重大、复杂案件，被指定管辖的监察机关经集体审议后将处理意见报有权决定的上级监察机关审核同意的，有管理权限的监察机关可以经集体审议后依法处置。

第六节　处　　置

　　第二百条　监察机关根据监督、调查结果，依据监察法、政务处分法等规定进行处置。

　　第二百零一条　监察机关对于公职人员有职务违法行为但情节较轻的，可以依法进行谈话提醒、批评教育、责令检查，或者予以诫勉。上述方式可以单独使用，也可以依据规定合并使用。

　　谈话提醒、批评教育应当由监察机关相关负责人或者承办部门负责人进行，可以由被谈话提醒、批评教育人所在单位有关负责人陪同；经批准也可以委托其所在单位主要负责人进行。对谈话提醒、批评教育情况应当制作记录。

　　被责令检查的公职人员应当作出书面检查并进行整改。整改情况在一定范围内通报。

　　诫勉由监察机关以谈话或者书面方式进行。以谈话方式进行的，应当制作记录。

　　第二百零二条　对违法的公职人员依法需要给予政务处分的，应当根据情节轻重作出警告、记过、记大过、降级、撤职、开除的政务处分决定，制作政务处分决定书。

　　第二百零三条　监察机关应当将政务处分决定书在作出后一个月以内送达被处分人和被处分人所在机关、单位，并依法履行宣布、书面告知程序。

　　政务处分决定自作出之日起生效。有关机关、单位、组织应当依法及时执行处分决定，并将执行情况向监察机关报告。处分决定应当在作出之日起一个月以内执行完毕，特殊情况下经监察机关批准可以适当延长办理期限，最迟不得超过六个月。

第二百零四条 监察机关对不履行或者不正确履行职责造成严重后果或者恶劣影响的领导人员，可以按照管理权限采取通报、诫勉、政务处分等方式进行问责；提出组织处理的建议。

第二百零五条 监察机关依法向监察对象所在单位提出监察建议的，应当经审批制作监察建议书。

监察建议书一般应当包括下列内容：

（一）监督调查情况；

（二）调查中发现的主要问题及其产生的原因；

（三）整改建议、要求和期限；

（四）向监察机关反馈整改情况的要求。

第二百零六条 监察机关经调查，对没有证据证明或者现有证据不足以证明被调查人存在违法犯罪行为的，应当依法撤销案件。省级以下监察机关撤销案件后，应当在七个工作日以内向上一级监察机关报送备案报告。上一级监察机关监督检查部门负责备案工作。

省级以下监察机关拟撤销上级监察机关指定管辖或者交办案件的，应当将《撤销案件意见书》连同案卷材料，在法定调查期限到期七个工作日前报指定管辖或者交办案件的监察机关审查。对于重大、复杂案件，在法定调查期限到期十个工作日前报指定管辖或者交办案件的监察机关审查。

指定管辖或者交办案件的监察机关由监督检查部门负责审查工作。指定管辖或者交办案件的监察机关同意撤销案件的，下级监察机关应当作出撤销案件决定，制作《撤销案件决定书》；指定管辖或者交办案件的监察机关不同意撤销案件的，下级监察机关应当执行该决定。

监察机关对于撤销案件的决定应当向被调查人宣布，由其在《撤销案件决定书》上签名、捺指印，立即解除留置措施，并通知其所在机关、单位。

撤销案件后又发现重要事实或者有充分证据，认为被调查人有违法犯罪事实需要追究法律责任的，应当重新立案调查。

第二百零七条 对于涉嫌行贿等犯罪的非监察对象，案件调查终结后依法移送起诉。综合考虑行为性质、手段、后果、时间节点、认罪悔罪态度等具体情况，对于情节较轻，经审批不予移送起诉的，应当采取批评教育、责令具结悔过等方式处置；应当给予行政处罚的，依法移送有关行政执法部门。

对于有行贿行为的涉案单位和人员，按规定记入相关信息记录，可以作为信用评价的依据。

对于涉案单位和人员通过行贿等非法手段取得的财物及孳息，应当依法予以没收、追缴或者责令退赔。对于违法取得的其他不正当利益，依照法律法规及有关规定予以纠正处理。

第二百零八条　对查封、扣押、冻结的涉嫌职务犯罪所得财物及孳息应当妥善保管，并制作《移送司法机关涉案财物清单》随案移送人民检察院。对作为证据使用的实物应当随案移送；对不宜移送的，应当将清单、照片和其他证明文件随案移送。

对于移送人民检察院的涉案财物，价值不明的，应当在移送起诉前委托进行价格认定。在价格认定过程中，需要对涉案财物先行作出真伪鉴定或者出具技术、质量检测报告的，应当委托有关鉴定机构或者检测机构进行真伪鉴定或者技术、质量检测。

对不属于犯罪所得但属于违法取得的财物及孳息，应当依法予以没收、追缴或者责令退赔，并出具有关法律文书。

对经认定不属于违法所得的财物及孳息，应当及时予以返还，并办理签收手续。

第二百零九条　监察机关经调查，对违法取得的财物及孳息决定追缴或者责令退赔的，可以依法要求公安、自然资源、住房城乡建设、市场监管、金融监管等部门以及银行等机构、单位予以协助。

追缴涉案财物以追缴原物为原则，原物已经转化为其他财物的，应当追缴转化后的财物；有证据证明依法应当追缴、没收的涉案财物无法找到、被他人善意取得、价值灭失减损或者与其他合法财产混合且不可分割的，可以依法追缴、没收其他等值财产。

追缴或者责令退赔应当自处置决定作出之日起一个月以内执行完毕。因被调查人的原因逾期执行的除外。

人民检察院、人民法院依法将不认定为犯罪所得的相关涉案财物退回监察机关的，监察机关应当依法处理。

第二百一十条　监察对象对监察机关作出的涉及本人的处理决定不服的，可以在收到处理决定之日起一个月以内，向作出决定的监察机关申请复审。复审机关应当依法受理，并在受理后一个月以内作出复审决定。监察对象对复审决定仍不服的，可以在收到复审决定之日起一个月以内，向上一级监察机关申请复核。复核机关应当依法受理，并在受理后二个月以内作出复核决定。

上一级监察机关的复核决定和国家监察委员会的复审、复核决定为最终决定。

第二百一十一条 复审、复核机关承办部门应当成立工作组，调阅原案卷宗，必要时可以进行调查取证。承办部门应当集体研究，提出办理意见，经审批作出复审、复核决定。决定应当送达申请人，抄送相关单位，并在一定范围内宣布。

复审、复核期间，不停止原处理决定的执行。复审、复核机关经审查认定处理决定有错误或者不当的，应当依法撤销、变更原处理决定，或者责令原处理机关及时予以纠正。复审、复核机关经审查认定处理决定事实清楚、适用法律正确的，应当予以维持。

坚持复审复核与调查审理分离，原案调查、审理人员不得参与复审复核。

第七节 移送审查起诉

第二百一十二条 监察机关决定对涉嫌职务犯罪的被调查人移送起诉的，应当出具《起诉意见书》，连同案卷材料、证据等，一并移送同级人民检察院。

监察机关案件审理部门负责与人民检察院审查起诉的衔接工作，调查、案件监督管理等部门应当予以协助。

国家监察委员会派驻或者派出的监察机构、监察专员调查的职务犯罪案件，应当依法移送省级人民检察院审查起诉。

第二百一十三条 涉嫌职务犯罪的被调查人和涉案人员符合监察法第三十一条、第三十二条规定情形的，结合其案发前的一贯表现、违法犯罪行为的情节、后果和影响等因素，监察机关经综合研判和集体审议，报上一级监察机关批准，可以在移送人民检察院时依法提出从轻、减轻或者免除处罚等从宽处罚建议。报请批准时，应当一并提供主要证据材料、忏悔反思材料。

上级监察机关相关监督检查部门负责审查工作，重点审核拟认定的从宽处罚情形、提出的从宽处罚建议，经审批在十五个工作日以内作出批复。

第二百一十四条 涉嫌职务犯罪的被调查人有下列情形之一，如实交代自己主要犯罪事实的，可以认定为监察法第三十一条第一项规定的自动投案，真诚悔罪悔过：

（一）职务犯罪问题未被监察机关掌握，向监察机关投案的；

（二）在监察机关谈话、函询过程中，如实交代监察机关未掌握的涉嫌职务犯罪问题的；

（三）在初步核实阶段，尚未受到监察机关谈话时投案的；

（四）职务犯罪问题虽被监察机关立案，但尚未受到讯问或者采取留置措施，向监察机关投案的；

（五）因伤病等客观原因无法前往投案，先委托他人代为表达投案意愿，或者以书信、网络、电话、传真等方式表达投案意愿，后到监察机关接受处理的；

（六）涉嫌职务犯罪潜逃后又投案，包括在被通缉、抓捕过程中投案的；

（七）经查实确已准备去投案，或者正在投案途中被有关机关抓获的；

（八）经他人规劝或者在他人陪同下投案的；

（九）虽未向监察机关投案，但向其所在党组织、单位或者有关负责人员投案，向有关巡视巡察机构投案，以及向公安机关、人民检察院、人民法院投案的；

（十）具有其他应当视为自动投案的情形的。

被调查人自动投案后不能如实交代自己的主要犯罪事实，或者自动投案并如实供述自己的罪行后又翻供的，不能适用前款规定。

第二百一十五条 涉嫌职务犯罪的被调查人有下列情形之一的，可以认定为监察法第三十一条第二项规定的积极配合调查工作，如实供述监察机关还未掌握的违法犯罪行为：

（一）监察机关所掌握线索针对的犯罪事实不成立，在此范围外被调查人主动交代其他罪行的；

（二）主动交代监察机关尚未掌握的犯罪事实，与监察机关已掌握的犯罪事实属不同种罪行的；

（三）主动交代监察机关尚未掌握的犯罪事实，与监察机关已掌握的犯罪事实属同种罪行的；

（四）监察机关掌握的证据不充分，被调查人如实交代有助于收集定案证据的。

前款所称同种罪行和不同种罪行，一般以罪名区分。被调查人如实供述其他罪行的罪名与监察机关已掌握犯罪的罪名不同，但属选择性罪名或者在法律、事实上密切关联的，应当认定为同种罪行。

第二百一十六条 涉嫌职务犯罪的被调查人有下列情形之一的，可以认定为监察法第三十一条第三项规定的积极退赃，减少损失：

（一）全额退赃的；

（二）退赃能力不足，但被调查人及其亲友在监察机关追缴赃款赃物过程中积极配合，且大部分已追缴到位的；

（三）犯罪后主动采取措施避免损失发生，或者积极采取有效措施减少、挽回大部分损失的。

第二百一十七条 涉嫌职务犯罪的被调查人有下列情形之一的，可以认定为监察法第三十一条第四项规定的具有重大立功表现：

（一）检举揭发他人重大犯罪行为且经查证属实的；

（二）提供其他重大案件的重要线索且经查证属实的；

（三）阻止他人重大犯罪活动的；

（四）协助抓捕其他重大职务犯罪案件被调查人、重大犯罪嫌疑人（包括同案犯）的；

（五）为国家挽回重大损失等对国家和社会有其他重大贡献的。

前款所称重大犯罪一般是指依法可能被判处无期徒刑以上刑罚的犯罪行为；重大案件一般是指在本省、自治区、直辖市或者全国范围内有较大影响的案件；查证属实一般是指有关案件已被监察机关或者司法机关立案调查、侦查，被调查人、犯罪嫌疑人被监察机关采取留置措施或者被司法机关采取强制措施，或者被告人被人民法院作出有罪判决，并结合案件事实、证据进行判断。

监察法第三十一条第四项规定的案件涉及国家重大利益，是指案件涉及国家主权和领土完整、国家安全、外交、社会稳定、经济发展等情形。

第二百一十八条 涉嫌行贿等犯罪的涉案人员有下列情形之一的，可以认定为监察法第三十二条规定的揭发有关被调查人职务违法犯罪行为，查证属实或者提供重要线索，有助于调查其他案件：

（一）揭发所涉案件以外的被调查人职务犯罪行为，经查证属实的；

（二）提供的重要线索指向具体的职务犯罪事实，对调查其他案件起到实质性推动作用的；

（三）提供的重要线索有助于加快其他案件办理进度，或者对其他案件固定关键证据、挽回损失、追逃追赃等起到积极作用的。

第二百一十九条 从宽处罚建议一般应当在移送起诉时作为《起诉意见书》内容一并提出，特殊情况下也可以在案件移送后、人民检察院提起公诉前，单独形成从宽处罚建议书移送人民检察院。对于从宽处罚建议所依据的证据材料，应当一并移送人民检察院。

监察机关对于被调查人在调查阶段认罪认罚，但不符合监察法规定的提出从宽处罚建议条件，在移送起诉时没有提出从宽处罚建议的，应当在《起诉意见书》中写明其自愿认罪认罚的情况。

第二百二十条 监察机关一般应当在正式移送起诉十日前，向拟移送的人民检察院采取书面通知等方式预告移送事宜。对于已采取留置措施的案件，发现被调查人因身体等原因存在不适宜羁押等可能影响刑事强制措施执行情形的，应当通报人民检察院。对于未采取留置措施的案件，可以根据案件具体情况，向人民检察院提出对被调查人采取刑事强制措施的建议。

第二百二十一条　监察机关办理的职务犯罪案件移送起诉，需要指定起诉、审判管辖的，应当与同级人民检察院协商有关程序事宜。需要由同级人民检察院的上级人民检察院指定管辖的，应当商请同级人民检察院办理指定管辖事宜。

监察机关一般应当在移送起诉二十日前，将商请指定管辖函送交同级人民检察院。商请指定管辖函应当附案件基本情况，对于被调查人已被其他机关立案侦查的犯罪认为需要并案审查起诉的，一并进行说明。

派驻或者派出的监察机构、监察专员调查的职务犯罪案件需要指定起诉、审判管辖的，应当报派出机关办理指定管辖手续。

第二百二十二条　上级监察机关指定下级监察机关进行调查，移送起诉时需要人民检察院依法指定管辖的，应当在移送起诉前由上级监察机关与同级人民检察院协商有关程序事宜。

第二百二十三条　监察机关对已经移送起诉的职务犯罪案件，发现遗漏被调查人罪行需要补充移送起诉的，应当经审批出具《补充起诉意见书》，连同相关案卷材料、证据等一并移送同级人民检察院。

对于经人民检察院指定管辖的案件需要补充移送起诉的，可以直接移送原受理移送起诉的人民检察院；需要追加犯罪嫌疑人、被告人的，应当再次商请人民检察院办理指定管辖手续。

第二百二十四条　对于涉嫌行贿犯罪、介绍贿赂犯罪或者共同职务犯罪等关联案件的涉案人员，移送起诉时一般应当随主案确定管辖。

主案与关联案件由不同监察机关立案调查的，调查关联案件的监察机关在移送起诉前，应当报告或者通报调查主案的监察机关，由其统一协调案件管辖事宜。因特殊原因，关联案件不宜随主案确定管辖的，调查主案的监察机关应当及时通报和协调有关事项。

第二百二十五条　监察机关对于人民检察院在审查起诉中书面提出的下列要求应当予以配合：

（一）认为可能存在以非法方法收集证据情形，要求监察机关对证据收集的合法性作出说明或者提供相关证明材料的；

（二）排除非法证据后，要求监察机关另行指派调查人员重新取证的；

（三）对物证、书证、视听资料、电子数据及勘验检查、辨认、调查实验等笔录存在疑问，要求调查人员提供获取、制作的有关情况的；

（四）要求监察机关对案件中某些专门性问题进行鉴定，或者对勘验检查进行复验、复查的；

（五）认为主要犯罪事实已经查清，仍有部分证据需要补充完善，要求监察机关补充提供证据的；

（六）人民检察院依法提出的其他工作要求。

第二百二十六条　监察机关对于人民检察院依法退回补充调查的案件，应当向主要负责人报告，并积极开展补充调查工作。

第二百二十七条　对人民检察院退回补充调查的案件，经审批分别作出下列处理：

（一）认定犯罪事实的证据不够充分的，应当在补充证据后，制作补充调查报告书，连同相关材料一并移送人民检察院审查，对无法补充完善的证据，应当作出书面情况说明，并加盖监察机关或者承办部门公章；

（二）在补充调查中发现新的同案犯或者增加、变更犯罪事实，需要追究刑事责任的，应当重新提出处理意见，移送人民检察院审查；

（三）犯罪事实的认定出现重大变化，认为不应当追究被调查人刑事责任的，应当重新提出处理意见，将处理结果书面通知人民检察院并说明理由；

（四）认为移送起诉的犯罪事实清楚，证据确实、充分的，应当说明理由，移送人民检察院依法审查。

第二百二十八条　人民检察院在审查起诉过程中发现新的职务违法或者职务犯罪问题线索并移送监察机关的，监察机关应当依法处置。

第二百二十九条　在案件审判过程中，人民检察院书面要求监察机关补充提供证据，对证据进行补正、解释，或者协助人民检察院补充侦查的，监察机关应当予以配合。监察机关不能提供有关证据材料的，应当书面说明情况。

人民法院在审判过程中就证据收集合法性问题要求有关调查人员出庭说明情况时，监察机关应当依法予以配合。

第二百三十条　监察机关认为人民检察院不起诉决定有错误的，应当在收到不起诉决定书后三十日以内，依法向其上一级人民检察院提请复议。监察机关应当将上述情况及时向上一级监察机关书面报告。

第二百三十一条　对于监察机关移送起诉的案件，人民检察院作出不起诉决定，人民法院作出无罪判决，或者监察机关经人民检察院退回补充调查后不再移送起诉，涉及对被调查人已生效政务处分事实认定的，监察机关应当依法对政务处分决定进行审核。认为原政务处分决定认定事实清楚、适用法律正确的，不再改变；

认为原政务处分决定确有错误或者不当的，依法予以撤销或者变更。

第二百三十二条 对于贪污贿赂、失职渎职等职务犯罪案件，被调查人逃匿，在通缉一年后不能到案，或者被调查人死亡，依法应当追缴其违法所得及其他涉案财产的，承办部门在调查终结后应当依法移送审理。

监察机关应当经集体审议，出具《没收违法所得意见书》，连同案卷材料、证据等，一并移送人民检察院依法提出没收违法所得的申请。

监察机关将《没收违法所得意见书》移送人民检察院后，在逃的被调查人自动投案或者被抓获的，监察机关应当及时通知人民检察院。

第二百三十三条 监察机关立案调查拟适用缺席审判程序的贪污贿赂犯罪案件，应当逐级报送国家监察委员会同意。

监察机关承办部门认为在境外的被调查人犯罪事实已经查清，证据确实、充分，依法应当追究刑事责任的，应当依法移送审理。

监察机关应当经集体审议，出具《起诉意见书》，连同案卷材料、证据等，一并移送人民检察院审查起诉。

在审查起诉或者缺席审判过程中，犯罪嫌疑人、被告人向监察机关自动投案或者被抓获的，监察机关应当立即通知人民检察院、人民法院。

第六章 反腐败国际合作

第一节 工作职责和领导体制

第二百三十四条 国家监察委员会统筹协调与其他国家、地区、国际组织开展反腐败国际交流、合作。

国家监察委员会组织《联合国反腐败公约》等反腐败国际条约的实施以及履约审议等工作，承担《联合国反腐败公约》司法协助中央机关有关工作。

国家监察委员会组织协调有关单位建立集中统一、高效顺畅的反腐败国际追逃追赃和防逃协调机制，统筹协调、督促指导各级监察机关反腐败国际追逃追赃等涉外案件办理工作，具体履行下列职责：

（一）制定反腐败国际追逃追赃和防逃工作计划，研究工作中的重要问题；

（二）组织协调反腐败国际追逃追赃等重大涉外案件办理工作；

（三）办理由国家监察委员会管辖的涉外案件；

（四）指导地方各级监察机关依法开展涉外案件办理工作；

（五）汇总和通报全国职务犯罪外逃案件信息和追逃追赃工作信息；

（六）建立健全反腐败国际追逃追赃和防逃合作网络；

（七）承担监察机关开展国际刑事司法协助的主管机关职责；

（八）承担其他与反腐败国际追逃追赃等涉外案件办理工作相关的职责。

第二百三十五条　地方各级监察机关在国家监察委员会领导下，统筹协调、督促指导本地区反腐败国际追逃追赃等涉外案件办理工作，具体履行下列职责：

（一）落实上级监察机关关于反腐败国际追逃追赃和防逃工作部署，制定工作计划；

（二）按照管辖权限或者上级监察机关指定管辖，办理涉外案件；

（三）按照上级监察机关要求，协助配合其他监察机关开展涉外案件办理工作；

（四）汇总和通报本地区职务犯罪外逃案件信息和追逃追赃工作信息；

（五）承担本地区其他与反腐败国际追逃追赃等涉外案件办理工作相关的职责。

省级监察委员会应当会同有关单位，建立健全本地区反腐败国际追逃追赃和防逃协调机制。

国家监察委员会派驻或者派出的监察机构、监察专员统筹协调、督促指导本部门反腐败国际追逃追赃等涉外案件办理工作，参照第一款规定执行。

第二百三十六条　国家监察委员会国际合作局归口管理监察机关反腐败国际追逃追赃等涉外案件办理工作。地方各级监察委员会应当明确专责部门，归口管理本地区涉外案件办理工作。

国家监察委员会派驻或者派出的监察机构、监察专员和地方各级监察机关办理涉外案件中有关执法司法国际合作事项，应当逐级报送国家监察委员会审批。由国家监察委员会依法直接或者协调有关单位与有关国家（地区）相关机构沟通，以双方认可的方式实施。

第二百三十七条　监察机关应当建立追逃追赃和防逃工作内部联络机制。承办部门在调查过程中，发现被调查人或者重要涉案人员外逃、违法所得及其他涉案财产被转移到境外的，可以请追逃追赃部门提供工作协助。监察机关将案件移送人民检察院审查起诉后，仍有重要涉案人员外逃或者未追缴的违法所得及其他涉案财产的，应当由追逃追赃部门继续办理，或者由追逃追赃部门指定协调有关单位办理。

第二节　国（境）内工作

第二百三十八条　监察机关应当将防逃工作纳入日常监督内容，督促相关机关、单位建立健全防逃责任机制。

监察机关在监督、调查工作中，应当根据情况制定对监察对象、重要涉案人员的防逃方案，防范人员外逃和资金外流风险。监察机关应当会同同级组织人事、外事、公安、移民管理等单位健全防逃预警机制，对存在外逃风险的监察对象早发现、早报告、早处置。

第二百三十九条　监察机关应当加强与同级人民银行、公安等单位的沟通协作，推动预防、打击利用离岸公司和地下钱庄等向境外转移违法所得及其他涉案财产，对涉及职务违法和职务犯罪的行为依法进行调查。

第二百四十条　国家监察委员会派驻或者派出的监察机构、监察专员和地方各级监察委员会发现监察对象出逃、失踪、出走，或者违法所得及其他涉案财产被转移至境外的，应当在二十四小时以内将有关信息逐级报送至国家监察委员会国际合作局，并迅速开展相关工作。

第二百四十一条　监察机关追逃追赃部门统一接收巡视巡察机构、审计机关、行政执法部门、司法机关等单位移交的外逃信息。

监察机关对涉嫌职务违法和职务犯罪的外逃人员，应当明确承办部门，建立案件档案。

第二百四十二条　监察机关应当依法全面收集外逃人员涉嫌职务违法和职务犯罪证据。

第二百四十三条　开展反腐败国际追逃追赃等涉外案件办理工作，应当把思想教育贯穿始终，落实宽严相济刑事政策，依法适用认罪认罚从宽制度，促使外逃人员回国投案或者配合调查、主动退赃。开展相关工作，应当尊重所在国家（地区）的法律规定。

第二百四十四条　外逃人员归案、违法所得及其他涉案财产被追缴后，承办案件的监察机关应当将情况逐级报送国家监察委员会国际合作局。监察机关应当依法对涉案人员和违法所得及其他涉案财产作出处置，或者请有关单位依法处置。对不需要继续采取相关措施的，应当及时解除或者撤销。

第三节　对外合作

第二百四十五条　监察机关对依法应当留置或者已经决定留置的外逃人员，需要申请发布国际刑警组织红色通报的，应当逐级报送国家监察委员会审核。国家监察委员会审核后，依法通过公安部向国际刑警组织提出申请。

需要延期、暂停、撤销红色通报的，申请发布红色通报的监察机关应当逐级报送国家监察委员会审核，由国家监察委员会依法通过公安部联系国际刑警组织办理。

第二百四十六条　地方各级监察机关通过引渡方式办理相关涉外案件的，应当按照引渡法、相关双边及多边国际条约等规定准备引渡请求书及相关材料，逐级报送国家监察委员会审核。由国家监察委员会依法通过外交等渠道向外国提出引渡请求。

第二百四十七条 地方各级监察机关通过刑事司法协助方式办理相关涉外案件的，应当按照国际刑事司法协助法、相关双边及多边国际条约等规定准备刑事司法协助请求书及相关材料，逐级报送国家监察委员会审核。由国家监察委员会依法直接或者通过对外联系机关等渠道，向外国提出刑事司法协助请求。

国家监察委员会收到外国提出的刑事司法协助请求书及所附材料，经审查认为符合有关规定的，作出决定并交由省级监察机关执行，或者转交其他有关主管机关。省级监察机关应当立即执行，或者交由下级监察机关执行，并将执行结果或者妨碍执行的情形及时报送国家监察委员会。在执行过程中，需要依法采取查询、调取、查封、扣押、冻结等措施或者需要返还涉案财物的，根据我国法律规定和国家监察委员会的执行决定办理有关法律手续。

第二百四十八条 地方各级监察机关通过执法合作方式办理相关涉外案件的，应当将合作事项及相关材料逐级报送国家监察委员会审核。由国家监察委员会依法直接或者协调有关单位，向有关国家（地区）相关机构提交并开展合作。

第二百四十九条 地方各级监察机关通过境外追诉方式办理相关涉外案件的，应当提供外逃人员相关违法线索和证据，逐级报送国家监察委员会审核。由国家监察委员会依法直接或者协调有关单位向有关国家（地区）相关机构提交，请其依法对外逃人员调查、起诉和审判，并商有关国家（地区）遣返外逃人员。

第二百五十条 监察机关对依法应当追缴的境外违法所得及其他涉案财产，应当责令涉案人员以合法方式退赔。涉案人员拒不退赔的，可以依法通过下列方式追缴：

（一）在开展引渡等追逃合作时，随附请求有关国家（地区）移交相关违法所得及其他涉案财产；

（二）依法启动违法所得没收程序，由人民法院对相关违法所得及其他涉案财产作出冻结、没收裁定，请有关国家（地区）承认和执行，并予以返还；

（三）请有关国家（地区）依法追缴相关违法所得及其他涉案财产，并予以返还；

（四）通过其他合法方式追缴。

第七章 对监察机关和监察人员的监督

第二百五十一条 监察机关和监察人员必须自觉坚持党的领导，在党组织的管理、监督下开展工作，依法接受本级人民代表大会及其常务委员会的监督，接受民主监督、司法监督、社会监督、舆论监督，加强内部监督制约机制建设，确保权力受到严格的约束和监督。

第二百五十二条 各级监察委员会应当按照监察法第五十三条第二款规定，由主任在本级人民代表大会常务委员会全体会议上报告专项工作。

在报告专项工作前，应当与本级人民代表大会有关专门委员会沟通协商，并配合开展调查研究等工作。各级人民代表大会常务委员会审议专项工作报告时，本级监察委员会应当根据要求派出领导成员列席相关会议，听取意见。

各级监察委员会应当认真研究办理本级人民代表大会常务委员会反馈的审议意见，并按照要求书面报告办理情况。

第二百五十三条 各级监察委员会应当积极接受、配合本级人民代表大会常务委员会组织的执法检查。对本级人民代表大会常务委员会的执法检查报告，应当认真研究处理，并向其报告处理情况。

第二百五十四条 各级监察委员会在本级人民代表大会常务委员会会议审议与监察工作有关的议案和报告时，应当派相关负责人到会听取意见，回答询问。

监察机关对依法交由监察机关答复的质询案应当按照要求进行答复。口头答复的，由监察机关主要负责人或者委派相关负责人到会答复。书面答复的，由监察机关主要负责人签署。

第二百五十五条 各级监察机关应当通过互联网政务媒体、报刊、广播、电视等途径，向社会及时准确公开下列监察工作信息：

（一）监察法规；

（二）依法应当向社会公开的案件调查信息；

（三）检举控告地址、电话、网站等信息；

（四）其他依法应当公开的信息。

第二百五十六条 各级监察机关可以根据工作需要，按程序选聘特约监察员履行监督、咨询等职责。特约监察员名单应当向社会公布。

监察机关应当为特约监察员依法开展工作提供必要条件和便利。

第二百五十七条 监察机关实行严格的人员准入制度，严把政治关、品行关、能力关、作风关、廉洁关。监察人员必须忠诚坚定、担当尽责、遵纪守法、清正廉洁。

第二百五十八条 监察机关应当建立监督检查、调查、案件监督管理、案件审理等部门相互协调制约的工作机制。

监督检查和调查部门实行分工协作、相互制约。监督检查部门主要负责联系地区、部门、单位的日常监督检查和对涉嫌一般违法问题线索处置。调查部门主要负责对涉嫌严重职务违法和职务犯罪问题线索进行初步核实和立案调查。

案件监督管理部门负责对监督检查、调查工作全过程进行监督管理，做好线索管理、组织协调、监督检查、督促办理、统计分析等工作。案件监督管理部门发现监察人员在监督检查、调查中有违规办案行为的，及时督促整改；涉嫌违纪违法的，根据管理权限移交相关部门处理。

第二百五十九条　监察机关应当对监察权运行关键环节进行经常性监督检查，适时开展专项督查。案件监督管理、案件审理等部门应当按照各自职责，对问题线索处置、调查措施使用、涉案财物管理等进行监督检查，建立常态化、全覆盖的案件质量评查机制。

第二百六十条　监察机关应当加强对监察人员执行职务和遵纪守法情况的监督，按照管理权限依法对监察人员涉嫌违法犯罪问题进行调查处置。

第二百六十一条　监察机关及其监督检查、调查部门负责人应当定期检查调查期间的录音录像、谈话笔录、涉案财物登记资料，加强对调查全过程的监督，发现问题及时纠正并报告。

第二百六十二条　对监察人员打听案情、过问案件、说情干预的，办理监察事项的监察人员应当及时向上级负责人报告。有关情况应当登记备案。

发现办理监察事项的监察人员未经批准接触被调查人、涉案人员及其特定关系人，或者存在交往情形的，知情的监察人员应当及时向上级负责人报告。有关情况应当登记备案。

第二百六十三条　办理监察事项的监察人员有监察法第五十八条所列情形之一的，应当自行提出回避；没有自行提出回避的，监察机关应当依法决定其回避，监察对象、检举人及其他有关人员也有权要求其回避。

选用借调人员、看护人员、调查场所，应当严格执行回避制度。

第二百六十四条　监察人员自行提出回避，或者监察对象、检举人及其他有关人员要求监察人员回避的，应当书面或者口头提出，并说明理由。口头提出的，应当形成记录。

监察机关主要负责人的回避，由上级监察机关主要负责人决定；其他监察人员的回避，由本级监察机关主要负责人决定。

第二百六十五条　上级监察机关应当通过专项检查、业务考评、开展复查等方式，强化对下级监察机关及监察人员执行职务和遵纪守法情况的监督。

第二百六十六条　监察机关应当对监察人员有计划地进行政治、理论和业务培训。培训应当坚持理论联系实际、按需施教、讲求实效，突出政治机关特色，建设高素质专业化监察队伍。

第二百六十七条 监察机关应当严格执行保密制度，控制监察事项知悉范围和时间。监察人员不准私自留存、隐匿、查阅、摘抄、复制、携带问题线索和涉案资料，严禁泄露监察工作秘密。

监察机关应当建立健全检举控告保密制度，对检举控告人的姓名（单位名称）、工作单位、住址、电话和邮箱等有关情况以及检举控告内容必须严格保密。

第二百六十八条 监察机关涉密人员离岗离职后，应当遵守脱密期管理规定，严格履行保密义务，不得泄露相关秘密。

第二百六十九条 监察人员离任三年以内，不得从事与监察和司法工作相关联且可能发生利益冲突的职业。

监察人员离任后，不得担任原任职监察机关办理案件的诉讼代理人或者辩护人，但是作为当事人的监护人或者近亲属代理诉讼或者进行辩护的除外。

第二百七十条 监察人员应当严格遵守有关规范领导干部配偶、子女及其配偶经商办企业行为的规定。

第二百七十一条 监察机关在履行职责过程中应当依法保护企业产权和自主经营权，严禁利用职权非法干扰企业生产经营。需要企业经营者协助调查的，应当依法保障其合法的人身、财产等权益，避免或者减少对涉案企业正常生产、经营活动的影响。

查封企业厂房、机器设备等生产资料，企业继续使用对该财产价值无重大影响的，可以允许其使用。对于正在运营或者正在用于科技创新、产品研发的设备和技术资料等，一般不予查封、扣押，确需调取违法犯罪证据的，可以采取拍照、复制等方式。

第二百七十二条 被调查人及其近亲属认为监察机关及监察人员存在监察法第六十条第一款规定的有关情形，向监察机关提出申诉的，由监察机关案件监督管理部门依法受理，并按照法定的程序和时限办理。

第二百七十三条 监察机关在维护监督执法调查工作纪律方面失职失责的，依法追究责任。监察人员涉嫌严重职务违法、职务犯罪或者对案件处置出现重大失误的，既应当追究直接责任，还应当严肃追究负有责任的领导人员责任。

监察机关应当建立办案质量责任制，对滥用职权、失职失责造成严重后果的，实行终身责任追究。

第八章　法　律　责　任

第二百七十四条 有关单位拒不执行监察机关依法作出的下列处理决定的，应当由其主管部门、上级机关责令改正，对单位给予通报批评，对负有责任的领导人员和直接责任人员依法给予处理：

（一）政务处分决定；

（二）问责决定；

（三）谈话提醒、批评教育、责令检查，或者予以诫勉的决定；

（四）采取调查措施的决定；

（五）复审、复核决定；

（六）监察机关依法作出的其他处理决定。

第二百七十五条　监察对象对控告人、申诉人、批评人、检举人、证人、监察人员进行打击、压制等报复陷害的，监察机关应当依法给予政务处分。构成犯罪的，依法追究刑事责任。

第二百七十六条　控告人、检举人、证人采取捏造事实、伪造材料等方式诬告陷害的，监察机关应当依法给予政务处分，或者移送有关机关处理。构成犯罪的，依法追究刑事责任。

监察人员因依法履行职责遭受不实举报、诬告陷害、侮辱诽谤，致使名誉受到损害的，监察机关应当会同有关部门及时澄清事实，消除不良影响，并依法追究相关单位或者个人的责任。

第二百七十七条　监察机关应当建立健全办案安全责任制。承办部门主要负责人和调查组组长是调查安全第一责任人。调查组应当指定专人担任安全员。

地方各级监察机关履行管理、监督职责不力发生严重办案安全事故的，或者办案中存在严重违规违纪违法行为的，省级监察机关主要负责人应当向国家监察委员会作出检讨，并予以通报、严肃追责问责。

案件监督管理部门应当对办案安全责任制落实情况组织经常性检查和不定期抽查，发现问题及时报告并督促整改。

第二百七十八条　监察人员在履行职责中有下列行为之一的，依法严肃处理；构成犯罪的，依法追究刑事责任：

（一）贪污贿赂、徇私舞弊的；

（二）不履行或者不正确履行监督职责，应当发现的问题没有发现，或者发现问题不报告、不处置，造成严重影响的；

（三）未经批准、授权处置问题线索，发现重大案情隐瞒不报，或者私自留存、处理涉案材料的；

（四）利用职权或者职务上的影响干预调查工作的；

（五）违法窃取、泄露调查工作信息，或者泄露举报事项、举报受理情况以及举报人信息的；

（六）对被调查人或者涉案人员逼供、诱供，或者侮辱、打骂、虐待、体罚或者变相体罚的；

（七）违反规定处置查封、扣押、冻结的财物的；

（八）违反规定导致发生办案安全事故，或者发生安全事故后隐瞒不报、报告失实、处置不当的；

（九）违反规定采取留置措施的；

（十）违反规定限制他人出境，或者不按规定解除出境限制的；

（十一）其他职务违法和职务犯罪行为。

第二百七十九条　对监察人员在履行职责中存在违法行为的，可以根据情节轻重，依法进行谈话提醒、批评教育、责令检查、诫勉，或者给予政务处分。构成犯罪的，依法追究刑事责任。

第二百八十条　监察机关及其工作人员在行使职权时，有下列情形之一的，受害人可以申请国家赔偿：

（一）采取留置措施后，决定撤销案件的；

（二）违法没收、追缴或者违法查封、扣押、冻结财物造成损害的；

（三）违法行使职权，造成被调查人、涉案人员或者证人身体伤害或者死亡的；

（四）非法剥夺他人人身自由的；

（五）其他侵犯公民、法人和其他组织合法权益造成损害的。

受害人死亡的，其继承人和其他有扶养关系的亲属有权要求赔偿；受害的法人或者其他组织终止的，其权利承受人有权要求赔偿。

第二百八十一条　监察机关及其工作人员违法行使职权侵犯公民、法人和其他组织的合法权益造成损害的，该机关为赔偿义务机关。申请赔偿应当向赔偿义务机关提出，由该机关负责复审复核工作的部门受理。

赔偿以支付赔偿金为主要方式。能够返还财产或者恢复原状的，予以返还财产或者恢复原状。

第九章　附　　则

第二百八十二条　本条例所称监察机关，包括各级监察委员会及其派驻或者派出监察机构、监察专员。

第二百八十三条　本条例所称"近亲属"，是指夫、妻、父、母、子、女、同胞兄弟姊妹。

第二百八十四条 本条例所称以上、以下、以内，包括本级、本数。

第二百八十五条 期间以时、日、月、年计算，期间开始的时和日不算在期间以内。本条例另有规定的除外。

按照年、月计算期间的，到期月的对应日为期间的最后一日；没有对应日的，月末日为期间的最后一日。

期间的最后一日是法定休假日的，以法定休假日结束的次日为期间的最后一日。但被调查人留置期间应当至到期之日为止，不得因法定休假日而延长。

第二百八十六条 本条例由国家监察委员会负责解释。

第二百八十七条 本条例自发布之日起施行。

中华人民共和国政府信息公开条例

（2007年4月5日中华人民共和国国务院令第492号公布　2019年4月3日中华人民共和国国务院令第711号修订　自2019年5月15日起施行）

第一章　总　　则

第一条　为了保障公民、法人和其他组织依法获取政府信息，提高政府工作的透明度，建设法治政府，充分发挥政府信息对人民群众生产、生活和经济社会活动的服务作用，制定本条例。

第二条　本条例所称政府信息，是指行政机关在履行行政管理职能过程中制作或者获取的，以一定形式记录、保存的信息。

第三条　各级人民政府应当加强对政府信息公开工作的组织领导。

国务院办公厅是全国政府信息公开工作的主管部门，负责推进、指导、协调、监督全国的政府信息公开工作。

县级以上地方人民政府办公厅（室）是本行政区域的政府信息公开工作主管部门，负责推进、指导、协调、监督本行政区域的政府信息公开工作。

实行垂直领导的部门的办公厅（室）主管本系统的政府信息公开工作。

第四条　各级人民政府及县级以上人民政府部门应当建立健全本行政机关的政府信息公开工作制度，并指定机构（以下统称政府信息公开工作机构）负责本行政机关政府信息公开的日常工作。

政府信息公开工作机构的具体职能是：

（一）办理本行政机关的政府信息公开事宜；

（二）维护和更新本行政机关公开的政府信息；

（三）组织编制本行政机关的政府信息公开指南、政府信息公开目录和政府信息公开工作年度报告；

（四）组织开展对拟公开政府信息的审查；

（五）本行政机关规定的与政府信息公开有关的其他职能。

第五条　行政机关公开政府信息，应当坚持以公开为常态、不公开为例外，遵循公正、公平、合法、便民的原则。

第六条　行政机关应当及时、准确地公开政府信息。

行政机关发现影响或者可能影响社会稳定、扰乱社会和经济管理秩序的虚假或者不完整信息的，应当发布准确的政府信息予以澄清。

第七条 各级人民政府应当积极推进政府信息公开工作，逐步增加政府信息公开的内容。

第八条 各级人民政府应当加强政府信息资源的规范化、标准化、信息化管理，加强互联网政府信息公开平台建设，推进政府信息公开平台与政务服务平台融合，提高政府信息公开在线办理水平。

第九条 公民、法人和其他组织有权对行政机关的政府信息公开工作进行监督，并提出批评和建议。

第二章 公开的主体和范围

第十条 行政机关制作的政府信息，由制作该政府信息的行政机关负责公开。行政机关从公民、法人和其他组织获取的政府信息，由保存该政府信息的行政机关负责公开；行政机关获取的其他行政机关的政府信息，由制作或者最初获取该政府信息的行政机关负责公开。法律、法规对政府信息公开的权限另有规定的，从其规定。

行政机关设立的派出机构、内设机构依照法律、法规对外以自己名义履行行政管理职能的，可以由该派出机构、内设机构负责与所履行行政管理职能有关的政府信息公开工作。

两个以上行政机关共同制作的政府信息，由牵头制作的行政机关负责公开。

第十一条 行政机关应当建立健全政府信息公开协调机制。行政机关公开政府信息涉及其他机关的，应当与有关机关协商、确认，保证行政机关公开的政府信息准确一致。

行政机关公开政府信息依照法律、行政法规和国家有关规定需要批准的，经批准予以公开。

第十二条 行政机关编制、公布的政府信息公开指南和政府信息公开目录应当及时更新。

政府信息公开指南包括政府信息的分类、编排体系、获取方式和政府信息公开工作机构的名称、办公地址、办公时间、联系电话、传真号码、互联网联系方式等内容。

政府信息公开目录包括政府信息的索引、名称、内容概述、生成日期等内容。

第十三条 除本条例第十四条、第十五条、第十六条规定的政府信息外，政府信息应当公开。

行政机关公开政府信息，采取主动公开和依申请公开的方式。

第十四条 依法确定为国家秘密的政府信息，法律、行政法规禁止公开的政府信息，以及公开后可能危及国家安全、公共安全、经济安全、社会稳定的政府信息，不予公开。

第十五条　涉及商业秘密、个人隐私等公开会对第三方合法权益造成损害的政府信息，行政机关不得公开。但是，第三方同意公开或者行政机关认为不公开会对公共利益造成重大影响的，予以公开。

第十六条　行政机关的内部事务信息，包括人事管理、后勤管理、内部工作流程等方面的信息，可以不予公开。

行政机关在履行行政管理职能过程中形成的讨论记录、过程稿、磋商信函、请示报告等过程性信息以及行政执法案卷信息，可以不予公开。法律、法规、规章规定上述信息应当公开的，从其规定。

第十七条　行政机关应当建立健全政府信息公开审查机制，明确审查的程序和责任。

行政机关应当依照《中华人民共和国保守国家秘密法》以及其他法律、法规和国家有关规定对拟公开的政府信息进行审查。

行政机关不能确定政府信息是否可以公开的，应当依照法律、法规和国家有关规定报有关主管部门或者保密行政管理部门确定。

第十八条　行政机关应当建立健全政府信息管理动态调整机制，对本行政机关不予公开的政府信息进行定期评估审查，对因情势变化可以公开的政府信息应当公开。

第三章　主 动 公 开

第十九条　对涉及公众利益调整、需要公众广泛知晓或者需要公众参与决策的政府信息，行政机关应当主动公开。

第二十条　行政机关应当依照本条例第十九条的规定，主动公开本行政机关的下列政府信息：

（一）行政法规、规章和规范性文件；

（二）机关职能、机构设置、办公地址、办公时间、联系方式、负责人姓名；

（三）国民经济和社会发展规划、专项规划、区域规划及相关政策；

（四）国民经济和社会发展统计信息；

（五）办理行政许可和其他对外管理服务事项的依据、条件、程序以及办理结果；

（六）实施行政处罚、行政强制的依据、条件、程序以及本行政机关认为具有一定社会影响的行政处罚决定；

（七）财政预算、决算信息；

（八）行政事业性收费项目及其依据、标准；

（九）政府集中采购项目的目录、标准及实施情况；

（十）重大建设项目的批准和实施情况；

（十一）扶贫、教育、医疗、社会保障、促进就业等方面的政策、措施及其实施情况；

（十二）突发公共事件的应急预案、预警信息及应对情况；

（十三）环境保护、公共卫生、安全生产、食品药品、产品质量的监督检查情况；

（十四）公务员招考的职位、名额、报考条件等事项以及录用结果；

（十五）法律、法规、规章和国家有关规定应当主动公开的其他政府信息。

第二十一条　除本条例第二十条规定的政府信息外，设区的市级、县级人民政府及其部门还应当根据本地方的具体情况，主动公开涉及市政建设、公共服务、公益事业、土地征收、房屋征收、治安管理、社会救助等方面的政府信息；乡（镇）人民政府还应当根据本地方的具体情况，主动公开贯彻落实农业农村政策、农田水利工程建设运营、农村土地承包经营权流转、宅基地使用情况审核、土地征收、房屋征收、筹资筹劳、社会救助等方面的政府信息。

第二十二条　行政机关应当依照本条例第二十条、第二十一条的规定，确定主动公开政府信息的具体内容，并按照上级行政机关的部署，不断增加主动公开的内容。

第二十三条　行政机关应当建立健全政府信息发布机制，将主动公开的政府信息通过政府公报、政府网站或者其他互联网政务媒体、新闻发布会以及报刊、广播、电视等途径予以公开。

第二十四条　各级人民政府应当加强依托政府门户网站公开政府信息的工作，利用统一的政府信息公开平台集中发布主动公开的政府信息。政府信息公开平台应当具备信息检索、查阅、下载等功能。

第二十五条　各级人民政府应当在国家档案馆、公共图书馆、政务服务场所设置政府信息查阅场所，并配备相应的设施、设备，为公民、法人和其他组织获取政府信息提供便利。

行政机关可以根据需要设立公共查阅室、资料索取点、信息公告栏、电子信息屏等场所、设施，公开政府信息。

行政机关应当及时向国家档案馆、公共图书馆提供主动公开的政府信息。

第二十六条　属于主动公开范围的政府信息，应当自该政府信息形成或者变更之日起20个工作日内及时公开。法律、法规对政府信息公开的期限另有规定的，从其规定。

第四章　依申请公开

第二十七条　除行政机关主动公开的政府信息外，公民、法人或者其他组织可以向地方各级人民政府、对外以自己名义履行行政管理职能的县级以上人民政府部门（含本条例第十条第二款规定的派出机构、内设机构）申请获取相关政府信息。

第二十八条 本条例第二十七条规定的行政机关应当建立完善政府信息公开申请渠道，为申请人依法申请获取政府信息提供便利。

第二十九条 公民、法人或者其他组织申请获取政府信息的，应当向行政机关的政府信息公开工作机构提出，并采用包括信件、数据电文在内的书面形式；采用书面形式确有困难的，申请人可以口头提出，由受理该申请的政府信息公开工作机构代为填写政府信息公开申请。

政府信息公开申请应当包括下列内容：

（一）申请人的姓名或者名称、身份证明、联系方式；

（二）申请公开的政府信息的名称、文号或者便于行政机关查询的其他特征性描述；

（三）申请公开的政府信息的形式要求，包括获取信息的方式、途径。

第三十条 政府信息公开申请内容不明确的，行政机关应当给予指导和释明，并自收到申请之日起 7 个工作日内一次性告知申请人作出补正，说明需要补正的事项和合理的补正期限。答复期限自行政机关收到补正的申请之日起计算。申请人无正当理由逾期不补正的，视为放弃申请，行政机关不再处理该政府信息公开申请。

第三十一条 行政机关收到政府信息公开申请的时间，按照下列规定确定：

（一）申请人当面提交政府信息公开申请的，以提交之日为收到申请之日；

（二）申请人以邮寄方式提交政府信息公开申请的，以行政机关签收之日为收到申请之日；以平常信函等无需签收的邮寄方式提交政府信息公开申请的，政府信息公开工作机构应当于收到申请的当日与申请人确认，确认之日为收到申请之日；

（三）申请人通过互联网渠道或者政府信息公开工作机构的传真提交政府信息公开申请的，以双方确认之日为收到申请之日。

第三十二条 依申请公开的政府信息公开会损害第三方合法权益的，行政机关应当书面征求第三方的意见。第三方应当自收到征求意见书之日起 15 个工作日内提出意见。第三方逾期未提出意见的，由行政机关依照本条例的规定决定是否公开。第三方不同意公开且有合理理由的，行政机关不予公开。行政机关认为不公开可能对公共利益造成重大影响的，可以决定予以公开，并将决定公开的政府信息内容和理由书面告知第三方。

第三十三条 行政机关收到政府信息公开申请，能够当场答复的，应当当场予以答复。

行政机关不能当场答复的，应当自收到申请之日起 20 个工作日内予以答复；需要延长答复期限的，应当经政府信息公开工作机构负责人同意并告知申请人，延长的期限最长不得超过 20 个工作日。

行政机关征求第三方和其他机关意见所需时间不计算在前款规定的期限内。

第三十四条 申请公开的政府信息由两个以上行政机关共同制作的，牵头制作的行政机关收到政府信息公开申请后可以征求相关行政机关的意见，被征求意见机关应当自收到征求意见书之日起15个工作日内提出意见，逾期未提出意见的视为同意公开。

第三十五条 申请人申请公开政府信息的数量、频次明显超过合理范围，行政机关可以要求申请人说明理由。行政机关认为申请理由不合理的，告知申请人不予处理；行政机关认为申请理由合理，但是无法在本条例第三十三条规定的期限内答复申请人的，可以确定延迟答复的合理期限并告知申请人。

第三十六条 对政府信息公开申请，行政机关根据下列情况分别作出答复：

（一）所申请公开信息已经主动公开的，告知申请人获取该政府信息的方式、途径；

（二）所申请公开信息可以公开的，向申请人提供该政府信息，或者告知申请人获取该政府信息的方式、途径和时间；

（三）行政机关依据本条例的规定决定不予公开的，告知申请人不予公开并说明理由；

（四）经检索没有所申请公开信息的，告知申请人该政府信息不存在；

（五）所申请公开信息不属于本行政机关负责公开的，告知申请人并说明理由；能够确定负责公开该政府信息的行政机关的，告知申请人该行政机关的名称、联系方式；

（六）行政机关已就申请人提出的政府信息公开申请作出答复、申请人重复申请公开相同政府信息的，告知申请人不予重复处理；

（七）所申请公开信息属于工商、不动产登记资料等信息，有关法律、行政法规对信息的获取有特别规定的，告知申请人依照有关法律、行政法规的规定办理。

第三十七条 申请公开的信息中含有不应当公开或者不属于政府信息的内容，但是能够作区分处理的，行政机关应当向申请人提供可以公开的政府信息内容，并对不予公开的内容说明理由。

第三十八条 行政机关向申请人提供的信息，应当是已制作或者获取的政府信息。除依照本条例第三十七条的规定能够作区分处理的外，需要行政机关对现有政府信息进行加工、分析的，行政机关可以不予提供。

第三十九条 申请人以政府信息公开申请的形式进行信访、投诉、举报等活动，行政机关应当告知申请人不作为政府信息公开申请处理并可以告知通过相应渠道提出。

申请人提出的申请内容为要求行政机关提供政府公报、报刊、书籍等公开出版物的，行政机关可以告知获取的途径。

第四十条　行政机关依申请公开政府信息，应当根据申请人的要求及行政机关保存政府信息的实际情况，确定提供政府信息的具体形式；按照申请人要求的形式提供政府信息，可能危及政府信息载体安全或者公开成本过高的，可以通过电子数据以及其他适当形式提供，或者安排申请人查阅、抄录相关政府信息。

第四十一条　公民、法人或者其他组织有证据证明行政机关提供的与其自身相关的政府信息记录不准确的，可以要求行政机关更正。有权更正的行政机关审核属实的，应当予以更正并告知申请人；不属于本行政机关职能范围的，行政机关可以转送有权更正的行政机关处理并告知申请人，或者告知申请人向有权更正的行政机关提出。

第四十二条　行政机关依申请提供政府信息，不收取费用。但是，申请人申请公开政府信息的数量、频次明显超过合理范围的，行政机关可以收取信息处理费。

行政机关收取信息处理费的具体办法由国务院价格主管部门会同国务院财政部门、全国政府信息公开工作主管部门制定。

第四十三条　申请公开政府信息的公民存在阅读困难或者视听障碍的，行政机关应当为其提供必要的帮助。

第四十四条　多个申请人就相同政府信息向同一行政机关提出公开申请，且该政府信息属于可以公开的，行政机关可以纳入主动公开的范围。

对行政机关依申请公开的政府信息，申请人认为涉及公众利益调整、需要公众广泛知晓或者需要公众参与决策的，可以建议行政机关将该信息纳入主动公开的范围。行政机关经审核认为属于主动公开范围的，应当及时主动公开。

第四十五条　行政机关应当建立健全政府信息公开申请登记、审核、办理、答复、归档的工作制度，加强工作规范。

第五章　监督和保障

第四十六条　各级人民政府应当建立健全政府信息公开工作考核制度、社会评议制度和责任追究制度，定期对政府信息公开工作进行考核、评议。

第四十七条　政府信息公开工作主管部门应当加强对政府信息公开工作的日常指导和监督检查，对行政机关未按照要求开展政府信息公开工作的，予以督促整改或者通报批评；需要对负有责任的领导人员和直接责任人员追究责任的，依法向有权机关提出处理建议。

公民、法人或者其他组织认为行政机关未按照要求主动公开政府信息或者对政府信息公开申请不依法答复处理的，可以向政府信息公开工作主管部门提出。政府信息公开工作主管部门查证属实的，应当予以督促整改或者通报批评。

第四十八条　政府信息公开工作主管部门应当对行政机关的政府信息公开工作

人员定期进行培训。

第四十九条 县级以上人民政府部门应当在每年 1 月 31 日前向本级政府信息公开工作主管部门提交本行政机关上一年度政府信息公开工作年度报告并向社会公布。

县级以上地方人民政府的政府信息公开工作主管部门应当在每年 3 月 31 日前向社会公布本级政府上一年度政府信息公开工作年度报告。

第五十条 政府信息公开工作年度报告应当包括下列内容：

（一）行政机关主动公开政府信息的情况；

（二）行政机关收到和处理政府信息公开申请的情况；

（三）因政府信息公开工作被申请行政复议、提起行政诉讼的情况；

（四）政府信息公开工作存在的主要问题及改进情况，各级人民政府的政府信息公开工作年度报告还应当包括工作考核、社会评议和责任追究结果情况；

（五）其他需要报告的事项。

全国政府信息公开工作主管部门应当公布政府信息公开工作年度报告统一格式，并适时更新。

第五十一条 公民、法人或者其他组织认为行政机关在政府信息公开工作中侵犯其合法权益的，可以向上一级行政机关或者政府信息公开工作主管部门投诉、举报，也可以依法申请行政复议或者提起行政诉讼。

第五十二条 行政机关违反本条例的规定，未建立健全政府信息公开有关制度、机制的，由上一级行政机关责令改正；情节严重的，对负有责任的领导人员和直接责任人员依法给予处分。

第五十三条 行政机关违反本条例的规定，有下列情形之一的，由上一级行政机关责令改正；情节严重的，对负有责任的领导人员和直接责任人员依法给予处分；构成犯罪的，依法追究刑事责任：

（一）不依法履行政府信息公开职能；

（二）不及时更新公开的政府信息内容、政府信息公开指南和政府信息公开目录；

（三）违反本条例规定的其他情形。

第六章 附 则

第五十四条 法律、法规授权的具有管理公共事务职能的组织公开政府信息的活动，适用本条例。

第五十五条 教育、卫生健康、供水、供电、供气、供热、环境保护、公共交通等与人民群众利益密切相关的公共企事业单位，公开在提供社会公共服务过程中制作、获取的信息，依照相关法律、法规和国务院有关主管部门或者机构的规定执行。全国政府信息公开工作主管部门根据实际需要可以制定专门的规定。

前款规定的公共企事业单位未依照相关法律、法规和国务院有关主管部门或者机构的规定公开在提供社会公共服务过程中制作、获取的信息，公民、法人或者其他组织可以向有关主管部门或者机构申诉，接受申诉的部门或者机构应当及时调查处理并将处理结果告知申诉人。

第五十六条 本条例自 2019 年 5 月 15 日起施行。

行政法规制定程序条例

（2001 年 11 月 16 日中华人民共和国国务院令第 321 号公布　根据 2017 年 12 月 22 日《国务院关于修改〈行政法规制定程序条例〉的决定》修订）

第一章　总　　则

第一条　为了规范行政法规制定程序，保证行政法规质量，根据宪法、立法法和国务院组织法的有关规定，制定本条例。

第二条　行政法规的立项、起草、审查、决定、公布、解释，适用本条例。

第三条　制定行政法规，应当贯彻落实党的路线方针政策和决策部署，符合宪法和法律的规定，遵循立法法确定的立法原则。

第四条　制定政治方面法律的配套行政法规，应当按照有关规定及时报告党中央。

制定经济、文化、社会、生态文明等方面重大体制和重大政策调整的重要行政法规，应当将行政法规草案或者行政法规草案涉及的重大问题按照有关规定及时报告党中央。

第五条　行政法规的名称一般称"条例"，也可以称"规定"、"办法"等。国务院根据全国人民代表大会及其常务委员会的授权决定制定的行政法规，称"暂行条例"或者"暂行规定"。

国务院各部门和地方人民政府制定的规章不得称"条例"。

第六条　行政法规应当备而不繁，逻辑严密，条文明确、具体，用语准确、简洁，具有可操作性。

行政法规根据内容需要，可以分章、节、条、款、项、目。章、节、条的序号用中文数字依次表述，款不编序号，项的序号用中文数字加括号依次表述，目的序号用阿拉伯数字依次表述。

第二章　立　　项

第七条　国务院于每年年初编制本年度的立法工作计划。

第八条　国务院有关部门认为需要制定行政法规的，应当于国务院编制年度立法工作计划前，向国务院报请立项。

国务院有关部门报送的行政法规立项申请，应当说明立法项目所要解决的主要问题、依据的党的路线方针政策和决策部署，以及拟确立的主要制度。

国务院法制机构应当向社会公开征集行政法规制定项目建议。

第九条　国务院法制机构应当根据国家总体工作部署，对行政法规立项申请和公开征集的行政法规制定项目建议进行评估论证，突出重点，统筹兼顾，拟订国务院年度立法工作计划，报党中央、国务院批准后向社会公布。

列入国务院年度立法工作计划的行政法规项目应当符合下列要求：

（一）贯彻落实党的路线方针政策和决策部署，适应改革、发展、稳定的需要；

（二）有关的改革实践经验基本成熟；

（三）所要解决的问题属于国务院职权范围并需要国务院制定行政法规的事项。

第十条　对列入国务院年度立法工作计划的行政法规项目，承担起草任务的部门应当抓紧工作，按照要求上报国务院；上报国务院前，应当与国务院法制机构沟通。

国务院法制机构应当及时跟踪了解国务院各部门落实国务院年度立法工作计划的情况，加强组织协调和督促指导。

国务院年度立法工作计划在执行中可以根据实际情况予以调整。

第三章　起　　草

第十一条　行政法规由国务院组织起草。国务院年度立法工作计划确定行政法规由国务院的一个部门或者几个部门具体负责起草工作，也可以确定由国务院法制机构起草或者组织起草。

第十二条　起草行政法规，应当符合本条例第三条、第四条的规定，并符合下列要求：

（一）弘扬社会主义核心价值观；

（二）体现全面深化改革精神，科学规范行政行为，促进政府职能向宏观调控、市场监管、社会管理、公共服务、环境保护等方面转变；

（三）符合精简、统一、效能的原则，相同或者相近的职能规定由一个行政机关承担，简化行政管理手续；

（四）切实保障公民、法人和其他组织的合法权益，在规定其应当履行的义务的同时，应当规定其相应的权利和保障权利实现的途径；

（五）体现行政机关的职权与责任相统一的原则，在赋予有关行政机关必要的职权的同时，应当规定其行使职权的条件、程序和应承担的责任。

第十三条　起草行政法规，起草部门应当深入调查研究，总结实践经验，广泛听取有关机关、组织和公民的意见。涉及社会公众普遍关注的热点难点问题和经济社会发展遇到的突出矛盾，减损公民、法人和其他组织权利或者增加其义务，对社会公众有重要影响等重大利益调整事项的，应当进行论证咨询。听取意见可以采取召开座谈会、论证会、听证会等多种形式。

起草行政法规，起草部门应当将行政法规草案及其说明等向社会公布，征求意见，但是经国务院决定不公布的除外。向社会公布征求意见的期限一般不少于30日。

起草专业性较强的行政法规，起草部门可以吸收相关领域的专家参与起草工作，或者委托有关专家、教学科研单位、社会组织起草。

第十四条 起草行政法规，起草部门应当就涉及其他部门的职责或者与其他部门关系紧密的规定，与有关部门充分协商，涉及部门职责分工、行政许可、财政支持、税收优惠政策的，应当征得机构编制、财政、税务等相关部门同意。

第十五条 起草行政法规，起草部门应当对涉及有关管理体制、方针政策等需要国务院决策的重大问题提出解决方案，报国务院决定。

第十六条 起草部门向国务院报送的行政法规草案送审稿（以下简称行政法规送审稿），应当由起草部门主要负责人签署。

起草行政法规，涉及几个部门共同职责需要共同起草的，应当共同起草，达成一致意见后联合报送行政法规送审稿。几个部门共同起草的行政法规送审稿，应当由该几个部门主要负责人共同签署。

第十七条 起草部门将行政法规送审稿报送国务院审查时，应当一并报送行政法规送审稿的说明和有关材料。

行政法规送审稿的说明应当对立法的必要性，主要思路，确立的主要制度，征求有关机关、组织和公民意见的情况，各方面对送审稿主要问题的不同意见及其协调处理情况，拟设定、取消或者调整行政许可、行政强制的情况等作出说明。有关材料主要包括所规范领域的实际情况和相关数据、实践中存在的主要问题、国内外的有关立法资料、调研报告、考察报告等。

第四章 审 查

第十八条 报送国务院的行政法规送审稿，由国务院法制机构负责审查。

国务院法制机构主要从以下方面对行政法规送审稿进行审查：

（一）是否严格贯彻落实党的路线方针政策和决策部署，是否符合宪法和法律的规定，是否遵循立法法确定的立法原则；

（二）是否符合本条例第十二条的要求；

（三）是否与有关行政法规协调、衔接；

（四）是否正确处理有关机关、组织和公民对送审稿主要问题的意见；

（五）其他需要审查的内容。

第十九条 行政法规送审稿有下列情形之一的，国务院法制机构可以缓办或者退回起草部门：

（一）制定行政法规的基本条件尚不成熟或者发生重大变化的；

（二）有关部门对送审稿规定的主要制度存在较大争议，起草部门未征得机构编制、财政、税务等相关部门同意的；

（三）未按照本条例有关规定公开征求意见的；

（四）上报送审稿不符合本条例第十五条、第十六条、第十七条规定的。

第二十条 国务院法制机构应当将行政法规送审稿或者行政法规送审稿涉及的主要问题发送国务院有关部门、地方人民政府、有关组织和专家等各方面征求意见。国务院有关部门、地方人民政府应当在规定期限内反馈书面意见，并加盖本单位或者本单位办公厅（室）印章。

国务院法制机构可以将行政法规送审稿或者修改稿及其说明等向社会公布，征求意见。向社会公布征求意见的期限一般不少于30日。

第二十一条 国务院法制机构应当就行政法规送审稿涉及的主要问题，深入基层进行实地调查研究，听取基层有关机关、组织和公民的意见。

第二十二条 行政法规送审稿涉及重大利益调整的，国务院法制机构应当进行论证咨询，广泛听取有关方面的意见。论证咨询可以采取座谈会、论证会、听证会、委托研究等多种形式。

行政法规送审稿涉及重大利益调整或者存在重大意见分歧，对公民、法人或者其他组织的权利义务有较大影响，人民群众普遍关注的，国务院法制机构可以举行听证会，听取有关机关、组织和公民的意见。

第二十三条 国务院有关部门对行政法规送审稿涉及的主要制度、方针政策、管理体制、权限分工等有不同意见的，国务院法制机构应当进行协调，力求达成一致意见。对有较大争议的重要立法事项，国务院法制机构可以委托有关专家、教学科研单位、社会组织进行评估。

经过充分协调不能达成一致意见的，国务院法制机构、起草部门应当将争议的主要问题、有关部门的意见以及国务院法制机构的意见及时报国务院领导协调，或者报国务院决定。

第二十四条 国务院法制机构应当认真研究各方面的意见，与起草部门协商后，对行政法规送审稿进行修改，形成行政法规草案和对草案的说明。

第二十五条 行政法规草案由国务院法制机构主要负责人提出提请国务院常务会议审议的建议；对调整范围单一、各方面意见一致或者依据法律制定的配套行政法规草案，可以采取传批方式，由国务院法制机构直接提请国务院审批。

第五章 决定与公布

第二十六条 行政法规草案由国务院常务会议审议，或者由国务院审批。

国务院常务会议审议行政法规草案时，由国务院法制机构或者起草部门作说明。

第二十七条　国务院法制机构应当根据国务院对行政法规草案的审议意见，对行政法规草案进行修改，形成草案修改稿，报请总理签署国务院令公布施行。

签署公布行政法规的国务院令载明该行政法规的施行日期。

第二十八条　行政法规签署公布后，及时在国务院公报和中国政府法制信息网以及在全国范围内发行的报纸上刊载。国务院法制机构应当及时汇编出版行政法规的国家正式版本。

在国务院公报上刊登的行政法规文本为标准文本。

第二十九条　行政法规应当自公布之日起30日后施行；但是，涉及国家安全、外汇汇率、货币政策的确定以及公布后不立即施行将有碍行政法规施行的，可以自公布之日起施行。

第三十条　行政法规在公布后的30日内由国务院办公厅报全国人民代表大会常务委员会备案。

第六章　行政法规解释

第三十一条　行政法规有下列情形之一的，由国务院解释：

（一）行政法规的规定需要进一步明确具体含义的；

（二）行政法规制定后出现新的情况，需要明确适用行政法规依据的。

国务院法制机构研究拟订行政法规解释草案，报国务院同意后，由国务院公布或者由国务院授权国务院有关部门公布。

行政法规的解释与行政法规具有同等效力。

第三十二条　国务院各部门和省、自治区、直辖市人民政府可以向国务院提出行政法规解释要求。

第三十三条　对属于行政工作中具体应用行政法规的问题，省、自治区、直辖市人民政府法制机构以及国务院有关部门法制机构请求国务院法制机构解释的，国务院法制机构可以研究答复；其中涉及重大问题的，由国务院法制机构提出意见，报国务院同意后答复。

第七章　附　　则

第三十四条　拟订国务院提请全国人民代表大会或者全国人民代表大会常务委员会审议的法律草案，参照本条例的有关规定办理。

第三十五条　国务院可以根据全面深化改革、经济社会发展需要，就行政管理等领域的特定事项，决定在一定期限内在部分地方暂时调整或者暂时停止适用行政法规的部分规定。

第三十六条　国务院法制机构或者国务院有关部门应当根据全面深化改革、经济社会发展需要以及上位法规定，及时组织开展行政法规清理工作。对不适应全面深化改革和经济社会发展要求、不符合上位法规定的行政法规，应当及时修改或者废止。

第三十七条　国务院法制机构或者国务院有关部门可以组织对有关行政法规或者行政法规中的有关规定进行立法后评估，并把评估结果作为修改、废止有关行政法规的重要参考。

第三十八条　行政法规的修改、废止程序适用本条例的有关规定。

行政法规修改、废止后，应当及时公布。

第三十九条　行政法规的外文正式译本和民族语言文本，由国务院法制机构审定。

第四十条　本条例自 2002 年 1 月 1 日起施行。1987 年 4 月 21 日国务院批准、国务院办公厅发布的《行政法规制定程序暂行条例》同时废止。

规章制定程序条例

（2001 年 11 月 16 日中华人民共和国国务院令第 322 号公布 根据 2017 年 12 月 22 日《国务院关于修改〈规章制定程序条例〉的决定》修订）

第一章 总 则

第一条 为了规范规章制定程序，保证规章质量，根据立法法的有关规定，制定本条例。

第二条 规章的立项、起草、审查、决定、公布、解释，适用本条例。

违反本条例规定制定的规章无效。

第三条 制定规章，应当贯彻落实党的路线方针政策和决策部署，遵循立法法确定的立法原则，符合宪法、法律、行政法规和其他上位法的规定。

没有法律或者国务院的行政法规、决定、命令的依据，部门规章不得设定减损公民、法人和其他组织权利或者增加其义务的规范，不得增加本部门的权力或者减少本部门的法定职责。没有法律、行政法规、地方性法规的依据，地方政府规章不得设定减损公民、法人和其他组织权利或者增加其义务的规范。

第四条 制定政治方面法律的配套规章，应当按照有关规定及时报告党中央或者同级党委（党组）。

制定重大经济社会方面的规章，应当按照有关规定及时报告同级党委（党组）。

第五条 制定规章，应当切实保障公民、法人和其他组织的合法权益，在规定其应当履行的义务的同时，应当规定其相应的权利和保障权利实现的途径。

制定规章，应当体现行政机关的职权与责任相统一的原则，在赋予有关行政机关必要的职权的同时，应当规定其行使职权的条件、程序和应承担的责任。

第六条 制定规章，应当体现全面深化改革精神，科学规范行政行为，促进政府职能向宏观调控、市场监管、社会管理、公共服务、环境保护等方面转变。

制定规章，应当符合精简、统一、效能的原则，相同或者相近的职能应当规定由一个行政机关承担，简化行政管理手续。

第七条 规章的名称一般称"规定"、"办法"，但不得称"条例"。

第八条 规章用语应当准确、简洁，条文内容应当明确、具体，具有可操作性。

法律、法规已经明确规定的内容，规章原则上不作重复规定。

除内容复杂的外，规章一般不分章、节。

第九条　涉及国务院两个以上部门职权范围的事项，制定行政法规条件尚不成熟，需要制定规章的，国务院有关部门应当联合制定规章。

有前款规定情形的，国务院有关部门单独制定的规章无效。

第二章　立　　项

第十条　国务院部门内设机构或者其他机构认为需要制定部门规章的，应当向该部门报请立项。

省、自治区、直辖市和设区的市、自治州的人民政府所属工作部门或者下级人民政府认为需要制定地方政府规章的，应当向该省、自治区、直辖市或者设区的市、自治州的人民政府报请立项。

国务院部门，省、自治区、直辖市和设区的市、自治州的人民政府，可以向社会公开征集规章制定项目建议。

第十一条　报送制定规章的立项申请，应当对制定规章的必要性、所要解决的主要问题、拟确立的主要制度等作出说明。

第十二条　国务院部门法制机构，省、自治区、直辖市和设区的市、自治州的人民政府法制机构（以下简称法制机构），应当对制定规章的立项申请和公开征集的规章制定项目建议进行评估论证，拟订本部门、本级人民政府年度规章制定工作计划，报本部门、本级人民政府批准后向社会公布。

年度规章制定工作计划应当明确规章的名称、起草单位、完成时间等。

第十三条　国务院部门，省、自治区、直辖市和设区的市、自治州的人民政府，应当加强对执行年度规章制定工作计划的领导。对列入年度规章制定工作计划的项目，承担起草工作的单位应当抓紧工作，按照要求上报本部门或者本级人民政府决定。

法制机构应当及时跟踪了解本部门、本级人民政府年度规章制定工作计划执行情况，加强组织协调和督促指导。

年度规章制定工作计划在执行中，可以根据实际情况予以调整，对拟增加的规章项目应当进行补充论证。

第三章　起　　草

第十四条　部门规章由国务院部门组织起草，地方政府规章由省、自治区、直辖市和设区的市、自治州的人民政府组织起草。

　　国务院部门可以确定规章由其一个或者几个内设机构或者其他机构具体负责起草工作，也可以确定由其法制机构起草或者组织起草。

　　省、自治区、直辖市和设区的市、自治州的人民政府可以确定规章由其一个部门或者几个部门具体负责起草工作，也可以确定由其法制机构起草或者组织起草。

　　第十五条　起草规章，应当深入调查研究，总结实践经验，广泛听取有关机关、组织和公民的意见。听取意见可以采取书面征求意见、座谈会、论证会、听证会等多种形式。

　　起草规章，除依法需要保密的外，应当将规章草案及其说明等向社会公布，征求意见。向社会公布征求意见的期限一般不少于 30 日。

　　起草专业性较强的规章，可以吸收相关领域的专家参与起草工作，或者委托有关专家、教学科研单位、社会组织起草。

　　第十六条　起草规章，涉及社会公众普遍关注的热点难点问题和经济社会发展遇到的突出矛盾，减损公民、法人和其他组织权利或者增加其义务，对社会公众有重要影响等重大利益调整事项的，起草单位应当进行论证咨询，广泛听取有关方面的意见。

　　起草的规章涉及重大利益调整或者存在重大意见分歧，对公民、法人或者其他组织的权利义务有较大影响，人民群众普遍关注，需要进行听证的，起草单位应当举行听证会听取意见。听证会依照下列程序组织：

　　（一）听证会公开举行，起草单位应当在举行听证会的 30 日前公布听证会的时间、地点和内容；

　　（二）参加听证会的有关机关、组织和公民对起草的规章，有权提问和发表意见；

　　（三）听证会应当制作笔录，如实记录发言人的主要观点和理由；

　　（四）起草单位应当认真研究听证会反映的各种意见，起草的规章在报送审查时，应当说明对听证会意见的处理情况及其理由。

　　第十七条　起草部门规章，涉及国务院其他部门的职责或者与国务院其他部门关系紧密的，起草单位应当充分征求国务院其他部门的意见。

　　起草地方政府规章，涉及本级人民政府其他部门的职责或者与其他部门关系紧密的，起草单位应当充分征求其他部门的意见。起草单位与其他部门有不同意见的，应当充分协商；经过充分协商不能取得一致意见的，起草单位应当在上报规章草案送审稿（以下简称规章送审稿）时说明情况和理由。

　　第十八条　起草单位应当将规章送审稿及其说明、对规章送审稿主要问题的不同意见和其他有关材料按规定报送审查。

报送审查的规章送审稿，应当由起草单位主要负责人签署；几个起草单位共同起草的规章送审稿，应当由该几个起草单位主要负责人共同签署。

规章送审稿的说明应当对制定规章的必要性、规定的主要措施、有关方面的意见及其协调处理情况等作出说明。

有关材料主要包括所规范领域的实际情况和相关数据、实践中存在的主要问题、汇总的意见、听证会笔录、调研报告、国内外有关立法资料等。

第四章 审 查

第十九条 规章送审稿由法制机构负责统一审查。法制机构主要从以下方面对送审稿进行审查：

（一）是否符合本条例第三条、第四条、第五条、第六条的规定；

（二）是否符合社会主义核心价值观的要求；

（三）是否与有关规章协调、衔接；

（四）是否正确处理有关机关、组织和公民对规章送审稿主要问题的意见；

（五）是否符合立法技术要求；

（六）需要审查的其他内容。

第二十条 规章送审稿有下列情形之一的，法制机构可以缓办或者退回起草单位：

（一）制定规章的基本条件尚不成熟或者发生重大变化的；

（二）有关机构或者部门对规章送审稿规定的主要制度存在较大争议，起草单位未与有关机构或者部门充分协商的；

（三）未按照本条例有关规定公开征求意见的；

（四）上报送审稿不符合本条例第十八条规定的。

第二十一条 法制机构应当将规章送审稿或者规章送审稿涉及的主要问题发送有关机关、组织和专家征求意见。

法制机构可以将规章送审稿或者修改稿及其说明等向社会公布，征求意见。向社会公布征求意见的期限一般不少于 30 日。

第二十二条 法制机构应当就规章送审稿涉及的主要问题，深入基层进行实地调查研究，听取基层有关机关、组织和公民的意见。

第二十三条 规章送审稿涉及重大利益调整的，法制机构应当进行论证咨询，广泛听取有关方面的意见。论证咨询可以采取座谈会、论证会、听证会、委托研究等多种形式。

规章送审稿涉及重大利益调整或者存在重大意见分歧，对公民、法人或者其他组织的权利义务有较大影响，人民群众普遍关注，起草单位在起草过程中未举行听证会的，法制机构经本部门或者本级人民政府批准，可以举行听证会。举行听证会的，应当依照本条例第十六条规定的程序组织。

第二十四条　有关机构或者部门对规章送审稿涉及的主要措施、管理体制、权限分工等问题有不同意见的，法制机构应当进行协调，力求达成一致意见。对有较大争议的重要立法事项，法制机构可以委托有关专家、教学科研单位、社会组织进行评估。

经过充分协调不能达成一致意见的，法制机构应当将主要问题、有关机构或者部门的意见和法制机构的意见及时报本部门或者本级人民政府领导协调，或者报本部门或者本级人民政府决定。

第二十五条　法制机构应当认真研究各方面的意见，与起草单位协商后，对规章送审稿进行修改，形成规章草案和对草案的说明。说明应当包括制定规章拟解决的主要问题、确立的主要措施以及与有关部门的协调情况等。

规章草案和说明由法制机构主要负责人签署，提出提请本部门或者本级人民政府有关会议审议的建议。

第二十六条　法制机构起草或者组织起草的规章草案，由法制机构主要负责人签署，提出提请本部门或者本级人民政府有关会议审议的建议。

第五章　决定和公布

第二十七条　部门规章应当经部务会议或者委员会会议决定。

地方政府规章应当经政府常务会议或者全体会议决定。

第二十八条　审议规章草案时，由法制机构作说明，也可以由起草单位作说明。

第二十九条　法制机构应当根据有关会议审议意见对规章草案进行修改，形成草案修改稿，报请本部门首长或者省长、自治区主席、市长、自治州州长签署命令予以公布。

第三十条　公布规章的命令应当载明该规章的制定机关、序号、规章名称、通过日期、施行日期、部门首长或者省长、自治区主席、市长、自治州州长署名以及公布日期。

部门联合规章由联合制定的部门首长共同署名公布，使用主办机关的命令序号。

第三十一条　部门规章签署公布后，及时在国务院公报或者部门公报和中国政府法制信息网以及在全国范围内发行的报纸上刊载。

地方政府规章签署公布后，及时在本级人民政府公报和中国政府法制信息网以及在本行政区域范围内发行的报纸上刊载。

在国务院公报或者部门公报和地方人民政府公报上刊登的规章文本为标准文本。

第三十二条 规章应当自公布之日起 30 日后施行；但是，涉及国家安全、外汇汇率、货币政策的确定以及公布后不立即施行将有碍规章施行的，可以自公布之日起施行。

第六章 解释与备案

第三十三条 规章解释权属于规章制定机关。

规章有下列情形之一的，由制定机关解释：

（一）规章的规定需要进一步明确具体含义的；

（二）规章制定后出现新的情况，需要明确适用规章依据的。

规章解释由规章制定机关的法制机构参照规章送审稿审查程序提出意见，报请制定机关批准后公布。

规章的解释同规章具有同等效力。

第三十四条 规章应当自公布之日起 30 日内，由法制机构依照立法法和《法规规章备案条例》的规定向有关机关备案。

第三十五条 国家机关、社会团体、企业事业组织、公民认为规章同法律、行政法规相抵触的，可以向国务院书面提出审查的建议，由国务院法制机构研究并提出处理意见，按照规定程序处理。

国家机关、社会团体、企业事业组织、公民认为设区的市、自治州的人民政府规章同法律、行政法规相抵触或者违反其他上位法的规定的，也可以向本省、自治区人民政府书面提出审查的建议，由省、自治区人民政府法制机构研究并提出处理意见，按照规定程序处理。

第七章 附 则

第三十六条 依法不具有规章制定权的县级以上地方人民政府制定、发布具有普遍约束力的决定、命令，参照本条例规定的程序执行。

第三十七条 国务院部门，省、自治区、直辖市和设区的市、自治州的人民政府，应当根据全面深化改革、经济社会发展需要以及上位法规定，及时组织开展规章清理工作。对不适应全面深化改革和经济社会发展要求、不符合上位法规定的规章，应当及时修改或者废止。

第三十八条 国务院部门，省、自治区、直辖市和设区的市、自治州的人民政府，可以组织对有关规章或者规章中的有关规定进行立法后评估，并把评估结果作为修改、废止有关规章的重要参考。

第三十九条　规章的修改、废止程序适用本条例的有关规定。

规章修改、废止后，应当及时公布。

第四十条　编辑出版正式版本、民族文版、外文版本的规章汇编，由法制机构依照《法规汇编编辑出版管理规定》的有关规定执行。

第四十一条　本条例自 2002 年 1 月 1 日起施行。

法规规章备案条例

（2001 年 12 月 14 日中华人民共和国国务院令第 337 号公布　自 2002 年 1 月 1 日起施行）

第一条　为了维护社会主义法制的统一，加强对法规、规章的监督，根据立法法的有关规定，制定本条例。

第二条　本条例所称法规，是指省、自治区、直辖市和较大的市的人民代表大会及其常务委员会依照法定职权和程序制定的地方性法规，经济特区所在地的省、市的人民代表大会及其常务委员会依照法定职权和程序制定的经济特区法规，以及自治州、自治县的人民代表大会依照法定职权和程序制定的自治条例和单行条例。

本条例所称规章，包括部门规章和地方政府规章。部门规章，是指国务院各部、各委员会、中国人民银行、审计署和具有行政管理职能的直属机构（以下简称国务院部门）根据法律和国务院的行政法规、决定、命令，在本部门的职权范围内依照《规章制定程序条例》制定的规章。地方政府规章，是指省、自治区、直辖市和较大的市的人民政府根据法律、行政法规和本省、自治区、直辖市的地方性法规，依照《规章制定程序条例》制定的规章。

第三条　法规、规章公布后，应当自公布之日起 30 日内，依照下列规定报送备案：

（一）地方性法规、自治州和自治县的自治条例和单行条例由省、自治区、直辖市的人民代表大会常务委员会报国务院备案；

（二）部门规章由国务院部门报国务院备案，两个或者两个以上部门联合制定的规章，由主办的部门报国务院备案；

（三）省、自治区、直辖市人民政府规章由省、自治区、直辖市人民政府报国务院备案；

（四）较大的市的人民政府规章由较大的市的人民政府报国务院备案，同时报省、自治区人民政府备案；

（五）经济特区法规由经济特区所在地的省、市的人民代表大会常务委员会报国务院备案。

第四条　国务院部门，省、自治区、直辖市和较大的市的人民政府应当依法履行规章备案职责，加强对规章备案工作的组织领导。

国务院部门法制机构，省、自治区、直辖市人民政府和较大的市的人民政府法制机构，具体负责本部门、本地方的规章备案工作。

第五条　国务院法制机构依照本条例的规定负责国务院的法规、规章备案工作，履行备案审查监督职责。

第六条　依照本条例报送国务院备案的法规、规章，径送国务院法制机构。

报送法规备案，按照全国人民代表大会常务委员会关于法规备案的有关规定执行。

报送规章备案，应当提交备案报告、规章文本和说明，并按照规定的格式装订成册，一式十份。

报送法规、规章备案，具备条件的，应当同时报送法规、规章的电子文本。

第七条　报送法规、规章备案，符合本条例第二条和第六条第二款、第三款规定的，国务院法制机构予以备案登记；不符合第二条规定的，不予备案登记；符合第二条规定但不符合第六条第二款、第三款规定的，暂缓办理备案登记。

暂缓办理备案登记的，由国务院法制机构通知制定机关补充报送备案或者重新报送备案；补充或者重新报送备案符合规定的，予以备案登记。

第八条　经备案登记的法规、规章，由国务院法制机构按月公布目录。

编辑出版法规、规章汇编的范围，应当以公布的法规、规章目录为准。

第九条　国家机关、社会团体、企业事业组织、公民认为地方性法规同行政法规相抵触的，或者认为规章以及国务院各部门、省、自治区、直辖市和较大的市的人民政府发布的其他具有普遍约束力的行政决定、命令同法律、行政法规相抵触的，可以向国务院书面提出审查建议，由国务院法制机构研究并提出处理意见，按照规定程序处理。

第十条　国务院法制机构对报送国务院备案的法规、规章，就下列事项进行审查：

（一）是否超越权限；

（二）下位法是否违反上位法的规定；

（三）地方性法规与部门规章之间或者不同规章之间对同一事项的规定不一致，是否应当改变或者撤销一方的或者双方的规定；

（四）规章的规定是否适当；

（五）是否违背法定程序。

第十一条　国务院法制机构审查法规、规章时，认为需要有关的国务院部门或者地方人民政府提出意见的，有关的机关应当在规定期限内回复；认为需要法规、规章的制定机关说明有关情况的，有关的制定机关应当在规定期限内予以说明。

第十二条　经审查，地方性法规同行政法规相抵触的，由国务院提请全国人民代表大会常务委员会处理。

第十三条　地方性法规与部门规章之间对同一事项的规定不一致的，由国务院法制机构提出处理意见，报国务院依照立法法第八十六条第一款第（二）项的规定处理。

第十四条　经审查，规章超越权限，违反法律、行政法规的规定，或者其规定不适当的，由国务院法制机构建议制定机关自行纠正；或者由国务院法制机构提出处理意见报国务院决定，并通知制定机关。

第十五条　部门规章之间、部门规章与地方政府规章之间对同一事项的规定不一致的，由国务院法制机构进行协调；经协调不能取得一致意见的，由国务院法制机构提出处理意见报国务院决定，并通知制定机关。

第十六条　对《规章制定程序条例》第二条第二款、第八条第二款规定的无效规章，国务院法制机构不予备案，并通知制定机关。

规章在制定技术上存在问题的，国务院法制机构可以向制定机关提出处理意见，由制定机关自行处理。

第十七条　规章的制定机关应当自接到本条例第十四条、第十五条、第十六条规定的通知之日起 30 日内，将处理情况报国务院法制机构。

第十八条　根据本条例第十五条作出的处理结果，可以作为对最高人民法院依照行政诉讼法第五十三条送请国务院解释或者裁决的答复。

第十九条　法规、规章的制定机关应当于每年 1 月底前将上一年所制定的法规、规章目录报国务院法制机构。

第二十条　对于不报送规章备案或者不按时报送规章备案的，由国务院法制机构通知制定机关，限期报送；逾期仍不报送的，给予通报，并责令限期改正。

第二十一条　省、自治区、直辖市人民政府应当依法加强对下级行政机关发布的规章和其他具有普遍约束力的行政决定、命令的监督，依照本条例的有关规定，建立相关的备案审查制度，维护社会主义法制的统一，保证法律、法规的正确实施。

第二十二条　本条例自 2002 年 1 月 1 日起施行。1990 年 2 月 18 日国务院发布的《法规、规章备案规定》同时废止。

税务行政复议规则

（2010 年 2 月 10 日国家税务总局令第 21 号公布　自 2010 年 4 月 1 日起施行　根据 2015 年 12 月 28 日《国家税务总局关于修改〈税务行政复议规则〉的决定》和 2018 年 6 月 15 日《国家税务总局关于修改部分税务部门规章的决定》修正）

第一章　总　　则

第一条　为了进一步发挥行政复议解决税务行政争议的作用，保护公民、法人和其他组织的合法权益，监督和保障税务机关依法行使职权，根据《中华人民共和国行政复议法》（以下简称行政复议法）、《中华人民共和国税收征收管理法》和《中华人民共和国行政复议法实施条例》（以下简称行政复议法实施条例），结合税收工作实际，制定本规则。

第二条　公民、法人和其他组织（以下简称申请人）认为税务机关的具体行政行为侵犯其合法权益，向税务行政复议机关申请行政复议，税务行政复议机关办理行政复议事项，适用本规则。

第三条　本规则所称税务行政复议机关（以下简称行政复议机关），指依法受理行政复议申请、对具体行政行为进行审查并作出行政复议决定的税务机关。

第四条　行政复议应当遵循合法、公正、公开、及时和便民的原则。

行政复议机关应当树立依法行政观念，强化责任意识和服务意识，认真履行行政复议职责，坚持有错必纠，确保法律正确实施。

第五条　行政复议机关在申请人的行政复议请求范围内，不得作出对申请人更为不利的行政复议决定。

第六条　申请人对行政复议决定不服的，可以依法向人民法院提起行政诉讼。

第七条　行政复议机关受理行政复议申请，不得向申请人收取任何费用。

第八条　各级税务机关行政首长是行政复议工作第一责任人，应当切实履行职责，加强对行政复议工作的组织领导。

第九条　行政复议机关应当为申请人、第三人查阅案卷资料、接受询问、调解、听证等提供专门场所和其他必要条件。

第十条　各级税务机关应当加大对行政复议工作的基础投入，推进行政复议工作信息化建设，配备调查取证所需的照相、录音、录像和办案所需的电脑、扫描、投影、传真、复印等设备，保障办案交通工具和相应经费。

第二章　税务行政复议机构和人员

第十一条　各级行政复议机关负责法制工作的机构（以下简称行政复议机构）依法办理行政复议事项，履行下列职责：

（一）受理行政复议申请。

（二）向有关组织和人员调查取证，查阅文件和资料。

（三）审查申请行政复议的具体行政行为是否合法和适当，起草行政复议决定。

（四）处理或者转送对本规则第十五条所列有关规定的审查申请。

（五）对被申请人违反行政复议法及其实施条例和本规则规定的行为，依照规定的权限和程序向相关部门提出处理建议。

（六）研究行政复议工作中发现的问题，及时向有关机关或者部门提出改进建议，重大问题及时向行政复议机关报告。

（七）指导和监督下级税务机关的行政复议工作。

（八）办理或者组织办理行政诉讼案件应诉事项。

（九）办理行政复议案件的赔偿事项。

（十）办理行政复议、诉讼、赔偿等案件的统计、报告、归档工作和重大行政复议决定备案事项。

（十一）其他与行政复议工作有关的事项。

第十二条　各级行政复议机关可以成立行政复议委员会，研究重大、疑难案件，提出处理建议。

行政复议委员会可以邀请本机关以外的具有相关专业知识的人员参加。

第十三条　行政复议工作人员应当具备与履行行政复议职责相适应的品行、专业知识和业务能力。

税务机关中初次从事行政复议的人员，应当通过国家统一法律职业资格考试取得法律职业资格。

第三章　税务行政复议范围

第十四条　行政复议机关受理申请人对税务机关下列具体行政行为不服提出的行政复议申请：

（一）征税行为，包括确认纳税主体、征税对象、征税范围、减税、免税、退税、抵扣税款、适用税率、计税依据、纳税环节、纳税期限、纳税地点和税款征收方式等具体行政行为，征收税款、加收滞纳金，扣缴义务人、受税务机关委托的单位和个人作出的代扣代缴、代收代缴、代征行为等。

（二）行政许可、行政审批行为。

（三）发票管理行为，包括发售、收缴、代开发票等。

（四）税收保全措施、强制执行措施。

（五）行政处罚行为：

1.罚款；

2.没收财物和违法所得；

3.停止出口退税权。

（六）不依法履行下列职责的行为：

1.颁发税务登记；

2.开具、出具完税凭证、外出经营活动税收管理证明；

3.行政赔偿；

4.行政奖励；

5.其他不依法履行职责的行为。

（七）资格认定行为。

（八）不依法确认纳税担保行为。

（九）政府信息公开工作中的具体行政行为。

（十）纳税信用等级评定行为。

（十一）通知出入境管理机关阻止出境行为。

（十二）其他具体行政行为。

第十五条　申请人认为税务机关的具体行政行为所依据的下列规定不合法，对具体行政行为申请行政复议时，可以一并向行政复议机关提出对有关规定的审查申请；申请人对具体行政行为提出行政复议申请时不知道该具体行政行为所依据的规定的，可以在行政复议机关作出行政复议决定以前提出对该规定的审查申请：

（一）国家税务总局和国务院其他部门的规定。

（二）其他各级税务机关的规定。

（三）地方各级人民政府的规定。

（四）地方人民政府工作部门的规定。

前款中的规定不包括规章。

第四章　税务行政复议管辖

第十六条　对各级税务局的具体行政行为不服的，向其上一级税务局申请行政复议。

对计划单列市税务局的具体行政行为不服的，向国家税务总局申请行政复议。

第十七条　对税务所（分局）、各级税务局的稽查局的具体行政行为不服的，向其所属税务局申请行政复议。

第十八条　对国家税务总局的具体行政行为不服的，向国家税务总局申请行政复议。对行政复议决定不服，申请人可以向人民法院提起行政诉讼，也可以向国务院申请裁决。国务院的裁决为最终裁决。

第十九条　对下列税务机关的具体行政行为不服的，按照下列规定申请行政复议：

（一）对两个以上税务机关以共同的名义作出的具体行政行为不服的，向共同上一级税务机关申请行政复议；对税务机关与其他行政机关以共同的名义作出的具体行政行为不服的，向其共同上一级行政机关申请行政复议。

（二）对被撤销的税务机关在撤销以前所作出的具体行政行为不服的，向继续行使其职权的税务机关的上一级税务机关申请行政复议。

（三）对税务机关作出逾期不缴纳罚款加处罚款的决定不服的，向作出行政处罚决定的税务机关申请行政复议。但是对已处罚款和加处罚款都不服的，一并向作出行政处罚决定的税务机关的上一级税务机关申请行政复议。

申请人向具体行政行为发生地的县级地方人民政府提交行政复议申请的，由接受申请的县级地方人民政府依照行政复议法第十五条、第十八条的规定予以转送。

第五章　税务行政复议申请人和被申请人

第二十条　合伙企业申请行政复议的，应当以核准登记的企业为申请人，由执行合伙事务的合伙人代表该企业参加行政复议；其他合伙组织申请行政复议的，由合伙人共同申请行政复议。

前款规定以外的不具备法人资格的其他组织申请行政复议的，由该组织的主要负责人代表该组织参加行政复议；没有主要负责人的，由共同推选的其他成员代表该组织参加行政复议。

第二十一条　股份制企业的股东大会、股东代表大会、董事会认为税务具体行政行为侵犯企业合法权益的，可以以企业的名义申请行政复议。

第二十二条　有权申请行政复议的公民死亡的，其近亲属可以申请行政复议；有权申请行政复议的公民为无行为能力人或者限制行为能力人，其法定代理人可以代理申请行政复议。

有权申请行政复议的法人或者其他组织发生合并、分立或终止的，承受其权利义务的法人或者其他组织可以申请行政复议。

第二十三条　行政复议期间，行政复议机关认为申请人以外的公民、法人或者其他组织与被审查的具体行政行为有利害关系的，可以通知其作为第三人参加行政复议。

行政复议期间，申请人以外的公民、法人或者其他组织与被审查的税务具体行政行为有利害关系的，可以向行政复议机关申请作为第三人参加行政复议。

第三人不参加行政复议，不影响行政复议案件的审理。

第二十四条 非具体行政行为的行政管理相对人，但其权利直接被该具体行政行为所剥夺、限制或者被赋予义务的公民、法人或其他组织，在行政管理相对人没有申请行政复议时，可以单独申请行政复议。

第二十五条 同一行政复议案件申请人超过 5 人的，应当推选 1 至 5 名代表参加行政复议。

第二十六条 申请人对具体行政行为不服申请行政复议的，作出该具体行政行为的税务机关为被申请人。

第二十七条 申请人对扣缴义务人的扣缴税款行为不服的，主管该扣缴义务人的税务机关为被申请人；对税务机关委托的单位和个人的代征行为不服的，委托税务机关为被申请人。

第二十八条 税务机关与法律、法规授权的组织以共同的名义作出具体行政行为的，税务机关和法律、法规授权的组织为共同被申请人。

税务机关与其他组织以共同名义作出具体行政行为的，税务机关为被申请人。

第二十九条 税务机关依照法律、法规和规章规定，经上级税务机关批准作出具体行政行为的，批准机关为被申请人。

申请人对经重大税务案件审理程序作出的决定不服的，审理委员会所在税务机关为被申请人。

第三十条 税务机关设立的派出机构、内设机构或者其他组织，未经法律、法规授权，以自己名义对外作出具体行政行为的，税务机关为被申请人。

第三十一条 申请人、第三人可以委托 1 至 2 名代理人参加行政复议。申请人、第三人委托代理人的，应当向行政复议机构提交授权委托书。授权委托书应当载明委托事项、权限和期限。公民在特殊情况下无法书面委托的，可以口头委托。口头委托的，行政复议机构应当核实并记录在卷。申请人、第三人解除或者变更委托的，应当书面告知行政复议机构。

被申请人不得委托本机关以外人员参加行政复议。

第六章 税务行政复议申请

第三十二条 申请人可以在知道税务机关作出具体行政行为之日起 60 日内提出行政复议申请。

因不可抗力或者被申请人设置障碍等原因耽误法定申请期限的，申请期限的计算应当扣除被耽误时间。

第三十三条 申请人对本规则第十四条第（一）项规定的行为不服的，应当先向行政复议机关申请行政复议；对行政复议决定不服的，可以向人民法院提起行政诉讼。

申请人按照前款规定申请行政复议的，必须依照税务机关根据法律、法规确定的税额、期限，先行缴纳或者解缴税款和滞纳金，或者提供相应的担保，才可以在缴清税款和滞纳金以后或者所提供的担保得到作出具体行政行为的税务机关确认之日起 60 日内提出行政复议申请。

申请人提供担保的方式包括保证、抵押和质押。作出具体行政行为的税务机关应当对保证人的资格、资信进行审查，对不具备法律规定资格或者没有能力保证的，有权拒绝。作出具体行政行为的税务机关应当对抵押人、出质人提供的抵押担保、质押担保进行审查，对不符合法律规定的抵押担保、质押担保，不予确认。

第三十四条 申请人对本规则第十四条第（一）项规定以外的其他具体行政行为不服，可以申请行政复议，也可以直接向人民法院提起行政诉讼。

申请人对税务机关作出逾期不缴纳罚款加处罚款的决定不服的，应当先缴纳罚款和加处罚款，再申请行政复议。

第三十五条 本规则第三十二条第一款规定的行政复议申请期限的计算，依照下列规定办理：

（一）当场作出具体行政行为的，自具体行政行为作出之日起计算。

（二）载明具体行政行为的法律文书直接送达的，自受送达人签收之日起计算。

（三）载明具体行政行为的法律文书邮寄送达的，自受送达人在邮件签收单上签收之日起计算；没有邮件签收单的，自受送达人在送达回执上签名之日起计算。

（四）具体行政行为依法通过公告形式告知受送达人的，自公告规定的期限届满之日起计算。

（五）税务机关作出具体行政行为时未告知申请人，事后补充告知的，自该申请人收到税务机关补充告知的通知之日起计算。

（六）被申请人能够证明申请人知道具体行政行为的，自证据材料证明其知道具体行政行为之日起计算。

税务机关作出具体行政行为，依法应当向申请人送达法律文书而未送达的，视为该申请人不知道该具体行政行为。

第三十六条 申请人依照行政复议法第六条第（八）项、第（九）项、第（十）项的规定申请税务机关履行法定职责，税务机关未履行的，行政复议申请期限依照下列规定计算：

（一）有履行期限规定的，自履行期限届满之日起计算。

（二）没有履行期限规定的，自税务机关收到申请满 60 日起计算。

第三十七条 税务机关作出的具体行政行为对申请人的权利、义务可能产生不利影响的，应当告知其申请行政复议的权利、行政复议机关和行政复议申请期限。

第三十八条 申请人书面申请行政复议的，可以采取当面递交、邮寄或者传真等方式提出行政复议申请。

有条件的行政复议机关可以接受以电子邮件形式提出的行政复议申请。

对以传真、电子邮件形式提出行政复议申请的，行政复议机关应当审核确认申请人的身份、复议事项。

第三十九条 申请人书面申请行政复议的，应当在行政复议申请书中载明下列事项：

（一）申请人的基本情况，包括公民的姓名、性别、出生年月、身份证件号码、工作单位、住所、邮政编码、联系电话；法人或者其他组织的名称、住所、邮政编码、联系电话和法定代表人或者主要负责人的姓名、职务。

（二）被申请人的名称。

（三）行政复议请求、申请行政复议的主要事实和理由。

（四）申请人的签名或者盖章。

（五）申请行政复议的日期。

第四十条 申请人口头申请行政复议的，行政复议机构应当依照本规则第三十九条规定的事项，当场制作行政复议申请笔录，交申请人核对或者向申请人宣读，并由申请人确认。

第四十一条 有下列情形之一的，申请人应当提供证明材料：

（一）认为被申请人不履行法定职责的，提供要求被申请人履行法定职责而被申请人未履行的证明材料。

（二）申请行政复议时一并提出行政赔偿请求的，提供受具体行政行为侵害而造成损害的证明材料。

（三）法律、法规规定需要申请人提供证据材料的其他情形。

第四十二条 申请人提出行政复议申请时错列被申请人的，行政复议机关应当告知申请人变更被申请人。申请人不变更被申请人的，行政复议机关不予受理，或者驳回行政复议申请。

第四十三条 申请人向行政复议机关申请行政复议，行政复议机关已经受理的，在法定行政复议期限内申请人不得向人民法院提起行政诉讼；申请人向人民法院提起行政诉讼，人民法院已经依法受理的，不得申请行政复议。

第七章 税务行政复议受理

第四十四条 行政复议申请符合下列规定的，行政复议机关应当受理：

（一）属于本规则规定的行政复议范围。

（二）在法定申请期限内提出。

（三）有明确的申请人和符合规定的被申请人。

（四）申请人与具体行政行为有利害关系。

（五）有具体的行政复议请求和理由。

（六）符合本规则第三十三条和第三十四条规定的条件。

（七）属于收到行政复议申请的行政复议机关的职责范围。

（八）其他行政复议机关尚未受理同一行政复议申请，人民法院尚未受理同一主体就同一事实提起的行政诉讼。

第四十五条 行政复议机关收到行政复议申请以后，应当在5日内审查，决定是否受理。对不符合本规则规定的行政复议申请，决定不予受理，并书面告知申请人。

对不属于本机关受理的行政复议申请，应当告知申请人向有关行政复议机关提出。

行政复议机关收到行政复议申请以后未按照前款规定期限审查并作出不予受理决定的，视为受理。

第四十六条 对符合规定的行政复议申请，自行政复议机构收到之日起即为受理；受理行政复议申请，应当书面告知申请人。

第四十七条 行政复议申请材料不齐全、表述不清楚的，行政复议机构可以自收到该行政复议申请之日起5日内书面通知申请人补正。补正通知应当载明需要补正的事项和合理的补正期限。无正当理由逾期不补正的，视为申请人放弃行政复议申请。

补正申请材料所用时间不计入行政复议审理期限。

第四十八条 上级税务机关认为行政复议机关不予受理行政复议申请的理由不成立的，可以督促其受理；经督促仍然不受理的，责令其限期受理。

上级税务机关认为行政复议申请不符合法定受理条件的，应当告知申请人。

第四十九条 上级税务机关认为有必要的，可以直接受理或者提审由下级税务机关管辖的行政复议案件。

第五十条 对应当先向行政复议机关申请行政复议，对行政复议决定不服再向人民法院提起行政诉讼的具体行政行为，行政复议机关决定不予受理或者受理以后超过行政复议期限不作答复的，申请人可以自收到不予受理决定书之日起或者行政复议期满之日起15日内，依法向人民法院提起行政诉讼。

依照本规则第八十三条规定延长行政复议期限的，以延长以后的时间为行政复议期满时间。

第五十一条 行政复议期间具体行政行为不停止执行；但是有下列情形之一的，可以停止执行：

（一）被申请人认为需要停止执行的。

（二）行政复议机关认为需要停止执行的。

（三）申请人申请停止执行，行政复议机关认为其要求合理，决定停止执行的。

（四）法律规定停止执行的。

第八章　税务行政复议证据

第五十二条　行政复议证据包括以下类别：

（一）书证；

（二）物证；

（三）视听资料；

（四）电子数据；

（五）证人证言；

（六）当事人的陈述；

（七）鉴定意见；

（八）勘验笔录、现场笔录。

第五十三条　在行政复议中，被申请人对其作出的具体行政行为负有举证责任。

第五十四条　行政复议机关应当依法全面审查相关证据。行政复议机关审查行政复议案件，应当以证据证明的案件事实为依据。定案证据应当具有合法性、真实性和关联性。

第五十五条　行政复议机关应当根据案件的具体情况，从以下方面审查证据的合法性：

（一）证据是否符合法定形式。

（二）证据的取得是否符合法律、法规、规章和司法解释的规定。

（三）是否有影响证据效力的其他违法情形。

第五十六条　行政复议机关应当根据案件的具体情况，从以下方面审查证据的真实性：

（一）证据形成的原因。

（二）发现证据时的环境。

（三）证据是否为原件、原物，复制件、复制品与原件、原物是否相符。

（四）提供证据的人或者证人与行政复议参加人是否具有利害关系。

（五）影响证据真实性的其他因素。

第五十七条　行政复议机关应当根据案件的具体情况，从以下方面审查证据的关联性：

（一）证据与待证事实是否具有证明关系。

（二）证据与待证事实的关联程度。

（三）影响证据关联性的其他因素。

第五十八条　下列证据材料不得作为定案依据：

（一）违反法定程序收集的证据材料。

（二）以偷拍、偷录和窃听等手段获取侵害他人合法权益的证据材料。

（三）以利诱、欺诈、胁迫和暴力等不正当手段获取的证据材料。

（四）无正当事由超出举证期限提供的证据材料。

（五）无正当理由拒不提供原件、原物，又无其他证据印证，且对方不予认可的证据的复制件、复制品。

（六）无法辨明真伪的证据材料。

（七）不能正确表达意志的证人提供的证言。

（八）不具备合法性、真实性的其他证据材料。

行政复议机构依据本规则第十一条第（二）项规定的职责所取得的有关材料，不得作为支持被申请人具体行政行为的证据。

第五十九条　在行政复议过程中，被申请人不得自行向申请人和其他有关组织或者个人收集证据。

第六十条　行政复议机构认为必要时，可以调查取证。

行政复议工作人员向有关组织和人员调查取证时，可以查阅、复制和调取有关文件和资料，向有关人员询问。调查取证时，行政复议工作人员不得少于 2 人，并应当向当事人和有关人员出示证件。被调查单位和人员应当配合行政复议工作人员的工作，不得拒绝、阻挠。

需要现场勘验的，现场勘验所用时间不计入行政复议审理期限。

第六十一条　申请人和第三人可以查阅被申请人提出的书面答复、作出具体行政行为的证据、依据和其他有关材料，除涉及国家秘密、商业秘密或者个人隐私外，行政复议机关不得拒绝。

第九章　税务行政复议审查和决定

第六十二条　行政复议机构应当自受理行政复议申请之日起 7 日内，将行政复议申请书副本或者行政复议申请笔录复印件发送被申请人。被申请人应当自收到申请书副本或者申请笔录复印件之日起 10 日内提出书面答复，并提交当初作出具体行政行为的证据、依据和其他有关材料。

对国家税务总局的具体行政行为不服申请行政复议的案件，由原承办具体行政行为的相关机构向行政复议机构提出书面答复，并提交当初作出具体行政行为的证据、依据和其他有关材料。

第六十三条　行政复议机构审理行政复议案件，应当由 2 名以上行政复议工作人员参加。

第六十四条　行政复议原则上采用书面审查的办法，但是申请人提出要求或者行政复议机构认为有必要时，应当听取申请人、被申请人和第三人的意见，并可以向有关组织和人员调查了解情况。

第六十五条　对重大、复杂的案件，申请人提出要求或者行政复议机构认为必要时，可以采取听证的方式审理。

第六十六条 行政复议机构决定举行听证的，应当将举行听证的时间、地点和具体要求等事项通知申请人、被申请人和第三人。

第三人不参加听证的，不影响听证的举行。

第六十七条 听证应当公开举行，但是涉及国家秘密、商业秘密或者个人隐私的除外。

第六十八条 行政复议听证人员不得少于2人，听证主持人由行政复议机构指定。

第六十九条 听证应当制作笔录。申请人、被申请人和第三人应当确认听证笔录内容。

行政复议听证笔录应当附卷，作为行政复议机构审理案件的依据之一。

第七十条 行政复议机关应当全面审查被申请人的具体行政行为所依据的事实证据、法律程序、法律依据和设定的权利义务内容的合法性、适当性。

第七十一条 申请人在行政复议决定作出以前撤回行政复议申请的，经行政复议机构同意，可以撤回。

申请人撤回行政复议申请的，不得再以同一事实和理由提出行政复议申请。但是，申请人能够证明撤回行政复议申请违背其真实意思表示的除外。

第七十二条 行政复议期间被申请人改变原具体行政行为的，不影响行政复议案件的审理。但是，申请人依法撤回行政复议申请的除外。

第七十三条 申请人在申请行政复议时，依据本规则第十五条规定一并提出对有关规定的审查申请的，行政复议机关对该规定有权处理的，应当在30日内依法处理；无权处理的，应当在7日内按照法定程序逐级转送有权处理的行政机关依法处理，有权处理的行政机关应当在60日内依法处理。处理期间，中止对具体行政行为的审查。

第七十四条 行政复议机关审查被申请人的具体行政行为时，认为其依据不合法，本机关有权处理的，应当在30日内依法处理；无权处理的，应当在7日内按照法定程序逐级转送有权处理的国家机关依法处理。处理期间，中止对具体行政行为的审查。

第七十五条 行政复议机构应当对被申请人的具体行政行为提出审查意见，经行政复议机关负责人批准，按照下列规定作出行政复议决定：

（一）具体行政行为认定事实清楚，证据确凿，适用依据正确，程序合法，内容适当的，决定维持。

（二）被申请人不履行法定职责的，决定其在一定期限内履行。

（三）具体行政行为有下列情形之一的，决定撤销、变更或者确认该具体行政行为违法；决定撤销或者确认该具体行政行为违法的，可以责令被申请人在一定期限内重新作出具体行政行为：

1. 主要事实不清、证据不足的；

2. 适用依据错误的；

3. 违反法定程序的；

4. 超越职权或者滥用职权的；

5. 具体行政行为明显不当的。

（四）被申请人不按照本规则第六十二条的规定提出书面答复，提交当初作出具体行政行为的证据、依据和其他有关材料的，视为该具体行政行为没有证据、依据，决定撤销该具体行政行为。

第七十六条 行政复议机关责令被申请人重新作出具体行政行为的，被申请人不得以同一事实和理由作出与原具体行政行为相同或者基本相同的具体行政行为；但是行政复议机关以原具体行政行为违反法定程序决定撤销的，被申请人重新作出具体行政行为的除外。

行政复议机关责令被申请人重新作出具体行政行为的，被申请人不得作出对申请人更为不利的决定；但是行政复议机关以原具体行政行为主要事实不清、证据不足或适用依据错误决定撤销的，被申请人重新作出具体行政行为的除外。

第七十七条 有下列情形之一的，行政复议机关可以决定变更：

（一）认定事实清楚，证据确凿，程序合法，但是明显不当或者适用依据错误的。

（二）认定事实不清，证据不足，但是经行政复议机关审理查明事实清楚，证据确凿的。

第七十八条 有下列情形之一的，行政复议机关应当决定驳回行政复议申请：

（一）申请人认为税务机关不履行法定职责申请行政复议，行政复议机关受理以后发现该税务机关没有相应法定职责或者在受理以前已经履行法定职责的。

（二）受理行政复议申请后，发现该行政复议申请不符合行政复议法及其实施条例和本规则规定的受理条件的。

上级税务机关认为行政复议机关驳回行政复议申请的理由不成立的，应当责令限期恢复受理。行政复议机关审理行政复议申请期限的计算应当扣除因驳回耽误的时间。

第七十九条 行政复议期间，有下列情形之一的，行政复议中止：

（一）作为申请人的公民死亡，其近亲属尚未确定是否参加行政复议的。

（二）作为申请人的公民丧失参加行政复议的能力，尚未确定法定代理人参加行政复议的。

（三）作为申请人的法人或者其他组织终止，尚未确定权利义务承受人的。

（四）作为申请人的公民下落不明或者被宣告失踪的。

（五）申请人、被申请人因不可抗力，不能参加行政复议的。

（六）行政复议机关因不可抗力原因暂时不能履行工作职责的。

（七）案件涉及法律适用问题，需要有权机关作出解释或者确认的。

（八）案件审理需要以其他案件的审理结果为依据，而其他案件尚未审结的。

（九）其他需要中止行政复议的情形。

行政复议中止的原因消除以后，应当及时恢复行政复议案件的审理。

行政复议机构中止、恢复行政复议案件的审理，应当告知申请人、被申请人、第三人。

第八十条 行政复议期间，有下列情形之一的，行政复议终止：

（一）申请人要求撤回行政复议申请，行政复议机构准予撤回的。

（二）作为申请人的公民死亡，没有近亲属，或者其近亲属放弃行政复议权利的。

（三）作为申请人的法人或者其他组织终止，其权利义务的承受人放弃行政复议权利的。

（四）申请人与被申请人依照本规则第八十七条的规定，经行政复议机构准许达成和解的。

（五）行政复议申请受理以后，发现其他行政复议机关已经先于本机关受理，或者人民法院已经受理的。

依照本规则第七十九条第一款第（一）项、第（二）项、第（三）项规定中止行政复议，满60日行政复议中止的原因未消除的，行政复议终止。

第八十一条 行政复议机关责令被申请人重新作出具体行政行为的，被申请人应当在60日内重新作出具体行政行为；情况复杂，不能在规定期限内重新作出具体行政行为的，经行政复议机关批准，可以适当延期，但是延期不得超过30日。

公民、法人或者其他组织对被申请人重新作出的具体行政行为不服，可以依法申请行政复议，或者提起行政诉讼。

第八十二条 申请人在申请行政复议时可以一并提出行政赔偿请求，行政复议机关对符合国家赔偿法的规定应当赔偿的，在决定撤销、变更具体行政行为或者确认具体行政行为违法时，应当同时决定被申请人依法赔偿。

申请人在申请行政复议时没有提出行政赔偿请求的，行政复议机关在依法决定撤销、变更原具体行政行为确定的税款、滞纳金、罚款和对财产的扣押、查封等强制措施时，应当同时责令被申请人退还税款、滞纳金和罚款，解除对财产的扣押、查封等强制措施，或者赔偿相应的价款。

第八十三条 行政复议机关应当自受理申请之日起60日内作出行政复议决定。情况复杂，不能在规定期限内作出行政复议决定的，经行政复议机关负责人批准，可以适当延期，并告知申请人和被申请人；但是延期不得超过30日。

行政复议机关作出行政复议决定，应当制作行政复议决定书，并加盖行政复议机关印章。

行政复议决定书一经送达，即发生法律效力。

第八十四条 被申请人应当履行行政复议决定。

被申请人不履行、无正当理由拖延履行行政复议决定的，行政复议机关或者有关上级税务机关应当责令其限期履行。

第八十五条 申请人、第三人逾期不起诉又不履行行政复议决定的，或者不履行最终裁决的行政复议决定的，按照下列规定分别处理：

（一）维持具体行政行为的行政复议决定，由作出具体行政行为的税务机关依法强制执行，或者申请人民法院强制执行。

（二）变更具体行政行为的行政复议决定，由行政复议机关依法强制执行，或者申请人民法院强制执行。

第十章　税务行政复议和解与调解

第八十六条 对下列行政复议事项，按照自愿、合法的原则，申请人和被申请人在行政复议机关作出行政复议决定以前可以达成和解，行政复议机关也可以调解：

（一）行使自由裁量权作出的具体行政行为，如行政处罚、核定税额、确定应税所得率等。

（二）行政赔偿。

（三）行政奖励。

（四）存在其他合理性问题的具体行政行为。

行政复议审理期限在和解、调解期间中止计算。

第八十七条 申请人和被申请人达成和解的，应当向行政复议机构提交书面和解协议。和解内容不损害社会公共利益和他人合法权益的，行政复议机构应当准许。

第八十八条 经行政复议机构准许和解终止行政复议的，申请人不得以同一事实和理由再次申请行政复议。

第八十九条 调解应当符合下列要求：

（一）尊重申请人和被申请人的意愿。

（二）在查明案件事实的基础上进行。

（三）遵循客观、公正和合理原则。

（四）不得损害社会公共利益和他人合法权益。

第九十条 行政复议机关按照下列程序调解：

（一）征得申请人和被申请人同意。

（二）听取申请人和被申请人的意见。

（三）提出调解方案。

（四）达成调解协议。

（五）制作行政复议调解书。

第九十一条 行政复议调解书应当载明行政复议请求、事实、理由和调解结果，并加盖行政复议机关印章。行政复议调解书经双方当事人签字，即具有法律效力。

调解未达成协议，或者行政复议调解书不生效的，行政复议机关应当及时作出行政复议决定。

第九十二条 申请人不履行行政复议调解书的，由被申请人依法强制执行，或者申请人民法院强制执行。

第十一章 税务行政复议指导和监督

第九十三条 各级税务复议机关应当加强对履行行政复议职责的监督。行政复议机构负责对行政复议工作进行系统督促、指导。

第九十四条 各级税务机关应当建立健全行政复议工作责任制，将行政复议工作纳入本单位目标责任制。

第九十五条 各级税务机关应当按照职责权限，通过定期组织检查、抽查等方式，检查下级税务机关的行政复议工作，并及时向有关方面反馈检查结果。

第九十六条 行政复议期间行政复议机关发现被申请人和其他下级税务机关的相关行政行为违法或者需要做好善后工作的，可以制作行政复议意见书。有关机关应当自收到行政复议意见书之日起60日内将纠正相关行政违法行为或者做好善后工作的情况报告行政复议机关。

行政复议期间行政复议机构发现法律、法规和规章实施中带有普遍性的问题，可以制作行政复议建议书，向有关机关提出完善制度和改进行政执法的建议。

第九十七条 省以下各级税务机关应当定期向上一级税务机关提交行政复议、应诉、赔偿统计表和分析报告，及时将重大行政复议决定报上一级行政复议机关备案。

第九十八条 行政复议机构应当按照规定将行政复议案件资料立卷归档。

行政复议案卷应当按照行政复议申请分别装订立卷，一案一卷，统一编号，做到目录清晰、资料齐全、分类规范、装订整齐。

第九十九条 行政复议机构应当定期组织行政复议工作人员业务培训和工作交流，提高行政复议工作人员的专业素质。

第一百条 行政复议机关应当定期总结行政复议工作。对行政复议工作中做出显著成绩的单位和个人，依照有关规定表彰和奖励。

第十二章　附　　则

第一百零一条　行政复议机关、行政复议机关工作人员和被申请人在税务行政复议活动中，违反行政复议法及其实施条例和本规则规定的，应当依法处理。

第一百零二条　外国人、无国籍人、外国组织在中华人民共和国境内向税务机关申请行政复议，适用本规则。

第一百零三条　行政复议机关在行政复议工作中可以使用行政复议专用章。行政复议专用章与行政复议机关印章在行政复议中具有同等效力。

第一百零四条　行政复议期间的计算和行政复议文书的送达，依照民事诉讼法关于期间、送达的规定执行。

本规则关于行政复议期间有关"5 日""7 日"的规定指工作日，不包括法定节假日。

第一百零五条　本规则自 2010 年 4 月 1 日起施行，2004 年 2 月 24 日国家税务总局公布的《税务行政复议规则（暂行）》（国家税务总局令第 8 号）同时废止。

国家国际发展合作署行政复议实施办法

（国家国际发展合作署令 2020 年第 3 号）

第一条 为防止、纠正违法或者不当的具体行政行为，保护公民、法人和其他组织的合法权益，根据《中华人民共和国行政复议法》及其实施条例，制定本办法。

第二条 公民、法人或者其他组织认为国家国际发展合作署（以下简称国际发展合作署）的具体行政行为侵犯其合法权益，向国际发展合作署提出行政复议申请，国际发展合作署受理行政复议申请、作出行政复议决定，适用本办法。

第三条 申请人对国际发展合作署的具体行政行为不服的，可以向国际发展合作署申请行政复议。

第四条 申请人申请行政复议，应当提交书面行政复议申请书正本一份，并按照被申请人数目提交副本。复议申请书应当载明下列事项：

（一）申请人的基本情况，包括：公民的姓名、性别、年龄、身份证号码、工作单位、住所、邮政编码、送达地址、联系方式；法人或者其他组织的名称、住所、邮政编码、统一社会信用代码和法定代表人或者主要负责人的姓名、职务；

（二）被申请人的名称、地址；

（三）行政复议具体要求、主要事实和理由（包括知道具体行政行为的时间）；

（四）申请人的签名或者盖章；

（五）申请行政复议的日期。

申请人为自然人的，应当提交居民身份证或者其他有效证件复印件；申请人为法人或者其他组织的，应当提交营业执照或者其他有效证件复印件、法定代表人或者主要负责人居民身份证或者其他有效证件复印件。

申请人委托代理人代为申请的，还应当提交授权委托书和代理人的居民身份证或者其他有效证件复印件。

行政复议申请书应当附具必要的证据材料。

第五条 同申请行政复议的具体行政行为有利害关系的其他公民、法人或者其他组织要求作为第三人参加行政复议，应当以书面形式提出申请，经国际发展合作署审查同意，可以作为第三人参加行政复议。

行政复议期间，国际发展合作署法制机构（以下简称法制机构）认为申请人以外的公民、法人或者其他组织与被审查的具体行政行为有利害关系的，可以通知其作为第三人参加行政复议。

第六条 申请人向国际发展合作署申请行政复议的，向法制机构办理申请手续。法制机构应当在申请书上注明收到日期，并由递交人签字确认。

第七条 法制机构收到行政复议申请后，应当在五日内进行审查，并依法作出是否受理的决定。

行政复议申请符合《中华人民共和国行政复议法》及其实施条例规定，但不属于国际发展合作署受理范围的，告知申请人向有关行政复议机关提出。

第八条 行政复议申请有下列情形之一的，不予受理：

（一）申请复议的事项不属于《中华人民共和国行政复议法》第六条规定的复议范围的；

（二）申请人不具备复议申请主体资格的；

（三）申请人错列被申请人且拒绝变更的；

（四）申请复议超过了法定的申请期限且无正当理由的；

（五）申请人提起行政诉讼，法院已经受理或者尚未决定是否受理，又申请行政复议的；

（六）申请人向其他有管辖权的行政机关申请复议，该复议机关已经依法受理的；

（七）申请人撤回复议申请，无正当理由再行申请复议的；

（八）行政复议申请不具备其他法定要件的。

法制机构应当制作不予受理行政复议申请决定书，以书面形式告知申请人。

第九条 除依法决定不予受理或者告知申请人应当向其他复议机关申请复议的外，行政复议申请自法制机构收到之日起即为受理。

法制机构应当自行政复议申请受理之日起七日内，将行政复议申请书副本发送署内承办具体行政行为的业务部门。

第十条 业务部门应当自收到申请书副本之日起十日内提出书面答复，并提交当初作出具体行政行为的证据、依据和其他有关材料。书面答复应当载明以下内容：

（一）作出具体行政行为的事实依据和有关证据材料；

（二）作出具体行政行为所依据的法律、法规、规章和规范性文件的具体条款及其内容；

（三）作出答复的时间、联系人。

在行政复议过程中，业务部门不得自行向申请人和其他有关组织或者个人收集证据。

第十一条 行政复议原则上采取书面审查的办法，如案情复杂、书面审查无法查明案情，也可以采取听取当事人意见、实地调查，或邀请专门机构进行检验、鉴定等方式。

法制机构在办理行政复议事项过程中可以向业务部门调取、查阅、复制相关证据材料，业务部门应予配合。

第十二条 对重大、复杂的案件，法制机构可以组织法律顾问、专家进行研究论证；申请人提出要求或者法制机构认为必要时，可以采取听证方式审理。

第十三条 申请人在申请行政复议时，依法一并提出审查作出具体行政行为所依据的规范性文件，法制机构一并受理。有权处理的，应当在三十日内依法处理；无权处理的，应当在七日内按照法定程序转送有权处理的国家机关依法处理。处理期间，中止对具体行政行为的审查。

第十四条 法制机构对具体行政行为进行审查，提出意见，经国际发展合作署署务会议审定后，作出以下行政复议决定：

（一）具体行政行为认定事实清楚、证据确凿、适用依据正确、程序合法、内容适当的，决定维持；

（二）申请人要求被申请人履行未履行的法定职责的，决定被申请人在一定期限内履行；

（三）具体行政行为有下列情形之一的，决定撤销、变更具体行政行为或者确认具体行政行为违法：

1. 主要事实不清、证据不足的；

2. 适用依据错误的；

3. 违反法定程序的；

4. 超越或者滥用职权的；

5. 具体行政行为明显不当的。

第十五条 申请人在申请行政复议时一并提出行政赔偿请求的，应当按照《中华人民共和国国家赔偿法》第十二条规定写明具体的赔偿请求、事实根据和理由。国际发展合作署对依法应当给予赔偿的，在决定撤销、变更具体行政行为或者确认具体行政行为违法时，应当同时决定依法给予赔偿。

第十六条 本办法由国际发展合作署负责解释，自 2020 年 5 月 1 日起施行。

自然资源行政复议规定

（2019 年 7 月 16 日自然资源部第 2 次部务会议通过）

第一条 为规范自然资源行政复议工作，及时高效化解自然资源行政争议，保护公民、法人和其他组织的合法权益，推进自然资源法治建设，根据《中华人民共和国行政复议法》和《中华人民共和国行政复议法实施条例》，制定本规定。

第二条 县级以上自然资源主管部门依法办理行政复议案件，履行行政复议决定，指导和监督行政复议工作，适用本规定。

第三条 自然资源部对全国自然资源行政复议工作进行指导和监督。

上级自然资源主管部门对下级自然资源主管部门的行政复议工作进行指导和监督。

第四条 本规定所称行政复议机关，是指依据法律法规规定履行行政复议职责的自然资源主管部门。

本规定所称行政复议机构，是指自然资源主管部门的法治工作机构。

行政复议机关可以委托所属事业单位承担有关行政复议的事务性工作。

第五条 行政复议机关可以根据工作需要设立行政复议委员会，审议重大、复杂、疑难的行政复议案件，研究行政复议工作中的重大问题。

第六条 行政复议工作人员应当具备与履行职责相适应的政治素质、法治素养和业务能力，忠于宪法和法律，清正廉洁，恪尽职守。

初次从事行政复议的人员，应当通过国家统一法律职业资格考试取得法律职业资格。

第七条 行政复议机关应当依照有关规定配备专职行政复议人员，并定期组织培训，保障其每年参加专业培训的时间不少于三十六个学时。

行政复议机关应当保障行政复议工作经费、装备和其他必要的工作条件。

第八条 行政复议机关应当定期对行政复议工作情况、行政复议决定履行情况以及典型案例等进行统计、分析、通报，并将有关情况向上一级自然资源主管部门报告。

行政复议机关应当建立行政复议信息管理系统，提高案件办理、卷宗管理、统计分析、便民服务的信息化水平。

第九条　县级以上自然资源主管部门应当将行政复议工作情况纳入本部门考核内容，考核结果作为评价领导班子、评先表彰、干部使用的重要依据。

第十条　行政复议机构统一受理行政复议申请。

行政复议机关的其他机构收到行政复议申请的，应当自收到之日起1个工作日内将申请材料转送行政复议机构。

行政复议机构应当对收到的行政复议申请进行登记。

第十一条　行政复议机构收到申请人提出的批评、意见、建议、控告、检举、投诉等信访请求的，应当将相关材料转交信访纪检等工作机构处理，告知申请人并做好记录。

第十二条　行政复议机构认为行政复议申请材料不齐全、表述不清楚或者不符合法定形式的，应当自收到该行政复议申请书之日起5个工作日内，一次性书面通知申请人补正。

补正通知书应当载明下列事项：

（一）需要更改、补充的具体内容；

（二）需要补正的材料、证据；

（三）合理的补正期限；

（四）无正当理由逾期未补正的法律后果。

无正当理由逾期未提交补正材料的，视为申请人放弃行政复议申请。补正申请材料所用时间不计入复议审理期限。

第十三条　有下列情形之一的，行政复议机关不予受理：

（一）未按照本规定第十二条规定的补正通知要求提供补正材料的；

（二）对下级自然资源主管部门作出的行政复议决定或者行政复议告知不服，申请行政复议的；

（三）其他不符合法定受理条件的。

对同一申请人以基本相同的事实和理由重复提出同一行政复议申请的，行政复议机关不再重复受理。

第十四条　对政府信息公开答复不服申请行政复议，有下列情形之一，被申请人已经履行法定告知义务或者说明理由的，行政复议机关可以驳回行政复议申请：

（一）要求提供已经主动公开的政府信息，或者要求公开申请人已经知晓的政府信息，自然资源主管部门依法作出处理、答复的；

（二）要求自然资源主管部门制作、搜集政府信息和对已有政府信息进行汇总、分析、加工等，自然资源主管部门依法作出处理、答复的；

（三）申请人以政府信息公开申请的形式进行信访、投诉、举报等活动，自然资源主管部门告知申请人不作为政府信息公开申请处理的；

（四）申请人的政府信息公开申请符合《中华人民共和国政府信息公开条例》第三十六条第三、五、六、七项规定，自然资源主管部门依法作出处理、答复的；

（五）法律法规规定的其他情形。

符合前款规定情形的，行政复议机关可以不要求被申请人提供书面答复及证据、依据。

第十五条　对投诉、举报、检举和反映问题等事项的处理不服申请行政复议的，属于下列情形之一，自然资源主管部门已经将处理情况予以告知，且告知行为未对申请人的实体权利义务产生不利影响的，行政复议机关可以不予受理或者受理审查后驳回行政复议申请：

（一）信访处理意见、复查意见、复核意见，或者未履行信访法定职责的行为；

（二）履行内部层级监督职责作出的处理、答复，或者未履行该职责的行为；

（三）对明显不具有事务、地域或者级别管辖权的投诉举报事项作出的处理、答复，或者未作处理、答复的行为；

（四）未设定申请人权利义务的重复处理行为、说明性告知行为及过程性行为。

第十六条　行政复议机构应当自受理行政复议申请之日起 7 个工作日内，向被申请人发出答复通知书，并将行政复议申请书副本或者申请笔录复印件一并发送被申请人。

第十七条　行政复议机构认为申请人以外的公民、法人或者其他组织与被复议的行政行为有利害关系的，可以通知其作为第三人参加行政复议。

申请人以外的公民、法人或者其他组织也可以向行政复议机构提出申请，并提交有利害关系的证明材料，经审查同意后作为第三人参加行政复议。

第十八条　自然资源部为被申请人的，由行政行为的承办机构提出书面答复，报分管部领导审定。

地方自然资源主管部门为被申请人的，由行政行为的承办机构提出书面答复，报本部门负责人签发，并加盖本部门印章。

难以确定行政复议答复承办机构的，由本部门行政复议机构确定。承办机构有异议的，由行政复议机构报本部门负责人确定。

行政行为的承办机构应当指定 1 至 2 名代理人参加行政复议。

第十九条　被申请人应当提交行政复议答复书及作出原行政行为的证据、依据和其他有关材料，并对其提交的证据材料分类编号，对证据材料的来源、证明对象和内容作简要说明。涉及国家秘密的，应当作出明确标识。

被申请人未按期提交行政复议答复书及证据材料的，视为原行政行为没有证据、依据，行政复议机关应当作出撤销该行政行为的行政复议决定。

第二十条 被申请人应当自收到答复通知书之日起 10 日内，提交行政复议答复书。

行政复议答复书应当载明下列事项：

（一）被申请人的名称、地址、法定代表人的姓名、职务；

（二）委托代理人的姓名、单位、职务、联系方式；

（三）作出行政行为的事实和有关证据；

（四）作出行政行为所依据的法律、法规、规章和规范性文件的具体条款和内容；

（五）对申请人复议请求的意见和理由；

（六）作出答复的日期。

第二十一条 行政复议机关应当为申请人、第三人及其代理人查阅行政复议案卷材料提供必要的便利条件。

申请人、第三人申请查阅行政复议案卷材料的，应当出示身份证件；代理人申请查阅行政复议案卷材料的，应当出示身份证件及授权委托书。申请人、第三人及其代理人查阅行政复议案卷材料时，行政复议机构工作人员应当在场。

第二十二条 对受理的行政复议案件，行政复议机构可以根据案件审理的需要，征求本行政复议机关相关机构的意见。

相关机构应当按照本机构职责范围，按期对行政复议案件提出明确意见，并说明理由。

第二十三条 行政复议案件以书面审理为主。必要时，行政复议机构可以采取实地调查、审查会、听证会、专家论证等方式审理行政复议案件。

重大、复杂、疑难的行政复议案件，行政复议机构应当提请行政复议委员会审议。

第二十四条 申请人对自然资源主管部门作出的同一行政行为或者内容基本相同的行政行为，提出多个行政复议申请的，行政复议机构可以合并审理。

已经作出过行政复议决定，其他申请人以基本相同的事实和理由，对同一行政行为再次提出行政复议申请的，行政复议机构可以简化审理程序。

第二十五条 行政复议期间有下列情形之一的，行政复议中止：

（一）双方当事人书面提出协商解决申请，行政复议机构认为有利于实质性解决纠纷，维护申请人合法权益的；

（二）申请人不以保护自身合法权益为目的，反复提起行政复议申请，扰乱复议机关行政管理秩序的；

（三）法律法规规定需要中止审理的其他情形。

属于前款第一项规定情形的，双方当事人应当明确协商解决的期限。期限届满未能协商解决的，案件恢复审理。

属于前款第二项规定情形，情节严重的，行政复议机关应当及时向有关国家机关通报。

行政复议机构中止行政复议案件审理的，应当书面通知当事人，并告知中止原因；行政复议中止的原因消除后，应当及时恢复行政复议案件的审理。

第二十六条　行政复议机关作出行政复议决定，应当制作行政复议决定书。

行政复议决定书应当符合法律法规的规定，并加盖行政复议机关的印章或者行政复议专用章。

行政复议决定书应当载明申请人不服行政复议决定的法律救济途径和期限。

第二十七条　被复议行政行为的处理结果正确，且不损害申请人的实体权利，但在事实认定、引用依据、证据提交方面有轻微错误的，行政复议机关可以作出驳回复议申请或者维持原行政行为的决定，但应当在行政复议决定书中对被申请人予以指正。

被申请人应当在收到行政复议决定书之日起60日内，向行政复议机关作出书面说明，并报告改正情况。

第二十八条　行政行为被行政复议机关撤销、变更、确认违法的，或者行政复议机关责令履行法定职责的，行政行为的承办机构应当适时制作行政复议决定分析报告，向本机关负责人报告，并抄送法治工作机构。

第二十九条　行政复议机关在行政复议过程中，发现被申请人相关行政行为的合法性存在问题，或者需要做好善后工作的，应当制发行政复议意见书，向被申请人指出存在的问题，提出整改要求。

被申请人应当责成行政行为的承办机构在收到行政复议意见书之日起60日内完成整改工作，并将整改情况书面报告行政复议机关。

被申请人拒不整改或者整改不符合要求，情节严重的，行政复议机关应当报请有关国家机关依法处理。

行政复议期间，行政复议机构发现法律、法规、规章实施中带有普遍性的问题，可以制作行政复议建议书，向有关机关提出完善制度和改进行政执法的建议。相关机关应当及时向行政复议机构反馈落实情况。

第三十条　有下列情形之一，在整改期限内拒不整改或整改不符合要求的，上级自然资源主管部门可以约谈下级自然资源主管部门负责人，通报有关地方人民政府：

（一）不依法履行行政复议职责，故意将行政复议案件上交的；

（二）反复发生群体性行政复议案件的；

（三）同类行政复议案件反复发生，未采取措施解决的；

（四）逾期不履行行政复议决定、不反馈行政复议意见书和建议书的；

（五）提交虚假证据材料的；

（六）其他事项需要约谈的。

第三十一条 行政复议机关应当将行政复议申请受理情况等信息在本机关门户网站、官方微信等媒体上向社会公开。

推行行政复议决定书网上公开，加强社会对行政复议决定履行情况的监督。

第三十二条 被申请人应当在法定期限内履行生效的行政复议决定，并在履行行政复议决定后30日内将履行情况及相关法律文书送达情况书面报告行政复议机关。

第三十三条 行政复议决定履行期满，被申请人不履行行政复议决定的，申请人可以向行政复议机关提出责令履行申请。

第三十四条 行政复议机关收到责令履行申请书，应当向被申请人进行调查或者核实，依照下列规定办理：

（一）被申请人已经履行行政复议决定，并将履行情况相关法律文书送达申请人的，应当联系申请人予以确认，并做好记录；

（二）被申请人已经履行行政复议决定，但尚未将履行情况相关法律文书送达申请人的，应当督促被申请人将相关法律文书送达申请人；

（三）被申请人逾期未履行行政复议决定的，应当责令被申请人在规定的期限内履行。被申请人拒不履行的，行政复议机关可以将有关材料移送纪检监察机关。

属于本条第一款第二项规定情形的，被申请人应当将相关法律文书送达情况及时报告行政复议机关。

属于本条第一款第三项规定情形的，被申请人应当在收到书面通知之日起30日内履行完毕，并书面报告行政复议机关。被申请人认为没有条件履行的，应当说明理由并提供相关证据、依据。

第三十五条 有下列情形之一，行政复议机关可以决定被申请人中止履行行政复议决定：

（一）有新的事实和证据，足以影响行政复议决定履行的；

（二）行政复议决定履行需要以其他案件的审理结果为依据，而其他案件尚未审结的；

（三）被申请人与申请人达成中止履行协议，双方提出中止履行申请的；

（四）因不可抗力等其他原因需要中止履行的。

本条前款第三项规定的中止履行协议不得损害国家利益、社会公共利益和他人的合法权益。

第三十六条 决定中止履行行政复议决定的，行政复议机关应当向当事人发出行政复议决定中止履行通知书。

行政复议决定中止履行通知书应当载明中止履行的理由和法律依据。中止履行期间，不计算在履行期限内。

中止履行的情形消除后，行政复议机关应当向当事人发出行政复议决定恢复履行通知书。

第三十七条 经审查，被申请人不履行行政复议决定的理由不成立的，行政复议机关应当作出责令履行行政复议决定通知书，并送达被申请人。

第三十八条 被责令重新作出行政行为的，被申请人不得以同一事实和理由作出与原行政行为相同或者基本相同的行为，因违反法定程序被责令重新作出行政行为的除外。

第三十九条 行政复议机关工作人员违反本规定，有下列情形之一，情节严重的，对直接负责的责任人员依法给予处分：

（一）未登记行政复议申请，导致记录不全或者遗漏的；

（二）未按时将行政复议申请转交行政复议机构的；

（三）未保障行政复议当事人、代理人阅卷权的；

（四）未妥善保管案卷材料，或者未按要求将行政复议案卷归档，导致案卷不全或者遗失的；

（五）未对收到的责令履行申请书进行调查核实的；

（六）未履行行政复议职责，导致矛盾上交或者激化的。

第四十条 被申请人及其工作人员违反本规定，有下列情形之一，情节严重的，对直接负责的责任人员依法给予处分：

（一）不提出行政复议答复或者无正当理由逾期答复的；

（二）不提交作出原行政行为的证据、依据和其他有关材料的；

（三）不配合行政复议机关开展行政复议案件审理工作的；

（四）不配合行政复议机关调查核实行政复议决定履行情况的；

（五）不履行或者无正当理由拖延履行行政复议决定的；

（六）不与行政复议机关在共同应诉工作中沟通、配合，导致不良后果的；

（七）对收到的行政复议意见书无正当理由，不予书面答复或者逾期作出答复的。

第四十一条 行政复议案件审结后，案件承办机构应当及时将案件材料立卷归档。

第四十二条 申请人对国家林业和草原局行政行为不服的，应当向国家林业和草原局提起行政复议。

申请人对地方林业和草原主管部门的行政行为不服，选择向其上一级主管部门申请行政复议的，应当向上一级林业和草原主管部门提起行政复议。

自然资源主管部门对不属于本机关受理的行政复议申请，能够明确属于同级林业和草原主管部门职责范围的，应当将该申请转送同级林业和草原主管部门，并告知申请人。

第四十三条 本规定自 2019 年 9 月 1 日起施行。原国土资源部 2017 年 11 月 21 日发布的《国土资源行政复议规定》（国土资源部令第 76 号）同时废止。

水利部行政复议工作暂行规定

（1999 年 10 月 18 日水利部水政法〔1999〕552 号公布　根据 2017 年 12 月 22 日《水利部关于废止和修改部分规章的决定》修正）

第一条　为防止和纠正违法的或者不当的具体行政行为，保护公民、法人和其他组织的合法权益，保障和监督有关水行政主管部门、流域管理机构依法行使职权，根据《中华人民共和国行政复议法》（以下简称《行政复议法》）及有关水法规的规定，制定本规定。

第二条　水利部及其所属的长江、黄河、海河、淮河、珠江、松辽水利委员会和太湖流域管理局等流域管理机构（以下简称流域机构）的行政复议工作，适用本规定。

第三条　水利部负责行政复议工作的机构是政策法规司。流域机构负责行政复议工作的机构是负责法制工作的机构。

水利部政策法规司、流域机构负责法制工作的机构（以下简称复议工作机构）负责办理有关的行政复议事项，履行行政复议受理、调查取证、审查、提出处理建议和行政应诉等职责；各司局和有关单位、流域机构各有关业务主管局（处、室）（以下统称主管单位）协同办理与本单位主管业务有关的行政复议的受理、举证、审查等工作。

第四条　行政复议工作应当遵循合法、公正、公开、及时、便民的原则。坚持有错必纠，保障水法规的正确实施。

第五条　有下列情形之一的，公民、法人或者其他组织可以依照《行政复议法》、有关法律、行政法规和本规定向水利部或者流域机构申请行政复议：

（一）对水利部、流域机构、流域机构所属管理机构或者省级水行政主管部门作出的行政处罚决定、行政强制措施决定不服的；

（二）对水利部、流域机构或者省级水行政主管部门作出的取水许可证、水利工程建设监理资质证、采砂许可证等证书变更、中止、撤销的决定不服的；

（三）对水利部、流域机构或者省级水行政主管部门作出的关于确认水流的使用权的决定不服的；

（四）认为水利部、流域机构或者省级水行政主管部门侵犯合法的经营自主权的；

（五）认为水利部、流域机构或者省级水行政主管部门违法集资或者违法要求履行其他义务的；

（六）认为符合法定条件，申请水利部、流域机构或者省级水行政主管部门颁发取水许可证、采砂许可证、水利工程建设监理资质证等证书，或者申请审查同意河道管理范围内建设项目、开发建设项目水土保持方案，水利部、流域机构或者省级水行政主管部门没有依法办理的；

（七）认为水利部、流域机构、流域机构所属管理机构或者省级水行政主管部门的其他具体行政行为侵犯其合法权益的。

第六条 公民、法人或者其他组织可以按照下列规定申请行政复议：

（一）对水利部或者流域机构作出的具体行政行为不服的，向水利部申请行政复议。

（二）对省级水行政主管部门作出的具体行政行为不服的，可以向省、自治区、直辖市人民政府申请行政复议，也可以向水利部申请行政复议。

（三）对流域机构所属管理机构作出的具体行政行为不服的，向流域机构申请行政复议。

第七条 对水利部、流域机构、流域机构所属管理机构或者省级水行政主管部门作出具体行政行为所依据的水利部的规定认为不合法的，公民、法人或者其他组织在申请行政复议时可以一并提出对该规定的审查申请。

流域机构受理的行政复议申请中，申请人提出前款要求的，流域机构应在受理行政复议申请之日起七日内通过直接送达、邮寄送达等方式将申请人对水利部的规定的审查申请移送水利部，水利部应当在六十日内依法处理。

水利部受理的行政复议申请中，申请人提出前款要求的，水利部应当在三十日内依法处理。

处理期间，中止对具体行政行为的审查并应及时通知申请人、被申请人及第三人。

前款所称规定，不含水利部颁布的规章。

第八条 申请人申请行政复议，可以书面申请，也可以口头申请；口头申请的，水利部或者流域机构应当当场填写行政复议口头申请书，记录申请人的基本情况、行政复议请求、申请行政复议的主要事实、申请理由、时间等。

第九条 水利部或者流域机构收到行政复议申请后，应当在五日内进行审查，对不符合《行政复议法》规定的行政复议申请，决定不予受理；对符合《行政复议法》规定，但不属于水利部或者流域机构受理的行政复议申请，告知申请人向有关行政复议机关提出。

除前款规定外，行政复议申请自复议工作机构收到之日起即为受理。

复议工作机构负责办理行政复议申请的受理事项，涉及有关主管单位业务的，有关主管单位应当予以配合。

第十条　行政复议原则上采取书面审查的办法。

复议工作机构认为有必要时，可以向有关组织和人员调查情况，听取申请人、被申请人和第三人的意见。

对水利部作出的具体行政行为或者制定的规定申请行政复议的，政策法规司应当对具体行政行为或者规定进行审查。涉及有关司局主管业务的，政策法规司应当自行政复议申请受理之日起七日内，将行政复议申请书副本或口头申请书复印件发送有关司局，有关司局应当自收到行政复议申请书副本或口头申请书复印件之日起十日内，提交当初作出具体行政行为的证据、依据和其他有关材料，或者提交制定规定的依据和其他有关材料，并提出书面复议意见。

对流域机构或者省级水行政主管部门作出的具体行政行为申请行政复议的，政策法规司应当对被申请人作出的具体行政行为进行审查。涉及有关司局主管业务的，应会同有关司局共同进行审查。

对流域机构所属管理机构作出的具体行政行为申请行政复议的，流域机构的复议工作机构应当对被申请人作出的具体行政行为进行审查。

第十一条　水利部政策法规司对被申请行政复议的具体行政行为审查后，应当提出书面意见，并报谓主管副部长和部长审核同意，主管副部长或部长认为必要，可将行政复议审查意见提交部长办公会议审议，按照《行政复议法》第二十八条、三十一条的规定作出行政复议决定，由政策法规司制作行政复议决定书、加盖部印章后送达申请人。

流域机构的复议工作机构对被申请行政复议的具体行政行为审查后，应当提出书面意见，并报请主管副主任（局长）和主任（局长）审核同意，主管副主任（局长）或主任（局长）认为必要。可将行政复议审查意见提交主任（局长）办公会议审议，按照《行政复议法》第二十八条、三十一条的规定作出行政复议决定，由复议工作机构制作行政复议决定书、加盖流域机构印章后送达申请人。

第十二条　公民、法人或者其他组织对水利部作出的行政复议决定不服的，可以依照《行政诉讼法》、《行政复议法》的规定向人民法院提起行政诉讼，也可以向国务院申请裁决。

公民、法人或者其他组织对流域机构作出的行政复议决定不服的，可以依照《行政诉讼法》、《行政复议法》的规定向人民法院提起行政诉讼。

第十三条　水利部或者流域机构受理行政复议申请，不得向申请人收取任何费用。

水利部、流域机构应当保证行政复议工作经费，以确保行政复议工作按期、高效完成。

第十四条 复议申请登记表、复议申请书、受理复议通知书、不予受理决定书、复议答辩书、复议决定书、复议文书送达回证、准予撤回行政复议申请决定书等行政复议文书格式，由水利部统一制订。

第十五条 本规定未尽事项，依照《行政复议法》的有关规定办理。

第十六条 流域机构可以依据本规定对其行政复议工作作出具体规定，并报部备案。

第十七条 本规定由水利部负责解释。

第十八条 本规定自公布之日起施行。

工业和信息化部行政复议实施办法

（2017 年 7 月 3 日中华人民共和国工业和信息化部令第 41 号公布）

第一条 为了规范工业和信息化部的行政复议工作，防止和纠正违法的或者不当的具体行政行为，维护公民、法人和其他组织的合法权益，根据《中华人民共和国行政复议法》等法律、行政法规，制定本办法。

第二条 公民、法人或者其他组织向工业和信息化部提出行政复议申请，工业和信息化部受理行政复议申请、作出行政复议决定，适用本办法。

第三条 工业和信息化部法制工作机构具体办理行政复议事项，履行下列职责：

（一）受理行政复议申请；

（二）向有关组织和人员调查取证，组织听证；

（三）审查被复议的具体行政行为是否合法、适当；

（四）依法决定行政复议中止、终止；

（五）拟订行政复议决定，督促行政复议决定的履行；

（六）提出行政复议意见书或者建议书；

（七）指导下级部门行政复议相关工作，组织行政复议人员培训；

（八）法律、行政法规和规章规定的其他职责。

第四条 工业和信息化部履行行政复议职责，遵循合法、公正、公开、及时、便民的原则，坚持有错必纠，保障法律、法规和规章的正确实施。

第五条 公民、法人或者其他组织认为工业和信息化部或者省、自治区、直辖市通信管理局及工业和信息化主管部门的具体行政行为侵犯其合法权益的，可以自知道该具体行政行为之日起 60 日内向工业和信息化部提出行政复议申请；但是法律规定的申请期限超过 60 日的除外。

因不可抗力或者其他正当理由耽误法定申请期限的，申请期限自障碍消除之日起继续计算。

第六条 依照本办法申请行政复议的公民、法人或者其他组织是申请人；作出具体行政行为的行政机关是被申请人。

同申请行政复议的具体行政行为有利害关系的其他公民、法人或者其他组织，可以作为第三人参加行政复议。

第七条 申请人对工业和信息化部或者省、自治区、直辖市通信管理局的具体行政行为不服的，向工业和信息化部申请行政复议。

申请人对省、自治区、直辖市工业和信息化主管部门的具体行政行为不服的，可以向该部门的本级人民政府申请行政复议，也可以依法向工业和信息化部申请行政复议。

第八条 申请人申请行政复议，应当提交行政复议申请书，并载明下列事项：

（一）申请人的基本情况，包括：公民的姓名、性别、年龄、身份证号码、工作单位、住所、邮政编码、送达地址、联系方式；法人或者其他组织的名称、住所、邮政编码、统一社会信用代码和法定代表人或者主要负责人的姓名、职务；

（二）被申请人的名称；

（三）行政复议请求、申请行政复议的主要事实和理由；

（四）申请人的签名或者盖章；

（五）申请行政复议的日期。

申请人为自然人的，应当提交居民身份证或者其他有效证件复印件；申请人为法人或者其他组织的，应当提交营业执照或者其他有效证件复印件、法定代表人或者主要负责人居民身份证或者其他有效证件复印件。申请人委托代理人代为申请的，还应当提交授权委托书和代理人的居民身份证或者其他有效证件复印件。

第九条 有下列情形之一的，申请人应当提供证明材料：

（一）认为被申请人不履行法定职责的，提供曾经要求被申请人履行法定职责而被申请人未履行的证明材料；

（二）申请行政复议时一并提出行政赔偿请求的，提供受具体行政行为侵害而造成损害的证明材料；

（三）行政复议申请超出本办法第五条规定的申请期限的，提供因不可抗力或者其他正当理由耽误法定申请期限的证明材料；

（四）法律、法规规定需要申请人提供证据材料的其他情形。

第十条 申请人书面申请有困难的，可以口头申请行政复议，由工业和信息化部法制工作机构按照本办法第八条规定的事项，当场制作行政复议申请笔录，交申请人核对或者向申请人宣读，并由申请人签字确认。

第十一条 工业和信息化部收到行政复议申请后，应当在5日内进行审查，并分别作出如下处理：

（一）行政复议申请符合《中华人民共和国行政复议法》及其实施条例规定的，决定予以受理，并告知申请人；

（二）行政复议申请不符合《中华人民共和国行政复议法》及其实施条例规定的，决定不予受理，制作不予受理行政复议申请决定书并告知申请人；

（三）行政复议申请符合《中华人民共和国行政复议法》及其实施条例规定，

但不属于工业和信息化部受理范围的，告知申请人向有关行政复议机关提出；

（四）行政复议申请材料不齐全或者表述不清楚的，制作补正行政复议申请通知书，一次性通知申请人需要补正的所有材料和合理的补正期限。无正当理由逾期不补正的，视为申请人放弃行政复议申请。补正申请材料所用时间不计入行政复议审理期限。

予以受理的行政复议申请，自工业和信息化部法制工作机构收到行政复议申请之日起即为受理。

第十二条 工业和信息化部法制工作机构应当自受理行政复议申请之日起 7 日内，制作行政复议答复通知书，连同相关行政复议申请材料发送被申请人。

第十三条 被申请人应当自收到行政复议答复通知书之日起 10 日内提出书面答复，提交当初作出具体行政行为的证据、依据及其他有关材料，在行政复议过程中不得自行向申请人和其他有关组织或者个人收集证据。

被申请人的书面答复应当载明下列内容：

（一）被申请人名称、地址、法定代表人姓名；

（二）作出具体行政行为的事实、证据及法律依据，对有关事实的陈述应当注明相应的证据材料；

（三）对申请人的行政复议请求、事实、理由作出全面答复及必要的举证；

（四）提出维持、变更、撤销、驳回或者确认违法的答复意见；

（五）作出答复的时间、联系人，并加盖印章。

被申请人是工业和信息化部的，由承办具体行政行为的有关司局依前款规定负责提出书面答复。

第十四条 行政复议期间具体行政行为不停止执行。但是有下列情形之一的，可以停止执行：

（一）被申请人认为需要停止执行的；

（二）工业和信息化部认为需要停止执行的；

（三）申请人申请停止执行，工业和信息化部认为其要求合理，决定停止执行的；

（四）法律规定停止执行的。

工业和信息化部决定停止执行的，应当书面告知被申请人、申请人、第三人。

第十五条 行政复议原则上采取书面审查的办法。工业和信息化部法制工作机构在办理行政复议事项过程中可以调取、查阅、复制相关证据材料。

工业和信息化部法制工作机构认为必要的，可以实地调查取证。需要现场勘验或者鉴定的，现场勘验、鉴定所用时间不计入行政复议审理期限。

第十六条 对重大、复杂的案件，工业和信息化部法制工作机构可以组织法律顾问、专家进行研究论证；申请人提出要求或者工业和信息化部法制工作机构认为必要时，可以采取听证的方式审理。听证按照下列程序进行：

（一）工业和信息化部法制工作机构应当将听证的时间、地点、具体要求等事项提前5日通知有关当事人；

（二）行政复议听证人员为不少于3人的单数，由工业和信息化部法制工作机构确定，并指定其中1人为听证主持人；

（三）举行听证时，被申请人应当提供书面答复及相关证据、依据等材料，证明其具体行政行为的合法性、合理性，申请人、第三人可以提出证据进行申辩和质证；

（四）听证应当制作笔录，听证笔录应当交听证参加人确认无误后签字或者盖章。

第十七条　申请人、第三人需要查阅被申请人提交的书面材料的，应当向工业和信息化部法制工作机构提出查阅申请，并提供有效证件。查阅时不得毁损、篡改材料。

第十八条　申请人在申请行政复议时，依法一并提出审查《中华人民共和国行政复议法》第七条所列的、被申请人作出具体行政行为所依据的规定的，工业和信息化部一并受理。有权处理的，应当在30日内依法处理；无权处理的，应当在7日内按照法定程序转送有权处理的国家机关依法处理。处理期间，中止对具体行政行为的审查。

第十九条　行政复议期间出现法定的中止情形的，行政复议中止。行政复议中止的原因消除后，应当及时恢复审理。

中止审理、恢复审理的决定由工业和信息化部法制工作机构作出，并书面通知申请人、被申请人、第三人。

第二十条　行政复议期间出现法定的终止情形的，行政复议终止。

行政复议决定作出前，申请人要求撤回行政复议申请，并经工业和信息化部法制工作机构同意的，行政复议终止。

行政复议终止的，工业和信息化部制作行政复议终止决定书，并送达申请人、被申请人、第三人。

第二十一条　工业和信息化部法制工作机构应当对被申请人作出的具体行政行为进行审查，提出意见，经工业和信息化部负责人同意或者集体讨论通过后，按照下列规定作出行政复议决定：

（一）具体行政行为认定事实清楚，证据确凿，适用依据正确，程序合法，内容适当的，决定维持；

（二）被申请人不履行法定职责的，决定其在一定期限内履行；

（三）具体行政行为有下列情形之一的，决定撤销、变更或者确认该具体行政行为违法：

1. 主要事实不清、证据不足的；

2. 适用依据错误的；

3. 违反法定程序的；

4. 超越或者滥用职权的；

5. 具体行政行为明显不当的。

（四）被申请人未依法提出书面答复、提交当初作出具体行政行为的证据、依据和其他有关材料的，视为该具体行政行为没有证据、依据，决定撤销该具体行政行为。

决定撤销或者确认被申请人的具体行政行为违法的，可以责令其在一定期限内重新作出具体行政行为。

第二十二条　有下列情形之一的，工业和信息化部驳回行政复议申请：

（一）申请人认为被申请人不履行法定职责申请行政复议，受理后发现该被申请人没有相应的法定职责或者在受理前已经履行法定职责的；

（二）受理行政复议申请后，发现该行政复议申请不符合法定受理条件的。

第二十三条　工业和信息化部自受理行政复议申请之日起 60 日内作出行政复议决定。案件情况复杂，不能在规定期限内作出行政复议决定的，经工业和信息化部负责人批准，可以适当延长，延长期限最多不超过 30 日。

延长行政复议期限的，应当制作延期审理通知书并送达申请人、被申请人、第三人。

第二十四条　工业和信息化部作出行政复议决定，应当制作行政复议决定书，送达申请人、被申请人、第三人。

第二十五条　被申请人应当履行行政复议决定。被申请人不履行或者无正当理由拖延履行行政复议决定的，由工业和信息化部责令其限期履行，制作责令履行行政复议决定通知书并送达被申请人、申请人、第三人。

被申请人收到责令履行行政复议决定通知书后，应当在规定期限内履行行政复议决定，并将履行情况报送工业和信息化部法制工作机构。

第二十六条　工业和信息化部在行政复议期间发现被申请人的相关具体行政行为违法或者需要做好善后工作的，可以制作行政复议意见书并送达被申请人；被申请人应当自收到行政复议意见书之日起 60 日内，将执行意见书的情况通报工业和信息化部法制工作机构。

行政复议意见书应当载明具体行政行为存在的问题、认定事实、判断依据以及整改意见等。

第二十七条　工业和信息化部法制工作机构在行政复议期间发现法律、法规、规章实施中带有普遍性问题的，可以制作行政复议建议书，向有关机关提出完善制度和改进执法的建议。

第二十八条 工业和信息化部建立行政复议工作通报制度。工业和信息化部法制工作机构应当每年将复议案件办理情况上报工业和信息化部负责人并进行通报。

工业和信息化部法制工作机构协助考核机构，将行政复议工作情况纳入年度考核。

第二十九条 工业和信息化部法制工作机构应当定期组织行政复议人员业务培训，提高行政复议人员的专业素质。

第三十条 工业和信息化部对在行政复议工作中做出显著成绩的机构和个人，根据实际情况给予表彰或者奖励。

第三十一条 工业和信息化部受理行政复议申请不得向申请人收取任何费用。行政复议所需经费，列入工业和信息化部行政经费予以保障。

第三十二条 本办法关于行政复议期间有关"5日""7日"的规定是指工作日，不含节假日。

第三十三条 本办法自 2017 年 9 月 1 日起施行。2002 年 10 月 22 日公布的《信息产业部行政复议实施办法》（原信息产业部令第 25 号）同时废止。

交通运输行政复议规定

（2000 年 6 月 27 日交通部发布　根据 2015 年 9 月 9 日《交通运输部关于修改〈交通行政复议规定〉的决定》修正）

第一条　为防止和纠正违法或者不当的具体行政行为，保护公民、法人和其他组织的合法权益，保障和监督交通运输行政机关依法行使职权，根据《中华人民共和国行政复议法》（以下简称《行政复议法》），制定本规定。

第二条　公民、法人或者其他组织认为具体行政行为侵犯其合法权益，向交通运输行政机关申请交通运输行政复议，交通运输行政机关受理交通运输行政复议申请、作出交通运输行政复议决定，适用《行政复议法》和本规定。

第三条　依照《行政复议法》和本规定履行交通运输行政复议职责的交通运输行政机关是交通运输行政复议机关，交通运输行政复议机关设置的法制工作机构，具体办理交通运输行政复议事项，履行《行政复议法》第三条规定的职责。

第四条　对县级以上地方人民政府交通运输主管部门的具体行政行为不服的，可以向本级人民政府申请行政复议，也可以向其上一级人民政府交通运输主管部门申请行政复议。

第五条　对县级以上地方人民政府交通运输主管部门依法设立的交通运输管理派出机构依照法律、法规或者规章规定，以自己的名义作出的具体行政行为不服的，向设立该派出机构的交通运输主管部门或者该交通运输主管部门的本级地方人民政府申请行政复议。

第六条　对县级以上地方人民政府交通运输主管部门依法设立的交通运输管理机构，依照法律、法规授权，以自己的名义作出的具体行政行为不服的，向设立该管理机构的交通运输主管部门申请行政复议。

第七条　对下列具体行政行为不服的，可以向交通运输部申请行政复议：

（一）省级人民政府交通运输主管部门的具体行政行为；

（二）交通运输部海事局的具体行政行为；

（三）长江航务管理局、珠江航务管理局的具体行政行为；

（四）交通运输部的具体行政行为。

对交通运输部直属海事管理机构的具体行政行为不服的，应当向交通运输部海事局申请行政复议。

第八条 公民、法人或者其他组织向交通运输行政复议机关申请交通运输行政复议，应当自知道该具体行政行为之日起六十日内提出行政复议申请；但是法律规定的申请期限超过六十日的除外。

因不可抗力或者其他正当理由耽误法定申请期限的，申请人应当在交通运输行政复议申请书中注明，或者向交通运输行政复议机关说明，并由交通运输行政复议机关记录在《交通运输行政复议申请笔录》（见附件1）中，经交通运输行政复议机关依法确认的，申请期限自障碍消除之日起继续计算。

第九条 申请人申请交通运输行政复议，可以书面申请，也可以口头申请。

申请人口头申请的，交通运输行政复议机关应当当场记录申请人、被申请人的基本情况，行政复议请求，主要事实、理由和时间；申请人应当在行政复议申请笔录上签名或者署印。

第十条 公民、法人或者其他组织向人民法院提起行政诉讼或者向本级人民政府申请行政复议，人民法院或者人民政府已经受理的，不得再向交通运输行政复议机关申请行政复议。

第十一条 交通运输行政复议机关收到交通运输行政复议申请后，应当在五日内进行审查。对符合《行政复议法》规定的行政复议申请，应当决定予以受理，并制作《交通运输行政复议申请受理通知书》（见附件2）送达申请人、被申请人；对不符合《行政复议法》规定的行政复议申请，决定不予受理，并制作《交通运输行政复议申请不予受理决定书》（见附件3）送达申请人；对符合《行政复议法》规定，但是不属于本机关受理的行政复议申请，应当告知申请人向有关行政复议机关提出。

除前款规定外，交通运输行政复议申请自交通运输行政复议机关设置的法制工作机构收到之日起即为受理。

第十二条 公民、法人或者其他组织依法提出交通运输行政复议申请，交通运输行政复议机关无正当理由不予受理的，上级交通运输行政机关应当制作《责令受理通知书》（见附件4）责令其受理；必要时，上级交通运输行政机关可以直接受理。

第十三条 交通运输行政复议原则上采取书面审查的办法，但是申请人提出要求或者交通运输行政复议机关设置的法制工作机构认为有必要时，可以向有关组织和个人调查情况，听取申请人、被申请人和第三人的意见。

复议人员调查情况、听取意见，应当制作《交通运输行政复议调查笔录》（见附件5）。

第十四条 交通运输行政复议机关设置的法制工作机构应当自行政复议申请受理之日起七日内，将交通运输行政复议申请书副本或者《交通运输行政复议申请笔录》复印件及《交通运输行政复议申请受理通知书》送达被申请人。

被申请人应当自收到前款通知之日起十日内向交通运输行政复议机关提交《交通运输行政复议答复意见书》（见附件6），并提交作出具体行政行为的证据、依据和其他有关材料。

第十五条　交通运输行政复议决定作出前，申请人要求撤回行政复议申请的，经说明理由并由复议机关记录在案，可以撤回。申请人撤回行政复议申请，应当提交撤回交通运输行政复议的书面申请书或者在《撤回交通运输行政复议申请笔录》（见附件7）上签名或者署印。

撤回行政复议申请的，交通运输行政复议终止，交通运输行政复议机关应当制作《交通运输行政复议终止通知书》（见附件8）送达申请人、被申请人、第三人。

第十六条　申请人在申请交通运输行政复议时，对《行政复议法》第七条所列有关规定提出审查申请的，交通运输行政复议机关对该规定有权处理的，应当在三十日内依法处理；无权处理的，应当在七日内制作《规范性文件转送处理函》（见附件9），按照法定程序转送有权处理的行政机关依法处理。

交通运输行政复议机关对有关规定进行处理或者转送处理期间，中止对具体行政行为的审查。中止对具体行政行为审查的，应当制作《交通运输行政复议中止审查通知书》（见附件10）及时送达申请人、被申请人、第三人。

第十七条　交通运输行政复议机关在对被申请人作出的具体行政行为审查时，认为其依据不合法，本机关有权处理的，应当在三十日内依法处理；无权处理的，应当在七日内按照法定程序转送有权处理的国家机关依法处理。处理期间，中止对具体行政行为的审查。

交通运输行政复议机关中止对具体行政行为审查的，应当制作《交通运输行政复议中止审查通知书》送达申请人、被申请人、第三人。

第十八条　交通运输行政复议机关设置的法制工作机构应当对被申请人作出的具体行政行为进行审查，提出意见，经交通运输行政复议机关的负责人同意或者集体讨论通过后，按照下列规定作出交通运输行政复议决定：

（一）具体行政行为认定事实清楚，证据确凿，适用依据正确，程序合法，内容适当的，决定维持；

（二）被申请人不履行法定职责的，责令其在一定期限内履行；

（三）具体行政行为有下列情形之一的，决定撤销、变更或者确认该具体行政行为违法；决定撤销或者确认该具体行政行为违法的，可以责令被申请人在一定期限内重新作出具体行政行为：

1. 主要事实不清、证据不足的；

2. 适用依据错误的；

3. 违反法定程序的；

4. 超越或者滥用职权的；

5. 具体行政行为明显不当的。

（四）被申请人不按照《行政复议法》第二十三条的规定提出书面答复、提交当初作出具体行政行为的证据、依据和其他有关材料的，视为该具体行政行为没有证据、依据，决定撤销该具体行政行为。

交通运输行政复议机关责令被申请人重新作出具体行政行为的，被申请人不得以同一的事实和理由作出与原具体行政行为相同或者基本相同的具体行政行为。

第十九条 交通运输行政复议机关作出交通运输行政复议决定，应当制作《交通运输行政复议决定书》（见附件 11），加盖交通运输行政复议机关印章，分别送达申请人、被申请人和第三人；交通运输行政复议决定书一经送达即发生法律效力。

交通运输行政复议机关向当事人送达《交通运输行政复议决定书》及其他交通运输行政复议文书（除邮寄、公告送达外）应当使用《送达回证》（见附件 12），受送达人应当在送达回证上注明收到日期，并签名或者署印。

第二十条 交通运输行政复议机关应当自受理交通运输行政复议申请之日起六十日内作出交通运输行政复议决定；但是法律规定的行政复议期限少于六十日的除外。情况复杂，不能在规定期限内作出交通运输行政复议决定的，经交通运输行政复议机关的负责人批准，可以适当延长，并告知申请人、被申请人、第三人，但是延长期限最多不超过三十日。

交通运输行政复议机关延长复议期限的，应当制作《延长交通运输行政复议期限通知书》（见附件 13）送达申请人、被申请人、第三人。

第二十一条 被申请人不履行或者无正当理由拖延履行交通运输行政复议决定的，交通运输行政复议机关或者有关上级交通运输行政机关应当责令其限期履行。

第二十二条 交通运输行政复议机关设置的法制工作机构发现有《行政复议法》第三十八条规定的违法行为的，应当制作《交通运输行政复议违法行为处理建议书》（见附件 14）向有关行政机关提出建议，有关行政机关应当依照《行政复议法》和有关法律、行政法规的规定作出处理。

第二十三条 交通运输行政复议机关受理交通运输行政复议申请，不得向申请人收取任何费用。

交通运输行政复议活动所需经费应当在本机关的行政经费中单独列支，不得挪作他用。

第二十四条 本规定由交通运输部负责解释。

第二十五条 本规定自发布之日起施行，1992 年交通部第 39 号令发布的《交通行政复议管理规定》同时废止。

附件：（略）

住房城乡建设行政复议办法

（2015 年 9 月 7 日中华人民共和国住房和城乡建设部令第 25 号公布）

第一章　总　　则

第一条　为规范住房城乡建设行政复议工作，防止和纠正违法或者不当的行政行为，保护公民、法人和其他组织的合法权益，根据《中华人民共和国行政复议法》和《中华人民共和国行政复议法实施条例》等相关规定，制定本办法。

第二条　公民、法人和其他组织（以下统称申请人）依法向住房城乡建设行政复议机关申请行政复议，住房城乡建设行政复议机关（以下简称行政复议机关）开展行政复议工作，适用本办法。

第三条　行政复议机关应当认真履行行政复议职责，遵循合法、公正、公开、及时、便民的原则，坚持有错必纠，保障法律、法规和规章的正确实施。

行政复议机关应当依照有关规定配备专职行政复议人员，为行政复议工作提供必要的物质和经费保障。

第四条　行政复议机关负责法制工作的机构作为行政复议机构，办理行政复议有关事项，履行下列职责：

（一）受理行政复议申请；

（二）向有关组织和人员调查取证，查阅文件和资料，组织行政复议听证；

（三）通知第三人参加行政复议；

（四）主持行政复议调解，审查行政复议和解协议；

（五）审查申请行政复议的行政行为是否合法与适当，提出处理建议，拟订行政复议决定；

（六）法律、法规、规章规定的其他职责。

第五条　行政复议机关可以根据行政复议工作的需要，设立行政复议委员会，其主要职责是：

（一）制定行政复议工作的规则、程序；

（二）对重大、复杂、疑难的行政复议案件提出处理意见；

（三）对行政复议涉及的有权处理的规范性文件的审查提出处理意见；

（四）其他需要决定的重大行政复议事项。

第六条 专职行政复议人员应当具备与履行行政复议职责相适应的品行、专业知识和业务能力，定期参加业务培训。

第七条 国务院住房城乡建设主管部门对全国住房城乡建设行政复议工作进行指导。

县级以上地方人民政府住房城乡建设主管部门对本行政区域内的住房城乡建设行政复议工作进行指导。

第八条 各级行政复议机关应当定期总结行政复议工作，对在行政复议工作中做出显著成绩的单位和个人，依照有关规定给予表彰和奖励。

第二章　行政复议申请

第九条 有下列情形之一的，申请人可以依法向住房城乡建设行政复议机关提出行政复议申请：

（一）不服县级以上人民政府住房城乡建设主管部门作出的警告，罚款，没收违法所得，没收违法建筑物、构筑物和其他设施，责令停业整顿，责令停止执业，降低资质等级，吊销资质证书，吊销执业资格证书和其他许可证、执照等行政处罚的；

（二）不服县级以上人民政府住房城乡建设主管部门作出的限期拆除决定和强制拆除违法建筑物、构筑物、设施以及其他住房城乡建设相关行政强制行为的；

（三）不服县级以上人民政府住房城乡建设主管部门作出的行政许可决定以及行政许可的变更、延续、中止、撤销、撤回和注销决定的；

（四）向县级以上人民政府住房城乡建设主管部门申请履行法律、法规和规章规定的法定职责，但认为县级以上人民政府住房城乡建设主管部门没有依法履行的；

（五）认为县级以上人民政府住房城乡建设主管部门违法要求履行其他义务的；

（六）认为县级以上人民政府住房城乡建设主管部门的其他具体行政行为侵犯其合法权益的。

第十条 有下列情形之一的，申请人提出行政复议申请，行政复议机关不予受理：

（一）不服县级以上人民政府住房城乡建设主管部门作出的行政处分、人事任免有关决定，或者认为住房城乡建设主管部门应当履行但未依法履行有关行政处分、人事任免职责的；

（二）不服县级以上人民政府住房城乡建设主管部门对有权处理的信访事项，根据《信访条例》作出的处理意见、复查意见、复核意见和不再受理决定的；

（三）不服县级以上人民政府住房城乡建设主管部门制定的规范性文件，以及作出的行政调解行为、行政和解行为、行政复议决定的；

（四）以行政复议申请名义，向行政复议机关提出批评、意见、建议、控告、检举、投诉，以及其他信访请求的；

（五）申请人已就同一事项先向其他有权受理的行政复议机关提出行政复议申请的，或者人民法院已就该事项立案登记的；

（六）被复议的行政行为已为其他生效法律文书的效力所羁束的；

（七）法律、法规规定的不应纳入行政复议范围的其他情形。

第十一条 申请人书面申请行政复议的，可以采取当面递交、邮寄等方式，向行政复议机关提交行政复议申请书及有关材料；书面申请确有困难的，可以口头申请，由行政复议机关记入笔录，经由申请人核实后签名或者盖章确认。有条件的行政复议机关，可以提供行政复议网上申请的有关服务。

申请人不服县级以上人民政府住房城乡建设主管部门作出的两个及两个以上行政行为的，应当分别提出行政复议申请。

第十二条 申请人以书面方式申请行政复议的，应当提交行政复议申请书正本副本各一份。复议申请书应当载明下列内容：

（一）申请人姓名或者名称、地址；

（二）被申请人的名称、地址；

（三）行政复议请求；

（四）主要事实和理由（包括知道行政行为的时间）；

（五）提出行政复议申请的日期。

复议申请书应当由申请人或者申请人的法定代表人签字或者盖章，并附有必要的证据。申请人为自然人的，应当提交身份证件复印件；申请人为法人或者其他组织的，应当提交有效营业执照或者其他有效证件的复印件、法定代表人身份证明等。申请人授权委托人代为申请的，应当提交申请人与委托人的合法身份证明和授权委托书。

第十三条 申请人认为行政行为侵犯其合法权益的，可以自知道或者应当知道该行政行为之日起 60 日内提出行政复议申请；但是法律规定的申请期限超过 60 日的除外。因不可抗力或者其他正当理由耽误法定申请期限的，申请期限自障碍消除之日起继续计算。

申请人认为行政机关不履行法定职责的，可以在法律、法规、规章规定的履行期限届满后，按照前款规定提出行政复议申请；法律、法规、规章没有规定履行期限的，可以自向行政机关提出申请满 60 日后，按照前款规定提出行政复议申请。

对涉及不动产的行政行为从作出之日起超过 20 年、其他行政行为从作出之日起超过 5 年申请行政复议的，行政复议机关不予受理。

第十四条 有下列情形之一的，申请人应当提供相应的证明材料：

（一）认为被申请人行政不作为的，应当提供曾经要求被申请人履行法定职责而被申请人未履行的证明材料；

（二）行政复议申请超出本办法第十三条规定的行政复议申请期限的，应当提供因不可抗力或者其他正当理由耽误法定申请期限的证明材料；

（三）提出行政赔偿请求的，应当提供受行政行为侵害而造成损害的证明材料；

（四）法律、法规和规章规定需要申请人提供证明材料的其他情形。

第十五条 与行政行为有利害关系的其他公民、法人或者其他组织以书面形式提出申请，经行政复议机关审查同意，可以作为第三人参加行政复议。

行政复议机关认为必要时，也可以通知与行政行为有利害关系的其他公民、法人或者其他组织作为第三人参加行政复议。

第三人不参加行政复议的，不影响行政复议审查。

第十六条 申请人、被申请人、第三人可以委托一至两人作为复议代理人。下列人员可以被委托为复议代理人：

（一）律师、基层法律服务工作者；

（二）申请人、第三人的近亲属或者工作人员；

（三）申请人、第三人所在社区、单位及有关社会团体推荐的公民。

申请人、被申请人、第三人委托代理人参加行政复议的，应当向行政复议机关提交由委托人签字或者盖章的委托书，委托书应当载明委托事项和具体权限；解除或者变更委托的，应当书面通知行政复议机关。

第三章　行政复议受理

第十七条 行政复议机关收到行政复议申请后，应当在 5 日内进行审查，对不符合本办法第十八条规定的行政复议申请，决定不予受理，并书面告知申请人；对不属于本机关受理的行政复议申请，应当告知申请人向有关行政复议机关提出。

除前款规定外，行政复议申请自行政复议机构收到之日起即为受理。

第十八条 行政复议机关对符合下列条件的行政复议申请，应当予以受理：

（一）有明确的申请人和符合规定的被申请人；

（二）申请人与行政行为有利害关系；

（三）有具体的行政复议请求和理由；

（四）在法定申请期限内提出；

（五）属于本办法规定的行政复议范围；

（六）属于收到行政复议申请的行政复议机构的职责范围；

（七）申请人尚未就同一事项向其他有权受理的行政复议机关提出行政复议申请，人民法院尚未就申请人同一事项立案登记的；

（八）符合法律、法规规定的其他条件。

第十九条　行政复议申请材料不齐全或者表述不清楚的，行政复议机构可以自收到该行政复议申请之日起 5 日内书面通知申请人补正。补正通知书应当载明下列事项：

（一）行政复议申请书中需要补充、说明、修改的具体内容；

（二）需要补正的材料、证据；

（三）合理的补正期限；

（四）逾期未补正的法律后果。

申请人应当按照补正通知书要求提交补正材料。申请人无正当理由逾期不补正的，视为放弃行政复议申请。申请人超过补正通知书载明的补正期限补正，或者补正材料不符合补正通知书要求的，行政复议机关可以不予受理其行政复议申请。

补正申请材料所用时间不计入行政复议审理期限。

第二十条　行政复议机关应当自行政复议申请受理之日起 7 日内，向被申请人发出答复通知书，并将行政复议申请书副本或者行政复议申请笔录复印件发送被申请人。被申请人应当自收到答复通知书之日起 10 日内，提出书面答复。

第二十一条　被申请人的书面答复应当载明以下内容：

（一）被申请人的基本情况；

（二）作出行政行为的过程和相关情况；

（三）作出行政行为的事实依据和有关证据材料；

（四）对申请人提出的事实和理由进行答辩；

（五）作出行政行为所依据的法律、法规、规章和规范性文件；

（六）作出答复的时间。

第四章　行政复议审查

第二十二条　行政复议案件原则上采取书面审查的办法。行政复议机关认为必要，或者申请人提出听证要求经行政复议机关同意的，可以采取听证的方式审查。听证所需时间不计入行政复议审理期限。

行政复议机关决定举行听证的，应当于举行听证 5 日前将举行听证的时间、地点、具体要求等事项，通知申请人、被申请人和第三人。申请人超过 5 人的，应当推选 1 至 5 名代表参加听证。申请人无正当理由不参加听证或者未经许可中途退出听证的，视为自动放弃听证权利，听证程序终止；第三人不参加听证的，不影响听证的举行；被申请人必须参加听证。

行政复议机关认为必要的，可以实地调查核实。被调查单位和人员应当予以配合，不得拒绝或者阻挠。

第二十三条 两个及两个以上的复议申请人不服县级以上人民政府住房城乡建设主管部门作出的一个行政行为或者基本相同的多个行政行为，向行政复议机关分别提起多件行政复议申请的，行政复议机关可以合并审理。

第二十四条 在行政复议中，被申请人应当对其作出的行政行为承担举证责任，对其提交的证据材料应当分类编号，对证据材料的来源、证明对象和内容作简要说明。

第二十五条 行政复议机关审查行政复议案件，应当以证据证明的案件事实为依据。定案证据应当具有合法性、真实性和关联性。

第二十六条 行政复议机关应当对被申请人作出的行政行为的下列事项进行审查：

（一）是否具有相应的法定职责；

（二）主要事实是否清楚，证据是否确凿；

（三）适用依据是否正确；

（四）是否符合法定程序；

（五）是否超越或者滥用职权；

（六）是否存在明显不当。

第二十七条 行政复议机关对申请人认为被申请人不履行法定职责的行政复议案件，应当审查下列事项：

（一）申请人是否曾经要求被申请人履行法定职责；

（二）被申请人是否具有法律、法规或者规章明确规定的具体法定职责；

（三）被申请人是否明确表示拒绝履行或者不予答复；

（四）是否超过法定履行期限；

（五）被申请人提出不能在法定期限内履行或者不能及时履行的理由是否正当。

第二十八条 行政复议决定作出前，申请人可以撤回行政复议申请。

申请人撤回行政复议申请的，不得再以同一事实和理由提出行政复议申请。但是，申请人能够证明撤回行政复议申请违背其真实意思表示的除外。

第二十九条 行政复议机关中止、恢复行政复议案件的审理，或者终止行政复议的，应当书面通知申请人、被申请人和第三人。

第五章 行政复议决定

第三十条 行政行为认定事实清楚，证据确凿，适用依据正确，程序合法，内容适当的，行政复议机关应当决定维持。

第三十一条 行政行为有下列情形之一的，行政复议机关应当决定撤销：

（一）主要事实不清，证据不足的；

（二）适用依据错误的；

（三）违反法定程序的；

（四）超越或者滥用职权的；

（五）行政行为明显不当的。

第三十二条 行政行为有下列情形之一的，行政复议机关可以决定变更该行政行为：

（一）认定事实清楚，证据确凿，程序合法，但是明显不当或者适用依据错误的；

（二）认定事实不清，证据不足，经行政复议程序审理查明事实清楚，证据确凿的。

第三十三条 有下列情形之一的，行政复议机关应当决定驳回行政复议申请：

（一）申请人认为被申请人不履行法定职责申请行政复议，行政复议机关受理后发现被申请人没有相应法定职责或者在受理前已经履行法定职责的；

（二）行政复议机关受理行政复议申请后，发现该行政复议申请不属于本办法规定的行政复议受案范围或者不符合受理条件的；

（三）被复议的行政行为，已为人民法院或者行政复议机关作出的生效法律文书的效力所羁束的；

（四）法律、法规和规章规定的其他情形。

第三十四条 有下列情形之一的，行政复议机关应当决定被申请人在一定期限内履行法定职责：

（一）属于被申请人的法定职责，被申请人明确表示拒绝履行或者不予答复的；

（二）属于被申请人的法定职责，并有法定履行期限，被申请人无正当理由逾期未履行或者未予答复的；

（三）属于被申请人的法定职责，没有履行期限规定，被申请人自收到申请满60日起无正当理由未履行或者未予答复的。

前款规定的法定职责，是指县级以上人民政府住房城乡建设主管部门根据法律、法规或者规章的明确规定，在接到申请人的履责申请后应当履行的职责。

第三十五条　行政行为有下列情形之一的，行政复议机关应当确认违法，但不撤销或者变更行政行为：

（一）行政行为依法应当撤销或者变更，但撤销或者变更该行政行为将会给国家利益、社会公共利益造成重大损害的；

（二）行政行为程序轻微违法，但对申请人权利不产生实际影响的；

（三）被申请人不履行法定职责或者拖延履行法定职责，判令履行没有意义的；

（四）行政行为违法，但不具有可撤销、变更内容的；

（五）法律、法规和规章规定的其他情形。

第三十六条　被申请人在复议期间改变原行政行为的，应当书面告知行政复议机关。

被申请人改变原行政行为，申请人撤回行政复议申请的，行政复议机关准予撤回的，行政复议终止；申请人不撤回行政复议申请的，行政复议机关经审查认为原行政行为违法的，应当作出确认其违法的行政复议决定；认为原行政行为合法的，应当驳回行政复议申请。

第三十七条　行政复议机关决定撤销行政行为，可以责令被申请人在一定期限内重新作出行政行为。重新作出行政行为的期限自《行政复议决定书》送达之日起最长不超过 60 日，法律、法规、规章另有规定的除外。

行政复议机关确认行政行为违法的，可以责令被申请人采取相应的补救措施。

申请人对行政机关重新作出的行政行为不服，可以依法申请行政复议或者提起行政诉讼。

第三十八条　行政复议机关在申请人的行政复议请求范围内，不得作出对申请人更为不利的行政复议决定。但利害关系人同为申请人，且行政复议请求相反的除外。

第三十九条　申请人与被申请人在行政复议决定作出前，依法自愿达成和解的，由申请人按照本办法规定向行政复议机关撤回行政复议申请。和解内容不得损害国家利益、社会公共利益和他人合法权益。

第四十条　有下列情形之一的，行政复议机关可以按照自愿、合法的原则进行调解：

（一）申请人对行政机关行使法律、法规规定的自由裁量权作出的行政行为不服申请行政复议的；

（二）当事人之间的行政赔偿或者行政补偿纠纷。

经调解达成协议的，行政复议机关应当制作行政复议调解书。行政复议调解书经双方当事人签字，即具有法律效力。调解未达成协议或者调解书送达前一方反悔的，行政复议机关应当及时作出行政复议决定。

第四十一条　行政复议文书有笔误的，行政复议机关可以对笔误进行更正。

第四十二条　申请人、第三人在行政复议期间以及行政复议决定作出之日起90日内，可以向行政复议机关申请查阅被申请人提出的书面答复、作出行政行为的证据、依据和其他有关材料，除涉及国家秘密、商业秘密或者个人隐私外，行政复议机关不得拒绝。查阅应当依照下列程序办理：

（一）申请人、第三人应当至少提前5日向行政复议机关预约时间；

（二）查阅时，申请人、第三人应当出示身份证件，行政复议机关工作人员应当在场；

（三）申请人、第三人不得涂改、毁损、拆换、取走、增添查阅材料；未经复议机关同意，不得进行复印、翻拍、翻录。

申请人、第三人通过政府信息公开方式，向县级以上人民政府住房城乡建设部门申请公开被申请人提出的书面答复、作出行政行为的证据、依据和其他有关材料的，县级以上人民政府住房城乡建设部门可以告知申请人、第三人按照前款规定申请查阅。

申请人、第三人以外的其他人，或者申请人、第三人超过规定期限申请查阅被申请人提出的书面答复、作出行政行为的证据、依据和其他有关材料的，行政复议机关可以不予提供查阅。

第四十三条　行政复议机关应当推进信息化建设，研究开发行政复议信息系统，逐步实现行政复议办公自动化和行政复议档案电子化。

第四十四条　行政复议案件审查结束后，行政复议机关应当及时将案卷进行整理归档。

第六章　行政复议监督

第四十五条　被申请人应当履行行政复议决定。被申请人不履行或者无正当理由拖延履行行政复议决定的，作出复议决定的行政复议机关可以责令其在规定期限内履行。

第四十六条　被责令重新作出行政行为的，被申请人不得以同一事实和理由作出与原行政行为相同或者基本相同的行政行为，但因违反法定程序被责令重新作出行政行为的除外。

第四十七条　行政复议期间行政复议机关发现被申请人或者其他下级行政机关有下列情形之一的，可以制作行政复议意见书；有关机关应当自收到行政复议意见书之日起60日内将纠正相关行政违法行为或者做好善后工作的情况报告行政复议机关：

（一）具体行政行为有违法或者不当情形，导致被撤销、变更或者确认违法的；

（二）行政机关不依法履行法定职责，存在不作为的；

（三）具体行政行为存在瑕疵或者其他问题的；

（四）具体行政行为依据的规范性文件存在问题的；

（五）行政机关在行政管理中存在问题和制度漏洞的；

（六）行政机关需要做好相关善后工作的；

（七）其他需要制作行政复议意见书的。

行政复议期间，行政复议机构发现法律、法规、规章实施中带有普遍性的问题，可以制作行政复议建议书，向有关机关提出完善制度和改进行政执法的建议。

第四十八条 国务院住房城乡建设主管部门可以对县级以上地方人民政府住房城乡建设主管部门的行政复议工作和制度执行情况进行监督检查。

省、自治区、直辖市人民政府住房城乡建设主管部门可以通过定期检查、抽查等方式，对本行政区域内行政复议工作和制度执行情况进行监督检查。

不履行行政复议决定，或者在收到行政复议意见书之日起 60 日内未将纠正相关行政违法行为的情况报告行政复议机关的，行政复议机关可以通报批评。

第四十九条 行政复议工作、行政复议决定的执行情况纳入县级以上地方人民政府住房城乡建设主管部门依法行政的考核范围。

第五十条 行政复议机关应当建立行政复议案件统计制度，并按规定向上级行政复议主管部门报送本行政区的行政复议情况。

第七章　附　　则

第五十一条 本办法所称"涉及不动产的行政行为"，是指直接发生设立、变更、转让和消灭不动产物权效力的行政行为。

第五十二条 行政复议机关可以使用行政复议专用章。行政复议专用章用于办理行政复议事项，与行政复议机关印章具有同等效力。

第五十三条 行政复议文书直接送达的，复议申请人在送达回证上的签收日期为送达日期。行政复议文书邮寄送达的，邮寄地址为复议申请人在行政复议申请书中写明的地址，送达日期为复议申请人收到邮件的日期。因复议申请人自己提供的地址不准确、地址变更未及时告知行政复议机关、复议申请人本人或者其指定的代收人拒绝签收以及逾期签收，导致行政复议文书被国家邮政机构退回的，文书退回之日视为送达之日。

行政复议文书送达第三人的，适用前款规定。

第五十四条　期间开始之日不计算在期间内。期间届满的最后一日是节假日的，以节假日后的第一日为期间届满的日期。

本办法关于行政复议期间有关"5 日""7 日"的规定是指工作日，不含节假日和当日。

第五十五条　外国人、无国籍人、外国组织在中华人民共和国境内向行政复议机关申请行政复议，参照适用本办法。

第五十六条　本办法未规定事项，依照《中华人民共和国行政复议法》和《中华人民共和国行政复议法实施条例》的规定执行。

第五十七条　本办法自 2015 年 11 月 1 日起实施。

中华人民共和国海关行政复议办法

（2007 年 9 月 25 日海关总署令第 166 号公布 根据 2014 年 3 月 13 日海关总署令第 218 号《海关总署关于修改部分规章的决定》修正）

第一章 总 则

第一条 为了规范海关行政复议，发挥行政复议制度在解决行政争议、建设法治海关、构建社会主义和谐社会中的作用，根据《中华人民共和国行政复议法》（以下简称行政复议法）、《中华人民共和国海关法》（以下简称海关法）和《中华人民共和国行政复议法实施条例》（以下简称行政复议法实施条例）的规定，制定本办法。

第二条 公民、法人或者其他组织认为海关具体行政行为侵犯其合法权益向海关提出行政复议申请，海关办理行政复议事项，适用本办法。

第三条 各级海关行政复议机关应当认真履行行政复议职责，领导并且支持本海关负责法制工作的机构（以下简称海关行政复议机构）依法办理行政复议事项，依照有关规定配备、充实、调剂专职行政复议人员，为行政复议工作提供财政保障，保证海关行政复议机构的办案能力与工作任务相适应。

第四条 海关行政复议机构履行下列职责：

（一）受理行政复议申请；

（二）向有关组织和人员调查取证，查阅文件和资料，组织行政复议听证；

（三）审查被申请行政复议的具体行政行为是否合法与适当，拟定行政复议决定，主持行政复议调解，审查和准许行政复议和解；

（四）办理海关行政赔偿事项；

（五）依照行政复议法第三十三条的规定，办理海关行政复议决定的依法强制执行或者申请人民法院强制执行事项；

（六）处理或者转送申请人依照本办法第三十一条提出的对有关规定的审查申请；

（七）指导、监督下级海关的行政复议工作，依照规定提出复议意见；

（八）对下级海关及其部门和工作人员违反行政复议法、行政复议法实施条例和本办法规定的行为依照规定的权限和程序提出处理建议；

（九）办理或者组织办理不服海关具体行政行为提起行政诉讼的应诉事项；

（十）办理行政复议、行政应诉、行政赔偿案件统计和备案事项；

（十一）研究行政复议过程中发现的问题，及时向有关机关和部门提出建议，重大问题及时向行政复议机关报告；

（十二）其他与行政复议工作有关的事项。

第五条 专职从事海关行政复议工作的人员（以下简称行政复议人员）应当具备下列条件：

（一）具有国家公务员身份；

（二）有良好的政治、业务素质；

（三）高等院校法律专业毕业或者高等院校非法律专业毕业具有法律专业知识；

（四）从事海关工作2年以上；

（五）经考试考核合格取得海关总署颁发的调查证。

各级海关行政复议机关应当支持并且鼓励行政复议人员参加国家司法考试；取得律师资格或者法律职业资格的海关工作人员可以优先成为行政复议人员。

第六条 行政复议人员享有下列权利：

（一）依法履行行政复议职责的行为受法律保护；

（二）获得履行职责应当具有的工作条件；

（三）对行政复议工作提出建议；

（四）参加培训；

（五）法律、行政法规和海关规章规定的其他权利。

行政复议人员应当履行下列义务：

（一）严格遵守宪法和法律；

（二）以事实为根据，以法律为准绳审理行政复议案件；

（三）忠于职守，尽职尽责，清正廉洁，秉公执法；

（四）依法保障行政复议参加人的合法权益；

（五）保守国家秘密、商业秘密、海关工作秘密和个人隐私；

（六）维护国家利益、社会公共利益，维护公民、法人或者其他组织的合法权益；

（七）法律、行政法规和海关规章规定的其他义务。

第七条 海关行政复议机关履行行政复议职责，应当遵循合法、公正、公开、及时、便民的原则，坚持依法行政、有错必纠，保障法律、行政法规和海关规章的正确实施。

第八条 海关行政复议机关应当通过宣传栏、公告栏、海关门户网站等方便查阅的形式，公布本海关管辖的行政复议案件受案范围、受理条件、行政复议申请书样式、行政复议案件审理程序和行政复议决定执行程序等事项。

海关行政复议机关应当建立和公布行政复议案件办理情况查询机制，方便申请人、第三人及时了解与其行政复议权利、义务相关的信息。

海关行政复议机构应当对申请人、第三人就有关行政复议受理条件、审理方式和期限、作出行政复议处理决定的理由和依据、行政复议决定的执行等行政复议事项提出的疑问予以解释说明。

第二章 海关行政复议范围

第九条 有下列情形之一的，公民、法人或者其他组织可以向海关申请行政复议：

（一）对海关作出的警告，罚款，没收货物、物品、运输工具和特制设备，追缴无法没收的货物、物品、运输工具的等值价款，没收违法所得，暂停从事有关业务，撤销注册登记及其他行政处罚决定不服的；

（二）对海关作出的收缴有关货物、物品、违法所得、运输工具、特制设备决定不服的；

（三）对海关作出的限制人身自由的行政强制措施不服的；

（四）对海关作出的扣留有关货物、物品、运输工具、账册、单证或者其他财产，封存有关进出口货物、账簿、单证等行政强制措施不服的；

（五）对海关收取担保的具体行政行为不服的；

（六）对海关采取的强制执行措施不服的；

（七）对海关确定纳税义务人、确定完税价格、商品归类、确定原产地、适用税率或者汇率、减征或者免征税款、补税、退税、征收滞纳金、确定计征方式以及确定纳税地点等其他涉及税款征收的具体行政行为有异议的（以下简称纳税争议）；

（八）认为符合法定条件，申请海关办理行政许可事项或者行政审批事项，海关未依法办理的；

（九）对海关检查运输工具和场所，查验货物、物品或者采取其他监管措施不服的；

（十）对海关作出的责令退运、不予放行、责令改正、责令拆毁和变卖等行政决定不服的；

（十一）对海关稽查决定或者其他稽查具体行政行为不服的；

（十二）对海关作出的企业分类决定以及按照该分类决定进行管理的措施不服的；

（十三）认为海关未依法采取知识产权保护措施，或者对海关采取的知识产权保护措施不服的；

（十四）认为海关未依法办理接受报关、放行等海关手续的；

（十五）认为海关违法收取滞报金或者其他费用，违法要求履行其他义务的；

（十六）认为海关没有依法履行保护人身权利、财产权利的法定职责的；

（十七）认为海关在政府信息公开工作中的具体行政行为侵犯其合法权益的；

（十八）认为海关的其他具体行政行为侵犯其合法权益的。

前款第（七）项规定的纳税争议事项，公民、法人或者其他组织应当依据海关法的规定先向海关行政复议机关申请行政复议，对海关行政复议决定不服的，再向人民法院提起行政诉讼。

第十条　海关工作人员不服海关作出的处分或者其他人事处理决定，依照有关法律、行政法规的规定提出申诉的，不适用本办法。

第三章　海关行政复议申请

第一节　申请人和第三人

第十一条　依照本办法规定申请行政复议的公民、法人或者其他组织是海关行政复议申请人。

第十二条　有权申请行政复议的公民死亡的，其近亲属可以申请行政复议。

第十三条　有权申请行政复议的法人或者其他组织终止的，承受其权利的公民、法人或者其他组织可以申请行政复议。

法人或者其他组织实施违反海关法的行为后，有合并、分立或者其他资产重组情形，海关以原法人、组织作为当事人予以行政处罚并且以承受其权利义务的法人、组织作为被执行人的，被执行人可以以自己的名义申请行政复议。

第十四条　行政复议期间，海关行政复议机构认为申请人以外的公民、法人或者其他组织与被审查的具体行政行为有利害关系的，应当通知其作为第三人参加行政复议。

行政复议期间，申请人以外的公民、法人或者其他组织认为与被审查的海关具体行政行为有利害关系的，可以向海关行政复议机构申请作为第三人参加行政复议。申请作为第三人参加行政复议的，应当对其与被审查的海关具体行政行为有利害关系负举证责任。

通知或者同意第三人参加行政复议的，应当制作《第三人参加行政复议通知书》，送达第三人。

第三人不参加行政复议，不影响行政复议案件的审理。

第十五条　申请人、第三人可以委托 1 至 2 名代理人参加行政复议。

委托代理人参加行政复议的，应当向海关行政复议机构提交授权委托书。授权委托书应当载明下列事项：

（一）委托人姓名或者名称，委托人为法人或者其他组织的，还应当载明法定代表人或者主要负责人的姓名、职务；

（二）代理人姓名、性别、年龄、职业、地址及邮政编码；

（三）委托事项和代理期间；

（四）代理人代为提起、变更、撤回行政复议申请、参加行政复议调解、达成行政复议和解、参加行政复议听证、递交证据材料、收受行政复议法律文书等代理权限；

（五）委托日期及委托人签章。

公民在特殊情况下无法书面委托的，可以口头委托。公民口头委托的，海关行政复议机构应当核实并且记录在卷。

申请人、第三人解除或者变更委托的，应当书面报告海关行政复议机构。

第二节　被申请人和行政复议机关

第十六条　公民、法人或者其他组织对海关作出的具体行政行为不服，依照本办法规定申请行政复议的，作出该具体行政行为的海关是被申请人。

第十七条　对海关具体行政行为不服的，向作出该具体行政行为的海关的上一级海关提出行政复议申请。

对海关总署作出的具体行政行为不服的，向海关总署提出行政复议申请。

第十八条　两个以上海关以共同的名义作出具体行政行为的，以作出具体行政行为的海关为共同被申请人，向其共同的上一级海关申请行政复议。

第十九条　海关与其他行政机关以共同的名义作出具体行政行为的，海关和其他行政机关为共同被申请人，向海关和其他行政机关的共同上一级行政机关申请行政复议。

申请人对海关总署与国务院其他部门共同作出的具体行政行为不服，向海关总署或者国务院其他部门提出行政复议申请，由海关总署、国务院其他部门共同作出处理决定。

第二十条　依照法律、行政法规或者海关规章的规定，下级海关经上级海关批准后以自己的名义作出具体行政行为的，以作出批准的上级海关为被申请人。

根据海关法和有关行政法规、海关规章的规定，经直属海关关长或者其授权的隶属海关关长批准后作出的具体行政行为，以直属海关为被申请人。

第二十一条　海关设立的派出机构、内设机构或者其他组织，未经法律、行政法规授权，对外以自己名义作出具体行政行为的，以该海关为被申请人，向该海关的上一级海关申请行政复议。

第三节　行政复议申请期限

第二十二条　海关对公民、法人或者其他组织作出具体行政行为，应当告知其申请行政复议的权利、行政复议机关和行政复议申请期限。

对于依照法律、行政法规或者海关规章的规定，下级海关经上级海关批准后以自己的名义作出的具体行政行为，应当告知以作出批准的上级海关为被申请人以及相应的行政复议机关。

第二十三条 公民、法人或者其他组织认为海关具体行政行为侵犯其合法权益的，可以自知道该具体行政行为之日起 60 日内提出行政复议申请。

前款规定的行政复议申请期限依照下列规定计算：

（一）当场作出具体行政行为的，自具体行政行为作出之日起计算；

（二）载明具体行政行为的法律文书直接送达的，自受送达人签收之日起计算；

（三）载明具体行政行为的法律文书依法留置送达的，自送达人和见证人在送达回证上签注的留置送达之日起计算；

（四）载明具体行政行为的法律文书邮寄送达的，自受送达人在邮政签收单上签收之日起计算；没有邮政签收单的，自受送达人在送达回执上签名之日起计算；

（五）具体行政行为依法通过公告形式告知受送达人的，自公告规定的期限届满之日起计算；

（六）被申请人作出具体行政行为时未告知有关公民、法人或者其他组织，事后补充告知的，自公民、法人或者其他组织收到补充告知的通知之日起计算；

（七）被申请人作出具体行政行为时未告知有关公民、法人或者其他组织，但是有证据材料能够证明有关公民、法人或者其他组织知道该具体行政行为的，自证据材料证明其知道具体行政行为之日起计算。

具体行政行为具有持续状态的，自该具体行政行为终了之日起计算。

海关作出具体行政行为，依法应当向有关公民、法人或者其他组织送达法律文书而未送达的，视为该有关公民、法人或者其他组织不知道该具体行政行为。

申请人因不可抗力或者其他正当理由耽误法定申请期限的，申请期限自障碍消除之日起继续计算。

第二十四条 公民、法人或者其他组织认为海关未依法履行法定职责，依照本办法第九条第一款第（八）项、第（十六）项的规定申请行政复议的，行政复议申请期限依照下列规定计算：

（一）履行职责的期限有法律、行政法规或者海关规章的明确规定的，自规定的履行期限届满之日起计算；

（二）履行职责的期限没有明确规定的，自海关收到公民、法人或者其他组织要求履行职责的申请满 60 日起计算。

公民、法人或者其他组织在紧急情况下请求海关履行保护人身权、财产权的法定职责，海关不及时履行的，行政复议申请期限不受前款规定的限制。

第二十五条 本办法第九条第一款第（七）项规定的纳税争议事项，申请人未经行政复议直接向人民法院提起行政诉讼的，人民法院依法驳回后申请人再向海关申请行政复议的，从申请人起诉之日起至人民法院驳回的法律文书生效之日止的期间不计算在申请行政复议的期限内，但是海关作出有关具体行政行为时已经告知申请人应当先经海关行政复议的除外。

第四节　行政复议申请的提出

第二十六条　申请人书面申请行政复议的，可以采取当面递交、邮寄、传真、电子邮件等方式递交行政复议申请书。

海关行政复议机关应当通过海关公告栏、互联网门户网站公开接受行政复议申请书的地址、传真号码、互联网邮箱地址等，方便申请人选择不同的书面申请方式。

第二十七条　申请人书面申请行政复议的，应当在行政复议申请书中载明下列内容：

（一）申请人基本情况，包括：公民的姓名、性别、年龄、工作单位、住所、身份证号码、邮政编码；法人或者其他组织的名称、住所、邮政编码和法定代表人或者主要负责人的姓名、职务；

（二）被申请人的名称；

（三）行政复议请求、申请行政复议的主要事实和理由；

（四）申请人签名或者盖章；

（五）申请行政复议的日期。

第二十八条　申请人口头申请行政复议的，海关行政复议机构应当依照本办法第二十七条规定的内容，当场制作《行政复议申请笔录》交申请人核对或者向申请人宣读，并且由其签字确认。

第二十九条　有下列情形之一的，申请人应当提供相应的证明材料：

（一）认为被申请人不履行法定职责的，提供曾经申请被申请人履行法定职责的证明材料；

（二）申请行政复议时一并提出行政赔偿申请的，提供受具体行政行为侵害而造成损害的证明材料；

（三）属于本办法第二十三条第五款情形的，提供发生不可抗力或者有其他正当理由的证明材料；

（四）法律、行政法规规定需要申请人提供证据材料的其他情形。

第三十条　申请人提出行政复议申请时错列被申请人的，海关行政复议机构应当告知申请人变更被申请人。

申请人变更被申请人的期间不计入行政复议审理期限。

第三十一条　申请人认为海关的具体行政行为所依据的规定不合法，可以依据行政复议法第七条的规定，在对具体行政行为申请行政复议时一并提出对该规定的审查申请。

　　申请人在对具体行政行为提起行政复议申请时尚不知道该具体行政行为所依据的规定的，可以在海关行政复议机关作出行政复议决定前提出。

第四章　海关行政复议受理

　　第三十二条　海关行政复议机关收到行政复议申请后，应当在 5 日内进行审查。行政复议申请符合下列规定的，应当予以受理：

　　（一）有明确的申请人和符合规定的被申请人；

　　（二）申请人与具体行政行为有利害关系；

　　（三）有具体的行政复议请求和理由；

　　（四）在法定申请期限内提出；

　　（五）属于本办法第九条第一款规定的行政复议范围；

　　（六）属于收到行政复议申请的海关行政复议机构的职责范围；

　　（七）其他行政复议机关尚未受理同一行政复议申请，人民法院尚未受理同一主体就同一事实提起的行政诉讼。

　　对符合前款规定决定受理行政复议申请的，应当制作《行政复议申请受理通知书》和《行政复议答复通知书》分别送达申请人和被申请人。《行政复议申请受理通知书》应当载明受理日期、合议人员或者案件审理人员，告知申请人申请回避和申请举行听证的权利。《行政复议答复通知书》应当载明受理日期、提交答复的要求和合议人员或者案件审理人员，告知被申请人申请回避的权利。

　　对不符合本条第一款规定决定不予受理的，应当制作《行政复议申请不予受理决定书》，并且送达申请人。《行政复议申请不予受理决定书》应当载明不予受理的理由和法律依据，告知申请人主张权利的其他途径。

　　第三十三条　行政复议申请材料不齐全或者表述不清楚的，海关行政复议机构可以自收到该行政复议申请之日起 5 日内书面通知申请人补正。补正通知应当载明以下事项：

　　（一）行政复议申请书中需要修改、补充的具体内容；

　　（二）需要补正的有关证明材料的具体类型及其证明对象；

　　（三）补正期限。

　　申请人应当在收到补正通知之日起 10 日内向海关行政复议机构提交需要补正的材料。补正申请材料所用时间不计入行政复议审理期限。

　　申请人无正当理由逾期不补正的，视为其放弃行政复议申请。申请人有权在本办法第二十三条规定的期限内重新提出行政复议申请。

　　第三十四条　申请人以传真、电子邮件方式递交行政复议申请书、证明材料的，海关行政复议机构不得以其未递交原件为由拒绝受理。

海关行政复议机构受理申请人以传真、电子邮件方式提出的行政复议申请后，应当告知申请人自收到《行政复议申请受理通知书》之日起 10 日内提交有关材料的原件。

第三十五条 对符合本办法规定，且属于本海关受理的行政复议申请，自海关行政复议机构收到之日起即为受理。

海关行政复议机构收到行政复议申请的日期，属于申请人当面递交的，由海关行政复议机构经办人在申请书上注明收到日期，并且由递交人签字确认；属于直接从邮递渠道收取或者其他单位、部门转来的，由海关行政复议机构签收确认；属于申请人以传真或者电子邮件方式提交的，以海关行政复议机构接收传真之日或者海关互联网电子邮件系统记载的收件日期为准。

第三十六条 对符合本办法规定，但是不属于本海关管辖的行政复议申请，应当在审查期限内转送有管辖权的海关行政复议机关，并且告知申请人。口头告知的，应当记录告知的有关内容，并且当场交由申请人签字或者盖章确认；书面告知的，应当制作《行政复议告知书》，并且送达申请人。

第三十七条 申请人就同一事项向两个或者两个以上有权受理的海关申请行政复议的，由最先收到行政复议申请的海关受理；同时收到行政复议申请的，由收到行政复议申请的海关在 10 日内协商确定；协商不成的，由其共同上一级海关在 10 日内指定受理海关。协商确定或者指定受理海关所用时间不计入行政复议审理期限。

第三十八条 申请人依法提出行政复议申请，海关行政复议机关无正当理由不予受理的，上一级海关可以根据申请人的申请或者依职权先行督促其受理；经督促仍不受理的，应当责令其限期受理，并且制作《责令受理行政复议申请通知书》；必要时，上一级海关也可以直接受理，并且制作《直接受理行政复议申请通知书》，送达申请人和原海关行政复议机关。上一级海关经审查认为海关行政复议机关不予受理行政复议申请的决定符合本办法规定的，应当向申请人做好说明解释工作。

第三十九条 下列情形不视为申请行政复议，海关行政复议机关应当给予答复，或者转由其他机关处理并且告知申请人：

（一）对海关工作人员的个人违法违纪行为进行举报、控告或者对海关工作人员的态度作风提出异议的；

（二）对海关的业务政策、作业制度、作业方式和程序提出异议的；

（三）对海关工作效率提出异议的；

（四）对行政处罚认定的事实、适用的法律及处罚决定没有异议，仅因经济上不能承受而请求减免处罚的；

（五）不涉及海关具体行政行为，只对海关规章或者其他规范性文件有异议的；

（六）请求解答法律、行政法规、规章的。

第四十条　行政复议期间海关具体行政行为不停止执行；但是有行政复议法第二十一条规定情形之一的，可以停止执行。决定停止执行的，应当制作《具体行政行为停止执行决定书》，并且送达申请人、被申请人和第三人。

第四十一条　有下列情形之一的，海关行政复议机关可以决定合并审理，并且以后一个申请行政复议的日期为正式受理的日期：

（一）两个以上的申请人对同一海关具体行政行为分别向海关行政复议机关申请行政复议的；

（二）同一申请人对同一海关的数个相同类型或者具有关联性的具体行政行为分别向海关行政复议机关申请行政复议的。

第五章　海关行政复议审理与决定

第一节　行政复议答复

第四十二条　海关行政复议机构应当自受理行政复议申请之日起 7 日内，将行政复议申请书副本或者行政复议申请笔录复印件以及申请人提交的证据、有关材料的副本发送被申请人。

第四十三条　被申请人应当自收到申请书副本或者行政复议申请笔录复印件之日起 10 日内，向海关行政复议机构提交《行政复议答复书》，并且提交当初作出具体行政行为的证据、依据和其他有关材料。

《行政复议答复书》应当载明下列内容：

（一）被申请人名称、地址、法定代表人姓名及职务；

（二）被申请人作出具体行政行为的事实、证据、理由及法律依据；

（三）对申请人的行政复议申请要求、事实、理由逐条进行答辩和必要的举证；

（四）对有关具体行政行为建议维持、变更、撤销或者确认违法，建议驳回行政复议申请，进行行政复议调解等答复意见；

（五）作出答复的时间。

《行政复议答复书》应当加盖被申请人印章。

被申请人提交的有关证据、依据和其他有关材料应当按照规定装订成卷。

第四十四条　海关行政复议机构应当在收到被申请人提交的《行政复议答复书》之日起 7 日内，将《行政复议答复书》副本发送申请人。

第四十五条　行政复议案件的答复工作由被申请人负责法制工作的机构具体负责。

对海关总署作出的具体行政行为不服向海关总署申请行政复议的，由原承办具体行政行为有关事项的部门或者机构具体负责提出书面答复，并且提交当初作出具体行政行为的证据、依据和其他有关材料。

第二节　行政复议审理

第四十六条　海关行政复议案件实行合议制审理。合议人员为不得少于 3 人的单数。合议人员由海关行政复议机构负责人指定的行政复议人员或者海关行政复议机构聘任或者特邀的其他具有专业知识的人员担任。

被申请人所属人员不得担任合议人员。对海关总署作出的具体行政行为不服向海关总署申请行政复议的，原具体行政行为经办部门的人员不得担任合议人员。

对于事实清楚、案情简单、争议不大的海关行政复议案件，也可以不适用合议制，但是应当由 2 名以上行政复议人员参加审理。

第四十七条　海关行政复议机构负责人应当指定一名行政复议人员担任主审，具体负责对行政复议案件事实的审查，并且对所认定案件事实的真实性和适用法律的准确性承担主要责任。

合议人员应当根据复议查明的事实，依据有关法律、行政法规和海关规章的规定，提出合议意见，并且对提出的合议意见的正确性负责。

第四十八条　申请人、被申请人或者第三人认为合议人员或者案件审理人员与本案有利害关系或者有其他关系可能影响公正审理行政复议案件的，可以申请合议人员或者案件审理人员回避，同时应当说明理由。

合议人员或者案件审理人员认为自己与本案有利害关系或者有其他关系的，应当主动申请回避。海关行政复议机构负责人也可以指令合议人员或者案件审理人员回避。

行政复议人员的回避由海关行政复议机构负责人决定。海关行政复议机构负责人的回避由海关行政复议机关负责人决定。

第四十九条　海关行政复议机构审理行政复议案件应当向有关组织和人员调查情况，听取申请人、被申请人和第三人的意见；海关行政复议机构认为必要时可以实地调查核实证据；对于事实清楚、案情简单、争议不大的案件，可以采取书面审查的方式进行审理。

第五十条　海关行政复议机构向有关组织和人员调查取证时，可以查阅、复制、调取有关文件和资料，向有关人员进行询问。

调查取证时，行政复议人员不得少于 2 人，并且应当主动向有关人员出示调查证。被调查单位和人员应当配合行政复议人员的工作，不得拒绝或者阻挠。

调查情况、听取意见应当制作笔录，由被调查人员和行政复议人员共同签字确认。

第五十一条　行政复议期间涉及专门事项需要鉴定的，申请人、第三人可以自行委托鉴定机构进行鉴定，也可以申请行政复议机构委托鉴定机构进行鉴定。鉴定费用由申请人、第三人承担。鉴定所用时间不计入行政复议审理期限。

海关行政复议机构认为必要时也可以委托鉴定机构进行鉴定。

鉴定应当委托国家认可的鉴定机构进行。

第五十二条　需要现场勘验的，现场勘验所用时间不计入行政复议审理期限。

第五十三条　申请人、第三人可以查阅被申请人提出的书面答复、提交的作出具体行政行为的证据、依据和其他有关材料，除涉及国家秘密、商业秘密、海关工作秘密或者个人隐私外，海关行政复议机关不得拒绝，并且应当为申请人、第三人查阅有关材料提供必要条件。

有条件的海关行政复议机关应当设立专门的行政复议接待室或者案卷查阅室，配备相应的监控设备。

第五十四条　申请人、第三人查阅有关材料依照下列规定办理：

（一）申请人、第三人向海关行政复议机构提出阅卷要求；

（二）海关行政复议机构确定查阅时间后提前通知申请人或者第三人；

（三）查阅时，申请人、第三人应当出示身份证件；

（四）查阅时，海关行政复议机构工作人员应当在场；

（五）申请人、第三人可以摘抄查阅材料的内容；

（六）申请人、第三人不得涂改、毁损、拆换、取走、增添查阅的材料。

第五十五条　行政复议期间有下列情形之一，影响行政复议案件审理的，行政复议中止，海关行政复议机构应当制作《行政复议中止决定书》，并且送达申请人、被申请人和第三人：

（一）作为申请人的自然人死亡，其近亲属尚未确定是否参加行政复议的；

（二）作为申请人的自然人丧失参加行政复议的能力，尚未确定法定代理人参加行政复议的；

（三）作为申请人的法人或者其他组织终止，尚未确定权利义务承受人的；

（四）作为申请人的自然人下落不明或者被宣告失踪的；

（五）申请人、被申请人因不可抗力，不能参加行政复议的；

（六）案件涉及法律适用问题，需要有权机关作出解释或者确认的；

（七）案件审理需要以其他案件的审理结果为依据，而其他案件尚未审结的；

（八）申请人依照本办法第三十一条提出对有关规定的审查申请，有权处理的海关、行政机关正在依法处理期间的；

（九）其他需要中止行政复议的情形。

行政复议中止的原因消除后，海关行政复议机构应当及时恢复行政复议案件的审理，制作《行政复议恢复审理通知书》，并且送达申请人、被申请人和第三人。

第三节　行政复议听证

第五十六条　有下列情形之一的，海关行政复议机构可以采取听证的方式审理：

（一）申请人提出听证要求的；

（二）申请人、被申请人对事实争议较大的；

（三）申请人对具体行政行为适用依据有异议的；

（四）案件重大、复杂或者争议的标的价值较大的；

（五）海关行政复议机构认为有必要听证的其他情形。

第五十七条 海关行政复议机构决定举行听证的，应当制发《行政复议听证通知书》，将举行听证的时间、地点、具体要求等事项事先通知申请人、被申请人和第三人。

第三人不参加听证的，不影响听证的举行。

第五十八条 听证可以在海关行政复议机构所在地举行，也可以在被申请人或者申请人所在地举行。

第五十九条 行政复议听证应当公开举行，涉及国家秘密、商业秘密、海关工作秘密或者个人隐私的除外。

公开举行的行政复议听证，因听证场所等原因需要限制旁听人员数量的，海关行政复议机构应当作出说明。

对人民群众广泛关注、有较大社会影响或者有利于法制宣传教育的行政复议案件的公开听证，海关行政复议机构可以有计划地组织群众旁听，也可以邀请有关立法机关、司法机关、监察部门、审计部门、新闻单位以及其他有关单位的人员参加旁听。

第六十条 行政复议听证人员为不得少于3人的单数，由海关行政复议机构负责人确定，并且指定其中一人为听证主持人。听证可以另指定专人为记录员。

第六十一条 行政复议听证应当按照以下程序进行：

（一）由主持人宣布听证开始、核对听证参加人身份、告知听证参加人的权利和义务；

（二）询问听证参加人是否申请听证人员以及记录员回避，申请回避的，按照本办法第四十八条的规定办理；

（三）申请人宣读复议申请并且阐述主要理由；

（四）被申请人针对行政复议申请进行答辩，就作出原具体行政行为依据的事实、理由和法律依据进行阐述，并且进行举证；

（五）第三人可以阐述意见；

（六）申请人、第三人对被申请人的举证可以进行质证或者举证反驳，被申请人对申请人、第三人的反证也可以进行质证和举证反驳；

（七）要求证人到场作证的，应当事先经海关行政复议机构同意并且提供证人身份等基本情况；

（八）听证主持人和其他听证人员进行询问；

（九）申请人、被申请人和第三人没有异议的证据和证明的事实，由主持人当场予以认定；有异议的并且与案件处理结果有关的事实和证据，由主持人当场或者事后经合议予以认定；

（十）申请人、被申请人和第三人可以对案件事实、证据、适用法律等进行辩论；

（十一）申请人、被申请人和第三人进行最后陈述；

（十二）由申请人、被申请人和第三人对听证笔录内容进行确认，并且当场签名或者盖章；对听证笔录内容有异议的，可以当场更正并且签名或者盖章。

行政复议听证笔录和听证认定的事实应当作为海关行政复议机关作出行政复议决定的依据。

第六十二条　行政复议参加人无法在举行听证时当场提交有关证据的，由主持人根据具体情况限定时间事后提交并且另行进行调查、质证或者再次进行听证；行政复议参加人提出的证据无法当场质证的，由主持人当场宣布事后进行调查、质证或者再次进行听证。

行政复议参加人在听证后的举证未经质证或者未经海关行政复议机构重新调查认可的，不得作为作出行政复议决定的证据。

第四节　行政复议附带抽象行政行为审查

第六十三条　申请人依照本办法第三十一条提出对有关规定的审查申请的，海关行政复议机关对该规定有权处理的，应当在 30 日内依照下列程序处理：

（一）依法确认该规定是否与法律、行政法规、规章相抵触；

（二）依法确认该规定能否作为被申请人作出具体行政行为的依据；

（三）书面告知申请人对该规定的审查结果。

海关行政复议机关应当制作《抽象行政行为审查告知书》，并且送达申请人、被申请人。

第六十四条　海关行政复议机关对申请人申请审查的有关规定无权处理的，应当在 7 日内按照下列程序转送有权处理的上级海关或者其他行政机关依法处理：

（一）转送有权处理的上级海关的，应当报告行政复议有关情况、执行该规定的有关情况、对该规定适用的意见；

（二）转送有权处理的其他行政机关的，在转送函中应当说明行政复议的有关情况、请求确认该规定是否合法。

第六十五条　有权处理的上级海关应当在 60 日内依照下列程序处理：

（一）依法确认该规定是否合法、有效；

（二）依法确认该规定能否作为被申请人作出具体行政行为的依据；

（三）制作《抽象行政行为审查告知书》，并且送达海关行政复议机关、申请人和被申请人。

第六十六条 海关行政复议机关在对被申请人作出的具体行政行为进行审查时，认为需对该具体行政行为所依据的有关规定进行审查的，依照本办法第六十三条、第六十四条、第六十五条的规定办理。

第五节　行政复议决定

第六十七条 海关行政复议机构提出案件处理意见，经海关行政复议机关负责人审查批准后，作出行政复议决定。

第六十八条 海关行政复议机关应当自受理申请之日起60日内作出行政复议决定。但是有下列情况之一的，经海关行政复议机关负责人批准，可以延长30日：

（一）行政复议案件案情重大、复杂、疑难的；

（二）决定举行行政复议听证的；

（三）经申请人同意的；

（四）有第三人参加行政复议的；

（五）申请人、第三人提出新的事实或者证据需进一步调查的。

海关行政复议机关延长复议期限，应当制作《延长行政复议审查期限通知书》，并且送达申请人、被申请人和第三人。

第六十九条 具体行政行为认定事实清楚，证据确凿，适用依据正确，程序合法，内容适当的，海关行政复议机关应当决定维持。

第七十条 被申请人不履行法定职责的，海关行政复议机关应当决定其在一定期限内履行法定职责。

第七十一条 具体行政行为有下列情形之一的，海关行政复议机关应当决定撤销、变更或者确认该具体行政行为违法：

（一）主要事实不清、证据不足的；

（二）适用依据错误的；

（三）违反法定程序的；

（四）超越或者滥用职权的；

（五）具体行政行为明显不当的。

第七十二条 海关行政复议机关决定撤销或者确认具体行政行为违法的，可以责令被申请人在一定期限内重新作出具体行政行为。

被申请人应当在法律、行政法规、海关规章规定的期限内重新作出具体行政行为；法律、行政法规、海关规章未规定期限的，重新作出具体行政行为的期限为60日。

公民、法人或者其他组织对被申请人重新作出的具体行政行为不服，可以依法申请行政复议或者提起行政诉讼。

第七十三条 被申请人未按照本办法第四十三条的规定提出书面答复、提交当初作出具体行政行为的证据、依据和其他有关材料的，视为该具体行政行为没有证据、依据，海关行政复议机关应当决定撤销该具体行政行为。

第七十四条 具体行政行为有下列情形之一，海关行政复议机关可以决定变更：

（一）认定事实清楚，证据确凿，程序合法，但是明显不当或者适用依据错误的；

（二）认定事实不清，证据不足，但是经海关行政复议机关审理查明事实清楚，证据确凿的。

第七十五条 海关行政复议机关在申请人的行政复议请求范围内，不得作出对申请人更为不利的行政复议决定。

第七十六条 海关行政复议机关依据本办法第七十二条规定责令被申请人重新作出具体行政行为的，除以下情形外，被申请人不得作出对申请人更为不利的具体行政行为：

（一）不作出对申请人更为不利的具体行政行为将损害国家利益、社会公共利益或者他人合法权益的；

（二）原具体行政行为适用法律依据错误，适用正确的法律依据需要依法作出对申请人更为不利的具体行政行为的；

（三）被申请人查明新的事实，根据新的事实和有关法律、行政法规、海关规章的强制性规定，需要作出对申请人更为不利的具体行政行为的；

（四）其他依照法律、行政法规或者海关规章规定应当作出对申请人更为不利的具体行政行为的。

第七十七条 海关行政复议机关作出行政复议决定，应当制作《行政复议决定书》，送达申请人、被申请人和第三人。

《行政复议决定书》应当载明下列内容：

（一）申请人姓名、性别、年龄、职业、住址（法人或者其他组织的名称、地址、法定代表人或者主要负责人的姓名、职务）；

（二）第三人姓名、性别、年龄、职业、住址（法人或者其他组织的名称、地址、法定代表人或者主要负责人的姓名、职务）；

（三）被申请人名称、地址、法定代表人姓名；

（四）申请人申请复议的请求、事实和理由；

（五）被申请人答复的事实、理由、证据和依据；

（六）行政复议认定的事实和相应的证据；

（七）作出行政复议决定的具体理由和法律依据；

（八）行政复议决定的具体内容；

（九）不服行政复议决定向人民法院起诉的期限和具体管辖法院；

（十）作出行政复议决定的日期。

《行政复议决定书》应当加盖海关行政复议机关的印章。

《行政复议决定书》一经送达，即发生法律效力。

《行政复议决定书》直接送达的，行政复议人员应当就行政复议认定的事实、证据、作出行政复议决定的理由、依据向申请人、被申请人和第三人作出说明；申请人、被申请人和第三人对《行政复议决定书》提出异议的，除告知其向人民法院起诉的权利外，应当就有关异议作出解答。《行政复议决定书》以其他方式送达的，申请人、被申请人和第三人就《行政复议决定书》有关内容向海关行政复议机构提出异议的，行政复议人员应当向申请人、被申请人和第三人作出说明。

经申请人和第三人同意，海关行政复议机关可以通过出版物、海关门户网站、海关公告栏等方式公布生效的行政复议法律文书。

第七十八条 《行政复议决定书》送达申请人、被申请人和第三人后，海关行政复议机关发现《行政复议决定书》有需要补充、更正的内容，但是不影响行政复议决定的实质内容的，应当制发《行政复议决定补正通知书》，并且送达申请人、被申请人和第三人。

第七十九条 有下列情形之一的，海关行政复议机关应当决定驳回行政复议申请：

（一）申请人认为海关不履行法定职责申请行政复议，海关行政复议机关受理后发现被申请人没有相应法定职责或者被申请人在海关行政复议机关受理该行政复议申请之前已经履行法定职责的；

（二）海关行政复议机关受理行政复议申请后，发现该行政复议申请不符合受理条件的。

海关行政复议机关的上一级海关认为该行政复议机关驳回行政复议申请的理由不成立的，应当责令其恢复审理。

第八十条 申请人在行政复议决定作出前自愿撤回行政复议申请的，经海关行政复议机构同意，可以撤回。

申请人撤回行政复议申请的，不得再以同一事实和理由提出行政复议申请。但是，申请人能够证明撤回行政复议申请违背其真实意思表示的除外。

第八十一条 行政复议期间被申请人改变原具体行政行为，但是申请人未依法撤回行政复议申请的，不影响行政复议案件的审理。

第八十二条 行政复议期间有下列情形之一的，行政复议终止：

（一）申请人要求撤回行政复议申请，海关行政复议机构准予撤回的；

（二）作为申请人的自然人死亡，没有近亲属或者其近亲属放弃行政复议权利的；

（三）作为申请人的法人或者其他组织终止，其权利义务的承受人放弃行政复议权利的；

（四）申请人与被申请人达成和解，并且经海关行政复议机构准许的；

（五）申请人对海关限制人身自由的行政强制措施不服申请行政复议后，因申请人同一违法行为涉嫌犯罪，该限制人身自由的行政强制措施变更为刑事拘留的，或者申请人对海关扣留财产的行政强制措施不服申请行政复议后，因申请人同一违法行为涉嫌犯罪，该扣留财产的行政强制措施变更为刑事扣押的；

（六）依照本办法第五十五条第一款第（一）项、第（二）项、第（三）项规定中止行政复议，满 60 日行政复议中止的原因仍未消除的；

（七）申请人以传真、电子邮件形式递交行政复议申请书后未在规定期限内提交有关材料的原件的。

行政复议终止，海关行政复议机关应当制作《行政复议终止决定书》，并且送达申请人、被申请人和第三人。

第六节　行政复议和解和调解

第八十三条　公民、法人或者其他组织对海关行使法律、行政法规或者海关规章规定的自由裁量权作出的具体行政行为不服申请行政复议，在海关行政复议机关作出行政复议决定之前，申请人和被申请人可以在自愿、合法基础上达成和解。

第八十四条　申请人和被申请人达成和解的，应当向海关行政复议机构提交书面和解协议。和解协议应当载明行政复议请求、事实、理由和达成和解的结果，并且由申请人和被申请人签字或者盖章。

第八十五条　海关行政复议机构应当对申请人和被申请人提交的和解协议进行审查，和解确属申请人和被申请人的真实意思表示，和解内容不违反法律、行政法规或者海关规章的强制性规定，不损害国家利益、社会公共利益和他人合法权益的，应当准许和解，并且终止行政复议案件的审理。

准许和解并且终止行政复议的，应当在《行政复议终止决定书》中载明和解的内容。

第八十六　条经海关行政复议机关准许和解的，申请人和被申请人应当履行和解协议。

第八十七条　经海关行政复议机关准许和解并且终止行政复议的，申请人以同一事实和理由再次申请行政复议的，不予受理。但是，申请人提出证据证明和解违反自愿原则或者和解内容违反法律、行政法规或者海关规章的强制性规定的除外。

第八十八条　有下列情形之一的，海关行政复议机关可以按照自愿、合法的原则进行调解：

（一）公民、法人或者其他组织对海关行使法律、行政法规或者海关规章规定的自由裁量权作出的具体行政行为不服申请行政复议的；

（二）行政赔偿、查验赔偿或者行政补偿纠纷。

第八十九条 海关行政复议机关主持调解应当符合以下要求：

（一）调解应当在查明案件事实的基础上进行；

（二）海关行政复议机关应当充分尊重申请人和被申请人的意愿；

（三）组织调解应当遵循公正、合理原则；

（四）调解结果应当符合有关法律、行政法规和海关规章的规定，不得违背法律精神和原则；

（五）调解结果不得损害国家利益、社会公共利益或者他人合法权益。

第九十条 海关行政复议机关主持调解应当按照下列程序进行：

（一）征求申请人和被申请人是否同意进行调解的意愿；

（二）经申请人和被申请人同意后开始调解；

（三）听取申请人和被申请人的意见；

（四）提出调解方案；

（五）达成调解协议。

调解期间申请人或者被申请人明确提出不进行调解的，应当终止调解。终止调解后，申请人、被申请人再次请求海关行政复议机关主持调解的，应当准许。

第九十一条 申请人和被申请人经调解达成协议的，海关行政复议机关应当制作《行政复议调解书》。《行政复议调解书》应当载明下列内容：

（一）申请人姓名、性别、年龄、职业、住址（法人或者其他组织的名称、地址、法定代表人或者主要负责人的姓名、职务）；

（二）被申请人名称、地址、法定代表人姓名；

（三）申请人申请行政复议的请求、事实和理由；

（四）被申请人答复的事实、理由、证据和依据；

（五）行政复议认定的事实和相应的证据；

（六）进行调解的基本情况；

（七）调解结果；

（八）申请人、被申请人履行调解书的义务；

（九）日期。

《行政复议调解书》应当加盖海关行政复议机关的印章。《行政复议调解书》经申请人、被申请人签字或者盖章，即具有法律效力。

第九十二条 申请人和被申请人提交书面和解协议，并且要求海关行政复议机关按照和解协议内容制作《行政复议调解书》的，行政复议机关应当进行审查，申请人和被申请人达成的和解协议符合本办法第八十九条第（四）项、第（五）项规定的，海关行政复议机关可以根据和解协议的内容按照本办法第九十一条的规定制作《行政复议调解书》。

第九十三条 调解未达成协议或者行政复议调解书生效前一方反悔的，海关行政复议机关应当及时作出行政复议决定。

第七节　行政复议决定的执行

第九十四条　申请人认为被申请人不履行或者无正当理由拖延履行行政复议决定书、行政复议调解书的，可以申请海关行政复议机关责令被申请人履行。

海关行政复议机关发现被申请人不履行或者无正当理由拖延履行行政复议决定书、行政复议调解书的，应当责令其限期履行，并且制作《责令限期履行行政复议决定通知书》，送达被申请人。

第九十五条　申请人在法定期限内未提起行政诉讼又不履行海关行政复议决定的，按照下列规定分别处理：

（一）维持具体行政行为的海关行政复议决定，由作出具体行政行为的海关依法强制执行或者申请人民法院强制执行；

（二）变更具体行政行为的海关行政复议决定，由海关行政复议机关依法强制执行或者申请人民法院强制执行。海关行政复议机关也可以指定作出具体行政行为的海关依法强制执行，被指定的海关应当及时将执行情况上报海关行政复议机关。

第九十六条　申请人不履行行政复议调解书的，由作出具体行政行为的海关依法强制执行或者申请人民法院强制执行。

第六章　海关行政复议指导和监督

第九十七条　海关行政复议机关应当加强对行政复议工作的领导。

海关行政复议机构按照职责权限对行政复议工作进行督促、指导。

第九十八条　上级海关应当加强对下级海关履行行政复议职责的监督，通过定期检查、抽查等方式，对下级海关的行政复议工作进行检查，并且及时反馈检查结果。

海关发现本海关或者下级海关作出的行政复议决定有错误的，应当予以纠正。

第九十九条　海关行政复议机关在行政复议期间发现被申请人的具体行政行为违法或者需要做好善后工作的，可以制作《行政复议意见书》，对被申请人纠正执法行为、改进执法工作提出具体意见。

被申请人应当自收到《行政复议意见书》之日起 60 日内将纠正相关行政违法行为或者做好善后工作的情况报告海关行政复议机构。

第一百条　海关行政复议机构在行政复议期间发现法律、行政法规、规章的实施中带有普遍性的问题，可以向有关机关提出完善立法的建议。

海关行政复议机构在行政复议期间发现海关执法中存在的普遍性问题，可以制作《行政复议建议书》，向本海关有关业务部门提出改进执法的建议；对于可能对本海关行政决策产生重大影响的问题，海关行政复议机构应当将《行政复议建议书》报送本级海关行政首长；属于上一级海关处理权限的问题，海关行政复议机关可以向上一级海关提出完善制度和改进执法的建议。

第一百零一条 各级海关行政复议机关办理的行政复议案件中，申请人与被申请人达成和解协议后海关行政复议机关终止行政复议，或者申请人与被申请人经调解达成协议，海关行政复议机关制作行政复议调解书的，应当向海关总署行政复议机构报告，并且将有关法律文书报该部门备案。

第一百零二条 海关行政复议机构在办理行政复议案件的过程中，应当及时将制发的有关法律文书在海关行政复议信息系统中备案。

第一百零三条 海关行政复议机构应当每半年向本海关和上一级海关行政复议机构提交行政复议工作状况分析报告。

第一百零四条 海关总署行政复议机构应当每半年组织一次对行政复议人员的业务培训，提高行政复议人员的专业素质。

其他海关行政复议机构可以根据工作需要定期组织对本海关行政复议人员的培训。

第一百零五条 海关行政复议机关对于在办理行政复议案件中依法保障国家利益，维护公民、法人或者其他组织的合法权益，促进海关依法行政和社会和谐、成绩显著的单位和人员，应当依照《海关系统奖励规定》给予表彰和奖励。

海关行政复议机关应当定期总结行政复议工作，对在行政复议工作中做出显著成绩的单位和个人，应当依照《海关系统奖励规定》给予表彰和奖励。

第七章　法　律　责　任

第一百零六条 海关行政复议机关、海关行政复议机构、行政复议人员有行政复议法第三十四条，第三十五条，行政复议法实施条例第六十四条规定情形的，依照行政复议法、行政复议法实施条例的有关规定处理。

第一百零七条 被申请人有行政复议法第三十六条、第三十七条，行政复议法实施条例第六十二条规定情形的，依照行政复议法、行政复议法实施条例的有关规定处理。

第一百零八条 上级海关发现下级海关及有关工作人员有违反行政复议法、行政复议法实施条例和本办法规定的，应当制作《处理违法行为建议书》，向有关海关提出建议，该海关应当依照行政复议法和有关法律、行政法规的规定作出处理，并且将处理结果报告上级海关。

海关行政复议机构发现有关海关及其工作人员有违反行政复议法、行政复议法实施条例和本办法规定的，应当制作《处理违法行为建议书》，向人事、监察部门提出对有关责任人员的处分建议，也可以将有关人员违法的事实材料直接转送人事、监察部门处理；接受转送的人事、监察部门应当依法处理，并且将处理结果通报转送的海关行政复议机构。

<h2 style="text-align:center">第八章　附　　则</h2>

第一百零九条　海关行政复议期间的计算和行政复议法律文书的送达，依照民事诉讼法关于期间、送达的规定执行。

本办法关于行政复议期间有关"5 日""7 日"的规定是指工作日，不含节假日。

第一百一十条　海关行政复议机关受理行政复议申请，不得向申请人收取任何费用。

海关行政复议活动所需经费、办公用房以及交通、通讯、监控等设备由各级海关予以保障。

第一百一十一条　外国人、无国籍人、外国组织在中华人民共和国境内向海关申请行政复议，适用本办法。

第一百一十二条　海关行政复议机关可以使用行政复议专用章。在海关行政复议活动中，行政复议专用章和行政复议机关的印章具有同等法律效力。

第一百一十三条　海关行政复议机关办理行政复议案件、海关作为被申请人参加行政复议活动，该海关行政复议机构应当对有关案件材料进行整理，按照规定立卷归档。

第一百一十四条　本办法由海关总署负责解释。

第一百一十五条　本办法自 2007 年 11 月 1 日起施行。1999 年 8 月 30 日海关总署令第 78 号发布的《中华人民共和国海关实施〈行政复议法〉办法》同时废止。

国家知识产权局行政复议规程

（2012 年 7 月 18 日国家知识产权局令第 66 号公布）

第一章 总 则

第一条 为了防止和纠正违法或者不当的具体行政行为，保护公民、法人和其他组织的合法权益，保障和监督国家知识产权局依法行使职权，根据《中华人民共和国行政复议法》和《中华人民共和国行政复议法实施条例》，制定本规程。

第二条 公民、法人或者其他组织认为国家知识产权局的具体行政行为侵犯其合法权益的，可以依照本规程向国家知识产权局申请行政复议。

第三条 国家知识产权局负责法制工作的机构（以下称"行政复议机构"）具体办理行政复议事项，履行下列职责：

（一）受理行政复议申请；

（二）向有关部门及人员调查取证，调阅有关文档和资料；

（三）审查具体行政行为是否合法与适当；

（四）办理一并请求的行政赔偿事项；

（五）拟订、制作和发送行政复议法律文书；

（六）办理因不服行政复议决定提起行政诉讼的应诉事项；

（七）督促行政复议决定的履行；

（八）办理行政复议、行政应诉案件统计和重大行政复议决定备案事项；

（九）研究行政复议工作中发现的问题，及时向有关部门提出行政复议意见或者建议。

第二章 行政复议范围和参加人

第四条 除本规程第五条另有规定外，有下列情形之一的，可以依法申请行政复议：

（一）对国家知识产权局作出的有关专利申请、专利权的具体行政行为不服的；

（二）对国家知识产权局作出的有关集成电路布图设计登记申请、布图设计专有权的具体行政行为不服的；

（三）对国家知识产权局专利复审委员会作出的有关专利复审、无效的程序性决定不服的；

（四）对国家知识产权局作出的有关专利代理管理的具体行政行为不服的；

（五）认为国家知识产权局作出的其他具体行政行为侵犯其合法权益的。

第五条　对下列情形之一，不能申请行政复议：

（一）专利申请人对驳回专利申请的决定不服的；

（二）复审请求人对复审请求审查决定不服的；

（三）专利权人或者无效宣告请求人对无效宣告请求审查决定不服的；

（四）专利权人或者专利实施强制许可的被许可人对强制许可使用费的裁决不服的；

（五）国际申请的申请人对国家知识产权局作为国际申请的受理单位、国际检索单位和国际初步审查单位所作决定不服的；

（六）集成电路布图设计登记申请人对驳回登记申请的决定不服的；

（七）集成电路布图设计登记申请人对复审决定不服的；

（八）集成电路布图设计权利人对撤销布图设计登记的决定不服的；

（九）集成电路布图设计权利人、非自愿许可取得人对非自愿许可报酬的裁决不服的；

（十）集成电路布图设计权利人、被控侵权人对集成电路布图设计专有权侵权纠纷处理决定不服的；

（十一）法律、法规规定的其他不能申请行政复议的情形。

第六条　依照本规程申请行政复议的公民、法人或者其他组织是复议申请人。

在具体行政行为作出时其权利或者利益受到损害的其他利害关系人可以申请行政复议，也可以作为第三人参加行政复议。

第七条　复议申请人、第三人可以委托代理人代为参加行政复议。

第三章　申请与受理

第八条　公民、法人或者其他组织认为国家知识产权局的具体行政行为侵犯其合法权益的，可以自知道该具体行政行为之日起 60 日内提出行政复议申请。

因不可抗力或者其他正当理由耽误前款所述期限的，该期限自障碍消除之日起继续计算。

第九条　有权申请行政复议的公民、法人或者其他组织向人民法院提起行政诉讼，人民法院已经依法受理的，不得向国家知识产权局申请行政复议。

向国家知识产权局申请行政复议，行政复议机构已经依法受理的，在法定行政复议期限内不得向人民法院提起行政诉讼。

国家知识产权局受理行政复议申请后，发现在受理前或者受理后当事人向人民法院提起行政诉讼并且人民法院已经依法受理的，驳回行政复议申请。

第十条　行政复议申请应当符合下列条件：

（一）复议申请人是认为具体行政行为侵犯其合法权益的专利申请人、专利权人、集成电路布图设计登记申请人、集成电路布图设计权利人或者其他利害关系人；

（二）有具体的行政复议请求和理由；

（三）属于行政复议的范围；

（四）在法定申请期限内提出。

第十一条　申请行政复议应当提交行政复议申请书一式两份，并附具必要的证据材料。被申请复议的具体行政行为以书面形式作出的，应当附具该文书或者其复印件。

委托代理人的，应当附具授权委托书。

第十二条　行政复议申请书应当载明下列内容：

（一）复议申请人的姓名或者名称、通信地址、联系电话；

（二）具体的行政复议请求；

（三）申请行政复议的主要事实和理由；

（四）复议申请人的签名或者盖章；

（五）申请行政复议的日期。

第十三条　行政复议申请书可以使用国家知识产权局制作的标准表格。

行政复议申请书可以手写或者打印。

第十四条　行政复议申请书应当以邮寄、传真或者当面递交等方式向行政复议机构提交。

第十五条　行政复议机构自收到行政复议申请书之日起5日内，根据情况分别作出如下处理：

（一）行政复议申请符合本规程规定的，予以受理，并向复议申请人发送受理通知书；

（二）行政复议申请不符合本规程规定的，决定不予受理并书面告知理由；

（三）行政复议申请书不符合本规程第十一条、第十二条规定的，通知复议申请人在指定期限内补正；期满未补正的，视为放弃行政复议申请。

第四章　审理与决定

第十六条　在审理行政复议案件过程中，行政复议机构可以向有关部门和人员调查情况，也可应请求听取复议申请人或者第三人的口头意见。

第十七条　行政复议机构应当自受理行政复议申请之日起7日内将行政复议申请书副本转交有关部门。该部门应当自收到行政复议申请书副本之日起10日内提出维持、撤销或者变更原具体行政行为的书面答复意见，并提交当时作出具体行政行为的证据、依据和其他有关材料。期满未提出答复意见的，不影响行政复议决定的作出。

复议申请人、第三人可以查阅前款所述书面答复意见以及作出具体行政行为所依据的证据、依据和其他有关材料，但涉及保密内容的除外。

第十八条 行政复议决定作出之前，复议申请人可以要求撤回行政复议申请。准予撤回的，行政复议程序终止。

第十九条 行政复议期间，具体行政行为原则上不停止执行。行政复议机构认为需要停止执行的，应当向有关部门发出停止执行通知书，并通知复议申请人及第三人。

第二十条 审理行政复议案件，以法律、行政法规、部门规章为依据。

第二十一条 具体行政行为认定事实清楚，证据确凿，适用依据正确，程序合法，内容适当的，应当决定维持。

第二十二条 被申请人不履行法定职责的，应当决定其在一定期限内履行法定职责。

第二十三条 具体行政行为有下列情形之一的，应当决定撤销、变更该具体行政行为或者确认该具体行政行为违法，并可以决定由被申请人重新作出具体行政行为：

（一）主要事实不清，证据不足的；

（二）适用依据错误的；

（三）违反法定程序的；

（四）超越或者滥用职权的；

（五）具体行政行为明显不当的；

（六）出现新证据，撤销或者变更原具体行政行为更为合理的。

第二十四条 具体行政行为有下列情形之一的，可以决定变更该具体行政行为：

（一）认定事实清楚，证据确凿，程序合法，但是明显不当或者适用依据错误的；

（二）认定事实不清，证据不足，经行政复议程序审理查明事实清楚，证据确凿的。

第二十五条 有下列情形之一的，应当驳回行政复议申请并书面告知理由：

（一）复议申请人认为被申请人不履行法定职责而申请行政复议，行政复议机构受理后发现被申请人没有相应法定职责或者在受理前已经履行法定职责的；

（二）行政复议机构受理行政复议申请后，发现该行政复议申请不符合受理条件的。

第二十六条 复议申请人申请行政复议时可以一并提出行政赔偿请求。行政复议机构依据国家赔偿法的规定对行政赔偿请求进行审理，在行政复议决定中对赔偿请求一并作出决定。

第二十七条　行政复议决定应当自受理行政复议申请之日起 60 日内作出，但是情况复杂不能在规定期限内作出的，经审批后可以延长期限，并通知复议申请人和第三人。延长的期限最多不得超过 30 日。

第二十八条　行政复议决定以国家知识产权局的名义作出。行政复议决定书应当加盖国家知识产权局行政复议专用章。

第二十九条　行政复议期间，行政复议机构发现相关行政行为违法或者需要做好善后工作的，可以制作行政复议意见书。有关部门应当自收到行政复议意见书之日起 60 日内将纠正相关行政违法行为或者做好善后工作的情况通报行政复议机构。

行政复议期间，行政复议机构发现法律、法规、规章实施中带有普遍性的问题，可以制作行政复议建议书，向有关部门提出完善制度和改进行政执法的建议。

第五章　期间与送达

第三十条　期间开始之日不计算在期间内。期间届满的最后一日是节假日的，以节假日后的第一日为期间届满的日期。本规程中有关"5 日""7 日""10 日"的规定是指工作日，不含节假日。

第三十一条　行政复议决定书直接送达的，复议申请人在送达回证上的签收日期为送达日期。行政复议决定书邮寄送达的，自交付邮寄之日起满 15 日视为送达。

行政复议决定书一经送达，即发生法律效力。

第三十二条　复议申请人或者第三人委托代理人的，行政复议决定书除送交代理人外，还应当按国内的通讯地址送交复议申请人和第三人。

第六章　附　　则

第三十三条　外国人、外国企业或者外国其他组织向国家知识产权局申请行政复议，适用本规程。

第三十四条　行政复议不收取费用。

第三十五条　本规程自 2012 年 9 月 1 日起施行。2002 年 7 月 25 日国家知识产权局令第 24 号发布的《国家知识产权局行政复议规程》同时废止。

中国证券监督管理委员会行政复议办法

（2002 年 11 月 25 日证监会令第 13 号公布　2010 年 5 月 4 日证监会令第 67 号修订）

第一章　总　　则

第一条　为了保护公民、法人或者其他组织的合法权益，保障和监督中国证券监督管理委员会（以下简称中国证监会）依法行使监管职权，进一步发挥行政复议制度在解决证券期货行政争议中的作用，不断提高证券期货监督管理机构的依法行政水平，根据《中华人民共和国行政复议法》（以下简称《行政复议法》）、《中华人民共和国证券法》、《中华人民共和国行政复议法实施条例》（以下简称《行政复议法实施条例》）等法律、行政法规，制定本办法。

第二条　公民、法人或者其他组织认为中国证监会或其派出机构、授权组织的具体行政行为侵犯其合法权益的，依照《行政复议法》《行政复议法实施条例》和本办法的规定向中国证监会申请行政复议。

中国证监会作为行政复议机关，受理行政复议申请，对被申请行政复议的具体行政行为进行审查并作出决定。

对中国证监会具体行政行为不服申请原级行政复议的，原承办具体行政行为有关事项的部门或者机构（以下简称原承办部门）负责向行政复议机构作出答复。

对中国证监会派出机构或者授权组织的具体行政行为不服申请行政复议的，由派出机构或者授权组织负责向行政复议机构作出答复。

第三条中国证监会负责法制工作的机构作为行政复议机构具体办理行政复议事项，除应当依照《行政复议法》第三条、《行政复议法实施条例》第三条的规定履行职责外，还应当履行下列职责：

（一）组织行政复议听证；

（二）根据需要提请召开行政复议委员会工作会议；

（三）提出审查意见；

（四）办理行政复议和解、组织行政复议调解等事项；

（五）指导派出机构的行政应诉工作；

（六）法律、行政法规规定的其他职责。

第四条 专职行政复议人员应当具备以下条件：

（一）正直诚实，品行良好；

（二）受过法律专业教育；

（三）从事证券期货业工作 2 年以上或者取得法律、会计等专业资格；

（四）法律、行政法规规定的其他条件。

第五条 中国证监会设立行政复议委员会，审查重大复杂行政复议案件。

重大行政应诉案件，可以提交行政复议委员会进行讨论。

第六条 中国证监会通过适当的形式，公布中国证监会管辖的行政复议案件受理范围、受理条件、行政复议申请书样式、行政复议案件审理程序，以及接受行政复议申请书的地址、传真号码等事项。

第二章 行政复议范围

第七条 公民、法人或者其他组织对中国证监会或其派出机构、授权组织作出的具体行政行为不服，有下列情形之一的，可以向中国证监会申请行政复议：

（一）对中国证监会或其派出机构作出的警告、罚款、没收违法所得、责令关闭、撤销任职资格或者证券从业资格、暂停或者撤销业务许可、吊销业务许可证等行政处罚决定不服的；

（二）对中国证监会或其派出机构作出的证券、期货市场禁入决定不服的；

（三）对中国证监会或其派出机构作出的冻结、查封、限制交易等行政强制措施不服的；

（四）对中国证监会或其派出机构作出的限制业务活动、限期撤销境内分支机构、限制分配红利、限制转让财产、责令限制股东行使股东权利以及责令更换董事、监事、高级管理人员或者限制其权利等行政监管措施不服的；

（五）认为中国证监会或其派出机构、授权组织侵犯其合法的经营自主权的；

（六）认为符合法定条件，申请办理证券、期货行政许可事项，中国证监会或其派出机构没有依法办理的；

（七）认为中国证监会或其派出机构在政府信息公开工作中的具体行政行为侵犯其合法权益的；

（八）认为中国证监会或其派出机构、授权组织的其他具体行政行为侵犯其合法权益的。

第八条 中国证监会或其派出机构、授权组织的下列行为不属于行政复议申请的范围：

（一）中国证监会或其派出机构、授权组织对其工作人员作出的行政处分以及其他人事处理决定；

（二）中国证监会或其派出机构、授权组织对证券、期货民事争议所作的调解行为；

（三）由中国证监会或其派出机构作出的行政调解和行政和解行为；

（四）不具有强制力的证券、期货行政指导行为；

（五）中国证监会或其派出机构对公民、法人或者其他组织提起申诉的重复处理行为；

（六）证券、期货交易所或证券、期货业协会依据自律规则，对公民、法人或者其他组织作出的决定；

（七）对公民、法人或者其他组织的权利义务不产生实际影响的行为。

第三章　行政复议申请

第九条　依照《行政复议法》、《行政复议法实施条例》以及本办法提起行政复议申请的公民、法人或者其他组织是行政复议的申请人。

第十条　依据《行政复议法实施条例》第七条的规定申请行政复议的，申请人应当同时向行政复议机构提交股份制企业的股东大会、股东代表大会、董事会作出的申请行政复议的决议和授权委托书。

第十一条　向行政复议机构申请作为第三人参加行政复议的，应当证明其与被审查的具体行政行为有利害关系。

经行政复议机构审查同意或者认为第三人有必要参加行政复议的，行政复议机构可以书面通知第三人。

第三人不参加行政复议，不影响行政复议案件的审理。

第十二条　申请人、第三人委托代理人向行政复议机构提交的授权委托书应当载明下列事项：

（一）委托人姓名或者名称，委托人为法人或者其他组织的，还应当载明法定代表人或者主要负责人的姓名、职务；

（二）代理人姓名、身份证号码、工作单位、通讯地址、邮政编码及电话等联系方式；

（三）委托事项和代理期间；

（四）代理人代为提起、变更、撤回行政复议申请、参加行政复议调解、达成行政复议和解、参加行政复议听证、递交证据材料、收受行政复议法律文书等代理权限；

（五）委托日期及委托人签字或者盖章。

提交授权委托书，应当提供委托人和代理人身份证明，以律师身份代理参加行政复议的，还应当提供律师执业证明文件。

第十三条　申请人对中国证监会或其派出机构、授权组织的具体行政行为不服申请行政复议的，作出该具体行政行为的中国证监会或其派出机构、授权组织是被申请人。

中国证监会或其派出机构委托其他组织作出具体行政行为的，中国证监会或其派出机构是被申请人。

第十四条 申请人对两个以上派出机构或授权组织共同作出的具体行政行为不服申请行政复议的，共同作出具体行政行为的机构或组织是共同被申请人。

第十五条 派出机构或者其他组织依照法律、行政法规、规章规定，报经中国证监会批准作出具体行政行为的，中国证监会是被申请人。

第四章　行政复议受理

第十六条 对符合《行政复议法实施条例》第十八条、第二十八条的规定，属于行政复议机关受理的行政复议申请，自行政复议机构收到之日起即为受理。

行政复议机构收到行政复议申请的日期，属于申请人当面递交的，由行政复议机构经办人在申请书上注明收到日期，并且由递交人签字确认；属于直接从邮递渠道收取或者其他单位、部门转来的，由行政复议机构签收确认；属于申请人以传真方式提交的，以行政复议机构接收传真之日为准。

第十七条 依照《行政复议法实施条例》第二十九条的规定，行政复议机构可以自收到该行政复议申请之日起5日内书面通知申请人补正，有下列情形之一的，属于行政复议申请材料不齐全或者表述不清楚：

（一）未依照《行政复议法实施条例》第十九条第（一）项的规定提供申请人基本情况；

（二）无申请人身份证明文件；

（三）无明确的被申请人；

（四）行政复议请求不具体、不明确；

（五）委托代理申请复议的手续不全或者权限不明确；

（六）未依照《行政复议法实施条例》第二十一条的规定提供证明材料；

（七）其他行政复议申请材料不齐全或者表述不清楚的情形。

申请人收到补正通知后，无正当理由逾期不补正的，视为放弃行政复议申请。

第十八条 申请人采取传真方式提出行政复议申请的，行政复议机构可以要求申请人依照《行政复议法实施条例》第二十九条、本办法第十七条的规定补充提交申请材料的原件。

第十九条 行政复议申请材料不齐全或者表述不清楚，或者采取传真方式提出行政复议申请，行政复议机构书面通知申请人补正或者提交原件的，受理的审查期限应当自收到补正后的行政复议申请材料或者原件之日起算。

第二十条 下列情形不视为申请行政复议，行政复议机构可以告知申请人处理结果或者转由其他机构处理并告知申请人：

（一）对中国证监会工作人员的个人违法违纪行为进行举报、控告的；

（二）不涉及中国证监会具体行政行为，只对中国证监会规章或者规范性文件有异议的；

（三）对行政处罚认定的事实、适用的依据、处罚种类、处罚幅度及处罚程序等没有异议，仅因经济困难，请求减、免、缓缴罚款的；

（四）请求解答法律、行政法规、规章的；

（五）其他以行政复议申请名义，进行信访投诉的情形。

第五章　行政复议审理

第一节　行政复议答复

第二十一条　行政复议机构应当自受理行政复议申请之日起 7 日内，将行政复议答复通知书、行政复议申请书副本或者行政复议申请笔录复印件以及申请人提交的证据、有关材料的副本发送被申请人或者原承办部门。

第二十二条　被申请人或者原承办部门应当自收到申请书副本或者申请笔录复印件之日起 10 日内，向行政复议机构提交行政复议答复意见书，并同时提交当初作出具体行政行为的全部证据、依据和其他有关材料。

行政复议答复意见书应当载明下列内容：

（一）被申请人当初作出具体行政行为时所认定的事实、证据及适用的法律、行政法规、规章及规范性文件，对有关事实的陈述应当注明相应的证据及证据的来源；

（二）对申请人行政复议申请中陈述的事实和理由逐条进行答辩并进行相应的举证；

（三）对有关具体行政行为建议维持、变更、撤销或者确认违法，建议驳回行政复议申请，进行行政复议调解等结论；

（四）作出书面答复的时间。

被申请人或者原承办部门应当按照行政执法案卷的要求提交单独装订的行政复议答复证据案卷，并明确申请人、第三人可以查阅的案卷材料范围。

第二节　行政复议审理

第二十三条　一般行政复议案件，由行政复议机构负责审查并提出复议意见；重大复杂的行政复议案件，由行政复议机构提请行政复议委员会进行审查，由行政复议委员会提出复议意见。

行政复议机构审查复议案件，必须有 2 名以上行政复议人员共同进行。行政复议委员会通过委员会工作会议审查行政复议案件。行政复议委员会的组成和工作规则另行规定。

第二十四条 案件审理人员或者出席会议的复议委员与本案有利害关系或者有其他关系可能影响公正审理行政复议案件的，应当进行回避。

第二十五条 对于案件事实复杂、申请人与被申请人就同一认定事实提交的证据不一致或者行政复议机构认为必要的，行政复议机构可以依照《行政复议法实施条例》第三十四条的规定向有关组织和人员调查取证。

行政复议机构采用询问方式进行调查取证的，应当制作询问笔录，由被调查单位和人员签字或者盖章确认。

第二十六条 行政复议机关提供必要的条件，方便申请人、第三人查阅有关材料。

申请人、第三人查阅有关材料应当遵守下列规定：

（一）申请人、第三人向行政复议机构提出书面阅卷请求，阅卷不得违反相关保密的规定；

（二）申请人、第三人应当按照指定的时间、地点和阅卷范围进行查阅；

（三）查阅时，申请人、第三人应当出示身份证件；

（四）申请人、第三人可以摘抄查阅材料的内容；

（五）申请人、第三人不得有涂改、替换、毁损、隐匿查阅的材料等行为。

申请人、第三人违反前款第（五）项的，行政复议机构应当立即终止其查阅。情节严重的，依法移送公安机关处理。

第三节 行政复议听证

第二十七条 申请人、被申请人或者原承办部门对案件事实争议较大或者案件重大复杂的，行政复议机构可以采取听证的方式审理。

被申请人在作出原具体行政行为时，已经采取听证方式的或者采取书面审查可以查明事实、证据的，行政复议机构不再采取听证方式审理。

第二十八条 行政复议机构决定举行听证的，按照下列程序和要求进行：

（一）行政复议机构应当将听证的时间、地点、具体要求等事项提前3日通知有关当事人；

（二）行政复议听证人员为不得少于3人的单数，由行政复议机构负责人确定，并且指定其中1人为听证主持人；

（三）举行听证时，被申请人或者原承办部门的工作人员应当提供行政复议答复意见书以及相应的证据、依据，申请人、第三人可以提出证据，并进行申辩和质证；

（四）听证应当制作笔录，听证笔录应当交听证参加人确认无误后签字或者盖章。

第六章 行政复议决定

第二十九条 行政复议机关对行政复议机构或者行政复议委员会提出的复议意见进行审查，经行政复议机关的负责人同意或者集体讨论通过后，依法作出行政复议决定。

第三十条 依照《行政复议法》第三十一条的规定，有下列情况之一的，可以视为案件情况复杂，经行政复议机关的负责人批准，行政复议期限可以适当延长，但是延长期限最多不超过 30 日：

（一）需要举行行政复议听证的；

（二）申请人、第三人提出新的事实、理由或者证据需进一步调查核实的；

（三）申请人与被申请人进行和解或者行政复议机构进行调解的；

（四）情况复杂，不能在规定期限内作出行政复议决定的其他情况。

延长复议期限，应当制作决定延期通知书，告知有关当事人。

第三十一条 行政复议机关作出行政复议决定，应当制作行政复议决定书，送达申请人和第三人，抄送被申请人。

行政复议决定书应当载明下列内容：

（一）申请人、第三人基本情况：自然人姓名、性别、工作单位及职务（原工作单位及职务）、住址；法人或者其他组织的名称、地址、法定代表人或者主要负责人的姓名、职务；

（二）被申请人名称、地址；

（三）申请人申请复议的请求、事实和理由；

（四）被申请人答复的事实、理由、证据和依据；

（五）行政复议认定的事实和相应的证据；

（六）作出行政复议决定的具体理由和法律依据；

（七）行政复议决定的结论；

（八）行政复议决定的救济途径；

（九）作出行政复议决定的日期。

行政复议决定书应当加盖行政复议机关的印章。

第三十二条 行政复议决定书一经送达，即发生法律效力。行政复议机关可以通过中国证监会门户网站、中国证监会公告等方式公布生效的行政复议决定书。

第七章 行政复议和解和调解

第三十三条 经被申请人同意，原承办部门、派出机构或者授权组织和申请人可以依照《行政复议法实施条例》第四十条的规定在作出行政复议决定之前自愿达成和解，并向行政复议机构提交书面和解协议。

和解协议应当载明行政复议请求、事实、理由、和解的条件和达成和解的结果。

和解协议应当由申请人和被申请人或者原承办部门签字或者盖章。

第三十四条 行政复议机构应当对申请人和作出具体行政行为的机构提交的和解协议进行备案。和解确属双方真实意思表示，和解内容不损害社会公共利益和他人合法权益的，行政复议机构应当准许和解，终止行政复议案件的审理。

在行政复议期间内未达成和解协议的，行政复议机关应当及时作出行政复议决定。

第三十五条 经行政复议机构准许和解的，申请人和被申请人应当履行和解协议。

第三十六条 有下列情形之一的，行政复议机关可以进行调解：

（一）公民、法人或者其他组织对中国证监会行使自由裁量权作出的具体行政行为不服申请行政复议的；

（二）行政赔偿或者行政补偿纠纷。

第三十七条 调解应当符合以下要求：

（一）查明案件事实，充分尊重申请人和被申请人的意愿；

（二）调解应当按照自愿、合法的原则，调解结果不得损害国家利益、社会公共利益或者他人合法权益。

第三十八条 申请人和被申请人经调解达成协议的，行政复议机关应当制作行政复议调解书。行政复议调解书应当载明下列内容：

（一）申请人基本情况：自然人姓名、性别、工作单位及职务（原工作单位及职务）、住址；法人或者其他组织的名称、地址、法定代表人或者主要负责人的姓名、职务；

（二）被申请人名称、地址；

（三）申请人申请行政复议的请求、事实和理由；

（四）被申请人答复的事实、理由、证据和依据；

（五）进行调解的基本情况；

（六）调解协议的主要内容和调解结果；

（七）申请人、被申请人履行调解书的义务；

（八）日期。

行政复议调解书应当加盖行政复议专用章。行政复议调解书经申请人、被申请人签字或者盖章，即具有法律效力。申请人和被申请人应当履行生效的行政复议调解书。

第八章　行政复议指导和监督

第三十九条　行政复议机关在行政复议期间发现相关行政行为违法或者需要做好善后工作等情况的，可以向被申请人或者原承办部门制作行政复议意见书，并抄报中国证监会监察部门。

行政复议意见书由行政复议机构具体承办，应当包括具体行政行为存在的问题、认定事实、理由和依据、整改意见等。

被申请人或者原承办部门应当自收到行政复议意见书之日起60日内将纠正相关行政违法行为、改进执法工作或者做好善后工作的情况报告行政复议机构。

对突出问题不予整改导致重复违法的，行政复议机关要予以通报。

第四十条　行政复议机构在行政复议期间发现法律、行政法规、规章的实施中带有普遍性的问题，可以向有关立法机关或其他有关行政机关提出完善立法的建议。

行政复议建议书应包括法律、行政法规、规章等存在的问题，相关事实、理由和依据、工作建议等。

第四十一条　中国证监会应当建立行政复议统计报告制度，定期对行政复议、行政应诉案件情况进行分析、研究，总结工作中的经验及不足，提出改进意见。

第四十二条　行政复议人员应当每年参加至少2次行政复议机构或者中国证监会业务部门组织的监管业务培训，提高行政复议人员的专业素质。

业务培训包括以下内容：

（一）行政复议及行政应诉业务培训；

（二）证券期货案件调查、审理等业务培训；

（三）证券期货日常监管及创新业务培训；

（四）涉及证券期货市场监管的政治、经济理论培训等。

第四十三条　行政复议机构对于在办理行政复议、行政应诉案件过程中成绩显著的单位和个人，可以提请中国证监会依照有关规定给予表彰和奖励。

第九章　附　　则

第四十四条　行政复议机关在受理、审查、决定行政复议申请过程中，可使用行政复议专用章。在中国证监会行政复议活动中，行政复议专用章和行政复议机关的印章具有同等法律效力。

第四十五条　外国人、无国籍人、外国组织在中华人民共和国境内向中国证监会申请行政复议，适用本办法。

第四十六条　本办法自2010年7月1日起施行。2002年11月25日发布的《中国证券监督管理委员会行政复议办法》（证监会令第13号）同时废止。

人力资源社会保障行政复议办法

（2010 年 3 月 16 日人力资源社会保障部令第 6 号公布　自公布之日起施行）

第一章　总　　则

第一条　为了规范人力资源社会保障行政复议工作，根据《中华人民共和国行政复议法》（以下简称行政复议法）和《中华人民共和国行政复议法实施条例》（以下简称行政复议法实施条例），制定本办法。

第二条　公民、法人或者其他组织认为人力资源社会保障部门作出的具体行政行为侵犯其合法权益，向人力资源社会保障行政部门申请行政复议，人力资源社会保障行政部门及其法制工作机构开展行政复议相关工作，适用本办法。

第三条　各级人力资源社会保障行政部门是人力资源社会保障行政复议机关（以下简称行政复议机关），应当认真履行行政复议职责，遵循合法、公正、公开、及时、便民的原则，坚持有错必纠，保障法律、法规和人力资源社会保障规章的正确实施。

行政复议机关应当依照有关规定配备专职行政复议人员，为行政复议工作提供财政保障。

第四条　行政复议机关负责法制工作的机构（以下简称行政复议机构）具体办理行政复议事项，履行下列职责：

（一）处理行政复议申请；

（二）向有关组织和人员调查取证，查阅文件和资料，组织行政复议听证；

（三）依照行政复议法实施条例第九条的规定，办理第三人参加行政复议事项；

（四）依照行政复议法实施条例第四十一条的规定，决定行政复议中止、恢复行政复议审理事项；

（五）依照行政复议法实施条例第四十二条的规定，拟订行政复议终止决定；

（六）审查申请行政复议的具体行政行为是否合法与适当，提出处理建议，拟订行政复议决定，主持行政复议调解，审查和准许行政复议和解协议；

（七）处理或者转送对行政复议法第七条所列有关规定的审查申请；

（八）依照行政复议法第二十九条的规定，办理行政赔偿等事项；

（九）依照行政复议法实施条例第三十七条的规定，办理鉴定事项；

（十）按照职责权限，督促行政复议申请的受理和行政复议决定的履行；

（十一）对人力资源社会保障部门及其工作人员违反行政复议法、行政复议法实施条例和本办法规定的行为依照规定的权限和程序提出处理建议；

（十二）研究行政复议过程中发现的问题，及时向有关机关和部门提出建议，重大问题及时向行政复议机关报告；

（十三）办理因不服行政复议决定提起行政诉讼的行政应诉事项；

（十四）办理或者组织办理未经行政复议直接提起行政诉讼的行政应诉事项；

（十五）办理行政复议、行政应诉案件统计和重大行政复议决定备案事项；

（十六）组织培训；

（十七）法律、法规规定的其他职责。

第五条 专职行政复议人员应当具备与履行行政复议职责相适应的品行、专业知识和业务能力，并取得相应资格。各级人力资源社会保障部门应当保障行政复议人员参加培训的权利，应当为行政复议人员参加法律类资格考试提供必要的帮助。

第六条 行政复议人员享有下列权利：

（一）依法履行行政复议职责的行为受法律保护；

（二）获得履行行政复议职责相应的物质条件；

（三）对行政复议工作提出建议；

（四）参加培训；

（五）法律、法规和规章规定的其他权利。

行政复议人员应当履行下列义务：

（一）严格遵守宪法和法律；

（二）以事实为根据，以法律为准绳审理行政复议案件；

（三）忠于职守，尽职尽责，清正廉洁，秉公执法；

（四）依法保障行政复议参加人的合法权益；

（五）保守国家秘密、商业秘密和个人隐私；

（六）维护国家利益、社会公共利益，维护公民、法人或者其他组织的合法权益；

（七）法律、法规和规章规定的其他义务。

第二章　行政复议范围

第七条 有下列情形之一的，公民、法人或者其他组织可以依法申请行政复议：

（一）对人力资源社会保障部门作出的警告、罚款、没收违法所得、依法予以关闭、吊销许可证等行政处罚决定不服的；

（二）对人力资源社会保障部门作出的行政处理决定不服的；

（三）对人力资源社会保障部门作出的行政许可、行政审批不服的；

（四）对人力资源社会保障部门作出的行政确认不服的；

（五）认为人力资源社会保障部门不履行法定职责的；

（六）认为人力资源社会保障部门违法收费或者违法要求履行义务的；

（七）认为人力资源社会保障部门作出的其他具体行政行为侵犯其合法权益的。

第八条 公民、法人或者其他组织对下列事项，不能申请行政复议：

（一）人力资源社会保障部门作出的行政处分或者其他人事处理决定；

（二）劳动者与用人单位之间发生的劳动人事争议；

（三）劳动能力鉴定委员会的行为；

（四）劳动人事争议仲裁委员会的仲裁、调解等行为；

（五）已就同一事项向其他有权受理的行政机关申请行政复议的；

（六）向人民法院提起行政诉讼，人民法院已经依法受理的；

（七）法律、行政法规规定的其他情形。

第三章　行政复议申请

第一节　申　请　人

第九条 依照本办法规定申请行政复议的公民、法人或者其他组织为人力资源社会保障行政复议申请人。

第十条 同一行政复议案件申请人超过5人的，推选1至5名代表参加行政复议，并提交全体行政复议申请人签字的授权委托书以及全体行政复议申请人的身份证复印件。

第十一条 依照行政复议法实施条例第九条的规定，公民、法人或者其他组织申请作为第三人参加行政复议，应当提交《第三人参加行政复议申请书》，该申请书应当列明其参加行政复议的事实和理由。

申请作为第三人参加行政复议的，应当对其与被审查的具体行政行为有利害关系负举证责任。

行政复议机构通知或者同意第三人参加行政复议的，应当制作《第三人参加行政复议通知书》，送达第三人，并注明第三人参加行政复议的日期。

第十二条 申请人、第三人可以委托1至2名代理人参加行政复议。

申请人、第三人委托代理人参加行政复议的，应当向行政复议机构提交授权委托书。授权委托书应当载明下列事项：

（一）委托人姓名或者名称，委托人为法人或者其他组织的，还应当载明法定代表人或者主要负责人的姓名、职务；

（二）代理人姓名、性别、职业、住所以及邮政编码；

（三）委托事项、权限和期限；

（四）委托日期以及委托人签字或者盖章。

申请人、第三人解除或者变更委托的，应当书面报告行政复议机构。

第二节　被 申 请 人

第十三条　公民、法人或者其他组织对人力资源社会保障部门作出的具体行政行为不服，依照本办法规定申请行政复议的，作出该具体行政行为的人力资源社会保障部门为被申请人。

第十四条　对县级以上人力资源社会保障行政部门的具体行政行为不服的，可以向上一级人力资源社会保障行政部门申请复议，也可以向该人力资源社会保障行政部门的本级人民政府申请行政复议。

对人力资源社会保障部作出的具体行政行为不服的，向人力资源社会保障部申请行政复议。

第十五条　对人力资源社会保障行政部门按照国务院规定设立的社会保险经办机构（以下简称社会保险经办机构）依照法律、法规规定作出的具体行政行为不服，可以向直接管理该社会保险经办机构的人力资源社会保障行政部门申请行政复议。

第十六条　对依法受委托的属于事业组织的公共就业服务机构、职业技能考核鉴定机构以及街道、乡镇人力资源社会保障工作机构等作出的具体行政行为不服的，可以向委托其行使行政管理职能的人力资源社会保障行政部门的上一级人力资源社会保障行政部门申请复议，也可以向该人力资源社会保障行政部门的本级人民政府申请行政复议。委托的人力资源社会保障行政部门为被申请人。

第十七条　对人力资源社会保障部门和政府其他部门以共同名义作出的具体行政行为不服的，可以向其共同的上一级行政部门申请复议。共同作出具体行政行为的人力资源社会保障部门为共同被申请人之一。

第十八条　人力资源社会保障部门设立的派出机构、内设机构或者其他组织，未经法律、法规授权，对外以自己名义作出具体行政行为的，该人力资源社会保障部门为被申请人。

第三节　行政复议申请期限

第十九条　公民、法人或者其他组织认为人力资源社会保障部门作出的具体行政行为侵犯其合法权益的，可以自知道该具体行政行为之日起 60 日内提出行政复议申请。

前款规定的行政复议申请期限依照下列规定计算：

（一）当场作出具体行政行为的，自具体行政行为作出之日起计算；

（二）载明具体行政行为的法律文书直接送达的，自受送达人签收之日起计算；

（三）载明具体行政行为的法律文书依法留置送达的，自送达人和见证人在送达回证上签注的留置送达之日起计算；

（四）载明具体行政行为的法律文书邮寄送达的，自受送达人在邮件签收单上签收之日起计算；没有邮件签收单的，自受送达人在送达回执上签名之日起计算；

（五）具体行政行为依法通过公告形式告知受送达人的，自公告规定的期限届满之日起计算；

（六）被申请人作出具体行政行为时未告知公民、法人或者其他组织，事后补充告知的，自该公民、法人或者其他组织收到补充告知的通知之日起计算；

（七）被申请人有证据材料能够证明公民、法人或者其他组织知道该具体行政行为的，自证据材料证明其知道具体行政行为之日起计算。

人力资源社会保障部门作出具体行政行为，依法应当向有关公民、法人或者其他组织送达法律文书而未送达的，视为该公民、法人或者其他组织不知道该具体行政行为。

申请人因不可抗力或者其他正当理由耽误法定申请期限的，申请期限自原因消除之日起继续计算。

第二十条 人力资源社会保障部门对公民、法人或者其他组织作出具体行政行为，应当告知其申请行政复议的权利、行政复议机关和行政复议申请期限。

第四节 行政复议申请的提出

第二十一条 申请人书面申请行政复议的，可以采取当面递交、邮寄或者传真等方式递交行政复议申请书。

有条件的行政复议机构可以接受以电子邮件形式提出的行政复议申请。

对采取传真、电子邮件方式提出的行政复议申请，行政复议机构应当告知申请人补充提交证明其身份以及确认申请书真实性的相关书面材料。

第二十二条 申请人书面申请行政复议的，应当在行政复议申请书中载明下列事项：

（一）申请人基本情况：申请人是公民的，包括姓名、性别、年龄、身份证号码、工作单位、住所、邮政编码；申请人是法人或者其他组织的，包括名称、住所、邮政编码和法定代表人或者主要负责人的姓名、职务；

（二）被申请人的名称；

（三）申请行政复议的具体行政行为、行政复议请求、申请行政复议的主要事实和理由；

（四）申请人签名或者盖章；

（五）日期。

申请人口头申请行政复议的，行政复议机构应当依照前款规定内容，当场制作行政复议申请笔录交申请人核对或者向申请人宣读，并由申请人签字确认。

第二十三条　有下列情形之一的，申请人应当提供相应的证明材料：

（一）认为被申请人不履行法定职责的，提供曾经申请被申请人履行法定职责的证明材料；

（二）申请行政复议时一并提出行政赔偿申请的，提供受具体行政行为侵害而造成损害的证明材料；

（三）属于本办法第十九条第四款情形的，提供发生不可抗力或者有其他正当理由的证明材料；

（四）需要申请人提供证据材料的其他情形。

第二十四条　申请人提出行政复议申请时错列被申请人的，行政复议机构应当告知申请人变更被申请人。

申请人变更被申请人的期间，不计入行政复议审理期限。

第二十五条　依照行政复议法第七条的规定，申请人认为具体行政行为所依据的规定不合法的，可以在对具体行政行为申请行政复议的同时一并提出对该规定的审查申请；申请人在对具体行政行为提出行政复议申请时尚不知道该具体行政行为所依据的规定的，可以在行政复议机关作出行政复议决定前向行政复议机关提出对该规定的审查申请。

第四章　行政复议受理

第二十六条　行政复议机构收到行政复议申请后，应当在 5 日内进行审查，按照下列情况分别作出处理：

（一）对符合行政复议法实施条例第二十八条规定条件的，依法予以受理，制作《行政复议受理通知书》和《行政复议提出答复通知书》，送达申请人和被申请人；

（二）对符合本办法第七条规定的行政复议范围，但不属于本机关受理范围的，应当书面告知申请人向有关行政复议机关提出；

（三）对不符合法定受理条件的，应当作出不予受理决定，制作《行政复议不予受理决定书》，送达申请人，该决定书中应当说明不予受理的理由和依据。

对不符合前款规定的行政复议申请，行政复议机构应当将有关处理情况告知申请人。

第二十七条　人力资源社会保障行政部门的其他工作机构收到复议申请的，应当及时转送行政复议机构。

除不符合行政复议法定条件或者不属于本机关受理的行政复议申请外，行政复议申请自行政复议机构收到之日起即为受理。

第二十八条　依照行政复议法实施条例第二十九条的规定，行政复议申请材料不齐全或者表述不清楚的，行政复议机构可以向申请人发出补正通知，一次性告知申请人需要补正的事项。

补正通知应当载明下列事项：

（一）行政复议申请书中需要修改、补充的具体内容；

（二）需要补正的证明材料；

（三）合理的补正期限；

（四）逾期未补正的法律后果。

补正期限从申请人收到补正通知之日起计算。

无正当理由逾期不补正的，视为申请人放弃行政复议申请。

申请人应当在补正期限内向行政复议机构提交需要补正的材料。补正申请材料所用时间不计入行政复议审理期限。

第二十九条 申请人依法提出行政复议申请，行政复议机关无正当理由不予受理的，上一级人力资源社会保障行政部门可以根据申请人的申请或者依职权先行督促其受理；经督促仍不受理的，应当责令其限期受理，并且制作《责令受理行政复议申请通知书》；必要时，上一级人力资源社会保障行政部门也可以直接受理。

上一级人力资源社会保障行政部门经审查认为行政复议申请不符合法定受理条件的，应当告知申请人。

第三十条 劳动者与用人单位因工伤保险待遇发生争议，向劳动人事争议仲裁委员会申请仲裁期间，又对人力资源社会保障行政部门作出的工伤认定结论不服向行政复议机关申请行政复议的，如果符合法定条件，应当予以受理。

第五章 行政复议审理和决定

第三十一条 行政复议原则上采取书面审查的办法，但是申请人提出要求或者行政复议机构认为有必要的，可以向有关组织和人员调查情况，听取申请人、被申请人和第三人的意见。

第三十二条 行政复议机构应当自行政复议申请受理之日起7日内，将行政复议申请书副本或者行政复议申请笔录复印件发送被申请人。被申请人应当自收到申请书副本或者申请笔录复印件之日起10日内，提交行政复议答复书，并提交当初作出具体行政行为的证据、依据和其他有关材料。

行政复议答复书应当载明下列事项，并加盖被申请人印章：

（一）被申请人的名称、地址、法定代表人的姓名、职务；

（二）作出具体行政行为的事实和有关证据材料；

（三）作出具体行政行为依据的法律、法规、规章和规范性文件的具体条款和内容；

（四）对申请人行政复议请求的意见和理由；

（五）日期。

被申请人应当对其提交的证据材料分类编号，对证据材料的来源、证明对象和内容作简要说明。

因不可抗力或者其他正当理由，被申请人不能在法定期限内提出书面答复、提交当初作出具体行政行为的证据、依据和其他有关材料的，可以向行政复议机关提出延期答复和举证的书面申请。

第三十三条　有下列情形之一的，行政复议机构可以实地调查核实证据：

（一）申请人或者被申请人对于案件事实的陈述有争议的；

（二）被申请人提供的证据材料之间相互矛盾的；

（三）第三人提出新的证据材料，足以推翻被申请人认定的事实的；

（四）行政复议机构认为确有必要的其他情形。

调查取证时，行政复议人员不得少于2人，并应当向当事人或者有关人员出示证件。

第三十四条　对重大、复杂的案件，申请人提出要求或者行政复议机构认为必要时，可以采取听证的方式审理。

有下列情形之一的，属于重大、复杂的案件：

（一）涉及人数众多或者群体利益的案件；

（二）具有涉外因素的案件；

（三）社会影响较大的案件；

（四）案件事实和法律关系复杂的案件；

（五）行政复议机构认为其他重大、复杂的案件。

第三十五条　公民、法人或者其他组织对人力资源社会保障部门行使法律、法规规定的自由裁量权作出的具体行政行为不服申请行政复议，在行政复议机关作出行政复议决定之前，申请人和被申请人可以在自愿、合法基础上达成和解。申请人和被申请人达成和解的，应当向行政复议机构提交书面和解协议。

书面和解协议应当载明行政复议请求、事实、理由和达成和解的结果，并且由申请人和被申请人签字或者盖章。

行政复议机构应当对申请人和被申请人提交的和解协议进行审查。和解确属申请人和被申请人的真实意思表示，和解内容不违反法律、法规的强制性规定，不损害国家利益、社会公共利益和他人合法权益的，行政复议机构应当准许和解，并终止行政复议案件的审理。

第三十六条　依照行政复议法实施条例第四十一条的规定，行政复议机构中止、恢复行政复议案件的审理，应当分别制发《行政复议中止通知书》和《行政复议恢复审理通知书》，并通知申请人、被申请人和第三人。

第三十七条　依照行政复议法实施条例第四十二条的规定，行政复议机关终止行政复议的，应当制发《行政复议终止通知书》，并通知申请人、被申请人和第三人。

第三十八条 依照行政复议法第二十八条第一款第一项规定，具体行政行为认定事实清楚，证据确凿，适用依据正确，程序合法，内容适当的，行政复议机关应当决定维持。

第三十九条 依照行政复议法第二十八条第一款第二项规定，被申请人不履行法定职责的，行政复议机关应当决定其在一定期限内履行法定职责。

第四十条 具体行政行为有行政复议法第二十八条第一款第三项规定情形之一的，行政复议机关应当决定撤销、变更该具体行政行为或者确认该具体行政行为违法；决定撤销该具体行政行为或者确认该具体行政行为违法的，可以责令被申请人在一定期限内重新作出具体行政行为。

第四十一条 被申请人未依照行政复议法第二十三条的规定提出书面答复、提交当初作出具体行政行为的证据、依据和其他有关材料的，视为该具体行政行为没有证据、依据，行政复议机关应当决定撤销该具体行政行为。

第四十二条 具体行政行为有行政复议法实施条例第四十七条规定情形之一的，行政复议机关可以作出变更决定。

第四十三条 依照行政复议法实施条例第四十八条第一款的规定，行政复议机关决定驳回行政复议申请的，应当制发《驳回行政复议申请决定书》，并通知申请人、被申请人和第三人。

第四十四条 行政复议机关依照行政复议法第二十八条的规定责令被申请人重新作出具体行政行为的，被申请人应当在法律、法规、规章规定的期限内重新作出具体行政行为；法律、法规、规章未规定期限的，重新作出具体行政行为的期限为60日。

公民、法人或者其他组织对被申请人重新作出的具体行政行为不服，可以依法申请行政复议或者提起行政诉讼。

第四十五条 有下列情形之一的，行政复议机关可以按照自愿、合法的原则进行调解：

（一）公民、法人或者其他组织对人力资源社会保障部门行使法律、法规规定的自由裁量权作出的具体行政行为不服申请行政复议的；

（二）当事人之间的行政赔偿或者行政补偿纠纷；

（三）其他适于调解的。

第四十六条 行政复议机关进行调解应当符合下列要求：

（一）在查明案件事实的基础上进行；

（二）充分尊重申请人和被申请人的意愿；

（三）遵循公正、合理原则；

（四）调解结果应当符合有关法律、法规的规定；

（五）调解结果不得损害国家利益、社会公共利益或者他人合法权益。

第四十七条 申请人和被申请人经调解达成协议的,行政复议机关应当制作《行政复议调解书》。《行政复议调解书》应当载明下列内容:

(一)申请人姓名、性别、年龄、住所(法人或者其他组织的名称、地址、法定代表人或者主要负责人的姓名、职务);

(二)被申请人的名称;

(三)申请人申请行政复议的请求、事实和理由;

(四)被申请人答复的事实、理由、证据和依据;

(五)进行调解的基本情况;

(六)调解结果;

(七)日期。

《行政复议调解书》应当加盖行政复议机关印章。《行政复议调解书》经申请人、被申请人签字或者盖章,即具有法律效力。

调解未达成协议或者调解书生效前一方反悔的,行政复议机关应当及时作出行政复议决定。

第四十八条 行政复议机关在审查申请人一并提出的作出具体行政行为所依据的规定的合法性时,应当根据具体情况,分别作出下列处理:

(一)如果该规定是由本行政机关制定的,应当在 30 日内对该规定依法作出处理结论;

(二)如果该规定是由其他人力资源社会保障行政部门制定的,应当在 7 日内按照法定程序转送制定该规定的人力资源社会保障行政部门,请其在 60 日内依法处理;

(三)如果该规定是由人民政府制定的,应当在 7 日内按照法定程序转送有权处理的国家机关依法处理。

对该规定进行审查期间,中止对具体行政行为的审查;审查结束后,行政复议机关再继续对具体行政行为的审查。

第四十九条 行政复议机关对决定撤销、变更具体行政行为或者确认具体行政行为违法并且申请人提出行政赔偿请求的下列具体行政行为,应当在行政复议决定中同时作出被申请人依法给予赔偿的决定:

(一)被申请人违法实施罚款、没收违法所得、依法予以关闭、吊销许可证等行政处罚的;

(二)被申请人造成申请人财产损失的其他违法行为。

第五十条 行政复议机关作出行政复议决定,应当制作《行政复议决定书》,载明下列事项:

(一)申请人的姓名、性别、年龄、住所(法人或者其他组织的名称、地址、法定代表人或者主要负责人的姓名、职务);

（二）被申请人的名称、住所；

（三）申请人的行政复议请求和理由；

（四）第三人的意见；

（五）被申请人答复意见；

（六）行政复议机关认定的事实、理由，适用的法律、法规、规章以及其他规范性文件；

（七）复议决定；

（八）申请人不服行政复议决定向人民法院起诉的期限；

（九）日期。

《行政复议决定书》应当加盖行政复议机关印章。

第五十一条 行政复议机关应当根据《中华人民共和国民事诉讼法》的规定，采用直接送达、邮寄送达或者委托送达等方式，将行政复议决定送达申请人、被申请人和第三人。

第五十二条 下级行政复议机关应当及时将重大行政复议决定报上级行政复议机关备案。

第五十三条 案件审查结束后，办案人员应当及时将案卷进行整理归档。案卷保存期不少于10年，国家另有规定的从其规定。保存期满后的案卷，应当按照国家有关档案管理的规定处理。

案卷归档材料应当包括：

（一）行政复议申请的处理

1.行政复议申请书或者行政复议申请笔录、申请人提交的证据材料；

2.授权委托书、申请人身份证复印件、法定代表人或者主要负责人身份证明书；

3.行政复议补正通知书；

4.行政复议受理通知书和行政复议提出答复通知书；

5.行政复议不予受理决定书；

6.行政复议告知书；

7.行政复议答复书、被申请人提交的证据材料；

8.第三人参加行政复议申请书、第三人参加行政复议通知书；

9.责令限期受理行政复议申请通知书。

（二）案件审理

1.行政复议调查笔录；

2.行政复议听证记录；

3.行政复议中止通知书、行政复议恢复审理通知书；

4.行政复议和解协议；

5.行政复议延期处理通知书；

6. 撤回行政复议申请书；

7. 规范性文件转送函。

（三）处理结果

1. 行政复议决定书；

2. 行政复议调解书；

3. 行政复议终止书；

4. 驳回行政复议申请决定书。

（四）其他

1. 行政复议文书送达回证；

2. 行政复议意见书；

3. 行政复议建议书；

4. 其他。

第五十四条 案卷装订、归档应当达到下列要求：

（一）案卷装订整齐；

（二）案卷目录用钢笔或者签字笔填写，字迹工整；

（三）案卷材料不得涂改；

（四）卷内材料每页下方应当居中标注页码。

第六章 附 则

第五十五条 本办法所称人力资源社会保障部门包括人力资源社会保障行政部门、社会保险经办机构、公共就业服务机构等具有行政职能的机构。

第五十六条 人力资源社会保障行政复议活动所需经费、办公用房以及交通、通讯、摄像、录音等设备由各级人力资源社会保障部门予以保障。

第五十七条 行政复议机关可以使用行政复议专用章。在人力资源社会保障行政复议活动中，行政复议专用章和行政复议机关印章具有同等效力。

第五十八条 本办法未规定事项，依照行政复议法、行政复议法实施条例规定执行。

第五十九条 本办法自发布之日起施行。劳动和社会保障部 1999 年 11 月 23 日发布的《劳动和社会保障行政复议办法》（劳动和社会保障部令第 5 号）同时废止。

环境行政复议办法

（2008 年 12 月 30 日环境保护部令第 4 号公布　自公布之日起施行）

第一条　为规范环境保护行政主管部门的行政复议工作，进一步发挥行政复议制度在解决行政争议、构建社会主义和谐社会中的作用，保护公民、法人和其他组织的合法权益，依据《中华人民共和国行政复议法》《中华人民共和国行政复议法实施条例》等法律法规制定本办法。

第二条　公民、法人或者其他组织认为地方环境保护行政主管部门的具体行政行为侵犯其合法权益的，可以向该部门的本级人民政府申请行政复议，也可以向上一级环境保护行政主管部门申请行政复议。认为国务院环境保护行政主管部门的具体行政行为侵犯其合法权益的，向国务院环境保护行政主管部门提起行政复议。

环境保护行政主管部门办理行政复议案件，适用本办法。

第三条　环境保护行政主管部门对信访事项作出的处理意见，当事人不服的，依照信访条例和环境信访办法规定的复查、复核程序办理，不适用本办法。

第四条　依法履行行政复议职责的环境保护行政主管部门为环境行政复议机关。环境行政复议机关负责法制工作的机构（以下简称环境行政复议机构），具体办理行政复议事项，履行下列职责：

（一）受理行政复议申请；

（二）向有关组织和人员调查取证，查阅文件和资料；

（三）审查被申请行政复议的具体行政行为是否合法与适当，拟定行政复议决定；

（四）按照职责权限，督促行政复议申请的受理和行政复议决定的履行；

（五）处理或者转送本办法第二十九条规定的审查申请；

（六）办理行政复议法第二十九条规定的行政赔偿等事项；

（七）办理或者组织办理本部门的行政应诉事项；

（八）办理行政复议、行政应诉案件统计和重大行政复议决定备案事项；

（九）研究行政复议工作中发现的问题，及时向有关机关提出改进建议，重大问题及时向环境行政复议机关报告；

（十）法律、法规和规章规定的其他职责。

第五条 依照行政复议法和行政复议法实施条例规定申请行政复议的公民、法人或者其他组织为申请人。同一环境行政复议案件，申请人超过 5 人的，推选 1 至 5 名代表参加行政复议。

第六条 公民、法人或者其他组织对环境保护行政主管部门的具体行政行为不服，依法申请行政复议的，作出该具体行政行为的环境保护行政主管部门为被申请人。

环境保护行政主管部门与法律、法规授权的组织以共同名义作出具体行政行为的，环境保护行政主管部门和法律、法规授权的组织为共同被申请人。环境保护行政主管部门与其他组织以共同名义作出具体行政行为的，环境保护行政主管部门为被申请人。

环境保护行政主管部门设立的派出机构、内设机构或者其他组织，未经法律、法规授权，对外以自己名义作出具体行政行为的，该环境保护行政主管部门为被申请人。

第七条 有下列情形之一的，公民、法人或者其他组织可以依照本办法申请行政复议：

（一）对环境保护行政主管部门作出的查封、扣押财产等行政强制措施不服的；

（二）对环境保护行政主管部门作出的警告、罚款、责令停止生产或者使用、暂扣、吊销许可证、没收违法所得等行政处罚决定不服的；

（三）认为符合法定条件，申请环境保护行政主管部门颁发许可证、资质证、资格证等证书，或者申请审批、登记等有关事项，环境保护行政主管部门没有依法办理的；

（四）对环境保护行政主管部门有关许可证、资质证、资格证等证书的变更、中止、撤销、注销决定不服的；

（五）认为环境保护行政主管部门违法征收排污费或者违法要求履行其他义务的；

（六）认为环境保护行政主管部门的其他具体行政行为侵犯其合法权益的。

第八条 有下列情形之一的，环境行政复议机关不予受理并说明理由：

（一）申请行政复议的时间超过了法定申请期限又无法定正当理由的；

（二）不服环境保护行政主管部门对环境污染损害赔偿责任和赔偿金额等民事纠纷作出的调解或者其他处理的；

（三）申请人在申请行政复议前已经向其他行政复议机关申请行政复议或者已向人民法院提起行政诉讼，其他行政复议机关或者人民法院已经依法受理的；

（四）法律、法规规定的其他不予受理的情形。

第九条 行政复议期间，环境行政复议机构认为申请人以外的公民、法人或者其他组织与被审查的具体行政行为有利害关系的，可以通知其作为第三人参加行政复议。

行政复议期间，申请人以外的公民、法人或者其他组织与被审查的具体行政行为有利害关系的，可以向环境行政复议机构申请作为第三人参加行政复议。

第十条　申请人、第三人可以委托 1 至 2 名代理人参加环境行政复议。

申请人、第三人委托代理人的，应当向环境行政复议机构提交由委托人签名或者盖章的书面授权委托书。授权委托书应当载明委托事项、权限和期限。公民在特殊情况下无法书面委托的，可以口头委托，说明委托事项、权限和期限，由环境行政复议机构核实并记录在卷。

委托人变更或者解除委托的，应当书面告知环境行政复议机构。

第十一条　公民、法人或者其他组织认为环境保护行政主管部门的具体行政行为侵犯其合法权益的，可以自知道该具体行政行为之日起 60 日内提出行政复议申请；但是法律规定的申请期限超过 60 日的除外。

因不可抗力或者其他正当理由耽误法定申请期限的，申请期限自障碍消除之日起继续计算。

第十二条　申请人书面申请行政复议的，可以采取当面递交、邮寄或者传真等方式提交行政复议申请书及有关材料。以传真方式提交的，应当及时补交行政复议申请书原件及有关材料，审查期限自收到行政复议申请书原件及有关材料之日起计算。

第十三条　行政复议申请书和口头申请行政复议笔录应当载明下列事项：

（一）申请人基本情况，包括：公民的姓名、性别、年龄、工作单位、住所、身份证号码、邮政编码、联系电话，法人或者其他组织的名称、住所、邮政编码、联系电话和法定代表人或者主要负责人的姓名、职务；

（二）被申请人的名称；

（三）行政复议请求，申请行政复议的主要事实和理由；

（四）申请人签名或者盖章；

（五）申请行政复议的日期。

第十四条　有下列情形之一的，申请人应当提供相应证明材料：

（一）认为被申请人不履行法定职责的，提供曾经要求被申请人履行法定职责而被申请人未履行的证明材料；

（二）申请行政复议日期超过法律、法规规定的行政复议申请期限的，提供因不可抗力或者其他正当理由耽误法定申请期限的证明材料；

（三）申请行政复议时一并提出行政赔偿请求的，提供受具体行政行为侵害而造成损害的证明材料；

（四）法律、法规规定需要申请人提供证据材料的其他情形。

第十五条　环境行政复议机关收到行政复议申请后，应当在 5 个工作日内进行审查，并分别作出如下处理：

（一）对符合行政复议法、行政复议法实施条例及本办法第七条规定、属于行政复议受理范围且提交材料齐全的行政复议申请，应当予以受理；

（二）对不符合行政复议法、行政复议法实施条例及本办法规定的行政复议申请，决定不予受理，制作不予受理行政复议申请决定书，送达申请人；

（三）对符合行政复议法、行政复议法实施条例及本办法规定，但是不属于本机关受理的行政复议申请，应当制作行政复议告知书送达申请人；申请人当面向环境行政复议机构口头提出行政复议的，可以口头告知，并制作笔录当场交由申请人确认。

错列被申请人的，环境行政复议机构应当制作行政复议告知书告知申请人变更被申请人。

第十六条　行政复议申请材料不齐全或者表述不清楚的，环境行政复议机构可以在收到该行政复议申请之日起 5 个工作日内，发出补正行政复议申请通知书，一次性告知申请人应当补正的事项及合理的补正期限。

补正申请材料所用时间不计入行政复议审理期限。申请人无正当理由逾期不补正的，视为申请人放弃行政复议申请。

第十七条　申请人依法提出行政复议申请，环境行政复议机关无正当理由不予受理的，上级环境保护行政主管部门应当责令其受理，并制作责令受理通知书，送达被责令受理行政复议的环境保护行政主管部门及申请人；必要时，上级环境保护行政主管部门可以直接受理。

第十八条　环境行政复议机构应当自受理行政复议申请之日起 7 个工作日内，制作行政复议答复通知书。行政复议答复通知书、行政复议申请书副本或者口头申请行政复议笔录复印件以及申请人提交的证据、有关材料的副本应一并送达被申请人。

第十九条　被申请人应当自收到行政复议答复通知书之日起 10 日内提出行政复议答复书，对申请人的复议请求、事实及理由进行答辩，并提交当初作出被申请复议的具体行政行为的证据、依据和其他有关材料。

被申请人无正当理由逾期未提交上述材料的，视为该具体行政行为没有证据、依据，环境行政复议机关应当制作行政复议决定书，依法撤销该具体行政行为。

第二十条　申请人、第三人可以查阅被申请人提出的书面答复和有关材料。除涉及国家秘密、商业秘密或者个人隐私外，环境行政复议机关不得拒绝，并且应当为申请人、第三人查阅有关材料提供必要条件。

申请人、第三人不得涂改、毁损、拆换、取走、增添所查阅的材料。

第二十一条　环境行政复议机构审理行政复议案件，应当由 2 名以上行政复议人员参加。

第二十二条 环境行政复议机构认为必要时，可以实地调查核实证据；对重大、复杂的案件，申请人提出要求或者环境行政复议机构认为必要时，可以采取听证的方式审理。

第二十三条 环境行政复议机构进行调查取证时，可以查阅、复制、调取有关文件和资料，向有关人员询问，必要时可以进行现场勘验。

调查取证时，环境行政复议人员不得少于 2 名，并应出示有关证件。调查结果应当制作笔录，由被调查人员和环境行政复议人员共同签字确认。

行政复议期间涉及专门事项需要鉴定、评估的，当事人可以自行委托鉴定机构进行鉴定、评估，也可以申请环境行政复议机构委托鉴定机构进行鉴定、评估。鉴定、评估费用由当事人承担。

现场勘验、鉴定及评估所用时间不计入行政复议审理期限。

第二十四条 申请人因对被申请人行使法律、法规规定的自由裁量权作出的具体行政行为不服申请行政复议，申请人与被申请人在行政复议决定作出前自愿达成和解的，应当向环境行政复议机构提交书面和解协议，和解内容不损害社会公共利益和他人合法权益的，环境行政复议机构应当准许。

第二十五条 有下列情形之一的，环境行政复议机关可以按照自愿、合法的原则进行调解：

（一）公民、法人或者其他组织对环境保护行政主管部门行使法律、法规规定的自由裁量权作出的具体行政行为不服申请行政复议的；

（二）当事人之间的行政赔偿或者行政补偿纠纷。

当事人经调解达成协议的，环境行政复议机关应当制作行政复议调解书。调解书应当载明行政复议请求、事实、理由和调解结果，并加盖环境行政复议机关印章。行政复议调解书经双方当事人签字，即具有法律效力。

调解未达成协议或者调解书生效前一方反悔的，环境行政复议机关应当及时作出行政复议决定。

第二十六条 申请人在行政复议决定作出前自愿撤回行政复议申请的，经环境行政复议机构同意后可以撤回。

申请人撤回行政复议申请的，不得再以同一事实和理由提出行政复议申请。但是，申请人能够证明撤回行政复议申请违背其真实意思表示的除外。

第二十七条 行政复议期间有下列情形之一，影响行政复议案件审理的，行政复议中止：

（一）作为申请人的自然人死亡，其近亲属尚未确定是否参加行政复议的；

（二）作为申请人的自然人丧失参加行政复议的能力，尚未确定法定代理人参加行政复议的；

（三）作为申请人的法人或者其他组织终止，尚未确定权利义务承受人的；

（四）作为申请人的自然人下落不明或者被宣告失踪的；

（五）申请人、被申请人因不可抗力，不能参加行政复议的；

（六）案件涉及法律适用问题，需要有权机关作出解释或者确认的；

（七）案件审理需要以其他案件的审理结果为依据，而其他案件尚未审结的；

（八）其他需要中止行政复议的情形。

行政复议中止的原因消除后，应当及时恢复行政复议案件的审理。

环境行政复议机构中止、恢复行政复议案件的审理，应当制作中止行政复议通知书、恢复审理通知书，告知有关当事人。

第二十八条 行政复议期间有下列情形之一的，行政复议终止：

（一）申请人要求撤回行政复议申请，环境行政复议机构准予撤回的；

（二）作为申请人的自然人死亡，没有近亲属或者其近亲属放弃行政复议权利的；

（三）作为申请人的法人或者其他组织终止，其权利义务的承受人放弃行政复议权利的；

（四）申请人与被申请人依照本办法第二十四条的规定，经行政复议机构准许达成和解的。

依照本办法第二十七条第一款第（一）项、第（二）项、第（三）项规定中止行政复议，满60日行政复议中止的原因仍未消除的，行政复议终止。

第二十九条 申请人在申请行政复议时，要求环境行政复议机关一并对被申请复议的具体行政行为所依据的有关规定进行审查的，或者环境行政复议机关在对被申请复议的具体行政行为进行审查时，认为其依据不合法，环境行政复议机关有权处理的，应当在30日内依法处理；无权处理的，应当在7个工作日内制作规范性文件转送函，按照法定程序转送有权处理的行政机关依法处理。

申请人在对具体行政行为提出行政复议申请时尚不知道该具体行政行为所依据的规定的，可以在环境行政复议机关作出行政复议决定前向环境行政复议机关提出对该规定的审查申请。

第三十条 行政复议期间具体行政行为不停止执行；但是有行政复议法第二十一条规定情形之一的，可以停止执行。

决定停止执行的，环境行政复议机关应当制作停止执行具体行政行为通知书，送达当事人。

第三十一条 有下列情形之一的，环境行政复议机关应当决定驳回行政复议申请，并制作驳回行政复议申请决定书，送达当事人：

（一）申请人认为环境保护行政主管部门不履行法定职责申请行政复议，环境行政复议机关受理后发现该部门没有相应法定职责或者在受理前已经履行法定职责的；

（二）受理行政复议申请后，发现该行政复议申请不符合行政复议法和行政复议法实施条例规定的受理条件的。

上级环境保护行政主管部门认为环境行政复议机关驳回行政复议申请的理由不成立的，应当责令其恢复审理。

第三十二条　环境行政复议机构应当对被申请人作出的具体行政行为进行审查，拟定行政复议决定书，报请环境行政复议机关负责人审批。行政复议决定书应当加盖印章，送达当事人。

第三十三条　环境行政复议机关应当自受理行政复议申请之日起 60 日内作出行政复议决定。情况复杂，不能在规定期限内作出行政复议决定的，经环境行政复议机关负责人批准，可以适当延长，但是延长期限最多不超过 30 日。环境行政复议机关应当制作延期审理通知书，载明延期的主要理由及期限，送达当事人。

第三十四条　被申请人应当履行行政复议决定。被申请人不履行或者无正当理由拖延履行的，环境行政复议机关应当责令其限期履行，制作责令履行行政复议决定通知书送达被申请人，并抄送申请人和第三人。

被申请人对行政复议决定有异议的，可以向环境行政复议机关提出意见，但是不停止行政复议决定的履行。

第三十五条　环境保护行政主管部门通过接受当事人的申诉、检举或者备案审查等途径，发现下级环境保护行政主管部门作出的行政复议决定违法或者明显不当的，可以责令其改正。

第三十六条　环境行政复议机关在行政复议过程中，发现被申请人或者其他下级环境保护行政主管部门的相关行政行为违法或者需要做好善后工作的，可以制作行政复议意见书。被申请人或者其他下级环境保护行政主管部门应当自收到行政复议意见书之日起 60 日内将纠正相关行政违法行为或者做好善后工作的情况通报环境行政复议机构。

第三十七条　行政复议期间环境行政复议机构发现法律、法规、规章实施中带有普遍性的问题，或者发现环境保护行政执法中存在的普遍性问题，可以制作行政复议建议书，向有关机关提出完善制度和改进行政执法的建议。

第三十八条　办结的行政复议案件应当一案一档，由承办人员按时间顺序将案件材料进行整理，立卷归档。

第三十九条　环境行政复议机关应当建立行政复议案件和行政应诉案件统计制度，并依照国务院环境保护行政主管部门有关环境统计的规定向上级环境保护行政主管部门报送本行政区的行政复议和行政应诉情况。

下级环境行政复议机关应当及时将重大行政复议决定报上级行政复议机关备案。

第四十条　环境行政复议机关应当定期总结行政复议及行政应诉工作，对在行政复议及行政应诉工作中做出显著成绩的单位和个人，依照有关规定给予表彰和奖励。

第四十一条　环境行政复议机关受理行政复议申请，不得向申请人收取任何费用。行政复议活动所需经费，应当列入本机关的行政经费，由本级财政予以保障。

第四十二条　本办法有关行政复议期间的规定，除注明 5 个工作日、7 个工作日（不包含节假日）的，其他期间按自然日计算。

期间开始之日，不计算在内。期间届满的最后一日是节假日的，以节假日后的第一日为期间届满的日期。期间不包括在途时间，行政复议文书在期满前交邮的，不算过期。

第四十三条　依照民事诉讼法的规定，送达行政复议文书可以采取直接送达、留置送达、委托送达、邮寄送达、转交送达、公告送达等方式。

环境行政复议机构送达行政复议文书必须有送达回证并保存有关送达证明。

第四十四条　本办法未作规定的其他事项，适用《中华人民共和国行政复议法》、《中华人民共和国行政复议法实施条例》等有关法律法规的规定。

第四十五条　本办法自发布之日起施行。2006 年 12 月 27 日原国家环境保护总局发布的《环境行政复议与行政应诉办法》同时废止。

附件：（略）

国家发展和改革委员会行政复议实施办法

（2006 年 4 月 30 日国家发展改革委令第 46 号公布　自 2006 年 7 月 1 日施行）

第一章　总　则

第一条　为防止和纠正违法的或者不当的具体行政行为，保护公民、法人和其它组织的合法权益，保障和监督发展改革机关依法行使职权，根据《中华人民共和国行政复议法》，制定本办法。

第二条　公民、法人或者其他组织认为发展改革机关的具体行政行为侵犯其合法权益，向国家发展和改革委员会（以下简称国家发展改革委）提出行政复议申请，国家发展改革委受理行政复议申请、做出行政复议决定，适用本办法。

第三条　本办法中的发展改革机关是指国家发展改革委和省、自治区、直辖市的发展改革机关。省、自治区、直辖市的发展改革机关具体包括：省级发展改革委、经贸委或经委、物价局等与国家发展改革委职能对口的省级人民政府有关机构。

第四条　国家发展改革委依据《行政复议法》及本办法履行行政复议职责。国家发展改革委法制工作机构具体办理国家发展改革委的行政复议事项，并履行下列职责：

（一）受理行政复议申请；

（二）向有关组织和人员调查取证，查阅文件和资料；

（三）依据法律法规和规章审查申请行政复议的具体行政行为是否合法与适当，拟订行政复议决定；

（四）处理或者转送对本办法第十六条所列有关规定的审查申请；

（五）对发展改革机关违反《行政复议法》和本办法的行为依照规定的权限和程序提出处理建议；

（六）办理因受理行政复议引发的有关行政应诉事项；

（七）法律、法规和规章规定的其他职责。

第二章　行政复议申请

第五条　对国家发展改革委的具体行政行为不服的，可以向国家发展改革委申请行政复议。

对国家发展改革委与其他部门联合做出的具体行政行为不服的，应当同时向做出该具体行政行为的各有关部门申请行政复议。

对省、自治区、直辖市发展改革机关的具体行政行为不服的，可以向该省、自治区、直辖市人民政府申请行政复议，也可以向国家发展改革委申请行政复议。

第六条 公民、法人或者其他组织认为省、自治区、直辖市发展改革机关和国家发展改革委的具体行政行为侵犯其合法权益的，可以自知道该具体行政行为之日起60日内向国家发展改革委提出行政复议申请。法律规定的申请期限超过60日的除外。

因不可抗力或者其他正当理由耽误法定申请期限的，申请期限自障碍消除之日起继续计算。

第七条 对国家发展改革委作出的行政复议决定不服的，可以向人民法院提起行政诉讼；也可以向国务院申请裁决。

第八条 当事人以书面方式申请行政复议的，应当提交行政复议申请书正本一份，有共同被申请人的，应按照被申请人的数目提交副本。

第九条 复议申请书应当载明下列内容：

（一）申请人及委托代理人的姓名、职业、住址（法人或者其他组织的名称、地址、法定代表人的姓名）、联系方式；

（二）被申请人的名称、地址、联系方式；

（三）申请复议的具体要求；

（四）主要事实和理由（包括知道具体行政行为的时间）；

（五）提出行政复议申请的日期。

复议申请书应当由申请人或申请人的法定代表人（或其授权委托人）签字或盖章，并附有必要的证据。申请人为自然人的，应当提交居民身份证或其他有效证件的复印件；申请人为法人或其他组织的，应当提交营业执照或其他有效证件的复印件、法定代表人身份证明等。申请人授权委托人代为申请的，应当提交申请人与委托人的合法身份证明和授权委托书。

第十条 下列情形不作为申请复议处理：

（一）对发展改革机关工作人员的个人违法违纪行为进行举报、控告或者对工作人员的态度作风提出异议，或者其他信访事项；

（二）对发展改革机关的业务政策、工作制度、工作方式和程序提出异议的；

（三）请求解答法律、法规、规章或者发展改革机关制定（参与制定）的规范性文件的；

（四）对发展改革机关做出的行政处分或人事决定不服的。

第十一条 同申请行政复议的具体行政行为有利害关系的其他公民、法人或者其他组织以书面形式提出申请，经国家发展改革委审查同意，可以作为第三人参加行政复议。

国家发展改革委认为必要时，也可以通知同申请复议的具体行政行为有利害关系的其他公民、法人或者其他组织作为第三人参加行政复议。

第三章　受理与审查

第十二条　国家发展改革委法制工作机构收到行政复议申请后，应当在 5 日内按照《行政复议法》的有关规定进行审查，并依法做出是否受理的决定。

法制工作机构认为申请人的复议申请书内容不符合第九条规定或复议申请材料不齐的，可以在收到行政复议申请后 5 日内书面通知申请人补正。补正通知应当载明需要补正的内容以及补正的期限。当事人无正当理由逾期不补正的，视为未提出行政复议申请。法制工作机构办理行政复议案件的期限自收到最后补正材料之日起计算。补正期间不计入申请人法定申请期限。

行政复议申请符合《行政复议法》规定，但是不属于国家发展改革委受理的，应当向申请人发送《行政复议告知书》，告知申请人向有关行政复议机关提出。

除依法决定不予受理或告知申请人应当补正材料和告知申请人应当向其他复议机关申请复议的外，行政复议申请自国家发展改革委法制工作机构收到之日起即为受理。

第十三条　两个以上的复议申请人对同一发展改革机关的同一具体行政行为分别向国家发展改革委申请复议的，国家发展改革委可以并案审理，并以收到后一复议申请的日期为正式受理的日期。但前一申请的复议期限不得超过法定期限。

第十四条　国家发展改革委法制工作机构对符合下列条件的复议申请，应当予以受理：

（一）申请人与具体行政行为存在法律上的利害关系；

（二）有明确的被申请人和具体行政行为；

（三）有具体的行政复议请求、事实根据和理由；

（四）申请复议的事项属于《行政复议法》第六条规定的范围；

（五）复议申请在法定的申请期限内提出；

（六）未对同一具体行政行为申请行政复议或提起行政诉讼；

（七）符合国家发展改革委的受理权限；

（八）符合《行政复议法》规定的其他条件。

第十五条　行政复议申请不具备本办法第十四条所列条件之一的，不予受理，法制工作机构应当在收到行政复议申请后 5 日内依照法定程序向申请人发送《不予受理决定书》。

第十六条　法制工作机构依法受理的行政复议申请出现下列情形时，应当在 7

日内依照法定程序转送有权处理的行政机关，同时中止对具体行政行为的审查，并向申请人、被申请人、第三人发送《行政复议中止通知书》：

（一）申请人在申请行政复议时，一并提出对《行政复议法》第七条所列有关规定的审查申请，而本机关对该规定无权处理的；

（二）被申请人作出的具体行政行为的依据不合法，但本行政复议机关对该依据无权处理的。

依照前款规定依法转送的行政复议申请，应当复印存档。

第十七条　法制工作机构依法受理的行政复议申请出现下列情形时，应当中止复议，并在 7 日内依照法定程序向申请人、被申请人、第三人发送《行政复议中止通知书》：

（一）有权部门对被申请行政复议的具体行政行为正在采取处理措施的；

（二）申请人为公民，已经死亡，需要等待其近亲属表明是否继续参与行政复议的，或者申请人为法人或者其他组织，已经终止，尚未确定其权利继受人的；

（三）本行政复议案件必须以另一案件的审查结果为依据，而另一案件尚未审结的；

（四）法律法规规定中止行政复议的其他情形。

依照前款规定依法中止复议的行政复议申请，应当立卷存档。

中止情形消失的，法制工作机构应当在 7 日内恢复行政复议程序，并通知申请人、被申请人、第三人。

第十八条　法制工作机构依法受理的行政复议申请出现下列情形时，应当终止复议，并在 7 日内依照法定程序向申请人、被申请人、第三人发送《行政复议终止通知书》：

（一）申请人撤回行政复议申请，经复议机关同意的；

（二）申请人为公民，已经死亡，没有继承人或者继承人声明放弃复议权利的；

（三）申请人为法人或者其他组织，已经终止，没有权利继受人或者权利继受人放弃复议权利的；

（四）复议事实已经消除的；

（五）受理后发现申请人已经就同一具体行政行为向人民法院提起行政诉讼，且人民法院已经受理的；

（六）受理后发现申请人已经就同一具体行政行为向其他行政复议机关提出行政复议申请，且该行政复议机关已经受理的；

（七）受理后发现被复议的具体行政行为系由两个或两个以上行政机关以共同的名义做出，而本复议机关并非其共同上一级行政机关的（国家发展改革委与其他部门联合作出具体行政行为的情况除外）；

（八）法律法规规定终止行政复议的其他情形。

依照前款规定终止复议的行政复议申请，应当立卷存档。

第十九条 国家发展改革委法制工作机构自行政复议申请受理之日起 7 日内，将行政复议申请书副本或者行政复议申请笔录复印件发送被申请人。被申请人应当自收到申请书副本或者申请笔录复印件之日起 10 日内提出书面答复，并提交当初做出具体行政行为的证据、依据和其他有关材料。

被申请人的书面答复应当载明以下内容：

（一）被申请人的基本情况（被申请人为国家发展改革委的除外）；

（二）进行答辩的事由，做出具体行政行为的基本过程和情况；

（三）做出具体行政行为的事实依据和有关证据材料；

（四）做出具体行政行为所依据的法律、法规、规章和规范性文件的文号、具体条款和内容；

（五）做出答复的时间。

书面答复应当加盖被申请人的单位公章；被申请人为国家发展改革委的，加盖做出该具体行政行为的机构印章。

第二十条 被申请人不按照《行政复议法》第二十三条和本办法第十九条的规定提出书面答复、提交当初做出具体行政行为的证据、依据和其他有关材料的，视为该具体行政行为没有证据、依据，决定撤销该具体行政行为。

第二十一条 申请人、第三人及其委托代理人可以向国家发展改革委申请查阅被申请人提出的书面答复、做出具体行政行为的证据、依据和其他有关材料，并依照下列程序办理：

（一）向国家发展改革委法制工作机构提出申请，出示身份证件；

（二）国家发展改革委法制工作机构经过审查认为不涉及国家秘密、商业秘密和个人隐私的，应当允许申请人、第三人及其委托代理人查阅；

（三）申请人、第三人及其委托代理人查阅时，应当有复议机构工作人员在场；

（四）申请人、第三人及其委托代理人不得涂改、毁损、拆换、取走、增添查阅的上述材料；未经复议机构同意，不得进行复印、翻拍、翻录。

第二十二条 行政复议原则上采取书面审查的方式，如案情复杂、书面审查无法查明案情的，也可以采取当面听取当事人意见、实地调查、邀请专门机构进行检验、鉴定等方式。

第二十三条 在行政复议过程中，被申请人及其代理人均不得自行向申请人或其他有关组织或者个人收集证据，也不得以做出具体行政行为之后发现的事实或情况作为该具体行政行为的事实依据。

第二十四条 行政复议期间具体行政行为不停止执行；但是，有下列情形之一的，可以停止执行：

（一）被申请人认为需要停止执行的；

（二）国家发展改革委认为需要停止执行的；

（三）申请人申请停止执行，国家发展改革委认为其要求合理，决定停止执行的；

（四）法律规定停止执行的。

决定停止执行的，应当制作《具体行政行为停止执行决定书》，并送达申请人、被申请人和第三人。

第二十五条 申请人要求撤回行政复议申请的，应当在行政复议决定做出前提交书面申请，并说明理由，由申请人签名或盖章；口头申请的，由复议工作人员记录，申请人核阅后，应当在记录上签名或者盖章。

撤回行政复议申请的，行政复议终止。

第四章 决定与执行

第二十六条 国家发展改革委法制工作机构应当对被申请人做出的具体行政行为进行审查，提出意见，按照《行政复议法》第二十八条的规定做出行政复议决定。

复议决定责令被申请人重新做出具体行政行为的，被申请人不得以同一事实和理由做出与原具体行政行为相同或基本相同的具体行政行为。但是复议决定以违反法定程序为由，决定撤销被申请人做出的具体行政行为除外。

第二十七条 国家发展改革委应当自受理申请之日起 60 日内做出行政复议决定。情况复杂，不能在规定期限内做出行政复议决定的，经国家发展改革委负责人批准，可以适当延长，并及时告知申请人和被申请人；但是延长期限最多不超过 30 日。

国家发展改革委做出行政复议决定，应当制作《行政复议决定书》，并加盖行政复议专用章。

《行政复议决定书》一经送达，即发生法律效力。

第二十八条 被申请人应当履行行政复议决定。

被申请人不履行或者无正当理由拖延履行行政复议决定的，国家发展改革委应当责令其限期履行。

第二十九条 申请人逾期不起诉又不履行行政复议决定的，或者不履行最终裁决的行政复议决定的，按照下列规定分别处理：

（一）维持具体行政行为的行政复议决定，由做出具体行政行为的行政机关申请人民法院强制执行；

（二）变更具体行政行为的行政复议决定，由行政复议机关申请人民法院强制执行。

第五章 附 则

第三十条 行政复议期间的计算和行政复议文书的送达，依照民事诉讼法关于期间、送达的规定执行。

本办法关于行政复议期间有关"5 日""7 日"的规定是指工作日，不含节假日和当日。

第三十一条 外国人、无国籍人、外国组织在中华人民共和国境内向国家发展改革委申请行政复议，适用本办法。

第三十二条 本办法由国家发展改革委负责解释，自 2006 年 7 月 1 日起施行。

商务部行政复议实施办法

（中华人民共和国商务部令 2004 年第 7 号）

第一条 为防止和纠正违法的或者不当的具体行政行为，保护公民、法人和其它组织的合法权益，保障和监督国内外贸易和国际经济合作管理机关依法行使职权，根据《中华人民共和国行政复议法》（以下简称《行政复议法》），制定本办法。

第二条 商务部依据《行政复议法》及本办法的规定履行行政复议职责。商务部法制工作机构（条约法律司）具体办理商务部的行政复议事项，并履行《行政复议法》第三条规定的职责。

第三条 对下列具体行政行为不服的，可以向商务部申请行政复议：

（一）商务部的具体行政行为；

（二）商务部的派出机构依照法律、法规或者规章的规定，以自己的名义作出的具体行政行为；

（三）法律、法规授权并由商务部直接管理的组织的具体行政行为；

（四）对省、自治区、直辖市国内外贸易和国际经济合作管理机关的具体行政行为不服的，可以向商务部申请行政复议，也可以向该省、自治区、直辖市人民政府申请行政复议。

第四条 当事人以书面方式申请行政复议的，应当提交行政复议申请书正本一份，并按照被申请人的数目提交副本。复议申请书应当载明下列内容：

（一）申请人及委托代理人的姓名、职业、住址（法人或者其他组织的名称、地址、法定代表人的姓名）；

（二）被申请人的名称、地址；

（三）申请复议的具体要求；

（四）主要事实和理由（包括知道具体行政行为的时间）；

（五）提出行政复议申请的日期。

复议申请书应当由申请人或申请人的法定代表人（或其授权委托人）签字并盖章，并附有必要的证据。申请人为自然人的，应当提交居民身份证或其他有效证件的复印件；申请人为法人或其他组织的，应当提交营业执照或其他有效证件的复印件、法定代表人身份证明等。

第五条　同申请行政复议的具体行政行为有利害关系的其他公民、法人或者其他组织要求作为第三人参加行政复议，应当以书面形式提出申请，经商务部审查同意，可以作为第三人参加行政复议。

商务部认为必要时，也可以通知同申请复议的具体行政行为有利害关系的其他公民、法人或者其他组织作为第三人参加行政复议。

第六条　申请人向商务部申请复议的，向商务部法制工作机构办理申请手续。法制工作机构应当在申请书上注明收到日期，并由递交人签字确认。

第七条　商务部法制工作机构收到行政复议申请后，应当在5个工作日内按照《行政复议法》的有关规定进行审查，并依法做出是否受理的决定。

除依法决定不予受理或告知申请人应当向其他复议机关申请复议的外，行政复议申请自商务部法制工作机构收到之日起即为受理。

第八条　行政复议申请有下列情形之一的，不予受理，并以书面形式告知申请人：

（一）申请复议的事项不属于《行政复议法》第六条规定的范围的；

（二）申请人不具备复议申请主体资格的；

（三）申请人错列被申请人且拒绝变更的；

（四）申请复议超过了法定的申请期限且无正当理由的；

（五）申请人提起行政诉讼，法院已经受理或尚未决定是否受理，又申请行政复议的；

（六）申请人向其它有管辖权的行政机关申请复议，该复议机关已经依法受理的；

（七）申请人撤回复议申请，无正当理由再行申请复议的；

（八）申请人超越复议管辖权限、越级申请的（《行政复议》第二十条规定的情形除外）；

（九）行政复议申请不具备其他法定要件的。

第九条　商务部法制工作机构应当自行政复议申请受理之日起7个工作日内，将行政复议申请书副本或者行政复议申请笔录复印件发送被申请人。被申请人应当自收到申请书副本或者申请笔录复印件之日起10日内提出书面答复，并提交当初作出具体行政行为的证据、依据和其他有关材料。

被申请人的书面答复应当载明以下内容：

（一）被申请人的基本情况（被申请人为商务部的除外）；

（二）进行答辩的事由，案件的基本过程和情况；

（三）做出具体行政行为的事实依据和有关证据材料；

（四）做出具体行政行为所依据的法律、法规、规章和规范性文件的具体条款和内容；

（五）做出答复的时间。

书面答复应当加盖被申请人单位公章；被申请人为商务部的，加盖作出该具体行政行为的部门的印章。

第十条　被申请人不按照《行政复议法》第二十三条和本办法第十条的规定提出书面答复、提交当初作出具体行政行为的证据、依据和其他有关材料的，视为该具体行政行为没有证据、依据，决定撤消该具体行政行为。

第十一条　行政复议原则上采取书面审查的方式，如案情复杂、书面审查无法查明案情的，也可以采取听取当事人的意见、实地调查，邀请专门机构进行检验、鉴定等方式。

第十二条　在行政复议过程中，被申请人及其代理人均不得自行向申请人或其他有关组织或者个人收集证据，也不得以做出具体行政行为之后发现的事实或情况作为具体行政行为的事实依据。

第十三条　法制工作机构应当对被申请人做出的具体行政行为进行审查，提出意见，经商务部负责人同意或集体讨论通过后，按照《行政复议法》第二十八条的规定作出行政复议决定。

第十四条　申请人在申请行政复议时一并提出行政赔偿请求的，应当按照《中华人民共和国国家赔偿法》第十二条的规定写明具体的赔偿要求、事实根据和理由。行政复议机关对符合国家赔偿法的有关规定应当给予赔偿的，在决定撤消、变更具体行政行为或者确认具体行政行为违法时，应当同时决定被申请人依法给予赔偿。

第十五条　本办法由商务部负责解释，自 2004 年 7 月 1 日起施行。

公安机关办理行政复议案件程序规定

（2002 年 11 月 2 日公安部令第 65 号发布　自 2003 年 1 月 1 日起施行）

目　　录

第一章　总　　则

第一条　为了规范公安机关行政复议案件的办理程序，防止和纠正违法的或者不当的具体行政行为，保护公民、法人和其他组织的合法权益，保障和监督公安机关依法行使职权，根据《中华人民共和国行政复议法》（以下简称行政复议法）以及其他有关法律、法规，结合公安工作实际，制定本规定。

第二条　本规定所称公安行政复议机关，是指县级以上地方各级人民政府公安机关，新疆生产建设兵团公安机关，公安交通管理机构、公安边防部门、出入境边防检查总站。

铁路、交通、民航、森林公安机关办理行政复议案件，适用本规定。

第三条　本规定所称公安行政复议机构，是指公安行政复议机关负责法制工作的机构。

公安行政复议机构具体办理行政复议案件，公安机关业务部门内设的法制机构不办理行政复议案件。

第四条　公安行政复议机构接受口头行政复议申请，向有关组织和人员调查情况，听取申请人、被申请人和第三人的意见时，办案人员不得少于二人。

第五条　公安行政复议机构办理行政复议案件所需经费应当在本级公安业务费中列支；办理公安行政复议事项必需的设备、工作条件，公安行政复议机关应当予以保障。

第六条　公安行政复议机关办理行政复议案件，应当遵循合法、公正、公开、及时、便民的原则，坚持有错必纠，确保国家法律、法规的正确实施。

第七条　公民、法人或者其他组织对公安机关的具体行政行为不服的，依法可以向该公安机关的本级人民政府申请行政复议，也可以向上一级主管公安机关申请行政复议。法律、法规另有规定的除外。

第二章　复议机关

第八条　对县级以上各级人民政府公安机关作出的具体行政行为不服的，按照下列规定提出行政复议申请：

（一）对公安部、省（自治区、直辖市）公安厅（局）、新疆生产建设兵团公安局作出的具体行政行为不服的，向公安部申请行政复议；

（二）对市（地、州、盟）公安局（处）作出的具体行政行为不服的，向省（自治区、直辖市）公安厅（局）申请行政复议；

（三）对县（市、旗）公安局作出的具体行政行为不服的，向市（地、州、盟）公安局（处）申请行政复议；

（四）对城市公安分局作出的具体行政行为不服的，向市公安局申请行政复议。

第九条　对省（自治区、直辖市）公安厅（局）直属的公安局、市（地、州、盟）公安局（处）直属的公安分局作出的具体行政行为不服的，向设立该直属公安局、公安分局的省（自治区、直辖市）公安厅（局）、市（地、州、盟）局（处）申请行政复议。

第十条　对县级以上地方各级人民政府公安机关内设的公安消防机构作出的具体行政行为不服的，向该公安机关申请行政复议。

第十一条　对县级以上地方各级人民政府公安机关内设的公安交通管理机构作出的具体行政行为不服的，向该公安机关申请行政复议。

对公安交通管理机构下设的公安交通警察支队、大队（队）作出的具体行政行为不服的，可以向其上一级公安交通管理机构申请行政复议。

第十二条　对出入境边防检查站作出的具体行政行为不服的，向出入境边防检查总站申请行政复议。

第十三条　对公安边防部门以自己名义作出的具体行政行为不服的，向其上一级公安边防部门申请行政复议；对公安边防部门以地方公安机关名义作出的具体行政行为不服的，向其所在地的县级以上地方人民政府公安机关申请行政复议。

第十四条　对公安派出所依法作出的具体行政行为不服的，向设立该公安派出所的公安机关申请行政复议。

第十五条　对法律、法规授权的公安机关内设机构或者派出机构超出法定授权范围作出的具体行政行为不服的，向该内设机构所属的公安机关或者设立该派出机构的公安机关申请行政复议。

对没有法律、法规授权的公安机关的内设机构或者派出机构以自己的名义作出的具体行政行为不服的，向该内设机构所属的公安机关或者设立该派出机构的公安机关的上一级公安机关申请行政复议。

第十六条 对经上级公安机关批准的具体行政行为不服的，向在对外发生法律效力的文书上加盖印章的公安机关的上一级公安机关申请行政复议。

第三章 申 请

第十七条 申请行政复议，可以书面申请，也可以口头申请。

第十八条 书面申请的，应当提交《行政复议申请书》，载明以下内容：

（一）申请人及其代理人的姓名、性别、出生年月日、工作单位、住所、联系方式，法人或者其他组织的名称、地址、法定代表人或者主要负责人的姓名、职务、住所、联系方式；

（二）被申请人的名称、地址、法定代表人的姓名；

（三）行政复议请求；

（四）申请行政复议的事实和理由；

（五）申请行政复议的日期。

《行政复议申请书》应当由申请人签名或者捺手印。

第十九条 口头申请的，公安行政复议机构应当当场记录申请人的基本情况、行政复议请求、申请行政复议的主要事实、理由和时间，经申请人核对或者向申请人宣读并确认无误后，由申请人签名或者捺指印。

第二十条 申请人因不可抗力以外的其他正当理由耽误法定申请期限的，应当提交相应的证明材料，由公安行政复议机构认定。

前款规定中的其他正当理由包括：

（一）申请人因严重疾病不能在法定申请期限内申请行政复议的；

（二）申请人为无行为能力人或者限制行为能力人，其法定代理人在法定申请期限内不能确定的；

（三）法人或者其他组织合并、分立或者终止，承受其权利的法人或者其他组织在法定申请期限内不能确定的；

（四）公安行政复议机构认定的其他耽误法定申请期限的正当理由。

第二十一条 公安机关作出具体行政行为时，未告知公民、法人或者其他组织行政复议权或者申请行政复议期限的，申请行政复议期限从公民、法人或者其他组织知道或者应当知道行政复议权或者申请行政复议期限之日起计算。

公安机关作出具体行政行为时，未制作或者未送达法律文书，公民、法人或者其他组织不服申请行政复议的，只要能够证明具体行政行为存在，公安行政复议机关应当受理。申请行政复议期限从证明具体行政行为存在之日起计算。

第二十二条　下列时间可以认定为申请人知道具体行政行为的时间：

（一）当场作出具体行政行为的，具体行政行为作出时间为知道的时间；

（二）作出具体行政行为的法律文书直接送交受送达人的，受送达人签收的时间为知道的时间；送达时本人不在的，与其共同居住的有民事行为能力的亲属签收的时间为知道的时间；本人指定代收人的，代收人签收的时间为知道的时间；受送达人为法人或者其他组织的，其收发部门签收的时间为知道的时间；

（三）受送达人拒绝接收作出具体行政行为的法律文书，有送达人、见证人在送达回证上签名或者盖章的，送达回证上签署的时间为知道的时间；

（四）通过邮寄方式送达当事人的，当事人签收邮件的时间为知道的时间；

（五）通过公告形式告知当事人的，公告规定的时间届满之日的次日为知道的时间；

（六）法律、法规、规章和其他规范性文件未规定履行期限的，公安机关收到履行法定职责申请之日起六十日的次日为申请人知道的时间；法律、法规、规章和其他规范性文件规定了履行期限的，期限届满之日的次日为知道的时间。

第二十三条　公民、法人或者其他组织申请公安机关履行法定职责，法律、法规、规章和其他规范性文件未规定履行期限的，公安机关在接到申请之日起六十日内不履行，公民、法人或者其他组织可以依法申请行政复议。法律、法规、规章和其他规范性文件规定了履行期限的，从其规定。

申请人的合法权益正在受到侵犯或者处于其他紧急情况下请求公安机关履行法定职责，公安机关不履行的，申请人从即日起可以申请行政复议。

第二十四条　申请人在被限制人身自由期间申请行政复议的，执行场所应当登记并在三日内将其行政复议申请书转交公安行政复议机关。转交行政复议申请的时间，不计入行政复议申请审查期限。

第四章　受　理

第二十五条　公安行政复议机构负责接受公民、法人和其他组织提出的行政复议申请。

公安行政复议机关的其他内设机构收到《行政复议申请书》的，应当登记并于当日转送公安行政复议机构；口头申请行政复议的，其他内设机构应当告知其依法向公安行政复议机构提出申请。

第二十六条　公安行政复议机构收到行政复议申请后，应当对该申请是否符合下列条件进行初步审查：

（一）提出申请的公民、法人和其他组织是否具备申请人资格；

（二）是否有明确的被申请人和行政复议请求；

（三）是否符合行政复议范围；

（四）是否超过行政复议期限；

（五）是否属于本机关受理。

第二十七条　公安行政复议机构自收到行政复议申请之日起五日内应当分别作出以下处理：

（一）符合行政复议法规定的，予以受理；

（二）不符合行政复议法规定的，决定不予受理，并制发《行政复议申请不予受理决定书》；

（三）符合行政复议法规定，但不属于本机关受理的，应当告知申请人向有权受理的行政复议机关提出。

第二十八条　下列情形不属于公安行政复议范围：

（一）对办理刑事案件中依法采取的刑事强制措施、刑事侦查措施等刑事司法行为不服的；

（二）对公安机关依法调解不服的；

（三）对处理火灾事故、交通事故以及办理其他行政案件中作出的鉴定结论等不服的；

（四）对申诉被驳回不服的；

（五）其他依法不应当受理的行政复议申请。

申请人认为公安机关的刑事司法行为属于滥用职权、超越职权插手经济纠纷的，公安行政复议机关应当在作出不予受理决定之前，及时报上一级公安行政复议机关。

第二十九条　公安行政复议机构在审查行政复议申请时，对与申请行政复议的具体行政行为有利害关系的公民、法人或者其他组织，可以告知其作为第三人参加行政复议。

第三十条　公民、法人或者其他组织认为申请行政复议的具体行政行为与自己有利害关系的，可以向公安行政复议机关申请作为第三人参加行政复议。

第三十一条　与申请行政复议的具体行政行为有利害关系的公民、法人或者其他组织被告知参加行政复议或者申请参加行政复议被许可后，无正当理由不参加的，不影响行政复议进行。

第三十二条　申请人、第三人委托代理人代为参加行政复议的，应当向公安行政复议机构提交由委托人签名或者盖章的委托书，委托书应当载明委托事项和具体权限。

申请人、第三人解除或者变更委托的，应当书面通知公安行政复议机构。

第三十三条　公安行政复议机关因行政复议申请的受理发生争议，争议双方应当协商解决。协商不成的，由争议双方的共同上一级公安机关指定受理。

第三十四条　申请人依法提出行政复议申请，公安行政复议机关无正当理由拖延或者拒绝受理的，上级公安机关应当责令其受理。

第三十五条　上级公安机关责令下级公安机关受理行政复议申请的，应当制作《行政复议申请责令受理通知书》，送被责令机关，并通知申请人。

被责令受理行政复议申请的公安机关收到《行政复议申请责令受理通知书》，即视为受理；行政复议决定作出后，应当将《行政复议决定书》及时报送责令机关备案。

第三十六条　上级公安机关认为责令下级公安机关受理行政复议申请不利于合法、公正处理的，上级公安机关可以直接受理。

第五章　审　　查

第三十七条　公安行政复议机构应当对被申请人作出的具体行政行为的下列事项进行全面审查：

（一）主要事实是否清楚，证据是否确凿；

（二）适用依据是否正确；

（三）是否符合法定程序；

（四）是否超越或者滥用职权；

（五）是否存在明显不当；

（六）是否属于不履行法定职责。

第三十八条　公安行政复议机构在对本规定第三十七条规定的事项进行审查的同时，应当对下列事项进行审查：

（一）具体行政行为是否应当停止执行；

（二）是否需要通知第三人参加行政复议；

（三）是否需要提交公安行政复议机关集体讨论；

（四）是否需要当面听取当事人意见。

第三十九条　公安行政复议机构对行政处罚决定应当重点审查下列事项：

（一）被申请人是否具有法定职权；

（二）事实是否清楚，证据是否确凿；

（三）适用依据是否正确；

（四）量罚是否存在明显不当；

（五）是否符合法定程序。

第四十条　公安行政复议机构对行政强制措施决定应当重点审查下列事项：

（一）被申请人是否具有法定职权；

（二）是否符合法定条件；

（三）是否符合法定范围和期限；

（四）适用依据是否正确；

（五）是否符合法定程序。

第四十一条 公安行政复议机构对行政许可应当重点审查下列事项：

（一）许可事项是否属于被申请人的法定职责；

（二）不予许可理由是否正当；

（三）是否符合法定许可范围；

（四）是否符合法定程序。

第四十二条 公安行政复议机构对申请人认为被申请人不履行法定职责的行政复议案件，应当重点审查下列事项：

（一）是否属于被申请人的法定职责；

（二）被申请人是否明确表示拒绝履行或者不予答复；

（三）是否超过法定履行期限；

（四）被申请人提出不能在法定期限内履行或者不能及时履行的理由是否正当。

前款规定的不履行法定职责，是指被申请人对申请人依法提出的申请，应当在法定的期限或者相当的期限内履行其法定职责，而拒绝履行或者没有正当理由延迟履行。

被申请人已经实际履行，但因不可抗力或者非因被申请人自身原因没有继续履行必要或者致使履行不充分的，不属于不履行法定职责。

第四十三条 公安行政复议机关对行政复议法第二十六条、第二十七条中规定的"规定""依据"，应当从以下几个方面进行审查：

（一）是否与上位阶的规范性文件相抵触；

（二）是否与同位阶的规范性文件相矛盾；

（三）是否属于制定机关的法定职权范围。

第四十四条 公安行政复议机关依法有权对下列规范性文件进行审查：

（一）本级公安机关制定的规范性文件；

（二）下级公安机关制定的规范性文件。

第四十五条 公安行政复议机关对认定为不合法的规范性文件，按以下原则处理：

（一）属于本级公安机关制定的，应当在三十日内予以废止或者作出修订；

（二）属于下级公安机关制定的，应当在三十日内予以撤销或者责令下级公安机关在三十日内予以废止或者作出修订。

第四十六条 公安行政复议机构对行政复议中需审查的下列规范性文件，应当制作《规范性文件提请审查函》，按程序予以转送：

（一）公安行政复议机关的上级行政机关制定的规范性文件；

（二）公安行政复议机关无权处理的其他规范性文件。

第四十七条　规范性文件的转送，按以下规定办理：

（一）对上级行政机关制定的规范性文件，按程序转送至制定该规范性文件的机关；

（二）对与公安行政复议机关同级的其他行政机关或该行政机关的下级机关制定的规范性文件，转送至该行政机关。

第四十八条　对公安行政复议机关与其他行政机关联合制定的规范性文件，商联合制定规范性文件的行政机关办理。

第四十九条　依照行政复议法第二十六条、第二十七条对有关规范性文件作出处理的机关，应当将处理结论书面告知制定机关和公安行政复议机关。前款规定中的处理结论包括：

（一）规范性文件合法的，决定予以维持；

（二）规范性文件不合法的，根据情况，予以撤销或者废止，或者提出修订意见，并责令制定机关限期修订。

第五十条　规范性文件审查期间，公安行政复议机关应当中止对具体行政行为的审查，必要时可以决定停止具体行政行为的执行。

第五十一条　重大、复杂的行政复议案件，应当提交公安行政复议机关集体讨论。

前款所称重大、复杂的行政复议案件是指：

（一）涉及国家利益、公共利益以及有重大影响的案件；

（二）重大涉外或者涉及香港特别行政区、澳门特别行政区、台湾地区的案件；

（三）公安行政复议机构认为重大、复杂的其他行政复议案件。

第五十二条　有下列情形之一的，公安行政复议机构可以向有关组织和人员调查取证：

（一）申请人对案件主要事实有异议的；

（二）被申请人提供的证据相互矛盾的；

（三）申请人或者第三人提出新的证据，可能否定被申请人认定的案件主要事实的；

（四）其他需要调查取证的情形。

公安行政复议机构在行政复议过程中收集和补充的证据，不能作为公安行政复议机关维持原具体行政行为的根据。

第五十三条　行政复议原则上采取书面审查的办法，但是有下列情形之一的，公安行政复议机构可以当面听取申请人、被申请人和第三人的意见：

（一）当事人要求当面听取意见的；

（二）案情复杂，需要当事人当面说明情况的；

（三）涉及行政赔偿的；

（四）其他需要当面听取意见的情形。

当面听取意见，应当保障当事人平等陈述、质证和辩论的权利。

第五十四条 当面听取意见应当制作笔录并载明以下内容：

（一）时间、地点及办案人员姓名；

（二）申请人、被申请人、第三人的基本情况；

（三）案由；

（四）申请人、被申请人陈述的事实、理由、法律依据、各自的请求以及辩论的焦点；

（五）证人证言等证据材料。

当面听取意见笔录应当经参加人核实并签名或者捺指印。

第五十五条 被申请人在提交当初作出具体行政行为的证据、依据和其他有关材料的同时，应当以原作出具体行政行为的机关名义提出书面答复，载明下列主要内容：

（一）案件的基本情况；

（二）具体行政行为认定的事实和依据；

（三）对行政复议申请事项的意见；

（四）被申请人的请求。

第五十六条 在行政复议过程中，被申请人不得自行向申请人和其他组织或者个人收集证据。

有下列情形之一的，经公安行政复议机关准许，被申请人可以补充相关证据：

（一）在作出具体行政行为时已经收集证据，但因不可抗力等正当理由不能提供的；

（二）申请人或者第三人在行政复议过程中，提出了其在公安机关实施具体行政行为过程中没有提出的反驳理由或者证据的。

第五十七条 申请人、第三人对申请行政复议的具体行政行为的下列事实，应当提供相应证据材料：

（一）证明申请行政复议符合法定条件的，但被申请人认为申请人申请行政复议超过法定期限的除外；

（二）被申请人不履行法定职责的行政复议申请案件中，证明其已提出申请要求被申请人履行职责的；

（三）申请人在申请行政复议时一并提出的行政赔偿中，证明其因受具体行政行为侵害而造成损失的；

（四）其他应当提供证据材料的。

第五十八条 行政复议期间，申请人、被申请人、第三人对鉴定结论有异议的，可以依法进行重新鉴定。

第五十九条　申请人、第三人及其代理人参加行政复议的，可以查阅被申请人提出的书面答复、作出具体行政行为的证据、依据和其他有关材料，但涉及国家秘密、商业秘密或者个人隐私的除外。

申请人、第三人及其代理人需要查阅被申请人的答复及作出的具体行政行为的证据、依据和其他材料的，应当在行政复议决定作出前向公安行政复议机构提出。

第六十条　行政复议决定作出前，申请人要求撤回行政复议申请的，经说明理由，可以撤回。

公安行政复议机关允许申请人撤回行政复议申请后，申请人以同一事实和理由重新提出行政复议申请的，公安行政复议机关不予受理。

第六十一条　有下列情形之一的，不允许申请人撤回行政复议申请：

（一）撤回行政复议申请可能损害国家利益、公共利益或者他人合法权益的；

（二）撤回行政复议申请不是出于申请人自愿的；

（三）其他不允许撤回行政复议申请的情形。

第六十二条　行政复议期间，除行政复议法第二十六条、第二十七条规定外，有下列情形之一的，行政复议中止：

（一）申请人或者第三人死亡，需要等待其近亲属参加行政复议的；

（二）申请人或者第三人丧失行为能力，其代理人尚未确定的；

（三）作为申请人的法人或者其他组织终止后，其权利承继尚未确定的；

（四）申请人因公安机关作出具体行政行为的同一违法事实，被采取刑事强制措施的；

（五）申请人、被申请人或者第三人因不可抗力或者其他正当理由，不能参加行政复议的；

（六）需要等待鉴定结论的；

（七）案件涉及法律适用问题，需要请有关机关作出解释或者确认的；

（八）其他应当中止行政复议的情形。

行政复议中止的，公安行政复议机关应当制作《行政复议中止决定书》，送达申请人、第三人和被申请人。行政复议中止的原因消除后，应当及时恢复行政复议。

第六十三条　行政复议期间，除行政复议法第二十五条规定外，有下列情形之一的，行政复议终止：

（一）被申请人撤销其作出的具体行政行为，且申请人依法撤回行政复议申请的；

（二）受理行政复议申请后，发现该申请不符合行政复议法规定的；

（三）申请行政复议的公民死亡而且没有近亲属，或者近亲属自愿放弃申请行政复议的；

（四）申请行政复议的法人或者其他组织终止后，没有承继其权利的法人或者其他组织，或者承继其权利的法人或者其他组织放弃申请行政复议的；

（五）申请人因公安机关作出具体行政行为的同一违法事实被判处刑罚的。

行政复议终止的，公安行政复议机关应当制作《行政复议终止通知书》，送达申请人、被申请人或者第三人。

第六十四条 具体行政行为需要停止执行的，公安行政复议机关应当制作《具体行政行为决定停止执行通知书》，送达被申请人，并告知申请人和第三人。

第六章 决 定

第六十五条 有下列情形之一的，应当决定被申请人在一定期限内履行法定职责：

（一）属于被申请人的法定职责，被申请人明确表示拒绝履行或者不予答复的；

（二）属于被申请人的法定职责，并有法定履行时限，被申请人逾期未履行或者未予答复的。

对没有规定法定履行期限的，公安行政复议机关可以根据案件的具体情况和履行的实际可能确定履行的期限或者责令其采取相应措施。

第六十六条 有下列情形之一的，应当确认该具体行政行为违法：

（一）被申请人不履行法定职责，但决定其履行法定职责已无实际意义的；

（二）具体行政行为不具有可撤销、变更内容的；

（三）具体行政行为依法不能成立或者无效的。

第六十七条 公安行政复议机关决定撤销具体行政行为或者确认具体行政行为违法，并责令被申请人重新作出具体行政行为，必要时可以一并限定重新作出具体行政行为的期限；限定重新作出具体行政行为的期限最长不超过六十日。被申请人重新作出具体行政行为，应当书面报公安行政复议机关备案。

公民、法人或者其他组织对重新作出的具体行政行为不服，可以依法申请行政复议或者提起行政诉讼。

第六十八条 有下列情形之一的，应当认定该具体行政行为适用依据错误：

（一）适用的依据已经失效、废止的；

（二）适用的依据尚未生效的；

（三）适用的依据不当的；

（四）其他适用依据错误的情形。

第六十九条 有下列情形之一的，应当认定该具体行政行为违反法定程序：

（一）依法应当回避而未回避的；

（二）在作出行政处罚决定之前，没有依法履行告知义务的；

（三）拒绝听取当事人陈述、申辩的；

（四）应当听证而未听证的；

（五）其他违反法律、法规、规章规定程序的情形。

第七十条 有下列情形之一的，应当认定该具体行政行为超越职权：

（一）超越地域管辖范围的；

（二）超越执法权限的；

（三）其他超越职权的情形。

第七十一条 被申请人在法定职权范围内故意作出不适当的具体行政行为，侵犯申请人合法权益的，可以认定该具体行政行为滥用职权。

第七十二条 被申请人作出的具体行政行为与其他同类性质、情节的具体行政行为存在明显差别的，公安行政复议机关可以认定该具体行政行为明显不当。

第七十三条 公安行政复议机关对情况复杂，不能在规定期限内作出行政复议决定，需要延长行政复议期限的案件，应当制作《行政复议期限延长通知书》，送达申请人和被申请人。

前款规定中的情况复杂包括：

（一）需要对申请人、第三人在行政复议过程中提出的新的证据重新鉴定、勘验或补充，不能在法定的行政复议期限内办结的；

（二）需要对被申请人作出的具体行政行为所认定的事实作进一步的调查核实，或者申请人、第三人要求作进一步的调查核实，不能在法定的行政复议期限内调查核实完毕的；

（三）行政复议案件涉及较多的当事人、不同地区，不能在法定的行政复议期限内办结的；

（四）其他不能在法定的行政复议期限内作出行政复议决定的复杂情况。

第七十四条 公安行政复议机关作出行政复议决定，应当制作《行政复议决定书》，载明以下内容：

（一）申请人、第三人及其代理人的姓名、性别、年龄、职业、住址等，法人或者其他组织的名称、地址、法定代表人等；

（二）被申请人的名称、住址、法定代表人等；

（三）申请人的行政复议请求；

（四）申请人提出的事实和理由；

（五）被申请人答复的事实和理由（六）公安行政复议机关认定的事实、理由和适用的依据；

（七）行政复议结论；

（八）不服行政复议决定向人民法院提起行政诉讼的期限，或者最终裁决的履行期限；

（九）作出行政复议决定的日期。

《行政复议决定书》应当加盖公安行政复议机关印章或者公安行政复议专用章。

第七章　附　则

第七十五条　公安机关建立公安行政复议决定书备案制度。

第七十六条　本规定中的送达，包括直接送达、留置送达、邮寄送达和公告送达。送达有关法律文书，应当使用《送达回执》。

通过邮寄送达的，应当使用挂号信。

第七十七条　本规定自 2003 年 1 月 1 日起实施。本规定发布前公安部制定的有关规定与本规定不一致的，以本规定为准。

司法行政机关行政复议应诉工作规定

（2001 年 6 月 12 日司法部第 8 次部长办公会议通过　2001 年 6 月 22 日司法部令第 65 号公布）

第一章　总　　则

第一条　为了规范司法行政机关行政复议和行政应诉工作，保障和监督司法行政机关依法行使职权，根据《中华人民共和国行政诉讼法》和《中华人民共和国行政复议法》，制定本规定。

第二条　公民、法人或者其他组织认为司法行政机关的具体行政行为侵犯其合法权益，向司法行政机关提出行政复议申请，或者向人民法院提起行政诉讼，司法行政机关受理行政复议申请、作出行政复议决定或者应诉，适用本规定。

第三条　司法行政机关法制工作机构或者承担法制工作的机构具体负责办理司法行政机关行政复议和行政应诉事项，履行下列职责：

（一）受理行政复议申请；

（二）向有关组织和人员调查取证，查阅文件和资料；

（三）审查申请行政复议的具体行政行为是否合法与适当，拟定行政复议决定；

（四）处理或者转送对司法行政机关具体行政行为所依据的有关规定的审查申请；

（五）对司法行政机关违反《中华人民共和国行政复议法》和本规定的行为依照规定的权限和程序提出处理建议；

（六）组织办理因不服行政复议决定提起行政诉讼的应诉事项；

（七）指导下级司法行政机关的行政复议和行政应诉工作；

（八）培训行政复议、应诉工作人员，组织交流行政复议、应诉工作经验；

（九）法律、法规、规章规定的其他职责。

第四条　司法行政机关行政复议、应诉工作遵循合法、公正、公开、及时、便民的原则。

第二章　行政复议范围

第五条　有下列情形之一的，公民、法人或者其他组织可以向司法行政机关申请行政复议：

（一）认为符合法定条件，申请司法行政机关办理颁发资格证、执业证、许可证手续，司法行政机关拒绝办理或者在法定期限内没有依法办理的；

（二）对司法行政机关作出的警告、罚款、没收违法所得、没收非法财物、责令停业、吊销执业证等行政处罚决定不服的；

（三）认为符合法定条件，申请司法行政机关办理审批、审核、公告、登记的有关事项，司法行政机关不予上报申办材料、拒绝办理或者在法定期限内没有依法办理的；

（四）认为符合法定条件，申请司法行政机关注册执业证，司法行政机关未出示书面通知说明理由，注册执业证期满六个月仍不予注册的；

（五）认为符合法定条件，申请司法行政机关参加资格考试，司法行政机关没有依法办理的；

（六）认为司法行政机关违法收费或者违法要求履行义务的；

（七）对司法行政机关作出的撤销、变更或者维持公证机构关于公证书的决定不服的；

（八）对司法行政机关作出的留场就业决定或根据授权作出的延长劳动教养期限的决定不服的；

（九）对司法行政机关作出的关于行政赔偿、刑事赔偿决定不服的；

（十）认为司法行政机关作出的其他具体行政行为侵犯其合法权益的。

第六条 公民、法人或者其他组织认为司法行政机关作出的具体行政行为所依据的规定不合法（法律、法规、规章和国务院文件除外），可以一并向司法行政机关提出对该规定的审查申请。

第七条 公民、法人或者其他组织对下列事项不能申请行政复议：

（一）执行刑罚的行为；

（二）执行劳动教养决定的行为；

（三）司法助理员对民间纠纷作出的调解或者其他处理；

（四）资格考试成绩评判行为；

（五）法律、法规规定的其他不能申请行政复议的行为。

第三章　行政复议和行政应诉管辖

第八条 对县级以上地方各级司法行政机关的具体行政行为不服，向司法行政机关申请行政复议，由上一级司法行政机关管辖。

对监狱机关、劳动教养机关的具体行政行为不服，向司法行政机关申请行政复议，由其主管的司法行政机关管辖。

对司法部的具体行政行为不服向司法行政机关申请行政复议，由司法部管辖。

申请人对司法部行政复议决定不服的，可以向人民法院提起行政诉讼；也可以向国务院申请裁决。

第九条　对县级以上地方各级司法行政机关的具体行政行为不服直接向人民法院提起的行政诉讼，由作出具体行政行为的司法行政机关应诉。

经行政复议的行政诉讼，行政复议机关决定维持原具体行政行为的，由作出原具体行政行为的司法行政机关应诉；行政复议机关改变原具体行政行为的，由行政复议机关应诉。

第四章　行政复议受理

第十条　司法行政机关办理行政复议案件，实行统一受理、专人承办、集体研究、领导负责的工作制度。

第十一条　办理行政复议案件的法制工作机构人员与申请人有利害关系的，可以提出自行回避；申请人也有权申请其回避，但应说明理由。

办理行政复议案件的法制工作机构人员的回避，由行政复议机关负责人决定。

第十二条　申请人申请行政复议，可以书面申请，也可以口头申请。口头申请的，行政复议机关应当当场记录申请人的基本情况、行政复议请求、申请行政复议的主要事实、理由和时间，并由申请人签字。

第十三条　司法行政机关自收到行政复议申请书之日起 5 日内，对行政复议申请分别作出以下处理：

（一）行政复议申请符合法定受理条件并属于本规定受理范围的，应予受理；

（二）行政复议申请不符合法定受理条件的，不予受理并书面告知申请人；

（三）行政复议申请符合法定受理条件，但不属于本机关受理的，应当告知申请人向有关行政复议机关提出。

除不符合行政复议的法定受理条件或者不属于本机关受理的复议申请外，行政复议申请自行政复议机关负责法制工作的机构收到之日起即为受理。

作出具体行政行为的司法行政机关自收到行政复议机关发送的行政复议申请书副本或者申请笔录复印件后，应将书面答复、作出具体行政行为的证据、依据和其他有关材料，在 10 日内提交行政复议机关。

司法行政机关任何部门在收到行政复议申请后，应转交本机关法制工作机构。

申请人的书面申请内容如不符合本规定第十二条规定，法制工作机构应当通知申请人补齐申请内容。行政复议受理时间从收到申请人补齐申请书内容之日起计算。

第十四条　对于申请人就同一具体行政行为向人民法院提起行政讼诉，人民法院已经受理的，司法行政机关不再受理其行政复议申请。

第十五条　司法行政机关法制工作机构依照以下程序受理行政复议申请：

（一）登记收到行政复议申请书的时间及申请人的情况；

（二）不予受理的，在收到行政复议申请书 5 日内填写司法行政机关不予受理审批表，拟制不予受理决定书，由行政机关负责人签字，并加盖公章，向申请人发出；

（三）应当受理的，在收到复议申请书后填写司法行政机关行政复议立案审批表，法制工作机构负责人审批。

第十六条 申请人认为司法行政机关无正当理由不予受理其行政复议申请，可以向上级司法行政机关反映，上级司法行政机关在审查后可以作出以下处理决定：

（一）申请人提出的申请符合法定受理条件的，应当责令下级司法行政机关予以受理，其中申请人不服的具体行政行为是依据司法行政法律、法规、本级以上人民政府制定的规章或者本机关制定的规范性文件作出的，或者上级司法行政机关认为有必要直接受理的，可以直接受理；

（二）上级司法行政机关认为下级司法行政机关不予受理行为确有正当理由，申请人仍然不服的，应当告知申请人可以依法对下级司法行政机关的具体行政行为向人民法院提起行政诉讼。

第五章　行政复议决定

第十七条 司法行政机关行政复议原则上采取书面审查的办法，但是申请人提出要求或者行政复议机关认为有必要时，可以向有关组织和人员调查情况，听取申请人、被申请人和第三人的意见。

第十八条 司法行政机关应当在受理之日起 7 日内将行政复议申请书副本或者行政复议申请书笔录复印件发送被申请人。被申请人应当自收到申请书副本或者申请笔录复印件之日起 10 日内，提出书面答复，并提交作出具体行政行为的证据、依据和其他有关材料。被申请人的书面答复应当包括下列内容：

（一）具体行政行为认定的事实和证据；

（二）作出具体行政行为所依据的法律、法规、规章；

（三）作出具体行政行为的程序；

（四）对行政复议申请的答复意见和本机关对行政复议案件的请求。

第十九条 被申请人不按本规定第十八条的规定提出书面答复、提交作出具体行政行为的证据、依据和其他有关材料，视为该具体行政行为没有证据、依据，决定撤销该具体行政行为。

第二十条 行政复议决定作出前，申请人要求撤回复议申请的，经说明理由，可以撤回；被申请人改变所作的具体行政行为，申请人同意并要求撤回复议申请的，可以撤回。撤回行政复议申请的，行政复议终止。

第二十一条 申请人在申请行政复议时，一并提出对具体行政行为所依据的规定申请审查的，行政复议机关应当区别情况，分别作出处理。

行政复议机关认为被申请人作出的具体行政行为所依据的规定不合法，本机关有权处理的，应当在 30 日内依法处理；无权处理的，应当在 7 日内按照机关文件送达程序转送有权处理的国家机关依法处理。处理期间，中止对具体行政行为的审查。

上级司法行政机关有权对下级司法行政机关制定的规范性文件进行审查。

第二十二条　司法行政机关法制工作机构应当对被申请人作出的具体行政行为进行审查，提出意见，填写司法行政机关行政复议决定审批表，拟制复议决定意见，在征求业务部门意见后，报经行政机关负责人审批。

第二十三条　行政复议机关作出行政复议决定，应当制作行政复议决定书，并加盖行政复议机关印章。行政复议决定一经公布、委托方式送达即发生法律效力。

第二十四条　申请人在申请行政复议时一并提出行政赔偿请求，依据有关法律、法规、规章的规定应当给予赔偿的，行政复议机关在决定撤销、变更具体行政行为或者确认具体行政行为违法时，应当同时决定被申请人依法赔偿。

申请人在申请行政复议时没有提出赔偿请求的，行政复议机关在依法决定撤销或者变更罚款、没收违法所得以及没收非法财物等具体行政行为时，应当同时责令被申请人返还财物或者赔偿相应的价款。

第二十五条　行政复议机关应当自受理申请之日起 60 日内作出行政复议决定。如有以下情况，不能在规定期限内作出行政复议决定的，经行政复议机关的负责人批准，可以适当延长，并告知申请人和被申请人；但延长期限最多不超过 30 日：

（一）因不可抗力延误相关文书抵达的；

（二）有重大疑难情况的；

（三）需要与其他机关相协调的；

（四）需要对具体行政行为依据的规定进行审查的；

（五）其他经行政复议机关负责人批准需要延长复议期限的。

第六章　行政应诉

第二十六条　司法行政机关法制工作机构接到人民法院转送的行政起诉状副本 5 日内，应组织协调有关业务部门，共同制订行政应诉方案，确定出庭应诉人员。

司法行政机关业务部门应当指派本单位专人负责案件调查、收集证据材料，提出初步答辩意见，协助法制工作机构的应诉工作。

第二十七条　司法行政机关法制工作机构在人民法院一审判决书或者裁定书送达后，应组织协调有关业务部门，提出是否上诉的意见，报行政机关负责人审批。决定上诉的，提出上诉状，在法定期限内向二审人民法院提交。

第二十八条　司法行政机关法制工作机构可以组织协调有关业务部门，对人民法院已发生法律效力的判决、裁定，向司法行政机关负责人提出是否申诉的意见。决定申诉的，提出申诉书，向有管辖权的人民法院提交。

第二十九条 司法行政机关可以委托律师担任行政诉讼代理人出庭应诉。

第三十条 对人民法院作出判决或者裁定的行政案件，应诉的司法行政机关应当在判决或者裁定送达后 5 日内，将判决书或者裁决书的复印件报送上一级司法行政机关法制工作机构。

第七章　附　　则

第三十一条 司法行政机关行政复议（含行政诉讼）活动所需经费列入本机关的经费预算。行政复议活动经费应当用于：

（一）办案经费；

（二）执法情况检查；

（三）总结工作等。

第三十二条 本规定由司法部解释。

第三十三条 本规定自颁布之日起施行。1990 年 7 月 30 日司法部颁布的《司法行政机关行政复议应诉工作规定（试行）》同时废止。

中国人民银行行政复议办法

（中国人民银行令 2001 年第 4 号）

第一章　总　　则

第一条　为保障中国人民银行依法行使职责，保护金融机构、其他单位和个人的合法权益，根据《中华人民共和国行政复议法》和《中华人民共和国中国人民银行法》，制定本办法。

第二条　金融机构、其他单位和个人认为中国人民银行及其依法授权的金融机构的具体行政行为侵犯其合法权益，向有管辖权的中国人民银行提出行政复议申请，中国人民银行受理行政复议申请、作出行政复议决定，适用本办法。

第三条　本办法所称行政复议机关，包括中国人民银行总行、营业管理部、分行、分行营业管理部、中心支行、支行。

本办法所称申请行政复议的金融机构，是指经中国人民银行批准，在中华人民共和国境内设立，经营金融业务的商业银行、政策性银行，信用合作社、财务公司、信托投资公司、金融租赁公司、邮政储蓄机构、金融资产管理公司以及中国人民银行批准的其他从事金融业务的机构。

第四条　行政复议机关的法律事务工作部门具体办理行政复议事项，履行下列职责：

（一）受理行政复议申请；

（二）向有关组织和人员调查取证，查阅文件和资料；

（三）审查申请行政复议的具体行政行为是否合法与适当，拟定行政复议决定；

（四）处理或者转送对本办法第八条规定的审查申请；

（五）对中国人民银行下级分支机构违反本办法规定的行为依照规定的权限和程序提出处理意见；

（六）办理因不服行政复议决定提起行政诉讼的应诉事项；

（七）法律、行政法规规定的其他职责。

第五条　行政复议机关履行行政复议职责，应当遵循公正、公开、及时的原则，保障金融法律、行政法规和规章的正确实施。

第六条　金融机构、其他单位和个人对中国人民银行各级行作出的行政复议决定不服的，可以依照行政诉讼法的规定向人民法院提起行政诉讼；对中国人民银行总行的行政复议决定不服的，可以在收到《中国人民银行行政复议决定书》之日起15日内向国务院申请裁决，国务院依法作出的裁决为最终裁决。

第二章　行政复议范围

第七条　有下列情形之一的，金融机构、其他单位和个人可以依照本办法申请行政复议：

（一）对中国人民银行作出的警告、罚款、没收违法所得、没收非法财物、暂停或者停止金融业务、责令停业整顿、吊销经营金融业务许可证、撤销金融机构的代表机构等行政处罚决定不服的；

（二）对中国人民银行作出的取消金融机构高级管理人员任职资格的决定不服的；

（三）认为中国人民银行的具体行政行为侵犯其合法的经营自主权的；

（四）认为符合法定条件，申请中国人民银行颁发经营金融业务许可证，或者申请中国人民银行审批有关事项，中国人民银行没有依法办理的；

（五）认为中国人民银行的其他具体行政行为侵犯其合法权益的。

第八条　金融机构、其他单位和个人认为中国人民银行的具体行政行为所依据的金融规章以下的业务规则不合法，在对具体行政行为申请行政复议时，可以一并向行政复议机关提出对该规则的审查申请。对金融规章的审查依照法律、行政法规办理。

前款所称金融规章是指中国人民银行制定，以中国人民银行令形式公开发布的规范性文件；金融规章以下的业务规则是指总行、分行、营业管理部、分行营业管理部、金融监管办事处、中心支行、支行制定并发布的其他规范性文件。

第九条　不服中国人民银行作出的行政处分或者其他人事处理决定的，依照有关法律、行政法规的规定提出申诉。

不服中国人民银行对金融机构之间的金融业务纠纷作出的调解的，可依法就该纠纷向仲裁机关申请仲裁或者向人民法院提起诉讼，不得向中国人民银行提起行政复议。

第三章　行政复议机构和管辖

第十条　中国人民银行中心支行以上各级行政复议机关应当设立行政复议委员会。

行政复议委员会由行长或副行长（主任或副主任）、法律事务工作部门、主要执法职能部门的负责人组成。

行政复议委员会设主任一名，副主任一名，其他委员5-7人。

行政复议委员会的日常工作由行政复议机关的法律事务工作部门承担。

中国人民银行总行行政复议委员会领导、管理人民银行系统的行政复议工作。

第十一条　行政复议委员会实行主任负责制，主任因故不能履行职责时，可以委托副主任代行主任职责。

第十二条　行政复议委员会履行下列职责：

（一）作出行政复议决定；

（二）依法对申请人提出的对金融规章以下规则的审查申请作出处理决定；

（三）依法对被申请人作出的具体行政行为的依据作出处理决定；

（四）行政复议委员会认为依法应当由其决定的其他事项。

第十三条　中国人民银行总行管辖下列行政复议案件：

（一）对中国人民银行总行作出的具体行政行为不服，申请行政复议的；

（二）对中国人民银行分行、营业管理部作出的具体行政行为不服，申请行政复议的；

（三）对中国人民银行省会城市及深圳经济特区中心支行在国库经理、支付清算、现金发行和金融统计方面作出的具体行政行为不服，申请行政复议的；

（四）中国人民银行总行认为应当管辖的其他复议案件。

第十四条　营业管理部管辖对其所辖中心支行、支行作出的具体行政行为不服，申请行政复议的案件。

第十五条　中国人民银行分行管辖下列行政复议案件：

（一）对分行营业管理部、金融监管办事处作出的具体行政行为不服，申请行政复议的；

（二）对分行所在省（区）的中心支行作出的具体行政行为不服，申请行政复议的；

（三）对分行所在省（区）以外的其他所辖省、（区）中心支行作出的具体行政行为不服，申请行政复议的。但具体行政行为涉及国库经理、支付清算、现金发行、金融统计的除外。

第十六条　中国人民银行分行营业管理部管辖对所辖支行作出的具体行政行为不服，申请行政复议的案件。

第十七条　中国人民银行省会城市中心支行管辖下列行政复议案件：

（一）对所辖支行作出的具体行政行为不服，申请行政复议的；

（二）对所在省（自治区）其他中心支行在国库经理、支付清算、现金发行、金融统计方面作出的具体行政行为不服，申请行政复议的。

第十八条　非省会城市中心支行管辖对所辖支行作出的具体行政行为不服申请行政复议的案件。

第十九条　对依法从事现金管理的金融机构作出的具体行政行为不服申请行政

复议的，由直接监管该金融机构的人民银行管辖。

对金融机构作出的有关收缴假币的具体行政行为不服申请行政复议的，由直接监管该金融机构的中国人民银行管辖。

第四章　行政复议申请

第二十条　金融机构、其他单位和个人认为中国人民银行的具体行政行为侵犯其合法权益的，可以自知道该具体行政行为之日起 60 日内提出行政复议申请；但法律规定的申请期限超过 60 日的除外。

因不可抗力或者其他正当理由耽误法定申请期限的，申请期限自障碍消除之日起继续计算。

第二十一条　依照本办法申请行政复议的金融机构、其他单位和个人是申请人。

有权申请行政复议的公民死亡的，其近亲属可以申请行政复议。有权申请行政复议的公民为无民事行为能力人或者限制民事行为能力人的，其法定代理人可以代为申请行政复议。有权申请行政复议的金融机构或者其他单位终止的，承受其权利的金融机构或者其他单位可以申请行政复议。

金融机构、其他单位和个人对中国人民银行的具体行政行为不服申请行政复议的，作出具体行政行为的中国人民银行是被申请人。

对依法从事现金管理的金融机构作出的具体行政行为不服申请行政复议的，作出具体行政行为的金融机构是被申请人。

对金融机构收缴假币的行为不服申请行政复议的，作出收缴假币决定的金融机构是被申请人。与申请行政复议的具体行政行为有利害关系的单位和个人，可以作为第三人参加行政复议。

申请人、第三人可以委托代理人代为参加行政复议。

第二十二条　申请人申请行政复议，应当递交《行政复议申请书》。《行政复议申请书》应当载明下列内容：

（一）申请人的名称、地址、法定代表人或主要负责人的姓名、职务（申请人是个人的为姓名、性别、年龄、职业、住址）；

（二）被申请人的名称、地址；

（三）申请复议的要求和理由；

（四）提出复议申请的日期；

（五）行政处罚决定书或者其他行政决定的副本及其他证据的附件。

第二十三条　行政复议机关已经依法受理行政复议申请或法律、行政法规规定应当先向行政复议机关申请复议的，在法定行政复议期限内不得向人民法院提起行政诉讼。

申请人向人民法院提起行政诉讼，人民法院已经依法受理的，不得申请行政复议。

第五章 行政复议受理

第二十四条 行政复议机关收到行政复议申请后，应当在 5 日内进行审查。对符合本办法规定的，予以受理。对不符合本办法规定的行政复议申请，不予受理，并发出《中国人民银行不予受理决定书》，告知申请人。

行政复议申请有下列情形之一的，行政复议机关决定不予受理：

（一）复议申请超过法定期限，且无正当延长期限理由的；

（二）申请人不是具体行政行为直接侵犯其合法权益的金融机构、其他单位和个人；

（三）没有明确的被申请人；

（四）没有具体的复议请求和事实根据；

（五）不属于申请复议的范围；

（六）不属于本行政复议机关管辖。

不属于本机关受理的行政复议申请的，应当告知申请人向有关行政复议机关提出。

除第二、三款规定外，行政复议申请自行政复议机关的法律事务工作部门收到之日起即为受理。

第二十五条 对依法从事现金管理的金融机构作出的行政处罚决定不服的，应当先向人民银行申请行政复议。对行政复议决定不服的，或者行政复议机关决定不予受理的，或者受理后超过行政复议期限不作答复的，申请人可以自收到《中国人民银行行政复议决定书》、《中国人民银行不予受理决定书》之日起或者行政复议期满之日起 15 日内，依法向人民法院提起行政诉讼。

第二十六条 行政复议机关对申请人依法提出的行政复议申请，无正当理由不予受理的，行政复议机关的上级机关应当责令其受理；必要时，行政复议机关的上级机关也可以直接受理。

第二十七条 行政复议期间除有下列情形之一外，具体行政行为不停止执行。

（一）被申请人认为需要停止执行的；

（二）行政复议机关认为需要停止执行的；

（三）申请人申请停止执行，行政复议机关认为其要求合理，决定停止执行的；

（四）法律规定停止执行的。

第六章 行政复议决定

第二十八条 行政复议原则上采取书面审查的办法，但是申请人提出要求或者行政复议机关的法律事务工作部门认为有必要时，可以向有关组织和人员调查情况，听取申请人、被申请人和第三人的意见。

复议机关在进行调查时，复议人员不得少于两人。调查应当作调查笔录，调查笔录应当由调查人员、被调查人员签字或盖章。委托其他行政机关进行调查的，应当制作委托书。

第二十九条 行政复议机关的法律事务工作部门应当自行政复议申请受理之日起 7 日内，将《行政复议案件答辩通知书》及行政复议申请书副本发送被申请人。被申请人应当自收到《行政复议案件答辩通知书》及行政复议申请书副本之日起 10 日内，提出《行政复议答辩书》，并提交当初作出具体行政行为的证据、依据和其他有关材料。《行政复议答辩书》应当载明以下内容：

（一）答辩的被申请人的名称、地址、法定代表人或主要负责人的姓名、职务；

（二）作出具体行政行为的事实、理由和依据的法律、行政法规、规章和其他规范性文件；

（三）被申请人认为应当答辩的其他事实和理由；

（四）作出答辩的日期，并加盖被申请人的印章。

申请人、第三人可以查阅被申请人提出的书面答复、作出具体行政行为的证据、依据和其他有关材料，除涉及国家秘密、商业秘密或者个人隐私外，行政复议机关不得拒绝。

第三十条 在行政复议过程中，被申请人不得自行向申请人和其他有关组织或者个人收集证据，但被申请人有关于案件的重要证据线索的，可以向复议机关提出取证申请，复议机关认为有必要时，可以调查取证。

第三十一条 行政复议决定作出前，申请人要求撤回行政复议申请的，说明理由，可以撤回；撤回行政复议申请的，行政复议终止。

第三十二条 申请人在申请行政复议时，一并提出对金融规章以下的规则审查申请的，行政复议机关对该规则有权处理的，应当在受理之日起 30 日内依法处理；无权处理的，应当在受理之日起 7 日内按照法定程序转送有权处理的行政复议机关依法处理，有权处理的行政复议机关应当在受理之日起 60 日内依法处理。处理期间，中止对具体行政行为的审查。

第三十三条 行政复议机关在对被申请人作出的具体行政行为进行审查时，认为其依据不合法，本机关有权处理的，应当在 30 日内依法处理；无权处理的，应当在 7 日内按照法定程序转送有权处理的行政复议机关依法处理。处理期间，中止对具体行政行为的审查。

第三十四条 行政复议机关的法律事务工作部门应当对被申请人作出的具体行政行为进行审查，提出意见，经行政复议委员会讨论通过或报经主管行长或副行长（主任或副主任）审查批准后，按照下列规定作出行政复议决定：

（一）具体行政行为认定事实清楚，证据确凿，适用依据正确，程序合法，内容适当的，决定维持；

（二）被申请人不履行法定职责的，责令其在一定期限内履行；

（三）具体行政行为有下列情形之一的，决定撤销、变更或者确认该具体行政行为违法；决定撤销或者确认该具体行政行为违法的，可以责令被申请人在一定期限内重新作出具体行政行为：

1. 主要事实不清、证据不足的；

2. 适用依据错误的；

3. 违反法定程序的；

4. 超越或者滥用职权的；

5. 具体行政行为明显不当的。

（四）被申请人不按照本办法第二十九条的规定提出书面答复、提交作出具体行政行为的证据、依据和其他有关材料的，视为该具体行政行为没有证据、依据，决定撤销该具体行政行为。

行政复议机关责令被申请人重新作出具体行政行为的，被申请人不得以同一的事实和理由作出与原具体行政行为相同或者基本相同的具体行政行为。

第三十五条 国家赔偿法规定应当给予赔偿的，行政复议机关在决定撤销、变更具体行政行为或者确认具体行政行为违法时，应当同时决定依法对被申请人给予赔偿或返还财产。

第三十六条 行政复议机关应当自受理行政复议申请之日起 60 日内作出行政复议决定；但是法律规定的行政复议期限少于 60 日的除外。情况复杂，不能在规定期限内作出行政复议决定的，经行政复议机关的负责人批准，可以适当延长，并告知申请人和被申请人；但是延长期限最长不超过 30 日。

第三十七条 行政复议机关作出行政复议决定，应当制作《行政复议决定书》，并加盖行政复议机关的印章。

《行政复议决定书》应当载明下列内容：

（一）申请人的名称、地址、法定代表人或主要负责人的姓名、职务（申请人是个人的为姓名、性别、年龄、职业、住址）；

（二）被申请人名称、地址；

（三）申请人提出复议申请的理由和复议要求；

（四）复议机关认定的事实和理由；

（五）行政复议决定的内容；

（六）申请人不服行政复议决定的救济途径；

（七）不履行行政复议决定的法律后果；

（八）行政复议决定的日期和复议机关的印章。

《行政复议决定书》一经送达，即发生法律效力。

第三十八条 被申请人应当履行行政复议决定。

被申请人不履行或者无正当理由拖延履行行政复议决定的，行政复议机关应当责令其限期履行。

第三十九条 申请人逾期不起诉又不履行行政复议决定的，或者不履行国务院最终裁决的，按照下列规定分别处理：

（一）对维持具体行政行为的行政复议决定的，由作出具体行政行为的中国人民银行或金融机构申请人民法院强制执行；

（二）对变更具体行政行为的行政复议决定的，由行政复议机关申请人民法院强制执行。

第七章 法 律 责 任

第四十条 行政复议机关违反本办法规定，无正当理由不予受理依法提出的行政复议申请或者在法定期限内不作出行政复议决定的，对直接负责的主管人员和其他直接责任人员依法给予警告、记过、记大过的行政处分；经责令受理仍不受理行政复议申请，造成严重后果的，依法给予降级、撤职、开除的行政处分。

第四十一条 行政复议机关工作人员在行政复议活动中，徇私舞弊或者有其他渎职、失职行为的，依法给予警告、记过、记大过的行政处分；情节严重的，依法给予降级、撤职、开除的行政处分；构成犯罪的，依法追究刑事责任。

第四十二条 被申请人违反本办法规定，不提出书面答复或者不提交对申请人作出具体行政行为的证据、依据和其他有关材料，或者阻挠、变相阻挠申请人依法申请行政复议的，对直接负责的主管人员和其他直接责任人员依法给予警告、记过、记大过的行政处分；进行报复陷害的，依法给予降级、撤职、开除的行政处分；构成犯罪的，依法追究刑事责任。

第四十三条 被申请人不履行或者无正当理由拖延履行行政复议决定的，对直接负责的主管人员和其他直接责任人员依法给予警告、记过、记大过的行政处分；经责令履行仍拒不履行的，依法给予降级、撤职、开除的行政处分。

第四十四条 中国人民银行的法律事务工作部门发现下级行政复议机关有无正当理由不予受理行政复议申请、不按照规定期限作出行政复议决定、徇私舞弊、对申请人打击报复或者不履行行政复议决定等情形的，应当向监察部门提出处理建议，监察部门应当依照本办法和有关法律、行政法规的规定在 2 个月内作出处理。

第八章 附 则

第四十五条 行政复议机关受理行政复议申请，不得向申请人收取任何费用。行政复议活动所需经费，应当列入本机关的行政经费。

第四十六条　行政复议期间的计算和行政复议文书的送达，依照民事诉讼法第七十五条至第八十四条关于期间、送达的规定执行。

本办法关于行政复议期间有关"5日"、"7日"的规定是指工作日，不含节假日。

第四十七条　本办法所称法律事务工作部门包括中国人民银行总行条法司，各级分支机构法律事务办公室以及未设法律事务办公室的分支机构中承担法律事务工作职能的有关部门。

第四十八条　金融机构、其他单位和个人认为国家外汇管理局及其分支局的具体行政行为侵犯其合法权益，申请行政复议，以及国家外汇管理局及其分支局受理行政复议，作出行政复议决定的事宜，由国家外汇管理局另行规定。

第四十九条　本办法由中国人民银行总行负责解释。

第五十条　本办法自发布之日起施行。1992年3月1日发布施行的《中国人民银行行政复议办法（试行）》同时废止。

水利部行政复议工作暂行规定

（1999 年 10 月 18 日水利部水政法〔1999〕552 号公布　根据 2017 年 12 月 22 日《水利部关于废止和修改部分规章的决定》修正　自公布之日起施行）

第一条　为防止和纠正违法的或者不当的具体行政行为，保护公民、法人和其他组织的合法权益，保障和监督有关水行政主管部门、流域管理机构依法行使职权，根据《中华人民共和国行政复议法》（以下简称《行政复议法》）及有关水法规的规定，制定本规定。

第二条　水利部及其所属的长江、黄河、海河、淮河、珠江、松辽水利委员会和太湖流域管理局等流域管理机构（以下简称流域机构）的行政复议工作，适用本规定。

第三条　水利部负责行政复议工作的机构是政策法规司。流域机构负责行政复议工作的机构是负责法制工作的机构。

水利部政策法规司、流域机构负责法制工作的机构（以下简称复议工作机构）负责办理有关的行政复议事项，履行行政复议受理、调查取证、审查、提出处理建议和行政应诉等职责；各司局和有关单位、流域机构各有关业务主管局（处、室）（以下统称主管单位）协同办理与本单位主管业务有关的行政复议的受理、举证、审查等工作。

第四条　行政复议工作应当遵循合法、公正、公开、及时、便民的原则。坚持有错必纠，保障水法规的正确实施。

第五条　有下列情形之一的，公民、法人或者其他组织可以依照《行政复议法》、有关法律、行政法规和本规定向水利部或者流域机构申请行政复议：

（一）对水利部、流域机构、流域机构所属管理机构或者省级水行政主管部门作出的行政处罚决定、行政强制措施决定不服的；

（二）对水利部、流域机构或者省级水行政主管部门作出的取水许可证、水利工程建设监理资质证、采砂许可证等证书变更、中止、撤销的决定不服的；

（三）对水利部、流域机构或者省级水行政主管部门作出的关于确认水流的使用权的决定不服的；

（四）认为水利部、流域机构或者省级水行政主管部门侵犯合法的经营自主权的；

（五）认为水利部、流域机构或者省级水行政主管部门违法集资或者违法要求履行其他义务的；

（六）认为符合法定条件，申请水利部、流域机构或者省级水行政主管部门颁发取水许可证、采砂许可证、水利工程建设监理资质证等证书，或者申请审查同意河道管理范围内建设项目、开发建设项目水土保持方案，水利部、流域机构或者省级水行政主管部门没有依法办理的；

（七）认为水利部、流域机构、流域机构所属管理机构或者省级水行政主管部门的其他具体行政行为侵犯其合法权益的。

第六条　公民、法人或者其他组织可以按照下列规定申请行政复议：

（一）对水利部或者流域机构作出的具体行政行为不服的，向水利部申请行政复议。

（二）对省级水行政主管部门作出的具体行政行为不服的，可以向省、自治区、直辖市人民政府申请行政复议，也可以向水利部申请行政复议。

（三）对流域机构所属管理机构作出的具体行政行为不服的，向流域机构申请行政复议。

第七条　对水利部、流域机构、流域机构所属管理机构或者省级水行政主管部门作出具体行政行为所依据的水利部的规定认为不合法的，公民、法人或者其他组织在申请行政复议时可以一并提出对该规定的审查申请。

流域机构受理的行政复议申请中，申请人提出前款要求的，流域机构应在受理行政复议申请之日起七日内通过直接送达、邮寄送达等方式将申请人对水利部的规定的审查申请移送水利部，水利部应当在六十日内依法处理。

水利部受理的行政复议申请中，申请人提出前款要求的，水利部应当在三十日内依法处理。

处理期间，中止对具体行政行为的审查并应及时通知申请人、被申请人及第三人。

前款所称规定，不含水利部颁布的规章。

第八条　申请人申请行政复议，可以书面申请，也可以口头申请；口头申请的，水利部或者流域机构应当当场填写行政复议口头申请书，记录申请人的基本情况、行政复议请求、申请行政复议的主要事实、申请理由、时间等。

第九条　水利部或者流域机构收到行政复议申请后，应当在五日内进行审查，对不符合《行政复议法》规定的行政复议申请，决定不予受理；对符合《行政复议法》规定，但不属于水利部或者流域机构受理的行政复议申请，告知申请入向有关行政复议机关提出。

除前款规定外，行政复议申请自复议工作机构收到之日起即为受理。

复议工作机构负责办理行政复议申请的受理事项，涉及有关主管单位业务的，有关主管单位应当予以配合。

第十条 行政复议原则上采取书面审查的办法。

复议工作机构认为有必要时，可以向有关组织和人员调查情况，听取申请人、被申请人和第三人的意见。

对水利部作出的具体行政行为或者制定的规定申请行政复议的，政策法规司应当对具体行政行为或者规定进行审查。涉及有关司局主管业务的，政策法规司应当自行政复议申请受理之日起七日内，将行政复议申请书副本或口头申请书复印件发送有关司局，有关司局应当自收到行政复议申请书副本或口头申请书复印件之日起十日内，提交当初作出具体行政行为的证据、依据和其他有关材料，或者提交制定规定的依据和其他有关材料，并提出书面复议意见。

对流域机构或者省级水行政主管部门作出的具体行政行为申请行政复议的，政策法规司应当对被申请人作出的具体行政行为进行审查。涉及有关司局主管业务的，应会同有关司局共同进行审查。

对流域机构所属管理机构作出的具体行政行为申请行政复议的，流域机构的复议工作机构应当对被申请人作出的具体行政行为进行审查。

第十一条 水利部政策法规司对被申请行政复议的具体行政行为审查后，应当提出书面意见，并报谓主管副部长和部长审核同意，主管副部长或部长认为必要，可将行政复议审查意见提交部长办公会议审议，按照《行政复议法》第二十八条、三十一条的规定作出行政复议决定，由政策法规司制作行政复议决定书、加盖部印章后送达申请人。

流域机构的复议工作机构对被申请行政复议的具体行政行为审查后，应当提出书面意见，并报请主管副主任（局长）和主任（局长）审核同意，主管副主任（局长）或主任（局长）认为必要。可将行政复议审查意见提交主任（局长）办公会议审议，按照《行政复议法》第二十八条、三十一条的规定作出行政复议决定，由复议工作机构制作行政复议决定书、加盖流域机构印章后送达申请人。

第十二条 公民、法人或者其他组织对水利部作出的行政复议决定不服的，可以依照《行政诉讼法》、《行政复议法》的规定向人民法院提起行政诉讼，也可以向国务院申请裁决。

公民、法人或者其他组织对流域机构作出的行政复议决定不服的，可以依照《行政诉讼法》、《行政复议法》的规定向人民法院提起行政诉讼。

第十三条 水利部或者流域机构受理行政复议申请，不得向申请人收取任何费用。

水利部、流域机构应当保证行政复议工作经费，以确保行政复议工作按期、高效完成。

第十四条 复议申请登记表、复议申请书、受理复议通知书、不予受理决定书、复议答辩书、复议决定书、复议文书送达回证、准予撤回行政复议申请决定书等行政复议文书格式，由水利部统一制订。

第十五条 本规定未尽事项，依照《行政复议法》的有关规定办理。

第十六条 流域机构可以依据本规定对其行政复议工作作出具体规定，并报部备案。

第十七条 本规定由水利部负责解释。

第十八条 本规定自公布之日起施行。

广东省行政复议工作规定

（2003 年 7 月 25 日广东省第十届人民代表大会常务委员会第五次会议通过）

第一条 为加强和规范本省行政复议工作，根据《中华人民共和国行政复议法》（以下简称行政复议法）及有关法律，结合本省实际，制定本规定。

第二条 行政复议机关负责法制工作的机构为该机关的行政复议工作机构，其职责是：

（一）履行行政复议法第三条规定的职责；

（二）拟订责令限期履行、依法强制执行或者申请人民法院强制执行的有关文书；

（三）拟订不予受理、延长审查期限、中止行政复议审查、终止行政复议审查及停止执行具体行政行为的有关文书。

县级以上人民政府的行政复议工作机构可以根据本级人民政府的委托，对前款第（三）项所列的事项作出决定。

第三条 从事行政复议工作的人员应当是国家公务员且从事行政管理工作两年以上。

第四条 行政复议工作机构因办案需要，可查阅、复制相关材料及有关的文件、资料等。

第五条 行政复议机关受理行政复议申请，不得向申请人收取任何费用。行政复议活动所需经费，应当列入本机关的行政经费，由本级财政予以保障。

第六条 申请人知道具体行政行为的日期按以下规定确定：

（一）具体行政行为是当场作出并送达文书的，文书送达时间为知道日期；

（二）以直接送达方式送达非当场作出的文书的，申请人在送达回证签收的时间为知道日期；申请人拒绝签收的，送达人和见证人留置送达文书的时间为知道日期；

（三）以邮寄方式送达文书的，申请人在邮件回执上签收的时间为知道日期；

（四）以公告方式送达文书的，公告规定的届满日期次日为知道日期。

行政复议法第六条第（八）、（九）、（十）项所列情形中，行政机关不作答复的，法律、法规、规章规定的答复期限届满的次日为申请人知道行政机关不履行法定职责的日期；法律、法规、规章没有明确规定答复期限的，申请人提出申请行政机关作出具体行政行为之日起六十日届满的次日为申请人知道行政机关不履行法定职责的日期。

第七条　行政机关对行政复议管辖权有争议的，应当自发生争议之日起五个工作日内依法协商解决。协商不成的，应当在三个工作日内报告争议双方的共同上一级行政机关，争议双方的共同上一级行政机关应当在五个工作日内指定管辖或者依法直接受理，情况复杂需调查核实的可以延长五个工作日。

因行政复议管辖权发生争议的，行政复议审查期限自确定管辖权之日起计算。

第八条　行政复议工作机构应当在法定期限内对行政复议申请进行审查。符合下列条件的应予受理：

（一）有明确的申请人，且申请人与具体行政行为存在利害关系；

（二）有明确的被申请人；

（三）有具体的行政复议请求和主要事实、理由；

（四）在法定申请期限内提出；

（五）属于行政复议法规定的行政复议范围；

（六）属于本行政复议机关的管辖权限；

（七）人民法院或者其他行政机关尚未受理。

第九条　对本规定第八条第（一）项至第（四）项规定的内容，申请人在行政复议申请中没有明确的，行政复议工作机构应当以书面形式要求申请人补充资料并说明补充的事项和理由，申请人必须在十五日内补充必要的材料。补充材料期间不计算在审查期限内。

申请人逾期不作补充，致使行政复议工作机构无法审查的，行政复议工作机构可以决定不予受理，并书面通知申请人。

第十条　法律、法规规定有行政复议前置，申请人未经行政复议直接向人民法院提起行政诉讼的，人民法院依法驳回后，从申请人起诉之日起至人民法院法律文书生效之日止的期间不计算在申请人申请行政复议期限内。但作出具体行政行为的行政机关已告知行政复议前置的除外。

第十一条　对相对集中行政处罚权的行政机关作出的具体行政行为不服提出的行政复议申请，由本级人民政府依法受理；上一级人民政府设立相对集中行使行政处罚权的行政机关的，申请人也可以选择向上一级人民政府相对集中行政处罚权的行政机关提出行政复议申请，由该行政机关依法受理。

第十二条　对国务院或者省人民政府批准成立的开发区管理机关、保税区管理机关等政府派出机关的具体行政行为不服的，以该开发区管理机关、保税区管理机关为被申请人，向直接管辖该开发区、保税区的人民政府申请行政复议；对市、县自行设立的开发区管理机关的具体行政行为不服的，以该市、县人民政府为被申请人，向该市、县人民政府的上一级人民政府申请行政复议。

第十三条 对实行省垂直管理的行政机关的具体行政行为不服的，向其上一级主管部门申请行政复议。

对实行省垂直管理的省人民政府所属行政机关作出的具体行政行为不服的，向省人民政府或者其上一级主管部门申请行政复议。

第十四条 行政复议工作机构对行政机关作出的具体行政行为所依据的有关规定和依据，认为需要直接进行审查的，其审查事项包括：

（一）是否与法律、法规、规章相抵触；

（二）是否符合制定机关的法定职权；

（三）是否符合制定程序；

（四）内容是否适当；

（五）其他需要审查的事项。

第十五条 有下列情形之一的，行政复议应当中止：

（一）申请人死亡，尚未确定近亲属参加行政复议的；

（二）申请人丧失行为能力，尚未确定法定代理人的；

（三）作为申请人的法人或者其他组织变更或者终止，需要等待权利义务承受者参加行政复议的；

（四）申请人或者被申请人因不可抗力或者其他正当的事由，暂时不能参加行政复议的；

（五）对具体行政行为所依据的规定是否合法，需要由有权处理的机关审查决定的；

（六）对法律适用问题需要有关机关作出解释或确认的；

（七）需要依据司法机关或者其他行政机关的判决、决定或者结论作出复议决定的；

（八）其他应当中止的情形。

行政复议中止的，行政复议机关应当书面通知申请人、被申请人、第三人。中止行政复议的情形消除后，应当及时恢复行政复议程序。中止期间，行政复议审查期限暂停计算。

第十六条 有下列情形之一的，行政复议应当终止：

（一）申请人死亡后没有近亲属或者近亲属明确表示放弃行政复议权利的；

（二）作为申请人的法人或者其他组织终止，其权利义务的承受者明确表示放弃行政复议权利的；

（三）申请人撤回行政复议申请的；

（四）虽属行政复议范围，但具体行政行为与申请人不存在利害关系，或者申请人错列被申请人且拒绝变更，或者有其他不应受理的情形的；

（五）申请人在行政复议期间下落不明并在行政复议期限届满后仍不出现，没有近亲属或者其近亲属明确表示放弃行政复议权利的；

（六）其他应当终止的情形。

行政复议终止的，行政复议机关应当书面通知申请人、被申请人、第三人。

第十七条　行政复议机关依法撤销被申请人的具体行政行为的同时，认为需要责令被申请人重新作出具体行政行为的，应当责令被申请人在收到行政复议决定书之日起六十日内重新作出具体行政行为；对复杂的山林、土地等自然资源权属案件，可以责令被申请人在一百八十日内重新作出具体行政行为。

仅因违反法定程序，被申请人的具体行政行为被行政复议机关撤销，被申请人被责令重新作出具体行政行为的，重新作出具体行政行为时，依照法定程序可以作出与原具体行政行为相同或者基本相同的具体行政行为。

第十八条　行政复议法律文书直接送达申请人有困难的，可以委托申请人所在的乡（镇）人民政府、街道办事处送达。受委托的单位应当在五个工作日内送达有关行政复议法律文书，并将送达回证送交委托机关。因特殊原因确实无法送达的，受委托的单位应当及时向委托机关报告并说明理由。

第十九条　行政复议机关工作人员在行政复议活动中，违反本规定，玩忽职守、滥用职权的，按照行政复议法第六章的有关规定处理。

第二十条　行政复议机关负责法制工作的机构应当按照行政复议法第六章的有关规定，及时向有关机关提出处理建议。接受建议的机关应当及时对建议的内容作出处理，并把处理结果回复提出建议的机关。

第二十一条　本规定自 2003 年 10 月 1 日起施行。

云南省行政复议条例

（2000年5月26日云南省第九届人民代表大会常务委员会第十六次会议通过）

第一条 为了防止和纠正违法的或者不当的具体行政行为，保证公民、法人和其他组织的合法权益，保障和监督行政机关依法行使职权，根据《中华人民共和国行政复议法》（以下简称《行政复议法》）和有关法律、法规，结合本省实际，制定本条例。

第二条 行政复议机关负责法制工作的机构为本机关的行政复议机构。

县级以上人民政府的行政复议机构以本级人民政府行政复议办公室的名义具体办理行政复议事项。

县级以上人民政府工作部门和实行省以下垂直管理门的行政复议机构，可以用本部门行政复议办公室的名义，也可以用本部门的名义办理行政复议事项。

第三条 行政复议机构除履行《行政复议法》第三条规定的职责外，还应当履行下列职责：

（一）组织行政复议法律、法规的宣传；

（二）指导和监督行政复议工作；

（三）解答行政复议、行政应诉方面的法律问题；

（四）填报行政复议、行政应诉案件统计报表；

（五）负责行政复议决定、不予受理决定的备案；

（六）负责行政复议中行政赔偿事项的督办。

第四条 行政复议人员应当同时具备下列条件：

（一）属国家公务员或者依法履行行政复议职责的非行政机关人员；

（二）取得大专以上法律专业学历，或者大学本科以上非法律专业学历并具有法律专业知识；

（三）从事法制工作二年以上；

（四）经培训、考试合格。

行政复议人员管理办法由省人民政府制定。

第五条 行政复议人员依法办理行政复议事项时，有权向有关组织和人员调查取证、查阅资料，有关组织和人员不得阻挠、拒绝。

行政复议人员在调查取证、查阅资料时，应当出示工作证件。

行政复议的调查取证工作，应当由二名以上行政复议人员进行。

第六条　对地区行政公署工作部门作出的具体行政行为不服的，向该地区行政公署或者省级主管部门申请行政复议。

对地区行政公署所辖县级人民政府工作部门的具体行政行为不服的，向本级人民政府或者地区行政公署的工作部门申请行政复议。

第七条　对各级人民政府设立的工作部门以外的其他机构作出的具体行政行为不服的，向设立该机构的人民政府或者管理该机构的行政部门申请行政复议，

第八条　对省劳动教养管理委员会的具体行政行为不服的，向省人民政府或者上级公安机关申请行政复议。

对地、州、市劳动教养管理委员会的具体行政行为不服的，向本级行政公署、人民政府或者省劳动教养管理委员会申请行政复议。

第九条　对地税、工商、质量技术监督等实行省以下垂直管理的部门的具体行政行为不服的，向上一级主管部门申请行政复议。

对省地税、工商、质量技术监督等部门的具体行政行为不服的，向省人民政府或者其上级主管部门申请行政复议。

第十条　两个以上申请人就同一具体行政行为，向两个以上有权受理的行政复议机关提出行政复议申请的，申请人可以协商选择共同的行政复议机关。

申请人就同一具体行政行为，分别向两个以上有权受理的行政复议机关提出行政复议申请的，由最先收到行政复议申请的机关受理。

第十一条　两个以上申请人就同一具体行政行为分别向同一行政复议机关提出的行政复议申请，行政复议机关可以合并审查。

第十二条　申请人在申请行政复议时，一并提出对《行政复议法》第七条所列规定进行审查的申请，但行政复议机关无权处理的，应当在七日内按照下列程序办理：

（一）对国务院部门的规定提出的审查申请，转送国务院有关部门处理，并抄送省人民政府行政复议机构；

（二）对县级以上人民政府及其工作部门的规定提出的审查申请，转送有关人民政府或者其工作部门处理；

（三）对乡、镇人民政府的规定提出的审查申请，转送有关乡、镇人民政府处理。

依照前款规定负责处理有关规定的行政机关，在六十日内不作出处理决定，或

者申请人对处理决定有异议的，行政复议机关可以将对有关规定的审查申请再送该规定制定机关的上一级行政机关处理。

对行政机关与其他机关、团体联合制定的规定提出的审查申请，比照前两款的规定转送有关行政机关处理。

第十三条 依照本条例第十二条处理有关规定的行政机关，应当在《行政复议法》规定的期限内进行审查，并作出审查决定书，发送申请人、被申请人、行政复议机关，属制定机关的上一级行政机关处理的，还应当送规定的制定机关。

行政机关的法制工作机构负责办理申请人提出或者有关行政复议机关转送的对有关规定处理的具体工作。

第十四条 行政复议机关在审查具体行政行为时，认为被申请人作出具体行政行为的依据不合法，但对该依据无权处理的，应当在七日内送制定机关处理，或者送其他有权处理的国家机关处理。

有关国家机关依照前款规定处理本省地方性法规或者政府规章，应当在九十日内作出处理决定；处理其他省以下规定应当在六十日内作出处理决定。

第十五条 行政复议机关无正当理由不受理行政复议申请的，申请人可以向上级行政机关申诉。上级行政机关认为应当受理的，向该机关发出责令受理通知书。行政复议机关应当自收到通知之日起五日内予以受理，并将受理情况报告上一级行政机关。

有下列情形之一的，上级行政机关可以直接受理行政复议申请：

（一）责令行政复议机关受理，行政复议机关仍不受理的；

（二）由行政复议机关受理可能影响行政复议公正的；

（三）上级行政机关认为应当直接受理的。

第十六条 申请人对被申请人作出的责令停产停业、吊销许可证或者执照、较大数额罚款等具体行政行为的主要事实、证据、依据有异议的，申请人提出要求或者行政复议机构认为有必要时，行政复议机构可以召集各方当事人进行质证。

第十七条 申请人、第三人的代理人可以查阅被申请人提出的书面答复、作出具体行政行为的证据、依据和其他有关材料，但涉及国家秘密、商业秘密和个人隐私的除外。

申请人、第三人的委托代理人参加行政复议活动，应当向行政复议机关提交由被代理人签名或者盖章的授权委托书。

第十八条 行政复议机构收集证据时，在证据可能灭失或者以后难以取得的情况下，经行政复议机关负责人批准，可以先行登记保存，并应当在七日内及时作出处理决定，在此期间，当事人或者有关人员不得销毁或者转移证据。

第十九条 在行政复议决定作出前，申请人因被申请人变更或者撤销原具体行政行为而要求撤回行政复议申请的，经向行政复议机关说明理由，可以撤回；行政复议机关不同意撤回行政复议申请的，行政复议继续进行。

第二十条 行政复议机关作出行政复议决定，应当制作行政复议决定书。行政复议决定书应当包括下列内容：

（一）申请人、被申请人、第三人的基本情况；

（二）申请人、第三人的请求和理由；

（三）被申请人提供的最初作出具体行政行为认定的事实和依据；

（四）行政复议机关认定的事实、作出行政复议决定的理由和依据；

（五）行政复议结论；

（六）不服行政复议决定向人民法院提起诉讼的权利和期限；

（七）作出行政复议决定的时间。

行政复议决定书应当加盖行政复议机关印章。

第二十一条 行政复议机关在决定撤销、变更具体行政行为或者确认具体行政行为违法的同时，决定被申请人依法给予赔偿的，应当在行政复议决定书中写明赔偿事项。

第二十二条 县级以上人民政府作出行政复议决定、不予受理决定后，应当在十五日内报上一级人民政府备案。

县级以上人民政府工作部门作出的上述决定，应当在十五日内报送本级人民政府和上一级主管部门备案。

第二十三条 行政复议机关不按照本条例第二十二条的规定报送备案的，上一级行政机关的法制工作机构应当责令其限期报送。拒不报送的，上级行政机关可予以通报批评，对有关责任人员依法予以行政处分。

第二十四条 被申请人对行政复议决定有异议的，可以向作出行政复议决定的有关上级行政机关提出，但不影响行政复议决定的执行。

被申请人不履行或者无正当理由拖延履行行政复议决定的，行政复议机关或者有关上级行政机关应当向其发出责令履行通知书，被申请人应当自收到通知之日起七日内履行。

第二十五条 县级以上人民政府的行政复议机构发现下级政府或者本级政府工作部门有《行政复议法》第三十四条至第三十七条规定的违法行为，应当向本级人民政府或者同级行政监察机关提出行政复议违法行为处理建议书。接受建议的行政机关应当在六十日内作出处理，并将处理结果告知提出建议的行政复议机构。

第二十六条　行政复议机关开展行政复议活动所需经费，由本级财政部门根据行政复议工作的实际需要核定，使用范围限于办理行政复议事项和相关业务活动，并接受有关部门的管理和监督。

第二十七条　本条例自公布之日起施行。1995 年 8 月 14 日省人民政府发布的《云南省行政复议规定》同时废止。

吉林省行政复议条例

(2003 年 5 月 23 日吉林省第十届人民代表大会常务委员会第三次会议通过　根据 2010 年 11 月 26 日吉林省第十一届人民代表大会常务委员会第二十二次会议《吉林省人民代表大会常务委员会关于修改部分地方性法规的决定》修改)

目　　录

第一章　总　　则

第一条　为了防止和纠正违法或者不当的具体行政行为，保护公民、法人和其他组织的合法权益，保障和监督行政机关依法行使职权，根据《中华人民共和国行政复议法》（以下简称行政复议法）和有关法律、法规，结合本省实际，制定本条例。

第二条　本条例适用于本省行政区域内的行政复议活动。

第三条　行政复议机关应当依法严格审查具体行政行为，切实履行行政复议职责。

行政复议机关负责法制工作的机构（以下简称法制机构）具体办理行政复议事项。

第四条　行政复议机关履行行政复议职责，应当遵循合法、公正、公开、及时、便民的原则，坚持有错必纠，保障法律、法规的正确实施。

第五条 县级以上人民政府的法制机构和具有行政复议工作职责的行政执法部门应当有专门人员办理行政复议事项，行政复议机关应当保障其工作条件。

第二章 行政复议申请

第六条 有下列情形之一的，公民、法人或者其他组织可以依法申请行政复议：

（一）对行政机关作出的警告、罚款、没收违法所得、没收非法财物、责令停产停业、暂扣或者吊销许可证、暂扣或者吊销执照、行政拘留等行政处罚决定不服的；

（二）对行政机关作出的限制人身自由或者查封、扣押、冻结财产等行政强制措施决定不服的；

（三）对行政机关作出的有关许可证、执照、资质证、资格证等证书变更、中止、撤销的决定不服的；

（四）对行政机关作出的关于确认土地、矿藏、水流、森林、山岭、草原、荒地等自然资源的所有权或者使用权的决定不服的；

（五）认为行政机关侵犯合法的经营自主权的；

（六）认为行政机关变更或者废止农业承包合同，侵犯其合法权益的；

（七）认为行政机关违法集资、征收财物、摊派费用或者违法要求履行其他义务的；

（八）认为符合法定条件，申请行政机关颁发许可证、执照、资质证、资格证等证书，或者申请行政机关审批、登记有关事项，行政机关没有依法办理的；

（九）申请行政机关履行保护人身权利、财产权利、受教育权利的法定职责，行政机关没有依法履行的；

（十）申请行政机关依法发放抚恤金、社会保险金或者最低生活保障费，行政机关没有依法发放的；

（十一）认为行政机关的其他具体行政行为侵犯合法权益的。

第七条 对下列行为不服提出行政复议申请的，行政复议机关不予受理：

（一）行政机关作出的行政处分或者其他人事处理决定；

（二）行政机关对民事纠纷作出的调解或者其他处理。

第八条 对县级以上人民政府工作部门的具体行为不服的，由申请人选择，可以向该部门的本级人民政府申请行政复议，也可以向上一级主管部门申请行政复议；对各级人民政府的具体行政行为不服的，向上一级人民政府申请行政复议。

第九条 申请人对政府工作部门依法设立的直属机构和分支机构依照法律、法规或者规章规定，以自己的名义作出的具体行政行为不服的，可以向设立该直属机构和分支机构的部门或者该部门的本级人民政府申请行政复议。

第十条 公民、法人或者其他组织对行政机关的具体行政行为不服申请行政复议的，该行政机关是被申请人。两个或者两个以上行政机关共同作出具体行政行为的，共同作出具体行政行为的行政机关是共同被申请人。

法律、法规授权的组织作出具体行政行为的，该组织是被申请人。

行政机关依法委托的组织作出具体行政行为的，委托的行政机关是被申请人。

作出具体行政行为的行政机关被撤销的，继续行使其职权的行政机关是被申请人。

第十一条 申请人、第三人委托代理人的，应当向行政复议机关提交委托书。委托书应当载明下列事项：

（一）委托人姓名（法人或者其他组织的名称、法定代表人的姓名、职务），受委托人姓名、性别、职业（职务）、地址（工作单位）等；

（二）委托事项和权限；

（三）委托日期及委托人、受委托人签名或者盖章。

公民在特殊情况下无法书面委托的，也可以口头委托。口头委托的，行政复议机关应当核实并记录。

申请人、第三人解除或者变更委托的，应当书面告知行政复议机关。

第十二条 申请人申请行政复议，可以书面申请或者口头申请。行政复议申请书或者口头申请笔录一般应当载明下列事项：

（一）申请人的姓名、性别、年龄、职业、住址等（法人或者其他组织的名称、地址、法定代表人的姓名、职务等）；

（二）被申请人的名称、地址；

（三）行政复议请求；

（四）申请行政复议的主要事实、理由；

（五）申请行政复议的日期。

申请人口头申请行政复议的，应当在笔录上签名或者盖章。

第三章 行政复议受理

第十三条 行政复议机关收到行政复议申请后，应当对下列情况进行审查：

（一）是否符合行政复议的受案范围；

（二）申请人是否具备主体资格；

（三）是否属于本机关管辖；

（四）是否超过行政复议申请期限；

（五）是否已经向人民法院提起行政诉讼或者向其他行政机关申请行政复议。

第十四条 行政复议机关应当自收到行政复议申请之日起五个工作日内，对符合受理条件的，向申请人发送《受理通知书》；对不符合受理条件的，向申请人发送《不予受理决定书》；对不属于本机关受理的，向申请人发送《行政复议告知书》。

第十五条 法制机构受理行政复议申请后，应当自行政复议申请受理之日起七个工作日内，向被申请人发送《提出答复通知书》和行政复议申请书副本或者行政复议申请笔录复印件，被申请人应当自收到上述材料之日起十个工作日内提出书面答复。

被申请人的书面答复应当载明下列内容：

（一）被申请人的名称、地址、法定代表人姓名、职务等；

（二）被申请人作出具体行政行为的事实、证据及法律依据；

（三）对申请人的行政复议请求、事实、理由的答辩和举证；

（四）答辩结论；

（五）答复的时间，被申请人的印章。

第十六条 行政机关作出具体行政行为时，没有制作或者送达法律文书，公民、法人或者其他组织对行政机关作出的具体行政行为不服提出行政复议申请的，只要能证明具体行政行为存在，行政复议机关应当依法受理。

第十七条 行政复议机关受理行政复议申请后，发现申请人已向人民法院提出行政诉讼并被人民法院受理的，行政复议机关终止行政复议。

第十八条 行政复议机关在行政复议事项审查过程中发现其他有受理权的行政复议机关也受理了的，应当告知申请人选择其中一个行政复议机关。申请人不作选择的，行政复议机关应当终止行政复议。

第十九条 申请人对行政复议机关不予受理的决定不服，向该行政复议机关的上级行政机关提出申诉的，上级行政机关应当自接到申诉之日起五个工作日内，对行政复议机关不予受理的理由进行审查，并按照下列规定处理：

（一）认为不予受理理由正当的，告知申请人；

（二）认为不予受理理由不正当的，责令行政复议机关受理。

第二十条 具有下列情形之一的，上级行政机关可以直接受理行政复议申请：

（一）经责令受理，行政复议机关拒不受理的；

（二）被申请人作出的具体行政行为是经行政复议机关批准或者同意的；

（三）被申请人作出的具体行政行为与行政复议机关有利害关系的；

（四）不直接受理不利于保护申请人合法权益的。

下级行政复议机关对其可以受理的行政复议申请，认为需要上级行政机关受理的，可以报请上级行政机关决定。

第二十一条 上级行政机关责令行政复议机关受理行政复议申请的，应当制发《责令受理通知书》，并将有关情况告知申请人。

行政复议机关应当自接到《责令受理通知书》之日起五个工作日内受理行政复议申请。

第四章　具体行政行为审查

第二十二条　行政复议原则上采取书面审查的办法。行政复议事项需要调查的，应当由两名以上行政复议工作人员进行。调查时应当向被调查人出示由省统一制发的《吉林省行政复议工作人员证》。

行政复议工作人员向有关组织或者个人调查取证，查阅有关的资料时，有关组织或者个人不得阻挠、拒绝。

第二十三条　行政复议期间具体行政行为不停止执行；但是，行政复议机关依法决定具体行政行为停止执行的，被申请人接到《停止执行通知书》后，应当立即停止执行具体行政行为。

第二十四条　对物证和现场需要勘验的，应当由两名以上行政复议工作人员进行。必要时可以通知当事人和邀请专业机构、当地基层组织或者有关单位派人参加。

勘验应当制作勘验笔录，并由勘验人、参加人签名或者盖章。

第二十五条　对专业性、技术性问题需要鉴定的，当事人可以自行委托鉴定机构进行鉴定，也可以申请行政复议机构委托鉴定机构进行鉴定。鉴定费用由当事人承担。鉴定所用时间不计入行政复议审理期限。鉴定单位和鉴定人应当在鉴定意见书上签名或者盖章。

第二十六条　有下列情形之一的，被申请人经行政复议机关准许，可以补充相关的证据：

（一）被申请人在作出具体行政行为时已经收集证据，但因不可抗力等事由不能提供的；

（二）申请人或者第三人在行政复议过程中，提出了在被申请人实施具体行政行为过程中没有提出的反驳理由或者证据的。

第五章　行政复议决定

第二十七条　法制机构应当对被申请人作出的具体行政行为进行审查，提出意见，经行政复议机关的负责人同意或者集体讨论通过后，按照下列规定作出行政复议决定：

（一）具体行政行为认定事实清楚，证据确凿，适用依据正确，程序合法，内容适当的，决定维持；

（二）被申请人不履行法定职责的，决定其在一定期限内履行；

（三）具体行政行为有下列情形之一的，决定撤销、变更或者确认该具体行政行为违法；决定撤销或者确认该具体行政行为违法的，可以责令被申请人在一定期限内重新作出具体行政行为：

1. 主要事实不清、证据不足的；

2. 适用依据错误的；

3. 违反法定程序的；

4. 超越或者滥用职权的；

5. 具体行政行为明显不当的。

（四）被申请人不按照规定提出书面答复、提交当初作出具体行政行为的证据、依据和其他有关材料的，视为该具体行政行为没有证据、依据，决定撤销该具体行政行为。

第二十八条 除行政复议法第二十九条的规定以外，有下列情形之一的，行政复议机关应当作出确认该具体行政行为违法的决定：

（一）被申请人不履行法定职责，但责令其履行法定职责已无实际意义的；

（二）被申请人的具体行政行为违法，但是不具有可撤销内容的；

（三）被申请人的具体行政行为违法，但是予以撤销会给国家利益或者公共利益造成重大损害的；

（四）其他应当确认具体行政行为违法的情形。

第二十九条 申请人对行政机关不作为行为申请行政复议，经审查该不作为行为是正确的，行政复议机关可以在向申请人说明被申请人不作为的法定依据后，决定对申请人的行政复议请求不予支持。

第三十条 行政复议机关责令被申请人重新作出具体行政行为，被申请人违反行政复议法的规定，以同一事实和理由作出与原具体行政行为相同或者基本相同的具体行政行为的，行政复议机关可以直接作出撤销决定。

第三十一条 行政复议机关必须使用国家或者省统一的行政复议文书。

行政复议机关可以启用行政复议专用章。

第六章　规范性文件审查

第三十二条 本条例所称规范性文件是指：

（一）国务院部门的规定；

（二）县级以上人民政府及其工作部门的规定；

（三）乡、镇人民政府的规定。

第三十三条 公民、法人或者其他组织认为行政机关的具体行政行为所依据的规范性文件不合法，在对具体行政行为申请行政复议时，可以一并提出对该规范性文件的审查申请。

第三十四条 行政复议机关收到审查申请后，有权处理的，应当自收到审查申请之日起三十日内依法予以处理；无权处理的，应当自收到审查申请之日起七个工作日内制发《规范性文件转送函》，转送至有权处理的行政机关处理。

第三十五条　规范性文件的具体审查工作，按照规范性文件备案审查的有关规定办理。

第三十六条　本省行政区域内有权处理的行政机关应当在三十日内将处理结论书面告知行政复议机关。

第三十七条　行政复议机关应当自收到规范性文件处理结论之日起恢复对具体行政行为的审查。

第七章　行政复议监督

第三十八条　对重大的行政复议事项，县级以上人民政府应当自作出行政复议决定之日起三十日内报上一级人民政府备案；县级以上人民政府工作部门应当自作出行政复议决定之日起三十日内报本级人民政府和上一级行政机关备案。

第三十九条　上级行政机关应当对上报备案的《行政复议决定书》进行审查，发现确有错误的，应当责令行政复议机关重新作出行政复议决定。

第四十条　各级行政复议机关和有关行政机关应当按照国家和省的有关规定，及时统计上报行政复议数量和行政赔偿数额，不得拒报、瞒报、漏报、迟报。

第四十一条　《行政复议决定书》送达后，被申请人拒不履行或者无正当理由拖延履行行政复议决定的，行政复议机关或者被申请人的上级行政机关应当制发《责令履行通知书》，责令被申请人限期履行行政复议决定。

第四十二条　法制机构发现有违反行政复议法和本条例规定的行为，需要追究直接负责的主管人员和其他直接责任人员行政责任的，应当依法向有关行政机关提出处理建议。

法制机构提出处理建议，应当制发《处理建议书》。

第四十三条　接受处理建议的行政机关应当依照有关法律、法规以及本条例的规定，自收到《处理建议书》之日起六十日内对违法行为人作出追究行政责任的处理决定，并将处理情况告知提出处理建议的法制机构。

第八章　法律责任

第四十四条　行政复议机关未将《行政复议决定书》及时备案的，上级行政机关应当责令其限期备案，并予以通报批评；经责令限期备案仍拒不备案的，依法对直接负责的主管人员和其他直接责任人员给予行政处分。

第四十五条　行政复议机关或者其他行政机关拒报、瞒报、漏报、迟报行政复议数量和行政赔偿数额的，上级行政机关应当责令改正，并予以通报批评；经责令改正仍拒不改正的，依法对直接负责的主管人员和其他直接责任人员给予行政处分。

第四十六条 被申请人接到行政复议机关送达的《停止执行通知书》后，拒不停止执行具体行政行为的，依法对直接负责的主管人员和其他直接责任人员给予行政处分。

第四十七条 行政复议机关责令被申请人重新作出具体行政行为，被申请人以同一事实和理由作出与原具体行政行为相同或者基本相同的具体行政行为的，依法对直接负责的主管人员和其他直接责任人员给予行政处分。

第四十八条 有下列行为之一的，应当予以通报批评，视情节轻重，依法对直接负责的主管人员和其他直接责任人员，或者行政复议机关工作人员给予行政处分；构成犯罪的，依法追究刑事责任：

（一）行政复议机关无正当理由不予受理申请人依法提出的行政复议申请的；

（二）行政复议机关不按照规定转送行政复议申请的；

（三）行政复议机关在法定期限内不作出行政复议决定的；

（四）行政复议机关工作人员在行政复议活动中，徇私舞弊或者有其他渎职、失职行为的；

（五）被申请人不提出书面答复或者不提交作出具体行政行为的证据、依据和其他有关材料的；

（六）被申请人阻挠或者变相阻挠公民、法人或者其他组织依法申请行政复议的；

（七）被申请人对申请人进行报复陷害的；

（八）被申请人不履行或者无正当理由拖延履行行政复议决定的。

第九章　附　　则

第四十九条 本条例自 2003 年 7 月 1 日起施行。1992 年 9 月 14 日吉林省第七届人民代表大会常务委员会第三十次会议通过的《吉林省行政复议若干规定》同时废止。

山东省行政复议条例

（2003 年 11 月 28 日山东省第十届人民代表大会常务委员会第五次会议通过
2009 年 7 月 24 日山东省第十一届人民代表大会常务委员会第十二次会议修订）

目　　录

第一章　总　　则

第一条　为了防止和纠正违法的或者不当的具体行政行为，保护公民、法人和其他组织的合法权益，保障和监督行政机关依法行使职权，根据《中华人民共和国行政复议法》（以下简称行政复议法）和《中华人民共和国行政复议法实施条例》等法律、法规，结合本省实际，制定本条例。

第二条　本条例适用于公民、法人或者其他组织认为具体行政行为侵犯其合法权益，向行政机关提出行政复议申请和行政机关受理行政复议申请、办理行政复议案件的活动。

第三条　依照行政复议法律、法规履行行政复议职责的行政机关是行政复议机关。行政复议机关负责法制工作的机构是本行政机关的行政复议机构，具体办理行政复议事项。

第四条　县级以上人民政府的行政复议机构除履行行政复议法及其实施条例规定的职责外，还应当履行下列职责：

（一）组织行政复议法律、法规的宣传；

（二）指导和督促本级人民政府工作部门和下级人民政府行政复议机构的行政复议工作；

（三）督促、检查行政复议决定的履行；

（四）负责行政复议工作人员的业务培训。

第五条 行政复议机关履行行政复议职责，应当遵循合法、公正、公开、及时、便民的原则，坚持有错必纠，保障法律、法规的正确实施。

第六条 县级以上人民政府及其工作部门应当依照有关规定健全行政复议机构，配备工作人员，保障工作经费，保证行政复议工作正常开展。

经省人民政府批准，设区的市、县（市、区）人民政府可以集中行使行政复议职权。

第二章 行政复议申请

第七条 公民、法人或者其他组织认为具体行政行为侵犯其合法权益的，可以自知道该具体行政行为之日起六十日内提出行政复议申请，但是法律规定的申请期限超过六十日的除外。

法律、法规规定应当先申请行政复议，对行政复议决定不服再向人民法院提起行政诉讼，公民、法人或者其他组织直接提起行政诉讼后被人民法院裁定不予受理或者驳回起诉的，其提起行政诉讼至人民法院裁定送达的时间，不计入行政复议申请期限。

第八条 行政机关作出具体行政行为时，未告知公民、法人或者其他组织行政复议申请权或者行政复议申请期限的，申请期限自公民、法人或者其他组织知道或者应当知道申请权或者申请期限之日起计算，但是自知道或者应当知道具体行政行为内容之日起最长不得超过二年。

第九条 公民、法人或者其他组织不知道行政机关作出的具体行政行为内容的，其行政复议申请期限自知道或者应当知道具体行政行为内容之日起计算。对涉及不动产的具体行政行为自作出之日起超过二十年、其他具体行政行为自作出之日起超过五年申请行政复议的，行政复议机关不予受理。

第十条 被限制人身自由的公民申请行政复议的，可以向执行机构递交行政复议申请，执行机构应当予以登记，并自收到申请之日起三日内转送行政复议机关。

第十一条 对县级以上人民政府工作部门的具体行政行为不服的，由申请人选择，可以向该部门的本级人民政府申请行政复议，也可以向上一级主管部门申请行政复议。

对海关、金融、国税、外汇管理等实行国家垂直领导的行政机关和国家安全机关的具体行政行为不服的，向上一级主管部门申请行政复议。

对实行省以下垂直领导的行政机关的具体行政行为不服的，可以向上一级主管部门申请行政复议，也可以向该行政机关所在地的本级人民政府申请行政复议。

第十二条　对各级人民政府的具体行政行为不服的，向上一级人民政府申请行政复议。

对省人民政府的具体行政行为不服的，向省人民政府申请行政复议；对行政复议决定不服的，可以向人民法院提起行政诉讼，也可以向国务院申请裁决。

第十三条　对经批准行使相对集中行政处罚权的行政机关的具体行政行为不服的，向该行政机关的本级人民政府申请行政复议。

第十四条　对省人民政府工作部门管理的行政机关的具体行政行为不服的，向省人民政府或者上一级主管部门申请行政复议。

第十五条　对本条例第十一条、第十二条、第十三条和第十四条规定以外的其他行政机关、组织的具体行政行为不服的，依照行政复议法及其实施条例的有关规定申请行政复议。

第十六条　依照行政复议法第三十条第一款的规定，公民、法人或者其他组织对下列具体行政行为不服的，应当先申请行政复议：

（一）征收农村集体所有的土地和森林、山岭、草原、荒地、滩涂等自然资源的行为；

（二）确认或者改变土地和水流、森林、山岭、草原、荒地、滩涂、海域等自然资源所有权或者使用权的行为；

（三）人民政府处理土地和水流、森林、山岭、草原、荒地、滩涂、海域等自然资源所有权或者使用权争议的行为；

（四）其他应当先申请行政复议的具体行政行为。

第三章　行政复议受理

第十七条　行政复议机关收到行政复议申请后，应当就下列内容进行初步审查：

（一）申请人是否具有主体资格；

（二）是否有明确的被申请人；

（三）是否有具体的行政复议请求和事实依据；

（四）是否属于行政复议范围；

（五）是否在法定申请期限内提出。超过法定申请期限的，是否有正当理由；

（六）是否已向其他有权受理的行政复议机关提出行政复议申请，或者已向人民法院提起行政诉讼；

（七）是否应当由本机关受理。

第十八条 行政复议机关应当自收到行政复议申请之日起五日内对行政复议申请依照下列规定分别作出处理：

（一）行政复议申请符合受理条件的，决定受理，并书面告知申请人；

（二）行政复议申请不符合受理条件的，决定不予受理，并书面告知申请人；

（三）行政复议申请不属于本机关受理的，书面告知申请人向有关行政复议机关提出，但是县级人民政府接到行政复议法第十五条第一款所列不属于本机关受理的行政复议申请后应当依法转送；

（四）行政复议申请材料不齐全或者表述不清楚的，书面通知申请人在指定期限内补正。申请人在指定期限内补正的，补正所用时间不计入行政复议审理期限；无正当理由逾期未补正或者未按照要求补正的，视为申请人放弃行政复议申请。

行政复议机关收到不属于行政复议事项的信函后，予以退回，并书面告知退回理由。

第十九条 行政复议申请受理后，与申请行政复议的具体行政行为有利害关系的其他公民、法人或者其他组织可以申请作为第三人参加行政复议；未申请参加行政复议的，行政复议机关可以通知其参加。

与申请行政复议的具体行政行为有利害关系的其他公民、法人或者其他组织不参加行政复议的，不影响行政复议案件的审理。

第二十条 第三人应当自接到参加行政复议通知书之日起十日内向行政复议机关提交书面意见及相关证据材料；不提交的，不影响行政复议案件的审理。

第二十一条 不同的申请人就同一事项向两个有权受理的行政机关申请行政复议，由先收到行政复议申请的行政机关受理。后收到行政复议申请的行政机关尚未立案受理的，应当告知申请人向已立案受理的行政机关提出行政复议申请；已立案受理的，应当将案件移送先立案受理的行政机关。

第二十二条 对已经依照行政复议程序或者行政诉讼程序处理终结的具体行政行为，公民、法人或者其他组织又申请行政复议的，行政复议机关不再受理，并书面告知申请人；已经受理的，终止行政复议。

第二十三条 申请人对行政复议机关作出的不予受理决定不服提起行政诉讼时，法律、法规未规定行政复议为提起行政诉讼必经程序的，应当对被申请行政复议的具体行政行为提起行政诉讼；法律、法规规定行政复议为提起行政诉讼必经程序的，可以对被申请行政复议的具体行政行为提起行政诉讼，也可以对行政复议机关作出的不予受理决定提起行政诉讼。

第四章　行政复议证据

第二十四条　被申请人对作出的具体行政行为负有举证责任，应当提供作出该具体行政行为的证据、依据和其他有关材料。

第二十五条　在行政复议过程中，被申请人不得自行向申请人和其他有关组织或者个人收集证据。有下列情形之一的，经行政复议机关准许，被申请人可以补充相关证据：

（一）被申请人在作出具体行政行为时已经收集证据，但是因不可抗力等事由不能提供的；

（二）申请人或者第三人在行政复议过程中，提出了在被申请人作出具体行政行为过程中没有提出的反驳理由或者证据的。

第二十六条　行政复议机关受理行政复议申请后，被申请人、第三人认为行政复议申请超过行政复议申请期限的，应当提供证据。

第二十七条　申请人对下列事项承担举证责任：

（一）证明行政复议申请符合受理条件；

（二）对被申请人不履行法定职责的具体行政行为不服提出行政复议申请的，证明其曾经申请被申请人履行法定职责的事实；

（三）申请行政复议时一并提出行政赔偿申请的，证明具体行政行为对其合法权益造成损害的事实；

（四）法律、法规规定由申请人举证的其他事项。

第二十八条　行政复议工作人员调查取证时不得少于二人，并应当出示证件；被调查的组织和人员应当予以配合，不得拒绝、阻碍。

第二十九条　行政复议机构收集的证据，不得作为维持被申请人作出的具体行政行为的根据。

第三十条　申请人、被申请人和第三人向行政复议机关提供书证的，应当提供原件。提供原件确有困难的，可以提供与原件核对无误的复印件或者照片。

第三十一条　申请人、第三人及其代理人可以查阅、摘录或者复制被申请人提出的书面答复、作出具体行政行为的证据、依据和其他有关材料，除涉及国家秘密、商业秘密或者个人隐私外，行政复议机关不得拒绝。

第五章　行政复议审理

第三十二条　行政复议机关审理行政复议案件，以法律、法规、规章为依据。

第三十三条　行政复议机关应当对被申请人作出具体行政行为的合法性和适当

性进行全面审理。

第三十四条 行政复议原则上采取书面审理的办法。

对重大、复杂的案件，申请人提出要求或者行政复议机构认为必要时，可以组织听证，或者当面进行质证，听取申请人、被申请人和第三人的意见。

第三十五条 被申请人因正当事由不能按期提出书面答复、提交当初作出具体行政行为的证据、依据和其他有关材料的，应当在规定的答复期限内向行政复议机构提出延期提交的书面申请，经批准可以延长十日。

第三十六条 两个或者两个以上申请人就同一或者同样的具体行政行为分别向同一行政复议机关提出行政复议申请的，受理的行政复议机关可以合并审理。

第三十七条 行政复议期间，被申请人可以改变其所作出的具体行政行为或者采取相应的补救、补偿措施，与申请人协商解决行政争议。

第三十八条 申请人与被申请人协商解决，或者行政复议机关协调处理行政争议期间，经申请人申请，行政复议机关可以中止行政复议。

第六章　行政复议决定

第三十九条 行政复议期间，行政复议机关发现申请人就同一具体行政行为已经向人民法院提起行政诉讼，且人民法院予以受理的，决定驳回行政复议申请。

第四十条 行政复议决定作出前，申请人要求撤回行政复议申请的，应当提出书面申请并说明理由。行政复议机关认为理由正当的，应当予以准许。

有下列情形之一的，行政复议机关不准许撤回行政复议申请：

（一）申请人因受他人胁迫、欺诈或者其他非法干预撤回行政复议申请的；

（二）撤回行政复议申请可能影响他人合法权益的；

（三）撤回行政复议申请可能损害国家利益和社会公共利益的。

第四十一条 行政复议机关以违反法定程序为由，决定撤销被申请人作出的具体行政行为的，被申请人重新作出具体行政行为可以不受行政复议法第二十八条第二款规定的限制。

第四十二条 申请人对行政复议机关作出的驳回行政复议申请决定不服提起行政诉讼时，法律、法规未规定行政复议为提起行政诉讼必经程序的，应当对被申请行政复议的具体行政行为提起行政诉讼；法律、法规规定行政复议为提起行政诉讼必经程序的，可以对被申请行政复议的具体行政行为提起行政诉讼，也可以对行政复议机关作出的驳回行政复议申请决定提起行政诉讼。

第四十三条 行政复议机关对本机关已经生效的行政复议决定发现确有错误的，应当依法撤销并重新作出行政复议决定。

第七章　行政复议决定的履行

第四十四条　行政复议机关决定被申请人重新作出具体行政行为的，被申请人应当自收到行政复议决定书之日起六十日内重新作出具体行政行为，并将结果报送行政复议机关。法律、法规对作出具体行政行为的期限另有规定的，依照其规定。

第四十五条　对群体性案件、涉外案件以及在本辖区有重大影响的其他案件，行政复议机关应当自作出行政复议决定之日起二十日内报上一级行政机关备案。

第四十六条　被申请人不履行或者无正当理由拖延履行行政复议决定的，申请人有权向行政复议机关或者有关上级行政机关申诉。

第四十七条　行政复议机关发现被申请人不履行或者无正当理由拖延履行行政复议决定的，应当向被申请人发出责令履行通知书；被申请人自收到责令履行通知书之日起十日内必须履行行政复议决定，并将履行结果报告发出该通知书的行政复议机关。

第四十八条　被申请人对行政复议决定有异议的，可以向行政复议机关的上级行政机关提出意见，但是不影响行政复议决定的履行。

第八章　法　律　责　任

第四十九条　行政复议机关违反行政复议法律、法规规定，依法应当给予其直接负责的主管人员和其他直接责任人员处分，行政复议机关是县级以上人民政府工作部门的，由本级人民政府的行政复议机构向任免机关或者监察机关提出处理建议；行政复议机关是县级以上人民政府的，由上一级人民政府的行政复议机构向任免机关或者有关监察机关提出处理建议，接到处理建议的行政机关应当依法处理。

第五十条　行政复议工作人员有下列行为之一的，依法给予处分；构成犯罪的，依法追究刑事责任：

（一）拖延办案，贻误行政复议工作的；

（二）泄露国家秘密或者行政复议工作秘密的；

（三）徇私舞弊或者有其他渎职、失职行为的；

（四）索取、收受贿赂的；

（五）违法违纪的其他行为。

第五十一条　被申请人违反行政复议法律、法规规定，依法应当给予直接负责的主管人员和其他直接责任人员处分，其行政复议机关是县级以上人民政府工作部门的，由该行政复议机关向任免机关或者监察机关提出处理建议；其行政复议机关是县级以上人民政府的，由该人民政府的行政复议机构向任免机关或者监察机关提出处理建议，接到处理建议的行政机关应当依法处理。

第五十二条 拒绝、阻碍行政复议工作人员依法执行职务的，对有关责任人员依法给予处分；应当给予治安处罚的，由公安机关依法予以处罚；构成犯罪的，依法追究刑事责任。

第九章 附 则

第五十三条 行政复议机关受理行政复议申请，不得向申请人收取任何费用。

第五十四条 行政复议机关办理行政复议事项，应当使用国家和省统一格式的行政复议法律文书。

第五十五条 本条例自 2009 年 9 月 1 日起施行。

贵州省行政复议条例

（2002 年 9 月 29 日贵州省第九届人民代表大会常务委员会第三十一次会议通过　根据 2008 年 9 月 26 日贵州省第十一届人民代表大会常务委员会第四次会议通过的《贵州省行政复议条例修正案》修正）

第一条　为了防止和纠正违法的或者不当的具体行政行为，保护公民、法人和其他组织的合法权益，保障和监督行政机关依法行使职权，根据《中华人民共和国行政复议法》（以下简称《行政复议法》）、《中华人民共和国行政复议法实施条例》（以下简称《实施条例》）和有关法律、法规的规定，结合本省实际，制定本条例。

第二条　本省行政复议机关办理行政复议事项，适用本条例。

第三条　依法履行行政复议职责的行政机关是行政复议机关。行政复议机关负责法制工作的机构具体办理行政复议事项。

第四条　行政复议机关负责法制工作的机构除履行《行政复议法》及《实施条例》规定的职责外，还应当履行下列职责：

（一）宣传行政复议法律、法规；

（二）指导和监督行政复议工作；

（三）负责重大的不予受理决定的备案。

第五条　从事行政复议工作的人员应当具备下列条件：

（一）属国家公务员或者其他依法履行行政复议职责的人员；

（二）取得大学专科以上法律专业学历或者大学本科以上非法律专业学历并具有相关法律专业知识。

具备前款规定条件的人员，通过全省行政复议人员资格考试或者考核，取得行政复议人员资格。

行政复议人员资格管理办法由省人民政府制定。

第六条　对政府工作部门内设机构依法以自己的名义作出的具体行政行为或者对该内设机构所属的机构作出的具体行政行为不服的，向设立该内设机构的部门或者该部门的本级地方人民政府申请行政复议。

第七条　申请人就同一具体行政行为分别向两个以上有权受理的行政复议机关

提出行政复议申请的，由最先收到行政复议申请的机关受理。

两个以上申请人就同一具体行政行为，分别向两个以上有权受理的行政复议机关提出行政复议申请的，以最先提出行政复议申请的申请人选择的机关为行政复议机关；申请人同时提出行政复议申请的，由申请人协商选择共同的行政复议机关。

第八条 行政复议机关收到属本机关受理的行政复议申请后，发现被申请人主体资格不适格的，应当及时告知申请人变更被申请人。申请人变更被申请人之日为行政复议受理之日。

第九条 行政复议机关无正当理由不受理行政复议申请的，申请人可以向该行政复议机关的上级行政机关申诉。上级行政机关应当及时向该行政复议机关发出责令受理通知书，该行政复议机关应当自收到责令受理通知书之日起5日内予以受理，并将受理情况报告上级行政机关。

第十条 有下列情形之一的，上级行政机关可以直接受理行政复议申请：

（一）下级行政机关受理可能影响公正复议的；

（二）上级行政机关认为应当直接受理的。

第十一条 因行政机关作出具体行政行为时未告知申请行政复议权、申请期限，或者法律、法规有行政复议前置规定，公民、法人或者其他组织直接提起行政诉讼后被人民法院驳回或者不予受理，耽误了法定申请行政复议期限的，应当视为具有正当理由，其申请期限可以自障碍消除之日起继续计算。

第十二条 行政复议机关收到行政复议申请后，经审查，符合受理条件的，应当先与有权受理的其他行政复议机关和人民法院进行联系；决定受理行政复议申请后，应当告知有权受理的其他行政复议机关和人民法院，避免同一行政复议申请重复受理。

第十三条 行政机关设立的派出机构、内设机构或者其他组织在未经法律、法规授权的情况下以自己的名义对外作出具体行政行为的，该行政机关为被申请人。

对行政机关与法律、法规未授权的组织共同作出的具体行政行为不服的，该行政机关为被申请人。

第十四条 行政复议机关受理行政复议申请后，可以通知与行政复议事项有利害关系的其他公民、法人或者组织作为第三人参加行政复议。第三人是否参加行政复议，应当在接到通知之日起5日内答复行政复议机关。

第十五条 申请人或者第三人为5人以上的，应当推选1至5名代表人参加行政复议活动。代表人撤回行政复议申请或者不参加行政复议的，应当经其他申请人或者第三人同意。

第十六条 申请人依照《行政复议法》第七条规定，对行政机关的具体行政行为所依据的规定提出审查申请，行政复议机关无权处理的，应当在7日内按照下列程序办理：

（一）对国务院部门的规定提出的审查申请，由省人民政府转送国务院有关部门处理；

（二）对省人民政府及其工作部门的规定提出的审查申请，转送省人民政府处理；

（三）对市、州、县（市、区、特区）、乡（镇）人民政府的规定提出的审查申请，转送上一级人民政府处理；

（四）对市、州、县（市、区、特区）人民政府工作部门的规定提出的审查申请，转送本级人民政府处理；

（五）对地区行政公署的规定提出的审查申请，转送省人民政府处理；

（六）对地区行政公署的工作部门的规定提出的审查申请，转送该地区行政公署处理；

（七）对行政机关与法律、法规未授权的组织联合制定的规定提出的审查申请，转送该行政机关的上一级行政机关处理。

第十七条　申请人、第三人及其代理人可以查阅被申请人提出的书面答复、作出具体行政行为的证据、依据和其他有关材料，但涉及国家秘密、商业秘密和个人隐私的除外。被申请人可以查阅申请人、第三人向行政复议机关提出的证据和其他有关材料。

申请人、第三人对被申请人的书面答复有异议的，可以自查阅之日起 5 日内向行政复议机关提出书面意见。

第十八条　行政复议人员办理行政复议事项，有权向有关行政机关、组织和人员调查取证，有关行政机关、组织和人员应当配合，不得拒绝、阻挠。

行政复议人员在调查取证时，应当出示专用调查函和工作证件。

行政复议的调查取证工作，应当由 2 名以上行政复议人员进行。

第十九条　在行政复议期间，申请人、第三人要求对被申请人作出具体行政行为的主要事实、证据、依据和相关材料进行质证的，行政复议机关认为必要时，可以召集当事人进行质证。

主持质证的行政复议人员不得少于 2 人。

第二十条　行政复议机关审理行政复议案件，可以采用行政复议委员会讨论的方式提出审理意见，报行政复议机关决定。

第二十一条　行政复议机关在调查取证时，发现有关证据可能灭失或者以后难以取得的情况，经行政复议机关负责人批准，可以先行登记保存，并应当在 7 日内及时作出处理决定。

第二十二条　两个以上申请人就同一具体行政行为向同一行政复议机关分别申请行政复议的，该行政复议机关可以合并审查，行政复议机关决定合并审查的，行政复议期限从最后受理的行政复议申请之日起开始计算。

第二十三条　行政复议机关受理行政复议申请后，申请人请求撤回行政复议申请，经行政复议机关同意撤回的，申请人不得以同一事实及理由再向其他有权受理的行政复议机关申请行政复议。

第二十四条　行政复议决定作出前，两个以上的申请人中一部分申请人经行政复议机关准予撤回行政复议申请的，行政复议机关应当就另一部分申请人未撤回的行政复议申请作出行政复议决定。

第二十五条　有下列情形之一的，行政复议机关不准予撤回行政复议申请：

（一）受被申请人胁迫、欺骗的；

（二）申请人与被申请人串通规避法律、法规的；

（三）可能影响第三人合法权益或者公共利益的；

（四）其他违反法律、法规规定行为的。

第二十六条　行政复议期间，行政复议机关除适用《行政复议法》及《实施条例》的规定中止对具体行政行为的审查外，有下列情形之一的，应当中止对具体行政行为的审查：

（一）因不可抗力原因，致使行政复议机关暂时无法调查了解情况的；

（二）申请人请求被申请人履行法定职责，被申请人正在履行的；

（三）对行政复议所涉及的证据需要委托鉴定机构鉴定的。

行政复议中止的原因消除后，应当及时恢复行政复议案件的审理，并告知有关当事人。

第二十七条　行政复议期间，除申请人在申请行政复议的同时申请行政赔偿外，被申请人撤销原具体行政行为，申请人不撤回行政复议申请的，行政复议机关应当作出终止行政复议的决定。

第二十八条　依照《行政复议法》第二十八条第一款第（三）项规定决定撤销违法的具体行政行为，将会给国家利益、公共利益或者他人合法权益造成损失的，行政复议机关在决定撤销的同时，应当分别采取以下方式处理：

（一）责令被申请人重新作出具体行政行为；

（二）责令被申请人和有关机关采取相应的补救措施；

（三）发现违法犯罪行为的，交由司法机关依法处理。

第二十九条　被申请人作出的具体行政行为因违反法定程序被行政复议机关撤销的，被申请人重新作出具体行政行为时，可以依据原认定的事实和理由，依照法定程序，重新作出具体行政行为。

第三十条　申请人、被申请人、第三人认为行政复议人员与行政复议事项有利害关系或者有其他关系可能影响公正复议的，有权申请行政复议人员回避。

行政复议人员与行政复议事项有利害关系的，应当回避。

行政复议人员的回避由行政复议机关负责人决定。

第三十一条 行政复议机关作出行政复议决定，应当制作行政复议决定书。行政复议决定书应当包括下列内容：

（一）申请人及其代理人、被申请人、第三人及其代理人的基本情况；

（二）申请人、第三人的请求事项和理由；

（三）被申请人提供的最初作出具体行政行为认定的事实和依据；

（四）行政复议机关认定的事实、作出行政复议决定的理由和依据；

（五）行政复议结论；

（六）不服行政复议决定向人民法院提起行政诉讼的权利和期限；

（七）作出行政复议决定的时间。

行政复议决定书应当加盖行政复议机关印章或者行政复议专用章。

第三十二条 对重大的行政复议事项，县级以上人民政府应当在作出行政复议决定或者不予受理决定后的 15 日内报上一级人民政府备案；县级以上人民政府工作部门应当在作出行政复议决定或者不予受理决定后的 15 日内报本级人民政府和上一级行政机关备案。

第三十三条 行政复议机关工作人员在行政复议工作中滥用职权、玩忽职守、徇私舞弊，尚不构成犯罪的，依法给予行政处分。

第三十四条 外国人、无国籍人、外国组织在本省申请行政复议，适用本条例。

第三十五条 行政复议机关受理行政复议申请，不得向申请人收取任何费用。行政复议活动所需经费，应当列入本机关的行政经费，由本级财政予以保障。

第三十六条 本条例自 2003 年 1 月 1 日起施行。

辽宁省行政复议规定

（2003 年 8 月 1 日辽宁省第十届人民代表大会常务委员会第三次会议通过 根据 2009 年 3 月 25 日辽宁省第十一届人民代表大会常务委员会第七次会议《关于修改〈辽宁省行政复议规定〉的决定》修正）

第一条 为了防止和纠正违法的和不当的具体行政行为，保护公民、法人和其他组织的合法权益，完善行政复议程序，保障和监督行政机关依法行使职权，根据《中华人民共和国行政复议法》（以下简称《行政复议法》）和有关法律、行政法规，结合我省实际，制定本规定。

第二条 公民、法人或者其他组织认为具体行政行为侵犯其合法权益，向行政机关提出行政复议申请，行政机关受理行政复议申请、作出行政复议决定，适用《行政复议法》和本规定。

第三条 省、市、县人民政府（含县级市、区，下同）及其履行行政复议职责的所属部门是行政复议机关。行政复议机关所属的法制工作机构（以下统称行政复议机构）具体办理行政复议事项。

第四条 各级行政复议机关建立健全行政复议工作责任制，实行行政复议首长负责制。

第五条 行政复议机构履行下列职责：

（一）受理行政复议申请；

（二）向有关组织和人员调查取证，查阅文件和资料；

（三）审查申请行政复议的具体行政行为是否合法与适当，拟订行政复议决定；

（四）处理或者转送对《行政复议法》第七条所列有关规定的审查申请；

（五）对行政机关违反《行政复议法》规定的行为依照规定的权限和程序提出处理建议；

（六）办理因不服行政复议决定提起行政诉讼的应诉事项；

（七）指导和监督本地区或者本系统行政复议机构办理行政复议的工作；

（八）办理行政复议决定的备案审查；

（九）负责行政复议中行政赔偿事项的督办；

（十）办理本级人民政府或者本部门交办的其他行政复议事项；

（十一）法律、法规规定的其他职责。

第六条　从事行政复议工作的人员应当具备下列条件：

（一）国家公务员；

（二）从事法制工作两年以上；

（三）具有与行政复议工作相关的法律知识和专业知识。

第七条　行政复议机关办理行政复议案件，应当注重依法运用调解手段化解行政争议，努力实现案结事了，达到法律效果和社会效果的统一。

第八条　行政复议机关应当按国家和省有关规定配备行政复议人员，保证行政复议

机构的办案能力与工作任务相适应。

第九条　行政复议机关应当按照国家有关规定，为行政复议机构提供审理行政复议案件场所和工作条件。

第十条　依据《行政复议法》第六条第（十一）项规定，公民、法人或者其他组织认为行政机关对具体事项作出的会议纪要或者批复侵犯其合法权益的，可以申请行政复议。

第十一条　申请人申请行政复议，可以书面申请，也可以口头申请。申请人在提出行政复议申请时，应当提交申请人身份证明。有下列情形之一的，还应当提交相应的材料：

（一）公民死亡，其近亲属申请行政复议的，提交公民死亡证明和亲属关系的证明；

（二）承受已终止的法人或其他组织权利义务的单位或者个人申请行政复议的，提交承受权利义务的证明；

（三）委托代理人参加行政复议的，提交合法的授权委托书；

（四）申请人因不可抗力或者其他正当理由超过法定复议申请期限申请行政复议的，提交有效的证明材料。

第十二条　申请人对经国务院批准实行省以下垂直领导的部门作出的具体行政行为不服的，可以选择向该部门的本级人民政府或者上一级主管部门申请行政复议。

第十三条　对集中行使行政处罚权的行政机关作出的具体行政行为不服提出的行政复议申请，由本级人民政府依法受理；上一级人民政府设立集中行使行政处罚权的行政机关的，申请人也可以向上一级人民政府设立的集中行使行政处罚权的行政机关提出行政复议申请，由该行政机关依法受理。

第十四条　对政府部门管理的独立行使执法权的机构依法作出的具体行政行为不服的，向其管理部门的本级人民政府或者管理该机构的行政部门申请行政复议，但法律另有规定的除外。

第十五条　对国务院或者省人民政府批准成立的开发区管理委员会作出的具

体行政行为不服的，以开发区管理委员会为被申请人，向直接管辖该开发区的人民政府申请行政复议；对市、县设立的开发区管理委员会的具体行政行为不服的，以该市、县人民政府为被申请人，向该市、县人民政府的上一级人民政府申请行政复议。

第十六条 两个以上申请人就同一具体行政行为分别向两个以上有权受理的行政复议机关提出行政复议申请的，申请人应当协商选择一个行政复议机关。协商不成的，由先行受理的行政复议机关复议。

申请人就同一具体行政行为分别向两个以上有权受理的行政复议机关提出行政复议申请的，由最先收到行政复议申请的行政复议机关受理。

第十七条 两个以上申请人就同一具体行政行为分别向同一行政复议机关提出行政复议申请，行政复议机关应分别立案，合并审查。

第十八条 多个申请人就同一具体行政行为申请行政复议的，可以由申请人推选代表人代为申请行政复议。代表人的行为对被代表人发生法律效力，但代表人变更、放弃行政复议请求或者撤回行政复议申请的，必须经被代表的申请人同意。

第十九条 行政复议机关无正当理由不受理行政复议申请的，申请人可以向其上级行政机关申诉。上级行政机关认为应当受理的，应当责令其受理。行政复议机关应当自收到责令受理通知书之日起5日内予以受理，并将受理情况报告上级行政机关。

有下列情形之一的，上级行政机关可以直接受理行政复议申请：

（一）责令行政复议机关受理，行政复议机关仍不受理的；

（二）行政复议机关与被申请的具体行政行为有利害关系，可能影响公正审查的；

（三）上级行政机关认为有必要直接受理的。

第二十条 对已受理的行政复议申请，行政复议机构应当指定两名以上办案人员共同审查。

第二十一条 行政复议人员依法办理行政复议事项时，有权向有关组织和人员调查取证、查阅资料，有关组织和人员不得阻挠、拒绝。

行政复议人员在调查取证、查阅资料时，应当出示工作证件及相关的证明文件。

行政复议的调查取证工作，应当由两名以上行政复议人员进行。

第二十二条 行政复议人员有下列情形之一的，应当自行回避，当事人也有权申请其回避：

（一）是本案的当事人或者当事人的近亲属；

（二）与本案有利害关系；

（三）与本案的当事人有其他关系，可能影响公正审查。

当事人应当在案件审结前提出回避申请，并应当说明理由。

行政复议人员的回避由行政复议机构负责人批准。行政复议机构负责人的回避由行政复议机关负责人批准。

第二十三条　申请人对被申请人作出的责令停产停业、吊销许可证或者执照、较大数额的罚款、没收违法所得、没收非法财物以及土地权属的确认等具体行政行为的主要事实、证据、依据有异议的，申请人提出要求或者行政复议机构认为有必要时，可以组织听证。

行政复议听证的程序由省人民政府制定。

第二十四条　行政复议机构收集书证、视听资料等证据时，在证据可能灭失或者以后难以取得的情况下，可以先行登记保存，并在7日内及时作出处理决定。当事人或者有关人员不得销毁或者转移证据。

第二十五条　行政复议机关决定撤销或者确认具体行政行为违法的，可以责令被申请人在一定期限内重新作出具体行政行为或者责令被申请人采取相应的补救措施。

第二十六条　申请人在申请行政复议时一并提出行政赔偿请求的，行政复议机关在决定撤销、变更具体行政行为或者确认具体行政行为违法时，对符合国家赔偿法规定的，应当责令被申请人作出赔偿决定或者由行政复议机关直接作出赔偿决定。

第二十七条　行政复议机关发现本机关作出的行政复议决定有错误的，可自行纠正。

上级人民政府发现下级人民政府和本级人民政府所属部门的未提起行政诉讼的行政复议决定违法或者不适当的，有权依法予以变更或者撤销。

前两款规定的自行纠正、变更或者撤销行政复议决定，不能改变有利于申请人及第三人的事项。

第二十八条　县以上人民政府作出行政复议决定后，应当在15日内报上一级人民政府备案。县以上人民政府所属部门作出行政复议决定后，应当在15日内报本级人民政府和上一级主管部门备案。

第二十九条　有下列情形之一的，行政复议机构应当向有关行政机关提出建议，行政机关应当依照有关法律、行政法规和本规定的规定作出处理，并将处理结果告知提出建议的行政复议机构：

（一）无正当理由拒不受理行政复议申请的；

（二）被申请人不按规定向行政复议机关提出答复和提交作出原具体行政行为的有关证据、依据和其他材料的；

（三）行政机关或者有关单位的工作人员在作出原具体行政行为时有徇私舞弊或者滥用职权等行为的；

（四）在行政复议期限内，未依法作出行政复议决定的；

（五）拒不执行已发生法律效力的行政复议决定的；

（六）对申请人进行打击报复的。

第三十条　行政复议机构可以根据行政复议案件涉及的行政执法问题，制作行政复议建议书。被申请人应当自收到行政复议建议书之日起 60 日内将改进情况报送行政复议机构。

第三十一条　行政复议机关受理行政复议申请不得向申请人收取任何费用。行政复议活动所需经费列入本机关的行政经费，由本级财政予以保障，该项经费使用范围限于办理行政复议事项和相关业务活动。

第三十二条　行政复议机关工作人员在行政复议工作中滥用职权、玩忽职守、徇私舞弊的，由有关行政机关依法给予行政处分；构成犯罪的，由司法机关依法追究刑事责任。

第三十三条　本规定自 2003 年 10 月 1 日起施行。

甘肃省行政复议和行政应诉若干规定

（2017年10月9日甘肃省人民政府第166次常务会议审议通过）

第一章 总 则

第一条 为了规范行政复议和行政应诉行为，维护公民、法人和其他组织的合法权益，根据《中华人民共和国行政诉讼法》、《中华人民共和国行政复议法》和《中华人民共和国行政复议法实施条例》等法律、法规，结合本省实际，制定本规定。

第二条 县级以上人民政府应当加强对行政复议和行政应诉工作的领导，建立健全工作责任制，将履行行政复议和行政应诉职责的情况纳入目标责任考核体系。

行政复议和行政应诉工作经费由同级财政予以保障。

第三条 各级行政机关应当依法建立健全行政复议和行政应诉机构，配备与履行职责相适应的工作人员，保证办案必备的场所、交通、调查取证工具及其他必需的办公条件。

第四条 县级以上人民政府及其所属部门法制机构应当加强对本地区、本系统行政复议和行政应诉工作的监督和指导，建立行政复议和行政应诉培训制度，每年至少组织开展一次集中培训和案例研讨等活动。

第五条 法律、法规对行政复议和行政诉讼已有规定的从其规定；本规定与相关法律、法规的规定不一致的，以法律、法规规定为准。

第二章 行 政 复 议

第六条 行政机关作出具体行政行为时，未制作或送达法律文书，申请人申请行政复议，证明具体行政行为存在且符合法定受理条件的，行政复议机构应当受理。

第七条 行政复议机构要求申请人补正申请材料的，应当以申请人所处地域、人数和案件复杂程度合理确定补正期限。补正期限最长不得超过案件法定审理期限。

第八条 申请人对具体行政行为不服，以信访程序处理后，就原具体行政行为申请行政复议，符合受理条件的，行政复议机关应当受理。

第九条 法律规定行政复议前置程序的，申请人未经行政复议直接提起行政诉讼被人民法院驳回的，从起诉之日起至法律文书生效之日的期间不计入行政复议申请期限。

第十条 申请行政复议的具体行政行为涉及其他利害关系人的，行政复议机构应当在受理后通知其作为第三人参加行政复议。

第十一条 有下列情形之一的，上级行政机关应当直接受理下级机关管辖的行政复议案件：

（一）已经责令下级机关受理，下级机关仍不受理的；

（二）上级行政机关认为有必要直接受理的。

第十二条 对重大、疑难、复杂案件，行政复议机构可以征询相关领域专家的意见，作为形成案件处理意见的参考。

第十三条 被申请人改变原具体行政行为或者与申请人达成和解，申请人撤回行政复议申请，符合下列条件的，行政复议机关应当准许并终止行政复议：

（一）撤回申请是申请人的真实意思表示；

（二）不违反或者规避法律、法规的禁止性规定；

（三）不超越或者放弃法定职责；

（四）不损害公共利益和他人合法权益。

第十四条 经行政复议机关准许和解并终止行政复议的，申请人以同一事实和理由再次申请行政复议的，不予受理。

被申请人不履行和解协议或者申请人提出证据证明和解违反自愿原则的除外。

第十五条 有下列情形之一的，行政复议机关应当作出确认具体行政行为违法的决定：

（一）被申请人未履行法定职责，责令履行无实际意义的；

（二）具体行政行为违法，但不具有可撤销内容或者撤销无实际意义的；

（三）具体行政行为违法，但撤销会对国家利益、社会公共利益造成重大损害的；

（四）被申请的具体行政行为依法不成立或者无效的。

第十六条 《行政复议决定书》送达后，发现有需要补充、更正的情况，行政复议机关应当制发《行政复议决定补正通知书》，并送达申请人、被申请人和第三人。

第十七条 被申请人不履行或者无正当理由拖延履行行政复议决定，申请人、第三人向行政复议机关申诉的，行政复议机关应当制作《责令履行通知书》，责令被申请人限期履行。

被申请人应当自收到《责令履行通知书》之日起，在法定期限内履行行政复议决定，并将结果报告行政复议机关。

第三章　行 政 应 诉

第十八条　行政机关应当建立健全行政应诉制度，明确应诉职责，按照"谁主管谁应诉、谁主办谁出庭"的原则确定应诉机构和出庭人员。

第十九条　县级以上人民政府作为被告的行政诉讼案件，具体承办应诉工作的机构按以下情况区分：

（一）不服行政复议决定提起行政诉讼的，由本级政府法制机构和原行政行为作出机关共同负责应诉工作；

（二）未经行政复议的案件，原行政行为的承办行政机关或者机构负责应诉工作，本级政府法制机构予以协调指导。

其他行政机关作为被告的行政诉讼案件，依照前款规定办理。

第二十条　行政复议机关和作出原行政行为的行政机关为共同被告的，应当共同应诉，对原行政行为合法性共同承担举证责任；行政复议机关对复议程序的合法性承担举证责任。

第二十一条　不服省人民政府本级行政复议决定提起行政诉讼的，由原承办行政行为的部门或者机构和政府法制机构共同负责应诉工作。

原承办行政行为的部门或者机构应当在收到起诉状副本5日内向政府法制机构提交行政行为合法性的证据、依据和答辩意见。

第二十二条　负责承办应诉工作的行政机关或者机构收到行政应诉通知书后，应当按照程序起草答辩状，准备证据、依据及其他材料，提出委托诉讼代理人推荐人选，经批准后在法定期限内向人民法院提交行政诉讼答辩状及作出行政行为的证据、依据。

承办应诉工作的行政机关或者机构在准备证据、依据及其他材料过程中，有关单位应当积极配合；答辩状等应诉材料的报批程序应当简化快捷，确保按期向人民法院提交。

第二十三条　行政机关不得拒绝或者无正当理由迟延答辩举证。因不可抗力或者其他正当事由，不能在法定期限内向人民法院提交答辩状、证据、依据及其他材料的，应当在举证期限内向人民法院提出书面延期申请。

第二十四条　行政机关负责人应当带头履行行政应诉职责，积极出庭应诉。行政机关负责人不能出庭的，应当委托行政机关相应的工作人员出庭，不得仅委托律师出庭。

有下列情形之一的，行政机关负责人应当出庭应诉：

（一）涉及重大公共利益、社会高度关注或者可能引发群体性事件的；

（二）影响公民、法人和其他组织重大权益的；

（三）可能对行政机关的行政管理或者行政执法行为产生较大影响的；

（四）有利于解决行政争议的；

（五）人民法院书面建议或者上级、同级人民政府法制机构通知行政机关负责人出庭应诉的。

第二十五条 县级以上人民政府法制机构负责对本行政区域内年度行政机关负责人出庭应诉情况进行汇总，并报同级人民政府通报和上一级人民政府法制机构备案。

行政机关负责人年度述职时，应当包含履行出庭应诉职责的情况。

第四章 法律责任

第二十六条 行政机关违反有关法律、法规、规章和本规定，有下列情形之一的，由行政复议机关责令限期改正；逾期不改正的，给予通报批评，并对直接负责的主管人员和其他直接责任人给予行政处分。

（一）不按期提出书面答复或者不提交作出具体行政行为的证据、依据和其他有关材料的；

（二）阻扰、变相阻扰公民、法人或者其他组织依法申请行政复议的；

（三）不按期履行或者无正当理由拖延履行行政复议决定的；

（四）不按照行政复议意见书的要求纠正相关行政违法行为或者做好善后工作的；

（五）不按照行政复议建议书的要求完善相关制度和改进行政执法工作的；

（六）不按期提交行政诉讼答辩状及作出行政行为的证据、依据和其他有关材料的。

第二十七条 行政机关负责人无正当理由不出庭应诉的，由政府法制机构通报批评，并相应在年度目标责任考核中予以扣分；情节严重的，由任免机关或监察机关按照有关规定追究相应责任。

第二十八条 行政复议机关（机构）依法独立公正行使职权，有关单位和人员特别是领导干部不得干预行政复议活动、插手具体案件处理。对干预案件造成不良影响的，依照有关规定给予纪律处分；导致冤假错案或者其他严重后果，构成犯罪的，依法追究刑事责任。

第二十九条 行政复议和行政应诉人员存在违法、失职行为，造成重大经济损失或产生重大社会影响的，依法给予行政处分；构成犯罪的，依法追究刑事责任。

第三十条 因下列情形之一，导致案件败诉的，不得作为错案进行责任追究：

（一）对法律、法规、规章、司法解释具体条文的理解和认识不一致，在专业认知范围内能够予以合理说明的；

（二）对案件基本事实的判断存在争议或者疑问，根据证据能够予以合理说明的；

（三）当事人放弃或者部分放弃权利主张的；

（四）因当事人过错或者客观原因致使案件事实认定发生变化的；

（五）因出现新证据致使行政行为认定事实发生变化的；

（六）法律、法规、规章修订或者政策调整的；

（七）行政行为所依据的其他法律文书被撤销或者变更的；

（八）其他依法履行职责不应当承担责任的情形。

第五章　附　　则

第三十一条　本规定自 2018 年 1 月 1 日起施行。2010 年 9 月 9 日省人民政府公布的《甘肃省行政复议若干规定》同时废止。

宁夏回族自治区行政复议条例

（2007年11月9日宁夏回族自治区第九届人民代表大会常务委员会第三十一次会议通过）

目　　录

第一章　总　　则

第一条　为了充分发挥行政复议制度在解决行政争议、建设法治政府、构建社会主义和谐社会中的作用，根据《中华人民共和国行政复议法》（以下简称行政复议法）、《中华人民共和国行政复议法实施条例》（以下简称行政复议法实施条例），结合自治区实际，制定本条例。

第二条　在本自治区行政区域内，公民、法人或者其他组织认为行政机关的具体行政行为侵犯其合法权益，向行政机关提出行政复议申请，行政机关依法受理行政复议申请、审查并作出行政复议决定的行政复议活动，适用本条例。

第三条　县级以上人民政府及其有行政复议职责的工作部门，必须严格依法履行行政复议职责，积极受理行政复议申请，不得拒绝受理符合法定条件的行政复议申请。

第四条　行政复议机关受理行政复议申请，不得向申请人收取任何费用。

第五条　行政复议机关依法对行政复议案件进行调解时，应当坚持自愿、合法的原则。

第六条　县级以上人民政府应当把履行行政复议职责的情况列入政府考核体系，对在行政复议工作中做出突出成绩的单位和个人应当给予表彰和奖励。

第二章　行政复议机关和行政复议机构

第七条　本条例所称行政复议机关，是指受理行政复议申请，依法对具体行政行为进行审查并作出裁决的行政机关。

本条例所称的行政复议机构，是指行政复议机关内设的负责法制工作的机构。

行政复议机关履行行政复议职责，应当遵循合法、公正、公开、及时、便民的原则。

第八条　县级以上人民政府的行政复议机构以本级人民政府和本级人民政府行政复议办公室的名义具体办理行政复议事项。

第九条　县级以上人民政府有行政复议职责的工作部门，应当确定或设立行政复议机构，以本部门的名义具体办理行政复议事项。

第十条　行政复议机构除应当依照行政复议法第三条、行政复议法实施条例第三条的规定履行职责外，还应当履行下列职责：

（一）宣传行政复议法律、法规；

（二）指导和监督下级行政复议机构的行政复议工作；

（三）办理行政复议决定的备案审查，监督、检查行政复议决定的执行情况；

（四）依照权限和程序对违反行政复议法律、法规的行为提出处理建议；

（五）负责行政复议工作人员的业务培训；

（六）法律、法规规定的其他职责。

第十一条　行政复议机构审理行政复议案件，应当由二名以上专职行政复议人员共同办理。

第十二条　专职行政复议人员应当具备与履行行政复议职责相适应的品行、专业知识和业务能力，并依照国家和自治区有关规定取得行政复议人员资格。

第十三条　自治区人民政府行政复议办公室定期通过媒体向社会公告全区各级行政复议机构办公地点、行政复议人员名单及联系方式等信息。

第三章　行政复议申请

第十四条　行政机关作出具体行政行为时，未告知相关公民、法人或者其他组织行政复议权利及申请行政复议期限的，申请行政复议期限从相关公民、法人或者其他组织知道或者应当知道行政复议权利之日起计算。

行政机关作出具体行政行为时，错误告知公民、法人或者其他组织申请行政复议期限的，少于六十日的，按照六十日计算；多于六十日的，按照告知的期限计算申请复议期限。

第十五条　公民、法人或者其他组织认为有不可抗力或者其他理由耽误其法定申请行政复议期限的，应当书面提出理由及相关证据，由依法负责办理该行政复议事项的行政复议机构确认。

第十六条　同一行政复议案件申请人超过五人的，申请人应当推选一至五名代表参加行政复议；申请人在行政复议机构指定的期限内未能推选的，由行政复议机构在申请人中指定行政复议代表人。

行政复议代表人的行为对被代表人发生法律效力，但代表人变更、放弃、和解行政复议请求或者撤回行政复议申请的，必须经被代表的申请人同意。

第十七条　行政复议机关收到行政复议申请书后，认为申请材料不齐全或者不符合法定形式的，可以说明理由，发还申请人补正。

行政复议机关收到申请人补正的复议申请书的日期为申请日期。

补正的期限最长不超过法定申请期限。

第十八条　公民申请行政复议的，应当向行政复议机构提交身份证明；法人或者其他组织申请行政复议的，应当向行政复议机构提交有关注册登记证明复印件、法定代表人或者负责人身份证明。

第十九条　申请人、第三人委托代理人的，应当向行政复议机构提交授权委托书。授权委托书应当载明下列事项：

（一）委托人姓名（法人或者其他组织的名称、法定代表人或主要负责人的姓名、职务），受委托人姓名、性别、职业、工作单位及地址等；

（二）委托事项、权限及委托期限；

（三）委托日期及委托人、受委托人签名、盖章。

公民在特殊情况下无法书面委托的，可以口头委托，行政复议机构应当核实并记录在卷。

申请人、第三人解除或者变更委托的，应当书面告知行政复议机关。

第二十条　公民、法人或者其他组织对经国务院批准实行省以下垂直领导的部门作出的具体行政行为不服的，向其上一级主管部门申请行政复议；对自治区人民政府工作部门作出的具体行政行为不服的，向其上一级主管部门或者自治区人民政府申请行政复议。

第二十一条　公民、法人或者其他组织对国务院或者自治区人民政府批准成立的开发区管理委员会或者其工作部门作出的具体行政行为不服的，以开发区管理委员会或者其工作部门为被申请人，对开发区管理委员会工作部门作出的具体行政行为不服的，向开发区管理委员会或者上级主管部门申请行政复议；对开发区管理委员会作出的具体行政行为不服的，向直接管辖该开发区的人民政府申请行政复议。

对市、县人民政府设立的开发区管理委员会的具体行政行为不服的，以该市、县人民政府为被申请人，向该市、县人民政府的上一级人民政府申请行政复议。

第二十二条　对经依法批准行使相对集中行政处罚权的行政机关作出的具体行

政行为不服的，向该机关的本级人民政府申请行政复议；上一级人民政府设立相对集中行使处罚权的行政机关的，申请人也可以向上一级人民政府设立的相对集中行使处罚权的行政机关申请行政复议。

第二十三条　对自治区劳动教养管理委员会作出的具体行政行为不服的，向自治区人民政府申请行政复议。

对设区的市劳动教养管理委员会作出的具体行政行为不服的，可以向本级人民政府或者自治区劳动教养管理委员会申请行政复议。

第二十四条　对县级以上人民政府设立的行使行政职权的非常设机构作出的具体行政行为不服的，向设立该机构的人民政府或者上一级人民政府申请行政复议。

对自治区人民政府设立的非常设机构作出的具体行政行为不服的，向自治区人民政府申请行政复议。

第四章　行政复议受理

第二十五条　行政复议机关自收到行政复议申请后，应当依法在五日内进行审查，对符合受理条件的，向申请人制发《受理通知书》；对不符合受理条件的，向申请人制发《不予受理决定书》；对依照《行政复议法》第十五条第一款的规定属于其他行政复议机关受理的行政复议申请，应当自收到该行政复议申请之日起七日内，转送有关行政复议机关，并告知申请人。

第二十六条　行政机关作出具体行政行为时，没有制作或者没有送达法律文书，公民、法人或者其他组织不服该具体行政行为申请行政复议的，只要能证明具体行政行为存在，行政复议机关应当依法受理。

第二十七条　行政复议机关无正当理由不受理行政复议申请的，申请人可以书面向其上一级行政机关申诉。上一级行政机关认为其不受理的理由不成立的，应当责令其受理。行政复议机关应当自收到责令受理通知书之日起五日内受理该行政复议申请，并将受理情况报告上一级行政机关。

上一级行政机关审查申诉的时间不计入行政复议申请期限。

第二十八条　有下列情形之一的，上级行政复议机关可以直接受理行政复议申请：

（一）已经责令下级行政复议机关受理，下级行政复议机关仍不受理的；

（二）下级行政复议机关与被申请人的具体行政行为有利害关系，可能影响公正裁决的；

（三）上级行政复议机关认为有必要直接受理的。

第二十九条　两个以上申请人就同一具体行政行为分别向两个以上有受理权的行政复议机关申请行政复议的，申请人应当协商选择一个行政复议机关；协商不成的，由先收到行政复议申请的行政复议机关受理。

第三十条　人民法院审理民事案件时，需要对案件涉及的作为证据使用的具体行政行为的合法性进行确认而中止诉讼程序，当事人就该具体行政行为申请行政复议的，行政复议机关应当受理。

第三十一条 法律、法规规定行政复议前置，申请人未经行政复议直接向人民法院提起行政诉讼的，人民法院依法驳回后，从申请人起诉之日起至人民法院法律文书生效之日的期间不计入行政复议申请期限，但作出具体行政行为的行政机关已告知行政复议前置的除外。

第三十二条 行政复议机关受理行政复议申请后，发现申请人已向人民法院提起行政诉讼，并被人民法院受理的，行政复议机关应当终止行政复议。

第五章 行政复议审查

第三十三条 行政复议案件承办人员确定后，行政复议机构应当以书面形式告知当事人，并同时告知其权利义务和注意事项。

第三十四条 有下列情形之一的，行政复议案件承办人员应当自行回避；当事人有权以书面或者口头方式申请回避：

（一）承办人员是本案的当事人或者是当事人、代理人的近亲属的；

（二）承办人员与本案有利害关系的；

（三）承办人员与本案有其他关系可能影响公正裁决行政复议案件的。

当事人申请回避的，应当在案件受理后至办理终结前提出。如果案件采取质证或者听证的，当事人应当在质证或者听证程序终结前提出。

行政复议人员应当回避而没有回避的，行政复议机构应当责令其回避。

行政复议人员的回避，由行政复议机构决定；行政复议机构负责人的回避，由行政复议机关决定。

第三十五条 行政复议原则上采取书面审查的方式。但是申请人提出要求或者行政复议机构认为有必要时，可以向有关组织和人员调查情况，可以组织质证或者听证，直接听取申请人、被申请人、第三人和其他有关人员的意见。

第三十六条 行政复议机关就公民、法人或者其他组织对行政机关行使法律、法规规定的自由裁量权作出的具体行政行为不服申请行政复议的案件和当事人之间的行政赔偿或者行政补偿纠纷，在查明事实、分清是非、双方当事人自愿的基础上，可以依法进行调解，并可以依法达成调解协议。

依法达成的调解协议，经当事人签字、行政复议机构确认后生效。

第三十七条 行政复议机构调查取证时，参加调查的行政复议人员不得少于二人，并应当向当事人或有关人员出示证件。被调查单位和人员应当配合行政复议人员的工作，不得拒绝或者阻挠。

第三十八条 被申请人对作出的具体行政行为负举证责任，依法向行政复议机关提交作出具体行政行为的证据、依据、具体行政行为承办人员的行政执法证件复印件和其他有关材料。

第三十九条 被申请人的书面答复应当载明下列内容：

（一）被申请人的名称、地址、法定代表人姓名、职务等；

（二）被申请人作出具体行政行为依据的事实、证据及法律依据；

（三）对申请人的行政复议请求、事实、理由的答复和举证；

（四）作出答复的时间、被申请人的印章。

第四十条 申请人、第三人及其委托代理人有权查阅被申请人作出的书面答复、作出具体行政行为的证据、依据和其他有关材料，但涉及国家秘密、商业秘密或者个人隐私的除外。

申请人、第三人及其委托代理人要求摘抄、复印案卷内容的，应当征得行政复议机构的同意。

第四十一条 被申请人违反法定程序收集的证据，不能作为认定具体行政行为合法、适当的证据。

行政复议机关在行政复议过程中收集的证据，不能作为维持原具体行政行为的证据，但是可以作为撤销、变更原具体行政行为或者确认原具体行政行为违法的证据。

第四十二条 被申请人在行政复议期间不得自行向申请人和其他有关组织或者个人收集证据。有下列情形之一的，被申请人经行政复议机关同意，可以补充有关证据：

（一）被申请人作出具体行政行为时已经收集，但是因不可抗力等事由不能提供的；

（二）申请人或者第三人在行政复议过程中，提出了在被申请人作出具体行政行为过程中没有提出的反驳理由或者证据的。

第六章　行政复议决定

第四十三条 行政复议决定作出前，两个或者两个以上的申请人中的一方经行政复议机关准予撤回行政复议申请的，行政复议机关应当就其他申请人未撤回的行政复议申请继续进行审查。

第四十四条 行政复议决定作出前，被申请人撤销原具体行政行为后，申请人不撤回行政复议申请的，行政复议机关应当继续审查原具体行政行为。经审查，原具体行政行为违法或者明显不当的，确认违法；原具体行政行为合法、适当的，行政复议终止。

第四十五条 有下列情形之一的，行政复议机关应当作出确认该具体行政行为违法的决定：

（一）被申请人没有履行法定职责，责令履行已经没有实际意义的；

（二）具体行政行为违法，但是不具有可撤销内容的；

（三）具体行政行为违法，但是决定撤销该具体行政行为已经没有实际意义，或者会对公共利益造成重大损害的。

第四十六条　被申请人授予申请人行政许可以及其他特定权利或者利益的具体行政行为违法或者不当，为了保护公共利益和第三人合法权益需要撤销或者变更的，行政复议机关可以同时决定被申请人对申请人合法权益的损失依法予以补偿。

第四十七条　被申请人作出的具体行政行为因违反法定程序被行政复议机关撤销的，被申请人重新作出具体行政行为时，可以依据原认定的事实和理由，依照法定程序，重新作出具体行政行为。

第四十八条　行政复议机关发现本机关已经发生法律效力的行政复议决定确有错误的，应当依法撤销原行政复议决定，重新作出行政复议决定。

第四十九条　行政复议决定书应当加盖行政复议机关印章或者行政复议机关行政复议专用章。

第七章　行政复议保障、指导和监督

第五十条　县级以上人民政府的行政复议机构在本级人民政府的领导下，按照职责权限对下级人民政府和本级人民政府有行政复议职责的工作部门的行政复议工作进行指导和监督。

第五十一条　县级以上人民政府应当将行政复议工作经费列入财政预算。行政复议工作经费的开支范围及管理办法执行国家和自治区的有关规定。

县级以上人民政府及其工作部门应当为行政复议机构提供开展行政复议工作所需的办公场所、设备和经费。

第五十二条　行政复议机关通过办理行政复议案件，发现被申请人或者其他下级行政机关的相关行政行为存在违法情形的，可以制发《行政复议意见书》，责令其予以纠正。有关行政机关应当自收到《行政复议意见书》之日起六十日内将纠正的情况通报行政复议机构。

行政复议机构发现有关行政机关的行政行为存在违法或不当问题的，可以依法制作《行政复议建议书》，向有关行政机关提出完善工作制度改进行政执法工作的建议。有关行政机关应当自收到《行政复议建议书》之日起六十日内将完善或改进的情况通报该行政复议机构。

第五十三条　行政复议机关应当在作出行政复议决定之日起十五日内将作出的行政复议决定报送上级行政机关备案。

上级行政机关发现下级行政机关已经生效的行政复议决定确有错误，申请人、第三人逾期未向人民法院提起行政诉讼的，应当责令下级行政复议机关重新审查。

第五十四条　行政复议机关或者有关上级行政机关发现被申请人不履行或者无正当理由拖延履行行政复议决定的，应当向被申请人发出《责令履行通知书》；被申请人自收到《责令履行通知书》之日起十五日内必须履行行政复议决定，并将履行结果报告发出该通知书的行政机关。

第八章 法律责任

第五十五条 行政复议机关无正当理由不受理行政复议申请，经上级行政机关责令受理仍不受理的，由主管机关依法对直接负责的主管人员和其他责任人员给予警告、记过或记大过处分。

第五十六条 行政复议机关在审理行政复议案件时，少于二名行政复议人员的，由上级行政机关责令限期改正并予以通报批评；逾期不改正的，由主管机关依法对直接负责的主管人员和其他责任人员给予警告、记过或者记大过处分。

第五十七条 行政复议人员在审理案件时，应当回避而没有回避，影响案件审理造成不良后果的，由主管机关依法给予警告处分；情节较重的，给予记过或者记大过处分；情节严重的，给予降级或者撤职处分。

第五十八条 被申请人拒不执行行政复议决定的，由主管机关依法对直接负责的主管人员和其他直接责任人员给予警告、记过或者记大过处分；情节较重的，给予降级或者撤职处分；情节严重的，给予开除处分。

第五十九条 行政复议机关未在规定期限内将《行政复议决定书》报送备案的，上级行政机关应当责令其限期备案，并予以通报批评；经责令限期备案仍拒不备案的，由主管机关依法对直接负责的主管人员和其他责任人员给予警告、记过处分。

第六十条 行政机关工作人员违反行政复议法律、法规的，行政复议机构可以向行政复议机关、人事、监察部门制发《行政复议违法行为处理建议书》，提出对有关责任人员的处分建议，也可以将有关人员违法的事实材料直接转送人事、监察部门处理；接受转送的人事、监察部门应当在六十日内将处理情况通报转送的行政复议机构。

第六十一条 行政复议机关及其行政复议机构工作人员不严格依法履行法定职责，徇私枉法、滥用职权、玩忽职守，利用职务之便为自己或他人谋取不正当利益的，给予警告、记过、记大过处分；情节较重的，给予降级或者撤职处分；情节严重的，给予开除处分；构成犯罪的，依法追究刑事责任。

第九章 附 则

第六十二条 本条例自 2008 年 1 月 1 日起施行。

江苏省行政复议听证办法

（2008 年 11 月 25 日江苏省人民政府第 20 次常务会议审议通过）

第一条　为规范行政复议审查活动，保护公民、法人和其他组织的合法权益，根据《中华人民共和国行政复议法》、《中华人民共和国行政复议法实施条例》的规定，制定本办法。

第二条　本办法所称行政复议听证，是指行政复议机关负责办理具体行政复议案件的法制工作机构（下称法制工作机构）直接听取案件申请人、被申请人、第三人及其他有关人员就案件事实、证据、依据等问题所作的陈述、举证、质证、辩论的审理方式。

第三条　本省行政区域内的法制工作机构以听证方式审理行政复议案件的，应当遵守本办法。

县级以上地方人民政府法制工作机构对本行政区域内的行政复议听证工作实施指导和监督。

第四条　行政复议案件有下列情形之一的，可以组织听证：

（一）对事实认定存在重大争议的；

（二）案情疑难、复杂的；

（三）对具体行政行为依据的理解和适用存在重大争议的；

（四）可能影响申请人重大权益的；

（五）被申请人仅提交具体行政行为的证据、依据，但未对其合法性和合理性作出说明的；

（六）其他需要组织听证的。

第五条　法制工作机构根据本办法规定，决定案件是否听证。

申请人、第三人申请听证的，由法制工作机构决定。

第六条　听证坚持公正原则，除涉及国家秘密、商业秘密和个人隐私外，听证应当以公开方式进行。

第七条　被申请人应当按照《行政复议法》规定履行举证责任，对所提供的证据、依据进行说明。

第八条　行政复议机关的法制工作机构决定听证的，设主持人一名，相关工作人员一至二名，组成审理组，进行听证。

第九条　主持人负责组织和主持行政复议听证工作，具体履行下列职责：

（一）决定听证会的时间、地点；

（二）组织和主持听证会；

（三）决定证人、鉴定人、勘验人参加听证会；

（四）询问听证参加人；

（五）决定听证会的中止；

（六）维护听证会纪律，对违反听证会纪律的人员予以制止，情节严重的可以责令其退出；

（七）其他由主持人行使的职责。

第十条　行政复议听证当事人是指行政复议的申请人、被申请人和第三人。当事人应当按照行政复议听证通知要求参加听证。

一方当事人为五名以上的，应当推举一至三名代表参加听证。

第十一条　证人、鉴定人、勘验人应当参加听证会并接受调查、询问。当事人提出的证人、鉴定人、勘验人不参加听证会的，审理组可以向证人、鉴定人、勘验人调查，并征求当事人对证人、鉴定人、勘验人的意见。

证人、鉴定人、勘验人在工作期间参加听证会的，用人单位应当为其提供便利并视其为正常工作。

第十二条　一方当事人无正当理由拒不到场参加听证的，或者未经允许中途退场的，视为放弃听证权利。

被申请人在答复中未提供证据和依据的，无正当理由又不参加听证的，应当视为具体行政行为没有事实和法律依据。

第十三条　当事人在听证过程中享有下列权利：

（一）认为主持人或者其他相关工作人员与案件有直接利害关系的，可以申请回避；

（二）当事人可以亲自参加听证，也可以经主持人批准委托一至二名代理人参加听证；

（三）查阅对方提交的材料；

（四）在听证过程中陈述案件事实和理由；

（五）就案件争议焦点进行质证、辩论；

（六）核对听证笔录；

（七）依法享有的其他权利。

第十四条　当事人在听证过程中履行下列义务：

（一）按时参加听证；

（二）如实回答有关询问；

（三）未经主持人批准不得中途退出听证会；

（四）遵守听证会纪律。

第十五条 主持人的回避，由法制工作机构负责人决定；其他工作人员的回避，由主持人决定。

法制工作机构负责人担任主持人的回避，由行政复议机关负责人决定。

第十六条 法制工作机构在举行听证会的五日前，应当向听证参加人书面告知以下内容：

（一）听证参加人的姓名或者名称；

（二）案由；

（三）举行听证会的时间、地点；

（四）主持人的姓名；

（五）其他内容。

行政复议案件复杂或者证据材料较多的，应当通知当事人提前阅卷并提供阅卷场所。

第十七条 行政复议听证按下列程序进行：

（一）书记员核实听证参加人的身份及到场情况；

（二）书记员宣读听证纪律；

（三）主持人宣布案由和听证员、书记员名单，询问当事人是否申请回避；

（四）宣布听证会开始；

（五）申请人提出行政复议请求、陈述理由，并举证；

（六）被申请人陈述作出具体行政行为的事实、理由和依据，并举证；

（七）第三人参加听证的，由第三人陈述自己观点，并举证；

（八）申请人、被申请人、第三人对证据进行质证；

（九）主持人对需要查明的问题向听证参加人询问；

（十）主持人宣布听证结束后，主持人、记录人、当事人及其他参加人在听证笔录上签字。当事人及其他参加人拒绝签名或者盖章的，主持人应当在听证笔录中说明情况。

第十八条 行政复议参加人应当遵守以下听证纪律：

（一）未经听证主持人允许不得随便发言、提问；

（二）未经听证主持人允许不得录音、录像和拍照；

（三）不得鼓掌、喧哗、吵闹或者有其他妨碍听证秩序的活动；

（四）听证时不随意走动或离场；

（五）听证时禁止吸烟，禁止随地吐痰，禁止使用通讯工具；

（六）当事人陈述事实、答辩问题，必须做到实事求是、文明礼貌，不得有攻击性语言。

违反听证纪律的，由听证主持人劝告制止；不听劝告的，给予训诫；情节严重的，责令其退出听证。

第十九条　证人作证时，主持人应当核对证人身份，并告知证人的权利义务以及作伪证的法律责任。

证人不得旁听听证会。

两名以上证人到会作证的，应当分别作证，需要组织证人对质的除外。

第二十条　证人应当如实作证，接受有关询问。证人到会后，由提供证人的一方当事人针对案件的事实问题向证人发问。

证人作证后，主持人应当询问其他当事人对证言有无异议。

其他当事人经主持人允许可以向证人发问。

第二十一条　经主持人允许，鉴定人、勘验人可以到会说明情况，接受询问。

对于到会的鉴定人、勘验人，主持人应当核对其身份以及与当事人及案件的关系，并告知鉴定人、勘验人如实说明情况的法定义务和作虚假说明的法律责任。

第二十二条　听证笔录及听证认定的事实应当作为法制工作机构审理行政复议案件的依据。

第二十三条　有下列情形之一的，主持人可以决定中止听证，并向各有关当事人发送《行政复议听证中止通知书》：

（一）当事人因正当事由不能参加听证的；

（二）当事人申请回避的，但当场决定不需要回避的除外；

（三）当事人死亡或者解散，需要等待权利、义务继承人的；

（四）需要通知新的证人到场或者需要重新鉴定、勘验的；

（五）其他应当中止听证的情形。

当事人因正当事由不能参加听证的，应当在听证会召开三日前向法制工作机构提出，并提交证明正当事由存在的证据，是否中止，由主持人决定。

中止情形消除后，主持人可以决定恢复听证。

第二十四条　法制工作机构举行行政复议听证，不得向当事人收取费用。行政复议听证所需费用由本级财政予以保障。

第二十五条　本办法自 2009 年 1 月 1 日起施行。

浙江省行政复议听证规则（试行）

（浙府法发〔2015〕1号）

第一条 为进一步规范行政复议听证行为，发挥行政复议听证的功能作用，提升行政复议公信力，维护公民、法人和其他组织的合法权益，根据《中华人民共和国行政复议法》《中华人民共和国行政复议法实施条例》等法律、法规的规定，结合本省行政复议工作实际，制定本规则。

第二条 本规则所称行政复议听证，是指行政复议机关及其行政复议机构在行政复议程序中，召集案件当事人，围绕被复议行为是否合法、正当，当场听取当事人陈述、相互质证、进行辩论，并按照自愿、合法原则进行调解的活动。

第三条 行政复议听证遵循公开、公正、便民的原则。

涉及国家秘密、商业秘密或者个人隐私以及其他依法不宜公开听证的，不予公开。

第四条 行政复议机关或其行政复议机构可以根据案件审理需要，邀请人大代表、政协委员、专家学者以及行政争议发生地群众代表参加听证。

第五条 审理有下列情形之一的案件，原则上组织听证：

（一）社会影响较大的；

（二）对本区域行政执法活动可能产生重大影响的；

（三）案件情况复杂的；

（四）案件主要事实存在重大争议的；

（五）案件适用依据存在重大争议的；

（六）听证审理有利于和解、调解的；

（七）适宜采取听证方式审理的其他案件。

有前款第（三）、（四）、（五）项情形之一的案件，申请人要求听证的，应当组织听证。

第六条 申请人可以亲自参加听证，也可以委托1至2名代理人参加听证。

同一行政复议案件申请人超过5人的，推选1至5名代表参加听证。申请人代表可以集体委托1至2名代理人参加听证。

第七条 申请人以外的公民、法人或者其他组织认为与被复议的行为有利害关系的，可以向行政复议机构申请作为第三人参加听证。

行政复议决定直接影响第三人重大利益的，行政复议机关或者其行政复议机构应当通知第三人参加听证。

第八条　行政复议机关或者其行政复议机构应当通知被申请人，要求其负责人参加听证。被申请人的负责人不能参加听证的，应当书面说明理由，经同意后，可以委托本机关相关工作人员参加听证。

被申请人为县级以上人民政府的，原承办涉案事项的行政机关负责人及其工作人员应当参加听证。

被申请人为委托机关的，受委托行政机关或者事业组织的有关负责人及其工作人员应当参加听证。

第九条　当事人要求证人、鉴定人、勘验人参加听证的，经行政复议机关或者其行政复议机构同意，可以参加听证。

第十条　行政复议机关或者其行政复议机构应当在组织听证的 7 日前书面通知申请人、被申请人和第三人举行听证的时间、地点。

经通知，申请人无正当理由不参加听证的，视为放弃听证权利；第三人不参加听证的，不影响组织听证。

第十一条　行政复议听证由案件承办人或行政复议机关、行政复议机构相关负责人主持。当事人认为主持人与本案有直接利害关系申请回避的，由行政复议机关或者其行政复议机构负责人决定是否回避。

第十二条　听证主持人应当平等对待申请人、被申请人和第三人，充分听取各方意见，在查清事实、辨明是非的基础上进行调解。调解不成的，应当在听证后及时提出案件审理意见。

第十三条　听证应当制作笔录；笔录应当交听证参加人员审核无误后签字或盖章，归入案卷保存。

第十四条　县级以上人民政府行政复议机构应当加强对下级行政复议机构组织听证工作的指导监督，定期通报本地区组织听证工作情况，并按有关要求开展考核评价工作。

第十五条　本规则自 2015 年 3 月 1 日起施行。

湖北省行政复议实施办法

（2007 年 8 月 13 日湖北省人民政府常务会议审议通过）

第一章 总 则

第一条 为充分发挥行政复议制度在解决行政争议、建设法治政府、构建社会主义和谐社会中的作用，根据《中华人民共和国行政复议法》（以下简称行政复议法）和《中华人民共和国行政复议法实施条例》（以下简称行政复议法实施条例），结合本省实际，制定本办法。

第二条 行政复议机关应当遵循合法、公正、公开、及时、便民的原则，认真履行行政复议职责，积极化解行政争议。

第三条 行政复议机关办理行政复议案件，应当注重依法运用调解手段化解行政争议，努力实现案结事了，达到法律效果和社会效果的统一。

第四条 县级以上地方人民政府及其工作部门应当建立健全行政复议工作责任制，实行行政复议行政首长负责制，将行政复议工作纳入本级政府和本部门目标责任制。

第五条 行政机关对在行政复议中发现法律、法规、规章实施中带有普遍性的问题，应当分析原因，制定整改措施，完善制度，提高依法行政水平。

第二章 行政复议机构

第六条 县级以上地方人民政府及其工作部门应当建立健全行政复议机构。

县级以上地方人民政府法制工作机构是本级人民政府行政复议机构。省、市（州）人民政府工作部门的法制工作机构是本行政机关行政复议机构。

第七条 行政复议机关应当领导和支持本机关行政复议机构依法办理行政复议事项。行政复议机构应当履行行政复议法和行政复议法实施条例规定的职责，积极开展行政复议工作。

第八条 行政复议机关应当按国家和省有关规定配备行政复议人员，保证行政复议机构的办案能力与工作任务相适应。

第九条 行政复议人员应当具备与履行行政复议职责相适应的品行、专业知识和业务能力，并取得相应资格。行政复议人员的任职条件和资格，按国家有关规定执行。

行政复议机构应当重视行政复议队伍建设，定期组织对行政复议人员进行业务培训，积极推进行政复议队伍职业化建设。

第十条　省、市、县人民政府以及有条件的省、市人民政府工作部门可以建立行政复议专家组制度。行政复议专家组成员由行政复议机构从熟悉法律、经济等事务的专家学者中选聘。

第十一条　行政复议机关应当为行政复议机构提供必要的审理行政复议案件场所和工作条件。

行政复议活动所需经费应当列入行政机关的行政经费，由本级财政予以保障。

第三章　申请与受理

第十二条　公民、法人或者其他组织认为行政机关或者法律、法规授权的组织作出的具体行政行为侵犯其合法权益的，可以依照行政复议法和行政复议法实施条例的规定，向行政复议机关提出行政复议申请。

第十三条　公民、法人或者其他组织对经国务院批准实行省以下垂直领导的部门作出的具体行政行为不服的，可以选择向该部门的本级人民政府或者上一级主管部门申请行政复议。

第十四条　对地方人民政府依法组建的相对集中行使行政处罚权或行政许可权的行政机关的具体行政行为不服的，向其本级人民政府申请行政复议。上一级人民政府设立了相应的相对集中行使行政处罚权或行政许可权的行政机关的，也可以选择向上一级行政机关申请行政复议。

第十五条　行政复议机关应当畅通行政复议渠道，为公民、法人或者其他组织申请行政复议提供方便。

第十六条　申请人申请行政复议，可以书面申请，也可以口头申请。书面申请的，可以采取当面递交、邮寄或者传真等方式提出；口头申请的，行政复议机构应当依照有关规定，当场制作申请笔录交申请人核对或者向申请人宣读，并由申请人签字确认。

有条件的行政复议机构可以接受电子邮件等电子文本形式提出的行政复议申请，也可试行在互联网上受理行政复议申请。

第十七条　行政复议机关对符合受理条件的行政复议申请必须受理，不得推诿。

行政复议机关无正当理由不予受理的，上级行政机关可以督促其受理。经督促仍不受理的，应当责令其限期受理，必要时也可以直接受理。

第十八条　行政复议机关应当建立行政复议告知行政首长制度。

在受理重大复杂、群众关注的行政复议案件后，行政复议机关应当及时书面告知有关行政机关的行政首长。

第四章 证据规则

第十九条 行政复议机构应当按照法定程序，全面、客观、公正地审核证据。证据经行政复议机构审查属实，才能作为定案的根据。

行政复议案件用以定案的证据应当具备真实性、合法性和关联性。

第二十条 被申请人对作出的具体行政行为负有举证责任，并应当在法定期限内提交作出该具体行政行为的证据、依据和其它有关材料。

无正当理由逾期未提交的，视为该具体行政行为没有证据、依据，由被申请人承担举证不能的法律责任。

被申请人在行政复议期间不得自行向申请人和其他有关组织或者个人收集证据。

第二十一条 申请人、第三人参加行政复议活动，应当提供以下证明材料：（一）在行政机关不履行法定职责的案件中，证明曾经要求行政机关履行法定职责而行政机关未履行的事实材料；（二）一并提出行政赔偿、补偿请求的，证明具体行政行为对其合法权益造成损害的事实材料；（三）法律、法规规定需要申请人提供证据材料的其他情形。

第二十二条 行政复议人员根据办案需要，有权向有关组织和人员调查取证，可以查阅、复制、调取有关文件和资料，向有关人员进行询问。需要现场勘验的，可以进行现场勘验。被调查单位和人员不得拒绝和阻挠。

第二十三条 行政复议期间涉及专门事项需要鉴定的，当事人可以协商委托法定鉴定机构鉴定。协商不一致的，由行政复议机构委托或指定法定鉴定机构鉴定。鉴定费用由当事人承担。鉴定所用时间不计入行政复议审理期限。

第二十四条 行政复议机构在行政复议过程中收集的证据，不能作为维持具体行政行为的证据，但是可以作为撤销、变更原具体行政行为或者确认原具体行政行为违法的根据。

第二十五条 申请人、第三人及其代理人可以查阅、摘抄、复印与申请行政复议案件相关的证据材料。除涉及国家秘密、商业秘密或者个人隐私外，行政复议机构不得拒绝。

行政复议机构应当为申请人、第三人及其代理人查阅、摘抄、复印有关证据材料提供场所和其他必要的便利条件。

第五章 审理和决定

第二十六条 行政复议机构审理行政复议案件，可以根据案情采用书面审理，也可以采取听证的方式审理。

第二十七条 行政复议机构对案情简单、争议不大的行政复议案件，可以采用简易程序进行审查。

简易程序主要采用书面审理的方式，由具体承办人提出意见，经行政复议机构负责人审核后，报行政复议机关领导签批。

第二十八条　行政复议机构在办理行政复议案件中，为查明案件事实，可以组织听证，听取当事人就案件所涉及的具体行政行为的事实、证据、依据以及程序进行陈述、举证、质证和辩论。

第二十九条　具有下列情形之一的行政复议案件，行政复议机构可以举行听证：（一）当事人对案件事实和适用依据争议较大的；（二）案件复杂、疑难的；（三）社会影响较大的；（四）行政复议机构认为需要举行听证的其他情形。

第三十条　行政复议案件受理后，行政复议人员认为案件符合举行听证情形的，应当告知当事人有申请听证的权利。当事人要求听证的，应当向行政复议机构提出申请，经行政复议机构审查决定是否举行行政复议听证。行政复议机构也可以自行决定举行行政复议听证。

被申请人应当指派与行政复议案件内容相关的负责人参加听证，以利证据质证和查清案件事实。

第三十一条　行政复议听证应当严格按照有关听证的程序进行，并作好听证笔录，由当事人签字确认。

当事人应当围绕案件的焦点问题，就证据的真实性、合法性和关联性，针对证据有无证明效力以及证明效力大小进行质证和辩论。

第三十二条　行政复议机关在审理行政复议案件中，要查明事实，分清是非，在不损害国家利益、公共利益和他人合法权益的前提下，在双方当事人自愿的基础上，争取依法调解处理，增进有关当事人与行政机关之间的相互理解和信任。

第三十三条　在行政复议期间，申请人与被申请人自愿达成和解的，应当向行政复议机构提交书面和解协议；和解内容不损害社会公共利益和他人合法权益的，行政复议机构应当准许。

行政复议机构在行政复议决定作出之前，要积极为当事人自行和解创造条件。

第三十四条　对不适宜调解和当事人通过调解达不成协议以及当事人不愿意和解的案件，应当及时作出行政复议决定。

第三十五条　行政复议机关作出维持、责令履行、撤销、变更或者确认违法的行政复议决定，以及决定行政复议案件的中止、终止或驳回复议申请，应当依照行政复议法和行政复议法实施条例的有关规定。

第三十六条　被申请人对行政复议决定有异议的，可以向作出行政复议决定的复议机关或者有关上级行政机关书面提出，但不影响行政复议决定的执行。

行政复议机关对本机关已经生效的行政复议决定，发现确有错误，需要改正的，应当由本机关行政首长决定。

上级行政机关对下级行政机关作出的已经生效的行政复议决定发现确有错误需要改正的，可以责令下级行政机关限期改正。

第六章　指导与监督

第三十七条　上级行政机关应当加强对下级行政机关行政复议工作的指导和监督。

上级行政机关可以通过实地调查、召开会议等形式了解掌握下级行政机关的行政复议工作，及时指导、回复、解决下级行政机关在行政复议工作中遇到的问题和困难。

第三十八条　行政复议机构应当建立经常性的复议工作联系制度，通报复议工作动态、研究复议实践问题、搭建相互交流的平台、完善行政复议工作制度。

行政复议机构应当建立错案分析制度，通过典型案件的剖析，对行政机关存在的问题应当制发行政复议建议书，提出整改建议。

第三十九条　行政复议机构应当建立健全行政复议案件质量评查制度。

质量评查活动每年定期开展，采取自查、抽查、交叉评查相结合的方式，进一步提高行政复议办案质量。

第四十条　将行政复议工作与推进行政执法责任制相结合，完善执法责任制和执法过错责任追究制度。

第七章　法律责任

第四十一条　行政复议机关或者行政复议机构不履行行政复议法和行政复议法实施条例规定的行政复议职责，经有权监督的行政机关督促仍不改正的，对直接负责的主管人员和其他直接责任人员依法给予警告、记过、记大过处分；造成严重后果的，依法给予降级、撤职、开除处分。

第四十二条　行政机关及其工作人员违反行政复议法和行政复议法实施条例规定的，行政复议机构可以向人事、监察部门提出对有关责任人员的处分建议，也可以将有关人员违法的事实材料直接转送人事、监察部门处理；接受转送的人事、监察部门应当依法处理，并将处理结果通报转送行政复议机构。

第四十三条　拒绝或者阻挠行政复议人员调查取证、查阅、复制、调取有关文件和资料的，对有关责任人员依法给予处分或者治安处罚；构成犯罪的，依法追究刑事责任。

第八章　附　则

第四十四条　本办法自 2007 年 10 月 1 日起施行。

湖南省实施《中华人民共和国
行政复议法》办法

（2001 年 7 月 30 日湖南省第九届人民代表大会常务委员会第二十三次会议通过）

第一条 根据《中华人民共和国行政复议法》（以下简称《行政复议法》），结合本省实际，制定本办法。

第二条 行政复议机关负责法制工作的机构具体办理行政复议事项。

第三条 行政复议机关负责法制工作的机构除履行《行政复议法》第三条规定的职责外，还应当负责行政复议事项的督办和行政复议案件的统计、归档以及行政复议决定备案工作。

第四条 从事行政复议工作的人员应当同时具备下列条件：

（一）属国家公务员或者其他依法履行行政复议职责的人员；

（二）取得大专以上法律专业学历，或者大学本科以上非法律专业学历并具有法律专业知识；

（三）从事法制工作二年以上；

（四）按照国家、省的规定，经培训、考试合格。

第五条 从事行政复议工作的人员依法办理行政复议事项时，有权向有关组织和人员调查取证，查阅相关资料。有关组织和人员应当予以配合，如实提供有关情况，不得收取费用。

从事行政复议工作的人员在调查取证、查阅资料时，应当出示工作证件。

行政复议的调查取证工作，应当由二名以上从事行政复议工作的人员进行。

第六条 对工商行政管理、质量、技术监督等本省实行垂直领导的行政机关的具体行政行为不服的，向其上一级主管部门申请行政复议。

对省工商行政管理、质量技术监督等行政机关的具体行政行为不服的，向省人民政府或者其上级主管部门申请行政复议。

第七条 申请人对经上级行政机关批准的具体行政行为不服的，在发生法律效力的文书上署名的行政机关为被申请人。

第八条　对行政机关组建并赋予行政管理职能但不具有独立承担法律责任能力的机构，以自己的名义作出的具体行政行为不服的，该行政机关为被申请人。

对行政机关的内设机构或者对派出机构在没有法律、法规、规章授权的情况下，以自己的名义作出的具体行政行为不服的，该行政机关为被申请人。

第九条　申请人对行政机关与法律、法规未授权的组织共同作出的具体行政行为不服的，该行政机关为被申请人。

第十条　行政复议机关收到属本机关受理的行政复议申请，但被申请人不符合《行政复议法》规定资格条件的，行政复议机关负责法制工作的机构应当及时告知申请人变更被申请人。申请人变更被申请人之日为行政复议受理之日。申请人不同意变更被申请人的，行政复议机关不予受理，并说明理由。

第十一条　行政复议机关认为行政复议申请的申请人不符合《行政复议法》规定资格条件的，或者未指明明确的被申请人，或者不属于行政复议受理范围，或者超过法定申请期限提出的，行政复议机关应当作出不予受理的决定，并说明理由。

第十二条　申请人就同一具体行政行为分别向两个以上有权受理的行政复议机关提出行政复议申请的，由最先收到行政复议申请的机关受理。

两个以上申请人就同一具体行政行为向两个以上有权受理的行政复议机关提出行政复议申请的，以最先提出复议申请的申请人选择的行政复议机关为复议机关；申请人同时提出复议申请的，由申请人协商选择共同的行政复议机关。

第十三条　两个以上申请人就同一具体行政行为向同一行政复议机关分别申请行政复议的，该行政复议机关可以合并审查。

行政复议机关决定合并审查的，行政复议期限从最后受理的行政复议申请之日起开始计算。

第十四条　申请人依照《行政复议法》第七条规定提出审查申请，行政复议机关有权处理的，应当单独作出处理决定。

第十五条　申请人依照《行政复议法》第七条规定提出的审查申请，行政复议机关无权处理的，应当在七日内按照下列规定办理：

（一）对国务院部门的规定提出的审查申请，由省人民政府转送国务院有关部门处理；

（二）对省人民政府及其工作部门的规定提出的审查申请，转送省人民政府处理；

（三）对设区的市、自治州、县（市、区）、乡（镇）人民政府的规定提出的审查申请，转送其上一级人民政府处理；

（四）对设区的市、自治州、县（市、区）人民政府的工作部门的规定提出的审查申请，转送其本级人民政府处理。

对行政机关与法律、法规未授权的组织联合制定的规定提出的审查申请，依照前款规定转送有关行政机关处理。

第十六条 行政复议机关无正当理由不受理行政复议申请的，申请人可以向上级行政机关申诉。上级行政机关应当向行政复议机关发出责令受理通知书，该行政复议机关应当自收到通知书之日起五日内予以受理，并将受理情况报告责令其受理的上级行政机关。

有下列情形之一的，上级行政机关可以直接受理行政复议申请：

（一）责令行政复议机关受理，行政复议机关仍不受理的；

（二）由行政复议机关受理可能影响行政复议公正的。

第十七条 行政复议机关调查取证时，在证据可能灭失或者以后难以取得的情况下，经行政复议机关负责人批准，可以先行登记保存，并应当在七日内及时作出处理决定。在此期间，当事人或者有关人员不得销毁、转移证据。

第十八条 行政复议机关按照《行政复议法》第二十六条、第二十七条规定或者其他法定原因中止审查具体行政行为的，行政复议机关负责法制工作的机构应当在决定中止审查之日起二日内书面通知申请人、被申请人和第三人；中止期限届满继续审查的，应当书面通知申请人、被申请人和第三人。

第十九条 申请人、第三人及其代理人可以查阅被申请人提出的书面答复、作出具体行政行为的证据、依据和其他有关材料，但涉及国家秘密、商业秘密和个人隐私的除外。申请人、第三人对被申请人的书面答复有异议的，可以提出书面意见。

被申请人可以查阅申请人、第三人提出的证据和其他有关材料。

第二十条 申请人、第三人对被申请人的书面答复有异议，提出对被申请人作出具体行政行为的事实、证据、依据和相关材料质证要求的，行政复议机关负责法制工作的机构可以召集当事人质证。

主持质证的行政复议机关负责法制工作的机构人员不得少于二人。

第二十一条 行政复议决定作出前，被申请人变更或者撤销原具体行政行为，申请人要求撤回行政复议申请的，应当向行政复议机关说明理由，经行政复议机关同意，准予撤回。

行政复议机关准予申请人撤回行政复议申请后，申请人以同一事实和理由再申请行政复议的，行政复议机关不予受理。

第二十二条 有下列情形之一的，行政复议机关不得准予撤回行政复议申请：

（一）受被申请人胁迫、欺骗的；

（二）申请人与被申请人串通规避法律的；

（三）申请人不能说明撤回理由或者理由不充分的；

（四）其他可能影响申请人、第三人合法权益和公共利益的。

第二十三条 行政复议决定作出前，被申请人变更原具体行政行为，申请人不撤回对原具体行政行为的行政复议申请，又对变更后的具体行政行为申请行政复议的，行政复议机关应当对该两个具体行政行为予以审查，分别作出行政复议决定。

第二十四条 行政复议决定作出前，两个以上的申请人中一部分申请人已撤回行政复议申请的，行政复议机关应当就另一部分申请人未撤回的行政复议申请作出行政复议决定。行政复议决定对已撤回行政复议申请的申请人不产生法律效力。

第二十五条 行政机关不作为的具体行政行为有合法依据的，行政复议机关应当作出确认其具体行政行为合法的行政复议决定。

第二十六条 行政复议机关作出行政复议决定，除最终裁决的外，应当在行政复议决定书中告知申请人、第三人，不服行政复议决定可以提起行政诉讼。

第二十七条 被申请人不履行或者无正当理由拖延履行行政复议决定的，行政复议机关应当向其发出责令限期履行通知书，被申请人应当在规定的期限内履行。

第二十八条 行政复议机关受理行政复议申请，不得向申请人收取任何费用。行政复议活动所需经费，应当列入本机关的行政经费，由本级财政予以保障。

第二十九条 行政复议机关工作人员在行政复议工作中滥用职权、玩忽职守、徇私舞弊的，由有关行政机关依法给予行政处分；构成犯罪的，由司法机关依法追究刑事责任。

第三十条 本办法自 2001 年 10 月 1 日起施行。

内蒙古自治区实施《中华人民共和国

行政复议法》办法

（2001年11月21日内蒙古自治区第九届人民代表大会常务委员会第二十七次会议通过）

第一条 根据《中华人民共和国行政复议法》，结合自治区实际，制定本办法。

第二条 在自治区行政区域内，公民、法人或者其他组织认为具体行政行为侵犯其合法权益，向行政机关申请行政复议，行政机关受理行政复议申请并作出行政复议决定，适用本办法。

第三条 行政复议机关履行行政复议职责，应当遵循合法、公正、公开、及时、便民的原则，坚持有错必纠，保障法律、行政法规和地方性法规的正确实施。

第四条 本办法所称行政复议机关，是指依法履行行政复议职责的旗县级以上人民政府及其工作部门。

旗县级以上人民政府及其工作部门负责法制工作的机构是本行政复议机关的行政复议机构，具体办理行政复议事项。

第五条 行政复议机构除履行法律和行政法规规定的职责外，还应当履行下列职责：

（一）办理行政复议、行政应诉事项；

（二）监督、检查行政复议决定的执行；

（三）指导下级行政复议机构的工作；

（四）培训行政复议、行政应诉人员；

（五）开展行政复议工作的调查和理论研究；

（六）负责行政复议、行政应诉、与行政复议有关的行政赔偿案件的统计、备案和归档工作。

第六条 未经法律、行政法规和地方性法规授权，旗县级以上人民政府自行组建并赋予行政管理职能的机构，以自己的名义作出具体行政行为的，组建该机构的人民政府是被申请人。

行政机关委托的组织作出具体行政行为的，委托的行政机关是被申请人。

第七条 对劳动教养管理委员会的具体行政行为不服的，向本级人民政府或者上一级劳动教养管理委员会申请行政复议。

第八条 行政复议机关受理行政复议申请后，应当依法对具体行政行为进行全面审查：

（一）作出具体行政行为的主体是否合法；

（二）认定事实是否清楚，证据是否确凿；

（三）适用法律依据是否正确；

（四）自由裁量幅度是否适当；

（五）是否符合法定程序；

（六）是否超越或者滥用职权；

（七）具体行政行为是否明显不当。

申请人因被申请人不履行法定职责而申请行政复议的，应当审查被申请人是否有应当作为而不作为的违法行为。

第九条 行政复议机关审查具体行政行为时，有权向有关单位和人员调查取证、查阅有关资料，可以召开行政复议听证会、论证会。有关单位和人员应当予以协助和配合，如实提供相关证据。

第十条 申请人对具体行政行为所依据的规定提请审查，行政复议机关对该规定无权处理的，应当在法定期限内按照下列程序处理：

（一）对国务院工作部门的规定提请审查的，由自治区人民政府法制工作机构转送国务院法制工作机构处理；

（二）对乡级以上人民政府的规定提请审查的，转送制定该规定的人民政府或者其上一级人民政府处理；

（三）对县级以上人民政府工作部门的规定提请审查的，转送制定该规定的部门或者其本级人民政府处理。

行政复议机关对被申请人的具体行政行为进行审查时，认为其依据不合法，本机关无权处理的，应当比照前款规定转送有权处理的国家机关处理。

第十一条 行政复议决定作出前，申请人要求撤回行政复议申请的，经书面说明理由，可以撤回。

第十二条 行政复议案件有下列情形之一的，中止对具体行政行为的审查：

（一）有关行政机关对具体行政行为所依据的规范性文件正在进行处理的。

（二）案件涉及法律、行政法规和地方性法规适用问题正在向上级行政机关请示的。

（三）申请复议的公民死亡，需要等待其近亲属表明是否继续申请复议的；申请复议的法人、其他组织终止，需要等待承受其权利的法人、其他组织表明是否继续申请复议的。

中止审查的原因消除后，行政复议机构应当及时恢复审查。中止的时间不计算在复议期限之内。

有本条第（三）项规定情形的，中止期限不超过六十日；超过六十日仍未确定申请人的，行政复议终止。

第十三条　行政复议机关受理行政复议申请后，发现有不符合受理条件的，应当终止行政复议，及时以书面形式通知申请人、被申请人和其他利害关系人，并说明理由。

第十四条　有下列情形之一的，行政复议机关应当作出确认具体行政行为违法的行政复议决定：

（一）被申请人不履行法定职责，但决定责令其履行已无实际意义的；

（二）具体行政行为违法，但不具有可撤销内容的；

（三）被申请人改变或者撤销违法的具体行政行为，申请人不撤回复议申请的；

（四）具体行政行为依法不成立或者无效的。

第十五条　行政复议机关责令被申请人重新作出具体行政行为的，被申请人不得以同一的事实和理由作出与原具体行政行为相同或者基本相同的具体行政行为。

原具体行政行为违反法定程序，但不影响实体内容的，不受前款限制。

第十六条　被申请人必须履行发生法律效力的行政复议决定，并自收到复议决定书之日起六十日内将履行情况书面报告行政复议机关。

第十七条　被申请人拒绝履行行政复议决定或者不按时报告决定履行情况的，行政复议机关可以对其法定代表人和其他直接责任人员依法给予行政处分。

第十八条　行政复议机构发现行政机关及其工作人员有违反《中华人民共和国行政复议法》及本办法规定的行为的，可以向有关行政机关提出处理建议。

第十九条　行政复议机关及其工作人员违反本办法规定，依照《中华人民共和国行政复议法》的有关规定追究法律责任。

第二十条　行政复议机关受理行政复议申请，不得向申请人收取任何费用。行政复议工作所需经费，由本级财政部门单独列支，使用范围限于办理行政复议事项。

第二十一条　本办法自 2002 年 1 月 1 日起施行。内蒙古自治区人民政府1998 年 10 月 29 日发布的《内蒙古自治区〈行政复议条例〉实施办法》同时废止。